조직신학이 흐르고 있는
교회 일생론

조직신학이 흐르고 있는
교회 일생론
2008년 11월 15일 | 제1판 1쇄 발행

지은이 | 권혁봉
펴낸이 | 안병창
펴낸데 | 요단출판사

주 소 | 158-053 서울특별시 양천구 목3동 605-4
편 집 | (02)2643-9155
영 업 | (02)2643-7290~1   Fax (02)2643-1877
등 록 | 1973. 8. 23. 제13-10호

ⓒ 권혁봉 2008

기 획 | 이종덕   **편 집** | 하정희 장용미 김현경
디자인 | 디자인 코칭   **제 작** | 박태훈 권아름
영 업 | 김창윤 정준용 김종배 이영은

정 가 42,000원
ISBN 978-89-350-1170-4 03230

이 책의 저작권은 저자가 소유하고 있습니다.
저자와 출판사의 사전 승인 없이 책의 내용이나 표지 등을 복제 · 인용할 수 없습니다.

요단인터넷서점 www.jordanbook.com

The Life of the Church

조직신학이 흐르고 있는
교회 일생론

권혁봉 지음

요단

추천사 1

한 대학에서 막역한 동료였으며, 주님 안에서 동역자 된 권혁봉 목사님의 「교회 일생론」 출간에 즈음하여 추천사를 쓰게 됨을 매우 기쁘게 생각합니다. 권 교수님은 함께 교수생활을 할 때도 '교회'에 대한 각별한 애정을 가지고 있었습니다. 언젠가는 '교회'에 관한 글을 쓰겠다는 결의를 다짐하곤 했는데, 마침내 그 다짐을 현실로 이루었음을 진심으로 축하합니다.

그는 「교회 일생론」에서 신앙생활에 최후적으로 다가오는 '형체', 그리고 신학연구를 통하여 체계적으로 이어오는 하나의 포괄적 진리, 즉 이것을 '교회'에서 찾았습니다. 그의 아호(雅號) '수류'(水流)의 느낌처럼 물 흐르듯 유창하게 전개되는 문체는 생동감과 자신감이 넘치다 못해 탁탁 튀어 오르며, 독자들을 다그치는 품이 당찰 뿐 아니라 사뭇 위협적입니다.

그는 교회론에 접근하는 전통적인 방법에 획기적인 변화를 가져 왔습니다. 그는 교회가 스스로 자기고백을 해 나가는 새로운 방식의 영적이며, 서사적(敍事的) 교회론을 전개하고 있습니다. 특히 그의 교회론은 체계신학과 세상의 역사 및 교회사를 총망라한 교회론으로 기독교를 풀어가는 교회의 유기체적 생(生)을 잘 보여 줍니다. 또한 대학에서 조직

추천사

신학과 종교철학을 강의한 교수의 학문적 경륜과 학자적 신앙소신이 집약적으로 잘 표출되어 있습니다. 교회는 하나의 일생을 지닌다는 표현 속에 전통적인 교회론에서는 찾아 볼 수 없는 교회에 대한 새로운 조망을 제시해 주고 있습니다.

변화무쌍하게 변질되어 가는 오늘날의 교회가 이러한 일그러진 자화상을 되돌아보고 진정한 교회의 모습을 되찾는 계기가 되기를 바라며, 기쁜 마음으로 이 책을 추천합니다.

전 침례신학대학교 총장, 신학박사
허 긴

추천사 2

권혁봉 교수님의 대작 「교회 일생론」에 추천사를 올린다는 것은 저에게 대단한 영광입니다.

권혁봉 교수님은 동향 분으로 함께 자란 동역자입니다. 같은 군, 같은 면에 두 개의 교회가 있었는데 하나는 장로교회이고, 다른 하나는 침례교회였습니다. 저는 그 장로교회의 청년으로, 권 교수님은 저보다 몇 년 연하이긴 하지만 침례교회의 청년으로 자랐습니다. 어른으로 성장한 우리가 다시 하나님의 축복으로 평택대학교 총장으로, 이웃 수도침례신학교 학장으로 대학 강단에서 호형호제하며, 신학교육의 일선에서 함께 동역하였기에, 이번 추천사를 올리게 됨은 더욱 의미가 깊습니다.

권혁봉 교수님은 경력이 말해주듯 처음엔 번역사, 그 다음엔 교수와 칼럼리스트, 또 이어 학자로서 드물게 목회자의 모범을 제자들에게 보여 주셨으며, 지금은 프리랜서로 보수적이고도 전통적인 성경적 교리를 구비한 설교자로 활동하고 계십니다. 그 가운데 모든 것을 결산하시면서 「교회 일생론」 대작을 내셨는데, 이 책의 목록과 방대한 내용을 보고 심히 놀람과 경이로움을 느끼지 않을 수 없었습니다. 거듭 말씀드리고 싶은 것은 이 책은 한 번 읽고 꽂아둘 책이 아닌 모든 그리스도인들이 정독할 만한 가치가 있는 책이기에 흥분과 설렘과 기꺼운 마음으로 추천하고자 합니다.

　또한 이 책은 일반 성도들에게는 읽기 쉬운 책이면서도 목회자들에게는 그냥 넘어갈 수 없을 만큼 그 쉬움 속에 더 깊은 의미를 안겨다 줄 것입니다.

　교수님의 글에 추천의 말을 덧붙일 수 있는 기회를 주셔서 다시 한 번 감사드리며, 이 책이 하나님께 영광이 되기를 빕니다.

평택대학교 총장, 신학박사

조 기 흥

목 차

추천사 _ 04
서 문 _ 15
교회의 자기고백 _ 16
필자의 자기고백 _ 18

들어가는 말 _ 21

1. 왜 교회의 일생을 강조할 수밖에 없는가? _ 22

2. 어떻게 교회론을 펼까? _ 32
   1) 교회는 하나님이 잉태하신 인격이다 _ 35
   2) 교회는 하나의 일생을 지닌다 _ 37
      (1) 제1기는 창세 전, 하나님의 마음속에 잉태된 존재로서의 일생을 시작하는 교회 시기이다.
      (2) 제2기는 교회를 위한 하나님의 창조사역과 예수 그리스도로 말미암은 교회의 출산과 내주(內住)하시는 성령의 거처로서의 교회의 성장 시기이다.
      (3) 제3기는 창조된 역사를 마감하고 신랑 예수 그리스도를 맞이한 교회가 영원히 하늘나라에서 하나님과 함께 밀월의 시간을 갖는 허니문 시대이다.
   3) 교회는 역사의 최후 목표이다 _ 43
   4) 교회는 삼위일체 하나님의 계시행위 자체이다 _ 48
      (1) 자존(自存)해 오시던 하나님이 어느 순간에 자기 자신을 계시하셨다.
      (2) 하나님은 그럼에도 불구하고 사람들 가운데 거처를 두시기를 다짐하셨다.
      (3) 이제 하나님은 창조를 거쳐 구속행위 계시로 하나님 자신의 거처이자 자기표현인 교회를 안전하게 보존하시기를 원하셨다.
   5) 교회란 이름은 영광스러운 호칭이다 _ 52
      (1) 희랍어 '쿠리아콘'(Kuriakon)에서 고대 삭슨어 '키르케(circe)', 스코틀랜드어, '키르크(kirk)' 독일어 '키르케(kirche)', 영어 '처치(church)'라는 용어가 생겼다..
      (2) 교회가 신약성경에서는 에클레시아(ekklesia)로 표현되고 있다.
      (3) 교회란 말에 포함된 의미
      (4) 신구약은 교회에 대해서 무엇을 말해주고 있는가?
   6) 교회란 이름을 무엇에나 대여할 수 없다 _ 60
      (1) 왜 유대주의는 교회가 아닌가?
      (2) 왜 왕국이 교회는 아닌가?
      (3) 왜 교파가 교회는 아닌가?

(4) 왜 교회당이 교회는 아닌가?
　　　(5) 왜 단체가 교회는 아닌가?
　　7) 교회론에 접근하는 전통적인 방법에 변화가 있어야 한다 _ 64

3. 그리스도인의 교회고백 _ 70

1부 제1기 교회시대 _ 73

제1기 교회시대 서론 _ 74

1. 창세 전에 누가 계셨나? _ 77

2. 창세 전에 하나님은 어떠한 분이신가? _ 80
　1) 하나님의 자존성은 무엇을 말하는가? _ 81
　2) 하나님의 영성(靈性)은 무엇을 말하는가? _ 82
　　(1) 하나님은 영이시다.
　　(2) 하나님은 살아계신다. 하나님은 모든 생명의 근원이시다.
　　(3) 하나님은 인격자이시다. 하나님은 자기를 의식하신다. 그분은 자의식적 존재(自意識的 存在)이시다.
　　　　하나님은 자기가 결정하신다. 그분은 자기 결정적 존재(自己 決定的 存在)이시다.
　3) 하나님의 사랑은 무엇을 말하는가? _ 84
　4) 하나님의 영광은 무엇을 말하는가? _ 85

3. 창세 전에 하나님은 무엇을 하고 계셨는가? _ 88
　1) 창세 전에 하나님은 삼위일체 간의 친교를 하고 계셨다 _ 88
　　(1) 하나님은 창조 이전에 자기 아들과 영원하고도 즐거운 친교를 가지셨다.
　　(2) 아버지는 아들을 창조자로 정하셨다.
　　(3) 아버지 하나님은 아들을 무척 사랑하셨다.
　　(4) 아버지는 아들과 영화롭게 지내셨다.
　2) 창세 전에 하나님은 삼위일체 간의 계획을 품으셨다 _ 92

4. 창세 전에 하나님은 그 계획을 어떻게 세우셨는가? _ 94

1) 하나님의 창조계획 _ 96
2) 하나님의 구원계획(요 6:38~39) _101
   (1) 창세 전에 하나님은 아들을 구원사역의 주역으로 정하셨다.
   (2) 창세 전에 하나님은 우선 개인 구원계획을 마련하였다.
3) 하나님의 교회 계획 _ 104

제1기 교회시대 결론 _ 107

2부 제2기 교회시대 _ 113

제2기 교회시대 서론 _ 114

1. 하나님의 창조사역 – 성부의 사역 _ 116
1) 하나님은 무엇을 창조하셨는가?(창 1, 2장) _ 116
2) 이 창조세계에 무슨 일이 생겼는가?(창 3장) _ 120
3) 타락의 결과는 무엇인가? _ 122
   (1) 창조의 땅은 어떤 땅이었는가?
   (2) 왜 하나님은 에덴 동산을 만드셨는가?
4) 왜 창조사역이 하나님의 최후 목적이 아닌가? _ 125
5) 왜 하나님은 만물을 창조하셨는가? _ 127
6) 사람들은 어디에 살고 있는가? _ 130
7) 하나님의 창조사역의 궁극적 교훈은 무엇인가? _ 133

2. 하나님의 구원사역 시작 – 성자의 사역 _ 137
1) 하나님께서 약속하신 메시아를 보내시다 – 구원의 대책 _ 140
   (1) 메시아 예수 그리스도는 성육(成肉)하셨다.
   (2) 그리스도는 죽으셨다.
   (3) 그리스도는 부활하셨다.
   (4) 그리스도는 승천하셨다.
   (5) 그리스도는 승귀하셨다.
2) 하나님께서 약속의 땅을 주시다 – 구원의 예표(豫表)_ 193

3. 하나님의 구원 사역 계속 - 성령의 사역 _ 204

1) 하나님께서 약속하신 성령을 보내시다 - 구원의 적용 _ 205
(1) 하나님께서 구약에서 성령을 보내실 것을 약속하셨다.
(2) 하나님께서 구약시대에 약속하신 성령이 그 약속대로 신약시대에 오셨다.
(3) 하나님께서 약속에 의해 보내신 성령님은 '되게 하시는 성령님'(spirit of being)으로 역사하신다.
　소결론 : '됨의 교회'(Church of Being, 존재론적 교회)
(4) 하나님께서 약속에 의해 보내신 성령님은 '하게 하시는 성령님'(spirit of doing)으로 역사하신다.
　소결론 : '함의 교회'(Church of Doing, 행위론적 교회)
　소결론 : '섬의 교회'(Church of Standing, 전투적 교회)

4. 세워지는 교회
- 성부, 성자, 성령 삼위일체 하나님의 종합사역 _ 454

1) 교회의 출현 _ 457
(1) 교회의 출현 장면
(2) 교회 출현의 교회 모양
(3) 교회 출현 곧 유기체적 생명 출현

2) 세워진 교회의 이상과 현실의 문제 _ 481
(1) 성경에서 본 교회의 이상(理想)과 현실(現實)
(2) 사람이 보는 교회관
(3) 교회의 표지
(4) 예수가 가리키신 표지

3) 교회의 활동 _ 538
(1) 교회가 활동하는 장소(세상)
(2) 교회와 세상의 관계
(3) 교회(천국)와 세상에 사는 모습
(4) 교회가 활동하기 위한 조직(교회 행정)
(5) 교회의 정치
(6) 교회의 활동 내용

4) 교회의 사회봉사 _ 844
(1) 교회의 봉사를 받아야 할 세상 개념
(2) 교회가 사회 봉사를 하는 이유
(3) 교회의 사회봉사에 대한 오해
(4) 교회의 사회봉사의 현장

제2기 교회시대 결론 _ 865

3부 제3기 교회시대 _ 867

종말론 개요 _ 868
제3기 교회시대 서론 _ 875

1. 시종일관적(始終一貫的) 교회 정체(正體) _ 878
   1) 교회의 사명 곧 정체 _ 878
   2) 교회의 사명 곧 정체의 네 방향 _ 880
      (1) 하나님을 향한 교회의 사명
      (2) 하나님의 말씀을 향한 교회의 사명
      (3) 교회 자체를 향한 교회의 사명
      (4) 세상을 향한 교회의 사명

2. 최후의 발악적 세상 _ 898
   1) 사탄의 3대 사관 공격 _ 898
   2) 경쟁 아닌 전쟁 관계 _ 900
   3) 전쟁의 현장 _ 904

3. 최후 승리적 교회 _ 923
   1) 최초 승리의 최후 승리 _ 924
   2) 세상의 중간 승리 _ 930
   3) 교회의 최후 승리 – 판별과 시상(施賞) _ 935
      (1) 구약에 나타난 최후 승리 예표 – 이스라엘의 최후 승리
      (2) 신약에 나타난 최후 승리 실재 – 교회의 최후 승리
      (3) 교회의 최후 승리는 무엇이 판별되었으며 무슨 벌과 상이 있었는가?

4. 하늘을 바라보는 교회 _ 961
   1) 하늘 채비 교회 – 예비신부 교회 _ 962
      (1) 마음가짐
      (2) 행동가짐
   2) 천년왕국과 교회 _ 973
      (1) 전천년설(천년전기설, 천년기 이전 그리스도의 재림설)

(2) 후천년설(천년후기설, 천년기 이후 그리스도의 재림설)
　　　(3) 무천년설
　　　(4) 천년왕국설에 대한 종합적 설명

　　3) 대환난과 교회 _ 996
　　　(1) 대환난에 관한 일반적 진술
　　　(2) 대환난과 그리스도 재림의 문제

　　4) 하늘을 바라보는 교회의 눈과 발 - 환난과 소망 _ 1016

5. 하늘에 올라간 교회 _ 1020

　　1) 신랑을 맞는 교회 _ 1021
　　　(1) 노아의 방주와 교회의 비유
　　　(2) 궁극적 구원의 정의
　　　(3) 궁극적 구원의 근거
　　　(4) 궁극적 구원에 대한 반대 견해들
　　　(5) 궁극적 구원으로 신랑을 맞는 교회

　　2) 혼인잔치 교회 _ 1033
　　　(1) 혼인잔치 이전의 선결 문제
　　　(2) 어린 양의 혼인잔치(계시록 19, 20장)

　　3) 영존(永存) 영화(榮華)의 교회(계 21, 22장) _ 1044
　　　(1) 영원한 지옥(계 21:8)
　　　(2) 새 하늘과 새 땅(新天新地)(계 21:1)
　　　(3) 새 예루살렘(계 21:2~8) - 그것의 정체와 축복의 상태
　　　(4) 새 예루살렘(계 21:9~22:5) - 그것의 구조 및 생활

6. 마지막 결론: 어린 양 신랑과 신부 교회의 최후의 대화(계 22:6~21) _ 1065

글을 맺으며 _ 1073

참고문헌 _ 1074

그러면 무엇이냐 겉치레로 하나 참으로 하나 무슨 방도로 하든지 전파되는 것은 그리스도니 이로써 나는 기뻐하고 또한 기뻐하리라(골 1:18)

서 문_

교회의 자기 고백

「나는 교회입니다.
나는 인격자입니다.
그래서 나는 일생을 지닙니다.
내 인생에는 3기(三期)가 있습니다.
나는 창세 전부터 존재했습니다. 그것이 내 일생의 제1기입니다.
나는 역사를 품고 출현했습니다. 그것이 내 일생의 제2기입니다.
나는 역사가 끝난 뒤에도 영화롭게 존재합니다. 그것이 내 일생의 제3기입니다.
그냥 존재해 오시던 하나님께서 창세 전 어느 순간에 나를 두시려고 작정하셨습니다.
우선 나를 하나님의 마음속에 품으셨습니다. (제一기 교회시대)
하나님은 나를 역사 속에 출현시키고 싶으셨습니다. 그러기 위해 하나님은 창조와 구원의 양대 사역을 실천하셨습니다. 마침내 내가 그 모습을 역사 속에 드러내었습니다. 나는 하나님의 자기표현이며 자기 기업이며 자기의 거처였습니다. (제二기 교회시대)
악한 사탄이 창조의 시초에 에덴 동산을 공격하더니 지금은 하나님의 교회인 나를 공격하고 있습니다. 하나님의 거처와 악한 사탄의 거처 간에 싸움이 계속되고 있습니다.
여자 및 여자의 후손과 뱀 및 뱀의 후손이 원수가 되고(창 3:15),
사라의 이삭과 하갈의 이스마엘이 서로 시기 질투하고(창 21:9~10),
리브가의 태 속에서 두 국민이 나뉘어져서 싸움을 벌입니다(창 25:22~23).
이것은 상징이니 지금의 역사란 하나님의 거룩한 거처인 나와 악한 사탄의 더러운 거처인 세상 간에 휴전도 없고 정전도 없는 전쟁터입니다.
나를 세상에 출현시키겠다고 하신 예수님도 비록 음부의 권세가 이기지는 못하지만 전투는 계속해 올 것을 예언하셨습니다.

"또 내가 네게 이르노니 너는 베드로라 내가 이 반석 위에 내 교회를 세우리니 음부의 권세가 이기지 못하리라"(마 16:18)

역사의 종말에 나는 승리합니다. (제三기 교회시대)
오직 망하는 것은 세상 바벨론이니 "무너졌도다 무너졌도다 큰 성 바벨론이여"(계 18:2), 오직 심판 받는 것은 바벨론이니 "화 있도다 화 있도다 큰 성, 견고한 성 바벨론이여 한 시간에 네 심판이 이르렀다"(계 18:10)고 외칩니다.
하늘에서는 거룩한 성 예루살렘이 하나님께로부터 내려오는데 그 예비한 것이 신부가 남편을 위하여 단장한 것 같이 예쁘다고 했는데 그것이 나입니다.
두둥실 내가 내려오는데 땅에서는 환영사가 올라갑니다.

"아멘 주 예수여 오시옵소서"(계 22:20)」

위 고백은 교회가 스스로 자기의 정체성(正體性)을 밝힌 것입니다. 이것은 교회의 소리입니다.

필자의 자기 고백

필자는 재래적이고 전통적인 교회론 교과서를 낼 의도는 없었다. 그것을 참조하려면 이미 출판된 책들이 많기 때문이다. 필자는 3여 년에 걸친 세월을 바쳐 조금은 파격적인 교회론을 펴려고 했다. 파격적이라는 것은 교회론의 내용과 강조점이 이전 것과는 다르기 때문이다. 재래적인 교회론에서 강조하고 있던 것이나 상세한 내용들이 필자의 교회론에서는 그다지 중요하게 다루어지지 않고 슬쩍 넘어간 듯한 인상을 줄 것이다.

따라서 이 교회론은 교과서로 대하기보다는 교과서를 다시 보기 위한 다른 각도의 입문서일 것이고 교회에 관한 새로운 접근 및 시야를 열어주는 안내서일 것이다. 교회는 무생명적 어떤 대상이 아니라 영적이며 살아 있는 인격적 생명체이기 때문에 생명체의 자연 발산적 흐름과 약동을 그대로 서술하고 싶었기 때문이다.

필자의 교회론의 특징은 다음과 같다.

교회론을 모 교리(mother doctrine)로 정했다. 교회론 속에 조직신학의 내용을 거의 다 포함시켰다. 교회론을 조직신학 속의 한 부분으로 취급해오던 형식을 과감히 버렸다. 그만큼 교회론의 내용이 풍부하고 포괄적이며 전 신학의 지붕이 된다는 것이다. 교회론의 내용과 순서를 임의로 정했다. 모든 조직신학이 교회론의 내용이 된 셈이다. 따라서 교회론의 재래적인 순서를 지양했다. 교회론의 용어를 현대적 맥락에서 사용했다. 가령 「교회 일생론」 같은 책 표제도 그렇고 교회의 잉태니 출산이니 하는 용어가 그렇다.

한 컵의 바닷물로 온 바닷물을 대표할 수 없듯이 필자의 교회론도 모든 교회론을 대표한다고는 할 수 없을 것이다. 그러나 교회에 대한 새로운 각도의 새로운 측면을 비춰줄 것으로 확신한다.

당뇨 조심하라는 아내의 뜨거운 보살핌을 말로 다 감사할 수 없다. 아내는 이 책의 첫 번째 독자로서 두고두고 이 책과 함께할 것으로 믿는다.

꼼꼼하게 원고를 정리해 준 송지연 자매가 없었더라면 어떻게 되었을까! 그녀와의 합작이라고 해도 좋을 만큼 그녀는 나의 원고에 정통했었다. 그동안 송 자매에게 좋은 배필이 나타나도록 기도하면서 집필을 해왔는데, 마침내 탈고를 앞두고 정말로 하나님이 보내 주신 형제가 나타났다. 그리고 멋진 결혼 예식을 치렀다. 주의 종을 돕는 자에게 하나님이 축복해 주심을 필자는 생생하게 느꼈다. 참으로 감사한 일이었다.

나의 탈고 소식이 전해지자 출판비 일체를 무조건 책임지시겠다고 자원해 오신 그리스도 안에서 신실한 부부가 계셨다.

그들은 횃불침례교회 안수집사 출신인 주식회사 필룩스 노시청 회장님과 박연숙 집사님 내외분이다. 노시청 회장님은 연세대학교에서 전기 분야를 전공하시고 수십 년을 전기에 관해 연구해 오시다 창세기 1장 3절의 "빛이 있으라 하시매 빛이 있었고"의 말씀을 하나님께로부터 받은 후 감성조명 사업을 시작하셔서 크게 성공을 거두신 분이다. 이화여자대학교에서 물리학을 전공하신 박연숙 집사님 역시 신실한 신앙인으로 나의 후견인을 자청하며 누구보다 「교회 일생론」 탈고 소식을 기뻐해 주었다.

하나님은 이런저런 과정을 통해 나의 「교회 일생론」 책을 세상에 내어놓게 하셨는데, 노 회장님 내외에게 내리실 축복 또한 나의 소관이 아니라 하나님의 몫이라 여기며, 나는 물론이거니와 이 책을 읽게 될 많은 독자들을 대표해 다시 한 번 감사의 마음을 지면을 통해서 전하고 싶다.

끝으로 요단출판사 대표 안병창 목사의 뜨거운 배려와 이종덕 출판팀장, 하정희, 장용미 자매의 노고에 감사드리며, 구리 cbmc 회원과 평화침례교회 성도들에게 감사하는 바이다.

70세를 넘은 고령에도 불구하고 나에게 청년의 힘을 주시사 집필하게 하신 하나님께 감사와 영광을 돌린다.

2008년 여름에
권혁봉

또 내가 네게 이르노니 너는 베드로라 내가 이 반석 위에 내 교회를 세우리니
음부의 권세가 이기지 못하리라(마 16:18)

들어가는 말 _

1. 왜 교회의 일생을 강조할 수밖에 없는가?

신앙생활을 하다 보니 자연적으로 이끌리는 하나의 최후적인 형체(形體)가 선명해오는 것을 느꼈다. "결국은 교회로구나"하는 감격이었다. 또 신학 활동을 하다 보니 체계적으로 이어지는 하나의 포괄적인 진리가 활보(闊步)하는 것을 보았다. "결국은 교회로구나"하는 확신이었다.

이 감격 그리고 이 확신의 근거는 무엇인가?

그것은 교회의 일생 때문이었다. 교회란 창세역사 이전부터 있었고 다음 역사 속에 있다가 그리고 역사가 끝난 후에는 하나님과 함께 하늘에서 영존(永存)하는 영화로운 영적 인격체였다. 하나님의 모든 관심사는 교회를 하나님의 자기투사(自己投射)로 만드시는 일이었다. 존재(存在)하시던 하나님이 행위(行爲)하셨다는 것은 교회 출산을 의미한다. 하나님의 움직임은 교회를 가운데 두신 활동이었다. 그것이 계시(啓示)이다. 좀더 구체적으로 말해보자! 하나님의 모든 작정과 섭리는 교회를 향한 것이었다. 교회는 하나님의 창조와 구속사역의 최후 목표였다. 모든 것은 교회를 위한 사전작업(事前作業)에 불과했다. 모든 역사는 교회라는 인격체가 활동하는 무대요 생존하는 삶의 터였다.

그런데 역사 속의 교회는 어떤 대우를 받고 있는가? 불신인(不信人)들은 교회를 우습게 알고 소위 신자들도 교회를 가볍게 보고 있다. 그것은 그 배후에 사탄의 조종이 있기 때문이다. 한 번은 교회의 한 성도가 교회 앞에서 엄청난 잘못을 저질러놓고서도 이렇게 말했다. "직장에서라면 내가 이렇게 못합니다. 교회니까 했어요." 그는 교역자에게 폭언과 폭행을 했었다. 나는 그 말을 듣는 순간 교인들이 교회를 직장만큼도 중요하게 여기지 않는 현실을 직시하고 큰 충격을 받았다. 나는 교수로 신학 강단에서 교회 이론에 관해 열강했던 것을 이젠 목회자로 목회현장에서 교회 비중에 관해 설교해야 한다고 다짐했었다.

왜 그리스도인들마저 교회를 가볍게 보는 이유는 무엇인가? 첫째로 그것은 그리스도인들이 교회에 대해서 무지하기 때문이다. 교회를 모른다니? 교회에 대해서 아는 바가 없다니? 그것은 무엇을 말하는가? 상당수의 그리스도인들이 교회의 정체(正體)에 대해서 무지하다는 것이다. 교회의 정체를 모르니까 교회가 중요한 줄을 모른다. 교회는 하나님이 원해서 하나님을 위하여 생긴 것이지 사람을 위해서 생긴 것이 아니다. 교회의 일차적인 목적은 하나님의 자기표현(自己表現, expression of God himself)이요 자기개방(自己開放, disclosure of God himself)이다.

목회하는 동안에 가장 힘들었던 것은 교인들로 하여금 교회가 이 세상의 어떤 것보다도 가장 중요한 곳임을 믿게 만드는 일이었다. 교회가 최고의 가치를 지녔다는 신앙고백을 이끌어내지 못한 목회는 아직도 갈 길이 먼 것이다. 이게 무슨 말인가 하면 교인들은 교회를 가정이 잘 되기 위한 수단 정도로 여기고 있다는 것이다. 교회에 충성한다는 것은 내 가정이 잘 되기 위함이라는 수준에 머물고 있다. 교회 충성이 가정 행복으로 연결되지 않는다는 것은 아니지만 교회 충성은 그 자체가 축복이지 또 다른 축복을 얻어내는 수단은 아니다. 다시 말하면, 사람들은 교회를 어떤 목적을 위한 수단으로 보고 있다. 그래서 교회의 수단성(手段性)은 교회의 목적성(目的性)으로 바꿔져야 한다는 것이다. 예수님은 우리에게 가정보다 더 귀한 것이 있음을 다음과 같이 말씀하셨다.

"내가 온 것은 사람이 그 아버지와, 딸이 어머니와, 며느리가 시어머니와 불화하게 하려 함이니 사람의 원수가 자기 집안 식구리라 아버지나 어머니를 나보다 더 사랑하는 자는 내게 합당하지 아니하고 아들이나 딸을 나보다 더 사랑하는 자도 내게 합당하지 아니하며"(마 10:35~37)

다시 말하자면, 교회는 창세 전 하나님의 마음속에서 잉태되었다가 역사 속에 출생시킨 영적인 인격체이다. 교회는 하나님의 영원한 계획이며 역사의 최후의 목표이며 삼위일체 하나님의 자기표현이었던 것이다. "교회란 무엇인가?"(What is the Church?)가 아니라 "교회란 누구인가?"(Who is the Church?)여야 한다. 그런데 사람들은 교회를 인격자로 대하지 않는다. 이게 교회 정체에 대한 무지이다.

둘째로 교회가 처하고 있는 세상의 정체에 무지하다는 것이다.

세상은 하나님을 대적하는 악한 마귀 사탄이 역사 속에서 조직해 놓은 반신적(反神的) 조직체이다. 세상은 교회를 적대(敵對)한다. 세상과 교회의 관계는 불편한 관계이다. 그 관계는 투쟁관계요 이 투쟁은 정전상태(停戰狀態)도 아니며 휴전상태(休戰狀態)도 아니다. 그렇건만 우리 그리스도인은 아무런 대책이 없이 살아가고 있다. 예수님께서 음부의 권세가 이기지 못하리라고 말씀하셨는데 이는 교회는 언제나 공격을 당한다는 사실을 지적하신 말씀이다.

"또 내가 네게 이르노니 너는 베드로라 내가 이 반석 위에 내 교회를 세우리니 음부의 권세가 이기지 못하리라"(마 16:18)

우리는 교회가 세상과 대치하고 있다는 사실을 절실하게 인식해야 한다. 세상은 공격하는데 교회는 무방비 상태로 있다는 것은 전율적인 상황이 아닐 수 없다. 성경은 세상을 무엇이라고 말하고 있는가?

"이 세상이나 세상에 있는 것들을 사랑하지 말라 누구든지 세상을 사랑하면 아버지의 사랑이 그 안에 있지 아니하니 이는 세상에 있는 모든 것이 육신의 정욕과 안목의 정욕과 이생의 자랑이니 다 아버지께로부터 온 것이 아니요 세상으로부터 온 것이라 이 세상도, 그 정욕도 지나가되 오직 하나님의 뜻을 행하는 자는 영원히 거하느니라"(요일 2:15~17)

세상을 사랑하지 말라고 했는데 우리는 사랑하고 있지는 않는가?[1]

"예수께서 대답하여 이르시대 악하고 음란한 세대가 표적을 구하나 선지자 요나의 표적 밖에는 보일 표적이 없느니라"(마 12:39)

예수님은 세상을 악하고 음란하다고 말씀하셨는데 우리는 세상을 너무 아름답게 보고 있지는 않는가?

"간음한 여인들아 세상과 벗된 것이 하나님과 원수 됨을 알지 못하느냐 그런즉 누구든지 세상과 벗이 되고자 하는 자는 스스로 하나님과 원수 되는 것이니라"(약 4:4)

세상과 벗하는 것이 간음사건이요 하나님의 원수가 되는 것인데 우리는 쉽게 세상과 벗

---

1) 워치만 니, 「세상을 사랑하지 말라」 권혁봉 역, (서울: 생명의말씀사, 2001)에서 세상 개념에 대해 잘 소개하고 있다.

하고 있지는 않은가?

셋째로 그리스도인은 악한 마귀 사탄이 궤계를 꾸미면서 쉬지 않고 교회를 공격하며 유혹하고 있다는 것에 무지하다.

최초의 에덴 동산의 사건을 보라. 뱀이 여자에게 물었다.

> "그런데 뱀은 여호와 하나님이 지으신 들짐승 중에 가장 간교하니라 뱀이 여자에게 물어 이르되 하나님이 참으로 너희에게 동산 모든 나무의 열매를 먹지 말라 하시더냐"(창 3:1)

언제 하나님이 동산의 모든 나무의 실과를 먹지 말라 하셨던가? 하나님은 동산 각종 나무의 실과는 네가 임의로 먹으라고 하셨다(창 2:16).

그런데 뱀은 하나님의 말씀을 흔들고 있다. 확고한 말씀을 흔들어 여자에게 말한다.

> "뱀이 여자에게 이르되 너희가 결코 죽지 아니하리라 너희가 그것을 먹는 날에는 너희 눈이 밝아져 하나님과 같이 되어 선악을 알 줄 하나님이 아심이니라"(창 3:4~5)

뱀이 여자의 눈앞에서 하나님의 말씀을 흔들고 있다. 확고한 말씀이 흔들리는 말씀이 되었다. 흔들리는 말씀을 들은 여자도 흔들린다.

> "여자가 그 나무를 본즉 먹음직도 하고 보암직도 하고 지혜롭게 할 만큼 탐스럽기도 한 나무인지라 여자가 그 열매를 따먹고 자기와 함께 있는 남편에게도 주매 그도 먹은지라"(창 3:6)

그때 이후로 세상은 흔들리고 있다. 방향 없이 그냥 흔들리고 있다. 그 흔들림이 심해서 정신을 잃고 있다. 오늘날 악한 마귀 사탄이 그리스도인들로 하여금 하나님의 최후 목표인 교회를 가볍게 보게 만들고 있다. 사탄은 교회의 형성과정을 파괴하려고 했는데 그 과정을 보면 이렇다. 첫째, 악한 마귀 사탄은 창조 시에 아담 하와를 시험하여 타락시켰다. 먹지 말라는 것을 먹으라고 사탄은 시험했고 하와는 넘어졌다. 사탄은 창조주를 부인하도록 역사 속에서 안간힘을 썼다. 진화론으로 창조론을 대치하려 했다. 그러나 그것은 실패했었다.

둘째, 악한 마귀는 구원사역을 공격했다. 믿음으로만 구원받는 것이 아니라 행위로도 구원받아야 한다고 마귀는 변질된 구원론을 폈다. 은혜 구원이 아니라 율법행위 구원론을 마귀가 내어놓았다. '오직 믿음으로'라는 진리를 율법행위에 의한 진리로 대치시키려 했다. 그러나 그것도 실패했다.

신실한 그리스도인은 진화론을 거부하고 이신득의(以信得義)의 은혜 구원을 굳게 믿으니 악한 마귀 사탄에게는 최후로 파괴해야 할 대상으로는 교회였다. 교회 형성을 파괴하는 일이 마귀의 일이었다. 교회 와해(瓦解) 작전이 마귀의 마지막 전투이다. 여기서 패하면 마귀는 완전히 패하기 때문에 최후의 발악을 하고 있다.

사탄은 말한다. "그리스도인들이여, 창조론도 믿어라. 구원론도 믿어라. 그런데 교회는 가볍게 보라."

C. S. 루이스의 「스크루테이프의 편지」[2]에서는 악한 마귀대장이 부하 마귀들을 그리스도인 세계로 파송하여 교회가 망할 수 있는 온갖 계략을 다 쓰고 있음을 말하고 있다. 마귀는 교회가 망할 수밖에 없는 상황들을 오히려 그것이 교회를 성공시키는 상황이라고 속이는 작전을 펴고 있다. 우리는 사탄과 그의 일꾼들의 정체를 반드시 알아야 한다.

> "너희는 너희 아비 마귀에게서 났으니 너희 아비의 욕심대로 너희도 행하고자 하느니라 그는 처음부터 살인한 자요 진리가 그 속에 없으므로 진리에 서지 못하고 거짓을 말할 때마다 제 것으로 말하나니 이는 그가 거짓말쟁이요 거짓의 아비가 되었음이라"(요 8:44)

마귀 사탄은 처음부터 살인자요 거짓말쟁이다. 그런데도 그놈과 그놈의 부하들은 가장(假裝)의 명수이다. 사탄이 광명의 천사로 가장하고 그놈의 부하들은 의의 일꾼으로 가장한다.

> "이것은 이상한 일이 아니니라 사탄도 자기를 광명의 천사로 가장하나니 그러므로 사탄의 일꾼들도 자기를 의의 일꾼으로 가장하는 것이 또한 대단한 일이 아니니라 그들의 마지막은 그 행위대로 되리라"(고후 11:14~15)

하나님의 창조의 목적은 구원이고, 구원의 목적은 교회 형성인 것을 사탄은 알고 있다. 그놈은 알고 있는 만큼 교회를 파괴시키려는 온갖 시도를 다해 보려고 덤벼든다.

그런데 어이하여 그리스도인들은 이 진리에 무지한가?

오늘날 악한 마귀 사탄이 그리스도인으로 하여금 하나님의 최후 목표인 교회를 가볍게 보도록 유혹한다. 교회의 형성 과정인 창조론과 구원론을 깨뜨리지 못하자 그놈은 전략을 바꾸었다. 그것은 교회 형성 과정은 다 인정해주고 마지막 교회를 파괴하는 일이다. 교회 파괴 작전은 교회를 흔들어버리는 일이다.

---

[2] C. S. 루이스, 「스크루테이프의 편지」 김선형 역, (서울: 홍성사, 2005).

마귀가 교회를 흔들어 버리니 온 교회가 다 흔들린다. 목사도 흔들리고 제직들도 흔들리고 신도들도 흔들린다. 흔들리니까 멀미를 하듯이 모두 구토를 한다. 구토한 바닥이 구토물로 더러워질 수밖에 없다. 마귀의 유혹은 계속된다. "창조도 믿고 구원도 받았으면 다 된 것이 아니냐? 구원받았으면 축복받은 것이 아니냐? 더 이상 바랄 게 무엇이냐? 그대는 죽어 천국갈 수 있다. 암, 그렇고 말고. 그러면 하나님의 목적에 이른 것이 아니냐? 그 이상 또 무엇을 바라느냐? 그 이상 할 것이 또 무엇이 있느냐?"

마침내 그리스도인은 마귀의 유혹에 안주(安住)한다. 슬픈 일이 아닐 수 없다. "예수-천국, 불신-지옥", "나 구원 받았네. 너 구원 받았네. 우리 구원 받았네." 우리는 우리의 구원에만 관심이 있다. 그리고 교회에 대해서는 별 관심이 없다. 교인들은 소 닭 보듯이 교회를 보고 있다. 교회는 하나의 액세서리가 된다. 교회는 여행의 한 정류소가 된다. 교회는 어머니로서 우리를 그냥 감싸주기만 하면 된다. 과연 꼭 그런 것인가? 칼빈은 그의「기독교 강요」마지막 부분에서 교회론을 논술하면서 교회란 어머니로서의 성격을 띠며 성도들을 어머니가 자녀를 보호하듯 보살피고 보호한다는 것을 강조했다.

「먼저 교리부터 논해보자. 하나님께서는 교회의 품 안으로 당신의 자녀들을 불러 모아 교회의 성무(聖務)로서 어린 신자들을 양육하시며 또한 그들이 성숙한 신자가 되어 신앙의 목표에 다다를 때까지 모성애와 같은 배려로 그들을 기꺼이 인도하시기 때문이다.

"그러므로 하나님이 짝지어 주신 것을 사람이 나누지 못할지니라 하시더라"(막 10:9)

그러므로 하나님이 성부로 여겨지는 자들에게는 또한 교회는 어머니가 되는 것이다. 이 사실은 율법시대에만 통했던 것은 아니고 그리스도께서 오신 이후에도 그러하며 그 예로 바울은 하늘의 새 예루살렘의 자녀들이라고 가르치고 있다(갈 4:26).」[3]

물론 정당한 말이다. 성도들이 세상에 있지 않고 교회란 테두리 안에 있을 때 안전 보장이 되는 것은 물론이다. 그러나 더 깊이 고찰해 보면 이때도 교회의 존재 의미가 사람을 위한다는 쪽으로 많이 치중되고 있음을 발견한다. 교회는 사람 즉 성도를 상대로 해서 성도들을 보호한다는 것인데 이때 교회는 성도들을 위한 하나의 수단이나 장치로 전락하기 쉽다.

그러나 교회는 어떤 고상한 일을 위해서도 수단이 아니라 그 자신이 목적이다. 교회는 일차적으로 하나님을 상대하는 것이지 사람을 상대하는 것은 아니다. 교회의 의미를 칼날

---

[3] 존 칼빈, 「기독교 강요 4권」 김문제 역, (서울: 세종문화사, 1974), pp.46~47.

위에 놓이게 하는 것은 사탄의 계략이다. 악한 마귀는 이런 말까지 나오게 만들었다.

"예수는 좋은데 교회는 싫다."

이것처럼 모순되는 말은 없다. 예수는 왜 좋은가? 그런데 교회는 왜 싫은가? 예를 들면 미국인들의 72퍼센트가 자신들은 개인적으로는 예수 그리스도를 믿는 신자들이라고 자처하면서도 교회 예배에 출석하는 숫자는 50퍼센트 미만에 그친다. 예수는 좋은데 교회는 싫다는 단적인 증거이다.

반의 진리는 반(半)의 비진리를 말한다. 예수 좋다는 것은 인간 위주로 행복을 갖다 주는 것이고, 교회 싫다는 것은 하나님 위주로 인간에게 손해가 된다는 것이다. 백 번 양보하여 그 말이 예수의 완전성에 대한 교회의 불완전성을 지적하는 것이라 하더라도, 비록 교회가 불완전해도 싫어해야 하는 이유는 되지 못한다. 그것은 결국은 예수도 싫고 교회도 싫다는 말이 되는 것이다. 그래서 우리가 토로하는 철들지 못한 이야기는 이런 것이다. "구원받았으면 됐지, 왜 교회가 나를 속박하느냐?" 그리하여 구원론이 기독교 진리의 최고봉인 줄 알고 있다. 결코 그런 것이 아니다. 또 하나님의 창조론만 굳게 믿어 준다고 해서 기독교 진리 전체를 순종한다는 것은 아니다. 구원은 아직도 어떤 큰 봉우리 밑에 있다. 구원받은 사람들에게는 집결하는 일이 남아 있다. 그게 교회이다. 개개인이 구원받은 것은 구원받은 사람들끼리 똘똘 뭉치라는 과제 때문이다.

마귀는 구원론에 차라리 박수를 쳐줄지도 모른다. 그러나 마귀의 박수에는 일체 반응을 표하지 말자. 귀신도 예수를 하나님의 아들로 알았지만 예수님은 그것을 인정하지 않으셨다(막 5:1~15). 구원의 목적이 천국행으로만 직결된다면 나는 이렇게 말하고 싶다.

"구원받는 순간에 천국 가세요."

그것은 구원받는 순간에 장례식을 치르란 말과 같다. 그러나 구원받는 순간에 우리 모두는 장례를 치러야 하는가? 물론 천국에 갈 날도 있지만 믿는 순간부터 그때까지의 사이에 시간과 공간이 있지 않은가?

예수님도 그런 시간과 공간을 가지셨다.

"내가 아버지에게서 나와 세상에 왔고 다시 세상을 떠나 아버지께로 가노라 하시니"(요 16:28)

구원-천국 사이에 무엇이 있어야 하지 않은가? 그 사이에는 교회가 있다. 구원받은 자는 교회하다가 천국에 올라가야 한다. 교회라는 명사를 동사화(動詞化)하여 현재-과거-과거분사로 삼단변화를 갖게 한다. church-churched-churched. 우리는 '교회를 한다'라고 하는데 그것은 그리스도인의 사업이요 삶이다. 교회는 흔들리기는 하지만 넘어지지는 않는다(마 16:18).

그런즉 우리는 무엇을 할 것인가? 교회를 알고, 교회를 하자. 교회를 알자라는 말은 무엇을 의미하는가? 하나님의 뜻을 안다는 것이다. 교회를 하자는 말은 무엇을 의미하는가? 그리스도인의 생활을 하자는 것이다. 뜻을 안 자는 된 자(being)이고, 생활을 하는 자는 하는 자(doing)이다. 왜 우리는 이 세상에 왔는가? 왜 예수님이 이 세상에 오셨던가? 우리는 그의 제자로서 그의 삶을 따라야 할 것이다.

> "내가 하늘에서 내려온 것은 내 뜻을 행하려 함이 아니요 나를 보내신 이의 뜻을 행하려 함이니라 나를 보내신 이의 뜻은 내게 주신 자 중에 내가 하나도 잃어버리지 아니하고 마지막 날에 다시 살리는 이것이니라"(요 6:38~39)

예수님이 오신 것은 하나님의 일을 이루기 위함이다. 그 하나님의 일은 무엇인가? 그것은 교회를 이루려는 것이었다.

> "예수께서 이르시되 나의 양식은 나를 보내신 이의 뜻을 행하며 그의 일을 온전히 이루는 이것이니라"(요 4:34)

예수님은 파송의식을 갖고 계셨다. 보내신 이의 뜻과 일이 그의 지상 일생이었다. 표준(standard)과 방향(direction)이 있는 삶은 흔들리지 않는다. 그런 삶은 안정감이 있다. 그리스도인의 삶의 특징은 따라야 할 표준이 있고 달려가야 할 방향이 있는 삶이다. 세상 사람들은 무표준, 무방향의 삶을 살다보니 애쓰고도 얻는 바가 없다. 전도서는 이렇게 말하고 있다.

> "전도자가 이르되 헛되고 헛되며 헛되고 헛되니 모든 것이 헛되도다"(전 1:2)
> "모든 만물이 피곤하다는 것을 사람이 말로 다 말할 수는 없나니 눈은 보아도 족함이 없고 귀는 들어도 가득 차지 아니하도다"(전 1:8)
> "내가 해 아래에서 행하는 모든 일을 보았노라 보라 모두 다 헛되어 바람을 잡으려는 것이로다"(전 1:14)
> "그 후에 내가 생각해 본즉 내 손으로 한 모든 일과 내가 수고한 모든 것이 다 헛되어 바람을 잡는 것이며 해 아래에서 무익한 것이로다"(전 2:11)
> "이러므로 내가 사는 것을 미워하였노니 이는 해 아래에서 하는 일이 내게 괴로움이요 모두 다 헛되어 바람을 잡으려는 것이기 때문이로다"(전 2:17)
> "그가 모태에서 벌거벗고 나왔은즉 그가 나온 대로 돌아가고 수고하여 얻은 것을 아무것도 자기 손에 가지고 가지 못하리니"(전 5:15) – 空手來 空手去(공수래 공수거)

그래서 전도자는 표준과 방향이 있는 삶을 살라는 것을 다음과 같은 말로 경고하고 있다.

"꿈이 많으면 헛된 일들이 많아지고 말이 많아도 그러하니 오직 너는 하나님을 경외할지니라"
(전 5:7)
"일의 결국을 다 들었으니 하나님을 경외하고 그의 명령들을 지킬지어다 이것이 모든 사람의 본분이니라 하나님은 모든 행위와 모든 은밀한 일을 선악 간에 심판하시리라"(전 12:13~14)

그리스도인은 표준과 방향이 뚜렷한 삶을 산다. 그것은 여호와 하나님을 경외하는 삶이다. 그런데 하나님을 경외하는 삶은 무엇인가? 그것은 하나님께서 계획하시고 건축하신 것을 존중하는 삶이다. 그것이 교회이다. 교회는 하나님에 의해 세워졌고 하나님의 뜻이 가장 잘 통하는 왕국의 지상 표현이다. 그리스도인은 자신들의 삶이 교회적인 삶이요 교회 지향적인 삶이요 그것을 영적인 삶이라 한다. 그것은 그리스도인이 이 땅 위에서 살면서 하늘에 속한 삶을 살고, 하늘에 속한 삶을 살면서 땅 위에서의 삶을 사는 것이다.

"하늘에 있는 것이나 땅에 있는 것이 다 그리스도 안에서 통일되게 하려 하심이라"(엡 1:10)

이것이 진정한 영적 생활이다. 그리스도인의 삶의 표준도 교회요 삶의 방향도 교회다. 교회와 무관한 그리스도인의 삶은 상상할 수 없다. 프랜시스 쉐퍼는 이런 사상을 그의 「진정한 영적생활」에서 웅변하고 있다.[4]

필자는 교수로서 신학교에서 강의하다가 목회의 길에 들어서서 교회의 주제가를 아래와 같이 작사하여 이미 있던 복음송의 곡에 맞춰 사역하던 교회의 예배 시간에 온 교인으로 부르게 하면서 하나님께 영광의 찬송으로 올려드렸다.

이 시간 이 곳에
(벧엘 침례교회 교가)

이 시간 이 곳에 내가 있음은
하나님 정하신 섭리라 믿소
그 섭리가 무엔가 그 섭리가 무엔가

---
4) 프랜시스 A. 쉐퍼, 「진정한 영적생활」 권혁봉 역, (서울: 생명의말씀사, 1975).

> 교회를 이루시란 주 하나님의 뜻
> 보잘것없는 몸 불러 주시니
> 은혜를 주신 주 감사합니다

이 교가에는 교회의 일생이 소개되고 있으며 우리 그리스도인들이 세상에 존재하는 의미를 말해주고 있다(곡조는 "이 시간 주님께 기도합니다"를 따랐음). 또 필자는 목회 현장에서 예배당을 지을 때 그 머릿돌에 다음과 같은 글귀를 새겨 넣었다.

● 머릿돌 ●
창세 전 하나님의 마음속에 있었던
벧엘 교회가 1986년 출현하여
1997년에 이 예배당을 가지다

이 머릿돌에서 교회의 출생이 창세 전이라는 것과 출생지는 하나님의 마음속이라는 것과 역사 속에서 정한 시간에 출현했다는 것과 예배당이 교회가 아니라는 것 등의 많은 성경적 의미를 드러내고 있다.

필자는 사도 바울의 교회관과 교회를 향한 그의 심중이 나의 것이 되기를 바라곤 했다. 바울은 고린도후서 11장 22~27절에서 자기의 족보의 고상함도 있었고 또 교회를 위해 온갖 고통을 다 겪었지만 그는 그런 것은 별것 아니라고 했다. "또 수고하며 애쓰고 여러 번 자지 못하고 주리며 목마르고 여러 번 굶고 춥고 헐벗었노라 이 외의 일은 고사하고."

그럼 그에겐 무엇이 더 고통스러웠던가?

무엇이 항상 그를 짓누르고 있었는가?

"이 외의 일은 고사하고 아직도 날마다 내 속에 눌리는 일이 있으니 곧 모든 교회를 위하여 염려하는 것이라"(고후 11:28)

모든 교회를 위하여 염려하는 것!
그것이 날마다 사도 바울 속에서 눌리고 있었던 고통이었다.

2 어떻게 교회론을 펼까?

처음 필자는 어떻게 교회론을 펼 것인가에 대해 무척이나 갈등을 했다. 우선 교회의 정체(正體)에 대한 이해 문제였다. 교회가 무엇인가보다는 교회가 누구냐에 대한 쪽으로 개념이 형성된 것이 천만다행이었다. 이것은 하나님이 나에게 주신 특별한 은혜의 광선처럼 느껴졌다. 무엇(what)에서 누구(who)로 오는 데에는 상당한 시간이 필요했다.

그럼 교회가 누구냐라는 것이 교회의 인격성을 말하는 것임에는 틀림없는데 성경에서 이 진리를 발견했다. 그러나 이 진리를 어떻게 제시해야 하는가는 또 하나의 문제요 갈등이었다.

즉 교회론에 관한 전문지식을 지닌 학자들의 진술을 종합하여 제시해 볼까 하는 고민도 했으나 나는 즉각적으로 성경에 나타난 교회 이야기를 제시하기로 다짐했다. 학자들이 말하는 교회와 성경이 말하는 교회는 상당한 차이가 있음을 발견했기 때문이다. 당대의 사람인 학자들은 자기 시대의 문화 배경을 의식해서 교회가 어떠한 행위를 해야 하는 쪽으로 흘러가고 있었다.

그러나 필자는 사람들의 진술을 도외시하지는 않았다. 우선 필자의 서재에 꽂혀 있는 손쉽게 닿는 책들을 무작위로 뽑아 들었다. 굳이 저명한 외국학자가 아니더라도 국내 학자들의 진술을 겸허하게 인용을 많이 했다. 나와 함께 자기 위치에서 열심히 일하는 동역자들의 생각을 존중해서 그들의 저술 및 역서도 과감하게 인용하기로 했다. 단지 필자는 순전히 학자들의 생각을 종합하고 정리해서 내어 놓는 교회론을 피하고자 한 것뿐이다.

따라서 필자가 펴는 교회론에는 구구절절 많은 성경구절을 제시했다. 그리고 성경의 내용을 그대로 실었다. 그런 만큼 "이 부분은 성경 인용문이군" 하고 그냥 넘어간 채 필자의 얄팍한 진술만 듣고자 한다면 본서에서 얻어내는 수확은 절반 이하로 떨어질 것으로 우려된다. 차라리 필자의 간단한 진술을 따라 길게 제시하는 성경구절을 읽는 가운데서 독자 스스로 찾아내는 교훈이 배가되기를 원한다. 이것이 필자가 다하지 못한 책임을 독자에게 맡기는 책임회피나 변명이 될지도 모른다.

필자는 학자들의 어떤 부정적인 특수한 진술들은 아예 인용하지 않았다. 멀쩡한 진리에 대한 괜한 오해설 같은 것을 장황하게 제시할 필요를 느끼지 못했기 때문이다. 가령, 예수 그리스도의 죽음은 죄를 사하기 위한 대속적 죽음이라 하면 될 것을 이를 더 보충 설명하려는 시도가 엉뚱한 오해설로 번져, 마침내 그의 죽음이 우발적으로 되었다는 우발설, 단순한 순교적 죽음이라는 순교설, 모범을 따라 희생적 삶을 살라고 한 도덕적 감화설, 정해진 법대로 죽었다는 통치설 등등의 학설이 있는데 이런 것들을 굳이 덧붙여 설명하지 않았다. 좀더 학구적인 연구를 위한 작업이라면 고려해 볼 수 있는 곁눈질거리는 되겠지만 우리는 단순 명쾌한 진리를 가지고 앞으로 달리기에도 바쁘기 때문이다.

다시 말하면 병자에게 해당하는 양약이 있는데 굳이 먹어서는 안 될 독약도 있다는 것을 장황하게 설명할 필요가 없지 않은가? 약국은 환자에게 해당되는 양약만 처방해 주면 되는 것이지 불필요하게 독약도 처방해 주고선 이것은 복용하지 말라고 당부하는 것은 부질없는 짓이 아닐까 한다.

나의 교회론 제시가 난삽(難澁)함을 피하기 위해 불필요한 설명을 약하거나 각주에 붙이기로 했다. 다시 말하자면 "서울 가는 길입니다"라는 이정표이면 될 것을 "그러나 이쪽으로 가는 것은 서울 가는 길이 아닙니다"라고 이정표를 굳이 세울 필요가 없다는 것이다. 서울 가는 길 표시만 확실하면 서울 갈 수 없는 길들을 굳이 소개할 필요가 있는지라는 생각이다.

"이것이 교회입니다" 하는 진술이 일차적이지 "이것은 교회가 아닙니다", "교회가 아닐지도 모릅니다"라는 불필요한 설명을 가할 이유가 없지 않겠는가. 물론 때로는 교회가 아닌 것이 무엇인지도 본문이나 각주에서 언급하겠는데 그것은 독자들에게 약간의 편의를 주고자 한 배려이다.

그런 의미에서 본 교회론이 환경적 성격보다는 실제적인 성격을 띠게 되었다고 보아야 할 것이다. 사람들은 하나의 진리 주변에 수많은 다양한 설명을 붙일 때 그것이 학문적이라고 여기는데 도리어 그 가운데서 무엇이 무엇인지 오리무중에 빠지는 수가 비일비재하다. 이것이 「스크루테이프의 편지」에 나오는 마귀의 일종의 계략은 아닐지 유념하게 된다.[5]

필자는 본서를 기록할 때 모든 그리스도인들을 상대했지 특수집단을 생각하지 않았다.

---

5) C. S. 루이스, 「스크루테이프의 편지」 사상에서.

그리하여 필자는 교회론 접근에 있어서 성경적 교회로 접근하기로 했다. 이런 방향을 굳히고 나니까 마치 수많은 참고서와 각종 교회론을 제시하던 책들은 부끄럽다는 듯이 어디론가 사라지고 없음을 발견했다.

그때 "걱정마세요. 내가 여기 있습니다"라고 하며 나타난 것이 성경이었다. 성경에서 말하는 교회를 예의 검토하라는 명령이 떨어졌다. 그런데 이와 같은 나의 태도 앞에는 수많은 교회론에 관한 참고 저서들이 섣불리 나타나지를 않기에 이젠 내가 통사정하다시피 해서 참고 도서들이 나와 줄 것을 부탁했다. 그리하여 나는 상당 부분을 경건한 사람들의 진술을 나의 저술에 인용하고 애용했다. 성경을 위주로 하되 교회론 참고 도서의 도움도 간간히 요청했다. 실은 나의 교회론도 또다시 다른 사람에게 그런 정도의 도움이 되었으면 하는 바람이 있었던 것이다. 이렇게 해서 학자들의 저서들이 상당 부분을 인용되었다. 참고로 그분들의 저서는 본서 끝 참고문헌에 신기로 했다. 나는 그분들에게 머리 숙여 감사를 드린다.

나의 이런 교회론은 사람의 이론보다는 성경 자체에 철저한 근거를 두었기에 필자는 곳곳에 반드시 성경구절을 명시했다. 즉 사람의 진술에 대한 배경으로 성경구절을 각주처럼 붙인 것이 아니라, 성경의 구절 때문에 사람의 이런 저런 진술이 나올 수 있었음을 보여 주기 위해 거의 모든 진술마다 일일이 성구를 다 옮겨 놓은 것이다. 나는 학자들이 자기 사상을 기술한 뒤 그것을 뒷받침하기 위하여 성경구절을 각주 란에 작게 게재하는 데에 약간의 서글픔을 느낀다.

이 서글픔을 깨끗이 씻어주는 한 사람의 저명한 신학자로 스트롱(A. H. Strong)을 소개한다. 그는 1137면이나 되는 방대한 「조직신학」을 저술했다. 그런데 저자의 진술이 한 문장이라면 그 진술이 나오게 된 근원인 성경은 열 문장이라고 할까. 그의 진술만을 추린다면 그의 책의 부피는 1/3로 줄어들었을 것이다.

이 말은 스트롱이 그 유명하고 방대한 「조직신학」을 거의 성경구절을 구체적으로 인용해서 저술했다는 것을 의미한다.[6]

혹 어떤 독자는 저자의 진술을 길게 하고 성경구절은 괄호 속에 넣어둬서 참고문헌 정도의 표시를 해두면 독자가 찾아 볼 것이 아니냐고 말할지 모르겠으나, 사람들의 독서 습관을 볼라치면 꼭 그렇지만은 않다는 것을 알기에, 그래서 독자들에게 한 가지 제안을 할까 한다. 독자들은 본서에 제시한 성경구절을 반드시 읽어주시기를 바란다. 필자의 한계성을 지닌 진술보다도 성경구절을 읽음으로써 스스로 묵상하고 음미하는 가운데 저자의 진술 이상으로 얻어내는 부가적인 효과가 대단할 것으로 믿고 있기 때문이다. 필자의 글에서

---

6) A. H. Strong, *Systematic Theology* (Valley Forge, PA. Judson Press), p. 791.

성경구절을 간과하고 필자의 진술만을 읽는다면 본서의 의미를 절반밖에 거두지 못할 것 같은 걱정이 앞선다.

사실 필자는 출판계의 오염을 막기 위해 직접적인 저술을 미루어 왔다. 굳이 말하자면 그동안 신학의 부재와 한국적 신학의 초기에 외국의 양서를 골라 30여 편 이상을 역술한 일은 있지만 직접적인 저술이 아니기에 부담 없이 소개하여 한국 보수신학계의 작은 깃털을 달아 준 셈이 되었지만 작금의 현실은 '책'이 너무 많은 것 같아서 걱정이 되는 것이 솔직한 심정이다.

독일에서 선교사로 사역하고 있는 아들 목사에게 아비가 교회론을 쓰기 시작했다고 전화를 넣었더니 아들의 대답이 이러했다. "젊어서 낸 책은 수정할 곳이 많지만 노년에 내는 책은 익은 책이 아닙니까?" 그러면 나는 설익은 과일이 아닌 잘 익은 과일을 내게 된단 말인가? 부디 그랬으면 좋겠다는 바람 간절하다.

장님들이 코끼리의 어느 한 부분을 만지고 내놓는 평가는 제각기 다르지만 그것들을 종합하면 결국 코끼리임에는 틀림없다는 사실을 믿어 나의 저술과 다른 이의 저술이 모여져서 하나의 종합적이고도 포괄적인 교회론의 체계가 완성되었으면 한다.

1) 교회는 하나님이 잉태하신 인격이다

하나님께서 만물은 창조하셨지만 사람은 출산(出産)하셨다. 하나님은 비인격적인 사물은 만드시고 인격적인 사람은 출산(出産)하셨다. 하나님께서 아담을 흙으로 빚으시고 생기를 코에 불어넣음으로써 사람이 생령(生靈)이 되었다.

"여호와 하나님이 흙으로 사람을 지으시고 생기를 그 코에 불어넣으시니 사람이 생령이 된지라"
(창 2:7)

하나님은 항상 계셨다. 그분은 없으셨던 때가 없었다. 그러므로 하나님은 자존자이시다. 그러나 사람을 포함한 만물은 항상 있었던 것이 아니라 없었다가 있게 되었던 것이니 곧 창조물이다.

"만물이 그로 말미암아 지은 바 되었으니 지은 것이 하나도 그가 없이는 된 것이 없느니라"
(요 1:3)

그러나 사람의 창조는 만물의 창조와는 다르다. 사람은 하나님의 형상으로서 출산에 의해 창조되었다. 다시 말하면 사람은 출산 창조(出産創造)에 의해 세상에 나오게 되었다.

"하나님이 자기 형상 곧 하나님의 형상대로 사람을 창조하시되 남자와 여자를 창조하시고"
(창 1:27)

아담과 하와는 그리스도와 교회의 예표이다. 그 예표인 아담과 하와가 하나님의 단순한 피조물이 아니라 생기를 넣음으로써 출산되었듯이, 교회는 하나님이 창세 전에 잉태하시고 역사 속에서 출산하셨다. 출산한즉 출현(出現, appearance)되었던 것이다. 출산과 출현은 동의어로서 상호 교체적으로 사용된다.

"곧 창세 전에 그리스도 안에서 우리를 택하사 우리로 사랑 안에서 그 앞에 거룩하고 흠이 없게 하시려고 그 기쁘신 뜻대로 우리를 예정하사 예수 그리스도로 말미암아 자기의 아들들이 되게 하셨으니 이는 그의 사랑하시는 자 안에서 우리에게 거저 주시는 바 그의 은혜의 영광을 찬미하게 하려는 것이라"(엡 1:4~6)

우리는 출산(出産)이란 말에 당황하지 말자. 출산관계는 친교관계이지만 창조관계는 접촉관계일 따름이다. 하나님은 단지 사람과 접촉하시기를 원하지 않고 꼭 친교하시기를 원하신다. 이와 마찬가지로 하나님은 단지 교회와 접촉하시기를 원하지 않으시고 꼭 친교하시기를 원하신다. 하나님과 인간의 관계는 물리적 관계가 아니라 윤리적 관계이다. 다시 말하면, 인격자 하나님은 인격자 교회와 교제하시기를 원하신다. 인격자인 교회는 생명의 소유자요, 생명의 소유자에게는 그의 일생이 있다.

가령, 주인과 애완동물의 관계와, 주인과 자녀의 관계는 결코 같은 성질의 관계가 아니다. 아무리 주인이 애완동물을 사랑해도 피의 흐름은 없다. 그러나 때로는 속을 썩이는 자식일지라도 부모가 사랑함은 피의 흐름이 관계 속에 있기 때문이다. 이렇게 인격자 하나님은 인격자 대상을 두고 친교하고 싶어 하셨다. 하나님은 재산(財産)이 아니라 가족을 원하셨다. 재산은 창조하지만 가족은 출산에 의해 형성된다.

하나님은 창세 전부터 자기 자신에게 속하는 가족을 두시기 원하셨다. 그것은 단순한 창조에 의해서라기보다는 하나님과 자신의 생명에 의한 대물림(generated by his own life)에 의해서다.

"남편들아 아내 사랑하기를 그리스도께서 교회를 사랑하시고 위하여 자신을 주심같이 하라 이는 곧 물로 씻어 말씀으로 깨끗하게 하사 거룩하게 하시고 자기 앞에 영광스러운 교회로 세우사

타나 주름 잡힌 것이나 이런 것들이 없이 거룩하고 흠이 없게 하려 하심이니라"(엡 5:25~27)

예수 그리스도의 희생 위에서 교회는 생겨났다. 그런데 이 일은 이미 창세 전에 계획된 것이었다(엡 1:4~6).
박용구 목사는 "교회! 알고 다니십니까?"에서 필자의 사상을 너무나 간단하게 다음과 같이 요약해 주고 있다.

「제3절 교회의 시작(기원): 교회는 언제 어떻게 시작하여 존재하게 되었는가?
첫째, 창세 전 하나님의 선택과 작정 안에서 시작되었다(엡 1:3~6). 그러므로 교회의 기원은 창세 전 하나님의 작정 안에서 이루어졌다.
둘째, 역사적 기점은 오순절 날에 임한 성령의 역사로부터 시작되었다(행 2:2~4).
셋째, 초대 교회의 신앙의 박해를 이겨내며 흘린 순교의 피의 터 위에 교회는 세워진 것이다.」[7]

필자는 박용구 목사의 하나님의 작정 안을 '하나님의 마음'으로 대치하며 오순절 날의 의미를 더 부각시켜 '교회의 출현'으로 대치시켰다.
현실적 교회 상태를 보고 실망한 나머지 교회는 미래에 도래할 것이라든지 신령한 하늘 세계에 속하는 것이기 때문에 우리로부터 감추어진 비밀스러운 존재로 여기는 것은 잘못된 것이다. 교회는 구체적이고 현실적인 것으로 역사 속에 출현하였다. 교회는 그리스도인들의 모임인 만큼 얼마든지 현세에서 체험되는 대상이요 실제인 것이다.

2) 교회는 하나의 일생을 지닌다

인격자 하나님이 잉태하사 출산하신 인격자 교회인 만큼 교회는 일생(一生)이란 삶이 있다. 교회는 그냥 단지 존재(存在)하는 것이 아니라 생존(生存)하는 것이다. 출산하니 출현되었기에 출산과 출현은 동전의 양면이다. 생존하는 교회는 유기적(有機的) 생명체이다.

"사데 교회의 사자에게 편지하기를 하나님의 일곱 영과 일곱 별을 가지신 이가 가라사대 내가 네 행위를 아노니 네가 살았다 하는 이름은 가졌으나 죽은 자로다"(계 3:1)

'살았다' 라는 이름은 가졌으나 죽은 자라는 경고를 받은 사데 교회는 처음에 살아 있었

---

[7] 박용구, 「교회론(1)」(안양: 잠언, 1996), p. 21.

던 것이다. 죽음은 살아 있음을 전제로 한 것이다. "너는 일깨워 그 남은 바 죽게 된 것을 굳게 하라"는 사데 교회를 향한 주님의 명령은 생명체인 교회에게 하신 것이었다.

교회는 또한 인격자인 새 사람이다.

> "원수 된 것 곧 의문에 속한 계명의 율법을 자기 육체로 폐하셨으니 이는 이 둘로 자기의 안에서 한 새 사람을 지어 화평하게 하시고"(엡 2:15)

여기 새 사람이란 이방인과 유대인이 결합해서 이루어진 문자 그대로 새로 된 사람이다. 이 새 사람은 헬라어로 '안드로포스'(anthropos)인데 남성명사 인격자를 말한다. 이 새 사람은 누구인가? 그는 보이진 않으나 찬란한 우주적인 교회를 지칭한다.

그런즉 교회는 새 사람이다. 교회는 인격자이다. 하나님은 인격자를 특수하게 창조하셨다. 우리는 그것을 하나님께서 잉태하시고 출산하셨다고 설명한다. 교회는 하나님 자녀들의 집단이다(요 1:12). 그런데 하나님의 자녀들은 창조에 의해서가 아니라 출산에 의해 자녀가 되었다.

> "이는 혈통으로나 육정으로나 사람의 뜻으로 나지 아니하고 오직 하나님께로서 난 자들이니라" (요 1:13)

교회는 하나님께로서 난 자들의 모임이다.
교회는 옛 창조에 속하는 사람들의 모임이 아니다.
교회는 새 창조 즉 하늘로부터 다시 출생한 사람들의 모임이다. 교회가 창세 전에 하나님의 마음속에서 잉태되었다는 것은 이를 두고 칭하는 말이다.

다시 말하면 '새 사람'은 인격적 존재이다. 교회는 기관(器管, organism)이지 결코 기구(機構, organization)는 아니다. 기관에는 생명이 있거니와 기구에는 생명이 없다. 그러므로 교회는 살아 있는 삶이다. 그것은 인격자의 삶이다. 출산에 의한 교회는 생명을 지닌 인격자이기에 교회 나름대로의 일생을 지닌다. 교회의 일생은 제1기, 제2기, 제3기로 분류된다.

(1) 제1기는 창세 전, 하나님의 마음속에 잉태된 존재로서의 일생을 시작하는 교회 시기이다.

> "찬송하리로다 하나님 곧 우리 주 예수 그리스도의 아버지께서 그리스도 안에서 하늘에 속한 모든 신령한 복으로 우리에게 복 주시되 곧 창세 전에 그리스도 안에서 우리를 택하사 우리로 사랑 안에서 그 앞에 거룩하고 흠이 없게 하시려고 그 기쁘신 뜻대로 우리를 예정하사 예수 그리

스도로 말미암아 자기의 아들들이 되게 하셨으니 이는 그의 사랑하시는 자 안에서 우리에게 거저 주시는 바 그의 은혜의 영광을 찬미하게 하려는 것이라"(엡 1:3~6)

이미 교회는 창세 전에 하나님의 마음속에 존재하였고 하나님의 마음속에서 잉태되었다. 잉태는 출산을 전제로 한 완벽한 구조요 다만 바깥 세상에 나오지 않은 태아 상태로 있었을 뿐이다. 산모의 모태에 있는 태아도 인간이요, 인격자요, 존귀한 존재자이다. 사람들은 가시적이고 접촉 가능한 것만 존재자로 보는 판단을 내리지만 영적 세계의 실재는 육체적 감각적 접촉을 초월해 있다. "존재란 무엇인가?" 하는 철학적 문제는 '존재 자체'라는 신학적 문제로 나아간다.

이 문제는 제1기 교회시대를 논할 때 더 상세히 설명하겠지만 폴 틸리히(Paul Tillich)의 신학 사상이 하나님을 '존재 자체'(being itself)로 보았다는 것을 우선 여기서 밝힌다. 물론 틸리히의 철학적 신개념이 성서적 신개념에 군더더기를 씌운 아쉬움은 있지만 그가 말하는 소위 지성인 엘리트에게 접근하기엔 용이한 통로가 된다. 틸리히는 존재에 관한 그의 철학적 분석에서 제시된 문제에다가 신학적인 답변을 제시하고자 했다. 그 대답은 '존재 자체로서의 하나님'(God as being itself)이라고 했다.[8] 땅 속에 묻힌 씨앗이 땅 표면으로 나타나지 아니했다 하더라도 이미 땅 속에 존재하고 있는 것이 아닌가? 제1기 교회시대의 교회 이야기는 '존재' 개념을 확실히 해 놓을 때에 이해되기 쉬운 것이다. 물질계와 영계의 존재 개념에 혼동이 없어야 될 것이다.

(2) 제2기는 교회를 위한 하나님의 창조사역과 예수 그리스도로 말미암은 교회의 출산과 내주(內住)하시는 성령의 거처로서의 교회의 성장 시기이다.

성부 하나님의 창조사역과 성자 하나님의 구속사역, 성령 하나님의 능력 주시는 내주(內住) 사역은 교회를 이루심에 집중되고 있다. 그 중 한 위의 사역만을 강조하고 다른 두 위의 사역을 무시하면 온전한 교회 형성은 불가했을 것이다.

무더운 여름날 지금 여기에 접었다 폈다 할 수 있는 주름 잡힌 손부채가 있다 하자. 그 부채를 활짝 펴지 않고 부채질을 하면 나무막대기로 바람을 일으키는 것이나 다름없을 것이다. 또 어느 누가 부채질을 그렇게 미련하게 하는 사람이 있으랴? 부채질을 하려면 활짝 다 펴야 바람을 일으킬 수 있다. 또 가령 그 부채의 1/3만 펴고 2/3는 접은 채로 해도 그리 시원한 바람을 낼 수 없을 것이다. 3/3, 곧 부채 전체를 펴고 부채질을 해야 시원하다. 부

---

8) John P. Newport, *Paul Tillich*, (Waco Texas, Word Books, 1984), p. 107.

채는 펴진 부채여야지 접힌 부채여서는 쓸모가 없다.

　유대교의 절대 유일신 사상은 펴지 않고 막대기처럼 지닌 부채 형태의 신관일 것이며, 창조주 하나님의 보편 구원설을 부르짖는 성부 중심의 신학은 아마도 그 부채의 앞부분 1/3만 펴고 부채질하는 형상일 것이며, 가운데 1/3만 펴고 부채질한다면 성자 예수로 말미암은 구원만 강조하는 소위 구원 강조파의 형상이 될 것이며, 또 앞의 2/3 부분은 접어놓고 마지막 끝 부분 1/3만 펴고 부채질하는 사람은 소위 성령운동, 은사만을 강조하는 사람들의 형상일 것이다. 그런즉 삼위일체 하나님의 각 위의 사역들을 종합해야 온전한 구원사역과 교회사역이 해석될 것이 분명하다.

　성부 하나님이 천지를 창조하셨다(성부 하나님의 창조사역).

"태초에 하나님이 천지를 창조하시니라"(창 1:1)
"하나님이 자기 형상 곧 하나님의 형상대로 사람을 창조하시되 남자와 여자를 창조하시고"(창 1:27)
"땅과 거기 충만한 것과 세계와 그 중에 거하는 자가 다 여호와의 것이로다 여호와께서 그 터를 바다 위에 세우심이여 강들 위에 건설하셨도다"(시 24:1~2)
"여호와가 우리 하나님이신 줄 너희는 알지어다 그는 우리를 지으신 자시요 우리는 그의 것이니 그의 백성이요 그의 기르시는 양이로다"(시 100:3)

　하나님은 천지도 만드시고 우리 사람도 만드셨다.
　모든 것이 하나님의 창조로 말미암은 것이다.

"… 천지와 바다와 그 가운데 만유를 지으시고 살아 계신 하나님께로 돌아오라 함이라"(행 14:15 하반절)

　이 천지, 만물, 인간을 왜 창조하셨는가?
　그것은 그리스도를 위함이었고, 그리스도를 위함은 그의 몸과 신부가 될 교회를 위한 것이었다(골 1:15~20).

　성자 예수께서 교회를 세우셨다(성자 예수 그리스도의 구속사역).

"또 내가 네게 이르노니 너는 베드로라 내가 이 반석 위에 내 교회를 세우리니 음부의 권세가 이기지 못하리라"(마 16:18)

창세 전에 하나님의 마음속에 있었던 교회를 반석 위에 출산시키겠다고 하셨다. 실제로 교회를 사랑하셔서 자신의 피로 교회를 사셨다.

"남편들아 아내 사랑하기를 그리스도께서 교회를 사랑하시고 위하여 자신을 주심같이 하라 이는 곧 물로 씻어 말씀으로 깨끗하게 하사 거룩하게 하시고 자기 앞에 영광스러운 교회로 세우사 티나 주름 잡힌 것이나 이런 것들이 없이 거룩하고 흠이 없게 하려 하심이니라"(엡 5:25~27)
"너희는 자기를 위하여 또는 온 양 떼를 위하여 삼가라 성령이 저들 가운데 너희로 감독자를 삼고 하나님이 자기 피로 사신 교회를 치게 하셨느니라"(행 20:28)

성령 하나님께서 교회 안에 내주(內住)하신다(성령 하나님의 내주 사역).

"너희가 하나님의 성전인 것과 하나님의 성령이 너희 안에 거하시는 것을 알지 못하느뇨"(고전 3:16)
"너희 몸은 너희가 하나님께로부터 받은바 너희 가운데 계신 성령의 전인 줄을 알지 못하느냐 너희는 너희의 것이 아니라"(고전 6:19)
"그의 안에서 건물마다 서로 연결하여 주 안에서 성전이 되어가고 너희도 성령 안에서 하나님의 거하실 처소가 되기 위하여 예수 안에서 함께 지어져 가느니라"(엡 2:21~22)

삼위일체 하나님은 오직 역사 속에 교회를 내어 놓으시기 위한 활동에 총력을 기울이셨다. 하나님이 잉태하셔서 출산한 교회는 하나님을 닮는다. 모든 피조물이 다 하나님의 창조에 의한 것이지만 교회만은 하나님의 특별한 출산에 의해 나왔다. 모든 창조물은 교회의 존립을 위한 부수적이고 보조적인 자료이다. 창조물과 교회의 관계는 마치 신생아와 신생아에게 필요한 생활필수품의 관계와 같다. 교회의 제2기는 교회의 출현과 아울러 교회가 성장해야 할 시기이다. 성장은 그리스도의 분량에까지 이르러야 한다.

성령 하나님이 계시는 전(殿)으로서의 교회는 아름다움과 권위가 있다. 교회의 활동은 세상을 교회화(敎會化)하기 위한 것이다. 교회는 비대해서는 안 되며 건강해야 한다. 교회는 단세포의 확장이 아니라 수많은 세포 분열 작업이 요청된다.

교회의 제2기는 역사 속에서의 하나님의 활동이요 하나님의 자기표현 시기이다. 하나님의 뜻이 하늘에서 이루어진 것 같이 땅에서 이루어져야 하는 것이다. 하나님의 뜻이란 교회가 역사 속에서 반듯하게 생존하는 일이다. 교회 일생의 제2기는 교회의 출현과 아울러 성장하는 활동의 시기다. 이때 그리스도는 교회의 머리며 교회는 그의 몸이다. 그리스도가 몸 된 교회의 머리라는 비유는 이 세상 역사 속에서 통용되는 말이다.

(3) 제3기는 창조된 역사를 마감하고 신랑 예수 그리스도를 맞이한 교회가 영원히 하늘나라에서 하나님과 함께 밀월의 시간을 갖는 허니문 시대이다.

"주께서 호령과 천사장의 소리와 하나님의 나팔로 친히 하늘로 좇아 강림하시리니 그리스도 안에서 죽은 자들이 먼저 일어나고 그 후에 우리 살아남은 자도 저희와 함께 구름 속으로 끌어올려 공중에서 주를 영접하게 하시리니 그리하여 우리가 항상 주와 함께 있으리라"(살전 4:16~17)

역사 속에서 신부수업을 마친 교회는 휴거된다. 신랑 예수는 신부를 위해 이 세상에 오셨고 또 떠나셨다가 처소가 예비되면 다시 오시겠다고 말씀하셨다. 그리스도가 신부된 교회의 신랑이라는 비유는 이 세상 역사가 끝난 뒤 하늘나라에서 통용되는 말이다.

"너희는 마음에 근심하지 말라 하나님을 믿으니 또 나를 믿으라 내 아버지 집에 거할 곳이 많도다 그렇지 않으면 너희에게 일렀으리라 내가 너희를 위하여 처소를 예비하러 가노니 가서 너희를 위하여 처소를 예비하면 내가 다시 와서 너희를 내게로 영접하여 나 있는 곳에 너희도 있게 하리라"(요 14:1~3)

어린 양의 신부인 교회는 주님을 만나게 된다.

"우리가 즐거워하고 크게 기뻐하여 그에게 영광을 돌리세 어린 양의 혼인 기약이 이르렀고 그 아내가 예비하였으니 그에게 허락하사 빛나고 깨끗한 세마포를 입게 하셨은즉 이 세마포는 성도들의 옳은 행실이로다 하더라 천사가 내게 말하기를 기록하라 어린 양의 혼인 잔치에 청함을 입은 자들이 복이 있도다 하고 또 내게 말하되 이것은 하나님의 참되신 말씀이라 하기로"
(계 19:7~9)

신부인 교회는 영원한 영광 가운데서 그리스도를 섬기며(히 12:22~24; 계 7:15~17; 22:3), 그리스도와 더불어 모든 유업을 나눈다(요 3:35; 13:3; 엡 3:6; 갈 4:7; 롬 8:16~17). 삼위일체(三位一體)로 존재하시던 하나님은 삼위일체(三位一體) 하나님의 자기표현(self-expression)과 자기거처(self-indwelling place)를 역사 안에서 시행하셨고 이젠 역사를 벗어버리고 영원한 하늘나라에서 교회와 공존하신다. 그러므로 교회는 시작은 있었지만 종말은 없다. 시작도 없으신 하나님이 시작을 둔 교회와 연합하여 하나님의 영원한 것들을 교회에 선물로 주셨다.

그렇다면 어찌하여 하나님은 교회를 두시려고 작정하셨는가? 우리는 하나님의 영원한 마스터플랜(God's eternal master plan)이 교회라는 것을 알았다. 우리는 역사의 의미를 하나님의 영원한 마스터플랜의 현장에서 찾는다. 역사의 의미는 교회와 직결된다. 교회를 무시한 역사는 아무 의미가 없다. 그것이 인본주의적인 가치관일 뿐이다.

인본주의란 역사의 의미를 사람에게서 찾는다. 이것과 정반대로 신본주의(神本主義)란 역사의 의미를 하나님에게서 찾는다. 인본주의는 역사의 주인을 사람이라고 하고, 신본주의는 역사의 주인을 하나님이라고 한다. 누가 역사의 주인이냐는 판단에 따라 인본주의와 신본주의로 판별된다. 아담과 하와의 타락은 신본주의를 인본주의화 하는 반역적 작업이었던 것이다.

진정한 신본주의 가치관은 교회와 관련된 역사(歷史)를 강조한다. 불교 용어에 전생(前生), 금생(今生-사바세계), 내생(來生)이란 윤회적인 사상이 있지만 사실 불교의 용어들은 교회의 3기에 대한 회화적(繪畵的) 표현에 불과하다.

교회 일생의 제3기는 교회가 하늘나라에서 영광스럽게 하나님과 영존하는 시기이다. 다시 말하거니와 교회 일생의 3기는 다음과 같다. 제1기는 창조역사 이전에 하나님의 마음속에 잉태된 교회시대요, 제2기는 창조역사 속에서 출현한 교회와 성령이 내주하는 교회시대요, 제3기는 창조역사가 끝난 뒤 하늘에서 영화를 누리는 교회시대이다.

3) 교회는 역사의 최후 목표이다

교회는 역사 이전에 존재했었다. 창세 전에 그리스도 안에서 택함 받은 우리는 누구인가?(엡 1:4) 그것은 아담 계통의 사람들이 아니라 예수 그리스도 계통의 사람들이니 곧 하나님의 거룩하고 흠 없는 아들들이요 그것이 교회인 것이다. 교회는 역사보다도 더 먼저 있었다. 먼저 있었던 것은 나중 있었던 것의 주역(主役)이 된다.

역사(歷史)란 무엇인가? 역사란 하나님의 창조사관에 의한 온 피조 세계를 이름한다. 그렇지만 이것은 역사에 대한 피상적인 인식이다. 사람들은 세계역사를 그 주동 세력에 따라 물질사관, 정신사관, 문화사관 등으로 구별했는데 이를 보통 역사라 한다. 그러나 하나님의 사관(史觀)에 의하면 소위 세속사(世俗史, Secular history)는 없다. 오직 하나님의 역사관에는 구속사(救贖史)밖에 없다. 이것을 성사(聖史, Sacred history)라 하는 바 기독교 역사의 흐름은 속사(俗史)의 성사화(聖史化)인 것이다. 이것은 결국 교회사관으로 나아가게 하는 것이다. 모든 역사는 하나님의 역사이다. 역사의 주인이신 하나님을 배제한 어떠한 역사 설명도 설 자리는 없다. 그것은 마치 머리 없는 몸체 이야기와 같기 때문이다. 주어(主語) 빠진 술부(述部)는 의미가 없다. "…이다", "…하다"라고 하지만 그 앞에 주어가 빠지면 그 뒤의 설명은 의미가 없기 마련이다.

역사란 하나님의 교회 전개(展開) 이야기이다. 역사는 교회의 전개 과정이며 실현 현장이다. 역사의 알파와 오메가는 교회이다. 교회는 역사의 뿌리며, 나무며, 가지며 그리고 그 꽃이다. 교회를 잉태하신 하나님이 창조한 것이 역사이다. 역사는 교회의 흰자위이고, 교회는 역사의 노른자위이다.

교회는 창세 전(創世前)에 있다가 역사 속에서 자라고 역사가 끝난 뒤 들림을 받아 하늘나라로 가서 하나님과 영존한다. 지금 재래적 교회론은 역사 속에서 자라고 있는 교회에 관한 부분적인 설명에만 그치고 있는데 그 점이 불만스럽다. 역사를 가운데 두고 그 역사의 전후에 걸쳐 교회가 관계하고 있다는 점에서 교회의 범위는 포괄적이다. 교회는 역사의 알파와 오메가이다. 교회를 역사 속에 출현시키신 하나님은 교회 때문에 역사를 창조하셨다. 교회 없는 역사란 없다. 그러므로 하나님은 역사의 주인이시다.

"깊도다 하나님의 지혜와 지식의 풍성함이여, 그의 판단은 헤아리지 못할 것이며 그의 길은 찾지 못할 것이로다 누가 주의 마음을 알았느냐 누가 그의 모사(謀士)가 되었느냐 누가 주께 먼저 드려서 갚으심을 받겠느냐 이는 만물이 주에게서 나오고 주로 말미암고 주에게로 돌아감이라 그에게 영광이 세세에 있을지어다 아멘"(롬 11:33~36)

하나님이 교회를 위하여 역사를 창조하셨기 때문에 교회는 역사의 최후 목표이다. "한 송이 국화꽃을 피우기 위해 봄부터 소쩍새는 그렇게 울었나보다"라고 한 시인의 표현처럼 역사 속에 벌어지는 온갖 사건과 하나님의 구속사업도 결국엔 교회를 출현시키고자 하신 의도이다.

필립 얀시는 교회와 역사의 관계를 아래와 같이 말하고 있다.

「창세기부터 요한계시록까지 몇 차롄가 통독했지만, 읽을 때마다 나는 교회가 하나의 정점, 곧 하나님께서 태초부터 계획하신 역사의 궁극적 실현이라는 사실을 새삼 깨달으며 고개를 끄덕인다. 그리스도의 몸은 인종과 국가와 성이라는 담을 허물고 들어선 새로운 표석이다. 그 표석의 현장에서라야 세상 천지에 둘도 없는 공동체는 이룩된다. 그 표석을 우리의 새로운 정체성이라 부르면 안 되겠는가. 모든 것이 다르지만 그리스도의 몸이라는 정체성 하나로 공동체를 이루는 것이 그리스도인들이다. 로마제국 곳곳에 흩어진 다양한 회중들에게 바울은 서신을 보냈다. 아무 서신이고 펴서 첫 줄을 읽어보라. '그리스도 안에서'이다. 인종이나 경제적 지위 혹은 기타 인간주의가 만들어낸 그 어떠한 범주도 그리스도 안에 사는 사람이라는 새로운 정체성을 넘어서지 못한다.

미국인이며, 콜로라도 사람이고, 백인이며, 개신교인이라는 정체성보다 그리스도 안에 사는 사람이라는 정체성이 내게는 더 중요하다. 교회는 이 새로운 정체성을 축하하는 곳, 모든 것이 다르지만 하나가 같아서 모인 사람들과 더불어 이 정체성을 최대치로 실현하는 곳이다. 우리는 점차 씨족주의와 패거리 의식으로 분열해 가는 세상, 한편으로는 우리를 주시하는 그 세상 앞에서 그들과 다른 형태의 대안적 사회를 실현할 책임이 있다.」[9]

  사람들은 역사가 우선적으로 사람을 위해 존재한다고 생각한다. 이것이 인본주의 사관이다. 그리스도인들은 역사는 우선적으로 하나님을 위해 존재한다고 확신한다. 왜냐하면 우선 이 역사는 하나님의 창조이기 때문이다. 창조하실 때에는 목적을 두고 계셨다. 하나님의 역사 목적을 무시하고 사람의 역사 목적을 강조하는 것이 타락한 세상의 생각이다. 하나님의 역사 목적은 교회요 사람들의 역사 목적은 세상이다.
  관용주의(寬容主義) 사상과 종교 다원주의(宗敎多元主義) 신학이 팽배한 이 시대에 교회와 세상의 구별 선만은 사수(死守)해야 할 경계선인 것이다.
  교회는 세상과는 어쩌면 모순되게 보이는 어떤 특별한 체제임을 보이기 위해 역사 속에 존재하는 것이다. 가령, 교회가 역사 속에서 역사와 동질동형(同質同形)이라면 교회라는 정체는 드러나지 못할 것이 뻔하다. 물에 물을 타놓고 물이 무엇이냐는 질문이나 술에 술을 타놓고 술이 무엇이냐 질문하는 것이 우스운 것은 기왕에 있는 것과 나중에 들어간 것 사이에 구별이 없기 때문에 아무런 답변도 내릴 수 없는 것이다.
  다음 성구를 보면 하나님이 왜 백성을 지었으며, 왜 그 백성의 허물을 도말(塗抹)하셨는지를 알 수 있는데 '나를 위하여'(for my own sake)라고 했다.

    "이 백성은 내가 나를 위하여 지었나니 나를 찬송하게 하려 함이니라"(사 43:21)
    "나 곧 나는 나를 위하여 네 허물을 도말하는 자니 네 죄를 기억하지 아니하리라"(사 43:25)

  동물의 세계에서 그것들은 마치 주인이 없거나 한 것 같이 야산에서 힘 자라는 대로 자기 영역을 쟁취하고 있는 것 같지만 야산의 주인이 따로 있다. 사람이 그 주인이다. 아무리 자기 영역을 정했다 해도 사람의 작정을 따라 그것들은 아무런 효력도 없다. 개발한다든지 매매한다든지 기타 다른 용도로 야산을 활용하면 모든 동물들의 권리는 일시에 무효가 된다.
  하나님의 역사 속에서 소위 국가들이 국경을 정하고 특별한 도모를 할지 몰라도 역사는 사람의 것이 아니라 하나님의 것이고 하나님에게는 교회 왕국 건설이 우선 과업이다.

---

9) 필립 얀시, 「교회, 나의 고민 나의 사랑」 김동완 역, (서울: 요단출판사, 2006), p. 60.

"어찌하여 이방 나라들이 분노하며 민족들이 헛된 일을 꾸미는가 세상의 군왕들이 나서며 관원들이 서로 꾀하여 여호와와 그의 기름 부음 받은 자를 대적하며 우리가 그들의 맨 것을 끊고 그의 결박을 벗어 버리자 하는도다 하늘에 계신 이가 웃으심이여 주께서 그들을 비웃으시리로다"(시 2:1~4)

"온 땅은 여호와를 두려워하며 세상의 모든 거민들은 그를 경외할지어다 그가 말씀하시매 이루어졌으며 명령하시매 견고히 섰도다 여호와께서 나라들의 계획을 폐하시며 민족들의 사상을 무효하게 하시도다 여호와의 계획은 영원히 서고 그의 생각은 대대에 이르리로다"(시 33:8~11)

교회는 역사 설명의 열쇠이며, 교회 설명은 곧 역사 설명이다. 교회 없이 역사 설명은 불가하다. 사람들은 창조사역이 하나님의 최후 목표라고 생각한다. 만약 창조사역 자체가 하나님의 주관하시는 역사의 최후 목표라면 왜 타락 사건을 허용하셨겠는가? 왜 하나님은 에덴 동산과 하와를 범죄하지 않은 무죄 상태로 보호하시지 아니하셨는가?

그것은 창조사역 자체가 역사의 최후 목표가 아니라는 것을 뜻한다. 역사는 하나님께서 이끌고 나가시는 전진(前進)하는 역사의 주역인 교회 이외의 다른 목적을 지니지 않았다. 하나님의 최후 목표는 어린 양의 영광스러운 혼인잔치이니 그것은 곧 역사 끝의 교회의 승리요 영화이다.

시편 103편 19절은 역사해석의 중요한 열쇠이다.

"여호와께서 그의 보좌를 하늘에 세우시고 그의 왕권으로 만유를 다스리시도다"(시 103:19)

우리의 역사는 그 위에 계시는 분의 보좌 밑에 있다. 위에 계시는 분이 그 보좌(throne)를 하늘에 세우셨다. 그분은 정권(政權, kingdom)으로 만유를 통치하신다. 시편 102편 19절은 역사해석의 또 다른 중요한 열쇠이다.

"여호와께서 그의 높은 성소에서 굽어보시며 하늘에서 땅을 살펴 보셨으니"(시 102:19)

여호와께서 높은 성소(聖所, sanctuary)에서 하감(下瞰)하신다. 여호와께서 하늘에서 땅을 감찰(監察)하신다.

사람들은 우리 역사 위에 하나님의 내려다보심을 모르고 있다. 눈동자처럼 아끼시는 하나님의 역사를 사람은 사람의 것으로 여기고 있다. 일종의 탈취 행위를 하고 있는 것이다. 이것이 범죄이다. 그러면 무엇인가?

하나님의 일은 역사의 중앙에 금자탑 십자가를 우뚝 솟게 하는 교회를 일으켜 세우시는 일이다. 이것은 하나님의 작정이요 섭리요 계획이요 기업이요 사업이다. 그러기 위해서 갈보리 산에서 엄청난 구속사역을 이루셨다. 하나님은 역사의 한 중앙에 하늘 사업을 하셨다. 그런데 성령의 사람이 아니면 이것을 모른다. 하나님은 인류 위에 신령한 사업을 하셨다. 하나님은 대단한 영적 일을 하셨고 지금도 하고 계신다.

그러나 자연인은 이를 알지 못한다. 하나님의 창조역사 위에 이 엄청난 교회사역을 펴고 있건만 사람들은 이에 무지하다. 역사 위에 일하시는 하나님을 모르고 있다. 하나님도 모르고, 하나님의 하시는 일도 모른다. 하나님은 말씀하신다.

"내가 시초부터 종말을 알리며 아직 이루지 아니한 일을 옛적부터 보이고 이르기를 나의 뜻이 설 것이니 내가 나의 모든 기뻐하는 것을 이루리라 하였노라"(사 46:10)

하나님이 기뻐하시는 그 일이란 역사를 아름답게 꾸미고 완결하는 것인데 그것은 구속사역을 통한 교회 건설이다.

그리스도인의 축복은 그 영안(靈眼)이 열리고 심안(心眼)이 열려 역사 위에서 하나님이 교회를 이루시는 작업을 하고 있다는 비밀을 알고 즐기고 거기에 동참하는 것이다.

사도 바울은 이를 위해 기도하고 있다.

"우리 주 예수 그리스도의 하나님, 영광의 아버지께서 지혜와 계시의 영을 너희에게 주사 하나님을 알게 하시고 너희 마음의 눈을 밝히사 그의 부르심의 소망이 무엇이며 성도 안에서 그 기업의 영광의 풍성함이 무엇이며 그의 힘의 위력으로 역사하심을 따라 믿는 우리에게 베푸신 능력의 지극히 크심이 어떠한 것을 너희로 알게 하시기를 구하노라"(엡 1:17~19)

이런 기도의 내용은 결국 교회라는 것을 바로 전달하고 있다.

"또 만물을 그의 발 아래에 복종하게 하시고 그를 만물 위에 교회의 머리로 삼으셨느니라 교회는 그의 몸이니 만물 안에서 만물을 충만하게 하시는 이의 충만함이니라"(엡 1:22,23)

하나님은 신부인 교회를 신랑 예수 그리스도에게 거룩하고 안전하게 건네주시기를 원하신다. 영원 전부터 어린 양의 혼인잔치 앞에 있었던 모든 것은 예비적인 사건들이었다. 신부를 사랑하시는 자, 곧 주님과 함께 이 신부가 보좌에 앉기까지는 하나님의 궁극적이고도 우월적인 사업은 끝나지 않았던 것이다.

4) 교회는 삼위일체 하나님의 계시행위 자체이다

삼위일체 하나님은 창조계시, 구속계시, 교회계시를 이루셨다. 교회란 삼위일체로 계신 하나님이 삼위일체로 행위해 보이시는 현장이다. 교회란 존재하시던 신이 계시하시는 신으로의 움직임을 보여준 실재이다. 역사 밖에 계시던 하나님이 역사를 만드시고 그 안에 오셔서 계시는 모습이 교회의 모습이다.

(1) 자존(自存)해 오시던 하나님이 어느 순간에 자기 자신을 계시하셨다.

존재론적 신의 행위론적 움직임이 있었다. 그 움직임이 역사이다. 그것을 창조 행위라고 말한다. 하나님이 계셔 오시다가 자기 자신이 행위하고 싶으셨다. 그 행위는 자기 알림이다. 자기 알림은 자기표현이요, 자기표현은 계시이다. 하나님의 자기표현은 자기 외적 어떤 것을 존재케 하셔야만 했다. 자기가 존재케 한 그것에 자기를 표현하고, 그 표현한 것을 인식할 수 있는 인식 주체자도 만드셨다. 우리는 전자를 우주 창조라 하고, 후자를 사람 창조라 한다.

하나님은 우주 창조 속에 자기를 표현하시고 그 사실을 인식해 줄 수 있는 사람을 만드셨다. 하나님을 인식하자면 하나님과 닮은 점이 있는 피조물이 필요한데 그것이 인간 자체이다. 사람을 하나님의 형상으로 만들었다는 것은 사람이 하나님을 인식할 수 있도록 하기 위함이다. 그 사실은 피조물 세계에서 입증된다. 사람 외의 어떤 동식물도 하나님을 알 수가 없다. 오직 사람만이 하나님을 인식할 수 있다. 하나님과 사람은 다른 피조물과 달리 내통(內通)하는 공통점을 지니게 되었으니 상통(相通)할 수 있다. 상통(相通)할 수 있기에 하나님은 사람 가운데 자기의 거처(居處)를 정하시려 하셨다. 존재해 오시던 하나님이 자기 자신의 집을 짓고 그 안에 계시기를 원하셨다. 하나님은 사람 가운데 계시고 싶으셨다.

"내가 그 회막과 단을 거룩하게 하며 아론과 그 아들들도 거룩하게 하여 내게 제사장 직분을 행하게 하며 내가 이스라엘 자손 중에 거하여 그들의 하나님이 되리니 그들은 내가 그들의 하나님 여호와로서 그들 중에 거하려고 그들을 애굽 땅에서 인도하여 낸 줄을 알리라 나는 그들의 하나님 여호와니라"(출 29:44~46)

"너희도 성령 안에서 하나님의 거하실 처소가 되기 위하여 예수 안에서 함께 지어져 가느니라"(엡 2:22)

"너희도 산 돌같이 신령한 집으로 세워지고 예수 그리스도로 말미암아 하나님이 기쁘게 받으실 신령한 제사를 드릴 거룩한 제사장이 될지니라"(벧전 2:5)

그러나 하나님이 사람 가운데 거처를 정하시고 계시기에는 불편하셨다. 하나님과 사람과의 내통(內通)할 수 있는 깊은 곳의 공통점이 있었는데 사람 쪽에서 그 공통점을 스스로 깨고 말았다. 그것이 타락 사건이요, 범죄한 것이요, 불의한 것이요, 죄인이 된 것이었다.

다시 말하면, 사람은 하나님의 거처가 될 수 없었다. 의로우신 하나님이 불의한 사람 가운데 계실 수가 없으셨다. 깨끗한 옷을 입은 사람이 더러운 시궁창에서 즐길 수는 없는 것처럼 더러워진 거처에서 하나님은 즐길 수 없으셨다. 하나님의 창조물이 하나님을 만족시킬 수 없었다. 이것이 하나님의 창조계시이다.

(2) 하나님은 그럼에도 불구하고 사람들 가운데 거처를 두시기를 다짐하셨다.

거처를 청결케 하고 무너진 거처를 다시 재건하셔야 했다. 이전 것을 새로운 것으로 재창조하셔야 했다. 그런데 이 일을 예수 그리스도 독생자에게 맡기셨다. 하나님이 자연인들 가운데 거처를 두시기에 불편하신 것은 자연인의 죄 때문이었다. 죄의 값은 반드시 지불되어야 하는 바, 그 죄 값은 사망이었다. 그리스도는 죄가 없으신 분이심에도 불구하고 인간의 모든 죄를 온몸에 짊어지시고 죄 값을 치르셔야 했다.

> "우리는 다 양 같아서 그릇 행하여 각기 제 길로 갔거늘 여호와께서는 우리 무리의 죄악을 그에게 담당시키셨도다"(사 53:6)

하나님은 도저히 불의한 인간들과 화목하실 수가 없으셨다. 하나님의 창조의 한계점이 여기에 있다. 하나님의 창조 행위가 궁극적이고 최후적인 것은 아니라는 것이 확실하다. 왜냐하면 하나님은 창조하신 인간에 크게 실망하실 수밖에 없으셨다.

> "여호와께서 사람의 죄악이 세상에 관영함과 그 마음의 생각의 모든 계획이 항상 악할 뿐임을 보시고 땅 위에 사람 지으셨음을 한탄하사 마음에 근심하시고 가라사대 나의 창조한 사람을 내가 지면에서 쓸어버리되 사람으로부터 육축과 기는 것과 공중의 새까지 그리하리니 이는 내가 그것을 지었음을 한탄함이니라 하시니라"(창 6:5~7)

하나님은 사람 지으셨음을 한탄하셨다. 어떤 사람도 모든 사람을 위한 죄 사함의 주역이 될 수 없음은 어떤 사람이든 예외 없이 죄인이 되어 있기 때문이다. 이때에 무죄한 어떤 인물이 필요하였다. 그분이 바로 예수 그리스도이셨다. 하나님은 첫 창조자를 쓰레기통에 버리시기를 원치 않으셨다. 하나님은 재창조하실 수 있는 능력과 사랑의 소유자이셨다. 하나님은 독생하신 아들을 세상에 구주의 임무를 띠고 보내셨다. 그리하여 예수는 그 자신이

'죄'가 되셨다. 그 죄는 온 인류의 죄이다.

> "하나님이 죄를 알지도 못하신 자로 우리를 대신하여 죄를 삼으신 것은 우리로 하여금 저의 안에서 하나님의 의가 되게 하려 하심이니라"(고후 5:21)

온 인류와 창조물을 지으신 것을 한탄하시는 중에도 은혜를 내리시니 "그러나 노아는 여호와께 은혜를 입었더라"(창 6:8)고 하셨다. 하나님은 노아에게 가까이 가고 싶으셨고 노아에게 거처를 두시기를 원하셨다. 옛 창조 중에 노아는 남은 자(remnant)가 되었다. 이 남겨진 자, 노아를 통해 하나님은 새로운 거처를 두시기를 소원하셨다.

예수 그리스도가 하나님의 거처의 불편 요소들인 죄와 율법과 사망을 제거하셨다. 그것은 십자가의 죽음이 죄가 되신 예수를 치니까 예수가 죽으신 것이었다. 예수 위에 있는 죄를 치니 죄가 되신 예수가 치심을 당한 것이다. 예수의 의에 대해서는 망치로 칠 이유가 없었다. 예수께서 우리를 대신한 죄 자체가 되셨기에 율법은 그 죄를 치셨고, 죄가 되신 예수께서 죽으셨으니 율법은 만족했고 더 이상 요구할 것이 없어진 것이다.

> "예수는 우리 범죄함을 위하여 내어 줌이 되고 또한 우리를 의롭다 하심을 위하여 살아나셨느니라"(롬 4:25)
> "그리스도는 모든 믿는 자에게 의를 이루기 위하여 율법의 마침이 되시니라"(롬 10:4)

예수께서 저주를 받으셨고 율법의 마침이 되셨다.

> "그리스도께서 우리를 위하여 저주를 받은 바 되사 율법의 저주에서 우리를 속량하셨으니 기록된 바 나무에 달린 자마다 저주 아래 있는 자라 하였음이라"(갈 3:13)
> "그리스도는 모든 믿는 자에게 의를 이루기 위하여 율법의 마침이 되시니라"(롬 10:4)

하나님을 잊어버리고 떠나버린 배신자인 사람들은 잔인하게 찢어짐을 당해야 마땅한 일이다. 그것은 불의와 타협할 수 없으신 하나님의 공의의 법칙이 그러하기 때문이다.

> "하나님을 잊어버린 너희여 이제 이를 생각하라 그렇지 아니하면 내가 너희를 찢으리니 건질 자 없으리라"(시 50:22)

그런데 사람을 대신하여 찢어짐을 당하신 분이 계셨다. 그분이 예수 그리스도시다. 예수 그리스도는 우리 죄 때문에 찢어짐과 죽임을 당하셨다. 그런즉 우리가 더 이상 찢어짐을 당할 이유가 없다. 아직도 우리가 약간이라도 찢어짐을 당해야 할 처지라면 예수의 찢어짐은 철저하지 못한 찢어짐이었을 것이다. 그러나 예수의 찢어짐은 역사적 사실이요 예언 성취적 사건이었다. 하나님은 다시 사람과 화목하실 수 있었다. 사람도 하나님과 화목할 수 있게 되었다. 사람이 하나님으로 더불어 화목되었고(롬 5:10), 하나님으로 더불어 화평을 누리게 되었다(롬 5:1). 이것은 모두 주 예수 그리스도로 말미암아 이루어진 것이다. 이제 하나님 앞에서 우리 인간이 즐거워하고(롬 5:2, 11) 구원을 얻게 되었다(롬 5:10). 이제 하나님은 우리 가운데 계시기에 만족하셨다. 이젠 죄인들의 모임이 아닌 의인들의 모임 속에 하나님은 그 의를 더럽히지 않고 평안하실 수 있었다. 이렇게 해서 나온 것이 교회이다. 하나님은 교회에 계시기를 소원하셨다. 이것이 구속계시이다.

(3) 이제 하나님은 창조를 거쳐 구속행위 계시로 하나님 자신의 거처이자 자기표현인 교회를 안전하게 보존하시기를 원하셨다.

가장 안전한 보존은 교회 밖에서 교회를 지키는 것이 아니라 교회 안에서 지키는 일이다. 그것은 교회 안에 하나님이 상주(常住)하시는 것이다. 주인 없는 집은 폐가(廢家)이듯 아무리 좋은 궁궐 같은 집에도 사람의 흔적이 없으면 쓸쓸하고 퇴폐해지기 마련이다.

나는 문경새재 산 속에 조용한 산가(山家)를 두고 이름하여 벧엘 수양관이라는 거창한 칭호를 붙였다. 항상 그곳에 상주하는 것이 아니라 이따금씩 방문하곤 한다. 어떤 때는 두 달 혹은 석 달 만에 간다. 모처럼 방문하면 주인 없는 집의 형편이 서글프기까지 하다. 방마다 걸려 있던 시계는 제각기 다른 시각을 가리키는가 하면, 어떤 방에는 전구가 망가져 있고 먼지는 자욱하게 쌓여 있고, 거미줄은 천장에 주렁주렁 달려 있지를 않은가? 그것은 폐가 그 자체이다. 몇 시간을 할애해 쓸고 닦아야 깨끗한 집이 된다. 부엌을 맘대로 들고나던 산토끼와 너구리도 주인이 온 것을 아는지 그만 방문을 뚝 그친다.

하나님은 이제 자기 집에 자기가 계시기를 다짐하셨다. 교회에 상주하시는 분이 바로 성령이시다. 성령은 교회에 상주하신다. 성령이 계시지 않은 교회는 황폐해 갈 것이다. 외부의 공격에도 속수무책일 것이다.

예수께서 베드로의 신앙고백에 이어 교회를 세우시겠다고 하시고, 이어 음부의 권세가 이기지 못하리라고 말씀하셨는데(마 16:18), 이 말씀은 교회가 무풍지대에 있다는 것을 암시한 것은 아니다. 음부의 권세가 계속 교회에 공격을 가할 것이다. 쉬지 않고 교회를 파괴하려고 할 것이다. 교회가 사탄의 공격 대상에서 제외되는 것이 아니라는 말이다.

그러나 단, 음부의 권세가 교회를 이기지는 못할 것이다. 그럼에도 불구하고 음부의 권세가 계속 공격은 할 것이라는 말씀이다. 권투에서처럼 KO가 될 펀치는 아닐지라도 잽 정도의 공격은 계속 있을 것이다. 우리 사람의 힘으로는 그것도 견디기가 어려울 것이지만. 성령이 오셔서 그 능력으로 예수의 모든 일의 결과를 증거하고 유지 보존하신다. 성령은 교회를 아름답고 권위 있게 보존하신다.

"그러므로 내가 너희에게 권하노니 너희는 나를 본받는 자 되라 이를 인하여 내가 주 안에서 내 사랑하고 신실한 아들 디모데를 너희에게 보내었노니 저가 너희로 하여금 그리스도 예수 안에서 나의 행사 곧 내가 각처 각 교회에서 가르치는 것을 생각나게 하리라"(고전 4:16~17)
"내가 떠난 후에 흉악한 이리가 너희에게 들어와서 그 양 떼를 아끼지 아니하며 또한 너희 중에서도 제자들을 끌어 자기를 좇게 하려고 어그러진 말을 하는 사람들이 일어날 줄을 내가 아노니 그러므로 너희가 일깨어 내가 삼 년이나 밤낮 쉬지 않고 눈물로 각 사람을 훈계하던 것을 기억하라"(행 20:29~31)

성령은 예수의 영광을 드러내신다. 예수의 영광을 드러내심은 예수의 하신 일에 성령 자신의 어떤 특수행위를 추가하시는 것이 아니라 예수의 하신 일을 액면대로 증거하고 보존하는 것이었다.

"무릇 아버지께 있는 것은 다 내 것이라 그러므로 내가 말하기를 그가 내 것을 가지고 너희에게 알리리라 하였노라 조금 있으면 너희가 나를 보지 못하겠고 또 조금 있으면 나를 보리라 하신대"(요 16:15~16)
"내가 아버지께로서 너희에게 보낼 보혜사 곧 아버지께로서 나오시는 진리의 성령이 오실 때에 그가 나를 증거하실 것이요"(요 15:26)

이것이 교회계시이다.

5) 교회란 이름은 영광스러운 호칭이다

정확한 교회 정의(敎會定義) 없이는 교회에게 영광스러운 호칭을 붙여 준다는 것은 아무런 의미가 없다. 무릇 이름이란 그 이름을 지닌 실체에게만 붙여준다. 나의 부모님이라고 호칭했을 때에는 반드시 나를 낳아주시고 키워주신 어른에게 해당되는 것이지 아무 사람에게나 붙여주는 이름은 아닌 것이다.

교회가 누구인가? 어떤 누구를 가리켜 교회라 부를 수 있는가? 목회자 중에 간혹 교회 이름을 붙이지 않고 선교회나 성경클럽 등을 붙이는 경우를 본다.

사람들은 흔히 교회를 가리켜 아무런 설명 없이 공동체(共同締)란 말을 즐겨 쓴다. 물론 교회란 신자들의 모임이란 뜻에서 공동의 모임이라는 말은 옳을지도 모른다. 그러나 공동체란 말은 세속적 의미가 더 많아 정치적, 경제적, 사회적 모임의 의미가 두드러진다. 가령 인류 공동체, 경제사회 공동체 등처럼 말이다.

그런데 이것이 종교다원주의 내지 관용주의 사상에 입각하여 모든 종교인들의 모임으로서의 공동체라고 한다면 교회와 세상 및 타종교와의 구별 선이 없어진다. 종교다원주의자들이 즐겨 쓰는 용어가 바로 공동체 의식이다. 그러나 예수님은 공동체를 세우기 위해 오시지 않고 '교회'를 세우기 위해 오셨다.

"또 내가 네게 이르노니 너는 베드로라 내가 이 반석 위에 내 교회를 세우리니 음부의 권세가 이기지 못하리라"(마 16:18)

특히 이민 목회자에게 있어서 그런 경우를 흔히 본다. 본토의 큰 교회에 붙어서 소수민족을 위한 교회를 하다 보니 선교회, 성경클럽 등의 명칭을 쓰는 것 같다. 그들이 교회를 한다는 철학은 지니고 있으나 교회 명칭만은 붙이지 않는다. 그리하여 'Korean mission', 'Korean fellowship meeting'이라는 식의 명칭을 사용한다. 그러나 우리는 교회란 호칭을 애용해야 한다.

예를 들어 남녀가 결혼을 하여 여자가 남편에게 음식도 만들고 가사도 돌보고 맞벌이로 가계도 돕고 귀한 자녀도 생산하는 여자로서의 도리를 다하였다. 그런데 아내가 이런 고집을 가지고 있다고 가정해 보자. "나를 당신의 아내라고 부르지는 마세요." 사실 아내 노릇을 해서 아내라 부르는 것이 아니라 아내가 되었기에 아내라고 부르는 것이다. 호칭이 먼저이고 의무는 그 뒤에 있다. 아내가 '아내' 호칭을 거부한다는 것도 큰 문제이고 또 남편이 아내를 향하여 '파출부'나 '여자 친구'로 불러도 도리에 맞지 않는다. 더구나 아무 여인을 향해 '당신은 나의 아내'라고 호칭한다면 이것은 완전히 정신이상자가 아닐 수 없다.

예수 그리스도와 교회의 예표인 아담의 경우를 보자.

"아담이 이르되 이는 내 뼈 중의 뼈요 살 중의 살이라 이것을 남자에게서 취하였은즉 여자라 부르리라 하니라"(창 2:23)

"여자라 부르리라"는 것은 상대방에게 이름을 준 것이다. 남자에게서 나간 사람을 보고 남자가 '여자'라 한 것은 이성적 교제의 상대성의 의미를 두고 말한 것이다. 예수 그리스도가 피로써 교회를 위해 자기 자신을 주셨다. 예수 그리스도는 그 상대를 '교회'라 하신다. 교회는 그의 몸이요 신부이다.

그런데 예수 그리스도가 사랑을 쏟아 주신 대상을 '교회'라 부르시지 않는다는 것은 상상할 수 없지 않은가? 예수가 그의 피로 사서 모여든 사람들에게 아무런 호칭을 붙여주지 않는다면 슬픈 일일 것이다. 그 이름은 '하나님의 교회'(행 20:28)이며, 또 '살아계신 하나님의 교회'(딤전 3:15)였다. 그런 맥락에서 교회란 말의 의미를 이해하는 것은 교회를 이루고 있는 우리의 윤리적 과제이다.

(1) 희랍어 '쿠리아콘'(Kuriakon)에서 고대 삭슨어 '키르케(circe)', 스코틀랜드어 '키르크(kirk)', 독일어 '키르케(kirche)', 영어 '처치(church)'라는 용어가 생겼다.

이것은 인간의 언어학적 표현이다.

희랍어 쿠리아콘은 희랍 그리스도인들이 예배드리는 집을 뜻했다. 그것이 발전하여 그 집안에서 예배드리는 사람들의 모임(集會)으로 발전했다. 마침내 이것은 예배를 목적으로 조직된 그리스도인의 독특한 단체를 의미하게 되었다. 독특한 단체를 희랍어 쿠리아콘을 빌어서 부르기로 했는데 그것이 교회였던 것이다.

그런데 이름이 귀한 것은 이름을 지니게 될 실체 때문이다. 아이가 아이의 이름보다 더 귀하지 않은가? 아이 이름을 지어놓고도 아이를 출산하지 못하는 경우가 있지 않은가?

(2) 교회(church)가 신약성경에서는 에클레시아(ekklesia)로 표현되고 있다.

ek(밖으로) + kaleo(불러나오다) = 'ekklesia' (밖으로 부름 받아 나온 시민의 모임)라는 합성어가 생겼고, 이것은 세상에서 하나님의 불러내심을 입은 사람들의 모임인 교회를 뜻하게 되었다.

에클레시아는 희랍 도시국가 시민들이 제각기 자기 집에 머물러 있다가 어떤 공적인 사업을 논의하기 위한 목적으로 일정한 집회소로 부름 받아 나온 사람들의 모임을 말한다. 제각기 출가(出家)하여 단체를 이룬 것이다.

이런 세상적인 의미를 지닌 '에클레시아'라는 말은 신약성경에는 세상에 살던 사람들이 거기에서부터 밖으로 뛰어나와 하나님을 위해 모인 회중이라는 의미로 이것을 '교회'라 했다.

분명 '세상'에서 나와 '교회'를 형성한 것이다. 이제 세상과 교회는 대립개념이 생겼다.

한 가지 특이한 것은 희랍시민들은 공적 사업을 논의하기 위해 모였다가 제각기 자기 집으로 되돌아가지만 신약성경의 에클레시아는 일단 세상을 떠나 교회로 들어왔으면 다시 세상으로 되돌아 갈 수 없다는 데에 있다.

(3) 교회란 말에 포함된 의미

우주적 교회와 지역적 교회의 의미로 교회를 양분하지만 마치 두 개의 별다른 교회가 있는 것 같은 인상을 주는 것은 잘못이다. 하나의 교회의 두 가지 양상이라고 보아야 한다.

한 그루의 나무가 있다고 하자. 하나는 전체적인 의미의 나무이고 다른 하나는 수많은 가지들의 나무이다. 그렇다고 해서 그 나무는 둘이 아니요 하나이듯 교회의 우주적 성격과 교회의 지역적 성격도 이런 비유에서 해석된다.

① 우주적 교회(不可視的 敎會) – 보편적 의미에서 본 교회이다.

우주적 교회는 이 세대에 하나님의 성령으로 거듭나며 동일한 성령에 의해 침(세)례를 받은 모든 사람들로 구성된 그리스도의 몸이다. 그리스도는 교회들(churches)을 세운다고 하지 않으시고 단순히 교회(church)를 세운다고 하셨다(마 16:18). 우주적 교회란 세상에서부터 뛰어나와 불러내심을 받아 나온 주께 속한 모든 사람들의 모임이다. 그것은 아담부터 세상 종말의 때 마지막 구원받는 사람까지 포함된 모든 하나님의 백성의 총칭이다. 지금 하늘에 가 있는 성도와 땅에 현존하는 모든 성도의 총 집합이다. 신구약의 모든 하나님의 백성의 총칭이다. 세상 사람들이 아닌 하나님께 속한 모든 세대의 구원받은 사람들의 총칭인 것이다. 한자리에 모이지 못하고 같은 시간에 못 모여도 오직 구원받은 사람들의 전체 무리이다. 시공을 초월한 오직 거듭난 의인들의 모임이다. 세상이냐 교회냐의 구별을 말할 때 교회는 우주적 교회이다(에베소서 전장, 골 1:18, 24; 히 12:23; 마 16:18; 딤전 3:5).

② 지역적 교회(可視的 敎會) – 시공에 제한된 어떤 그리스도인의 집단을 말한다.

교회라는 정체가 그 인적 구성이나 조직체 그리고 활동상으로 보아 눈에 뵈는 현실적 그리스도인의 모임이다. 바울이 회심 전에 핍박했던 교회가 여기에 속한다(행 8:3; 5:11; 고전 15:9; 갈 3:6; 빌 3:6; 롬 16:23; 고전 10:32; 11:22, 26; 14:23; 행 18:22; 20:17; 고전 16:1; 고후 8:1).

이상에서 본 바와 같이 교회는 본질적인 면에서 우주적 교회인 불가시적 교회와 지역적 교회인 가시적 교회로 나눠 볼 수 있다. 희랍어 에클레시아에서 연유된 교회(church)는 밖으로 불리워 나온 사람들의 무리인데 반해 신약에서의 교회란 말은 모든 그리스도의 보이지 않는 몸, 즉 우주적 교회를 말한다.

교회와 지역관계에 관한 문제가 이따금씩 논의되고 있다. 한 지방에 한 교회만 있어야 하는 것이지 여러 교회가 있으면 안 된다는 주장들이 있다. 소위 워치만 니를 중심으로 한 지방교회의 주장이라고 하는 것이다.

필자는 일찍 워치만 니를 한국에 소개한 몇몇 사람들 중의 한 사람이다. 그래서 지방교회가 주장하고 있는 것의 진의를 필자의 입장에서 다시 한 번 성경에 기초하여 그 표현을 이용도 하면서 동시에 비판을 가할까 한다. 차제에 지역 교회와 우주적 교회를 논의하는 마당에 과연 교회는 어떤 성질의 인격체인가를 밝히는 차원으로 지방교회의 주장에 대해 살펴보고, 또 비판적 검토와 결론을 내려 보고자 한다.

우선 지방교회에 대하여 "교회연합신문"(2006년 8월 20일자)에서는, "미국 풀러 신학교, 지방교회를 '정통'으로 인정"이란 주제 아래 다음과 같은 기사를 실었다.

「한국교회에 소위 지방교회 사람들은 어떻게 비쳐지고 있을까? 대부분은 이들과의 직접적인 접촉은커녕 지방교회란 말조차 생소할 것이다. 인터넷 상의 부정적인 자료에 의해 그려진 지방교회 사람들은 자신들만 잘 믿는다며 다른 기독교인들을 정죄하고 비판만 하는 사람들이다. 혹자는 지방교회 사람들은 이상은 높은데 실제 생활은 그에 못 미친다고 말하기도 한다.

지방교회 성도들에 대한 외부인들의 이러한 평가는 전혀 근거 없는 것일 수도 있고, 또 어떤 것은 부분적으로 사실일 수도 있다. 그러나 되짚어 본다면 현실 교회에서 어떤 비판의 여지도 없는 완벽한 교단이나 단체가 과연 존재할 수 있는가? 거기에는 다 약함이 있다. 그런 점에서 특정 단체가 지향하는 핵심 신앙이 우리가 힘써 지켜야 할 '성도에게 단번에 주신 믿음의 도'(유다서 3절)에 부합한지는 냉철히 따지되, 성경 해석상의 소소한 차이나 약함과 허물은 서로 용납하고 사랑으로 포용하는 아량이 필요하다. 이것이 평안의 매는 줄로 성령의 하나 되게 하신 것을 힘써 지키는 일이다.」

반면, 최근 교계신문을 통해 지방교회에 관한 이단성을 폭로하며 규정한 기사가 보도된 바 있어 내용을 소개한다.

「지방교회(일명 윗트니스 리)의 이단성을 폭로하는 기자회견이 한국기독교총연합회 이

단사이비문제상담소 주최로 열려⋯ 이날 자신이 지방교회 탈퇴자라고 밝힌 모씨는 '25년 간 지방교회 신도로 생활하다 비성경적인 교리가 있다는 것을 발견하고 최근 탈퇴했다'며, '지방교회는 자신들이 최고의 진리를 가졌고 모든 성경이 교주 윗트리스 리에 의해 다 열려지고 지방교회만이 참 진리라고 말하고 있다'고 주장했다. 또 '윗트니스 리는 선악과를 사단이라고 해석하며 예수님의 몸을 거룩하지 않은 몸이라고 말하고 있다'면서, '신학적으로 심각한 오류를 범하고 있다'고 폭로했다.

현재의 포교법에 대해서는 '한국복음서원이라는 출판사를 통한 서적의 보급과 목회자 세미나로 포교하고 있다'면서, 주의와 경계를 요청했다(기독공보, 2008년 7월 19일자).」

위와 같이 지방교회에 대한 상반적 견해가 있음이 사실이다.

"한 지방에 한 교회만 있어야 한다"는 표현의 진의는 무엇인가? 이것은 하나님의 교회요 피로 산 교회라면 한 곳에는 한 교회만 있어야지 별종(別種)의 교회가 있을 수 없다는 이야기이다. 물론 이 말에 대해 교회의 불만도 없지 않을 것이다. 주님의 교회가 전 우주적으로 보아도 한 종류의 교회뿐이지 많은 종류의 교회들이 있을 수는 없다. 그러나 이것은 한 지방에 몇 개의 개별 교회들이 있어서는 안 된다는 주장은 결코 아니다. 여러 교회들이 한 지방에 있어도 교회는 하나라는 것이다. 나는 이것을 일러 '일종다개교회'(一種多個敎會)라 한다. 한 종류밖에 없는 한 개의 교회인데 지역 내 편의상 동종(同種)의 교회가 여러 지교회로 분산되어 있다는 내용이다.

따라서 필자가 말하고자 하는 교회는 별종(別種)의 교회가 아니라 모두 다 주님의 보혈로 사서 구성된 교회이기 때문에 여러 개의 교회들로 나타났다 하더라도 결국 그것은 '단 하나의 교회'라는 성경의 진리를 말하는 것이다. 그러나 최근 윗트리스 리의 지방교회라는 교리 주장이 나와 기성교단을 무시하고 독주하는 사태가 벌어짐과 함께 심히 유감스럽게 생각하는 것은 필자가 발견하고 주장하는 교회관과 우연의 일치가 된다는 것이다. 차라리 윗트리스 리의 지방교회 교리가 나타나지 않은 상태에서 나의 '한 지역 한 교회론'이 나타났던들 이렇게 조심스럽게 논의를 전개하지 않아도 좋았을 것이다. 이북 사람들이 '동무'란 말을 쓰기 때문에 한국 사람들은 그 말을 쓰지 말아야 한다는 논리는 언어관습상 부당한 것처럼, 윗트니스 리의 지방교회 개념 때문에 성경에서 말하는 온 인류 온 세계에 교회는 하나밖에 없다는 진리를 주장하지 못해서야 될 말인가? 본인은 윗트리스 리의 여러 사상에 조금도 동의하는 바가 아니지만 그가 사용했다는 이유만으로 진리를 나타내고 싶은 표현마저 금지되어서는 안 된다고 본다.

선입관념이나 전통적인 교회관이나 현실적인 사정을 뒤로 하고 정직하게 말해 보자. 한 지역이란 말 말고도 전 우주적으로 교회는 하나이다. 한 종류의 교회밖에 또 다른 종류의 교회는 없다. 가령 불교 같은 교회, 유교나 도교 같은 교회는 없다. 있다면 오직 교회 같은 교회가 있을 뿐이다. 한 지역에 한 교회만 있어야 한다는 말의 의미는 이것을 두고 한 말이다. 그리고 많은 개교회들이 있어야 한다는 것은 타종의 교회들이 있어야 한다는 것이 아니고 전 우주적 단일 종류의 교회의 다수 형태가 있어야 한다는 것이다. 우리는 이 사실을 성경에서 발견한다.

"이러므로 그리스도 예수의 일로 너희 이방인을 위하여 갇힌 자 된 나 바울이 말하거니와 너희를 위하여 내게 주신 하나님의 그 은혜의 경륜을 너희가 들었을 터이라 곧 계시로 내게 비밀을 알게 하신 것은 내가 먼저 간단히 기록함과 같으니 그것을 읽으면 내가 그리스도의 비밀을 깨달은 것을 너희가 알 수 있으리라 이제 그의 거룩한 사도들과 선지자들에게 성령으로 나타내신 것 같이 다른 세대에서는 사람의 아들들에게 알리지 아니하셨으니 이는 이방인들이 복음으로 말미암아 그리스도 예수 안에서 함께 상속자가 되고 함께 지체가 되고 함께 약속에 참여하는 자가 됨이라"(엡 3:1~6)

한 지역에 오직 한 교회만의 주장은 여러 지방에 여러 교회가 있지만 결코 다른 종류의 교회여서는 안 되고, 교회라면 언제나 한 종류의 주님의 교회만이 있어야 한다는 것이다.

「각 지방에 비록 여러 개의 교회가 있으나 여러 종류의 교회일 수는 없으니 교회는 단 한 종류의 교회일 뿐이다. 개(個)는 수(數)를 말하고, 종류는 성질을 말한다. 예를 들면 대만의 여러 지방에 모두 교회가 있어 대북에도 한 개, 대중에도 한 개, 또 대남에도 한 개씩 이렇게 많은 교회가 여러 지방에 있을 수 있다. 그러나 비록 교회의 수는 많을망정 많은 종류의 교회가 있어서는 안 된다. 대북의 교회나 대남의 교회나 혹은 대중의 교회를 막론하고 다 같은 성질의 교회이어야 한다. 그런데 현실은 그렇지 않으니 각 지방에 여러 개의 교회가 존재할 뿐더러 많은 종류의 교회가 있어 이미 교회의 단일성과 일원성을 상실하여 변질되어 가고 있는 것이다. 우리는 반드시 교회의 일원성을 중시하여야 하는데 교회가 온 우주 안에서 하나인 것 같이 이 땅 위에서도 마찬가지로 하나인 것이다. 물론 여러 지방에 여러 개의 교회가 존재할 수 있지만 그 여러 개의 교회는 성질 면에 있어서 하나이며 동일한 것이다.」[10]

같은 성질의 다양한 교회들의 존재를 인정한다.

교회는 선택받은 자와 선택받지 못한 자, 즉 구원받은 자와 구원 못 받은 자, 즉 양과 이리가 함께 공존하고 있다는 생각은 성경적이 아니다. 물론 교회에 구원 못 받은 사람이 섞

---
10) 워치만 니, 「성경에 나타난 교회」, (서울: 한국복음서원, 1978), p. 53.

여 있을 수는 있지만 그렇다고 해서 그들도 교회를 구성한 것으로 간주해서는 안 된다. 성경은 오직 '믿는 자들의 교회'라고 했지, 혹 안 믿는 자와 절대 다수의 믿는 자들의 혼성으로서의 교회를 말하지 않는다.

그럼 교회 안에 구원받지 못한 자를 어떻게 해야 하는가? 축출해야 하나? 결코 아니다. 교회 회원은 아니지만 그 대상자로 구원으로의 초대를 성령께 간구해야 한다. 돌이 밥에 섞여 있다고 해서 돌을 밥으로 간주할 수는 없지 않은가? 반대로 밥에 돌이 몇 개 섞여 있다고 밥 자체를 버릴 수도 없다. 그것을 일컬어 우리는 돌밥이라고 한다. 그러나 돌이 없는 밥을 구하는 것이 우리의 이상이 아닌가? 비록 연약한 교인은 소속교회의 회원이지만, 강한 불신자는 결코 교회 회원이 아니다.

상처 지닌 다리는 몸의 지체이지만 의족(義足)은 몸에 붙어 도움을 주더라도 지체는 아니다. 상처 난 다리는 부활에 참여해도 의족은 부활에 참여 못 한다.

(4) 신구약은 교회에 대해서 무엇을 말해주고 있는가?

구약에도 교회를 말하고 신약에도 물론 교회를 말한다. 그런데 구약에는 교회의 지면 이하(地面以下)를 말하고 신약은 교회의 지면 이상(地面以上)을 말한다. 구약은 나무의 뿌리를 말하고 신약은 나무의 줄기와 가지를 말한다고 할 수 있다. 뿌리와 나무를 연결시키지 못하기 때문에 구약에는 교회가 없었고 신약에 와서 비로소 교회가 나타났다고 한다.

대표적인 주장자는 세대주의(世代主義)이다. 그들은 교회를 괄호 안의 막간의 특별한 개입사건(介入事件)으로 본다. 그리고 계속되는 것은 이스라엘이라고 본다. 그것은 교회의 3세대(전생, 금생, 내생)를 무시한 데서 나온 이론이다. 이스라엘과 교회는 평행(平行)관계인가, 통합(統合)관계인가? 세대주의자는 전자를 주장한다.

루이스 벌코프(Louis Berkhof)는 교회의 시작을 족장시대 및 모세시대까지 소급시킨다. 그는 교회는 언제나 동일한 형식을 취한 것은 아니지만 여인의 씨와 뱀의 씨가 반목을 시작하였던 그 순간부터 교회는 존재하였다고 했다. 교회의 시작이 구약에서부터 되었다는 것을 강조한다.[11]

그러나 대개의 학자는 교회가 신약 오순절에서 시작했다고 주장한다(행 1:4~5; 11:15~17; 고전 12:13). 과연 그럴까? 에릭슨(Erickson)도 이것을 주장한다. 그러면서 그는 구약의 신자들은 신약의 교회에 연합된다고 주장하고 있다. 에릭슨은 구약엔 이스라엘, 신약엔 교회인데 이스라엘이 교회로 포함된다고 했다.[12]

---
11) 루이스 벌코프, 「기독교 신학개론」 신복윤 역, (서울: 대한예수교장로회 총회종교교육부, 1963), p. 244.
12) Millard J .Erickson, *Christian theology* (Grand Rapids , Michigan : Baker Book House, 1989), pp. 1042~1043.

그렇다면 이것은 교회가 궁극적 목적이라는 것을 말하고 있는 것이 아닌가? 그러나 교회의 시작은 창세 전 하나님의 마음속에서 잉태되고 고안되었다. 그때부터 교회는 생존한 것이다(엡 1:4).

우리에겐 교회가 무엇이기에(What the church is) 귀중한 것이 아니라 누구이기에(Who the church is) 귀중한 것이다. 그럼 교회가 누구이길래 그렇게도 귀중한 것인가? 교회의 '누구'는 어떠한 누구인가?

나는 지금 '교회'가 '무엇이길래'라고 하지 않고 '누구이길래'라고 말하고 있다. 그것은 교회는 무인격적인 어떤 기구가 아니라 인격적인 존재이기 때문이다.

"법조문으로 된 계명의 율법을 폐하셨으니 이는 이 둘로 자기 안에서 한 새 사람을 지어 화평하게 하시고 또 십자가로 이 둘을 한 몸으로 하나님과 화목하게 하려 하심이라 원수 된 것을 십자가로 소멸하시고"(엡 2:15,16)

재단법인(財團法人), 사단법인(社團法人)과 같이 교회는 인(人)이지 물(物)이 아니다. 예수 그리스도가 교회를 얼마나 사랑하셨는가를 성경은 말해준다.(엡 5:25~27; 마 13:44~46, 감추인 보화, 값진 진주). 예수 그리스도께서는 교회 세우는 일이 이 세대의 일차적인 목적이라고 하셨다(마 16:18; 행 15:14~18).

"예수 그리스도는 세상에 교회를 세우러 오셨다.

예수 그리스도는 창세 전에 하나님의 심중(心中)에 담고 계셨던 교회를 세상에 나타내시려(펴시려, 보이시려, 알리시려) 오셨다. 교회는 이 세상에 출현(出現)되었다."

사도 바울의 신앙고백을 보자. 그의 가장 악랄한 죄는 교회를 핍박한 것이라고 했다(행 8:3; 고전 15:9; 갈 1:13). 교회의 귀중함을 깨달은 바울은 교회를 위해 많은 고난을 몸에 채우겠다고 다짐했다(골 1:24). 바울은 그가 겪은 온갖 고통의 항목을 열거한 뒤에도 오히려 평생 자기 속에 눌리는 일이란 교회를 위한 염려라고 고백했다(고후 11:23~29).

"이 외의 일은 고사하고 아직도 날마다 내 속에 눌리는 일이 있으니 곧 모든 교회를 위하여 염려하는 것이라"(고후 11:28)

6) 교회란 이름을 무엇에나 대여할 수 없다

어떤 남편이 길거리에 다니는 아무 여인이나 불문하고 "당신은 내 아내요." 한다면 그는 정신이상자일 것이다. 자기 아내 외에 다른 여인에게 "여보, 아내여" 한다면 이는 불륜관계일 것이다. 이런 의미에서 우리는 부지불식간에 교회가 아닌 것을 교회로 착각하는 일은 없어야 한다.

그럼, 교회 같으면서도 교회 아닌 것은 무엇인가?

교회의 정체를 알기 위해서는 교회 아닌 것이 무엇인가를 아는 것이 매우 중요하다. 유대주의, 영지주의, 왕국, 교파, 기타 밖 교회(para church)인 선교단체나 자선단체도 교회는 아니다. 전술한 바와 같이 하나님의 백성을 단순히 교회라 할 것이지 '공동체'란 말은 그리 어울리는 말이 못된다. 세상 사람들이 교회란 말은 사용 안 해도 흔히 공동체라는 말은 잘 사용하는 바 거기엔 세속적 의미가 있을 뿐 영적 의미를 풍겨주지 못한다.

(1) 왜 유대주의는 교회가 아닌가? [13]

교회는 새 가죽 부대에 부은 새 포도주이다(마 9:17). 모든 세대를 통해 구원받은 사람들 사이에는 하나의 연관성이 있음이 사실이다(요 10:16; 롬 11:16, 24). 그렇다고 해서 구약의 유대주의를 계속하려 함은 발전하는 하나님의 섭리적 사역에 어긋난다. 예수 그리스도의 피 흘림이 단번에 구속사건을 이루셨는데 아직도 소와 양의 피를 흘리는 제사 행위는 교회의 예배라 할 수 없다. 지금은 제사가 아니라 예배를 드림이 교회의 일이다.

역사적으로 터툴리안이 사제(司祭, priests)를 최초로 부르고, 키프리안이 미사(The Mass) 제도를 최초로 소개했다. 그것은 유대주의를 계속하자는 뜻이었는데 그 결과 오늘 로마 가톨릭 교회의 성직자 제도와 구원을 위한 행위의 필요성이 강조케 되었다.

그러나 교회는 조직상이나 구원론에 있어서 로마 가톨릭과 다르다. 유대주의는 교회와 관련지은 바 있으나 유대주의 자체만으로 교회라 할 수는 없다. 나무 뿌리만 있고 나뭇가지가 없는 나무를 상상해 보라.

(2) 왜 왕국이 교회는 아닌가?

하늘나라(Kingdom of heaven- 마태복음에 33회)와 하나님의 나라(Kingdom of God)는 상호 교체적으로 사용되고 있는데 이 두 말은 교회와 아주 밀접한 관계를 맺고 있다(막 1:15; 마 3:2). 그러나 왕국과 교회는 별개이다. 왕국이 교회는 아니고 교회가 왕국은 아니다.

그럼 이것을 어떻게 설명하면 좋을까?

에릭슨의 책에서 조지 래드(George E. Ladd)는 이렇게 설명하고 있다.[14] "왕국은 하나

---
13) 헨리 디이슨, 「조직신학 강론」 권혁봉 역, (서울: 생명의 말씀사, 2001), pp. 639~640.
14) Millard Erickson, *Christian theology*, (Grand Rapids , Michigan: Baker Book House, 1989), p. 1042.

님의 통치(reign of God)이고 교회는 하나님의 통치 아래 있는 하나님의 영토(realm of God, 領土)이다. 그런데 이 영토란 사람들(people)이다."

왕국　　：　하나님의 통치　＝　교회　：　모인 사람들
(Kingdom)　(rule of God)　　　(Church)　(human community)

래드는 다음과 같은 관계성을 지적했다.
- 교회는 왕국이 아니다.
- 왕국이 교회를 창조한다.
- 창조되어진 교회는 왕국을 증거한다.
- 교회는 왕국의 도구(instrument)이다.
- 교회는 왕국의 저수지(custodian)이다.

선왕국후교회(先王國後敎會)라는 전제를 갖고 있으면 왕국과 교회의 관계를 설명하기 쉬울 것이다. 왕국은 천년왕국이나 기독교 자체를 가리켜 언급되기도 하지만(삼하 7:10~16; 시 89:3~4, 20~37; 눅 13:28; 요 3:3, 5) 일차적으로 왕국의 의미는 다스림(統治)이다. 다스림은 하나님의 절대 권한에 속한다. 그 다스림의 표현이 교회이다. 교회는 이 지상에서 하나님의 다스림의 형태이다. 하나님의 다스림인 왕국은 교회 안에 현존한다.

M. J. 에릭슨(Erickson)은 왕국의 표현이 교회라는 것을 이렇게 표현하고 있다. "구약에서의 그 다스림의 모습은 이스라엘이었고 신약에서의 모습은 교회였다. 창세 이전부터 하나님의 다스림은 그 본질상 언제나 있었으나 역시 창세 전 어느 순간에 그 다스림의 표출로 교회를 심중에 두셨고 그것이 역사의 형태로 나타났다. 하나님의 다스림이 이뤄지는 곳은 어디나 천국이다."[15]

그렇다면 과연 교회란 무엇인가?

하나님의 다스림이 가장 잘 통하는 사람들의 모임이다. 하나님의 뜻이 온전히 그리고 만족히 이뤄지는 구속함을 받은 사람들의 모임이다.

하나님의 나라 곧 하나님의 통치가 100퍼센트라면 그것이 통하는 하나님의 교회는 99퍼센트라고나 할까? 왜냐하면 연약한 사람들의 모임이 교회였기 때문이다. 예를 들어 고린도 교회는 성도들의 모임이지만 연약했다. 계시록의 7교회들도 약점들이 있었다.

그럼에도 불구하고 하나님이 하늘에서 내려오셔서 편안히 거하실 곳은 교회이다. 하나

---

15) Millard Erickson, *Christian theology*, (Grand Rapids, Michigan: Baker Book House, 1989), p. 1042..

님의 다스림은 그 본질적 속성에 속하는 그 자체로 하늘나라이고, 교회는 그 다스림의 대상이 되어 있는 사람들이다. 다스림이 다스림의 대상을 지니게 된 것이 교회이다.

교회는 왕국과 긴밀하지만 왕국 자체는 아니다. 왕국은 하나님과 같이 언제나 있었으나 교회는 어느 순간부터 존재한 때가 있었다. 왕국은 창조된 것이 아니지만 교회는 피조되었다. 단지 피조 시기가 창세 전이었고 따라서 역사 속에서는 창조가 아니라 출현(出現, appearance)된 것이 바로 교회이다.

도날드 것스리(Donald Guthrie)는 다음과 같이 말했다.

「왕국과 교회는 동일시 될 수는 없지만 또한 분리될 수도 없다. 우리가 만일 왕국을 교회보다 폭넓은 개념으로 간주한다면, 우리는 그 안에 모든 시대의 하나님의 백성 모두를 포함시킬 수 있다. 그렇다면 왕국에 관한 가르침에서 제시된 원리들의 많은 것들이 교회에도 적용될 수 있다고 추론해보는 것은 타당한 것이다. 분명히 이 시대에 있어서 왕국의 표현은 교회의 활동 가운데서 드러나기 때문이다.」[16]

(3) 왜 교파가 교회는 아닌가?[17]

웹스터 사전에는 '교파'란 "같은 이름으로 호칭되는 개인의 집합체 또는 사회, 하나의 종파, 기독교의 종파"로 정의하고 있다. 실제로 침례교파, 감독교파, 루터교파, 감리교파, 장로교파, 개혁교파 등이 있다. 하나님은 이런 교파를 원하지 않으셨음이 확실하다(고전 1:11, 17). 사람들이 사는 곳에 일어날 수 있는 삶의 한 형태가 교파라고나 할까?

예수 그리스도는 개교회의 머리가 되시지만 교파의 머리는 되려 하지 않으신다. 교파는 유기적·생명적 관계가 아니다. 교파 모임에서 주의 만찬을 베푸는 것은 교회의 정체와 임무를 착각한 데서 나온 것이다. 교파를 악이라고 판단하는 사람들도 있지만 그것을 개선하여 유익한 것을 찾는 것도 바람직하다. 분명한 것은 아무리 큰 교파라도 작은 교회만큼 하나님께 중요하지는 않다.

밖 교회(para church)에 대해서도 같은 말을 할 수 있다. 밖 교회에는 예수 그리스도가 머리가 되어 있지 않다. 교회는 말씀 선포와 의식(儀式)이 행해져야만 하는 곳이다. 만일 밖 교회가 그것을 실천하고 있다면 그땐 자기들이 밖 교회라 해도 우리는 교회라고 명명한다. 문제는 사람들이 '교회'란 말을 사용하기를 꺼리는 데 있다. 그것은 사람의 생각에서 나온 착상인데 하나님은 매우 슬퍼하신다. 하나님이 원하시는 것은 '교회'란 이름이다.

---

16) 도날드 거스리, 「신약의 핵심진리」 양용의 역, (서울: 성서유니온선교회, 2006), p.152.
17) 헨리 디이슨, 「조직신학 강론」, pp. 641-642.

(4) 왜 교회당이 교회는 아닌가?

우리나라도 기독교 초기에는 'ㅇㅇ교회예배당'이라고 건물에 써 붙였는데 언제부턴가 예배당이란 말이 빠지고 'ㅇㅇ교회'라고 하였다.
예배당을 성전(聖殿)이나 제단(祭壇, altar, temple)이라고 부르는 것은 구약적 개념을 생각하고 또 중세 성례전주의(sacramentalism)를 의식한 표현이다. 교회는 결코 빌딩이 아니다. 초대교회의 모습은 장소나 건물에 연연하지 않은 세상으로부터 부름 받아 나온 그 지역 사람들의 모임이었다.

(5) 왜 단체가 교회는 아닌가?

교회는 자선사업 단체나 어떤 형태의 교회 외적 모임과도 다르다. 선교와 자선은 교회이기에 행하는 대단히 주요한 활동이지만 그 활동 자체가 교회는 아니다. 손이 주요한 일을 한다고 해서 손을 보고 몸이라고 할 수 없지 않은가? 지방회나 총회도 교회는 아니다. 예수 그리스도는 총회의 머리가 되시고자 하지 않으신다. 작고 초라한 지하실에서 모이는 믿는 자의 작은 무리의 머리는 되실지언정 총회의 머리는 되지 않으신다. 왜냐하면 총회는 머리되신 예수의 몸이 아니기 때문이다. 지방회나 총회에서 성만찬이나 침(세)례식을 행하는 것은 교회관에서 이탈된 것이다. 또 예수 그리스도는 교단 신학교의 머리도 아니시다. 왜냐하면 신학교는 교회가 아니기 때문이다. 신학교는 교회 밑에 부속된 기구이다. 교회보다 더 높은 상회(上會)는 없다.

7) 교회론에 접근하는 전통적인 방법에 변화가 있어야 한다

로마 가톨릭과 프로테스탄트는 교회의 기본적인 성격에 관해 의견을 달리하고 있다. 로마 가톨릭은 교회를 교황의 권위 아래 있는 인적 계급과 그 계급들의 종교의식을 집행하는 외형적이고도 가시적(可視的)인 기구(機構)로 본다. 프로테스탄트는 예수 그리스도의 교회는 오직 주님만을 머리로 하는 성도들의 불가시적(不可視的)이고도 영적인 교제(communion)로 본다.
로마 가톨릭은 그만두고라도 프로테스탄트 가운데서도 교회관에 대한 설명이 구구하다. 교회의 어떤 부분을 다른 부분보다 더 강조함으로써 그리스도인 사이에 차별화를 가져오고, 이것이 교제에 걸림돌이 되고 있다. 여기서 교파가 생겼다. 같은 프로테스탄트 계통의 교회들 사이에도 다른 의견을 지닌 교회들을 마치 타종교를 대하는 시각으로 보기도 하는

것은 슬픈 일이 아닐 수 없다.

그러므로 어떤 교파나 비 교파를 더 선호하든 간에 열린 마음으로 말씀 앞에 나와서, 신적 관점(divine standpoint)에서 진리를 펼쳐 보여 주시는 성령을 따르겠다는 자세와 의지를 가져야 한다. 이것이 교회론에 접근하는 태도이다. 말씀과 성령을 따라 교회론을 펴다 보면 전통적으로 다루어 왔던 교회론과 그 골격이 다를 수 있을 것이다. 따라서 교회론에 접근하는 전통적 방법에 반드시 획기적인 변화가 있어야 한다.

교회가 역사의 최후 목표이며 하나님의 모든 창조사역 및 구속사역의 최종 결실이라면 교회론은 사람이 조직한 신학체계 중의 한 부분이 아니라 그 모든 체계를 포괄하는 전부가 되어야 할 것이다. 그런데 전통적인 조직신학의 체계를 보면 대개 다음과 같다.

> 계시론 – 신론 – 인간론(죄론) – 구원론 – 교회론 – 종말론

이런 체계를 보면 교회론은 조직신학 체계 중의 한 부분이다. 이런 체계에서는 어느 부분이 신학의 주(主)를 이루는지 알 수 없다. 무릇 하나님의 광대하심을 우리 인간의 제한된 사고(思考) 틀 속에 정립한다는 것이 쉬운 일은 아니지만 그럼에도 불구하고 하나님의 넓은 작정(作定, decree)을 의식한다면 단연 교회론이 전체를 포괄한다고 볼 것이다.

이제 우리는 전통으로 내려온 교회론을 평가해 보아야 할 시점에 왔다. 조직신학에서 교회를 말하는 것과 성경에서 교회를 말하는 것을 구분해야 한다. 전자는 교회의 껍질을 주로 설명하는가 하면 후자는 교회의 알맹이를 설명한다. 전통적으로 교회론이라 하면 어떤 내용을 담고 있는가? 조직신학(교리)에서 다루고 있는 교회론의 목차를 보기로 하자.

① 교회의 정의-교회라는 말의 어원, 교회의 설립(중생, 성령, 침〈세〉례), 교회의 기초(우주적 교회, 지역적 교회), 교회에 대한 비유 설명(몸, 하나님의 백성, 성령의 전(殿), 건물, 양(羊), 신부), 교회의 회원 자격(중생, 침〈세〉례)

② 교회의 조직-성도, 사도, 예언자, 전도자 및 교사, 목사, 집사, 기타 일꾼들

③ 교회의 정치-감독정치, 장로정치, 회중정치, 무정부정치(퀘이커교도, 플리머스형제단)

④ 교회의 의식(儀式)-침(세)례와 주의 만찬

⑤ 교회의 사명-예배, 전도, 친교, 교육, 봉사

⑥ 교회의 미래-조직신학에서 말하는 교회론도 의미는 있으나 기독교 진리 전부를 다루는 전체적이고도 포괄적인 교회론이 되지 못하고 있다.

필자가 보는 조직신학 체계를 그림으로 표시하면 다음과 같다.

교회론

신론(계시) – 인간론(죄론) – 구원론 – 종말론
----------+-----------------------------------+----------
첫날   끝날
창세 전   창조역사   창조역사 후

창세 전부터 계시던 하나님이 교회를 잉태하시고 그것을 역사 속에 출현시키고 역사의 종말에 교회를 거두어 가시기 때문에 그 안에 거론된 모든 행위들은 교회를 위한 것이라고 본다. 교회론은 여러 교리 중의 한 교리가 아니라 모든 교리들을 포괄하고 있는 어머니 교리(mother doctrine)이다. 왜냐하면 창세 전부터 하나님은 교회를 심중에 두시고 역사 전반을 관리하셨기 때문이다. 시편 103편 19절은 교회를 위하여 온 세상을 다스리시는 하나님의 역사 대헌장(大憲章, Magna Charter)이다. "여호와께서 그 보좌를 하늘에 세우시고 그 정권으로 만유를 통치하시도다"(The Lord hath prepared his throne in the heaven and his Kingdom ruleth over all, 개역성경).

따라서 교회론을 이야기할 때 거기에 하나님이 계신다는 신론이 거론되고, 그 신이 자기를 나타내심이 계시론이 되고, 계시의 기록이 성경이란 영감의 저술이 되고, 거기서 타락한 죄된 인간 이야기가 나오는데 그것이 인간론 곧 죄론이 되고, 이 죄를 사해 주시사 구원하실 이 예수 그리스도가 성육, 죽음, 부활, 승천, 승귀의 사건이 있는 바 그것이 기독론이면서 동시에 구원론의 시작이 된다. 사람이 회개하고 예수 그리스도를 믿음으로써 구원을 얻게 되는 구원의 과정이 있고, 이런 과정의 경험을 공유하고 있는 사람들이 종말에 하늘나라에서 하나님과 영생을 즐기고 산다는 것이 종말론이다. 이 모든 교리의 진술은 교회라는 주제를 중심으로 돌아가고 있다. 따라서 교회론은 조직신학의 알파요 오메가 즉 처음과 나중이다.

나는 지금부터 성경이 말하는 교회를 이야기하고자 한다. 그냥 무시무종(無始無終)하시던 하나님께서 어느 날 교회를 잉태하셨다. 그때부터 교회는 존재하기 시작했다.

교회의 출생은 창세 전 어느 시기였고, 교회의 주소는 하나님의 심중(心中)이었고, 교회의 구성은 그리스도 안에서 택함 받은 거룩하고 흠 없는 자로 예정되었던 하나님의 아들들

로 되었고, 교회의 목적은 천지 간의 모든 것이 그리스도 안에서 통일이 되고 교회 자체가 하나님의 기업(企業)과 찬송이 되어 하나님의 은혜의 영광을 찬미하는 것이며, 이를 확증하기 위해 성령의 인(印)을 받았다. 교회는 삼위일체 하나님의 작품이며 일차적으로 하나님을 위해 존재하게 되었다. 교회는 우선적(優先的)으로 하나님이 거하실 처소(處所)이다(엡 2:22). 하나님은 교회를 잉태하시자 곧 계시하셨다. 만약 하나님이 교회를 심중(心中)에 잉태하시지 않으셨더라면 계시하실 필요가 없었을 것이다.

계시(啓示)는 하나님의 자기표현(God's self-disclosure)이며 그 자기표현은 하나님의 내부(內部)의 마음을 여심인데, 그 마음속을 들여다보니 '교회'가 잉태되어 있었던 것이다. 계시 → 하나님 → 하나님의 마음 → 교회라는 일직선상의 체계가 있다.

계시(啓示)는 성경으로 남아 있다. 성경이란 무엇인가? 성경은 교회 이야기이다. 성경은 교회에 대해서 약간을 말하고 있는 것이 아니라 전부를 말하고 있다. 교회 이야기를 빼버리면 성경은 공중에 날아가 버리고 말 것이다. 성경의 무게는 교회에 있다. 모든 기타 교리들도 교회론 안에 포함된다. 재언(再言)하지만 교회론은 모든 교리들 중의 한 교리가 아니라 모든 교리들을 포괄하고 있는 어머니 교리(母論)이다. 국가의 최상위법은 헌법이다. 헌법은 국가 존립의 기본법이다. 헌법 위에 군림하는 어떤 법도 없다. 헌법은 모법(母法)이요 기타 모든 법은 자법(子法)이다. 기독교 진리체계에서 교회론은 기독교의 헌법이다. 그것은 존립과 방향제시의 법이요 기타 모든 법은 이 헌법을 이루기 위한 법이다. 헌법에 위배되는 모든 법은 무효이다. 헌법재판소는 그래서 존재하는 것이다. 교회론을 모든 교리의 법식(法式)으로 삼는다(抱一爲天下式-老子 22장).

교회론은 조직신학 체계에 있어서 몸의 심장과도 같다. 교회를 생존하는 인격자로 보지 않고 하나의 기구로 보는 경향성 때문에 인격으로 대하지 않고 도구로 대하는 실수를 범한다. 교회의 일생을 유기적으로 다루지 않고 교회의 어떤 부분에만 비중을 둔다는 것은 교회론에 대한 태도가 아니다. 가령, 어떤 경우에는 교회의 정치는 어떤 것이어야 하느냐를 가지고 따진다. 감독정치가 좋은가, 회중정치가 좋은가? 교회 직분은 어떤 것이 있어야 하고 어떤 것은 없어야 하는가? 교회의 의식은 반드시 어떻게 지켜져야 하는가? 교회의 예배는 닫힌 예배여야 하나, 열린 예배여야 하나? 사실 이런 문제가 교파가 생길 정도로 중요한 것은 아니다. 이런 문제들은 몸의 깃털과 같은 것이다. 깃털을 애지중지하다가 몸통을 잃어버리는 어리석음을 범하지는 않는가?

교회 안에 조직이 필요한 것은 사실이지만 조직이론만 세우면 전부인가? 어떤 건축가가 집을 짓기로 했다. 그는 모든 일꾼들에게 노임을 주고 집을 건실하게 지어주기를 바라고 일을 맡겼다. 일꾼들은 효과적으로 일을 하기 위해서 팀장을 세우고, 팀을 조직하고, 근무시간과 업무 부서를 정한다.

그런데 조직엔 열을 올리고 있으나 아직 집은 잘 지어지지 않고 있다. 매일 모여서 하는 일이라고는 집을 잘 짓기 위한 조직 관리에 대한 연구와 검토뿐이다. 그러면 그 집은 언제 다 지을 것인가? 교회의 직분이나 조직이나 모든 것은 교회 자체의 생존과 활동을 위한 것이다. 직분이나 조직은 몸의 운동인데 무엇을 위한 운동인가? 몸이 운동을 위한 것인가? 운동이 몸을 위하는 것인가? 눈의 밝음도 몸의 밝음을 위한 것이 아닌가? 그것은 마치 사람 전체(whole man)를 생각지 않고 그 사람의 '눈' 만 건전하면 된다든지, 혹은 '팔' 만 강하면 된다든지, 혹은 '귀' 만 성하면 된다든지 하면서 그것 외에 다른 것은 불필요하다고 보는 우스꽝스러운 것과 같다.

"몸은 하나인데 많은 지체가 있고 몸의 지체가 많으나 한 몸임과 같이 그리스도도 그러하니라"
(고전 12:12)

그런고로 교회의 어떤 부분을 딱 떼어 놓고 왈중왈경(日重日輕)할 것이 아니라 교회 전체를 거시적(巨視的)인 안목에서 보아야 할 것이다. 그리고 교회 안에 들어와서는 미시적(微視的) 안목으로 살펴야 할 것이다.

필자가 어느 개교회에서 교회론을 주제로 집회를 인도했었는데 집회를 마친 후 그 교회의 어떤 성도가 교회론을 주제로 시를 써서 나에게 선물을 했다. 집회기간 동안의 교회론을 어쩌면 그렇게 열심히 경청했고 또 어쩌면 그렇게 경청한 내용을 아름답게 시어로 표현했는지 감탄했다. 아래에 그 시를 실어 본다.

교 회 론

〈대덕한빛교회 양모 성도님 作〉

영원 전부터 계신 하나님은
창세 전에 교회를 설계하시고
그 교회를 위하여
천지만물과 사람의 창조를 계획하셨네.

전능하신 하나님은
창세 전에 설계하신 교회를 역사 위에 세우시고

그 교회를 위하여
천지만물과 사람을 창조하셨네.

은혜가 넘치는 하나님은
아담이 죄를 지었기에
나는 다시금 선악과를 따 먹지 않아도
이유 없이 죄인 되게 하셨네.
사랑의 하나님은
예수님이 십자가에 못 박혀 피를 흘리도록 하셨기에
내가 십자가에 못 박히는 고통 다시 없어도
그를 믿어 공로 없이 의인 되게 하셨네.
권능의 하나님은
예수님이 이 땅에서 모든 만물을 다스리는 교회의 머리 되게 하셨기에
나도 이 땅에서 모든 만물을 다스리며
교회를 받들어 살아가는 교인 되게 하셨네.

영생을 주시는 하나님은
예수님이 부활하여 천국으로 가시도록 하셨기에
나도 장차 천국에 가서
신랑 예수 대면하고 신부 소망 갖게 하셨네.

3 그리스도인의 교회 고백

「교회는 교회입니다.

교회는 인격자입니다.

그래서 교회는 인격을 지닙니다.

교회의 인생에는 3기(三期)가 있습니다.

교회는 창세 전부터 존재해 왔습니다. 그것이 교회 일생의 제1기이지요.

교회는 역사 속에 출현했습니다. 그것이 교회 일생의 제2기이지요.

교회는 역사가 끝난 뒤에도 영화롭게 존재할 것입니다. 그것이 교회 일생의 제3기이지요.」

    스스로 존재해 오시던 하나님께서 창세 전 어느 순간에 교회를 두시려고 작정하셨다. 우선 그 교회를 하나님의 마음속에 품으셨다.(제一기 교회시대)

    하나님은 그 교회를 역사 속에 출현시키고 싶으셨다. 그러기 위해 하나님은 창조와 구원의 두 대사역을 실천하셨다. 마침내 교회가 그 모습을 역사 속에 드러냈다. 그 교회는 하나님의 자기표현이며 자기 기업이며 자기의 거처였다.(제二기 교회시대)

    악한 사탄이 창조의 시초에 에덴 동산을 공격하더니 지금은 하나님의 교회를 공격하고 있다. 하나님의 거처와 악한 사탄의 거처 간에 싸움이 계속되고 있다. 여자 및 여자의 후손과 뱀 및 뱀의 후손이 원수가 되고(창 3:15), 사라의 이삭과 하갈의 이스마엘이 서로 시기 질투하고(창 21:9), 리브가의 태 속에서 두 국민이 나뉘어져서 싸움을 벌인다(창 25:22~23).

    이것은 상징이니 지금 역사란 하나님의 거룩한 거처인 교회와 악한 사탄의 더러운 거처인 세상 간에 휴전도 없고 정전도 없는 전쟁터이다. 교회를 세상에 출현시키겠다고 하신 예수님도 비록 음부의 권세가 이기지는 못하지만 계속 될 것을 예언하셨다.

"또 내가 네게 이르노니 너는 베드로라 내가 이 반석 위에 내 교회를 세우리니 음부의 권세가 이기지 못하리라"(마 16:18)

역사의 종말에 교회는 승리한다.(제三기 교회시대)
오직 망하는 것은 세상이니 "무너졌도다 무너졌도다 큰 성 바벨론이여"(계 18:2), 오직 심판 받는 것은 바벨론이니 "화 있도다 화 있도다 큰 성, 견고한 성 바벨론이여 한 시간에 네 심판이 이르렀다"(계 18:10)고 외친다. 하늘에서는 거룩한 성 예루살렘이 하나님께로부터 내려오는데 그 예비한 것이 신부가 남편을 위하여 단장한 것 같이 예쁘더라는 것이다.
두둥실 교회가 내려오는데 땅에서는 환영사가 올라간다.
"아멘 주 예수여 오시옵소서"(계 22:20).
위 내용은 서두에서 밝힌 '교회의 자기 고백'을 그리스도인들이 '그리스도인의 교회 고백'으로 받아들인 것이다. 교회의 자기 고백이 그리스도인의 자기 고백으로 확정된 것이다. 이것은 그리스도인의 소리이다. 창세 전 교회 존재론에 관한 존 맥아더의 고백을 소개한다.

「"곧 창세 전에 그리스도 안에서 우리를 택하사 우리로 사랑 안에서 그 앞에 거룩하고 흠이 없게 하시려고 그 기쁘신 뜻대로 우리를 예정하사 예수 그리스도로 말미암아 자기의 아들들이 되게 하셨으니… 모든 일을 그의 뜻의 결정대로 일하시는 이의 계획을 따라 우리가 예정을 입어 그 안에서 기업이 되었으니"(엡 1:4~5, 11).

교회는 우연히 생겨난 존재가 아니다. 교회는 하나님의 예정적이며 주권적인 부르심의 결과이다. 사도 바울은 디모데후서 1장 9절에서 하나님의 택하심을 다시 언급한다. "하나님이 우리를 구원하사 거룩하신 소명으로 부르심은 우리의 행위대로 하심이 아니요 오직 자기 뜻과 영원한 때 전부터 그리스도 예수 안에서 우리에게 주신 은혜대로 하심이라."
'내적인 생명'(The Inner Life)이란 찬송시에서 익명의 시인은 이렇게 노래한다.
"주님을 찾아 헤맸으나 후에 나는 알았네, 그가 내 영혼을 움직여 그를 찾고 또 나를 찾게 하셨음을. 내가 주를 찾은 것이 아니라 오 진실하신 구주여, 당신이 나를 찾으셨나이다."
교회는 예정된 운명 곧 시공을 초월한 부르심을 성취하고 있는 것이다. 하나님의 마음속에는 시간의 틀이 존재하지 않는다. 모든 것이 즉각적인 영원한 현재이다. 교회는 세상이 있기 전부터 지금과 같이 하나님의 마음속에 실재하고 있었다.」[18]

---

[18] 존 맥아더, 「주님의 교회 계획」 최치남 역, (서울: 생명의말씀사, 1993), pp. 168~169.
필자의 '창세 전 하나님 심중 교회잉태론'과 코드가 맞아서 꼭 소개하고 싶었다.

찬송하리로다 하나님 곧 우리 주 예수 그리스도의 아버지께서 그리스도 안에서
하늘에 속한 모든 신령한 복을 우리에게 주시되 곧 창세 전에 그리스도 안에서 우리를 택하사
우리로 사랑 안에서 그 앞에 거룩하고 흠이 없게 하시려고 그 기쁘신 뜻대로 우리를 예정하사
예수 그리스도로 말미암아 자기의 아들들이 되게 하셨으니 이는 그가 사랑하시는 자 안에서
우리에게 거저 주시는 바 그의 은혜의 영광을 찬송하게 하려는 것이라(엡 1:3-6).

1부 第一期 教會時代

| 제1기 교회시대 서론 |

'들어가는 말'에서는 교회와 역사 일반에 관한 언급과 함께 조직신학의 창조론, 계시론이 주를 이루는데 비해 이 단원에서부터는 교회 일생의 삼기(三期)를 조직신학의 신론, 삼위일체론, 그리스도론, 인간론(죄론), 구원론, 그리고 종말론을 통해 진술하고자 한다. 창세 전에 있었던 교회 상황과 역사 속에 있는 교회의 정황(情況)과 그리고 미래에 있을 교회의 장래에 관한 언급이 주를 이루게 될 것이다.

그럼 '교회론'은 어디로 잠적했는가? 교회론이 잠적한 것이 아니라 창조론에서 종말론까지 골고루 퍼져 있는 것이다. 교회론은 조직신학의 한 주제가 아니라 조직신학 전부를 포괄하고 있는 커다란 보자기요 우산의 여러 살들을 집결하고 있는 우산대이며 수레바퀴 살을 감싸고 있는 바퀴의 핵이다.

교회론을 이야기할 때 조직신학 주제들이 전부 움직여야 하는 것이 교회론의 생명이요 풍성이다. 가령, 그리스도론에 이르면 그의 인성, 신성, 그리고 죽음, 부활, 승천, 승귀 이야기가 거론되는데 그것은 결국 무엇을 하자는 것인가? 죄인인 사람을 구원코자 한 것이다. 사실 그리스도론은 구원론이다. 또 구원론은 인간론이다. 왜 인간을 구원했는가? 왜 그리스도께서 세상에 오셨는가? 그것은 결국 구원받은 자들을 집결시켜 교회를 형성하자는 것이다. 교회는 하나님의 심정의 알파와 오메가요 처음과 나중의 가치로 존재하고 있다.

여기서 우리가 혼란을 겪는 고비에 이른다. 사람들의 존재개념은 오관(五官)을 통해서 지각될 때 존재한다고 한다. 그러나 하나님의 시야에서 보실 때 그 존재개념은 사람의 그것과 다르다. 하나님의 존재개념을 이해하자면 '믿음'의 안경을 꼭 써야 한다.

> "옛적에 선지자들을 통하여 여러 부분과 여러 모양으로 우리 조상들에게 말씀하신 하나님이 이 모든 날 마지막에는 아들을 통하여 우리에게 말씀하셨으니 이 아들을 만유의 상속자로 세우시고 또 그로 말미암아 모든 세계를 지으셨느니라"(히 1:1~2)

믿음의 눈으로 볼 때 교회는 이미 역사가 있기 이전에 존재했었다. 그런데 우리의 오관에 의한 역사적 경험의 대상이 되지 못한 교회라서 그 존재를 의심하게 되고 부정한다. 결국 교회는 역사 속에서 비로소 존재했다는 결론을 내리게 된다.

그렇다면 "곧 창세 전에 그리스도 안에서 우리를 택하사 우리로 사랑 안에서 그 앞에 거룩하고 흠이 없게 하시려고 그 기쁘신 뜻대로 우리를 예정하사 예수 그리스도로 말미암아 자기의 아들들이 되게 하셨으니"(엡 1:4, 5)라는 말씀은 어떻게 설명해야 될까?

하기락 교수는 니콜라이 하르트만의 「존재학 원론」을 번역하는 역자 서언에서 그 책의 전체 내용인 존재론적 철학사상을 독자에게 잘 요약해 주고 있다. 기독교의 하나님과 하나님의 심중 교회의 '존재'의 이해를 돕기 위해 여기 필자 나름대로의 존재 양식을 또 간략하게 요약해 본다.[19]

하르트만의 존재학

〈존재 요소의 대립〉

거기 있음(Dasein)	:	그리 있음(Sosein)
어떤 존재자가 지닐 모든 내용을 포괄하는 존재. 그런 내용 그런 있음		그런 내용을 포괄한 자. 어떤 거기에 자리하여 나타나 있음. 그런 있음

〈존재 방식의 대립〉

이법적(理法的) 존재(idea)	:	실사적(實事的) 존재(real)
시공(時空)초월 존재 모습		시공 내의 작용
수학적 존재		물질적 현상
논리적 법칙		생명체
real한 존재 속에 있는 본질가치		심리작용
		정신적 존재

하나님은 존재이시다(God is Being). 존재라는 개념은 매우 추상적이며 이데아적이지만 하나님은 "나는 스스로 있는 자"(I am that I am, 출 3:14)라는 말로 모세의 이해를 돕는다.
　하르트만의 존재개념을 빌어서 교회의 존재개념을 다소나마 이해시키고자 했을 뿐인데 교회는 하나님의 마음속 '거기 있었고', '그리 있었고', '이법적 존재'로 있다가 '실사적 존재'로 있었다. 하르트만은 존재와 방식 간의 대립을 세웠지만 교회는 그 모든 존재개념을 통일시키고 있는 것이다.

---

19) 니콜라이 하르트만, 「존재학 원론」 하기락 역, (서울: 형설 출판사, 1983), pp. 3~4.

《 교회의 일생의 三期 》

교회의 일생의 3기를 우선 그림으로 보기로 하자.

우리는 '들어가는 말'이란 제하에서 교회 일반에 관해 길게 언급을 해왔다. 이제 교회 일생의 3기를 구체적으로 검토해 보기로 하자.

1 창세 전에 누가 계셨나?

존재론적 교회 – 교회 잉태, 창세 전 교회 이야기

제1기 교회시대란 교회의 잉태(孕胎) 시기이다. 그것은 창세 전의 교회 이야기이다. 이미 창세 전에 교회가 존재했다는 이야기이다. 존재란 말은 무(無)였다가 유(有)하다는 의미에서의 존재이고 그것의 생물학적 의미로는 잉태했다는 이야기이다. 이것을 교회의 전생(前生)이라 해도 좋다. 전술(前述)한 바 있지만 전생이란 불교의 전매 특허적인 용어가 아니라 우리의 교회에 대해서 사용할 수 있는 아주 적절한 말이다.

제1기 교회시대를 '존재론적 교회'라 함은 교회가 역사 속에 출현해서 예언 활동을 하기 이전에 이미 존재하기 시작했었다는 의미에서 본 것이다. 제1기 교회의 캐릭터(character)는 이다. 점선은 창세 이전의 하나님의 설계도이다. 그때도 예수 그리스도는 존재할 교회의 사실상의 머리이셨다. 아직 역사 이전에 존재했던 교회라서 점선으로 표시했는데 이것이 제1기 교회의 기호이며 사인이다. '✝'는 머리되신 예수 그리스도를 말하며, ' '는 창세 전에 설계도로 존재한 교회를 말한다.

창세 전에 누가 계셨나?

창세 전에 하나님이 계셨다. 우리의 마음은 무언가 '없음'보다 무언가 '있음'에 안정감을 가진다. '있음'을 논증하기는 쉬워도 '없음'을 논증하기란 더 어렵다. 그래서 유신론이 무신론 쪽보다 안정감이 있다.

그런데 우리가 말하는 유신론은 아무것이라도 좋으니 신적 존재 같은 것이 있다는 의미로서의 유신론은 아니다. 넓은 의미로 기독교는 유신론을 편들고 있지만 유신론 주장들의 모든 것을 인정하는 것은 아니다. 왜냐하면 유신론의 신은 성경의 하나님이 아니기 때문이다. 그리스도인은 성경의 하나님, 즉 계시된 하나님을 믿는다. 우리는 하나님을 지성으로 믿는 것이 아니라 영혼으로 믿는다. 그런데 사람들의 하나님에 대한 견해는 각양각색이다. 아예 신이 없다고 주장하는 무신론적 견해가 있는가 하면, 신이 있은들 어떠하며 없은들 어떠하랴 하는, 신은 상대적 개념일 뿐 우리는 그 신을 가히 알 수 없다는 불가지론적 견해가 있는가 하면, 이 세계를 신 자체로 보아 신의 초월성을 배제하고 편재성만 강조하는 범신론적 견해가 있는가 하면, 차라리 신은 많이 있다는 다신론적 견해와, 신은 편재하지 않고 초월해 있다는 자연신론적 견해도 있다. 그래서 하나님을 알고 믿는다는 것은 대단한 축복이다. 이것은 내가 믿는 것이 아니라 믿어지기 때문에 결국 믿는 경지에 이른 것이다.

"아들과 또 아들의 소원대로 계시를 받는 자 외에는 아버지를 아는 자가 없느니라"(마 11:27)고 예수님은 말씀하셨다. 그리스도인의 대(對) 신관(神觀)은 그의 존재와 그의 시상(施賞)을 믿는 것이다.

"믿음이 없이는 하나님을 기쁘시게 하지 못하나니 하나님께 나아가는 자는 반드시 그가 계신 것과 또한 그가 자기를 찾는 자들에게 상 주시는 이심을 믿어야 할지니라"(히 11:6)

성경은 태초에 하나님이 계셨다고 했다. 창세 전에 하나님이 계셨다. 이것은 기독교 진리의 대전제이다. 그것이 신론(神論)이다. 신론(神論)은 신의 존재에 관한 이론이다. 기독교 신론은 진정한 유신사상의 정립이다. 신이 어떠하신가와 신이 무엇을 하셨는가 하는 설명은 신의 존재를 인정한 뒤에 다룬다. 가장 진실한 신론은 신의 존재부터 인정하는 것이다.

주어(主語) 없는 술어(述語)는 없다. 가령 "…노래한다." 할 때 주어가 없으면 문장은 의미가 없다. 그런데 사람들은 노래 소리는 들어도 누가 노래하는지 관심없다는 듯이 하나님의 하신 것을 즐기면서 그 하나님은 모른다 한다.

창세 전에 아무것도 없는 공허(空虛)에 하나님이 계셨다.

"태초에 하나님이 천지를 창조하시니라"(창 1:1)

여기에 존재하시는 하나님이 행위하시는 하나님으로 나타나셨다. 천지창조가 있어서 하나님이 존재케 된 것은 아니다. 하나님이 먼저 존재하셔서 천지를 창조하셨다. 존재론적 신의 행위 계시론적 신(行爲啓示論的 神)으로의 과정을 본다.

"태초에 말씀이 계시니라 이 말씀이 하나님과 함께 계셨으니 이 말씀은 곧 하나님이시니라 그가 태초에 하나님과 함께 계셨고 만물이 그로 말미암아 지은 바 되었으니 지은 것이 하나도 그가 없이는 된 것이 없느니라"(요 1:1~3)

태초에 계신 말씀은 하나님과 함께계셨고 말씀은 곧 하나님이시다. 이 분이 만물을 지으셨다. 하나님을 부인하는 사람은 단지 어리석은 사람일 뿐이다.

"어리석은 자는 그의 마음에 이르기를 하나님이 없다 하는도다"(시 14:1)

하나님이 없는 세계는 "황폐해 가는 무덤이며 영원히 권태로운 반추(反芻)만 계속하는 괴수(怪獸)"이다.[20]

창세 전에 계시던 하나님에 의하여 역사는 펼쳐지고 있다.

---

20) 에릭 사우어, 「세계 구속의 여명」 권혁봉 역. (서울: 생명의말씀사, 1972), p. 26.

2 창세 전에 하나님은 어떠한 분이신가?

창세 전의 하나님과 창세 후의 하나님은 다 동일하신 분이시지만 창세 전의 하나님에 관한 진술은 하나님의 본질(本質)이라 하고, 창세 후의 하나님에 관한 진술은 하나님의 속성(屬性)이라 부른다.

본질은 속성에 선행(先行)한다. 본질은 하나님이 원래부터 어떠하셨음을 말하고, 속성은 하나님이 창조하신 대상물과의 관계 면에서 하나님이 어떠하신 분이신가를 말하는 것이다. 하나님의 속성은 창세 이후에 창조물과의 관계에서 나타난 성품이다. 하나님의 자연적 속성이란 이름 아래 하나님의 전지(全知), 전능(全能), 무소부재(無所不在)라는 것이 있고 윤리적 속성이란 이름 아래 하나님의 거룩이라는 것이 있다.

하나님의 전지란 하나님이 창조하신 전 세계 질서에 관해 완전하고도 영원한 지식을 말한다. 하나님이 만드신 세계를 하나님이 다 아시는 것은 당연하다(히 4:13; 시 139:6; 마 10:29, 30).

하나님의 전능이란 하나님이 창조하신 전 세계 질서 중에서 하나님의 원하시는 대로 질서를 운행하는 힘을 말한다. 그런데 왜 하나님은 스스로 만드신 세계를 당신 마음대로 조정하시지 않으시는가(창 1:3, 17:1; 롬 4:17; 엡 1:11).

하나님이 그 마음의 원하는 대로 역사하시는 전능자(全能者)라고 해서 폭정(暴政)으로 우주를 관리함을 말하는 것은 아니다. 하나님은 수많은 기적을 베푸시는 분이시지만 변덕을 부리시지는 않는다. 하나님이 전능자라고 해서 하나님은 세모난 원(圓)을 그리지는 않으신다. 즉, 하나님의 전능이란 하나님의 본질에 가장 가깝게 일하심을 말씀하시지 억지스러움을 창출해 냄을 말하는 것이 아니다. 전능자이신 하나님께서 가장 완벽한 원을 그리실 수 있어도 결코 세모난 원을 그리지 않으심은 그 본질상 진리에 역행하기 때문이다.

무소부재하신 하나님이란 하나님이 창조하신 전 세계 어디에서나 동시에 맘대로 구애받지 않고 계신다는 것을 말한다. 하나님이 친히 만드신 세계 속 어디서나 동시에 맘대로 계실 수 있는 것은 가능한 일일까? 얼마든지 가능한 일이다(렘 23:23, 24; 행 17:27, 28; 마 28:20). 만약 하나님이 세계를 창조하시지 않았더라면 다 아시고, 다 행하시고, 어디나 다 계시는 일이 없으셨을 것이다. 오병이어(五餠二魚)의 기적이나, 애굽 군대를 수장(水葬)시키신 것이나, 베드로가 바다 위를 걷는 것이나, 병자를 살리시고, 죽은 자를 살리시는 것은 하나님의 창조세계에서 얼마든지 하실 수 있는 일이다. 제한성을 지닌 우리 인간은 이런 속성을 대단한 것으로 보지만 하나님은 보통의 일로 보신다. 물론, 하나님의 이런 속성을 과소평가해서는 안 되지만 또 하나님의 속성의 전부라고 보아서도 안 된다.

윤리적 속성 아래 있는 하나님의 '거룩'과 '의'라는 속성을 보자. 물론, 하나님의 거룩과 의가 하나님의 본질에 없었던 것은 아니지만 그것이 나타난 것은 피조 인간세계와 관련해서이다. 하나님의 거룩성이란 하나님의 창조하신 전 세계와도 구별된다는 뜻이다(출 3:5; 신 28:9; 사 10:17, 20; 마 6:9; 벧전 1:14~16). 하나님의 의란 하나님이 창조하신 전 세계의 어떤 악한 것이나 더러운 것으로부터 전적으로 자유로운 상태에 있음을 뜻한다. 부정(不正)에 반(反)하여 정의(正義) 편을 들고 불결(不潔)에 반(反)하여 순결(純潔)의 편을 든다(롬 1:18~20; 2:15; 마 5:48; 22:34~40; 창 18:25; 롬 2:6~16; 시 85:10; 51:14; 사 40:13; 51:6, 8; 41:10; 42:6; 45:13; 61:10, 요일 1:9; 2:1; 고후 5:21).

하나님의 본질은 무엇인가? 이제부터 창세 전의 하나님이 어떠한 분이셨나를 살펴보기로 하자. 창조 하나님은 자존적(自存的), 영적(靈的), 사랑의 인격자이셨다. 하나님의 자존성, 영성, 사랑의 인격은 그분이 창세하기 전부터 그러한 분이시라는 것이다. 하나님의 본질은 창조세계와 무관하게 원래부터 그러하신 성품을 지니셨다는 것이다. 이 모든 것이 하나님은 영광의 하나님이심을 말한다.

1) 하나님의 자존성은 무엇을 말하는가?

하나님의 자존성은 하나님 그 자신 속에 자기 존재의 근거를 지니고 계신다는 의미이다. 하나님은 자기 외부의 어떤 것에다가 자기 존재를 의탁하시지 않으신다.

"하나님이 모세에게 이르시되 나는 스스로 있는 자니라 또 이르시되 너는 이스라엘 자손에게 이같이 이르기를 스스로 있는 자가 나를 너희에게 보내셨다 하라"(출 3:14)

하나님이 스스로 계신 것은 하나님의 성질 자체이지 하나님의 의지에 근거한 것은 아니다. 즉, 하나님은 자기가 존재하고 싶은 의지를 발동해서 비로소 존재하신 분이 아니라 아무런 대내외적인 자극 없이 스스로 계셨다는 것이다. 하나님의 자존성은 그의 창조세계와 별개의 문제이다. 이것이 여타 피조물과는 판이한 하나님의 모습이다. 이 세상에 스스로 있었다는 것이 있을 수 있는 일인가? 하나님은 모든 있는 것들의 원인이시다. 그러나 그분은 그분 자신의 존재의 원인도 아니시다.

2) 하나님의 영성(靈性)은 무엇을 말하는가?

(1) 하나님은 영이시다.

하나님은 몸이 없으시다. 영이란 말은 비물질적 무형적 존재자를 말한다.

> "하나님은 영이시니 예배하는 자가 영과 진리로 예배할지니라"(요 4:24)
> "내 손과 발을 보고 나인 줄 알라 또 나를 만져 보라 영은 살과 뼈가 없으되 너희 보는 바와 같이 나는 있느니라"(눅 24:39)

그러므로 하나님은 사람의 눈에는 보이지 않으시는 분이다. 하나님이 영적 존재란 말은 불가시적(不可視的) 존재자라는 것을 말한다. 따라서 하나님에 관한 어떤 형상도 만들어서는 안 된다.

> "여호와께서 호렙 산 불길 중에서 너희에게 말씀하시던 날에 너희가 어떤 형상도 보지 못하였은 즉 너희는 깊이 삼가라 그리하여 스스로 부패하여 자기를 위해 어떤 형상대로든지 우상을 새겨 만들지 말라 남자의 형상이든지, 여자의 형상이든지, 땅 위에 있는 어떤 짐승의 형상이든지, 하늘을 나는 날개 가진 어떤 새의 형상이든지, 땅 위에 기는 어떤 곤충의 형상이든지, 땅 아래 물 속에 있는 어떤 어족의 형상이든지 만들지 말라 또 그리하여 네가 하늘을 향하여 눈을 들어 해와 달과 별들, 하늘 위의 모든 천체 곧 너희의 하나님 여호와께서 천하 만민을 위하여 배정하신 것을 보고 미혹하여 그것에 경배하며 섬기지 말라"(신 4:15~19)

그러기에 하나님은 하나님을 육안으로 보고 살아남을 자는 아무도 없다고 모세에게 말씀하셨다.

"또 이르시되 네가 내 얼굴을 보지 못하리니 나를 보고 살 자가 없음이니라"(출 33:20)

요한은 본래 하나님을 본 사람이 없다고 말했다.

"본래 하나님을 본 사람이 없으되 아버지 품 속에 있는 독생하신 하나님이 나타내셨느니라" (요1:18)

바울도 하나님은 보이지 아니하시는 하나님이라고 말했다.

"창세로부터 그의 보이지 아니하는 것들 곧 그의 영원하신 능력과 신성이 그가 만드신 만물에 분명히 보여 알려졌나니 그러므로 그들이 핑계하지 못할지니라"(롬 1:20)
"그는 보이지 아니하는 하나님의 형상이시요 모든 피조물보다 먼저 나신 이시니"(골 1:15)
"영원하신 왕 곧 썩지 아니하고 보이지 아니하고 홀로 하나이신 하나님께 존귀와 영광이 영원무궁하도록 있을지어다 아멘"(딤전 1:17)

노자는 도(道)에 대해 이르기를 앞으로 맞이해도 그 머리가 보이지 않으며(迎之不見其首), 뒤를 따라가도 그 꼬리가 보이지 않는다(隨之不見其後 - 老子 14장)고 설파(說破)했다. 노자의 도 사상도 사람이 앞으로나 뒤로나 맞이해도 눈에 보이지 않는다고 했는데 하물며 기독교의 하나님은 어떠하시랴?

(2) 하나님은 살아계신다. 하나님은 모든 생명의 근원이시다.

"아버지께서 자기 속에 생명이 있음같이 아들에게도 생명을 주어 그 속에 있게 하셨고"(요 5:26)
"진실로 생명의 원천이 주께 있사오니 주의 빛 안에서 우리가 빛을 보리이다"(시 36:9)
"또 말하되 살아 계신 하나님이 너희 가운데에 계시사 가나안 족속과 헷 족속과 히위 족속과 브리스 족속과 기르가스 족속과 아모리 족속과 여부스 족속을 너희 앞에서 반드시 쫓아내실 줄을 이것으로서 너희가 알리라"(수 3:10)
"내 영혼이 여호와의 궁정을 사모하여 쇠약함이여 내 마음과 육체가 살아 계시는 하나님께 부르짖나이다"(시84:2)
"오직 여호와는 참 하나님이시요 살아 계신 하나님이시요 영원한 왕이시라 그 진노하심에 땅이 진동하며 그 분노하심을 이방이 능히 당하지 못하느니라"(렘 10:10)

(3) 하나님은 인격자이시다. 하나님은 자기를 의식하신다. 그분은 자의식적 존재(自意識的 存在)이시다. 하나님은 자기가 결정하신다. 그분은 자기 결정적 존재(自己 決定的 存在)이시다.

"하나님이 모세에게 이르시되 나는 스스로 있는 자이니라 또 이르시되 너는 이스라엘 자손에게 이같이 이르기를 스스로 있는 자가 나를 너희에게 보내셨다 하라"(출 3:14)
"나는 여호와라 나 외에 다른 이가 없나니 나 밖에 신이 없느니라 너는 나를 알지 못하였을지라도 나는 네 띠를 동일 것이요"(사 45:5)
"오직 하나님이 성령으로 이것을 우리에게 보이셨으니 성령은 모든 것 곧 하나님의 깊은 것까지도 통달하시느니라"(고전 2:10)
"그는 뜻이 일정하시니 누가 능히 돌이키랴 그의 마음에 하고자 하시는 것이면 그것을 행하시나니"(욥 23:13)
"그 자식들이 아직 나지도 아니하고 무슨 선이나 악을 행하지 아니한 때에 택하심을 따라 되는 하나님의 뜻이 행위로 말미암지 않고 오직 부르시는 이로 말미암아 서게 하려 하사"(롬 9:11)
"하나님은 약속을 기업으로 받는 자들에게 그 뜻이 변하지 아니함을 충분히 나타내시려고 그 일을 맹세로 보증하셨나니"(히 6:17)
"그가 말씀하시매 이루어졌으며 명령하시매 견고히 섰도다 여호와께서 나라들의 계획을 폐하시며 민족들의 사상을 무효하게 하시도다 여호와의 계획은 영원히 서고 그의 생각은 대대에 이르리로다"(시 33:9~11)

3) 하나님의 사랑은 무엇을 말하는가?

"사랑하지 아니하는 자는 하나님을 알지 못하나니 이는 하나님은 사랑이심이라"(요일 4:8)
"하나님이 우리를 사랑하시는 사랑을 우리가 알고 믿었노니 하나님은 사랑이시라 사랑 안에 거하는 자는 하나님 안에 거하고 하나님도 그의 안에 거하시느니라"(요일 4:16) (God is love)

하나님이 자존적, 영적 존재자란 것은 물질이 아니라는 뜻이다. 하나님이 인격자라는 것은 자기의식과 자기결정을 내리신다는 뜻이다. 하나님은 사랑 그 자체이시다.
창세 이전 하나님의 사랑은 하나님의 생명의 가장 깊은 요소이며 하나님의 성품이 흘러나오는 가장 깊은 내면의 샘이며, 하나님의 활동과 통제를 품고 있는 창조적 중심점이다.
창세 전의 영광이신 하나님의 사랑은 일종의 삼위일체이다. 어거스틴의 말을 들어 보자.

「하나님이 사랑이라면, 하나님 안에는 사랑하는 자(a lover), 사랑을 받을 자(a beloved), 그리고 사랑의 영(a spirit of love)이 반드시 있어야 한다. 왜냐하면 사랑하는 자나 사랑 받는 자 없는 사랑은 생각할 수 없기 때문이다.」[21]

하나님은 곧 사랑이요 사랑은 곧 하나님이다. 이 사랑의 하나님께서 사랑 행위를 하신다. 어거스틴이 말한 대로 "사랑이 있는 곳에 삼위일체가 계신다." 창세 전 사랑의 하나님은 사랑의 행위를 하셨다. 사랑은 언제나 사랑하는 자로부터 나온다(from). 사랑은 언제나 사랑받을 자를 향해 나간다(toward). 사랑은 언제나 연합시키는 공통 영을 통해 양자를 결합한다(union).

4) 하나님의 영광은 무엇을 말하는가?

하나님은 영광의 하나님이셨다. 영광은 무거움, 무게 또는 가치를 말하는 히브리어 '카보드'이다. 이스라엘의 영광은 그들의 군대에 있지 아니하고 여호와께 있었다(렘 2:11). 여호와의 영광은 이스라엘 백성과 함께 애굽으로부터 나왔고 광야를 지나도록 이끈 구름 속에서 나타나셨다(출 16:7, 10). 모세는 하나님의 영광을 보았다(출 24:15~18). 성전은 여호와의 영광이 특별히 임재하는 곳이었다.

> "제사장이 그 구름으로 말미암아 능히 서서 섬기지 못하였으니 이는 여호와의 영광이 여호와의 성전에 가득함이었더라"(왕상 8:11)
> "솔로몬이 기도를 마치매 불이 하늘에서부터 내려와서 그 번제물과 제물들을 사르고 여호와의 영광이 그 성전에 가득하니 여호와의 영광이 여호와의 전에 가득하므로 제사장들이 여호와의 전으로 능히 들어가지 못하였고 이스라엘 모든 자손은 불이 내리는 것과 여호와의 영광이 성전 위에 있는 것을 보고 돌을 깐 땅에 엎드려 경배하며 여호와께 감사하여 이르되 선하시도다 그의 인자하심이 영원하도다 하니라"(대하 7:1~3)

하나님의 영광은 독생자의 영광이었다.

> "말씀이 육신이 되어 우리 가운데 거하시매 우리가 그의 영광을 보니 아버지의 독생자의 영광이요 은혜와 진리가 충만하더라"(요 1:14).

---

21) 에릭 사우어, 앞의 책. p. 27.

존귀와 영광이 하나님께 세세토록 있을 것이라고 했다.

"영원하신 왕 곧 썩지 아니하고 보이지 아니하고 홀로 하나이신 하나님께 존귀와 영광이 영원무궁하도록 있을지어다 아멘"(딤전 1:17)

사람들이 하나님의 영광을 우상으로 바꾸어 놓았음을 책망하고 있다.

"썩어지지 아니하는 하나님의 영광을 썩어질 사람과 새와 짐승과 기어다니는 동물 모양의 우상으로 바꾸었느니라"(롬 1:23)

하나님은 자신의 무게 곧 무거움을 역사 속에 펴시고자 하셨다. 사람이 그 영광에 이르지 못하자(롬 3:23), 둘째 아담인 그리스도가 그 영광을 회복하셨다(히 2:6~9).
이상에서 창세 전 하나님이 어떤 분이신가를 보았다. 창세 후 하나님의 어떠하심은 창세 전 하나님의 어떠하심에서 나온 것이다. 창세 전 하나님은 자존하신 영성을 지니신 사랑 자체이시며 영광을 지니신 분이시다. 그분의 영성과 사랑과 영광은 피조세계가 없어도 본질적으로 그분을 형성한 요소이다. 그러므로 주어+보어 문장이 생겼다.

- God is that God is (출 3:14).
- God is spirit (요 4:24).
- God is love (요일 4:16).
- God is glory (눅 2:9, 14; 24:26; 행 3:13; 롬 6:4; 딤전 3:16).

하나님은 자존, 영, 사랑 그리고 영광의 등식을 이루신다. 창세 전에 이러하신 하나님이 창세 후에 또 하나의 이러한 하나님으로서의 자기를 표현하고 싶으셨다. 불가시적 자존적 하나님이 가시적 존재를 만드시고 그것을 사랑하고 싶으셨다. 삼위일체 하나님의 사랑과 영광의 관계를 역사라는 시공 위에 펴고 싶으셨다.
창세 전의 하나님이 역사 속에서 자기를 표현하는 다양한 모습이 자연적 속성으로는 전지, 전능, 무소부재라는 대표적 속성으로 나타나고, 윤리적 속성으로는 거룩, 의라는 대표적 속성으로 나타난 것이다. 하나님은 삼위일체 외적 대상으로 교회를 앞에 대면하고 사랑하고 싶으셨다. 그 교회는 하나님의 자기표현이며, 자기 거처며, 자기 가족이며, 자기 살림이며, 자기 기업이었다.
창조 전 하나님이 창조 후의 하나님으로 행위하셨다. 그것이 하나님의 자기계시이다. 그것은 하나님의 마음에 품고 계셨던 것이다.

계시란 마음에 품었던 것을 역사 속에 실천하는 행위이다. 계시는 하나님의 속마음을 열어 보이신 것이다. 계시는 하나님의 속사정을 우리에게 알리신 것이다. 우리는 그 속을 들여다보았다. 거기에 잉태된 것이 있었으니 작은 교회였다.

3. 창세 전에 하나님은 무엇을 하고 계셨는가?

창세 전에 삼위일체 하나님은 즐거운 친교를 하고 계셨다. 또 창세 전에 하나님은 좋은 계획을 수립하셨다. 창세 전의 하나님은 친교와 계획의 하나님이셨다.

1) 창세 전에 하나님은 삼위일체 간의 친교를 하고 계셨다

인간이 이 세상이 창조되기 전의 하나님의 사정을 안다는 것은 대단한 특권이요 영광이다.

(1) 하나님은 창조 이전에 자기 아들과 영원하고도 즐거운 친교를 가지셨다.

친교의 내용은 영원 출생(永遠出生)과 창조 사역과 애정 관계이다. 아버지 하나님과 아들은 창세 이전부터 부자관계로 계셨다. 아드님이 안 계시다가 계셨던 것이 아니라 이미 계셨었다. 이 아드님을 하나님이 내셨다. 이것을 영원 출생이라 한다. 또 출생은 친밀 관계를 뜻한다.

"내가 여호와의 명령을 전하노라 여호와께서 내게 이르시되 너는 내 아들이라 오늘 내가 너를 낳았도다"(시 2:7)

"여호와께서 그 조화의 시작 곧 태초에 일하시기 전에 나를 가지셨으며 만세 전부터, 태초부터, 땅이 생기기 전부터 내가 세움을 받았나니 아직 바다가 생기지 아니하였고 큰 샘들이 있기 전에 내가 이미 났으며 산이 세워지기 전에, 언덕이 생기기 전에 내가 이미 났으니 하나님이 아직 땅도, 들도, 세상 진토의 근원도 짓지 아니하셨을 때에라"(잠 8:22~26)

하나님은 천지창조에 아들과 동역(同役)하셨다. 하나님은 하나님의 비즈니스에 아들을 포함시켰다.

"그가 하늘을 지으시며 궁창을 해면에 두르실 때에 내가 거기 있었고 그가 위로 구름 하늘을 견고하게 하시며 바다의 샘들을 힘 있게 하시며 바다의 한계를 정하여 물이 명령을 거스르지 못하게 하시며 또 땅의 기초를 정하실 때에 내가 그 곁에 있어서 창조자가 되어 날마다 그의 기뻐하신 바가 되었으며 항상 그 앞에서 즐거워하였으며 사람이 거처할 땅에서 즐거워하며 인자들을 기뻐하였느니라"(잠 8:27~31)

(2) 아버지는 아들을 창조자로 정하셨다.

아들은 창조자가 되었다. 아버지 하나님은 이 창조자 되신 아들을 기뻐하셨다. 아들도 항상 그 아버지 앞에서 즐거워하였다. 즐거우셨던 아버지와 아들은 사람이 거처할 땅에 있는 수많은 인자들 곧, 하나님의 백성까지 기뻐하였다.
이와 같이 창조 전의 하나님의 세계는 기쁨과 즐거움의 세계였다. 기쁨과 즐거움이 사라진 오늘의 세상은 얼마나 하나님의 세계가 그리울까? 하나님은 그런 즐거움의 세상을 만드시고자 하셨던 것이다. 하늘에서의 아버지 하나님과 아들의 관계를 세상에다가 그대로 갖다 놓으시려 하셨다.

"그가 태초에 하나님과 함께 계셨고"(요 1:2)
"말씀이 육신이 되어 우리 가운데 거하시매 우리가 그의 영광을 보니 아버지의 독생자의 영광이요 은혜와 진리가 충만하더라"(요 1:14)

아버지와 아들의 창조로 인한 즐거움은 이미 하늘에서도 시작되었다. 하나님은 지구를 만드시기 전에 천사나 별들을 만드셨다.

"내가 땅의 기초를 놓을 때에 네가 어디 있었느냐 네가 깨달아 알았거든 말할지니라 누가 그것의 도량법을 정하였는지, 누가 그 줄을 그것의 위에 띄웠는지 네가 아느냐 그것의 주추는 무엇 위에 세웠으며 그 모퉁잇돌을 누가 놓았느냐 그 때에 새벽 별들이 기뻐 노래하며 하나님의 아들

들이 다 기뻐 소리를 질렀느니라"(욥 38:4~7)

(3) 아버지 하나님은 아들을 무척 사랑하셨다.

그 세계는 사랑의 세계이다. 미움이란 그림자도 없다. 창세 이전의 하나님의 세계는 아버지와 아들의 뜨거운 사랑의 세계였다. 예수님은 그의 고별기도에서 말씀하셨다. "아버지께서 창세 전부터 나를 사랑하셨습니다"(요 17:24). 아버지는 창세 전에 아들과 더불어 가지셨던 사랑을 세상에 보이시려 했다.

"곧 창세 전에 그리스도 안에서 우리를 택하사 우리로 사랑 안에서 그 앞에 거룩하고 흠이 없게 하시려고"(엡 1:4)

아들 예수님은 창세 전부터 아버지에 의해 이미 알리신 바 된 자이셨다.

"그는 창세 전부터 미리 알린 바 되신 이나 이 말세에 너희를 위하여 나타내신 바 되었으니"
(벧전 1:20)

(4) 아버지는 아들과 영화롭게 지내셨다.

"아버지여 창세 전에 내가 아버지와 함께 가졌던 영화로써 지금도 아버지와 함께 나를 영화롭게 하옵소서"(요 17:5)

아들은 그의 고별기도에서 창세 전부터 아버지와 함께 영화를 가졌음을 말씀하시면서 지금도 이 땅에서 영화롭게 해 달라고 기도하셨다. 그리하여 아들은 아버지와 함께 계셨던 영원한 말씀이요(요 1:1~2), 영원한 지혜요(잠 8:22~23), 영원히 사랑을 받던 자요(요 17:24), 영원히 영화로운 자이셨다(요 17:5). 아버지와 아들은 그러한 부자관계를 세상 역사 속에 펴시려고 하셨다. 그런 하나님의 자기표현의 현장이 역사 속의 교회였다. 아버지와 아들은 성령과도 친교하고 계셨다. 아버지와 아들의 친교는 성령을 통해서였다. 성령은 아버지와 아들의 영이시다. 영은 그 존재의 핵을 이룬다. 창조 시에도 하나님의 신이 관여하였다.

"땅이 혼돈하고 공허하며 흑암이 깊음 위에 있고 하나님의 영은 수면 위에 운행하시니라"(창 1:2)

예수의 성육에도 성령이 관여하셨다.

"이 일을 생각할 때에 주의 사자가 현몽하여 이르되 다윗의 자손 요셉아 네 아내 마리아 데려오기를 무서워하지 말라 그에게 잉태된 자는 성령으로 된 것이라"(마 1:20)

예수의 사역에도 성령이 관여하셨다.

"예수께서 성령의 충만함을 입어 요단 강에서 돌아오사 광야에서 사십 일 동안 성령에게 이끌리시며 마귀에게 시험을 받으시더라 이 모든 날에 아무 것도 잡수시지 아니하시니 날 수가 다하매 주리신지라"(눅 4:1~2)
"그러나 내가 너희에게 실상을 말하노니 내가 떠나가는 것이 너희에게 유익이라 내가 떠나가지 아니하면 보혜사가 너희에게로 오시지 아니할 것이요 가면 내가 그를 너희에게로 보내리니"(요 16:7)

그리스도인의 중생에도 성령이 관여하셨다.

"예수께서 대답하시되 진실로 진실로 네게 이르노니 사람이 물과 성령으로 나지 아니하면 하나님의 나라에 들어갈 수 없느니라"(요 3:5)
"우리를 구원하시되 우리가 행한 바 의로운 행위로 말미암지 아니하고 오직 그의 긍휼하심을 따라 중생의 씻음과 성령의 새롭게 하심으로 하셨나니"(딛 3:5)

가장 큰 사역은 예수의 하신 일을 증언하고 유지하는 것인데 이 일은 창세 전에 삼위일체 하나님의 각별한 친교가 역사 속에 그대로 나타난 것이었다.

"보혜사 곧 아버지께서 내 이름으로 보내실 성령 그가 너희에게 모든 것을 가르치고 내가 너희에게 말한 모든 것을 생각나게 하리라"(요 14:26)
"그러나 진리의 성령이 오시면 그가 너희를 모든 진리 가운데로 인도하시리니 그가 스스로 말하지 않고 오직 들은 것을 말하며 장래 일을 너희에게 알리시리라 그가 내 영광을 나타내리니 내 것을 가지고 너희에게 알리시겠음이라"(요 16:13~14)

창조 이전의 하나님의 세계는 친교의 세계였다. 그 세계를 역사 속에 재현하시고자 하시는 하나님의 뜻이 있었나니 그것이 하나님의 작정(作定)이요 그것의 실행 방법이 하나님의 섭리(攝理)이다.

2) 창세 전에 하나님은 삼위일체 간의 계획을 품으셨다

하나님의 계획하신 바가 무엇인가? 하나님은 그 마음에 품고 계시는 그 누군가가 있었다. 원래는 그 마음에 없었던 것이었는데 우리도 모르는 어느 순간에 품게 된 그 누군가 있었다. 그것이 교회라는 인격자이다. 하나님은 창세 이전에 그 마음에 교회를 품고 계셨다. 다시 말하면, 하나님은 교회를 잉태하셨다. 왜 하나님은 교회를 잉태하셨는가?

교회 잉태는 하나님 자신의 자기표현을 위함인데 자기표현의 최상은 하나님의 권속이 되는 것이다. 교회 잉태는 교회의 고안(考案) 및 설계(設計)의 다른 호칭이다. 잉태의 전제는 출산되어져야 하고 설계의 전제는 건축되어져야 하는 것이다.

"그러므로 이제부터 너희는 외인도 아니요 나그네도 아니요 오직 성도들과 동일한 시민이요 하나님의 권속이라"(엡 2:19)

교회 잉태는 하나님의 거처를 위함이다.

"만일 내가 지체하면 너로 하여금 하나님의 집에서 어떻게 행하여야 할지를 알게 하려 함이니 이 집은 살아 계신 하나님의 교회요 진리의 기둥과 터니라"(딤전 3:15)
"또 하나님의 집 다스리는 큰 제사장이 계시매"(히 10:21)
"너희는 너희가 하나님의 성전인 것과 하나님의 성령이 너희 안에 계시는 것을 알지 못하느냐 누구든지 하나님의 성전을 더럽히면 하나님이 그 사람을 멸하시리라 하나님의 성전은 거룩하니 너희도 그러하니라"(고전 3:16~17)
"하나님의 성전과 우상이 어찌 일치가 되리요 우리는 살아 계신 하나님의 성전이라 이와 같이 하나님께서 이르시되 내가 그들 가운데 거하며 두루 행하여 나는 그들의 하나님이 되고 그들은 나의 백성이 되리라"(고후 6:16)

교회 잉태는 하나님의 소유가 되기 위함이다.

소유는 밭이 되는 것이다.

"우리는 하나님의 동역자들이요 너희는 하나님의 밭이요 하나님의 집이니라"(고전 3:9)

소유는 집이 되는 것이다.

"우리는 하나님의 동역자들이요 너희는 하나님의 밭이요 하나님의 집이니라"(고전 3:9)

소유는 하나님의 목축업이 되는 것이다.

"너희 중에 있는 하나님의 양 무리를 치되 억지로 하지 말고 하나님의 뜻을 따라 자원함으로 하며 더러운 이득을 위하여 하지 말고 기꺼이 하며 맡은 자들에게 주장하는 자세를 하지 말고 양 무리의 본이 되라"(벧전 5:2~3)

소유는 자기 피로 사신 교회 자체이다.

"여러분은 자기를 위하여 또는 온 양 떼를 위하여 삼가라 성령이 그들 가운데 여러분을 감독자로 삼고 하나님이 자기 피로 사신 교회를 보살피게 하셨느니라"(행 20:28)

교회는 하나님 자신의 표현이며 하나님의 거처며 하나님의 소유하신 기업이다. 하나님은 창세 전에 그렇게 하시기로 작정하셨다. 그것이 하나님의 신비한 계획이었다. 그것을 때가 되어서 가르쳐 주셨지만 그 전에는 신비한 비밀이었다(엡 3:1~5).

"그 뜻의 비밀을 우리에게 알리신 것이요 그의 기뻐하심을 따라 그리스도 안에서 때가 찬 경륜을 위하여 예정하신 것이니"(엡 1:9)

하나님은 그 뜻을 비밀로 가지셨다. 지금은 우리에게 알리신 비밀이다. 그 비밀은 창세 이전에 된 것이었다. 그 비밀은 그리스도 안에서 된 것이었다. 때가 찼을 때 내어놓는 비밀이었다. 그 비밀은 하나님의 경륜이었다. 하나님의 경영하신 것, 바로 그것이 비밀스러운 것이었다. 하나님의 집안 살림, 하나님의 사업, 하나님의 경영, 그게 경륜인 바 그것은 예정된 것이었다. 그 예정이 창세 전에 되었던 것이다. 사도 바울은 그런 비밀을 이제 깨달았다고 했다.

"그것을 읽으면 내가 그리스도의 비밀을 깨달은 것을 너희가 알 수 있으리라"(엡 3:4)

4. 창세 전에 하나님은 그 계획을 어떻게 세우셨는가?

제1기 교회 시대의 교회 형상은 다음과 같다.

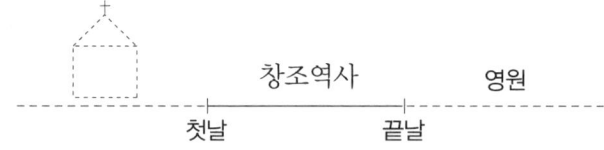

제1기 교회 시대는 창세 전 교회 시대이다. 그때는 교회가 하나님의 마음속에 잉태되던 시기이다(church being pregnant in God's heart). 아직 교회가 역사 속에 틀을 가지고 나타난 때가 아닌 시기이다. 교회는 이미 창세 전에 존재했다. 교회의 전생이라고나 할까? 잉태된 태아도 인격이요 존재하는 인격자이다. 천사도 창조되었고 만물도 창조되었지만 (created), 사람만은 특별한 창조인 출산에 의해 생존한다.

창세 전, 하나님께서 계획하신 유일하고 절대적인 대상이 교회를 고안(考案)하신 일이다. 우리는 교회가 창세 전에 있었다는 사실의 표현에 언어의 부족을 느끼기도 한다. 그래서 잉태, 마음속에 품음, 고안이란 말을 상호 교체적으로 사용하고 있는 것이다.

첫 날 이전의 점선(…)은 아직 창조세계가 나타나지 아니했음을 의미하고, 점선으로 된 교회 형상은 역사적으로는 출현하지 않았지만 신심(神心)에 자리 잡고 있는 청사진적 존재를 의미하며, 그 위에 '✝' 모습은 예수 그리스도가 이미 창세 전부터 실재하셨고, 교회의 상층부에 자리하고 계심을 말하는 것이다.

스스로 계시며 영적인 인격자 하나님이 온통 사랑 가운데서 잉태된 것이 교회이다. 교회는 하나님의 사랑의 산물이다.

제1기 교회 시대를 뒷받침하는 성경구절은 다음과 같다.

"곧 창세 전에 그리스도 안에서 우리를 택하사 우리로 사랑 안에서 그 앞에 거룩하고 흠이 없게 하시려고 그 기쁘신 뜻대로 우리를 예정하사 예수 그리스도로 말미암아 자기의 아들들이 되게 하셨으니 이는 그가 사랑하시는 자 안에서 우리에게 거저 주시는 바 그의 은혜의 영광을 찬송하게 하려는 것이라"(엡 1:4~6)
"곧 영원부터 우리 주 그리스도 예수 안에서 예정하신 뜻대로 하신 것이라"(엡 3:11)
"하나님이 우리를 구원하사 거룩하신 소명으로 부르심은 우리의 행위대로 하심이 아니요 오직 자기의 뜻과 영원 전부터 그리스도 예수 안에서 우리에게 주신 은혜대로 하심이라"(딤후 1:9)
"영생의 소망을 위함이라 이 영생은 거짓이 없으신 하나님이 영원 전부터 약속하신 것인데"(딛 1:2)

그러므로 교회는 창세보다 앞서며 성경보다도 앞서며 오순절보다도 더 앞선다. 오순절은 교회의 생일이 아니라 이미 고안되었던 교회가 이 세상에 출현하는 날이다. 교회의 뿌리는 아주 먼 곳에 있다. 오순절을 교회의 생일이라고 하자. 그래도 교회의 존재는 생일 이전부터 존재하고 있지 않았는가? 이상하게도 교회의 생일을 역사 속에 있다고 주장하는 사람들이 대개 교회가 전혀 무존재(無存在)로 있다가 갑자기 톡 튀어나온 듯이 말하는 것은 유감스러운 일이다. 성경에도 맞지 않는 표현이다.

스탄 이 디코벤의 말을 들어보기로 하자.

「에베소서 1장에는 하나님께서 창세 때부터 교회를 마음속에 품고 계셨다고 말하고 있습니다. 하나님께서는 교회가 이 땅에 세워지기를 창세 전부터 원하셨습니다. 그러나 하나님의 그러한 계획이 예수 그리스도께서 이 땅에 오심으로써 비로소 실현되기 시작하였습니다.

엄격히 말해서 교회는 오순절 날 시작된 것이 아닙니다. 교회는 태초에 이미 시작되었습니다. 이 우주가 창조되기 전에 교회는 하나님 아버지의 품속에 있었던 것입니다. 이 말은 창세 후 얼마만큼의 시간이 흐른 후에 하나님께서 이제 교회를 세우는 것에 대한 생각을 가지시기 시작하셨다는 말이 아닙니다. 어떤 사람들은 인간이 범죄하였기 때문에 그 결과 하나님께서 교회를 세워야겠다고 생각하게 되었다는 교회의 잉태에 대한 상황론적(狀況論的)인 주장을 펼치기도 합니다. 그러나 그렇게 상황론을 주장하는 사람들은 하나님께서 원래 유대인을 상대로 교회를 세우려고 하셨는데 유대인들이 예수 그리스도를 거절하자 계획을 바꿔 이방인을 상대로 교회를 세우게 되셨다는 이론을 내세웁니다.

그러나 그렇지 않습니다. 전지전능하신 하나님께서는 태초 전부터 그런 일들이 일어날 줄을 미리 알고 계셨습니다. 하나님께서는 태초에 이미 역사가 어떻게 진행될 것을 다 알고 계셨던 것입니다. 때문에 교회에 대해 제대로 알려면 오순절부터 알아야 하는 것이 아니라 성경의 태초부터 알아야 합니다.」[22]

교회를 위한 하나님의 3단계 계획은 아래와 같다 :

창조계획 – 구원계획 – 교회계획

그런데 이것은 어디까지나 창세 이전의 계획이며 그 계획의 실천은 저 제2기 교회시대의 내용이 된다.

1) 하나님의 창조계획

"태초에 하나님이 천지를 창조하시니라"(창 1:1)
"여호와의 말씀으로 하늘이 지음이 되었으며 그 만상을 그의 입 기운으로 이루었도다"(시 33:6)
"지혜로 하늘을 지으신 이에게 감사하라 그 인자하심이 영원함이로다"(시 136:5)
"하늘을 창조하여 펴시고 땅과 그 소산을 내시며 땅 위의 백성에게 호흡을 주시며 땅에 행하는 자에게 영을 주시는 하나님 여호와께서 이같이 말씀하시되"(사 42:5)
"대저 여호와께서 이같이 말씀하시되 하늘을 창조하신 이 그는 하나님이시니 그가 땅을 지으시고 그것을 만드셨으며 그것을 견고하게 하시되 혼돈하게 창조하지 아니하시고 사람이 거주하게 그것을 지으셨으니 나는 여호와라 나 외에 다른 이가 없느니라"(사 45:18)
"태초에 말씀이 계시니라 이 말씀이 하나님과 함께 계셨으니 이 말씀은 곧 하나님이시니라 그가 태초에 하나님과 함께 계셨고 만물이 그로 말미암아 지은 바 되었으니 지은 것이 하나도 그가 없이는 된 것이 없느니라"(요 1:1~3)
"이르되 여러분이여 어찌하여 이러한 일을 하느냐 우리도 여러분과 같은 성정을 가진 사람이라 여러분에게 복음을 전하는 것은 이런 헛된 일을 버리고 천지와 바다와 그 가운데 만물을 지으시고 살아 계신 하나님께로 돌아오게 함이라"(행 14:15)
"우주와 그 가운데 있는 만물을 지으신 하나님께서는 천지의 주재시니 손으로 지은 전에 계시지

---

[22] 스탄 이 디코벤, 「초자연적인 교회」 박미가 역. (서울: 은혜출판사, 2004), pp. 58~59.

아니하시고"(행 17:24)

"만물이 그에게서 창조되되 하늘과 땅에서 보이는 것들과 보이지 않는 것들과 혹은 왕권들이나 주권들이나 통치자들이나 권세들이나 만물이 다 그로 말미암고 그를 위하여 창조되었고 또한 그가 만물보다 먼저 계시고 만물이 그 안에 함께 섰느니라"(골 1:16~17)

"또 주여 태초에 주께서 땅의 기초를 두셨으며 하늘도 주의 손으로 지으신 바라"(히 1:10)

"믿음으로 모든 세계가 하나님의 말씀으로 지어진 줄을 우리가 아나니 보이는 것은 나타난 것으로 말미암아 된 것이 아니니라"(히 11:3)

"우리 주 하나님이여 영광과 존귀와 권능을 받으시는 것이 합당하오니 주께서 만물을 지으신지라 만물이 주의 뜻대로 있었고 또 지으심을 받았나이다 하더라"(계 4:11)

하나님은 유일자시며 복되신 하나님이시다(딤전 1:11). 자존자시며 자족자이시다. 하나님은 어떤 것의 도움도 필요 없으신 분이시다.

그런데 왜 하나님은 창조계획을 가지셨는가? 그것은 하나님이 기뻐하셨기 때문이다. 왜 하나님은 천지창조를 기뻐하셨는가? 하나님의 원대한 목적이 있었기 때문이다. 그 목적이란 바로 교회 출현이다. 교회를 역사 속에 내어놓으심이다. 신생아를 위해서 온갖 육아용품이 필요하듯이 교회를 위해서 우선 뒷받침할 역사가 필요하였다.

하나님 아버지는 자신의 존재 밖으로 나오신 분이요(out of), 아들을 자기 자신을 향해(to) 목적 달성하시는 분이요, 성령은 자기 자신 안에서(in) 활동하시는 하나님이셨다.

이런 삼위일체 하나님의 최초의 창조 목적은 하나님 자신의 영광과 사랑을 계시하고자 하신 것이었다. 창조로 말미암아 하나님의 영광이 계시되고, 하나님의 사랑이 계시되는 것을 원하셨다.

물론, 최초의 이런 목적이 인간의 거절로 좌절된 것만은 사실이다. 그러나 이런 좌절은 구원계획으로 나아가게 한다. 하나님의 창조계획은 구원계획을 위한 전제이다. 왜 창조하셨나? 구원하시기 위함이다!

그럼, 최초의 창조에서 목적하신 바를 보기로 하자. 하나님은 자존(自存)하신 영적 존재자이신데 특별히 계시하고자 하신 부분은 그의 영광과 사랑이었다. 첫째로 하나님의 영광을 계시하고자 한 것이요, 둘째로는 하나님의 사랑을 계시코자 함이었다.

에릭 사우어는 하나님의 창조의 목적을 하나님의 영광과 사랑의 계시라고 강조하면서, 첫째로 하나님의 영광을 계시코자 한 것이라고 했다.

「무엇 때문에(whereto) 하나님이 세계를 창조하셨는가의 문제는 성경에 더욱 명백하게 답이 나와 있다.

하나님이 하신 모든 일은 영원히 하나님 스스로 그 목적하시는 바가 있다. 그것은 "자기 이름을 위하여"에 있으며(시 23:3), "자기 자신을 위하며"(엡 5:27), "자기의 영광을 찬양하기" 위함이다(엡 1:6, 12, 14). 그래서 "하나님은 만유(萬有)의 주로서 만유 안에 계신다"(고전 15:28). 하나님은 그 완전하심으로 인하여 항상 지고자(至高者)이셔야 하며, 또 그의 신성으로 인하여 하나님 자신은 현재도 지고자(至高者)이시기 때문에, 그는 언제나 자기 자신의 성품 안에 있는 것을 자기 의지의 목표로 삼는다. 그러므로 하나님의 사업은 지극히 질서적이기 때문에 그 사업은 필경 하나님에게로 향하고 하나님 안에 그 사업의 목표도 있다. 그리하여 세계 창조의 목적은 하나님의 영광을 전개(展開)하고, 표시하고, 전시(展示)하는 것이다. 하나님 자신은 창조의 시작이요, 중간이며, 최후적인 목적으로서 처음과 나중이요, 알파와 오메가이시다(롬 11:36; 골 1:16; 히 1:2).」[23]

'하나님의 영광'은 하나님의 자녀들의 영광과도 관련되며 다른 피조물과도 관련된다.

「하나님의 창조의 목적은 무엇이며 하나님의 구속의 목적은 무엇인가? 그것은 두 구(句)로 요약될 수 있다. 그 각 구는 모두 로마서의 두 부분에서 취해 온 것이다. 그것은 "하나님의 영광"(롬 3:23)이며, 또 "하나님의 자녀들의 영광"(롬 8:21)이다.」[24]

피조물마저도 하나님의 자녀들이 영광에 이르는 것을 고대한다고 했다.

"피조물이 고대하는 바는 하나님의 아들들이 나타나는 것이니 피조물이 허무한 데 굴복하는 것은 자기 뜻이 아니요 오직 굴복하게 하시는 이로 말미암음이라 그 바라는 것은 피조물도 썩어짐의 종 노릇 한 데서 해방되어 하나님의 자녀들의 영광의 자유에 이르는 것이니라"(롬 8:19~21)

바울 사도는 고린도 교인들에게 하나님의 영광을 위한 삶을 살도록 당부하고 있다.

"그런즉 너희가 먹든지 마시든지 무엇을 하든지 다 하나님의 영광을 위하여 하라"(고전 10:31)

예수님 자신의 마지막 기도도 아버지와 아들이 영화롭게 되는 것임을 말씀하셨다.

"예수께서 이 말씀을 하시고 눈을 들어 하늘을 우러러 이르시되 아버지여 때가 이르렀사오니 아

---

23) 에릭 사우어, 이전의 책, p. 38.
24) 워치만 니, *The Normal Christian Life*, (London and Eastbourne : Victory Press, 1971), p. 73.

들을 영화롭게 하사 아들로 아버지를 영화롭게 하옵소서"(요17:1)

"아버지여 창세 전에 내가 아버지와 함께 가졌던 영화로써 지금도 아버지와 함께 나를 영화롭게 하옵소서"(요 17:5)

"내 것은 다 아버지의 것이요 아버지의 것은 내 것이온데 내가 그들로 말미암아 영광을 받았나이다"(요 17:10)

"아버지여 내게 주신 자도 나 있는 곳에 나와 함께 있어 아버지께서 창세 전부터 나를 사랑하시므로 내게 주신 나의 영광을 그들로 보게 하시기를 원하옵나이다"(요 17:24)

둘째로 하나님의 사랑을 계시하고자 한 것이다. 하나님은 사랑이시되 가장 완전한 사랑이시다(요일 4:16). 하나님의 움직임은 그 속에 가득한 사랑에서 나온 것이다. 사랑은 사랑을 가진 자로부터 흘러나오고, 흘러나오는 사랑을 수용해야 할 상대가 필요하다. 이미 삼위일체 하나님 사이에는 이런 것이 존재했었다. 삼위일체 하나님은 이런 구조를 역사 속에 펴시고 싶었고 창조세계에도 사랑을 주고 싶으셨다. 하나님은 창조세계에 생명과 사랑의 교제를 확립하고 싶으셨다.

에릭 사우어는 이렇게 말하고 있다.

「하나님의 사랑의 계시: 그러나 하나님의 이와 같은 자기 현현(顯現)의 계획은 완전하다. 따라서 하나님의 계시 행위 자체는 이중적인 수단이 되고 있다. 즉, 이 계시로 인하여 하나님의 전능(全能), 편재성(遍在性), 그리고 전지성(全知性)이 드러났을 뿐만 아니라, 그의 의(義), 사랑, 그리고 신실성(信實性)이 나타났다.

전자(前者)는 실로 공간과 물질의 영역에서 유효하게 되었던 바, 곧 광물계(鑛物界), 식물계, 그리고 동물계이며, 후자는 도덕적으로 자유하는 인격의 창조를 요구하여 피조물 안에 영적(靈的) 세계를 요(要)하게 되었다. 그러나 거룩함(聖, holiness)이 근본적인 하나님의 성품이기 때문에, 하나님 자신의 세계 계획 안에 있어서는 물질적 영역의 높은 목적이라도 도덕적 영역(領域) 안에 놓여 있어야만 하거니와, 또 바로 곧 세계 창조의 주된 근거는 하나님이 도덕적 자유의 인격을 창조하므로 말미암아 드러난 바와 같이 거룩하고 복되고 지혜로우신 하나님의 도덕적 성품을 표시하는 일이다. 그들 즉 천사들과 인류 안에서만 하나님은 창조 속에 있는 하나님의 영광을 완전히 나타낼 수 있다.

그러한 영적인 생활의 본질 및 일반적으로 말해 모든 진정한 도덕성의 본질은 다만 외부적 객관적으로 율법을 수행(修行)하거나 죄와 죄책에서 법적으로 자유하는 것만이 아니라 신성 자체의 도덕적 생활에 인격적 유기적(有機的)인 참여다. 하나님으로 말하면, 최고의 입법자로서 하나님의 성품에 의거하여 세계의 도덕적 질서를 설정하셨다. 하나님은 사랑이시되 가장 완전한 사랑이다(요일 4:16). 그러므로 자유적인 피조물의 도덕적 임무는 역시 사랑해야 할 임무여야 한다. 그리고 세계 창조의 최고 최후의 목적은 완전하고 (perfect), 거룩하고(holy), 사랑하시는 자(loving one)이신 하나님의 자기 계시(啓示) 및 자기 현현(顯現)에 있으며, 나아가서 또 그 목적은 창조주와 피조물 사이에 생명과 사랑의 교제를 확립하는 데 있다.

그런데 이것이 의미하는 것은 하나님은 세계를 존재케 하시고 그 세계를 사랑하셨으며, 또 세계는 다시 하나님을 사랑해야만 된다는 뜻이다. 하나님의 목표는 언제나 세계를 하나님의 거룩함과 사랑의 즐거움 안에서 영원히 함께할 수 있도록 인도해 내어 결국 복되고 영광스러운 곳으로 이끄는 것이다(롬 8:17 참조).」[25]

예수님은 사람들이 예수를 사랑하니까 아버지께서도 그러한 사람들을 사랑하노라고 말씀하셨다.

"이는 너희가 나를 사랑하고 또 내가 하나님께로부터 온 줄 믿었으므로 아버지께서 친히 너희를 사랑하심이라"(요 16:27)

예수님은 마지막 기도에서 창세 전에 아버지께서 아들을 사랑하신 것과 또 사람들도 사랑하신 것을 세상으로 알게 하려 하신다고 했다. 세상이 알 것은 하나님이 창세 전에 아들을 사랑하셨고 그 사랑을 사람들에게도 똑같이 하셨다는 내용이다. 교회는 이 사실을 세상을 향해 테스트하라고 도전해야 한다.

"곧 내가 그들 안에 있고 아버지께서 내 안에 계시어 그들로 온전함을 이루어 하나가 되게 하려 함은 아버지께서 나를 보내신 것과 또 나를 사랑하심같이 그들도 사랑하신 것을 세상으로 알게 하려 함이로소이다 아버지여 내게 주신 자도 나 있는 곳에 나와 함께 있어 아버지께서 창세 전부터 나를 사랑하시므로 내게 주신 나의 영광을 그들로 보게 하시기를 원하옵나이다" (요 17:23~24)

그런데 창세기 3장의 타락 사건으로 이것이 실현되지 못했다. 그 다음의 단계가 구원계획이다. 구원사역을 위해 창조사역이 있었다. 왜 선악과를 두셨는가? 왜 이런 창조역사가 있었는가? 그것은 하나님의 구원계획을 위한 전제였다. 타락이 있었기에 구원이 있었다.

---

25) 에릭 사우어, 이전의 책, pp. 39~40.

그렇지만 타락 사건을 선의 사건이라고 하는 것은 아니다. 그것은 더 높은 하나님의 섭리로 이끌어 곧 구원의 역사가 있게 한 것이다.

2) 하나님의 구원계획(요 6:38~39)

창세 전에 하나님은 아들을 통한 구원을 계획하셨다. 하나님은 창조만으로 최후 목표인 교회에 이를 수 없다는 것을 아셨다. 창조 시에는 저주받지 아니한 땅과 무죄인이 있었지만, 하나님은 무죄인으로 구성된 교회를 교회라고 보시지 않으셨다. 창조세계에서의 인간의 범죄와 타락을 전제로 한 구원계획을 일찍 미리 계획하셨다. 창조는 궁극적 목적이 아니라 구원을 위한 전 단계였다. 아울렌의 강조를 보기로 하자. 그는 창조와 역사의 의미에서 창조를 계속적인 전진으로 보고 있다.

「창조와 역사 : 그런 고로 만일 창조가 하나님의 주권적인 사랑이 생명을 부여한 일이라고 한다면, 여기에는 창조의 기원과 보존은 이 사랑의 뜻에 의존하여 이 사랑의 뜻이 또한 창조에다 의미를 부여한다는 의미가 내포되어 있다. 창조의 궁극적인 목표는 이 역사 안에 있지 않다. 그것은 계속적인 창조로 말미암아서 이루어지는 것이지만 또한 '새 하늘과 새 땅'을 향하여 전진하게 한다.」[26]

(1) 창세 전에 하나님은 아들을 구원사역의 주역으로 정하셨다.

하나님은 세상 창조 이전부터 아들을 예정된 구원계획의 중보자로 정하셨다.

"그는 창세 전부터 미리 알린 바 되신 이나 이 말세에 너희를 위하여 나타내신 바 되었으니"
(벧전 1:20)

아들은 어린 양으로서 흠과 티가 조금도 없으셨다. 아들을 구원의 중보자로 이미 정하셨다는 것은 창조에 문제가 생길 것을 예견하셨던 것이다. 창조를 넘어 구원의 사역으로 가는 길이 창세 전에 열려 있었던 것이다. 하나님은 창세 전에 창조된 세계와 그리스도와의 관계를 구원사역의 주역으로 삼으셨다.

---

26) G. 아울렌, 「조직신학 개론」 김관석 역, (서울: 대한기독교서회, 1983). p. 156.

그리스도는 세계 창조의 중보자였다.

"만물이 그에게서 창조되되 하늘과 땅에서 보이는 것들과 보이지 않는 것들과 혹은 왕권들이나 주권들이나 통치자들이나 권세들이나 만물이 다 그로 말미암고 그를 위하여 창조되었고"(골 1:16)
"라오디게아 교회의 사자에게 편지하라 아멘이시요 충성되고 참된 증인이시요 하나님의 창조의 근본이신 이가 이르시되"(계 3:14)
"만물이 그로 말미암아 지은 바 되었으니 지은 것이 하나도 그가 없이는 된 것이 없느니라"(요 1:3)

그리스도는 세계 보존의 중보자였다.

"이는 하나님의 영광의 광채시요 그 본체의 형상이시라 그의 능력의 말씀으로 만물을 붙드시며 죄를 정결하게 하는 일을 하시고 높은 곳에 계신 지극히 크신 이의 우편에 앉으셨느니라"(히1:3)
"또한 그가 만물보다 먼저 계시고 만물이 그 안에 함께 섰느니라"(골 1:17)

그리스도는 세계 구속의 중보자였다.

"아버지께서는 모든 충만으로 예수 안에 거하게 하시고 그의 십자가의 피로 화평을 이루사 만물 곧 땅에 있는 것들이나 하늘에 있는 것들이 그로 말미암아 자기와 화목하게 되기를 기뻐하심이라"(골 1:19~20)
"곧 창세 전에 그리스도 안에서 우리를 택하사 우리로 사랑 안에서 그 앞에 거룩하고 흠이 없게 하시려고"(엡 1:4)
"곧 영원부터 우리 주 그리스도 예수 안에서 예정하신 뜻대로 하신 것이라"(엡 3:11)
"이 모든 날 마지막에는 아들을 통하여 우리에게 말씀하셨으니 이 아들을 만유의 상속자로 세우시고 또 그로 말미암아 모든 세계를 지으셨느니라"(히 1:2)
"그는 창세 전부터 미리 알린 바 되신 이나 이 말세에 너희를 위하여 나타내신 바 되었으니"(벧전 1:20)

그리스도는 세계 심판의 주가 되신다.

"아버지께서 아무도 심판하지 아니하시고 심판을 다 아들에게 맡기셨으니"(요 5:22)

하나님이 창세 전에 아들을 구원사역의 주역으로 정하셨고 아들도 이를 기꺼이 받으셨다.

「그런데 영원부터 아들은 구속 사업을 성취하시기를 즐겨하셨다. 그러므로 그가 나중에 십자가에서 죽음으로 "영원하신 성령으로 말미암아" 하나님께 자기 자신을 드리는 제물이 된 것이다(히 9:14). 즉 그 영원하신 성령을 통하여 그리스도는 그 외의 모든 다른 일도 이행하게 되었으며, 그 영원하신 성령 안에서 최종적으로 아버지께 자기 자신을 바쳐 죽기까지 순종하게 되셨는데, 그리스도의 죽음은 시간 안에서 이뤄진 것이지만 시간을 초월해서 유효한 행동이 된다.

모든 시간이 흐르는 배후에는 영원한 실재가 있다. 유한한 시간은 결국 또다시 영원으로 흘러가지만, 무한도 역시 시간 속으로 흘러간다. 그리하여 영원한 하나님의 계획에 의하면 아버지께서 그 아들을 미리 구속자(救贖者)로 택하셨고, 또 그를 가장 높고도 이루 말할 수 없는 '선물'로서 구원받아야 할 세상에 '보내시기로' 결심하셨다(요 3:16; 고후 9:15). 동시에 위와 똑같은 계획에 의하여 하나님은 아들을 구원의 중보자로 정하시고 하나님의 '유업'인 구속받은 사람들의 주(主)로 정하셨다(시 2:8).

그리하여 아들은 세상을 향한 아버지의 선물이 되었고, 세상은 구속을 받은 한 아들에 대한 아버지의 초시간적인 선물이 되셨다(요 17:6, 9, 24). 또한 아들은 그의 대제사장적인 기도로, 아들이 땅에 계셨을 당시엔 채 거듭나지 못했더라도 나중 믿게 될 사람들을 택하실 수 있다. 이 사람들이 누구냐 하면 아버지께서 이미 아들에게 주었던 사람들을 말한다(요 17:24, 비교 20절). 그리고 바울은 "…의롭다 하신 그들을 또한 영화롭게 하셨느니라"고 말할 수 있었다.

하나님이 품고 계셨던 구속에 관한 이 영원한 계획의 역사적인 전개(展開)는 시간선상(時間線上)에서 하나님이 인류와 체결했던 언약과 계약으로 나타났던 것이다. 이 사실의 궁극적인 목표는 하나님의 아들의 피를 쏟아 부은 '영원한 언약'이다(히 13:20). "아버지여, 내게 주신 자도 나 있는 곳에 나와 함께 있기를 원하옵나이다"(요 17:24).」[27]

(2) 창세 전에 하나님은 우선 개인 구원계획을 마련하였다.

구원 받은 자의 이름이 이미 창세 전 어린 양의 생명책에 기록되어 있었던 것이다.

"죽임을 당한 어린 양의 생명책에 창세 이후로 이름이 기록되지 못하고 이 땅에 사는 자들은 다

---

27) 에릭 사우어, 이전의 책, pp. 33~34.

그 짐승에게 경배하리라"(계 13:8)
"네가 본 짐승은 전에 있었다가 지금은 없으나 장차 무저갱으로부터 올라와 멸망으로 들어갈 자니 땅에 사는 자들로서 창세 이후로 그 이름이 생명책에 기록되지 못한 자들이 이전에 있었다가 지금은 없으나 장차 나올 짐승을 보고 놀랍게 여기리라"(계 17:8)

실로 사랑 가운데서 모든 피조세계에 앞서 아들의 신분을 얻고 거룩하게 하시기로 했다. 이것은 창조에서 이미 무슨 불길한 일이 일어나고 있음을 전제한 것이었다.

"곧 창세 전에 그리스도 안에서 우리를 택하사 우리로 사랑 안에서 그 앞에 거룩하고 흠이 없게 하시려고 그 기쁘신 뜻대로 우리를 예정하사 예수 그리스도로 말미암아 자기의 아들들이 되게 하셨으니"(엡 1:4~5)

하나님은 '영원한 때 전부터' 생명을 약속했다. 시간을 초월하여 영원한 때 전부터 하나님의 은혜는 우리에게 주신 바 되었다.

"영생의 소망을 위함이라 이 영생은 거짓이 없으신 하나님이 영원 전부터 약속하신 것인데"(딛 1:2)
"하나님이 우리를 구원하사 거룩하신 소명으로 부르심은 우리의 행위대로 하심이 아니요 오직 자기의 뜻과 영원 전부터 그리스도 예수 안에서 우리에게 주신 은혜대로 하심이라"(딤후 1:9)

이런 개개인들의 구원은 곧 교회를 말하는 것은 말할 것도 없다. 왜냐하면 구원받은 개개인의 모임의 무리가 교회이기 때문이다.

「이미 만세 전에 지극히 높으신 하나님은 몸소 인간의 영광을 생각하셨다. 바다가 노(怒)하여 물결이 일어나기 전, 지구가 형성되거나 그 기초가 안치(安置)되기도 전, 새벽 별이 즐기고 하나님의 아들들이 기뻐 소리치기도 전에, 전능하신 하나님은 나에 관해 생각하고 계셨던 것이다. 땅의 벌레 같은 나에게 관심을 두셨다! 내 모든 죄로 인하여 하나님께 괴롬과 염려만 끼쳐 드리던 그러한 나를 생각하셨다. 진실로 이 모든 사실은 너무 깊어 측량할 수도 없고, 이루 다 말로 표현할 수 없어 인간의 심정은 애탈 뿐이다. 이에 우리는 다만 머리를 숙여 경배드릴 뿐이며, 사랑하신 하나님 발 아래 우리 생애를 갖다 놓는 수밖에 없다.」[28]

3) 하나님의 교회 계획

---

28) 에릭 사우어, 앞의 책, pp. 34~35.

하나님은 창세 전에 창조와 구원을 계획하셨는데 이 계획의 목적은 궁극적으로 교회를 출현시키는 것이었다.

"찬송하리로다 하나님 곧 우리 주 예수 그리스도의 아버지께서 그리스도 안에서 하늘에 속한 모든 신령한 복을 우리에게 주시되 곧 창세 전에 그리스도 안에서 우리를 택하사 우리로 사랑 안에서 그 앞에 거룩하고 흠이 없게 하시려고 그 기쁘신 뜻대로 우리를 예정하사 예수 그리스도로 말미암아 자기의 아들들이 되게 하셨으니"(엡 1:3~5)

역사 속에 살고 있는 우리 그리스도인은 하나님께 찬송할 수밖에 없다. 왜냐하면 그리스도인은 하늘에 속한 모든 신령한 복으로 복을 받았기 때문이다. 그런 복을 주신 분은 우리가 믿고 있는 주 예수 그리스도의 아버지시고, 그 복은 그리스도 안에서 주어진 것이다.

그런데 그 하늘에 속한 신령한 복은 무엇인가? 창세 전에 우리로 교회를 형성하셨다는 것이다. 창세 전 교회의 구성은 이러하다. 시간적으로는 창세 전이고, 장소적으로는 그리스도 안에서이고, 그 방법으로는 사랑 안이고, 그 동기는 그 기쁘신 뜻대로였다. 이런 구조 속에서 우리를 택해 주셨다. 하나님 앞에서 거룩하고 흠이 없게 하시려는 목적이었다. 그렇게 해서 된 것이 자기의 아들들이 되게 하신 것이었다. 그것은 거룩한 자들의 모임인 하나님의 권속이니 교회였다. 이런 교회를 언제 계획하셨는가? 창세 이전에 하셨다는 것이다. 삼위일체 하나님은 창세 이전에 아들을 교회와 관련지어서 최고로 만드시고 싶으셨다. 교회는 아들을 위해 필요했다.

"아버지께서 아들을 사랑하사 만물을 다 그의 손에 주셨으니"(요 3:35)
"그는 보이지 아니하는 하나님의 형상이시요 모든 피조물보다 먼저 나신 이시니 만물이 그에게서 창조되되 하늘과 땅에서 보이는 것들과 보이지 않는 것들과 혹은 왕권들이나 주권들이나 통치자들이나 권세들이나 만물이 다 그로 말미암고 그를 위하여 창조되었고 또한 그가 만물보다 먼저 계시고 만물이 그 안에 함께 섰느니라"(골 1:15~17)
"알지 못하던 시대에는 하나님이 간과하셨거니와 이제는 어디든지 사람에게 다 명하사 회개하라 하셨으니 이는 정하신 사람으로 하여금 천하를 공의로 심판할 날을 작정하시고 이에 그를 죽은 자 가운데서 다시 살리신 것으로 모든 사람에게 믿을 만한 증거를 주셨음이니라 하니라"
(행 17:30~31)
"영원부터 만물을 창조하신 하나님 속에 감추어졌던 비밀의 경륜이 어떠한 것을 드러내게 하려 하심이라 이는 이제 교회로 말미암아 하늘에 있는 통치자들과 권세들에게 하나님의 각종 지혜를 알게 하려 하심이니 곧 영원부터 우리 주 그리스도 예수 안에서 예정하신 뜻대로 하신 것이

라"(엡 3:9~11)

"그러나 우리에게는 한 하나님 곧 아버지가 계시니 만물이 그에게서 났고 우리도 그를 위하여 있고 또한 한 주 예수 그리스도께서 계시니 만물이 그로 말미암고 우리도 그로 말미암아 있느니라"(고전 8:6)

"하나님이 미리 아신 자들을 또한 그 아들의 형상을 본받게 하기 위하여 미리 정하셨으니 이는 그로 많은 형제 중에서 맏아들이 되게 하려 하심이니라 또 미리 정하신 그들을 또한 부르시고 부르신 그들을 또한 의롭다 하시고 의롭다 하신 그들을 또한 영화롭게 하셨느니라"(롬 8:29~30)

예수를 많은 형제 중에서 맏아들 되게 하시려고 했다. 맏아들이란 두 형제 중 맏이 되기보다 무수한 형제 중에서 맏이가 될 때 더 영광스럽고 권세 있게 보인다.

사람은 그리스도를 닮고 만유를 그리스도로 드러내는 것이 각각의 임무다. 이렇게 함으로써 삼위일체 하나님은 아들을 정점(頂点)으로 하여 하나님 자신을 표현하는 것이다. 이런 일을 창세 전에 하셨으니 그것이 교회이다. 창세 전에도 예수 그리스도는 교회 위에 계셨고, 역사 속에서도 교회 위에 계시니 교회는 몸이요, 그리스도는 교회의 머리시요, 역사가 끝난 후에도 교회 위에 계시니 그 교회는 신부요, 그리스도는 신랑이시다.

신학 역사학자 오리겐도 천상의 교회 그리고 진정한 교회는 세상 창조되기 이전에 이미 존재했음을 강조했다.

「여러분은 교회가 구세주께서 육을 입으시고 이 세상에 오셨을 때부터 신부 또는 교회로 불릴 것이라고 생각해서는 안 됩니다. 교회는 인류가 시작되면서부터 그리고 천지 창조에서부터 그렇게 불린 것입니다… 실로, 만일 내가 바울의 가르침에 따라 최고의 신비의 근원을 찾을 수 있다면, 그것은 세상이 생기기 이전에서야 비로소 그리할 수 있을 것입니다. 왜냐하면 그가 말씀하시는 것은 다음과 같기 때문입니다.

"…그가 우리를 그리스도 안에서 천지창조 이전에 택하셨기 때문에, 우리는 그의 앞에서 거룩하고 흠 없는 자가 되어야 합니다"(엡 1:4).」[29]

---

29) E. G. 제이, 「교회론의 역사」 주재용 역, (서울: 대한기독교출판사, 1986), p. 79.

| 제1기 교회시대 결론 |

제1기 교회시대란 역사가 있기 이전의 하나님의 심중에 있는 교회이다. 역사 이전적 교회(prehistorical church)이니 하나님이 잉태하고 계신 교회였다. 이때는 성부 하나님이 고안하신 교회였다. 하나님은 교회를 역사 속에 내시기 위해 먼저 창조와 구원사역을 계획하셨고, 그것은 결국 교회를 목표로 한 하나님의 계획이었던 것이다.

"곧 창세 전에 그리스도 안에서 우리를 택하사 우리로 사랑 안에서 그 앞에 거룩하고 흠이 없게 하시려고"(엡 1:4)
"하나님이 우리를 구원하사 거룩하신 소명으로 부르심은 우리의 행위대로 하심이 아니요 오직 자기의 뜻과 영원 전부터 그리스도 예수 안에서 우리에게 주신 은혜대로 하심이라"(딤후 1:9)
"영생의 소망을 위함이라 이 영생은 거짓이 없으신 하나님이 영원 전부터 약속하신 것인데"(딛 1:2)

제1기 교회시대를 요약하면 다음과 같다. "교회의 제1기 시대는 역사 이전에 있었던 교회시대이다. 그것은 창세 전에 하나님의 마음속에 잉태되었던 교회시대였다. 잉태는 출산 이전이기 때문에 그 형체를 사람들이 볼 수가 없다."

"이제 그의 거룩한 사도들과 선지자들에게 성령으로 나타내신 것같이 다른 세대에서는 사람의 아들들에게 알리지 아니하셨으니"(엡 3:5)

이것은 곧 구약에서는 교회에 대한 언급이 전혀 없다는 것을 말한다고 한다. 그래서 바울은 특별한 계시로 교회를 알게 된 것이라고 했다. 교회는 비밀이라고 했다. 그 비밀(mystery)은 그리스도의 비밀이라고 했다.

"너희를 위하여 내게 주신 하나님의 그 은혜의 경륜을 너희가 들었을 터이라 곧 계시로 내게 비밀을 알게 하신 것은 내가 먼저 간단히 기록함과 같으니 그것을 읽으면 내가 그리스도의 비밀을 깨달은 것을 너희가 알 수 있으리라"(엡 3:2~4)

불행하게도 사람들은 교회의 제1기 시대를 부정한다. 즉 교회란 창세 전에 잉태했음과 구약에도 교회가 건재했다는 사실을 부정한다. 사람들이 느끼는 존재의 개념은 만져보고 눈으로 보고 입으로 맛보는 육체적 감각의 대상이 되어야 하는 것으로 보지만 하나님이 보시는 어떤 것의 존재개념은 불가시적 불가접촉적인 것도 존재로 본다. 우리는 믿음으로 존재를 인식한다.

"믿음은 바라는 것들의 실상이요 보이지 않는 것들의 증거니 선진들이 이로써 증거를 얻었느니라 믿음으로 모든 세계가 하나님의 말씀으로 지어진 줄을 우리가 아나니 보이는 것은 나타난 것으로 말미암아 된 것이 아니니라"(히 11:1~3)

그런데 바울이 말한 비밀(mystery)은 무엇을 말하는가? 그것은 교회의 신비로운 존재성을 말하는 것이지 교회가 없었다는 것을 의미하지는 않는다. 어떻게 비밀스러우면 무조건 없는 것을 말한다는 논리가 가능할까? 비밀이라는 것은 그 비밀을 간직한 존재가 있음을 전제로 한 표현이 아닌가?

바울이 말한 그리스도의 비밀이란 이방인이 복음으로 말미암아 그리스도 예수 안에서 유대인과 함께 교회를 이룬다는 것인데 이것은 역사 속에서 실현된 것이었으나 사실은 이미 창세 전에 그렇게 하시기로 하나님이 예정하셨던 것이다.

"이는 이방인들이 복음으로 말미암아 그리스도 예수 안에서 함께 상속자가 되고 함께 지체가 되고 함께 약속에 참여하는 자가 됨이라"(엡 3:6)
"영원부터 만물을 창조하신 하나님 속에 감추어졌던 비밀의 경륜이 어떠한 것을 드러내게 하려 하심이라"(엡 3:9)
"곧 영원부터 우리 주 그리스도 예수 안에서 예정하신 뜻대로 하신 것이라"(엡 3:11)

'감추었던 비밀'(엡 3:9)이라고 말했지 '없었던 비밀'이라고 말하지는 않았다. 또 제1기 교회시대를 부정하는 사람들은 예수님의 말씀을 인용하기도 한다.

"또 내가 네게 이르노니 너는 베드로라 내가 이 반석 위에 내 교회를 세우리니 음부의 권세가 이기지 못하리라"(마 16:18)

예수께서 미래에 교회를 세우실 것이라고 말씀하셨다는 것을 근거로 예수 이전엔 교회가 없었다고 한다. 이렇게 말씀하신 예수님은 창세 이전에 성부 하나님이 교회를 고안(考案)하셨을 때 그 자리에 계시지 아니하셨다는 말인가?

"찬송하리로다 하나님 곧 우리 주 예수 그리스도의 아버지께서 그리스도 안에서 하늘에 속한 모든 신령한 복을 우리에게 주시되 곧 창세 전에 그리스도 안에서 우리를 택하사 우리로 사랑 안에서 그 앞에 거룩하고 흠이 없게 하시려고 그 기쁘신 뜻대로 우리를 예정하사 예수 그리스도로 말미암아 자기의 아들들이 되게 하셨으니 이는 그가 사랑하시는 자 안에서 우리에게 거저 주시는 바 그의 은혜의 영광을 찬송하게 하려는 것이라"(엡 1:3~6)

창세 이전에 하나님의 심중에 누워 있던 교회를 역사 속에 가져와서 세워놓겠다는 것이다. 이 일을 위해서 제2기 교회시대는 하나님의 창조사역과 하나님의 구원사역이란 두 개의 주된 사역이 벌어지게 된 것이었다.

예수님이 교회를 세우시겠다는 예언적 말씀은 제2기 교회시대에서 역사적으로 오순절에 실현된 것이다. 그러나 오순절의 뿌리는 이미 창세 전에 있었던 것이다.

하나님은 창조와 구속과 교회 건설을 통해 하나님의 자기표현을 하시는 바 그것은 하나님의 영광과 사랑의 계시였다. 하나님의 영광과 사랑은 하나님 존재의 근본 구성이다. 하나님의 전지전능, 무소부재와 같은 속성은 하나님의 피조세계와 관련했을 때 인지되는 성질이지만 하나님의 영광과 사랑은 창조세계 없이도 지니신 본성이다.

이런 본성을 하나님은 계시하시기를 원하셨다. 창조에서 그렇게 하시려 했다. 거기서 완성되지 못하자 하나님은 구속사역에서 영광과 사랑을 최절정으로 보이시려 하셨다. 하나님의 영광이 나올 때 사랑은 동전의 양면처럼 나오게 된다. 워치만 니는 이런 과정을 다음과 같이 말해주고 있다.

「사람은 그가 범죄할 경우 자기에게 미칠 형벌을 늘 생각하는가 하면, 하나님은 사람이 범죄할 경우 사람이 잃어버린 영광을 늘 생각하신다. 죄의 결과는 우리 인간이 하나님의 영광을 상실케 한 것이며, 구속의 결과는 우리 인간이 다시 그 영광을 취득하게 자격을 주는 것이다. 하나님의 구속의 목적은 영광, 영광, 영광이다.」[30]

국가가 죄인을 전국적으로 지명 수배하는 것은 벌 주기 위함이지만 하나님께서 죄인을 전국적으로 부르심은 용서를 베풀기 위함이다. 하나님은 탕자를 기다리는 부모의 심정으로 하나님 앞에서 실종(失踪)된 자를 찾으신다. 탕자 부모가 탕자를 기다림은 벌 주기 위함이 아니라 자식을 찾기 위함이 아닌가? 하나님은 교회란 테두리 안으로 수고하고 무거운 짐 진 자들을 초대하신다. 교회에는 예수님이 계신다. 예수님이 죄인을 부르시는 곳이 교회이다.

---

[30] 워치만 니, *The Normal Christian Life*, p. 73.

"수고하고 무거운 짐 진 자들아 다 내게로 오라 내가 너희를 쉬게 하리라 나는 마음이 온유하고 겸손하니 나의 멍에를 메고 내게 배우라 그리하면 너희 마음이 쉼을 얻으리니 이는 내 멍에는 쉽고 내 짐은 가벼움이라 하시니라"(마 11:28~30)

처음부터 끝까지 하나님은 영광과 사랑을 역사 속에서 펼치고자 하셨고 그것이 가장 잘 실현된 현장이 교회였다. 교회는 하나님의 영광과 사랑이 머무는 지점이다. 전(殿)에는 하나님이 계시며 우리의 기도에 응답해 주신다. 구약의 전은 신약의 교회에 비유되는 것이다.

"주께서 전에 말씀하시기를 내 이름이 거기 있으리라 하신 곳 이 성전을 향하여 주의 눈이 주야로 보시오며 주의 종이 이 곳을 향하여 비는 기도를 들으시옵소서"(왕상 8:29)

1부_ 제1기 교회시대

또 만물을 그의 발 아래에 복종하게 하시고 그를 만물 위에 교회의 머리로 삼으셨느니라 교회는 그의 몸이니 만물 안에서 만물을 충만하게 하시는 이의 충만함이니라(엡 1:22, 23).

2부 第二期 敎會時代

| 제2기 교회시대 서론 |

계시론적 교회 – 교회 출현과 성장, 창조 역사 속에서의 교회 이야기

제1기 교회시대가 출현 이전인 잉태 상태의 교회시대라면 제2기 교회시대란 출현한 교회시대이다. 이것은 지금 여기서의 교회 이야기이다.

제2기 교회시대를 '계시론적 교회'라 함은 존재하던 교회가 역사 속에 나타났다는 의미에서 본 것이다. 존재가 행위를 시작한 것이다. 선 존재(先存在) 후 행위(後行爲)가 순서적이다. 창세 전에 하나님의 심중에 고안되었던 교회가 역사 속에서 건립되는 시대이다. 불가시적(不可視的) 불가접촉(不可接觸)의 교회가 가시적(可視的) 접촉 가능한 교회로 나타난 것이다. 숨은 교회가 밝혀진 교회로 나온 것이다. 창세 전 교회가 땅 속에 묻혀 있는 씨앗이라면 싹이 터서 땅 위로 솟아난 교회가 역사 속에 출현한 교회인 것이다.

이제 제2기 교회시대는 땅 위로 솟아난 작은 떡잎이 나무로 성장하는 때요, 교회의 출현과 성장의 시기이다. 제2기 교회시대는 교회 출현을 위한 사전 사역과 역사 속에서의 교회의 출현 및 성장이 주된 내용을 이룬다.

하나님은 교회 출산을 위해 우선 창조사역을 하셨고, 그 다음엔 실제로 교회를 출산하는 구원사역을 시작하셨고, 교회의 지속적인 성장을 위해 그 구원사역을 계속하셨다. 제2기 교회시대의 구분은 다음과 같다.

1. 하나님의 창조사역 ·························· 성부의 사역
2. 하나님의 구원사역 시작 ·················· 성자의 사역
3. 하나님의 구원사역 계속 ·················· 성령의 사역

제2기 교회시대란 하나님의 창조와 구원사역 이야기이다. 제2기 교회시대란 속칭 역사시대이다. 시공(時空)을 지닌 인류가 살고 있는 현실의 세상이다. 제2기는 창세 전에 하나님이 고안하셨던 교회를 역사 속에 건축하시는 시기다. 그것은 잉태된 인격체가 세상에 출산되어 살아가는 시기이다. 처음에 창조되었던 무죄인의 무죄한 땅이 아담의 범죄로 인해 저주 받은 사람들의 저주의 땅이 되었으나 하나님은 창조를 중지하시지 않으시고 창조 행위를 계속하시사 약속받은 사람들의 약속의 땅을 두셨다. 이것을 창조사관이라 한다. 하나님은 창조에서 구원사역으로 나아가 성자를 통해 죄인에게 의인의 길을 여시고 성령으로 하여금 죄인을 실제로 의인으로 살도록 섭리하셨다. 창조는 구원을 위하고 구원은 교회를 위한다.

오스카 쿨만이 말한 대로 세속사는 구원사였던 것이다. '✝'는 머리되시는 예수 그리스

도이며 그 밑에 몸 된 교회(⌂)가 있고, 그 교회 밑에 지배를 받는 만유가 있다. 제2기 교회 시대는 그리스도를 머리로 한 몸 된 교회가 온 세상을 다스리는 시대이다. 이 세 가지 형상이 모여서 이런 '⌂' 캐릭터(character)가 된 것이다.

이 캐릭터는 제2기 교회의 기초이며 사인이다.
†는 예수 그리스도 머리며 ⌂는 교회이며 ⅠⅠⅠⅠ은 교회 밑에 있는 만물을 가리킨다(엡 1:22).

제2기 교회시대

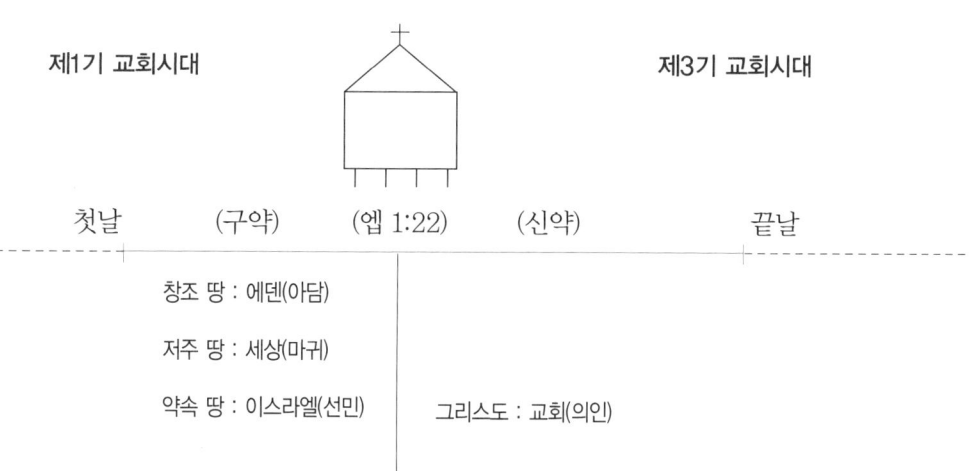

 하나님의 창조사역 – 성부의 사역

창세 전에 존재하시던 하나님은 행위(行爲)하시기 시작하셨다. 그냥 자존(自存)하셨던 하나님이라면 우리는 하나님에 대해서 아무것도 아는 바가 없었을 것이다. 그러나 하나님은 움직이셨다. 우리는 그 움직임을 보고 있다. 하나님이 비로소 행위(行爲)하셨음이 계시(啓示)이다.

하나님의 최초의 계시 행위는 창조사역으로 하나님이 계심을 알게 하셨다. 하나님은 창조로 자기를 표현하셨다. 조직신학의 '계시론'은 숨어 계시던 하나님이 밝게 자기 자신을 보여 주신 행위이다. 창조행위는 하나님의 자기계시의 시작이다.

1) 하나님은 무엇을 창조하셨는가?(창 1, 2장)

"태초에 하나님이 천지를 창조하시니라"(창 1:1)

"여호와 하나님이 흙으로 각종 들짐승과 공중의 각종 새를 지으시고 아담이 무엇이라고 부르나 보시려고 그것들을 그에게로 이끌어 가시니 아담이 각 생물을 부르는 것이 곧 그 이름이 되었더라"(창 2:19)

"여호와의 말씀으로 하늘이 지음이 되었으며 그 만상을 그의 입 기운으로 이루었도다 그가 바닷물을 모아 무더기같이 쌓으시며 깊은 물을 곳간에 두시도다 온 땅은 여호와를 두려워하며 세상의 모든 거민들은 그를 경외할지어다 그가 말씀하시매 이루어졌으며 명령하시매 견고히 섰도다"(시 33:6~9)

"태초에 말씀이 계시니라 이 말씀이 하나님과 함께 계셨으니 이 말씀은 곧 하나님이시니라 그가 태초에 하나님과 함께 계셨고 만물이 그로 말미암아 지은 바 되었으니 지은 것이 하나도 그가 없이는 된 것이 없느니라"(요 1:1~3)

"이르되 여러분이여 어찌하여 이러한 일을 하느냐 우리도 여러분과 같은 성정을 가진 사람이라 여러분에게 복음을 전하는 것은 이런 헛된 일을 버리고 천지와 바다와 그 가운데 만물을 지으시고 살아 계신 하나님께로 돌아오게 함이라"(행 14:15)

"또 주여 태초에 주께서 땅의 기초를 두셨으며 하늘도 주의 손으로 지으신 바라"(히 1:10)

"믿음으로 모든 세계가 하나님의 말씀으로 지어진 줄을 우리가 아나니 보이는 것은 나타난 것으로 말미암아 된 것이 아니니라"(히 11:3)

"우리 주 하나님이여 영광과 존귀와 권능을 받으시는 것이 합당하오니 주께서 만물을 지으신지라 만물이 주의 뜻대로 있었고 또 지으심을 받았나이다 하더라"(계 4:11)

"세세토록 살아 계신 이 곧 하늘과 그 가운데에 있는 물건이며 땅과 그 가운데에 있는 물건이며 바다와 그 가운데에 있는 물건을 창조하신 이를 가리켜 맹세하여 이르되 지체하지 아니하리니"(계 10:6)

"그가 큰 음성으로 이르되 하나님을 두려워하며 그에게 영광을 돌리라 이는 그의 심판의 시간이 이르렀음이니 하늘과 땅과 바다와 물들의 근원을 만드신 이를 경배하라 하더라"(계 14:7)

하나님이 창조하신 천지는 오염되지 않았고 아름다웠다. 하나님의 영광을 선포하는 우주였다.

"하늘이 하나님의 영광을 선포하고 궁창이 그의 손으로 하신 일을 나타내는도다 날은 날에게 말하고 밤은 밤에게 지식을 전하니 언어도 없고 말씀도 없으며 들리는 소리도 없으나 그의 소리가 온 땅에 통하고 그의 말씀이 세상 끝까지 이르도다 하나님이 해를 위하여 하늘에 장막을 베푸셨도다"(시 19:1~4)

하나님은 자신이 창조하신 천지 가운데서 하나님을 알 만한 것을 넣어두셨다. 하나님의 보이지 아니하는 것들 곧 능력과 신성을 그 만드신 만물에 분명히 보여 알게 하셨다.

"이는 하나님을 알 만한 것이 그들 속에 보임이라 하나님께서 이를 그들에게 보이셨느니라 창세로부터 그의 보이지 아니하는 것들 곧 그의 영원하신 능력과 신성이 그가 만드신 만물에 분명히 보여 알려졌나니 그러므로 그들이 핑계하지 못할지니라"(롬 1:19~20)

"하나님이 이르시되 우리의 형상을 따라 우리의 모양대로 우리가 사람을 만들고 그들로 바다의 물고기와 하늘의 새와 가축과 온 땅과 땅에 기는 모든 것을 다스리게 하자 하시고 하나님이 자기 형상 곧 하나님의 형상대로 사람을 창조하시되 남자와 여자를 창조하시고 하나님이 그들에게 복을 주시며 하나님이 그들에게 이르시되 생육하고 번성하여 땅에 충만하라, 땅을 정복하라, 바다의 물고기와 하늘의 새와 땅에 움직이는 모든 생물을 다스리라 하시니라"(창 1:26~28)
"여호와 하나님이 땅의 흙으로 사람을 지으시고 생기를 그 코에 불어넣으시니 사람이 생령이 되니라"(창 2:7)

하나님이 사람을 창조하셨을 때에는 하나님이 어떠하신 분이심을 그 사람에게 알리시기 위함이었다. 존재하시던 하나님은 자기의 존재를 자기 외적으로 나타내 보이시고 싶으셨다. 우선 천지만물을 통해 하나님의 어떤 국면을 표현하고, 사람을 통하여는 하나님의 전체적인 국면을 표현하고 싶으셨다. 사람이 하나님의 형상으로 창조되었다는 것은 보이지 아니하시는 하나님이 보이시는 하나님으로 나타난 것이었다.

이때까지만 해도 만물과 사람은 무죄 상태였다. 하나님의 자기표현이 유지되었다. 만물을 보면 하나님의 능력과 신성이 보이고 사람을 보면 하나님의 형상이 보인다.

삼위일체(三位一體) 하나님은 천지만물을 통해 창세 전에 계셨던 존재 형태를 역사 속에 전시(展示)하고 싶으셨다. 그렇게 하시는 것은 하나님 자신의 기쁘신 뜻에 따른 것이다. 어느 누가 그렇게 하라고 부탁하거나 명령할 수 없다. 왜냐하면 하나님 한 분 외에는 아무도 없기 때문이다. 창세 전에 존재하시던 하나님의 존재 형태는 영광스럽고 사랑스러운 모습이었다. 하나님은 '영광과 사랑'을 만물 가운데서 드러내시고자 하셨다. 그 영광은 최고이신 하나님의 모습이시며 그 사랑은 최고이신 분의 베푸심을 말한다.

하나님은 그 자신을 천지만물에 골고루 펴시기를 소원하셨다. 삼위일체 하나님은 영광과 사랑의 관계로 계셨는데 그것을 피조세계에도 펴시기를 소원하셨다. 삼위일체 하나님의 각 위는 모두 삼위일체 하나님의 자기 표현자이시다.

가령, 예를 들어 전기(電氣)를 예로 들어보자. 발전소에 있는 전기가 각 가정으로 공급되어 가전제품을 가동시킨다 하자. 발전소에 있는 것도 전기요 전선을 타고 흘러가는 동안의 전류도 전기요 전류가 가정에 도달해서 가전제품을 움직이게 할 때도 역시 전기이다.

삼위일체(三位一體)에 대한 어떤 설명도 양태론적(樣態論的) 설명에 빠지는 위험은 있지만, 하나님의 자기표현의 모습을 굳이 이야기한다면, 전기의 예가 좋을 것 같다. 발전소의 전기는 성부이시고 흐르는 전기는 성자이시고 가전제품을 가동시키는 전기는 성령 하나님이라고 하자. 전기이신 하나님께서 전도체를 통해 전기의 존재와 기능을 표현하고자 한 것이다. 그러기 위해 전기이신 하나님이 전기가 통하는 전도체(傳導體)를 만드셨는데 그게 창조사역이다. 그러므로 이 세상은 전기를 흐르게 하기 위한 전도체이다. 하나님은 자기 자신이 역사 속에 흐르시기를 원했다. 그러나 자기 자신이 흘러갈 역사는 순결해야만 했다.

왜냐하면 하나님은 거룩하시기 때문이다. 하나님과 세상은 본질상 상통(相通)할 수 있어야 흐름이 있다. 하나님이 창조하신 모든 것은 하나님이 보시기에 그냥 좋기만 하였다.

> "하나님이 이르시되 물들은 생물을 번성하게 하라 땅 위 하늘의 궁창에는 새가 날으라 하시고 하나님이 큰 바다 짐승들과 물에서 번성하여 움직이는 모든 생물을 그 종류대로, 날개 있는 모든 새를 그 종류대로 창조하시니 하나님이 보시기에 좋았더라"(창 1:20~21)
> "하나님이 땅의 짐승을 그 종류대로, 가축을 그 종류대로, 땅에 기는 모든 것을 그 종류대로 만드시니 하나님이 보시기에 좋았더라"(창 1:25)

"하나님이 보시기에 좋았더라." 하나님 보시기에 좋았던 다른 모든 피조물은 오염되지 않았고 죄의 그늘도 없었다. 삼위일체(三位一體) 하나님의 자기표현이 가능했던 피조세계였다. 하나님의 형상인 사람이 살기에도 좋았던 피조세계였다. 그런 다음에야 하나님은 사람을 창조하셨다.

> "하나님이 자기 형상 곧 하나님의 형상대로 사람을 창조하시되 남자와 여자를 창조하시고"(창 1:27)

하나님이 만든 모든 피조물 위에 사람을 창조하신 후 하나님의 감격은 최절정에 이르렀다.

> "하나님이 지으신 그 모든 것을 보시니 보시기에 심히 좋았더라 저녁이 되고 아침이 되니 이는 여섯째 날이니라"(창 1:31)

하나님이 보시기에 심히 좋으셨다. 그냥 좋으신 정도(It was good)가 아니라 심히 좋으셨다(It was very good).

하나님은 자기표현인 피조세계가 완성되시자 안식하셨다. 창조가 끝난 뒤에 하나님은 쉬셨다. 이것은 만족하셨다는 것이다. 이 창조가 미흡해서 또 무슨 손을 써야 하는 일은 전혀 없다는 뜻이다. 그의 창조가 완전무결하고 선하다는 것이다. 하나님께서는 당신이 만드신 피조세계에 자기 거처(居處)를 두기에 만족하셨다. 하나님은 창조가 끝난 일곱째 날에 안식하실 뿐만 아니라 축복까지 하셨다.

> "천지와 만물이 다 이루어지니라 하나님이 그가 하시던 일을 일곱째 날에 마치시니 그가 하시던 모든 일을 그치고 일곱째 날에 안식하시니라 하나님이 그 일곱째 날을 복되게 하사 거룩하게 하셨으니 이는 하나님이 그 창조하시며 만드시던 모든 일을 마치시고 그 날에 안식하셨음이니라"(창 2:1~3)

하나님이 창조하신 세계는 무죄 상태였다.

2) 이 창조세계에 무슨 일이 생겼는가?(창 3장)

하나님의 창조세계에 사고가 생겼다. 하나님의 첫 창조가 변질되었다. 땅을 다스리라고 귀중한 사명을 준 사람이 잘못되니 그 땅도 잘못되어 버렸다. 그 땅은 이제 하나님의 보시기에 좋은 곳도 아니고 안식하실 수도 없고 축복하실 수도 없게 되었다. 무죄한 세계가 유죄(有罪)한 세상이 되었다. 땅의 주인 노릇해야 할 사람이 하나님의 형상을 깨뜨리고 말았기 때문이다.

"여자가 그 나무를 본즉 먹음직도 하고 보암직도 하고 지혜롭게 할 만큼 탐스럽기도 한 나무인지라 여자가 그 열매를 따먹고 자기와 함께 있는 남편에게도 주매 그도 먹은지라"(창 3:6)

그러면 하나님의 형상이란 무엇인가?
형상(形象, image)이란 육안으로 보이는 것이다. 형체(形體)를 이룬 상(像)이 형상이니 형상은 그 내면적인 데 있지 않고 외형적인 데 있다. 하나님이 영과 지·정·의를 가지셨기에 사람이 하나님의 형상이라 할 때 영과 지·정·의를 가진 것으로 정의하고 있지만 창세기의 형상은 그것이 아니다.

사람이 영과 지·정·의를 소유하고 있는 것은 사실이지만 그것은 사람의 내면적인 요소이기 때문에 보이지 아니하는 것이요 형상이란 외부적이고 가시적인 모습이 있는 것이다.

그럼, 하나님의 형상이란 무엇인가. 그것은 그분이 천지만물을 다스리고 있는 모습 그 자체이다. 사람들은 하나님은 볼 수 없으나 그분이 천지만물을 다스리고 있는 모습은 육안으로도 본다. 해가 뜨고 지는 것이라든지, 사계절이 있다든지, 물리적 원리, 화학적 원리 그리고 인성(人性)의 문제 등을 통해 하나님의 통치를 봄으로써 하나님의 형상을 알게 된다. 하나님의 형상에 대해서 성경이 밝히 말하고 있다.

"하나님이 자기 형상 곧 하나님의 형상대로 사람을 창조하시되 남자와 여자를 창조하시고"(창 1:27)

사람을 하나님의 형상 곧 그 모양대로 만들고 땅에 있는 모든 것을 다스리게 하자(let them have dominion over)고 하셨다. 하나님의 형상은 다스림이다. 다스림은 통치(統治)요 지배이다. 하나님은 각종 들짐승과 공중의 각종 새들도 흙으로 만드셨다.

"여호와 하나님이 흙으로 각종 들짐승과 공중의 각종 새를 지으시고 아담이 무엇이라고 부르나 보시려고 그것들을 그에게로 이끌어 가시니 아담이 각 생물을 부르는 것이 곧 그 이름이 되었더라" (창 2:19)

그런데 하나님은 그것들에게도 복을 주셨다. 그리고 그것들에게도 사람에게 주신 축복을 주셨다. 그것은 생육하고 번성하고 충만하라는 것이었다.

"하나님이 이르시되 물들은 생물을 번성하게 하라 땅 위 하늘의 궁창에는 새가 날으라 하시고 하나님이 큰 바다 짐승들과 물에서 번성하여 움직이는 모든 생물을 그 종류대로, 날개 있는 모든 새를 그 종류대로 창조하시니 하나님이 보시기에 좋았더라 하나님이 그들에게 복을 주시며 이르시되 생육하고 번성하여 여러 바닷물에 충만하라 새들도 땅에 번성하라 하시니라 저녁이 되고 아침이 되니 이는 다섯째 날이니라"(창 1:20~23)

여기까지는 사람 아담과 하와에게 취하신 하나님의 조치가 들짐승에게 하신 것과 똑같았다. 그러나 그것들이 하나님의 형상은 아니다. 흙으로 지은 각종 들짐승과 공중의 각종 새들과 바다의 물고기들도 생육·번성·충만의 축복은 받았지만 그것들이 다스리라는 통치권은 물려받지 못했다. 그 통치권 곧 지배권을 받은 자는 오직 사람으로 그 사람이 하나님의 형상으로 지음받은 것이다.

"하나님이 그들에게 복을 주시며 하나님이 그들에게 이르시되 생육하고 번성하여 땅에 충만하라, 땅을 정복하라, 바다의 물고기와 하늘의 새와 땅에 움직이는 모든 생물을 다스리라 하시니라"(창 1:28)

사람들은 생육·번성·충만의 축복 위에 정복하고 다스리는 권세를 받았다. 하나님의 형상을 유지하는 방법으로 하나님과 아담에게는 언약관계가 성립되었다.

"여호와 하나님이 그 사람에게 명하여 이르시되 동산 각종 나무의 열매는 네가 임의로 먹되 선악을 알게 하는 나무의 열매는 먹지 말라 네가 먹는 날에는 반드시 죽으리라 하시니라"(창 2:16~17)

그러나 뱀의 유혹을 받았다.

"그런데 뱀은 여호와 하나님이 지으신 들짐승 중에 가장 간교하니라 뱀이 여자에게 물어 이르되 하나님이 참으로 너희에게 동산 모든 나무의 열매를 먹지 말라 하시더냐"(창 3:1)

"뱀이 여자에게 이르되 너희가 결코 죽지 아니하리라 너희가 그것을 먹는 날에는 너희 눈이 밝아져 하나님과 같이 되어 선악을 알 줄 하나님이 아심이니라"(창 3:4~5)

결국 여자는 그 실과를 따먹었다.

"여자가 그 나무를 본즉 먹음직도 하고 보암직도 하고 지혜롭게 할 만큼 탐스럽기도 한 나무인지라 여자가 그 열매를 따먹고 자기와 함께 있는 남편에게도 주매 그도 먹은지라"(창 3:6)

사람은 언약을 파괴하여 범죄했고 타락했다. 지금까지 신론, 계시론이 자연스럽게 교회 이야기 속에 나왔지만 여기서 우리는 죄론 곧 인간론을 접하게 된다.

3) 타락의 결과는 무엇인가?

하나님의 첫 창조가 그 기능을 잃게 되었다. 하나님께서 창조하신 세계에 더 이상 만족하실 수 없게 되었다. 사람이 발붙이고 사는 땅이 사람의 범죄로 인해 그 본연의 가치를 발휘하지 못하게 되었다. 땅이 저주를 받았다.

"아담에게 이르시되 네가 네 아내의 말을 듣고 내가 네게 먹지 말라 한 나무의 열매를 먹었은즉 땅은 너로 말미암아 저주를 받고 너는 네 평생에 수고하여야 그 소산을 먹으리라 땅이 네게 가시덤불과 엉겅퀴를 낼 것이라 네가 먹을 것은 밭의 채소인즉"(창 3:17~18)
"이름을 노아라 하여 이르되 여호와께서 땅을 저주하시므로 수고롭게 일하는 우리를 이 아들이 안위하리라 하였더라"(창 5:29)

(1) 창조의 땅은 어떤 땅이었는가?

무죄한 땅이었다. 사람이 살기에 좋은 땅이었다. 땅은 온 우주 창조의 중심이었다. 왜냐하면 사람이 거처할 장소이기 때문이다. 하나님의 형상인 사람이 거할 장소는 하나님의 대리인의 장소였다. 하나님을 닮은 인생이 살아가야 할 땅은 사람을 위해 있는 것이다.

땅을 중심으로 빛과 어두움이 나눠지고(첫째 날), 궁창을 두어 물과 물이 나눠지고(둘째 날), 물을 한 군데로 몰아놓고 뭍이 생기게 하여 땅이라 칭하고 식물을 내게 했고(셋째 날), 특별히 넷째 날 광명을 두어 주야를 나누게 하셨을 때는 궁창의 광채가 땅을 향해 비추게 하셨다.

"또 광명체들이 하늘의 궁창에 있어 땅을 비추라 하시니 그대로 되니라"(창 1:15)

큰 광명과 작은 광명과 별들을 만드시고 그것들이 하늘에서 땅을 비취게 하셨다.

"하나님이 그것들을 하늘의 궁창에 두어 땅을 비추게 하시며"(창 1:17)

땅은 대단히 중요한 것이었다. 땅 없이는 사람이 살아갈 수가 없다. 모든 피조세계가 사람보다 먼저 창조된 것은 사람을 위한 예비 단계이지만 그 중에서도 땅이 가장 중요하다. 땅이 없으면 사람은 공중에 살라는 것이니 이것은 불가능한 일이 아닌가?
다섯째 날에 물고기와 공중의 새들을 만드셨지만 땅 없이는 물도 수용되지 않거니와 새들이라고 해서 마냥 공중에서 날고 있을 수만은 없은즉 땅은 그런 피조물에게 중요한 가치가 있다. 하나님은 셋째 날에는 땅으로 하여금 채소를 내게 하시더니 여섯째 날에는 땅으로 하여금 아예 육식(肉食)을 할 수 있는 동물을 내셨다.

"하나님이 이르시되 땅은 생물을 그 종류대로 내되 가축과 기는 것과 땅의 짐승을 종류대로 내라 하시니 그대로 되니라 하나님이 땅의 짐승을 그 종류대로, 가축을 그 종류대로, 땅에 기는 모든 것을 그 종류대로 만드시니 하나님이 보시기에 좋았더라"(창 1:24~25)

말하자면 땅은 사람을 위하고 사람은 하나님을 위해 있는 것이다. 땅(土地), 사람(人), 하나님(神)은 연결선상에 있다. 구약은 땅 이야기이다. 사람은 땅을 법으로 삼고(人法地) 땅은 하늘을 법으로 삼고(地法天) 하늘은 도를 법으로 삼는다(天法道)(老子, 25장). 비록 비계시적 무생명적 도가사상(道家思想)이지만 그것들조차 하나님의 창조진리를 말하고 있는 듯한 인상을 안겨준다.
이스라엘 백성에게 주신 축복은 땅이었다. 이스라엘 백성이 전쟁을 하여 승리한 전리품은 땅이었고 땅의 분배가 이스라엘 지도자의 일이요 정치였다. 왜 그토록 땅이 귀중한가? 하나님이 천지만물을 만드시되 특별히 땅을 중요하게 여기신 이유가 무엇인가? 그것은 그 땅에 에덴 동산을 창설하려 하셨기 때문이다. 하나님은 땅(earth)은 창조(create)하시고 에덴 동산은 창설(創設, plant)하셨다.
에덴 동산은 정원(garden)이다. 하나님은 이미 창조된 것들을 이용하사 창조된 땅의 동방 어느 지점에 에덴 동산 정원을 꾸미셨다. 땅이 있어야 에덴 동산이 설치되는 것이다. 땅이 있어야 동산이 있듯이 이미 만들어진 나무들을 관상수(觀賞樹)로 뽑아다가 에덴 동산에 옮겨다 심었고, 에덴 동산에서 발원한 강을 형성하셨다.

"여호와 하나님이 그 땅에서 보기에 아름답고 먹기에 좋은 나무가 나게 하시니 동산 가운데에는 생명 나무와 선악을 알게 하는 나무도 있더라 강이 에덴에서 흘러 나와 동산을 적시고 거기서부터 갈라져 네 근원이 되었으니 첫째의 이름은 비손이라 금이 있는 하윌라 온 땅을 둘렀으며 그 땅의 금은 순금이요 그 곳에는 베델리엄과 호마노도 있으며 둘째 강의 이름은 기혼이라 구스 온 땅을 둘렀고 셋째 강의 이름은 힛데겔이라 앗수르 동쪽으로 흘렀으며 넷째 강은 유브라데더라"(창 2:9~14)

(2) 왜 하나님은 에덴 동산을 만드셨는가?

거기에 사람을 두시고 다스리게 하기 위함이었다. 하나님의 형상을 거기에서도 지키라고 한 것이다. 지배 및 통치는 하나님의 형상이기 때문이다.

"여호와 하나님이 동방의 에덴에 동산을 창설하시고 그 지으신 사람을 거기 두시니라"(창 2:8)
"여호와 하나님이 그 사람을 이끌어 에덴 동산에 두어 그것을 경작하며 지키게 하시고"(창 2:15)

하나님은 그가 창조하신 모든 것들을 창조하신 그대로 두셨지만 유독 사람만은 하나님 앞에 두시고 싶으셨다. 여타 피조물과는 접촉관계(contact relation)를 하시고 사람과는 친교관계(fellowship relation)하시기를 원하셨다. 다른 피조물들은 하나님 앞에 굳이 나타나지 않아도 되지만, 유독 사람만은 하나님 앞에 남은 자(remnant)로 있기를 바라셨다. 그것이 아담과 하나님 사이의 언약이요 대화였다.

"여호와 하나님이 그 사람에게 명하여 이르시되 동산 각종 나무의 열매는 네가 임의로 먹되 선악을 알게 하는 나무의 열매는 먹지 말라 네가 먹는 날에는 반드시 죽으리라 하시니라"(창 2:16~17)

하나님이 땅을 만드신 것은 에덴 동산을 두시고자 작정한 것이기 때문에 하나님의 마음 속에는 에덴 동산이 먼저 자리를 차지했고 땅은 나중이었다. 우리가 보기에는 땅이 먼저 있었던 것 같지만 하나님은 에덴 동산을 먼저 생각하셨고, 그것을 위해 나중에 땅을 창조하셨다. 하나님은 창조보다 건축(建築)하려는 계획이 우선이었다. 건축하실 생각으로 창조하셨다. 에덴 동산을 건축(planting)하시기 위해 천지를 창조(creating)하셨던 것이다.

땅이 중하냐? 에덴 동산이 중하냐? 하는 것은 자연스럽게 밝혀졌을 것이다. 에덴 동산을 창설하실 의향이 없었더라면 아예 땅 창조는 생각도 하시지 않았을 것이다. 창조보다 더 귀한 것은 창설이었다. 그런데 이렇게 귀중한 에덴 동산에서 사고가 생겼다는 것이다. 그것은 사람이 하나님의 언약을 파괴해 버린 사건이었다.

"여자가 그 나무를 본즉 먹음직도 하고 보암직도 하고 지혜롭게 할 만큼 탐스럽기도 한 나무인지라 여자가 그 열매를 따먹고 자기와 함께 있는 남편에게도 주매 그도 먹은지라"(창 3:6)

이제 에덴 동산은 파괴되었고 땅은 저주를 받았다. 이때부터 저주받은 땅에서는 계속 저주의 사건만 생긴다. 하나님은 땅을 창조하셨는데 땅은 세상이 되어 버렸다. 하나님은 땅을 창조하시고 마귀는 세상을 만들었다. 마귀가 만든 세상이 어떤 것인가는 뒤에 설명하기로 하고 우리는 창조사역이 하나님의 최후 목적이 아니었다는 사실을 인간 아담의 타락 시기(時機)를 가지고 주장한다.

4) 왜 창조사역이 하나님의 최후 목적이 아닌가?

땅이 세상으로 변질하는 데에는 얼마나 시간이 소요되었을까? 아담 하와가 선악과를 따먹고 타락한 시기가 언제쯤일까? 하나님의 창조사역이 끝난 뒤 언제쯤 타락 사건이 있었을까? 무죄 창조가 유죄 창조로 되기까지 얼마의 시간이 걸렸을까? 다시 말하면 땅이 무죄 상태로는 얼마동안 유지되었을까?

추측컨대 창조사역이 끝나고, 1년 이내에 타락 사건이 생겼다고 추측해 본다. 1년 이내라고 하는 시간은 어디까지나 추론이지만 이 추론이 의미하는 것은 창조가 하나님의 최후 목표는 아니었다는 것을 강조하는 데에 있다. 만약 무죄 상태의 창조세계가 최후 목표였더라면 왜 하나님이 짧은 시간 안에 타락을 허용했을까? 창조세계가 하나님의 최종적인 목표라면 오랫동안 그 세계를 유지하게 할 것이지 왜 곧 타락하게 두셨을까? 일찍 타락한 것을 허용하신 것을 보면 아무래도 창조가 하나님의 궁극적인 목표가 아니라는 것은 확실하다.

그렇다면 창조사역의 의미는 무엇인가? 그것은 예비적인 전제요건이다. 무엇을 위한 그 것인가? 구속(救贖)을 위한 것이다. 창조사역은 구속사역의 전제요소이다.

그럼 1년 안에 타락했다는 추론의 근거는 무엇인가?

하나님은 아담이 독처(獨處)하는 것이 좋지 않으시다고 하셨다.

"여호와 하나님이 이르시되 사람이 혼자 사는 것이 좋지 아니하니 내가 그를 위하여 돕는 배필을 지으리라 하시니라"(창 2:18)

하나님이 땅을 창조하시고 에덴 동산을 창설하시고 거기에다가 아담을 두셨다. 하나님의 창조 행위가 창설 행위로 나가고 있다. 이미 창조된 자료로 동산(garden)을 만드셨다. 하나님은 자료를 사용하셔서 작품을 만드셨다. 거기다가 창조의 면류관이요 하나님 자신의 형상인 아담을 두셨다.

아, 이 얼마나 멋진 무대일까! 이렇게 멋진 무대를 장치해 놓으신 하나님이 10년 만에 방문하셨을까? 50년 만에 방문하셨을까? 100년 만에 방문하셨을까? 만약 그렇다면 아담은 긴 기간 동안 외롭게 지냈을 것이다. 하나님과 친교도 없이 먹고 잠만 자는 동물에 불과했었을 것이다. 아무리 생각해도 하나님은 땅을 창조하시고 에덴 동산을 건설하시고 사람 아담을 그곳에 두신 후 자주, 매우 자주 방문하셨을 것이다. 매월이 아니라 매주, 매주가 아니라 매일 방문하셨을 것이다. 농부가 경작한 농장에 자주 가듯이, 화가가 자기 화실에 자주 가듯이, 과학자가 자기 실험실에 자주 가듯이 하나님도 에덴 동산에 자주 방문하셨을 것이다. 사랑의 하나님이 냉정하실 수 없다.

그런데 처음 흙으로 만들어 생기를 넣음으로써 생령이 된 아담의 나이가 얼마였을까? 한 살? 두 살? 껑충 뛰어서 100살이었을까? 하나님이 첫 사람을 만드시고 갑자기 육체 연령을 100세로 하실 이유가 없으셨을 것이다. 그렇다고 한 살 어린 아기로 만들었다면 그런 어린 아이가 어떻게 먹고 마시고 하는 생명 활동을 할 수 있었을까? 이렇듯 앞뒤 정황을 살피고 보면 20세 가량의 청년으로 만드셨을 것이라고 추론한다.

하나님이 아담의 독처가 좋지 않다고 하셨을 때는 이성(異性)에 눈을 뜰 수 없는 한 살짜리 유아는 아니었을 것이고 적어도 20세 청년쯤은 됐었을 것이다. 그러기에 어느 날 방문해 보시니 아담이 먹고 마시는 생명 활동을 했건만 잠자리에는 홀로 있다는 사실이 적막하기에 돕는 배필을 지으셔야 하겠다고 생각하시고 마침내 돕는 배필을 지으셨을 것이다.

> "여호와 하나님이 아담을 깊이 잠들게 하시니 잠들매 그가 그 갈빗대 하나를 취하고 살로 대신 채우시고 여호와 하나님이 아담에게서 취하신 그 갈빗대로 여자를 만드시고 그를 아담에게로 이끌어 오시니 아담이 이르되 이는 내 뼈 중의 뼈요 살 중의 살이라 이것을 남자에게서 취하였은즉 여자라 부르리라 하니라"(창 2:21~23)

그런데 아담을 돕는 배필인 여자 하와는 몇 살쯤 되는 여성으로 지으셨을까? 한 살? 두 살? 껑충 뛰어서 100세였을까? 지금 당장 청년 아담의 독처가 좋지 않게 보여 배필을 주시고자 했을 때 그 배필의 연령 또한 아담에게 걸맞는 나이로 만들었을 것이다. 아마도 20세 미만의 여성이었을지 모른다.

필자는 필자의 나이 22세에 19세인 아내와 결혼을 했기 때문에 어떤 모임에서는 아담의 창조 시의 나이와 그 아내의 나이가 각각 나와 나의 아내의 혼인 연령이었을 것이라고 해서 성도들의 웃음을 자아내기도 한다. 확정한 나이가 없는 만큼 아무렇게나 추론할 바에는 필자 부부의 결혼 연령을 갖다 붙이는 것도 재미있는 일이라 생각하여 그리 하곤 한다. 하여튼 이들이 결혼을 했다. 한 몸을 이루었다는 얘기다. 그런데 한 몸을 이루었는데도 자녀가 없었다. 환경적으로 이들이 자녀를 가질 시간이 있는데도 선악과를 따먹었을 당시에 이들에게는 자녀가 없었다. 자녀가 없었다는 것에서 결혼한 지 1년이 되지 못했다는 추론을 할 수 있다. 결국 아담 하와의 타락사건은 그들이 창조된 뒤 1년이 못되어 일어났다는 것이다. 다시 말하면 하나님의 창조사역은 1년 안에 슬픈 타락을 맞았다는 것이다. 이 말은 창조 사역 뒤에 재빨리 이어나갈 하나님의 또 다른 섭리 사역이 있다는 것을 의미하는 바 그것이 바로 구속(救贖)사역인 것이다. 하나님은 왜 창조 행위를 하셨나? 그것은 깨어진 창조를 구속(救贖)하시기 위해서였다.

5) 왜 하나님은 만물을 창조하셨는가?

우리는 하나님이 만물을 창조하셨다는 사실에만 비중을 두는 경향이 있다. 말할 것도 없이 무신론자의 무신사상(無神思想)과 창조론 반대 사상이야말로 창조 자체에 아무런 관심이 없는 것이 당연하다.

그러나 하나님의 존재와 그의 창조사역을 신봉하는 그리스도인들마저 창조 자체에만 의미를 두었을 뿐 창조의 궁극적 목적에 대해서는 차라리 오해를 하고 있다. 그리하여 창조세계가 타락한 데 대한 유감만을 표명하면서 창조세계의 복귀를 희망한다. 즉, 사람들은 실낙원(失樂園)을 복락원(復樂園)으로 되돌려 놓으려고 한다.

이것은 하나님의 창조사역의 다음 순서를 생각지 못한 데서 나온 생각이다. 하나님은 구속하시기 위해 창조하셨다. 창조사역은 구속사역을 위한 전진기지(前進基地)이다. 창조사역 없이는 구속사역도 없다. 하나님의 역사는 복귀사관(復歸史觀)이 아니라 진보사관(進步史觀)이다. 옛 사람이 없이는 새 사람도 없다. 첫 아담 없이 둘째 아담도 없다. 타락한 사람이 있기에 의인된 새 사람이 있는 것이다. 하나님이 아담을 만드심은 다른 새 아담을 만드시기 위함이었다.

창세기 1장~11장까지는 저주받은 땅의 저주스러운 모습을 그대로 반영하고 있다.

다섯 종류의 저주는 다음과 같다.

① 뱀에게 내린 저주가 있다(창 3:15).

종신토록 흙을 먹는 저주를 받았다. 실제로 뱀은 흙을 먹지 않고 곤충을 잡아먹고 산다. 좀 우화적 해석이 될지 모르나 뱀이 흙을 먹는다는 것은 사탄이 평생 사람을 그의 밥으로 먹고 사는 것을 의미하는 것이리라. 왜냐하면 사람은 흙으로 피조되었기 때문에 흙으로 만든 사람은 곧 육(肉)의 사람을 의미한다. 흙사람은 영(靈)의 사람과는 다르다.

C. S. 루이스가 사탄의 식량 전략을 잘 말해주고 있다. 즉, 저 아래 있는 사탄이 위에 계

시는 그리스도를 대항하여 그리스도인 사이에 온갖 유혹을 다 하면서 결국 '사람'을 하나님으로부터 탈취해 자신의 '밥'으로 삼는 경과를 아래와 같이 말하고 있다.

「우리한테(사탄의 무리) 인간이란 기본적으로 식량에 해당된다. 인간의 의지를 흡수해서 우리 자아(사탄)의 영역을 확장하는 것이 목적이니까. 그러나 원수(그리스도를 말함)가 인간에게 요구하는 순종은 이와 전혀 다르다. 원수(그들이 볼 때 원수인데 실은 그리스도를 말함)가 인간을 사랑한다든지 원수(그리스도)를 섬기는 게 외려 완벽한 자유라느니 하는 말들이 단순한 선전문구가 아니라 우리야(사탄의 무리) 그렇게 믿게, 믿고 싶은 마음이 굴뚝같지만 소름끼치는 진실이라는 점은 우리도 직시해야 한다.

우리(사탄의 무리)가 원하는 건 키워서 잡아먹을 가축이지만, 그 작자(그리스도)가 원하는 건 처음엔 종으로 불렀다가 결국 아들로 삼는 것이다. 우리(사탄의 무리)는 빨아들이고 싶지만 그(그리스도)는 내뿜고 싶어하지. 우리(사탄의 무리)는 비어있어 채워져야 하지만 그(그리스도)는 충만해서 넘쳐흐른다. 우리의(사탄의 무리) 전쟁 목적은 저 아래 계신 우리 아버지(사탄을 말함)께서 다른 존재들을 모조리 삼켜 버리는 세상이지만, 원수(그리스도)가 바라는 건 원수 자신과 결합했으면서도 여전히 구별되는 존재들로 가득 찬 세상이다.」[31]

뱀이 여자의 원수가 되고 뱀의 후손도 여자의 후손과 평생 원수가 된다. 여자의 후손에 의해 뱀의 머리가 상하게 되지만 뱀은 여자의 후손의 발꿈치를 겨우 상하게 할 것이다.

② 모든 육축과 들의 모든 짐승에게 저주가 내린다(창 3:14).
모든 육축과 들의 모든 짐승보다 더욱 저주를 받은 뱀이라고 했을 때 뱀만큼은 아니로되 다른 동물들도 저주는 받게 됨을 암시한다.

③ 여자에게 저주가 내린다(창 3:16).
잉태와 출산의 고통이 더하게 되고 남편에게 의존할 수밖에 없는 애정을 갈구하는 신세로 남편의 지배를 받게 된다. 남녀평등이란 말은 타락한 창조세계 안에서 부부관계에 대해 말할 때에는 유의해야 할 것이다.

④ 아담에게 저주가 내린다(창 3:17).
종신토록 수고하여야 소산을 먹게 되고 필경은 흙으로 돌아간다.

---

31) C. S. 루이스, 「스크루테이프의 편지」, pp. 53~55.

⑤ 땅에 저주가 내린다(창 3:17, 18).

"땅은 너로 인하여 저주를 받고."

사람이 살아가는 데 필수적인 땅이었다. 하나님은 전술한 대로 땅을 모든 피조세계의 중심에 놓으셨다. 모든 피조물이 땅을 향하고 땅과 관련지어졌음은 그 땅이 사람이 살아가는 터가 되기 때문이었다. 그런데 이 땅이 범죄한 아담으로 인하여 저주를 받았다는 것이다.

이런 다섯 가지 저주로 인해 무죄한 창조의 땅이 범죄의 성(城)이 되었다. 창세기 1장에서 11장 사이에는 7개의 성이 있었다.

· 저주성(咀呪城) – 여인이 유혹됨. 땅이 저주를 받음(창 3:17, 18)
· 살인성(殺人城) – "가인이 그 아우를 쳐 죽이니라"(창 4:8).
· 에녹성(에녹城) – "가인이 성을 쌓고 그 아들의 이름으로 성을 이름하여 에녹이라 하였더라"(창 4:17).
· 사망성(死亡城) – "그가 구백삼십 세를 향수하고 죽었더라"(창 5:5).
· 한탄성(恨歎城) – "땅 위에 사람 지으셨음을 한탄하사"(창 6:6).
· 만취성(滿醉城) – "포도주를 마시고 취하여 그 장막 안에서 벌거벗은지라"(창 9:21).
· 바벨탑성(바벨탑城) – "그러므로 그 이름을 바벨이라 하니"(창 11:9).

〈 창 1~11장 〉

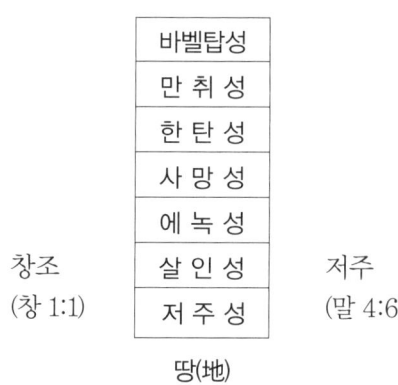

땅(地)

도저히 이 저주받은 땅을 그냥 방치할 수가 없었다. 저주의 땅은 구속을 목마르게 기다리지 않을 수 없었다.

하나님이 무죄인을 무죄한 창조 세상에 두셨다. 아름다운 하나님의 작품 바로 그것이다.

그런데 사람도 깨어지고 무죄한 창조 세상도 깨어졌다. 이것은 하나님을 섭섭하게 한 일이었다. 가령, 명화(名畵)에 개구장이 아이가 먹칠을 했다고 생각해 보라. 잘 가꾼 농장에 침입자가 농작물을 폐허화시켰다고 생각해 보라. 이렇듯 하나님의 작품에 손상을 끼쳤다는 것이 타락이요 죄이다. 그 여파로 사람의 심령이 오염되어 가고 있었다. 환경오염도 그런 맥락에서 생각해야 할 것이다. 지금은 인간과 환경이 함께 파멸되어가고 있다. 사실 그것의 오염은 에덴 동산에서 시작했던 것이다. 그러기에 하나님은 스스로 이 저주의 땅을 낙원의 땅으로 바꿔야 했다. 이것은 상징적인 의미요 그 상징의 실재는 교회이다.

6) 사람들은 어디에 살고 있는가?

사람은 처음 태어날 때부터 이미 죄악된 세상에서 태어났다.

"내가 죄악 중에서 출생하였음이여 어머니가 죄 중에서 나를 잉태하였나이다"(시 51:5)

사람들은 최초에 창조된 무죄 세계에서 무죄인으로 살아가는 것이 아니라 타락한 죄 많은 세상에서 죄인의 신분으로 살아가고 있다. 불신자들은 세상에서 살아가고 있고 신자인 그리스도인도 천국에 있으면서 세상을 살아가고 있는 것이다. 세상에 속하지는 않았으나 세상에서 살아가고 있는 것이 그리스도인의 삶이다. 불신자들은 당장 구속을 받아야 하고 그리스도인은 매일 구속을 받아야 한다. 그리스도인의 마음과 머리는 천국에 있지만 우리의 발은 세상을 밟고 있다. 그러므로 구속사역에 앞서 세상의 정체를 알아야 한다.
하나님은 세상을 구속(救贖)하신다. 처음엔 땅(피조세계)만 있었고 세상은 없었다. 불행하게도 땅이 세상이 되어 버렸다(The earth became the world).
세상(cosmos)이란 무엇인가?
세상이란 사탄을 그 임금으로 섬기고 있는 사람들로 구성된 조직이다. 세상의 반대 개념은 교회인데 교회는 삼위일체 하나님을 섬기고 있는 구속함을 받은 의인들의 조직이다.

"이 후에는 내가 너희와 말을 많이 하지 아니하리니 이 세상의 임금이 오겠음이라 그러나 그는 내게 관계할 것이 없으니"(요 14:30)
"이제 이 세상에 대한 심판이 이르렀으니 이 세상의 임금이 쫓겨나리라"(요 12:31)
"심판에 대하여라 함은 이 세상 임금이 심판을 받았음이라"(요 16:11)
"그 중에 이 세상의 신이 믿지 아니하는 자들의 마음을 혼미하게 하여 그리스도의 영광의 복음의 광채가 비치지 못하게 함이니 그리스도는 하나님의 형상이니라"(고후 4:4)

"자녀들아 너희는 하나님께 속하였고 또 그들을 이기었나니 이는 너희 안에 계신 이가 세상에 있는 자보다 크심이라"(요일 4:4)

세상은 코스모스(cosmos)인데 그 의미는 조직이다. 하나님은 땅을 창조하셨지만 사탄은 세상을 만들었다. 사탄이 사람으로 하여금 범죄케 한 것이 창세기 3장이고, 창세기 4장에서는 죄를 뿌리로 하는 세상이 사탄에 의해 만들어졌다. 세상은 사탄 아래 있고 모든 인간 활동이요 조직이다. 하나님은 자기를 위해 사람을 창조하셨건만 사탄은 사탄 자신을 위해 인류를 조직했다. 사탄을 위한 인류 조직 그것이 세상이다. 이제 이것을 성경은 옛 창조라 한다. 옛 창조의 표면에는 사람이 중심이고 그 배후에는 악한 사탄이 숨어 있다.[32]

옛 창조의 실상을 W. Lee는 아래와 같이 말하고 있다.

- 천사의 생명 – 골 1:20
- 인간의 생명 – 갈 2:20
- 사탄 – 히 2:14 , 요 12:31
- 사탄의 왕국 – 골 2:15, 요 12:31
- 죄 – 고후 5:21, 롬 8:3
- 죄들 – 벧전 2:24, 사 53:6
- 세상 – 갈 6:14, 요 12:31
- 사망 – 히 2:14
- 육신 – 갈 5:24
- 옛사람 – 롬 6:6
- 자아 – 갈 2:20
- 만물 또는 창조물 – 골 1:20

「이 열두 항목들이 옛 창조이다. 옛 창조는 많은 것을 포함한다. 그러나 타락한 사람이 바로 옛 창조의 '중심'이 되었다는 것을 분명히 해둘 필요가 있다. 타락한 사람은 옛 창조의 열두 항목 하나하나와 관계를 갖고 있다. 먼저, 사탄이 사람 속에 들어와 사람과 하나가 되었다. 사탄의 왕국은 사탄에게 포함된다. 따라서 사탄이 사람 속에 있으므로 사탄의 왕국 또한 사람 안에 있다. 사탄은 세상의 임금이므로 세상 또한 사탄 안에 포함되어 있고 사람 안에도 역시 세상이 있다. 죄와 죄들도 물론 사람 안에서 체현되었고, 그 결과로 사망을

---

[32] Withness Lee, *The Economy of God*, (Los Angeles, Ca, The Stream publishers, 1968), p. 124.

가져왔다. 육체와 옛사람과 자아도 역시 사람 안에 있다. 사람은 과거에 모든 창조물의 머리였고 현재에도 머리이다(창세기 1장에 의하면 사람은 모든 창조물의 머리로 정해졌다). 그러므로 사람은 창조 전체와 관련되어 있고 창조 전체가 사람과 관계 있으며 사람 안에 모여 있다. 사람은 모든 면에서 옛 창조의 중심이다. 사람은 거의 모든 것을 포함하게 되었다. 그러나 이것은 좋은 의미에서가 아니다. 사탄을 만나고 싶은가? 그렇다면 특별한 곳으로 갈 필요가 없다. 사람에게 가면 사탄을 만나게 될 것이다. 사탄의 왕국에 가보고 싶으면 달나라로 갈 필요가 없다. 사람에게 가면 그 왕국을 보게 될 것이다. 세상도 동일하다. 옛 창조를 대표하는 사람 속에는 사탄과 사탄의 왕국과 세상과 죄와 사망과 육체와 옛사람 등이 있다. 우리는 작은 사람이 아니다. 나쁜 의미에서 모든 것을 포함한 큰 사람이다. 이제 창조물 전체가 사람 안에 모여 있다.」[33]

워치만 니는 「세상을 사랑하지 말라」[34]에서 코스모스(cosmos)의 개념을 인상적으로 설명하고 온 세상도 침(세)례를 받아야 한다고 했다. 온 세상의 구속을 강조하고 있다.

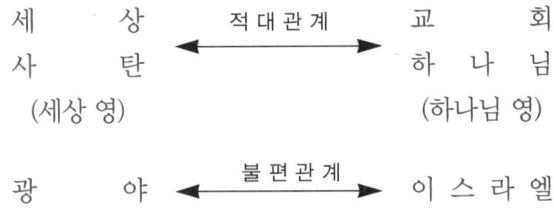

「하나님은 그리스도인들에게 "세상과 구별되라"라고 명령하신다. 여기서 우리는 '세상'이 무엇을 의미하는지 분명히 알아야 한다. 우리는 '세상'을 '눈에 보이는 것'으로 해석하기 때문에 그것의 진짜 의미를 놓치는 경향이 있다. 카드놀이, 술 그리고 도박 같은 것들은 세상이 아니라 단지 세상이 외형적으로 드러난 것이다. 우리는 단순히 이렇게 외형적으로 나타난 것에 대항하여 싸우고 있는 것이 아니다. '세상의 영'에 대항하여 싸워야 한다.

구원받은 사람이든 그렇지 못한 사람이든 간에 인간은 본질적으로 영이다. 신약성경이 말하는 세상은 "거듭나지 못한 인간의 본성"이다. 이 본성이 선술집에서 발견되든 교회에서 발견되든 그것은 그다지 중요하지 않다. 중요한 것은 그것이 바로 '세상'(cosmos)이라는 사실이다. 타락한 인간의 본성에서 나오는 것들, 그것에 근거하여 만들어진 것들, 그

---

33) 위의 책, p. 125.
34) 워치만 니, 「세상을 사랑하지 말라」 권혁봉 역, (서울: 생명의말씀사, 1980).

도움으로 이루어진 것들, 이것들은 그 외형이 도덕적으로 저질이든 고상하든 간에 모두 세상이다.」[35]

그럼 예수님이 세상을 향해 하신 말씀을 보자.

- 악하고 음란한 세대(눅 9:41; 마 16:4)
- 패역한 세대(행 2:40)
- 심판 아래 있는 세상(롬 3:19; 요 12:31)
- 기도하기조차 거부한 세상(요 17:9)
- 하나님과 원수 된 세상(약 4:4)
- 타락한 세상(벧후 2:4)
- 예수와 그의 제자들이 속하지 아니한 세상(요 15:18; 17:16; 18:16)
- 그리스도의 나라가 아닌 세상(요 17장)
- 하나님의 말씀을 미워하는 세상(요 17:14)
- 도무지 생각하지 말라고 당부한 세상(골 3:2)
- 싸워서 이겨야 할 세상(요일 5:4)

7) 하나님의 창조사역의 궁극적 교훈은 무엇인가?

하나님의 창조사역의 내용을 다시 한 번 점검해보자. 하나님은 천지를 창조하시고 특별히 땅을 중심으로 여타 피조물을 집중케 하셨다. 그 다음에 하나님은 사람 아담을 만드셨다. 아담을 만드실 때는 특별하고도 세심한 하나님의 배려가 있었다. 흙으로 만드시고 생기를 불어 넣어 생령이 되게 하셨으니 창조보다 더 애정 어린 출산이었던 것이다. 하나님이 보시기에도 하나님의 창조사역은 더할 나위 없이 심히 좋았던 것이다(It was very good). 그런데 이렇게 심히 좋았던 창조사역은 결국 무엇을 위한 것이었던가? 창조의 중심부가 된 땅은 무엇을 하기 위한 것이었을까? 땅의 의미는 생산(生産)과 건축(建築)이다. 생산은 음식물을 위하고 건축은 주택을 위한다. 땅은 의식주가 해결되는 삶의 터전이다. 이 땅 중의 땅을 또 특별히 정했으니 그게 동방의 에덴 동산을 창설하신 것이었다.

"여호와 하나님이 동방의 에덴에 동산을 창설하시고 그 지으신 사람을 거기 두시니라"(창 2:8)

---

35) A.W. 토저, 「이것이 성령님이다」 이용복 역, (서울: 규장, 2006), pp. 22~23.

땅은 왜 있었던가? 동산을 창설하기 위해서다. 동산은 왜 있었던가? 그곳에 아담이 거하기 위해서다. 왜 아담을 거기 있게 하셨는가? 에덴 동산의 주인이 되라고 그렇게 하셨던 것이다. 주인이 된다는 말은 무엇인가? 땅과 에덴 동산과 동산의 주인이신 여호와 하나님의 말씀에 순종하라고 한 것이다. 왜 하나님의 말씀에 순종해야 하는가? 하나님의 말씀은 하나님의 뜻이요 하나님의 뜻은 하나님이 계획하신 사업인즉 말씀에 순종한다는 것은 하나님의 사업의 성공을 의미하기 때문이다.

그런데 그 하나님의 사업은 무엇인가? 그것은 하나님의 오이코노미아(oikonomia) 즉 집안 살림이다. 그것은 하나님의 경륜(經綸)이었다(딤전 1:4; 엡 1:9). 사람은 하나님의 집안 살림을 하도록 되어 있는 존재이지 자기 개인의 살림을 하도록 되어 있는 존재는 아니다.

가령, 사람들이 개인 비즈니스로 한다 해도 그것은 결국 하나님의 집안 살림으로 모이게 된다. 청지기의 일은 주인의 일일 따름이다. 큰 자동차 회사에서 명품 자동차를 생산할 때 그 예속된 수많은 군소 하청 기계부속품 제조공장이 있지만 그 부속품에 자기 회사 이름을 찍는 법이 없이 그냥 자동차 제조 회사에 부속품만 납품하면 그만이다. 항시 다 완성된 자동차에 조그마한 부속품 공장의 레테르를 부착한다는 것은 상상할 수 없는 일이다. 우리는 하나님의 제조품에 나의 부속품 공장의 레테르를 부착하려는 망동을 그쳐야 할 것이다.

모든 것이 하나님의 소유인데 그 중 어느 것도 사람의 사리사욕을 채우기 위한 재산으로 여기면 큰 잘못이다.

"하늘이 주의 것이요 땅도 주의 것이라 세계와 그 중에 충만한 것을 주께서 건설하셨나이다"(시 89:11)
"땅과 거기에 충만한 것과 세계와 그 가운데에 사는 자들은 다 여호와의 것이로다"(시 24:1)

그럼 하나님의 집안 살림은 무엇인가? 하나님의 기업이요 하나님의 거처이시다. 하나님은 이런 순서로 자기를 표현하고 싶으셨다. 존재론적 신이 행위론적 신으로 움직이고 싶으셨다. 삼위일체 하나님이 자기외적(自己外的) 존재를 투사(投射)하고 싶으셨다. 그것은 궁극적으로는 창세 전에 품으신 교회였다. 그런 교회를 갖기 위해서 창조사역부터 하셨던 것이다. 교회는 하나님의 자기표현(自己表現)이다.

그런즉 그 창조사역은 창조된 상태로 정지해서는 안 된다. 더 나아가야 할 방향과 목표를 두고 있는 것이 창조사역의 의미이다. 그것이 보시기에 심히 좋았지만 좋다고 그대로 있기만 하면 구속사역의 전개가 없게 된다.

G. 아울렌은 창조는 시초가 있고 따라서 계속과 목표가 있다고 했다. 그는 창조는 계속되되 늘 새롭게 진행된다고 말했다. 그는 또 창조의 하나님은 구속의 하나님이라고 강조했다.

「신약성경에서는 이 창조에 대한 그리스도교적 교리가, 사도 바울의 분명하고도 함축미가 있는 말 가운데 잘 표현되어 있다.

"이는 만물이 주에게서 나오고 주로 말미암고 주에게로 돌아감이라 그에게 영광이 세세에 있을지어다 아멘"(롬 11:36)

이 말씀이 함축하는 내용이 계시의 종말론적 드라마 전체를 형성하고 있다. 그 시발점은 성경의 제일 첫마디 말씀에서 찾을 수가 있다.

"태초에 하나님이 천지를 창조하시니라"(창 1:1)

창조에는 시초가 있고, 또한 그 계속과 목표도 가지고 있다. 그것은 결코 '태초에' 있었던 어떤 제한된 시간에 하나님이 종결을 지은 행위로써만 해석될 것은 아니다. 창조는 계속된다. 그 의의(意義)의 내용과 목표는 창조의 전체 행동이 그리스도와 관련되어 있다는 사실에서 유래되어진다. 이것이 계속이나 목표에 관해서만 진실일 뿐만 아니라, '태초'에 대해서도 참된 말이다. "만물이 그에게서 창조되되 하늘과 땅에서 보이는 것들과 보이지 않는 것들과 혹은 왕권들이나 주권들이나 통치자들이나 권세들이나 만물이 다 그로 말미암고, 그를 위하여 창조되었고"(골 1:16; 히 1:2). 이처럼 창조의 활동이 '태초로부터' 그리스도와 결부되어 있다고 한다면, 창조의 하나님이 바로 구속의 하나님이라는 주장을 할 수 있을 것이며, 또 이와 마찬가지로 구속적인 행동이 하나의 계속적인 창조라고 할 수도 있을 것이다. 창조는 늘 새롭게 진행된다. 하나님은 그리스도 안에서 이 우주 안의 파괴적이며, 적대하는 권세를 상대로 싸우고, 극복하실 때마다 새로운 창조를 해 나가신다. 창조는 그 목표에 도달할 때까지 계속된다.」[36]

그럼 창조사역의 궁극적 교훈은 무엇인가? 그것은 창조사역의 한계점(限界点)을 드러내는 일이다. 창조사역의 무너짐을 드러내는 일이다. 창조사역이 어느덧 옛 창조로 빠지는 일이다. 좀더 구체적인 역사적 사건을 말하면 땅과 에덴 동산의 관계가 깨어진 것이다.

아담으로 하여금 모든 천하를 다스리는 하나님의 형상을 유지케 하기 위해서 하나님은 에덴 동산을 창설하고 아담을 거기에 두셨건만 아담은 자기 자리를 지키지 못하고 타락해 버렸다. 하나님은 느끼셨을 것이다. "암! 그렇고말고. 알고 있었던 바이지만 사람은 천하를

---

36) G. 아울렌, 「조직신학 개론」, p. 157.

다스릴 수 없구나." 사람은 만물의 지배자가 아니라 만물의 지배를 받는 노예가 되었다.

하나님의 형상은 하나님이 만유의 주가 되어 지배하는 모습인데 하나님의 형상으로 피조된 인간은 만유 중 그 어느 것에도 주인이 되지 못하고 지배를 받게 되었던 것이다. 사람은 술이나 담배, 오락과 쾌락 같은 아무것도 아닌 것들에게 끌려 다니고 있다.

그럼 어쩌자는 것인가? 또 다른 하나의 땅과 에덴 동산의 체제가 필요함을 하나님은 아셨고, 우리 사람도 그것을 알아야 했다. 그것은 구속사역을 통한 교회였다. 또 다른 하나의 땅과 에덴 동산은 그리스도와 교회를 말한다. '그리스도' 속에는 그리스도인이 내포되는 것은 물론이다. 창조사역은 교회 출현을 위한 구속사역으로의 안내자며 인도자이다. 율법이 복음으로의 몽학선생인 것과 같다.

여기서 꼭 유의해야 할 점이 있다. 아담의 실패가 예수 그리스도를 요청했느냐? 다시 말하면 에덴 동산과 아담과의 관계가 깨어지니까 하나님은 그 대안(代案)으로 교회와 그리스도의 관계를 가져왔느냐? 아담의 실패가 그리스도의 성공으로 이끄는 계기를 마련했느냐?

결코 그런 것은 아니다. 왜냐하면 만약 에덴과 아담의 관계가 깨어지지 않고 지속했었더라면 교회와 그리스도의 관계는 영원히 없었을 것이라는 가정법 과거 시상은 하나님의 영원한 계획에 맞지 않기 때문이다.

교회와 그리스도와의 관계가 우선적이고 중추적인 하나님의 계획이기 때문에 에덴과 아담과의 관계를 단지 먼저 전시(展示)하신 것이었다. 마치 세대주의자(世代主義者)들이 이스라엘의 실패가 교회를 초래케 했다고 주장하는 것이 성경의 흐름에 맞지 않는 것과 같이 아담의 실패 때문에 그리스도의 모든 사역이 있었던 것이란 사실도 역시 맞지 않는 진술이다.

그런 의미에서 창조사역은 주경기(Main game)에 앞서 전개되는 오픈 게임(Open game)이다. 우리가 창조사역의 교훈을 알게 되면 더 이상 왜 하나님이 선악과를 만들었느냐는 질문은 사라지게 된다. 왜 범죄를 허용했느냐와 같은 질문도 없어진다. 지금 당장 손해 같아도 하나님의 거시적(巨視的) 안목(眼目) 속에서는 상상을 초월하는 득(得)이 거기 있기 때문이다. 무죄인(無罪人)은 의인이 될 수 없어도 죄인은 의인이 될 수 있다는 이 폭탄적인 선언은 영안이 뜨인 사람만이 알 수 있는 진리이다.

하나님의 교회는 결코 무죄인으로 구성되지는 않는다. 더더구나 죄인으로 구성되지도 않는다. 반드시 의인으로 구성되는 것이 교회다. 이쯤 이야기하기로 하고 다음 하나님의 약속하신 땅으로 가 보기로 하자.

2 하나님의 구원사역 시작 – 성자의 사역

하나님이 축복하시고 보시기에 좋았고 편안히 안식하실 수 있었던 창조세계가 최초의 사람 아담에 의해 세상이 되어 버렸다. 하나님은 땅을 만드셨건만 사탄은 아담을 통해 세상(world, cosmos)을 만들었다.

그러므로 하나님은 이제 구원사역을 시작하셨다. 하나님은 창조사역을 과거로 돌리고 구원사역을 시작하셨다. 그런데 구원사역의 주체자는 성자 예수 그리스도시다. 지금까지 우리는 교회론을 이야기하면서 신론, 계시론, 죄론(인론)까지 은연 중 언급하게 되었는데 이제는 그리스도론 곧 구원론을 맞게 되었다. 이처럼 교회론은 모든 교리들을 끌어당긴다.

구원이란 창조의 땅을 구속의 땅으로 바꾸는 것이다. 창조의 땅이 왜 구속함을 받아야 할 땅으로 바꿔져야 하는가? 그것은 창조의 땅에는 인간의 죄악이 가득 차 있어서 하나님과 인간 사이를 갈라놓았기 때문이다.

"오직 너희 죄악이 너희와 너희 하나님 사이를 갈라 놓았고 너희 죄가 그의 얼굴을 가리어서 너희에게서 듣지 않으시게 함이니라"(사 59:2)

하나님의 최초의 창조세계는 마침내 율법 아래 있게 되었다. 그 창조세계는 유구무언(有口無言)의 세상이 되었다. 그 세상은 하나님의 심판 아래 놓여 있게 되었다. 하나님의 창조세계는 율법과 죄와 사망 아래 놓이게 되었다.

"우리가 알거니와 무릇 율법이 말하는 바는 율법 아래에 있는 자들에게 말하는 것이니 이는 모든 입을 막고 온 세상으로 하나님의 심판 아래에 있게 하려 함이라 그러므로 율법의 행위로 그의 앞에 의롭다 하심을 얻을 육체가 없나니 율법으로는 죄를 깨달음이니라"(롬 3:19~20)

이런 처지에 있는 창조세계는 하나님의 자기표현의 세계라 할 수 없다. 하나님은 이런 창조세계에서는 거처를 두실 수가 없으셨다. 하나님이 영광을 받으실 수도 없고 하나님의 사랑이 통하지 않은 세상이 되었다. 그런데도 사람들은 이런 세상에, 나면서부터 죄악 가운데에 태어났다.

그럼 어떻게 해야 이 세상을 떠날 수 있을까? 어떻게 해야 이 코스모스와 무관할 수 있을까? 출생(出生)에 의해 이런 코스모스에 왔으니 이를 떠나는 방법은 죽음에 의해서만 가능하다. 출생자(出生者)는 죽어야 한다. 출생자는 일단 죽어야만 그 나온 곳에서 해방 받을 수 있다. 누가 이 일을 해 줄 수 있는가? 누가 이 일을 위해 죽어 주셨는가? 예수 그리스도께서 이 일을 대신해 주셨다.

"모든 사람이 죄를 범하였으매 하나님의 영광에 이르지 못하더니 그리스도 예수 안에 있는 속량으로 말미암아 하나님의 은혜로 값 없이 의롭다 하심을 얻은 자 되었느니라 이 예수를 하나님이 그의 피로써 믿음으로 말미암는 화목제물로 세우셨으니 이는 하나님께서 길이 참으시는 중에 전에 지은 죄를 간과하심으로 자기의 의로우심을 나타내려 하심이니 곧 이때에 자기의 의로우심을 나타내사 자기도 의로우시며 또한 예수 믿는 자를 의롭다 하려 하심이라"(롬 3:23~26)

바로 죄악된 세상을 의의 세계로 바꾸셨다. 하나님의 구원사역은 예수 그리스도를 통해서 가능했다. 이제 우리 죄인된 사람들은 세상과 결별해야 한다. 옛 창조에서 죽어야만 새 창조 안에서 태어나는 것이다.

"그러나 내게는 우리 주 예수 그리스도의 십자가 외에 결코 자랑할 것이 없으니 그리스도로 말미암아 세상이 나를 대하여 십자가에 못 박히고 내가 또한 세상을 대하여 그러하니라"(갈 6:14)

그리스도로 말미암아 세상이 우리를 대하여 십자가에 못 박히고 우리도 세상에 대하여 십자가에 못 박혔다. 십자가를 가운데 두고 세상과 그리스도인은 담을 쌓았다. 우리는 십자가를 통하여 세상과 작별하였다. 예수는 자기 백성을 죄에서 구원하시려 오셨다.

"아들을 낳으리니 이름을 예수라 하라 이는 그가 자기 백성을 그들의 죄에서 구원할 자이시니라

하니라"(마 1:21)

하나님이 처음 만드셨을 때의 창조세계는 무죄한 창조(innocent creation)였는데 이것이 죄악된 세상이 되자 문제는 달라졌던 것이다. 무죄한 땅은 구원함을 받을 필요가 없으나 죄악된 땅, 세상은 반드시 구원함을 받아야만 했다. 창조사역은 결국 구원사역으로 이어지고 구원사역은 마침내 교회를 형성하는 사역으로 이어지게 된다.

요사이 사람들은 웰빙(well-being) 문화에 젖어 있다. 음식과 의복과 주거와 기타 모든 생활 조건이 편안하고 쾌적하며 건강한 삶이 되는 데에 주력하고 있다. 웰빙은 건강하고 멋있는 삶을 말한다.

그러나 영적인 의미로서의 웰빙은 육체적인 것이 아니라 영적이며 전인적(全人的)인 인생의 삶이 경건하며 축복된 것을 말한다. 세상적인 웰빙은 세상적인 조건이 갖추어졌을 때 가능하지만 그리스도인의 웰빙은 그리스도의 웰두잉(well-doing)에 의한다. 그리스도의 잘해 놓으신 행위 때문에 그리스도인의 존재가 생명이요 경건이요 축복이 되는 것이다. 그리스도의 하신 일 때문에 믿는 자는 멋진 삶을 살 수 있다. 그리스도의 웰두잉과 그리스도인의 웰빙은 그리스도의 구속사역으로 말미암아 그리스도인에게 구원이 있게 된 것을 말한다. 창조사역이 구속사역으로 바꾸어졌다는 것은 그리스도께서 잘해주심으로 인해 그리스도인이 잘 되어진 것을 말한다. 그리스도의 'doing'이 그리스도인의 'being'이 된 것이다. 그리스도의 'doing'이 없었다면 그리스도인의 'being'도 없다. 그리스도의 탄생, 죽으심, 부활, 승천, 승귀 사건이 없었더라면 그리스도인은 그 존재 자체가 있을 수 없는 것이다.

이제 우리는 어떻게 하나님께서 창조사역에서 구원사역으로 나아가게 되었는지 그 경로를 보기로 한다. 창조되었다가 저주 받은 땅에서 하나님은 지시할 땅을 택하신다. 창조에 의한 땅은 버리고 지시에 따른 약속의 땅이 구원사 무대에 등장한다. 구약은 주로 땅 이야기이다. 왜 땅이 그토록 중요한가? 재론하는 바이지만 땅은 텃밭이요 터이다. 텃밭은 곡식을 내고 터는 집을 낸다. 그 집은 사람이 살 집만이 아니라 여호와의 제단을 쌓는 집이기도 하다.

"이에 아브람이 장막을 옮겨 헤브론에 있는 마므레 상수리 수풀에 이르러 거주하며 거기서 여호와를 위하여 제단을 쌓았더라"(창 13:18)

사람이 살아가자면 먹어야 하고 집이 있어야 한다. 땅에서 그 모든 것이 나오는 만큼 땅과 사람의 관계는 생명관계라 할 수 있다. 창조의 땅을 약속의 땅으로 바꾸는 것은 우리의 생명이 창조의 땅에 있지 않고 약속의 땅에 있음을 말하는 바, 이것은 우리의 삶이 자연에 의하지 않고 은혜에 의함을 뜻하는 것이다.

구약에서 이스라엘 백성의 조상에게 땅을 약속해 주시고 어떤 일이 있어도 그 땅을 차지하라는 것이 하나님의 섭리였음을 안다. 땅과 이스라엘의 관계는 생명관계이다. 미리 언급하지만 그 땅과 이스라엘의 관계는 신약에서 그리스도와 교회의 관계를 상징한 것이었다.

1) 하나님께서 약속하신 메시아를 보내시다 - 구원의 대책

메시아 예수 그리스도가 세상에 오신 것은 교회를 위한 구속사역을 이루시기 위해서이다. 교회란 무죄인의 구성도 아니요 더더구나 죄인의 구성도 아니다. 교회란 죄 사함 받은 의인들의 모임이다. 예수 그리스도는 죄인을 의인으로 만드시기 위해 오셨다.

예수 그리스도 자신은 인류 구원의 대책(the provision of salvation)이다. 환자에게는 약이 필요하고 그 자신이 약을 직접 먹어야 하듯이 사람에게도 '구원의 대책'이란 약이 있어야 하고 그 약을 직접 먹어야 하는데 그것이 구원의 적용(the application of salvation)이다. 예수 그리스도는 구원의 약이다. 뒤에 설명하겠지만 성령은 그 구원의 약을 환자에게 먹게 하시는 분이시다. 이와 같이 구원에는 대책과 적용으로 구성된다.[37]

구원의 대책에서 교회가 출현하고 구원의 적용에서는 교회가 생동한다. 구원의 대책의 주역은 예수 그리스도 구세주이시고 구원의 적용의 주역은 성령이시다. 구원의 대책은 조직신학에서 '그리스도론'이다. 그리스도론의 내용은 예수 그리스도의 성육신, 죽으심, 부활, 승천 그리고 승귀(昇貴)로 이루어져 있다.

이런 내용은 오직 예수 그리스도께서 경험하신 사실이다. 예수 그리스도 외에 이 세상의 사람으로서는 어떤 누구도 이런 경험을 해내지 못했다. 구원의 대책은 사람의 협조 없이 예수 그리스도 단독으로 치러 내신 객관적 구속사역이다.

단지 사람으로서는 예수 그리스도를 구주로 믿고 모실 때에 객관적 구속사역이 주관적 경험으로 다가온다. 가령 중생, 회개 등은 구원의 적용에 속하는데 이것은 예수 그리스도께서 경험하셔야 할 일이 아니었다. 사람에게만이 중생과 회개 등의 주관적 경험이 필요하다. 예수는 중생할 필요가 없지 않은가?

이렇게 구원의 대책과 구원의 적용은 알기 쉽게 구별된다. 대책 없이 적용이 있을 수 없다. 제약(製藥) 없이는 투약(投藥)도 없다.

하나님은 메시아를 보내실 것을 확실히 약속하셨다.

"내가 너로 여자와 원수가 되게 하고 네 후손도 여자의 후손과 원수가 되게 하리니 여자의 후손

---

[37] 구원의 대책과 적용을 나누어 선명하게 잘 설명해준 것은 헨리 디이슨(Henry C. Thiessen)의 「조직신학 강론」(Lectures in systematic Theoloy)이다. 권혁봉 졸역, 생명의말씀사에서 1975년 출간되어 애독되고 있다.

은 네 머리를 상하게 할 것이요 너는 그의 발꿈치를 상하게 할 것이니라 하시고"(창 3:15)
"그러므로 주께서 친히 징조를 너희에게 주실 것이라 보라 처녀가 잉태하여 아들을 낳을 것이요 그의 이름을 임마누엘이라 하리라"(사 7:14)

뱀 및 그의 후손과 여인 및 그의 후손은 영원한 투쟁 관계에 있다. 여인의 후손은 메시아임은 말할 것도 없다. 메시아는 점과 흠이 없는 어린 양이며 그의 피는 보배로운데 그는 창세 전부터 미리 알린 바 되신 분으로서 말세에 나타나셨다.

"오직 흠 없고 점 없는 어린 양 같은 그리스도의 보배로운 피로 된 것이니라 그는 창세 전부터 미리 알린 바 되신 이나 이 말세에 너희를 위하여 나타내신 바 되었으니"(벧전 1:19, 20)

예수 자신도 구약이 자기에 관한 기록이라고 말씀하셨다.

"이에 모세와 모든 선지자의 글로 시작하여 모든 성경에 쓴 바 자기에 관한 것을 자세히 설명하시니라"(눅 24:27)

왜 하나님은 메시아를 약속하셨는가? 왜 그를 보내셨는가? 왜 하나님은 메시아를 창세 전에 미리 아신 바 되게 하셨을까? 그것은 첫 아담의 입장을 아시고 메시아 예수 그리스도가 마지막 아담이 되시기 위함이었다. 아담은 오실 자의 예표(모형)이다.

"그러나 아담으로부터 모세까지 아담의 범죄와 같은 죄를 짓지 아니한 자들까지도 사망이 왕 노릇 하였나니 아담은 오실 자의 모형이라"(롬 5:14)
"기록된 바 첫 사람 아담은 생령이 되었다 함과 같이 마지막 아담은 살려 주는 영이 되었나니"(고전 15:45)

하나님은 첫 아담의 모든 것을 정리하실 필요성을 아셨다. 첫 아담이 망쳐 놓은 세계를 정돈하실 필요가 있었다. 예수 그리스도는 더 이상 다른 아담이 필요 없도록 마지막 아담으로서의 살려주는 영이 되셨다. 다시 말하면 최초의 창조의 땅 위에 에덴을 창설하시고 거기에 첫 아담을 거하게 두셨다(putting him).

"여호와 하나님이 이르시되 사람이 혼자 사는 것이 좋지 아니하니 내가 그를 위하여 돕는 배필을 지으리라 하시니라"(창 2:18)

그런데 아담이 자기 임무를 다하지 못했기 때문에 약속의 땅 위에 이스라엘을 두었던 것이다. 왜냐하면 사람이 살아가는 데 땅은 필수적이었기 때문이다. 전술한 바와 같이 땅에서 곡식을 얻고 땅 위에 집을 짓고 전(殿)을 지을 수 있다. 도성(都城)과 성전(聖殿)은 땅 위에서만 건설이 가능하다. 그러나 약속의 땅과 이스라엘(선민)의 관계는 아직도 그리스도(참된 땅)와 교회(의인)의 관계를 예표하는 데 그친다. 그것은 그림자였고 실재는 따로 있었다. 그림자는 옛 언약 가운데 있었고 실재는 새 언약 가운데 있었다. 새 언약은 옛 언약 가운데 있었던 구속의 그림자를 사실화(事實化)하고 역사화(歷史化)한다.

이젠 약속의 땅이 약속의 메시아로 바뀐다. 점점 교회 출현의 시기가 가까워 오고 있었다. 구속사역의 오픈 게임(open game)이 끝나고 메인 게임(main game)이 시작되었으니 그 전반부 몇 라운드가 약속의 땅과 이스라엘의 관계라면 이제 본 게임은 중반기에 들어서서 최종 라운드를 향해 달리고 있는 것이다.

예수 그리스도의 '함'(행(行), Jesus' doing)이 있었기에 교회의 '됨'(태어남(生), being)이 있었다. 예수의 '함'과 교회의 '됨'은 필연적 관계이다. 예수 그리스도의 '함'이란 그의 구원사역 전반을 의미한다. 성육신, 죽으심, 부활, 승천, 승귀가 구속사역의 내용이다.

교회의 '됨'이란 구원 사역으로 인해 교회가 출현하여 생존하게 된 것을 말한다. 일단 교회의 '됨'이 있어야 교회의 '함'도 있게 된다. 태어나지 아니한 아이가 성장하거나 활동한다는 것은 있을 수 없는 일이듯 존재하지도 않은 교회가 행위(行爲)한다는 것은 역시 있을 수 없는 일이다. 사탄은 존재보다도 행위를 더 우선하라고 충동하고 있는데 여기서 행위구원, 율법주의가 되살아나서 괴롭을 더해주고 있다.

예수 그리스도는 일단 교회를 존재케 했다. 자신으로부터 교회가 출산되도록 했다. 우리는 이 예표를 아담과 하와에게서 본다.

"여호와 하나님이 아담을 깊이 잠들게 하시니 잠들매 그가 그 갈빗대 하나를 취하고 살로 대신 채우시고 여호와 하나님이 아담에게서 취하신 그 갈빗대로 여자를 만드시고 그를 아담에게로 이끌어 오시니 아담이 이르되 이는 내 뼈 중의 뼈요 살 중의 살이라 이것을 남자에게서 취하였은즉 여자라 부르리라 하니라 이러므로 남자가 부모를 떠나 그의 아내와 합하여 둘이 한 몸을 이룰지로다"(창 2:21~24)

여호와 하나님은 사람이 혼자 사는 것이 좋지 아니하심을 아시고 그를 위하여 돕는 배필을 지으리라 하셨다. 왜 하나님은 아담의 배필을 천지 중에 있는 아름다운 다른 피조물로 대치하지 아니하셨을까? 왜 흔한 산속의 가장 아름다운 어떤 동물을 지정하셔서 아담의 돕는 배필이라 하지 않으셨을까?

그것은 아담의 아내는 반드시 아담으로부터 나와야 하였기 때문이다. 아담의 갈빗대로 만든 것이 여자이다. 그 어떤 기성 창조물도 아담의 여인이 아니다. 그 어떤 다른 재료로 만들었다 해도 그게 아담의 여자는 아니다. 아담의 여인은 반드시 아담으로부터 나와야 한다.

예수 그리스도의 신부인 교회는 반드시 예수 그리스도로부터 나와야 한다. 같은 맥락으로 그리스도의 구속사역이 교회를 존재케 한다. - 워치만 니의 「영광스러운 교회」에서 이 부분을 인상 깊게 말해주고 있다. 필자는 상당 부분을 여기에서 인용하고 있다.

아담과 하와의 관계는 예수 그리스도와 교회 관계의 예표이다. 이하에 이를 더 구체적으로 설명한다. 이 관계에는 3대 원리가 있다(창 2장).

첫째는 '나옴(出)'의 원리다. 하와는 아담으로부터 나왔다.

"아담에게서 취하신 그 갈빗대로 여자를 만드시고"(창 2:22)

둘째는 '들어감(入)'의 원리이다. 아담에게 나온 하와는 다시 아담 곁으로 간다.

"그를 아담에게로 이끌어 오시니"(창 2:22)

셋째는 '하나 됨(一)'의 원리이다. 아담과 하와는 한 몸을 이루었다.

"그 아내와 연합하여 둘이 한 몸을 이룰지로다"(창 2:24)

아담이 잠들어 갈빗대를 제공하여 하와가 나왔던 사건은 아담의 '함'이 하와의 '됨'이 되게 한 것이다. 아담의 희생 없이 하와의 존재는 없다. 아담의 구원행위가 하와라는 여자(아내)를 갖게 했다.

그런 의미에서 메시아 그리스도의 'doing'은 교회의 'being'에 앞서 반드시 먼저 있어야 할 전제요건이다. 하나님께서 약속하신 메시아를 보내심은 저주에서 은혜로 넘어가게 하시는 일을 예수 그리스도에게 맡기심 때문이다. 예수 그리스도는 구세주이시다. 구세주의 일은 구속사역이다.

이제 우리는 아담이 잠들어 갈빗대를 내어 놓은 사건을 다룬다. 교회가 되기 위해서는 교회 구성의 인적 요소가 필요하다. 교회가 되자면 교회가 되게 하는 근본 행위가 있어야 하는데 그것이 그리스도의 구속사역이다.

교회의 제2기 교회시대란 하나님의 창조사역, 그리스도의 구원사역으로 인한 교회 출현(출산)과 성령의 사역으로 인한 교회의 성장 시기이다. 이미 우리는 하나님의 창조사역은 언급했으므로 구원사역으로 나아간다. 교회는 세상에 대하여는 죽어야(死) 하고 하나님을 향하여는 살아서(生) 계속 하나님의 거처(居處)로서뿐만 아니라 하나님의 유감 없는 자기표현으로서의 교회의 움직임(活動)을 내보여야만 한다.

「상반된 교회와 세상 사이의 간격을 메워 보려고 이들 사이에 비성경적이고 불법적인 결합을 성사시키려고 시도하는 것이 오늘날 우리의 문제이다. 그러나 세상과 교회의 연합은 실상 불가능하다. 세상과 연합한 교회는 이미 교회가 아닌 가련한 잡종(雜種)에 불과하다. 이것은 주께 가증한 것이요 세상의 웃음거리가 될 뿐이다」[38]

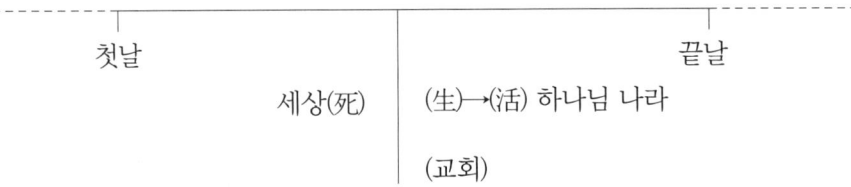

위의 도표는 이런 뜻이다:

교회란 세상을 향해서는 죽었다(死). 그리스도인은 세상과는 절연된 자들이다. 세상이란 죄와 율법과 사망의 조직체인데 그리스도인은 그런 것들에 대해 죽었으니 그것들과 무관하고, 단지 하나님 나라와 의를 향하여 비로소 태어났고(生), 태어났으니 산 자의 활동이 따라야 하는 것이다(活). 그런데 교회가 세상에 대하여는 죽고 하나님 나라를 향하여는 살아가게 하는 것은 예수 그리스도의 구원사역에 의한다.

"그러나 내게는 우리 주 예수 그리스도의 십자가 외에 결코 자랑할 것이 없으니 그리스도로 말미암아 세상이 나를 대하여 십자가에 못 박히고 내가 또한 세상을 대하여 그러하니라"(갈 6:14)
"그런즉 누구든지 그리스도 안에 있으면 새로운 피조물이라 이전 것은 지나갔으니 보라 새 것이 되었도다"(고후 5:17)
"그러므로 어리석은 자가 되지 말고 오직 주의 뜻이 무엇인가 이해하라"(엡 5:17)
"내가 이르노니 너희는 성령을 따라 행하라 그리하면 육체의 욕심을 이루지 아니하리라"(갈 5:16)
"만일 우리가 성령으로 살면 또한 성령으로 행할지니"(갈 5:25)

조직신학에서 이것을 구원론으로 논(論)하기도 하고 기독론으로 논(論)하기도 하는데 구원론과 기독론은 등식이 성립된다. 구원 이야기는 예수 그리스도의 인격과 사역에 관한 설

---

38) A.W 토저, 「이것이 성령님이다」, pp. 11~12.

명이다. 교회가 세상을 버리고 하나님을 향하여 강력하고도 풍성한 삶을 살게 되는 것은 성령님의 내주하심에 의한다. 그리스도로 말미암아 교회가 생기고 성령님으로 말미암아 교회가 활력을 지니게 된다. 구원의 대책 그것은 예수 그리스도의 사역 그 자체이다.

아담이 잠든 사이 그 갈빗대를 빼내어 여자를 만들었던 것처럼, 교회는 예수 그리스도의 죽음에서 출현하게 된다. 예수 그리스도의 피 흘림 없이 교회란 없었다. 그런데 주의 깊게 생각할 점은 이런 일이 이미 창세 전에 하나님이 마련해 두셨던 작정이었던 것이었다. 이것은 신비스러운 사건이요. 천국의 비밀이다. 천국 비밀의 핵심은 신비스러운 존재인 인격자 교회이다.

> "그러므로 내가 그들에게 비유로 말하는 것은 그들이 보아도 보지 못하며 들어도 듣지 못하며 깨닫지 못함이니라 이사야의 예언이 그들에게 이루어졌으니 일렀으되 너희가 듣기는 들어도 깨닫지 못할 것이요 보기는 보아도 알지 못하리라 이 백성들의 마음이 완악하여져서 그 귀는 듣기에 둔하고 눈은 감았으니 이는 눈으로 보고 귀로 듣고 마음으로 깨달아 돌이켜 내게 고침을 받을까 두려워함이라 하였느니라 그러나 너희 눈은 봄으로, 너희 귀는 들음으로 복이 있도다"
> (마 13:13~16)

보는 눈과 듣는 귀가 복이 있나니 교회를 보고 교회를 듣는 것이 그리스도인의 축복 중의 축복이다.

노자(老子)가 진리 인식에 대해 언급한 것을 교회 비밀 인식의 상황에 적용해도 다소의 도움이 될 것 같아 여기 옮겨 본다.

"보아도 보이지 않는 것을 '이'라 하고 들어도 들리지 않는 것을 '희'라고 한다"(視之不見 名曰夷, 聽之不聞名曰希)(老子, 14장). 눈에 띄지 않은 것을 이(夷)라 하고 귀에 들리지 않는 것을 희(希)라 한다.

그런데 깊은 진리는 견문(見聞)에 의하고 얕은 일상(日常)은 시청(視聽)에 의한다. 우리는 교회 비밀을 시청하는 자세가 아니라 견문하는 자세에서야 알 수 있다. TV는 시청하고 여행을 통해서는 견문을 넓힌다고 한다. 견문은 고상하고 깊은 진리를 알고 시청은 별로 신경 쓰지 않고도 아무것이나 보는 것이다.

(1) 메시아 예수 그리스도는 성육(成肉)하셨다.

성육(成肉, Incarnation)은 영이신 하나님이 육(肉)을 입으셨음을 말한다.
영의 육화(肉化)가 성육 혹은 수육(受肉)이라 한다. 이를 다시 구체적으로 말하면 하나님이 예수 그리스도 안에 체현(體現)된 것을 말한다.

영으로 선재(先在)하신 그리스도께서 사람이 되신 사건이 있었다.

> "말씀이 육신이 되어 우리 가운데 거하시매 우리가 그의 영광을 보니 아버지의 독생자의 영광이요 은혜와 진리가 충만하더라"(요 1:14)
> "자녀들은 혈과 육에 속하였으매 그도 또한 같은 모양으로 혈과 육을 함께 지니심은 죽음을 통하여 죽음의 세력을 잡은 자 곧 마귀를 멸하시며 또 죽기를 무서워하므로 한평생 매여 종 노릇 하는 모든 자들을 놓아 주려 하심이니"(히 2:14, 15)
> "곧 하나님께서 그리스도 안에 계시사 세상을 자기와 화목하게 하시며 그들의 죄를 그들에게 돌리지 아니하시고 화목하게 하는 말씀을 우리에게 부탁하셨느니라"(고후 5:19)

예수 그리스도는 온전히 그대로 하나님이시고 그리고 온전히 사실상의 사람이다. 한 인격 안에 신성과 인성을 지니신 인격자 그리스도시다. 세상에 그런 존재는 예수 외에는 없다. 성육은 인간이 가히 이해할 수 없는 기독교의 유독 특별한 사건이다.

> "이는 그들로 마음에 위안을 받고 사랑 안에서 연합하여 확실한 이해의 모든 풍성함과 하나님의 비밀인 그리스도를 깨닫게 하려 함이니 그 안에는 지혜와 지식의 모든 보화가 감추어져 있느니라"(골 2:2~3)

성육은 하나님이 육체로 세상에 오셨다는 것이다.

> "크도다 경건의 비밀이여, 그렇지 않다 하는 이 없도다 그는 육신으로 나타난 바 되시고 영으로 의롭다 하심을 받으시고 천사들에게 보이시고 만국에서 전파되시고 세상에서 믿은 바 되시고 영광 가운데서 올려지셨느니라"(딤전 3:16)

성자 하나님이 취하신 육체의 성격은 인간과 동물이 공유하고 있는 피조되고 의존된 생명의 물질적 유기체이다. 사람의 육체와 예수의 육체는 똑같은 성질에 속한다. 사람과 같은 육체로 오셨지만 사람들에게 있는 죄는 없으셨다. 성육하신 성자 하나님도 시험과 도덕적 갈등도 당하셨으나 싸워서 이기셨을 따름이다(마 4:1 이하). 그는 계속 아버지께 의존하고 순종하는 삶을 사셨다.

성육의 일차적 상태는 인간이 되는 것이다. 신의 상태를 그대로 가지면서 인간의 상태로 계신다. 성육의 사건이 기독교 구속사역의 첫 시발점이기 때문에 예수께서 육체로 오셨다는 것을 부인하는 모든 사람을 적그리스도의 영이라고 요한은 선포했다.

> "이로써 너희가 하나님의 영을 알지니 곧 예수 그리스도께서 육체로 오신 것을 시인하는 영마다 하나님께 속한 것이요"(요일 4:2)
> "미혹하는 자가 많이 세상에 나왔나니 이는 예수 그리스도께서 육체로 오심을 부인하는 자라 이런 자가 미혹하는 자요 적그리스도니"(요이 2:7)

그리스도의 성육신의 성질은 그리스도 자신의 인격에서 어떤 것은 감(減)하고 어떤 것은 외부로부터 추가해서 형성된 구세주로서 준비된 인격이라 할 것이다. 감했다는 것은 그리스도의 신성 부분이요 추가했다는 것은 사람의 인성 부분이다. 이런 사실을 성경은 이렇게 말하고 있다. 그리스도는 자신을 비웠다.

> "그 안에 뿌리를 박으며 세움을 받아 교훈을 받은 대로 믿음에 굳게 서서 감사함을 넘치게 하라"(골 2:7)

하나님의 절대적 내재적 속성인 거룩과 의는 결코 포기하신 적이 없으시지만 상대적 일시적 속성인 전지, 전능, 무소부재는 그대로 사용하기를 제한하셨다. 즉 전지하시나 전지하시지 않으려 하셨고 전능하시나 전능하시지 않으려 하셨고 무소부재(無所不在)하시나 한국 땅에 육체로 오시지 아니하시고 팔레스타인에서만 생을 마치셨다. 그렇다고 예수 그리스도가 이 세상에 오시지 아니했다든지 혹은 육체로 계실 동안 방문하지 아니한 곳에는 예수 그리스도의 구원사역의 효력이 미치지 않는다는 말은 결코 아니다. 그리스도는 사람들과 같이 되셨다.

> "오히려 자기를 비어 종의 형체를 가지사 사람들과 같이 되었고"(빌 2:7)
> "육신의 생각은 하나님과 원수가 되나니 이는 하나님의 법에 굴복하지 아니할 뿐 아니라 할 수도 없음이라"(롬 8:7)
> "말씀이 육신이 되어 우리 가운데 거하시매 우리가 그의 영광을 보니 아버지의 독생자의 영광이요 은혜와 진리가 충만하더라"(요 1:14)

여기서 예수는 육신(flesh)을 가지셨다. 그리스도는 혈육에 참예한 자였으며(히 2:14) 하나님이 자신을 위하여 '한 몸'을 예비하셨다고 했을 때(히 10:5), 그 한 몸은 사람의 몸인데 예수 그리스도가 바로 그 한 몸이 되셨다. 결국 감했다는 것은 그리스도 자신을 비운 것이고 추가했다는 것은 그가 사람과 같이 되셨다는 것이다. E.Y. 멀린스는 성육신에 대하여 그것이 무엇이며 또 무엇을 위한 목적인가를 아래와 같이 말해주고 있다.

「그리스도의 자기를 비우심은 신적 속성(屬性)을 절대적으로 제거한 것은 아니다. 어떤 케노틱 이론(Kenotic theories)은 상대적(相對的) 속성과 본질적인 속성 간을 구분하려고 시도한다. 그리하여 상대적 속성은 옆으로 제거되되 본질적인 속성은 그대로 남는다는 견해를 곁들인다. 전능(全能), 전지(全知), 편재(遍在)는 상대적 속성이고, 사랑과 거룩은 본질적 속성이다. 혹자는 신성이 실제로 인성이 되어 이젠 신성으로 존재하기를 그쳤다고 주장한다. 그러나 이상의 두 견해가 모두 과오를 범하고 있다. 신성의 모든 부분이 그대로 다 남아 있다. 그러나 그 신성이 인간 형태의 성육신 안에서 존속되고 있다. 성육신을 성립시키는 것이 바로 이 사실이다. 예수 그리스도의 생명이 하나님의 생명과 더불어 계속한다는 사실을 우리는 착념해야만 한다. 그것은 영원적 행위의 결과다. 그것의 목적은 사람의 구속(救贖)이다. 진정한 의미에 있어서 성육신은 하나님의 사랑은 물론이거니와 하나님의 전능 및 전지를 활용하는 하나의 실례이다. 그것은 거룩한 목적을 성취하는 하나의 방법을 고안하는 무한한 지혜요, 또 그것을 실천에 옮기는 무한한 능력인 것이다. 그것은 놀라운 방법으로 하나님의 사랑의 무한한 자원을 말해준다. 그것은 하나님의 불변성의 무한한 가동성(可動性)을 말해준다. 그것은 우리에게 신성 자체 안에 있는 무한한 도덕적 부(富)와 은혜를 열어준다. 어떻게 보면 역설적(逆說的)인 듯한 성육신이 무한하신 하나님의 전능하심과 전지하심과 불변하심을 특이한 구원적 행위에서 구현(具現)한 것으로서, 이것은 하나님 자신의 존재의 우월적 중심적인 실재인 그의 의로운 사랑에 순종해서 나타내 보인 것이라 할 것이다.

그런즉 성육신에서의 그리스도의 자기를 비우심은 하나님의 성질과 능력을 인간적인 삶의 억제와 제한 아래서 보유하고 있는 것을 말한다. 성육신에서 하나님의 속성을 완전히 활용할 것을 자원해서 중지했다. 그러나 잠정적으로 하나님의 모든 자원(資源)은 그대로 현존(現存)한다. 성육신 생활의 기간 및 목적으로 인해서 부분적으로 자기 자신을 낮춘 존재의 형태가 있었다. "그는 자기를 비우셨다." "그는 종의 형태를 취하셨다."」[39]

성육의 또 다른 이름은 무엇인가?

그것은 그리스도의 비하(卑下)이다. 그리스도의 성육신의 다른 호칭은 비하이다.

"그는 근본 하나님의 본체시나 하나님과 동등됨을 취할 것으로 여기지 아니하시고 오히려 자기

---

39) E.Y. 멀린스, 「조직신학 원론」, 권혁봉 역, (서울 : 침례회출판사, 1982), pp. 227~228.

를 비워 종의 형체를 가지사 사람들과 같이 되셨고"(빌 2:6~7)

비하는 그리스도께서 자신을 비우심으로(self emptying) 낮은 자리에 오신 사건이다. 그리스도께서는 가지신 것도 가지지 아니하신 것처럼 살아가신 분이다. 하나님의 본질과 속성을 다 가지고 계셨지만 그것을 독자적으로 자원해서 포기하셨다. 가지셨으나 안 가지신 것처럼 하는 것은 아무나 할 수 있는 일이 아니다. 오직 하나님만이 할 수 있는 일이다. 케노시스(Kenosis theory)는 하나님의 자기 제한이다. 이 세상 누가 감히 자기제한을 마음대로 할 수 있을까?

어느 정도로 그리스도는 비하하셨는가? 또 그리스도의 비하의 현장은 어디인가?
사람의 모양을 취하고 자기를 낮추시고 복종의 최후는 죽음이었다.

"사람의 모양으로 나타나사 자기를 낮추시고 죽기까지 복종하셨으니 곧 십자가에 죽으심이라"(빌 2:8)

그는 부요한 자였으나 가난했다. 부요한 사람이 가난해진다는 것은 고통이요 죽음 같은 경험일 것이다. 그런데 그리스도는 그런 비하에 처하셨다.

"우리 주 예수 그리스도의 은혜를 너희가 알거니와 부요하신 이로서 너희를 위하여 가난하게 되심은 그의 가난함으로 말미암아 너희를 부요하게 하려 하심이라"(고후 8:9)

그는 영화를 지니신 분이셨는데 그 영화를 버리셨다.

"아버지여 창세 전에 내가 아버지와 함께 가졌던 영화로써 지금도 아버지와 함께 나를 영화롭게 하옵소서"(요 17:5)

성육신하신 그리스도의 두 성품은 신성과 인성이다.
그분의 신성이란 무엇이며 인성이란 무엇인가? 신성과 인성에 대한 우리의 이해는 하나님 이해와 사람 이해에 도움이 되고, 나아가서 중보자이며 성육신하신 그리스도를 붙잡고 있음으로써 우리의 지위(地位)와 입지(立地)를 확고하게 한다.

첫째로 그리스도의 신성은 어떤 것인가?

그리스도의 선재(先在)가 그의 신성을 말한다. 예수 그리스도는 인간이 되사 지상에 내려오시기 전에 하늘에서 이미 선재하셨다. 베들레헴의 그의 탄생이 그의 존재의 시작이 아니라 그것은 단지 육신을 가진 자로 출현한 것이었다. 그리스도의 선재설은 하나의 사실이며 현실이지 결코 관념이나 환상이 아니다.

윌리암 스티븐스의 그리스도의 신성은 아래와 같다.[40]

"영접하는 자 곧 그 이름을 믿는 자들에게는 하나님의 자녀가 되는 권세를 주셨으니"(요 1:12)
"요한이 그에 대하여 증언하여 외쳐 이르되 내가 전에 말하기를 내 뒤에 오시는 이가 나보다 앞선 것은 나보다 먼저 계심이라 한 것이 이 사람을 가리킴이라 하니라"(요 1:15)
"아버지여 창세 전에 내가 아버지와 함께 가졌던 영화로써 지금도 아버지와 함께 나를 영화롭게 하옵소서"(요 17:5)

그리스도의 동정녀 탄생이 그의 신성을 말한다. 이 세상에 남자 없이 태어난 사람이란 없다. 예수는 남자 없이 태어난 온전한 사람이셨다. 이런 탄생은 신이 아니고서는 불가능한 일이다. 그는 성령으로 잉태되어서 오신 사람이었다.

"이 일을 생각할 때에 주의 사자가 현몽하여 이르되 다윗의 자손 요셉아 네 아내 마리아 데려오기를 무서워하지 말라 그에게 잉태된 자는 성령으로 된 것이라"(마 1:20)

그리스도의 신적 호칭이 그의 신성을 말한다. 하나님만 붙이는 호칭이 있다. 그 호칭은 사람에게는 불가하다.

"태초에 말씀이 계시니라 이 말씀이 하나님과 함께 계셨으니 이 말씀은 곧 하나님이시니라"(요 1:1)
"도마가 대답하여 이르되 나의 주님이시요 나의 하나님이시니이다"(요 20:28)
"복스러운 소망과 우리의 크신 하나님 구주 예수 그리스도의 영광이 나타나심을 기다리게 하셨으니"(딛 2:13)

하나님의 아들이란 호칭이 있다. 독생하신 아들이다. 하나님의 아들이라고 할 때 그것은 아들이 하나님의 모든 것을 그대로 가지고 있다는 말이다.

"하나님이 세상을 이처럼 사랑하사 독생자를 주셨으니 이는 그를 믿는 자마다 멸망하지 않고 영

---

40) 윌리암. W. 스티븐스,「조직신학 개론」, 허긴 역, (대전:침례신학대학 출판부, 1988), pp. 99~112.

생을 얻게 하려 하심이라"(요3:16)

"하나님의 사랑이 우리에게 이렇게 나타난 바 되었으니 하나님이 자기의 독생자를 세상에 보내심은 그로 말미암아 우리를 살리려 하심이라"(요일 4:9)

하나님이 사람을 살리심같이 아들이신 예수 그리스도께서 사람을 살린다. 사람을 살리는 일은 신의 일이지 사람의 일이 아니다.

하나님의 형상이란 호칭이 있다.

"그는 보이지 아니하는 하나님의 형상이시요 모든 피조물보다 먼저 나신 이시니"(골 1:15)

"이는 하나님의 영광의 광채시요 그 본체의 형상이시라 그의 능력의 말씀으로 만물을 붙드시며 죄를 정결하게 하는 일을 하시고 높은 곳에 계신 지극히 크신 이의 우편에 앉으셨느니라"(히 1:3)

사람이 하나님의 형상이라 할 때는 제한적이고 상대적인 의미이지만 예수 그리스도가 하나님의 형상이라 할 때는 절대적 무조건적 의미이다.

로고스란 호칭이 있다.

"태초에 말씀이 계시니라 이 말씀이 하나님과 함께 계셨으니 이 말씀은 곧 하나님이시니라"(요 1:1)

이것은 최고의 의미를 지닌 신성이다. 무한하신 하나님이 취하신 유한한 형태가 로고스이다.

인자(人子)란 호칭이 있다. 보통 사람들에게 인자(人子)란 말은 하지 않는다. 인자(人子)가 아닌 분이 사람이 되셨기에 특별히 인자(人子)란 말을 붙인다. 이것은 인자(人子)가 신이었음과 그분의 하는 일이 신의 일이라는 것을 말한다.

"인자가 자기 영광으로 모든 천사와 함께 올 때에 자기 영광의 보좌에 앉으리니"(마 25:31)

그것은 하나님의 큰 권세이다.

"내가 또 밤 환상 중에 보니 인자 같은 이가 하늘 구름을 타고 와서 옛적부터 항상 계신 이에게 나아가 그 앞으로 인도되매 그에게 권세와 영광과 나라를 주고 모든 백성과 나라들과 다른 언어를 말하는 모든 자들이 그를 섬기게 하였으니 그의 권세는 소멸되지 아니하는 영원한 권세요 그의 나라는 멸망하지 아니할 것이니라"(단 7:13~14)

그리스도 자신의 신적 의식(神的意識)이 그의 신성을 말해준다. 예수 그리스도는 아버지 하나님의 집에 계셔야 하는데 아버지 하나님의 집을 떠나 세상에 보내신 목적을 일찍 알고 계셨다.

"예수께서 이르시되 어찌하여 나를 찾으셨나이까 내가 내 아버지 집에 있어야 될 줄을 알지 못하셨나이까 하시니"(눅 2:49)

'내 아버지 집' 이라는 말은 내 아버지의 오이코노미아(oikonomia)를 말한다. 그는 내 아버지의 집안 살림을 꾸려야 할 것을 의식하셨다. 그래서 그는 아버지로부터 보내심을 받은 파송의식(派送意識)을 지니셨다(요 5:30, 37). 그래서 그는 막연히 우리의 아버지가 아닌 내 아버지가 보내셨다고 알고 계셨다(요 17:1). 또 그는 아버지를 완전히 계시하셨다.

"본래 하나님을 본 사람이 없으되 아버지 품 속에 있는 독생하신 하나님이 나타내셨느니라"(요 1:18)
"내 아버지께서 모든 것을 내게 주셨으니 아버지 외에는 아들을 아는 자가 없고 아들과 또 아들의 소원대로 계시를 받는 자 외에는 아버지를 아는 자가 없느니라"(마 11:27)
"예수께서 이르시되 빌립아 내가 이렇게 오래 너희와 함께 있으되 네가 나를 알지 못하느냐 나를 본 자는 아버지를 보았거늘 어찌하여 아버지를 보이라 하느냐"(요 14:9)

그래서 그는 아버지께서 사용하신 "나는 … 이니라"(출 3:14)는 표현을 친히 사용하실 수 있었다.

"나는 부활이요 생명이다"(요 11:25)
"내가 곧 길이요 진리요 생명이다"(요 14:6)
"나는 하늘로서 내려 온 산 떡이다"(요 6:51)
"나는 참 포도나무요"(요 15:1)
"나는 양의 문이라"(요 10:7)
"나는 선한 목자라"(요 10:11)

그리스도께 사람들이 돌린 예배와 명예가 그의 신성을 말해준다. 세상 사람이 누구에게 예배와 명예를 돌릴 수 있을까? 만약 그렇게 한다면 그 대상은 우상일 것이다. 그러나 예수님이 사람들로부터 예배 받으시고 명예를 받으신 것은 일면 그가 신이심을 입증한다. 스데반이 돌에 맞아 순교하여 "주 예수여, 내 영혼을 받으옵소서"(행 7:59)했는데 이것은 예수께 최고의 명예를 돌린 것이다. 이 세상 누가 죽을 때 그의 영혼을 어떤 사람에게 위탁할 수 있을까? 예수님은 사람들의 영혼을 손에 맞아드리는 대단한 존재이다. 이는 그가 신이기 때문이다(롬 10:9 참조).

"또 그가 맏아들을 이끌어 세상에 다시 들어오게 하실 때에 하나님의 모든 천사들은 그에게 경배할지어다 말씀하시며"(히 1:6)

"하늘에 있는 자들과 땅에 있는 자들과 땅 아래에 있는 자들로 모든 무릎을 예수의 이름에 꿇게 하시고 모든 입으로 예수 그리스도를 주라 시인하여 하나님 아버지께 영광을 돌리게 하셨느니라"(빌 2:10~11)

"큰 음성으로 이르되 죽임을 당하신 어린 양은 능력과 부와 지혜와 힘과 존귀와 영광과 찬송을 받으시기에 합당하도다 하더라"(계 5:12)

그리스도가 행하신 권능과 특권이 그의 신성을 말해준다. 그는 사죄권자(赦罪權者)요 세상의 심판주이기도 하다.

"그러나 인자가 세상에서 죄를 사하는 권능이 있는 줄을 너희로 알게 하려 하노라 하시고 중풍병자에게 말씀하시되 일어나 네 침상을 가지고 집으로 가라 하시니"(마 9:6)

"인자가 자기 영광으로 모든 천사와 함께 올 때에 자기 영광의 보좌에 앉으리니 모든 민족을 그 앞에 모으고 각각 구분하기를 목자가 양과 염소를 구분하는 것같이 하여"(마 25:31~32)

"아버지께서 아무도 심판하지 아니하시고 심판을 다 아들에게 맡기셨으니"(요 5:22)

그는 천지창조와 만물을 주관하는 권세를 부여받았다.

"만물이 그로 말미암아 지은 바 되었으니 지은 것이 하나도 그가 없이는 된 것이 없느니라"(요 1:3)

"예수께서 나아와 말씀하여 이르시되 하늘과 땅의 모든 권세를 내게 주셨으니"(마 28:18)

"또한 그가 만물보다 먼저 계시고 만물이 그 안에 함께 섰느니라"(골 1:17)

"이는 하나님의 영광의 광채시요 그 본체의 형상이시라 그의 능력의 말씀으로 만물을 붙드시며 죄를 정결하게 하는 일을 하시고 높은 곳에 계신 지극히 크신 이의 우편에 앉으셨느니라"(히 1:3)

그는 유일한 생명의 길이 되시고 부활이 되신다.

"주를 향하여 이 소망을 가진 자마다 그의 깨끗하심과 같이 자기를 깨끗하게 하느니라 죄를 짓는 자마다 불법을 행하나니 죄는 불법이라 그가 우리 죄를 없애려고 나타나신 것을 너희가 아나니 그에게는 죄가 없느니라 그 안에 거하는 자마다 범죄하지 아니하나니 범죄하는 자마다 그를 보지도 못하였고 그를 알지도 못하였느니라"(요일 3:3~6)
"예수께서 이르시되 내가 곧 길이요 진리요 생명이니 나로 말미암지 않고는 아버지께로 올 자가 없느니라"(요 14:6)
"우리 조상 야곱이 이 우물을 우리에게 주셨고 또 여기서 자기와 자기 아들들과 짐승이 다 마셨는데 당신이 야곱보다 더 크니이까"(요 4:12)
"그러므로 예수께서 다시 이르시되 내가 진실로 진실로 너희에게 말하노니 나는 양의 문이라"(요10:7)
"이를 놀랍게 여기지 말라 무덤 속에 있는 자가 다 그의 음성을 들을 때가 오나니 선한 일을 행한 자는 생명의 부활로, 악한 일을 행한 자는 심판의 부활로 나오리라"(요 5:28~29)

그는 피조세계에 대하여 전지전능권을 가지신다.

무화과나무 밑에 계실 때 나다나엘을 알아보시고(요 1:47~50), 사마리아 여인의 과거를 다 아시고(요 4:17~19, 39), 사람의 속을 다 들여다보아 아시고(요 2:25), 기적적으로 고기 잡힐 것도 아시고(눅 5:6~9), 예루살렘 함락도 미리 아셨다(마 23:2). 그는 환자도 고치시고(마 8:13), 바람과 바다도 꾸짖으시고(마 8:26), 오병이어의 기적도 나타내셨다(요 6:1~13). 위에 언급한 것과 같이 예수 그리스도는 우리가 실감할 수 있는 신성의 소유자이셨다. 하나님의 신성을 예수님을 통해 우리는 알게 되었다. 완전한 하나님이신 예수 그리스도 메시아 곧 백성의 죄를 사해주시는 기름 부음을 받은 자 그분은 확실히 하나님이셨다.

그런데 이런 분이 스스로 어떤 것을 감(減)하셨다. 그리고 외부로부터 무엇을 덧입으셨다. 추가 받으셨다. 그는 인성의 소유자가 되셨다. 이렇게 덜고 더함으로 인해 예수 그리스도는 하나님과 사람 사이의 다리를 놓으시고, 이 놓인 다리로 말미암아 하나님과 사람의 관계가 가능했고, 여기에서 하나님과 사람이 둘째로 함께 거하는 장소가 있게 되니 그것이 교회이다. 성육신은 교회를 위한 구원사역의 첫 단계인 것이다. 이제 우리는 그리스도의 인성을 보자. 그리고 신성보다 인성을 소유하신 그리스도의 인격은 무엇을 하기에 합당한 조건적 인격자가 되었는지 보자.

둘째로 그리스도의 인성은 어떤 것인가?

헨리 디이슨의 그리스도의 인성 설명은 대개 아래와 같다.[41] 우선 예수 그리스도는 사람인가? 그렇다. 누가 그를 사람이라 했는가? 침례 요한이 "내 뒤에 오는 사람"이니 "이 사람을 가리킴이라" 하는 표현으로 예수가 사람이심을 밝혔다.

"내가 전에 말하기를 내 뒤에 오는 사람이 있는데 나보다 앞선 것은 그가 나보다 먼저 계심이라 한 것이 이 사람을 가리킴이라"(요 1:30)

예수님 자신도 자기를 보통 사람이라 하셨다. "진리를 너희에게 말한 사람인 나를 죽이려 하는도다"라는 표현에서 예수님은 자기를 사람이라고 하셨다.

"지금 하나님께 들은 진리를 너희에게 말한 사람인 나를 죽이려 하는도다 아브라함은 이렇게 하지 아니하였느니라"(요 8:40)

사람으로 표현된 기타 성구를 보자.

"이스라엘 사람들아 이 말을 들으라 너희도 아는 바와 같이 하나님께서 나사렛 예수로 큰 권능과 기사와 표적을 너희 가운데서 베푸사 너희 앞에서 그를 증언하셨느니라"(행 2:22)
"그러나 우리는 이 사람이 어디서 왔는지 아노라 그리스도께서 오실 때에는 어디서 오시는지 아는 자가 없으리라 하는지라"(요 7:27)
"하나님이 모세에게는 말씀하신 줄을 우리가 알거니와 이 사람은 어디서 왔는지 알지 못하노라"(요 9:29)
"사마리아 여자가 이르되 당신은 유대인으로서 어찌하여 사마리아 여자인 나에게 물을 달라 하나이까 하니 이는 유대인이 사마리아인과 상종하지 아니함이러라"(요 4:9)

그리스도의 사람과 같은 출생이 그의 인성을 말해준다. 그는 한 여자에게서 탄생하셨다.

"때가 차매 하나님이 그 아들을 보내사 여자에게서 나게 하시고 율법 아래에 나게 하신 것은"(갈 4:4)

이 사실은 마 1:18; 2:12; 눅 1:30~38; 2:1~20절에 언급되고 있다. 그는 "아브라함과 다윗의 자손"(마 1:1)이었다. 그는 "육신으로는 다윗의 혈통에서 나셨다"(롬 1:3). 그리스도의

---

[41] 헨리 디이슨, 「조직신학 강론」, 권혁봉 역, (서울: 생명의말씀사. 2001), pp. 474~481.

혈통을 아담까지 소급한다(눅 3:23~38). 예수는 요셉의 아들이셨다. 그것은 사람의 혈통을 가지신 분이라는 것을 말한다. 그의 혈통은 "요셉의 아들이니 요셉의 위는 헬리요… 그 위는 하나님이시니라"(눅 3:23, 38). 그러나 단순한 사람의 아들이 아니라는 것을 말하기 위해 "사람들이 아는 대로 요셉의 아들이라"고 했다.

그리스도께서 사람처럼 성장하셨다는 것도 그의 인성을 말해준다.

"아기가 자라며 강하여지고 지혜가 충만하며 하나님의 은혜가 그의 위에 있더라"(눅 2:40)
"예수는 지혜와 키가 자라가며 하나님과 사람에게 더욱 사랑스러워 가시더라"(눅 2:52)
"예수에 대하여 무리 중에서 수군거림이 많아 어떤 사람은 좋은 사람이라 하며 어떤 사람은 아니라 무리를 미혹한다 하나"(요 7:12)
"예수께서 그 자라나신 곳 나사렛에 이르사 안식일에 늘 하시던 대로 회당에 들어가사 성경을 읽으려고 서시매"(눅 4:16)
"그의 부모가 해마다 유월절이 되면 예루살렘으로 가더니, 사흘 후에 성전에서 만난즉 그가 선생들 중에 앉으사 그들에게 듣기도 하시며 묻기도 하시니, 듣는 자가 다 그 지혜와 대답을 놀랍게 여기더라"(눅 2:41, 46, 47)

사람처럼 인간성의 본질적인 요소를 가지셨다.

① 몸이 있다.

"그러므로 주께서 세상에 임하실 때에 이르시되 하나님이 제사와 예물을 원하지 아니하시고 오직 나를 위하여 한 몸을 예비하셨도다"(히 10:5)
"이 뜻을 따라 예수 그리스도의 몸을 단번에 드리심으로 말미암아 우리가 거룩함을 얻었노라"(히 10:10)
"이 여자가 내 몸에 이 향유를 부은 것은 내 장례를 위하여 함이니라"(마 26:12)
"내 손과 발을 보고 나인 줄 알라 또 나를 만져 보라 영은 살과 뼈가 없으되 너희 보는 바와 같이 나는 있느니라"(눅 24:39)

② 마음도 심령도 있다.

"이에 말씀하시되 내 마음이 매우 고민하여 죽게 되었으니 너희는 여기 머물러 나와 함께 깨어

있으라 하시고"(마 26:38)

"그 나라의 본 자손들은 바깥 어두운 데 쫓겨나 거기서 울며 이를 갈게 되리라"(마 8:12)

"예수께서 큰 소리로 불러 이르시되 아버지 내 영혼을 아버지 손에 부탁하나이다 하고 이 말씀을 하신 후 숨지시니라"(눅 23:46)

"베들레헴으로 보내며 이르되 가서 아기에 대하여 자세히 알아보고 찾거든 내게 고하여 나도 가서 그에게 경배하게 하라"(마 2:8)

③ 사람의 신체적 생리도 가지셨다.

"거기 또 야곱의 우물이 있더라 예수께서 길 가시다가 피곤하여 우물 곁에 그대로 앉으시니 때가 여섯 시쯤 되었더라"(요 4:6)

"사십 일을 밤낮으로 금식하신 후에 주리신지라"(마 4:2)

"그 후에 예수께서 모든 일이 이미 이루어진 줄 아시고 성경을 응하게 하려 하사 이르시되 내가 목마르다 하시니"(요 19:28)

"바다에 큰 놀이 일어나 배가 물결에 덮이게 되었으되 예수께서는 주무시는지라"(마 8:24)

"만물을 그 발 아래에 복종하게 하셨느니라 하였으니 만물로 그에게 복종하게 하셨은즉 복종하지 않은 것이 하나도 없어야 하겠으나 지금 우리가 만물이 아직 그에게 복종하고 있는 것을 보지 못하고"(히 2:8)

"새벽 아직도 밝기 전에 예수께서 일어나 나가 한적한 곳으로 가사 거기서 기도하시더니"(막 1:35)

그리스도가 사람의 이름을 가지셨다는 것이 그의 인성을 말해준다.

구약의 여호수아에 대한 희랍어 표현인 예수(Jesus)란 이름을 가지셨다(행 7:45; 히 4:8). 인간 아브라함의 자손으로 호칭된다(마 1:1). 인간 다윗의 자손이라고도 했다(마 1:1; 9:27; 12:23; 13:22; 20:30~31; 21:9, 15). 인자(人子)란 말은 에스겔서에서도 몇 번 언급되었고(2:1; 3:1), 다니엘서에서도 한 번 사용되었는데(8:17) 신약에 82회나 나오는 이 말은 특별히 '사람의 아들'이란 개념을 부각시켜 인자 예수 그리스도를 가리켰다. 그것은 그리스도가 사람이었다는 것을 웅변하려는 것이었다.

"그러나 이제부터는 인자가 하나님의 권능의 우편에 앉아 있으리라 하시니"(눅 22:69)

예수 자신도 친히 사람이란 말을 자기에게 적용하셨다.

"지금 하나님께 들은 진리를 너희에게 말한 사람인 나를 죽이려 하는도다 아브라함은 이렇게 하지 아니하였느니라"(요 8:40)

그리스도는 사람도 되고 하나님도 된다는 말 때문에 참람하다는 고소를 당하기도 했다.

"유대인들이 대답하되 선한 일로 말미암아 우리가 너를 돌로 치려는 것이 아니라 신성모독으로 인함이니 네가 사람이 되어 자칭 하나님이라 함이로라"(요 10:33)

사람으로서의 그리스도는 특별한 사건 이후에도 여전히 사람으로 계시면서 하나님이시다. 그리스도는 부활 이후에도 사람의 형태를 가지셨다.

"예수께서 이르시되 여자여 어찌하여 울며 누구를 찾느냐 하시니 마리아는 그가 동산지기인 줄 알고 이르되 주여 당신이 옮겼거든 어디 두었는지 내게 이르소서 그리하면 내가 가져가리이다"(요 20:15)
"날이 새어갈 때에 예수께서 바닷가에 서셨으나 제자들이 예수이신 줄 알지 못하는지라 예수께서 이르시되 얘들아 너희에게 고기가 있느냐 대답하되 없나이다"(요 21:4,5)

재림하실 때도 사람으로 오신다(마 25:31; 26:64, 65).

"인자가 아버지의 영광으로 그 천사들과 함께 오리니 그 때에 각 사람이 행한 대로 갚으리라 진실로 너희에게 이르노니 여기 서 있는 사람 중에 죽기 전에 인자가 그 왕권을 가지고 오는 것을 볼 자들도 있느니라"
(마 16:27,28)

의(義)로 세상을 심판하실 때도 사람으로 하신다.

"이는 정하신 사람으로 하여금 천하를 공의로 심판할 날을 작정하시고 이에 그를 죽은 자 가운데서 다시 살리신 것으로 모든 사람에게 믿을 만한 증거를 주셨음이니라 하니라"(행 17:31)

침(세)례 요한(요 1:30), 베드로(행 2:22), 바울(행 3:3; 고전 15:21; 빌 2:8)도 그리스도를 사람이라 했다. 그의 측근도 그를 사람이라고 했다. 그는 유대인으로 알려졌다(요 4:9).

그리스도의 무죄하지만 허약성을 지닌 인간 성품이 그의 인성을 말해준다.

피곤하셨고(요 4:26), 배고프셨고(마 4:2; 21:8), 목마르셨고(요 19:28), 주무셨고(마 8:24), 시험받으셨고(히 2:18; 4:15), 제한된 지식을 가지셨고(막 11:13; 13:32; 요 11:34), 힘 얻기 위해 기도하셨으며(막 12:28), 가르치시고(행 1:2), 성령의 힘으로 자신을 하나님께 드렸다(히 9:14). 그리스도의 성육은 신성과 인성의 결합체로서의 인격자 하나님이시며 인간이신 그리스도가 죽기 전에 세상에서 보내신 삶의 과정을 말한다. 그럼, 우리는 그리스도의 성육의 의미가 무엇인지 알아 보기로 하자.

그리스도의 성육의 의미는 무엇인가?

성육은 인성과 신성을 지닌 예수 그리스도께서 신성의 하나님과 인성의 사람 사이에 적절한 중보자가 되게 하기 위한 하나님의 사랑의 행위였다. 구원자와 구원 받을 자의 양면적 입장을 대변할 수 있게 된 것은 성육으로 인한 것이다.

"그러므로 그가 범사에 형제들과 같이 되심이 마땅하도다 이는 하나님의 일에 자비하고 신실한 대제사장이 되어 백성의 죄를 속량하려 하심이라 그가 시험을 받아 고난을 당하셨은즉 시험 받는 자들을 능히 도우실 수 있느니라"(히 2:17,18)

사람이 개미를 사랑한다고 하자. 그 사랑을 어떻게 개미에게 전달할 수 있을까? 사람으로 계속 있으면서 개미에게 나아가서 사랑을 전달할 방법은 없다. 이때 사람이 개미가 되어 개미들 속에 들어가 함께 살아가는 것이다. 이때 비로소 개미와 사람의 친교가 가능하다. 개미는 비로소 사람-개미인 인격자의 사랑을 느낄 수 있는 것이다.

이와 같이 하나님이 사람과 관계를 맺기 위해서 사람이 되셨다는 것은 하나님의 인간구속의 사역이 역사 속에서 실현되는 첫 단계이다. 사람이 되신 하나님은 단순히 사람만이 아니라 하나님이시기 때문에 사람이 할 수 없는 일을 사람을 위해 하신다. 이게 구원사역이다. 성육이 없었더라면 피 흘림의 사죄가 있을 수 없었다. 예수는 하나님과 사람 사이의 유일한 중보자이시다.

"하나님은 한 분이시요 또 하나님과 사람 사이에 중보자도 한 분이시니 곧 사람이신 그리스도 예수라"(딤전 2:5)

E. Y. 멀린스는 자기를 비우는 비하, 곧 성육이 하나님을 찾는 인간 활동을 대변하고 포섭하고 그리고 해결해주는 것이라고 말하고 있다. 즉 인간이 하나님을 찾아갈 것이 아니라

하나님이 찾아오셨다는 것이다. 이 얼마나 인간의 헛되고도 고달픈 노력을 해방시켜 주었는가? 성육신을 통해 인간이 신성에 참여자가 된다. 이런 참여자들의 모임이 교회이며 신성을 지닌 사람들의 신성을 지닌 교회에 하나님은 거처를 두실 수 있다.

「그리스도의 자기를 비우심은 인간이 하나님을 찾는 활동에 대한 해결책이었다. 그리스도의 자기를 비우심과 인간이 하나님을 찾는 행위 등 양자는 상호 관련적이다. 인간의 상향적(上向的) 노력과 하나님의 은혜로운 하향적(下向的) 강림이다. 온전한 종교는 인간이 끝없이 하나님을 탐구하는 것으로 특징을 이룬다. 자연, 양심, 종족의 신앙을 통해 비치던 희미한 빛이 하나님께서 자신을 계시하시며 축복하시고자 하시는 하나님의 충동을 보여준다. 점차적으로 피조물이 하나님을 향해 올라간다. 사람에게 있어서는 사람의 창조가 신적(神的) 존재는 아니나 하나님을 향하는 잠재력은 소유하고 있는 존재다. 사람은 "하나님보다 조금 못하게" 만들어졌다. 인간은 하나님께서 그의 충만하심을 넣어 주실 수 있는 모체(母體)요, 용기(用器)다. 인간성 안에서 하나님의 내재하심이 새로운 수준으로 올라선다. 그런 내재하심의 단결을 향해서 단 한 단계가 남아 있다. 성육신이 바로 그 단계다. 이후부터 새로운 창조인 그의 구속적 행위를 통해, 그리스도는 사람들이 하나님의 성품에 참여자가 될 수 있도록 신적 수준으로 이끌어 올리실 것이다.

전술한 바에 의하면 성육신은 질서적인 우주 속으로 갑작스럽게 침입한 것이 아님이 분명하다. 그것은 오히려 창조와 하나님 안에 있는 운동(運動)의 완성이다. 죄의 지배(支配) 아래 있는 인간성이 인간성 자체의 운명을 느끼고 영원히 영생을 열망했던 것이다. 창조가 생겨나온 근원이기도 한 하나님 안의 의로운 사랑의 외부적 운동은 지금은 인간의 필요를 채우기 위한 성육신의 새로운 형태를 취하고 있다.」[42]

그리스도의 성육의 필요성은 무엇인가?

그리스도는 하나님과 사람 사이의 관계를 이어주기 위해서 한편으로는 하나님이시고 다른 한편으로는 사람이 되셨다. 성육하신 그리스도는 신인(神人) 사이의 중보자이시다. 성육 사건은 하나님에게 필요하고 사람에게는 유익한 것이다. 성육은 신인 양자에게 꼭 있어야만 하는 사건이다.

그럼, 우선 하나님을 위한 성육의 필요성은 무엇인가? 성육은 사람에게 유익할 뿐만 아니라 하나님 자신에게도 필요한 사건이었다. 성육은 하나님의 하시는 일 중의 대단히 중요한 하나의 과정이다.

---

42) E. Y. 멀린스, 「조직신학 원론」, p. 230.

하나님께서 메시아를 보내신다고 하신 약속을 확증하기 위해 반드시 성육 사건이 있어야 했다.

"내가 너로 여자와 원수가 되게 하고 네 후손도 여자의 후손과 원수가 되게 하리니 여자의 후손은 네 머리를 상하게 할 것이요 너는 그의 발꿈치를 상하게 할 것이니라 하시고"(창 3:15)
"이는 한 아기가 우리에게 났고 한 아들을 우리에게 주신 바 되었는데 그의 어깨에는 정사를 메었고 그의 이름은 기묘자라, 모사라, 전능하신 하나님이라, 영존하시는 아버지라, 평강의 왕이라 할 것임이라"(사 9:6)
"그러므로 주께서 친히 징조를 너희에게 주실 것이라 보라 처녀가 잉태하여 아들을 낳을 것이요 그의 이름을 임마누엘이라 하리라"(사 7:14)
"베들레헴 에브라다야 너는 유다 족속 중에 작을지라도 이스라엘을 다스릴 자가 네게서 내게로 나올 것이라 그의 근본은 상고에, 영원에 있느니라"(미 5:2)

하나님 아버지의 일을 하시기 위해서 성육 사건이 필요했다. 성육을 통해 하나님을 나타낸다.

"본래 하나님을 본 사람이 없으되 아버지 품 속에 있는 독생하신 하나님이 나타내셨느니라"(요 1:18)
"예수께서 이르시되 빌립아 내가 이렇게 오래 너희와 함께 있으되 네가 나를 알지 못하느냐 나를 본 자는 아버지를 보았거늘 어찌하여 아버지를 보이라 하느냐"(요 14:9)
"내가 하늘에서 내려온 것은 내 뜻을 행하려 함이 아니요 나를 보내신 이의 뜻을 행하려 함이니라 나를 보내신 이의 뜻은 내게 주신 자 중에 내가 하나도 잃어버리지 아니하고 마지막 날에 다시 살리는 이것이니라 내 아버지의 뜻은 아들을 보고 믿는 자마다 영생을 얻는 이것이니 마지막 날에 내가 이를 다시 살리리라 하시니라"(요 6:38~40)

창세 전에 삼위일체 하나님께서 역사 속에서 이룩하시려고 하셨던 일을 실제로 이루시기 위해 성육하셨으니 그것이 곧 교회 출현이요 교회의 머리로 계시겠다는 것이다. 그리고 사람을 위한 성육의 필요성은 무엇인가? 성육(成肉)은 사람을 대신하여 하나님께 신실한 제사장이 되는 것이다.

"우리에게 있는 대제사장은 우리의 연약함을 동정하지 못하실 이가 아니요 모든 일에 우리와 똑같이 시험을 받으신 이로되 죄는 없으시니라 그러므로 우리는 긍휼하심을 받고 때를 따라 돕는 은혜를 얻기 위하여 은혜의 보좌 앞에 담대히 나아갈 것이니라"(히 4:15~16)
"또한 이와 같이 그리스도께서 대제사장 되심도 스스로 영광을 취하심이 아니요 오직 말씀하신 이가 그에게 이르시되 너는 내 아들이니 내가 오늘 너를 낳았다 하셨고 또한 이와 같이 다른 데서 말씀하시되 네가 영원히 멜기세덱의 반차를 따르는 제사장이라 하셨으니, 하나님께 멜기세덱의 반차를 따른 대제사장이라 칭하심을 받으셨느니라"(히 5:5,6,10)

성육(成肉)은 사람의 죄 문제를 해결하게 한다. 사람이 되지 않고서는 사람의 죄 대신 죽으실 수 없었던 것이다.

"인자가 온 것은 섬김을 받으려 함이 아니라 도리어 섬기려 하고 자기 목숨을 많은 사람의 대속물로 주려 함이니라"(막 10:45)
"오직 우리가 천사들보다 잠시 동안 못하게 하심을 입은 자 곧 죽음의 고난 받으심으로 말미암아 영광과 존귀로 관을 쓰신 예수를 보니 이를 행하심은 하나님의 은혜로 말미암아 모든 사람을 위하여 죽음을 맛보려 하심이라"(히 2:9)
"그가 우리 죄를 없애려고 나타나신 것을 너희가 아나니 그에게는 죄가 없느니라"(요일 3:5)
"이와 같이 그리스도도 많은 사람의 죄를 담당하시려고 단번에 드리신 바 되셨고 구원에 이르게 하기 위하여 죄와 상관 없이 자기를 바라는 자들에게 두 번째 나타나시리라"(히 9:28)

성육(成肉)은 율법 아래 있는 사람들에게 율법의 마침이 되고 율법으로부터의 해방을 위한 것이었다.

"너희가 이같이 많은 괴로움을 헛되이 받았느냐 과연 헛되냐 너희에게 성령을 주시고 너희 가운데서 능력을 행하시는 이의 일이 율법의 행위에서냐 혹은 듣고 믿음에서냐"(갈 3:4,5)
"그리스도께서 우리를 위하여 저주를 받은 바 되사 율법의 저주에서 우리를 속량하셨으니 기록된 바 나무에 달린 자마다 저주 아래에 있는 자라 하였음이라"(갈 3:13)
"그리스도는 모든 믿는 자에게 의를 이루기 위하여 율법의 마침이 되시니라"(롬 10:4)

성육(成肉)의 최종 목표는 마귀의 역사를 파괴시키는 일이다. 마귀의 역사를 파괴시킨다는 것은 세상을 교회로 바꾸는 구속의 역사이다. 성육은 교회를 위한 서론적 작업이다.

"자녀들은 혈과 육에 속하였으매 그도 또한 같은 모양으로 혈과 육을 함께 지니심은 죽음을 통하여 죽음의 세력을 잡은 자 곧 마귀를 멸하시며 또 죽기를 무서워하므로 한평생 매여 종 노릇 하는 모든 자들을 놓아 주려 하심이니"(히 2:14~15)
"그가 우리 죄를 없애려고 나타나신 것을 너희가 아나니 그에게는 죄가 없느니라 그 안에 거하는 자마다 범죄하지 아니하나니 범죄하는 자마다 그를 보지도 못하였고 그를 알지도 못하였느니라 자녀들아 아무도 너희를 미혹하지 못하게 하라 의를 행하는 자는 그의 의로우심과 같이 의롭고 죄를 짓는 자는 마귀에게 속하나니 마귀는 처음부터 범죄함이라 하나님의 아들이 나타나신 것은 마귀의 일을 멸하려 하심이라"(요일 3:5~8)

성육(成肉)은 결국 예수 그리스도의 재림을 대망하는 교회와 그리스도가 함께 기뻐 마지않는 일이다.

"그리하면 그가 세상을 창조한 때부터 자주 고난을 받았어야 할 것이로되 이제 자기를 단번에 제물로 드려 죄를 없이 하시려고 세상 끝에 나타나셨느니라 한 번 죽는 것은 사람에게 정해진 것이요 그 후에는 심판이 있으리니 이와 같이 그리스도도 많은 사람의 죄를 담당하시려고 단번에 드리신 바 되셨고 구원에 이르게 하기 위하여 죄와 상관 없이 자기를 바라는 자들에게 두 번째 나타나시리라"(히 9:26~28)
"볼지어다 그가 구름을 타고 오시리라 각 사람의 눈이 그를 보겠고 그를 찌른 자들도 볼 것이요 땅에 있는 모든 족속이 그로 말미암아 애곡하리니 그러하리라 아멘"(계 1:7)
"성령과 신부가 말씀하시기를 오라 하시는도다 듣는 자도 오라 할 것이요 목마른 자도 올 것이요 또 원하는 자는 값없이 생명수를 받으라 하시더라"(계 22:17)

성육(成肉)은 예수 그리스도 앞에 영광스러운 교회를 세우기 위해 하늘에서 땅으로 내려오사 희생하신 사랑의 결정이다.

"자기 앞에 영광스러운 교회로 세우사 티나 주름 잡힌 것이나 이런 것들이 없이 거룩하고 흠이 없게 하려 하심이라"(엡 5:27)

그럼 성육신은 그 상태로만 있어야 하는가? 여기서 그리스도의 죽음론이 나온다.

(2) 그리스도는 죽으셨다.

영광과 사랑의 하늘나라에 계시던 하나님이 사람이 되셨다는 성육 사건은 우주적 사건이다. 신(神)의 인화(人化) 사건은 창조 사건 이상의 사건이다. 그런데 더더욱 놀라운 것은 신인(神人)이신 인격자 하나님이 무슨 이유로 또 죽으셨는가 하는 사건은 점점 더 깊은 신비와 경이의 세계로 우리 그리스도인들을 이끌어간다. 축복받은 선택자가 아니고는 이 사건의 가치를 알 자는 없다.

왜 하나님이 죽으셨는가? 그 죽음의 당연성이 하나님 자신에게 있는 것은 아니다. 예수 그리스도의 죽음은 대신하여 죽으신 죽으심이다. 그것을 대속적(代贖的) 죽음이라 한다. 그의 죽음은 죗값을 치르시기 위해 죽으신 죽음이다. 그것을 속죄적(贖罪的) 죽음이라 한다. 그런데 누구를 대신하며 누구의 죗값을 치르시기 위함이었는가? 그것은 사람을 대신하며 사람의 죗값을 치르시기 위함이었다.

"죄의 삯은 사망이요"(롬 6:23)

예수의 죽으심은 죄의 삯은 사망이라는 원칙에 따른 것이었다. 예수 그리스도 하나님의 죽으심은 일찍 선지자 이사야가 예언했었다.

"그가 찔림은 우리의 허물 때문이요 그가 상함은 우리의 죄악 때문이라 그가 징계를 받으므로 우리는 평화를 누리고 그가 채찍에 맞으므로 우리는 나음을 받았도다 우리는 다 양 같아서 그릇 행하여 각기 제 길로 갔거늘 여호와께서는 우리 모두의 죄악을 그에게 담당시키셨도다"(사 53:5~6)

요한은 그리스도를 세상 죄를 지고 가는 어린 양임을 증거했다.

"이튿날 요한이 예수께서 자기에게 나아오심을 보고 이르되 보라 세상 죄를 지고 가는 하나님의 어린 양이로다"(요 1:29)

예수 그리스도는 우리를 위해 죽어 주셨다. 우리가 강할 때가 아닌 아직 연약할 때 우리를 위해 죽으셨다.

"우리가 아직 연약할 때에 기약대로 그리스도께서 경건하지 않은 자를 위하여 죽으셨도다"(롬 5:6)

우리가 아직 죄인되었을 때 죽으셨다. 결코 우리가 의인되었기 때문이 아니다. 철저하게 죄인되었을 때 죽음의 사건이 생겼다.

"우리가 아직 죄인 되었을 때에 그리스도께서 우리를 위하여 죽으심으로 하나님께서 우리에 대한 자기의 사랑을 확증하셨느니라"(롬 5:8)

우리가 원수 되었을 때 죽으셨다. 결코 우리가 하나님과 친구가 된 좋은 상태가 아니었다.

"곧 우리가 원수 되었을 때에 그의 아들의 죽으심으로 말미암아 하나님과 화목하게 되었은즉 화목하게 된 자로서는 더욱 그의 살아나심으로 말미암아 구원을 받을 것이니라"(롬 5:10)

다시 말하거니와 예수 그리스도 자신으로는 아무런 죽으실 조건도 갖지 아니하셨고 죽으실 이유도 없으셨다. 예수께서 죽으셔야만 하는 이유는 사람에게 있었다. 인성과 신성을 지니신 한 분의 인격자 예수 그리스도는 그 자신으로는 전혀 죽으실 이유가 없으셨다. 왜냐하면 그는 절대적으로 거룩하셨고(눅 1:35; 행 2:27; 3:14; 히 4:15), 순수한 사건을 가지셨고(엡 3:19; 요 14:31; 막 10:21; 마 11:19; 요 10:11; 15:13; 롬 5:8), 참으로 겸손하셨고(고후 8:9; 마 2:5~8; 20:28; 요 13:14; 15:13~15), 철저하게 온유하셨고(마 11:29; 고후 10:1), 조화를 이루신 인격자이셨다(사 53:3~4; 롬 15:3). 그런데 이런 분이 죽으셨다. 그 죽음의 의미는 무엇인가? 교회 형성을 위한 속죄 사업이 그리스도를 죽음으로 넘기었던 것이다. 완전무결하시고 거룩하신 무죄 인격자의 죽음은 특별한 죽음이다. 모든 것을 다 포함하신 그리스도의 죽음은 모든 것을 새롭게 하시는 구원의 죽음이다.

그리스도의 죽음은 예정된 사건이다.
아담이 범죄하여 하나님을 피해 다녔다. 하나님과 교제해야 할 사람이 피해 다닌다는 것은 괴로운 일이 아닐 수 없다. 그것도 사람이 사람을 피하는 것이 아니라 사람이 하나님을 피해 다닌다는 것은 비극 중의 비극이다. 그리고 그것이 끝까지 가능한 일도 아니다.

"그들이 그 날 바람이 불 때 동산에 거니시는 여호와 하나님의 소리를 듣고 아담과 그의 아내가 여호와 하나님의 낯을 피하여 동산 나무 사이에 숨은지라"(창 3:8)

도피해 있는 그들의 의상은 무화과 나뭇잎을 엮어 치마를 하였던 괴상한 의상이었다. 그것은 햇빛만 나면 마르고 접촉만 하면 부서지는 것이었다.

"이에 그들의 눈이 밝아져 자기들이 벗은 줄을 알고 무화과나무 잎을 엮어 치마로 삼았더라"(창 3:7)

인간의 도피와 인간의 가면은 하나님 앞에서 용납될 수 없는 인간의 자작극이요, 노력이요, 몸부림이다. 하나님은 도피한 아담을 불러내시고 형편 없는 의상을 벗겨내시고 가죽옷을 지어 입히셨다.

"여호와 하나님이 아담과 그의 아내를 위하여 가죽옷을 지어 입히시니라"(창 3:21)

가죽옷을 사람에게 입히자면 어떤 짐승이 반드시 피를 흘려야만 한다. 그래야 가죽을 얻을 수 있다. 짐승의 피 흘림과 죽음은 그리스도의 죽음의 상징이요 예표였다. 그리스도의 속죄와 화목을 위한 죽음은 창조 초기에 이미 예표되었다. 그 후로 여호와 하나님께 피 흘림의 제사가 예수 그리스도의 피 흘림이 있기까지 계속되었다가 그 후로 끝이 났던 것이다.

"만일 여호와께 예물로 드리는 화목제의 제물이 양이면 수컷이나 암컷이나 흠 없는 것으로 드릴지며 만일 그의 예물로 드리는 것이 어린 양이면 그것을 여호와 앞으로 끌어다가 그 예물의 머리에 안수하고 회막 앞에서 잡을 것이요 아론의 자손은 그 피를 제단 사방에 뿌릴 것이며"(레 3:6~8)

그리스도의 죽음에 대해 어느 누구도 똑바로 이해하지도 못한 채 오해만을 쌓아갔다.

"그는 실로 우리의 질고를 지고 우리의 슬픔을 당하였거늘 우리는 생각하기를 그는 징벌을 받아 하나님께 맞으며 고난을 당한다 하였노라"(사 53:4)

우리의 질고와 우리의 슬픔 때문에 당하는 고난의 종을 우리는 오해하여 종 자신의 어떤 문제로 징벌을 받는다고 여겼다. 마땅히 형벌 받을 내 백성의 허물 때문에 종이 산자의 땅에서 끊어졌건만 그것을 아는 자가 없었다.

"그는 곤욕과 심문을 당하고 끌려 갔으나 그 세대 중에 누가 생각하기를 그가 살아 있는 자들의 땅에서 끊어짐은 마땅히 형벌 받을 내 백성의 허물 때문이라 하였으리요"(사 53:8)

여호와께서는 양 같아서 각기 제 갈 길로 간 우리의 죄악을 고난의 종에게 담당시켰다.

"우리는 다 양 같아서 그릇 행하여 각기 제 길로 갔거늘 여호와께서는 우리 모두의 죄악을 그에게 담당시키셨도다"(사 53:6)

그 결과 고난의 종 메시아는 찔림을 받아야 했고 상함을 입어야 했고 징계를 받아야 했고 채찍에 맞아야 했다.

"그가 찔림은 우리의 허물 때문이요 그가 상함은 우리의 죄악 때문이라 그가 징계를 받으므로 우리는 평화를 누리고 그가 채찍에 맞으므로 우리는 나음을 받았도다"(사 53:5)

그리스도의 죽음은 그리스도 자신도 각오하신 사건이다.

그리스도는 예정된 죽음을 맞이하실 각오가 되어 있었다. "인자를 누구라 하느냐"고 제자들에게 묻자 베드로가 하나님의 아들임을 고백하여 칭찬을 받았다.

"시몬 베드로가 대답하여 이르되 주는 그리스도시요 살아 계신 하나님의 아들이시니이다"(마 16:16)

예수님은 매우 기뻐하셨다.

"예수께서 대답하여 이르시되 바요나 시몬아 네가 복이 있도다 이를 네게 알게 한 이는 혈육이 아니요 하늘에 계신 내 아버지시니라"(마 16:17)

또 예수님은 이제야 교회를 세우신다고 하셨다. 창세 전에 잉태된 교회를 역사 속에 출현시키신다는 말씀이다.

"또 내가 네게 이르노니 너는 베드로라 내가 이 반석 위에 내 교회를 세우리니 음부의 권세가 이기지 못하리라"(마 16:18)

교회를 역사 속에 내어 놓으시겠다고 말씀하신 예수님은 교회 사역에 앞서 구원 사역을 하셔야만 했고 그것의 시발(始發)이 성육하신 다음의 순서로 철저하고도 확실한 죽음이었다.

"이때로부터 예수 그리스도께서 자기가 예루살렘에 올라가 장로들과 대제사장들과 서기관들에게 많은 고난을 받고 죽임을 당하고 제삼일에 살아나야 할 것을 제자들에게 비로소 나타내시니"(마 16:21)
"갈릴리에 모일 때에 예수께서 제자들에게 이르시되 인자가 장차 사람들의 손에 넘겨져 죽임을 당하고 제삼일에 살아나리라 하시니 제자들이 매우 근심하더라"(마 17:22,23)
"예수께서 예루살렘으로 올라가려 하실 때에 열두 제자를 따로 데리시고 길에서 이르시되 보라 우리가 예루살렘으로 올라가노니 인자가 대제사장들과 서기관들에게 넘겨지매 그들이 죽이기로 결의하고 이방인들에게 넘겨 주어 그를 조롱하며 채찍질하며 십자가에 못 박게 할 것이나 제삼일에 살아나리라"(마 20:17~19)

그리스도의 죽음은 성육신의 주요 목적이다. 그는 죽기 위해 육(肉)을 입으셨다.

"인자가 온 것은 섬김을 받으려 함이 아니라 도리어 섬기려 하고 자기 목숨을 많은 사람의 대속물로 주려 함이니라"(막 10:45)

"오직 우리가 천사들보다 잠시 동안 못하게 하심을 입은 자 곧 죽음의 고난 받으심으로 말미암아 영광과 존귀로 관을 쓰신 예수를 보니 이를 행하심은 하나님의 은혜로 말미암아 모든 사람을 위하여 죽음을 맛보려 하심이라"(히 2:9)

"그리하면 그가 세상을 창조한 때부터 자주 고난을 받았어야 할 것이로되 이제 자기를 단번에 제물로 드려 죄를 없이 하시려고 세상 끝에 나타나셨느니라"(히 9:26)

"그가 우리 죄를 없애려고 나타나신 것을 너희가 아나니 그에게는 죄가 없느니라"(요일 3:5)

그리스도의 죽음은 무엇을 해결하시는가?

그리스도의 죽음은 죄와 율법과 사망을 해결한다. 그의 죽음으로 사죄(赦罪)가 있다. 그의 죽음으로 율법으로부터 자유함이 있다. 그의 죽음으로 죽음을 삼킨 생명이 있다. 죄와 율법과 사망은 떨어진 별개의 명제(命題)가 아니라 삼각형의 삼면이다. 이 세 명제의 불가분리적 관계를 성경은 이렇게 말하고 있다.

"사망의 쏘는 것은 죄요 죄의 권능은 율법이라"(고전 15:56)

그리스도의 죽음은 우리 인간의 죄를 사해주었다.

그의 죽음으로 우리의 죄가 대속되었다. 그것이 속죄이다. 그것이 사죄이다. 도대체 죄란 무엇인가? 죄란 하나님의 뜻에 반항하는 것이다(Sin-rebellion against the will of God).[43]

자유하는 인간으로 만들어진 인간이 그 자유를 하나님을 위하는 쪽으로 활용하지 않고 인간을 위하는 쪽으로 활용한 그 자체가 죄다. 죄란 신본주의(神本主義)를 버리고 이기적인 인본주의(人本主義)를 택한 행위이다. 여기에는 인간의 의지가 하나님의 의지를 범하는 의도적 행위가 포함된다. 인간이 하나님을 거슬러 독자적으로 살겠다는 인간 자주 독립의 선언이다. 피조자가 창조주를 버리고 독자적으로 살겠다는 의지의 표명이요 실천이 바로 곧 죄다. 이것은 죄를 지었기에 하나님의 의도하신 교회를 이루지 못하고 엉뚱하게 교회가 대치(對峙)하는 세상, 코스모스(cosmos)를 만들게 된 것으로 표출된다.

헨리 디이슨은 트렌취(Trench)가 죄에 대한 10개의 단어들을 다음과 같이 언급하고 있음을 그의 저서에서 인용하고 있다.

---

43) W. T. Conner, *Christcion Doctrine*, (Nashville : Broadman Press, 1937), p. 131.

「죄의 개념 분석은 주로 성경에 속한 것이다. 다른 곳에서는 그토록 다방면에 걸쳐 다양하게 나타난 사례를 찾아 볼 수 없을 만큼 죄의 개념 분석은 오직 주로 성경에만 있는 것이다. 표적(標的) 또는 목적을 맞히지 못한 것을 의미할 때는 하마르티아(hamartia) 또는 하마르테마(hamartema)이다. 한계선(限界線)을 넘거나 탈선할 때는 파라베시스(parabasis)이다. 어떤 소리를 듣고도 불순종할 때는 파라코에(parakoe)이다. 사람이 마땅히 똑바로 서야 할 곳에서 서지 못하고 넘어질 때는 파랍토마(paraptoma)이다. 마땅히 알아야 할 것을 모르고 있는 무지(無知)에 대해서는 아그노에마(agnoema)라 한다. 완전히 지불해야 할 것을 감소시켰을 때 헤테마(hettema)이다. 율법을 준수하지 아니할 때 아노미아(anomia) 또는 파라노미아(paranomia)라 한다. 하나님의 우주의 조화와 불일치할 때 플레멜레이아(plemmeleia)라 한다. 기타 여러 가지 방법으로 많이 제시된다.」[44]

이제 죄는 보편적, 우주적 사건이 되어 버렸다.

"그러므로 한 사람으로 말미암아 죄가 세상에 들어오고 죄로 말미암아 사망이 들어왔나니 이와 같이 모든 사람이 죄를 지었으므로 사망이 모든 사람에게 이르렀느니라"(롬 5:12)

이런 죄의 결과는 타락과 죄책(罪責)과 형벌(刑罰)이다. 타락(depravity)은 싱싱한 사과가 부패하기 시작한 것을 말한다. 썩어 들어가는 사과가 타락한 사과이다. 인간의 최초의 의(義) 및 하나님을 향한 거룩한 애정이 결여되고 악(惡) 쪽으로 기울어지는 경향을 지닌 상태이다.

"이스라엘아 들으라 우리 하나님 여호와는 오직 유일한 여호와이시니 너는 마음을 다하고 뜻을 다하고 힘을 다하여 네 하나님 여호와를 사랑하라"(신 6:4,5)
"배신하며 조급하며 자만하며 쾌락을 사랑하기를 하나님 사랑하는 것보다 더하며"(딤후 3:4)
"육신의 생각은 하나님과 원수가 되나니 이는 하나님의 법에 굴복하지 아니할 뿐 아니라 할 수도 없음이라"(롬 8:7)
"그들의 총명이 어두워지고 그들 가운데 있는 무지함과 그들의 마음이 굳어짐으로 말미암아 하나님의 생명에서 떠나 있도다"(엡 4:18)
"내 속 곧 내 육신에 선한 것이 거하지 아니하는 줄을 아노니 원함은 내게 있으나 선을 행하는 것은 없노라"(롬 7:18)

---

44) 헨리 디이슨, 「조직신학 개론」, p. 387.

죄책은 그릇을 깬 사람이 느끼는 괴로운 책임의식이다. 그릇을 깨지 아니했더라면 책임의식이 없었을 것인데 그릇을 깼기에 생기는 마음의 괴로움이다. 그것은 마땅히 받아야 할 형벌에 대한 걱정이다.

"하나님의 진노가 불의로 진리를 막는 사람들의 모든 경건하지 않음과 불의에 대하여 하늘로부터 나타나나니"(롬 1:18)

죄책의 정도는 있으나 죄의 경중(輕重)은 없다. 가톨릭교는 가벼운 죄와 무거운 죄의 구별을 두고 있으나 죄는 크건 작건 죄이다. 어떤 죄도 다 무거운 죄다. 죄는 늘 무거운 것이다. 모래알도 물에 가라앉고 쇠망치도 물에 가라앉기는 매일반이다. 그러나 죄책의 정도는 다를 수 있다. 그것은 개인이 소유한 지식의 양에 의해 커질 수 있다. 지식의 정도가 클수록 죄책도 크다(마 10:15; 눅 12:47,48; 23:34; 롬 1:32; 2:12; 딤전 3:13, 15, 16). 형벌은 그릇을 깼기 때문에 직접 그 값을 본인이 치르는 행위이다. 그릇 값을 변상한다든지 자기 집 그릇을 두 개 이상 갖다가 준다든지 하는 실제적 고통이다. 손해 보인 자로부터 가해지는 고통의 감수이다. 하나님의 분노가 쏟아 부어진 상태이다. 형벌의 최극(最極)은 죽음이다. 그 죽음은 신체적, 영적, 영원한 죽음이다. 이 죽음은 뒤에서 자세히 언급하기로 한다. 그리스도의 죽음은 위에서 언급한 죗값을 치르신 죽음이다. 그런데 그 죗값을 누구에게 치른 것이냐는 이론이 많지만 죄의 삯은 사망이란 원리에 치렀다고 하자. 마귀에게 죗값을 치렀다는 것은 '신성모독' 이다. 마귀를 유구무언(有口無言)케 할 수는 있어도 그놈이 어떤 놈인데 그놈에게 값을 치른다는 말인가? 죄는 하나님과 사람 사이를 갈라놓는다. 하나님과 사람 사이를 갈라놓는 사건의 구체적 내용은 사람이 하나님의 영광에 이르지 못하고 하나님도 그 영광을 사람에게 보일 수 없다는 심각한 문제가 거기 내재해 있다. 하나님과 사람 사이에는 영광의 분위기가 쌓여야 하고 영광의 가교(架橋)가 놓여짐이 정상이다. 그런데 범죄함으로 우리가 하나님의 영광에 이르지 못했다. 이것은 사람 편에서의 문제다.

"모든 사람이 죄를 범하였으매 하나님의 영광에 이르지 못하더니"(롬 3:23)

그런데 예수께서 죽음을 맞이하시면서 인자가 영광을 얻을 때가 왔다고 고백하셨다.

"예수께서 대답하여 이르시되 인자가 영광을 얻을 때가 왔도다 내가 진실로 진실로 너희에게 이르노니 한 알의 밀이 땅에 떨어져 죽지 아니하면 한 알 그대로 있고 죽으면 많은 열매를 맺느니라"
(요 12:23, 24)

이 말은 하나님께서 인간의 범죄로 인해 영광을 누리지 못하는 손실이 있었음을 뜻하는 것이다. 이것은 하나님 편에서 겪으셔야 할 손실인 것이다. 죄 문제의 해결은 하나님과 사람 양자에게 영광의 회복과 취득 문제였던 것이다.

> "그리스도 예수 안에 있는 속량으로 말미암아 하나님의 은혜로 값 없이 의롭다 하심을 얻은 자 되었느니라"(롬 3:24)
> "사람이 나를 섬기려면 나를 따르라 나 있는 곳에 나를 섬기는 자도 거기 있으리니 사람이 나를 섬기면 내 아버지께서 그를 귀히 여기시리라"(요 12:26)

그리고 예수의 고별기도에서도 그의 죽음이 하나님을 영화롭게 하며 그리스도 자신도 영화롭게 되는 것을 강조하고 있다.

> "예수께서 이 말씀을 하시고 눈을 들어 하늘을 우러러 이르시되 아버지여 때가 이르렀사오니 아들을 영화롭게 하사 아들로 아버지를 영화롭게 하게 하옵소서"(요 17:1)
> "아버지여 창세 전에 내가 아버지와 함께 가졌던 영화로써 지금도 아버지와 함께 나를 영화롭게 하옵소서"(요 17:5)
> 보라 세상 죄를 지고 가는 하나님의 어린 양이로라(요 1:29, 참조 36).

그의 죽음은 율법을 폐하기 위한 죽음이었다.
사람들은 율법 폐기(律法廢棄)란 말에 거의 신경질적으로 반응한다. 율법이 폐기된다니 무슨 청천벽력 같은 이야기인가? 그리고 율법이 결코 폐기될 수 없다는 근거로 다음의 성경구절을 내어 놓는다.

> "내가 율법이나 선지자를 폐하러 온 줄로 생각하지 말라 폐하러 온 것이 아니요 완전하게 하려 함이라 진실로 너희에게 이르노니 천지가 없어지기 전에는 율법의 일점 일획도 결코 없어지지 아니하고 다 이루리라"(마 5:17~18)

율법을 폐하러 온 것이 아니라고 했는데 왜 율법이 폐해지는 것이냐? 율법의 일점 일획이라도 반드시 없어지지 아니하고 다 이루어지는데 왜 율법이 폐해지느냐?
그러나 여기서 주목할 것은 이런 말씀 당시의 시기와 장소 문제이다. 예수님이 지상에 오셨다. 아직 갈보리 십자가 상에서 피를 흘리지는 아니하셨다. 예수님의 공생애는 시작되었지만 율법의 요구를 역사적으로 이루지 아니하셨다. 그는 갈보리 십자가 사건을 조금 뒤로 하고 계셨다. 이런 시기와 장소에서 단지 예수님의 지상 강림 사건만으로 율법이 폐하여지지 않는다. 끝까지 율법의 모든 요구가 그대로 남김없이 인간에게 요청된다.

그런데 예수님이 갈보리 산에서 십자가를 지셨을 때에는 지금 언급하신 예수님의 말씀의 의미는 달라진다. 결코 예수님의 죽음 없이는 일점 일획의 율법의 요구라도 감하거나 제거됨이 철저하게 인간에게 강요되는 것이 원칙이다.

그러나 예수님이 그 모든 율법의 요구를 한 몸에 품으시고 죽으심으로 다 완수하셨은즉 율법은 더 이상 요구할 것이 없어지게 되었다. 요구할 권세를 잃은 율법은 더 이상 존재할 이유가 없는 것이니 자연 폐기되는 것이 순리이다. 율법에 관한 또 다른 미련은 다음 성경구절에 의한다.

"이로 보건대 율법은 거룩하고 계명도 거룩하고 의로우며 선하도다"(롬 7:12)

율법도 거룩하다. 계명도 거룩하다. 그리고 의롭고 선하다. 그런 율법이 폐기된다는 것은 성경 자체를 부인하는 것이 아니냐고 생각한다. 그런데 여기서 율법과 계명의 거룩성, 의로움, 그리고 선하다는 것은 율법 자체의 사명을 두고 하는 말이다. 율법 때문에 죄를 죄로 알게 되었으며,

"율법이 들어온 것은 범죄를 더하게 하려 함이라 그러나 죄가 더한 곳에 은혜가 더욱 넘쳤나니"(롬 5:20)

동시에 율법이 우리를 그리스도에게로 인도해 주는 안내자라는 의미에서다.

"이같이 율법이 우리를 그리스도께로 인도하는 초등교사가 되어 우리로 하여금 믿음으로 말미암아 의롭다 함을 얻게 하려 함이라"(갈 3:24)

율법에게 정해진 사명이 우리를 구원하는 것이 아니라 우리를 구원자에게로 인도해 주고 구원 받아야만 할 우리 인간의 처절한 상태를 지적해주는 고마운 일인 것이다. 그런 의미에서 율법이 고맙다는 것뿐이다. 율법은 시한적(時限的) 효력을 지닌다. 다음 성경구절이 율법 폐기론을 반대하는 근거로 흔히 인용되고 있다.

"그런즉 우리가 믿음으로 말미암아 율법을 파기하느냐 그럴 수 없느니라 도리어 율법을 굳게 세우느니라"(롬 3:31)

믿음이 율법을 폐할 수 없는 게 아니냐? 은혜가 율법을 폐할 수 없는 게 아니냐? 은혜는 은혜대로 받아 유지하고 율법은 율법대로 준수해야 할 당당한 권세가 있지 않느냐? 이런 식으로 질문해 온다. 결코 율법을 폐할 수 없노라고. 여기서 율법을 폐할 수 없고 도리어 굳건히 세운다는 말의 의미는 율법이 율법 자체의 사명을 잘 완수했다는 것을 말해준다. 율법 때문에 죄인이 죄된 것을 알고 또 죄의 해결자 예수 그리스도가 필요함을 알게 한 것이 되었은즉, 복음을 깨달았다고 해도 복음을 깨닫게 해주던 율법은 자기 일을 빈틈없이 잘 이뤄냈다는 것을 인정한다. 믿음이 왔기에 율법은 자기 사명을 다 마쳤다는 것이 입증되었다. 그러기에 율법이 굳게 세워졌다고 말한 것이다.

그럼 율법 폐기론을 주장하는 근거는 무엇인가?

"믿음이 오기 전에 우리는 율법 아래에 매인 바 되고 계시될 믿음의 때까지 갇혔느니라 이같이 율법이 우리를 그리스도께로 인도하는 초등교사가 되어 우리로 하여금 믿음으로 말미암아 의롭다 함을 얻게 하려 함이라 믿음이 온 후로는 우리가 초등교사 아래에 있지 아니하도다 너희가 다 믿음으로 말미암아 그리스도 예수 안에서 하나님의 아들이 되었으니 누구든지 그리스도와 합하기 위하여 세례를 받은 자는 그리스도로 옷 입었느니라 너희는 유대인이나 헬라인이나 종이나 자유인이나 남자나 여자나 다 그리스도 예수 안에서 하나이니라"(갈 3:23~28)

율법은 믿음이 오기 전에 우리를 매어잡고 믿음의 피까지만 우리를 향해 요구한다. 믿음이 온 후로는 몽학선생인 율법 아래 있지 아니하다고 말하고 있지 않은가?

"그리스도는 모든 믿는 자에게 의를 이루기 위하여 율법의 마침이 되시니라"(롬 10:4)

그리스도가 율법의 마침이 되어 주셨다. 율법은 더 이상 전진할 수 없다.

"전에 있던 계명은 연약하고 무익하므로 폐하고"(히 7:18)

율법은 폐하였다고 분명히 말한다. 그리스도인은 그리스도의 몸을 인하여 율법에 대하여 죽임을 당하였다고 한다. 율법과 그리스도인의 관계는 죽음의 관계다. 죽음의 관계는 아무것도 상관하거나 거래할 것이 없다.

"그러므로 내 형제들아 너희도 그리스도의 몸으로 말미암아 율법에 대하여 죽임을 당하였으니 이는 다른 이 곧 죽은 자 가운데서 살아나신 이에게 가서 우리가 하나님을 위하여 열매를 맺게

하려 함이라"(롬 7:4)

"내가 율법으로 말미암아 율법에 대하여 죽었나니 이는 하나님에 대하여 살려 함이라"(갈 2:19)

예수 그리스도는 자기 육체로 율법을 폐하셨다고 했다. 율법의 요구가 죄인의 죽임이니 그것을 받아들여서 예수께서 육체로 값을 치르셨다.

"법조문으로 된 계명의 율법을 폐하셨으니 이는 이 둘로 자기 안에서 한 새 사람을 지어 화평하게 하시고"(엡 2:15)

율법은 전에 계명이요 첫 언약이었는데 그것이 연약하며 무익하고 흠이 있었기에 없애 버리고 새 언약을 주셨다. 첫 것은 낡아지고 쇠퇴하여 없어지는 것임을 명백히 말하고 있다.

"전에 있던 계명은 연약하고 무익하므로 폐하고"(히 7:18)
"저 첫 언약이 무흠하였더라면 둘째 것을 요구할 일이 없었으려니와"(히 8:7)
"새 언약이라 말씀하셨으매 첫 것은 낡아지게 하신 것이니 낡아지고 쇠하는 것은 없어져 가는 것이니라"(히 8:13)

다시 또 하나의 비근한 예를 들어본다. 업주가 아파트 청약자들에게 실제 건축될 아파트의 모형(model house)을 보여 주게 되는데 청약자들에게는 실제 아파트가 건축 완공되기까지 모형 집이 필요하다. 그 모형 집을 보면서 건축될 아파트를 상상하고 소망하며 기뻐한다. 그러나 막상 실제 아파트가 건축되었다면 누가 실제 아파트를 버리고 모형 집을 찾아 가겠는가? 찾아가도 이미 사라지고 없다. 이미 업주가 파괴해버렸기 때문이다.

예수께서 율법을 폐하셨다는 말의 다른 표현이 있다. 그것은 예수님이 율법을 완수하셨다는 것이요 율법을 완성하셨다는 말이다. 또한 율법의 요구사항을 다 들어주셨다는 것이다. 율법의 요구는 "당신은 죄인이요 그러므로 당신은 죗값으로 죽어야 한다"는 것이다. 예수님은 일점 일획도 양보 없이 그 요구를 들어 주셨다. 십자가에 죽으심으로 율법의 요구를 다 들어 주셨다. 율법은 이제 더 요구할 것이 없다.

율법을 폐하셨다는 것은 율법으로부터의 자유를 말한다. 율법 없는 생활이 시작되었다. 항상 야단만 치고 벌주는 '잔소리'가 없어졌다는 것이다. 그래도 율법을 버릴 수 없지 않느냐고 하는 소심한 자들에게 다시 말한다.

아주 비근한 실례들을 설명하기로 한다. 캄캄한 밤길을 비춰주던 가로등(율법)이 고마웠다고 하여 햇볕이 쨍쨍 내리쬐는 백주에도 가로등을 계속 켜 놓고 있자고 떼쓰는 것이 가

한 일인가? "가로등을 끄세요. 지금은 낮입니다"라고 복음주의자가 말하니 율법주의자가 되받아 말한다. "백주라도 가로등 켜 놓으면 더 밝을 것이 아닙니까? 가로등을 백주에 켜 놓는게 어떻습니까? 어젯밤까지만 해도 고마웠던 가로등을 백주라고 굳이 꺼야 합니까? 그냥 두고 낮을 더 밝게 합시다." 우스운 말이 아닐 수 없다. 비가 오기에 우산(율법)을 쓰고 다니다가 지붕이 덮인 지하철 승차장으로 들어 온 승객이 계속 우산을 쓰고 있었다. 심지어 전철 안으로 들어와서도 계속 우산을 쓰고 있었다. 복음주의자 승객이 말했다. "실내에 들어 왔으면 우산을 접으세요. 비도 안 오는데 왜 그러십니까?" 율법주의자 승객이 응수했다. "말 마세요, 밖에 비가 내리는데 이 우산이 얼마나 고마웠는지 모릅니다. 아무리 그래도 그렇지. 이제 지붕 덮인 전철 안으로 들어 왔기로서니 그토록 고마웠던 우산을 접으라니요? 그게 어디 우산에 대한 의리입니까?" 그때 율법주의자의 손에 들려 있는 우산이 울고 있었다. "주인 양반, 내 임무는 끝났으니 제발 저를 접어 거두어 주세요."

우리는 율법 폐기와 도덕 폐기(道德廢棄, moralist abrogation)를 혼동하고 있다. 제8계명은 "도적질하지 말라"이다. 도적질하면 벌을 받는다. 도적질하지 말 것을 법으로 요구하고 있다. 그 법을 지켜야만 한다. 만약 지키지 못하면 범법자이다. 죄인이 된다. 죄인에게는 벌이 따른다.

그런데 예수님이 율법의 요구를 이루실 때 제8계명은 빠뜨려 버렸는가? 그 제8계명도 율법 속에 들어가 있고 동시에 그 계명도 예수께서 다 이루셨다. 그런즉 분명히 알 것은 지금 우리에게는 제8계명이 없다. 법으로서의 도적 금지법은 없어졌다. 이것이 율법 폐기이다.

그럼 도덕 폐기론은 무엇인가?

우선 그리스도인들은 율법 폐기론은 주장하지만 도덕 폐기론 주장자는 아니다. 우리는 제8계명 "도적질하지 말라"라는 법은 폐한 줄 알지만 도적질하지는 않는다. 우리 그리스도인은 도적질해서는 안 된다. 도적질은 법으로 정하기 전부터 나쁜 행위이기에 해서는 안 된다. 우리가 도적질을 하지 말아야 하는 것은 법이기 때문이 아니다. 좋은 도덕은 법보다 우선한다. 우리는 복음주의자적 입장에서 도적질하려 하지 않는 것이지 율법주의자적 입장에서 제8계명을 범하지 않으려 하는 것은 아니다. 우리가 도적질했을 경우라도 제8계명을 범한 것이 아니라 단지 도덕을 지키지 못한 것이다. 전자에게는 벌이 따르나 후자에게는 벌이 없다.

그러나 벌이 없다고 해서 도적질을 함부로 하라는 것은 아니다. 그것은 출생한 그리스도인이 성령에 지배받는 자연스러운 건덕(健德) 생활을 하라는 것이다. 우리가 도적질하지 않음은 제8계명 때문이 아니라 그냥 도적질은 나쁘다는 윤리의식 때문이다. 그러므로 율법은 폐기되었으나 도덕은 폐기되지 아니했다. 우리는 율법은 지키지 아니하나 도덕은 지킨다. 율법을 지키려 해도 못 지키는 것은 법 자체가 없어졌기 때문이다.

그의 죽음은 사망(죽음)을 해결하기 위한 죽음이었다.

죄는 율법을 형성한다. 율법 없이는 죄가 죄인지 모르기 때문이다. 율법은 죄 있음을 드러낸다. 율법은 죄의 값이 벌이라는 것을 말한다. 죄의 가장 무거운 값은 곧 사망이다. 이 사망은 하나님이 아담과의 언약관계 속에서 일찍 개입된 특수 명제였다.

"선악을 알게 하는 나무의 실과는 먹지 말라 네가 먹는 날에는 정녕 죽으리라 하시니라"(창 2:17)

사람들은 목숨이 몇 개라도 되는 듯이 목숨을 담보로 내어 놓고 어리석은 인생을 살고 있다. 그러나 죽음이라는 것은 하나님과 인류와 맺은 언약 가운데 넣어두신 매우 심각한 명제이다. 아담이 자취(自取)한 죽음이 온 인류에게 왔다. 한 사람 아담으로 인하여 죄가 세상에 들어왔다. 그 죄가 사망을 가져왔다. 모든 사람이 죄를 짓게 되었다. 여기에 예외자란 없다. 그래서 사망이 모든 사람에게 이르렀다. 모든 사람은 사망의 그늘 아래 있다. 나면서부터 사망의 선고장을 받고 나왔다.

"그러므로 한 사람으로 말미암아 죄가 세상에 들어오고 죄로 말미암아 사망이 들어왔나니 이와 같이 모든 사람이 죄를 지었으므로 사망이 모든 사람에게 이르렀느니라"(롬 5:12)

곧 한 사람의 범죄를 인하여 많은 사람이 죽었다.

"그러나 이 은사는 그 범죄와 같지 아니하니 곧 한 사람의 범죄를 인하여 많은 사람이 죽었은즉 더욱 하나님의 은혜와 또는 한 사람 예수 그리스도의 은혜로 말미암은 선물이 많은 사람에게 넘쳤으리라"(롬 5:15)

곧 한 사람의 범죄를 인하여 사망이 그 한 사람으로 말미암아 왕 노릇 하였다.

"그러나 이 은사는 그 범죄와 같지 아니하니 곧 한 사람의 범죄를 인하여 많은 사람이 죽었은즉 더욱 하나님의 은혜와 또한 한 사람 예수 그리스도의 은혜로 말미암은 선물은 많은 사람에게 넘쳤느니라"(롬 5:17)

그 죄는 유전적인 죄이니 유아도 성인도 다 죄인이다. 죄인은 구속받아야 할 필요가 있다.

"내가 죄악 중에서 출생하였음이여 어머니가 죄 중에서 나를 잉태하였나이다"(시 51:5)

죄악 중에 출생하고 모태에서 이미 죄인이 되어 있었다. 이런 의미에서 예수를 모르는 영아와 유아의 구원이 의문시된다. 그런즉 한 범죄로 많은 사람이 정죄에 이르렀다.

"그런즉 한 범죄로 많은 사람이 정죄에 이른 것 같이 한 의로운 행위로 말미암아 많은 사람이 의롭다 하심을 받아 생명에 이르렀느니라"(롬 5:18)

한 사람의 순종치 아니함으로 많은 사람이 죄인이 되었다.

"한 사람이 순종하지 아니함으로 많은 사람이 죄인 된 것같이 한 사람이 순종하심으로 많은 사람이 의인이 되리라"(롬 5:19)

하나님이 하와를 에덴 동산에 두시고 '죽음'을 걸고 언약을 하셨다. 먹으면 죽고 안 먹으면 살리라는 것이다. 최초의 위대한 언약 위반에 가하는 준엄한 결과가 죽음이라고 했던 만큼 이 죽음은 심각한 것이다. 아담이 선악과를 따먹었다. 그런데 그의 육체는 살아 있었다. 그렇다면 죽음이란 무엇을 말하는가? 죄의 삯이 사망이라고 할 때 그 사망은 무엇을 말하는가? 그리고 이 사망을 그리스도의 죽음이 어떻게 했단 말인가?

디이슨은 신체적, 영적, 그리고 영원한 죽음을 세 가지로 분류하여 사람들의 죽음을 설명하고 있다.

신체적 죽음은 어떤 것인가?

「신체적 죽음 – 신체적 죽음은 영혼과 몸의 분리로 성경에서 신체적 죽음을 죄에 대한 형벌의 일부로 제시했다. 이것은 창 2:17; 3:19; 민 16:29; 27:3절에 대한 지극히 자연스러운 의미이다. 모세의 기도(시 90:7~11)와 히스기야의 기도(사 38:18~20)는 죽음의 형벌적 특성을 말해준다. 신약에서도 같은 사실을 말해 주고 있다(요 8:44; 롬 5:12, 14, 16, 17; 벧전 4:6; 롬 4:24~25; 6:9~10; 8:3, 10, 11; 갈 3:13). 그러나 그리스도인에게 있어서 죽음이란 더 이상 형벌이 아니다. 그것은 그리스도께서 죄의 형벌로서의 죽음을 감당하셨기 때문이다. 그리스도인에게 있어서의 죽음은 몸에 대해서는 하나의 수면(sleep)이며, 영혼에 대해서는 그의 하나님과 만족한 교제로 들어갈 수 있는 출입구(出入口)다(고후 5:8; 빌 1:21~23; 살전 4:13~14; 막 5:39).」[45]

영적 죽음은 어떤 것인가?

---

45) 헨리 디이슨, 「조직신학 강론」, p. 432.

「영적 죽음 – 영적 죽음은 영혼이 하나님으로부터 분리되는 것을 말한다. 인류에게 내려진 에덴 동산에서 선포된 형벌은 일차적으로 이 영혼의 죽음이다(창 2:17; 롬 5:21; 엡 2:1, 5). 이 영적 죽음으로 인해 사람은 하나님의 임재와 호의를 상실했으며, 또 하나님에 관한 지식과 욕구마저도 잃은 바 되었다. 그런고로 사람은 죽은 자 가운데서 다시 살아나야 할 필요성을 지니고 있다.」[46]

영원적 죽음은 어떤 것인가?

「영원적 죽음 – 영원적 죽음은 단지 영적 죽음의 최절정이요 완성이다. 그것은 하나님과의 영혼의 영원한 분리로서, 자책(自責)과 외형적 고통이 수반되는 분리다(마 25:41; 10:28; 살후 1:9; 히 10:31; 계 14:11). 이것이 영원적 상태라는 사실은 많은 성경구절에서 입증되고 있다. 이 중에 어떤 것은 이미 언급된 것도 있지만, 어떤 것은 나중에 종말론을 연구할 때에 끝까지 회개하지 않은 자의 최종적인 영원 상태를 고찰하는 과정에서 언급하기로 하겠다.」[47]

그리스도의 죽음은 위에서 언급한 3가지 종류의 죽음 곧 인간의 총체적 죽음을 해결하셨다. 예수 그리스도는 인간의 죽음을 그가 죽으심으로 친히 죽이셨다(Jesus killed man's death through his death). 인간의 죽음이 그리스도의 죽음으로 말미암아 죽었다. 죽음이 죽었다. 죽은 죽음이 다시 살아나서 사람들에게 행패를 부릴 수는 없다.

> "이 썩을 것이 반드시 썩지 아니할 것을 입겠고 이 죽을 것이 죽지 아니함을 입으리로다 이 썩을 것이 썩지 아니함을 입고 이 죽을 것이 죽지 아니함을 입을 때에는 사망을 삼키고 이기리라고 기록된 말씀이 이루어지리라 사망아 너의 승리가야 어디 있느냐 사망아 네가 쏘는 것이 어디 있느냐"(고전 15:53~55)

사망은 결코 이기지 못한다. 사망이 승리자에게 삼킨 바 되었다. 승리자가 사망을 삼켜 버렸다(Death was swallowed up in victory). 그런즉 교회란 죽음을 죽여 놓으시고 부활, 승천, 승귀하신 그리스도를 머리로 하여 모여든 살아 있고 움직이는 산 사람들의 모임이다. 한 사람 아담 때문에 물려받는 모든 것이 불행이었다면 한 사람 예수 때문에 물려받는 모든 것은 행복이 아닌가? 그게 은혜이다. 성경이 그런 원리를 보증한다.

아담은 오실 자의 표상(表象)이다.

---

46) 헨리 디이슨, 「조직신학 강론」, p. 432.
47) 위의 책.

"그러나 아담으로부터 모세까지 아담의 범죄와 같은 죄를 짓지 아니한 자들까지도 사망이 왕 노릇 하였나니 아담은 오실 자의 모형이라"(롬 5:14)

"기록된 바 첫 사람 아담은 생령이 되었다 함과 같이 마지막 아담은 살려 주는 영이 되었나니"(고전 15:45)

예수 그리스도는 마지막 아담이다. '마지막'(the last)이란 말이 귀한 말이다. 더 이상의 첫 아담의 불행은 없다는 것이며 인간의 소망과 생명의 은혜가 예수 그리스도 이외의 어떤 다른 사람이나 다른 방도가 없다는 것을 못 박아두는 말이다. 예수 그리스도의 죽음은 에덴 동산에서 하나님과 아담 사이의 언약 파괴로 인해 명명한 대로의 '죽음'의 문제를 풀어주는 계기가 되었다. 에덴 동산의 언약 파괴의 죽음을 갈보리 산에서의 새 언약 재개의 생명으로 바꾸는 것이다. 그것은 창조 세계를 떠나 구원의 세계로의 진입이다.

"자녀들은 혈과 육에 속하였으매 그도 또한 같은 모양으로 혈과 육을 함께 지니심은 죽음을 통하여 죽음의 세력을 잡은 자 곧 마귀를 멸하시며 또 죽기를 무서워하므로 한평생 매여 종 노릇하는 모든 자들을 놓아 주려 하심이니 이는 확실히 천사들을 붙들어 주려 하심이 아니요 오직 아브라함의 자손을 붙들어 주려 하심이라"(히 2:14~16)

여기에 보면 에덴 동산의 사탄을 없이하시는 육체를 지닌 예수 그리스도의 죽음이 있다. 사탄은 사망의 권세를 잡았으나 그놈을 예수 그리스도가 처치했다. 고로 사망의 권세가 날아가 버렸다. 그리스도 안에는 생명만 있는 것이다. 죄를 없이하고 의의 세계를 만들기 위해 주님은 죽으시고 다시 사셨다. 그것이 그분의 부활 사건이다.

"예수는 우리가 범죄한 것 때문에 내줌이 되고"(롬 4:25 상반절)

(3) 그리스도는 부활하셨다.

예수는 우리의 범죄함을 위하여 내어줌이 되었다. 그는 속죄 양으로 그 몸을 던지셨다. 범죄가 그를 죽였다. 우리의 범죄가 그를 죽였다. 그런데 그 다음이 문제다. 죽은 상태로 있었다면 어떻게 될까? 계속 죽어있는 것뿐일 것이다. 그런데 그분은 부활하셨다! 우리를 의롭다 하시기 위하여 살아나셨다.

"또한 우리를 의롭다 하시기 위하여 살아나셨느니라"(롬 4:25 하반절)

> 우리의 범죄 : 내어줌 = 우리의 의로움 : 살아나심

로마서 4장 25절 한 구절 안에 이 대조적인 공식이 공존한다.

"예수는 우리가 범죄한 것 때문에 내줌이 되고"(롬 4:25 상반절)

예수님은 사람이 죽었다가 다시 살아난다는 것을 말씀하신 유일하신 분이시며 그것을 예언하시고 실제로 부활하신 분이시다. 이 세상 어떤 자가 죽었다가 다시 살아난다고 예언하며, 그대로 실천하겠는가? 또, 어떤 사람인들 예수님의 이런 예언을 쉽게 받아들이겠는가? 예수의 부활 사건은 예수 인격을 독특하게 만드는 사건이다.

"이때로부터 예수 그리스도께서 자기가 예루살렘에 올라가 장로들과 대제사장들과 서기관들에게 많은 고난을 받고 죽임을 당하고 제삼일에 살아나야 할 것을 제자들에게 비로소 나타내시니"
(마 16:21)

이 말씀에 베드로가 예수를 붙들고 간하여 말했다.

"베드로가 예수를 붙들고 항변하여 이르되 주여 그리 마옵소서 이 일이 결코 주께 미치지 아니하리이다"(마 16:22)

이런 베드로의 인간적인 생각에 대하여 예수님은 준엄하게 책망하셨다.

"예수께서 돌이키시며 베드로에게 이르시되 사탄아 내 뒤로 물러 가라 너는 나를 넘어지게 하는 자로다 네가 하나님의 일을 생각하지 아니하고 도리어 사람의 일을 생각하는도다 하시고"
(마 16:23)

예수님은 계속해서 여러 차례나 그가 죽으시고 부활하실 것을 말씀하셨다.

"갈릴리에 모일 때에 예수께서 제자들에게 이르시되 인자가 장차 사람들의 손에 넘겨져 죽임을 당하고 제삼일에 살아나리라 하시니 제자들이 매우 근심하더라"(마 17:22~23)
"보라 우리가 예루살렘으로 올라가노니 인자가 대제사장들과 서기관들에게 넘겨지매 그들이 죽

이기로 결의하고 이방인들에게 넘겨 주어 그를 조롱하며 채찍질하며 십자가에 못 박게 할 것이나 제삼일에 살아나리라"(마 20:18~19)

그러나 제자들도 부활 사실을 믿으려 하지 않았다.

"사도들은 그들의 말이 허탄한 듯이 들려 믿지 아니하나"(눅 24:11)

도마도 의심하였고(요 20:24~25), 엠마오로 가던 두 사람도 믿지 아니하였고(눅 24:25~27), 예수님이 선교의 대사명을 주는 그 순간까지도 의심하는 자가 있었다(마 28:17). 그러나 예수님의 부활은 확실한 부활이다. 실제로 죽으셨다가 실제로 사신 부활이다. 백부장과 군인들이 예수는 죽었음을 객관적으로 선포했다.

"백부장에게 알아 본 후에 요셉에게 시체를 내주는지라"(막 15:45)
"예수께 이르러서는 이미 죽으신 것을 보고 다리를 꺾지 아니하고"(요 19:33)

그런데 확실히 신체적으로 다시 살아나셨다.
헨리 디이슨의 실제적 부활의 강조 사실을 이하에 싣는다.

「이상의 여러 견해에 대해 우리는 이렇게 답한다. 예수님은 부활하신 후에 자기는 살과 뼈가 있다고 선언하셨다(눅 24:39~40). 마태는 부활하신 날 아침에 그리스도를 만났던 여인들이 그리스도의 발을 붙잡았다고 선언했다(마 28:9). 다윗은 이미 성령에 의해 선언하기를 그리스도의 육체가 썩지 아니한다고 했다(시 16:10; 행 2:31). 무덤이 텅 비었으며 무덤 속의 옷들이 그대로 있었음이 제자들의 무덤 조사로 드러났다(막 16:6; 요 20:5~7). 그리스도께서 부활하신 이후에 당신의 제자들이 보는 앞에서 음식을 드셨다(눅 24:41~45). 예수께서는 부활하신 이후에 못 자국을 보이시기까지 하면서 제자들에게 인정되셨다(요 20:25, 27, 28; 눅 24:34, 37~40). 그리스도는 신체적으로 부활하실 것을 예언하셨다(요 2:19~21; 마 12:40). 무덤 속에 있던 천사도 그리스도께서 말씀하신 대로 그가 부활하셨다고 선언했다(눅 24:6~8). 기타 많은 성경구절들이 그리스도의 부활이 영적 부활이라는 설에 대해 긍정하지 않는다(요 5:28~29; 고전 15:20; 엡 1:19~20).」[48]

그리스도의 부활은 독특한 부활이었다. 성경에 나오는 몇몇 사람이 죽었다가 살아났다

---

48) 위의 책, p. 531.

고 하나 모두 다 영원히 살지 못하고 다 죽었다. 살다가 죽어간 사람들이다.

헨리 디이슨은 그리스도의 부활의 독특성을 다음과 같이 제시한다.

「그리스도의 부활은 독특한 부활이다. 사르밧 과부의 아들(왕상 17:17~24), 수넴 여인의 아들(왕하 4:17~27), 야이로의 딸(막 5:22~43), 나인성의 청년(눅 7:11~17), 나사로(요 11장), 다비다(행 9:36~43), 유두고(행 20:7~12) 등은 모두 다시 죽었다. 그들은 그리스도께서 받은 것과 같은 부활체(復活體)는 받지 않았음이 분명하다. 그리스도의 몸에 대해 다음 몇 가지 점을 주목해야 할 것이다.
- 그 몸은 실질적인 몸이다. 현존했고 만져볼 수 있었다(마 28:9). 그 몸은 살과 뼈를 지니고 있었다(눅 24:39~40).
- 그 몸은 죽기 전이나 죽은 후나 동일한 몸이지, 다른 몸이 아니다. 그리스도께서 친히 그의 찢어진 옆구리를 가리켜 말씀하셨다(요 20:27). 그리스도의 고난의 이런 흔적들은 그의 재림 시에도 보일 것이라고 했다(계 1:7; 슥 12:10). 다른 곳에서는 그리스도 자신도 부활 후의 자기를 의식하고 있다고 했다(눅 24:41~43; 요 20:16, 20; 21:7).
- 그러나 그리스도의 몸은 부활 이후에 어떤 면에 있어서는 좀 다른 몸이다. 그는 닫힌 문을 통과하시기도 하며(요 20:19), 그때 이후로는 굳이 잡수시고 주무셔야 할 필요성은 없었음이 분명한 몸이다.
- 그리스도는 지금도 영원히 생존하신다(롬 6:9~10; 딤후 1:10; 계 1:18). 」[49]

예수의 부활을 부정하기 위해서 만든 부활전설(復活傳說)에 다음과 같은 것이 있지만 우리는 모두 부정하는 바이다. 예수가 실제로 죽으신 것이 아니라 기절(氣絶)했다는 졸도설(卒倒說), 실제로 죽었으나 무덤에서 나온 것은 그의 영뿐이라는 영체설(靈體說), 죽지도 않았기에 살지도 아니했고 단지 환상으로 느껴졌다는 환상설(幻想說), 제자들이 예수의 시체를 몰래 훔쳐갔다는 사기설(詐欺說), 그리고 여인들이 예수의 무덤이 아닌 엉뚱한 무덤에 가보고 예수가 없으니 부활했다고 선전한 실수설(失手說) 등이다.

부활은 기독교 진리의 성육신의 주목적이다. 그것은 기독교의 근본 교리다. 옛 창조, 곧 사탄이 머리로 군림하고 있는 세상에 대해 죽은 관계를 맺기 위하여 예수가 죽으셨는데 여기서 죽은 상태로 계속 남아 있다면 새 창조, 곧 예수 그리스도를 머리로 하고 있는 교회에 대해서는 어떻게 하란 말인가? 세상과는 죽은 관계하기 위해 죽으시고 교회에 대해서는 산 관계를 하기 위해 반드시 살아나셔야 한다. 죽기만 하셨다면 기독교 진리의 절반(折半) 행위요, 살아나셨기에 기독교 진리의 전부(全部) 행위가 된다. 예수의 죽음이 옛 창조와의

---

49) 위의 책, pp. 531~532.

하직(下直) 사건이라면 예수의 부활은 새 창조와의 대면 사건(對面事件)이다. 이것이 부활의 원칙이요 부활의 효험이다. 이 두 가지 사건은 다음 구절에서 요약되고 있다.

> "만일 우리가 그의 죽으심과 같은 모양으로 연합한 자가 되었으면 또한 그의 부활과 같은 모양으로 연합한 자도 되리라"(롬 6:5)

예수와 함께 죽었고 예수와 함께 부활한다.

> "그가 죽으심은 죄에 대하여 단번에 죽으심이요 그가 살아 계심은 하나님께 대하여 살아 계심이니"(롬 6:10)

예수의 죽으심은 죄에 대한 '영단번'(永單番)적 죽음이다. 한 번 죽어서 모든 것을 처리했다는 것이 영단번이다. 또다시 어떤 옛일을 위해 죽으실 필요가 없는 것이다. 단 한 번에 끝마쳤다(once for all). 예수의 살으심은 하나님께 대하여 산 것이었다. 그의 부활은 새로운 창조에의 진입(進入)이요, 인사(人事)이다. 새 창조를 향한 방향 설정과 실제로 그 세계에로의 진입인 부활이 함축하고 있는 의미는 무엇인가?

하나님 편에서는 승리의 의미를 지닌다.

> "예수께서 신 포도주를 받으신 후에 이르시되 다 이루었다 하시고 머리를 숙이니 영혼이 떠나가시니라"(요 19:30)
>
> "성결의 영으로는 죽은 자들 가운데서 부활하사 능력으로 하나님의 아들로 선포되셨으니 곧 우리 주 예수 그리스도시니라"(롬 1:4)
>
> "예수께서 이르시되 나는 부활이요 생명이니 나를 믿는 자는 죽어도 살겠고"(요 11:25)

그리스도의 부활은 왕국의 승리에 대해 확증해 준다.
윌리암 스티븐스는 그것을 다음과 같이 진술하고 있다.

「승천하셔서 아버지 오른편에 계시며 거기에서 모든 권능을 가지고 다스리시는, 부활하신 그리스도는 하나님의 왕국의 승리에 대한 그리스도인의 요구를 보증하는 전부이다. 영광을 입으신 그리스도는 그대로, 교회를 통하여 그의 왕국을 확장하고 있으며 그리고 그것은 어느 날에 가서는 영광스러운 성취(成就)를 가져오게 될 것이다. 계시록은 이 들리움(고양-高揚)을 받은 그리스도가 앞으로 임할 종말에 있어서 중추적 위치를 점유함과 더불어,

이 왕국의 종국적 승리를 대단히 생생하게 묘사하고 있다. 그는 오른 손에 일곱 별을 가지고 있으며(계 1:16), 전에는 죽었었으나 이제 세세토록 사시며(계 1:18), 일곱 개의 금 촛대 가운데 있는 자이다(계 1:16). 이 어린 양은 수천 명의 천사와 "그가 능력과 부와 지혜와 힘과 존귀와 영광과 찬송을 받으시기에 합당하도다"라고 하는 노래를 부르는 생물들 가운데에 있다(계 5:8~14). 많은 환난이 있은 후에 어린 양은 하나님께로부터 하늘에서 내려오는 새 예루살렘과 더불어 종국을 가져오며(계 21:1~2), 그리고 사망과 음부를 불못에 던진다(계 20:14). 하나님의 통치는 이제 우주적으로 완성된 것이다. 박해시대에 기록된 이 책은 고난에 처해 있는 자들에게 위안과 용기를 북돋아 주었다.」[50]

사람 편에서는 풍성한 부활 생활을 보장한다.

"만일 우리가 그의 죽으심과 같은 모양으로 연합한 자가 되었으면 또한 그의 부활과 같은 모양으로 연합한 자도 되리라 우리가 알거니와 우리의 옛 사람이 예수와 함께 십자가에 못 박힌 것은 죄의 몸이 죽어 다시는 우리가 죄에게 종 노릇 하지 아니하려 함이니 이는 죽은 자가 죄에서 벗어나 의롭다 하심을 얻었음이라 만일 우리가 그리스도와 함께 죽었으면 또한 그와 함께 살 줄을 믿노니 이는 그리스도께서 죽은 자 가운데서 살아나셨으매 다시 죽지 아니하시고 사망이 다시 그를 주장하지 못할 줄을 앎이로라"(롬 6:5~9)
"예수를 죽은 자 가운데서 살리신 이의 영이 너희 안에 거하시면 그리스도 예수를 죽은 자 가운데서 살리신 이가 너희 안에 거하시는 그의 영으로 말미암아 너희 죽을 몸도 살리시리라"(롬 8:11)
"이를 놀랍게 여기지 말라 무덤 속에 있는 자가 다 그의 음성을 들을 때가 오나니 선한 일을 행한 자는 생명의 부활로, 악한 일을 행한 자는 심판의 부활로 나오리라"(요 5:28~29)

이상은 우리가 몸의 부활을 가진다는 기쁜 소망이다.

"그리스도께서 다시 살아나신 일이 없으면 너희의 믿음도 헛되고 너희가 여전히 죄 가운데 있을 것이요"(고전 15:17)

부활이 없으면 우리의 믿음도 헛것이요 우리가 여전히 죄 가운데 있으므로 비극 중의 비극이다. 부활의 추가적인 축복을 헨리 디이슨은 다음과 같이 진술하고 있다.

「그리스도의 부활은 많은 추가적인 축복을 마련해 준다. 그리스도의 부활로 말미암아 그

---

50) 윌리암 스티븐스, 「조직신학 개론」, (서울: 요한출판사, 1979), p. 263.

가 마련하신 구원을 개개인이 누릴 수 있도록 대책이 마련되었다. 그것은 그리스도께서 회개와 사죄와 중생과 성령을 주심을 뜻한다(행 5:31; 3:26; 벧전 1:3; 요 16:7; 행 2:33). 또 그리스도의 부활은 생활과 봉사에 필요한 모든 능력이 신자에게 유효하게 나타난다는 확신의 기초를 제공해 준다(엡 1:18~20; 4:8). 하나님께서 그리스도를 죽은 자 가운데서 일으키셨을진대, 하나님은 신자의 모든 필요를 능히 제공하실 수 있다(빌3:10). 바울은 그리스도의 부활은 장차 우리의 몸들도 죽은 자 가운데서 살아나리라는 보증이 된다고 말하고 있다(롬 8:11; 요 5:28~29; 6:40; 행 4:2; 고전 15:20~23; 고후 4:14; 살전 4:14). 또 그리스도의 부활은 경건한 자와 불경건한 자의 심판이 있다는 것을 하나님이 구체적으로 증거하는 것이 된다(행 10:42; 17:31; 요 5:22). 심판의 날이 정해져 있으며 심판주도 정해져 있다. 하나님께서 그리스도를 죽은 자 가운데서 살리심으로 모든 사람에게 이 사실을 확증시켜 주셨다. 최종적으로, 그리스도의 부활은 장차 올 왕국의 다윗의 보좌에 그리스도를 앉게 하는 길을 예비했다(행 2:39).」[51]

부활하신 예수님은 다음 어떤 일을 하셔야 했는가?
그 다음은 예수님의 승천(昇天)이다.

(4) 그리스도는 승천하셨다.

부활하신 예수님은 이 세상에 계셨다.
한 천사가 예수님의 부활 사실을 알려준 이후에도(마 28:1~8) 제자들에게 여러 번 나타나셨다. 무덤 밖에서 막달라 마리아에게 나타나셨다(요 20:19절 이하). 그는 몇몇 다른 여인에게도 나타나셨다(마 29:9~10). 엠마오로 가는 도상에서 제자에게 나타나셨다(눅 24:13~32). 시몬 베드로에게 나타나셨다(눅 24:33~35). 도마가 없을 때에 사도들에게 자신을 증명해 보이셨다(눅 24:36~43). 그 후 도마가 있을 때에도 나타나셨다(요 20:26~29). 갈릴리 한 산에서 약 500여 명에게 나타나시고 지상명령을 주셨다(마 28:16~20). 동생 야고보에게 나타나셨다(고전 15:7).
확실히 부활하셔서 지상에 계셨고 여러 사람들에게 보이시기까지 하신 예수님이 그들의 시야에서 사라져 하늘로 들리어 가셨다. 그는 승천하셨다.

"예수께서 그들을 데리고 베다니 앞까지 나가사 손을 들어 그들에게 축복하시더니 축복하실 때

---

51) 헨리 디이슨, 「조직신학 강론」, p. 537.

에 그들을 떠나 [하늘로 올려지시니]"(눅 24:50~51)
"주 예수께서 말씀을 마치신 후에 하늘로 올려지사 하나님 우편에 앉으시니라"(막 16:19)
"이 말씀을 마치시고 그들이 보는데 올려져 가시니 구름이 그를 가리어 보이지 않게 하더라 올라가실 때에 제자들이 자세히 하늘을 쳐다보고 있는데 흰 옷 입은 두 사람이 그들 곁에 서서 이르되 갈릴리 사람들아 어찌하여 서서 하늘을 쳐다보느냐 너희 가운데서 하늘로 올려지신 이 예수는 하늘로 가심을 본 그대로 오시리라 하였느니라"(행 1:9~11)

신약에서 예수의 승천 사실은 이미 구약에서도 언급되고 있다.

"내가 또 밤 환상 중에 보니 인자 같은 이가 하늘 구름을 타고 와서 옛적부터 항상 계신 이에게 나아가 그 앞으로 인도되매"(단 7:13)

예수님은 승천 사실을 누차 말씀하셨다.
그는 이 세상에 오셨다가 하실 일을 하시고 하늘로 가시겠다고 말씀해 오셨고 그대로 하셨다.

"내가 아버지에게서 나와 세상에 왔고 다시 세상을 떠나 아버지께로 가노라 하시니"(요 16:28)

그는 아버지께로 나오셔서 세상에 오셨다. 그리고 세상을 떠나 다시 아버지께로 가신다. 그의 세상 강림은 세상 떠남을 전제로 한 것이었다.

"그러면 너희는 인자가 이전에 있던 곳으로 올라가는 것을 본다면 어떻게 하겠느냐"(요 6:62)
"예수께서 이르시되 나를 붙들지 말라 내가 아직 아버지께로 올라가지 아니하였노라 너는 내 형제들에게 가서 이르되 내가 내 아버지 곧 너희 아버지, 내 하나님 곧 너희 하나님께로 올라간다 하라 하시니"(요 20:17)
"유월절 전에 예수께서 자기가 세상을 떠나 아버지께로 돌아가실 때가 이른 줄 아시고 세상에 있는 자기 사람들을 사랑하시되 끝까지 사랑하시니라"(요 13:1)
"의에 대하여라 함은 내가 아버지께로 가니 너희가 다시 나를 보지 못함이요"(요 16:10)
"그러므로 이르기를 그가 위로 올라가실 때에 사로잡혔던 자들을 사로잡으시고 사람들에게 선물을 주셨다 하였도다 올라가셨다 하였은즉 땅 아래 낮은 곳으로 내리셨던 것이 아니면 무엇이냐 내리셨던 그가 곧 모든 하늘 위에 오르신 자니 이는 만물을 충만하게 하려 하심이라"
(엡 4:8~10)
"그는 하늘에 오르사 하나님 우편에 계시니 천사들과 권세들과 능력들이 그에게 복종하느니라"(벧전 3:22)

"너희가 그리스도의 이름으로 치욕을 당하면 복 있는 자로다 영광의 영 곧 하나님의 영이 너희 위에 계심이라"(벧전 4:14)

"그러나 내가 너희에게 실상을 말하노니 내가 떠나가는 것이 너희에게 유익이라 내가 떠나가지 아니하면 보혜사가 너희에게로 오시지 아니할 것이요 가면 내가 그를 너희에게로 보내리니" (요 16:7)

"하나님이 오른손으로 예수를 높이시매 그가 약속하신 성령을 아버지께 받아서 너희가 보고 듣는 이것을 부어 주셨느니라"(행 2:33)

그리스도의 승천은 어떤 의미를 지니는가?

그의 승천은 그의 승귀(昇貴, exaltation)를 안겨다 준다. 다음에 설명하겠지만 승천해야 하나님 우편에 귀하게 존재하실 수 있다. 승귀란 올라가셔서 귀한 존재자가 되셨다는 것이다. 하나님이 오른손으로 예수를 높이셨다(행 2:33).

그의 승천은 삼위일체 중 성령 하나님의 시대를 열게 했다. 성령 강림은 예수 부활·승천과 맞바꾼 사건이다.

"그러나 내가 너희에게 실상을 말하노니 내가 떠나가는 것이 너희에게 유익이라 내가 떠나가지 아니하면 보혜사가 너희에게로 오시지 아니할 것이요 가면 내가 그를 너희에게로 보내리니"(요 16:7)

"하나님이 오른손으로 예수를 높이시매 그가 약속하신 성령을 아버지께 받아서 너희가 보고 듣는 이것을 부어 주셨느니라"(행 2:33)

성령은 사람들의 요청에 의해 오신 분이 아니라 하나님의 구원사역의 명확한 절차에 의해 오셨다. 예수 그리스도가 지상 일을 마치시고 부활·승천하셨기에 그 일을 매듭짓기 위해 성령은 오셨다. 오신 성령께서는 예수의 일을 하신다. 예수 일의 연속선상에서 성령은 일하신다. 이 연속선상 맨 앞에는 성부 하나님의 일이 있다. 결국 삼위일체 하나님은 한 가지 일에 모두 관여하신다. 그 한 가지 일이란 하나님의 자기표현인 지상에서의 교회 건립이다. 성령이 하시는 예수의 일은 곧 성부 하나님의 일이다. 그래서 성령은 자기 것이 아닌 예수의 것을 가지고 역사하신다.

"집 하인이 두 주인을 섬길 수 없나니 혹 이를 미워하고 저를 사랑하거나 혹 이를 중히 여기고 저를 경히 여길 것임이니라 너희는 하나님과 재물을 겸하여 섬길 수 없느니라 바리새인들은 돈을 좋아하는 자들이라 이 모든 것을 듣고 비웃거늘"(눅 16:13~14)

진리의 성령을 세상에 보내시기 위해 부활하신 성자 예수님이 지상에 계실 필요가 없으셨다. 올라가실 분은 올라가시고 다시 내려오실 분은 내려오신다. 올라가신 예수 대신 오신 성령님은 우리를 모든 진리 가운데로 인도하신다. 그는 자의(自意)로 말씀하지 않으신다. 오직 듣는 것과 장래 있을 일을 알리신다. 성령은 예수의 영광을 나타내신다. 예수의 것을 우리에게 알려주신다. 성령 없이는 예수의 것을 알 수가 없다. 예수는 일하셨고 성령은 알리신다. 일하신 분은 올라가시고 알리실 분은 내려오신다. 부활 예수의 승천은 성령시대를 펴는 전제가 된다. 그리스도의 승천은 만물을 충만케 하셨다.

"내리셨던 그가 곧 모든 하늘 위에 오르신 자니 이는 만물을 충만하게 하려 하심이라"(엡 4:10)
"그러므로 너희가 그리스도와 함께 다시 살리심을 받았으면 위의 것을 찾으라 거기는 그리스도께서 하나님 우편에 앉아 계시느니라 위의 것을 생각하고 땅의 것을 생각하지 말라 이는 너희가 죽었고 너희 생명이 그리스도와 함께 하나님 안에 감추어졌음이라 우리 생명이신 그리스도께서 나타나실 그때에 너희도 그와 함께 영광 중에 나타나리라"(골 3:1~4)

그리스도의 승천은 그로 하여금 하나님 우편에 앉아계시는 승귀로 나아갔고 그 승귀하신 예수가 거기 계시니 땅엣 것을 생각지 않고 위엣 것을 생각케 한 것이다. 승천하신 그리스도는 지금 어떤 상태에 계시는가? 그분은 승귀(昇貴)하셨다.

(5) 그리스도는 승귀하셨다.

승천하신 예수님은 승귀하셨다.
승귀란 무엇인가? 높이 떠올라 앉아계신다는 것이다.

"오직 그리스도는 죄를 위하여 한 영원한 제사를 드리시고 하나님 우편에 앉으사"(히 10:12)

그리스도가 사죄의 영원한 제사를 드렸다. 그의 사죄는 모든 인류의 죄 문제를 해결했다. 그러므로 이제는 그리스도가 영단번의 제사를 드리셨기 때문에 하나님 앞에서 번거롭게 존재하실 이유가 없다. 그는 하나님 우편에 앉으셨다. 승천하신 예수님은 하나님 우편에 귀한 존재로 계신다. 하나님이 그를 오른손으로 높이셨다.

"하나님이 오른손으로 예수를 높이시매 그가 약속하신 성령을 아버지께 받아서 너희가 보고 듣는 이것을 부어 주셨느니라"(행 2:33)

하나님은 그를 오른손으로 높이사 임금과 구주로 삼으셨다. 승천으로 끝나고 지위를 주지 않으면 무보직 상태일 것이다. 그러나 올라오셨음은 땅을 떠났다는 것인데 땅만 떠나면 어떡하나? 하늘에서의 지위가 있어야 하는 바 그 지위는 매우 귀한 지위이다.

"이스라엘에게 회개함과 죄 사함을 주시려고 그를 오른손으로 높이사 임금과 구주로 삼으셨느니라"(행 5:31)

사실 하나님이 그리스도를 높이시고 임금과 구주 삼으신 것은 하늘 아래 있는 이스라엘로 회개하여 죄 사함을 얻게 하시려고 한 것이다. 머리는 깨끗한데 손발이 더러워서야 온전한 인격체가 될 수 없다. 즉 교회의 정결을 위해 예수는 오셨다가 가셨고 가셔서 하나님의 우편에 계시는 것이다. 승귀는 "영광과 존귀로 관 쓰신" 예수의 모습이다. 땅에서는 모욕과 가시관을 쓰셨는데 하늘에서는 모습이 바뀌어졌다.

"오직 우리가 천사들보다 잠시 동안 못하게 하심을 입은 자 곧 죽음의 고난 받으심으로 말미암아 영광과 존귀로 관을 쓰신 예수를 보니 이를 행하심은 하나님의 은혜로 말미암아 모든 사람을 위하여 죽음을 맛보려 하심이라"(히 2:9)

예수 그리스도의 승귀는 곧 그리스도인의 승귀다.

"긍휼이 풍성하신 하나님이 우리를 사랑하신 그 큰 사랑을 인하여 허물로 죽은 우리를 그리스도와 함께 살리셨고 (너희는 은혜로 구원을 받은 것이라) 또 함께 일으키사 그리스도 예수 안에서 함께 하늘에 앉히시니"(엡 2:4~6)
"누가 정죄하리요 죽으실 뿐 아니라 다시 살아나신 이는 그리스도 예수시니 그는 하나님 우편에 계신 자요 우리를 위하여 간구하시는 자시니라"(롬 8:34)

우리는 땅에서 정죄를 받지 않는다. 왜냐하면 그리스도는 하나님 우편에서 우리를 위해 간구하시는 분이기 때문이다. 그분은 왕이요 대제사장이시다.

"주 예수께서 말씀을 마치신 후에 하늘로 올려지사 하나님 우편에 앉으시니라"(막 16:19)
"그의 능력이 그리스도 안에서 역사하사 죽은 자들 가운데서 다시 살리시고 하늘에서 자기의 오른편에 앉히사"(엡 1:20)
"이는 하나님의 영광의 광채시요 그 본체의 형상이시라 그의 능력의 말씀으로 만물을 붙드시며 죄

를 정결하게 하는 일을 하시고 높은 곳에 계신 지극히 크신 이의 우편에 앉으셨느니라"(히 1:3)
"지금 우리가 하는 말의 요점은 이러한 대제사장이 우리에게 있다는 것이라 그는 하늘에서 지극히 크신 이의 보좌 우편에 앉으셨으니"(히 8:1)
"오직 그리스도는 죄를 위하여 한 영원한 제사를 드리시고 하나님 우편에 앉으사"(히 10:12)
"믿음의 주요 또 온전하게 하시는 이인 예수를 바라보자 그는 그 앞에 있는 기쁨을 위하여 십자가를 참으사 부끄러움을 개의치 아니하시더니 하나님 보좌 우편에 앉으셨느니라"(히 12:2)
"그러므로 자기를 힘입어 하나님께 나아가는 자들을 온전히 구원하실 수 있으니 이는 그가 항상 살아 계셔서 그들을 위하여 간구하심이라"(히 7:25)
"그리스도께서는 참 것의 그림자인 손으로 만든 성소에 들어가지 아니하시고 바로 그 하늘에 들어가사 이제 우리를 위하여 하나님 앞에 나타나시고"(히 9:24)

예수 그리스도의 승귀는 하나님의 보좌 우편에 계시면서 우리를 위해 간구하시는 일을 하신다. 그런즉 우리는 다음과 같이 선포할 수 있다.

"그런즉 이 일에 대하여 우리가 무슨 말 하리요 만일 하나님이 우리를 위하시면 누가 우리를 대적하리요 자기 아들을 아끼지 아니하시고 우리 모든 사람을 위하여 내주신 이가 어찌 그 아들과 함께 모든 것을 우리에게 주시지 아니하겠느냐 누가 능히 하나님께서 택하신 자들을 고발하리요 의롭다 하신 이는 하나님이시니 누가 정죄하리요 죽으실 뿐 아니라 다시 살아나신 이는 그리스도 예수시니 그는 하나님 우편에 계신 자요 우리를 위하여 간구하시는 자시니라"(롬 8:31~34)

더 나아가서 우리는 그리스도의 사랑에서 끊어질 수 없음을 선포한다.

"누가 우리를 그리스도의 사랑에서 끊으리요 환난이나 곤고나 박해나 기근이나 적신(赤身)이나 위험이나 칼이랴 기록된 바 우리가 종일 주를 위하여 죽임을 당하게 되며 도살당할 양같이 여김을 받았나이다 함과 같으니라 그러나 이 모든 일에 우리를 사랑하시는 이로 말미암아 우리가 넉넉히 이기느니라"(롬 8:35~37)

더 높은 데로 나아가서 우리는 하나님의 사랑에서 끊어질 수 없다고 안심할 수 있다.

"내가 확신하노니 사망이나 생명이나 천사들이나 권세자들이나 현재 일이나 장래 일이나 능력이나 높음이나 깊음이나 다른 어떤 피조물이라도 우리를 우리 주 그리스도 예수 안에 있는 하나님의 사랑에서 끊을 수 없으리라"(롬 8:38~39)

예수 그리스도의 승귀의 최종적인 목적은 그리스도의 구원 사역의 최후이다.

지금까지 그리스도의 구원사역의 과정이 많이 있었지만 '승귀' 사실이 없다면 모두 공중에 떠 있는 사역이 될 것이다. 승귀는 그리스도의 구원사역의 총결론이다. 즉, 그것은 그리스도가 만물 위의 교회의 머리가 되시는 일이었다.

> "그의 능력이 그리스도 안에서 역사하사 죽은 자들 가운데서 다시 살리시고 하늘에서 자기의 오른편에 앉히사 모든 통치와 권세와 능력과 주권과 이 세상뿐 아니라 오는 세상에 일컫는 모든 이름 위에 뛰어나게 하시고 또 만물을 그의 발 아래에 복종하게 하시고 그를 만물 위에 교회의 머리로 삼으셨느니라 교회는 그의 몸이니 만물 안에서 만물을 충만하게 하시는 이의 충만함이니라"(엡 1:20~23)

승귀는 모든 이름 위에 예수의 이름이 뛰어나다는 것을 말한다. 예수의 명예가 최고가 된다. 그리고 만물은 그 발 아래 복종케 된다. 예수의 명예 앞에 복종하는 땅과 하늘의 위계질서가 비로소 바로잡힌다. 만물 위에는 교회가 있다. 그리고 그 교회의 머리는 성육, 죽으심, 부활, 승천 그리고 승귀하신 예수 그리스도시다. 시편 103편 19절에는 하나님의 보좌가 하늘에 있고 그 정권으로 만유를 통치하신다고 했다.

> "여호와께서 그의 보좌를 하늘에 세우시고 그의 왕권으로 만유를 다스리시도다"(시 103:19)

이것의 땅의 실현이 교회이다. 교회는 그리스도의 몸이다. 그런데 이 몸은 어떤 몸인가? 만물 안에서 만물을 충만케 하시는 자의 충만이다. 교회는 충만하다. 교회는 건강하다. 교회는 풍성하다.

지금까지의 진술은 예수 그리스도에 관한 이야기이다. 조직신학에서는 그것을 '기독론'(Doctrine of Christ)이라 한다. 기독론의 특징은 그의 어떠하심보다 그의 무엇하심에 더 비중을 두고 있다. 즉 그것은 인류 구원을 위한 그리스도의 구원사역 이야기이다. 이것을 구원론에서 구원의 대책이라고 한다. 인간은 스스로 구원받을 수 없다. 구원의 대책 없이 구원은 없다. 이 모든 일들은 오직 그리스도만이 하실 수 있는 일이다. 어느 누가 성육할 수 있으며 죽을 수 있으며 부활할 수 있으며 승천, 승귀할 수 있는가? 이것은 오직 구세주만이 하실 수 있는 일이다.

다시 한 번 정리하면 "예수 하시니"(Jesus' doing) "교회가 되었다"(Church's being). 교회가 되었다는 말은 교회를 이루는 그리스도인이 생겼다는 말이다. 예수의 구속 행위로 사람이 구원받게 되었다. 구원받은 사람들은 모여야 한다. 그 모임이 교회이다. 구원 적용은 사람을 향한 성령의 역사인 것이다.

구원의 대책이신 그리스도는 어떤 분이시며 무엇을 하셨는가?

"또 만물을 그의 발 아래에 복종하게 하시고 그를 만물 위에 교회의 머리로 삼으셨느니라"(엡 1:22)

예수님이 남기시려 하신 것은 교회였다. 예수님이 가신 뒤에 남은 것은 오직 교회였다. 왜 예수님은 자꾸만 오셨다가 가시려고만 하셨는가?(요 14:1~7; 15:5; 16:28, 33; 17:11) 예수님은 똑같은 또 하나의 세계(another world)가 아닌 또 하나의 별 세계(other world)를 원하셨다. 주님은 'other world'를 가지셨다. 그것은 천국과 교회를 잇는 것이었다.

"하늘에 있는 것이나 땅에 있는 것이 다 그리스도 안에서 통일되게 하려 하심이라"(엡 1:10)

지금까지 우리는 하나님의 구원사역의 시작을 보았다. 그것은 성자 하나님의 구원사역이었다. 단순한 성인(聖人)이 아닌 인류의 구주와 주님으로서의 예수 그리스도의 일생을 안다는 것은 진실로 안 자만의 축복이요 행복이다. 예수께서는 권능을 가장 많이 베푸신 고을이 회개하지 않고 무지한 상태에 있는 것을 경고하시면서 이 실상을 어린 아이들에게 나타내심을 하나님께 감사하셨다.

"옳소이다 이렇게 된 것이 아버지의 뜻이니이다 내 아버지께서 모든 것을 내게 주셨으니 아버지 외에는 아들을 아는 자가 없고 아들과 또 아들의 소원대로 계시를 받는 자 외에는 아버지를 아는 자가 없느니라"(마 11:26~27)

아들을 아는 자는 오직 아버지 외에는 없다. 또 아버지를 아는 자도 오직 아들 외에는 없다. 이것은 순전히 부자 사이의 깊은 관계는 오직 부자만이 아신다는 놀라운 영계(靈界)의 일이다. 그런데 여기에 끼어든 인격이 있다. '계시를 받는 자'가 있다. 아들의 소원에 의해 아들이 하나님을 보여 주시기 위해 작정된 계시 받은 자가 아버지를 안다. 아버지를 알고 아들을 안다는 것은 세상의 어떤 보배보다 더 귀한 것이다.

땅의 것이 아닌 하늘의 것에 접한 사람은 하늘과 내통한다. 구원사역을 안다는 것은 하늘 진리와 하늘 분위기를 안다는 것이니 흥이 날 수밖에 없다. 오직 계시를 받은 자만이 계시를 즐기게 된다. 필자는 긴 시간 전철을 타야 교회당에 출근할 수 있다. 무더운 여름인데 차 안은 냉방이 되어 있어 다행이었다. 나는 이어폰을 양쪽 귀에 꽂고 복음송가를 듣고 있다. 때로는 흘러간 팝송도 듣는다. 나도 모르게 고개를 끄덕끄덕, 발은 장단을 맞추고, 손은 옆에 있는 의자에 박자를 맞추며 흥얼거렸다. 흥이 났다. 거의 환상의 경지에 이르렀다. 순간 나는 깜짝 놀랐다. 여기는 전철 안이지, 여느 사람들은 이어폰 없이 앉아 있으니 흥이 날 이유가 없었지만 나는 이어폰으로 들려오는 노래 가락에 거의 황홀경에 이르렀다. 하늘 세계의 계시를 맛 본 자의 상태가 그런 것이리라. 변화산 상의 베드로가 생각이 났다(마 17장).

2) 하나님께서 약속의 땅을 주시다 – 구원의 예표(豫表)

하나님께서 약속의 땅을 주신 것은 창조의 땅과의 결별을 의미한다. 왜냐하면 창조된 땅은 저주받은 땅이 되었고 그것이 세상(cosmos)이 되었기 때문이다. 약속의 땅은 구원의 희망을 뜻한다. 그것은 하나님이 창조의 땅을 버리지 아니하시고 새 창조로 바꿔야 함을 뜻한다. 약속의 땅은 구원 희망의 예표이다. 영광과 사랑을 본질로 하시는 하나님께서 그러한 자기를 기필코 표현하시고 싶었다. 하나님은 아브람을 부르셨다.

> "여호와께서 아브람에게 이르시되 너는 너의 고향과 친척과 아버지의 집을 떠나 내가 네게 보여 줄 땅으로 가라 내가 너로 큰 민족을 이루고 네게 복을 주어 네 이름을 창대하게 하리니 너는 복이 될지라 너를 축복하는 자에게는 내가 복을 내리고 너를 저주하는 자에게는 내가 저주하리니 땅의 모든 족속이 너로 말미암아 복을 얻을 것이라 하신지라"(창 12:1~3)

하나님은 마귀의 계략으로 조직된 세상에서 사람들을 해방시키시고 하나님에게로 이끌어 오셔야만 했다. 하나님의 명령은 떨어졌다. "내가 네게 지시할 땅으로 가라"(Go to the land that I will guide you to). 이 사건의 표현은 이스라엘을 애굽에서 이끌어낸 출애굽 사건이었다. 애굽에서 이스라엘을 해방시키심은 또 하나의 확대된 구원의 예표였다. 출애굽은 아브람에게 내린 명령의 연속선상에 있고 그 연속선상의 끝에는 그리스도의 구속이 있다. 창세기 12장 1절 "내가 네게 지시할 땅으로 가라"는 것은 성경 전체를 갈라놓는 분수령(分水嶺)이다. 구약과 신약으로 성경을 나누지만 성경전서를 구속사적 관점에서 나누자면 창세기 1~11장과 창세기 12장~계시록 22장으로 나누는 것이 순리적이다. 왜냐하면 물론 구약에는 상징적 내용이 있고 신약에는 실재적 내용이 있지만 구원이 창세기 12장에서 시작되기 때문이다. 교회가 창세 전에 잉태되었기 때문에 예수 그리스도의 구원사역도 창세 전에 있게 된 것이다.

> "몸이 하나요 성령도 한 분이시니 이와 같이 너희가 부르심의 한 소망 안에서 부르심을 받았느

니라"(엡 1:4)

창세 전에 그리스도 안에서 우리를 택하사 거룩하고 흠이 없게 하셨다고 했다. 그런 예수 그리스도의 구속사역이 창세기 3장 15절에서 예언되었고 마침내 하나님께서 아브라함에게 지시할 땅으로 가라는 명령에 의해 시작된 것이다(창 12:1~3).

하나님은 사람이 창조된 땅에는 저주밖에 없기 때문에 새로운 땅을 지적하셨다. 창조의 땅이 약속(지시)의 땅으로 바뀐다. 약속의 땅은 저주의 땅이 아니다. 약속의 땅은 창조에 의하지 않고 하나님의 선택에 의한 것으로 특별한 의미를 준다. 또한 약속의 땅과 아브라함의 관계는 상징적 의미를 지닌다. 하나님께서 아브라함에게 지시할 땅을 정하시고 가라고 명하신 것은 옛 창조를 버리고 새 창조로 들어가라는 상징적인 의미가 있다. 신약에 가서 완전히 드러날 그리스도와 교회의 관계가 구약에서 약속의 땅과 이스라엘로 예표(豫表)되었다. 예수 그리스도의 구속사역이 신약에 와서 구체화(具體化)되지만 그 뿌리와 상징은 이미 구약에서 자리 잡고 있었던 것이다. 하나님의 약속의 땅은 구약을 넘어 신약의 그리스도와 교회를 가리킨다.

우리는 이제 하나님의 약속 땅에 대해 간략히 검토해 보기로 하자.

① 약속의 땅은 하나님이 지시하신 땅이다. 그것은 하나님의 손가락이 지적하신 땅이다. 아무리 좋은 땅처럼 보여도 하나님이 지적하신 땅이 아닌 것은 좋은 땅도 아니거니와 또한 약속의 땅도 아니다. 하나님이 지적하신 땅, 바로 그 땅이 생명의 땅이요 아브람이 마땅히 가야 할 땅이다. 그 땅은 율법을 지켜서 들어갈 땅이 아닌 은혜로 들어가고 은혜로 사는 땅의 예표이다. 이 땅은 아브람이 큰 민족을 이루고 만민의 축복의 근원이 되는 땅으로 약속 받았던 그 땅이다(창 12:1~3). 요셉은 그 조상들에게 하나님이 맹세하사 주신 땅으로 반드시 돌아갈 것을 애원하고 있다. 죽어가는 순간에도 하나님의 약속하시고 맹세하신 땅으로 자신의 유골을 가져갈 것을 당부하는 조상 요셉의 경건성을 엿볼 수 있다.

> "요셉이 그의 형제들에게 이르되 나는 죽을 것이나 하나님이 당신들을 돌보시고 당신들을 이 땅에서 인도하여 내사 아브라함과 이삭과 야곱에게 맹세하신 땅에 이르게 하시리라 하고"(창 50:24)

하나님은 아브람이 여호와를 믿을 때 그것을 아브람의 의로 여기고 축복으로 땅을 주셨다.

> "아브람이 여호와를 믿으니 여호와께서 이를 그의 의로 여기시고 또 그에게 이르시되 나는 이 땅을 네게 주어 소유를 삼게 하려고 너를 갈대아인의 우르에서 이끌어 낸 여호와니라 그가 이르

되 주 여호와여 내가 이 땅을 소유로 받을 것을 무엇으로 알리이까"(창 15:6~8)

롯과 아브람이 땅 분배를 끝내자 하나님은 아브람에게 네 자손을 수많게 하고 약속하신 땅을 주시겠다고 격려하셨다.

> "아브람의 일행 롯도 양과 소와 장막이 있으므로 그 땅이 그들이 동거하기에 넉넉하지 못하였으니 이는 그들의 소유가 많아서 동거할 수 없었음이니라 아브람이 롯에게 이르되 우리는 한 친족이라 나나 너나 내 목자나 네 목자나 서로 다투게 하지 말자"(창 13:5, 6, 8)
> "롯이 아브람을 떠난 후에 여호와께서 아브람에게 이르시되 너는 눈을 들어 너 있는 곳에서 북쪽과 남쪽 그리고 동쪽과 서쪽을 바라보라 보이는 땅을 내가 너와 네 자손에게 주리니 영원히 이르리라 내가 네 자손이 땅의 티끌 같게 하리니 사람이 땅의 티끌을 능히 셀 수 있을진대 네 자손도 세리라 너는 일어나 그 땅을 종과 횡으로 두루 다녀 보라 내가 그것을 네게 주리라 이에 아브람이 장막을 옮겨 헤브론에 있는 마므레 상수리 수풀에 이르러 거주하며 거기서 여호와를 위하여 제단을 쌓았더라"(창 13:14~18)

아브라함은 그 땅에 거하며(사람의 거처) 여호와를 위해 단을 쌓았다(여호와의 제단). 하나님이 지시하신 약속의 땅에 가서야 사람은 생업도 가질 수 있고 신앙생활도 하는 것이니 땅을 떠나서는 아무것도 할 수가 없다. 그런데 땅도 땅 나름이다. 창조된 무죄의 땅도 아니요 타락해서 저주받은 죄악의 땅도 아니요 여호와께서 약속하사 지시한 바로 그 땅이어야 한다. 멀리는 그리스도와 교회 관계를 보시고, 미리는 창세 전에 이미 그것을 고안하신 하나님께서, 그 '멀리'와 그 '미리' 사이에 땅과 이스라엘의 관계로 구속의 도리와 교회의 정체를 예표해 주시고 계신다. 이 땅은 조상들에게 맹세해 주신 땅이었다.

> "내가 오늘 명하는 모든 명령을 너희는 지켜 행하라 그리하면 너희가 살고 번성하고 여호와께서 너희의 조상들에게 맹세하신 땅에 들어가서 그것을 차지하리라"(신 8:1)

애굽 노예 생활에서도 여호와 하나님은 그 귀중한 약속의 땅을 반드시 이스라엘에게 주시기로 작정하셨다.

> "내가 내려가서 그들을 애굽인의 손에서 건져내고 그들을 그 땅에서 인도하여 아름답고 광대한 땅, 젖과 꿀이 흐르는 땅 곧 가나안 족속, 헷 족속, 아모리 족속, 브리스 족속, 히위 족속, 여부스 족속의 지방에 데려가려 하노라"(출 3:8)

위의 성경구절이 말하듯 하나님은 그들을(이스라엘) 그 땅(애굽 땅, 저주의 땅)에서 인도하여 내신다고 하셨다. 이미 구원을 약속하신 것이다. 애굽 안에서의 이스라엘이 아니라 애굽을 떠난 땅에서의 이스라엘이 귀하다. 그 이스라엘 가운데 하나님은 계시고자 하신다. 애굽 땅에서 이끌어 내사 들여보낼 땅은 아름답고 광대하고 젖과 꿀이 흐르는 땅이다. 이것은 예수 그리스도를 상징한 것이다. 예수 그리스도는 유감 없이 아름답고 광대하고 젖과 꿀을 흘러내리신다. 하나님이 지시할 땅은 하나님과 이스라엘이 아버지 하나님과 백성 즉 자녀관계를 맺기 위한 땅이다. 하나님이 지시하는 땅에서는 하나님이 하나님 되시고 백성은 참으로 백성이 되는 것이다.

"그러므로 이스라엘 자손에게 말하기를 나는 여호와라 내가 애굽 사람의 무거운 짐 밑에서 너희를 빼내며 그들의 노역에서 너희를 건지며 편 팔과 여러 큰 심판들로써 너희를 속량하여 너희를 내 백성으로 삼고 나는 너희의 하나님이 되리니 나는 애굽 사람의 무거운 짐 밑에서 너희를 빼낸 너희의 하나님 여호와인 줄 너희가 알지라 내가 아브라함과 이삭과 야곱에게 주기로 맹세한 땅으로 너희를 인도하고 그 땅을 너희에게 주어 기업을 삼게 하리라 나는 여호와라 하셨다 하라"(출 6:6~8)

하나님은 지시할 땅으로 들어가서 그 땅을 차지하라고 모세에게 격려하신다.

"내가 너희의 조상 아브라함과 이삭과 야곱에게 맹세하여 그들과 그들의 후손에게 주리라 한 땅이 너희 앞에 있으니 들어가서 그 땅을 차지할지니라"(신 1:8)
"너희의 하나님 여호와께서 이 땅을 너희 앞에 두셨은즉 너희 조상의 하나님 여호와께서 너희에게 이르신 대로 올라가서 차지하라 두려워하지 말라 주저하지 말라 한즉"(신 1:21)

지시하신 그 약속의 땅은 우리 손에 붙였은즉 싸워서 얻어야 할 땅이다.

"너희는 일어나 행진하여 아르논 골짜기를 건너라 내가 헤스본 왕 아모리 사람 시혼과 그의 땅을 네 손에 넘겼은즉 이제 더불어 싸워서 그 땅을 차지하라"(신 2:24)

하나님이 붙여주신 땅이다. 하나님이 가져다 안겨주신 땅이다. 앞에 차려놓은 밥상이니 받은 자는 먹으면 될 것이 아닌가?

② 약속의 땅은 좋은 땅이다. 하나님이 우리에게 약속해 주신 땅이야말로 땅 중의 땅이요 옥토 중의 옥토이다.

"그 땅의 열매를 손에 가지고 우리에게로 돌아와서 우리에게 말하여 이르되 우리의 하나님 여호와께서 우리에게 주시는 땅이 좋더라 하였느니라"(신 1:25)

하나님이 우리에게 주신 땅은 어떤 땅인가? 과실이 맺히는 좋은 땅이었다. 그 땅은 아름답고 광대한 땅이다.

"내가 내려가서 그들을 애굽인의 손에서 건져내고 그들을 그 땅에서 인도하여 아름답고 광대한 땅, 젖과 꿀이 흐르는 땅 곧 가나안 족속, 헷 족속, 아모리 족속, 브리스 족속, 히위 족속, 여부스 족속의 지방에 데려가려 하노라"(출 3:8)

그 땅은 젖과 꿀이 흐르는 땅이다.

"여호와께서 너를 인도하여 가나안 사람과 헷 사람과 아모리 사람과 히위 사람과 여부스 사람의 땅 곧 네게 주시려고 네 조상들에게 맹세하신 바 젖과 꿀이 흐르는 땅에 이르게 하시거든 너는 이 달에 이 예식을 지켜"(출 13:5)

하나님이 약속해 주신 은혜의 땅은 아름다운 땅이다. 우리는 파괴된 창조의 땅에서 재건(再建)된 아름다운 땅으로 옮겨진다. 이것이 구원이요 그리스도 구원의 예표이다.

그 땅은 어떻게 아름다운가? 그 땅은 우선 골짜기라서 좋다. 골짜기는 모든 것을 포용한다. 그 땅은 산지(山地)라서 좋다. 산지는 높은 곳이니 우리가 영광스러운 곳에 처한다. 그 땅은 풍요로워서 좋다. 무엇이 그렇게 풍요로운가? 우선 물이 풍부하다. 시내, 분천(噴泉), 샘이 흐른다. 음식물이 풍부하다. 밀, 보리, 포도, 무화과, 석류, 감람나무와 꿀의 소산지다. 광물질이 풍부하다. 철과 동의 소산지였다. 그러므로 이 약속의 땅에 들어간 자들은 배불리 먹었으며 여호와께 찬송을 드리는 것이 그들의 일일 것이다. 하나님이 지시한 약속의 땅에는 배부름과 찬송만 있다.

③ 약속의 땅은 사람의 의(義)로 얻는 것이 아니다. 원칙적으로 이 땅에 들어가자면 여호와 하나님의 모든 명령을 지켜 행해야만 들어가게 되어 있다.

"내가 오늘날 명하는 모든 명령을 너희는 지켜 행하라 그리하면 너희가 살고 번성하고 여호와께서 너희의 열조에게 맹세하신 땅에 들어가서 그것을 얻으리라"(신 8:1)

그러나 사람들은 하나님의 모든 명령을 지켜 행할 수가 없다. 약속의 땅에 들어가자면 모든 명령을 지켜야 하지만 지킬 수 없는 것이 사람의 한계라는 슬픈 현실이 눈앞에 놓여 있다. 하나님은 약속의 땅에 들어간 백성마저 그들의 마음이 교만해질까 걱정하셨다. 여호와 하나님을 잊어버리지 않도록 경고하셨다.

"내가 오늘날 네게 명하는 여호와의 명령과 법도와 규례를 지키지 아니하고 네 하나님 여호와를 잊어버리게 되지 않도록 삼갈지어다 네가 먹어서 배불리고 아름다운 집을 짓고 거하게 되며 또 네 우양이 번성하며 네 은금이 증식되며 네 소유가 다 풍부하게 될 때에 두렵건대 네 마음이 교만하여 네 하나님 여호와를 잊어버릴까 하노라 여호와는 너를 애굽 땅 종 되었던 집에서 이끌어 내시고"(신 8:11~14)

재물을 얻은 백성이 자력취득(自力取得)의 교만심이 생길까봐 하나님은 경고하셨다.

"그들이 그대로 행할새 아론이 지팡이를 잡고 손을 들어 땅의 티끌을 치매 애굽 온 땅의 티끌이 다 이가 되어 사람과 가축에게 오르니 요술사들도 자기 요술로 그같이 행하여 이를 생기게 하려 하였으나 못 하였고 이가 사람과 가축에게 생긴지라 요술사가 바로에게 말하되 이는 하나님의 권능이니이다 하였으나 바로의 마음이 완악하게 되어 그들의 말을 듣지 아니하였으니 여호와의 말씀과 같더라"(신 8:17~19)

약속의 땅에 들어가는 것도 사람의 의가 아니요 그 땅에 들어가서 누리게 되는 축복도 사람에게서 난 것이 아니라 모두 하나님으로 말미암은 것이었다. 하나님이 맹세하사 지시하시고 약속한 땅에 막상 들어가 보니 거기에도 적들이 있었다. 가나안 족속, 헷 족속, 아모리 족속, 브리스 족속, 히위 족속, 그리고 여브스 족속이 있었다. 이 족속들을 물리치는 것도 하나님의 축복의 차원에서 가능했다. 들어감도 하나님의 축복의 은혜요 안주(安住)함도 하나님의 축복의 은혜였다. 여호와 하나님께서 이스라엘 백성이 요단을 건너 아낙 자손을 넘어뜨리고 승리하게 될 때에 또 교만심이 생길까 경고하셨다.

"네 하나님 여호와께서 그들을 네 앞에서 쫓아내신 후에 네가 심중에 이르기를 내 공의로움으로 말미암아 여호와께서 나를 이 땅으로 인도하여 들여서 그것을 차지하게 하셨다 하지 말라 이 민족들이 악함으로 말미암아 여호와께서 그들을 네 앞에서 쫓아내심이니라"(신 9:4)

그럼 약속의 땅은 어떻게 들어가게 되는가? 사람의 마음을 다 아시는 하나님은 백성의 의와 마음의 정직함이 땅에 들어가게 된 공로가 아니라고 말씀하셨다.

> "네가 가서 그 땅을 차지함은 네 공의로 말미암음도 아니며 네 마음이 정직함으로 말미암음도 아니요 이 민족들이 악함으로 말미암아 네 하나님 여호와께서 그들을 네 앞에서 쫓아내심이라 여호와께서 이같이 하심은 네 조상 아브라함과 이삭과 야곱에게 하신 맹세를 이루려 하심이니라"(신 9:5)

아름다운 땅을 기업으로 얻게 된 것은 결코 백성의 의로움을 인함이 아니었다.

> "그러므로 네가 알 것은 네 하나님 여호와께서 네게 이 아름다운 땅을 기업으로 주신 것이 네 공의로 말미암음이 아니니라 너는 목이 곧은 백성이니라"(신 9:6)

그것을 에베소서 2장 8~9절에서는 이렇게 말하고 있다.

> "너희는 그 은혜에 의하여 믿음으로 말미암아 구원을 받았으니 이것은 너희에게서 난 것이 아니요 하나님의 선물이라 행위에서 난 것이 아니니 이는 누구든지 자랑하지 못하게 함이라"(엡 2:8~9)

여기서도 이미 이신득의(以信得義) 교리가 나온다. 구원은 믿음으로 말미암았다. 구원은 사람에게서 난 것이 아닌 하나님의 선물이다. 행위에서 난 것이 아니니 누구든지 자랑치 못하게 되어 있다. 그 모든 것은 은혜로 인하여 된 것이었다. 그 땅에 들어가게 되는 것은 하나님이 맹세하신 약속에 의한 것이다. 하나님이 주시기로 맹세하셨던 땅이기에 백성에게 주어지는 것이다. 하나님의 맹세가 아니었다면 어떤 수단방법으로도 그 땅이 사람의 손에 들어가지 못했을 것이다.

> "강하고 담대하라 너는 내가 그들의 조상에게 맹세하여 그들에게 주리라 한 땅을 이 백성에게 차지하게 하리라"(수 1:6)

맹세하시면서 주시기로 약속한 땅을 백성으로 하여금 얻게 하시기 위한 하나님의 조처로서는 여호수아와 함께계셔 주시는 일이다.

> "네 평생에 너를 능히 대적할 자가 없으리니 내가 모세와 함께 있었던 것같이 너와 함께 있을 것임이니라 내가 너를 떠나지 아니하며 버리지 아니하리니"(수 1:5)

하나님이 함께해 주심과 하나님이 떠나지 아니하심과 하나님이 버리지 아니하심으로 사람의 마음이 강해지고 담대해진다. 이런 담대함을 가지고 하나님의 명한 율법을 다 지켜 좌우로 치우치지 말아야 하는 것이 백성의 의무이다. 아직도 구약에서의 율법의 강조는 여실히 나타나지만 신약에 와서는 하나님의 은혜가 얼마나 더 풍성한 것인가를 보게 될 것이다. 그러나 구약에서도 하나님이 함께해 주시는 은혜가 엿보인다.

"내가 네게 명령한 것이 아니냐 강하고 담대하라 두려워하지 말며 놀라지 말라 네가 어디로 가든지 네 하나님 여호와가 너와 함께하느니라 하시니라"(수 1:9)

약속의 땅은 사람의 의로는 못 들어간다. 모세가 애굽을 탈출하여 약속의 땅으로 가는 노정(路程)에서 백성에게 강력히 호소하는 것이 있었다. 여호와의 구원을 보라는 것과 백성은 가만히 있기만 하라는 것이다.

"모세가 백성에게 이르되 너희는 두려워하지 말고 가만히 서서 여호와께서 오늘 너희를 위하여 행하시는 구원을 보라 너희가 오늘 본 애굽 사람을 영원히 다시 보지 아니하리라 여호와께서 너희를 위하여 싸우시리니 너희는 가만히 있을지니라"(출 14:13~14)

지시하시고 약속하신 땅의 입성(入城)은 하나님의 절대적인 힘의 역사에 의하는 것이다. 오! 맹세하시면서 약속해주신 땅이로다. 우리는 그 땅 앞에서 그냥 전진할 따름이다. 승리를 누리면서 또 승리를 얻기 위한 전진! 이것이야말로 신바람을 불러일으키는 것이 아니고 무엇인가?

④ 약속의 땅은 무엇을 하기 위한 땅인가? 약속의 땅은 성(城)과 성전(聖殿)이 세워지는 곳이다. 약속의 땅은 하나님의 권위와 거처가 있을 곳이다. 약속의 땅에서는 그 땅에서 나는 소산을 먹게 된다. 약속의 땅은 그 땅에서 나는 것으로 백성을 먹이며 그 땅에서 성이 이뤄지고 성전이 세워진다. 성(城)은 하나님의 권위(authority)를 말하고, 전(殿)은 하나님의 임재를 말한다. 요한복음 17장의 예수님의 고별기도에서도 이 점이 강조되는데 그것은 결국 하나님의 '영광'과 '사랑'이 통하는 경지를 말한다. 땅은 전술(前述)한 바와 같이 터이다. 여기서는 농토가 되어 식량이 나오고 집을 짓는 대지(垈地)가 된다. 하나님의 통치와 영광이 거기 머무르는 곳이다.

"또 이스라엘 자손들이 길갈에 진 쳤고 그 달 십사일 저녁에는 여리고 평지에서 유월절을 지켰으며 유월절 이튿날에 그 땅의 소산물을 먹되 그 날에 무교병과 볶은 곡식을 먹었더라 또 그 땅의 소산물을 먹은 다음 날에 만나가 그쳤으니 이스라엘 사람들이 다시는 만나를 얻지 못하였고 그 해에 가나안 땅의 소출을 먹었더라"(수 5:10~12)

만나가 그쳤고 그 해 가나안 땅의 열매를 먹었다. 구약의 땅은 신약의 그리스도를 예표하는 것이라고 말했다.

「이제 땅의 의미하는 바를 알게 되었을 것이다. 땅은 우리에게 모든 것이 되시는 그리스도의 상징이다. 하나님께서 인류를 위해 준비하신 모든 것이 이 땅에 집중되어 있다. 사람은 하나님이 마련하신 모든 것을 즐기기 위하여 땅 위에 살도록 피조되었다. 사람과 관련된 모든 것이 땅 안에 집중되어 있는데 이 땅은 그리스도의 예표(type)이다. 우리를 위해서 하나님이 준비하신 모든 것이 다 그리스도 안에 있다.」[52]

약속의 땅은 구원의 땅이며 첫 창조에서 안주하실 수 없으셨던 하나님이 자기 거처를 삼으실 수 있는 곳이다. 여기서 하나님과 백성의 관계가 형성된다. 신약에서 그것은 교회이다.

「신·구약에 계시된 하나님의 뜻은 그리스도께서 우리에게 땅이 되어야 하는 것이다. 우리는 그리스도의 모든 풍성을 누리도록 땅을 소유한다. 하나님이 이 땅을 우리에게 주셨다. 어느 정도 그리스도의 풍성을 누린 뒤에 나타나는 사실이 바로 하나님의 왕국과 하나님의 집, 즉 하나님의 왕국이 있는 교회이다. 이것이 하나님의 영원한 계획의 중심 사실이다.」[53]

이스라엘 백성의 역사는 한평생 땅을 차지하기 위한 투쟁이었다. 그것이 하나님의 은혜가 함께하심으로만 가능하며 사람의 힘으로는 결코 불가능한 것이었다. 인간이 땅을 차지하기 위해 투쟁했지만 성공하지 못했다는 것이 구약사이다. 그래서 구약은 창조-저주(창 1:1; 말 4:6)로 끝을 맺고 있다. 그런가 하면 앞으로 언급하는 대로 신약의 구원은 출생-은혜(마 1:1; 계 22:21)이다.

구약 – 창 1:1 "태초에 하나님이 천지를 창조하시니라."
        말 4:6 "… 돌이키지 아니하면 두렵건대 내가 와서 저주로 그 땅을 칠까 하노라 하시니라."
처음에도 땅 이야기이고 나중에도 땅 이야기인데 창조의 땅이 저주의 땅 된 경과가 구

---

52) Witness Lee, *The All-inclusive Christ*, (Los Angeles, The Street Publishers. 1969), p. 10.
53) 위의 책.

약 이야기이다. 그 중에도 이따금씩 구원의 서광이 비치곤 했다.

　　신약 －　마 1:1~2 "아브라함과 다윗의 자손 예수 그리스도의 계보(족보)라.
　　　　　　　　아브라함이 이삭을 낳고(begat)."
　　　　　　　계 22:21 "주 예수의 은혜가 모든 성도들에게 있을지어다 아멘."

　처음부터 생명의 출산에 관한 이야기이며 나중도 생명의 환희에 관한 이야기이다. 이것이 새 언약의 이야기이다. 다시 강조하는 바 땅은 왜 그렇게도 중요한가?
　우리는 그 중요성을 주변에서 찾아본다. 세속 국가가 형성되는 데에는 영토, 국민, 그리고 주권(主權)이 있어야 한다. 영토 곧 땅이 없으면 그 국가의 국민은 어디에 있으라는 말인가? 사람이 살 땅이 있어야 생존이 가능한 것이다. 땅은 국가 형성의 기본이다. 땅 없이 국민과 주권만 있다면 국민과 주권의 행사는 도대체 어디에 가서 행하라는 것인가?
　구약의 여호수아서는 3부로 구성되어 있다. 그것은 하나님이 약속하신 땅을 점령하는 것과(1~12장), 점령한 땅을 백성에게 분배하는 것과(13~21장), 점령한 땅에서 여호와 하나님을 경배하는 내용이다(22~24장). 여호수아는 땅을 점령하고 그 땅의 왕들을 죽이는 것이 그의 임무였다. 그 땅과 왕들은 결부되어 있으니까 땅 점령은 왕 살해요 왕 살해는 땅 점령이다.

　　"이스라엘 자손이 요단 저편 해 돋는 쪽 곧 아르논 골짜기에서 헤르몬 산까지의 동쪽 온 아라바
　　를 차지하고 그 땅에서 쳐죽인 왕들은 이러하니라"(수 12:1)
　　"하나는 디르사 왕이라 모두 서른한 왕이었더라"(수 12:24)

　땅은 사탄의 왕국이요, 왕은 사탄이라는 것쯤은 어느 누구도 우화적 성경해석으로 돌리기에는 자명한 신약적 진리를 상징하나니, 그것은 예수 그리스도를 머리로 하고 있는 교회의 세상에 대한 전투 그 자체이다. 이제 예수 그리스도는 점령한 땅의 왕이시요 점령한 땅에서의 하나님 경배는 오늘날 교회가 해야 할 신령한 일이다. 땅은 반드시 점령해야 하고 땅의 왕은 반드시 쳐 죽여야 한다. 악의 세력을 치는데 감상적(感傷的)일 수는 없다. 구약 전투사를 단순히 비정적(非情的)으로만 돌리는 것은 성경 해석상에 무지를 말하는 것뿐이다. 그것은 인본주의적 발상이다. 땅은 의로운 백성이 차지한다. 그리고 영영히 차지한다. 더러운 백성은 차지하지 못한다.

　　"네 백성이 다 의롭게 되어 영원히 땅을 차지하리니 그들은 내가 심은 가지요 내가 손으로 만든
　　것으로서 나의 영광을 나타낼 것인즉"(사 60:21)

그 땅에는 의로운 백성을 심기 위함이 목적이다. 여호와의 심은 가지는 여호와의 손으로 만들었다. 그것은 "나의 영광을 나타낼 것인즉"이 목적이다. 땅에는 의로운 나뭇가지가 심겨지고 그것이 여호와의 영광을 나타내는 것이다. 작은 가지와 약한 가지가 수적으로나 질적으로 강해진다.

"그 작은 자가 천 명을 이루겠고 그 약한 자가 강국을 이룰 것이라 때가 되면 나 여호와가 속히 이루리라"(사 60:22)

하나님의 영광과 사랑이 실현되는 장(場), 그것이 구약의 땅이요 신약의 교회이니 이 모든 것은 존재하시던 하나님이 창세 전 어느 순간에 행위하시고자 하시는 하나님의 기쁘시고 자유로운 뜻에 따라 된 것이었다. 하나님의 교회 형성에도 그리스도인이 생존해야 할 영적인 땅이 필요하다. 그 땅이 예수 그리스도시다. 교회란 그리스도인이 그리스도 위에 지탱하면서 하나님의 권세를 활용하고 살아가는 사람들의 신령한 집단이다. 이것은 세속 국가 형성의 요소인 영토, 국민 그리고 주권과도 비유되는데 세속 국가는 신령한 하늘 국가의 그림자인 것이다.

3. 하나님의 구원 사역 계속 – 성령의 사역

이 글을 쓰고 있는 순간에 정전이 되었다. 갑자기 집안이 캄캄해졌다. 그리고 모든 전기 제품들이 일체 가동되지 못했다. 각종 가전제품의 전원에 플러그가 끼워져 있지만 일체 움직이지 않았다. 모든 시설은 완비되어 있었지만 전기가 중단되니 아무것도 이용할 수가 없었다. TV도 꺼지고 라디오도 꺼지고 전등은 물론이거니와 냉장고, 김치냉장고 등 무엇 하나 가동되지 않았다. 다 준비되었으나 전기가 끊어진 것이다. 전기의 흐름이 있어야 했다. 쌀이 있지만 밥을 짓지 못한다. 물이 있지만 끓일 수가 없다. 전기의 흐름이 중단되었기 때문이다.

예수 그리스도로 말미암은 구원의 대책은 확실히 이루어졌다. 구원의 시설(施設)은 완비되었다. 예수 그리스도께서 구원의 선물을 준비하셨다. 예수 그리스도 자신이 선물 자체이다. 그는 길이요 진리요 생명이시다(요 14:6).

"아들이 있는 자에게는 생명이 있고 하나님의 아들이 없는 자에게는 생명이 없느니라"(요일 5:12)

그와 같이 귀한 선물이요 생명이신 그리스도와 우리 사이에 흐르는 전류가 있어야 하지 않느냐는 말이다. 그리스도와 우리를 맺어주는 어떤 끈이 있어야 하지 않느냐 말이다. 그 전류와 끈은 전원(電源)과 가전제품 사이를 이어줌으로써 가전제품이 가전제품으로서의 효능을 내게 하는 것이다.

예수 그리스도를 우리에게 증거하고 받아들이게 하시는 분이 성령이시다. 성령은 예수를 증거해서 사람들에게 확신시켜 주는 역할을 담당하셨다. 제약회사에서 만들어낸 좋은 양약이 그대로 방치되면 환자에게 무슨 소용이 있는가? 그 양약을 환자에게 가지고 와서 입에 넣어 주시는 분이 성령이다. 성령은 약을 먹도록 돕는 음료수이다. 우리의 식도로 알약이 삼켜지지 않을 때 물의 힘을 의지한다. 이것은 아주 비근한 실례이다.

구원의 대책이 예수 그리스도의 소임(所任)이라면 구원의 적용은 성령의 소임이다. 예수 그리스도에 의해 시작된 구원사역은 성령에 의해 계속된다. 예수는 구원의 대책 그 자체이시고 성령은 구원의 적용 그 자체이시다.

그러므로 시설만 갖춰 놓고 전기가 없으면 아무런 의미가 없듯이 예수께서 "다 이루었다"는 일의 실제적 적용이 없으면 아무런 의미가 없지 않은가? 그러기에 예수 그리스도 메시아를 보내시기로 약속하신 하나님은 더 나아가서 보혜사 성령님도 보내시기로 약속하셨다. 하나님의 교회 출현을 위한 구속사역 전반에 걸쳐 성령은 하나님에 의해 때와 장소를 따라 역사하셨다.

첫째, '약속되신 성령님'(promised spirit)이셨다.

둘째, 약속되신 성령님은 '나타나신 성령님'(revealed spirit)이셨다. 이것이 오순절 사건이다.

셋째, 나타나신 성령님은 '되게 하시는 성령님'(spirit of being)이셨다. 이때 성령님은 예수의 구원 대책을 사람들에게 접촉시키시는 역할을 하시고 생명을 사람들에게 안겨다 맡기시는 역사를 이루신다. '되게 하시는 성령'으로 말미암아 죄인이 의인이 되고 멸망 받을 자가 구원받을 자가 된다.

넷째, 최후로 성령님은 '하게 하시는 성령님'(spirit of doing)이시다. 이때 성령님은 그리스도인이 된 사람들을 그리스도인으로 성장하고 활동하도록 힘을 주시는 성령님이시다. 연약한 그리스도인을 영에 속한 성장한 그리스도인으로서의 성화와 제자와 승리의 임무를 잘 완수하도록 능력을 공급하시는 성령님이시다.

1) 하나님께서 약속하신 성령을 보내시다 – 구원의 적용

(1) 하나님께서 구약에서 성령을 보내실 것을 약속하셨다.

구약에서도 성령은 역사하셨다. 이때 성령님은 장차 예수의 구속사역이 끝난 뒤 세상에 역사적으로 보내심을 받도록 약속되신 성령(promised spirit)이시다. 히브리어 '루아흐'는 다양한 의미로 구약에서 사용되었다. 불가시적 신비한 능력으로서 강력한 힘과 파괴력을 지닌 바람의 개념을 가졌다.

"하나님이 노아와 그와 함께 방주에 있는 모든 들짐승과 가축을 기억하사 하나님이 바람을 땅 위에 불게 하시매 물이 줄어들었고"(창 8:1)

"모세가 애굽 땅 위에 그 지팡이를 들매 여호와께서 동풍을 일으켜 온 낮과 온 밤에 불게 하시니 아침이 되매 동풍이 메뚜기를 불어 들인지라"(출 10:13)

"여호와께서 돌이켜 강렬한 서풍을 불게 하사 메뚜기를 홍해에 몰아넣으시니 애굽 온 땅에 메뚜기가 하나도 남지 아니하니라"(출 10:19)

"바람이 여호와에게서 나와 바다에서부터 메추라기를 몰아 진영 곁 이쪽 저쪽 곧 진영 사방으로 각기 하룻 길 되는 지면 위 두 규빗쯤에 내리게 한지라"(민 11:31)

"조금 후에 구름과 바람이 일어나서 하늘이 캄캄해지며 큰 비가 내리는지라 아합이 마차를 타고 이스르엘로 가니"(왕상 18:45)

"북풍이 비를 일으킴같이 참소하는 혀는 사람의 얼굴에 분을 일으키느니라"(잠 25:23)

"그가 목소리를 내신즉 하늘에 많은 물이 생기나니 그는 땅 끝에서 구름이 오르게 하시며 비를 위하여 번개치게 하시며 그 곳간에서 바람을 내시거늘"(렘 10:13)

"그가 비록 형제 중에서 결실하나 동풍이 오리니 곧 광야에서 일어나는 여호와의 바람이라 그의 근원이 마르며 그의 샘이 마르고 그 쌓아 둔 바 모든 보배의 그릇이 약탈되리로다"(호 13:15)

"해가 뜰 때에 하나님이 뜨거운 동풍을 예비하셨고 해는 요나의 머리에 쪼이매 요나가 혼미하여 스스로 죽기를 구하여 이르되 사는 것보다 죽는 것이 내게 나으니이다 하니라"(욘 4:8)

역시 불가시적 생명을 지닌 목숨이나 생동력으로서의 '숨(호흡)' 또는 영의 개념을 가졌다. 한국 침례교 초창기에는 성경번역 및 찬송가에서 성령님을 '숨님'으로 호칭했었다. 여기서 성령의 의미는 짐승의 목숨까지 포함하여 인간의 생동력 자체로 보이는 신비한 어떤 힘이었다.

"내가 홍수를 땅에 일으켜 무릇 생명의 기운이 있는 모든 육체를 천하에서 멸절하리니 땅에 있는 것들이 다 죽으리라"(창 6:17)

"무릇 생명의 기운이 있는 육체가 둘씩 노아에게 나아와 방주로 들어갔으니"(창 7:15)

"육지에 있어 그 코에 생명의 기운의 숨이 있는 것은 다 죽었더라"(창 7:22)

여기 기식(氣息, breath of life)은 숨 혹은 호흡을 말한다. 성령님은 구약에서 생명 그 자체로 호칭되었다.

"내가 나의 영을 주의 손에 부탁하나이다 진리의 하나님 여호와여 나를 속량하셨나이다"(시 31:5)

"인생이 당하는 일을 짐승도 당하나니 그들이 당하는 일이 일반이라 다 동일한 호흡이 있어서 짐

승이 죽음같이 사람도 죽으니 사람이 짐승보다 뛰어남이 없음은 모든 것이 헛됨이로다"(전 3:19)
"인생들의 혼은 위로 올라가고 짐승의 혼은 아래 곧 땅으로 내려가는 줄을 누가 알랴"(전 3:21)
"사람마다 어리석고 무식하도다 은장이마다 자기의 조각한 신상으로 말미암아 수치를 당하나니 이는 그가 부어 만든 우상은 거짓 것이요 그 속에 생기가 없음이라"(렘 10:14)
"여호와의 영이 내게 임하여 이르시되 너는 말하기를 여호와의 말씀에 이스라엘 족속아 너희가 이렇게 말하였도다 너희 마음에서 일어나는 것을 내가 다 아노라"(겔 11:5)

인간과 짐승에게 생명을 주는 숨 혹은 영으로서의 개념은 그 움직이는 강세가 오르막과 내리막을 넘나드는 양상을 띠기도 했다. 그것은 성령이 인격자로서 성령의 소유자의 어떠함에 따라 성령의 역사에 어떤 인격적인 변화를 보인 것으로 해석할 수도 있을 것이다.

"아침에 그의 마음이 번민하여 사람을 보내어 애굽의 점술가와 현인들을 모두 불러 그들에게 그의 꿈을 말하였으나 그것을 바로에게 해석하는 자가 없었더라"(창 41:8)
"그 남편이 의심이 생겨 그 아내를 의심하였는데 그의 아내가 더럽혀졌거나 또는 그 남편이 의심이 생겨 그 아내를 의심하였으나 그 아내가 더럽혀지지 아니하였든지"(민 5:14)
"또는 그 남편이 의심이 생겨서 자기의 아내를 의심할 때에 여인을 여호와 앞에 두고 제사장이 이 법대로 행할 것이라"(민 5:30)
"요단 서쪽의 아모리 사람의 모든 왕들과 해변의 가나안 사람의 모든 왕들이 여호와께서 요단 물을 이스라엘 자손들 앞에서 말리시고 우리를 건너게 하셨음을 듣고 마음이 녹았고 이스라엘 자손들 때문에 정신을 잃었더라"(수 5:1)
"여호와여 속히 내게 응답하소서 내 영이 피곤하니이다 주의 얼굴을 내게서 숨기지 마소서 내가 무덤에 내려가는 자 같을까 두려워하나이다"(시 143:7)
"애굽인의 정신이 그 속에서 쇠약할 것이요 그의 계획을 내가 깨뜨리니 그들이 우상과 마술사와 신접한 자와 요술객에게 물으리로다"(사 19:3)
"그들이 또 요셉이 자기들에게 부탁한 모든 말로 그에게 말하매 그들의 아버지 야곱은 요셉이 자기를 태우려고 보낸 수레를 보고서야 기운이 소생한지라"(창 45:27)

그러나 무엇보다 구약에서의 성령은 하나님의 능력으로서 초자연적인 힘의 개념을 가졌다. 초기의 카리스마적인 지도자에게 주로 나타났다.

"여호와의 영이 그에게 임하셨으므로 그가 이스라엘의 사사가 되어 나가서 싸울 때에 여호와께서 메소보다미아 왕 구산 리사다임을 그의 손에 넘겨 주시매 옷니엘의 손이 구산 리사다임을 이

기니라"(삿 3:10)

"여호와의 영이 기드온에게 임하시니 기드온이 나팔을 불매 아비에셀이 그의 뒤를 따라 부름을 받으니라"(삿 6:34)

"이에 여호와의 영이 입다에게 임하시니 입다가 길르앗과 므낫세를 지나서 길르앗의 미스베에 이르고 길르앗의 미스베에서부터 암몬 자손에게로 나아갈 때에"(삿 11:29)

"소라와 에스다올 사이 마하네단에서 여호와의 영이 그를 움직이기 시작하셨더라"(삿 13:25)

"여호와의 영이 삼손에게 강하게 임하니 그가 손에 아무것도 없이 그 사자를 염소 새끼를 찢는 것같이 찢었으나 그는 자기가 행한 일을 부모에게 알리지 아니하였더라"(삿 14:6)

"삼손이 레히에 이르매 블레셋 사람이 그에게로 마주 나가며 소리 지르는 동시에 여호와의 신의 권능이 삼손에게 임하매 그 팔 위의 줄이 불탄 삼과 같아서 그 결박되었던 손에서 떨어진지라"(삿 15:14)

"사울이 이 말을 들을 때에 하나님의 영에게 크게 감동되매 그의 노가 크게 일어나"(삼상 11:6)

초기의 예언자들에게 초자연적인 힘으로 나타나셨다.

"눈을 들어 이스라엘이 그 지파대로 천막 친 것을 보는데 그 때에 하나님의 영이 그 위에 임하신지라"(민 24:2)

"네게는 여호와의 영이 크게 임하리니 너도 그들과 함께 예언을 하고 변하여 새 사람이 되리라"(삼상 10:6)

"그들이 산에 이를 때에 선지자의 무리가 그를 영접하고 하나님의 영이 사울에게 크게 임하므로 그가 그들 중에서 예언을 하니"(삼상 10:10)

"사울이 다윗을 잡으러 전령들을 보냈더니 그들이 선지자 무리가 예언하는 것과 사무엘이 그들의 수령으로 선 것을 볼 때에 하나님의 영이 사울의 전령들에게 임하매 그들도 예언을 한지라"(삼상 19:20)

"사울이 라마 나욧으로 가니라 하나님의 영이 그에게도 임하시니 그가 라마 나욧에 이르기까지 걸어가며 예언을 하였으며"(삼상 19:23)

구약에서 성령은 창조사역에 관여하셨으므로 동물, 빛, 인간, 생명체는 성령 사역의 결과이다(시 104:30). 성령은 도덕적 영역에서도 하나님의 뜻을 이루는 행위자이셨다. 성령은 죄악을 용납지 않으며(사 4:4), 변질된 사울에게서 떠나기도 하셨다(삼상 16:14). 성령은 개인에게와(출 31:2~3), 단체인 하나님의 백성에게도 부여하셨다(학 2:5). 그러나 무엇보다 중요한 것은 구약에서 신약의 현장으로 성령을 보내시겠다고 약속하신 사실이다. 구약에서의 성령 사역은 아직은 예수의 완성하신 구원의 대책과 직결된 것은 아니었다. 성령님이 신약에 오신 것은 이미 구약에서의 약속에 의한 것인데 그 약속은 예수의 구원사역의 대책과 관련된 것이었다. 특별히 성령은 메시아의 날을 대망하면서 그 날에 메시아의 사역과 관계하기 위해 파송받기로 되어 있었던 것이다.

"그 후에 내가 내 영을 만민에게 부어 주리니 너희 자녀들이 장래 일을 말할 것이며 너희 늙은이는 꿈을 꾸며 너희 젊은이는 이상을 볼 것이며"(욜 2:28)

"마침내 위에서부터 영을 우리에게 부어 주시리니 광야가 아름다운 밭이 되며 아름다운 밭을 숲으로 여기게 되리라"(사 32:15)

"나는 목마른 자에게 물을 주며 마른 땅에 시내가 흐르게 하며 나의 영을 네 자손에게, 나의 복을 네 후손에게 부어 주리니"(사 44:3)

"여호와께서 이르시되 내가 그들과 세운 나의 언약이 이러하니 곧 네 위에 있는 나의 영과 네 입에 둔 나의 말이 이제부터 영원하도록 네 입에서와 네 후손의 입에서와 네 후손의 후손의 입에서 떠나지 아니하리라 하시니라 여호와의 말씀이니라"(사 59:21)

"또 내 영을 너희 속에 두어 너희로 내 율례를 행하게 하리니 너희가 내 규례를 지켜 행할지라"(겔 36:27)

"내가 다시는 내 얼굴을 그들에게 가리지 아니하리니 이는 내가 내 영을 이스라엘 족속에게 쏟았음이라 주 여호와의 말씀이니라"(겔 39:29)

(2) 하나님께서 구약시대에 약속하신 성령이 그 약속대로 신약시대에 오셨다.

이때의 성령님은 보내시도록 약속되신, 실제로 세상에 나타나신 성령님(revealed spirit)이시다. 우리는 이것을 오순절 사건이라 한다. 성탄절이 예수 그리스도의 강림이듯이 오순절은 성령님의 강림이다. 예수께서 구원의 대책을 마련하셨다면 이 대책을 사람들에게 유효하게 역사하시는 일은 성령의 몫으로 두셨다. 예수는 구원의 대책 현장에 성령을 불러들이지 아니하셨다. 구원의 대책은 오직 예수 혼자만의 사명이었다. 그가 성육하시고 죽으시고 부활·승천·승귀하셨다. 이제 나머지 뒤처리는 성령님께 일임하셨다. 예수는 아버지께서 예수 사역 다음으로 성령의 사역의 순서를 정하심을 인지하셨다. 예수는 아버지의 약속하신 것이 무엇이라는 것을 아셨다. 아버지께서 약속하신 것이라면 대단한 것이 아닌가?

"볼지어다 내가 내 아버지께서 약속하신 것을 너희에게 보내리니 너희는 위로부터 능력으로 입혀질 때까지 이 성에 머물라 하시니라"(눅 24:49)

"그러나 내가 너희에게 실상을 말하노니 내가 떠나가는 것이 너희에게 유익이라 내가 떠나가지 아니하면 보혜사가 너희에게로 오시지 아니할 것이요 가면 내가 그를 너희에게로 보내리니"(요 16:7)

예수께서 구원사역을 이루시고 승천하심을 말씀하셨다. 예수께서 제자들을 땅에 두고 떠나가는 것이 제자들에게 유익하다고 말씀하셨다. 성령 강림은 예수 떠나심과 맞바꾼 대단한 사건이다. 예수께서 떠나가지 아니하시면 성령님은 오시지 않으신다. 예수께서 떠나실 때 보혜사 성령이 오신다. 이 무슨 필연적인 교환의 법칙인가? 예수님과 성령님이 함께 지상에 계신들 어떠하랴? 그러나 예수님이 가시고 성령이 오심이 하나님의 섭리이다. 그것은 예수와 성령 사이의 임무 교대 역사이기 때문에 반드시 그런 형태를 취하게 되었다. 예수님은 구약에서 예언되었던 성령을 실제로 성령의 때에 성령이 오실 것을 약속하셨다.

"명절 끝날 곧 큰 날에 예수께서 서서 외쳐 이르시되 누구든지 목마르거든 내게로 와서 마시라 나를 믿는 자는 성경에 이름과 같이 그 배에서 생수의 강이 흘러나오리라 하시니 이는 그를 믿는 자들이 받을 성령을 가리켜 말씀하신 것이라 (예수께서 아직 영광을 받지 않으셨으므로 성령이 아직 그들에게 계시지 아니하시더라"(요 7:37~39)

예수님은 천부께 구하는 자에게 성령을 주신다고 말씀하셨다.

"너희가 악할지라도 좋은 것을 자식에게 줄줄 알거든 하물며 너희 하늘 아버지께서 구하는 자에게 성령을 주시지 않겠느냐 하시니라"(눅 11:13)
"내가 아직 너희와 함께 있어서 이 말을 너희에게 하였거니와 보혜사 곧 아버지께서 내 이름으로 보내실 성령 그가 너희에게 모든 것을 가르치고 내가 너희에게 말한 모든 것을 생각나게 하리라"(요 14:25~26)

그는 부활하신 후 "성령을 받으라"고 하셨다.

"이 말씀을 하시고 그들을 향하사 숨을 내쉬며 이르시되 성령을 받으라"(요 20:22)

예수님은 승천하실 즈음에 반드시 성령이 오심을 약속하고 이제부터의 관심사는 구원 대책의 적용자이신 성령과 관계 맺기를 소원하셨다.

"사도와 함께 모이사 그들에게 분부하여 이르시되 예루살렘을 떠나지 말고 내게서 들은 바 아버지께서 약속하신 것을 기다리라 요한은 물로 침(세)례를 베풀었으나 너희는 몇 날이 못되어 성령으로 침(세)례를 받으리라 하셨느니라"(행 1:4~5)

"오직 성령이 너희에게 임하시면 너희가 권능을 받고 예루살렘과 온 유대와 사마리아와 땅 끝까지 이르러 내 증인이 되리라 하시니라"(행 1:8)

이에 이어서 성령님이 강림하신 오순절을 맞았다.

"오순절 날이 이미 이르매 그들이 다같이 한 곳에 모였더니 홀연히 하늘로부터 급하고 강한 바람 같은 소리가 있어 그들이 앉은 온 집에 가득하며 마치 불의 혀처럼 갈라지는 것들이 그들에게 보여 각 사람 위에 하나씩 임하여 있더니 그들이 다 성령의 충만함을 받고 성령이 말하게 하심을 따라 다른 언어들로 말하기를 시작하니라"(행 2:1~4)

성령 강림의 역사가 전개되었다. 성부 하나님의 창조사역, 성자 하나님의 구원사역, 그렇다면 성령님의 오순절 강림사역은 삼위일체 하나님이 역사 속에서 독특하게 이룩하신 역사들이었다. 성령강림 사역은 구약에서 필요에 따라 이따금씩 표면에 역사하시던 성령님이 이제 신약에서는 항상 지상에 계셔서 교회에 상주(常住)하신다. 성령은 교회를 그 전(殿)으로 계신다. 제자들은 오순절의 설교를 하기 시작했다. 베드로가 열한 사도와 같이 서서 소리를 높여 사람들에게 설교한다.

"하나님이 말씀하시기를 말세에 내가 내 영을 모든 육체에 부어 주리니 너희의 자녀들은 예언할 것이요 너희의 젊은이들은 환상을 보고 너희의 늙은이들은 꿈을 꾸리라 그때에 내가 내 영을 내 남종과 여종들에게 부어 주리니 그들이 예언할 것이요 또 내가 위로 하늘에서는 기사를 아래로 땅에서는 징조를 베풀리니 곧 피와 불과 연기로다 주의 크고 영화로운 날이 이르기 전에 해가 변하여 어두워지고 달이 변하여 피가 되리라 누구든지 주의 이름을 부르는 자는 구원을 받으리라 하였느니라"(행 2:17~21)

베드로는 설교를 마친 뒤 사람들이 "우리가 어찌 할꼬" 할 때에 회개와 침(세)례와 사죄의 은혜를 받으라고 하면서도 성령의 선물을 받으라고 강조했다. 그리고 이것은 다 미리 약속된 것임을 말했다.

"베드로가 이르되 너희가 회개하여 각각 예수 그리스도의 이름으로 침(세)례를 받고 죄 사함을 받으라 그리하면 성령의 선물을 받으리니 이 약속은 너희와 너희 자녀와 모든 먼 데 사람 곧 주

우리 하나님이 얼마든지 부르시는 자들에게 하신 것이라 하고"(행 2:38~39)

(3) 하나님께서 약속에 의해 보내신 성령님은 '되게 하시는 성령님'(spirit of being)으로 역사하신다.

생명 전달자 성령님은 어떻게 생명을 전달하시는가?
이제부터 본격적으로 사람들을 구원받은 자로 중생시키시는 일이 성령에 의해 시작되는 것이다. 예수의 구원 대책은 사람으로 하여금 죄 사함을 받아 의인이 되게 하고 구원받은 사람이 되는 것을 목적으로 삼았다. 그 목적 성취를 성령님이 하신다. 그것은 교회를 이루기 위하여 사람들을 모집하는 성령의 초청이요 활동이다. 군대를 형성하기 위해 청년을 모집하고 훈련시켜 단단한 군대를 만들듯이 각각 개인을 불러 예수의 구원 대책으로 이끌고 예수 그리스도를 주로 고백케 하시는 일이 성령의 일이다. 성령의 주요 사역은 예수의 구원사역을 끝맺는 일이다. 그것은 예수의 구원의 대책을 사람들에게 적용하는 것이다. 예수가 가설해 놓으신 시설에 전류를 흐르게 하는 일이다.

예수의 살과 피를 먹고 마시게 입에 넣어주시는 일이 성령의 사역이다. 입에 넣어 준 음식을 식도로 넘기는 일은 사람들이 할 일이니 그것이 믿음이다. 믿음의 식도(食道)가 살과 피를 마시게 하는 것이다. 즉 성령은 죄인들을 회개시켜 예수의 피로 죄 사함 받아 의인을 만들어 주시고 그 의인들을 다시 집결시키사 교회를 세우신다.

'되게 하시는 성령님'은 그리스도인과 그들의 모임인 교회에게 생명을 안겨다 준다. 성령은 예수 생명을 사람에게 전해준다. 성령은 예수의 구원 대책을 사람들로 하여금 수용(受容)하게 한다. '되게 하시는 성령님'의 주된 역사는 생명의 전달이다.

| 되게 하시는 성령 = 생명 전달 = 살리는 일 = 중생 |

"예수께서 대답하시되 진실로 진실로 네게 이르노니 사람이 물과 성령으로 나지 아니하면 하나님의 나라에 들어갈 수 없느니라 육으로 난 것은 육이요 영으로 난 것은 영이니 내가 네게 거듭나야 하겠다 하는 말을 놀랍게 여기지 말라 바람이 임의로 불매 네가 그 소리는 들어도 어디서 와서 어디로 가는지 알지 못하나니 성령으로 난 사람도 다 그러하니라"(요 3:5~8)
"예수를 죽은 자 가운데서 살리신 이의 영이 너희 안에 거하시면 그리스도 예수를 죽은 자 가운데서 살리신 이가 너희 안에 거하시는 그의 영으로 말미암아 너희 죽을 몸도 살리시리라"(롬 8:11)
"베드로가 이르되 너희가 회개하여 각각 예수 그리스도의 이름으로 침(세)례를 받고 죄 사함을 받으라 그리하면 성령의 선물을 받으리니"(행 2:38)

"또 새 영을 너희 속에 두고 새 마음을 너희에게 주되 너희 육신에서 굳은 마음을 제거하고 부드러운 마음을 줄 것이며"(겔 36:26)

예수님은 성령이 배에서 흘러나오는 생수의 강이라고 말씀하셨다. 생수의 강은 바싹 말라 고갈된 사람 속에서 생명을 안겨다 주어 풍요로운 삶이 되게 한다.

"이는 그를 믿는 자들이 받을 성령을 가리켜 말씀하신 것이라 (예수께서 아직 영광을 받지 않으셨으므로 성령이 아직 그들에게 계시지 아니하시더라"(요 7:39)

사도 바울은 로마서 8장에서 성령이 어떻게 죄인들로 하여금 그리스도인이 되게 하시는가를 조목조목 예를 들어 설명해 주고 있다. '되게 하시는 성령'은 죄인들을 의인되게 하시고 죽을 몸을 산 몸이 되게 하신다. 생명의 성령의 법은 죄와 사망의 법에서 사람을 해방한다.

"그러므로 이제 그리스도 예수 안에 있는 자에게는 결코 정죄함이 없나니 이는 그리스도 예수 안에 있는 생명의 성령의 법이 죄와 사망의 법에서 너를 해방하였음이라"(롬 8:1~2)

영의 생각은 생명과 평안이라고 했다. 죽은 사람이 생명을 가진 자 되게 하고 불안한 사람이 평안한 사람이 되게 하시는 것은 성령의 역사이다. 이 성령이 사람의 영과 결합하여 이뤄내는 결과가 생명과 평안이다.

"육신의 생각은 사망이요 영의 생각은 생명과 평안이니라"(롬 8:6)

그리스도의 영 곧 성령은 사람으로 하여금 그리스도의 사람으로 만든다. 사탄에게 속해 있던 사람들을 그리스도께 속한 사람으로 되게 하시는 것은 성령의 역사이다.

"만일 너희 속에 하나님의 영이 거하시면 너희가 육신에 있지 아니하고 영에 있나니 누구든지 그리스도의 영이 없으면 그리스도의 사람이 아니라"(롬 8:9)

예수를 죽은 자 가운데서 살리신 이 곧 하나님의 영이 우리 안에 있으면 우리 죽을 몸도 살게 된다.

"예수를 죽은 자 가운데서 살리신 이의 영이 너희 안에 거하시면 그리스도 예수를 죽은 자 가운데서 살리신 이가 너희 안에 거하시는 그의 영으로 말미암아 너희 죽을 몸도 살리시리라"(롬 8:11)

예수를 주님이라고 고백할 수 있는 것은 성령 외에 다른 것으로 되는 법이 없다.

> "그러므로 내가 너희에게 알리노니 하나님의 영으로 말하는 자는 누구든지 예수를 저주할 자라 하지 아니하고 또 성령으로 아니하고는 누구든지 예수를 주시라 할 수 없느니라"(고전 12:3)

성령을 따라 난 자는 육체를 따라 난 자와는 피차 대립관계에 있다고 했다. 우리도 원래는 육체를 따라 났는데 성령으로 말미암아 난 자가 된 것이다.

> "그러나 그 때에 육체를 따라 난 자가 성령을 따라 난 자를 박해한 것 같이 이제도 그러하도다"(갈 4:29)

예수님은 자기가 떠나는 것이 제자들에게 그토록 유익이라고 말씀하셨는데 도대체 무슨 일이 있기에 이런 말씀을 하셨는가? 그것은 그의 떠나심이 곧바로 성령 강림으로 이어지고 그 성령님은 세상에 대하여 사정 없이 책망하신다고 했다. 이 '엘렝틱스'라는 책망은 상대방을 부끄럽게 한다, 혹은 당황스럽게 한다, 또는 찔리는 말을 한다는 것이니 그것은 회개를 촉구하여 새로운 세상, 새로운 사람이 되게 한다는 것이다. 여기서도 '되게 하시는 성령'의 활동 장면을 본다.

> "그가 와서 죄에 대하여, 의에 대하여, 심판에 대하여 세상을 책망하시리라 죄에 대하여라 함은 그들이 나를 믿지 아니함이요 의에 대하여라 함은 내가 아버지께로 가니 너희가 다시 나를 보지 못함이요 심판에 대하여라 함은 이 세상 임금이 심판을 받았음이라"(요 16:8~11)

마침내 성령은 우리 안에 거하신다.

> "너희는 너희가 하나님의 성전인 것과 하나님의 성령이 너희 안에 계시는 것을 알지 못하느냐"(고전 3:16)

'되게 하시는 성령님'은 사람으로 하여금 그리스도인이 되게 하신다. 그것은 사람으로 하여금 구원의 대책에 능동적으로 반응케 함으로써 죄인이 의인이 되게 만든다. 멸망 받을 사람이 구원받는 사람으로 되게 한다. 그리스도인이 되었다는 것은 무슨 의미인가? 죄인인 자연인이 신령한 사람이 되었다는 것을 의미한다. 세상에 속한 사람이 하늘에 속한 사람이 되었다는 것을 의미한다. 그것은 위치의 변화와 신분의 변화와 상태의 변화를 경험한 사람을 일컫는다. 성경은 그런 사건을 간단히 '구원'이라고 한다. 구원이란 세상에 속한 사람이 하나님 나라에 속한 사람으로의 이동이다.

① 먼저 사람의 위치의 변화를 보자.

그리스도인은 흑암의 권세에서 사랑의 아들의 나라로 옮겨진 위치에 놓였다.

"그가 우리를 흑암의 권세에서 건져내사 그의 사랑의 아들의 나라로 옮기셨으니"(골 1:13)

하나님과 멀리 있던 우리가 하나님의 측근으로 오게 되었다.

"이제는 전에 멀리 있던 너희가 그리스도 예수 안에서 그리스도의 피로 가까워졌느니라"(엡 2:13)

② 그 다음 사람의 신분의 변화를 보자.

사람은 본질상 진노의 자녀였던 신분이었다.

"전에는 우리도 다 그 가운데서 우리 육체의 욕심을 따라 지내며 육체와 마음의 원하는 것을 하여 다른 이들과 같이 본질상 진노의 자녀이었더니"(엡 2:3)

사람은 육체적이었고 그리스도 밖에 있었던 신분이었다.

"그러므로 생각하라 너희는 그 때에 육체로는 이방인이요 손으로 육체에 행한 할례를 받은 무리라 칭하는 자들로부터 할례를 받지 않은 무리라 칭함을 받는 자들이라 그 때에 너희는 그리스도 밖에 있었고 이스라엘 나라 밖의 사람이라 약속의 언약들에 대하여는 외인이요 세상에서 소망이 없고 하나님도 없는 자이더니"(엡 2:11, 12)

이와 같은 신분이 하나님의 아들들이 되었다.

"그 기쁘신 뜻대로 우리를 예정하사 예수 그리스도로 말미암아 자기의 아들들이 되게 하셨으니 이는 그가 사랑하시는 자 안에서 우리에게 거저 주시는 바 그의 은혜의 영광을 찬송하게 하려는 것이라"(엡 1:5, 6)

성령이 역사하심으로 우리는 하나님의 아들이 되었고 아바 아버지라 부르짖고 후사가 된 신분의 소유자이다.

"무릇 하나님의 영으로 인도함을 받는 사람은 곧 하나님의 아들이라 너희는 다시 무서워하는 종의 영을 받지 아니하고 양자의 영을 받았으므로 우리가 아빠 아버지라고 부르짖느니라 성령이 친히 우리의 영과 더불어 우리가 하나님의 자녀인 것을 증언하시나니 자녀이면 또한 상속자 곧 하나님의 상속자요 그리스도와 함께한 상속자니 우리가 그와 함께 영광을 받기 위하여 고난도 함께 받아야 할 것이니라"(롬 8:14~17)

③ 끝으로 사람의 상태의 변화를 보자.

우리는 마귀에게 굴종하는 자가 아니라 이 세대를 본받지 않고 늘 하나님의 선하시고 기뻐하시고 온전하신 뜻이 무엇인지 분별하면서 몸으로 예배를 드리려는 경건한 상태에 놓인 자가 되었다.

"그러므로 형제들아 내가 하나님의 모든 자비하심으로 너희를 권하노니 너희 몸을 하나님이 기뻐하시는 거룩한 산 제물로 드리라 이는 너희가 드릴 영적 예배니라 너희는 이 세대를 본받지 말고 오직 마음을 새롭게 함으로 변화를 받아 하나님의 선하시고 기뻐하시고 온전하신 뜻이 무엇인지 분별하도록 하라"(롬 12:1, 2)

그리스도인이 되었다는 것은 그 사람의 어느 부분에 어떤 약간의 변화가 있다는 것이 아니라 그 사람의 전부에 획기적이고도 혁명적인 변화가 일어난 사람이란 뜻이다.

이상에서 언급한 대로 일단 그 사람의 위치의 변화와 신분의 변화와 그 신분에 따르는 그 사람의 현 상태의 변화이다. 우리 사람의 구원은 부분 구원이 아니라 전체적인 구원이어야 한다. 어느 지체는 차에 타고 어느 지체는 차 밖에 있으면서 차를 타고 달린다는 것은 있을 수 없다. 여기서 누가 차이며 누가 차를 온전히 타게 만드셨느냐를 생각해야 한다. 차는 예수 그리스도시다. 차에 온전히 올라타게 하신 이는 성령이시다. 그리고 차를 설계하신 분은 하나님이시다.

'되게 하시는 성령님'은 생명을 전달한다. 그것은 사람들로 하여금 예수 그리스도를 구주와 주님으로 모셔들일 수 있도록 역사하심을 의미한다. 성령님과 예수 그리스도는 똑같은 신분인데 피차간에 우리 사람을 위하여 제각기 하시는 임무가 나눠진다. 일단 예수 그리스도는 길이요 진리요 생명이시다.

"예수께서 이르시되 내가 곧 길이요 진리요 생명이니 나로 말미암지 않고는 아버지께로 올 자가 없느니라"(요 14:6)

또 그러하신 예수 그리스도를 알았다는 것은 하나님 아버지도 안다는 결론을 말씀하셨다.

"너희가 나를 알았더라면 내 아버지도 알았으리로다 이제부터는 너희가 그를 알았고 또 보았느니라"(요 14:7)

예수 그리스도와 하나님 아버지는 똑같으신 분이라는 말씀에 빌립이 아버지를 보여 달라고 조르자 예수님은 이렇게 답변하셨다.

"예수께서 이르시되 빌립아 내가 이렇게 오래 너희와 함께 있으되 네가 나를 알지 못하느냐 나를 본 자는 아버지를 보았거늘 어찌하여 아버지를 보이라 하느냐"(요 14:9)

그런 다음 예수는 아버지께 구해서 또 다른 보혜사를 보내사 영원토록 우리와 함께하실 것을 약속하셨다.

"내가 아버지께 구하겠으니 그가 또 다른 보혜사를 너희에게 주사 영원토록 너희와 함께 있게 하리니"(요 14:16)

여기 또 다른 보혜사(another comforter)는 같은 인물들 중의 한 인물이란 뜻이다. 예수님과 성령님이 동일하신 분이란 말이다. 만일 별다른 보혜사(other comforter)라고 한다면 예수와는 근본적으로 맞지 않는 어떤 별개적인 분일 것이다. 그런데 또 다른 보혜사라고 할 때는 동질(同質)의 어떤 인물이요, 별다른 보혜사라고 한다면 이질(異質)의 어떤 분이다. 그런데 예수와 성령님은 동질이시다. 예수님은 떠나갔지만 성령님이 오셨다. 그것은 또 다른 한 분의 예수가 성령님이시란 말이다. 물론 또 다른 보혜사 성령님은 승천하신 예수님이시고 승천하신 예수님은 지상에 오신 성령님이시다.

예수는 길이요 진리요 생명이신데 성령님은 이런 예수님을 사람들에게 증거하고 전달하신다. 이런 성령님이 계시지 않으면 예수님과 우리 사이에는 접촉의 끈이 없었을 것이다. 또 다른 보혜사 성령님은 승천하신 예수 그리스도와 같은 분이시지만 그의 임무는 진리의 영으로서 생명이신 예수를 사람들 속에 거하시게 하는 분이다.

"그는 진리의 영이라 세상은 능히 그를 받지 못하나니 이는 그를 보지도 못하고 알지도 못함이라 그러나 너희는 그를 아나니 그는 너희와 함께 거하심이요 또 너희 속에 계시겠음이라"(요 14:17)

성령님이 함께계시고 또 우리 속에 계신다는 것은 생명 예수가 계시는 것이다. 성령님이 우리 속에 계시지 않으면 생명 예수도 계시지 않으신다. 이런 역사를 통해 성령은 결과적으로 그리스도를 영광스럽게 나타낸다.

"그가 내 영광을 나타내리니 내 것을 가지고 너희에게 알리시겠음이라"(요 16:14)

여기서 우리는 잠깐 삼위일체 하나님의 진리 전달 과정을 보자. 간단히 미니 설교학(minimum preaching)을 이야기해야 하겠다. 설교의 근본 자료는 하나님께 있다. 예수는 하나님으로부터 설교 자료를 취해 오시고 성령은 또 예수로부터 설교 자료를 취한다. 이것을 술이부작(述而不作)의 설교라 하나니 예수님도 성령님도 술이부작 설교자이시다. 이 말은 예수님도 독창적인 설교 안을 내시지도 않았고 단지 하나님으로부터 듣고 배우고 보신 것을 설교하셨다. 예수의 말이 아니라 아버지의 말씀을 단지 전달하신 것이다. "술(述)하고 작(作)하지는 않았다"는 설교이다. 말만 했지 만들어낸 것은 없는 설교이다. 이 얼마나 쉬운 설교 방법일까?

예수님의 술이부작 설교의 성경구절을 보자.

"내가 아버지 안에 거하고 아버지는 내 안에 계신 것을 네가 믿지 아니하느냐 내가 너희에게 이르는 말은 스스로 하는 것이 아니라 아버지께서 내 안에 계셔서 그의 일을 하시는 것이라"(요 14:10)
"그러므로 예수께서 그들에게 이르시되 내가 진실로 진실로 너희에게 이르노니 아들이 아버지께서 하시는 일을 보지 않고는 아무것도 스스로 할 수 없나니 아버지께서 행하시는 그것을 아들도 그와 같이 행하느니라"(요 5:19)
"나를 사랑하지 아니하는 자는 내 말을 지키지 아니하나니 너희가 듣는 말은 내 말이 아니요 나를 보내신 아버지의 말씀이니라"(요 14:24)

성령님의 술이부작 설교의 성경구절을 보자. 전술한 바와 같이 예수님은 아버지의 말씀을 들려주셨고 성령님은 또 그 말씀을 사람들에게 일러주셨다.

"보혜사 곧 아버지께서 내 이름으로 보내실 성령 그가 너희에게 모든 것을 가르치고 내가 너희에게 말한 모든 것을 생각나게 하리라"(요 14:26)
"그러나 진리의 성령이 오시면 그가 너희를 모든 진리 가운데로 인도하시리니 그가 스스로 말하지 않고 오직 들은 것을 말하며 장래 일을 너희에게 알리시리라"(요 16:13)
"무릇 아버지께 있는 것은 다 내 것이라 그러므로 내가 말하기를 그가 내 것을 가지고 너희에게

알리시리라 하였노라"(요 16:15)

"오늘날 설교보다 더 하기 쉬운 것이 어디 있느냐?"
"뭐니뭐니해도 설교보다 더 어려운 것이 어디 있느냐?"
앞의 질문도 뒤의 질문도 다 이해하기 나름인 것이다.

술이부작의 설교라면 설교가 쉽고 흥미로울 것이고, 하나님으로부터 설교 내용을 인수받지 않고 자작설교(自作說敎)하자면 잉태되지 않은 아기를 출산하라는 요청과 같은 고통일 것이다. 에스겔은 얼굴이 뻔뻔하고 마음이 강퍅한 자들에게 가서 듣든지 아니 듣든지 "주 여호와의 말씀이 이러하시다"로 설교했던 선지자로 유명하다.

"이 자손은 얼굴이 뻔뻔하고 마음이 굳은 자니라 내가 너를 그들에게 보내노니 너는 그들에게 이르기를 주 여호와의 말씀이 이러하시다 하라"(겔 2:4)
"사로잡힌 네 민족에게로 가서 그들이 듣든지 아니 듣든지 그들에게 고하여 이르기를 주 여호와의 말씀이 이러하시다 하라"(겔 3:11)
"그러나 내가 너와 말할 때에 네 입을 열리니 너는 그들에게 이르기를 주 여호와의 말씀이 이러하시다 하라 들을 자는 들을 것이요 듣기 싫은 자는 듣지 아니하리니 그들은 반역하는 족속임이니라"(겔 3:27)

「성령의 모든 일은 사람들에게 그리스도를 소개하신다는 일로 요약된다(요 16:14). 그러나 성령의 일은 기본적으로 인간의 심령 속에서의 사역이다. 그것은 신자의 마음속에서 죄와 중생과 성화(聖化)와 내적 증거에 대한 확신을 내포하며, 아버지 하나님과의 친교, 봉사를 위한 능력 부여 및 장비 대여, 신자들의 몸의 부활, 신자들의 영화에 대한 확신을 넣어주는 일이다. 이상의 모든 활동들이 직접적으로 그리스도와 관련된다. 성령의 사역은 그리스도를 우리에게 계시하며, 우리 안에 그리스도를 넣어주시는 일이다. 그것은 이렇게 표현해도 좋을 것이다. 사진을 찍기 위해 앉아 계시는 대상 인물은 그리스도다. 그리스도의 형상을 받아들이는 감광판(感光板)은 인간의 마음이다. 대상 인물에게 비치는 빛은 성령이다. 하기는 이런 실례마저도 부적당하다. 왜냐하면 성령은 우리의 마음속을 비추시기 때문이다.」[54]

성령을 통해 영광을 드러내신 그리스도는 결국 하나님을 영화롭게 하신다는 것을 그의 마지막 고별기도에서 말씀하셨다.

---
54) E. Y. 멀린스, 「조직신학 원론」, p. 445.

"예수께서 이 말씀을 하시고 눈을 들어 하늘을 우러러 이르시되 아버지여 때가 이르렀사오니 아들을 영화롭게 하사 아들로 아버지를 영화롭게 하게 하옵소서"(요 17:1)

"아버지께서 내게 하라고 주신 일을 내가 이루어 아버지를 이 세상에서 영화롭게 하였사오니 아버지여 창세 전에 내가 아버지와 함께 가졌던 영화로써 지금도 아버지와 함께 나를 영화롭게 하옵소서"(요 17:4~5)

E. Y. 멀린스는 우리 안에서의 성령의 사역을 다음과 같이 요약 제시하고 있다.

「• 그는 그리스도 안에서 완전히 구체화된 생명원리(生命原理, life-principle)를 우리 안에 실질적이 되게 하신다.
• 그는 그리스도에 의해 우리를 위해 확보해 주신 바 된 신령한 권리와 특전을 실제로 우리의 소유물이 되게 하신다.
• 그는 그리스도 안에서 구체화된 윤리적 이상을 점진적 생활에서 우리 자신의 체험이 되게 하신다.
• 그는 죄와 사망에 대한 그리스도의 승리를 우리의 승리로 만드신다.」[55]

이와 같이 성령은 예수의 하신 일을 사람들에게 유효하게 접촉시켜 주신다. 성령은 인(印)치고 보증해 주신다.

"그 안에서 너희도 진리의 말씀 곧 너희의 구원의 복음을 듣고 그 안에서 또한 믿어 약속의 성령으로 인치심을 받았으니 이는 우리 기업의 보증이 되사 그 얻으신 것을 속량하시고 그의 영광을 찬송하게 하려 하심이라"(엡 1:13,14)

예수 구원 대책은 성령으로 말미암은 구원 적용을 필요로 한다. 그런데 사람의 구원 역사에는 어떤 것이 있으며 그 순서는 어떠한가?

구원이란 무엇인가?

다시 말하거니와 구원이란 무엇인가? 그것은 어떤 이동(移動)이요 변화이다. 그 이동과 변화를 해 주신 분이 계신다. 그분이 누구신가?

보다 선명하고 확실하게 구원을 말한다면 사람을 세상에서 하나님 나라로 불러내는 것이다. 사탄의 세력에서 하나님의 세력권으로 불러내어온 것이다. 이제는 사탄의 세계에 더

---

55) E. Y. 멀린스, 「조직신학 원론」, pp. 445~446.

있지 않고 거룩하시고 의로우신 하나님의 세계로 들어와도 좋다는 하나님의 만족을 충족시킨 일을 예수께서 하셨다.

그것이 구원사역이요 구원의 대책인데 이를 유효하게 하신 분이 성령이시다. 성령께서는 세상에서 교회에게로 사람을 이끌어 오시는 역사를 하셨다. 사람은 일단 하나님의 부르심과 예수 그리스도의 부르심에 합당한 사역과 성령님의 부르심을 유효케 하는 역사에 따라 '여기서', '저기로', '그때에서', '지금에게로' 옮겨진 장소에 왔다.

사람의 구원역사에 나타난 일련의 사건들의 순서는 어떻게 정해지는가? 무엇이 먼저이고 무엇이 나중인가? 이에 대한 멀린스의 진술을 정리해 본다.

「구원행위와 그것에 따르는 생명은 하나님 편과 인간 편에서의 행위를 내포한다. 어느 편이 먼저 제시되는가? 구원의 순서는 무엇인가? 구원 문제에 있어서 일정한 원인이 작용하고 있기 때문에 일정한 결과가 생기고 있는 것이다. 그런데 이 원인은 일반적으로 영적 원인의 성질에 일치해서 영적이고도 자유로운 양식으로 작용한다. 사람 안에서 생기는 결과도 동일한 방법으로 되어진다. 그런 결과들은 도덕적 및 영적 결과들이다. 이런 사역을 설명하는 방법은 원인으로 시작해서 어떤 결과를 초래하는 그 원인의 행위를 추적할 수도 있으며, 혹은 결과로 시작해서 그것들의 원인으로 소급해 올라가는 수도 있다. 아마도 엄격한 의미로 보아서는 전자의 방법이 보다 더 논리적 방법일 것이다. 그러나 하나님의 은혜에 대한 우리의 체험, 곧 지식이 우리 안에 생겨나는 방법의 견지에서 볼 때에는 후자의 방법도 좋다할 것이다. 우리는 여기서 체험의 순서를 따라 먼저 회개(悔改, repentance)와 믿음(faith)을 다루고, 다음에는 중생(重生, regeneration)과 기타 관련된 주제를 다루려고 한다. 우리는 우리 안에서의 하나님의 역사(役事)와 그것에 대한 우리의 반응 사이에 시간상의 어떤 간격이 있다고 생각해서는 안 된다. 믿음과 회개는 중생이 완성될 때에 우리 안에 완성된다. 그리고 중생은 회개와 믿음이 완성될 때에 완성된다는 사실이다. 회개와 믿음에 대해서도 그렇다. 그것들은 동시적 체험들이다. 그것들은 동일 사실의 소극적 및 적극적 국면이다. 만약 지금 언급한 바와 사실이 다르다면, 회개하지 아니한 신자가 있을 것이며 또는 회개한 불신자가 있을 것이다. 그렇다면 그것은 우리의 체험에는 물론이거니와 신약의 가르침과도 모순된다.」[56]

헨리 디이슨의 구원 체험의 논리적 순서에 대한 진술을 보자.

「구원체험의 논리적 순서는 무엇일까? 물론 여기에는 시간적인 순서는 없다. 즉 회심, 칭의, 중생, 그리스도와의 연합, 양자(養子) 등 이 모든 일들은 동시에 일어난다. 다만 성화

---

56) E.Y. 멀린스, 「조직신학 원론」, pp. 454~455.

(聖化)만이 하나의 행위이면서 하나의 과정이 된다. 그러나 시간적인 순서는 없지만 논리상의 순서는 있다. 이제 우리는 위에서 제시한 순서를 따라 설명하겠다. 우리가 회심부터 순서상 먼저 논의하게 된 것은 성경이 사람을 향해 스스로 돌이켜 오라고 호소하고 있기 때문이다(잠 1:23; 사 31:6; 59:20; 겔 14:6; 18:32; 33:9, 11; 욜 2:12, 14; 마 18:3; 행 3:19; 히 6:1). 회심(回心, conversion)은 하나님을 향해 돌아서는 것이다. 그것은 회개와 믿음의 두 요소로 구성된다. 우리는 후에 사람은 회개하고 믿으라는 요청을 받고 있다는 사실을 말할 것이다. 그러나 사람은 자기 자신으로는 하나님께 돌아올 수도 없으며 회개할 수도 없고 믿을 수도 없다. 선행적(先行的) 은혜가 사람으로 하여금 할 수 있게 만드는 유일한 일은 인간이 돌아서기 위해서 하나님께 부르짖고 찾는 일이다. 인간이 이런 일을 할 수 있다고 성경이 여러 구절을 들어 말하고 있다(시 85:4; 아 1:4; 렘 31:18; 애 5:21). 사람이 하나님을 불러 찾으면 하나님은 그에게 진정한 회개와 신앙을 주신다(행 11:18; 5:31; 딤후 2:25). 성경은 인간이 자기 자신을 의롭게 하며, 자기 자신을 중생시키며, 자기 자신을 양자로 삼으라고 요구하지는 결코 아니했다. 하나님만이 이런 일들을 하실 수 있다. 회개와 믿음이 칭의로 인도되고, 칭의는 생명으로 인도됨이 분명하다. 이것의 역(逆)은 결코 없다(롬 5:17, 18)」[57]

그러나 무엇보다 먼저 순서상 말해야 할 전제가 있다. 그것은 하나님의 인간 구원 사역은 크게 두 가지로 구분된다는 이야기이다. 그 두 가지란 선택과 소명이다.

하나님이 택하시고 부르신 행위에 대한 인간의 긍정적인 반응에서 인간의 구원은 가능해진다. 선택과 소명은 전적으로 하나님이 하신 것이다. 하나님은 택하신 다음에 부르지 않으시는 분이 아니시다. 택하셨으면 부르신다. 택명(擇命)이란 선택하시고 명하신다는 것이다. 인간은 이에 응해야 하는데 이 중간에 성령이 역사하신다. 선택과 소명을 함께 잘 다룬 말씀은 아래와 같다.

"하나님이 미리 아신 자들을 또한 그 아들의 형상을 본받게 하기 위하여 미리 정하셨으니 이는 그로 많은 형제 중에서 맏아들이 되게 하려 하심이니라 또 미리 정하신 그들을 또한 부르시고 부르신 그들을 또한 의롭다 하시고 의롭다 하신 그들을 또한 영화롭게 하셨느니라"(롬 8:29~30)

이 구절의 내용을 분석해 본다.
• 하나님이 미리 아신 자들이 있다.

---

57) 헨리 디이슨, 「조직신학 강론」, p. 557.

"하나님이 그 미리 아신 자기 백성을 버리지 아니하셨나니 너희가 성경이 엘리야를 가리켜 말한 것을 알지 못하느냐 저가 이스라엘을 하나님께 송사(訟事)하되"(롬 11:2)

"곧 하나님 아버지의 미리 아심을 따라 성령이 거룩하게 하심으로 순종함과 예수 그리스도의 피 뿌림을 얻기 위하여 택하심을 받은 자들에게 편지하노니 은혜와 평강이 너희에게 더욱 많을지어다"(벧전 1:2)

여기서 "미리 아셨다"는 말은 하나님이 사랑하셨다는 의미이다. 사람의 형편이 어떠함을 미리 알아서 그것에 따라 하나님의 태도가 달라졌다는 의미가 아니라 하나님이 미리 사랑하셨다는 말이다. '프로기노스코'(foreknow)는 하나님의 사랑이 우선적으로 흘러갔다는 말이다. 이것이 선택이다. 앎은 곧 사랑이다.

- 하나님이 미리 정하셨다(predestinate).

사랑하신 다음에 찍어두셨다. 그 사랑의 대상이 어떠한 사람이 되도록 작정하셨다는 것이다. 이것이 예정이다.

- 하나님은 미리 아시고 미리 정하신 사람을 부르셨다(called).

여기서 하나님은 사람을 향하여 어떤 반응을 촉구하신다. 하나님이 부르신다. 하나님이 오라 하신다. 하나님이 명령하신다. 이것이 소명(召命)이다.

- 하나님은 부르신 자들을 의롭다 하신다(justified).

불러주셔서 오는 자에게 의롭다고 선언하신다. 하나님이 의롭다 하시면 어느 누구도 불의하다고 말할 수 없다. 이게 칭의(稱義)이다.

- 하나님은 의롭다 하신 이를 영화롭게 하신다(glorified).

의로운 자는 영화롭게 되는 것이다. 조직신학상의 보다 세밀한 구원과정의 설명이 있지만 대충 크게 보아서 우리의 구원은 선택(election), 예지(豫知, foreknowing), 예정(豫定, predestination), 소명(召命, calling), 칭의(稱義, justification) 그리고 영화(榮華, glorification)이다. 이상에 제시한 용어들을 성경의 맥락에서 이해해야 할 것이다. 프랭크 스태그(F. Stagg)는 로마서 8장에서 하나님이 사람의 운명을 결정하는 것이 아니라 구원은 하나님이 목적해 오셨다는 것을 말하는 것이라고 했다. 즉, 구원은 하나의 돌발적 사건이나 사후 사건(事後事件)이 아니라는 것이다. 구원은 "그리스도 안에 있는" 사람에게는 분명한 사실인데 그것은 하나님께서 그렇게 완성하시도록 목적하셨기 때문이다.[58] 어느 누구도 구원에서 제외된 자는 없다. 만약에 구원받기로 정해진 운명과 절대로 그리고 결코 그 사람이 구원받지 못할 것으로 정해진 운명의 소유자라면 다음과 같은 성경말씀은 어떻게 해석해야 되는가?

---

58) Frank Stagg, *New Testament Theology*, p. 88.

"예루살렘아 예루살렘아 선지자들을 죽이고 네게 파송된 자들을 돌로 치는 자여 암탉이 그 새끼를 날개 아래에 모음같이 내가 네 자녀를 모으려 한 일이 몇 번이더냐 그러나 너희가 원하지 아니하였도다"(마 23:37)

"이스라엘에 대하여 이르되 순종하지 아니하고 거슬러 말하는 백성에게 내가 종일 내 손을 벌렸노라 하였느니라"(롬 10:21)

"악을 악으로, 욕을 욕으로 갚지 말고 도리어 복을 빌라 이를 위하여 너희가 부르심을 받았으니 이는 복을 이어받게 하려 하심이라"(벧전 3:9)

구원의 절대 전제인 선택과 소명의 의미는 무엇인가?

선택이란 절대 주권자 하나님이 인류를 구원하시기 위해 택하신 행위이다. 선택은 하나님이시기에 하실 수 있는 행위이다. 하나님은 절대 주권자이시다. 하나님은 세계의 왕이시다. 권능의 손으로 택하신다.

"여호와께서 다만 너희를 사랑하심으로 말미암아, 또는 너희의 조상들에게 하신 맹세를 지키려 하심으로 말미암아 자기의 권능의 손으로 너희를 인도하여 내시되 너희를 그 종 되었던 집에서 애굽 왕 바로의 손에서 속량(贖良)하셨나니"(신 7:8)

"여호와께서 아브람에게 이르시되 너는 너의 고향과 친척과 아버지의 집을 떠나 내가 네게 보여 줄 땅으로 가라 내가 너로 큰 민족을 이루고 네게 복을 주어 네 이름을 창대하게 하리니 너는 복이 될지라"(창 12:1, 2)

"또 이르시되 나는 네 조상의 하나님이니 아브라함의 하나님, 이삭의 하나님, 야곱의 하나님이니라 모세가 하나님 뵈옵기를 두려워하여 얼굴을 가리매 여호와께서 이르시되 내가 애굽에 있는 내 백성의 고통을 분명히 보고 그들이 그들의 감독자로 말미암아 부르짖음을 듣고 그 근심을 알고 내가 내려가서 그들을 애굽인의 손에서 건져내고 그들을 그 땅에서 인도하여 아름답고 광대한 땅, 젖과 꿀이 흐르는 땅 곧 가나안 족속, 헷 족속, 아모리 족속, 브리스 족속, 히위 족속, 여부스 족속의 지방에 데려가려 하노라 이제 가라 이스라엘 자손의 부르짖음이 내게 달하고 애굽 사람이 그들을 괴롭히는 학대도 내가 보았으니 이제 내가 너를 바로에게 보내어 너에게 내 백성 이스라엘 자손을 애굽에서 인도하여 내게 하리라"(출 3:6~10)

하나님은 은혜를 베푸시는 분이다. 선택은 선택받는 자와 그의 상태에 따른 것이 아니라 단지 하나님의 은혜와 사랑과 기쁘신 뜻에 따른 것이다.

"너는 여호와 네 하나님의 성민(聖民)이라 네 하나님 여호와께서 지상 만민 중에서 너를 자기 기업의 백성으로 택하셨나니 여호와께서 너희를 기뻐하시고 너희를 택하심은 너희가 다른 민족보다 수효가 많기 때문이 아니니라 너희는 오히려 모든 민족 중에 가장 적으니라 여호와께서 다만 너희를 사랑하심으로 말미암아, 또는 너희의 조상들에게 하신 맹세를 지키려 하심으로 말미암아 자기의 권능의 손으로 너희를 인도하여 내시되 너희를 그 종 되었던 집에서 애굽 왕 바로의 손에서 속량(贖良)하셨나니"(신 7:6~8)

"네가 가서 그 땅을 차지함은 네 공의로 말미암음도 아니며 네 마음이 정직함으로 말미암음도 아니요 이 민족들이 악함으로 말미암아 네 하나님 여호와께서 그들을 네 앞에서 쫓아내심이라 여호와께서 이같이 하심은 네 조상 아브라함과 이삭과 야곱에게 하신 맹세를 이루려 하심이니라"(신 9:5)

"그들을 버리는 것이 세상의 화목이 되거든 그 받아들이는 것이 죽은 자 가운데서 살아나는 것이 아니면 무엇이리요"(롬 11:15)

"그 기쁘신 뜻대로 우리를 예정하사 예수 그리스도로 말미암아 자기의 아들들이 되게 하셨으니"(엡 1:5)

"그 뜻의 비밀을 우리에게 알리신 것이요 그의 기뻐하심을 따라 그리스도 안에서 때가 찬 경륜(經綸)을 위하여 예정하신 것이니"(엡 1:9)

"그 자식들이 아직 나지도 아니하고 무슨 선이나 악을 행하지 아니한 때에 택하심을 따라 되는 하나님의 뜻이 행위로 말미암지 않고 오직 부르시는 이로 말미암아 서게 하려 하사"(롬 9:11)

"모세에게 이르시되 내가 긍휼히 여길 자를 긍휼히 여기고 불쌍히 여길 자를 불쌍히 여기리라 하셨으니 그런즉 원하는 자로 말미암음도 아니요 달음박질하는 자로 말미암음도 아니요 오직 긍휼히 여기시는 하나님으로 말미암음이니라 성경이 바로에게 이르시되 내가 이 일을 위하여 너를 세웠으니 곧 너로 말미암아 내 능력을 보이고 내 이름이 온 땅에 전파되게 하려 함이라 하셨으니 그런즉 하나님께서 하고자 하시는 자를 긍휼히 여기시고 하고자 하시는 자를 완악하게 하시느니라"(롬 9:15~18)

신약에 와서 선택의 구체적 사실은 예수님을 선택하신 것과 교회를 택하신 사실이다. 예수의 택하심을 보자.

"구름 속에서 소리가 나서 이르되 이는 나의 아들 곧 택함을 받은 자니 너희는 그의 말을 들으라 하고"(눅 9:35)

"내가 붙드는 나의 종, 내 마음에 기뻐하는 자 곧 내가 택한 사람을 보라 내가 나의 영을 그에게 주었은즉 그가 이방에 정의를 베풀리라"(사 42:1)

"백성은 서서 구경하는데 관리들은 비웃어 이르되 저가 남을 구원하였으니 만일 하나님이 택하신 자 그리스도이면 자신도 구원할지어다 하고"(눅 23:35)

"사람에게는 버린 바가 되었으나 하나님께는 택하심을 입은 보배로운 산 돌이신 예수께 나아가"(벧전 2:4)

"성경에 기록되었으되 보라 내가 택한 보배로운 모퉁잇돌을 시온에 두노니 그를 믿는 자는 부끄러움을 당하지 아니하리라 하였으니"(벧전 2:6)

"그러므로 주 여호와께서 이같이 이르시되 보라 내가 한 돌을 시온에 두어 기초를 삼았노니 곧 시험한 돌이요 귀하고 견고한 기촛돌이라 그것을 믿는 이는 다급하게 되지 아니하리로다"(사 28:16)

교회의 택하심을 보자.

"그러나 너희는 택하신 족속이요 왕 같은 제사장들이요 거룩한 나라요 그의 소유가 된 백성이니 이는 너희를 어두운 데서 불러 내어 그의 기이한 빛에 들어가게 하신 이의 아름다운 덕을 선포하게 하려 하심이라"(벧전 2:9)

"너희가 전에는 백성이 아니더니 이제는 하나님의 백성이요 전에는 긍휼을 얻지 못하였더니 이제는 긍휼을 얻은 자니라"(벧전 2:10)

"장차 들짐승 곧 승냥이와 타조도 나를 존경할 것은 내가 광야에 물을, 사막에 강들을 내어 내 백성, 내가 택한 자에게 마시게 할 것임이라"(사 43:20)

선택 사상이 완전하게 발전된 것은 바울서신에서다(롬 8:28~11:36; 엡 1:3~14; 살전 1:2~10; 살후 2:13~14; 딤후 1:9~10). 그것은 은혜로운 선택이었고(롬 11:15) 기쁘신 뜻대로 된 것이었다(엡 1:5, 9). 그리고 이 선택은 영원한 선택이었다.

"곧 창세 전에 그리스도 안에서 우리를 택하사 우리로 사랑 안에서 그 앞에 거룩하고 흠이 없게 하시려고"(엡 1:4)

"주께서 사랑하시는 형제들아 우리가 항상 너희에 관하여 마땅히 하나님께 감사할 것은 하나님이 처음부터 너희를 택하사 성령의 거룩하게 하심과 진리를 믿음으로 구원을 받게 하심이니"(살후 2:13)

"하나님이 우리를 구원하사 거룩하신 소명으로 부르심은 우리의 행위대로 하심이 아니요 오직 자기의 뜻과 영원 전부터 그리스도 예수 안에서 우리에게 주신 은혜대로 하심이라"(딤후 1:9)

선택과 소명이 다 같이 구원에 있어서 하나님의 기쁘시고 절대 주권적 우선권(優先權)에 속하지만 선택은 선택받은 자에게 아무것도 요청하지 않지만 소명은 반응을 요청한다.
소명은 하나님이 선택한 자를 초청하는 행위이다.

"너는 그들에게 말하라 주 여호와의 말씀이니라 나의 삶을 두고 맹세하노니 나는 악인이 죽는 것을 기뻐하지 아니하고 악인이 그의 길에서 돌이켜 떠나 사는 것을 기뻐하노라 이스라엘 족속아 돌이키고 돌이키라 너희 악한 길에서 떠나라 어찌 죽고자 하느냐 하셨다 하라"(겔 33:11)

"악인은 그의 길을, 불의한 자는 그의 생각을 버리고 여호와께로 돌아오라 그리하면 그가 긍휼히 여기시리라 우리 하나님께로 돌아오라 그가 너그럽게 용서하시리라"(사 55:7)

"수고하고 무거운 짐 진 자들아 다 내게로 오라 내가 너희를 쉬게 하리라"(마 11:28)

"이르시되 너희는 나를 누구라 하느냐 시몬 베드로가 대답하여 이르되 주는 그리스도시요 살아 계신 하나님의 아들이시니이다"(마 16:15, 16)

"성령과 신부가 말씀하시기를 오라 하시는도다 듣는 자도 오라 할 것이요 목마른 자도 올 것이요 또 원하는 자는 값없이 생명수를 받으라 하시더라"(계 22:17)

"또 미리 정하신 그들을 또한 부르시고 부르신 그들을 또한 의롭다 하시고 의롭다 하신 그들을 또한 영화롭게 하셨느니라"(롬 8:30)

하나님은 택해 놓으신 자를 점찍어 두시고 구원으로 초대를 한다. 소명은 하나님의 초대 행위이다. 여기 택해 놓으셨고 그들을 부르신다고 했을 때 그 대상은 누구였는가? 하나님의 택하심이란 구원에 있어서 하나님이 우선적이며 선수(先手)를 쓰신다는 말이다.

왜냐하면 사람은 죄와 허물로 전적으로 소망 없이 죽었기 때문에 구원을 얻기 위해서 할 수 있는 일이라고는 스스로 아무것도 없으므로 하나님이 먼저 손을 써 주셔야 하는데 이것이 하나님의 선수권(先手權)이며 그 권한의 실천이 선택이요 소명이다.

하나님이 선택한 그 대상은 누구인가? 소수 특정인인가 아니면 불특정 온 인류인가?

「구원은 모든 사람에게 제공된 것이라고 성경은 가리킨다. 구원이 제공된 대상을 보면 다음과 같다. "미리 정하신" 자들에게와(롬 8:30), "수고하고 무거운 짐 진 모든 자들"에게와 (마 11:28), "믿는 모든 자에게"와(요 3:15, 16; 4:14; 11:26; 계 22:17), "땅 끝 모든 사람에게"와 (사 45:22; 겔 33:11; 마 28:19; 막 16:14; 요 12:32; 딤전 2:4; 벧후 3:9), "만나는 사람대로이다"(마 22:9). 이런 성경 구절로 미루어 보아 모든 사람에 대한 일반적 소명과 선택 받은 사람에 대한 특수한 소명을 감히 구분할 수는 없다. 또한 우리는 하나님의 일반적 소명은 진실하고 그의 특수적 소명은 불가항력적인가를 결정할 필요도 없다. 하나님은 사람을 조롱하시지 않으신다. 하나님께서 모든 사람에게 구원을 제공하시면 그는 모든 사람을 구원하시기로 원하신즉, 하나님을 선택하는 모든 사람에게 동일한 도움을 주시려 하신다.」[59]

---

59) 헨리 디이슨, 「조직신학 강론」, p. 555.

선택 및 소명의 문제는 이미 에덴 동산에서 시작되었다. 하나님이 선악을 알게 하는 나무의 실과를 따먹느냐 마느냐? 또 그에 따라서 죽느냐 사느냐의 문제를 아담을 향해 던지셨다. 그때 아담 외에 아무 다른 사람이 없었으니 아담은 온 인류를 대표한다. 하나님은 온 인류를 선택하셨다. 그 아담 속에 온 인류는 이미 잠정적으로 내포되고 있었다.

그런즉 하나님의 은혜 및 자유는 어느 특정인에게만 주신 것이 아니라 모든 이에게 주셨다는 결론이 나온다. 모든 사람을 위한 선택, 은혜, 그리고 자유(election, grace, and freedom for all)가 원론적인 주제이다.

그런데 하나님이 주시는 그 모든 것을 얻어 가진 자에게는 오직 우리(좁게는 나 한 사람)를 위한 선택, 은혜 그리고 자유라는(election, grace, and freedom for us(me)) 공식이 나타난다. 사도 바울의 예정론적 언급도 처음부터 나온 신앙고백이 아니라 구원을 얻고 본즉 특별히 선택된 자라는 고백으로 변한 것이다. 선택받았을 테니 믿어 구원받자는 것이 아니라, 믿어 구원받고 보니 "아하, 내가 선택된 자로구나" 하는 고백이 터져 나왔던 것이다. 하나님의 선택은 모든 영역에 걸쳐서 하나님이 전적으로 우선적으로 선수권(先手權)을 잡고 계셔서 역사하신다는 의미를 벗어나서는 이성적으로 해석하기 어려운 주제이다.

선택과 소명에 대한 새로운 이해

선택과 소명에 대한 오해들이 많이 있어 왔다. 하나님의 선택과 이에 따르는 성령에 의한 소명 반응에서 아예 처음부터 제외된 자가 있다는 오해이다. 하나님은 구원받을 자와 멸망 받을 자를 따로 선택해 놓았다는 식의 오해가 있다. 이에 대하여 스티븐스는 이렇게 언급하고 있다.

「혹자는 하나님이 어떤 사람은 구원받도록 택정하였으며, 그리고 어떤 사람은 버림받도록 택정하였다고 말하지만, 이것은 바로 이중(二重, double-edged), 혹은 칼빈주의적인 예정론(豫定論)에 지나지 않는다. 그러나 신약성경의 경우 결코 어떤 사람은 버림받도록 선택되었다고는 말하고 있지 않다. 신약성경은 하나님은 사람이 구원받게 되기를 목적하고, 혹은 뜻하신다고는 말하고 있으나 결코 하나님은 그들이 버림받게 되기를 뜻하신다고는 말하지 않는다. 반대로 우리는 베드로후서에서 하나님은 "아무도 멸망하지 아니하고 다 회개하기에 이르기를"(벧후 3:9) 원하시고 있다는 것을 볼 수 있다. 어떤 사람은 멸망받도록 하나님이 뜻하신다고 말하는 것은 우리가 이 신약성경 안에서 발견하는 이러한 분명하고 정확한 언급에 역행되는 일이 아닐 수 없다. 인간은 멸망할 수 있으며, 그리고 멸망할 것이다. 그러나 이것은 하나님의 뜻하시는 바가 아니다. 구원받지 못한 어떤 사람들의 비극적인 실패는 그리스도의 구원의 은총으로 복음을 증거하는 그리스도인의 실패 및 이에 반응을 보이는 잃어버림 받은 자의 실패, 이 양자(兩者)에 기인한 것이다. 신약성경 안에 선택의 교리는 있으나 무선택(non-election)의 교리는 없다. 인간은 선택의 자유가 있으며, 그리고 하나님은 인간에게서 이 자유를 박탈하시지 않는다. 인간은 하나님이 먼저 그것을 그에게 주었기 때문에 그 자유를 가지는 것이며, 이것은 하나님의 모든 행위에 있어서 그러한 행위가 어떠한 것일지라도, 우리를 하나님의 선수(先手) 쓰심으로 되돌아오게 한다.」[60]

선택은 인간 구원에 있어서 하나님이 어떤 목적이 있어서 먼저 손을 쓰셨다는 의미에서의 선택이다. 사람이 하나님을 택하기 전에 하나님이 사람을 택하셨고 사람이 하나님께 무엇을 요청하기 전에 하나님이 먼저 사람에게 요청하셨다.

필자는 이런 광고문을 본 적이 있다.

"나는 선택받기를 기다리는 사람이 아니다."

"나는 선택하고 나의 선택을 믿을 것이다."

물론 이것은 어떤 제품 광고이지만 세상 정신은 그런 것이다. 내가 나를 선택하여 자립한다는 것이다. 그런즉 나를 선택할 선택권자가 있다고 믿는 것은 대단한 축복이 아닐 수 없다.

어떤 사람들은 하나님의 영광을 위해 구원자를 선택하고, 죄에 대한 하나님의 진노를 위해 구원받지 못할 자를 선택해 두었다고 한다. 여기서 우리가 알아야 할 것은 선택(election)의 반대 개념은 유기(reprobation)이 아니라 구원에 대한 인간의 거절이다.[61]

인간이 거절하니까 그냥 둔 것이지 순종하고자 하는 자를 억지로 유기된 운명이라고 해서 떼어버리시는 하나님은 아니시다. '몇 명만 구원', '몇 명은 멸망'이란 전제를 하나님이 가지실 필요가 도대체 있겠는가? 그런 의미에서 선택된 자도 믿음 없이는 구원받을 수 없다. 물론 선택된 자는 믿음을 갖게 되는 것은 말할 것도 없지만 말이다.

구속사관을 창조사관보다 앞세우면 모든 역사 해석은 이해가 빨라진다. 창조 역사에 어떤 불가해적 사건도 구속사관적 입장에서 보면 이해되는 것이다. 가령, "왜 하나님이 선악과를 두셨느냐?"는 창조 초기의 장애 같은 사건도 무죄인이 죄인되었다가 그 죄인이 다시 의인이 된다는 구속사적 설명을 가하면 무죄인보다 의인의 발전된 상태를 위한 사전 조치였음을 알게 될 것이다.

교회사관적 입장으로 더 끌고 나가자면 교회는 무죄인으로도 형성되지 않고 반드시 구원받을 의인들로 구성되기 때문에 하나님은 의인의 자리로 사람을 끌어 올리실 필요가 있

---

60) 윌리암. W. 스티븐스, 「조직신학 개론」, p. 281.
61) Frank Stagg, *New Testament Theology*, (Nashville, Tennessee : Broadman Press, 1962), pp. 84~85.

었다. 이것이 하나님의 경륜이다.

하나님은 가능한 한 많은 사람을 구원하려 하신다. 땅의 모든 족속이 아브라함을 인하여 복 받기를 일찍부터 원하셨다(창 12:3). 하나님의 선택은 죽은 사람을 살리겠다는 의지며 사랑의 표현이다. 하나님은 멸망받기를 갈망해서 어떤 이들은 멸망하도록 선택하지는 않으신다. 스티븐스가 말한 것과 같이 무선택 교리는 없다. 여기서 칼빈의 선택론을 잠깐 언급하자. 칼빈의 선택론에서 소위 '유기'(遺棄)만을 양보한다면 그의 선택론에 문제될 것이란 아무것도 없을 것이다. 그의 5대 교리 'TULIP'은 전적 부패타락(total depravity), 무조건적 예정(unconditional predestination), 제한 속죄(limited atonement), 불가항력적 은혜(irresistible grace), 그리고 궁극적 구원(perseverance)이다.

칼빈주의의 선택론이 하나님께서 그의 특수한 목적을 위해서 민족이나 개인을 택하신다는 사상엔 아무런 이의가 있을 수 없다. 가령, 다음과 같은 성경 구절이 그것을 뒷받침한다.

"곧 창세 전에 그리스도 안에서 우리를 택하사 우리로 사랑 안에서 그 앞에 거룩하고 흠이 없게 하시려고 그 기쁘신 뜻대로 우리를 예정하사 예수 그리스도로 말미암아 자기의 아들들이 되게 하셨으니 "(엡 1:4,5)

"너희가 나를 택한 것이 아니요 내가 너희를 택하여 세웠나니 이는 너희로 가서 열매를 맺게 하고 또 너희 열매가 항상 있게 하여 내 이름으로 아버지께 무엇을 구하든지 다 받게 하려 함이라"(요 15:16)

"나를 보내신 아버지께서 이끌지 아니하시면 아무도 내게 올 수 없으니 오는 그를 내가 마지막 날에 다시 살리리라"(요 6:44)

"또 이르시되 그러므로 전에 너희에게 말하기를 내 아버지께서 오게 하여 주지 아니하시면 누구든지 내게 올 수 없다 하였노라 하시니라"(요 6:65)

"아버지께서 내게 주시는 자는 다 내게로 올 것이요 내게 오는 자는 내가 결코 내쫓지 아니하리라" (요 6:37)

마이클 호튼은 선택교리의 중요성을 버팀목에 비유했다.

「마틴 루터는 선택교리가 '하나님의 개념'만큼이나 분명하게 성경에 계시된 주제라고 말했다. 존 스토트(John R. W. Stott)는 "선택교리는 하나님의 계시의 산물이지, 인간 사유의 결과물이 아니다. 그것(선택교리)은 히포의 어거스틴이나 제네바의 칼빈이 고안해 낸 것이 아니다. 그것은 다른 어떤 것보다도 성경적 교리이며, 성경을 신봉하는 그 어떤 그리스도인도 그것을 무시할 수 없다"라고 말했다.

선택교리가 드러나는 성경의 모든 대목에서 선택은 당연한 진리로 받아들여진다. 선택

교리는 대단히 많은 성경 기사의 배경을 이루고 있다. 하지만 단지 몇몇 부분에서만 선택이 구체적으로 논의되거나 변론되는 형태로 나타난다. 보통은 선택교리가 그저 하나의 전제로 '모습을 드러내고 있다.' 선택교리는 구원의 역사 전체를 든든하게 받쳐 주는 버팀목인 셈이다. "여호와로 자기 하나님을 삼은 나라, 곧 하나님의 기업으로 빼신 바 된 백성은 복이 있도다"(시 33:12). "심은 것마다 내 천부께서 심으시지 않은 것은 뽑힐 것이니…"(마 15:13). "영생을 주시기로 작정된 자는 다 믿더라"(행 13:48). 성경을 통해 우리는 이러한 말씀들을 반복해서 접하게 된다."[62]

그런데 칼빈주의의 선택론의 한층 더 강력한 성경구절은 다음과 같다. 특별히 이 구절을 유기의 근거 구절로 인용한다.

"그 때에 예수께서 대답하여 이르시되 천지의 주재이신 아버지여 이것을 지혜롭고 슬기 있는 자들에게는 숨기시고 어린 아이들에게는 나타내심을 감사하나이다 옳소이다 이렇게 된 것이 아버지의 뜻이니이다"(마 11:25, 26)

"기록된 바 내가 야곱은 사랑하고 에서는 미워하였다 하심과 같으니라 성경이 바로에게 이르시되 내가 이 일을 위하여 너를 세웠으니 곧 너로 말미암아 내 능력을 보이고 내 이름이 온 땅에 전파되게 하려 함이라 하셨으니 그런즉 하나님께서 하고자 하시는 자를 긍휼히 여기시고 하고자 하시는 자를 완악하게 하시느니라"(롬 9:13,17,18)

"모세에게 이르시되 내가 긍휼히 여길 자를 긍휼히 여기고 불쌍히 여길 자를 불쌍히 여기리라 하셨으니 그런즉 원하는 자로 말미암음도 아니요 달음박질하는 자로 말미암음도 아니요 오직 긍휼히 여기시는 하나님으로 말미암음이니라"(롬 9:15,16)

"그런즉 어떠하냐 이스라엘이 구하는 그것을 얻지 못하고 오직 택하심을 입은 자가 얻었고 그 남은 자들은 우둔하여졌느니라"(롬 11:7)

"또한 부딪치는 돌과 걸려 넘어지게 하는 바위가 되었다 하였느니라 그들이 말씀을 순종하지 아니하므로 넘어지나니 이는 그들을 이렇게 정하신 것이라"(벧전 2:8)

"하나님이여 주의 생각이 내게 어찌 그리 보배로우신지요 그 수가 어찌 그리 많은지요"(시 139:17)

마이클 호튼(Michael Horton)은 은혜의 성격을 말하고 있다. "일하는 자에게는 그 삯을 은혜로 여기지 아니하고 빚으로 여기거니와"(롬 4:4). 이런 상황에서 그가 받는 보수는 선물이 아니라 정당한 급료이다. '당연하게 요구되는 은혜' 니 '청구할 수 있는 은혜' 라는 말

---

62) 마이클 호튼, 「복음이란 무엇인가?」 윤석인 역, (서울:부흥과 개혁사, 2004), pp. 142~143.
63) 앞의 책, p. 125.

은 그 자체가 비논리적이고 모순적 표현이다.[63]

호튼은 웨슬리의 선택교리 반대에 대해서 아래와 같이 반박을 했다.

「요한 웨슬리(John Wesley, 1703~1791)는 선택교리가 거룩을 이루는 데 크게 도움을 주는 상급에 대한 소망과 형벌에 대한 두려움을 느끼지 못하게 하기 때문에 그것을 받아들일 수 없다고 주장했다. 만일 거룩을 지향하는 동기가 형벌에 대한 두려움과 상급에 대한 소망이라면, 정말 이 선택교리만큼 그것을 훼손시키는 것은 없다. 사실상 선택교리는 죄와 보상을 특징으로 삼는 이런 종류의 거룩함을 반드시 분쇄해야 할 복음의 장애물로 규정한다. 바울 사도는 "너희는 다시 무서워하는 종의 영을 받지 아니하였고, 양자의 영을 받았으므로 '아바(아빠), 아버지' 라 부르짖느니라"(롬 8:15)라고 가르쳤다. 바꾸어 말하면, 두려움은 그리스도인이 되기 전에 여러분이 지녔던 감정상태다. 하지만 "하나님께서는 우리를 예정하셔서 자기의 아들들이 되게 하셨기 때문"(엡 1:5)에, 만일 하나님께서 그분께 대한 우리의 예배에서 두려움이나 교만의 낌새를 눈치 채신다면 그것은 오히려 하나님의 인자하심을 우롱하는 처사다. 선택과 같은 교리들로 무장된 신자들은 하나님의 이름 외에는 그 어떤 것도 두려워하지 않고 그분의 뜻만을 기대하면서 의연하게 미래를 맞이할 수 있다.」[64]

선택교리가 올바른 예배를 하게 한다는 논리다. 선택은 전도와 선교의 추진력도 주며 구원의 확신과 능력 있는 기도의 힘도 주며 성경에 분명히 나와 있는 진리라고 호튼은 강조했다. 그러나 호튼의 사상에 대한 반증으로서 디이슨의 논리는 다음과 같다.

「로마서 9장 11~16절에서는 야곱과 에서가 출생하기도 전에, 그리고 그들이 아직 선악을 행하기도 전에, 하나님은 에서는 버리고 야곱을 택하셨다고 말하지 아니했느냐는 반대다. 그러나 여기서 주목해야 할 두 가지 사실이 있다. 그들이 아직 선악 간에 아무 일도 행하지 아니했다고 말은 했지만, 누가 선한 일을 하며 누가 악한 일을 행할지를 하나님이 모르셨다는 말은 없다. 에서는 계속 이 세상의 '불경건한' 것을 선택했으나 야곱은 비록 초년 생활에서는 하나님의 일과는 모순되는 일들을 했으나 결국 보다 신령한 것들을 택했었다.

또 한 가지 주목해야 할 사실은 에서보다 야곱을 선택했다는 것은 기껏해야 외부적 민족적 특권에 대한 선택이라는 점이다. 그것은 직접적으로 구원에 대한 선택이 아니다. 하나님은 야곱과 그의 후손이 에서와 에서의 후손보다도 영적 가치가 있는 것을 더 온전하게 선택하리라는 것을 예지하시고 야곱을 택하시사 야곱과 그의 후손이 즐길 수 있는 언약관계를 수립하셨다. 이것이 하나님께서 야곱을 택하신 선택의 의미라는 사실은, 이스라엘(야

---

64) 앞의 책, p. 129.

곱)의 후손이 다 이스라엘이 아니며 아브라함의 자손이 다 아브라함의 자손은 아니라고 한 성경 자체의 선언의 사실로 보아서도 명백하다. 그러므로 에서의 자손이라도 야곱의 자손처럼 쾌히 구원받을 수 있음은 조금도 의심할 것이 못된다.」[65]

바울의 호소를 보자. 바울이 선택론을 가장 실질적으로 정립시킨 사람이지만 다음과 같은 그의 호소는 선택이 모모인을 구원에서 제외시킨 것으로는 볼 수 없음을 웅변해 주고 있다.

"형제들아 내 마음에 원하는 바와 하나님께 구하는 바는 이스라엘을 위함이니 곧 그들로 구원을 받게 함이라"(롬 10:1)

또 베드로도 하나님이 멸망받을 사람을 선택해 놓았다는 것은 결코 아니라는 확신 때문에 이렇게 말하고 있다.

"그러므로 형제들아 더욱 힘써 너희 부르심과 택하심을 굳게 하라 너희가 이것을 행한즉 언제든지 실족하지 아니하리라"(벧후 1:10)

하나님은 사람의 공로에 의하지 않고 오직 봉사를 위하여 사람을 택하신다.

"행위에서 난 것이 아니니 이는 누구든지 자랑하지 못하게 함이라"(엡 2:9)
"그러므로 율법의 행위로 그의 앞에 의롭다 하심을 얻을 육체가 없나니 율법으로는 죄를 깨달음이니라"(롬 3:20)
"일하는 자에게는 그 삯이 은혜로 여겨지지 아니하고 보수로 여겨지거니와"(롬 4:4)
"또 하나님이 이방을 믿음으로 말미암아 의로 정하실 것을 성경이 미리 알고 먼저 아브라함에게 복음을 전하되 모든 이방인이 너로 말미암아 복을 받으리라 하였느니라"(갈 3:8)
"오직 너희는 여호와의 제사장이라 일컬음을 받을 것이라 사람들이 너희를 우리 하나님의 봉사자라 할 것이며 너희가 이방 나라들의 재물을 먹으며 그들의 영광을 얻어 자랑할 것이니라"(사 61:6)
"그가 이르시되 네가 나의 종이 되어 야곱의 지파들을 일으키며 이스라엘 중에 보전된 자를 돌아오게 할 것은 매우 쉬운 일이라 내가 또 너를 이방의 빛으로 삼아 나의 구원을 베풀어서 땅 끝까지 이르게 하리라"(사 49:6)
"너희가 나를 택한 것이 아니요 내가 너희를 택하여 세웠나니 이는 너희로 가서 열매를 맺게 하고 또 너희 열매가 항상 있게 하여 내 이름으로 아버지께 무엇을 구하든지 다 받게 하려 함이라" (요 15:16)

---
65) 헨리 디이슨,「조직신학 강론」, p. 553

하나님의 선택은 인류를 구원으로 초대하는 선택이다. 온 인류가 선택의 대상이다. 식물이나 동물이나 광물질이 선택의 대상이 아니라는 말로 온 인류가 선택의 대상이란 의미가 분명해질 것 같다. 이상에서 칼빈의 예정 선택론에 대해 언급했지만 또 다른 각도에서는 인간의 자유의지에 대한 언급도 가능한 것은 성경에는 저것도 있고 이것도 있기 때문이다. 하나님의 선택이라는 주제 하에 사람은 부동(不動)의 자세로만 있어서 될 것인가? 인격자 하나님과 인격자 인간 사이에 인격적 관계가 형성되어야 하지 않는가? 그 사이에 기계적 관계는 있을 수 없다.

인간의 자유의지를 보자.

"여호와 하나님이 그 사람에게 명하여 이르시되 동산 각종 나무의 열매는 네가 임의로 먹되 선악을 알게 하는 나무의 열매는 먹지 말라 네가 먹는 날에는 반드시 죽으리라 하시니라"(창 2:16~17)

"보라 내가 오늘 생명과 복과 사망과 화를 네 앞에 두었나니 곧 내가 오늘 네게 명령하여 네 하나님 여호와를 사랑하고 그 모든 길로 행하며 그의 명령과 규례와 법도를 지키라 하는 것이라 그리하면 네가 생존하며 번성할 것이요 또 네 하나님 여호와께서 네가 가서 차지할 땅에서 네게 복을 주실 것임이니라 그러나 네가 만일 마음을 돌이켜 듣지 아니하고 유혹을 받아 다른 신들에게 절하고 그를 섬기면 내가 오늘 너희에게 선언하노니 너희가 반드시 망할 것이라 너희가 요단을 건너가서 차지할 땅에서 너희의 날이 길지 못할 것이니 라"(신 30:15~18)

"만일 여호와를 섬기는 것이 너희에게 좋지 않게 보이거든 너희 조상들이 강 저쪽에서 섬기던 신들이든지 또는 너희가 거주하는 땅에 있는 아모리 족속의 신들이든지 너희가 섬길 자를 오늘 택하라 오직 나와 내 집은 여호와를 섬기겠노라 하니"(수 24:15)

"엘리야가 모든 백성에게 가까이 나아가 이르되 너희가 어느 때까지 둘 사이에서 머뭇머뭇 하려느냐 여호와가 만일 하나님이면 그를 따르고 바알이 만일 하나님이면 그를 따를지니라 하니 백성이 말 한마디도 대답 하지 아니하는지라"(왕상 18:21)

"예루살렘아 예루살렘아 선지자들을 죽이고 네게 파송된 자들을 돌로 치는 자여 암탉이 제 새끼를 날개 아래에 모음같이 내가 너희의 자녀를 모으려 한 일이 몇 번이냐 그러나 너희가 원하지 아니하였도다"(눅 13:34)

"이는 가만히 들어온 거짓 형제들 때문이라 그들이 가만히 들어온 것은 그리스도 예수 안에서 우리가 가진 자유를 엿보고 우리를 종으로 삼고자 함이로되"(갈 2:4)-(참고 4:26~5:13)

예수의 산상설교가 끝난 뒤에 그 결론은 반응을 표하라는 것이다.

"그러므로 누구든지 나의 이 말을 듣고 행하는 자는 그 집을 반석 위에 지은 지혜로운 사람 같으

리니"(마 7:24)

사람은 주체적으로 예수를 영접하고 고백하고 하나님을 두려워고 또 사랑하고 순종하며 회개하는 등의 일체의 반응을 보임은 사람이 기계가 아닌 자유의지를 지닌 인격체이기 때문이다. 마이클 호튼이 선택론을 강조하기 위해 주변에서 어떤 실례 두 가지를 들고 있었다. 그 하나는 출판사와의 출판계약이었고 다른 하나는 항공 여행계획이었다.

「내가 이 책을 출판하기 위해 출판계약서에 서명했을 때, 그 계약은 내가 출판할 수 있을 정도로 완성된 원고를 넘겨주겠다는 사실에 합의한 것이다. 하지만 출판사는 단지 원고뿐 아니라 최종적으로 출판될 책을 위해 계약을 체결한 것이었다. 그렇기 때문에 나는 매일 "이만큼 하면 출판사에서 나의 모든 노고를 받아들여 주겠지" 하고 기대하면서 아침에 눈을 뜨자마자 미친 듯이 원고에 매달려 일하지 않아도 된다. 계약 체결의 불투명성에 대한 두려움 없이, 나는 완성된 원고를 전달하기 위해 필요한 일에 몰두하면서 하루하루를 보낼 수 있는 것이다.」[66]

출판사와 출판계약을 맺었다고 해서 저자가 앉아 놀기만 하면 되는가? 원고를 일단 넘겨주기 위해 글을 쓰는 것은 출판사 일이 아니고 저자의 일이다. 호튼의 선택론 변증의 예가 도리어 선택론의 어느 부분을 허물게 되는 설명을 필자가 붙였는지 모른다.

「구원받을 자들을 이미 선택하셨다면, 하나님께서는 무슨 까닭으로 우리에게 복음을 전하도록 요구하시는 것일까? 그렇게 질문하는 것은 이미 런던으로 갈 계획을 가진 사람에게 무엇 때문에 런던행 항공권을 구매하고 짐을 꾸려서 비행기를 타느냐 묻는 것과 같다. 우리가 어디로 갈 것인지, 혹은 어떤 일을 할 것인지 결정할 때, 그 목표를 어떻게 성취할 수 있을 것인가에 대한 방법을 결정하는 것도 필수적이다.」[67]

여기서도 혹자에 의해(인용자가 삽입) 런던 여행은 선택 혹은 예정되었다 하더라도 항공권을 구매하고 짐 꾸리는 일은 여행자 자신의 몫이 아닌가? 역시 여기서도 호튼의 선택론 변증의 예에 필자가 그 반대이론을 펼지도 모른다. 종합하면 이 모든 것은 무엇을 의미하는가? 하나님의 선택이란 일단 그분이 선수(先手)하신다는 절대 우선권을 말하고, 자유의지란 그 우선권을 가진 자에 대한 인격자의 반응이다. 하나님이 선두에 서고 사람이 뒤따르는

---

66) 마이클 호튼, 「복음이란 무엇인가?」, pp. 131~132.
67) 위의 책, p. 139.

프로젝트이다. 가만히 있는 자가 다 구원받는 것이 아니라 믿는 자가 구원을 받는다.

"이르되 주 예수를 믿으라 그리하면 너와 네 집이 구원을 받으리라 하고"(행 16:31)

선택과 자유의지에 대한 논란은 논란의 성질이라기보다는 사색의 대상이되 성경에 와서 그것을 합해 볼 줄 아는 망원경적 안목을 가져야 할 것이다. 평신도 찰스 콜슨의 고민을 여기 싣는다.

「약간 혼란스런 말인지도 모르겠다. 내 말에 모순이 있는 것같이 보이기도 할 것이다. 한편으로 우리는 칼빈처럼, 인간은 하나님이 누구를 자기 백성으로 부르셨는지 확실히 알 수 없다고 주장하는 것 같다. 그러면 모든 사람을 받아들여야 하는가? 그런데 다른 한편으로는 배교를 분별하여 피하며 우리 가운데 진리를 고백하지 않고 진리대로 살지 않는 사람들을 사랑으로 대면하라는 성경의 명령이 있다. 이같이 모순되게 보이는 것에 대한 해답은 보편 구원설도, 심판설도 아니다. 우리가 인정할 수 있는 것은 이 문제는 면도날 위를 걷는 것과 같다는 사실뿐이다. 사람들이 구원받고 교회로 들어오는 방법은 하나님을 우리의 작은 상자 속에 가두는 인간적 공식에 제한될 수 없다. 칼 헨리가 최근에 말한 것처럼 "복음 전도자들조차도 성령을 제한할 수는 없다." 그러나 예수께서는 제자들에게 삶의 열매를 보면 그 사람을 알 수 있다고 가르치셨다. 따라서 한 사람의 믿음의 증거는 그가 믿음의 교회에 속해 있는지 그렇지 않은지를 판단하는 좋은 척도이고, 그것을 분별하는 것은 우리의 의무이다.」[68]

빌립의 전도를 받고 나온 나다나엘은 자의로 예수께 나왔고(자유의지), 빌립이 부르기 전에 무화과나무 아래 있는 나다나엘을 예수님이 본 것은 하나님의 절대 주권적 선택(예정 선택)일 것이다(요 2:45~49). 선택의 문제에 있어서 하나님 인격자에 우선하는 절대주권도 있고 인간 인격자의 의지를 존중하는 측면도 있다. 양자의 인격성 위에 세워진 친교 관계이다.

문제는 이것만 있고 저것은 없다든지 혹은 이것은 없고 저것만 있다는 주장 때문이다. 아버지께서 이끌지 않으면 아무도 예수께 구원 받으러 올 자가 없다는 말도 있고(요 6:44), 주 예수를 믿으라 그러면 온 집안이 구원받는다는 말도 있다(행 16:31).

"감추어진 일은 우리 하나님 여호와께 속하였거니와 나타난 일은 영원히 우리와 우리 자손에게

---

68) 찰스 콜슨, 「이것이 교회다」 김애진 외 역, (서울: 홍성사, 2006), p. 139.

속하였나니 이는 우리에게 이 율법의 모든 말씀을 행하게 하심이니라"(신 29:29)

하나님은 먼저 부르신다. 문제는 사람의 반응이다. 하나님의 선택과 소명이란 구원사역의 대전제를 요약해 보았는데 전술한 바와 같이 선택에는 사람이 전혀 관여할 수 없지만 하나님의 소명에는 사람이 자유의사를 표할 수 있다. 모든 사람이 구원받기를 하나님이 선택하셨고 그래서 모든 사람을 구원으로 초대하지만 오지 않은 사람들도 있는 만큼 소명에 이르러서는 사람들의 다양한 반응이 나온다. 마치 그것은 다음의 예들이 말하는 것과 같다. 포도원의 일꾼 고용(마 20장), 포도원 맡기(마 21장), 천국잔치 해설(마 22장) 등이다.

하나님의 소명은 사람의 구원과 어떤 관계가 있는가?
회심으로의 부르심, 회개로의 부르심, 믿음으로의 부르심, 중생으로의 부르심, 사죄에로의 부르심, 칭의에로의 부르심, 화목에로의 부르심, 양자로의 부르심, 그리스도와의 연합으로의 부르심이 있다. 이 부르심에 사람이 응하게 되는 것은 '되게 하시는 성령님'의 생명 전달 사역에 의한다. 죄인이 의인이 되고 자연인이 거룩한 사람이 되고 죽을 사람이 산 사람이 되는 데에는 '되게 하시는 성령님'의 생명 전달식을 거쳐야 한다.

하나님의 최후 소명에는 성화에의 부르심과 궁극적 구원에로의 부르심 그리고 사탄과의 전쟁 승리에로의 부르심이 있는데 이것은 '하게 하시는 성령님'의 능력 전달식에서 거론할 문제이다. 지금 여기서 우선 성령의 생명 전달은 우리 죄인이 구원 받는 사람이 되기 위해서 경험해야 할 국면들이 이상에서 언급한 내용들이다. 조직신학에서는 이 부분을 세밀하게 언급하고 있는 구원론의 주요 내용으로 하고 있다.

'되게 하시는 성령님'을 통하여 회심, 회개, 믿음, 중생, 사죄, 칭의, 화목, 양자, 연합의 체험을 갖게 됨으로써 그리스도인이 되는 것이다. 요는 비로소 그리스도인이 되는 것이다. 아직 능력이나 경건함에는 어린아이처럼 미숙해도 일단 그리스도인이 되는 것이다. '된 자'가 '하는 자'가 된다. '된 자'와 '하는 자'가 된 개개인들이 모여서 이룬 모임이 교회이다. 결국 긴 설명은 교회 설명에 이르기 위한 과정이었다. 아직은 교회 이야기를 할 단계가 아닌 것은 아직 '하는 자' 이야기를 남겨 놓고 있기 때문이다.

이제 우리는 '된 자'(to be)의 역사를 검토한다. 이때 우리는 삼위일체 하나님의 사역을 특별히 주목한다. 왜냐하면 회개란 무엇인가라고 문의할 때 누가 누구에게 대한 회개이며 그 회개의 근거는 무엇이며 그 회개를 효과적으로 하게 하시는 분은 누구인가를 거론하게 된다. 가령, 죄인이 성부 하나님께 예수 그리스도의 피를 의지하여 성령의 간구하심으로 회개가 이뤄진다는 설명이 나온다. 신학사상사(神學思想史)에서 선택과 소명을 두고 하나님의 불가항력적 절대주권과 사람의 인격적 자유의지 간에 이해하기 어려운 국면들이 있어 온 것이 사실이었다. 그러나 이 관계는 모두 비인격적 기계적 상대개념에서 출발할 때 문제가 생긴다. 그러나 하나님과 인간이 모두 인격적이라고 할 때 여기엔 인격적 관계가 형성된다. 인격적이란 말은 기계적이란 말의 반대이다. 하나님은 절대 주권자이시다. 사람은 인형이 아닌 인격적 자유의지자이다. 어느 표현도 다 틀린 말이 아니다. 그런 표현이 성경에 얼마든지 퍼져 있다. 그런데 이런 관계를 기계적 차원에서 다루니 하나님과 인간이 함께 얼어붙은 기계적 존재가 되고 거기에는 기계적 원칙만 통한다.

이에 대하여 스태그는 다음과 같이 정의해 주고 있다.

「소명과 선택 교리는 성경에서 하나님은 활동하시는(acts) 분이시며, 언제나 선수권(iniative)을 가지시는 분이라는 사실에 일치한다. 이 사실은 창조, 계시, 그리고 구속 사건에 있어서도 꼭 그러하다. 성경이 말하는 바 '태초에 하나님'(in the beginning God)이라는 단언은 기본적인 단언이다.」[69]

선택과 소명은 하나님이 사람보다 먼저 사람 위에 그리고 사람을 위해 먼저 동작하셨다는 것을 표현한 것이다. 그때 사람은 기계가 된 것이 아니라 인격이 되어 차라리 존중을 받은 상태이다. 이 모든 것은 교회를 위한 사전 조처였던 것이다.

'태초에 하나님' 이란 성구를 보자.

"태초에 하나님이 천지를 창조하시니라"(창 1:1)
"태초에 말씀이 계시니라 이 말씀이 하나님과 함께 계셨으니 이 말씀은 곧 하나님이시니라"(요 1:1)
"그가 태초에 하나님과 함께 계셨고 만물이 그로 말미암아 지은 바 되었으니 지은 것이 하나도 그가 없이는 된 것이 없느니라 그 안에 생명이 있었으니 이 생명은 사람들의 빛이라"(요 1:2~4)
"또한 그가 만물보다 먼저 계시고 만물이 그 안에 함께 섰느니라"(골 1:17)
"태초부터 있는 생명의 말씀에 관하여는 우리가 들은 바요 눈으로 본 바요 자세히 보고 우리의 손으로 만진 바라"(요일 1:1)
"요한은 아시아에 있는 일곱 교회에 편지하노니 이제도 계시고 전에도 계셨고 장차 오실 이시며 그의 보좌 앞에 있는 일곱 영과, 주 하나님이 이르시되 나는 알파와 오메가라 이제도 있고 전에도 있었고 장차 올 자요 전능한 자라 하시더라"(계 1:4,8)
"내가 볼 때에 그의 발 앞에 엎드러져 죽은 자같이 되매 그가 오른손을 내게 얹고 이르시되 두려

---

69) Frank. Stagg, *New Testament Theology*, p. 85.

워하지 말라 나는 처음이요 마지막이니"(계 1:17)

"나는 알파와 오메가요 처음과 마지막이요 시작과 마침이라"(계 22:13)

"또 내게 말씀하시되 이루었도다 나는 알파와 오메가요 처음과 마지막이라 내가 생명수 샘물을 목마른 자에게 값없이 주리니"(계 21:6)

구원론을 강조하는 이유는 무엇일까?

'되게 하시는 성령님'께서 구원의 대책이신 예수 그리스도를 사람들에게 접촉시키는 국면들은 다음과 같다. 회심(回心, conversion), 회개(悔改, repentance), 믿음(信仰, faith), 중생(重生, regeneration), 사죄(赦罪, remission redemption), 칭의(稱義, justification), 화목(和睦, reconciliation), 양자(養子, adoption) 그리고 연합(聯合, union)이다. 전술한 바와 같이 이런 구원 역사의 국면들은 거의 동시다발적(同時多發的) 사건들이다. 교회론에 앞서서 구원론을 강조하는 이유가 어디에 있을까? 왜 성령님은 '되게 하시며', '하게 하실까?' 그 이유는 아래 설명과 같다.

구원론에 강조점을 두는 이유는 참으로 구원받은 사람들의 모임이 교회인 만큼 교회의 정체성과 성격을 유지하는 데에는 교회 구성원, 즉 교인의 실체가 확실해야 하기 때문이다. 구원받은 사람들의 모임이 교회인데, 구원받지 못한 사람이 그냥 회중 가운데 섞여 있고 그의 구원에 대한 철저한 점검이 없다면, 나중 하나님의 심판대 앞에 가서 가리기에는 너무 때가 늦지 않는가 말이다.

"손에 키를 들고 자기의 타작 마당을 정하게 하사 알곡은 모아 곳간에 들이고 쭉정이는 꺼지지 않는 불에 태우시리라"(마 3:12)

알곡과 쭉정이의 혼합성 교회는 있을 수 없다. 이것은 비유이지만 쭉정이라도 알곡으로 만들어야 하지 않는가 말이다. 이 말은 교회 조직 안에 불신자가 함께할 수 있으나 그가 아직은 식구가 아닌 만큼 식구로의 영입에 어떤 과정이 있어야 하지 않느냐는 것이다. 이것이 구원의 확신이다. 구원 문제를 하늘나라에 가서 판가름하자고 하는 교회 지도자나 소위 출석 교인이 있다면 이미 때는 늦다. 밥에 돌이 혹 섞였다고 해서 돌이 쌀이 되는 것은 아니다. 그것은 돌이 쌀이 되어야 한다는 논리가 구원 초대요 중생이라고 강조하는 것이다. 교회 안에 불신자가 함께 교회 외적 행사에 참여한다고 그의 구원을 보증해 준다는 무서운 과오는 피해야 한다. 심지어 교회 지도자들마저도 진짜와 가짜가 그때 가서 판가름되는 판인데 말이다.

"나더러 주여 주여 하는 자마다 다 천국에 들어갈 것이 아니요 다만 하늘에 계신 내 아버지의 뜻대로 행하는 자라야 들어가리라 그 날에 많은 사람이 나더러 이르되 주여 주여 우리가 주의 이름으로 선지자 노릇 하며 주의 이름으로 귀신을 쫓아 내며 주의 이름으로 많은 권능을 행하지 아니하였나이까 하리니 그때에 내가 그들에게 밝히 말하되 내가 너희를 도무지 알지 못하니 불법을 행하는 자들아 내게서 떠나가라 하리라"(마 7:21~23)

부실한 건축자재로 세워진 건물은 쉽게 붕괴된다. 교회 입문에서 철저한 구원 체험을 점검해야 된다. 교회는 구원받는 자가 들어가도록 문이 열린다. 교회를 건강하게 세우기 위한 인적 요소인 성도들을 굳게 세우는 것은 구원의 확신으로부터 시작되어야 한다.

악한 마귀는 이런 구원의 현장에서 얼마나 악랄한 짓을 했는지 가공할 일이다. 칭의론에서 언급하겠지만 오직 믿음으로만 구원받는다는 절대 진리에 그놈은 율법과 행위 구원을 덧붙여서 수많은 사람들로 하여금 실족케 했고 교회 문을 쉽게 들어가지 못하게 해 왔다. 그놈은 현대판 갈라디아서와 골로새서의 서신을 또 기록해야 할 위기감으로 우리를 밀어넣고 있다. 그러나 '되게 하시는 성령님'의 예수 구원 대책의 능력 있는 적용으로 말미암아 넉넉히 구원을 받고도 남는 자가 되었다.

구원론은 일종의 해부학(解剖學)에 비교해 볼 수 있다. 의사가 수술대에 사람을 눕혀 놓고 개복(開腹)하여 그 안을 들여보았을 때 복잡한 내부구조를 환히 식별할 수 있어야 한다. 내장, 간, 콩팥, 위, 간, 쓸개 등등의 실체 파악과 위치 등을 알아야 한다. 사람의 영혼의 배를 펴 놓고 그 안을 들여다보았을 때 그 속에 회개, 믿음, 중생, 사죄, 칭의, 화목, 양자, 연합, 성화, 궁극적 구원 등의 실체와 위치를 그리스도인은 알고 있어야 한다.

성경은 일종의 영혼의 해부학서이다. 주로 인간의 구원 문제를 가장 많이 다루고 있다. 죄인이 구원을 받아 의인이 된다는 것이 기독교 이야기의 전부이다. 교회 지도자들이 구원론에 대해서 정통해야 하고 교인들도 역시 구원론에 관해서 정통해야 한다. 물론 사람들이 자기 내부구조를 모른 채 지니고 살고 있는 것은 사실이지만, 자기 내부구조를 알고 있다는 것은 그만큼 건강 유지에 유익한 일이지 손해될 것은 없기 때문이다.

우리의 영적 생활에 있어서도 구원 내용의 구체적 사항들을 모르고도 구원받을 수 있지만 그러나 그 구원의 내용에 무지하라는 것이 아니다. 모르고 믿으라, 무조건 믿으라 하는 것은 기독교 신앙의 지성 존중이 못 된다. 성경 어디에도 구원의 내용에 무지하라고 말한 데는 없다. 가령, 중생이 무엇인지 모르고 중생하라고 하지는 않았다. 가령, 칭의가 무엇인지 모르고 칭의를 받으라 하지는 않았다. 이제 우리는 믿음의 지성을 가지고 우리의 몸의 내부구조를 알듯이 영혼의 내부구조를 알 필요가 있다. 그리하여 우리의 신앙생활에 있어서 지금 본인이 어떤 것에 대해서 무지하거나 소홀히 하고 있지는 않은지 점검해 보아야 한다. 가령, 나는 지금 철저한 회개를 하고 있는가? 나는 지금 믿음의 능력을 잃고 있지는 않는가? 나와 하나님 사이의 화목의 문제에 있어서 내 스스로 미급하고 있지는 않는가? 이 모든 것은 철저하게 구원받은 사람으로 존재하고 행동하자는 것이다. 이것을 '되게 하시는 성령님', '하게 하시는 성령님' 이 하나님의 선택과 소명에 따라 예수 그리스도가 이룩하신 구원사역에 기초해서 우리에게 체현(體現)되게 하신다. 이것은 곧 튼튼한 건물을 짓기 위해 튼튼한 건축 재료가 필요하듯 건전한 교회가 되기 위해 건전한 교인이 있어야 함을 웅변하고 있는 것이다.

긴긴 구원론 이야기는 막바지 교회 형성으로 나아가게 되고 이젠 구원받은 개개인이 개개인으로서의 존재가 아니라 집합체로서의 존재가 되는 것이다. 하나님은 교회 생각의 알파와 오메가이시기 때문이다.

'되게 하시는 성령님'께서 위의 모든 구원 사실의 국면에 예수 그리스도의 구속사역의 전제가 된다. 그런데 성령님이 역사하시지만 특별히 인간 쪽에서 꼭 해야 할 것이 있고 인간 쪽에서는 결코 되지 않고 하나님 편에서 해 주셔야 할 일이 있다. 성령님은 그 어느 쪽에도 유효하게 역사하시지만 우리의 체험상 아는 바 두 부류로 나눠진다.

구원에 있어서 사람의 필수적인 회심의 의미는 무엇인가?

우선 인간 편에서 할 일이 무엇인가 보자. 하나님이 이룩하신 구원사역과 성령의 능력으로 되는 것은 틀림없지만 그럼에도 불구하고 꼭 사람이 해야 할 일정한 구원의 조건, 혹은 영적인 태도를 갖춰야 할 것이 있다.

그것은 한마디로 말해서 회심이다. 회심이란 인간의 마음 전환(轉換)이다. 하나님 앞에서 인간이 취해야 할 자세는 마음의 문제이다. 그 마음가짐이 하나님의 구속행위 앞에서 달라져야 한다. 마음의 움직임이 있어야 한다. 그것을 심동(心動)이라 하자. 돌 마음(石心)은 반응이 있을 수 없다. 부드러운 마음가짐이 요청된다.

회심의 일반적 의미

회심이란 큰 주제 아래 갈라지는 두 개의 소제(小題)가 있으니 회개와 믿음이다. 회심은 회개와 믿음으로 구성된다. 회개는 사람의 죄와의 관계를 말하고 믿음은 사람의 하나님과의 관계를 말한다. 회개는 사람이 죄에 대해 느끼는 슬픔이요 원망이요 후회요 증오며 결별이다. 믿음은 죄를 뒤로 하고 하나님을 대면하고 하나님을 신뢰하는 것이다. 회개와 믿음은 사람이 해야 할 일이지 하나님이 하실 일이 아니다.

다음 하나님 편에서 하실 수밖에 없는 일들이란 무엇 무엇인가?

그것은 중생, 사죄, 칭의, 화목, 양자, 연합 등이다. 약간의 순서가 혼란스럽지만 그것이 큰 문제가 될 것은 없다. 가령 "내가 나를 의롭다"하면 그것은 자칭 칭의가 된다. 칭의란 하나님이 나를 의롭다고 선포하시는 행위이다. 그런고로 내가 칭의는 받되 내가 나를 향해 칭의를 선포할 수는 없다. 그런 의미에서 이런 류의 항목들은 꼭 하나님만이 하시는 일들이다.

또 한 가지 중생의 문제를 보자. 내가 중생해야 하지만 내가 나를 중생시킬 수가 없다. 하나님이 나를 중생시켜야만 내가 중생한다. 모태에서 내가 출생하지만 출산은 산모가 하는 것이지 태아가 하는 것은 아니다. 그러나 어머니가 출산할 때 태아가 뒷걸음질하지 않고 순순히 세상을 향해 나오듯이 중생도 그러한 것이다. 이런 뜻에서 중생은 사람의 몫이 아니라 하나님의 몫이면서 또한 이 중생은 사람의 체험이 되는 것이다. 이 모든 일은 '되게 하시는 성령님'의 역사이다. 왜 이토록 이러한 사람이 되어야 하는가? 그리고 또 '하게 하시는 성령님'의 역사로 또 사람은 왜 꼭 무엇을 해야 하는가? 그것은 강력한 교회 구성을 위함이었다. 교회라는 영원 전 계획과 영원 후 결실이 없다면 그 과정 속의 사람의 됨과 함은 아무런 의미를 얻지 못했을 것이다. 교회는 모든 것을 수용하는 큰 그릇이다. '되게 하시는 성령님'은 인간 편에서 해야 할 일에 어떻게 관여하시는가? 앞에서 요점을 말한 바 있지만 다시 회심이란 무엇인가? 회개란 무엇인가? 믿음이란 무엇인가를 자세히 설명해 보기로 하자.

회심이란 무엇인가?

회심이란 사람의 마음을 되돌린다는 것이다. 마음 바뀜이 문자 그대로 회심(回心)이다. 이것은 가치관의 변화를 말한다. 원래 그리스도인의 삶의 본질과 정의를 똑바로 내리자면 이전에 살던 것과 아주 다른 방식의 삶을 말한다. 마음을 되돌려 사는 삶이 그리스도인의 삶이다. 외형만 바꾸고 마음이 그대로 있다면 회심이 아니다. 죄와 허물로 죽었던 삶과는 대조적으로 그리스도인의 삶은 새 삶이다.

그런데 그 마음 바뀜, 곧 마음 되돌림이란 하나님을 등지고 가던 인격이 완전히 뒤돌아서서 하나님을 향한 자세를 취한 것을 말한다. 성경은 하나님께서 사람을 향해 마음을 되돌리라고 호소하고 있음을 말해 주고 있다. 이 회심에 성령이 관여한다.

"주 여호와의 말씀이니라 이스라엘 족속아 내가 너희 각 사람이 행한 대로 심판할지라 너희는 돌이켜 회개하고 모든 죄에서 떠날지어다 그리한즉 그것이 너희에게 죄악의 걸림돌이 되지 아니하리라 너희는 너희가 범한 모든 죄악을 버리고 마음과 영을 새롭게 할지어다 이스라엘 족속아 너희가 어찌하여 죽고자 하느냐 주 여호와의 말씀이니라 죽을 자가 죽는 것도 내가 기뻐하지 아니하노니 너희는 스스로 돌이키고 살지니라"(겔 18:30~32)

"이스라엘 자손들아 너희는 심히 거역하던 자에게로 돌아오라"(사 31:6)
"그런즉 너는 이스라엘 족속에게 이르기를 주 여호와의 말씀에 너희는 마음을 돌이켜 우상을 떠나고 얼굴을 돌려 모든 가증한 것을 떠나라"(겔 14:6)
"너는 그들에게 말하라 주 여호와의 말씀이니라 나의 삶을 두고 맹세하노니 나는 악인이 죽는 것을 기뻐하지 아니하고 악인이 그의 길에서 돌이켜 떠나 사는 것을 기뻐하노라 이스라엘 족속아 돌이키고 돌이키라 너희 악한 길에서 떠나라 어찌 죽고자 하느냐 하셨다 하라"(겔 33:11)
"나의 책망을 듣고 돌이키라 보라 내가 나의 영을 너희에게 부어 주며 내 말을 너희에게 보이리라"(잠 1:23)
"여호와의 말씀에 너희는 이제라도 금식하고 울며 애통하고 마음을 다하여 내게로 돌아오라 하셨나니"(욜 2:12)
"가라사대 진실로 너희에게 이르노니 너희가 돌이켜 어린아이들과 같이 되지 아니하면 결단코 천국에 들어가지 못하리라"(마 18:3)
"그러므로 너희가 회개하고 돌이켜 너희 죄 없이 함을 받으라 이같이 하면 새롭게 되는 날이 주 앞으로부터 이를 것이요"(행 3:19)
"게으르지 아니하고 믿음과 오래 참음으로 말미암아 약속들을 기업으로 받는 자들을 본받는 자 되게 하려는 것이니라"(히 6:12)

마음을 돌리라고 호소하는 것은 하나님에게서 나왔다. 그런 마음이 생기도록 촉발하시는 분은 하나님이셨다. 그것을 선행적(先行的) 은혜라 한다. 그러나 사람은 이런 선행적 은혜를 자기가 선택해서 받아야 한다. 은혜는 있는데 받지 않으면 안 된다. 사람은 그런 은혜를 받을 수 있다고 했다. 사람은 인형이 아니라 자유의지를 지닌 인격적인 존재이다. 인격적이란 말은 자의식적(自意識的), 자주적(自主的), 자기결정적(自己決定的) 존재라는 뜻이다.

"우리 구원의 하나님이여 우리를 돌이키시고 우리에게 향하신 주의 분노를 거두소서"(시 85:4)
"보라 내가 오늘 너를 그 온 땅과 유다 왕들과 그 지도자들과 그 제사장들과 그 땅 백성 앞에 견고한 성읍, 쇠기둥, 놋성벽이 되게 하였은즉"(렘 31:18)
"하나님이여 주께서 우리를 버려 흩으셨고 분노하셨사오나 지금은 우리를 회복시키소서"(시 60:1)
"그러므로 너희가 회개하고 돌이켜 너희 죄 없이 함을 받으라 이같이 하면 새롭게 되는 날이 주 앞으로부터 이를 것이요"(행 3:19)
"그러므로 이르시기를 잠자는 자여 깨어서 죽은 자들 가운데서 일어나라 그리스도께서 너에게 비추이시리라 하셨느니라"(엡 5:14)

회심이 마음 바꿈이라고 했는데 그 마음 바꿈은 그 속을 들여다볼 수가 없다. 그러나 회심은 실재이지만 그것은 분별되면서도 분리할 수 없는 두 가지 내용으로 구성되어 있다. 그것이 회개와 믿음이다. 회개란 불신자가 죄에서 돌아섬이요, 믿음이란 그리스도를 향해 돌아가는 것이다. 지금 말하고 있는 회심은 일반적이고도 유일한 대회심(conversion)인데 우리 그리스도인의 삶 속에 수많은 작은 회심들이 있는 것은 사실이다.[71]

회심은 회개와 믿음으로 구성되었다고 했는데 그럼 회개란 인간이 어떻게 하는 것을 일컫는 것이며 또 믿음이란 인간이 어떻게 하는 것을 일러 믿음이라고 하는가? 전술한 바와 같이 회개란 인간과 자기 죄와의 태도며, 믿음이란 인간과 하나님과의 태도라는 것을 기억하면서 좀더 구체적으로 그 내용을 검토하기로 한다.

회개란 무엇인가?

회개란 죄로부터 사람의 마음이 돌아서는 것을 말한다. 회개는 회심의 소극적인 양상이다. 회개는 다시는 죄와 친하지 않겠다는 마음의 다짐이다. 더 이상 죄에 매력을 느끼지 않게 된다. 회개는 죄에 관련된 마음과 성향을 진지하고도 철저하게 변화시킨 것으로서 개인의 죄책감과 무력감이 내포되며, 하나님의 자비를 이해하며 죄로부터 탈피 내지는 구원받고자 하는 강한 욕구와 죄를 자발적으로 버리는 행위가 내포된 것이다. 근본적으로 마음의 변화이다. 죄의 심각성을 알고 죄에게 만정이 떨어지는 것이 회개이다.

죄는 인간 육체를 괴롭히는 하나의 당뇨병과 같다. 당뇨병의 특징은 우선 증세가 없다는 것과 즉각적으로 느끼는 고통이 없다는 것인데 결국엔 조심하지 않으면 합병증을 일으켜 눈을 멀게 하고 다리를 절단케 하는 등 치명상을 준다. 필자 본인은 오랫동안 당뇨를 지니고 있고 아직까지는 당뇨를 다스리며 살고 있다. 당뇨가 내 신체에 어떤 영향도 미치지 못하게 하고 산다. 이와 같이 회개가 죄를 미워하는 것이며 정을 두지 않는 것이라면 필자는 당뇨에 대해서 회개하는 마음가짐으로 건강을 유지한다. 그 비결은 무엇일까? 나는 다음과 같은 글귀를 내 서재에 붙여 놓고 있다.

당뇨란 무엇인가?
- 순한 양 같으나 화가 나면 사나운 맹수로 돌변한다.
- 만병의 원인이다.
- 인류의 재앙이다.
- 침묵의 살인자다.
- 제2의 나병이다.

---
71) Millard J. Erickson, *Christian Theology*, (Grand Rapids, Michigan: Baker Book House,1987), pp. 934~5.

- 그러나 철저히 관리하면 무기력해진다.

사람들은 죄를 심각하게 보지 않는다. 당뇨를 심각하게 보지 않고 가볍게 여길 경우 마침내 합병증으로 인해 치명상을 입는다는 사실을 사람들은 모르고 있다. 죄 알기를 가볍게 알면 영의 문제가 이만저만이 아니다. 회개란 죄가 내부에서부터 싫어지는 것이다. 믿음은 내부에서부터 그리스도가 좋아지는 것인 것처럼 말이다.

> "참된 속담에 이르기를 개가 그 토하였던 것에 돌아가고 돼지가 씻었다가 더러운 구덩이에 도로 누웠다 하는 말이 그들에게 응하였도다"(벧후 2:22)
> "내가 여러 번 너희에게 말하였거니와 이제도 눈물을 흘리며 말하노니 여러 사람들이 그리스도의 십자가의 원수로 행하느니라 그들의 마침은 멸망이요 그들의 신은 배요 그 영광은 그들의 부끄러움에 있고 땅의 일을 생각하는 자라"(빌 3:18~19)

이런 사람들의 생각과 철학의 돌변이 회개인 것이다. 죄인을 붙들러 오신 예수님의 지상 강림 목적을 우리는 주목해야 한다.

> "예수께서 들으시고 이르시되 건강한 자에게는 의사가 쓸 데 없고 병든 자에게라야 쓸 데 있느니라 너희는 가서 내가 긍휼을 원하고 제사를 원하지 아니하노라 하신 뜻이 무엇인지 배우라 나는 의인을 부르러 온 것이 아니요 죄인을 부르러 왔노라 하시니라"(마 9:12~13)

회개가 사람의 마음의 변화인데 그 내용은 죄를 미워하고 죄와 결별하겠다는 다짐이다. 사람의 마음이 지·정·의(知情意)로 되어 있기 때문에 마음의 변화가 일어날 때는 이 세 가지에 어떤 변화가 있게 마련이다. 지적 변화라는 것은 죄와 하나님과 자기에 대해서 진상(眞相)을 알았다는 무식에서 유식으로의 변화다. 회개하기 전에는 죄와 하나님과 자기에 대해서 무지했으나 회개한 후에는 이에 대해서 알게 된 상태다. 지적 변화란 죄의 진상을 비로소 알게 된 것이다. 지적 변화란 죄인의 죄에 대한 확신이다. 자기가 죄인이라는 사실 인식은 대단한 시발이요 전제이다.

> "무릇 나는 내 죄과를 아오니 내 죄가 항상 내 앞에 있나이다, 내가 죄악 중에서 출생하였음이여 어머니가 죄 중에서 나를 잉태하였나이다, 우슬초로 나를 정결하게 하소서 내가 정하리이다 나의 죄를 씻어 주소서 내가 눈보다 희리이다"(시 51:3, 5, 7)
> "내가 주께 대하여 귀로 듣기만 하였사오나 이제는 눈으로 주를 뵈옵나이다 그러므로 내가 스스로 거두어들이고 티끌과 재 가운데에서 회개하나이다"(욥 42:5, 6)

정적 변화라는 것은 죄인이 죄를 슬퍼하는 체험이다. 하나님의 선하심과 공의를 바라보니 죄가 얼마나 처참한 것이며 더러운 것이며 부끄러운 것이며 후회스러운 것인가를 감정적으로 느끼는 것이다. 마음속으로, 후회 막급한 죄에 대한 서러움이 온몸을 뒤흔든다.

"여호와는 마음이 상한 자를 가까이 하시고 충심으로 통회하는 자를 구원하시는도다"(시 34:18)
"내가 지금 기뻐함은 너희로 근심하게 한 까닭이 아니요 도리어 너희가 근심함으로 회개함에 이른 까닭이라 너희가 하나님의 뜻대로 근심하게 된 것은 우리에게서 아무 해도 받지 않게 하려 함이라 하나님의 뜻대로 하는 근심은 후회할 것이 없는 구원에 이르게 하는 회개를 이루는 것이요 세상 근심은 사망을 이루는 것이니라"(고후 7:9~10)

의지적 변화라는 것은 죄를 거절하는 체험이다. 죄를 죄로 알고 죄를 후회스럽고 부끄러운 것으로 아는 정도에 그치지 않고 강한 의지력으로 죄를 짓지 않는다는 결심의 체험이다. 죄로부터 이별하고 작별인사를 고하는 것이다. 죄를 좋아하던 것에서 싫어하는 성향(性向)으로 나아감이다. 죄와의 의지적 절연(絕緣) 선포이다. 회개(repentance)와 개혁(reformation)은 다르다는 것을 기억해야 한다. 개혁은 자기의 부도덕한 행위의 교정이지만 회개는 하나님을 거슬린 죄를 증오하는 것이다. 그러므로 개혁된 자가 꼭 회개한 자라고 할 수는 없다. 회개한 자가 개혁된 자가 될 수는 있지만 단순한 개혁이 회개는 아니다. 회개의 죄는 하나님을 거슬린 죄이지 자기를 거슬린 죄는 아니다. 탕자가 돌아올 때(회개할 때)의 죄의 진상을 보자.

"내가 일어나 아버지께 가서 이르기를 아버지 내가 하늘과 아버지께 죄를 지었사오니"(눅 15:18)
"그럴 수 없느니라 죄에 대하여 죽은 우리가 어찌 그 가운데 더 살리요"(롬 6:2)
"베드로가 이르되 너희가 회개하여 각각 예수 그리스도의 이름으로 세례를 받고 죄 사함을 받으라 그리하면 성령의 선물을 받으리니"(행 2:38)

회개는 하나님 편에서 볼 때 하나님의 선물이다(행 11:18; 딤후 2:25).
회개는 의식적으로 죄를 미워하고 싫어하는 도덕적 의식을 지닌다.

"내 이름으로 일컫는 내 백성이 그들의 악한 길에서 떠나 스스로 낮추고 기도하여 내 얼굴을 찾으면 내가 하늘에서 듣고 그들의 죄를 사하고 그들의 땅을 고칠지라"(대하 7:14)
"여호와의 말씀이니라 구속자가 시온에 임하며 야곱의 자손 가운데에서 죄과를 떠나는 자에게 임하리라"(사 59:20)

회개는 죄된 세상과 대면하던 사람이 그 대면을 더 이상 갖지 않는 것이다. 세상에 대하여 얼굴을 돌리는 행위다. 회개를 요약하면 다음과 같다.

- 죄를 향한 마음 바꿈이다(change of mind regarding sin).
- 죄를 두고 슬퍼한다(sorrow for sin).
- 죄로부터 돌아선다(turning away from sin).
- 평안과 기쁨이 뒤따른다(peace and joy).
- 회개는 평생해야 할 그리스도인의 자세이다(permanent attitude of the christian).

회개는 고백(confession)케 한다. 고백은 속마음을 토설하는 것이다. 죄를 토설하는 것인데 하나님을 향하여 죄를 토설하고 사람을 향하여 죄를 또한 토설한다. 그리고 그리스도가 구주가 되어 주실 것을 고백한다(롬 10:9, 13).

짐승에게는 울음도 웃음도 없다. 눈물도 없다. 왜 사람에게만 울음과 웃음이 있는가? 예수님도 이 세상에 오셔서 울고 눈물을 흘리셨다.

"가까이 오사 성을 보시고 우시며"(눅 19:41)

"이르시되 그를 어디 두었느냐 이르되 주여 와서 보옵소서 하니 예수께서 눈물을 흘리시더라" (요 11:34~35)

예수님도 인류의 죄와 그의 피의 결과를 생각하실 때에 우시고 눈물을 흘리셨다. 우리 사람에게 울음과 웃음이 있는 것은 회개하고 또 감사하라는 것이다. 우리에게 눈물이 있음은 통회하라는 것이다. 이 눈물과 울음과 웃음을 어디에 쓸 것인가? 회개할 때 울고 사죄 받을 때 웃는 것이다. 그런데 회개는 짧게 하고 감사는 오래 하는 것이다. 회개는 하나님이 인간에게만 주신 놀라운 축복이다. 천사에게는 회개가 없다. 천사는 타락하는 순간에 악한 천사 악령으로 변해 버리고 만다.

"네가 지음을 받던 날로부터 네 모든 길에 완전하더니 마침내 네게서 불의가 드러났도다, 네가 아름다우므로 마음이 교만하였으며 네가 영화로우므로 네 지혜를 더럽혔음이여 내가 너를 땅에 던져 왕들 앞에 두어 그들의 구경 거리가 되게 하였도다"(겔 28:15,17)

"너 아침의 아들 계명성이여 어찌 그리 하늘에서 떨어졌으며 너 열국을 엎은 자여 어찌 그리 땅에 찍혔는고 네가 네 마음에 이르기를 내가 하늘에 올라 하나님의 뭇 별 위에 내 자리를 높이리라 내가 북극 집회의 산 위에 앉으리라 가장 높은 구름에 올라가 지극히 높은 이와 같아지리라

하는도다 그러나 이제 네가 스올 곧 구덩이 맨 밑에 떨어짐을 당하리로다"(사 14:12~15)

"또 자기 지위를 지키지 아니하고 자기 처소를 떠난 천사들을 큰 날의 심판까지 영원한 결박으로 흑암에 가두셨으며"(유 1:6)

"하나님이 범죄한 천사들을 용서하지 아니하시고 지옥에 던져 어두운 구덩이에 두어 심판 때까지 지키게 하셨으며"(벧후 2:4)

그런즉 예수를 믿으라고 촉구는 하면서도 회개는 강조하지 않는 경향이 많다. 회개 없이 믿는다는 것은 불가능한 일이다. 침(세)례 요한의 외침을 보자.

"회개하라 천국이 가까이 왔느니라 하였으니"(마 3:2)

예수님의 외침을 보자.

"이 때부터 예수께서 비로소 전파하여 이르시되 회개하라 천국이 가까이 왔느니라 하시더라"(마4:17)

회개해야 하는 이유는 무엇이었는가?

회개함으로써 천국이 오는 것인가? 그것은 아니다. 회개를 완전히 이루었을 때 천국이 가까워올 조짐을 보이는가? 그것 역시 아니다. 그럼 무엇이 먼저인가? 천국 도래가 먼저이다. 천국이 오기 때문에 회개해야 하는 것이다. 사람이 회개하면 천국이 오는 것이 아니다. 그 정반대가 진리다. 천국이 가까이 왔기 때문에 이를 맞기 위해 사람들은 준비를 해야 하는데 그것이 회개이다. 회개는 천국과 다른 성질의 세상을 좋아하던 데서 이제는 천국으로 향하는 것이다. 사람이 천국과 그것의 왕림에 전혀 보탬이 된 것이란 없다. 천국은 오직 하나님이 가져오시는 것이다. 우리는 단지 그 천국으로 들어가면 된다. 그러나 천국 가기 위해서는 세상과 등을 져야 한다. 세상은 악하고 음란한 어두움의 세력 하에 있기 때문이다. 회개를 해야만 가까이 오는 천국을 맞을 수 있다. 세상과 천국을 동시에 사랑할 수는 없는 것이 아닌가? 회개는 모든 사람에게 내린 명령이다.

"알지 못하던 시대에는 하나님이 간과하셨거니와 이제는 어디든지 사람에게 다 명하사 회개하라 하셨으니"(행 17:30)

회개는 구원의 절대적 조건이요 전제이다(눅 13:2~5; 히 6:1; 마 21:32).

구원의 조건은 구원 수여와 다르다. 구원의 조건은 구원을 형성하는 것이 아니라 형성된 구원을 향한 사람이 해야 할 상태이다. 그것이 회개와 믿음이다. 이미 언급한 대로 회개는 죄와 관련되고 믿음은 은혜의 하나님과 관련된다. 죄로부터의 내적 돌아섬이 회개라면 구주이신 그리스도에게로 돌아가는 것이 믿음이다. 이것은 동시적 사건이다. 죄로부터 돌아선 자는 그리스도에게로 나아가기 마련이다. 이것 없이 저것 없고 저것 없이 이것 없다. 이두 가지는 회심이란 한 가지 행위의 두 가지 양상이다. 회개란 마음속에서 죄에 대한 폭발적인 증오이니 죄 사랑함이 마음속에서 죽은 상태이다. 이미 천국에 가 있는 사람들마저도 땅에 있는 사람들의 회개에 관심을 둘 정도로 회개는 구원의 절대 조건이 된다.

"내가 너희에게 이르노니 이와 같이 죄인 한 사람이 회개하면 하늘에서는 회개할 것 없는 의인 아흔아홉으로 말미암아 기뻐하는 것보다 더하리라"(눅 15:7)

"내가 너희에게 이르노니 이와 같이 죄인 한 사람이 회개하면 하나님의 사자들 앞에 기쁨이 되느니라"(눅 15:10)

"이르되 그렇지 아니하니이다 아버지 아브라함이여 만일 죽은 자에게서 그들에게 가는 자가 있으면 회개하리이다"(눅 16:30)

이 마지막 구절은 비록 지옥에 간 부자의 절규이기는 하지만 땅의 가족의 회개가 절실함을 말해주고 있다.

▶ 참조 구절 (렘 8:6; 20:16; 막 1:15; 행 11:18; 요 16:8; 행 2:37, 38; 행 16:30, 31; 눅 18:13; 마 11:20, 21; 12:41; 21:19; 고후 7:10; 계 2:25; 16:9)

믿음이란 무엇인가?

믿음이란 죄로부터 떠난 마음이 하나님을 향하고 하나님을 붙잡겠다는 것이다. 이것은 회심의 적극적 양상이다. 회개가 죄를 미워하고 죄와의 절연 상태라면 믿음은 회개한 자가 그리스도에게로 얼굴을 향하고 그의 손을 잡겠다는 것이다. 회개 뒤에는 믿음이 반드시 따른다. 버렸으니 잡아야 하지 않은가? 등을 돌렸으니 대면해야 하지 않은가? 믿음과 신념은 다르다. 신념이 믿음의 한 부분이 될 수 있을지는 모르나 단순한 신념을 믿음이라 할 수 없다. 믿음을 요약하면 아래와 같다.

믿음의 내용은 무엇인가? 지식(knowledge), 신념(belief), 그리고 신뢰(trust)로 구성된다. 지식이란 그리스도가 구주라는 것을 아는 것이다.

"그런즉 그들이 믿지 아니하는 이를 어찌 부르리요 듣지도 못한 이를 어찌 믿으리요 전파하는

자가 없이 어찌 들으리요"(롬 10:14)
"영생은 곧 유일하신 참 하나님과 그가 보내신 자 예수 그리스도를 아는 것이니이다"(요 17:3)

신념이란 그리스도가 구주로서 우리를 구원해 주실 것에 대한 생각이다. 그러나 하나님의 구원계획을 알고 있다고 해서 모든 사람이 구원받는 것은 아니다. 하지만 그런 신념이 없어서도 안 된다.

"성경에 이르되 누구든지 그를 믿는 자는 부끄러움을 당하지 아니하리라 하니 유대인이나 헬라인이나 차별이 없음이라 한 분이신 주께서 모든 사람의 주가 되사 그를 부르는 모든 사람에게 부요하시도다"(롬 10:11~12)

신뢰란 그런 생각을 가졌으면 그렇게 해 주실 것을 믿고 맡기는 것이다.

"누구든지 주의 이름을 부르는 자는 구원을 받으리라"(롬 10:13)
"이로 말미암아 내가 또 이 고난을 받되 부끄러워하지 아니함은 내가 믿는 자를 내가 알고 또한 내가 의탁(依託)한 것을 그 날까지 그가 능히 지키실 줄을 확신함이라"(딤후 1:12)
"너희는 그 은혜에 의하여 믿음으로 말미암아 구원을 받았으니 이것은 너희에게서 난 것이 아니요 하나님의 선물이라 행위에서 난 것이 아니니 이는 누구든지 자랑하지 못하게 함이라"(엡 2:8)

위의 사실을 신앙의 3대 요소라 칭한다. 그것은 그리스도를 구주로 인정함(지식)과 그리스도에 관한 사실을 수용함(신념)과 그리스도에게 자신을 맡김(신뢰)이다. 믿음은 행위와 마찰되지 않는다. 믿음이 행위를 낳는다. 믿음으로 구원을 받는다(행 16:31; 엡 2:8; 롬 5:1). 믿음으로 성령부음 받고(갈 3:5, 14), 거룩하게 되고(행 26:18), 보호를 받는다(벧전 1:5; 롬 11:20; 고후 1:24; 요일 5:4). 믿음은 하나님을 기쁘시게 한다.

"믿음이 없이는 하나님을 기쁘시게 하지 못하나니 하나님께 나아가는 자는 반드시 그가 계신 것과 또한 그가 자기를 찾는 자들에게 상 주시는 이심을 믿어야 할지니라"(히 11:6)

하나님은 불신앙을 큰 죄로 보신다(요 16:9; 롬 14:23).
믿음은 하나님 편에서 보면 하나님의 선물이다(롬 12:3; 벧후 1:1). 마비된 손을 뻗어 보라. 하지만 잘 펴지지 않는다. 그 손이 펴지게 됨은 성령님이 하셔야 될 일이다. 인간 편에서 보면 믿음은 하나님의 말씀에 의해 생긴다(롬 10:14, 17; 요 5:47; 행 4:4).

믿음은 다른 모든 은혜의 뿌리가 되는 은혜이다. 믿음 없이는 아무것도 자기 소유가 되지 못한다. 믿음은 중생, 사죄, 칭의, 화목, 양자, 연합 등 모든 것의 조건이 된다. 믿음은 하나님의 주시고자 하는 모든 은혜를 받아들이는 손이다. 손이 없으면 받을 도리가 없다. 그런 의미에서 믿음은 하나님을 받아들이는 귀중한 손이다. 하나님의 뻗으신 손에는 온갖 보화가 가득 담겨 있다. 사람 편에서 할 일이란 손을 내미는 것이다. 그 손은 빈 손이어야 한다. 믿음이란 하나님의 선물 보화를 얻기 위해 내민 사람의 빈 손이다.

믿음은 구원의 조건이지 결코 구원의 방법이나 수단은 못 된다. 가령, 사람이 손을 내민 것이 선물 보화를 생기게 한 것이 아니라 이미 있는 보화를 얻어 가지게 되는 조건일 따름이다. 여기서 우리가 주목해야 하는 것은 도대체 믿음으로 얻는다는 것은 무엇인가? 즉 믿음의 대상은 누구인가? 라는 질문이 더 적절하다. 우리는 무엇을 믿는 것이 아니라 누구를 믿는다. 통상적으로 무엇을 믿느냐는 말이 통할지 모르나 엄격하게는 누구를 믿느냐는 질문이 성경적이다. 물론 무엇을 믿느냐고 할 때는 기독교의 성경 진리이지만 누구를 믿느냐고 할 때는 진리이신 예수 그리스도요 살아계신 하나님이다.

이런 의미에서 신앙의 대상이 될 수 없는 것이 있다. 우선 성경책은 믿음의 대상은 아니다. 이것이 무슨 말이냐 하면 성경이 믿음과 실행의 법칙이지만 책 자체가 구원신앙의 대상은 아니라는 말이다.

옛날에 시골의 한 초신자 할머니의 가족 중에 병든 자가 있었는데 이 할머니는 귀신이 부엌에 들어 왔기 때문이라고 여겨 성경책 한 장을 뜯어 부엌 벽에 도배하듯 붙여놓았다는 웃지 못할 에피소드가 있었다. 이 할머니에게는 성경책이 신앙의 대상이었던 것이다.

다음, 신조가 믿음의 대상은 아니다. 단지 교리를 믿는 것이 믿음은 아니다. 신앙고백은 있어도 신조는 강조할 것이 못 된다. 신앙고백은 신앙인의 자유로운 양심의 고백(confession)이지만 신조는 적어도 몇몇 사람들이 모여서 합의를 거쳐 인조(人造)된 도그마(dogma)이다. 도그마는 언제나 개인과 단체를 속박하는 기능을 행사하려 든다. 이것이 심하면 성경을 옆으로 밀쳐놓는 우(愚)를 범하는 수가 있다.

E. Y. 멀린스는 신조에 대해서 신중한 태도를 취할 것을 아래와 같이 요약해 주고 있다.

「• 신조를 적절히 사용하면 매우 가치 있는 것이지만 여타 모든 좋은 것이 그러하듯이 잘못 사용하면 위험한 것이다. 신조는 종교생활의 자연스럽고도 정상적인 표현이다. 성경의 가르침의 빛 안에서 자기의 종교생활을 표현하는 신조를 못 만들게 금한다는 것은 인간의 사고의 자유로운 활동을 금하는 꼴이 될 것이다. 그러나 신조는 화산에서 흘러나온 뜨거운 용암(鎔巖)과 같다. 용암은 흘러 나온 뒤에 곧 식는다. 신조는 틀에 박힌 형식이 되기 쉽다.

- 기독교의 심장부에는 자원원리(自願原理)가 있다. 종교에 있어서 개인적으로 판단하는 권리는 기독교 진리의 중심에 놓여 있는 진리다. 어느 누구도 개개인의 믿고 있는 바를 타인에게 강압적으로 받아들이도록 강요할 수 없다. 성경에서 떠난 최후적이고도 권위적인 것으로 세워지는 침례교 신조란 있을 수 없다. 모든 신조는 성경 아래 예속된 것이다.
- 신조 사용의 또 다른 위험은 껍질을 알맹이로, 형식을 생명으로 오해할 가능성이 있다는 것이다. 생명 없는 신조는 사람을 묶어놓는 쇠사슬이다. 죽은 신조는 사람을 죽게 만든다. 죽은 신조로 메마른 지성주의에 빠지지 말고 성경으로 나아가야 한다. 신조에 매이다가 성경으로 못 나가는 위험을 명심해야 한다.」[72]

멀린스는 신조의 형식화의 우려, 신조의 타인 강압성의 위험, 그리고 신조의 오용될 가능성을 지적했다. 그는 신조에 대해 다음과 같이 결론을 맺고 있다.

「신조는 사닥다리와 같다. 사닥다리를 타고 높이 올라가서 보다 순수한 영적 세계를 조망할 수도 있지만 혹은 사닥다리를 타고 깡마른 정통주의(orthodox)의 밑바닥 강단으로 내려올 수도 있다.」[73]

그런 뜻에서 침례교회는 신조주의(信條主義)에 얽매이지 않고 있다. 그런 맥락에서 침례교 신학은 십인십색(十人十色) 신학이란 말이 통한다. 그러나 한 가지 묘한 사실은 십인십색으로 내어 놓은 신학이지만 부지불식간에 어떤 조화롭고 통일된 체계로 통일되는 것은 그 주장들이 진리이기 때문이다. 진리는 어떤 공통적 통일 지점에 이르게 마련이다.

그럼 신앙, 믿음의 대상은 누구인가?
그분은 인격의 하나님이시다.

"너는 청년의 때에 너의 창조주를 기억하라 곧 곤고한 날이 이르기 전에, 나는 아무 낙이 없다고 할 해들이 가깝기 전에"(전 12:1)
"내 아들아 또 이것들로부터 경계를 받으라 많은 책들을 짓는 것은 끝이 없고 많이 공부하는 것은 몸을 피곤하게 하느니라 일의 결국을 다 들었으니 하나님을 경외하고 그의 명령들을 지킬지어다 이것이 모든 사람의 본분이니라 하나님은 모든 행위와 모든 은밀한 일을 선악 간에 심판하

---

72) E.Y. Mullins, *Baptist Beliefs*, (Valley Forge: The Judson Press, 1925), pp. 5~10.
73) 위의 책, p. 10.

시리라"(전 12:12~14)

"그들은 심히 패역한 자라 그들이 듣든지 아니 듣든지 너는 내 말로 고할지어다"(겔 2:7)

"또 내게 이르시되 인자야 내가 네게 이를 모든 말을 너는 마음으로 받으며 귀로 듣고 사로잡힌 네 민족에게로 가서 그들이 듣든지 아니 듣든지 그들에게 고하여 이르기를 주 여호와의 말씀이 이러하시다 하라"(겔 3:10~11)

그분은 인격자 예수 그리스도이시다.

"영접하는 자 곧 그 이름을 믿는 자들에게는 하나님의 자녀가 되는 권세를 주셨으니"(요 1:12)

"하나님이 세상을 이처럼 사랑하사 독생자를 주셨으니 이는 그를 믿는 자마다 멸망하지 않고 영생을 얻게 하려 하심이라"(요 3:16)

"이르되 주 예수를 믿으라 그리하면 너와 네 집이 구원을 받으리라 하고"(행 16:31)

그분은 인격자 성령님이시다.

"베드로가 이르되 너희가 회개하여 각각 예수 그리스도의 이름으로 세례를 받고 죄 사함을 받으라 그리하면 성령의 선물을 받으리니"(행 2:38)

"내가 아버지께 구하겠으니 그가 또 다른 보혜사를 너희에게 주사 영원토록 너희와 함께 있게 하리니 그는 진리의 영이라 세상은 능히 그를 받지 못하나니 이는 그를 보지도 못하고 알지도 못함이라 그러나 너희는 그를 아나니 그는 너희와 함께 거하심이요 또 너희 속에 계시겠음이라 내가 너희를 고아와 같이 버려두지 아니하고 너희에게로 오리라"(요 14:16~18)

"만일 너희 속에 하나님의 영이 거하시면 너희가 육신에 있지 아니하고 영에 있나니 누구든지 그리스도의 영이 없으면 그리스도의 사람이 아니라"(롬 8:9)

"성령이 친히 우리의 영과 더불어 우리가 하나님의 자녀인 것을 증언하시나니 자녀이면 또한 상속자 곧 하나님의 상속자요 그리스도와 함께한 상속자니 우리가 그와 함께 영광을 받기 위하여 고난도 함께 받아야 할 것이니라"(롬 8:16~17)

"육체의 소욕은 성령을 거스르고 성령은 육체를 거스르나니 이 둘이 서로 대적함으로 너희가 원하는 것을 하지 못하게 하려 함이니라"(갈 5:17)

믿음은 삼위일체 하나님과 하나님의 하신 모든 일을 모시는 마음의 결단이요 실천이다. 다시 말하거니와 믿음은 하나님이 주시는 것을 받아들이는 손이요 음식을 받아먹는 입이라고도 해야 할 것이다. 태아(胎兒)는 탯줄을 통해 배꼽으로 양분을 섭취하고, 영아(嬰兒)는 젖줄로 부드러운 젖을 먹고, 성장한 사람은 숟가락으로 단단한 음식을 먹는다. 입 아닌 다른 지체들로는 음식을 먹을 수 없다. 그런데 만약 음식 공급을 받지 못하면 생존 불가하다. 그리스도인의 특징은 믿음의 사람이다. 하나님과 하나님의 하신 모든 일을 우리는 믿음으로만 받아들일 수 있다. 이성(理性)이 아닌 믿음만이 온전히 하나님 세계를 받아들인다.

> "옛적에 선지자들을 통하여 여러 부분과 여러 모양으로 우리 조상들에게 말씀하신 하나님이 이 모든 날 마지막에는 아들을 통하여 우리에게 말씀하셨으니 이 아들을 만유의 상속자로 세우시고 또 그로 말미암아 모든 세계를 지으셨느니라 이는 하나님의 영광의 광채시요 그 본체의 형상이시라 그의 능력의 말씀으로 만물을 붙드시며 죄를 정결하게 하는 일을 하시고 높은 곳에 계신 지극히 크신 이의 우편에 앉으셨느니라"(히 1:1~3)

모든 세계가 하나님의 말씀으로 지어진 사실은 아직까지 과학이 시원하게 밝히지 못했다. 지구의 역사가 얼마나 되느냐 하는 것은 학자마다 그 학설이 다르다. 그러나 그리스도인은 단순하게 하나님이 말씀으로 천지를 만드셨다는 창세기 1장 1절의 말씀을 믿는다. 사실 내가 믿는 것이라기보다는 그 사실이 나에게 믿어진다는 것이 축복이다.

콜슨은 어떤 저명인사로부터 다음과 같은 서신을 받은 바 있음을 「이것이 교회다」에서 싣고 있다. 그 서신은 기독교 세계는 이성적 접근이 아닌 믿음으로 접근해야 함을 알리고 있다.

「교리적인 순수성을 추구하는 일과 복음의 신비를 이성적으로 조사, 분석, 설명해 보려는 행위에는 큰 차이가 있다네. 진실한 신학자나 참 교회는 신앙으로부터 신비감을 박탈하기 위해서가 아니라… 신비가 무엇인지 더 잘 이해하기 위해 그것을 더 분명히 알기를 원하지. 삼위일체는 한 분인 하나님 안의 3위(位)를 말하는 것일세. 예수는 성자라는 한 위로서 하나님과 사람으로 존재하시지. 이것은 순수한 교리일세. 하지만 신비는 그대로 남아 있지. 실제로 명료하면 할수록 신비는 더 커져서 더 큰 경외심과 경배를 불러일으킨다네. 그러나 인간의 이성적인 접근 방식은 신앙의 신비를 명료하게 하기보다는, 인간 이성으로 판단할 때 전적으로 그 신비가 타당해 보이도록 설명하고 싶어하지. 하지만 그렇게 될 수는 없네(웨이난디 신부가 콜슨에게 보낸 1992년 6월 18일자 편지 중에서).」[74]

이성은 기독교의 신비를 비신비화하려 하는가 하면, 믿음은 기독교의 신비를 가일층 신

---

74) 찰스 콜슨, 「이것이 교회다」, p. 135.

비화하고 그리고 그 신비를 마음 편하게 받아들이는 것이다.
> ▶ 참조 구절 (마 9:18; 막 1:15; 9:24; 눅 8:13; 요 5:44; 6:29; 9:35; 17:20; 행 8:37; 13:39; 3:16; 롬 3:22; 4:11; 3:30; 엡 1:19; 2:8; 1:13; 요 16:8; 롬 10:9~11; 3:25; 갈 2:16; 히 6:12; 골 1:23; 2:7; 딛 1:13)

'되게 하시는 성령님'은 하나님 편에서 하셔야 할 일에 어떻게 관여하시는가?

중생, 사죄, 칭의, 화목, 양자, 연합은 사람을 구원하심에 있어서 하나님 편에서 꼭 해 주셔야 하는 일이다. 내가 "양자 삼아 주십시오"가 아니라 하나님이 양자로 삼으시려고 할 때 "예, 양자로 들어가겠습니다" 하는 것이 인간의 할 일이다. 물론 그것은 믿음에 의한 것이라고 했다. 사람이 죄를 싫어하고 의를 좋아하며, 또 사람이 세상을 싫어하고 교회(하나님의 나라)를 좋아할 때 하나님 편에서 하시는 모든 것이 우리의 체험이 되는 것이다.

이 진리야말로 묘한 것이다. 내가 하지 않았으나 내가 한 것이 되고 내 것이 아니었으나 내 것이 되고 내가 무관심했으나 나의 관심이 되는 것, 이것이 구원의 신비. 구원받은 자는 모두 신비로운 존재이다. 교회는 구원받은 신비로운 자들의 모임이다. 아직도 우리 앞에는 '하게 하시는 성령님'의 능력에 의한 그리스도인의 성화(聖化)와 궁극적 구원 문제와 원수 마귀 세상과의 영적 전투에서의 승리의 문제가 남아 있지만 뒤에 언급하기로 하고 지금은 '되게 하시는 성령님'의 생명 전달 과정 중에서 꼭 하나님이 해 주셔야만 그리스도인의 체험이 되는 중생, 사죄, 속죄, 구속, 칭의, 화목, 양자 그리고 연합의 문제를 다루어 보자.

위의 주제들을 요약적으로 진술하면 다음과 같다.

- 중생이란 새 생명으로 태어남이니 곧 영생이요,
- 사죄란 죄인으로부터 죄의 분리이니 무죄요,
- 구속이란 톡톡히 죗값을 치르고 자유를 준 것이니 대속이요,
- 칭의란 법적으로 의롭다고 선언한 것이니 의의 선포요,
- 화목이란 하나님과 당당히 대면할 수 있으니 친교요,
- 양자란 가족의 일원이 된 것이니 친자관계(親子關係)요,
- 연합이란 하나님과의 생동적 공동생활로의 진입이니 안전(安全)이다.
- 교회란 무엇인가? 이런 체험의 소유자들의 집결이다.
- 이런 체험의 소유자들은 교회 형성을 위해 존재한다.

첫째, 중생이란 무엇인가?

중생이란 한 번 태어난 사람이 다른 생명의 세계로 두 번째 출생함을 말한다. 출생의 경

험이 두 번이라는 것이며 새로 난다는 의미에서 신생(新生, new birth)이다. 중생이란 말은 기독교 진리의 특유한 용어이다. 중생은 기독교만이 쓸 수 있는 전용어이다(마 19:28; 딛 3:5). 중생은 죽을 생명 대신에 산 생명을 얻음이다. 중생에서 잃은 것은 옛 생명이고 얻은 것은 새 생명이다. 새 생명은 영생(eternal life)이다. 영생의 단축형은 생명이다. 영생과 생명이 같은 의미로 상호 교체적으로 사용되고 있는 것만은 사실이기도 하지만 또다시 '생명'이라고 했을 때 다른 옛 생명의 의미도 있음을 알아야 한다.

중생은 어떤 생명인가? 먼저 가졌던 생명이 산 생명이 아니라 죽음의 생명, 곧 죽음을 안고 있는 생명이니 결국 죽고 말 것인즉, 죽지 않기 위해서 안 죽는 생명, 다시 말하면 생명을 안고 있는 그런 생명이다. 살아 있는 것 같아도 죽어 있는 그런 상태는 죽음이다. 죽음은 하나님이 아담과의 에덴 동산에서의 약속의 부정적 조건으로 내민 최초의 주제였다. "네가 먹는 날에는 정녕 죽으리라"(창 2:17). 그런데 그들은 약속을 위반했다. 그래서 아담과 하와는 살았으나 죽은 것이다. 그래서 결국 죽었다. 예수는 죽음을 해결하기 위해 세상에 오셨다. 곧 중생의 사람을 모으기 위해 오셨다. 산 자들의 모임을 형성하러 오셨다. 그것이 교회이다.

그런데 세상 사람들은 도무지 죽음의 의미를 모르거나 또는 죽음의 공포에만 사로잡혀 있으니 예수님은 답답하셨다. 예수님이 세상에 오셔서 웃으셨다는 기록은 단 한 번도 없다. 입담 좋게 농담하신 적도 없다. 단지 우셨다. 눈물을 흘리셨다.

"가까이 오사 성을 보시고 우시며"(눅 19:41) – 멸망받을 성을 보고 우셨다.
"예수께서 눈물을 흘리시더라"(요 11:35) – 나사로의 죽음 앞에서 우셨다.

예수님도 '죽음'의 심각성을 아시고 울고 눈물을 흘리셨는데 사람은 죽음에 대한 무지와 그릇된 태도를 가지고 살아가고 있으니 답답한 일이 아닐 수 없다. 턱 없이 죽음 앞에 용감한 자도 문제고 죽음에 대해 무관심한 것도 문제니 이런 상황 앞에서 예수님은 마냥 울고 눈물을 흘리셨다. 예수로 하여금 울고 눈물을 흘리게 한 이 죽음 사건을 예수님은 중생, 새 생명을 주심으로 해결하신 것이다.

"어떤 사람이 주께 와서 이르되 선생님이여 내가 무슨 선한 일을 하여야 영생을 얻으리이까 예수께서 이르시되 어찌하여 선한 일을 내게 묻느냐 선한 이는 오직 한 분이시니라 네가 생명에 들어 가려면 계명들을 지키라"(마 19:16~17)

어떤 사람의 영생 얻는 방법의 질문을 받으시고 예수님은 영생이란 말을 사용하지 않고 단지 '생명'이란 말씀을 쓰신 것을 보면 '영생=생명'이란 뜻이다. 그러나 요한복음 3장 15~16절의 말씀을 보자.

> "이는 그를 믿는 자마다 영생을 얻게 하려 하심이니라 하나님이 세상을 이처럼 사랑하사 독생자를 주셨으니 이는 그를 믿는 자마다 멸망하지 않고 영생을 얻게 하려 하심이라"(요 3:15~16)

여기서는 영생을 얻게 하려 하신다 혹은 영생을 소유하게 하신다고 했다. 사람들이 태어날 때부터 자연인으로서 영생을 가졌더라면 새삼스럽게 영생을 가지라고 말씀하시지 않았을 것이리라. 아들을 믿는 자마다 영생을 얻게 된다 혹은 소유하게 된다는 말을 믿기 전에는 영생 소유자가 아니란 말이었다. 그런데 우리의 육안으로 볼 때 영생을 갖지 아니한 자도 삶을 살고 있지 않느냐 말이다. 구원받은 자나 구원받지 못한 자나 삶을 살고 있지 않느냐 말이다. 즉 누구에게나 생명이 있지 않느냐 말이다. 그럼 누구에게나 날 때부터 지닌 생명과 믿는 자의 영생이란 생명은 완전히 별개의 것이다. 그런즉 사람은 생명을 이미 갖고 있으나 또 생명을 가져야 하는데 그 생명이 영생이다. 그런즉 중생의 의미는 이미 우리가 지니고 있는 생명, 육의 생명, 죽을 생명이 아닌 다른 생명, 영의 생명, 질로 보나 양으로 보나 긴 생명을 지닌다는 데 있다. 중생은 영생의 삶이다. 거듭남은 영생으로 새로 태어남이다. 이것은 하나님이 창조하신 새 기원(起源)의 생명이다.

멀린스의 중생 설명은 다음과 같다.

> 「중생이 무엇이냐? 이것은 우리가 반드시 문의하고 답변해야 할 최초의 질문이다. 중생은 하나님의 성령에 의해 역사 되어지고 또 하나의 수단인 진리의 사용을 통해 영혼의 도덕적 기질이 그리스도의 형상 안에서 새롭게 되어진 변화라고 정의할 수 있다. 모름지기 모든 정의가 실재(實在)에 미급하다. 그러나 이상의 진술이 기본적 요점은 다 내포하고 있다. 중생은 성령에 의해 역사 되어진 것이다. 그것은 진리의 도구를 통해 성취된 것이다. 그것은 도덕적 영적 기질의 현저한 변화다. 그것은 영혼이 그리스도의 형상 안에서 재창조되어지는 변화다.」[75]

중생의 대표적 성경구절은 구약의 에스겔 11장 19~20절이다.

> "내가 그들에게 한 마음을 주고 그 속에 새 영을 주며 그 몸에서 돌 같은 마음을 제거하고 살처럼 부드러운 마음을 주어 내 율례를 따르며 내 규례를 지켜 행하게 하리니 그들은 내 백성이 되

---
75) E. Y. 멀린스, 「조직신학 원론」, p. 464.

고 나는 그들의 하나님이 되리라"(겔 11:19~20)

새 영을 주신다고 했다. 그러면 돌 같은 굳은 마음이 제거된다고 했다. 또 부드러운 마음을 주신다. 중생은 내적 변화이다. 갑작스러운 어떤 내적 변화가 아니라 은밀한 속의 내부적 변화이다. 그것은 마음 밭의 부드러워짐이다. 에스겔은 비슷한 말들을 또 들려주고 있다.

"또 새 영을 너희 속에 두고 새 마음을 너희에게 주되 너희 육신에서 굳은 마음을 제거하고 부드러운 마음을 줄 것이며 또 내 영을 너희 속에 두어 너희로 내 율례를 행하게 하리니 너희가 내 규례를 지켜 행할지라 내가 너희 조상들에게 준 땅에서 너희가 거주하면서 내 백성이 되고 나는 너희 하나님이 되리라"(겔 36:26~28)

새 영을 주고 새 마음을 주어 굳은 마음이 없어지게 하고 부드러운 마음을 주신다. 여호와의 신 곧 성령을 사람 속에 두어 하나님의 율례를 지키게 하고 하나님과 사람의 관계가 신민(神民) 관계가 되게 한다. 신약의 대표적 성경구절은 요한복음 1장 12, 13절과 3장 4~8절이다.

"영접하는 자 곧 그 이름을 믿는 자들에게는 하나님의 자녀가 되는 권세를 주셨으니 이는 혈통으로나 육정으로나 사람의 뜻으로 나지 아니하고 오직 하나님께로부터 난 자들이니라"(요 1:12~13) "니고데모가 이르되 사람이 늙으면 어떻게 날 수 있사옵나이까 두 번째 모태에 들어갔다가 날 수 있사옵나이까 예수께서 대답하시되 진실로 진실로 네게 이르노니 사람이 물과 성령으로 나지 아니하면 하나님의 나라에 들어갈 수 없느니라 육으로 난 것은 육이요 영으로 난 것은 영이니 내가 네게 거듭나야 하겠다 하는 말을 놀랍게 여기지 말라 바람이 임의로 불매 네가 그 소리는 들어도 어디서 와서 어디로 가는지 알지 못하나니 성령으로 난 사람도 다 그러하니라"(요 3:4~8)

사람은 거듭나야만 한다. 중생의 긴요성이 있다. 그 긴요성의 이유는 거듭나지 않으면 하나님 나라를 볼 수 없기 때문이다. 멀린스는 중생이 아닌 것이 무엇인가를 다음과 같이 설명하고 있다.

「먼저 우리는 중생이 아닌 것이 무엇인지 보여 줌으로써 중생과 기타의 사건을 명백히 구별해 놓을 수 있다. 중생은 영혼이 파멸되고 그 대신에 하나의 새로운 영혼이 투입된다는 의미로 본 새 창조는 아니다. 또한 중생은 인간의 모든 기능들이 파멸되고 그 대신에 새로운 기능들이 투입된다는 의미에서 본 새 창조도 아니다. 중생에 있어서의 변화라는 것은 인간의 영적인 구성(構成, constitution)에 있는 것이 아니라 인간의 도덕적 영적 기질(disposition)에 있는 것이다.」[76]

그런즉 중생은 영혼 속에 나타난 영적 도덕적 혁명이다. 그러나 여기서 유의할 것이 있다. 중생이 도덕적 영적 혁명인 것은 사실이지만 이것은 새 생명 곧 영생을 가진 결과적 산물(産物)이다. 그런데 중생이라고 할 때 옛사람의 생명이 아닌 새 사람의 생명이 핵심이다. 새 생명 곧 영생을 가졌기에 도덕적 영적 혁명은 자연스러운 부수적 결과로 나타나는 것이다. 중생에서 새사람이 된다. 새사람이란 새 생명, 영생을 가진 사람이란 뜻이다.

영생의 체험이 없는 사람이라도 도덕적으로 매우 고매한 사람도 있지만, 그는 중생인은 아니다. 흉악범이 선량한 시민이 되었다고 중생한 것은 아니요 그것은 일종의 갱생(更生)이다. 갱생은 삶의 내적 질적 변화가 아니라 외적 변화인 것이다.

"그런즉 누구든지 그리스도 안에 있으면 새로운 피조물이라 이전 것은 지나갔으니 보라 새 것이 되었도다"(고후 5:17)

하나님 편에서 볼 때 이것은 중생이고 사람 편에서 볼 때 이것은 회심이다. 회심이 회개와 믿음으로 구성된 것은 이미 언급한 바와 같다. 중생은 수동적 자세이고 회심은 능동적 자세이다.

「중생인 것 같아 보이면서 중생 아닌 것들이 있다. 이 문제를 심도 있게 논해야 하는 이유는 중생 아닌 것을 중생으로 간주해 버리고 나면 한 번 더 중생의 현장 속으로 사람을 이끌어 들이지 않는다. 중생 받아야 할 사람이 중생의 필요성을 느끼지 못하고 한평생 살아가는 슬픔을 지닌다. 멀린스는 중생은 잘 가르친 교육의 결과도 아니며 유아에서 성인으로의 자연적인 이동도 아니며 자연 수준에서 좀더 나아간 진화의 과정도 아니라고 했다. 중생은 자연적 수준에서 일어나고 있는 어떤 변화와 혼동해서는 안 된다. 중생은 '높은 세력'과의 접촉인데 그 세력은 사람의 영혼 속에 그리스도를 계시하고 창조하시는 하나님의 성령이다. 여기서도 그리스도, 창조하시는 하나님, 그리고 그 하나님의 영이신 성령 등 삼위일체 하나님의 함께 역사하심을 볼 수 있다.」[77]

---

76) 위의 책, p. 465.
77) 위의 책, pp. 466~467.

그렇다면 중생이 도덕적 영적 혁명이라고 하는 구체적 내용은 무엇인가?

일단 하나님의 생명이 사람에게 교통한다. 전술한 바와 같이 이런 혁명은 혁명의 원동력 곧 영생이 있기 때문이다. 이 영생의 성격을 보자. 단순히 중생을 또 다른 생명과는 무관한, 그런즉 옛 생명을 지닌 상태에서 단지 도덕적 영적 혁명 정도로만 본다면 중생이 아니라 그것은 옛 생명의 전진이나 변화 정도에 그친 것이리라.

"내가 그들에게 영생을 주노니 영원히 멸망하지 아니할 것이요 또 그들을 내 손에서 빼앗을 자가 없느니라"(요 10:28)

영생은 시간 개념으로 볼 때 영원한 것이다. 그것은 시계 바늘로 측정할 수 없으며 과거도 미래도 없다. 하나님의 영원한 오늘(God' eternal today) 속에 있는 생명이다. 그러나 영생은 양(量)보다도 질(質)에 그 가치가 있다. 그 질이란 영생의 반대 개념이 단생(短生)이 아니라 '사망' 혹은 '멸망' 곧 하나님으로부터의 분리하는 차원이다. 이것은 영생이 하나님 자신의 생명이며 생활임을 말해준다. 이때 똑같이 life(생활)란 말로 두 가지 사실을 말하게 된다. 영생이 질이라고 할 때 그것은 하나님을 안다는 것이 된다.

"영생은 곧 유일하신 참 하나님과 그가 보내신 자 예수 그리스도를 아는 것이니이다"(요 17:3)

여기서 안다는 것은 친교요 사귐이요 친분이다. 그러면 영생이란 하나님 왕국 아래 영위하는 삶이다.[78] 마태복음 19장 16~24절 속에 영생(16절), 생명(17절), 천국(23절), 하나님의 나라(24절)라고 해서, 영생이란 하나님 나라에서의 삶이라고 했다(참조 막 9:43~47; 10:17~25).

"또 증거는 이것이니 하나님이 우리에게 영생을 주신 것과 이 생명이 그의 아들 안에 있는 그것이니라 아들이 있는 자에게는 생명이 있고 하나님의 아들이 없는 자에게는 생명이 없느니라"(요일 5:11~12)

중생은 죽은 사람에게 새 생명을 얻게 한다. 중생으로 인한 새 생명을 얻지 못한 사람들은 살았으나 실상은 죽은 자이다. 새 생명이 없는 자, 곧 영생이 없는 자는 영적으로 죽은 자이다. 죽은 자는 시체이다. 시체는 시체로 처리될 수밖에 없다. 야고보 2장 26절에 "영혼이 없는 몸이 죽었다"고 했을 때 죽은 몸은 시체요, 입관한 상태로 매장되거나 화장되고

---

[78] Frank Stagg, *New Testament Theology*, p. 112.

만다. 영생이 없는 사람은 죽었다는 것이다. 중생이란 어떤 액세서리나 더 부가적인 어떤 사건이 아니라 죽은 영혼이 살아 움직이는 삶의 문제이다. 하늘 문전에서는 중생자가 들어가는 것이지 단순히 성품이나 성향이 개조되거나 선행한 자가 들어가지는 못한다.

중생, 거듭남은 가장 기본적인 그리스도인의 축복이요, 그리스도인으로서의 생활의 시작이다. 우리는 모태에서 나올 때 살았으나 이미 죽어 나온 것이다. 죽었기에 새 생명을 가져야 한다. 그것이 두 번 남(重生)이다. 중생했기에 중생의 상태가 유지된다. 아래 설명은 그것을 말해 준다. 새로운 성품을 지닌다.

"이로써 그 보배롭고 지극히 큰 약속을 우리에게 주사 이 약속으로 말미암아 너희가 정욕 때문에 세상에서 썩어질 것을 피하여 신성한 성품에 참여하는 자가 되게 하려 하셨느니라"(벧후 1:4)

"하나님을 따라 의와 진리의 거룩함으로 지으심을 받은 새 사람을 입으라 그런즉 거짓을 버리고 각각 그 이웃과 더불어 참된 것을 말하라 이는 우리가 서로 지체가 됨이라"(엡 4:24~25)

"그들은 잠시 자기의 뜻대로 우리를 징계하였거니와 오직 하나님은 우리의 유익을 위하여 그의 거룩하심에 참여하게 하시느니라"(히 12:10)

새로운 마음에 참여한다.

"내가 여호와인 줄 아는 마음을 그들에게 주어서 그들이 전심으로 내게 돌아오게 하리니 그들은 내 백성이 되겠고 나는 그들의 하나님이 되리라"(렘 24:7)

"내가 그들에게 한 마음을 주고 그 속에 새 영을 주며 그 몸에서 돌 같은 마음을 제거하고 살처럼 부드러운 마음을 주어"(겔 11:19)

"또 새 영을 너희 속에 두고 새 마음을 너희에게 주되 너희 육신에서 굳은 마음을 제거하고 부드러운 마음을 줄 것이며"(겔 36:26)

새로운 피조물이 된다.

"그런즉 누구든지 그리스도 안에 있으면 새로운 피조물이라 이전 것은 지나갔으니 보라 새 것이 되었도다"(고후 5:17)

"우리는 그가 만드신 바라 그리스도 예수 안에서 선한 일을 위하여 지으심을 받은 자니 이 일은 하나님이 전에 예비하사 우리로 그 가운데서 행하게 하려 하심이니라"(엡 2:10)

"하나님을 따라 의와 진리의 거룩함으로 지으심을 받은 새 사람을 입으라"(엡 4:24)

중생이 인간 속 영혼에서의 도덕적, 영적 변화 혹은 혁명이라는 사실은 중생은 하나님의 전적인 은혜와 사랑과 능력의 역사이기 때문이다.

내가 나를 낳은 것이 아니라 하나님이 낳아 주셨다. 나는 단지 누구에 의해 낳음을 당한다. 하나님에 의해 낳음을 당한 사람은 하나님을 닮는다.

"그가 그 피조물 중에 우리로 한 첫 열매가 되게 하시려고 자기의 뜻을 따라 진리의 말씀으로 우리를 낳으셨느니라"(약 1:18)

변함도 없으시고 회전하는 그림자도 없으신 빛들의 아버지께서 각양 좋은 은사와 온전한 선물을 위로부터 주시는데 그 중에 최고의 선물이 무엇인가? 그것은 그분이 우리를 낳아주셨다는 사실이다. 낳아주셨다는 것은 영생의 생명을 주셨다는 것이며, 생명을 지닌 자는 성장하고 활동하되 낳아주신 분을 위하고 그분을 향하여 삶을 영위한다는 것이다.

"그분이 낳아주셨다"(He begat us). 어떤 누군가의 충동에 의하지 않고 자기가 뜻한 바 있어 자기 뜻으로 우리를 낳아 주셨다. 왜 낳아주셨는가? 그가 만드신 모든 피조물 중에서 우리로 한 첫 열매가 되게 하려고 낳아 주셨다. 창조의 하나님이 구원의 하나님으로서 예수 그리스도가 되셨다. 모든 피조물을 다스려야 할 인간의 형상, 곧 하나님을 닮은 형상이 깨어지자 하나님은 창조가 아닌 구원의 중생을 통해 사람을 다시 한 번 모든 피조물 위의 최고의 열매가 되도록 하셨다. 중생은 사람의 위치를 모든 피조물 위에 우뚝 올려놓은 지위 향상의 사건이요 진정한 의미의 하나님의 형상의 회복 사건이다. 모든 피조물은 중생받은 사람 밑에 놓이게 된다. 이렇게 모든 피조물 중의 첫 열매가 된 사람들이 모여 뭉쳐진 것이 교회이고 이런 교회에 예수 그리스도가 머리로 계신 것이다.

왜 반드시 중생해야 하는가? 이 말은 첫 번째 출생의 사람은 몹쓸 사람이 되었다는 것이 전제된다. 몹쓸 사람이 되었다는 것은 무엇을 의미하는가? 나면서부터 모든 사람이 진노의 자녀였음을 의미한다.

"전에는 우리도 다 그 가운데서 우리 육체의 욕심을 따라 지내며 육체와 마음의 원하는 것을 하여 다른 이들과 같이 본질상 진노의 자녀이었더니"(엡 2:3)

나면서부터 모든 사람은 불순종의 자녀였다.

"그 때에 너희는 그 가운데서 행하여 이 세상 풍조를 따르고 공중의 권세 잡은 자를 따랐으니 곧 지금 불순종의 아들들 가운데서 역사하는 영이라"(엡 2:2)

나면서 모든 사람은 이 세대의 자녀가 되었다. 이 세대의 아들이란 빛의 아들들과 대조적으로 악하고 음란한 세대의 자녀들이라는 말이다.

"주인이 이 옳지 않은 청지기가 일을 지혜 있게 하였으므로 칭찬하였으니 이 세대의 아들들이 자기 시대에 있어서는 빛의 아들들보다 더 지혜로움이니라"(눅 16:8)
"예수께서 대답하여 이르시되 악하고 음란한 세대가 표적을 구하나 선지자 요나의 표적밖에는 보일 표적이 없느니라"(마 12:39)

나면서 모든 사람은 마귀의 자녀였다.

"이러므로 하나님의 자녀들과 마귀의 자녀들이 드러나나니 무릇 의를 행하지 아니하는 자나 또는 그 형제를 사랑하지 아니하는 자는 하나님께 속하지 아니하니라"(요일 3:10)

「에릭슨은 사람이 반드시 중생해야 할 이유를 인간의 내적 성품에서 찾았다. 인간의 성품은 변화(transformation)를 받아야 할 필요성이 있다. 인간 존재는 영적으로 죽은 상태에 있어서 거듭나야 할 필요가 있다. 죽은 상태에서는 영적 충동에 아무런 반응이 없다. 죽은 상태의 사람은 눈 멀고 귀가 어둡고 온 몸의 신경과 조직이 죽어 있기 때문에 영적 감각이 없다. 영적 느낌도 없거니와 영적인 어떤 변화도 일으킬 수 없다는 것이다.」[79]

죽은 몸은 시체요, 시체는 공원묘지로 간다. 거듭남은 산 영으로 새 생명을 소유하는 것이다. 골짜기의 마른 뼈들은 반드시 생기를 얻어 살아나야만 군대를 형성할 수 있다. 불신자가 신자가 되는 것은 중생을 거쳐 살아 있는 영적 사람들이 되어 모인다는 데에 의미가 있으니 이것이 곧 교회다.

"그가 내게 이르시되 인자야 이 뼈들이 능히 살 수 있겠느냐 하시기로 내가 대답하되 주 여호와여 주께서 아시나이다 또 내게 이르시되 너는 이 모든 뼈에게 대언하여 이르기를 너희 마른 뼈들아 여호와의 말씀을 들을지어다 주 여호와께서 이 뼈들에게 이같이 말씀하시기를 내가 생기를 너희에게 들어가게 하리니 너희가 살아나리라 너희 위에 힘줄을 두고 살을 입히고 가죽으로 덮고 너희 속에 생기를 넣으리니 너희가 살아나리라 또 내가 여호와인 줄 너희가 알리라 하셨다 하라"(겔 37:3~6)

---

[79] Millard Erickson, 이전의 책, p. 942.

중생은 일단 죽은 시체를 어느 순간에 살려 놓자는 하나님의 역사이다. 이 역사를 성령이 담당하신다. 중생은 일종의 충격 사건이다. 그것은 즉각적인 행위요 역사이다. 중생은 점진적으로 될 수 없다. 중생의 준비과정은 점진적일 수가 있으나 중생 곧 신생은 순발적이고 민첩한 즉각적 행위이다. 태아가 산모에게서 태어나는 시간과 환경이 며칠을 소요하는 점진적이고도 느린 과정이라면 그 결과는 어떨까?

무엇보다 중요한 것은 예수님이 거듭나야 함을 강조하였다.

"내가 네게 거듭나야 하겠다 하는 말을 놀랍게 여기지 말라"(요 3:7)

중생의 수단은 무엇인가?

중생은 하나님의 역사이다. 누가 중생하고 싶다고 해서 중생되는 것은 아니다. 뱃속에 있는 태아는 밖으로 나가고 싶다고 해서 나가게 되는 것이 아니라 산모의 출산 의지와 노고에 의해 태아는 영아로 출산되어진다. 단, 산모가 산기가 차서 출산하려 할 때 태아는 거부 반응을 보이지 않고 순순히 출산됨을 기다리고 응해야 할 것이다. 그러나 문제는 응하고 있는 자기도 모른다는 것이다. 바로 이와 같은 상태를 예수님은 말씀하시기를 바람이 임의로 불되 소리는 들어도 어디서 와서 어디로 가는지 알지 못하는 것이라고 하셨다.

"내가 네게 거듭나야 하겠다 하는 말을 놀랍게 여기지 말라 바람이 임의로 불매 네가 그 소리는 들어도 어디서 와서 어디로 가는지 알지 못하나니 성령으로 난 사람도 다 그러하니라"(요 3:7~8)

성령으로 난 사람은 신비로운 증상을 맛본 신비의 사람이다. 자기 자신도 이것이 어찌된 일인가라고 놀란다. 그러나 중생한 사실이 분명한 것은 자기 체험이 말해주고 성경이 말해 준다. 중생의 수단이란 어떻게 중생하느냐의 과정에 관한 설명이다. 사람 편에서 할 수 있는 것은 하나님의 선택과 소명에 대한 반응의 맥락에서 자기 땅에 오신 빛이시요 생명이신 하나님의 아들을 영접하는 일이다. 영접이라는 것은 마음으로 그 이름을 믿는 것이다.

"자기 땅에 오매 자기 백성이 영접하지 아니하였으나 영접하는 자 곧 그 이름을 믿는 자들에게는 하나님의 자녀가 되는 권세를 주셨으니"(요 1:11~12)

중생의 수단으로는 하나님의 생기가 우리 속에 들어 와야 한다. 하나님의 생기는 죽은 자에게 생명을 주는 것이다. 하나님의 생기를 떠나서는 아무것도 할 수 없다. 최초의 인간 창조에도 사람을 흙으로 빚고 생기를 그 코에 불어넣음으로써 생령(生靈)이 되었다고 했다.

"여호와 하나님이 땅의 흙으로 사람을 지으시고 생기를 그 코에 불어넣으시니 사람이 생령(生靈)이 되니라"(창 2:7)

에스겔 골짜기의 마른 뼈에도 생기를 불어넣음으로써 산 사람이 되었다.

"주 여호와께서 이 뼈들에게 이같이 말씀하시기를 내가 생기를 너희에게 들어가게 하리니 너희가 살아나리라"(겔 37:5)

첫째, 중생은 물과 성령으로 되어진다.

"예수께서 대답하시되 진실로 진실로 네게 이르노니 사람이 물과 성령으로 나지 아니하면 하나님의 나라에 들어갈 수 없느니라"(요 3:5)

물과 성령으로 난다는 말의 의미는 무엇인가? 물과 성령은 옛사람이 새사람으로 다시 태어나는 수단이다. 물이 무엇이며 성령이 누구냐 하는 문제가 여기서 많이 거론된다. 어떤 학자들은 물은 육체 곧 신체의 출생에 관계되고 영적 출생은 성령이 관계되는 것으로 여긴다. 육체로 한 번 나고 영체(靈體)로 한 번 나서 도합 두 번 나는 것, 곧 거듭남, 중생이라고 하는데 이것은 문맥상 맞지 않다. 여기서 물과 성령은 거듭남에 관계된 수단들이기 때문이다. 태아가 세상을 나올 땐 산모의 양수(羊水)가 있어야 되는 것을 생각한 데서 물로 나옴을 육체 출산이라고 본 것이다. 그러나 물은 씻음을 말한다. 하나님의 말씀으로 더러운 몸이 깨끗해져야 한다. 옛사람이 처리되어져야 함을 뜻한다.

"우리가 마음에 뿌림을 받아 악한 양심으로부터 벗어나고 몸은 맑은 물로 씻음을 받았으니 참 마음과 온전한 믿음으로 하나님께 나아가자"(히 10:22)
"우리를 구원하시되 우리가 행한 바 의로운 행위로 말미암지 아니하고 오직 그의 긍휼하심을 따라 중생의 씻음과 성령의 새롭게 하심으로 하셨나니"(딛 3:5)

성령으로 거듭난다는 것은 하나님의 초자연적 능력으로 옛사람이 새사람으로 태어나는 것이다. 예수님도 성령으로 잉태되셨다고 말하고 있다.

"예수 그리스도의 나심은 이러하니라 그의 어머니 마리아가 요셉과 약혼하고 동거하기 전에 성령으로 잉태된 것이 나타났더니"(마 1:18)

여기서 물은 물침(세)례를 통한 구원 이야기는 결코 아니다.

"육으로 난 것은 육이요 영으로 난 것은 영이니"(요 3:6)

여기에서 육이란 인간의 신체적 요소를 전혀 배제하지 않는 것은 아니지만 비유적 윤리적인 요소를 지닌 말이다. 육(flash)은 니고데모에게 알려진 모든 종교적 태도일 것이다. 종교적 예식과 행위를 통하여 구원 노력을 총칭해서 '육' 이라고 한 것이다. 종교적 행사를 통해서 이뤄진 것은 어디까지나 생명이 없는 옛생활의 반복이지만 성령으로 난 것은 중생이요 그것은 위로부터 곧 성령으로 되는 것임을 말한다. 육은 중생의 수단이 될 수 없다.

"우리를 구원하시되 우리가 행한 바 의로운 행위로 말미암지 아니하고 오직 그의 긍휼하심을 따라 중생의 씻음과 성령의 새롭게 하심으로 하셨나니"(딛 3:5)

거듭나는 것은 성령으로 가능하다.

"내가 네게 거듭나야 하겠다 하는 말을 놀랍게 여기지 말라"(요 3:7)

하나님의 말씀으로 중생된다.

"그가 그 피조물 중에 우리로 한 첫 열매가 되게 하시려고 자기의 뜻을 따라 진리의 말씀으로 우리를 낳으셨느니라"(약 1:18)
"그리스도 안에서 일만 스승이 있으되 아버지는 많지 아니하니 그리스도 예수 안에서 내가 복음으로써 너희를 낳았음이라"(고전 4:15)

「하나님의 성령이 영혼을 중생시킨다. 어떤 인간의 영향이나 문화나 교육의 정도나 발전 개발의 법칙도 이런 변화를 내지 못한다. 성령의 직접적인 역사만이 이런 결과를 낸다.」[80]

하나님 편에서 사람을 중생시킬 수 있는 조건은 예수 그리스도의 구속사역이며 사람 편에서는 구속사역을 믿는 신앙에 기초하고 있다.

---

80) E. Y. 멀린스, 이전의 책, p. 39.

"모세가 광야에서 뱀을 든 것같이 인자도 들려야 하리니 이는 그를 믿는 자마다 영생을 얻게 하려 하심이니라 하나님이 세상을 이처럼 사랑하사 독생자를 주셨으니 이는 그를 믿는 자마다 멸망하지 않고 영생을 얻게 하려 하심이라"(요 3:14~16)

중생은 어떤 결과를 가져오는가?

하나님이 사람을 중생시키셨을 때 하나님과 사람에게 어떤 결과가 일어날까? 죽은 사람이 산 사람이 되었다. 첫 사람이 없어지고 두 번째 사람이 되었다. 이것은 무엇을 위한 일이며 어떤 결과를 가져오는 것인가? 우선 하나님의 식구가 생겼다. 하나님의 백성이 되었다. 하나님의 가족 구성원이 되었다. 이것이 하나님 편에서 본 유익인 것이다. 하나님이 중생한 사람을 하늘나라로 영입하실 수 있다.

"그런데 바리새인 중에 니고데모라 하는 사람이 있으니 유대인의 지도자라 그가 밤에 예수께 와서 이르되 랍비여 우리가 당신은 하나님께로부터 오신 선생인 줄 아나이다 하나님이 함께하시지 아니하시면 당신이 행하시는 이 표적을 아무도 할 수 없음이니이다 예수께서 대답하여 이르시되 진실로 진실로 네게 이르노니 사람이 거듭나지 아니하면 하나님의 나라를 볼 수 없느니라 니고데모가 이르되 사람이 늙으면 어떻게 날 수 있사옵나이까 두 번째 모태에 들어갔다가 날 수 있사옵나이까 예수께서 대답하시되 진실로 진실로 네게 이르노니 사람이 물과 성령으로 나지 아니하면 하나님의 나라에 들어갈 수 없느니라 육으로 난 것은 육이요 영으로 난 것은 영이니 내가 네게 거듭나야 하겠다 하는 말을 놀랍게 여기지 말라 바람이 임의로 불매 네가 그 소리는 들어도 어디서 와서 어디로 가는지 알지 못하나니 성령으로 난 사람도 다 그러하니라"(요 3:1~8)

중생한 사람의 생명이 그리스도와 함께 하나님 안에 감추어져 있다. 하나님은 의롭고 거룩한 산 생명을 지닌 사람들을 소유하고 계시는 것이 기쁨이었다.

"그러므로 너희가 그리스도와 함께 다시 살리심을 받았으면 위의 것을 찾으라 거기는 그리스도께서 하나님 우편에 앉아 계시느니라 위의 것을 생각하고 땅의 것을 생각하지 말라 이는 너희가 죽었고 너희 생명이 그리스도와 함께 하나님 안에 감추어졌음이라"(골 3:1~3)

하나님은 중생한 생명의 소유자들을 예수 그리스도와 함께한 자로서 하늘에 앉혀 놓고 즐기신다.

"허물로 죽은 우리를 그리스도와 함께 살리셨고 (너희는 은혜로 구원을 받은 것이라) 또 함께 일으키사 그리스도 예수 안에서 함께 하늘에 앉히시니"(엡 2:5, 6)

중생한 사람은 하나님의 기업과 찬송이 되니 하나님을 기쁘시게 한다. 그리스도와 함께 후사도 된다.

"모든 일을 그의 뜻의 결정대로 일하시는 이의 계획을 따라 우리가 예정을 입어 그 안에서 기업이 되었으니 이는 우리가 그리스도 안에서 전부터 바라던 그의 영광의 찬송이 되게 하려 하심이라"(엡 1:11, 12)

"성령이 친히 우리의 영과 더불어 우리가 하나님의 자녀인 것을 증언하시나니 자녀이면 또한 상속자 곧 하나님의 상속자요 그리스도와 함께한 상속자니 우리가 그와 함께 영광을 받기 위하여 고난도 함께 받아야 할 것이니라"(롬 8:16, 17)

그럼 사람 편에서는 어떤 결과를 초래했는가? 죽었던 사람이 새로 살아났다. 새 생명의 소유자라는 말은 중생의 의미를 다 내포시킬 수 있다. 새 생명의 소유가 내적 변화를 일으키고 삶의 자세와 의미를 변화시킨다.

"내가 그리스도와 함께 십자가에 못 박혔나니 그런즉 이제는 내가 사는 것이 아니요 오직 내 안에 그리스도께서 사시는 것이라 이제 내가 육체 가운데 사는 것은 나를 사랑하사 나를 위하여 자기 자신을 버리신 하나님의 아들을 믿는 믿음 안에서 사는 것이라"(갈 2:20)

중생한 사람은 극히 자연스럽게 사랑을 지닌 자가 된다. 사랑을 품고 산다는 것보다 더 큰 행복이 어디 있을까? 누구에게 미움을 품고 사는 것보다 아무에게나 사랑을 주고 산다는 것은 참으로 두 번 삶을 가진 자들의 특권이다.

"예수께서 그리스도이심을 믿는 자마다 하나님께로부터 난 자니 또한 낳으신 이를 사랑하는 자마다 그에게서 난 자를 사랑하느니라 우리가 하나님을 사랑하고 그의 계명들을 지킬 때에 이로써 우리가 하나님의 자녀를 사랑하는 줄을 아느니라"(요일 5:1,2)

"우리가 사랑함은 그가 먼저 우리를 사랑하셨음이라 누구든지 하나님을 사랑하노라 하고 그 형제를 미워하면 이는 거짓말하는 자니 보는 바 그 형제를 사랑하지 아니하는 자는 보지 못하는 바 하나님을 사랑할 수 없느니라 우리가 이 계명을 주께 받았나니 하나님을 사랑하는 자는 또한 그 형제를 사랑할지니라"(요일 4:19~21)

"내가 주의 법을 어찌 그리 사랑하는지요 내가 그것을 종일 묵상하나이다"(시 119:97)

"갓난 아기들같이 순전하고 신령한 젖을 사모하라 이는 그로 말미암아 너희로 구원에 이르도록 자라게 하려 함이라"(벧전 2:2)

"나는 너희에게 이르노니 너희 원수를 사랑하며 너희를 박해하는 자를 위하여 기도하라"(마 5:44)
"그리스도의 사랑이 우리를 강권하시는도다 우리가 생각하건대 한 사람이 모든 사람을 대신하여 죽었은즉 모든 사람이 죽은 것이라"(고후 5:14)

산 자는 험악한 세상에서 온갖 시험을 이긴다. 산 자는 물에 떠내려가지 않는다. 작은 물고기가 폭포를 거슬러 올라감은 그 안에 생명이 있기 때문이다.

"하나님께로부터 난 자마다 죄를 짓지 아니하나니 이는 하나님의 씨가 그의 속에 거함이요 그도 범죄하지 못하는 것은 하나님께로부터 났음이라"(요일 3:9)
"무릇 하나님께로부터 난 자마다 세상을 이기느니라 세상을 이기는 승리는 이것이니 우리의 믿음이니라"(요일 5:4)

습관적으로 죄짓는 일이 없이 거꾸로 의(義)만 실천하고, 눈 위에 미끄러질 수는 있어도 계속 머물러 있지 않고 벌떡 일어나서 걸어가는 사람이 산 사람의 징표이자 모습이다. 중생한 사람은 하나님의 자녀로서의 특권을 누린다. 자기의 필요를 채움 받으며 (마 7:11), 아버지의 뜻이 어떠한지 계시를 받으며(고전 2:10~12), 끝까지 지켜주심을 받는다(요일 5:18). 중생은 하나님의 식구로서의 시작이다. 멀린스는 위의 사실을 다음과 같은 공식처럼 잘 요약해 주고 있다.

「중생한 사람에게는 이런 이동변화가 있다: 죄를 사랑함에서 거룩을 사랑하는 것으로, 불순종에서 순종으로, 죄의 속박에서 그리스도 안에 있는 자유로, 어두움의 나라에서 빛의 왕국으로, 사탄을 섬김에서 그리스도를 봉사하는 것으로 나아간다.」[81]

중생은 어디서 언제 받아야 하는가? 중생한다는 것은 구원받는다는 것이요 그것은 하나님의 자녀권을 받는다는 것이다. 그런데 이런 중생 구원은 어디서 받는가? 그리고 언제 받아야 하는가? 그것은 지금 여기서(here and now salvation)이다. 예수께서 자기 땅에 왔을 때 영접해야 한다. 이스라엘은 자기 땅에서 자기들의 메시아를 만났을 때 영접했어야만 했다.

"그가 세상에 계셨으며 세상은 그로 말미암아 지은 바 되었으되 세상이 그를 알지 못하였고 자기 땅에 오매 자기 백성이 영접하지 아니하였으나 영접하는 자 곧 그 이름을 믿는 자들에게는 하나님의 자녀가 되는 권세를 주셨으니 이는 혈통으로나 육정으로나 사람의 뜻으로 나지 아니

---

81) 위의 책, p. 39.

하고 오직 하나님께로부터 난 자들이니라"(요 1:10~13)

중생을 하늘나라에 가서 하려고 하면 이미 늦는다. 모든 구원 활동은 이 세상에서만 가능하다. 이 세상에 예수님이 오신 것은 영생을 주시기 위해서다. 우리가 온 것은 이 세상에 영생을 얻으러 온 것이다. 예수님은 영생 수여자(giver)이며 사람은 영생 수득자(受得者, receiver)이다. 이 세상은 영생 부동산이다. 재산의 취득 거래는 부동산에서 하고 취득 재산의 등기는 등기소에 가서 하는 것이다. 등기소는 재산 취득 거래 장소가 아니다. 재산 취득 거래는 부동산에서 하게 되는 것이다. 이 세상의 의미는 영생 부동산이다. 여기서 영생 거래하지 않은 자가 하늘나라 가서 영생 거래를 할 수 없다. 그리고 영생, 구원, 중생의 체험은 지금 바로 이때에 해야 할 성질의 것이다.

"우리가 하나님과 함께 일하는 자로서 너희를 권하노니 하나님의 은혜를 헛되이 받지 말라 이르시되 내가 은혜 베풀 때에 너에게 듣고 구원의 날에 너를 도왔다 하셨으니 보라 지금은 은혜 받을 만한 때요 보라 지금은 구원의 날이로다"(고후 6:1~2)

부자와 나사로의 이야기에서 부자가 지상에 둔 다섯 형제가 지옥에 오지 말 것을 당부하여 나사로를 지상에 파견해 달라고 했을 때 아브라함은 다음과 같이 답변해 주었다.

"이르되 모세와 선지자들에게 듣지 아니하면 비록 죽은 자 가운데서 살아나는 자가 있을지라도 권함을 받지 아니하리라 하였다 하시니라"(눅 16:31)

구원은 이 세상에서 지금 전도자의 권함을 받을 때 가능한 것이다.

▶ 참조 구절(요 1:13; 요일 3:9; 4:7; 5:1; 요 3:1~8; 딛 3:5; 고후 5:17; 벧전 1:22~25)

둘째, 사죄(赦罪, 贖罪)란 무엇인가? 구속(救贖)이란 무엇인가?

사죄와 구속은 서로 교체적으로 사용되는 신학상의 용어이기도 하다. 여기서는 사죄와 구속을 각각 나누어 설명하기로 한다.

사죄(forgiveness of sins)란 사람에게 붙어 있는 죄를 뚝 떼서 떠나보낸다는 것이다(remit). 물론 이것은 비유적인 표현이다. 사죄란 사람에게 붙어 있던 죄가 떨어져 나갔다는 것이요 더러운 오물이 벗겨졌다는 것이다.

사죄는 화목과 구속(redemption-liberation)의 길에 버티고 서 있는 장애물을 극복해내는 것이다. 사죄 혹은 용서라는 말이 신약에 56회나 나오는데 주로 복음서와 사도행전에 나온다. 그 뜻은 '떠나보내다', '짐을 벗기다' 혹은 '가게 두다' 라는 의미이다. 죄가 죄인으로부터 떨어진다는 것이다. 죄짐이 떨어진 죄인은 더 이상 죄인이 아니다. 왜냐하면 사람은 죄를 지니고 있을 때 죄인이기 때문이다. 죄가 없어진 사람을 죄인이라 할 수 없다. 나뭇짐을 진 사람을 나뭇꾼이라 하고, 옹기짐을 진 사람을 옹기장사라 한다. 그런데 나뭇짐과 옹기짐을 벗은 자에게는 어떤 형태의 짐꾼이라는 말도 해당되지 않는다.

희랍어 구조상 죄는 동사의 직접목적어이고 사람은 간접목적어이다. 대표적인 신약의 문장 형태는 이러하다. "우리의 죄를 우리에게 용서해 주소서"(forgive to us our sins, forgive us our debts). 여기서 의미하는 것은 사죄 사건에서는 죄들은 달아나고 사람은 더 가까운 친교로 나아간다는 것이다.

나중에 언급하겠지만 그럼 칭의에서는 어떤 현상이 일어나는가? 그 반대 현상이니 죄인은 외롭게 되나 그 죄는 의롭다 인정받을 수 없는 것이다. 즉 사죄에서는 죄가 없어지니까 죄인이 아니라는 것, 곧 의인이라면 칭의에서는 사람을 의롭다 선언하니 자연히 죄는 인정되지 않는다는 것이다.[82]

위의 사실을 레위기 1장 3~4절에서 볼 수 있다.

"그 예물이 소의 번제이면 흠 없는 수컷으로 회막 문에서 여호와 앞에 기쁘게 받으시도록 드릴지니라 그는 번제물의 머리에 안수할지니 그를 위하여 기쁘게 받으심이 되어 그를 위하여 속죄가 될 것이라"(레 1:3~4)

"우리는 다 양 같아서 그릇 행하여 각기 제 길로 갔거늘 여호와께서는 우리 모두의 죄악을 그에게 담당시키셨도다"(사 53:6)

번제할 동물을 끌고 와서 그 머리에 안수하는 것은 사람의 지은 죄가 죄인을 떠나서 그 번제할 동물에 전가(轉嫁)되는 것을 상징한다. 사람의 죄가 동물에게로 넘겨져 버렸다. 동물은 죄된 동물이 되고 오히려 죄 지은 죄인이 무죄인이 될 것이다. 이것이 사죄요 속죄요 또 구속이다. 하나님을 잊어버린 사람은 찢어짐의 저주와 고통을 받게 되어 있다. 우리 사람은 하나님을 잊어버린 사람들이 되었기에 찢어짐을 당하는 것은 당연한 형벌이다.

"하나님을 잊어버린 너희여 이제 이를 생각하라 그렇지 아니하면 내가 너희를 찢으리니 건질 자

---

82) Frank Stagg, 이전의 책, p. 92.

없으리라"(시 50:22)

여호와께서 너희를 찢어버리는데 이에 누가 감히 말릴 사람이 있겠는가? 오직 예수께서 이 찢어질 사람 대신에 본인이 그 자리에 들어가셔서 찢어짐을 당했다. 하나님을 잊은 인간의 죄는 열 번 찢어져도 유구무언이지만 어린 양 예수께서 실제로 찢어짐을 당하셨다. 그런즉 이제 우리는 찢어짐을 또다시 당해야 할 이유가 없다. 우리가 예수 안에서 찢어짐을 당했던 것이다. 예수의 찢어짐을 나의 찢어짐으로 알고 간주(看做)하는 것이다. 그리스도인은 하나님을 잊어버려서 찢어버림을 당할 수가 없다. 이 일은 이미 예수께서 치르신 역사이다. 사람들은 양같이 각기 제 갈 길로 갔는데 여호와께서 우리 무리의 죄악을 메시아에게 담당시키셨다. 그런즉 사람은 무죄인이 되고 메시아가 죄인이 되셔서 죗값을 단단히 치르셨다.

"그는 실로 우리의 질고를 지고 우리의 슬픔을 당하였거늘 우리는 생각하기를 그는 징벌을 받아 하나님께 맞으며 고난을 당한다 하였노라 그가 찔림은 우리의 허물 때문이요 그가 상함은 우리의 죄악 때문이라 그가 징계를 받으므로 우리는 평화를 누리고 그가 채찍에 맞으므로 우리는 나음을 받았도다"(사 53:4~5)

사죄의 명백한 구약적 표현은 아래와 같다. 하나님은 우리의 모든 죄를 주의 등 뒤로 버리셨다.

"보옵소서 내게 큰 고통을 더하신 것은 내게 평안을 주려 하심이라 주께서 내 영혼을 사랑하사 멸망의 구덩이에서 건지셨고 내 모든 죄를 주의 등 뒤에 던지셨나이다"(사 38:17)
"그들이 다시는 각기 이웃과 형제를 가리켜 이르기를 너는 여호와를 알라 하지 아니하리니 이는 작은 자로부터 큰 자까지 다 나를 알기 때문이라 내가 그들의 악행을 사하고 다시는 그 죄를 기억하지 아니하리라 여호와의 말씀이니라"(렘 31:34)
"다시 우리를 불쌍히 여기셔서 우리의 죄악을 발로 밟으시고 우리의 모든 죄를 깊은 바다에 던지시리이다"(미 7:19)
"우슬초로 나를 정결하게 하소서 내가 정하리이다 나의 죄를 씻어 주소서 내가 눈보다 희리이다"(시 51:7)

그러면 사죄의 실질적인 의미는 무엇인가?
하나님과 사람 사이의 친교의 장애가 되는 죄가 옮겨졌다는 것이다. 하나님을 반역하던 개개인의 죄가 없어졌다는 것이다.

"내가 주께만 범죄하여 주의 목전에 악을 행하였사오니 주께서 말씀하실 때에 의로우시다 하고 주께서 심판하실 때에 순전하시다 하리이다"(시 51:4)
"오직 너희 죄악이 너희와 너희 하나님 사이를 갈라 놓았고 너희 죄가 그의 얼굴을 가리어서 너희에게서 듣지 않으시게 함이니라"(사 59:2)

이사야 1장은 죄된 백성의 예물을 받지 않으시며 그들의 기도도 응하지 않는다는 여호와 하나님의 단호한 선포이다. 그것은 하나님과 사람 사이의 담이 있어서 그 담이 제거되지 않고는 왕래가 있을 수 없다는 것이다. 그런데 사죄는 그 담을 헐어버렸다는 것이다. 사죄란 채무자의 빚 청산이다. 전에 채무자였던 쓰라린 아픔이 있지만 이젠 채무자가 아니라는 것, 전엔 빚에 짓눌린 자가 이젠 빚을 벗었다는 것이다. 죄 짐을 벗어버린 가벼운 사람의 체험 같은 것이 곧 사죄이다. 사죄의 체험은 주관적으로 느껴진다.

신구약에서 말하는 사죄 사상을 보자.
구원은 죄로부터의 이끌어냄이다. "그를 위하여 속죄한즉 그가 사함을 얻으리라"(레 4:31,35). 이 구원은 어떤 이끌어냄보다 더 큰 축복이다. 구약에서 이끌어냄의 상황은 여러 가지이다. 적군으로부터(시 27:1 이하), 질병으로부터(시 103:3), 죽음으로부터의 이끌어냄이다(시 49:14, 15).

"그 송아지를 속죄제의 수송아지에게 한 것같이 할지며 제사장이 그것으로 회중을 위하여 속죄한즉 그들이 사함을 받으리라"(레 4:20)
"허물의 사함을 받고 자신의 죄가 가려진 자는 복이 있도다, 내가 이르기를 내 허물을 여호와께 자복하리라 하고 주께 내 죄를 아뢰고 내 죄악을 숨기지 아니하였더니 곧 주께서 내 죄악을 사하셨나이다 (셀라)"(시 32:1,5)
"하나님이여 주의 인자를 따라 내게 은혜를 베푸시며 주의 많은 긍휼을 따라 내 죄악을 지워 주소서 나의 죄악을 말갛게 씻으시며 나의 죄를 깨끗이 제하소서 무릇 나는 내 죄과를 아오니 내 죄가 항상 내 앞에 있나이다"(시 51:1~3)
"그들이 다시는 각기 이웃과 형제를 가리켜 이르기를 너는 여호와를 알라 하지 아니하리니 이는 작은 자로부터 큰 자까지 다 나를 알기 때문이라 내가 그들의 악행을 사하고 다시는 그 죄를 기억하지 아니하리라 여호와의 말씀이니라"(렘 31:34)

여호와는 이스라엘 집과 유다 집에 새 언약을 세우신다고 했다. 새 언약의 대조적인 언약은 옛 언약이다. 그것은 애굽 땅에서 인도해낸 것을 말한다. 그런데 새 언약은 죄로부터 인도해냄이다(렘 31:31~33). 신약에서는 사죄 사상이 더 강력하게 나타나고 있다.

"이 아이여 네가 지극히 높으신 이의 선지자라 일컬음을 받고 주 앞에 앞서 가서 그 길을 준비하여 주의 백성에게 그 죄 사함으로 말미암는 구원을 알게 하리니"(눅 1:76,77)

"우리가 우리에게 죄 지은 자를 사하여 준 것같이 우리 죄를 사하여 주시옵고"(마 6:12)

"우리가 우리에게 죄 지은 모든 사람을 용서하오니 우리 죄도 사하여 주시옵고 우리를 시험에 들게 하지 마시옵소서 하라"(눅 11:4)

"또 그의 이름으로 죄 사함을 받게 하는 회개가 예루살렘에서 시작하여 모든 족속에게 전파될 것이 기록되었으니"(눅 24:47)

"베드로가 이르되 너희가 회개하여 각각 예수 그리스도의 이름으로 세례를 받고 죄 사함을 받으라 그리하면 성령의 선물을 받으리니"(행 2:38)

"그에 대하여 모든 선지자도 증언하되 그를 믿는 사람들이 다 그의 이름을 힘입어 죄 사함을 받는다 하였느니라"(행 10:43)

"이스라엘에게 회개함과 죄 사함을 주시려고 그를 오른손으로 높이사 임금과 구주로 삼으셨느니라"(행 5:31)

사죄와 죄의 흔적의 남음을 오해하지 말자.

사죄가 하나님과의 친교의 장애물을 옮겨 주고 속박에서 자유케 한 것은 사실이지만, 비록 사라진 죄이지만 그 죄가 남긴 결과들이 제거되는 것은 아니다. 살갗에 가시가 들어가면 몹시 쓰리고 아프다. 마침내 그 가시를 살갗에서부터 빼어 버렸다. 그러나 가시를 빼버리고 난 그 부분이 얼마동안은 약간의 아픔도 있고 흔적도 있다. 이것은 부정 못할 사실이다. 죄를 짓고 난 뒤 용서받으면 두 인격 사이에 친교는 더 돈독해질 수 있으나 그것은 죄 때문이 아니라 믿음과 사랑 때문이다. 가시를 빼버리고 난 자리가 그렇게 시원할 수 없을 만큼 상쾌하지만 그 상쾌함이 가시 덕분은 아닌 것이다.

사죄의 필요성, 가능성 그리고 정당성은 어디에 근거하고 있는가?

죄는 아주 실제적인 것이기 때문에 반드시 죄 사함을 받아야 할 필요성이 있다. 죄는 추상적이며 비현실적인 어떤 것이 아니라 죄는 죄이다. 죄는 하나님과 사람 사이의 간격을 멀리하고 친교를 깨뜨려 버린다. 그러니까 죄는 반드시 제거되어야 할 필요성이 있다. 죄는 누가 누군가에게 그릇 행한 것이다. 그릇 행한 자(wrongdoer)가 그릇 행함을 받은 자(wronged)에게 그릇된 일을 한 것이다. 행한 자에게는 당한 자로부터 어떤 조처가 필요하다. 당한 자가 한 자에게 그릇된 일을, 없는 것 같이 처리해 주어야 한다. 다시 말하자면 가해자와 피해자 간의 어떤 거래가 있어야 한다. 사람은 하나님께 가해자요 하나님은 사람으로부터 해를 받으신 피해자이시다. 그것은 사람이 하나님의 뜻을 거슬렸다는 의미를 비유적으로 한 말이다.

왜 하나님은 꼭 죄를 사해 주셔야만 하는가? 즉 사죄의 필요성은 무엇인가?

그것은 죄는 하나님의 성질과 율법의 입장과 사람의 상태에 연결된 사건이기 때문이다. 하나님의 성질과 율법의 입장 그리고 사람의 상태가 조화를 이루지 못하고 있다. 하나님은 완전무결하시고 거룩하시다. 그렇게 하시고 싶어서가 아니라 그의 성질상 그러하신 분이다. 하나님은 그렇게 존재해 오신 분이다. 왜 하나님은 그런 식으로 존재해 오셨느냐는 질문이 부질 없는 것은 원래 그렇게 계셔 오셨기 때문이다. 하나님은 하나님의 성질과 반대되는 것을 의식적으로 반대해서가 아니라 성질상 반대되어지게 되어 있다. 즉 하나님은 거룩하시다. 하나님의 본질적 성질이 그러하시니까 그분이 내어 놓은 법도 그분의 성질에 따라 나온 것이다. 율법은 하나님의 인격과 전혀 무관한 비인격적 외부적 법칙이 아니라 하나님의 인격과 의지의 단순한 표현이다. 하나님을 사랑하라고 명령한 법칙은 그렇게 하시기로 결정해서 나온 법이 아니라 하나님의 존재성 즉 본질성에 따라 나온 것이다.

그런데 이런 하나님의 성질과 율법을 대하는 인간에게 문제가 있다는 것이다. 인간의 성품과 상태는 전적으로 부패했다. 죄를 지닌 죄인이 되었다. 죄인이기에 죄를 짓고 죄인임을 스스로 드러낸다.

그런데 성경은 무엇이라고 말하는가?

"범죄하는 그 영혼은 죽을지라 아들은 아버지의 죄악을 담당하지 아니할 것이요 아버지는 아들의 죄악을 담당하지 아니하리니 의인의 공의도 자기에게로 돌아가고 악인의 악도 자기에게로 돌아가리라"(겔 18:20)

"죄의 삯은 사망이요 하나님의 은사는 그리스도 예수 우리 주 안에 있는 영생이니라"(롬 6:23)

"자기의 육체를 위하여 심는 자는 육체로부터 썩어질 것을 거두고 성령을 위하여 심는 자는 성령으로부터 영생을 거두리라"(갈 6:8)

범죄를 했으니 형벌 심판을 받아야 하지 않는가? 그런데 하나님은 공의로우시면서 동시에 사랑이시니 이를 어떻게 하시겠는가? 이 양자의 성품을 만족시키는 어떤 조처가 필요하다는 것이 결론인데 "죄를 면해 주자", 즉 사죄의 은혜가 발동한 것이다. 누가 이를 수행하랴? 그 누구는 바로 그리스도시요 그 일은 구원사역인 것이다. 그가 율법 아래 있는 자들을 위해 율법 아래에 나섰다.

"때가 차매 하나님이 그 아들을 보내사 여자에게서 나게 하시고 율법 아래에 나게 하신 것은 율법 아래에 있는 자들을 속량하시고 우리로 아들의 명분을 얻게 하려 하심이라"(갈 4:4~5)

하나님이 예수로 우리를 대신하여 죄로 삼으셨고 우리는 그 반대로 그의 안에서 하나님의 의가 되었다.

"하나님이 죄를 알지도 못하신 이를 우리를 대신하여 죄로 삼으신 것은 우리로 하여금 그 안에서 하나님의 의가 되게 하려 하심이라"(고후 5:21)

"그리스도 : 의 = 우리 : 죄"의 공식이 바뀌어졌으니,
"그리스도 : 죄 = 우리 : 의"가 되었던 것이다.

이상에서 언급한 대로 피해자가 가해자에게 사랑하는 마음으로 그릇 행한 것을 사해 주는 것이 사죄이다. 하나님이 사람에게 죄를 사해 주신다. 피해자가 용서해 줄 때 가해자는 용서를 받는다. 용서해 주는 자는 가해자가 아니라 피해자이다. 하나님은 용서해 주시고 사람은 그 용서를 받는다. 하나님은 사람에 의해 피해를 받으신 피해자이고 사람은 하나님에게 피해를 가한 가해자이다. 피해자로부터 가해자가 그 가해한 사실을 면해줌을 받았다. 이것이 사죄이다.

용서하고 용서받는 일은 피해자와 가해자 사이에 반드시 있어야 할 일이다. 피해자가 용서 못한다는 것은 가해자가 용서받지 못한 상태로 남아 있으라는 말이다. 피해자가 용서 못한다는 것은 가해자에 대한 유감을 버리지 못하고 있다는 것이다(마 6:14절 이하). 용서 못해준다고 해서 용서 못해주는 사람을 탓할 수 없는 것은 용서 못 받을 만큼 상대방이 그릇 행했기 때문이다. 한 쪽에서 장애를 그냥 버리지 않고 있다면 다른 한 쪽도 그 장애를 지니고 있다는 것이다. 가령, 문을 닫았다 하면 저쪽에서 열고 싶다고 해도 닫힌 것이다. 왜냐하면 문은 한 쪽에서만 닫아도 양쪽을 갈라놓게 되기 때문이다. 하나님 쪽에서 사죄해 주지 않으면 우리는 사죄를 받을 수도 없이 용서 못 받은 자로 영원히 남는다.

그런데 하나님이 용서해 주셨다. 그러니 사람은 용서를 받게 되었으니 용서를 받아 가지면 된다. 이상이 사죄의 가능성의 소극적인 면이다. 사죄의 가능성의 적극적인 면은 용서해 준 자와 용서받은 자 사이에 깨끗하고 고쳐주고, 그리고 해방됨이 있다. 양자 간에 장애물이 없으니 피차 간에 맑고 밝고 명랑하게 통할 수 있다. 즉 교통과 친교가 가능한 것이다. 이런 까닭에 사죄는 반드시 하나님과 사람 양자 사이에 필요 불가결한 것이다.

사죄의 가능성은, 피해자 하나님이 사람의 죄를 멀리 버리시겠다고 하셨으니 사죄가 가

능한 것이다. 기독교의 승리의 주된 이유는 하나님이 죄인을 받으신다는 사실이다. 하나님은 사죄를 주시고 또 우리에게도 사죄하라고 명령하신다.

"예수께서 들으시고 그들에게 이르시되 건강한 자에게는 의사가 쓸 데 없고 병든 자에게라야 쓸데 있느니라 나는 의인을 부르러 온 것이 아니요 죄인을 부르러 왔노라 하시니라"(막 2:17)

예수님이 의인이 아니라 죄인을 부르러 오셨다고 하셨으니 어떤 죄이든 사죄는 가능한 일이다. 우리의 양심과 사탄의 속임수는 범죄한 자의 죄는 사함 받지 못할 것이라고 속삭이지만 단연코 그런 사특한 소리에 신경을 쓸 것이 없다. 예수님이 탄생하신 목적은 사죄의 가능성을 입증하기 위함이다.

"아들을 낳으리니 이름을 예수라 하라 이는 그가 자기 백성을 그들의 죄에서 구원할 자이심이라 하니라"(마 1:21)
"이 예수는 너희 건축자들의 버린 돌로서 집 모퉁이의 머릿돌이 되었느니라 다른 이로써는 구원을 받을 수 없나니 천하 사람 중에 구원을 받을 만한 다른 이름을 우리에게 주신 일이 없음이라 하였더라"(행 4:11~12)
"너희가 나무에 달아 죽인 예수를 우리 조상의 하나님이 살리시고 이스라엘에게 회개함과 죄 사함을 주시려고 그를 오른손으로 높이사 임금과 구주로 삼으셨느니라"(행 5:30~31)
"하나님이 약속하신 대로 이 사람의 후손에서 이스라엘을 위하여 구주를 세우셨으니 곧 예수라 그러므로 형제들아 너희가 알 것은 이 사람을 힘입어 죄 사함을 너희에게 전하는 이것이며"(행 13:23, 38)

사죄가 되니까 의롭다함도 동시에 얻게 되는 것이다. 사죄는 칭의로 나아간다.

"또 모세의 율법으로 너희가 의롭다 하심을 얻지 못하던 모든 일에도 이 사람을 힘입어 믿는 자마다 의롭다 하심을 얻는 이것이라"(행 13:39)

그리고 사죄는 정당성을 지닌다. 사죄의 중요성을 강조하신 그리스도는 하나님의 거룩한 심판을 강하게 교훈하셨다. 사죄는 면죄(免罪, indulgence)와 다르다. 사죄는 적극적이고 창조적이나 면죄는 부정적이다. 면죄는 양자 간에 죄의 심각성을 따지지 않고 죄를 단순히 선심으로 면해 주겠다는 것이다. 죄를 면해 주는 자도 죄의 심각성을 모르며, 면죄 받은 자도 죄의 심각성을 모르는 상태에서 죄를 면한 것이 면죄이다. 사죄는 양자 간에 죄의 심각성을 알지만 죄를 사하고 잊겠다는 것이며, 양자 간의 기억을 필요로 한다. 함께 죄를 잊기 위해 양자 간에 그 죄의 실상을 깊이 기억함이 있어야 한다. 죄는 심각한 것이기에 단순히 제거될 것이 아니라 심각하고 철저하게 사면 받아야 한다. 사죄는 당당히 그 죄를 기억하고 당당히 그 죄를 잊어버리는 상태에 이르는 것이다. 이것이 사죄의 정당성이다.[83]

"그 예물의 머리에 안수하고 회막 문에서 잡을 것이요 아론의 자손 제사장들은 그 피를 제단 사방에 뿌릴 것이며"(레 3:2)

예물의 머리에 안수하고 회막문에서 잡아 그 피를 제단 사면에 뿌리는 것이 제사장의 일이다. 채무자가 어떤 이의 도움으로 채무를 청산받았으니 당연히 채무자 신세가 아니며 정당하다. 또한 채무자가 아닌 것이 떳떳하므로 만인 앞에 나타나서 빚이 없어졌음을 체험적으로 전해야 한다.

"그리스도께서 우리를 위하여 저주를 받은 바 되사 율법의 저주에서 우리를 속량하셨으니 기록된 바 나무에 달린 자마다 저주 아래에 있는 자라 하였음이라"(갈 3:13)

그리스도께서 우리를 위하여 저주를 받으셨다. 이것은 온 세계가 놀랄 사건이지만 놀랄 사람만 놀라게 되어 있다. 성자 하나님께서 저주를 받으셨다. 율법의 요구대로 율법이 명하는 저주를 받으셨다. 그리스도는 10가지 저주들 중에 9가지 저주만 받으시고 한 가지 저주는 사람이 감당하도록 남겨두시지 않았다. 10가지 저주가 전부라면 그 전부를 통째로 동시에 다 받으셨다. 우리가 저주를 받고 싶어도 받을 수 없는 이유는 그리스도께서 우리 몫으로 남겨두신 저주가 없기 때문이다. 그러니 사죄는 아주 정당하고 떳떳한 것이다. 인본주의적 사고자와 양심과 악한 마귀가 사죄의 확신에 의혹을 가하려고 하지만 우리는 배격해야 한다. 그것이 믿음이다.

"그는 우리 죄를 위한 화목 제물이니 우리만 위할 뿐 아니요 온 세상의 죄를 위하심이라"(요일 2:2)

그리스도는 온 세상의 죄를 위한 화목제물이시다. 우리는 왜 화목제물 앞에서 화목하지 못할까 걱정하겠는가?

사죄의 선제 조건은 무엇인가?
그것은 그리스도 편에서 하신 일과 사람 편에서의 할 일로 구분된다.

---

83) 이상의 논의들은 Frank Stagg 의 *New Testament Theology*, pp. 92~94에서 언급되고 있다.

사죄는 예수의 사역 혹은 예수님 자신과 관련된 것이다.

"주의 백성에게 그 죄 사함으로 말미암는 구원을 알게 하리니"(눅 1:77)
"율법을 따라 거의 모든 물건이 피로써 정결하게 되나니 피흘림이 없은즉 사함이 없느니라"(히 9:22)
"이것들을 사하셨은즉 다시 죄를 위하여 제사 드릴 것이 없느니라"(히 10:18)

하나님이 죄를 사하시기 위하여 그리스도가 죽으신 것이 아니라 그리스도가 죄를 사하시는 분이기 때문에 죽으셨다는 말이 더 정확하다. 예수님은 죄를 관용해서 적당히 보아 넘기시는 분이 아니라 죄를 사죄해 주시는 분이다. 사죄는 사람의 회개, 믿음, 고백 그리고 용서해 주는 정신과 관련된다.

"침(세)례 요한이 광야에 이르러 죄 사함을 받게 하는 회개의 침(세)례를 전파하니"(막 1:4)
"베드로가 이르되 너희가 회개하여 각각 예수 그리스도의 이름으로 침(세)례를 받고 죄 사함을 받으라 그리하면 성령의 선물을 받으리니"(행 2:38)
"만일 우리가 우리 죄를 자백하면 그는 미쁘시고 의로우사 우리 죄를 사하시며 우리를 모든 불의에서 깨끗하게 하실 것이요"(요일 1:9)
"그에 대하여 모든 선지자도 증언하되 그를 믿는 사람들이 다 그의 이름을 힘입어 죄 사함을 받는다 하였느니라"(행 10:43)
"우리가 우리에게 죄 지은 자를 사하여 준 것같이 우리 죄를 사하여 주시옵고, 너희가 사람의 잘못을 용서하면 너희 하늘 아버지께서도 너희 잘못을 용서하시려니와, 너희가 사람의 잘못을 용서하지 아니하면 너희 아버지께서도 너희 잘못을 용서하지 아니하시리라"(마 6:12,14,15)

특별히 우리에게 용서해 주어야 하는 이유를 강조한 비유는 일만 달란트 빚진 자가 탕감 받고 나가서 자기에게 일백 데나리온 빚진 동관 하나를 용서하지 못하는 것에 대한 징벌이다(마 18:21~35).

사죄와 구속의 관계는 무엇인가?(구속 설명)
사죄는 곧 구속이요 구속은 곧 사죄이다.

"그가 우리를 흑암의 권세에서 건져내사 그의 사랑의 아들의 나라로 옮기셨으니"(골 1:13)
"우리는 그리스도 안에서 그의 은혜의 풍성함을 따라 그의 피로 말미암아 속량 곧 죄 사함을 받았느니라"(엡 1:7)

그런데 구속의 특별한 의미는 어떤 사로잡힌 자를 값을 치르고 풀어 주었다는 것이다. 구속은 곧 자유이다.

구속은 돈을 지불하고 묶인 자를 사와서 자유를 주는 것이다. 하나님은 이 구속의 값을 예수 그리스도로 말미암아 완불하셨다. 구속에는 지불한 속전과 자유의 개념이 우선적이다. 죄를 면해 주었다는 것의 사죄와 죄를 면하기 위해 대가를 지불했다는 구속은 모두 다 사람에게 붙어 있는 죄 문제의 해결이다. 하나님이 죄인을 구속하기 위해 누구에게 속전(贖錢)을 내었느냐 하는 것은 신학상의 논의거리이지만, 죄의 값은 사망이 분명한데 하나님의 공의와 사랑에 의해 죄 문제 해결차원에서 죗값을 치렀으니 그것이 곧 예수 그리스도의 구속 사역인 것이다. 죗값은 사망이란 하나님의 도덕적 법칙을 하나님은 존중하고 실천하셨다. 그것은 하나님만이 하실 수 있는 일이다.

구속은 무엇으로부터 사람을 자유케 하는가?

사망과 부패로부터 자유를 준다.

"그 바라는 것은 피조물도 썩어짐의 종 노릇 한 데서 해방되어 하나님의 자녀들의 영광의 자유에 이르는 것이니라 그뿐 아니라 또한 우리 곧 성령의 처음 익은 열매를 받은 우리까지도 속으로 탄식하여 양자 될 것 곧 우리 몸의 속량을 기다리느니라"(롬 8:21,23)

곤고함과 사망으로부터 자유를 준다.

"오호라 나는 곤고한 사람이로다 이 사망의 몸에서 누가 나를 건져내랴"(롬 7:24)

율법의 저주로부터 자유를 준다.

"그리스도께서 우리를 위하여 저주를 받은 바 되사 율법의 저주에서 우리를 속량하셨으니 기록된 바 나무에 달린 자마다 저주 아래에 있는 자라 하였음이라"(갈 3:13)

현재의 악한 세대로부터 자유를 준다.

"그리스도께서 하나님 곧 우리 아버지의 뜻을 따라 이 악한 세대에서 우리를 건지시려고 우리 죄를 대속하기 위하여 자기 몸을 주셨으니"(갈 1:4)

구속은 지불하고 빼내어 온다는 것이다. 구속은 그리하여 자유와 해방을 준다는 것이다.

사죄는 죄를 면해 주었다는 것이고 구속은 그러므로 자유하고 해방하라고 더 강하게 도전하는 것이다. 우리는 구속사상을 다음 성구에서 보증받는다.

"그러므로 이스라엘 자손에게 말하기를 나는 여호와라 내가 애굽 사람의 무거운 짐 밑에서 너희를 빼내며 그들의 노역에서 너희를 건지며 편 팔과 여러 큰 심판들로써 너희를 속량하여 너희를 내 백성으로 삼고 나는 너희의 하나님이 되리니 나는 애굽 사람의 무거운 짐 밑에서 너희를 빼낸 너희의 하나님 여호와인 줄 너희가 알지라"(출 6:6~7)
"나귀의 첫 새끼는 다 어린 양으로 대속할 것이요 그렇게 하지 아니하려면 그 목을 꺾을 것이며 네 아들 중 처음 난 모든 자는 대속할지니라"(출 13:13)
"여호와께서 모세에게 말씀하여 이르시되 이스라엘 자손에게 말하여 이르라 만일 어떤 사람이 사람의 값을 여호와께 드리기로 분명히 서원하였으면 너는 그 값을 정할지니"(레 27:1~2)

레위기 27장은 사고파는 문제에 값을 정해 놓고 있다. 정가대로 사서 여호와께 드리라 했다. 이것은 여호와께서 우리를 어두운 곳에서부터 밝은 세계로 값을 치르고 사들이셨다는 지불 의식(支拂意識)과 해방 의식을 설명하고 있다. 레위기 전체는 값을 치르는 제사 이야기이다. 제물은 값을 치른 것이다.

"내가 나의 영을 주의 손에 부탁하나이다 진리의 하나님 여호와여 나를 속량하셨나이다"(시 31:5)
"너는 애굽에서 종 되었던 일과 네 하나님 여호와께서 너를 거기서 속량하신 것을 기억하라 이러므로 내가 네게 이 일을 행하라 명령하노라"(신 24:18)
"여호와께서 그의 종들의 영혼을 속량하시나니 그에게 피하는 자는 다 벌을 받지 아니하리로다"(시 34:22)
"여호와의 속량을 받은 자들은 이같이 말할지어다 여호와께서 대적의 손에서 그들을 속량하사"(시 107:2)
"사람의 박해에서 나를 구원하소서 그리하시면 내가 주의 법도들을 지키리이다, 주께서 나를 변호하시고 나를 구하사 주의 말씀대로 나를 살리소서"(시 119:134,154)
"시온은 정의로 구속함을 받고 그 돌아온 자들은 공의로 구속함을 받으리라"(사 1:27)
"그러므로 아브라함을 구속하신 여호와께서 야곱 족속에 대하여 이같이 말씀하시되 야곱이 이제는 부끄러워하지 아니하겠고 그의 얼굴이 이제는 창백해지지 아니할 것이며"(사 29:22)
"거기에는 사자가 없고 사나운 짐승이 그리로 올라가지 아니하므로 그것을 만나지 못하겠고 오직 구속함을 받은 자만 그리로 행할 것이며 여호와의 속량함을 받은 자들이 돌아오되 노래하며 시온에 이르러 그들의 머리 위에 영영한 희락을 띠고 기쁨과 즐거움을 얻으리니 슬픔과 탄식이

사라지리로다"(사 35:9,10)

"너희는 예루살렘의 마음에 닿도록 말하며 그것에게 외치라 그 노역의 때가 끝났고 그 죄악이 사함을 받았느니라 그의 모든 죄로 말미암아 여호와의 손에서 벌을 배나 받았느니라 할지니라 하시니라"(사 40:2)

"버러지 같은 너 야곱아, 너희 이스라엘 사람들아 두려워하지 말라 나 여호와가 말하노니 내가 너를 도울 것이라 네 구속자는 이스라엘의 거룩한 이이니라"(사 41:14)

"내가 그들을 스올의 권세에서 속량하며 사망에서 구속하리니 사망아 네 재앙이 어디 있느냐 스올아 네 멸망이 어디 있느냐 뉘우침이 내 눈 앞에서 숨으리라"(호 13:14)

신약에서 구속의 사상을 강조한 성경구절을 보자.

"찬송하리로다 주 이스라엘의 하나님이여 그 백성을 돌보사 속량하시며 우리를 위하여 구원의 뿔을 그 종 다윗의 집에 일으키셨으니"(눅 1:68, 69)

"그리스도 예수 안에 있는 속량으로 말미암아 하나님의 은혜로 값 없이 의롭다 하심을 얻은 자 되었느니라"(롬 3:24)

"너희는 하나님으로부터 나서 그리스도 예수 안에 있고 예수는 하나님으로부터 나와서 우리에게 지혜와 의로움과 거룩함과 구원함이 되셨으니"(고전 1:30)

"너희 몸은 너희가 하나님께로부터 받은 바 너희 가운데 계신 성령의 전인 줄을 알지 못하느냐 너희는 너희 자신의 것이 아니라 값으로 산 것이 되었으니 그런즉 너희 몸으로 하나님께 영광을 돌리라"(고전 6:19~20)

"너희는 값으로 사신 것이니 사람들의 종이 되지 말라"(고전 7:23)

"그리스도께서 우리를 위하여 저주를 받은 바 되사 율법의 저주에서 우리를 속량하셨으니 기록된 바 나무에 달린 자마다 저주 아래에 있는 자라 하였음이라 이는 그리스도 예수 안에서 아브라함의 복이 이방인에게 미치게 하고 또 우리로 하여금 믿음으로 말미암아 성령의 약속을 받게 하려 함이라"(갈 3:13~14)

"율법 아래에 있는 자들을 속량하시고 우리로 아들의 명분을 얻게 하려 하심이라"(갈 4:5)

"그들이 보좌 앞과 네 생물과 장로들 앞에서 새 노래를 부르니 땅에서 속량함을 받은 십사만 사천밖에는 능히 이 노래를 배울 자가 없더라 이 사람들은 여자와 더불어 더럽히지 아니하고 순결한 자라 어린 양이 어디로 인도하든지 따라가는 자며 사람 가운데에서 속량함을 받아 처음 익은 열매로 하나님과 어린 양에게 속한 자들이니"(계 14:3~4)

구속은 현재적 사건이면서도 미래 종말론적 사건이다. 우리는 구속을 지금 받았고 또 앞으로도 계속 받는다. 구속은 현재적 실재요 미래에 완성되는 것이다. 에베소서 1장 7절과 골로새서 1장 14절은 사죄로 인한 그리스도 안에서의 현재적 소유가 된 구속을 말하고 있다. 또 구속은 앞으로 완성되는 사건이기도 하다.

"하나님의 성령을 근심하게 하지 말라 그 안에서 너희가 구원의 날까지 인치심을 받았느니라"(엡 4:30)
"이는 우리 기업의 보증이 되사 그 얻으신 것을 속량하시고 그의 영광을 찬송하게 하려 하심이라" (엡 1:14)

셋째, 칭의란 무엇인가?

칭의란 자기 죄로 인해 정죄를 받은 사람일지라도 그리스도를 믿는 신앙에 의해 의로우신 재판장이신 하나님이 그의 죄가 사함받고 하나님의 은총으로 들어올 수 있도록 의롭게 되었다고 칭하는 행위이다. 즉 죄인을 의인으로 호칭(呼稱)하는 것이 칭의이다. 칭의는 사죄와 밀접하다. 사죄 없이 칭의 없고 칭의하면 사죄된 것을 말한다. 사죄가 하나님과 인격적 친교의 장애물인 죄를 죄인으로부터 멀리 떠나가게 한 것이라면, 칭의는 사죄 받은 사람에게 의로운 사람이라고 칭의해 준 것으로서 이제 의를 씌워 주는 것이다.

사죄와 칭의로 인해 율법의 정죄(condemnation)를 떠나보낸다. 사죄를 받은 사람에게 그 후의 어떤 자격 명칭도 안 준다면 그 사람을 부를 때에 호칭이 무엇일까? 빚을 탕감 받은 것은 사실인데 그 명칭이 계속 채무자로 남아 있으면 어떻게 할까? 이젠 빚 청산자라는 이름을 붙여줘야 한다. "그대는 무채자(無債者)이다"라는 선포이다. 칭의란 죄인을 의인으로 이름이 바뀌지게 하는 일이다.

"예수는 우리가 범죄한 것 때문에 내줌이 되고 또한 우리를 의롭다 하시기 위하여 살아나셨느니라" (롬 4:25)
"그런즉 한 범죄로 많은 사람이 정죄에 이른 것같이 한 의로운 행위로 말미암아 많은 사람이 의롭다 하심을 받아 생명에 이르렀느니라"(롬 5:18)

칭의는 일단 법적 용어이다. 칭의는 재판관이 법정에서 죄인인 피의자(사실 우리 사람은 피의자가 아니라 실제로 죄인이지만)에게 무죄를 선언하는 행위이다. 무죄자는 떳떳하고 자유로운 시민이란 칭호이다. 법정에 모여든 많은 사람이 재판관 앞에 서 있는 죄인 피의자를 거의 확실히 죄인인 양 여기고, 피의자 자신도 어쩌면 죄인으로 유죄 선고될 줄로 알고 있었지만 막상 법정에서 재판관이 내린 선고는 "무죄입니다" 할 경우 그것이 칭의이다.

"의롭게 칭하노라"라고 선언하는 그 권위자는 재판관이다. 칭의의 강한 의미는 법적 술어이다. "정당하다", "옳다", "의롭다"고 단언하고 선포하는 말이다. 칭의는 죄인이 사죄를 받았으니 그 죄인에게 의인이라고 이름을 부여하는 행위이다. 하나님이 죄인을 부르지 아니하시고 의인을 부르신다. 그러면 다음 예수님의 말씀과 모순되지 않느냐고 할지 모른다.

> "예수께서 대답하여 이르시되 건강한 자에게는 의사가 쓸 데 없고 병든 자에게라야 쓸 데 있나니 내가 의인을 부르러 온 것이 아니요 죄인을 불러 회개시키러 왔노라"(눅 5:31,32)

여기 의인이라고 하는 것은 하나님이 인정하시지 않고 자칭 의롭다 하는 사람을 칭한다. 원래 의인은 하나도 없다고 성경은 말한다(롬 3:10). 사람이라면 누구나 죄인이다. 사람은 건강한 자가 아니라 모두 병든 자이다. 예수님은 이런 정황에서 의인과 건강한 자 아닌 죄인과 병든 자를 불러 회개시키러 오셨다고 했다. 그러므로 회개한 사람은 의인이지 죄인이 아니다.

결국 의로운 하나님 앞에 대면할 자는 죄를 덮어쓰고 있는 자가 아니라 의의 옷을 갈아입은 자이다. 곧 예복을 입은 자이다. 하나님은 그런 자와 상대하시기 때문에 당신의 면전에 있는 사람을 의인으로 호명하신다. 칭의는 사람에게 의인이란 이름을 부여한 것이며 그 이름은 그 사람의 입지(立地, standing)를 말해 준다.

지하철(subway)은 지하로 달리는 대중교통 수단이다. 대부분 지하로 다니지만 가끔은 지상으로 불쑥 나와서 달리는 구간도 있다. 그렇다고 해서 그때의 지하철을 비지하철이라 이름하지는 않는다. 이따금씩 지상을 잠깐 달리는 구간이 있을지라도 지하철은 지하철이다. 지하철은 그 설계 초기부터 지하로 달리도록 했고 이름을 지하철이라고 했기에 지하철이다.

죄인을 의인이라고 칭했을 때 그가 단 한 번의 범죄도 저지르지 않는다는 의미에서 의인이 아니라 이름을 의인으로 했기에 의인인 것이다. 아담과 하와가 무화과 나뭇잎으로 옷을 만들어 입었지만 짐승의 가죽옷을 입었을 때 그들은 피의 옷을 입었던 것이다. 그렇다고 아담과 하와 자신들이나 그 후손이 단 한 번의 범죄도 저지르지 않은 것은 아니다. 그렇다고 해서 하나님이 가죽옷을 다시 벗겨놓는 당혹한 일은 하시지 않으셨다.

서울 한강에 잠수교가 있다. 비가 오지 않을 때는 비잠수교로 마른 다리를 모든 차들이 지나간다. 그런데 비가 많이 와서 한강에 물이 불어나면 잠수교는 물 아래로 들어가는 운명에 처한다. 일 년을 통틀어 볼 때 물 아래로 들어가는 경우는 불과 며칠에 불과하다. 물에 잠길 때는 차가 왕래하지 못한다. 그렇다면 이 다리를 비잠수교라 할 것이지 왜 잠수교라 했는가? 그것은 이름이 잠수교(潛水橋)이기 때문이다. 일 년에 불과 며칠만 물에 잠기는 운명의 다리지만 이름이 잠수교니까 잠수교이다. 잠수교라고 해서 일 년 내내 물에 잠겨 있는 것은 아니잖는가? 그래도 잠수교라 칭한다.

하나님이 죄인을 의인이라 선포하셨다. 예수의 보혈의 공로와 하나님의 은혜로 인해 권위 있는 하늘 법정에서 하늘 재판관이신 하나님이 죄인을 의인이라 불러주셨다. 그래서 칭의는 구원론에서 가장 두드러진 카리스마적 교리이다. 그렇다고 해서 의인된 사람이 단 한 번의 범죄도 저지르지 않는다는 것은 아니다. 하나님이 의인이라 불러 주셨기 때문에 의인인 것이다. 그렇지만 의인된 사람이 방탕한 죄인의 삶을 즐겨 죄인처럼 생활하는 것은 아니다. 늘 의인의 삶을 살며 또 의인의 삶을 살려고 한다. 이런 설명이 칭의의 법적 의미와 칭의의 창조적 의미이다. 물론 칭의의 창조적 의미를 거의 무시하는 사람도 있지만 사람은 기계가 아니라 인격적 존재라는 측면에서 볼 때 의롭다 함을 받은 자는 의롭게 살려고 하는 것은 물론이다.

법적 선언으로서의 칭의의 대상자는 우선 의로운 행동을 법정에서 나타내 보이라는 요구는 받지 않는다. 즉 무죄 선언 받은 피의자가 그 자리에서 선한 시민이 된 것을 증거해 보이라는 요청을 받지 않는다. 칭의는 새로운 입지(立地, standing)를 주는 것이지 당장 어떤 상태(state)를 주는 것은 아니기 때문이다. 어쩌면 재판관이 내린 무죄 선언만큼 무죄자가 아니라 스스로 유죄자라고 양심이 말할 지도 모른다. 죄인을 의인이라 칭하는 법적 선언은 하나님의 자기 기만이거나 그 선언 자체가 실제가 아닌 허구(虛構)가 아니냐 할 정도로 우리의 상식을 초월하는 하나님의 사랑의 표시이다. 사실 그것이 복음이다. 그래도 그는 재판관의 무죄 선언을 받아들여야 한다. 일차적으로 칭의는 하나님과 함께할 수 있는 새로운 지위의 부여이다. 하나님 앞에 감히 서지도 못하던 사람이 하나님으로부터 죄인이 아닌 의인이라고 선언해 주셨으니 용감하게 하나님과 대면하는 자세를 취하게 한다.

의로우신 자 예수 그리스도는 세상 죄를 지고 가는 하나님의 어린 양이다.

"이튿날 요한이 예수께서 자기에게 나아오심을 보고 이르되 보라 세상 죄를 지고 가는 하나님의 어린 양이로다"(요 1:29)

"너희는 이스라엘 온 회중에게 말하여 이르라 이 달 열흘에 너희 각자가 어린 양을 잡을지니 각 가족대로 그 식구를 위하여 어린 양을 취하되"(출 12:3)

"그가 자기 영혼의 수고한 것을 보고 만족하게 여길 것이라 나의 의로운 종이 자기 지식으로 많은 사람을 의롭게 하며 또 그들의 죄악을 친히 담당하리로다"(사 53:11)

"오직 흠 없고 점 없는 어린 양 같은 그리스도의 보배로운 피로 된 것이니라"(벧전 1:19)

따라서 어린 양의 죽음에 기초를 둔 이 재판은 번복될 수가 없다.

칭의는 영단번(永單番, once for all)에 일어난 사건이다. 결코 그것은 번복되거나 계속 선포되는 반복은 없다. 사죄는 죄로 인해 하나님과의 친교를 약하게 또는 깨지게 하는 경우가 있는 만큼 반복의 필요가 있으나 칭의는 율법의 정죄에 결코 다시 들어가지 않는다. 말하자면 칭의받은 자는 의로운 죄인일지언정 죄의 정죄를 지닌 의인은 아니기 때문이다.

칭의는 창조적 용어이다. 칭의는 실제로 의로운 자가 된 것을 말한다. 칭의를 법적 술어로만 끌고 나가다 보면 칭의받은 사람의 생활에 무관심하거나 방종하기 쉬운 유혹에 빠진다. 칭의의 일차적 의미가 죄인임에도 불구하고 의인이란 칭호를 받은 것은 사실이지만 죄인임에도 불구하고 의인의 삶도 지녀야 한다는 것의 선언이다.

이 사실을 심도 있게 이야기해 보자. 법정에서 유죄 선고를 내린다고 해서 그 사람으로 새삼스럽게 죄인을 만드는 것이 아니라 단지 그가 죄인인 것을 사실대로 선고하는 것 같이, 하나님이 사람을 의롭다 선언하실 때에 그 사람을 의롭게 만드는 것이 아니라 단지 법적으로 의롭다고 선언하는 것이니 그 사람 자신은 체질상 의롭게 되지 않았다는 논리인데, 이것은 칭의의 두 번째 의미인 실제상 의롭게 되어진다는 사실을 경시한 데서 나온 것이다. 법적 선언은 생활에의 실천을 기대한다.

그럼 칭의의 다른 의미는 무엇인가? 즉 칭의의 법정 의미 말고 실제상의 의미는 무엇인가?

칭의는 의롭게 만드는 유효한 행위(efficient act)라는 것이다. 칭의 때문에 칭의를 받은 사람은 하나님과의 관계에서 실제로 의로운 사람이 된다. 의롭다 칭함만 받은 것이 아니라 의롭다 행함도 하게 된다는 것이다. 이것이 칭의의 넓은 효력이다. 이것을 칭의의 창조적 행위라 한다. 카너는 이 사실을 다음과 같이 진술하고 있다.

「그러나 칭의를 유효한 행위로부터 구별한 선고적인 혹은 재판사의 사건으로서 강조함은 옳다고 말하기 어렵다. 칭의는 유효한 행위이다. 칭의는 사람을 의롭게 만든다. 칭의는 사람을 하나님과의 관계에 있어서 바르게 하고 더욱이 하나님과의 관계처럼 사람의 생애에 있어서 일층 근본적인 문제는 없는 것이다. 때로 칭의는 사람에게 하나님 앞에 있어서의 새로운 입장을 부여하고 또 한편 중생은 사람에게 새로운 생명을 부여하는 것으로 구별되기도 한다. 즉 칭의는 사람에게 하나님과의 새로운 관계를 부여하고 중생은 사람에게 새로운 성질을 부여한다고 말할 수 있다. 그러나 이것은 바울의 정신과는 전혀 상이한 구별로 대비된다. 바울에게는 저주와 사망이 동일 사건으로 나눌 수 없는 것처럼 칭의와 중생도 동일한 것이었다. 죄와 허물로 죽은 사람에게 생명을 가져옴은 하나님의 의로 여기시는 행위이며 그것이 사람을 하나님과의 정당한 관계로 인도한다. 바울은 그것을 생명의 칭의라고 부르고 있다(롬 5:18). 예수께서는 믿는 자는 영생을 얻고 심판에 이르지 않는다고 말씀하신다(요 5:24).」[84]

---

84) W. T. Conner, *Christian Doctrine*, (Nashvill : Broadman Press), p. 209.

칭의는 법적 술어로서의 선언적인 동시에 창조적인 의미를 지닌다.

"자녀들아 아무도 너희를 미혹하지 못하게 하라 의를 행하는 자는 그의 의로우심과 같이 의롭고 죄를 짓는 자는 마귀에게 속하나니 마귀는 처음부터 범죄함이라 하나님의 아들이 나타나신 것은 마귀의 일을 멸하려 하심이라"(요일 3:7,8)
"하나님의 나라는 먹는 것과 마시는 것이 아니요 오직 성령 안에 있는 의와 평강과 희락이라"(롬 14:17)

스티븐스는 칭의의 이중적 의미를 아래와 같이 진술하고 있다.

「혹자는 칭의에 있어서 이 '새로운 신분', 혹은 '선언적' 요소가 그 총합(總合) 및 총체(總體)이며, 그 속에 죄인이 '의롭게 되어진' 하나의 '유효한' 요소는 내포되지 않은 것이라고 주장하여 왔다. 그러므로 칭의는 구속함을 받은 자와의 관계에 있어서 단지 객관적인 것이며 주관적인 것이 아니라는 것이다. 하나님은 믿는 자를 의롭게(dikaios) 만들기보다 오히려 그를 의로운(dikaios) 것으로 인정한다. 그리고 신약성경 가운데는 이 의미를 비춰주며, 그래서 인간이 하나의 새로운 신분을 가진 것으로 나타나고 있는 명확한 구절들이 있다. 바울은 즉, "이는 죽은 자[그리스도와 함께]가 죄에서 벗어나 의롭다 하심을 얻었음이니라"라고 말하고 있다(롬 6:7). 그는 또한 선포하기를 "누가 능히 하나님의 택하신 자들을 송사하리요, 의롭다 하신 이는 하나님이시니"라고 하고 있다(롬 8:33). 하나님에 의하여 의로운 자로 받아들여진 자는 아무것도 두려워할 것이 없으니 그는 하나님으로부터 방면을 받은 것이다. 그러나 인간을 의롭게 하는 하나님의 사상 속에는 그를 효과적으로 의롭게 만드는 제2의 의미가 있지 않겠는가? 하나님은 인간을 올바른 것으로 인정함과 동시에 인간을 올바르게 만들지는 않을까? 진실로 새 생명의 사상이 새로운 신분과 더불어 내포되고 있으니, 왜냐하면 칭의는 하나님의 선언적 행위임과 동시에 하나님의 창조적 행위이기 때문이다.」[85]

다음 성경구절이 칭의는 실제로 의로운 생활로 인도됨을 말하고 있다.

"예수 그리스도로 말미암아 의의 열매가 가득하여 하나님의 영광과 찬송이 되기를 원하노라"(빌 1:11)
"오직 각 사람이 시험을 받는 것은 자기 욕심에 끌려 미혹됨이니, 온갖 좋은 은사와 온전한 선물이 다 위로부터 빛들의 아버지께로부터 내려오나니 그는 변함도 없으시고 회전하는 그림자도 없으시니라"(약 1:14, 17)

---

[85] 윌리암 W. 스티븐스, 「조직신학 개론」, pp. 316~317.

칭의의 법적 용어와 창조적 용어 사용에 사람들이 혼란을 겪고 있다. 그러나 혼란을 겪을 필요가 없음은 칭의의 법적 용어를 최우선으로 하고 창조적 용어는 부수적으로 하면 되는 것이다. 칭의의 상반 개념인 정죄(定罪)도 법정 의미다(신 25:1; 잠 17:15; 사 5:23; 마 12:37; 롬 5:16; 8:33, 34). 정죄도 특수한 교도소의 죄수에게 해당되는 것이 아니라 모든 불신자들에게 해당되며 칭의도 반드시 인간 자신의 고유한 어떤 의를 가진 자에게 해당되는 것이 아니라 모든 믿는 자에게 해당된다. 칼 헨리는 그것을 다음과 같이 진술하고 있다.

「그러나 보다 구체적으로 언급할 필요가 있는 사실은 이것이니, 곧 우리의 칭의는 우리를 위한 그리스도의 객관적인 중보적 사역에 유일하게 그리고 정당하게 기초하고 있다는 점이다. 여기 칭의가 관련된 것은 십자가 상에서의 우리 주님의 행위이다. 이것은 무엇을 의미하느냐 하면 우리의 칭의는 우리 자신 외부의 어떤 사실이라는 것이다. 칭의는 우리에 의해서나(by) 또는 우리 안에서(in) 되어진 어떤 일은 아니라는 점이다. 그것은 우리를 위해서(for) 영단번에 되어진 일이었다. 우리가 의롭게 되었노라고 선포되었는데 "그것은 그리스도의 피로"(롬 5:9), "그리스도의 의로"(롬 5:18), "그리스도의 순종으로"(롬 5:19), "주 예수 그리스도의 이름으로"(고전 6:11) 된 것이다.」[86]

믿음도 칭의의 통로는 될지언정 칭의를 얻는 행위가 되지는 않는다. 믿음 자체가 하나의 '행위'가 되면 복음의 깊은 진리에는 치명적이다. 믿음을 칭의의 유일한 통로로 삼는다는 것은 모든 행위를 배제한다는 의미이다. 중생하지 못한 사람에 의해 행해진 행위들이 그의 칭의에 전혀 관여하지 못한다.[87]

믿음 때문에 의롭게 되는 것은 아니고 믿음에 의해 의롭게 된다는 것이다. 칭의의 효과가 창조적 의미로까지 확산된다. 하나님은 고장 난 기계에 완전한 기계라는 칭호를 주시지 않았다. 기계는 그런 칭호를 들어도 완전해지지 않는다. 그러나 사람은 인격자이기에 죄인인 사람이 예수의 보혈을 믿음으로 말미암아(롬 3:22~27; 4:16; 5:1) 칭의의 선포를 받았다면 변하게 된다. 그것은 성령에 의해 가능해진다.

"그 안에서 너희도 진리의 말씀 곧 너희의 구원의 복음을 듣고 그 안에서 또한 믿어 약속의 성령으로 인치심을 받았으니 이는 우리 기업의 보증이 되사 그 얻으신 것을 속량하시고 그의 영광을 찬송하게 하려 하심이라"(엡 1:13~14)

"그러므로 나의 사랑하는 자들아 너희가 나 있을 때뿐 아니라 더욱 지금 나 없을 때에도 항상 복

---

86) 칼 헨리, 「기독교 교리논설」 권혁봉 역, (서울: 생명의말씀사. 1976), p. 294.
87) 위의 책, p. 297.

종하여 두렵고 떨림으로 너희 구원을 이루라 너희 안에서 행하시는 이는 하나님이시니 자기의 기쁘신 뜻을 위하여 너희에게 소원을 두고 행하게 하시나니"(빌 2:12~13)

창조적 의미가 법정 선언적 의미를 산출한 것은 아니로되 후자가 전자를 산출했으며 이것은 불가분리적 영적 체계이다. 칭의로 말미암아 사람이 의로운 행동을 하는 것을 성화라 하지는 않는다. 로마 가톨릭교는 교회 의식(儀式)이 영적 효과를 낸다고 하나 성경은 오직 믿음이라고 했다. 그러나 뭐니뭐니해도 칭의의 일차적인 의미는 선언적 의미이다. 중생에서 새 생명 곧 영생을 얻고 사죄에서 죄를 떨어버림 되고 칭의에서는 하나님의 외부적 객관적 인정하심이 따른다. 이 인정하심은 칭의를 통해 사람이 하나님 앞에 새로운 지위(new standing)를 얻는 것이다. 새로운 지위를 얻은 만큼 결과론적으로 그 지위에 어울리는 행위가 따르게 된다. 칭의로 말미암아 칭의에 해당되는 행위는 성화와는 구별이 된다. 칭의는 죄인을 대하는 하나님의 태도가 죄인을 호칭하는 그 이름에서 달라졌나니 "죄인아" 하는 대신에 "의인아"라고 부르시며 전에는 앞에 세워주지 않던 자를 하나님이 자기 앞에 떳떳이 세워주는 역사이다. 사람이 의인으로 불리움을 받아서 하나님 앞에 당당히 선다는 것은 환상적인 일이 아닐 수 없다. 그런데 그 앞에 선 사람이 굳이 죄의 옷을 입고 아무렇지도 않게 서야 할 이유가 무엇인가? 그래서 칭의는 죄인을 의인으로 칭해 주는 것이며 결과적으로 의인이 되어 하나님 앞에 서게 되는 경지에 이른다.

그 칭의를 받을 자는 누구며 그 칭의를 선포하시는 분은 누구신가?

칭의를 받을 자는 사람인 죄인이며 칭의해 주실 분은 의로우신 하나님이시다. 사람은 출생하면서부터 악한 자의 자녀이며 범죄자요 죄인이다. 칭의를 받아야 할 필요성이 있다.

"무릇 우리는 다 부정한 자 같아서 우리의 의는 다 더러운 옷 같으며 우리는 다 잎사귀같이 시들므로 우리의 죄악이 바람같이 우리를 몰아가나이다"(사 64:6)

"모든 사람이 죄를 범하였으매 하나님의 영광에 이르지 못하더니"(롬 3:23)

"우리가 아직 연약할 때에 기약대로 그리스도께서 경건하지 않은 자를 위하여 죽으셨도다. 우리가 아직 죄인 되었을 때에 그리스도께서 우리를 위하여 죽으심으로 하나님께서 우리에 대한 자기의 사랑을 확증하셨느니라. 곧 우리가 원수 되었을 때에 그의 아들의 죽으심으로 말미암아 하나님과 화목하게 되었은즉 화목하게 된 자로서는 더욱 그의 살아나심으로 말미암아 구원을 받을 것이니라"(롬 5:6, 8, 10)

"전에 악한 행실로 멀리 떠나 마음으로 원수가 되었던 너희를"(골 1:21)

"우리도 전에는 어리석은 자요 순종하지 아니한 자요 속은 자요 여러 가지 정욕과 행락에 종 노

릇한 자요 악독과 투기를 일삼은 자요 가증스러운 자요 피차 미워한 자였으나"(딛 3:3)

"무릇 나는 내 죄과를 아오니 내 죄가 항상 내 앞에 있나이다"(시 51:3)

"주의 종에게 심판을 행하지 마소서 주의 눈 앞에는 의로운 인생이 하나도 없나이다"(시 143:2)

그러기에 우리는 죽었으므로 중생할 필요가 있고 중생한 자가 새로운 지위와 이름을 가질 필요가 있으니 그것이 칭의이다. 사람은 하나님의 의를 모르고 자기 의를 세우려고 했었다.

"하나님의 의를 모르고 자기 의를 세우려고 힘써 하나님의 의에 복종하지 아니하였느니라"(롬 10:3)

의롭다 하시는 이는 의로우신 하나님이시다.

"누가 능히 하나님께서 택하신 자들을 고발하리요 의롭다 하신 이는 하나님이시니"(롬 8:33)

그 하나님과 의는 어떤 관계인가?
하나님은 그의 존재(His being)와 그의 행위(His doing)에 있어서 시종일관 의로우시다.

"온갖 좋은 은사와 온전한 선물이 다 위로부터 빛들의 아버지께로부터 내려오나니 그는 변함도 없으시고 회전하는 그림자도 없으시니라"(약 1:17)

그 존재 자체가 의로우시다. 하나님의 성질 자체가 의로우시니 그 성질 자체가 불의한 것을 간과하실 수 없다. 그러니까 체질상 그리고 실제 죄된 죄인들을 그냥 눈감아 둘 수는 없다. 하나님의 심판은 내려져야 마땅하고 그것이 정죄이다. 그러나 정죄만 하고 계실 수 없으셨다. 하나님의 행위가 나타났다. 그 행위도 의로워야 했다. 그 행위가 의롭다는 것은 죄를 가볍게 보시거나 혹은 관대히 용서해 줄 수가 없는 행위였다. 그래서 하나님이 예비하신 어린 양을 두셨다. 다음 성경 구절은 하나님의 존재와 행위에 있어서 모두 의로우심을 지키시는 모습이 나온다.

"하나님이 그 아들을 세상에 보내신 것은 세상을 심판하려 하심이 아니요 그로 말미암아 세상이 구원을 받게 하려 하심이라 그를 믿는 자는 심판을 받지 아니하는 것이요 믿지 아니하는 자는 하나님의 독생자의 이름을 믿지 아니하므로 벌써 심판을 받은 것이니라 그 정죄는 이것이니 곧 빛이 세상에 왔으되 사람들이 자기 행위가 악하므로 빛보다 어둠을 더 사랑한 것이니라"(요 3:17~19)

"내가 진실로 진실로 너희에게 이르노니 내 말을 듣고 또 나 보내신 이를 믿는 자는 영생을 얻었

고 심판에 이르지 아니하나니 사망에서 생명으로 옮겼느니라"(요 5:24)
"그러므로 이제 그리스도 예수 안에 있는 자에게는 결코 정죄함이 없나니"(롬 8:1)
"우리가 판단을 받는 것은 주께 징계를 받는 것이니 이는 우리로 세상과 함께 정죄함을 받지 않게 하려 하심이라"(고전 11:32)

성품상 의로우신 분은 자기 앞에 교제할 대상들을 의롭게 보시는 눈을 갖지 않으시면 결코 상대하실 수가 없다.

"이 예수를 하나님이 그의 피로써 믿음으로 말미암는 화목제물로 세우셨으니 이는 하나님께서 길이 참으시는 중에 전에 지은 죄를 간과하심으로 자기의 의로우심을 나타내려 하심이니 곧 이 때에 자기의 의로우심을 나타내사 자기도 의로우시며 또한 예수 믿는 자를 의롭다 하려 하심이라"(롬 3:25~26)

하나님은 죄를 단순히 면제시키시는 것이 아니라 아예 죄의 자리에 의를 갖다 놓으신다. 하나님이 자기의 의로우심을 나타내시려 하신다. 자기도 의로우시고 예수 믿는 자도 의롭다 하시려고 하신다. 하나님의 의가 칭의의 근원이 된다.

"우리를 구원하시되 우리가 행한 바 의로운 행위로 말미암지 아니하고 오직 그의 긍휼하심을 따라 중생의 씻음과 성령의 새롭게 하심으로 하셨나니"(딛 3:5)
"내가 주께만 범죄하여 주의 목전에 악을 행하였사오니 주께서 말씀하실 때에 의로우시다 하고 주께서 심판하실 때에 순전하시다 하리이다"(시 51:4)

법정의 재판관이 누구인가? 바로 하나님이시다. 하나님께서 심판하시는 법정은 하늘에 있다.

"여호와께서 그의 보좌를 하늘에 세우시고 그의 왕권으로 만유를 다스리시도다"(시 103:19)

칭의의 과정을 보자.
칭의는 일단 하나님의 은혜로 된다(롬 3:24).
칭의는 그리스도의 피로 된다(롬 3:24).

"그러면 이제 우리가 그의 피로 말미암아 의롭다 하심을 받았으니 더욱 그로 말미암아 진노하심에서 구원을 받을 것이니"(롬 5:9)
"율법을 따라 거의 모든 물건이 피로써 정결하게 되나니 피흘림이 없은즉 사함이 없느니라"(히 9:22)

칭의는 성령의 역사로 확신케 되는 사건이다.

"그들이 이런 일을 할 것은 아버지와 나를 알지 못함이라"(요 16:3)
"내가 아버지께로부터 너희에게 보낼 보혜사 곧 아버지께로부터 나오시는 진리의 성령이 오실 때에 그가 나를 증언하실 것이요"(요 15:26)

이상은 하나님 편에서 본 칭의의 사건이다. 그럼 사람은 칭의에 대해서 어떤 관계를 지니는가? 칭의는 재판관의 선언인 만큼 죄인이 스스로 선언할 성질이 아니다. 누가 자기를 스스로 의롭다 하겠는가? 외적 어떤 존재자가 나를 의롭다 해야 할 것이다. 그러므로 사람들의 칭의에 대한 반응은 칭의 선포자의 선포를 그냥 수긍하고 기뻐할 일이다. 이런 사실을 칭의는 믿음으로 받는다고 말한다.

"곧 이때에 자기의 의로우심을 나타내사 자기도 의로우시며 또한 예수 믿는 자를 의롭다 하려 하심이라 그런즉 자랑할 데가 어디냐 있을 수가 없느니라 무슨 법으로냐 행위로냐 아니라 오직 믿음의 법으로니라 그러므로 사람이 의롭다 하심을 얻는 것은 율법의 행위에 있지 않고 믿음으로 되는 줄 우리가 인정하노라 하나님은 다만 유대인의 하나님이시냐 또한 이방인의 하나님은 아니시냐 진실로 이방인의 하나님도 되시느니라 할례자도 믿음으로 말미암아 또한 무할례자도 믿음으로 말미암아 의롭다 하실 하나님은 한 분이시니라"(롬 3:26~30)
"그러므로 우리가 믿음으로 의롭다 하심을 받았으니 우리 주 예수 그리스도로 말미암아 하나님과 화평을 누리자"(롬 5:1)
"사람이 마음으로 믿어 의에 이르고 입으로 시인하여 구원에 이르느니라"(롬 10:10)
"사람이 의롭게 되는 것은 율법의 행위로 말미암음이 아니요 오직 예수 그리스도를 믿음으로 말미암는 줄 알므로 우리도 그리스도 예수를 믿나니 이는 우리가 율법의 행위로써가 아니고 그리스도를 믿음으로써 의롭다 함을 얻으려 함이라 율법의 행위로써는 의롭다 함을 얻을 육체가 없느니라"(갈 2:16)

믿음은 칭의의 공로적 기초가 아니라 칭의의 조건이다. 우리가 칭의를 얻는 것은 믿음 때문(for faith)이 아니라 믿음으로써(by faith) 되는 것이다. 믿음은 칭의의 값이 아니라 칭의를 향유하는 수단이다. 신구약 성도가 다 믿음 때문이 아니라 믿음으로 칭의를 받은 것이다(행 13:38~39; 롬 4:5~12; 갈 3:8)[88] 오직 믿음에 의해 칭의를 받았기에(以信得義) 율법이나 어떤 행위 때문에 칭의를 받는 것은 결코 아니다. 칭의에 대한 우리의 반응으로는 "아무

---

88) 헨리 디이슨, 이전의 책, p. 579.

것도 할 것이 없는 죄인이 의를 주시기에 받겠습니다"라는 고백만이 있을 뿐이다.

> "일하는 자에게는 그 삯이 은혜로 여겨지지 아니하고 보수로 여겨지거니와 일을 아니할지라도 경건하지 아니한 자를 의롭다 하시는 이를 믿는 자에게는 그의 믿음을 의로 여기시나니"(롬 4:4~5)

이렇게 하는 과정에서 그리스도가 지닌 모든 것 중의 하나인 의를 주신 것이 아니라 의(義) 자체가 되시는 그리스도가 우리에게 전가(轉嫁)되었다. 흔히 의의 전가라고 할 때 의 자체이신 그리스도의 전가를 생각지 않고 오히려 그리스도는 저만큼 떼어놓고 그로부터 어떤 의를 가지고 와서 소유하게 되는 것으로 여기고 있으나 성경은 이렇게 말하고 있다.

> "예수는 우리가 범죄한 것 때문에 내줌이 되고 또한 우리를 의롭다 하시기 위하여 살아나셨느니라"(롬 4:25)
> "하나님이 죄를 알지도 못하신 이를 우리를 대신하여 죄로 삼으신 것은 우리로 하여금 그 안에서 하나님의 의가 되게 하려 하심이라"(고후 5:21)
> "너희는 하나님으로부터 나서 그리스도 예수 안에 있고 예수는 하나님으로부터 나와서 우리에게 지혜와 의로움과 거룩함과 구원함이 되셨으니"(고전 1:30)

예수가 우리를 대신하여 죄로 삼으심을 입어 그로 말미암아 우리가 하나님의 의가 되었다. 이 얼마나 놀라운 신분의 변화인가? 거지가 왕자가 되고 왕자는 거지가 되었다는 이 동화 같은 이야기가 그대로 우리에게 적용되는 것이다. 그리스도는 하나님께로서 나와 우리에게 의로움이 되셨다. 그리스도가 곧 의이신데 그가 우리의 의가 되어진 이것이 의의 전가이다. 그리스도는 통장에서 약간의 돈을 떼서 우리에게 주신 것이 아니라 통장 자체를 우리에게 주셨다. 우리는 예수님의 의를 소유한 것이 아니라 예수 곧 의의 예수를 소유한 것이다. 여기서 단지 유의할 것은 그리스도를 의로 삼으신 그 의는 사람을 위해서 마련해 두신 의이지, 하나님만이 고유하게 지니시는 그의 속성에 속한 의는 아직 우리 믿음으로는 관여할 수 없는 성질에 속한다는 점이다.[89]

하나님은 그리스도를 우리를 위한 의 자체로 만드셨고 그리스도 자신을 우리에게 주셨다. 의의 전가란 그런 의미이다. 의의 전가를 더 깊이 생각해 보자. 아담의 죄가 온 인류에게 전가되어 마침내 모든 사람이 본질상 죄인이 되었다(롬 5:12~21). 한 사람 아담의 죄가 그리스도에게 전가되었다. 그리스도께서 전가 받은 죄는 온 인류를 대표해서 도맡은 죄였다.

일단, 아담-온 인류-그리스도에게로 죄의 전가가 있었다.

---
89) 앞의 책, p. 575.

"그리스도의 사랑이 우리를 강권하시는도다 우리가 생각하건대 한 사람이 모든 사람을 대신하여 죽은즉 모든 사람이 죽은 것이라, 하나님이 죄를 알지도 못하신 이를 우리를 대신하여 죄로 삼으신 것은 우리로 하여금 그 안에서 하나님의 의가 되게 하려 하심이라"(고후 5:14,21)

"오직 우리가 천사들보다 잠시 동안 못하게 하심을 입은 자 곧 죽음의 고난 받으심으로 말미암아 영광과 존귀로 관을 쓰신 예수를 보니 이를 행하심은 하나님의 은혜로 말미암아 모든 사람을 위하여 죽음을 맛보려 하심이라"(히 2:9)

"그는 우리 죄를 위한 화목 제물이니 우리만 위할 뿐 아니요 온 세상의 죄를 위하심이라"(요일 2:2)

이제는 이것의 역순 역사(逆順役事)가 있어야 한다. 하나님의 의-그리스도-온 세상이다. 하나님의 의가 그리스도에게로 전가되고 그 전가된 의가 온 세상으로 전가되었다.

이런 하나님의 조처(措處)에 의해 구원받은 사람들에게 그리스도는 하나님의 '의'가 되었다. 또 구원받은 사람은 의롭게 되는 정도가 아니라 하나님의 '의'가 되었다. 이것이 칭의의 창조적 의미를 강하게 뒷받침한다.

"너희는 하나님으로부터 나서 그리스도 예수 안에 있고 예수는 하나님으로부터 나와서 우리에게 지혜와 의로움과 거룩함과 구원함이 되셨으니"(고전 1:30)

이 구절은 예수님이 우리에게 의로움이 되신다는 것이다.

"하나님이 죄를 알지도 못하신 이를 우리를 대신하여 죄로 삼으신 것은 우리로 하여금 그 안에서 하나님의 의가 되게 하려 하심이라"(고후 5:21)

이 구절은 그 반대로 우리 구원 받은 사람이 하나님에게 '의'가 된다는 것이다. 이런 의는 사람에게서 나온 것이 아니라 하나님이 특별히 만들어 하사(下賜)하신 의다. 하나님도 의이시고 그리스도도 의이시고 우리 구원받은 사람도 의이다. 하나님과 우리를 연결하고 있는 끈은 의의 끈이다. 죄인은 이 끈에 들어올 수 없다.

사죄는 죄는 없어졌으나 나체로 있는 상태라면 칭의는 나체에 옷을 입힌 것과 같다. 침례교회에서는 이 진리를 일찍 "갈라놓으시고 덮으신 이치"(The Principle of Separation and Covering)라고 통용하고 있었다. 갈라놓았다는 말은 사람으로부터 죄를 떼어 버리고 은혜의 자리로 옮겼다는 것을 의미한다. 때 묻은 몸을 씻었다는 것이요 때 묻은 옷을 벗겼다는 것이다. 개울창에서 언덕으로 옮겨 놓았다는 것이다. 즉 사죄 받았다는 것이다. 그러나 알몸이 아닌가? 이것은 순전히 비유이다. 그러니까 옷을 걸쳐줘야 나체를 면할 것이 아닌가? 여기에 옷을 입혀야 한다는 것이니 그 옷이 가죽옷이요 피의 옷이요 의의 옷이다. 즉 칭의를 받았다는 것이다.

하나님은 의를 전가(imputing)하심으로써 사람을 의롭다 하시지 의를 분양(分讓, imparting)함으로 하시지는 않는다. 하나님은 그리스도인을 단독으로 보시지 않고 그리스도와 함께한 그리스도인으로 보신다.[90]

칭의의 결과는 부정적 측면과 긍정적 측면이 있다.

이것은 소극적 측면과 적극적 측면으로 말할 수 있다. 부정적 측면은 우리에게 불행한 일은 더 이상 있을 수 없다는 것이고 긍정적 측면은 행복한 일은 더 이상 없을 수 없다는 설명이다. 없어진 것과 있어질 것에 대한 법적 선언이다. 재판관의 재판 선고이다.

① 부정적인 측면으로는 율법과 죄와 사망으로부터 해방 선언이요 긍정적인 측면으로는 하나님의 사랑에로의 복귀 선언이다. 칭의는 하여간 권위 있는 자의 선언이다. 사실의 확인이요 사실의 선포요 사실 이용의 재가이다. 집을 구입하였으나 등기하기 전까지는 재산행세를 못하게 되어 있다. 사죄는 칭의로 인해 더 사실화하고 역사화하고 효용화된다. 이런 칭의로 말미암아 떠나 보낼 것은 떠나 보냈다는 선언과 돌아와야 할 것은 돌아와야 한다는 선언이 있게 된다.

먼저 칭의의 부정적인 측면부터 보자. 즉 율법-죄-사망의 한 사건의 세 가지 다른 명칭일 뿐이다. 다음 성경구절을 보면 율법-죄-사망의 연관성을 볼 수 있다.

"그러므로 한 사람으로 말미암아 죄가 세상에 들어오고 죄로 말미암아 사망이 들어왔나니 이와 같이 모든 사람이 죄를 지었으므로 사망이 모든 사람에게 이르렀느니라 죄가 율법 있기 전에도 세상에 있었으나 율법이 없었을 때에는 죄를 죄로 여기지 아니하였느니라 그러나 아담으로부터 모세까지 아담의 범죄와 같은 죄를 짓지 아니한 자들까지도 사망이 왕 노릇 하였나니 아담은 오실 자의 모형이라"(롬 5:12~14)

"너희가 죄의 종이 되었을 때에는 의에 대하여 자유로웠느니라"(롬 6:20)

한 사람-죄-사망-율법의 체계가 나온다. 가장 분명하게 이 체계를 말한 곳은 고린도 전서 15장 56절이니 "사망의 쏘는 것은 죄요 죄의 권능은 율법이라"고 했다. 율법-죄-사망은 사망의 세 발 솥이다. 칭의는 이 체계를 무시하고 그 위에 다른 체계를 씌운다. 그 다른 체계란 한 사람-순종-생명-칭의의 체계다. 이 체계를 다음 성경구절에서 본다.

---

[90] Millard Erickson, 이전의 책, p. 958.

"그러나 이 은사는 그 범죄와 같지 아니하니 곧 한 사람의 범죄를 인하여 많은 사람이 죽었은즉 더욱 하나님의 은혜와 또한 한 사람 예수 그리스도의 은혜로 말미암은 선물은 많은 사람에게 넘쳤느니라 또 이 선물은 범죄한 한 사람으로 말미암은 것과 같지 아니하니 심판은 한 사람으로 말미암아 정죄에 이르렀으나 은사는 많은 범죄로 말미암아 의롭다 하심에 이름이니라 한 사람의 범죄로 말미암아 사망이 그 한 사람을 통하여 왕 노릇 하였은즉 더욱 은혜와 의의 선물을 넘치게 받는 자들은 한 분 예수 그리스도를 통하여 생명 안에서 왕 노릇 하리로다 그런즉 한 범죄로 많은 사람이 정죄에 이른것 같이 한 의로운 행위로 말미암아 많은 사람이 의롭다 하심을 받아 생명에 이르렀느니라 한 사람이 순종하지 아니함으로 많은 사람이 죄인 된 것같이 한 사람이 순종하심으로 많은 사람이 의인이 되리라"(롬 5:15~19)

이 성경구절에서 칭의와 관련되어 나온 용어들을 보면 이런 것들이 있다. 은사, 은혜, 선물-칭의-은혜와 의의 선물-생명-의인 등이다. 율법 해방은 죄로부터의 해방이고 죄로부터의 해방은 사망으로부터의 해방이다. 율법으로부터의 해방은 은혜에 이르고 죄로부터의 해방은 의에 이르고 사망으로부터의 해방은 영생에 이른다.

율법은 무엇인가?

"우리가 알거니와 무릇 율법이 말하는 바는 율법 아래에 있는 자들에게 말하는 것이니 이는 모든 입을 막고 온 세상으로 하나님의 심판 아래에 있게 하려 함이라 그러므로 율법의 행위로 그의 앞에 의롭다 하심을 얻을 육체가 없나니 율법으로는 죄를 깨달음이니라"(롬 3:19~20)

율법은 율법 아래 있는 자에게만 행세를 한다. 그 행세는 무엇인가? 모든 사람의 입을 막는다. 유구무언(有口無言)의 상태로 사람을 몰아간다. 온 세상이 하나님의 심판 아래 있게 한다. 율법의 행위로는 하나님 앞에서 의롭다 하심을 얻을 사람이 없다. 그럼 율법은 무엇인가? 죄를 깨닫게 하는 것이다. 율법에 비춰 보아 잘잘못이 가려지는 척도가 되어 비로소 '이것이 죄로구나' 하고 깨닫게 하는 것이다.

"율법은 진노를 이루게 하나니 율법이 없는 곳에는 범법도 없느니라"(롬 4:15)

율법은 진노를 이루게 한다. 그 진노란 죄의 삯은 사망에 이를 때에 최절정에 이른다.

"욕심이 잉태한즉 죄를 낳고 죄가 장성한즉 사망을 낳느니라"(약 1:15)
"죄의 삯은 사망이요"(롬 6:23 상반절)

"네가 흙으로 돌아갈 때까지 얼굴에 땀을 흘려야 먹을 것을 먹으리니 네가 그것에서 취함을 입었음이라 너는 흙이니 흙으로 돌아갈 것이니라 하시니라"(창 3:19)

그런데 율법-죄-사망이란 한 끈에 달린 명칭이다. 율법 폐기는 죄만 폐기된 것이 아니고 나아가서 사망도 폐기된 것이다. 율법, 죄, 사망으로부터 자유함을 선언한 것이 바로 칭의이다. 그런데 사람들은 아직도 이신득의(以信得義) 곧 칭의에 대하여 완전한 이해에 도달하지 못하고 있는 경우가 많이 있는데 그 실상은 무엇인가? 한마디로 말해서 율법은 폐기되었는가? 아직 유효하게 세력을 쓰고 있는가? 도덕 폐기론과 율법 폐기론의 차이에 무지하지는 않는가?

이미 전술한 바 있지만 도덕은 있으나 율법은 존재하지 않는다고 성경이 말하고 있다. 사람들은 율법 폐기론을 주장하는 것이 큰 공격의 대상이나 되는 것처럼 매우 조심스러워 한다. 가령, 모 학자가 율법 폐기론을 주장했건만 그를 대하는 후학들이 오히려 모 학자를 율법 폐기론자가 아니라는 쪽으로 극구 변호하려고 안간힘을 쓰는 것을 보노라면 무척 괴롭다. 그런데 율법 폐기론자라고 하면 안 될 게 무엇인가? 율법 폐기에 왜 사람들은 알레르기 반응이 나올까? 율법 폐기론과 도덕 폐기론을 구별하자. 율법은 폐기되었으나 도덕은 폐기되지 않았다. 가령, 십계명 중 제7계명은 폐기되었으나 혼외 타 여인(婚外他女人)과의 성교(性交)는 부도덕한 것이니 금해야 한다.

그리고 성경은 말한다. "율법은 폐기되었다." 그 성경구절은 다음과 같다.

"그리스도는 모든 믿는 자에게 의를 이루기 위하여 율법의 마침이 되시니라"(롬 10:4)
"율법과 선지자는 요한의 때까지요 그 후부터는 하나님 나라의 복음이 전파되어 사람마다 그리로 침입하느니라"(눅 16:16)
"그리스도께서 우리를 위하여 저주를 받은 바 되사 율법의 저주에서 우리를 속량하셨으니 기록된바 나무에 달린 자마다 저주 아래 있는 자라 하였음이라"(갈 3:13)- 율법의 효력의 풀어짐
"그런즉 율법은 무엇이냐 범법하므로 더하여진 것이라 천사들을 통하여 한 중보자의 손으로 베푸신 것인데 약속하신 자손이 오시기까지 있을 것이라"(갈 3:19) - 율법의 시기가 다해짐
"믿음이 오기 전에 우리는 율법 아래에 매인 바 되고 계시될 믿음의 때까지 갇혔느니라 이같이 율법이 우리를 그리스도께로 인도하는 초등교사가 되어 우리로 하여금 믿음으로 말미암아 의롭다 함을 얻게 하려 함이라 믿음이 온 후로는 우리가 초등교사 아래에 있지 아니하도다"
(갈 3:23~25)- 율법의 임무가 끝나고 제자를 잃어버림. 제자 없는 선생이 되다. 율법의 교육을 받을 제자가 없어졌다(참조 롬 3:19~22)

그런데 율법 폐기가 불가하다고 생각하도록 하는 성구가 있다.

"진실로 너희에게 이르노니 천지가 없어지기 전에는 율법의 일점 일획도 결코 없어지지 아니하고 다 이루리라"(마 5:18)

그러나 이 구절은 예수님의 율법 이룸을 위한 죽음으로 말미암아 성취된 것이다. 예수는 율법의 일점 일획도 버리지 않고 이루시기 위해 죽으셨다. 죽음으로 인해서 이루어진 것이다. 예수 죽음을 떠나서는 이 율법의 요구는 정확하고 잔인하게 그리고 엄격하게 우리에게 그 행함을 요구한다. 예수가 율법의 요구를 충족시키지 않는 한 그것은 영원히 요구해 올 것이라는 말이다. 예수님이 이 말씀을 하실 때는 아직 율법의 요구를 이루시지 아니한 때이다. 즉 예수님이 죽기 전에 하신 말씀이다.

"그런즉 우리가 믿음으로 말미암아 율법을 파기하느냐 그럴 수 없느니라 도리어 율법을 굳게 세우느니라"(롬 3:31)

믿음과 율법은 제각기 그냥 일을 하고 있다는 것이다. 이쪽에 믿음이 있고 저쪽에 율법이 있다는 상대 관계 때문에 율법의 요구가 낮춰지거나 요구사항이 적어진다는 것은 아니다. 율법의 요구는 가차없이 다 요구하라, 그래도 이쪽에 은혜의 믿음이 있어서 그 요구를 다 만족시킬 것이라는 말이다. 율법이 율법의 본연의 임무, 즉 죄를 의로 이끄는 방향 제시, 몽학선생이라는 임무를 유감 없이 발휘한다는 면에서 어엿한 자기 정체를 가지고 있다. 그래서 거룩하고 의로우며 선한 것이다.

"이로 보건대 율법은 거룩하고 계명도 거룩하고 의로우며 선하도다"(롬 7:12)

율법이 제 할 일을 깔끔히 하고 있다는 표현이다. 율법은 우리가 죄인된 것을 확인하고 우리의 구조를 그리스도에게로 돌리는 일을 한다. 우리의 죄된 신분을 그리스도의 의된 신분으로 안내 역할을 하는 것이 율법의 일이다. 그럼 율법은 이젠 어떤 상태에 있는가?
임무를 다 마치고 사멸(死滅)되었다. 임무가 끝나자 수명도 끝났다.

"이제는 율법 외에 하나님의 한 의가 나타났으니 율법과 선지자들에게 증거를 받은 것이라"(롬 3:21)
"저 첫 언약이 무흠하였더라면 둘째 것을 요구할 일이 없었으려니와"(히 8:7)

"새 언약이라 말씀하셨으매 첫 것은 낡아지게 하신 것이니 낡아지고 쇠하는 것은 없어져 가는 것이니라"(히 8:13). 율법의 사라짐을 말해주는 말씀이다.

"율법은 장차 올 좋은 일의 그림자일 뿐이요 참 형상이 아니므로 해마다 늘 드리는 같은 제사로는 나아오는 자들을 언제나 온전하게 할 수 없느니라"(히 10:1)

율법은 그림자요 실재가 아니라는 것이다. 율법 폐기를 부정하는 사람의 솔직한 심정을 대변하면 이런 것이 아닐까 생각한다. "율법은 없어졌다 하더라도 율법이 말하고 있는 내용은 좋은 것이며 따라서 폐기할 수 없지 않느냐?" 그러나 필자는 이에 대해 거스리(Guthrie)의 말로 그것이 무엇을 의미하는지 말하고자 한다.

「그리스도인이 된 이상에는 그는 율법을 더 이상 구원의 수단으로 여기지는 않지만, 그러나 그 율법은 하나님의 권위 있는 표준(standard)으로 여전히 대면한다. 그러므로 어떤 의미로 율법이 아직도 신자에게 유효한가 하는 것을 논의하는 것은 대단히 중요한 일이다.」[91]

다시 말하면 율법은 신자에게 표준은 될지언정 법은 되지 못한다. 그러나 표준 위반과 법 위반의 결과는 판이하게 다르다. 전자에게는 벌이 없으나 후자에게는 벌이 수반된다. 율법 폐기를 주장하지 않는다면 지금도 율법은 건재하다는 말인가? 지금이 율법의 지배를 받는 율법시대란 말인가? 예수는 율법을 완성함으로 율법을 폐기처분하시지 않았는가? 율법의 건재는 그리스도의 죽음을 부인하는 것이다. 왜냐하면 약속한 자손이 오기까지가 율법의 건재 기간이기 때문이다. 그런데 지금 약속의 자손이 오지 아니했었던가 말이다. 문제는 율법 폐기와 도덕 폐기를 혼동한 데서 온 생각이 문제다. 율법 폐기론은 주장하되 도덕 폐기론은 주장하지 않는다. 법은 없으나 법의 정신은 있는 만큼 그 정신을 존중한다.
이 진술을 잘 말해 주는 성경구절이 있다.

"그런즉 우리가 믿음으로 말미암아 율법을 파기하느냐 그럴 수 없느니라 도리어 율법을 굳게 세우느니라"(롬 3:31)

믿음이 율법을 폐기하지 않는다고 바울이 말했다. 이것을 잘못 해석해서 믿음이 온 이후로도 율법은 더 강력하게 작용하는 것이라고 한다. 즉 율법은 폐기되지 않고 건재한다고 주장하는 바 이에 대한 본문의 이해를 잘 해야 한다. "율법 외에 하나님의 한 의가 나타난"

---

91) Donald Guthrie, 이전의 책, p.695.

(롬 3:21) 환경에서 율법은 하나님의 의 속에 묻혀 버렸다. 율법도 할 일을 다하고 의 속으로 들어가 버렸다는 것이다.

거스리(Guthrie)는 이 사실을 이렇게 말하고 있다.

「이제 율법은 내적(內的)인 것이 되었다. 율법은 더 이상 단순히 외적인 요구들로 구성된 것이 아니라, 율법의 도덕적 예식적 요구를 완전히 성취하신 분과 내적으로 일치되는 삶을 요구한다. 신자는 그리스도의 율법 아래에 있는 자가 되었다(고전 9:21). 그러니까 그리스도인은 계명을 지키되 만약 그것을 깨면 결과적으로 벌을 받을까 하는 공포 때문이 아니라 그리스도의 마음에 일치되는 삶을 살겠다는 강력한 요구 때문이다.…그리스도인은 더 이상 율법 아래 있지 않고 은혜 아래 있다.」[92]

그러니까 믿음이 온 후라 하더라도 율법의 강제성이 예수에 의해 충족되었으니까 강제성을 뒷받침하던 율법의 아름다운 정신을 내버리고 정반대 사상으로 나갈 필요가 없다는 것이다. 이런 의미에서 율법은 더 고상하게 된 것이다(uphold). 즉 도덕 폐기를 한 것은 없다는 것이었다. 펜윅은 율법과 은혜를 날카롭게 비교하였다.

「율법은 구약의 주의(主義)요, 은혜는 신약의 주의이다. 율법은 모세로부터 오고 은혜는 그리스도로 주신 것, 율법은 이스라엘을 가르치시고, 은혜는 교회를 가르치심. 율법은 죽게 하는 것, 은혜는 살게 하는 것. 율법은 죄를 깨닫게 하는 것, 은혜는 죄에서 벗어나게 하는 것. 율법은 행함으로 살고, 은혜는 믿음으로 산다. 율법은 전도인이 없으려니와 은혜는 세상 끝까지 전할 것이다. 율법은 그 중 제일 좋은 사람을 정죄하고 반면 은혜는 제일 악한 사람을 의롭게 하신다.」 - Fenwick 사경공부 12~13

율법 폐기에 관한 많은 실례들을 생활 주변에서 찾아보기로 하자. 가령, 도적질을 했다 하자. 그가 도적질은 했지만 8계를 범한 것은 아니다. 도적질은 나쁘지만 그것을 행했으니 벌을 주어야 한다는 법과 그 법력(法力)은 없어졌다. 마찬가지로 간음을 했지만 7계를 범한 것은 아니다. 범한다는 것은 법이 있을 때의 이야기이다. 법이 없어졌는데 범할 것이 무엇인가? 그러나 간음은 나쁜 것이다. 법에 의해 나쁜 것이 아니라 법 이전에 도덕적으로 나쁜 것이다. 그러므로 간음하지 말아야 하는 도덕은 살아 있으나 7계는 없어졌다. 이렇게 폐기된 율법을 놓고 사람이 취하는 자세를 보자.

---

92) 위의 책, pp. 696~697.

"율법을 꼭 지켜야 한다.
지키도록 노력해야 한다.
못 지키면 어떻게 하나?
계속 지키게 노력해야 한다. 무엇으로 계속 노력하는가?
성령의 능력으로
말씀의 능력으로
그래도 다 지켜지나? 못 지켜진다. 그럼 어떻게 해야 하나?
지켜지는 데까지 지켜야지.
그래도 못 지킨 것은 어떻게 하나?
할 수 없지.
할 수 없다니 그럼 또 죄인이 아닌가?"

정말 괴로운 대화가 아닐 수 없다. 그럼 도덕은 살아 있다는 성경을 보자.

골로새서의 제5 "그러므로"(therefore)를 보라.
제1 "그러므로"(골 2:6)
제2 "그러므로"(골 2:16)
제3 "그러므로"(골 3:1)
제4 "그러므로"(골 3:5)
제5 "그러므로"(골 3:12)
"그러므로"의 우리의 삶이다. (롬 5:6~10, 우리의 과거의 세대가 있었다.)

"너희가 나를 택한 것이 아니요 내가 너희를 택하여 세웠나니 이는 너희로 가서 열매를 맺게 하고 또 너희 열매가 항상 있게 하여 내 이름으로 아버지께 무엇을 구하든지 다 받게 하려 함이라"
(요 15:16)

버스에 탄 촌로(村老)가 짐 값은 내지 않겠다고 계속 무거운 짐을 지고 있다. 이미 짐 값까지 다 지불되었는데 말이다.

어떤 외국 행 비행기를 탔다. 탑승권을 구입할 때 온갖 것이 다 지불되었는데 기내에서 봉사하는 일체의 식사를 거절하는 사람이 있다. 밥값 지불 걱정 때문이다. 언제까지 이러고 있을 것인가? 밤에는 가로등이 필요하지만 낮에는 밝은 태양이 떠 있어 더 이상 가로등이 불필요하다.

추격하던 순경 앞에 도적이 죽어 있다. 더 이상 추격할 필요가 없음은 죽었기 때문이다.

율법과 죄와 사망에 대하여 이미 우리는 주 안에서 죽었지 않았는가? 빚 청산을 누군가 나 대신 다 해주었다. 나의 채권자는 나에게 더 이상 권한이 없다. 나는 그에게 채무자가 아니기 때문이다. 그런데 내가 왜 그를 나의 채권자로 세우는가? 그리고 떨고 있는가?

마찬가지로 제대했으면 더 이상 군 병영에 들어 갈 필요가 없고, 석방된 죄수는 또다시 감옥소를 찾을 필요가 없다.

남편이 죽고 없는 여인이 다른 남자에게 시집가기로서니 음부(淫婦)가 아니다. 지금 남자에게 정당한 절차를 밟고 시집온 여인이 현재의 남편 품 안에서 지난 과거에 살았다가 죽은 남편을 동경하는 것은 합당치 않는다는 말이다(롬 7장).

율법에서 해방되어 은혜 속에 살아가는 그리스도인이 지금도 옛적 율법을 찬양하면서 은혜를 누린다는 것은 모순된 일이다. 전 남편의 모든 것을 잊어버림이 현 남편에 대한 아내로서의 도리요 예의요 태도이다.

흔히 율법 중 제사법(祭祀法)은 폐기되었으나 도덕법은 살아 있다고 한다. 즉 설교 강단에 양의 피를 뿌릴 필요는 없지만 기타 부모를 공경하는 등의 윤리적 율법은 지금도 유효하다는 주장이다. 그러나 율법은 하나의 체계로 되어 있다. 하나의 그물처럼 짜여 있기 때문에 이쪽 끝을 흔들면 저쪽 끝도 흔들리게 되어 있다. 이쪽은 폐기되고 저쪽은 유효하다는 것은 율법의 반완성(半完成)을 의미하는데 예수님의 "다 이루었다"(요 19:30)는 선언 속에는 그런 의미가 없다. 율법의 정신(spirit of law)은 계승되겠지만 율법의 법칙(rule of law)은 없다. 다시 말하면 양의 피의 정신이 예수의 골고다의 보혈로 이어지고 부모를 공경하라는 제5계명이 에베소서 6장 1, 2절로 이어지는 것만은 사실이다.

"자녀들아 주 안에서 너희 부모에게 순종하라 이것이 옳으니라 네 아버지와 어머니를 공경하라 이것은 약속이 있는 첫 계명이니"(엡 6:1~2)

우리는 계명 안에서가 아니라 주 안에서 부모를 공경하는 자유로운 효자의 위치를 갖게 되었다. 이게 칭의이다.

이제 남은 것은 율법으로부터 자유요 그것은 죄로부터의 자유요 결국 죽음으로부터 자유이다.

과거에 야간 통행금지법이 있었다. 밤 0시가 되어 거리를 배회하면 단속의 대상이었다. 남북이 대치한 상태에서 간첩활동을 막기 위한 국가의 비상사태 시의 정국이었다. 이젠 남북 화해가 이뤄졌고 그 야간 통행금지법이 없어졌다. 0시가 넘어 배회해도 단속할 수 없다. 단속한다는 법 세력이 없어졌기 때문이다.

"그렇다면 청소년이 귀가하지 않고 밤거리를 배회하는 것이 좋겠습니까?" 모든 부모들의 답은 "아니요"이다. 그렇지만 어느 기관이나 사람들이 0시 넘어 배회하는 청소년을 잡아가지 않더라도 청소년은 학생 신분이므로 밤에 배회하는 것은 좋지 않다. 설령, 배회한다고 누가 단속하지는 않는다. 단속에서는 자유로우나 건강과 학업을 위해 스스로 일찍 귀가하는 것이다.

통행금지법은 어길 수 없다. 왜냐하면 법이 없으니까. 그러나 통행금지를 지킬 수는 있다. 그것이 지키는 자에게 좋은 일이기 때문이다.

율법은 폐기되었으나 도덕은 건재하다. 율법은 어길 수 있으나 도덕은 어김이 없다. 도덕적으로 과오를 범했다고 범죄라 하여 처벌할 수는 없다.

다음은 필자의 에세이 단편인데 율법과 관련해서 여기 싣는다.

「제목: 수도자(修道者)와 득도자(得道者)

S스님의 "나는 날마다 출가하고 싶다"라는 메시지에 이런 글이 실려 있었다. 나는 그의 심정을 이해하자는 측면에서 여기 실어 본다.

"출가자는 마음을 닦는 사람들이다. 그래서 그 마음은 허공과도 같이 넓어야 한다. 원하지 않는 상황과 만났을 때도 그 마음에는 요동의 흔적이 없어야 한다. 그리고 누구에게나 정성을 다하는 자비의 마음을 지녀야만 한다. 그것은 나와 남이 없고, 출가는 우리 모두를 위한 삶을 살겠다는 서원이기 때문이다. 그러나 출가의 정의에 걸맞는 삶을 살기란 그리 쉽지가 않다. 나의 이익과 편함을 추구한다면 출가자의 삶은 변색되어 버리고야 마는 것이다. 나는 청안청락(淸安淸樂)이라는 말을 좋아한다. 그것은 수행자가 지니는 편안함과 즐거움이었다. 나는 그런 '청안청락'에 사로잡혔다. 그리고 그렇게 살고 싶었다. 그렇게 살 수만 있다면 행복할 것 같았다. 몸의 편안을 좇아 사는 삶은 불행을 남기지만 마음의 평안을 추구하는 '청안청락'의 삶은 내게 행복을 줄 것만 같았다. 출가의 삶은 작은 것이 아니다. 그리고 그것은 한 번의 출가로 완성되는 것도 아니다. 출가의 삶은 매순간 발심(發心)하고 출가할 때 비로소 완성을 향해 가는 것이다. 문득 나는 두렵다. 이 삶에 걸맞는 삶을 살아갈 수 있을지 자신이 없다. 한없이 넓은 마음으로 모든 생명을 사랑하기 위해 나는 내게 있는 모든 것들을 얼마나 버릴 수 있을지도 의문이다. 그러나 나는 그렇게 살고 싶다. 한 번 태어난 이 삶의 시간 전부를 그렇게 매일 출가하면서 살고만 싶다."

출가한 스님의 수도과정이 얼마나 힘든 것인가를 잘 말해주고 있다. 그렇다고 성불이 되는 것도 아니지만 말이다.

세상 사람들의 진리에 이르는 길은 인본주의요 율법주의의 길이다.

왕파리 한 놈이 방에 날아들었다. 훠이 훠이 쫓아 버려도 공기통 구멍으로 휙 날아갈 줄 모르고 온 방을 열심히 날아다니기만 한다. "아뿔사, 내가 잘못 들어 왔군!" 결사적으로 이 곳을 탈출해야지 하고 윙윙 날아다닌다. 그러다 벽 어느 면을 보니 저쪽 바깥세계가 보이지 않는가? 거기 꽃이 있고 나무가 있고 태양빛이 비취고 저 멀리 구름이 두둥실 떠 있고, 자기 동료인지 뭔지 날아다니고 있는 바깥세상이 있지 않은가?

왕파리는 기회는 이때다 싶어 '횡' 하고 힘을 다해 날아갔지만, 결과는 거의 뇌진탕이 되도록 얻어맞고 방바닥에 쓰러졌으니 이게 웬일인가? 그것은 벽이 아니라 저 밖이 내다보이는 유리창이었던 것이다. 정신을 차린 파리가 재기의 용기를 내어 슬금슬금 유리창으로 기어올랐다. 확실히 저쪽 너머 세계가 보인다. 날아가기만 하면 된다. 한 번 더 시도하기로 하고, '횡' 하고 날아 붙였다. 결과는 또 머리만 얻어맞고 땅바닥에 떨어져 거의 뇌사상태다. 이렇게 몇 번을 시도하던 왕파리는 아예 유리창에 간신히 붙어서 온갖 연구와 사색을 한다. 확실히 저 바깥세계가 있기는 한데 왜 내가 그곳으로 못 날아간다는 말인가?

그놈은 이쪽 세계나 저쪽 밖 세계 사이에 투명 유리가 있음을 결코 이해할 수가 없다. 이쪽 유리창이 더 깨끗이 닦여 있을수록 유리창 저쪽은 더 깨끗하고 확실하게 보여도 그 쪽으로 날아갈 수는 없었다. 인력(人力)으로 득도할 것 같지만 허사일 뿐이다. 이 인력으로 성인(聖人)이 될 것 같지만 이 역시 마찬가지다.

S스님의 고뇌는 정직한 데까지는 정직하나 날마다 출가해도 별 수가 없다. 한 주에 몇 번씩 출가해도 제자리에 남는 것, 그러면서도 저쪽 정토(淨土) 세계에 이를 것 같지만 발 밑에는 사바세계가 있다는 이 현실, 그리고 좌절, 그리고 또 용기 발산, 정진(精進) 또 정진(精進) 그리고 또 좌절, 출가….

"여호와를 경외하는 것이 지식의 근본"(잠 1:7)이라고 성경은 선포하고 있다. 우리는 하나님 아버지께서 지혜와 계시의 영을 주심으로 도(道)가 되시는 하나님을 알게 되며, 심안(心眼)이 밝아져야 그 하나님이 우리를 위해 행하신 능력의 크심을 알 수 있다"(엡 1:17~19).

그리스도인의 기쁨은 수도자(修道者)가 아닌 득도자(得道者)라는 데 있다. 그리스도인은 율법을 닦으려 하는 자가 아니라 완성한 율법의 단 열매를 즐기는 자들이다.」

② 칭의의 긍정적 측면 즉 적극적 측면을 보기로 하자. 칭의의 부정적인 측면이 버려야 할 것에 대한 선언이라면, 긍정적인 측면이란 꼭 가져야 할 것에 대한 선언이다. 율법-죄-사망이 버려야 할 것이듯 은혜-의-생명은 꼭 가져야 할 것들이다. 말할 것도 없이 칭의는 죄인임에도 불구하고 예수 그리스도의 구속의 사역을 믿음으로 말미암아 의롭다 칭함을 받은 것인즉 하나님 앞에서 새로운 지위와 호칭을 얻게 된 것이다.

"너희는 그 은혜에 의하여 믿음으로 말미암아 구원을 받았으니 이것은 너희에게서 난 것이 아니요 하나님의 선물이라 행위에서 난 것이 아니니 이는 누구든지 자랑하지 못하게 함이라"(엡 2:8~9)

믿음으로 말미암아 구원받았다는 것은 곧 칭의받았다는 것의 다른 설명이다.
칭의로 말미암아 얻은 것들은 다음과 같다.

• 형벌이 면죄된다.

"불법이 사함을 받고 죄가 가리어짐을 받는 사람들은 복이 있고 주께서 그 죄를 인정하지 아니하실 사람은 복이 있도다 함과 같으니라"(롬 4:7~8)
"곧 하나님께서 그리스도 안에 계시사 세상을 자기와 화목하게 하시며 그들의 죄를 그들에게 돌리지 아니하시고 화목하게 하는 말씀을 우리에게 부탁하셨느니라"(고후 5:19)

• 정죄가 없어진다.

"그러므로 이제 그리스도 예수 안에 있는 자에게는 결코 정죄함이 없나니"(롬 8:1)
"누가 능히 하나님께서 택하신 자들을 고발하리요 의롭다 하신 이는 하나님이시니 누가 정죄하리요 죽으실 뿐 아니라 다시 살아나신 이는 그리스도 예수시니 그는 하나님 우편에 계신 자요 우리를 위하여 간구하시는 자시니라"(롬 8:33~34)

죄가 없다는 것이 아니라 죄로 정해 주지를 않는다는 것이다. 이는 깜짝 놀랄 사실이다. 가령, 간음을 했다고 하자. 그것은 10계명 중 7계명을 범했다는 것이 아니라 도덕상의 잘못인 간음을 했다는 것이다. 간음했기 때문에 어떤 불리한 신체적, 정신적 고통이 있을 수 있다. 그러나 법을 어겼다는 이유로 벌이 내려지는 것은 아니다. 범법함이 없는 것은 범할 법이 없어졌기 때문이다.

• 사망이 처리된다.
율법에서의 해방은 죄와 사망으로부터 해방이다. 예수의 부활이 이 모든 것을 처리했다.

"그러나 이제 그리스도께서 죽은 자 가운데서 다시 살아나사 잠자는 자들의 첫 열매가 되셨도다 사망이 한 사람으로 말미암았으니 죽은 자의 부활도 한 사람으로 말미암는도다 아담 안에서 모든 사람이 죽은 것같이 그리스도 안에서 모든 사람이 삶을 얻으리라"(고전 15:20~22)

"맨 나중에 멸망 받을 원수는 사망이니라"(고전 15:26)
"기록된 바 첫 사람 아담은 생령이 되었다 함과 같이 마지막 아담은 살려 주는 영이 되었나니"(고전 15:45)
"이 썩을 것이 썩지 아니함을 입고 이 죽을 것이 죽지 아니함을 입을 때에는 사망을 삼키고 이기리라고 기록된 말씀이 이루어지리라 사망아 너의 승리가 어디 있느냐 사망아 네가 쏘는 것이 어디 있느냐"(고전 15:54, 55)

- 하나님의 사랑으로 복귀된다.

"일한 것이 없이 하나님께 의로 여기심을 받는 사람의 복에 대하여 다윗이 말한 바"(롬 4:6)
"하나님이 죄를 알지도 못하신 이를 우리를 대신하여 죄로 삼으신 것은 우리로 하여금 그 안에서 하나님의 의가 되게 하려 하심이라"(고후 5:21)
"너희는 하나님으로부터 나서 그리스도 예수 안에 있고 예수는 하나님으로부터 나와서 우리에게 지혜와 의로움과 거룩함과 구원함이 되셨으니"(고전 1:30)

- 하나님의 진노가 없어지고 화평과 유업이 있다.

"우리가 아직 죄인되었을 때에 그리스도께서 우리를 위하여 죽으심으로 하나님께서 우리에 대한 자기의 사랑을 확증하셨느니라 그러면 이제 우리가 그의 피로 말미암아 의롭다 하심을 받았으니 더욱 그로 말미암아 진노하심에서 구원을 받을 것이니"(롬 5:8~9)
"또 죽은 자들 가운데서 다시 살리신 그의 아들이 하늘로부터 강림하실 것을 너희가 어떻게 기다리는지를 말하니 이는 장래의 노하심에서 우리를 건지시는 예수시니라"(살전 1:10)
"그는 우리의 화평이신지라 둘로 하나를 만드사 원수 된 것 곧 중간에 막힌 담을 자기 육체로 허시고 법조문으로 된 계명의 율법을 폐하셨으니 이는 이 둘로 자기 안에서 한 새 사람을 지어 화평하게 하시고 또 십자가로 이 둘을 한 몸으로 하나님과 화목하게 하려 하심이라 원수 된 것을 십자가로 소멸하시고 또 오셔서 먼 데 있는 너희에게 평안을 전하시고 가까운 데 있는 자들에게 평안을 전하셨으니"(엡 2:14~17)
"우리로 그의 은혜를 힘입어 의롭다 하심을 얻어 영생의 소망을 따라 상속자가 되게 하려 하심이라"(딛 3:7)

- 영화도 누린다.

"또 미리 정하신 그들을 또한 부르시고 부르신 그들을 또한 의롭다 하시고 의롭다 하신 그들을 또한 영화롭게 하셨느니라"(롬 8:30)
"우리가 성령으로 믿음을 따라 의의 소망을 기다리노니"(갈 5:5)

- 현재 생활에 의의 열매가 눈에 보이니 그것이 현실감 있는 즐거움이 아닐 수 없다.

"예수 그리스도로 말미암아 의의 열매가 가득하여 하나님의 영광과 찬송이 되기를 원하노라"(빌 1:11)
"자녀들아 아무도 너희를 미혹하지 못하게 하라 의를 행하는 자는 그의 의로우심과 같이 의롭고"(요일 3:7)

칭의를 완전히 즐기고 있는가? 즉 완전한 구원을 즐기고 있는가?

칭의를 완전히 즐긴다는 것은 로마서 6장에서 말하는 바 "우리가 알거니와"(6:6), "너희(우리)가 여기고"(6:11), "너희가 드리고"(6:13)와 같다.[93]

칭의는 의로운 죄인이 아니라 의로운 의인을 선언한다. "이 죄인이 예수님의 이름으로 기도합니다" 하면 하나님이 그 기도를 받지 않으신다. 왜냐하면 하나님은 의인과 교제하시고 의인의 기도를 들으시기 때문이다. 물론 세리와 바리새인의 기도에서 세리 죄인의 기도를 들으신 것은 이미 그 죄인이 자기 죄를 인정하고 기도드렸기 때문에 하나님께서 그를 의인으로 간주하셨던 것이었다(참조, 눅 18:13~14).

우리는 완전히 의로운가? 부분적으로 의로운가? 우리는 완전히 구원받았는가? 부분적으로 구원받았는가?

가령, 국가에서 간첩에게 사면해서 죄를 해방시켜 주었다 하자. 간첩에게 간첩죄에서 풀어주고(사죄) 자국민으로 선언했는데(칭의) 그럼에도 불구하고 모일 모시 모처에서 요인(要人) 살해한 사실만을 용서해 줄 수 없다고 한다면 그것은 사면도 아니요 해방도 아니다. 사죄와 칭의는 완벽하고 완결된 것이어야 한다.

- "우리가 알거니와"(knowing)- (롬 6:6~10)

우리가 알고 있는 내용은 무엇인가? 우리는 알아야 할 내용이 있다. 모르고 믿는다는 것은 성경이 인정하지 않는다. 우리가 알고 있는 내용은 이렇다.

"우리 옛 사람이 예수와 함께 십자가에 못 박혔다는 것

못 박힌 이유는 죄의 몸이 멸하기 위함이라는 것

---

[93] 워치만 니, 「정상적인 그리스도인의 생활」, (서울: 생명의말씀사)에서 집중적으로 다루고 있다.

다시는 우리가 죄에게 종노릇하지 않기 위함이라는 것

죽은 자 예수께서 죄에서 벗어나 의롭다 하심을 얻었기 때문이라는 것(벧전 4:1)

우리도 그리스도와 함께 죽었다는 것

또한 그리스도와 함께 살 줄을 믿는다는 것

그것을 믿는 이유는 그리스도께서 체험하신 사실들 때문인데

그 사실들이란 그리스도께서 죽은 자 가운데서 사셨다는 것과 다시 죽지 아니하신다는 것과 사망이 죽음을 다시 주관치 못할 것이라는 것

그리스도의 죽으심은 죄에 대하여 단번에(once) 죽으셨으며 그의 살으심은 하나님에 대하여 살으심이라는 것이다."

이것들을 우리는 잘 알고 있다. 이런 앎이란 참 앎이요 특별한 앎이다.

- "너희가(우리) 여기고"(reckoning) - (롬 6:11)

여긴다는 것은 간주(看做)한다는 것이다. 예수와 우리의 관계가 공동운명체가 된 사실을 알았으면 이제는 그것을 내 것으로 통장에 기입해 놓는 일이다. 그것이 여기는 것이다. 계산상으로 자기 몫이 된다는 것이다. 자기 소유화하고 무엇을 내 것으로 여기란 말인가? 무엇을 나의 통장에 입금된 것으로 여기란 말인가?

"우리 자신을 죄에 대하여 죽은 자로 여기라는 것이다.

아무리 죄가 세력을 쓴다 해도 죄 앞에 있는 사람이 죽었다. 죽은 자에게 책임을 묻는 자도 없고 죽은 자에게 법을 적용하는 예도 없다. 처형된 자에게는 아무것도 물을 것이 없다. 죄에 대하여 우리 자신이 죽었다. 죄와 우리와의 관계는 죽음의 관계이다. 여기에는 거래가 없다. 왈가왈부할 것이 없다. 일단 죄 문제가 처리되었다. 그 다음 하나님을 대하여는 산 자로 여기는 것이다. 하나님과 우리와의 관계는 생명관계이다. 그것은 그리스도 예수 안에서 가능한 것이다. 하나님과 우리 사이에는 생명의 흐름이 있다. 죄에 대해 죽었고 하나님에 대해 살았다고 간주하라, 여기라, 그렇게 취급하라."

- "너희가(우리) 드리고"(yielding) - (롬 6:12, 13)

알고 여겼으니 이젠 드림이 남았다. 드림이란 내 것을 하나님께 드리는 것이다. 내 것이란 무엇인가? 몸이요 지체이다. 이 몸과 지체를 어떻게 관리해야 하는가?

"죄가 우리 죽을 몸에 왕 노릇하지 못하게 만드는 것

몸의 사욕을 좇지 않는 것

지체를 불의의 병기로 죄에게 주지 말 것

이 지체를 하나님께 드리는 것

우리 지체를 의의 병기로 하나님께 드리는 것이다."

여기 죄와 하나님이 우리 앞에 놓여 있다. 우리 자신을 죄에게 드릴 것은 전혀 없다. 오직 하나님께 의의 병기로 드릴 것만 남았다. 우리가 은혜 아래 있으니 죄가 주관치 못할 것이기 때문이다.

"죄가 너희를 주장하지 못하리니 이는 너희가 법 아래에 있지 아니하고 은혜 아래에 있음이라"(롬 6:14)

구원론에 있어서 칭의 곧 이신득의(以信得義)인 구원에 대한 확신이 없으면 괴로운 신앙생활을 할 수밖에 없다.

"그러므로 율법의 행위로 그의 앞에 의롭다 하심을 얻을 육체가 없나니 율법으로는 죄를 깨달음이니라"(롬 3:20)

율법의 행위로는 의롭다 하심을 얻을 육체가 없다.

"너희는 그 은혜에 의하여 믿음으로 말미암아 구원을 받았으니 이것이 너희에게서 난 것이 아니요 하나님의 선물이라 행위에서 난 것이 아니니 이는 누구든지 자랑하지 못하게 함이라"(엡 2:8~9)

은혜를 인하여 믿음으로 말미암아 구원을 얻는 것은 하나님의 선물이다. 이는 행위에서 난 것이 아니라고 했다. 그러면 오직 의롭게 되는 것과 구원받는 것은 무엇에 근거한 것인가?

"이제는 율법 외에 하나님의 한 의가 나타났으니 율법과 선지자들에게 증거를 받은 것이라 곧 예수 그리스도를 믿음으로 말미암아 모든 믿는 자에게 미치는 하나님의 의니 차별이 없느니라"(롬 3:21~22)
"그리스도 예수 안에 있는 속량으로 말미암아 하나님의 은혜로 값 없이 의롭다 하심을 얻은 자 되었느니라"(롬 3:24)
"그러므로 사람이 의롭다 하심을 얻는 것은 율법의 행위에 있지 않고 믿음으로 되는 줄 우리가 인정하노라"(롬 3:28)

율법을 옆으로 제쳐놓고 당당히 개입된 것이 있다. '하나님의 한 의'가 나타났는데 이것은 갑작스러운 개입이 아니라 율법과 선지자들에게 증거를 받은 것이다. 옆으로 자리를 피해 준 율법마저도 나타난 하나님의 의로 OK라고 증거했다고 했다. 율법과 선지자란 구약의 증거를 받았다는 것이다. 그런즉 은혜와 의를 구약으로 다시 끌고 들어가서 증거를 받으려고 인간이 노력할 것은 없거니와 또 구약과 관계를 지으려고 노력할 것도 없다. 구원은 하나님의 은혜와 의를 오직 믿음으로 받아들이는 것이요 칭의도 오직 믿음으로 말미암는다는 것이 신약의 증거이다. 이 은혜 위에 무엇을 가감한다는 것은 이미 복음이 아니다. 골로새서와 갈라디아서가 이 문제를 중점적으로 다루고 있다. 왜냐하면 악한 마귀 사탄은 오직 믿음으로만 구원받는다는 것을 믿지 못하게 하기 때문이다.

> "너희는 너희 아비 마귀에게서 났으니 너희 아비의 욕심대로 너희도 행하고자 하느니라 그는 처음부터 살인한 자요 진리가 그 속에 없으므로 진리에 서지 못하고 거짓을 말할 때마다 제 것으로 말하나니 이는 그가 거짓말쟁이요 거짓의 아비가 되었음이라"(요 8:44)

원래 사탄은 악랄한 거짓말쟁이라서 에덴 동산에서 아담과 하와를 속이더니 이제 갈보리 십자가 밑에서 또 속임을 자행한다. "오직 믿음으로 말미암아 구원받고 칭의가 이루어지는 것은 아니다"라고 하는 것이 사탄의 슬로건이다. 그럼 어떻게 구원받느냐는 사람의 질문에 그놈은 멋지게 답변한다. "은혜 위에 율법 행위를 추가시켜라." 그놈은 칭의가 예수의 피와 우리의 믿음으로만 된다는 것을 안간힘을 써서 믿지 못하게 한다. 다시 말하면 악한 마귀는 창조론을 깨려다가 실패했다. 성부의 사역을 깨려고 한 것이다. 창조론을 부정하면 기독교의 시작을 깨는 것이므로 그놈은 초전박살 내려고 하다가 도리어 초전박살 당한 채 겨우 꼬리로만 살게 되었다.

> "내가 너로 여자와 원수가 되게 하고 네 후손도 여자의 후손과 원수가 되게 하리니 여자의 후손은 네 머리를 상하게 할 것이요 너는 그의 발꿈치를 상하게 할 것이니라 하시고"(창 3:15)

이제 사탄의 작전은 구원론을 깨는 일이다. 성자 하나님의 구원사역을 깨는 것이 그의 두 번째 전략이었다. 그것은 기독교 초창기부터 부단히 깨려고 안간힘을 썼다. 그래서 사탄은 다른 복음을 전하려 했다. 다른 복음이란 '은혜+율법행위'의 복음이다. 바울은 갈라디아서에서 단연 이를 경고했다.

> "그리스도의 은혜로 너희를 부르신 이를 이같이 속히 떠나 다른 복음을 따르는 것을 내가 이상하게 여기노라 다른 복음은 없나니 다만 어떤 사람들이 너희를 교란하여 그리스도의 복음을 변

하게 하려 함이라 그러나 우리나 혹은 하늘로부터 온 천사라도 우리가 너희에게 전한 복음 외에 다른 복음을 전하면 저주를 받을지어다 우리가 전에 말하였거니와 내가 지금 다시 말하노니 만일 누구든지 너희가 받은 것 외에 다른 복음을 전하면 저주를 받을지어다"(갈 1:6~9)
"율법의 행위로써는 의롭다 함을 얻을 육체가 없느니라"(갈 2:16 하반절)

바울 자신도 율법을 향하여 죽었다고 증거했다.

"내가 율법으로 말미암아 율법에 대하여 죽었나니 이는 하나님에 대하여 살려 함이라"(갈 2:19)

바울은 하나님의 아들을 믿는 믿음 안에서 산다고 외쳤다.

"내가 그리스도와 함께 십자가에 못 박혔나니 그런즉 이제는 내가 사는 것이 아니요 오직 내 안에 그리스도께서 사시는 것이라 이제 내가 육체 가운데 사는 것은 나를 사랑하사 나를 위하여 자기 자신을 버리신 하나님의 아들을 믿는 믿음 안에서 사는 것이라"(갈 2:20)

사탄은 우리 그리스도인에게도 저주가 있을 것이라고 하지만 우리에게 남은 저주가 없는 것은 그리스도께서 "우리를 위하여" 저주를 이미 다 받으셨기 때문이다. 우리가 받을 저주가 이미 남아 있지 않다.

"그리스도께서 우리를 위하여 저주를 받은 바 되사 율법의 저주에서 우리를 속량하셨으니 기록된 바 나무에 달린 자마다 저주 아래에 있는 자라 하였음이라"(갈 3:13)

편안한 마음으로 구원을 즐길 수 없는가? 내가 나를 의롭다 했더라도 언젠가 나의 선언을 취소할 지경에 이를 만큼 우리는 부족한 사람이지만 의로우신 하나님이 그의 아들의 피로 하늘 보좌 법정에서 우리를 의롭다 하셔서(시 103:19) 우리와 친교하고 계시는 중인데, 우리는 우리의 양심과 우리 인간의 질책과 사탄의 참소 때문에 연약한 자가 되어 다시 퇴보의 길에 들어서려고 하고 있지는 않은가?

한 가지 웃지 못할 이야기가 있다. 한 성도가 생을 마치고 천국에 갔다. 천사가 이 성도에게 물었다. "땅에서 신앙생활하는 데에 누가 가장 괴롭히던가요?" 성도는 서슴지 않고 대답했다. "나의 교회 담임목사님이 가장 나를 괴롭혔어요." 천사가 놀라서 그 이유를 물으니 대답은 간단했다. "우리 목사님의 강조는 천당 가는 것이 쉬운 일이 아니라고 했습니다. 천당 가기 위해서는 교회가 제정한 온갖 규율과 규정 그리고 봉사, 충성 등 자기 피를 흘리는 행함이 있어야 하는 것이라고 했습니다. 교회가 정한 규정에 조금이라도 어긋나면 불호령이 떨어집니다. 그런데 내가 천당 문에 와서 보니 어떤 천사가 단 한 가지만 묻더군요. '예수의 피를 보여 주세요.' 피를 보여 주었더니 '아, 의인이군요, 구원받은 하나님의 백성이군요.' 하고 그냥 통과시켜 주는 게 아닙니까? 할 수만 있으면 다시 세상에 내려가서 부질없는 규정이나 규율 따위를 제발 거두어 달라고 말하고 싶군요. 담임 목사님이 가장 나를 많이 괴롭힌게 분명합니다."

이것은 오직 은혜, 오직 믿음으로만 칭의 구원을 받는다는 복음을 변질시킨 슬픈 현실을 고발한 것이었다. 가령, 기차역에서 개찰구를 나갈 때 역무원이 요청하는 것은 '승차권' 뿐이지, 승객의 은행계좌에 얼마나 예금이 되어 있는지, 집에 얼마나 많은 보화가 있는지 일체 묻지 않고 통과시켜 주는 것처럼, 예수의 피만이 구원의 절대조건이지 다른 추가 요청 사실이 없다는 것을 단적으로 말하는 것이다.

왜 사람들은 이신득의(以信得義) 즉 공로 없이 은혜로 구원받는다는 성경의 진리를 그토록 단순하게 받아들이지 못할까? 그러므로 복음 즉 칭의 교리에 대한 분명한 이해가 따라야 한다.

나의 교회당에서 온수 전철역까지는 직통버스로 가면 채 4분도 걸리지 않는 짧은 거리다. 그런데 어느 날 나는 교회당 앞에 서 있는 버스기사를 향해 "이 버스 온수역 갑니까?"라고 물었더니 그렇다며 타라는 손짓까지 해 얼른 버스를 올라탔다. 그런데 이것이 어찌된 일인가? 4분이면 도착할 역인데 10분이 지나도 도착하지 않는 것이었다. 마침내 온수역에 나를 내려놓았을 때는 무려 15분의 시간이 소요되었다. 이 버스는 온수역 직통버스가 아니고 온 동리 구석구석을 다 돌다가 가는 마을버스였다. 4분이면 가는 거리를 무지해서 15분 소요되는 버스를 탄 것이다. 너무 억울해 "기사님, 이 차가 온수역에 간다 했지 않소?"라고 물었더니 그 버스기사의 대답이 나를 더 당황스럽게 했다. "그럼, 여기가 온수역이 아니고 역곡역이란 말입니까?" 다행히 온수역을 갔으니 망정이지 끝내 가지 못했더라면 어떻게 되었을까? 물론 예수 믿으면 천국에 간다는 사실은 명백하다. 그런데 굳이 빙빙 돌아서 천국 갈 게 무엇인가? 왜 진리를 간결하게 전하지 못하는가? 왜 순수한 칭의 교리를 복잡하게 만드는가?

사탄은 창조론도 구원론도 파괴시키지 못했다. 지금 진화론은 이론에 그쳤고 창조하신 하나님을 인정하는 신앙이 회복되고 있으며 전에는 구원의 확신이 없던 사람도 확신에 찬 구원관을 지니고 있다. 그리하여 악한 마귀는 다음에 논의할 교회론을 파괴시키기 위해 온갖 궤략을 쓰고 있다. 칭의는 예수 그리스도의 구속 사역이 그리스도인에게 미치는 모든 효과를 법정에서 선언한 것이다. 그것은 권위 있는 선언이다. 죄인의 명찰을 떼고 의인의 명찰을 붙이게 된 것이다. 단 명찰대로 의인의 삶을 사는 것도 이 칭의론에서 강조하는 것이다.

칭의를 얻은 자의 마땅한 상태는 무엇인가?

하나님 앞에 떳떳이 선 자가 되었으니 마음가짐이 편안한 것이다. 아직도 하나님 앞에서 경외심이 아닌 공포심으로 가득 찬 그리스도인이 있는가? 다음 성구를 묵상하라.

"그러므로 형제들아 우리가 예수의 피를 힘입어 성소에 들어갈 담력을 얻었나니 그 길은 우리를 위하여 휘장 가운데로 열어 놓으신 새로운 살 길이요 휘장은 곧 그의 육체니라 또 하나님의 집 다스리는 큰 제사장이 계시매 우리가 마음에 뿌림을 받아 악한 양심으로부터 벗어나고 몸은 맑은 물로 씻음을 받았으니 참 마음과 온전한 믿음으로 하나님께 나아가자"(히 10:19~22)

넷째, 화목이란 무엇인가?

화목은 하나님과의 적대 관계(敵對關係)가 평화 관계로 변한 것을 말한다.

화목이란 사람이 하나님과 당당히 대면하는 친교 관계이다. 사람은 하나님으로부터 떨어져 나간 소원(疏遠) 상태에 있었다. 죄가 하나님과 사람 사이에 장애물이 되어 하나님과의 사이를 갈라놓아 사람은 하나님과 교통할 수가 없었다. 사람이 하나님과 멀어진 정도가 아니라 적대시(敵對視)하기까지 했다.

성경은 이 사실을 다음과 같이 말한다.

"여호와의 손이 짧아 구원하지 못하심도 아니요 귀가 둔하여 듣지 못하심도 아니라 오직 너희 죄악이 너희와 너희 하나님 사이를 갈라 놓았고 너희 죄가 그의 얼굴을 가리어서 너희에게서 듣지 않으시게 함이니라"(사 59:1~2)

"하나님의 지혜에 있어서는 이 세상이 자기 지혜로 하나님을 알지 못하므로 하나님께서 전도의 미련한 것으로 믿는 자들을 구원하시기를 기뻐하셨도다"(고전 1:21)

"간음한 여인들아 세상과 벗된 것이 하나님과 원수 됨을 알지 못하느냐 그런즉 누구든지 세상과 벗이 되고자 하는 자는 스스로 하나님과 원수 되는 것이니라"(약 4:4)

아담과 하와는 하나님과의 불화(不和)한 시조이다. 불화의 주인공은 사람이요 그 배후에는 악한 사탄이 있었다. 창세기 3장은 타락 장이요 그것은 하나님과의 불화의 장이다. 선악과를 따먹은 그들은 자기들의 부끄러운 정체를 알았다.

"이에 그들의 눈이 밝아져 자기들이 벗은 줄을 알고 무화과나무 잎을 엮어 치마로 삼았더라"(창 3:7)

그들은 하나님의 낯을 피하여 나무 사이에 숨는다.

"그들이 그 날 바람이 불 때 동산에 거니시는 여호와 하나님의 소리를 듣고 아담과 그의 아내가 여호와 하나님의 낯을 피하여 동산 나무 사이에 숨은지라"(창 3:8)

세상 사람들의 생활이란 하나님의 낯을 피하여 나무 사이에 숨는 삶으로 평생을 보낸다. 세상 사람들의 삶은 하나님과 자기 사이에 보이지도 않고 들리지도 않게 담을 두껍게 쌓는 종교와 철학과 문화의 담이 있다. 이 담의 무화과 나뭇잎이 나체를 가리는 수단이 되고 있다. 우리 성도 중에 의상 일을 하는 사람이 있어 심방을 가서 질문했다. "의상업의 원조가 누구인지 아십니까?" 라고 물었더니 그 성도는 프랑스의 어떤 인물을 시조라 하는데 이름이 어려워 기억은 나지 않지만, 내가 하와 할머니가 시조라고 했더니 그 성도는 교인으로서 기본 소양을 잊어 미안하다고까지 했다. 무화과 나뭇잎으로 앞을 가리고 있는 그들에게 하나님은 "네가 어디 있느냐?"고 하시며 아담을 불러내신다.

"여호와 하나님이 아담을 부르시며 그에게 이르시되 네가 어디 있느냐"(창 3:9)

아담은 대답했다.

"이르되 내가 동산에서 하나님의 소리를 듣고 내가 벗었으므로 두려워하여 숨었나이다"(창 3:10)

그가 한 말의 내용은 이렇다.
"동산에서 하나님의 소리를 들었습니다.
내가 벗었습니다.
내가 두렵습니다.
내가 숨었습니다."

이런 사실적 드라마에는 하나님과 대면할 수 없는 수치와 공포의 분위기가 전부였다. 세상의 역사는 하나님과 사람 사이의 적대 관계의 역사이다. 그런데 그 배후에는 악한 세력인 뱀이 있었다. 그것은 사탄이었다. 하나님은 그 배후를 지적하고 이후부터 세계 역사의 두 흐름을 말씀하셨다.

"내가 너로 여자와 원수가 되게 하고 네 후손도 여자의 후손과 원수가 되게 하리니 여자의 후손은 네 머리를 상하게 할 것이요 너는 그의 발꿈치를 상하게 할 것이니라 하시고"(창 3:15)

이것이 구약의 대표적인 성경구절인 것처럼, 신약의 대표적인 성경구절은 요한복음 3장 16절이다. 세상은 하나님과 적대 관계이다. 이것은 세상 역사를 똑바로 보는 성경의 관점이다. 그러나 이런 슬픈 부정적인 시각을 우리는 눈감을 수 없다. 이에 하나님의 대책이 나왔다. 무화과 나뭇잎의 옷을 짐승의 가죽옷으로 바꾸는 것이었다.

"여호와 하나님이 아담과 그의 아내를 위하여 가죽옷을 지어 입히시니라"(창 3:21)

가죽은 동물의 피를 흘리지 않고는 얻을 수 없다. 무화과 나뭇잎을 입은 자는 하나님 앞에 서지 못하나 가죽옷을 입은 자는 당당히 대면한다. 왜냐하면 무화과 나뭇잎의 옷은 사람이 만들었지만 가죽옷은 하나님이 만드셨기 때문이다. 그러나 아담은 오실 자의 표상이었다.

"그러나 아담으로부터 모세까지 아담의 범죄와 같은 죄를 짓지 아니한 자들까지도 사망이 왕 노릇 하였나니 아담은 오실 자의 모형이라"(롬 5:14)

오실 자는 곧 예수 그리스도이셨다. 그분은 마지막 아담으로 살리시는 영이시다(고전 15:45). 첫 아담이 하나님과 사람의 불화 관계의 시조라면 마지막 아담인 예수는 화목 관계의 성립자이시다.

"첫 사람 아담은 생령이 되었다 함과 같이 마지막 아담은 살려 주는 영이 되었나니"(고전 15:45)
"곧 우리가 원수 되었을 때에 그의 아들의 죽으심으로 말미암아 하나님과 화목하게 되었은즉 화목하게 된 자로서는 더욱 그의 살아나심으로 말미암아 구원을 받을 것이니라"(롬 5:10)

화목에는 두 가지 부분이 있다. 그것은 화목의 객관적 부분과 주관적 부분이다.
화목의 객관적인 부분을 화목의 대책이라 한다. 화목은 하나님이 화목하시고 싶으셔서 화목을 위한 어떤 대책을 마련하셔야만 한다. 피해자가 가해자에게 먼저 손을 내밀어야만 화목 관계가 형성된다. 가해자 측에서 화목하자는 것은 일단 순서상 맞지 않다. 가해자가 무슨 면목으로 사이좋게 지내자고 제안할 수 있는가? 손상을 받은 피해자 측에서 마음이 열리고 가해자를 받아들이겠다는 우선적 마음가짐과 조처가 필요하다. 하나님께서 화목하시고자 우선적으로 작정하셨다. 아, 이 얼마나 놀라운 사건인가? 하나님이 화목코자 하시는 마음이 없었더라면 온 세상은 저주의 세상이 되었을 것이다.
하나님은 원래부터 사랑과 자비를 가지셨기 때문에 항상 사람들과 교통하시기를 원하셨다. 하나님은 사람과 원수가 되신 적이 없으셨다. 하나님은 사랑과 자비 상태 그대로 계시는데 사람이 가까웠다가 멀어졌다가 하는 변수를 일으켰다. 사람이 하나님의 공의와 거룩에 맞지 않는 행동을 취했다. 그것이 타락이요 범죄다. 그래서 사람이 스스로 하나님께 원수가 되고 적대 관계를 가지게 되었다. 그러나 하나님은 본질상 사랑과 자비의 하나님이시기에 그대로 계시지 아니하시고 먼저 화목의 손을 내미신 것이다. 잃은 양이 목자를 찾은 것이 아니라 목자가 잃은 양을 찾아 나선 것이다.

"아버지께서는 모든 충만으로 예수 안에 거하게 하시고 그의 십자가의 피로 화평을 이루사 만물 곧 땅에 있는 것들이나 하늘에 있는 것들이 그로 말미암아 자기와 화목하게 되기를 기뻐하심이라 전에 악한 행실로 멀리 떠나 마음으로 원수가 되었던 너희를 이제는 그의 육체의 죽음으로 말미암아 화목하게 하사 너희를 거룩하고 흠 없고 책망할 것이 없는 자로 그 앞에 세우고자 하셨으니"(골 1:19~22)

그 조처란 "예수 그리스도의 십자가의 피"이며 "예수 그리스도의 육체의 죽음"이었다. 가죽옷을 만들기 위해 예수는 피를 흘리셨다. 하나님은 자기 자신을 위해서 화목하시기 원하셨다.

"곧 하나님께서 그리스도 안에 계시사 세상을 자기와 화목하게 하시며 그들의 죄를 그들에게 돌리지 아니하시고 화목하게 하는 말씀을 우리에게 부탁하셨느니라"(고후 5:19)

다음 예들은 하나님께서 우선적으로 우리와 화목하시기를 원하셨다는 증거이다.

- 목자가 잃은 양을 찾고자 했지 잃은 양이 목자를 찾고자 한 것은 아니다(눅 15:3~7 참조).
- 여인이 잃은 동전을 찾았지 잃은 동전이 여인을 찾지는 않았다(눅 15:8~10 참조).
- 아비가 일단 탕자를 찾고자 했지 탕자가 아비를 찾고자 한 것은 아니었다
  (눅 15:11~32 참조).

하나님은 무한정 진노하기를 원하시지 않으신다.
화목의 주관적 부분을 화목의 체험이라 한다. 하나님이 화목의 조처를 마련하신 분이라면 사람은 그 화목을 받아들이는 체험자이다. 피해자가 화목하겠다고 하면 가해자는 그냥 유구무언인 채, 그 화목을 받아들이기만 하면 된다.

> "모든 것이 하나님께로서 났으며 그가 그리스도로 말미암아 우리를 자기와 화목하게 하시고 또 우리에게 화목하게 하는 직분을 주셨으니 곧 하나님께서 그리스도 안에 계시사 세상을 자기와 화목하게 하시며 그들의 죄를 그들에게 돌리지 아니하시고 화목하게 하는 말씀을 우리에게 부탁하셨느니라"(고후 5:18~19)

하나님은 그리스도로 말미암아 우리를 자기와 화목케 하셨다. 그러면 우리가 할 일은 무엇인가? 그 화목을 받아들이는 일이다. 더 나아가서 화목하게 하는 직분을 주셨으니 직분을 받으면 되는 것이다. 그러므로 하나님과 화목하는 직분을 받은 그리스도인이 가는 곳에는 평화가 넘치게 된다. 세간에 슬쩍 지나가는 말로 교회를 향해 비아냥거리는 소리를 들었다. 어떤 모임에서 갑론을박 논쟁이 심하고 말다툼이 극에 이르며 분위기가 삭막해지는 경우 그들이 서슴없이 토해내며 기분상 하는 말이 있다.

"여기가 어디 교회인 줄 아느냐?"

교회가 세상 사람들에게는 무척 평화롭지 못한 곳이고 소란스러운 곳으로 비친 것 같았다. 세상에 비친 교회의 단면이 사소한 일로 말다툼을 일삼는 곳으로 보여진 것이다. 참으로 유감스러운 일이 아닐 수 없다. 후안 까를로스 오르티즈의 말이 생각난다. 큰 회사 주주총회에서 큰 사업 결정에도 불과 몇 분이면 가결되는데 교회에서는 화장실 한 개 고치는 데 무려 반 년이나 토의해야 한다는 것이었다. 하나님께서는 그리스도 안에 계시면서 세상을 하나님 자신과 화목하게 하시려 했다. 화목을 원하시는 하나님 앞에 우리는 얼마나 원수를 맺고 있는지 한심스러운 일이 아닐 수 없다. 저희가 지은 죄를 저희에게 돌리지 아니하시고 영문 밖에 있는 양의 머리에다 갖다 놓으신 하나님의 백성임을 잠시도 잊지 말아야 할 것이다.

> "우리는 다 양 같아서 그릇 행하여 각기 제 길로 갔거늘 여호와께서는 우리 모두의 죄악을 그에게 담당시키셨도다"(사 53:6)

하나님은 잠시 가리운 얼굴의 진노를 거두시고 화목을 촉구하신다.

> "여호와께서 너를 부르시되 마치 버림을 받아 마음에 근심하는 아내 곧 어릴 때에 아내가 되었다가 버림을 받은 자에게 함과 같이 하실 것임이라 네 하나님께서 말씀하셨느니라 내가 잠시 너를 버렸으나 큰 긍휼로 너를 모을 것이요 내가 넘치는 진노로 내 얼굴을 네게서 잠시 가렸으나 영원한 자비로 너를 긍휼히 여기리라 네 구속자 여호와께서 말씀하셨느니라"(사 54:6~8)

하나님과 사람 쌍방 간에 화목이 되었다는 것이 성경의 주장이다. 혹자는 하나님은 사람의 죄에 무관하게 초연(超然)하게만 계시는 것으로 말한다. 사람이 범죄해도 하나님은 아무런 동요도 없다고 주장한다. 그러므로 화목하다고 말할 때 하나님 편에서는 화목할 이유가 없고 단지 사람만이 화목되어져야 할 일방적 사건으로 보는 자도 있다. 이런 주장자의 말을 들어보자. 스티븐스가 이 점에 있어서 카너와 견해를 달리 하고 있다.

먼저 카너의 전제는, 화목은 로마서 5장 9, 10절에 보여진 대로 칭의와 동의어로 보고 있다. 9절에는 예수의 피로 의롭다 함을 얻었다 하고, 10절에는 그의 죽으심으로 하나님과 화목케 되었다고 했으니까 동의어로 본 것이다. 엄격하게 영혼 해부학에서는 구원 내용의 여러 부분이 겹쳐 있는 것은 부정 못할 사실이다. 이 두 가지는 하나의 동일 체험의 표현이라 했다. 그런 전제 하에 카너는 다음과 같이 말했다.

「화목에 관해서 일어나는 질문은 이렇다. 인간이 하나님과 화목하게 된 것이 하나님을 향한 인간의 적개심(敵愾心)이 제거된 데 있느냐, 혹은 하나님이 인간을 향해 가지신 불쾌감이 제거된 데 있느냐, 아니면 앞에 말한 두 가지 사실 전부에 있느냐. 그것은 명백히 그 두 가지 전부이다. 위에 제시된 화목과 칭의가 동의어라고 보여 준 성경구절이 이 두 가지 전부라고 말해 준다.」[94]

카너의 이야기는 하나님도 불쾌하셨던 데서 기뻐하게 되셨고, 사람도 찜찜하던 것이 사라졌기에 화목이 되었다는 것이다. 화목은 쌍방적인 것이다. 어느 한 쪽도 화목을 거부하면 화목은 성립되지 않는다. 그런데 하나님 쪽에서는 화목할 필요가 없다고 주장하는 스티븐스의 주장은 또 다음과 같다.

「세상의 두 개의 파당 간에는 화목을 이룰 수 있으며 그리고 양자가 같이 화목하는 일을 할 수도 있다. 그러나 하나님과 인간 사이는 그와 같지 않으니, 왜냐하면 하나님이 그의 변함없는 사랑으로 인하여, 이니시어티브(先手)를 취하시며, 인간의 적의(敵意)를 깨뜨리고, 하나의 영속적이며, 놀라운 관계에 이르는 모든 장애물을 무너뜨리기 때문이다. 여기서도 인간이 하나님의 자녀가 되는 모든 국면에 있어서와 마찬가지로 하나님이 이니시어티브(先手)를 취하시며, 인간은 단지 반응을 보인다. 화목을 함에 있어서 하나님이 피동적이 되고 인간이 이니시어티브(先手)를 취하는 견해는 이교(異敎)의 신조(信條)나 이방 종교들 가운데서 발견할 수 있다. 거기에서는 얼굴을 돌리고 노한 신(神)을 인간이 유화시키려고 한

---

94) W. T. Conner, *Christian Doctrine*, p. 210.

다. 인간은 감언이설(甘言利設)과 아첨하는 설득으로 그의 신(神)의 호의를 회복하려고 애쓰며, 그래서 그 신(神)이 뜻하는 바가 아니라 인간이 갈망하고 뜻하는 바를 그 신이 수행하도록 만들려고 한다. 대부분의 경우에 있어서 그 광신자는 이상한 춤과 주문과 마술로써 이 일을 하려고 한다. 이것은 하나님과 인간 서로가 화목하는 하나의 쌍방의 일이라고 하는 견해가 그리스도교 신학자의 저서들 가운데서도 이따금 나타나고 있다. 카너(W.T. Conner) 박사는 이 견해 편으로 기울어져 온 것으로 보인다.」[95]

스티븐스의 주장은 하나님은 불변의 사랑만 가지고 계셨기에 화가 나신 적도 없고 따라서 유화(宥和)하실 필요도 없다는 것이다. 하나님의 불변의 사랑과 모든 행동에 선수를 쓰심은 사실이지만, 사람이 범죄해서 하나님 앞에 서지 못하고 화목하지 못했을 때에 얼마나 분노하셨는가? 하나님은 기계적 존재자가 아니라 인격적 존재자라는 것을 알아야 한다. 구약의 이스라엘의 역사는 하나님을 거부한 데 대한 하나님의 공의 발로와 사랑에 찬 질투하시는 하나님의 경고와 책벌의 연속이 아니었던가? 구약의 이스라엘의 역사는 실패의 역사였다. 범죄한 사람에 대한 하나님의 마음을 읽어보자.

"여호와께서 사람의 죄악이 세상에 가득함과 그의 마음으로 생각하는 모든 계획이 항상 악할 뿐임을 보시고 땅 위에 사람 지으셨음을 한탄하사 마음에 근심하시고 이르시되 내가 창조한 사람을 내가 지면에서 쓸어버리되 사람으로부터 가축과 기는 것과 공중의 새까지 그리하리니 이는 내가 그것들을 지었음을 한탄함이니라 하시니라 그러나 노아는 여호와께 은혜를 입었더라"(창 6:5~8)
"내 마음이 너희의 월삭과 정한 절기를 싫어하나니 그것이 내게 무거운 짐이라 내가 지기에 곤비하였느니라"(사 1:14)

의(義)의 문제만 하더라도 죄인만 의인이 되고 하나님은 의와 무관한 채로 계시지 않음을 성경은 말한다. 하나님도 사람도 의롭게 되기를 바랐다.

"곧 이때에 자기의 의로우심을 나타내사 자기도 의로우시며 또한 예수 믿는 자를 의롭다 하려 하심이라"(롬 3:26)

다시 말하거니와 화목을 선수해서 베푸시는 자 앞에 우리는 화목을 받은 자이다. 하나님과 사람 사이에 화목이 성립되었다.

---

95) 윌리암 W. 스티븐스, 「조직 신학 개론」, p. 325.

화목의 현장은 어디며 어떤 상태인가?

하나님과 사람 간의 불화 관계 곧 적대 관계가 된 살벌한 그곳이 화목의 꽃밭이 된다. 화목하고 있는 곳은 다시 화목할 이유가 없다. 불화의 현장이 화목의 현장으로 변하는 것이다. 거기에는 하나님이 죄 된 인간을 그냥 보실 수 없기에 하나님 자신의 성품에 맞추기 위해 어떤 조처를 취하였으니 그 조처로 인해 죄인이 아닌 다른 새로운 사람이 하나님 시야에 나타난 것이다. 먼저 하나님은 죄인에게 덮개를 씌우셨다. 죄를 보시지 않기 위해서다. 그것을 구약에서는 카파르(Kaphar)라 하는 바 '덮는다', '가리운다' 는 말이다. 죄를 덮기 위한 제사법이 있었다.

"그 모든 기름을 화목제 어린 양의 기름을 떼낸 것같이 떼내어 제단 위 여호와의 화제물 위에서 불사를지니 이같이 제사장이 그가 범한 죄에 대하여 그를 위하여 속죄한즉 그가 사함을 받으리라"(레 4:35)

"이 속죄제물은 지극히 거룩하거늘 너희가 어찌하여 거룩한 곳에서 먹지 아니하였느냐 이는 너희로 회중의 죄를 담당하여 그들을 위하여 여호와 앞에 속죄하게 하려고 너희에게 주신 것이니라"(레 10:17)

그것은 죄를 덮은 화목 제물이다. 그것을 신약에서는 힐라스모스(hilasmos, hilasterion)라고 하여 동사 및 명사로 사용되고 있다.

"세리는 멀리 서서 감히 눈을 들어 하늘을 쳐다보지도 못하고 다만 가슴을 치며 이르되 하나님이여 불쌍히 여기소서 나는 죄인이로소이다 하였느니라"(눅 18:13)

"그러므로 그가 범사에 형제들과 같이 되심이 마땅하도다 이는 하나님의 일에 자비하고 신실한 대제사장이 되어 백성의 죄를 속량하려 하심이라"(히 2:17)

"그는 우리 죄를 위한 화목 제물이니 우리만 위할 뿐 아니요 온 세상의 죄를 위하심이라"(요일 2:2)

"사랑은 여기 있으니 우리가 하나님을 사랑한 것이 아니요 하나님이 우리를 사랑하사 우리 죄를 속하기 위하여 화목 제물로 그 아들을 보내셨음이라"(요일 4:10)

"이 예수를 하나님이 그의 피로써 믿음으로 말미암는 화목제물로 세우셨으니 이는 하나님께서 길이 참으시는 중에 전에 지은 죄를 간과하심으로 자기의 의로우심을 나타내려 하심이니"(롬 3:25)

하나님의 자비와 죄를 속량해 주심으로 화목의 길이 열렸다. 예수님은 우리만 위하는 것이 아니요 온 세상의 죄를 위한 화목 제물이 되셨고, 하나님은 그 아들을 화목 제물로 세상에 보내셨다. 그런즉 하나님과 사람 사이에 원수 관계가 있을 수 없음은, 하나님이나 사람이나 그 사이에 놓여 있는 화목 제물(propitiation)을 보았기 때문이다.

하나님과 사람은 화목하기에 결격 사유가 있는가?
전혀 없다. 그 가운데 제물이 양자를 만나게 했고 그 제물이 양자를 만족케 했다. 제물로 인해 하나님의 거룩은 만족되고 또 그 제물로 인해 사람의 죄는 가리워졌다. 그 제물은 십자가에 달려 있었다. 희생 제물 곧 화목 제물은 십자가로 나간다. 하나님과 사람은 십자가 밑에서 화목이 되고 십자가는 인간의 자아가 못 박힌 곳이다. 인간의 죄란 자기애, 자기 신뢰, 그리고 자기 주장인데 이런 자기가 십자가에 못 박힘을 당했다. 사람이 자기 자신을 못 박는 것이 아니라 자아를 못 박으신 그리스도와 함께 그 못 박힘 사건 속으로 들어가 버린다. 화목은 내가 만든 것이 아니라 얻은 것이다.

"그뿐 아니라 이제 우리로 화목하게 하신 우리 주 예수 그리스도로 말미암아 하나님 안에서 또한 즐거워하느니라"(롬 5:11)

"이제는 전에 멀리 있던 너희가 그리스도 예수 안에서 그리스도의 피로 가까워졌느니라 그는 우리의 화평이신지라 둘로 하나를 만드사 원수 된 것 곧 중간에 막힌 담을 자기 육체로 허시고 법조문으로 된 계명의 율법을 폐하셨으니 이는 이 둘로 자기 안에서 한 새 사람을 지어 화평하게 하시고 또 십자가로 이 둘을 한 몸으로 하나님과 화목하게 하려 하심이라 원수 된 것을 십자가로 소멸하시고 또 오셔서 먼 데 있는 너희에게 평안을 전하시고 가까운 데 있는 자들에게 평안을 전하셨으니"(엡 2:13~17)

하나님과 우리 사람 사이의 화목에 결격 사유가 없음을 검토해 보자.
예수 그리스도는 우리의 화평이시다.
그런 화평자가 피를 흘려 주셨다.
그런 화평자가 자기 육체를 바치셨다.
그 결과 어떤 일이 생겼는가?
화목의 길이 활짝 열렸다. 중간 담이 없어졌다. 의문에 속한 계명의 율법을 폐하셨다.
화목의 길이 열리기 전의 우리는 어떤 상태에 처했는가?

"그러므로 생각하라 너희는 그 때에 육체로는 이방인이요 손으로 육체에 행한 할례를 받은 무리라 칭하는 자들로부터 할례를 받지 않은 무리라 칭함을 받는 자들이라 그 때에 너희는 그리스도 밖에 있었고 이스라엘 나라 밖의 사람이라 약속의 언약들에 대하여는 외인이요 세상에서 소망이 없고 하나님도 없는 자이더니"(엡 2:11~12)

화목의 길이 열리고 난 뒤 우리는 어떤 축복의 상태에 있는가?

그리스도의 피로 하나님과 가깝게 되었다.

한 새 사람을 지어 화평하게 하셨다.

둘이 한 몸이 되었다.

이게 무엇인가? 이는 누구이신가?

바로 교회이다.

원근 각지에 있는 자에게 평안을 전하게 하셨다.

"이는 그로 말미암아 우리 둘이 한 성령 안에서 아버지께 나아감을 얻게 하려 하심이라"(엡 2:18)

하나님은 인간의 죄를 대속하셔서 온 인류와의 화목의 길을 열어 주셨고 또 칭의로써 신자와의 화목의 길에 들어서게 하셨다. 전자를 객관적 화목이라 하고, 후자는 주관적 화목이라고 하는데, 아무튼 아버지께 나아감을 얻은 것이 화목이다. 그런데 이 화목을 받아들이지 아니하는 세상 자체는 하나님과의 원수 관계에 있으나 교회는 하나님과 화목 관계인 것이다.

그럼 화목된 자는 어떻게 살아야 하는가?

하나님 앞에서와 사람 앞에서의 삶이 있다.

먼저 하나님 안에서 즐거워하는 삶을 살아야 한다(롬 5:11). 하나님 안에서 즐거워하는 것이 화목의 선물을 받은 자의 태도요 예의이다. 화목을 베풀어 주신 하나님 앞에서 이제는 즐거워해야 할 일만 남았다. 그것이 화목을 주신 분에 대한 화목 받은 자의 자세이다.

"이제는 그의 육체의 죽음으로 말미암아 화목하게 하사 너희를 거룩하고 흠 없고 책망할 것이 없는 자로 그 앞에 세우고자 하셨으니"(골 1:22)

하나님 앞에서 우리는 거룩하고 흠 없고 책망할 것이 없는 자로 세움을 받았으니 확신과 자신감을 가지고 떳떳해야 한다. 비굴하게 살 수는 없다. 하나님 앞에서 여전한 죄인처럼 살면 안 된다. 가죽옷을 입었으니 무화과 나뭇잎의 옷을 입었다는 착각에서 벗어나야 한다. 교회는 가죽옷을 입은 사람들의 모임이다. 교회는 하나님 앞에서 겁쟁이들의 모임이 아니라 담대한 자들의 모임이다. 이제 사람 앞에서 화목 된 자의 삶은 무엇인지 프랭크 스태그의 진술을 들어보자.

「성경은 사람과 하나님의 관계 및 사람과 사람의 관계를 별개로 결코 생각하지 않는다. 하나님으로부터의 이탈은 사람들과의 이탈로 나타나고 마찬가지로 하나님과의 화목은 다른 사람들과의 화목으로 나타난다. 유대인과 이방인을 연합하는 그리스도의 목적이 갈라디아서 2장 16절에 선언되고 있다. "사람이 의롭게 되는 것은 율법의 행위로 말미암음이 아니요 오직 예수 그리스도를 믿음으로 말미암는 줄 알므로 우리도 그리스도 예수를 믿나니 이는 우리가 율법의 행위로써가 아니고 그리스도를 믿음으로써 의롭다 함을 얻으려 함이라 율법의 행위로써는 의롭다 함을 얻을 육체가 없느니라"(갈 2:16). 동일한 강조가 골로새서 1장 20절 이하에도 나타나고 있다. 교회는 이전에는 서로 대적하던 사람들을 "한 새 사람"(엡 2:15)으로 만드시는 하나님의 위대한 완성작이다. 사람은 하나님과 다른 사람들에게 화목하는 이중적인 책임자만 되는 것이 아니다. 그는 "화목케 하는 직책"도 받은 것이다(고후 5:18). 그리스도인의 기본적 사역은 이것이니 곧 "그러므로 우리가 그리스도를 대신하여 사신이 되어 하나님이 우리를 통하여 너희를 권면하시는 것같이 그리스도를 대신하여 간청하노니 너희는 하나님과 화목하라"(고후 5:20).

모든 기본적인 요소는 이렇게 표현할 수 있다. 하나님의 우선적으로 역사하심, 인간의 이탈, 그리스도 안에서의 하나님이 완성하신 사역, 화목된 자의 화목의 도구로서의 책임이다.」[96]

화목은 인간의 우정적(友情的) 관계에서 그 전모를 잘 파악할 수 있다. 화목은 소원(疎遠)의 상대 개념이다. 또 화목은 불안(不安)의 상대 개념이기도 하다. 화목은 화목을 원하시는 하나님의 선수(先手)에 의해 화목 제물을 양자 사이에 두시고 하나님과 인간 양자가 함께 편안하고 쾌적하고 즐거운 친교를 가지는 분위기 그 자체이다.

"전에 악한 행실로 멀리 떠나 마음으로 원수가 되었던 너희를 이제는 그의 육체의 죽음으로 말미암아 화목하게 하사 너희를 거룩하고 흠 없고 책망할 것이 없는 자로 그 앞에 세우고자 하셨으니"(골 1:21~22)

하나님 앞에서 화목을 즐기는 것이 얼마나 하나님 안에서 즐거움이 될까?

"곧 우리가 원수 되었을 때에 그의 아들의 죽으심으로 말미암아 하나님과 화목하게 되었은즉 화목하게 된 자로서는 더욱 그의 살아나심으로 말미암아 구원을 받을 것이니라 그뿐 아니라 이제 우리로 화목하게 하신 우리 주 예수 그리스도로 말미암아 하나님 안에서 또한 즐거워하느니라"(롬 5:10~11)

---

96) Frank Stagg, *New Testament Theology*, p. 104.

"…너희는 하나님과 화목하라"(고후 5:20 하반절)

돌아온 탕자는 아버지 앞에서 마냥 즐겨야 한다. 회개와 후회는 잠깐이요 그 감사는 항상 있어야 할 것이다. 탕자가 매일 아침마다 아버지 방문을 두드리며 "탕자를 용서해 주세요"라고 한다면 그는 아버지의 심정을 모르는 못난이일 것이다. 아버지와 탕자 사이에는 화목이 있고 화평이 있고 기쁨이 있다.

다섯째, 양자(養子)란 무엇인가?

양자(養子, adoption)란 구원받을 사람을 하나님의 가족으로 영입한 것을 말한다.
죽었던 생명에서 새 생명 곧 영생을 소유한 중생의 체험을 지니고, 사죄함을 받아 죄와 분리되었고, 죗값을 치러 자유함을 지니고, 이름마저 칭의를 받았고, 그리하여 하나님과 당당히 대면할 수 있는 화목 상태에 이른 사람이 되었다. 다시 말하면, 구원을 받은 사람이 되었다. 그런데 하나님께서 그렇게 해 주시고도 그 사람으로 어떤 특별한 혈족관계(血族關係) 속으로 끌어들이지 않는다면 그 사람의 소속은 도대체 어디일까? 양자란 하나님의 식구로 맞이하여 하나님 가정에 들어와 가족으로서 생활하게 되는 상태를 말한다. 양자가 하나님의 가족관계로 들어갔다고 했을 때 그 강조하는 내용은 다음과 같다. 사람은 구원받았기에 가족관계가 형성되었고 그렇게 되는 것은 값없이 주시는 은혜로 말미암아 되는 것이며 하나님의 가족이 되었다고 해서 그 성품상 하나님이 되는 것은 아니다. 아무리 하나님의 가족의 한 사람이 되었다 하더라도 그 사람의 성품은 성품대로 남는다.[97]
그러나 칭의가 그렇듯이 이 양자도 법정 용어이다. 본 성품상으로는 자녀가 되지 아니할 사람을 법적으로 자녀라 하고 양자 들인 자의 상속자가 되는 것이다. 그러나 칭의가 법정 용어이나 실제로 칭의받은 사람이 의롭게 되는 것과 같이 양자도 법정 용어이나 단순히 법적인 의미에만 그치는 것이 아니라 성령의 의식적(意識的) 역사로 양자 되었음을 실감하게 된다.[98]

"너희는 다시 무서워하는 종의 영을 받지 아니하고 양자의 영을 받았으므로 우리가 아빠 아버지라고 부르짖느니라 성령이 친히 우리의 영과 더불어 우리가 하나님의 자녀인 것을 증언하시나니"(롬 8:15~16)

---

97) 위의 책, p. 110.
98) W. T. Conner, *Christian Doctrine*, pp. 210~211.

우리는 양자의 영을 받았으므로 무서워하는 종의 영은 이미 떠났다. 우리는 속에서부터 하나님을 아빠 아버지라 부른다. 성령이 우리가 하나님의 자녀인 것을 증언해 주신다. 그래서 우리는 하나님의 가족의 일원이 되었음으로 공포와 율법의 속박에서 벗어난다. 그 뿐만 아니라 그리스도와 더불어 모든 신령한 축복의 상속자가 되는 것이다.

"자녀이면 또한 상속자 곧 하나님의 상속자요 그리스도와 함께한 상속자니 우리가 그와 함께 영광을 받기 위하여 고난도 함께 받아야 할 것이니라"(롬 8:17)

사탄의 자식과 하나님의 자녀 간의 차이점은 무엇인가? 어떤 영을 소유하느냐에 따라 달라진다. 사탄의 자식 되어 아직 하나님의 자녀로 돌아오지 않고 있는 불신자는 그 기질상 무서움을 내용으로 한 영을 갖고 있다. 불신자들의 특징은 무서움이다. 불안에서 시작하여 초조로 범위를 좁혀 오다가 가장 가까이에서는 공포에 직면한다. 불안, 초조, 공포라는 심리구조가 불신자의 모습이다. 무엇을 먹을까 입을까도 걱정이요 두려움이요, 어떻게 죽을까도 불안이요 초조다. 그저 만사에 걱정스러움과 두려움으로 꽉 차 있는 것은 그들이 지니고 있는 영 자체가 무서움을 본질로 하고 있기 때문이다.

그런데 하나님의 자녀들은 어떤가? 아빠 아버지로 부르는 양자의 영을 모셨다. 신자들은 평안과 기쁨과 담대함을 그 본질로 하는 영을 소유했다. 그리스도인이 모신 영은 부자관계를 형성해 주는 영이다. 그리스도인이 세상살이에 무서워한다는 것은 정명(正名) 사상에 어울리지 않는다.

"주 안에서 항상 기뻐하라 내가 다시 말하노니 기뻐하라 너희 관용을 모든 사람에게 알게 하라 주께서 가까우시니라 아무것도 염려하지 말고 다만 모든 일에 기도와 간구로, 너희 구할 것을 감사함으로 하나님께 아뢰라 그리하면 모든 지각에 뛰어난 하나님의 평강이 그리스도 예수 안에서 너희 마음과 생각을 지키시리라"(빌 4:4~7)

양자도 구원의 내용 안에 속하지만 양자는 구원의 최후 단계이다. 그 앞에 있었던 칭의와 중생 등 기타 모든 것들도 결국은 사람을 하나님의 가족으로 영입하기 위한 사전 조처였던 것이다. 양자는 모든 구원 과정의 집합점이요 통일점이다. 모든 구원 과정이 양자로 연결되지 않으면 공중에 뜬 구름 조각이 될 것이다. 하나님의 자비의 궁극적 표현이 지금까지 이루어오던 구원의 결실을 거두는 것으로 곧 입양(入養)을 말한다. 하나님으로부터 소원 내지 적대 상태에 있던 사람이 하나님의 용납하심과 호의의 상태로 들어온 것을 확인하는 곳이 양자의 자리다. 바울은 입양이 하나님의 계획임을 다음 구절에서 말한다.

"그 기쁘신 뜻대로 우리를 예정하사 예수 그리스도로 말미암아 자기의 아들들이 되게 하셨으니"
(엡 1:5)

"때가 차매 하나님이 그 아들을 보내사 여자에게서 나게 하시고 율법 아래에 나게 하신 것은 율법 아래에 있는 자들을 속량하시고 우리로 아들의 명분을 얻게 하려 하심이라"(갈 4:4,5)

요한복음 1장 12절도 이를 확증한다.

"영접하는 자 곧 그 이름을 믿는 자들에게는 하나님의 자녀가 되는 권세를 주셨으니"(요 1:12)

칭의와 중생은 받았으면서 하나님 편에서 받아들여 어떤 관계나 조직 속에 넣지 않으면 칭의 및 중생한 자라도 외톨이에 불과하다. 양자(養子)는 하나님의 구속사역의 최후 역사이다. 하나님은 자기 곁을 떠난 사람을 외형적으로 의롭다 하고 내면적으로는 새롭게 변화를 시켜 내외적(內外的)으로 결함이 없어진 사람을 하나님의 가족으로 영입하신다. 전에는 죄인된 사람을 상대하여 고쳐 주고 바르게 했으나 이제는 식구로 받아들인 것이다. 양자가 아니면 칭의와 중생도 의미가 없다. 이제는 구원자와 구원받는 자 관계가 아니라 부자관계(父子關係)이다. 더 이상 구원 초기단계에 머물지 않고 하나님과 모든 것을 공유(共有)하는 관계에 이른다. 전에는 자격의 문제였으나 이제는 생활의 문제이다. 양자가 구원의 최후라고 해도 다른 모든 구원사역이 일어날 때 이미 양자권(養子權)은 지니고 있는 것이다.

양자와 양자 이전의 구원의 과정을 탕자의 비유에서 찾아보면 어떨까?(눅 15:11~24)

돌아온 탕자는 아버지 집을 향해 돌아왔다. 아버지의 집이란 말의 개념은 영적, 도덕적으로 볼 때는 굳이 벽돌을 쌓아 지은 집이 아니라 아버지의 보호와 그늘이란 의미이지만, 여기 탕자가 돌아오는 드라마 같은 장면을 그리면서 시각적인 입장에서 이를 본다면 그 아버지의 집은 내실(內室)이 있고 정원이 있고 식구들이 있는 집을 말한 것이 분명하다.

탕자가 그런 아버지 집을 향해 왔었다. 아직, "아직도 상거(相距)가 멀었다." 아버지 집과 탕자 사이에는 아직도 거리가 있었다. 탕자는 아버지 집 밖에 있었다. 그것은 들판인지 동구(洞口) 밖인지는 모른다. 그러나 분명한 것은 아직은 탕자가 아버지 집 뜰이나 마루나 식구에게 온 것은 아니다. 탕자는 집 밖에서 아버지를 맞고 있다. 그런데 아버지는 집 안에서 아들을 맞은 것이 아니라 달려가서 집 밖에서 만났다.

"이에 일어나서 아버지께로 돌아가니라 아직도 거리가 먼데 아버지가 그를 보고 측은히 여겨 달려가 목을 안고 입을 맞추니"(눅 15:20)

아직 아들이 집 울타리 안으로 들어온 상태가 아니다. 아들을 보고 멀리서 아버지가 달려갔다. 가서 한 일이 무엇인가? "목을 안고 입을 맞췄다"였다(눅 15:20). 집 밖에서 탕자에게 목을 안고 입맞추었다는 것은 "너는 용서받았다, 나는 너를 사랑한다, 나는 너를 탕자로 보지 않는다"는 심정의 표현이었다. 하나님께서는 우리에게 하나님의 집 밖 그러니까 식구가 되기 이전에 중생, 사죄, 구속, 칭의, 화목 등 목을 안고 입맞춤을 하셨다. 그 다음은 무엇인가? 탕자의 아버지가 탕자를 계속 집 밖에 세워두고만 있었는가? 그 다음 조처가 중요하다. 집 안으로 안내해 왔다. 집 밖에서 용서받은 아들이 집 안에서 잔치의 주빈이 된다.

> "아버지는 종들에게 이르되 제일 좋은 옷을 내어다가 입히고 손에 가락지를 끼우고 발에 신을 신기라 그리고 살진 송아지를 끌어다가 잡으라 우리가 먹고 즐기자 이 내 아들은 죽었다가 다시 살아났으며 내가 잃었다가 다시 얻었노라 하니 그들이 즐거워하더라"(눅 15:22~24)

집 밖에서의 아버지의 환대(歡待)는 집 안에서의 잔치 때문이니, 집 밖에서만 탕자와 화해한 뒤 집 안으로 인도하여 들이지 않는다면 집 밖에서의 환대가 무슨 의미가 있는가? 가령, 이렇게 말했다 하자. "자식아, 돌아왔구나. 용서해 주마. 그리고 잘 가거라." 그리고 아비는 아들을 집 밖에 세워두고 훌쩍 들어 왔다면 어떻게 되겠는가?

또 반대로 탕자가 이렇게 말했다고 하자. '아버지, 이만하면 족합니다. 집 안으로는 들어가지 않겠습니다. 평생 집 밖에서 눈치나 보고 얻어먹고 살렵니다.' 이는 한심한 결단이 아닐 수 없다. 양자가 모든 구원 활동의 최후요 꽃이란 의미는 구원 활동의 최첨단이 된다는 것을 뜻한다. 우리의 이야기는 서서히 '교회'란 이름으로 나아간다. 양자로 영입했다는 것은 하나님의 가족의 형성을 의미한다. 그런데 그 하나님의 가족은 무엇인가? 바로 교회이다. 하나님은 가족을 형성하시기를 원하신다.

> "만일 내가 지체하면 너로 하여금 하나님의 집에서 어떻게 행하여야 할지를 알게 하려 함이니 이 집은 살아 계신 하나님의 교회요 진리의 기둥과 터니라"(딤전 3:15)
>
> "또 하나님의 집 다스리는 큰 제사장이 계시매"(히 10:21)
>
> "사람에게는 버린 바가 되었으나 하나님께는 택하심을 입은 보배로운 산 돌이신 예수께 나아가 너희도 산 돌같이 신령한 집으로 세워지고 예수 그리스도로 말미암아 하나님이 기쁘게 받으실 신령한 제사를 드릴 거룩한 제사장이 될지니라"(벧전 2:4~5)

하나님은 구원받은 사람들을 집결시키기 원하신다. 아비의 집 밖에만 수많은 탕자들이 모인들 무슨 소용이 있는가? 집 밖에는 문전성시(門前盛市)를 이루는데 막상 집 안에는 외로운 아비가 혼자 먼 산만 바라본다면 돌아온 탕자들의 의미는 무엇인가? 아버지 집으로 돌아와야 하고 돌아왔으면 집 안으로 쑥쑥 들어와야 한다. 당당히 식구로 들어와야 한다. 아버지 집은 타향 집과는 다르다. 거기엔 사랑과 윤리와 가풍(家風)이 있다. 탕자가 과거를 잊고 그런 아버지 집으로 들어가는 담력을 가져야 한다.

"그러므로 형제들아 우리가 예수의 피를 힘입어 성소에 들어갈 담력을 얻었나니 그 길은 우리를 위하여 휘장 가운데로 열어 놓으신 새로운 살 길이요 휘장은 곧 그의 육체니라 또 하나님의 집 다스리는 큰 제사장이 계시매 우리가 마음에 뿌림을 받아 악한 양심으로부터 벗어나고 몸은 맑은 물로 씻음을 받았으니 참 마음과 온전한 믿음으로 하나님께 나아가자"(히 10:19~22)

그런데 하나님은 대가족을 원하신다. 하나님의 소원은 예수 그리스도를 맏아들이 되게 하시는 것이다. 두 형제 중에 첫째 아들이 맏아들인데 그때 동생은 단 한 명뿐이다. 맏아들 밑에 외로운 동생 한 사람만 있다. 그런 맏아들의 권위와 모양새는 초라하다. 수많은 형제들 위에 우뚝 솟은 맏아들이야말로 맏아들답다.

"하나님이 미리 아신 자들을 또한 그 아들의 형상을 본받게 하기 위하여 미리 정하셨으니 이는 그로 많은 형제 중에서 맏아들이 되게 하려 하심이니라"(롬 8:29)

이런 의미에서 교회는 성장해야 한다. 교회는 초라해서는 안 된다. 또 교회가 비대해서는 안 되며 건전한 성장이 필요하다. 구원받는 사람의 수가 많을수록 하나님이 기뻐하시는 것은 그의 아들이 맏아들로서의 위상이 점점 상승하기 때문이다. 부하의 수가 적은 군대 장관보다 부하의 수가 많은 군대 장관이 더 세력이 있는 것이다.

밭에 콩농사를 지어 잘 되었다. 그것은 곳간 밖에서의 콩이다. 밭에서의 콩은 밭에서 그냥 썩어지라고 농사지은 것이 아니라 곳간 안에 넣기 위해서다. 콩 농사의 목적은 들에서 날짐승의 밥이 되라는 것이 아니라 주인의 곳간에 모아서 메주도 만들고 두부도 만드는 것이 목적이다. 구원받고 외톨이로 있으면 구원받은 구실을 못하는 것이다. 모든 것은 교회를 위해 역사한 것이다. 교회는 하나님의 집이요 곳간이다. 다시 말하거니와 탕자의 아버지는 집 밖에서 탕자를 맞이하고 집 안으로 이끌고 와서 잔치를 벌였다. 양자란 집안에서의 식구가 되는 것이다. 식구(食口)란 무엇인가? 입을 같이하는 사람들이란 뜻이다. 먹기도 같이 하고 말하기도 같이하는 사람이 식구이다.

---

99) 헨리 디이슨, 「조직신학 강론」, pp. 591~592.

양자가 되는 시기는 언제인가?

양자란 내 아들이 아닌 자를 내 아들로 삼는 것이다. 원래부터 친자식은 양자를 삼을 필요가 없다. 사람은 창조에 의해 자연적으로 하나님의 자녀였으나 범죄하여 창조에 의한 자녀의 지위도 잃어버렸다. 사람은 하나님의 자녀가 되지 못했다. 자녀로서의 지위를 잃었기 때문이다.[99]

양자는 세 시기가 있다.

그 첫째 시기는 하나님의 섭리 속에서 양자가 되는 영원 전의 언약이다. 이것을 영원한 양자라 한다.

"그 기쁘신 뜻대로 우리를 예정하사 예수 그리스도로 말미암아 자기의 아들들이 되게 하셨으니"(엡 1:5)

그 둘째 시기는 사람이 예수 그리스도를 영접할 때이다. 이것을 현세적 양자 시기라 하자.

"너희가 다 믿음으로 말미암아 그리스도 예수 안에서 하나님의 아들이 되었으니"(갈 3:26)

하나님께서 간주(看做)하시는 바 양자이다.

그 셋째 시기는 양자의 온전한 실현으로 그리스도의 재림 시에 된다. 이것을 미래적 양자 시기라 한다.

"그뿐 아니라 또한 우리 곧 성령의 처음 익은 열매를 받은 우리까지도 속으로 탄식하여 양자 될 것 곧 우리 몸의 속량을 기다리느니라"(롬 8:23)
"그러나 우리의 시민권은 하늘에 있는지라 거기로부터 구원하는 자 곧 주 예수 그리스도를 기다리노니 그는 만물을 자기에게 복종하게 하실 수 있는 자의 역사로 우리의 낮은 몸을 자기 영광의 몸의 형체와 같이 변하게 하시리라"(빌 3:20~21)

양자는 어떻게 되는 것인가?

양자 곧 하나님의 아들이 되는 것은 창조에 의해 모든 사람이 공통으로 소유하는 몫은 아니다. 사람은 창조에 의한 아버지와 아들의 개념을 부각시키기도 한다. 그래서 만인의 아버지에 만인이 아들이라는 창조에 의한 부자 관계를 주장하여 결국 만인구원론까지 주장한다. 믿는 사람은 지금 알려진 하나님의 자녀이고 믿지 아니하는 사람은 지금 알려지지 않았으나 나중에 결국 하나님의 자녀로 나타난다는 것인데 그런 사람을 일러 '익명(匿名)

의 그리스도인'이라고 부르기도 한다. 그러나 성경에는 그때 가서 그리스도인으로 나타난 자는 없다고 한다. 그때 가서 그리스도인은 지금도 그리스도인인 것이다. 사람은 창조로 인해 자연적으로 하나님의 자녀이지만 그렇다고 자연적으로 양자가 되는 것은 아니다.

양자는 자연 발생적으로는 아들이 아닌 자가 법적으로 아들이 되고 양자로 삼은 자의 식구가 되어 그 식구들이 누리는 모든 것을 향유(享有)하게 되는 것을 말한다. 창조에 의해 인류는 하나님의 가족이었으나 타락으로 인해 가족권을 상실당했는데 하나님의 칭의와 중생을 통해 마침내 하나님의 가족으로 받아들여진 것이 양자이다.

그럼 양자는 어떻게 되는가? 그것은 하나님의 자유로운 선택을 통하여 부여하신 직책이 양자이다. 그것은 사람의 공력에 의하지 않고 순전히 은혜에 의한 것이다. 가령, 이스라엘도 그들의 어떤 공력에 기초한 것이 아니라 하나님의 은혜에 입각하여 양자로 하나님의 아들이 되었던 것이다.

"그들은 이스라엘 사람이라 그들에게는 양자 됨과 영광과 언약들과 율법을 세우신 것과 예배와 약속들이 있고"(롬 9:4)

"그 자식들이 아직 나지도 아니하고 무슨 선이나 악을 행하지 아니한 때에 택하심을 따라 되는 하나님의 뜻이 행위로 말미암지 않고 오직 부르시는 이로 말미암아 서게 하려 하사"(롬 9:11)

양자가 되는 것은 우주적 사건이 아니다. 모든 사람이 하나님의 자녀가 되는 것은 아니다. 육신에 의해서가 아니라 약속에 의해 하나님의 자녀가 되는 것이다.

"곧 육신의 자녀가 하나님의 자녀가 아니요 오직 약속의 자녀가 씨로 여기심을 받느니라"(롬 9:8)

아브람의 가족 이야기를 생각해 보자.
여호와께서는 아브람에게 너로 큰 민족을 이루시겠다고 말씀하셨다.

"여호와께서 아브람에게 이르시되 너는 너의 고향과 친척과 아버지의 집을 떠나 내가 네게 보여 줄 땅으로 가라 내가 너로 큰 민족을 이루고 네게 복을 주어 네 이름을 창대하게 하리니 너는 복이 될지라"(창 12:1~2)

또 여호와께서 아브람에게 그 자손이 땅의 티끌처럼 많겠다고 약속하셨다.

"내가 네 자손이 땅의 티끌 같게 하리니 사람이 땅의 티끌을 능히 셀 수 있을진대 네 자손도 세

리라"(창 13:16)

그런데 아브람에게는 한 자녀도 생기지 않았다. 아브람의 가족에게 아이가 없었다. 아브람의 제1차 비상 조처 계획이 세워졌다. 자기의 무자(無子)를 하나님의 계획으로 돌리고 자기 집에서 교육받은 자가 자기 집의 상속자가 되어야 하겠다는 일종의 도전을 폈다.

"아브람이 이르되 주 여호와여 무엇을 내게 주시려 하나이까 나는 자식이 없사오니 나의 상속자는 이 다메섹 사람 엘리에셀이니이다 아브람이 또 이르되 주께서 내게 씨를 주지 아니하셨으니 내 집에서 길린 자가 내 상속자가 될 것이니이다"(창 15:2~3)

아브람의 상속자는 아브람이 길러내어서 정하는 것이 아니라 자기 몸에서 나와야 한다. 그것은 상속자는 하나님께서 친히 정하신다는 것이다. 그러므로 아브람의 집에서 길리운 자가 상속자가 되는 것은 아니다. 교회에는 세상에서 길리움을 받은 멋진 사람들로 구성되는 것은 아니다. 아브람의 제1차 비상조처에 제동이 걸렸다.

"여호와의 말씀이 그에게 임하여 이르시되 그 사람이 네 상속자가 아니라 네 몸에서 날 자가 네 상속자가 되리라 하시고"(창 15:4)

아브람의 상속자는 "네 몸에서 날 자가 네 후사가 되리라"고 했다. 상속자는 길리운 것이 아니라 출산에 의한다. 한 혈육 안에서 태어난 자가 가족이다. 구원받은 자가 양자가 된다. 위로부터 그리고 하나님으로부터 난 자가 하나님 가정의 양자로 들어온다. 아브람은 자기 집에서 길리운 다메섹의 엘리에셀을 상속자 즉 양자로 삼고자 하지만 하나님은 그것을 용납지 아니하시고 그에게 위로를 주신다.

"그를 이끌고 밖으로 나가 이르시되 하늘을 우러러 뭇별을 셀 수 있나 보라 또 그에게 이르시되 네 자손이 이와 같으리라"(창 15:5)

아브람이 여호와를 믿으니 이것을 그의 의로 여기셨다.
양자가 된다는 것이 얼마나 귀중한 구원의 면류관인가? 그리고 그 많은 구원은 결국 출생인데 그것은 하나님 집 가족으로의 합류를 위한 것이다. 아브람의 상속자 곧 양자로 맞이할 자녀 문제는 여전히 숙제였다. 그의 제2차 비상조처가 내렸다. 여종 하갈을 통해 씨를 얻자는 것이었다. 아내 사래마저 성급해진 나머지 아브람에게 권유한다.

"사래가 아브람에게 이르되 여호와께서 내 출산을 허락하지 아니하셨으니 원하건대 내 여종에게 들어가라 내가 혹 그로 말미암아 자녀를 얻을까 하노라 하매 아브람이 사래의 말을 들으니라 아브람이 하갈과 동침하였더니 하갈이 임신하매 그가 자기의 임신함을 알고 그의 여주인을 멸시한지라"(창 16:2, 4)

마침내 여종 하갈이 아브람에게 아들을 낳아 준다.

"하갈이 아브람의 아들을 낳으매 아브람이 하갈이 낳은 그 아들을 이름하여 이스마엘이라 하였더라"(창 16:15)

아브람의 상속자는 아브람의 육신의 정력을 따라 생산된 자라고 해서 되는 것은 아니다.

"곧 육신의 자녀가 하나님의 자녀가 아니요 오직 약속의 자녀가 씨로 여기심을 받느니라"(롬 9:8)

육에 속한 자녀가 아니라 약속을 따라 난 자녀가 하나님의 가족이 된다.
이제 하나님께서 일선에 나타나셨다.

"하나님이 이르시되 아니라 네 아내 사라가 네게 아들을 낳으리니 너는 그 이름을 이삭이라 하라 내가 그와 내 언약을 세우리니 그의 후손에게 영원한 언약이 되리라"(창 17:19)
"여호와께서 말씀하신 대로 사라를 돌보셨고 여호와께서 말씀하신 대로 사라에게 행하셨으므로 사라가 임신하고 하나님이 말씀하신 시기가 되어 노년의 아브라함에게 아들을 낳으니 아브라함이 그에게 태어난 아들 곧 사라가 자기에게 낳은 아들을 이름하여 이삭이라 하였고"(창 21:1~3)

하나님은 사래가 여성 기능을 잃었음에도 불구하고 약속에 의해 주시겠다고 한 아들을 주셨고, 그가 아브람의 상속을 이을 정통 가족이 되었다. 양자는 육으로 된 것이 아니라 약속의 은혜로 된 것을 구약 아브람의 가족사가 예표하고 있는 것이다. 양자는 교육에 의하지 않고 출생에 의해 된다. 양자는 사람의 뜻에 의하지 않고 하나님의 약속에 의한다. 구원 과정 모두가 사람의 행위나 생각의 산물이 아니라 하나님의 역사하심과 계획인 것이다. 양자가 되는 과정의 순간들을 다음과 같이 요약하고 있다.[100]
첫째, 창세 전 순간인데 이것은 창세 전에 오직 하나님의 은혜에 기초한 선택에 의해 하나

---

100) Frank Stagg, *New Testament Theology*, p. 111.

님의 정하심으로 양자가 된다.

"하나님이 미리 아신 자들을 또한 그 아들의 형상을 본받게 하기 위하여 미리 정하셨으니 이는 그로 많은 형제 중에서 맏아들이 되게 하려 하심이니라"(롬 8:29)
"곧 창세 전에 그리스도 안에서 우리를 택하사 우리로 사랑 안에서 그 앞에 거룩하고 흠이 없게 하시려고 그 기쁘신 뜻대로 우리를 예정하사 예수 그리스도로 말미암아 자기의 아들들이 되게 하셨으니"(엡 1:4~5)

둘째 아들을 보내심으로 인해 가능해진 양자의 경우다.

"율법 아래에 있는 자들을 속량하시고 우리로 아들의 명분을 얻게 하려 하심이라"(갈 4:5)

셋째 순간은 믿음으로 그리스도와 생명적인 연합을 가져온 사람에 의해 실제로 양자가 되는 경우이다.

"너희가 다 믿음으로 말미암아 그리스도 예수 안에서 하나님의 아들이 되었으니 누구든지 그리스도와 합하기 위하여 세례를 받은 자는 그리스도로 옷 입었느니라 너희는 유대인이나 헬라인이나 종이나 자유인이나 남자나 여자나 다 그리스도 예수 안에서 하나이니라 너희가 그리스도의 것이면 곧 아브라함의 자손이요 약속대로 유업을 이을 자니라"(갈 3:26~29)

진실로 마지막 순간이라고 한다면 그리스도께서 나타나실 때에 우리 몸의 구속으로 완전해지는 양자의 경우가 있다.

"그뿐 아니라 또한 우리 곧 성령의 처음 익은 열매를 받은 우리까지도 속으로 탄식하여 양자 될 것 곧 우리 몸의 속량을 기다리느니라"(롬 8:23)

지금은 양자라도 고통이 있으며 하나님의 자녀들이 하나님의 자녀처럼 나타나 보이지 않지만, 예수 그리스도께서 나타나실 때에 양자들에게 숨어 있던 것들이 나타나게 될 것이다. 그 당시는 구약 이스라엘 백성에 대한 진가를 몰랐으나 나중에 대단한 하나님의 백성이라는 것을 알게 되는 것처럼 이것이 곧 양자된 자의 최후의 상태를 말해 주는 것이다.

"오직 너희는 여호와의 제사장이라 일컬음을 받을 것이라 사람들이 너희를 우리 하나님의 봉사

자라 할 것이며 너희가 이방 나라들의 재물을 먹으며 그들의 영광을 얻어 자랑할 것이니라 너희가 수치 대신에 보상을 배나 얻으며 능욕 대신에 몫으로 말미암아 즐거워할 것이라 그리하여 그들의 땅에서 갑절이나 얻고 영원한 기쁨이 있으리라"(사 61:6~7)

광야를 지나 가나안 땅을 향해 행진하고 있는 이스라엘의 몰골은 남들이 보기에 초라하고도 우스꽝스러운 무리로 보이지만, 그들이야말로 하나님의 선민으로 가나안 복지를 분배받고 농사짓고 제사 지내는 백성이 되었듯이, 하나님의 백성 역시 주변 사람들에게 초라한 무리로 보이지만 회복하고 보상받는 그날이 되면 주변 사람들의 입에서 터져 나오는 함성이 있으리니 그것은 다음과 같은 구호이다.

"너희는 여호와의 제사장이었구려."
"너희는 하나님의 봉사자였구려."

세상 사람들은 여호와의 제사장이나 봉사자라는 개념조차 없이 악한 자에 속해 악하고 음란한 일만 하다가 일생을 마치게 되는 것이다. 하나님의 백성의 신약적 최후를 보면 그리스도와 더불어 다스리고 심판하는 자리에 동석한다.

"이 첫째 부활에 참여하는 자들은 복이 있고 거룩하도다 둘째 사망이 그들을 다스리는 권세가 없고 도리어 그들이 하나님과 그리스도의 제사장이 되어 천 년 동안 그리스도와 더불어 왕 노릇 하리라"(계 20:6)

이 문제는 양자의 특혜 문제를 다룰 때에 더 상론할까 한다.

양자가 누리는 혜택은 무엇인가?

하나님의 가정의 식구로 들어왔을 경우 양자에게 주어지는 혜택이 무엇인가?

학자들은 양자가 되기까지의 구원의 내용들을 양자가 된 후의 혜택인 것처럼 진술하기도 한다. 가령 사죄, 화목, 하나님의 자녀의 자유, 그리고 하나님의 돌보아 주심 등이 모두 양자가 되었기 때문에 누리는 것으로 진술하고 있다.[101] 그러나 사실 그것들은 양자가 될 수 있는 조건이기도 하며 양자됨에 어울리는 상태일 뿐이다. 그러면 양자가 된 뒤의 혜택이 별도로 없는 것인가? 그것은 양자되기 이전의 모든 구원의 상태 곧 혜택들이 양자가 된 후에도 변함없이 유지되고 유효화되고 더 풍성히 누리게 된다는 것이다.

탕자가 집 밖에서 아버지의 목을 안고 입을 맞춘 사실이 집 안에 들어와서는 더 현실적

---

101) Millard Erickson, *Christian Theology*, pp. 963~964.

으로 생활한다는 것이 양자가 누리는 혜택 그 자체이다. 하나님 편에서 양자에게 해 주신 것은 입양하기 전의 양자 후보에게 이미 다 베풀어 주신 것들이었다.

이제 피입양자 편에서 해야 할 것은 입양자 하나님으로부터 받은 모든 유산과 사랑을 스스로 체험하며 실감하며 그리고 베푸는 삶이 남은 것이다. 우리가 사죄 받았으니 사죄하는 넉넉한 마음으로 살아가는 입양자가 되어야 한다. 받았기에 주는 삶, 고침 받았기에 남에게 베풀며 사는 삶 자체가 여유 있는 하나님의 가족의 일원으로서의 삶이다. 가난한 처녀가 부잣집 마나님이 되었으면 남에게 베푸는 자가 되어 마나님이 마나님 자신만이 누리는 행복보다 더 기쁨이 되는 것과 같다.

성경에는 가진 자, 얻은 자가 해야 할 일을 다음과 같이 말하고 있다.

> "서로 친절하게 하며 불쌍히 여기며 서로 용서하기를 하나님이 그리스도 안에서 너희를 용서하심과 같이 하라"(엡 4:32)

화목의 예를 들어보자. 이제 우리 편에서 하나님에게 더 이상 적대 감정을 가질 필요가 없다. 하나님의 집에서 기웃거리며 기가 죽어 있거나 눈치만 살피는 못난이 짓을 하지 않아야 한다.

> "우리가 아직 죄인 되었을 때에 그리스도께서 우리를 위하여 죽으심으로 하나님께서 우리에 대한 자기의 사랑을 확증하셨느니라, 곧 우리가 원수 되었을 때에 그의 아들의 죽으심으로 말미암아 하나님과 화목하게 되었은즉 화목하게 된 자로서는 더욱 그의 살아나심으로 말미암아 구원받을 것이니라"(롬 5:8,10)

하나님의 자녀들의 자유 문제를 보자. 하나님의 자녀는 강박관념에 사로잡힌 종이 아니다. 노예들은 걱정 때문에 벌벌 떨고 있으나 하나님의 자녀는 노예가 준행해야 할 법에 매이지 않는 자유인이니까 평화롭게 산다. 아버지 집에 돌아온 탕자가 언제까지나 부자유를 느끼면서 아버지에게 자기가 준수할 규정을 정해 주기를 바라며 그 규정을 따라 집안 살림하겠다고 한다면 그는 고용인이지 돌아온 아들은 아닐 것이다(롬 8:14~16). 그러나 돌아온 탕자가 아버지 집에서 마치 타국에서 놀았던 방식대로 생활하라는 것은 아니다. 그것은 방종이다. 탕자는 아버지가 겁이 나거나 압박 때문이 아니라 보다 고상한 동기 때문에 고상하게 산다.

> "너희는 내가 명하는 대로 행하면 곧 나의 친구라 이제부터는 너희를 종이라 하지 아니하리니 종은 주인이 하는 것을 알지 못함이라 너희를 친구라 하였노니 내가 내 아버지께 들은 것을 다

너희에게 알게 하였음이라"(요 15:14~15)

하늘 아버지는 하늘의 할아버지가 아니시다. 할아버지는 손자가 귀여워서 징계를 못하지만 그러나 아버지는 징계를 내린다. 징계는 아들에게 하는 아버지의 사랑의 표현이다.

"또 아들들에게 권하는 것같이 너희에게 권면하신 말씀도 잊었도다 일렀으되 내 아들아 주의 징계하심을 경히 여기지 말며 그에게 꾸지람을 받을 때에 낙심하지 말라, 모든 사람과 더불어 화평함과 거룩함을 따르라 이것이 없이는 아무도 주를 보지 못하리라"(히 12:5,14)

건널목에서 청신호가 끝나고 적신호가 켜졌을 때 성급하게 길을 건너온 어린아이가 하마터면 교통사고를 당할 뻔했다. 이쪽에 있던 어떤 사람이 그 아이를 껴안으면서 무사한 것을 다행으로 알고 어루만지고 있었다. "아이야, 괜찮니?" 이 사람은 그 아이의 아버지가 아니었다. 다시 청신호가 켜지자 저쪽에 있던 아버지가 급하게 달려왔다. 이 아버지의 태도는 완전히 달랐다. 자기 아이를 품에 안고서는 엉덩이를 마구 때리는 것이 아닌가? "너 죽으려고 작정했니?" 그 아이는 7세쯤 되어 보이는 아이였다.
누가 이 아이를 더 사랑했었을까?
아버지 집에 오면 아버지의 전적인 돌보심을 받는다. 아무런 걱정을 할 필요가 없다.

"성령이 친히 우리의 영과 더불어 우리가 하나님의 자녀인 것을 증언하시나니 자녀이면 또한 상속자 곧 하나님의 상속자요 그리스도와 함께한 상속자니 우리가 그와 함께 영광을 받기 위하여 고난도 함께 받아야 할 것이니라"(롬 8:16~17)
"나의 하나님이 그리스도 예수 안에서 영광 가운데 그 풍성한 대로 너희 모든 쓸 것을 채우시리라"(빌 4:19)

나의 아들이 외국 무전여행을 한 후 귀가해서 처음 했던 말이 인상적이었다.
"내 아버지 집에는 먹을 것이 많도다!"

여섯째, 연합(聯合, union)이란 무엇인가?

연합은 그리스도와 신자가 간격 없이 붙어 있는 상태이다.
기독교에서 말하는 연합이란 그리스도와 신자의 맞붙음이다. 그리스도와 신자가 결합하여 합동(合同)을 이룬 것이다. 양자로 식구가 되었지만 가정에서 식구끼리 친밀히 지내지 않으면 재미없는 가정일 것이다. 연합이란 하나님의 가족이 하나님과 떨어지지 않고 피차

간에 밀착되어 있는 상태이다. 탕자가 귀가하여 아버지 집에 들어 왔지만 아버지와 탕자가 피차 따로 지낸다면 재미가 없을 것이다. 집 안에 있으면서도 생각이 다르고 행동이 다르다면 이것은 연합이 아니다. 가정 안에서의 분위기는 가족들이 가장(家長)과 밀착된 상태이다. 그런 연합의 징조는 구원의 초기부터 있어 왔다.

멀린스는 신자가 그리스도와 연합했다는 사실을 다음과 같이 요약해 주고 있다. 아래는 연합의 사실들이다.

「① 우리는 그리스도와 함께 십자가 못박힌다(갈 2:20).
② 우리는 그리스도와 더불어 죽는다(골 2:20).
③ 우리는 그리스도와 더불어 장사된다(롬 6:4).
④ 우리를 그리스도와 함께 살리셨다(엡 2:5).
⑤ 우리는 그리스도와 함께 살리심을 받는다(골 3:1).
⑥ 우리는 그리스도와 더불어 함께 고난을 받는 자다(롬 8:17).」[102]

그리스도와 더불어 우리는 엄청난 일을 한 자들이 되었다. 그냥 그리스도에게 붙어 있음으로 인해 우리가 한 것으로 간주(看做)되는 것이다. 그 간주가 믿음으로 우리에게는 실재가 된 것이다. 이 여섯 가지 사실 위에 대전제로 예수는 마리아의 몸을 통해 이미 사람과 연합하시는 탄생의 역사가 있었다(마 1:18~21).

위의 진술들을 보면 그것들은 입양되어 가족을 형성하기 이전에 이미 구원의 초기단계 때부터 있었던 것들이다. 그런데 그와 같은 연합이 실제로 유효하게 되는 장(場)은 가정에서이다. 양자가 구원사역의 꽃이라면 연합은 구원사역의 열매라 할 것이다. 궁극적으로 사람은 하나님과 소원하여 이탈해 있었던 존재자인데 이젠 구원사역으로 인해 사람이 하나님께 가까이 나온 정도나 하나님 앞에 서 있는 정도가 아니라 아예 하나님과 결합, 결탁, 연결, 내통(內通), 신경, 이어짐 등 무슨 말을 동원해야 좋을지 모를 만큼 하나님 곧 그리스도와 일체(一體)가 되어 있는 상태이다.

멀린스는 "그리스도인 생활의 시작에 관해서 언급한 모든 것과 실로 그리스도인 생활의 계속에 대해 말할 그 모든 것들을 단 하나의 구(句), 곧 그리스도와의 연합이란 말로 요약할 수 있다"고 말했다.[103]

성경에 나타난 연합에 관한 비유적 설명을 보자.

---

102) E. Y. 멀린스, 「조직신학 개론」, p. 499.
103) 위의 책, p. 496.

스트롱이 제시한 예들은 아래와 같다.[104]

① 건물과 그 기초가 연합되어 있다는 비유

"너희는 사도들과 선지자들의 터 위에 세우심을 입은 자라 그리스도 예수께서 친히 모퉁잇돌이 되셨느니라 그의 안에서 건물마다 서로 연결하여 주 안에서 성전이 되어 가고 너희도 성령 안에서 하나님이 거하실 처소가 되기 위하여 그리스도 예수 안에서 함께 지어져 가느니라"(엡 2:20~22)
"그 안에 뿌리를 박으며 세움을 받아 교훈을 받은 대로 믿음에 굳게 서서 감사함을 넘치게 하라"(골 2:7)
"사람에게는 버린 바가 되었으나 하나님께는 택하심을 입은 보배로운 산 돌이신 예수께 나아가 너희도 산 돌같이 신령한 집으로 세워지고 예수 그리스도로 말미암아 하나님이 기쁘게 받으실 신령한 제사를 드릴 거룩한 제사장이 될지니라"(벧전 2:4,5)

건물과 기초가 연합되어 있지 않을 경우를 상상해 보라. 이 연합은 '안전'을 보장해 주는 의미가 있다.

② 남편과 아내가 연합되어 있다는 비유

"그러므로 내 형제들아 너희도 그리스도의 몸으로 말미암아 율법에 대하여 죽임을 당하였으니 이는 다른 이 곧 죽은 자 가운데서 살아나신 이에게 가서 우리가 하나님을 위하여 열매를 맺게 하려 함이라"(롬 7:4)
"내가 하나님의 열심으로 너희를 위하여 열심을 내노니 내가 너희를 정결한 처녀로 한 남편인 그리스도께 드리려고 중매함이로다"(고후 11:2)
"그러므로 사람이 부모를 떠나 그의 아내와 합하여 그 둘이 한 육체가 될지니 이 비밀이 크도다 나는 그리스도와 교회에 대하여 말하노라"(엡 5:31~32)

남편과 아내가 연합하지 않고서야 부부 간에 되어지는 일은 아무것도 없을 것이다. 남편과 아내가 결혼하여 가정을 꾸렸다. 법적으로도 혼인신고를 끝냈다. 이웃이 보기에도 가정을 이룬 것으로 되어 있다. 그런데도 부부의 밀접한 연합이 없다면 무슨 의미가 있는가? 가정을 꾸린 것은 식구들의 더 밀접한 결속에 그 의미가 있다. 양자 다음으로 연합을 강조하는 이유가 여기에 있다. 전술한 대로 연합을 위해 연합에 합당한 구원사역이 구원사역의

---

104) A. H. Strong, *Systematic Theology*, pp. 795~797.

시작에서부터 계속해 왔다.

"이러므로 사람이 부모를 떠나 그 아내와 합하여 그 둘이 한 육체가 될지니"(엡 5:31)라는 말을 메이어(Meyer)는 심도 있게 해석해 주고 있다. 그것은 미래의 그리스도와 교회 관계를 예고하는 것이라고 했다. 부모를 떠났다는 것은 예수 그리스도가 하나님을 떠나 그의 아내로서 교회와 합해진 것을 말한다고 했다. 그것은 성육신을 설명하기도 하며 예수 재림 시에 신랑으로서의 예수 그리스도가 신부로서의 교회를 맞이할 때 예언한 것이 실현되는 순간이라고 했다. 이것은 연합에 관한 지상적(地上的)이고도 천상적(天上的)인 비유요 실재라고 말할 수 있을 것이다.[105] 이 연합은 '사랑'을 보장해 주는 의미가 있다.

③ 포도나무와 그 가지가 연합되어 있다는 비유

"나는 참포도나무요 내 아버지는 농부라, 나는 포도나무요 너희는 가지라 그가 내 안에, 내가 그 안에 거하면 사람이 열매를 많이 맺나니 나를 떠나서는 너희가 아무것도 할 수 없음이라" (요 15:1,5)
"만일 우리가 그의 죽으심과 같은 모양으로 연합한 자가 되었으면 또한 그의 부활과 같은 모양으로 연합한 자도 되리라"(롬 6:5)

가지가 포도나무에 붙어 있기만 하면 자연적으로 영양을 공급받아 생명을 유지하게 되고 생명이 있으니까 과실을 맺게 된다. 이 연합은 '생명'을 보장해 주는 의미가 있다.

④ 몸의 머리와 몸의 지체가 연합되어 있다는 비유

"너희 몸이 그리스도의 지체인 줄을 알지 못하느냐 내가 그리스도의 지체를 가지고 창녀의 지체를 만들겠느냐 결코 그럴 수 없느니라, 너희 몸은 너희가 하나님께로부터 받은 바 너희 가운데 계신 성령의 전인 줄을 알지 못하느냐 너희는 너희 자신의 것이 아니라"(고전 6:15,19)
"몸은 하나인데 많은 지체가 있고 몸의 지체가 많으나 한 몸임과 같이 그리스도도 그러하니라" (고전 12:12)
"또 만물을 그의 발 아래에 복종하게 하시고 그를 만물 위에 교회의 머리로 삼으셨느니라 교회는 그의 몸이니 만물 안에서 만물을 충만하게 하시는 이의 충만함이니라"(엡 1:22~23)
"오직 사랑 안에서 참된 것을 하여 범사에 그에게까지 자랄지라 그는 머리니 곧 그리스도라 그

---

105) 위의 책, p. 796.

에게서 온몸이 각 마디를 통하여 도움을 받음으로 연결되고 결합되어 각 지체의 분량대로 역사하여 그 몸을 자라게 하며 사랑 안에서 스스로 세우느니라"(엡 4:15~16)

이 연합은 지체가 머리의 지시를 받는 상태이다. 머리가 지시를 하고 지체는 그 지시를 받는다. 지시를 주고받는 관계는 아주 밀착된 관계이다. 연합의 극치는 하라 하면 하고 하지 말라 하면 하지 않는 상태이다. 지시와 복종의 관계가 참 연합의 성격이다. 이 연합은 '지시와 복종'을 보장해 주는 의미가 있다.

⑤ 아담과 그 후손이 연합되어 있다는 비유

"그러므로 한 사람으로 말미암아 죄가 세상에 들어오고 죄로 말미암아 사망이 들어왔나니 이와 같이 모든 사람이 죄를 지었으므로 사망이 모든 사람에게 이르렀느니라, 이는 죄가 사망 안에서 왕 노릇 한 것같이 은혜도 또한 의로 말미암아 왕 노릇 하여 우리 주 예수 그리스도로 말미암아 영생에 이르게 하려 함이라"(롬 5:12,21)
"아담 안에서 모든 사람이 죽은 것같이 그리스도 안에서 모든 사람이 삶을 얻으리라, 기록된 바 첫 사람 아담은 생령이 되었다 함과 같이 마지막 아담은 살려 주는 영이 되었나니, 우리가 흙에 속한 자의 형상을 입은 것같이 또한 하늘에 속한 이의 형상을 입으리라"(고전 15:22,45,49)

아담의 범죄가 그 후손의 범죄로 직결되었다. 불행하게도 범죄를 두고 아담과 그 후손이 연합되어 있었다. 이 연합의 선(線)에 예외가 있었으면 얼마나 좋을까? 가령, 아담의 죄가 그 모든 후손에게 내려오고 있는데, 어떤 후손이 불평하기를 우리가 아담의 범죄를 저지르지 아니했는데도 억울하게 아담이 지은 죄를 덮어쓴다는 것이 억울하다고 하여 "그럼 너는 아담의 범죄 선에서 자유하는 특별 외인이 되라"고 한다면 어떻게 될까? 그러나 이것이 불가능한 이유는 연합의 원리 때문이다. 그럼 은혜로운 다른 측면을 보자. 예수 그리스도와 우리 신자의 연합은 '의'를 두고 연합되어 있었다. 예수의 '의'가 예수를 따르는 모든 사람에게 그대로 전가되었다. 예수의 '의'를 행하지 아니한 우리에게도 '의'가 된 것은 역시 연합의 원리 때문이다. 연합이란 양자 간의 합동 그 자체이다.

성경에 나타난 연합에 관한 직접적인 진술을 보자.
지금까지는 연합에 관한 비유적인 진술이었는데 실제로 직접적인 연합 이야기는 무엇인가? 그것은 그리스도와 신자 간의 합동(合同)의 문제이다.
그 합동의 성격은 무엇인가? 그리스도와 신자는 '안에 있음'(in)이라는 장소적 의미가 있고, 그리스도와 신자는 '참여'(partaking)라는 성품적 의미 등 두 단어로 연합의 실상을 말할 수 있다. 작은 컵이 큰 컵 안에 들어가 있으므로 두 개의 컵이 하나의 컵으로 보일 때 그것은 '안에' 들어가 있는 장소적 의미의 연합이다. 뜨거운 물과 가루커피가 각각 테이블에 떨어져 놓여 있었는데 가루커피에 뜨거운 물을 부어서 티스푼으로 저어 커피를 만들었을 때, 양자의 피차 '참여'로 인해 커피란 성질의 음료수가 된 것이다. 연합에는 '안에 있음'과 '참여'라는 두 단어가 양자를 연결하는 고리가 된다. 그리하여 둘이 아닌 하나가 된 것이다.

먼저 '안에 있음'의 연합을 말하는 성구를 보자.

① 그리스도는 신자 안에 계신다.

"그 날에는 내가 아버지 안에, 너희가 내 안에, 내가 너희 안에 있는 것을 너희가 알리라"(요 14:20)

"만일 너희 속에 하나님의 영이 거하시면 너희가 육신에 있지 아니하고 영에 있나니 누구든지 그리스도의 영이 없으면 그리스도의 사람이 아니라"(롬 8:9)

"내가 그리스도와 함께 십자가에 못 박혔나니 그런즉 이제는 내가 사는 것이 아니요 오직 내 안에 그리스도께서 사시는 것이라 이제 내가 육체 가운데 사는 것은 나를 사랑하사 나를 위하여 자기 자신을 버리신 하나님의 아들을 믿는 믿음 안에서 사는 것이라"(갈 2:20)

그리스도께서 신자 안에 계신다는 것은 신자가 생명과 보화를 소유했다는 것이다. 그리스도께서 신자 안에 계신다? 하늘의 하나님이 땅에 오셔서 우리 사람 안에 거하신다? 이는 대단한 사건이 아닐 수 없다.

"말씀이 육신이 되어 우리 가운데 거하시매 우리가 그의 영광을 보니 아버지의 독생자(獨生子)의 영광이요 은혜와 진리가 충만하더라"(요 1:14)

말씀이 육신이 되어 우리 가운데 거하신다. 그런데 우리가 그 영광을 보았다. 그 영광의 내용은 무엇이던가? 독생자의 영광이요 은혜와 진리가 충만하리라는 것이었다.

예수님이 세상에 오신 것은 우리와 연합하기 위함이다. 그의 성육신은 그리스도와 신자의 연합의 시작이요 과정이며 최후 부활 시 연합의 기초가 된다. 연합하러 오신 예수와 연합에 이르지 못한다면 예수께서 오신 목적에 빗나가는 행위이다. 아버지와 아들이 신자 안에 거하신다는 말로 언급하는 것이 좋을 것이다.

"예수께서 대답하여 이르시되 사람이 나를 사랑하면 내 말을 지키리니 내 아버지께서 그를 사랑하실 것이요 우리가 그에게 가서 거처를 그와 함께하리라"(요 14:23)

아들이 계시는 곳에는 언제나 아버지도 계시므로 아들과 아버지가 함께 신자 안에 거하신다.

"믿음으로 말미암아 그리스도께서 너희 마음에 계시게 하시옵고 너희가 사랑 가운데서 뿌리가 박히고 터가 굳어져서"(엡 3:17)
"하나님이 우리를 사랑하시는 사랑을 우리가 알고 믿었노니 하나님은 사랑이시라 사랑 안에 거하는 자는 하나님 안에 거하고 하나님도 그의 안에 거하시느니라"(요일 4:16)

이것이 더 확장되면 성령님이 또 우리 안에 계신다.
"만일 너희 속에 하나님의 영이 거하시면 너희가 육신에 있지 아니하고 영에 있나니 누구든지 그리스도의 영이 없으면 그리스도의 사람이 아니라"(롬 8:9)
"너희는 너희가 하나님의 성전인 것과 하나님의 성령이 너희 안에 계시는 것을 알지 못하느냐"(고전 3:16)
"너희 몸은 너희가 하나님께로부터 받은 바 너희 가운데 계신 성령의 전인 줄을 알지 못하느냐 너희는 너희 자신의 것이 아니라"(고전 6:19)

결국 삼위일체 하나님이 신자 안에 거하신다. 우리는 삼위일체 하나님과 연합되어 있는 자다.

② 신자는 그리스도 안에 있다.

"그 날에는 내가 아버지 안에, 너희가 내 안에, 내가 너희 안에 있는 것을 너희가 알리라"(요 14:20)
"이와 같이 너희도 너희 자신을 죄에 대하여는 죽은 자요 그리스도 예수 안에서 하나님께 대하여는 살아 있는 자로 여길지어다"(롬 6:11)
"그러므로 이제 그리스도 예수 안에 있는 자에게는 결코 정죄함이 없나니"(롬 8:1)
"그런즉 누구든지 그리스도 안에 있으면 새로운 피조물이라 이전 것은 지나갔으니 보라 새 것이 되었도다"(고후 5:17)
"곧 창세 전에 그리스도 안에서 우리를 택하사 우리로 사랑 안에서 그 앞에 거룩하고 흠이 없게 하시려고"(엡 1:4)

"이제는 전에 멀리 있던 너희가 그리스도 예수 안에서 그리스도의 피로 가까워졌느니라"(엡 2:13)

그리스도 안에 있다는 것은 언제나 그리스도와 연합되어 있다는 것이다. 신자가 그리스도 안에 있다는 것은 침(세)례를 통해 상징된다.

"누구든지 그리스도와 합하기 위하여 침(세)례를 받은 자는 그리스도로 옷 입었느니라"(갈 3:27)

그리스도와 합하여 침(세)례를 받았다는 것은 놀라운 연합의 극치이다. 이런 연합의 체험을 가진 자는 그리스도로 옷 입었다고 했다. 옷과 몸은 붙어 있다. 그리스도로 옷을 입었기에 그리스도 안에 있는 자는 사람은 보이지 않고 그리스도만 보인다. 하나님도 그리스도 안에 있는 사람을 보신다. 하나님이 보시는 것은 그리스도 옷 안에 감추어진 사람이다.

그러므로 사람의 허물이 하나님의 시야에는 없다. 적어도 이것은 기본적으로 외쳐야 할 기독교 진리의 진수이다. 이스라엘 집의 좌우 문설주와 인방에 피가 발라져 있는 곳은 죽음의 사자가 유월하였기에 절대 안전하였다. 그러나 애굽 사람들이 아무리 도덕적이고 윤리적으로 고상하게 살았다 하더라도 그들의 문설주와 인방에는 피가 없었기에 장자가 죽는 비참한 결과를 초래하였다.

"그 피를 양을 먹을 집 좌우 문설주와 인방에 바르고, 내가 애굽 땅을 칠 때에 그 피가 너희가 사는 집에 있어서 너희를 위하여 표적이 될지라 내가 피를 볼 때에 너희를 넘어가리니 재앙이 너희에게 내려 멸하지 아니하리라"(출 12:7,13)

"피를 볼 때에 너희를 넘어가리라."
피 흘린 양과 이스라엘 식구는 연합되어 있었다. 이것을 침(세)례에서 말하고 있는 바 물 아래로 들어감은 예수와 함께 죽고 물 위로 올라오는 것은 부활을 상징하는 것이었다.

"무릇 그리스도 예수와 합하여 침(세)례를 받은 우리는 그의 죽으심과 합하여 침(세)례를 받은 줄을 알지 못하느냐 그러므로 우리가 그의 죽으심과 합하여 침(세)례를 받음으로 그와 함께 장사되었나니 이는 아버지의 영광으로 말미암아 그리스도를 죽은 자 가운데서 살리심과 같이 우리로 또한 새 생명 가운데서 행하게 하려 함이라 만일 우리가 그의 죽으심과 같은 모양으로 연합한 자가 되었으면 또한 그의 부활과 같은 모양으로 연합한 자도 되리라"(롬 6:3~5)

그리스도와 신자의 연합은 생사(生死)를 같이한 연합인 만큼 그리스도의 어떠하심대로 우리도 그렇게 되는 것이다. 그리스도와 생사를 같이한 우리를 여간한 일로 퇴출시키지 아니함은 우리 사람의 세계에서 이해되고도 남는 사실이다. 그리스도가 신자 안에, 신자가 그리스도 안에 있다는 이 한 가지 극치를 이루기 위해 모든 구원사역 과정이 있었고 그런 상태에 있는 모든 사람들의 집결이 교회라는 것이다. 지금까지 교회는 형성되어 오고 있었다. 지금까지의 필자의 신학적인 어떤 진술에서도 교회란 말이 표면상 많이 언급되지 아니했던 것은 창세 전에 있었던 교회가 오순절을 기해 땅에 출현했던 역사적 맥락과도 일맥상통하는 것인데, 그것은 아직까지 교회를 이루기 위한 교회 건물의 자료들 곧 성도들의 구원받는 과정 이야기 때문에 교회 이야기를 미룬 것이다. 사실은 교회 이야기를 미루었다기보다는 표면에 나타난 교회 이야기를 말할 때가 아닌 것이었을지도 모른다.

다음 '참여'의 연합을 말하는 성구를 보자.

① 신자는 신적 성품에 참여하는 자이다.

"이로써 그 보배롭고 지극히 큰 약속을 우리에게 주사 이 약속으로 말미암아 너희가 정욕 때문에 세상에서 썩어질 것을 피하여 신성한 성품에 참여하는 자가 되게 하려 하셨느니라"(벧후 1:4)

신의 성품에 참여하는 것은 우리가 신(神)의 속으로 들어가서 신(神)의 성품의 소유자가 된다는 것이다. 우리가 신이 된다는 것이 아니라 신의 성품의 소유자가 되어 신과 우리 인간이 한 성품으로 연합되는 것이다. 신의 성품에의 참여는 보배롭고 지극히 큰 약속을 따른 것이다. 이 약속으로 말미암아 정욕 때문에 이 세상에서 썩어질 것을 피하여 하나님의 성품에 참여자가 된 것이다. 히브리서 기자는 하나님이 우리의 유익을 위하여 그의 거룩하심에 참여자가 되게 하기 위하여 징계하신다고 했다(히 12:10).

② 신자는 그리스도께 참여함으로 새 생명을 얻는다.
신자의 생명은 그리스도를 모심으로써 얻게 되는 것이다.

"또 증거는 이것이니 하나님이 우리에게 영생을 주신 것과 이 생명이 그의 아들 안에 있는 그것이니라 아들이 있는 자에게는 생명이 있고 하나님의 아들이 없는 자에게는 생명이 없느니라"
(요일 5:11~12)

아들을 모셨는데 결과적으로 생명을 소유하게 되었다. 그 생명이 아들 안에 있었기에 아들을 모셨는데 생명을 소유하게 된 것이다.

"예수께서 이르시되 내가 진실로 진실로 너희에게 이르노니 인자의 살을 먹지 아니하고 인자의 피를 마시지 아니하면 너희 속에 생명이 없느니라, 내 살을 먹고 내 피를 마시는 자는 내 안에 거하고 나도 그의 안에 거하나니"(요 6:53,56)

생명을 얻으려면 예수의 살과 피를 먹고 마셔야 산다. 예수를 먹어야 산다는 것이니 불신앙적 입장에서 보면 엽기적인 표현일지 모르나 예수님은 아랑곳하지 않으시고 말씀하신다.

"내 살은 참된 양식이요 내 피는 참된 음료로다"(요 6:55)

그리스도와 우리의 연합은 생명을 가운데 두고 연결된 것이다. 생명선(生命線)으로 그리스도와 우리는 연합되어 있다. 예수님은 자기를 파송하신 아버지로 인하여 산다고 말씀하시면서 사람은 예수를 먹음으로써 예수로 인하여 살 것이라고 말씀하셨다.

"살아 계신 아버지께서 나를 보내시매 내가 아버지로 말미암아 사는 것같이 나를 먹는 그 사람도 나로 말미암아 살리라"(요 6:57)

먹는다는 것은 생명과 결부된다. 먹는 행위 속에는 먹는 자와 먹을거리가 있어야 하는데 먹는 자는 우리 그리스도인이요 먹을거리는 예수 자신이다. 아무리 생각해도 엽기적인 듯한 이 표현-"예수를 먹어라!" 그러나 예수님은 분명히 말씀하셨다. "나를 먹는 그 사람도 나로 인하여 살리라"(so he that eats me even he shall live by me). 먹는 자와 먹을 음식은 하나가 된다. 이것을 예수님은 주의 만찬에서 분명히 말씀하셨다. 먹은 음식은 사람의 몸 속에서 완전히 양분과 열량으로 흡수되어 먹은 사람과 먹힌 음식은 온전히 하나가 되어 있다.

"그들이 먹을 때에 예수께서 떡을 가지사 축복하시고 떼어 제자들에게 주시며 이르시되 받아서 먹으라 이것은 내 몸이니라 하시고 또 잔을 가지사 감사 기도 하시고 그들에게 주시며 이르시되 너희가 다 이것을 마시라 이것은 죄 사함을 얻게 하려고 많은 사람을 위하여 흘리는 바 나의 피 곧 언약의 피니라"(마 26:26~28)

예수의 살과 피를 먹고 마신다는 것, 곧 예수 자신을 통째로 먹는다는 이 육체적 가시적(可視的) 진술의 진의(眞意)는 무엇인가? 바울은 주의 만찬을 통하여 "나를 기념하라"고 하신 대로 우리가 먹은 양식 그리스도를 기념해야 할 의무가 있다. 먹는다는 것은 생명의 유지를 말한다. 예수를 먹음으로 영적 생명을 유지한다. 예수를 먹는다는 것은 그의 인격을 먹는다는 것이요 그의 인격을 먹는다는 것은 그의 온 영혼과 정신과 철학과 계획을 우리가 받아들이고 실천한다는 것이다. 예수는 하나님의 섭리에 따라 구속사역을 이루게 하시고 구속사역을 통해 교회를 이루시려고 했던 바 예수를 먹는다는 것도 하나님의 계획을 우리가 받아들이고 이해하고 실천한다는 뜻이다. 그것은 곧 교회를 이룬다는 것이다.

예수를 먹음은 예수의 뜻을 수용하는 것이고 예수의 뜻을 수용한다는 것은 하나님의 뜻을 수용하는 것인데, 그 하나님의 뜻은 창세 전에 품으신 사업계획이니 곧 교회이다.

교회의 주요한 두 가지 의식(儀式)이 있으니 그것이 곧 침(세)례와 주의 만찬인데, 이것은 그리스도와 우리의 관계가 생명 관계이며 성품 관계라는 것을 상징한다.

그렇다면 연합의 실제적인 현장은 어디인가?
① 모든 신자는 그리스도 안에서 하나이다.

그리스도와 내가 연합되었듯이 그리스도와 네가 연합된 것도 사실이다. 같은 그리스도를 축(軸)으로 하여 연합된 나와 너도 수평적으로 연합되어야 하는 것이 당연한 일이요 지극히 자연스러운 일이다. 우산의 축에 많은 우산 살들이 끼여 있어서 우산을 접고 펴고 하면 모든 우산 살들이 함께 움직일 수밖에 없지 않은가? 나는 그리스도와 연합되었지만 너와는 연합하지 않겠다는 것은 우스운 우산 꼴이 될 것이다. 그것은 곧 고장 난 우산인 것이다.

"아버지여, 아버지께서 내 안에, 내가 아버지 안에 있는 것같이 그들도 다 하나가 되어 우리 안에 있게 하사 세상으로 아버지께서 나를 보내신 것을 믿게 하옵소서 내게 주신 영광을 내가 그들에게 주었사오니 이는 우리가 하나가 된 것같이 그들도 하나가 되게 하려 함이니이다 곧 내가 그들 안에 있고 아버지께서 내 안에 계시어 그들로 온전함을 이루어 하나가 되게 하려 함은 아버지께서 나를 보내신 것과 또 나를 사랑하심같이 그들도 사랑하신 것을 세상으로 알게 하려 함이로소이다"(요 17:21~23)

그리스도가 하나님과 하나이듯이 모든 신자들도 그리스도 안에 하나가 되어 있어야 한다.

② 모든 신자는 그리스도와 함께하는 한 영이 된다.

"주와 합하는 자는 한 영이니라"(고전 6:17)
"이와 같이 성령도 우리의 연약함을 도우시나니 우리는 마땅히 기도할 바를 알지 못하나 오직 성령이 말할 수 없는 탄식으로 우리를 위하여 친히 간구하시느니라"(롬 8:26)

그리스도와 너무 가까이 연합되어 있어서 그리스도의 움직임이 나의 움직임이 되는 것이다. 하나의 정신, 하나의 영의 공유자가 왔다. 우리 인간의 위대성은 자작행위(自作行爲)가 아니라 하나님의 위대한 선물을 온전히 받아 가지는 데에 있는 것이다.[106]

연합의 방법은 무엇인가?

디이슨이 말한 것처럼 연합의 방법에 대해서는 성경에서 직접적으로 말한 데가 별로 없다. 다시 말하면 우리는 그리스도와 우리의 연합의 현재성(現在性) 그리고 현상성(現象性)이 중요한 것이지, 그 방법에 대해서는 마치 예수가 성령으로 잉태하셨다고 할 때 그 방법이 언급되지 않은 것이나 매한가지일 것 같다. 그러나 이런 연합이 되기 위하여 사전에 있었던 온갖 구속 사역의 전 과정이 어쩌면 연합의 방법 그 자체일 것이다.

「우리가 이제 질문하게 되는 것은 그리스도와 그리스도인 사이의 이런 연합이 어떻게 성립될 수 있느냐는 문제이다. 이상스럽게도 성경은 이것에 대해서는 직접적으로는 별로 말하지 아니했다. 그러나 지적할 수 있는 사실은 이 연합은 하나님의 목적과 계획 안에서 기원했다는 점이다. "곧 창세 전에 그리스도 안에서 우리를 택하사"(엡1:4). "아버지께서 아들에게 주신 모든 사람에게 영생을 주게 하시려고 만민을 다스리는 권세를 아들에게 주셨음이로소이다"(요 17:2). 그것은 그리스도 안에 그리스도와 함께 살리시는 행위로 시작된 것이다(엡 2:5). 바울은 또한 우리가 그리스도의 죽으심을 본받아 연합한 자가 되었다는 사실에 대해 언급하고 있다(롬 6:5). 고린도전서 12장 13절에서 우리는 성령으로 침(세)례를 받아 한 몸이 되었다고 한 말을 듣는다. 고린도전서 6장 17절은 우리가 주와 연합한 사실을 가리키기는 하지만 연합의 방법에 대해서는 말하지 않는다. 이사야 56장 3절도 "여호와께 연합한 이방인"에 대해 말은 하지만 역시 연합의 방법에 대해서는 말이 없다. 다만 확실한 것은 하나님께서 사람을 취하사 그를 그리스도에게로 접붙이셨다는 것이다. 우리가 그리스도와 생명적인 연합에 동참하게 된 것은 새롭게 생명을 얻어 가진 자들로서 된 것이다.」[107]

그리스도인 생활의 이전의 모든 단계는 다 이 연합을 지향한다. 하나님께서 이 연합을 위해 우리를 창조하셨다. 연합은 창세 전에 기원되었고 그리스도의 죽으심을 본받아 연합한 자가 되었고 또 부활을 본받아 연합한 자가 될 것이며 성령으로 침(세)례를 받아 연합한 자가 되었던 것이다.

---

106) A. H. Strong, *Systematic Theology*, p. 798.
107) 헨리 디이슨, 「조직신학 강론」, pp. 588~589.

연합에 대한 그릇된 견해들이 있다.

A. H. 스트롱은 "그것은 연합이 아니다"라는 표제로 네 가지 그릇된 오해 견해들을 제시하고 있다. 그것은 합리론자들이 주장하는 바 하나님은 모든 인간의 영들과 자연적으로 연합되어 있다는 자연적 연합이 그 첫째이다. 둘째, 소시니안 파와 알미니안 파들이 주장하는 바 사람들 사이에 사랑과 동정으로 맺어지는 윤리적 연합이다. 셋째, 많은 신비주의자들이 주장하는 바 인격의 구분 같은 것은 파괴하고 단지 본질에 있어서 연합된다고 하는 본질 연합이다. 넷째, 로마 가톨릭과 루터파와 고(高) 교회에서 주장하는 바 성례(聖禮)에 참예함으로 인해 성립되는 중보 및 조건적 연합이다.

일반 종교에서도 신과 사람의 연합을 추구하고 있다. 브라만 종교의 범아일체(梵我一體)는 브라만과 사람이 하나가 되어 있다는 것이다. 범신론과 만유재신론(萬有在神論) 같은 것도 신과 인간을 포함한 모든 자연이 신이요 신이 그 위에 존재한다는 연합사상을 강조한다. 이들의 모든 연합에는 인격적·도덕적 연합의 성격은 없고 물리적·기계적·비도덕적 연합의 성격만 있다. "자연과 하나가 되라"는 범신론의 외침일 뿐이다. 이상에 언급한 사람과 어떤 신적 존재와의 연합은 진정한 성경적 연합이 아닌 만화상(漫畵像) 연합이다.

연합의 참된 견해들은 무엇인가?

연합의 사실은 외견적으로 보이는 연합이었다. 전술한 바와 같이 그리스도와 함께 죽고 사는 모든 행위들은 침(세)례와 주의 만찬에서도 상징할 수 있었던 것이다. 그런데 연합의 성질은 눈에 보이지 않으나 내면적으로 체험된다. 지금까지의 모든 구원사역은 그리스도와 신자의 연합에 아무런 부족함이나 결격 사유가 없기 위해 모든 조치를 다 취했던 것이다. 그리스도와 신자가 연합하는 데 그 사이에 아무것도 장애물로서 낄 것이란 없다. 완전히 전도체(電導體)가 되어서 전류가 흐르는 연결이다. 이런 연합이 있어야 머리되신 예수 그리스도와 몸의 지체인 교회가 상통하게 된다. 유기적 관계가 형성된다. 물리적·기계적 관계는 여기에 없다. 그럼 연합의 성질은 어떤 것인가? 연합의 사실 때문에 연합의 성질이 나온다. 연합의 역사적 과거 때문에 연합의 역사적 현재 및 미래가 있게 된다.

첫째로 이 연합은 생명적 연합이다.[108] 이것은 그리스도의 생명이 신자 안에서 지배적 원리가 된 것을 말한다. 그리스도는 밖에서 우리에게 역사하시지 않고 안에 계셔서 우리에게 역사하신다. 그리스도가 우리에게 역사하시는 것은 분리된 상태에서가 아니라 연합한 상태에서 하신다.

---

108) A. H. Strong, *Systematic Theology*, p. 801.

"내가 그리스도와 함께 십자가에 못 박혔나니 그런즉 이제는 내가 사는 것이 아니요 오직 내 안에 그리스도께서 사시는 것이라 이제 내가 육체 가운데 사는 것은 나를 사랑하사 나를 위하여 자기 자신을 버리신 하나님의 아들을 믿는 믿음 안에서 사는 것이라"(갈 2:20)

"이는 너희가 죽었고 너희 생명이 그리스도와 함께 하나님 안에 감추어졌음이라 우리 생명이신 그리스도께서 나타나실 그 때에 너희도 그와 함께 영광 중에 나타나리라"(골 3:3~4)

예수님은 우리의 삶을 외부에서 원격 조종하시는 분이 아니라 우리 안에서 우리와 결합하여 수족을 같이 움직이신다. 예수님의 손이 우(右)하면 우리 손도 우하고, 그의 손이 좌(左)하면 우리 손도 좌한다. 구원은 이런 경지에 이르기 위해 한 것이다. 지금 양자가 되어 식구가 되었다는 명분에 흥분되지 않고 온 식구가 일심동체(一心同體)가 되어 가사(家事)를 운영하고 있다. 이것이 교회이다. 한나 W. 스미스의 연합의 경지를 들어보자.

「그 후 오순절이 왔다. 그러자 그 전에 있던 동일한 제자들이 그리스도를 내적으로 계시되어진 분으로서, 그들과 실제적으로 연합하여 하나가 되신 분으로서, 바로 그들의 내주(內住)하는 생명 자체로 알게 되었다. 이후부터 그리스도는 그들에게 안에 계시는 그리스도, 그들 안에서 하나님의 기쁘신 뜻을 행하시는 그리스도, 그의 생명을 성령의 법에 의해 그들이 전에 사로잡혀 오던 죄와 사망의 법의 속박에서 그들을 구출해 주시는 그리스도가 되셨다. 제자들과 그리스도 사이에는 더 이상 의지의 전쟁도 관심의 충돌도 없이 뜻과 관심이 하나가 되었다. 오직 하나의 의지만이 제자들을 격려했는데 그것은 주님의 의지였다. 하나의 관심만이 그들에게 귀중한 것이었는데 그것은 주님의 관심사였다. 그리하여 제자들은 주님과 하나가 되었다. 확실히 모든 사람들이 이 장면을 알 수는 있을지 모르나, 아직도 이 연합의 최종 단계에 온전히 이르지 못한 자도 있을 것이다. 사랑하는 독자여, 그대는 그리스도를 따르기 위해 버린 것이 많을지도 모른다. 그대는 그리스도를 믿으며 그리스도를 위해 봉사하며 그를 사랑해 왔을지도 모르나 아직도 그리스도를 닮지 못했을 것이다. 당신은 충성이란 것도 알고 신뢰라는 것도 알지만, 아직도 연합이라는 것은 모르고 있다. 아직도 두 개의 의지, 두 개의 관심사, 두 개의 생활들이 있다. 당신은 오직 그의 생명 안에서 살기 위해 당신 자신의 생명을 버리지 않고 있는 것이다. 그리스도와 나와의 관계를 추론해 보면, 이전에는 "나요, 그리스도는 아니요"(I and not Christ)였다. 그 다음엔 "나요, 그리스도요"(I and Christ)였다. 아마 지금은 "그리스도요 나요"(Christ and I)였을 것이다. 그러나 나는 전연 아무것도 아니요 오직 그리스도만이 전부인 상태에 이르렀는가?」[109]

---

109) 한나 W. 스미스, 「행복한 그리스도인 생활의 비결」 권혁봉 역, (서울: 요단출판사, 1978), pp. 191~192.

둘째 이 연합은 영적인 연합이다.[110] 영적인 연합이라고 할 때 몸(body)의 연합이 아닌 영(spirit)의 연합을 의미한다. 이 연합의 근원과 발원자(發源者)가 성령인 연합을 말한다.

"만일 너희 속에 하나님의 영이 거하시면 너희가 육신에 있지 아니하고 영에 있나니 누구든지 그리스도의 영이 없으면 그리스도의 사람이 아니라 또 그리스도께서 너희 안에 계시면 몸은 죄로 말미암아 죽은 것이나 영은 의로 말미암아 살아 있는 것이니라"(롬 8:9~10)
"그의 영광의 풍성함을 따라 그의 성령으로 말미암아 너희 속사람을 능력으로 강건하게 하시오며 믿음으로 말미암아 그리스도께서 너희 마음에 계시게 하시옵고 너희가 사랑 가운데서 뿌리가 박히고 터가 굳어져서"(엡 3:16~17)

멀린스는 영적 연합에는 세 가지 진리가 포함됨을 말하고 있다.

「그것은 영적 연합이다. 여기서 기억해야 할 적어도 세 가지 진리가 있다. 이 연합은 영의 연합이지 몸의 연합은 아니다. 둘째로 그것은 자연적 연합과 대조되는 영적 연합이다. 그리스도는 모든 사람 및 모든 자연과 관계를 유지하신다. 그 안에 만물이 존재하며 또는 유지된다(골 1:17). 그러나 자연적 관계는 영적 결과를 내지 못한다. 그리스도는 믿음에 의해 우리에게 영적으로 관계하신다. 셋째로 그것은 성령을 통한 연합이라는 진리다. 우리 안에서 성령은 우리를 그리스도의 도덕적 및 영적인 형상으로 재창조하신다. 여기서 우리가 경계해야 할 것은 잘못 주장되고 있는 성사적(聖事的) 연합의 과오이다. 왜냐하면 소위 성사(聖事)가 그 자체적으로 생명을 전하거나 유지하는 능력이나 있는 것처럼 여겨서는 안 되기 때문이다.」[111]

셋째 이 연합은 와해불가(瓦解不可)의 연합이다.[112] 이 연합은 그리스도의 약속과 은혜로 된 것이기 때문에 결코 와해될 수가 없다. 이 연합은 찰떡 같은 연합이다. 벽에 붙은 벽지가 찢어질지언정 벽으로부터 떨어질 수는 없다. 예를 들자면 화학분해라는 방법을 쓰지 않는 한, 이미 섞인 가루커피와 물은 언제나 하나의 커피로 남는다.

"내가 너희에게 분부한 모든 것을 가르쳐 지키게 하라 볼지어다 내가 세상 끝날까지 너희와 항상 함께 있으리라 하시니라"(마 28:20)
"내가 그들에게 영생을 주노니 영원히 멸망하지 아니할 것이요 또 그들을 내 손에서 빼앗을 자

---
110) A. H. Strong, *Systematic Theology*, p. 801.
111) E. Y. 멀린스, 「조직신학 개론」, p. 500.
112) A. H. Strong, *Systematic Theology*, p. 801.

가 없느니라"(요 10:28)

"누가 우리를 그리스도의 사랑에서 끊으리요 환난이나 곤고나 박해나 기근이나 적신이나 위험이나 칼이랴, 높음이나 깊음이나 다른 어떤 피조물이라도 우리를 우리 주 그리스도 예수 안에 있는 하나님의 사랑에서 끊을 수 없으리라"(롬 8:35, 39)

"우리가 예수께서 죽으셨다가 다시 살아나심을 믿을진대 이와 같이 예수 안에서 자는 자들도 하나님이 그와 함께 데리고 오시리라, 그 후에 우리 살아 남은 자들도 그들과 함께 구름 속으로 끌어올려 공중에서 주를 영접하게 하시리니 그리하여 우리가 항상 주와 함께 있으리라"(살전 4:14,17)

일단 한 번 연합되었으면 깨어지는 것은 없다. 세상의 많은 끈은 끊어지기 쉬우나 그리스도와 맺은 끈은 끊어지는 법이 없다. "세상에 믿던 모든 것 끊어질 그날 되어도 구주의 언약 믿사와 내 소망 더욱 크리라" 세상의 결합이니 연합이니 하는 것은 깨어지게 되어 있지만 영원히 깨어지지 않는 둘의 하나 됨의 원리는 우리의 연합 그 자체이다. 한국 격언에 "죽을 즈음에 절친한 친구 셋만 두어도 그 인생은 성공했다"고 하는데 친구 셋을 두었다는 사람을 별로 만나보지 못했다. 인간의 연합의 한계점이다. 오죽하면 자기와 자기의 연합도 불가능할까. 때때로 자기가 자기를 얼마나 배신하며 실망시키고 살아가는가? 이혼(離婚)의 예도 인간 연합의 한계점을 드러내는 하나의 불행한 실례가 될 것이다. 그럼 그리스도인들이 연합을 깰 만큼 그릇되었는데도 연합은 계속되는 것인가? 그렇다. 깨는 것은 사람이고 붙이는 분은 그리스도이시다. 우리가 그리스도의 손을 잡은 것이 아니라 그리스도가 우리의 손을 잡으셨다. 그분의 손아귀의 힘은 우리의 조막손에 비교할 수 없을 만큼 강하다. A. H. Strong은 이런 비유를 들고 있다.

「우리가 순간적으로 의무를 소홀히 하거나 우리의 부주의한 신앙 때문에 우리는 그리스도를 우리 영혼의 집에서부터 아주 멀리 떨어진 초라한 곳으로 추방시킬지도 모르나, 그리스도는 우리가 그렇게 했다고 해서 우리를 괴롭히시지 않으신다. 그리고 우리가 기꺼이 문을 활짝 열면 그는 여전히 그 방에 계시며 그의 빛과 사랑으로 온 방을 채우시려고 늘 항상 준비하고 계신다.」[113]

로마 교회에 음식을 두고 논란이 생겼을 때 사도 바울은 아주 진지하게 말한다. 사람이 형제를 판단하여 그리스도와 그의 연합 상태를 깨뜨리려고 할 때 바울은 단연코 일선에 나서서 말한다. 이런 사람이든 저런 사람이든 그따위 음식을 가지고 사람을 배척하지 말라면

---

113) A. H. Strong, *Systematic Theology*, p. 801.

서 "이는 하나님이 저를 받으셨음이라"(롬 14:3)고 했다.

> "만일 음식으로 말미암아 네 형제가 근심하게 되면 이는 네가 사랑으로 행하지 아니함이라 그리스도께서 대신하여 죽으신 형제를 네 음식으로 망하게 하지 말라"(롬 14:15)

그는 또 강한 자와 약한 자를 의식하면서 이렇게 강조했다.

> "그러므로 그리스도께서 우리를 받아 하나님께 영광을 돌리심과 같이 너희도 서로 받으라"(롬 15:7)

그리스도께서 우리를 받아 주셨다는 것은 굉장한 수용(受容)이다. 그리스도께서 우리를 수용하셔서 하나님께 영광을 돌리셨다. 사람들이 가소롭게 보는 대상을 그리스도는 수용하셔서 그 사람을 하나님께 영광을 돌리는 데 바치셨다. 그런즉 우리도 서로 받아 주고 용납해 주어야 한다. 물론 이것은 기본 진리를 거부하는 이단을 두고 하는 말은 아니다. 바울은 이단에 대해서는 멀리하라고 충고했다.

> "그러나 어리석은 변론과 족보 이야기와 분쟁과 율법에 대한 다툼은 피하라 이것은 무익한 것이요 헛된 것이니라 이단에 속한 사람을 한두 번 훈계한 후에 멀리하라"(딛 3:9~10)

넷째 이 연합은 불가사의(不可思議)한 연합이다.[114] 사람이 알고 있는 어떤 연합보다도 이 연합의 친밀성과 가치를 이해하기가 어렵다는 뜻에서 신비롭다는 의미요 그래서 불가사의한 연합이다. 세상의 어떤 비유로도 이 연합을 설명하기가 어렵다는 뜻에서 신비하다. 그리고 불가사의한 것이다.

> "이 비밀이 크도다 나는 그리스도와 교회에 대하여 말하노라"(엡 5:32)
> "하나님이 그들로 하여금 이 비밀의 영광이 이방인 가운데 얼마나 풍성한지를 알게 하려 하심이라 이 비밀은 너희 안에 계신 그리스도시니 곧 영광의 소망이니라"(골 1:27)

이 연합은 체험한 자만이 자기도 알고 남에게도 알릴 수 있다.

연합의 결과는 무엇을 가져다 주는가?
연합의 결과라고 말할 수 있는 내용들이 사실은 결과라기보다는 연합의 원인 조건들이

---

114) A. H. Strong, *Systematic Theology*, p. 801.

라 할 수 있을 것이다. 가령, 그리스도와 연합된 신자는 그리스도가 지닐 수 있는 지위와 권리를 법적으로 소유한다고 하자. 연합되었기에 그와 같은 지위와 권리를 가졌느냐 혹은 그와 같은 지위와 권리를 가졌기에 연합할 수 있었느냐? 전자가 먼저냐 후자가 먼저냐? 결과가 먼저냐 원인 조건이 먼저냐?

부모가 막 외출하려는 찰나에 하필 어린아이가 흙탕물에 넘어져서 옷을 더럽히고 몸에 오물이 묻게 되어 난감하게 되었다. 이때 부모가 해야 할 최우선의 일이 무엇인가? 무조건 그 아이를 껴안고 외출을 하는 것이 순서인가? 아니면 옷을 벗기고 몸을 씻기고 난 뒤 새 옷을 갈아입히고 나서 외출하는 것이 순서인가? 마찬가지로 그리스도와의 연합에는 먼저 그리스도인이 그리스도와 연합하기에 적절한 깨끗함을 유지해야 하는 바 그것이 사죄요 칭의요 중생 등 구원 사역이다. 씻어놓고 안아 주는 것이 순서이다. 이 문제에 대한 해답은 동전의 양면이라 할 수 있을 것이다. 동전의 한 면만 선명하고 동전의 다른 한 면은 아무것도 나타내지 않는 단순한 쇠붙이라면 그 동전은 화폐로서의 가치가 없을 것이다. 동전의 양면이 똑같이 선명하게 나타내는 내용이 있어야 화폐 구실을 할 수 있는 것과 같다. 그러나 분명히 말할 수 있는 것은 연합의 결과란 연합의 원인 조건을 더 강화하고 더 안전하게 지켜주는 것이라 할 것이다.

A. H. Strong은 연합의 결과로 다음과 같은 네 가지 사실을 말하고 있다.

① 그리스도와의 연합은 영혼 속에다가 결정적인 어떤 성품의 변화를 갖다 준다. 즉 그리스도가 영혼 속으로 들어오면 사람은 새 피조물이 된다. 그것은 과거에는 죄된 성품이 그 사람을 지배했는데 이제는 거룩한 성품이 생긴다. 스트롱은 이렇게 설명한 뒤 이 변화를 중생이라고 했다.[115] 그리스도와 연합된 자는 그의 성향(性向)이 바뀌고 기질(氣質)도 변화를 받아 그 나라와 그 의를 추구하는 경향을 지니게 된다.

"이는 그리스도 예수 안에 있는 생명의 성령의 법이 죄와 사망의 법에서 너를 해방하였음이라" (롬 8:2)

"우리는 그가 만드신 바라 그리스도 예수 안에서 선한 일을 위하여 지으심을 받은 자니 이 일은 하나님이 전에 예비하사 우리로 그 가운데서 행하게 하려 하심이니라"(엡 2:10)

첫 사람 아담에게서 나면서부터 옛 성품을 물려받았듯이 둘째 사람 그리스도로부터는 중생을 통해 새 성품을 받았다. 이것은 연합의 결과이기도 하고 연합의 사전 조건, 즉 원인이기도 하다. 그러나 연합은 중생의 사실을 더 안전하고 확고하게 유지하는 상태이다.

---

115) A. H. Strong, *Systematic Theology*, p. 824.

② 그리스도와의 연합은 영혼의 능력에 새로운 활동을 불러일으킨다. 그 영혼 속에 어떤 새로운 바람을 일으키는 데 그것을 회심이라 한다. 그 회심에는 회개와 믿음이 내포된다.[116]

"믿음으로 말미암아 그리스도께서 너희 마음에 계시게 하시옵고 너희가 사랑 가운데서 뿌리가 박히고 터가 굳어져서"(엡 3:17)

"만일 내가 지체하면 너로 하여금 하나님의 집에서 어떻게 행하여야 할지를 알게 하려 함이니 이 집은 살아 계신 하나님의 교회요 진리의 기둥과 터니라"(딤전 3:15)

여기도 동전의 양면론이 나온다. 회심된 자가 연합되느냐 연합된 자가 회심하느냐. 선후 문제가 논리적 추상적으로는 가능하나 사실은 동시다발적(同時多發的) 현상이다. 회심의 안전한 유지는 연합으로 나아갈 때이다. 연합은 모든 구원사역의 총 결론이요 최후 목적이다. '하게 하시는 성령님'의 하게 하시는 역사를 논할 때에는 이렇게 연합의 고지에 이른 상태에서 무엇을 해야 하는가를 펼칠 것이다. 그때에는 이 연합이 성스러워야 한다는 성화론, 그리고 이 연합은 세상과의 전투에서 승리를 해야 한다는 영적 전투 문제를 다룰 것이다. 연합이란 고지에서 펼쳐질 전망이 따로 있는데 연합까지 탄탄히 굳혀져야만 그 전망이 밝을 것이다.

③ 그리스도와의 연합은 신자에게 그리스도의 지위와 권리를 법적으로 보장해 준다. 그리스도와 인류와의 연합이 속죄(atonement)를 준다면 신자들의 그리스도와 관계된 연합은 칭의(justification)를 준다. 속죄는 온 인류를 상대로 한 것이지만 칭의는 그런 속죄의 유효 속으로 들어온 자에게 하는 것이다. 그리스도는 모든 사람에게 속죄의 특전을 베풀어 주셨으나 칭의만은 믿는 자에게 주셨다. A. H. 스트롱은 그리스도인의 연합의 결과는 칭의라고 했다. 역시 여기에도 동전의 양면론은 여전하다.[117]

"또 모세의 율법으로 너희가 의롭다 하심을 얻지 못하던 모든 일에도 이 사람을 힘입어 믿는 자마다 의롭다 하심을 얻는 이것이라"(행 13:39)

"이는 죽은 자가 죄에서 벗어나 의롭다 하심을 얻었음이라 만일 우리가 그리스도와 함께 죽었으면 또한 그와 함께 살 줄을 믿노니"(롬 6:7~8)

"그러므로 내 형제들아 너희도 그리스도의 몸으로 말미암아 율법에 대하여 죽임을 당하였으니 이는 다른 이 곧 죽은 자 가운데서 살아나신 이에게 가서 우리가 하나님을 위하여 열매를 맺게

---

116) 위의 책, p. 824.
117) A. H. Strong, *Systematic Theology*, p. 805.

하려 함이라"(롬 7:4)

"그러므로 이제 그리스도 예수 안에 있는 자에게는 결코 정죄함이 없나니, 자녀이면 또한 상속자 곧 하나님의 상속자요 그리스도와 함께한 상속자니 우리가 그와 함께 영광을 받기 위하여 고난도 함께 받아야 할 것이니라"(롬 8:1,17)

"너희는 하나님으로부터 나서 그리스도 예수 안에 있고 예수는 하나님으로부터 나와서 우리에게 지혜와 의로움과 거룩함과 구원함이 되셨으니"(고전 1:30)

"그런즉 누구든지 사람을 자랑하지 말라 만물이 다 너희 것임이라, 너희는 그리스도의 것이요 그리스도는 하나님의 것이니라"(고전 3:21,23)

▶ 참조 구절 (고전 6:11; 고후 5:14, 21; 갈 2:20; 엡 1:4, 6; 2:5, 6; 빌 3:8, 9; 딤후 2:11)

④ 그리스도와의 연합은 신자에게 영육 간에 지속적으로 그리스도의 생명을 누리며 안전하게 살게 한다. 이것을 성화와 궁극적 구원이라고 한다. 즉 연합된 신자는 성화의 삶을 살게 되고 마침내 구원 상실이란 있을 수 없다는 것이다.[118]

"우리가 다 그의 충만한 데서 받으니 은혜 위에 은혜러라"(요 1:16)

"또 그리스도께서 너희 안에 계시면 몸은 죄로 말미암아 죽은 것이나 영은 의로 말미암아 살아 있는 것이니라"(롬 8:10)

"기록된 바 첫 사람 아담은 생령이 되었다 함과 같이 마지막 아담은 살려 주는 영이 되었나니"(고전 15:45)

"너희 안에 이 마음을 품으라 곧 그리스도 예수의 마음이니"(빌 2:5)

"사랑하는 자들아 우리가 지금은 하나님의 자녀라 장래에 어떻게 될지는 아직 나타나지 아니하였으나 그가 나타나시면 우리가 그와 같을 줄을 아는 것은 그의 참모습 그대로 볼 것이기 때문이니"(요일 3:2)

"예수를 죽은 자 가운데서 살리신 이의 영이 너희 안에 거하시면 그리스도 예수를 죽은 자 가운데서 살리신 이가 너희 안에 거하시는 그의 영으로 말미암아 너희 죽을 몸도 살리시리라"(롬 8:11)

"우리가 흙에 속한 자의 형상을 입은 것같이 또한 하늘에 속한 이의 형상을 입으리라"(고전 15:49)

"그러나 우리의 시민권은 하늘에 있는지라 거기로부터 구원하는 자 곧 주 예수 그리스도를 기다리노니 그는 만물을 자기에게 복종하게 하실 수 있는 자의 역사로 우리의 낮은 몸을 자기 영광의 몸의 형체와 같이 변하게 하시리라"(빌 3:20, 21)

지금까지 A. H. 스트롱의 연합의 결과를 언급했는데 동전의 양면론으로 결론을 지었다.

---

118) 위의 책.

그런데 헨리 디이슨이 제시한 연합의 결과는, 연합했기에 가질 수 있는 결과라 보는데, 한층 더 끌리는 데가 있어 여기에 소개한다.

「이 연합의 결과로서 세 가지 사실이 나타난다.
① 그리스도와의 연합은 영원한 안전을 보장한다(요 10:28~30). 그 무엇도 그리스도 예수 우리 주님 안에 있는 하나님의 사랑에서 우리를 분리시킬 수는 없다(롬 8:38, 39). 예수께서 자기 안에 거하지 아니하는 가지를 제거한다는 말씀을 하실 때에, 그는 다만 명목상(名目上)으로만 그리스도 안에 있는 사람을 가리킨 것이 분명하다(요 15:6). 왜냐하면 "만일 우리가 그의 죽으심과 같은 모양으로 연합한 자가 되었으면 또한 그의 부활과 같은 모양으로 연합한 자가 되리라"(롬 6:5)고 했기 때문이다.
② 그리스도와의 연합은 또한 충만한 결실(結實)을 의미한다(요 15:5). 이것은 '성령의 열매'다(갈 5:22, 23; 롬 6:22; 7:4; 엡 5:9). '가지를 치는 작업'은 그리스도 안에 거하는 가지에게 과실 생산을 증가시키는 주님의 한 방법이다(요 15:1, 2).
③ 그리스도와의 연합은 봉사를 위한 재능부여를 의미한다. 신자들은 그리스도의 '지체'다. 그런 만큼 여러 가지 직분과 재능을 가진다(고전 12:4~30). 봉사를 주관하시는 분은 머리가 되시는 그리스도시다. 그리스도와의 이런 연합은 이런 봉사를 초래하게 되고 논리적으로 지체 간에 작용하는 봉사를 가져오게 된다. 이런 연합은 그야말로 다양성(多樣性) 중에서도 통일성(統一性)으로 향한다. 무엇보다도 이제 그리스도와의 연합은 그리스도와의 친교를 의미한다. 우리는 그리스도의 신임을 얻게 되었으며 그리스도의 목적과 계획에도 친숙하게 되었다.」[119]

그리스도와의 연합은 그리스도께서 우리를 위하시고 또 우리 안에서 역사하심으로 그 연합의 결과는 우리에게 대단한 체험이 되는 것이다. 우리를 위한 그리스도(Christ for us)는 그가 우리를 구속하셨으며, 우리 안에 계시는 그리스도(Christ in us)는 영광의 소망으로서 복음의 비밀이라고 사도는 말하고 있다. 이 세상에서 사람이 하나님과 연합되었다는 이런 영광과 특권이야말로 그리스도인이 누리는 최고의 축복 그 자체이다.

스트롱은 그리스도와의 연합론은 교회론 및 종말론에 반드시 필요한 예비라고 주장하고 있다. 즉 연합의 목적은 교회로 나아가기 위한 것이었다.[120]

그리스도와의 연합에 금이 가서는 안 된다. 이 연합을 의심해서는 안 된다. 왜냐하면 이 연합은 그리스도께서 우선적으로 모든 조치를 취해 주시고 친히 오셔서 우리를 자기 속으로 넣어 주셨기 때문이다. 우리는 연합하려고 노력하는 자가 아니라 연합되어진 것을 영안

---

119) 헨리 디이슨, 「조직신학 강론」, p. 589.
120) A. H. Strong, *Systematic Theology*, p. 806.

(靈眼)이 열려 인식하기만 하면 된다. 몸을 씻기고 옷을 갈아입히고 안아주신 분은 내가 아니라 나의 부모였다. 옛적에 7세 되는 막내아들에게 이웃 할머님이 "너는 이 집 아들이 아니고 다리 밑에서 주워 와서 키우는 거다"라고 말하자 이 막내는 친어머니와 자기의 연합이 허구인 줄로 알고 집 문을 열고 막 달아나는 것을 붙잡아 온 우스운 일이 있었다. 악한 마귀는 우리의 조그마한 약점만 보아도 이 연합에 의심을 불러일으키려고 하지만 그리스도와 우리의 연합은 생사를 건 연합이요 피가 통하는 연합이기 때문에 이 연합에 이상(異狀)은 없다. 한나 W. 스미스는 연합의 확고성 및 안전성에 대해 아래와 같이 진술하고 있다.

「그러므로 당신이 필요로 하는 모든 것은 이 놀라운 연합에 대해 성경이 무어라고 말하는지를 이해하는 일이다. 이 연합은 진정 당신을 위해 있는 것임을 확신해야 할 것이다. 만일 당신이 고린도전서 3장 16절의 "너희는 너희가 하나님의 성전인 것과 하나님의 성령이 너희 안에 계시는 것을 알지 못하느냐?"라는 말씀을 읽고, 또 3장 1절로 돌아가서 "육신에 속한 자 곧 그리스도 안에서 어린 아이들을 대함과 같이 하노라"는 놀라운 말씀을 들려주신 사실을 알기만 한다면, 당신은 지금 내가 말하고 있는 영혼의 연합, 곧 내주(內住)하시는 하나님의 이루 형언할 수 없는 신비는 그리스도 안에 있는 아무리 연약하고 아무리 실패하고 있는 신자라도 누릴 수 있는 것이라는 사실을 알게 될 것이다. 그래서 이와 같은 거룩한 연합은 당신이 간구해야 할 새로운 일이 아니라, 이미 당신이 누리고 있는 일임을 인식하기만 하면 된다. 주 예수 안에 있는 모든 신자에게 있어서 그의 몸은 "하나님께로부터 받은 바 너희 가운데 계신 성령의 전"(고전 6:19)이라는 말은 절대적으로 사실이다.」[121]

연합은 예수 그리스도의 탄생의 의미를 완성한 것이다.

"보라 처녀가 잉태하여 아들을 낳을 것이요 그의 이름은 임마누엘이라 하리라 하셨으니 이를 번역한즉 하나님이 우리와 함께 계시다 함이라"(마 1:23)

임마누엘은 하나님이 사람과 함께 계시다는 말이다. 그리스도의 탄생 곧 성육신은 사람과 연합하시고자 취하신 하나님의 비하이다. 연합은 우리가 하고자 해서 한 것이 아니라 하나님이 먼저 소원해서 된 일이다. 그리스도의 삶은 그리스도와의 연합된 삶이다. 그림자가 실체를 따르듯 그리스도인은 그리스도와 하나가 된 자이다. 그리스도인(christian)은 그리스도의 사람, 곧 그리스도에게 속해서 그리스도와 일체가 된 사람이다. 교회란 이런 사람들로 구성되어져야만 같은 성질의 머리와 교통될 수 있다. 그리스도는 교회의 머리이시다.

---

[121] 한나 W. 스미스, 이전의 책.

| 소결론 : '됨의 교회'(Church of Being, 존재론적 교회) |

'됨의 교회'란 하나님으로 말미암아 '그리스도인이 된' 사람들의 모임이란 뜻이다. 무엇을 하기 이전에 어떤 존재자가 되어야 하는 것이다. 존재가 있고 행위가 따른다.

교회가 존재하고 교회가 행위한다. 이 '됨의 교회'는 이미 창세 전에 존재론적 교회로 존재하고 있었으나 역사 속에서 뚜렷이 존재하는 교회, 곧 된 교회는 '되게 하시는 성령님'으로 말미암아 '되어진' 자들의 모임이다.

내가 나를 되게 한 것이 아니라 하나님이 나로 나 되게 해 주셔서 내가 '되어진' 사람이 되었다. 내가 나를 중생시킨 것이 아니라 하나님이 나를 중생시키셨다. 내가 나에게 사죄해 준 것이 아니라 하나님이 나에게 사죄를 베푸셨다. 내가 나를 의롭다 칭의한 것이 아니라 하나님이 나를 칭의하셨다. 내가 나를 하나님께 끌고 가서 화목시킨 것이 아니라 하나님이 먼저 나와 화목해 주셨다. 내가 나를 하나님께 양자해서 들어간 것이 아니라 하나님이 나를 입양시켜 주셨다. 내가 나를 하나님께 연합시킨 것이 아니라 하나님이 나를 자기에게 연합시키셨다. '됨의 교회'는 창세 전부터 역사의 여명(黎明)에 이르기까지 수동적인 축복을 받은 사람들로 구성된 교회이다. 이 교회를 일러 '됨의 교회' '존재론적 교회'라 부른다. 아무 행위도 하기 전에 우선 존재를 갖춰야 하는 것이다. '됨의 교회'의 상대개념은 '함의 교회'(행위론적 교회)인데 '함의 교회'는 '하게 하시는 성령님'의 역사의 산물이다.

워치만 니(Watchman Nee) 형제의 에베소서 강해는 무엇을 강조하는가?

여기서 에베소서를 택하여 두 양상의 교회를 소개하고자 한다.

워치만 니는 「좌행참」(Sit, Walk, Stand)이라는 소책자에서 에베소서 강해를 통해 교회의 세 가지 양상을 잘 소개하고 있다.

그는 에베소서를 다음과 같이 삼분(三分)하고 있다.

1장 ~ 3장 "앉으라"(Sit)

4장 ~ 6장 9절 "행하라"(Walk)

6장 10절 ~ 24절 "서라"(Stand)

1~3장의 "앉으라"는 존재론적 교회 이야기이고, 4~6장까지의 "행하라"는 행위론적 교회 이야기인데 그 중에 6장 10절부터 마지막 절까지는 교회가 마귀와 싸워야 할 전투 이야기를 내포하고 있다.

'됨', '함', '섬'이 교회의 양상임을 말하고 있다.[122]

---

[122] 워치만 니, 「좌행참」(서울: 생명의말씀사). 1960년도에 번역 출간되어 수십 판을 거듭하며 애독되고 있다. 독자들이 성경에 비추어 예의 주의해서 읽을 경우에 상당한 도움이 될 것으로 사료된다.

'됨의 교회'는 교회의 지위(地位)를 말한다.

에베소서 1~3장은 존재론적 교회에 관한 진술이다. '됨의 교회'에서는 하나님이 사람에게 주시는 행위가 주를 이룬다. 모든 것을 주시는 하나님 앞에 모든 것을 받는 사람이 있다. 하나님은 주시고 사람은 받는다.

주시는 하나님으로부터 받는 사람은 그 지위가 받는 지위다. 받는 지위는 힘이 필요하지 않다. 손을 내밀고 받으면 된다. 받는 것은 편하다. 그 편함이 앉음이다. 에베소서의 '됨의 교회'의 주된 성구는 "그리스도 예수 안에서 함께 하늘에 앉히시니"(엡 2:6)이다.

앉음은 행위의 반대개념이다. 앉음은 수동적 자세요 그냥 존재하는 양상이다. 우리는 행하기 전에 우선 앉음부터 체험해야 한다. 아이가 출생하고 난 후에야 젖을 먹는다. 아이가 출생한 후에 아이의 울음도 있다. 아이 없이 아이의 일이 없다. 된 아이는 하는 아이가 된다.

존재 없이 행위도 없다. 행위가 존재를 가능케 할 수는 없다. 이것은 대단히 중요한 진리이다. '됨의 교회'부터 되어진 후 교회 활동은 시작되는 것이다.

'됨의 교회'는 교회의 지위, 입장을 설명한다. 우선 앉아 휴식하고 힘을 얻을 장소가 필요하다. 운동선수가 마냥 뛰기만 하는 것은 아니다. 충분한 휴식이 없는 운동은 실패한다. 우선 앉으라! 제발 우선 앉으라! 온 지체를 확인하고 온 지체에 평안을 주고 힘을 얻으라.

에베소서 1~3장에 나타난 수동적 자세를 말한 대표적 성경구절을 보자.

거기에는 하나님이 일차적으로 그리고 우선적으로 사람에게 내려오시사 해 주시는 일이 있다. 하나님이 사람에게 하시는 것이 있다. 하나님은 주신다. 나중에 언급할 '함의 교회'에서는 거꾸로 사람이 하나님께 해야 할 것이 주요 내용이라면 '됨의 교회'는 하나님이 사람에게 해 주시는 것이 주요 내용이다.

일단 위에서 내려오시는 하나님이 계신다. 사람은 그냥 그 자리에 아무것도 하지 않고 의자에 앉은 채 주시니 받고, 해 주시니 얻어 갖고, 되게 해 주시니 그냥 되어지는 것이다.

① 에베소서 1장

"신령한 복을 우리에게 주시되(1:3), 우리를 택하사(1:4), 그 앞에 거룩하고 흠이 없게 하시려고(1:4), 우리를 예정하사(1:5), 자기의 아들들이 되게 하셨으니(1:5), 우리에게 거저 주시는 바(1:6), 죄 사함을 받았으니(1:7), 모든 지혜와 총명으로 우리에게 넘치게 하사(1:8), 그 뜻의 비밀을 우리에게 알리셨으니(1:9), 우리가 예정을 입어 그 안에서 기업이 되었으니(1:11), 그의 영광의 찬송이 되게 하려 하심이라(1:12), 약속의 성령으로 인치심을 받았으니(1:13), 지혜와 계시의 영을 너희에게 주사(1:17), 하나님을 알게 하시고(1:17), 너희 마음 눈을 밝히사(1:18), 믿는 우리에게 베푸신 능력의 지극히 크심이 어떠한 것을 너희로 알게 하시기를 구하노라(1:19), 그를 만물 위에 교회의 머리로 삼으셨느니라(1:22)."

이상이 에베소서 1장의 '됨의 교회'의 교인에게 하나님이 주시고 또 주시고 하시고 또 하시는 역사가 우리에게 미치니, 우리는 되고 또 되고 또 되는 자가 되었다. 우리는 순전히 하나님이 주시는 것을 받은 자 되고 그가 하시는 대로 된 자가 되었다. 내가 나를 만든 것이 아니라 나를 나 되게 만드신 그분이 계신다.

② 에베소서 2장
에베소서 2장으로 가서 또 하나님이 주시고 우리가 받은 것이 무엇인지 보기로 하자.
"너희를 살리셨도다(2:1), 허물로 죽은 우리를 그리스도와 함께 살리셨고(2:5), 함께 일으키사(2:6), 그리스도 예수 안에서 함께 하늘에 앉히시니(2:6), 너희가 그 은혜를 인하여 믿음으로 말미암아 구원을 얻었나니 이것이 너희에게서 난 것이 아니요 하나님의 선물이라(2:8), 우리는 그의 만드신 바라(2:10), 선한 일을 위하여 지으심을 입은 자니(2:10), 그리스도의 피로 가까워졌느니라(2:13), 이는 둘로 자기의 안에서 한 새 사람을 지어(2:15), 또 십자가로 이 둘을 한 몸으로 하나님과 화목하게 하려 하심이라(2:16), 평안을 전하고 평안을 전하셨으니(2:17), 아버지께 나아감을 얻게 하려 하심이라(2:18), 하나님의 권속이라(2:19), 너희는 사도들과 선지자들의 터 위에 세우심을 입은 자(2:20), 성전이 되어 가고(2:21), 예수 안에서 함께 지어져 가느니라(2:22)."

이상에서 본 바와 같이 본질상 진노의 자녀이고 허물과 죄로 죽었던 우리가 하나님이 구원이란 선물을 줌으로써 하나님이 거하시는 성전이 되어가고 있는 것이다. 선물은 달라 해서 얻는 것이 아니라 주는 자가 주기에 얻게 되는 것이 선물이다. 선물에는 값을 정하지 않는다. 우리는 하나님으로부터 선물을 받았다. 그것은 '구원'이라는 선물이다. 하나님은 선물을 주셨는데 우리의 할 일은 무엇인가?

그것이 '함의 교회'에서 사람이 하나님께 해야 할 일인데 그때가서 더 논의하기로 하지만 우선 여기서 말할 수 있는 것은 우리는 하나님께 선물을 드릴 수가 없다. 왜냐하면 하나님은 사람들로부터 선물을 요구하시지 않기 때문이다. 하나님은 사람에게 주시고 그 이상을 내어 놓으라고 하시지 않는다.

그럼 무엇인가? 하나님은 사람들로부터 예물(禮物, offering)을 원하시지만 선물을 요구하시지는 않는다. 선물과 예물을 혼동해서는 안 된다. 하나님이 구원이란 큰 선물을 주시기에 우리는 그 구원 선물을 받았는데 그럼 우리는 어떻게 해야 하나? 우리는 다시 선물을 되돌려 바치거나 거기에 무엇을 더 첨가해서 되돌림하는 것이 아니라, 그 받은 것 중에서 지극히 일부를 되돌려 주는데 그것이 예물이다.

예물의 뜻은 당신으로부터 선물을 받았다는 이쪽 사람 편에서의 확인의 징표요 감사의 예표이다. 가령, 누가 100만원의 부채를 갚아 주었다고 한다면, 은혜를 받은 자는 바로 그 자리에서 그 100만원에다가 10만원을 더 보태서 되돌려 주는 것이 아니다. 그렇게 할 능력도 없다. 그런 능력이 있다면 아예 그런 호의도 베풀지 않았을 것이다. 그러나 만약 그렇게 한다면 준 자의 의도는 달라진다. 은혜 받은 자는 지극히 작은 액수의 예물을 드리면 족한 것이다.

하나님의 구원 선물에 우리 몸을 다 바치기로 그 은혜에 보답이 될까보냐. 우리는 빚을 갚는 자가 아니라 빚 갚음을 받은 자가 된 것이다.

③ 에베소서 3장

에베소서 3장으로 나아가서 주시는 하나님과 받는 사람의 관계를 보자.

"이방인들이 복음으로 말미암아 그리스도 예수 안에서 함께 후사가 되고 함께 지체가 되고 함께 약속에 참예하는 자가 됨이라(3:6), 내가 일꾼이 되었노라(3:7), 더 작은 나에게 이 은혜를 주신 것은(3:8), 하나님의 각종 지혜를 알게 하려 하심이니(3:10), 담대함과 하나님께 당당히 나아감을 얻느니라(3:12), 각 족속에게 이름을 주신 아버지(3:15)."

된 자가 된 것은 하나님 속에 감추어진 비밀의 경륜을 알기 위함이었다. 비밀스러운 그 경륜은 교회를 통하여 하나님의 각종 지혜를 하늘에서 정사와 권세들에게 알게 하는 것이었다. 교회는 지상(地上)과 천상(天上)에서 하나님의 자기표현의 발광체(發光體)이다. 교회란 하나님의 외적 자기표현이다.

'됨의 교회'는 교회의 명(名)이다. 정명사상(正名思想)이 여기에 있다. 우선 정확한 정체(正體)를 말하는 '됨의 교회'(Church of Being)가 있어야 한다. '됨의 교회'가 있을 때에 '함의 교회'(Church of Doing)가 있게 된다.

지금 우리는 '됨의 교회'를 이야기 하고 있는 중이다. 됨과 함이 정확하게 형성되는 것을 우리는 명실공(名實共)이라 한다. 오늘날 명(名)의 교회는 잊어버리고 실(實)의 교회만 하자고 하니 우선 순서가 바뀌었고 주객(主客)이 전도(顚倒)된 것이다.

로고테라피(Logotherapy, 정신의학)는 사람이 의미를 추구함으로 새 사람의 가치를 찾으려고 한다. 즉 인간의 의미 추구(man's search for meaning)가 인간 존재의 가치를 지키는 것이라고 정신의학자들은 말하지만 성경은 그 대안을 내어 놓는다. 사람은 하나님으로부터 의미를 얻어 가지는 존재라고 한다. 하나님의 공급하시는 것으로 소유를 삼는 사람은 복된 사람인 것이다. 즉 하나님으로부터 계시 수용의 인간(man's receiving revelation from God)이 '되는 인간'이 되는 것이다. 물론 여기서 계시(啓示)는 철학적 의미로 대치한다면 의미라 해도 될 것이다.

우리는 먼저 '된 자'가 되어야 한다. 하나님으로부터 우리는 된 자가 되는 것이다. 하나님의 그런 사역에 사람이 할 일이라고는 아무것도 없다.

"믿음으로 말미암는 의는 이같이 말하되 네 마음에 누가 하늘에 올라가겠느냐 하지 말라 하니 올라가겠느냐 함은 그리스도를 모셔 내리려는 것이요 혹은 누가 무저갱에 내려가겠느냐 하지 말라 하니 내려가겠느냐 함은 그리스도를 죽은 자 가운데서 모셔 올리려는 것이라 그러면 무엇을 말하느냐 말씀이 네게 가까워 네 입에 있으며 네 마음에 있다 하였으니 곧 우리가 전파하는 믿음의 말씀이라"(롬 10:6~8)

우리는 그리스도를 모시러 하늘에 올라간 적도 없고 또 그리스도를 모시러 음부에 내려간 적도 없다. 하늘에서 내려오시고 음부에서 올라오신 것은 예수 그리스도의 단독 역사요 활동이다. 우리는 거기에 들러리를 선 적도 없다.

태아가 어머니 태에서 형성될 때 그것은 순전히 어머니의 공작(工作)이지 태아 자신의 공작이 아니다.

에베소서를 '됨의 교회' 및 '함의 교회' 제시로 특별히 선정한 데는 다음과 같은 이유가 있었음을 밝힌다.

「에베소서는 전통적인 조직신학의 교회론의 내용을 다 지니고 있다. 피셔 험프리스가 교회는 하나의 실제라고 강조했다. 그는 하나님이 교회를 택하셨기 때문에 교회는 하나님의 백성이며, 그리스도가 교회를 위해 죽으셨기 때문에 교회는 그리스도를 이 세상에서 섬기며 또 그리스도께서 활동하시는 그의 몸이며, 성령께서 교회를 거듭나게 하셨기 때문에 교회는 성령의 전(殿)이며 친교라고 했다(Fisher HumPhreys, *Thinking about God*. p. 170). 아버지는 영원 전에 교회를 택하셨고 아들은 역사 속에서 교회를 사셨으며 성령은 경험 속에서 교회에 내주하신다. 터너(J. C. Turner)는 교회는 영적 기관(spiritual organism)으로서, 신적 설계자가 설계했고(히 8:5), 신적 건축가가 건축했고(마 16:18), 신적 구매자가 구매했다(행 20:28; 엡 5:25; 고전 6:19~20)고 지적했다(J. C. Turner, *The new Testament Doctrine of the Church*, pp. 27~28). 터너는 교회를 상징하는 것으로는 3B가 있다고 했다(J. C. Turner의 같은 책 pp. 32~37). Building(건물, 고전 3:9, 16; 벧전 2:5), Body(몸, 골 1:18; 롬 12:4~5; 고전 12:12~27), Bride(신부, 호 2:19~20; 사 54:5; 렘 3:8, 14; 롬 7:4; 고후 11:2; 계 19:7~9)가 그것이다. 건물은 교회의 기초와 구성을 상징하고, 몸은 다양성과 통일성을 통한 활동을 상징하고, 신부는 교회의 순결을 상징한다.

그런데 에베소서는 단독적으로 이상에서 언급한 교회론의 주요교리를 다 내포하고 있다. 가령, 피셔 험프리스의 아버지-선택-하나님의 백성으로서의 교회, 아들-죽으심-그리스도의 몸으로서의 교회, 성령-중생-내주-성령의 전 및 친교로서의 교회라는 설명이든지, 혹은 터너의 하나님-신적 설계자-교회 설계, 아들-신적 건축가-교회 건축, 성령-신적 구매자-교회 구매라는 설명 등도 에베소서 1장 3~14절 속에 분명히 드러나고 있다.」[123]

지금까지의 모든 구원사역은 '됨의 교회'를 내어 놓게 되었다. 앞의 구원사역의 모든 과정이 없었더라면 정체 분명한 구원 받은 의인 그리스도인이 없었을 것이며 만약 이런 그리스도인들이 아예 없다면 교회는 존재하지 못했을 것이다.

우리는 여기까지는 '되게 하시는 성령님'의 사역을 보았다. 바로 뒤이어 '하게 하시는 성령님'의 사역을 봄으로써 결국 '함의 교회'의 진상을 알게 될 것이다. 이때 교회는 명실공(名實共) 교회의 모습이 나온다.

---

[123] 권혁봉 「침신논집」 6권, (대전: 침례신학대학교) "에베소서에 나타난 교회론 연구", pp. 62~63.

(4) 하나님께서 약속에 의해 보내신 성령님은 '하게 하시는 성령님'(Spirit of doing)으로 역사하신다.

'되게 하시는 성령님'이 생명과 관련된다면 '하게 하시는 성령님'은 능력과 관련된다. '되게 하시는 성령님'은 교회의 존재에 관여하셨고, '하게 하시는 성령님'은 교회의 행위에 관여하시는 바 그 내용에는 성화의 문제, 영적 전쟁의 문제, 그리고 궁극적 구원의 문제가 있다. 된 자(To be)는 하는 자(To do)가 되어야 한다. 그리스도인이 되었다면 그리스도인으로서의 활동을 해야 한다. 생명은 활동한다. 그러므로 산 자는 움직인다. 생명 다음에 오는 것은 능력이다.

에스겔 36장 26절은 '되게 하시는 새 영'이다.

"또 새 영을 너희 속에 두고 새 마음을 너희에게 주되 너희 육신에서 굳은 마음을 제거하고 부드러운 마음을 줄 것이며"(겔 36:26)

에스겔 36장 27절은 '하게 하시는 신'이다.

"또 내 영을 너희 속에 두어 너희로 내 율례를 행하게 하리니 너희가 내 규례를 지켜 행할지라" (겔 36:27)

율례를 행하게 하고 규례를 지키게 하는 능력은 사람 속에 두신 신(神) 때문이다. '하게 하시는 성령님'은 제자들의 이스라엘 나라 회복의 시기에 관한 질문의 답변에서 아주 선명하게 말씀하셨다.

"오직 성령이 너희에게 임하시면 너희가 권능을 받고 예루살렘과 온 유대와 사마리아와 땅 끝까지 이르러 내 증인이 되리라 하시니라"(행 1:8)

성령이 임하시면 권능(power)을 받아서 예수의 증인이 된다고 하셨다. 그리스도인이 된 자는 증인의 삶을 살아야 한다. 이때에 성령의 권능이 요청된다. 성령의 권능은 능력 그 자체이나 성령의 능력으로 그리스도인은 힘 있는 사람이 된다. 더욱더 거룩한 사람이 된다. 그리스도인은 성화하고 마귀와의 대결에서 반드시 승리한다.

A. W. 토저는 생명을 주시는 성령님의 능력을 구하라고 강조한 바 있다. 성령은 생명과 능력을 주신다.

「지금 하나님의 교회에 가장 시급히 요구되는 것은 성령님의 능력이다. 더 많은 교육, 더 탄탄한 조직, 더욱 세련된 방법들 그리고 예배당의 화려한 시설들과 더 비싼 장비들이 문제를 해결해 주는 것은 아니다. 이런 것들은 환자가 죽은 다음에 가져온 인공호흡기와 같다. 환자가 이미 죽은 상태라면 아무리 좋은 인공호흡기로도 그 사람에게 다시금 생명을 불어넣어줄 수 없다는 말이다. 그러나 주님은 "살리는 것은 영이다"(요 6:63)라고 말씀하셨다. 사후약방문(死後藥方文)은 아무런 힘도 쓸 수 없지만 "권능은 하나님께 속하였다"(시 62:11). 교회들이 소위 '연합 전선'을 펴서 자기들의 힘을 과시하며 세상적으로 무언가를 얻으려고 한다면 크게 착각하는 것이다. 공동묘지의 묘비들이 반듯하게 열을 맞추어 연합전선을 펴는 것 같이 보여도 세상 사람들이 그 앞을 지날 때에 아무 소리도 내지 못하고 무력하게 서 있는 것처럼, 지금 우리에게 가장 필요한 것은 조직의 연합이 아니라 '성령님의 능력'이다.」[124]

구원의 적용 중 '하게 하시는 성령님'의 능력으로 이 세상에서 어떻게 그리스도를 모시고 사느냐가 우리의 과제이다. '그러므로'가 우리 앞에 있다. 예수 그리스도 구원의 대책자가 '그러므로'(therefore)라는 조건을 주셨으니 그럼 우리는 어떻게 해야 하는가? 비로소 '세상 : 교회'의 대립 관계가 무엇인지를 느끼고 체험하는 관계에 이른다.

제1 "그러므로"(골 2:6)

"그러므로 너희가 그리스도 예수를 주로 받았으니 그 안에서 행하되"(골 2:6~15).

제2 "그러므로"(골 2:16)

"그러므로 먹고 마시는 것과 절기나 월삭이나 안식일을 인하여 누구든지 너희를 폄론(비판)하지 못하게 하라"(골 2:16~23).

제3 "그러므로"(골 3:1)

"그러므로 너희가 그리스도와 함께 다시 살리심을 받았으면 위엣 것을 찾으라 거기는 그리스도께서 하나님 우편에 앉아 계시느니라"(골 3:1~4).

제4 "그러므로"(골 3:5)

"그러므로 땅에 있는 지체를 죽이라"(골 3:4~11).

하지 말아야 할 것이 있다. – 그리스도인의 소극적 활동

제5 "그러므로"(골 3:12, 13).

"그러므로 너희는 하나님의 택하신 거룩하고 사랑하신 자처럼… 너희도 그리하고 이 모든 것 위에 사랑을 더하라"(골 3:12~4:8; 요한일서 전장–사랑 강조) 무언가 해야 할 것이 있다 – 그리스도의 적극적 활동.

---

[124] A. W. 토저, 「이것이 성령님이다」 (서울: 규장, 2006), p. 69.

사람이 세상에 태어나면 3단계의 세상 여정을 밟는다. 출생과 함께 그 나라의 국민이라는 출생신고를 한다. 이때 주민등록증을 소유한다. 아이가 성장하면 나라를 위한 각종 일을 하는데 그때 직함을 알리는 명함(name card)을 가진다. 그 명함대로 일을 다한 뒤에는 상급을 받고 세상을 떠난다. 그땐 사망신고로 인생을 마감한다. '되게 하시는 성령님' 으로 출생신고를 했으면 '하게 하시는 성령님' 으로 명함을 가지고 일을 해야 하지 않는가?

'하게 하시는 성령님' 의 능력은 구원사역의 계속과정이면서 최후의 국면인 성화(聖化, sanctification)와 영전(靈戰, spiritual war)이 있다. 성화는 구원을 계속 이루는 활동이며 성숙하고도 헌신된 제자도(弟子道)를 이루는 목표 지향적 전진이다. 영전은 경건한 생활을 유지하고자 하는 모든 그리스도인의 특수한 전쟁이다. 국가에는 치안도 중요하지만 국방도 중요하듯이 그리스도인에게 성화가 치안이라면 영전은 국방이라 비유해 봄직하다.

성화란 무엇인가? 영적 전쟁은 무엇인가? 성화란 내적 경건의 훈련이라면 영전은 외적 경건의 투쟁이다. 영전은 마귀와 세상을 향한 투쟁이다. 예수님은 일찍 베드로의 신앙 고백 위에 교회를 세우시겠다고 선포하시면서 이미 영전은 계속 될 것이라고 말씀하셨다.

"또 내가 네게 이르노니 너는 베드로라 내가 이 반석 위에 내 교회를 세우리니 음부의 권세가 이기지 못하리라"(마 16:18)

이와 같이 성화와 영전에 승리하고 나면 우리는 궁극적으로 구원받고야 말 것이다. 구원은 상실되지 않는다. 문제는 '되게 하시는 성령님' 은 사람들이 수용하는 편인데 '하게 하시는 성령님' 은 거부하는 경향이 있다. 이 말은 성령의 능력이 우리 삶의 활동 속에서 역사하지 못하도록 막는다는 것인데 그 이유는 무엇일까?

A. W. 토저는 그 이유를 몇 가지로 언급하고 있다. 성령의 능력이 역사하면 사람들은 감정적이 되고 광신적 신앙인의 모습이 드러나게 된다. 그리스도인 중에 감정이 폭발하고 평범을 넘어선 신앙형태를 보이면, 이런 류의 성령의 능력은 고사(固辭)하겠다는 소위 지성인의 태도가 있다. 성령의 능력을 받으면 사람들은 감정적이 되고 광신적인 신앙을 갖게 된다고 여겨 반감정주의(反感情主義)와 반광신적(反狂信的) 태도를 짐짓 취하려 한다. 성령의 능력이 내리면 감정적이 된다는데 그것이 어떻다는 것인가? 그리스도인이 감정을 가지면 무엇이 잘못된 것인가?

A. W. 토저는 이렇게 반박한다.

「이런 편견이 너무나 뿌리 깊게 자리 잡고 있기 때문에 진지한 사람들은 감정을 기피할 정도이다. 누군가 신앙적인 조언(助言)을 구할 때 조언해 주는 사람은 마치 마귀를 피하듯이 감정을 피하라고 경고하느라 열을 낸다. 성경을 가르치는 사람들도 감정이 잘못된 것이라고 역설하기 때문에 그런 사람들에게 배우는 사람들은 감정에 지배된 적이 있다는 사실을 부끄럽게 여기게 된다. 감정과 신앙이 서로 배타적인 것이라는 가르침이 만연하자 사람들은 감정을 표현하는 일이 세속적인 것은 아니라고 해도 적어도 교양 없는 짓이라고 믿게 되었다. 따라서 그들은 어떻게 해서든지 감정을 드러내지 않으려고 한다. 심지어 선량한 사람들조차 지지(支持)하는 이 반감정주의(反感情主義)는 정통적 신앙을 가진 사람들 사이에서 급속히 퍼지고 있다. 그러나 반감정주의는 근거 없는 논리이며, 비성경적인 교리이자 상식과 심리학에도 위배된다. 도대체 성경 어디에 신앙과 감정을 서로 적대적으로 취급하는가? 생명이 행동을 낳듯이, 신앙은 감정을 낳는다. 신앙이 없이 감정을 가질 수 있다. 그러나 감정도 없이 신앙을 가질 수 있는 것은 아니다. 아무 감정 없는 차디찬 광선(光線) 같은 신앙은 성경 어디에서도 발견되지 않는다.」[125]

성령의 능력은 정말 광신적 신앙을 유발하는가? 광신적 신앙에 대한 두려움 때문에 성령의 능력이 임함을 거부하려 든다. 이것은 성령의 능력을 받으면 광신이 아니라 뜨거운 신앙으로 나아가는 것에 대해 오해하는 태도이다.

토저는 이렇게 반박한다.

「둘째, 광신적(狂信的) 신앙에 대한 두려움 때문이다. 이런 종류의 두려움은 세련되고 교양 있다는 사람들에게서 특히 많이 발견된다. 높은 영적 경지에 이르렀다고 자부하는 사람들이 종종 절제되지 못한 광신적 행동을 보일 때가 있다. 이런 사람들을 볼 때 하나님의 자녀들이 본능적으로 혐오감을 느끼며 성령의 능력으로 충만한 삶에서 점점 멀어지게 된다. 그들은 교양 있고 세련된 사람들이기 때문에 오순절의 후손으로 자처하는 사람들의 조악(粗惡)하고 상스러운 언행을 용납하지 못한다. 그들은 '성령의 능력'이라는 말만 들으면 시끄럽고 광신적이고 상스러운 사람들을 머리에 떠올리게 되며 따라서 성령의 능력을 사모하지 않게 된다. 그들의 이러한 태도가 어느 정도 이해되지 않는 것은 아니다. 하지만 그들에게도 문제가 많다. 그들은 성령님이 예수님의 영이라는 것을 기억해야 한다. 즉, 성령님은 예수님처럼 우아하고 아름다운 분이심을 기억해야만 한다. 바울은 "하나님이 우리에게 주신 것은 두려워하는 마음이 아니요 오직 능력과 사랑과 절제하는 마음이니"(딤후 1:7)라고 말했다. 성령님은 광신(狂信)의 원인이 아니라 광신의 치료자이시다.」[126]

---

125) A. W. 토저, 「이것이 성령님이다」 (서울: 규장, 2006), pp. 111~112.
126) A. W. 토저, 「이것이 성령님이다」, pp. 113~114.

토저는 성령의 능력이 없는 설교자에게 계속 성령의 능력에 관한 설교를 듣게 됨을 말하면서 그런 성령 능력 설교는 음성이 아니라 메아리를 듣는 것이며, 빛이 아니라 그림자를 보는 것이라고 했다.[127]

토저는 지금도 성령의 능력 부어주심의 시대임을 강조하고 신조(信條)와 예전(禮典)에 대한 메마른 동의가 아니라 뜨거운 성령과의 접촉에서 부흥의 열풍을 일으킨다고 강조했다.

「하나님은 요엘 선지자를 통해서 모든 육체에게 자신의 영을 부어주시겠다고 약속하셨다. 이 약속에서 '말세' 란 예수님의 처음 오심부터 다시 오심까지의 기간을 가리킨다.

능력을 부어주시겠다는 하나님의 약속의 유효기간은 교회가 이 땅에서 영적 전쟁을 치러야 하는 기간 전체에 해당한다. 이것은 2000년에 걸친 교회의 역사가 증명하는 진리이다. 역사적으로 볼 때, 대다수의 기독교인들은 신조(信條)와 예전(禮典)을 붙드는 데 만족했다. 그러나 소수의 그리스도인들은 능력을 부어주시겠다는 하나님의 약속을 붙들어서 성령님의 능력을 맛보았다. '종교 개혁' 이라고 불리는 역동적 사건, 봇물처럼 터진 선교사 파송, 여러 지역과 나라를 휩쓴 부흥의 열풍, 이런 것들은 하나님께서 그분의 약속에 따라 불을 보내셨다는 증거이다.」[128]

'하게 하시는 성령님' 은 '되게 하시는 성령님' 자신의 앞서 하신 구원사역에 기초해서 능력과 전투에 임하게 하는 튼튼한 그리스도인을 세우시는 일을 하시는 바 이럴 때 튼튼한 교회가 형성되는 것이다. 이제 우리는 '하게 하시는 성령님' 의 마지막 세 가지 주제를 보기로 하자. 그것은 성화와 영적 전쟁과 그리스도인의 궁극적 구원의 교훈이다.

성화(聖化, sanctification)란 무엇인가? - 내적 승리

성화란 이미 거룩한 그리스도인이 성령의 역사하심을 따라 하나님께 자기 자신을 또 거룩하게 바치는 행위이다.

예수께서 이룩하신 사역을 성령께서 그리스도인 삶 속에 적용해 주시니까 그리스도인은 그것을 우선 순순히 받아들인 다음 그것에 어울리게 자기 자신을 거룩케 하는 것이다. 물론 이것은 '하게 하시는 성령님' 의 주된 사역이다.

"곧 하나님 아버지의 미리 아심을 따라 성령이 거룩하게 하심으로 순종함과 예수 그리스도의 피

---

127) 위의 책, p. 114.
128) 위의 책, pp. 109~110.

뿌림을 얻기 위하여 택하심을 받은 자들에게 편지하노니 은혜와 평강이 너희에게 더욱 많을지어다"(벧전 1:2)

여기 보면 '성령의 거룩하게 하심'이 있다. 성화는 신자의 삶 속에 하나님께서 계속적으로 역사하시사 신자를 실제로 거룩하게(actually holy) 만드시는 활동이다. 거룩하게 만들어주시는 분과 거룩하게 되자는 사람이 여기 관계된다.

하나님이 거룩하게 자리를 정해주시니까 그 자리에서 거룩함을 유지하려는 사람의 노력이 있다. 자기의 도덕성이 하나님 앞에서의 자기의 법적 지위성(地位性)에 어울리게 노력하는 과정이다. 이런 자리를 주셨으니 이 자리에 빛나는 인물이 되자는 것이다.

루이스 벌코프는 성화는 하나님의 일이되 신자가 협동하는 일이라고 했다. 그렇다고 해서 성화의 일은 하나님과 사람이 반반씩 분담한다는 뜻이 아니라 사람은 인격자이니까 하나님은 사람을 도구로 하여 성령과 함께 기도하며 지성적으로 성화에 협동할 것을 요구한다는 뜻이다. 그는 사람이 성령과 협동해야만 하는 사실을 다음과 같은 측면에서 말하고 있다. 악과 유혹으로부터 떠날 것을 계속해서 경고를 받고 있으니 우리는 그 경고를 받고 성화해야 하는 것이며(고전 6:9~10; 롬 12:9, 16~17; 갈 5:16~23), 또 우리는 거룩한 삶을 살도록 계속 권고를 받고 있으니 이 권고를 받고 성화해야 하는 것이다(미 6:8; 요 15:2, 8, 16; 롬 8:12~13; 12:1~2, 17; 갈 6:7~8, 15).[129] 이런 의미에서 성화는 이루어놓은 성화보다 앞으로 이룰 성화에 더 비중을 두고 '하게 하시는 성령님'의 역사를 요청하게 되는 것이다. '아들'이라고 했으니까 '아들 행실'을 해야 하고 '의인'이라고 했으니까 '의인의 행위'를 해야 하는 것이다.

성화에는 먼저 예수 그리스도의 이룩하신 사역이 전제된다.

"이는 곧 물로 씻어 말씀으로 깨끗하게 하사 거룩하게 하시고"(엡 5:26)
"거룩하게 하시는 이와 거룩하게 함을 입은 자들이 다 한 근원에서 난지라 그러므로 형제라 부르시기를 부끄러워하지 아니하시고"(히 2:11)
"그리스도께서는 장래 좋은 일의 대제사장으로 오사 손으로 짓지 아니한 것 곧 이 창조에 속하지 아니한 더 크고 온전한 장막으로 말미암아 염소와 송아지의 피로 하지 아니하고 오직 자기의 피로 영원한 속죄를 이루사 단번에 성소에 들어가셨느니라"(히 9:11~12)
"하물며 영원하신 성령으로 말미암아 흠 없는 자기를 하나님께 드린 그리스도의 피가 어찌 너희 양심을 죽은 행실에서 깨끗하게 하고 살아 계신 하나님을 섬기게 하지 못하겠느냐"(히 9:14)

---

[129] L. Berkhof, *Systematic Theology*, p. 534.

성화의 기초가 형성되어 있다. 이 기초를 그리스도인의 삶 속에 적용시키시는 분은 '하게 하시는 성령님' 이시다. 하나님이 거룩하시니까 예수 그리스도로 말미암아 거룩한 일, 즉 속죄 구원 사역을 하게 하셨는데, 이러한 성부, 성자께서 하신 일의 마무리를 누가 하시느냐는 것이다. 이런 표현이 삼신론(三神論)이나 양태론(樣態論)으로 들리는 오해를 풀기 위해 삼위일체 하나님의 역사하심을 우리는 강조해야 할 것이다. 삼위일체 하나님은 모든 일에 가담하였으나 또 각 위의 특별한 사역이 있으신데, 여기서 '하게 하시는 성령님' 은 성화에 있어서 생명이 아니라 능력을 부여하시는 역사를 하신다. 이하에 참조 성경구절을 소개한다.

"그는 진리의 영이라 세상은 능히 그를 받지 못하나니 이는 그를 보지도 못하고 알지도 못함이라 그러나 너희는 그를 아나니 그는 너희와 함께 거하심이요 또 너희 속에 계시겠음이라 내가 너희를 고아와 같이 버려두지 아니하고 너희에게로 오리라"(요 14:17~18)

"만일 너희 속에 하나님의 영이 거하시면 너희가 육신에 있지 아니하고 영에 있나니 누구든지 그리스도의 영이 없으면 그리스도의 사람이 아니라 또 그리스도께서 너희 안에 계시면 몸은 죄로 말미암아 죽은 것이나 영은 의로 말미암아 살아 있는 것이니라"(롬 8:9~10)

"고린도에 있는 하나님의 교회 곧 그리스도 예수 안에서 거룩하여지고 성도라 부르심을 받은 자들과 또 각처에서 우리의 주 곧 그들과 우리의 주 되신 예수 그리스도의 이름을 부르는 모든 자들에게, 너희는 하나님으로부터 나서 그리스도 예수 안에 있고 예수는 하나님으로부터 나와서 우리에게 지혜와 의로움과 거룩함과 구원함이 되셨으니"(고전 1:2,30)

"너희 몸은 너희가 하나님께로부터 받은 바 너희 가운데 계신 성령의 전인 줄을 알지 못하느냐 너희는 너희 자신의 것이 아니라"(고전 6:19)

"내가 이르노니 너희는 성령을 따라 행하라 그리하면 육체의 욕심을 이루지 아니하리라"(갈 5:16)

"술 취하지 말라 이는 방탕한 것이니 오직 성령으로 충만함을 받으라"(엡 5:18)

"하나님이 그들로 하여금 이 비밀의 영광이 이방인 가운데 얼마나 풍성한지를 알게 하려 하심이라 이 비밀은 너희 안에 계신 그리스도시니 곧 영광의 소망이니라 우리가 그를 전파하여 각 사람을 권하고 모든 지혜로 각 사람을 가르침은 각 사람을 그리스도 안에서 완전한 자로 세우려 함이니 이를 위하여 나도 내 속에서 능력으로 역사하시는 이의 역사를 따라 힘을 다하여 수고하노라"(골 1:27~29)

"우리 안에 거하시는 성령으로 말미암아 네게 부탁한 아름다운 것을 지키라"(딤후 1:14)

예수님이 성화를 위해 하신 것이 역사적으로 드러났다. 예수의 피흘림이 있었다. 자기 백성을 거룩하게 하시고자 목적하셨기 때문이다. 십자가를 지시고 예수님은 성문 밖으로 나아가셨다. 제물(祭物) 육체는 영문 밖에서 불사름을 당하였다. 예수 그리스도라는 속죄

제물이 이렇게 하셨다.

"그러므로 예수도 자기 피로써 백성을 거룩하게 하려고 성문 밖에서 고난을 받으셨느니라"(히 13:12)

그럼 사람들은 어떻게 해야 하나? 곧이어 히브리서 기자는 이렇게 말한다.

"그런즉 우리도 그의 치욕을 짊어지고 영문 밖으로 그에게 나아가자"(히 13:13)

'그런즉' 어떻게 했기에 그런즉인가? 예수가 그 피로 백성을 거룩하게 해주셨은즉이다. 백성은 어떻게 해야 하나? 그 능욕을 지고 영문 밖으로 그에게 나아가야 하는 것이다. 즉 이것이 성화이다. 성화란 거룩하게 하신 분으로 나아가서 거룩하게 하신 그분과 함께 붙어서 또 우리가 거룩하게 되어져야만 하는 것이다. 이 성화의 내용이 그 뒤를 이어주고 있다. 찬미의 제사를 드리는 것이 성화이다.

"그러므로 우리는 예수로 말미암아 항상 찬송의 제사를 하나님께 드리자 이는 그 이름을 증언하는 입술의 열매니라 오직 선을 행함과 서로 나누어 주기를 잊지 말라 하나님은 이 같은 제사를 기뻐하시느니라"(히 13:15~16)

하나님께 입술의 찬미를 계속하면서 대인관계에서 선행과 베풂의 삶이 거룩한 성화의 삶이다.
교회에서의 인도자들에게 순종하고 복종하는 것이다.

"너희를 인도하는 자들에게 순종하고 복종하라 그들은 너희 영혼을 위하여 경성하기를 자신들이 청산할 자인 것 같이 하느니라 그들로 하여금 즐거움으로 이것을 하게 하고 근심으로 하게 하지 말라 그렇지 않으면 너희에게 유익이 없느니라"(히 13:17)

가장 성화된 교회는 가장 순종하는 교회이다. 그리스도인들의 성화의 책임에 대한 고데(Godet)의 진술은 다음과 같다.

「이 세상에서의 예수의 사역은 이중적이다. 그 하나는 우리를 위해(for us) 완성한 사역인데 하나님과 사람 사이에 화목을 가져오게 된 것이며, 또 다른 하나는 우리 안에서(in us) 완성한 사역인데 우리의 성화를 이루게 하는 것이다.

화목에 의해 하나님과 우리 사이에 올바른 관계가 형성되었고, 성화에 의해 재정립된 질서의 열매가 확보되었다. 전자에 의해 정죄된 죄인이 은혜의 상태로 받아지게 되었고 후자에 의해 용서받은 죄인이 하나님의 생명과 연결되었다.… 사죄는 건강의 재건(再建)이 아니라 오히려 회복기에 들어섰을 때의 위기이다. 하나님이 죄인을 의롭다고 선언하신 것이 잘된 것이라고 생각하신 것은 그 사람이 그것으로 인해 거룩함에 이르도록 하시기 위해서였던 것이다."[130]

우리 그리스도인이 성화를 이루어야 할 책임을 성령은 우리에게 도전하시며 그 책임을 이수하려 할 때 성령은 힘을 주신다. 이것이 현대 교회가 말하는 '제자도'이며 '헌신된 그리스도인'이며 '충성된 교인'이라는 것인데 이 말을 합해서 부르는 신학적 용어가 '성화'이다. 우리의 성화는 하나님의 뜻하시는 바이며 우리의 성화는 하나님으로부터 온 것이지만 그 성화를 이뤄내야 할 일이 우리에게 남아 있다. 사람들은 성화는 신자 편에서 볼 때 완전히 하나의 수동적 문제로만 보기 쉬우나 사실은 언제나 꼭 그런 것만이 아니다. 물론 성화는 전적으로 하나님에게 속한 역사이며 그것은 하나님의 거룩성에 기초하는 것은 사실이지만 그럼에도 불구하고 신자는 계속 권고를 받고 있다.[131]

어떤 권고를 받고 있는가? 하나님은 성화의 능동자요 사람은 수동자임은 물론이다.

우리는 은혜란 말에 자주 걸려 넘어진다. 은혜는 받기만 하고 주는 것은 없는 것으로 여긴다. 하나님은 사람을 인격자로 만드셨기 때문에 인격자 하나님에게 인격적으로 대해주기를 원하신다. 하나님은 무반응적 돌이나 기계와 거래하시기를 원치 않으신다.

"그리스도를 위하여 너희에게 은혜를 주신 것은 다만 그를 믿을 뿐 아니라 또한 그를 위하여 고난도 받게 하심이라"(빌 1:29)

"그러므로 나의 사랑하는 자들아 너희가 나 있을 때뿐 아니라 더욱 지금 나 없을 때에도 항상 복종하여 두렵고 떨림으로 너희 구원을 이루라 너희 안에서 행하시는 이는 하나님이시니 자기의 기쁘신 뜻을 위하여 너희에게 소원을 두고 행하게 하시나니"(빌 2:12~13)

"사랑에는 거짓이 없나니 악을 미워하고 선에 속하라, 서로 마음을 같이하며 높은 데 마음을 두지 말고 도리어 낮은 데 처하며 스스로 지혜 있는 체하지 말라 아무에게도 악을 악으로 갚지 말고 모든 사람 앞에서 선한 일을 도모하라"(롬 12:9, 16, 17)

"너희가 육신대로 살면 반드시 죽을 것이로되 영으로써 몸의 행실을 죽이면 살리니 무릇 하나님의 영으로 인도함을 받는 사람은 곧 하나님의 아들이라"(롬 8:13, 14)

---

130) A. H. Strong, *Systematic Theology*, p. 869.
131) Millard Erickson, 이전의 책, p. 971.

"그러므로 형제들아 내가 하나님의 모든 자비하심으로 너희를 권하노니 너희 몸을 하나님이 기뻐하시는 거룩한 산 제물로 드리라 이는 너희가 드릴 영적 예배니라 너희는 이 세대를 본받지 말고 오직 마음을 새롭게 함으로 변화를 받아 하나님의 선하시고 기뻐하시고 온전하신 뜻이 무엇인지 분별하도록 하라"(롬 12:1~2)

이렇게 성화는 하나님의 사역이지만 신자에게도 역시 하나의 담당 역할이 있으니 곧 죄된 것을 버리고 거룩을 발전시키는 일이다.

결국 성화란 무엇인가?

A. H. Strong의 정의는 다음과 같다:

"성화는 중생 시에 부여된 거룩한 기질이 유지되고 강화되게 만드시는 성령의 계속적인 활동이다."[132]

L. 벌코프의 정의는 다음과 같다:

"성화는 의롭게 된 죄인을 죄의 오염에서부터 이끌어내시며 또 하나님의 형상 안으로 그의 모든 성품을 새롭게 하며, 그로 하여금 선한 일을 능히 이행할 수 있도록 하는 성령님의 은혜롭고도 계속적인 활동이다."[133]

이상과 같은 정의를 참조하면 우리는 성화를 다음과 같이 분석할 수 있다.

- 성화는 중생 시에 이미 시작되었다.
- 성화는 일시적이고 단회적(單回的)인 사건이 아니라 계속적인 사건이다.
- 성화는 거룩하고 더 성숙한 인격으로의 발전 사건이다.
- 성화는 불신자에 관계되는 것이 아니라 이미 의롭게 된 자에게 관계되는 것이다.
- 성화의 주역은 성령님이시고 그 역사는 성령의 활동이다.
- 성화는 성령의 활동에 신자의 적극적인 협동을 요구한다.

그런즉 성화는 본 논의를 시작했을 때 표제에서 내리는 것과 같은 정의가 포괄적인 것이라고 믿는다. "성화란 이미 거룩한 그리스도인이 성령의 역사하심을 따라 하나님께 자기 자신을 또 거룩하게 바치는 행위다."

여기 거룩하게 바친다는 것은 이미 하나님께로 붙어 귀속된 존재자가 그 자리를 떠나지 않고 지키면서 하나님이 기뻐하시는 목적에 부응하는 삶을 사는 것인데 그 경계선 안이 교회인 것이다. 결국 성화란 순결하고도 충성된 교회생활을 말하는 것이다. 이미 성화된 자가 또

---

132) A. H. Strong, *Systematic Theology*, p. 869.
133) L . Berkhof, *Systematic Theology*, p. 532.

성화되어 성화의 꽃을 활짝 피우는 곳이 교회이다. 교회를 떠난 성화는 물을 떠난 고기의 생활과 같은 것이다. 교회생활에서도 육신에 속한 자, 곧 그리스도 안에 어린아이(고전 3:1)가 있음은 성화의 필요성을 단적으로 말해주고 있다. 이것은 무엇을 말하는가? 중생 시에 영혼의 지배적 기질이 거룩하게 되었다 하여도 아직도 악으로 향하는 경향성이 있다는 것이다.[134]

"예수께서 이르시되 이미 목욕한 자는 발밖에 씻을 필요가 없느니라 온몸이 깨끗하니라 너희가 깨끗하나 다는 아니니라 하시니"(요 13:10)
"그러므로 너희는 죄가 너희 죽을 몸을 지배하지 못하게 하여 몸의 사욕에 순종하지 말고"(롬 6:12)

그리스도인 안에 두 개의 상반 원리가 평생까지 이어지고 있다는 것이다.[135]

"육체의 소욕은 성령을 거스르고 성령은 육체를 거스르나니 이 둘이 서로 대적함으로 너희가 원하는 것을 하지 못하게 하려 함이니라"(갈 5:17)
"믿음의 선한 싸움을 싸우라 영생을 취하라 이를 위하여 네가 부르심을 받았고 많은 증인 앞에서 선한 증언을 하였도다"(딤전 6:12)
그리스도인은 한 사람 안에 두 사람이 있어서 하는 일이 있으니 "옛 사람을 버리는 것"과 "새 사람을 입는 것"이다. "너희는 유혹의 욕심을 따라 썩어져 가는 구습을 따르는 옛 사람을 벗어 버리고 오직 너희의 심령이 새롭게 되어"(엡 4:22~23)

그러니까 '하게 하시는 성령님'의 역사가 필요하다.[136] 성령은 그리스도인으로 하여금 믿음을 더 강하게 하시고 더 한층 그리스도와 접근하게 하시고 점진적으로 사람의 본성에 있는 죄 된 것을 정복하게 하심으로 성화의 길을 가게 하신다. 그것은 성령이 신자에게 능력을 주신 까닭이다.

"너희가 육신대로 살면 반드시 죽을 것이로되 영으로써 몸의 행실을 죽이면 살리니 무릇 하나님의 영으로 인도함을 받는 사람은 곧 하나님의 아들이라"(롬 8:13)
"너희 중에 이와 같은 자들이 있더니 주 예수 그리스도의 이름과 우리 하나님의 성령 안에서 씻음과 거룩함과 의롭다 하심을 받았느니라"(고전 6:11)
"누구든지 스스로 경건하다 생각하며 자기 혀를 재갈 물리지 아니하고 자기 마음을 속이면 이 사람의 경건은 헛것이라"(약 1:26)

---

134) A. H. Strong, *Systematic Theology*, p. 869.
135) A. H. Strong, 같은 책, p. 870.
136) A. H. Strong, 같은 책.

성화의 하나님이 계시니 성화의 백성이 있는 것이다. 하나님의 속성이 거룩하시니 하나님의 사람들도 거룩해야 한다. 하나님과 사람의 관계는 성화의 관계이다. 하나님은 거룩하시다. 하나님은 이미 거룩하시니 거룩해야 할 이유가 없으시다. 그러나 성화를 요구하시는 하나님이시기 때문에 성화의 하나님이시요 그의 백성은 성화의 백성이다.

하나님의 거룩성이란 무엇인가?

거룩이란 말 자체가 다른 대상으로부터 분리된 상태를 말한다. 하나님은 다른 피조물과 분리되어 있고 죄와 분리되어 있다. 하나님과 다른 피조물과는 건너지 못할 강이 중간에 있다. 하나님의 거룩이라는 것은 하나님께서 모든 피조물과는 절대적으로 독립되며 절대적으로 초월해 계신다는 것과 특별히 모든 죄악과는 완전히 구분되어 떨어져 계신다는 것이다. 하나님은 너무나 거룩하셔서 죄인된 사람들은 거룩하신 하나님을 예배할 수가 없다.

> "준비하게 하여 셋째 날을 기다리게 하라 이는 셋째 날에 나 여호와가 온 백성의 목전에서 시내산에 강림할 것임이니 너는 백성을 위하여 주위에 경계를 정하고 이르기를 너희는 삼가 산에 오르거나 그 경계를 침범하지 말지니 산을 침범하는 자는 반드시 죽임을 당할 것이라"(출 19:11~12)

성산(聖山), 성소(聖所), 지성소(至聖所)는 아무나 접근하지 못한다. 거기엔 꼭 성제물(聖祭物)이 앞서야 했다. 루이스 벌코프는 하나님의 거룩성이란, 하나님은 신적이며 절대적으로 다른 피조물과는 구별되어 있다는 사실에 기초해서 '접근불가적'(接近不可的) 존재성이라 했다.[137] 그런 성격의 거룩은 단지 하나의 속성이 아니라 하나님 안에서 발견되는 모든 것의 총 지배적 위치에 있는 속성이다. 즉 하나님은 하나님의 은혜와 의로움과 사랑과 그의 진노에 있어서도 늘 거룩하시다는 것이다. 하나님은 그의 거룩성을 다양하게 보여 주셨다. 이스라엘의 적들에게 무서운 심판을 가함으로써 하나님의 거룩성을 보여 주셨다.

> "여호와여 신 중에 주와 같은 자가 누구니이까 주와 같이 거룩함으로 영광스러우며 찬송할 만한 위엄이 있으며 기이한 일을 행하는 자가 누구니이까 주께서 오른손을 드신즉 땅이 그들을 삼켰나이다"(출 15:11~12)

하나님 자신을 위해 한 민족을 세상으로부터 빼내어 오셔서 자기에게로 속하게 하심으로써 거룩성을 보여 주셨다.

---

137) L. Berkhof, *Systematic Theology*, p. 531.

"내가 애굽 사람에게 어떻게 행하였음과 내가 어떻게 독수리 날개로 너희를 업어 내게로 인도하였음을 너희가 보았느니라, 너희가 내게 대하여 제사장 나라가 되며 거룩한 백성이 되리라 너는 이 말을 이스라엘 자손에게 전할지니라"(출 19:4,6)
"내가 너희를 인도하여 여러 나라 가운데에서 나오게 하고 너희가 흩어진 여러 민족 가운데에서 모아 낼 때에 내가 너희를 향기로 받고 내가 또 너희로 말미암아 내 거룩함을 여러 나라의 목전에서 나타낼 것이며"(겔 20:41)

하나님은 불결하고 경건치 못한 세상으로부터 자기 백성을 끌어내시며 비록 불성실한 백성이라도 계속 아끼시는 것은 더러운 이방 세상이 혹시라도 하나님의 일이 실패하지 않았느냐고 생각할까봐 그렇게 하신 것이었다.

"에브라임이여 내가 어찌 너를 놓겠느냐 이스라엘이여 내가 어찌 너를 버리겠느냐 내가 어찌 너를 아드마같이 놓겠느냐 어찌 너를 스보임같이 두겠느냐 내 마음이 내 속에서 돌이키어 나의 긍휼이 온전히 불붙듯 하도다 내가 나의 맹렬한 진노를 나타내지 아니하며 내가 다시는 에브라임을 멸하지 아니하리니 이는 내가 하나님이요 사람이 아님이라 네 가운데 있는 거룩한 이니 진노함으로 네게 임하지 아니하리라"(호 11:8~9)

여호수아가 세겜에 모인 이스라엘 백성과 나눈 대담이 하나님의 거룩성을 과연 사람이 맞춰 줄 수 있느냐는 의문을 잘 말해 주고 있다.

"여호수아가 이스라엘 모든 지파를 세겜에 모으고 이스라엘 장로들과 그들의 수령들과 재판장들과 관리들을 부르매 그들이 하나님 앞에 나와 선지라"(수 24:1)

일단 백성을 모아놓고 여호수아는 2~13절까지 이스라엘 백성의 선조 아브라함의 소명과 이삭과 야곱에게 내린 축복과 출애굽 사건과 관련된 하나님의 보호와 인도하심을 설명하고 말씀을 결론으로 제시했다.

"내가 또 너희가 수고하지 아니한 땅과 너희가 건설하지 아니한 성읍들을 너희에게 주었더니 너희가 그 가운데에 거주하며 너희는 또 너희가 심지 아니한 포도원과 감람원의 열매를 먹는다 하셨느니라"(수 24:13)

그렇게 한 뒤 여호수아가 백성에게 당부한다.

"그러므로 이제는 여호와를 경외하며 온전함과 진실함으로 그를 섬기라 너희의 조상들이 강 저쪽과 애굽에서 섬기던 신들을 치워 버리고 여호와만 섬기라"(수 24:14)

"그러므로 이제는"이 이스라엘이 해야 할 일이었다. 여호수아는 자기의 의연한 결단을 백성에게 보인다.

"만일 여호와를 섬기는 것이 너희에게 좋지 않게 보이거든 너희 조상들이 강 저쪽에서 섬기던 신들이든지 또는 너희가 거주하는 땅에 있는 아모리 족속의 신들이든지 너희가 섬길 자를 오늘 택하라 오직 나와 내 집은 여호와를 섬기겠노라 하니"(수 24:15)

백성이 즉각적으로 대답한다.

"백성이 대답하여 이르되 우리가 결단코 여호와를 버리고 다른 신들을 섬기기를 하지 아니하오리니"(수 24:16)

그리고 여호와만 섬겨야 할 이유를 그들은 다음과 같이 내어 놓는다.

"이는 우리 하나님 여호와께서 친히 우리와 우리 조상들을 인도하여 애굽 땅 종 되었던 집에서 올라오게 하시고 우리 목전에서 그 큰 이적들을 행하시고 우리가 행한 모든 길과 우리가 지나온 모든 백성들 중에서 우리를 보호하셨음이며 여호와께서 또 모든 백성들과 이 땅에 거주하던 아모리 족속을 우리 앞에서 쫓아내셨음이라 그러므로 우리도 여호와를 섬기리니 그는 우리 하나님이심이니이다 하니라"(수 24:17~18)

문제는 이와 같은 백성의 당당한 결의에도 불구하고 여호수아의 대답은 "그렇지 못하다, 안 될 걸" 하는 부정적인 태도다.

"여호수아가 백성에게 이르되 너희가 여호와를 능히 섬기지 못할 것은 그는 거룩하신 하나님이시요 질투하시는 하나님이시니 너희의 잘못과 죄들을 사하지 아니하실 것임이라"(수 24:19)

이스라엘 백성은 그 뒤에도 정녕 여호와를 섬기겠노라고 큰소리치며(수 24:21) 여호수아도 "그럼 그렇게 해 보자"는 식으로 백성으로 더불어 언약을 세우고 그들을 위하여 율례와 법도를 정하긴 했지만(수 24:25), 이스라엘의 역사는 거룩하신 하나님을 섬기는 데에는 항상 실패한 실패의 역사를 지어 내었던 것이다. 이스라엘 백성이 여호와를 섬기는 것은 그는 거룩하신 하나님이시요 질투하시는 하나님이시기 때문이라고 했다.

이 긴 이야기의 핵심은 이런 것이다. 하나님은 거룩하시다. 사람으로서는 그 거룩에 맞설 수가 없다. 그럼에도 불구하고 사람은 그 거룩하신 하나님 앞에 서야 하나니 예수 그리스도가 마침내 우리의 대제사장이 되어 주심으로 우리도 소제사장들이 되어 하나님의 거룩에 맞서게 되었은즉 이것으로 성화의 길이 트인 것이다. 여기서 배우는 진리는 하나님과 죄인 사이에는 간격이 있으며(사 59:1, 2) 따라서 하나님께 접근하려면 타자의 공로가 있어야 한다는 사실이다(롬 5:2; 엡 2:18; 히 10:19, 20). 구약에서 말하는 하나님의 거룩을 보자.

"벧세메스 사람들이 이르되 이 거룩하신 하나님 여호와 앞에 누가 능히 서리요 그를 우리에게서 누구에게로 올라가시게 할까 하고"(삼상 6:20)

"이스라엘의 찬송 중에 계시는 주여 주는 거룩하시니이다"(시 22:3)

"버러지 같은 너 야곱아, 너희 이스라엘 사람들아 두려워하지 말라 나 여호와가 말하노니 내가 너를 도울 것이라 네 구속자는 이스라엘의 거룩한 이이니라"(사 41:14)

"내가 내 거룩한 이름을 내 백성 이스라엘 가운데에 알게 하여 다시는 내 거룩한 이름을 더럽히지 아니하게 하리니 내가 여호와 곧 이스라엘의 거룩한 자인 줄을 민족들이 알리라 하라"(겔 39:7)

"선지자가 이르되 여호와 나의 하나님, 나의 거룩한 이시여 주께서는 만세 전부터 계시지 아니하시니이까 우리가 사망에 이르지 아니하리이다 여호와여 주께서 심판하기 위하여 그들을 두셨나이다 반석이시여 주께서 경계하기 위하여 그들을 세우셨나이다"(합 1:12)

헨리 디이슨이 말하는 거룩성의 표현 사실들을 보면 아래와 같다.

「하나님의 거룩성은 하나님의 속성 가운데 과연 제일 선두를 달리는 속성이다. 하나님의 거룩성은 하나님께서 이미 구약시대 때부터 특별히 알리시기를 원하셨던 속성이다. 다음 구절을 참고하기 바란다: 레 11:44, 45; 수 24:19; 삼상 6:20; 시 22:3; 사 40:23; 겔 39:7; 합 1:12. 하나님의 거룩성은 다음 여러 사실로 강조되고 있다. 하나님께서 산에 내려오실 때에 시내산에 경계를 정하사 거룩함을 강조했다(출 19:12, 13, 21~25). 성막과 성전을 성소(聖所)와 지성소(至聖所)로 분류해서 거룩성을 강조했다(출 26:33; 왕상 6:16). 이스라엘이 하나님께 접근할 때 꼭 지니고 와야 했던 제물을 설명함으로써 거룩성을 강조했다(레 1~7장). 하나님과 백성 간에 중재할 특별한 제사장 제도를 설정함으로써 거룩성을 강조하기도 했다(레 8~10장). 그의 부정(不淨)에 대한 수많은 율법과(레 11~15장) 이스라엘의 절기(레 23장)와 팔레스타인에서의 이스라엘의 고립(민 23:9; 신 33:28)을 통해서 하나님의 거룩성을 강조했다.」[138]

신약에서 말하는 하나님의 거룩을 보자.

"나는 세상에 더 있지 아니하오나 그들은 세상에 있사옵고 나는 아버지께로 가옵나니 거룩하신 아버지여 내게 주신 아버지의 이름으로 그들을 보전하사 우리와 같이 그들도 하나가 되게 하옵소서, 또 그들을 위하여 내가 나를 거룩하게 하오니 이는 그들도 진리로 거룩함을 얻게 하려 함이니이다"(요 17:11,19)
"그들은 잠시 자기의 뜻대로 우리를 징계하였거니와 오직 하나님은 우리의 유익을 위하여 그의 거룩하심에 참여하게 하시느니라"(히 12:10)
"오직 너희를 부르신 거룩한 이처럼 너희도 모든 행실에 거룩한 자가 되라 기록되었으되 내가 거룩하니 너희도 거룩할지어다 하셨느니라"(벧전 1:15~16)
"네 생물은 각각 여섯 날개를 가졌고 그 안과 주위에는 눈들이 가득하더라 그들이 밤낮 쉬지 않고 이르기를 거룩하다 거룩하다 거룩하다 주 하나님 곧 전능하신 이여 전에도 계셨고 이제도 계시고 장차 오실 이시라 하고"(계 4:8)
"너희는 거룩하신 자에게서 기름 부음을 받고 모든 것을 아느니라"(요일 2:20)
"큰 소리로 불러 이르되 거룩하고 참되신 대주재여 땅에 거하는 자들을 심판하여 우리 피를 갚아 주지 아니하시기를 어느 때까지 하시려 하나이까 하니"(계 6:10)

속성상 거룩하신 하나님께서 실제로 거룩하게 하신 일들은 무엇인가? 우리는 그 하신 일들을 보고 우리는 거룩해야 할 의무를 갖게 된다. 성부 하나님은 아들을 거룩하게 하셨다.

"하물며 아버지께서 거룩하게 하사 세상에 보내신 자가 나는 하나님의 아들이라 하는 것으로 너희가 어찌 신성모독이라 하느냐"(요 10:36)

아버지는 아들을 세상에 보내실 때 거룩하게 해서 보내셨다고 하셨다. 이 거룩함이 하나님에게 없어서는 안 될 얼마나 중차대한 일이었으면 그랬을까? 하나님은 제사장과 이스라엘 백성을 거룩하게 하셨다.

"내가 그 회막과 제단을 거룩하게 하며 아론과 그의 아들들도 거룩하게 하여 내게 제사장 직분

---

138) 헨리 디이슨, 「조직신학 강론」, p. 198.

을 행하게 하며"(출 29:44)
"너는 이스라엘 자손에게 말하여 이르기를 너희는 나의 안식일을 지키라 이는 나와 너희 사이에 너희 대대의 표징이니 나는 너희를 거룩하게 하는 여호와인 줄 너희가 알게 함이라"(출 31:13)
"평강의 하나님이 친히 너희를 온전히 거룩하게 하시고 또 너희의 온 영과 혼과 몸이 우리 주 예수 그리스도께서 강림하실 때에 흠 없게 보전되기를 원하노라"(살전 5:23)

하나님은 날과 장소와 물건을 거룩하게 하셨다.

"하나님이 그 일곱째 날을 복되게 하사 거룩하게 하셨으니 이는 하나님이 그 창조하시며 만드시던 모든 일을 마치고 그 날에 안식하셨음이니라"(창 2:3)
"내가 거기서 이스라엘 자손을 만나리니 내 영광으로 말미암아 회막이 거룩하게 될지라"(출 29:43)

성자 하나님이 거룩하게 하셨다.

"이는 곧 물로 씻어 말씀으로 깨끗하게 하사 거룩하게 하시고"(엡 5:26)
"거룩하게 하시는 이와 거룩하게 함을 입은 자들이 다 한 근원에서 난지라 그러므로 형제라 부르시기를 부끄러워하지 아니하시고"(히 2:11)
"염소와 송아지의 피로 하지 아니하고 오직 자기의 피로 영원한 속죄를 이루사 단번에 성소에 들어가셨느니라, 하물며 영원하신 성령으로 말미암아 흠 없는 자기를 하나님께 드린 그리스도의 피가 어찌 너희 양심을 죽은 행실에서 깨끗하게 하고 살아 계신 하나님을 섬기게 하지 못하겠느냐"(히 9:12, 14)
"그러므로 예수도 자기 피로써 백성을 거룩하게 하려고 성문 밖에서 고난을 받으셨느니라"(히 13:12)

성령 하나님이 거룩하게 하셨다.

"이 은혜는 곧 나로 이방인을 위하여 그리스도 예수의 일꾼이 되어 하나님의 복음의 제사장 직분을 하게 하사 이방인을 제물로 드리는 것이 성령 안에서 거룩하게 되어 받으실 만하게 하려 하심이라"(롬 15:16)
"주께서 사랑하시는 형제들아 우리가 항상 너희에 관하여 마땅히 하나님께 감사할 것은 하나님이 처음부터 너희를 택하사 성령의 거룩하게 하심과 진리를 믿음으로 구원을 받게 하심이니"(살후 2:13)

그럼 거룩하신 하나님께서 거룩케 해주셨은즉 우리의 반응은 어떠해야 하는가? 보통 일상적인 것으로 존재하다가 갑자기 하나님께로 쓰임을 받기 위해 특별한 것으로 자리를 옮기면 범상(凡常)의 비상화(非常化) 작용이 생기는데 그것이 성화이다. 거룩하신 하나님에게로 접근하니 우선 무조건 거룩해지는 명분을 가진다. 이것을 지위적 성화라고 하는데 이것이 성화의 시작이다. 그리하여 하나님과 관련된 모든 것들이 거룩해진다. 가나안 땅이 그렇고, 예루살렘이 그렇고, 성산(聖山)이 그렇고, 성막이 그렇고, 성일(聖日, 안식일)이 그렇고, 이스라엘의 축제가 그렇고, 선지자, 예언자, 제사장이 다 그렇게 거룩하고, 민족으로서는 이방인이 아닌 이스라엘이 선민이 되어 거룩하다. 그러므로 거룩한 이스라엘의 모든 것이 거룩해야만 한다. 그래서 이방인에게 없는 이스라엘에게만 특별한 것들이 있으니 거룩한 장소, 거룩한 계절, 거룩한 예식, 거룩한 사람들이 붙어 있다. 그럼 어떻게 해야 하는가? 거룩한 이름에 걸맞는 거룩을 이뤄내야 하는 것, 이것이 경험적, 실천적 성화인 것이다. 성화의 시발자는 하나님이시고 그의 진행자는 성령이시지만 우리는 기계가 아니라 인격이니까 인격적 작동에 함께 동참해야 하는 것이다. 예수님도 우리가 진리로 거룩함을 얻게 하시기 위해 먼저 예수님 자신이 자신을 거룩하게 하셨다.

"또 그들을 위하여 내가 나를 거룩하게 하오니 이는 그들도 진리로 거룩함을 얻게 하려 함이니이다"(요 17:19)

예수님이 스스로 거룩하게 하시고 우리도 거룩을 지니도록 조처하셨던 것이다.
또 하나님은 우리의 거룩이 그의 뜻하시는 바라고 했다.

"하나님의 뜻은 이것이니 너희의 거룩함이라 곧 음란을 버리고"(살전 4:3)

바울은 데살로니가 교인들에게 그들의 거룩이 하나님의 뜻하시는 바라고 전제하면서 그 거룩 곧 성화의 내용을 다음과 같이 말하고 있다.

"그러므로 저버리는 자는 사람을 저버림이 아니요 너희에게 그의 성령을 주신 하나님을 저버림이니라"(살전 4:8)

그런즉 사람도 거룩에 깊이 관여해야 한다. 먼저 사람이 하나님의 거룩을 지켜 하나님을 거룩하게 모셔야 한다. 그것은 사람이 하나님을 더러운 곳에 두려고 하는 생각이나 행동에서 하나님을 떨어지게 해 드려야 하는 것이다.

주기도문에서 "이름이 거룩히 여김을 받으시오며"(마 6:9)라는 데서 이 사실이 잘 드러나고 있다.

> "너희 마음에 그리스도를 주로 삼아 거룩하게 하고 너희 속에 있는 소망에 관한 이유를 묻는 자에게는 대답할 것을 항상 준비하되 온유와 두려움으로 하고"(벧전 3:15)

다음, 사람은 자기 자신을 스스로 거룩하게 해야 하는데 이것이 성화 작업이다. 그렇게 해야 할 이유를 레위기에서 보자.

> "나는 여호와 너희의 하나님이라 내가 거룩하니 너희도 몸을 구별하여 거룩하게 하고 땅에 기는 길짐승으로 말미암아 스스로 더럽히지 말라 나는 너희의 하나님이 되려고 너희를 애굽 땅에서 인도하여 낸 여호와라 내가 거룩하니 너희도 거룩할지어다"(레 11:44~45)

하나님이 얼마나 이스라엘 백성을 거룩의 대상으로 삼으셨는가를 위 성경구절에서 볼 수 있다. 일단 하나님은 누구신가?

"나는 여호와 너희 하나님이라." 대명제는 일단 너희 하나님이신데 이 하나님이 너희 하나님으로 되시려고 하신다. "나는 너희 하나님이 되려고", "…이신 하나님"이, "…되신 하나님"으로 나아간다. 그 과정에 하나님과 이스라엘 백성 사이에는 거룩이 있어야 했다. 그 거룩이란 하나님이 거룩하니 백성들도 거룩해야 한다는 것이다. 그런데 어떻게 거룩해지는가?

"너희 몸을 구별하여 거룩하게 하는 것이다."

"땅에 기어 다니는 것으로 인해 스스로 더럽히지 말 것이니."

이미 이스라엘의 하나님이 구체적으로 역사적 이스라엘의 하나님이 되시기 위해 출애굽 역사를 이룩하셨다. 그리고 하나님은 백성의 거룩을 명하신다. "…내가 거룩하니 너희도 거룩할지어다"(레 11:45).

> "그러므로 누구든지 이런 것에서 자기를 깨끗하게 하면 귀히 쓰는 그릇이 되어 거룩하고 주인의 쓰심에 합당하며 모든 선한 일에 준비함이 되리라"(딤후 2:21)
>
> "그러므로 형제들아 내가 하나님의 모든 자비하심으로 너희를 권하노니 너희 몸을 하나님이 기뻐하시는 거룩한 산 제물로 드리라 이는 너희가 드릴 영적 예배니라"(롬 12:1)
>
> "그러므로 너희는 그들 중에서 나와서 따로 있고 부정한 것을 만지지 말라 내가 너희를 영접하여 너희에게 아버지가 되고 너희는 내게 자녀가 되리라 전능하신 주의 말씀이니라 하셨느니라"(고후 6:17~18)

"저희 중에서 나오라." 성화의 외침이다.
"따로 있으라." 성화의 또 다른 외침이다.
"부정한 것을 만지지 말라." 성화의 제3 외침이다.

일단 나와야 하고 따로 있어야 하고 만지지 말아야 한다. 이것은 하나님이 하셔야 할 일이 아니라 사람이 해야 할 일인 것이다. 성화는 계속된다.

> "그런즉 사랑하는 자들아 이 약속을 가진 우리는 하나님을 두려워하는 가운데서 거룩함을 온전히 이루어 육과 영의 온갖 더러운 것에서 자신을 깨끗하게 하자"(고후 7:1)
> "내가 이르노니 너희는 성령을 따라 행하라 그리하면 육체의 욕심을 이루지 아니하리라"(갈 5:16)

사람은 다른 사람과 물건을 거룩하게 한다.

> "믿지 아니하는 남편이 아내로 말미암아 거룩하게 되고 믿지 아니하는 아내가 남편으로 말미암아 거룩하게 되나니 그렇지 아니하면 너희 자녀도 깨끗하지 못하니라 그러나 이제 거룩하니라"(고전 7:14)

제사장이 사람을 거룩하게 하고 하나님의 집을 거룩하게 하는 것이 모두 이에 해당한다. 그러나 사람이 성화되고 성화하는 일에는 한계가 있다. 그럼에도 불구하고 하나님이 사람을 뚝 떼어내어 따로 있게 하심은 자기의 기쁘신 뜻대로 거룩한 목적을 위해 하신 것이기 때문에 거룩하다는 말을 듣게 되는 것이다. 만족하리만큼 거룩하지 않아도 거룩은 거룩이다. 고린도 교회가 그토록 문제투성이지만(음행, 법정 소송, 우상제물, 우상숭배, 성령은사 남용 등) 그래도 거룩한 성도의 교회라고 했다.

> "고린도에 있는 하나님의 교회 곧 그리스도 예수 안에서 거룩하여지고 성도라 부르심을 받은 자들과 또 각처에서 우리의 주 곧 그들과 우리의 주 되신 예수 그리스도의 이름을 부르는 모든 자들에게"(고전 1:2)

사도 바울은 이미 거룩한 성도라 불리움을 받은 고린도 교회가 그 성도의 거룩함을 이뤄내기 위해 위에 언급된 부정하고 부도덕한 것에서부터 분리해 나와서 거룩을 지킬 것을 당부하고 있다.

성경에서 말하는 성화의 용어들을 보자.

성화(sanctification)라는 신학적 용어를 공관복음서에서는 전혀 찾아 볼 수 없다. 이런 용어는 마치 삼위일체라는 용어가 성경에 나타나지 않았지만 그러하신 하나님이 계심이 확실하듯이 역시 성경에 개념화시킨 단어로서의 성화는 없지만 그런 사상은 얼마든지 있다. 예수님은 우리의 삶이 깨끗해야 한다는 사상을 전하기 위해서 강조하신 내용이 있었다. 즉 성화사상 표현으로서 우리가 하나님의 자녀이며 하나님께 속했으며 따라서 하나님을 닮아야 하며 사랑의 정신을 가져야 하며(마 5:43~45), 예수에게는 그의 형제자매가 하나님의 뜻을 행하는 자들이었다(막 3:35)고 강조했으며, 이것이 성화의 내용이었다. 바울은 하나님 앞에서의 우리의 상태는 거룩한 삶을 살아내는 것이라고 강조했다.

"그러므로 주 안에서 갇힌 내가 너희를 권하노니 너희가 부르심을 받은 일에 합당하게 행하여"(엡 4:1)

부르심에 합당한 행함이 성화였다. 그 성화의 구체적 내용으로 아래와 같이 열거했다.

"모든 겸손과 온유로 하고 오래 참음으로 사랑 가운데서 서로 용납하고 평안의 매는 줄로 성령이 하나 되게 하신 것을 힘써 지키라"(엡 4:2~3)

이런 것을 고찰해 보면 성화는 거룩의 생활이다. 거룩한 생활이 거룩한 존재를 증거해 주는 것이다. 이하 성경에 나타난 성화에 관련된 용어들을 보자.

루이스 S. 채퍼(Chafer)는 세 가지 용어를 지적해서 설명해 주고 있다. 성화란 용어는 아니지만 바로 그것을 말하는 몇 가지 용어는 다양하게 성경 본문에 나타나 있다.

첫째, 거룩하게 하다(sanctify)는 용어이다. 성화란 명사는 아니지만 성화한다, 거룩하게 한다는 동사는 여러 가지 형태로 구약에서 106회나 나오고, 신약에서는 31회 등장하는데 그 의미는 '떼어 놓는다'(set apart)이다. 이것은 지위(地位)와 관계의 문제에서의 '분류'(分類)이다. 일상적인 것에서 떠나 비상적(非常的)인 것으로의 분류이다. 전에 있던 것에서 이제 있는 것으로서의 구분이다. 여기서의 거룩의 의미는 따로 떼어 놓음, 칼로 잘라서 분리해 놓음, 섞일 수 없는 별스럽게 구별 지어 놓은 것을 의미한다. 우리는 세상 사람과는 뚝 떨어진 교인으로 구별된 자이다. 그러므로 교인은 성도요 성도는 거룩한 자이다.[139]

둘째, 거룩(holy)이라는 용어이다. 구약에서 약 400회, 신약에서 12회에 걸쳐 나타나는 용어인데 떨어져 나와 독특하게 존재하는 상태를 말한다. 거룩하지 못한 데서 떨어져 나온 그 자체가 거룩이다.

---

139) Lewis S. Chafer, *Major Bible Themes* (Grand Rapids, Michigan .Zondervan, 1972), pp. 174~175.

거룩이란 말 속에 무죄한 완전이란 의미는 없다. 거룩한 나라, 거룩한 제사장, 거룩한 예언자, 거룩한 사도, 거룩한 사람, 거룩한 여인, 거룩한 형제, 거룩한 산, 거룩한 성전이라고 말하지만 그때 거룩이란 하나님 앞에서 죄가 없다는 것은 아니다. 단지 어떤 특수한 표준에 따라 볼 때 거룩하다는 것이다. 다른 것들과 분리된 기초 위에서 말하는 거룩이다. 고린도 교회는 아주 실수가 많은 교회이지만 여전히 거룩한 교회라고 했다. 거룩이란 말 속에 더 이상 거룩할 필요가 없을 만큼 최종적인 거룩의 단계에 꼭 들어섰다는 의미도 없다. 즉 거룩한 사람이라도 더 높은 정도의 거룩에 이르라고 부름을 받고 있다. 사람은 일상(日常)에서 계속 떨어져 나와야 한다. 사람은 더 이상 거룩할 필요가 없을 만큼 거룩한 것은 아니다. 계속 더러운 것에서부터 떨어져 나와 따로 있어야 하는 것이다. 우리는 아직도 거룩의 고지를 향해 달려야 한다. 아무리 거룩해도 또 거룩해야 한다. 예수께서 우리의 거룩이 되어 주신 것은 사실이지만(고전 1:30) 그럼에도 불구하고 거룩할 것을 바울은 기록하고 있다.

> "그러므로 너희는 그들 중에서 나와서 따로 있고 부정한 것을 만지지 말라 내가 너희를 영접하여 너희에게 아버지가 되고 너희는 내게 자녀가 되리라 전능하신 주의 말씀이니라 하셨느니라" (고후 6:17~18)

예를 하나 들어보자. 세면 수건과 청소 걸레는 모두 깨끗해야 한다. 그러나 그 깨끗함에는 구별이 있다. 세면 수건의 깨끗함은 얼굴을 향한 것이고 청소 걸레는 마룻바닥을 향한 것이다. 걸레를 깨끗이 빨아 더할 나위 없이 깨끗하다고 하지만 그것은 세면 수건의 깨끗함에 미치지 못한다. 청소 걸레가 깨끗하다, 불결하다 하는 것은 마룻바닥을 청소하기에 맞추어 하는 이야기이다. 아무리 걸레가 깨끗하기로소니 누가 세면 수건으로 쓰겠는가? 그 집에 세면 수건을 깨끗이 하듯 그 집에 청소 걸레도 깨끗이 할 때 통틀어 그 집은 깨끗하고 위생적인 집이라 하는 것이다. 하나님의 교회가 그런 의미로 깨끗하고 성결하고 성화된 것이다.

사람이든 사물이든 거룩한 목적을 위해 따로 떼어 놓았기에 거룩한 사람이요 거룩한 성물(聖物)이요 거룩한 제물 양(祭物羊)이 되는 것이다. 수많은 양들 중에 제물로 쓰기 위해서 빼어 내어 그 양 무리에서 나왔을 때 그 양이 거룩한 것이다.[140]

셋째, 성도(聖徒, saints)란 용어이다. 이스라엘 백성을 향해서 50회 사용되고, 신자들을 향해서 62회 사용된 이 용어는 사람에게만 해당되는 단어이다. 하나님이 인정하시는 지위나 상태에 있는 사람을 성도라 한다.

---

140) Lewis S. Chafer, *Major Bible Theme*, pp. 174~175.

우리는 성도 즉 거룩한 무리이다. 하나님이 우리를 거룩하다고 불러주셨다. 우리가 성도가 된 것은 하나님의 계획과 목적을 위해 특별히 분류해서 따로 떼어 놓음을 받았기 때문이다. 우리 일상생활의 질(質)을 보고 성도가 된 것은 아니다. 그리스도인은 하나님의 현재적 부르심에 의해 현재 성도이다. 나중에 가서 성도가 되는 것이 아니라 이미 떼어놓음을 받고 분류 받은 거룩한 형제들이다. 모든 거듭난 사람은 다 성도이다. 그리스도의 몸인 교회는 불리움을 받아 분리되어진 사람들이다.[141] 즉 성경에서 말하는 성화는 거룩한 목적을 위해 하나님 쪽으로 따로 분류해서 하나님 몫으로 정해놓는 사람과 사물이다. 흠 없는 양을 제물로 하듯 그런 만큼 따로 떼어 놓는 사람과 사물이 거룩해야 함도 당연한 것이다. 그러나 일차적인 것은 따로 떼어 놓은 것이고 이차적으로 그것들은 거룩해야 하니 이것을 성화라 한다.

성화의 구성내용을 분석해 보자.

지위적 성화(地位的聖化, positional sanctification)와 경험적 성화(經驗的聖化, experimental sanctification)와 궁극적 성화(窮極的聖化, ultimate sanctification)로 구별된다. 지위적 성화란 우리가 아무런 성화에도 능동적으로 대하지 않았지만 하나님의 사역으로 인해 위로부터 얻어 가진 입장적 성화이다. 경험적 성화란 지위적 성화에 어울리게 신자들이 생활하는 그 자체로서의 거룩함이다. 궁극적 성화란 마침내 더할 나위 없이 완전에 이르는 거룩이니 미래적인 것이다.

지위적 성화에는 분리(separation)와 귀속(歸屬, belonging to)이라는 내용으로 세분되고, 경험적 성화에는 순결(purity)이 그 내용이 되고, 궁극적 성화에는 완전(perfection)이 그 내용이다.

- 지위적 성화 – 분리와 귀속
- 경험적 성화 – 생활 속의 순결
- 궁극적 성화 – 미래의 완전

그런데 성화론에서 주목을 끄는 것은 지위적 성화가 아니라 경험적 성화이다. 그리고 궁극적 구원은 더더욱 하나님의 최종 관리 사역이다. 즉 우리 사람은 거룩해야 한다는 것이 사람에게 주어진 과제이다. 하나님의 왕국, 곧 교회 형성을 위해 두 가지 사실이 필요하다고 멀린스는 말하고 있다. 궁극적 성화는 교회의 영화와 관련된다.

---

141) Chafer, 위의 책, p. 176.

「두 가지 사실이 필요하다. 첫째는 하나님과 사람 간의 새로운 관계의 설정(設定)과, 둘째는 새로운 관계에 부합(附合)되는 새로운 인격의 출산(出産)이다. 신약에서 사용되어지고 있는 '성화'라는 말은 하나님에 대한 새로운 관계와 거기에 부합되는 새로운 인격 등 양자를 표현한다. 그런즉 성화가 의미하는 내용은 하나님을 섬기기 위해 따로 세우심을 입은 자, 곧 하나님께 속하는 자의 상태이다. 또한 성화는 그렇게 따로 세우심을 입은 자의 내적인 변화, 곧 거룩한 인격의 실제적인 실현(實現)이다.」[142]

위에서는 지위적 성화와 경험적 성화 및 궁극적 성화를 합해서 성화론에 넣고 있으나, 강조하는 내용은 따로 세움을 입은 지위적 성화자가 어떻게 거룩한 인격을 실현하여 마침내 완전에 이르느냐는 것이다.

① 지위적 성화

이것은 예수 그리스도의 몸과 흘리신 피를 통해서 하나님의 사역에 의해 완성된 거룩함이다. 이것은 성화의 시기와 관련된다. 즉 성화는 이미 구원받을 때 시작된 것이다. 신자는 하나님의 구원받은 아들이 되었다. 여기엔 중생, 구속, 사죄, 칭의 등 구원의 과정이 내포된다. 그리스도의 구원하시는 은혜를 통하여 깊고도 영원한 구별, 분류 그리고 분리가 확실한 선을 그어 놓은 것이다. 이것은 그리스도인의 일상생활과 관련된 거룩의 성화가 아니다. 모든 신자는 지위상으로 거룩한 자들이다. 모든 신자는 지위상 일단 '거룩한 형제'요, '성도'이다.

"이 뜻을 따라 예수 그리스도의 몸을 단번에 드리심으로 말미암아 우리가 거룩함을 얻었노라"
(히 10:10)
"하나님을 따라 의와 진리의 거룩함으로 지으심을 받은 새사람을 입으라"(엡 4:24)

지위상 성도이니까 행동이 좀 그릇되고 불완전하다 해도 성도이다. 고린도 교인은 그 삶이 거룩하지 못했으나(고전 5:12; 6:1~8), 두 번씩이나 거룩한 자라고 했다(고전 1:2; 6:11). 값없이 거룩하다는 말을 듣는 순간 이것은 기쁜 소식이 아닐 수 없다. 이래도 저래도 성도라 불러주니 고맙기 그지없다. 우선 우리가 용납되어져서 안주(安住)한 장소가 어딘지를 보자. 뒷일은 나중에 생각하자. 우선 우리가 성도라는 것을 생각하자. 여기서부터 뒷일은 자연스럽게 연결되어야 한다. 먼저 성도로 부름을 받은 은혜에 감격하자. 그 뒤에

---
142) E. Y. 멀린스, 「조직신학 개론」, p. 507.

그 감격에 북받쳐 어떤 행동을 내어놓자(롬 12:1; 엡 4:1; 골 3:1). 지위적 성화란 하나님에 의해 되어진 초자연적 사역이지 우리가 해낸 어떤 사역은 아니다(살전 5:23; 엡 5:26; 딛 2:14; 히 13:20, 21). 이 지위적 성화가 초자연적 사역이란 또 다른 이유는 '되게 하시는 성령님'의 특별하고도 의지적인 사역의 연속이기 때문이다. '되게 하시는 성령님'의 사역임을 아래 구절이 말해 준다.

> "내가 이르노니 너희는 성령을 따라 행하라 그리하면 육체의 욕심을 이루지 아니하리라, 만일 우리가 성령으로 살면 또한 성령으로 행할지니"(갈 5:16,25)
> "오직 성령의 열매는 사랑과 희락과 화평과 오래 참음과 자비와 양선과 충성과 온유와 절제니 이 같은 것을 금지할 법이 없느니라"(갈 5:22~23)
> "육신을 따르지 않고 그 영을 따라 행하는 우리에게 율법의 요구가 이루어지게 하려 하심이니라 육신을 따르는 자는 육신의 일을, 영을 따르는 자는 영의 일을 생각하나니"(롬 8:4~5)
> "만일 너희 속에 하나님의 영이 거하시면 너희가 육신에 있지 아니하고 영에 있나니 누구든지 그리스도의 영이 없으면 그리스도의 사람이 아니라"(롬 8:9)
> "너희가 육신대로 살면 반드시 죽을 것이로되 영으로써 몸의 행실을 죽이면 살리니 무릇 하나님의 영으로 인도함을 받는 사람은 곧 하나님의 아들이라, 성령이 친히 우리의 영과 더불어 우리가 하나님의 자녀인 것을 증언하시나니"(롬 8:13, 14, 16)

채퍼가 말하는 지위적 성화를 보면 아래와 같다.

「우리는 우리 자신 속으로 용납된 자가 아니라 사랑하시는 자 안으로 용납되었다. 우리는 우리 자신 안에서 지금 의롭게 된 것이 아니라 그리스도가 우리에게 의가 되어 오시고 계셨다. 우리는 우리 자신 안에서 구속함을 받은 것이 아니라 그리스도가 우리에게 구속이 되어 오시고 계셨다. 우리는 우리의 일상생활 때문에 지위적으로 거룩하게 된 것이 아니라 그리스도께서 우리에게 거룩이 되어 주셨다. 지위적 성화는 그가 온전하신 것 같이 온전하다. 그분께서 떨어져 계시는 만큼 그 안에 있는 우리도 그만큼 (더러운 것에서) 떨어져 있다. 지위적 성화는 최고로 강한 자에게와 마찬가지로 가장 연약한 성도에게도 완벽한 것이다. 성화는 그리스도와 연합되어 있고 그 안에서 취하는 지위에 달려 있는 것이다. 모든 신자는 '성도들'로 분류되어 있다. 역시 모든 신자들은 '거룩함을 입은 자들'로 분류된다(행 20:32; 고전 1:2; 6:11; 히 10:10, 14; 유 1:1). 불완전한 신자들이라도 지위적으로는 거룩한 자들이며 따라서 성도라는 증거는 고린도전서에 나타나 있다. 고린도 교인들은 그 생활이 거룩하지 못해도(고전 5:1, 2; 6:1~8), 그럼에도 불구하고 여전히 그들은 거룩한 자라고 두 번씩이나 언급되어 있다(고전 1:2; 6:11)."[143]

이와 같은 지위적 성화에는 두 가지 내용이 포함된다.

그것은 분리와 귀속이다. 하나님은 백성을 더러운 것에서 분리해 나와서 그냥 방치하신 것이 아니라 자기의 소유가 되도록 귀속시키셨다. 거룩이란 거룩한 목적을 위해 더러운 곳에서 거룩하도록 떼어내어 와서 거룩한 자에게 거룩하게 쓰이도록 한 것이다. 이게 성화의 일차적이고도 기본적 의미다. 거룩은 그 상대의 어떤 상태가 아니라 외부 타자에 의해 거룩한 지위로 옮겨놓은 것이다. 분리는 일단 특별한 장소를 다른 장소와 다르게 분리하고 분류해 놓은 바 성소, 지성소가 그것이며 또 분리는 어떤 물건을 특별히 구별해 놓은 바 아론의 옷이나 거룩한 안식일 등이며 또 분리는 어떤 사람을 특별히 다른 사람과 구별해 내는 바 제사장과 레위인들이다. 그렇게 분리해 와서는 하나님의 소유로 하나님께 귀속시킨다. 귀속을 말하는 성구는 아래와 같다.

"이스라엘 자손 중에 사람이나 짐승을 막론하고 태에서 처음 난 모든 것은 다 거룩히 구별하여 내게 돌리라 이는 내 것이니라 하시니라"(출 13:2)

"그러나 너희는 택하신 족속이요 왕 같은 제사장들이요 거룩한 나라요 그의 소유가 된 백성이니 이는 너희를 어두운 데서 불러 내어 그의 기이한 빛에 들어가게 하신 이의 아름다운 덕을 선포하게 하려 하심이라"(벧전 2:9)

② 경험적 성화

경험적 성화는 지위적 성화를 어느 정도 즐기며 실천해 내느냐의 문제이다. 지위적 성화는 일상생활 여하에도 불구하고 흠이 가지 않지만 경험적 성화는 그리스도 안에 있는 지위와 거리가 멀어질 수 있게 된다. 그리스도인은 형식적으로나 모양새로 보아서는 더러운 곳에서 떨어져 나왔으니 즉 분리되어 있고, 또 하나님께 속했으니 즉 귀속되어 그의 소유가 되어 있지만, 그것으로 안주할 것이 아니라 거기에 어울리는 삶이 필요하니 곧 순결과 선행의 삶을 살아가야 하는 것이다.

"그러므로 주 안에서 갇힌 내가 너희를 권하노니 너희가 부르심을 받은 일에 합당하게 행하여"(엡 4:1)

"또 네 이웃을 사랑하고 네 원수를 미워하라 하였다는 것을 너희가 들었으나 나는 너희에게 이르노니 너희 원수를 사랑하며 너희를 박해하는 자를 위하여 기도하라 이같이 한즉 하늘에 계신 너희 아버지의 아들이 되리니 이는 하나님이 그 해를 악인과 선인에게 비추시며 비를 의로운 자

---

143) Lewis S. Chafer, *Major Bible Themes*, p. 181.

와 불의한 자에게 내려주심이라"(마 5:43~45)

경험적 성화는 하나님께 드리는 순종의 정도와, 죄와의 실제적인 분리의 정도와, 신자가 이르렀던 성장의 정도에 따라 달라진다.[144] 즉 어느 정도로 하나님께 순종했느냐? 또 어느 정도로 실제의 죄와 분리되었느냐? 그리고 어느 정도로 성장하고 있느냐? 성화는 곧 순종으로 현실화된다.

"그러므로 형제들아 내가 하나님의 모든 자비하심으로 너희를 권하노니 너희 몸을 하나님이 기뻐하시는 거룩한 산 제물로 드리라 이는 너희가 드릴 영적 예배니라"(롬 12:1)
"그러나 이제는 너희가 죄로부터 해방되고 하나님께 종이 되어 거룩함에 이르는 열매를 맺었으니 그 마지막은 영생이라"(롬 6:22)

성화는 죄로부터의 자유의 결과로 현실화된다. 성경은 그리스도인은 단지 원래 무죄하였기에 구원받은 것이라고 말하지 않는다. 성도에게 죄가 있지만 그 죄의 해결책이 있다고 말한다. 그 해결책이란 죄 방어와 치료이다. 어떻게 죄를 방어하고 치료하는가?

"내가 주께 범죄하지 아니하려 하여 주의 말씀을 내 마음에 두었나이다"(시 119:11)

말씀으로 범죄치 않으려 한다.

"누가 정죄하리요 죽으실 뿐 아니라 다시 살아나신 이는 그리스도 예수시니 그는 하나님 우편에 계신 자요 우리를 위하여 간구하시는 자시니라"(롬 8:34)
"그러므로 자기를 힘입어 하나님께 나아가는 자들을 온전히 구원하실 수 있으니 이는 그가 항상 살아 계셔서 그들을 위하여 간구하심이라"(히 7:25)

하늘에서 그리스도의 중보와 목양의 사역이 있어 범죄치 않으려 한다. 무엇보다 중요한 것은 내주하시는 성령의 강력한 힘이다. '하게 하시는 성령님'의 역사가 우리를 지켜주시고 성화의 길에 굳게 서게 한다.

"내가 이르노니 너희는 성령을 따라 행하라 그리하면 육체의 욕심을 이루지 아니하리라"(갈 5:16)

---

144) Lewis S. Chafer, *Major Bible Themes*, pp. 182~185.

"육신을 따르지 않고 그 영을 따라 행하는 우리에게 율법의 요구가 이루어지게 하려 하심이니라"(롬 8:4)

우리 모든 그리스도인이 그리스도의 죽음 안으로 들어가서 죽었지만 그렇다고 해서 모든 그리스도인들이 그 죽음이 마련해 둔 부(富)를 다 누린다고 할 수 없는 것을 성경은 말한다(고전 3:1~3). 우리는 그리스도의 죽음을 경험적으로 지금 실현해 보라고 요청받는 자가 아니요 우리는 그것을 우리의 죽음으로 간주(看做)하면 된다(롬 6:1~14). 죄를 방어하라는 것은 모든 하나님의 자녀에게 주는 명령이다. 우리는 죄로 넘어갈 타락한 성질을 이 몸이 지니고 있는 한 그러하다(롬 7:21; 고후 4:7; 요일 1:8). 성경은 이런 성품이 없어진다는 것이 아니라 그때 그때 매순간 성령의 능력으로 이겨야 한다고 했다(갈 5:16, 23). 이런 승리는 믿음에 의하고 성령 충만한 삶의 조건이 갖춰질 때 가능한 것이다.[145] 경험적 성화는 그리스도인의 성장의 정도에 따라 달라지는 것도 있다. 그리스도인은 지혜, 지식, 경험 그리고 은혜에 있어서 미숙한데 더 성장하면 더 성화의 경험이 많아진다. 그러므로 그리스도인은 성장해야 한다.

"그리스도께서도 단번에 죄를 위하여 죽으사 의인으로서 불의한 자를 대신하셨으니 이는 우리를 하나님 앞으로 인도하려 하심이라 육체로는 죽임을 당하시고 영으로는 살리심을 받으셨으니"(벧전 3:18)

"내가 어렸을 때에는 말하는 것이 어린 아이와 같고 깨닫는 것이 어린 아이와 같고 생각하는 것이 어린 아이와 같다가 장성한 사람이 되어서는 어린 아이의 일을 버렸노라"(고전 13:11)

③ 궁극적 성화

이 성화는 최후 완전에 이르는 성화이다. 우리가 영광 가운데 나타나게 될 때이다. 그 앞에서 과실(過失) 같은 것도 없고 그 앞에 아름다운 신부로 나타나 흠이나 점이 없는 상태의 거룩에 이른다.

"이는 곧 물로 씻어 말씀으로 깨끗하게 하사 거룩하게 하시고 자기 앞에 영광스러운 교회로 세우사 티나 주름 잡힌 것이나 이런 것들이 없이 거룩하고 흠이 없게 하려 하심이라"(엡 5:26, 27). 그리고 우리의 온 인격 즉 전인(全人)의 성화가 이뤄진다. 사도 바울은 데살로니가 교회 교인을 위해 이런 기도를 드렸다.

"평강의 하나님이 친히 너희를 온전히 거룩하게 하시고 또 너희의 온 영과 혼과 몸이 우리 주 예

---

145) Lewis S. Chafer, *Major Bible Themes*, pp. 183~184.

수 그리스도께서 강림하실 때에 흠 없게 보전되기를 원하노라"(살전 5:23)

영·혼·몸에 흠이 없는 완전 성화가 예수 강림하실 때 되어진다. 그때까지 우리는 성화를 지켜나가야 한다. 성화의 손을 내밀 때 주께서 우리의 손을 잡아주신다.

성화의 시발과 그 과정 그리고 최후 목표는 무엇인가?

이것은 성화의 시기와도 관련된다. 언제 성화가 시작되고 언제 성화가 끝나느냐는 문제인데 전술한 지위적 성화와 경험적 성화 및 궁극적 성화라는 제목에 대한 시간적인 관점에서 본 것이다. 칭의는 영단번에 되지만 성화는 하나의 행위면서 또 하나의 계속적인 과정이다.

① 성화는 구원사역의 시초에서 시작되었다.

이미 성화된 그리스도인이다. 성화란 미성화 그리스도인이 성화하는 것이 아니라 성화된 그리스도인의 성화운동이다. 스태그는 성화는 하나의 완성된 사실이라고 말했다.

「성화는 하나의 관점에서 볼 때 성령을 통한 그리스도의 완성된 사역이다. 성화는 그리스도인의 생활의 시작에서부터 있었다. 성화는 구원에 추가된 하나의 부가적이거나 부수적인 양상이 아니다. 그리스도인은 이미 성화 안에서 성장하는 것이지 성화를 향해 성장하는 것은 아니다. 성화는 도덕적 그리고 윤리적 성장을 향하며 또 그것의 기록이다.」[146]

이미 우리는 물에서 헤엄치고 있다. 헤엄치기 위한 물을 요구하는 것이 아니라 충분한 물 안에 들어와 있으면서 물에서 헤엄치는 일이 남았다. 다음 성구가 구원사역의 시초에서 성화됨을 말한다.

"하나님의 뜻으로 말미암아 그리스도 예수의 사도 된 바울은 에베소에 있는 성도들과 그리스도 예수 안에 있는 신실한 자들에게 편지하노니"(엡 1:1)

"골로새에 있는 성도들 곧 그리스도 안에서 신실한 형제들에게 편지하노니 우리 아버지 하나님으로부터 은혜와 평강이 너희에게 있을지어다"(골 1:2)

"주의 사랑하시는 형제들아 우리가 항상 너희를 위하여 마땅히 하나님께 감사하는 것은 하나님이 처음부터 너희를 택하사 성령의 거룩하게 하심과 진리를 믿음으로 구원을 얻게 하심이니"(살후 2:13)

---

146) F. Stagg, *New Testament Theology*, p. 106.

특별히 히브리서 10장 10절은 예수 그리스도의 몸을 단번에 드리심으로 우리가 거룩함을 얻었다고 했다. 우리는 기본적으로 거룩하다. 더 거룩하려는 고민이 있을 뿐, 거룩하지 않을까봐 걱정하는 일은 없다.

"그러므로 예수도 자기 피로써 백성을 거룩하게 하려고 성문 밖에서 고난을 받으셨느니라"(히 13:12)

우리는 믿음으로 거룩함을 얻었다(信卽得聖). 사람은 태어나면서부터 사람으로 태어났지 다른 별종으로 태어난 것이 아니다.

② 성화는 계속 과정 속에 있다.

평생 거룩을 추구해야 한다(聖卽求乎生聖). 이는 벗어버리고 덧입기를 하는 것과 같다(골 3:8~12). 전술한 바 있지만 침례교회의 고전적인 주장이 하나 있으니 "갈라놓으시고 덮으신 이치"(principle of separation and covering)이다. 여기 갈라놓는다는 것은 이쪽 세계에서 옷을 벗어 버린다는 것이요 덧입는다는 것은 저쪽 세계에서 새 옷을 입는다는 것이다. 이것은 하나의 과정이요 연속이다. 포로병들을 교환할 때 재미있는 연출이 있다. 제각기 포로병은 적국에서 입었던 옷을 자기 조국으로 들어갈 때 모조리 다 벗어던지고 조국 품으로 돌아간다. 적국의 옷을 더 이상 입을 필요가 없다는 것이다. 완전한 나체로 조국에 들어가는 모습은 전쟁의 슬픔을 말하면서도 어떤 교훈을 주는 것 같다. 성화의 과정이 과정일 수밖에 없는 또 다른 이유는 중생 시에는 아직 어린아이니까 성장해야 하는 것이다.

"오직 우리 주 곧 구주 예수 그리스도의 은혜와 그를 아는 지식에서 자라 가라 영광이 이제와 영원한 날까지 그에게 있을지어다"(벧후 3:18)

앞에 있는 것을 잡으려고 달려가야 한다.

"내가 이미 얻었다 함도 아니요 온전히 이루었다 함도 아니라 오직 내가 그리스도 예수께 잡힌 바 된 그것을 잡으려고 달려가노라"(빌 3:12)

하나님을 두려워하는 가운데 거룩함을 온전히 이루라고 했다. 하나님이 우리를 향해 거룩함을 이루라고 하셨다.

"그런즉 사랑하는 자들아 이 약속을 가진 우리는 하나님을 두려워하는 가운데서 거룩함을 온전

히 이루어 육과 영의 온갖 더러운 것에서 자신을 깨끗하게 하자"(고후 7:1)

마침내 신자는 그리스도의 형상으로 변할 때까지 성화를 향한 달음질을 하는 것이다.

"우리가 다 수건을 벗은 얼굴로 거울을 보는 것같이 주의 영광을 보매 그와 같은 형상으로 변화하여 영광에서 영광에 이르니 곧 주의 영으로 말미암음이니라"(고후 3:18)
"그가 어떤 사람은 사도로, 어떤 사람은 선지자로, 어떤 사람은 복음 전하는 자로, 어떤 사람은 목사와 교사로 삼으셨으니 이는 성도를 온전하게 하여 봉사의 일을 하게 하며 그리스도의 몸을 세우려 하심이라 우리가 다 하나님의 아들을 믿는 것과 아는 일에 하나가 되어 온전한 사람을 이루어 그리스도의 장성한 분량이 충만한 데까지 이르리니 이는 우리가 이제부터 어린 아이가 되지 아니하여 사람의 속임수와 간사한 유혹에 빠져 온갖 교훈의 풍조에 밀려 요동하지 않게 하려 함이라 오직 사랑 안에서 참된 것을 하여 범사에 그에게까지 자랄지라 그는 머리니 곧 그리스도라"(엡 4:11~15)

성화에 관한 가장 큰 명령이 있다. 그것은 하늘에 계신 아버지의 온전하심같이 우리도 온전하라는 것이다.

"그러므로 하늘에 계신 너희 아버지의 온전하심과 같이 너희도 온전하라"(마 5:48)

이는 대단한 명령이요 대단한 요구사항이다. 하늘 아버지처럼 우리도 그렇게 되라는 것이다. 하늘 아버지가 하나님 아버지로서의 갖고 계시는 온전함과 같이 땅에 있는 우리가 우리로서의 갖고 있어야 할 만큼의 온전함이다. 성화를 주신 하나님을 향해 성화의 길로 달리고 또 달리는 것이 사람의 도리다. 하나님의 온전하심과 같이 우리가 온전해야 한다는 말에 많은 사람들이 오해하는데 그 오해의 결과는 좌절이다. 아무리 해도 하나님만큼 온전해지지 않는다는 것. 어찌 사람이 하나님만큼 온전하랴? 그것은 다음의 예를 보면 이해에 도움이 될 것이다. 온전한 사람과 신체장애인이 달리기를 할 경우 신체장애인에게도 온전한 사람처럼 "달려라"라고, 온전한 사람이 잘 달리듯 신체장애인도 잘 달리라고 주문한다. 그것은 무엇을 말하는가? 최선을 다하라는 것이다. 왜냐하면 성화의 과정에서 실망하고 제자리걸음 하는 사람이 많기 때문이다. 문제는 본인의 실망에 그치는 것이 아니라 주변 사람이 그런 사람을 향해 비판하고 심히 정죄하기까지 한다. 이것은 악한 마귀의 작전이요 또 그것은 성화에 대한 무지 및 오해에 기인한 것이다. 이미 우리는 거룩해졌고 또 거룩해지고 있다. 또 거룩해지지 못한다 하더라도 우리는 이미 거룩해져 있다. 이것은 모순된 말이 아니라 하나님이 우리를 향해 이것도 주시고 저것도 주셨기 때문이다.

바울의 이야기를 들어보자. 그는 한편으로는 온전히 이루었다는 것을 부정하면서도 또 온전히 이루었다고도 말하고 있다.

"내가 이미 얻었다 함도 아니요 온전히 이루었다 함도 아니라 오직 내가 그리스도 예수께 잡힌 바 된 그것을 잡으려고 달려가노라"(빌 3:12)

"그러므로 누구든지 우리 온전히 이룬 자들은 이렇게 생각할지니 만일 어떤 일에 너희가 달리 생각하면 하나님이 이것도 너희에게 나타내시리라"(빌 3:15)

③ 성화의 최종 목표는 그리스도를 본받는 삶이다.

이렇게 성화의 경주를 달리는 최종 목표가 있다. 목표 없는 달림은 향방 없는 경기이다. 에릭슨은 그 목표를 다음과 같이 진술하고 있다.

「이 신적 사역(성화)의 목표는 그리스도 자신을 닮는 것이다. 이것은 영원부터 품으신 하나님의 의도이다.

"하나님이 미리 아신 자들을 또한 그 아들의 형상을 본받게 하기 위하여 미리 정하셨으니 이는 그로 많은 형제 중에서 맏아들이 되게 하려 하심이니라"(롬 8:29).

…이것은 우리가 그리스도를 닮는다는 것이 그저 먼 관계가 아니라는 것을 명백히 입증한다. 우리가 취하는 것이 무엇이든 우리는 그리스도와 함께 위하는 것이다.」[147]

그럼 성화의 목표가 결국 그리스도를 본받고 그를 닮아 그와 같이 되는 것이라면 그렇게 되기 위해서 어떤 성화를 체험해야 하는가? 그리스도를 본받아 그를 닮은 인격자가 되려면 분리와 귀속 그리고 그 가운데 우리가 닮아야 할 그리스도를 우리의 거룩으로 전가(轉嫁)받아야 한다. 그 분리는 도덕적 악에서부터 뚝 떨어져 나와야 하는 것이다(딤후 2:21; 롬 6:11, 12; 엡 4:22, 25~32; 골 3:5, 6; 살전 4:3, 7).

"또 여호와에게 가까이 하는 제사장들에게 그 몸을 성결히 하게 하라 나 여호와가 그들을 칠까 하노라"(출 19:22)

"그러므로 너희는 그들 중에서 나와서 따로 있고 부정한 것을 만지지 말라 내가 너희를 영접하여 너희에게 아버지가 되고 너희는 내게 자녀가 되리라 전능하신 주의 말씀이니라 하셨느니라"(고후 6:17~18)

---

147) Millard J. Erickson, *Systematic Theology*, p. 970.

디이슨은 신자의 성화는 이제 신자에게 넘어온 과제임을 말하고 있다.

「그런데 이 모든 사상 가운데서 하여간 성화는 인간의 행위로 고려된 것이지 하나님의 행위로 고려된 것은 아니라는 사실이다. 하나님은 그리스도를 믿는 모든 개개인을 이미 분리시켜서 하나님께로 속하게 하신 이상, 지금 우리는 신자로서 자기 자신을 하나님께로 분리시켜 하나님의 목적에 쓰임을 받아야 한다.」[148]

그 귀속은 도덕적 악에서부터 뚝 떨어져 나온 다음엔 허허벌판에 외로운 양이 되지 말고 하나님께로 들어가서 성별되어야 한다.

"너는 또 번제단과 그 모든 기구에 발라 그 안을 거룩하게 하라 그 제단이 지극히 거룩하리라 너는 또 물두멍과 그 받침에 발라 거룩하게 하고"(출 40:10~11)
"만일 어떤 사람이 자기 집을 성별하여 여호와께 드리려면 제사장이 그 우열간에 값을 정할지니 그 값은 제사장이 정한 대로 될 것이며, 만일 어떤 사람이 자기 기업된 밭 얼마를 성별하여 여호와께 드리려하면 마지기 수대로 네가 값을 정하되 보리 한 호멜지기에는 은 오십 세겔로 계산할지며"(레 27:14, 16)
"이스라엘 자손 중에서 사람이나 짐승을 막론하고 태에서 처음 난 모든 것은 다 거룩히 구별하여 내게 돌리라 이는 내 것이니라 하시니라"(출 13:2)
"예수 그리스도의 사도 베드로는 본도, 갈라디아, 갑바도기아, 아시아와 비두니아에 흩어진 나그네 곧 하나님 아버지의 미리 아심을 따라 성령이 거룩하게 하심으로 순종함과 예수 그리스도의 피 뿌림을 얻기 위하여 택하심을 받은 자들에게 편지하노니 은혜와 평강이 너희에게 더욱 많을지어다"(벧전 1:1~2)
"그가 거룩하게 된 자들을 한 번의 제사로 영원히 온전하게 하셨느니라"(히 10:14)

하나님께로 따로 떼어놓음으로써 하나님의 소유가 되고 하나님의 소유가 된 것은 거룩한 것이다. 분리와 귀속 사이에 들어가는 그리스도의 거룩의 전가를 보자.

"고린도에 있는 하나님의 교회 곧 그리스도 예수 안에서 거룩하여지고 성도라 부르심을 받은 자들과 또 각처에서 우리의 주 곧 그들과 우리의 주 되신 예수 그리스도의 이름을 부르는 모든 자들에게"(고전 1:2)
"그 눈을 뜨게 하여 어둠에서 빛으로, 사탄의 권세에서 하나님께로 돌아오게 하고 죄 사함과 나

---
148) 헨리 디아슨, 「조직신학 강론」, p. 599.

를 믿어 거룩하게 된 무리 가운데서 기업을 얻게 하리라 하더이다"(행 26:18)
"이는 곧 물로 씻어 말씀으로 깨끗하게 하사 거룩하게 하시고"(엡 5:26)

성도가 성도답지 못해도 성도라 한 것은 그리스도의 거룩을 전가받았기 때문이다. 그리스도 때문에 더러운 것에서부터의 분리도 가능하고 하나님에게로 나아가 그의 소유, 곧 귀속이 되는 것도 가능한 것이다. 그런즉 남은 문제는 그리스도를 본받는 일이다. 그리스도의 형상을 본받는 자 되는 것이다. 바울은 해산의 수고를 들어 그리스도의 형상을 닮을 것을 강조했다.

"나의 자녀들아 너희 속에 그리스도의 형상을 이루기까지 다시 너희를 위하여 해산하는 수고를 하노니"(갈 4:19)

그리스도의 형상을 닮는다는 것은 그리스도를 여러 형제 중에 맏아들 되게 하기 위함이다.

"하나님이 미리 아신 자들을 또한 그 아들의 형상을 본받게 하기 위하여 미리 정하셨으니 이는 그로 많은 형제 중에서 맏아들이 되게 하려 하심이니라"(롬 8:29)
"오직 성령의 열매는 사랑과 희락과 화평과 오래 참음과 자비와 양선과 충성과 온유와 절제니 이같은 것을 금지할 법이 없느니라"(갈 5:22~23)
"너희 안에서 착한 일을 시작하신 이가 그리스도 예수의 날까지 이루실 줄을 우리는 확신하노라"(빌 1:6)
"내가 그리스도와 그 부활의 권능과 그 고난에 참여함을 알고자 하여 그의 죽으심을 본받아"(빌 3:10)
"우리가 다 수건을 벗은 얼굴로 거울을 보는 것같이 주의 영광을 보매 그와 같은 형상으로 변화하여 영광에서 영광에 이르니 곧 주의 영으로 말미암음이니라"(고후 3:18)
"사랑하는 자들아 우리가 지금은 하나님의 자녀라 장래에 어떻게 될지는 아직 나타나지 아니하였으나 그가 나타나시면 우리가 그와 같을 줄을 아는 것은 그의 참모습 그대로 볼 것이기 때문이니"(요일 3:2)

그리스도는 교회의 머리요 장차 교회의 신랑이다. 우리가 그리스도를 본받아야 하는 것은 머리와 지체의 동질동형(同質同形)을 위함이요 신부와 신랑의 조화를 이루기 위함이다. 결국 성화의 목적은 교회에 관련된다.

성화에 대한 오해

① 일반적인 진술

성화가 신자의 이 세상 생활에서 완전히 이루어지느냐 혹은 완전히 이루어지지는 않느냐의 견해이다. 이 세상 생활에서 완전히 성화가 된다는 견해를 완전주의(完全主義, Perfectionism)라고 한다. 반대로 이 세상에서는 완전 성화에 이르지 못한다는 견해를 미완성주의(Imperfectionism)라 하는데 역사적으로 이 둘의 주장이 대립해 왔다. 그러나 완전주의자나 미완성주의자나 간에 그들의 중심을 이해해야 할 것이다. 우선 완전주의자들의 주장의 근거는 다음과 같다.

"그러므로 하늘에 계신 너희 아버지의 온전하심과 같이 너희도 온전하라"(마 5:48)

"우리가 다 하나님의 아들을 믿는 것과 아는 일에 하나가 되어 온전한 사람을 이루어 그리스도의 장성한 분량이 충만한 데까지 이르리니, 오직 사랑 안에서 참된 것을 하여 범사에 그에게까지 자랄지라 그는 머리니 곧 그리스도라"(엡 4:13,15)

"평강의 하나님이 친히 너희를 온전히 거룩하게 하시고 또 너희의 온 영과 혼과 몸이 우리 주 예수 그리스도께서 강림하실 때에 흠 없게 보전되기를 원하노라"(살전 5:23)

"양들의 큰 목자이신 우리 주 예수를 영원한 언약의 피로 죽은 자 가운데서 이끌어 내신 평강의 하나님이 모든 선한 일에 너희를 온전하게 하사 자기 뜻을 행하게 하시고 그 앞에 즐거운 것을 예수 그리스도로 말미암아 우리 가운데서 이루시기를 원하노라 영광이 그에게 세세무궁토록 있을지어다 아멘"(히 13:20~21)

위의 구절을 보면 우리가 이 세상에서 성화를 완전히 이뤄야 하는 것으로 여겨진다. 성화에 이르지 못할 바에는 왜 이르라고 도전했겠는가? 이들의 경건하려는 성화 노력에 긍정적인 측면이 보인다. 미완성주의자도 그들 나름대로의 근거는 있다.

"만일 우리가 죄가 없다고 말하면 스스로 속이고 또 진리가 우리 속에 있지 아니할 것이요 만일 우리가 우리 죄를 자백하면 그는 미쁘시고 의로우사 우리 죄를 사하시며 우리를 모든 불의에서 깨끗하게 하실 것이요 만일 우리가 범죄하지 아니하였다 하면 하나님을 거짓말하는 이로 만드는 것이니 또한 그의 말씀이 우리 속에 있지 아니하니라"(요일 1:8~10)

단지 예수의 피가 우리를 깨끗케 해 줄 뿐이지 우리가 죄 없다 할 수 없으며 범죄하지 아니했다 할 수 없으니 만약 그것이 아니라면 자기 기만이며 하나님을 거짓말하는 이로 만든다고 했다.

"내 속 곧 내 육신에 선한 것이 거하지 아니하는 줄을 아노니 원함은 내게 있으나 선을 행하는 것은 없노라 내가 원하는 바 선은 행하지 아니하고 도리어 원하지 아니하는 바 악을 행하는도다 다"
(롬 7:18~19)

모든 시대 모든 사람 중에서 가장 위대한 사도 바울도 죄에서 자유롭지 못하다고 했던 처지인데 어찌 완전무결한 성화에 이른다고 하겠느냐 하는 것이다.

② 완전주의 성화론

우선 완전주의자들에게 속하는 역사상의 인물들을 보면 펠라기안파(Pelagians), 로마 가톨릭 혹은 반(半) 펠라기안 파, 아르미안 파, 웨슬리안 파, 라바디스트(Labadists), 그리고 정적주의자(靜寂主義者, Quietists), 퀘이커 교도들과 같은 신비파, 또 마한(Mahan), 피니(Finney), 릿츨(Ritschl)이다.[149] 이들의 죄관(罪觀) 및 율법관과 그리고 죄인의 은혜 의존도에 관한 견해는 피차 간에 다르지만 한 가지 공통적인 견해는 이렇다.

"이 세상에서 신자는 율법의 요구사항에 부응하는 상태에 이를 수 있다."

이들이 살아생전에 완전 성화에 이를 수 있다는 주장에는 그들이 이르렀다고 하는 완전의 표준을 낮추어 준 것과 성경에 있는 죄 사상을 내적인 것이 아니라 외적인 것으로 약화시켰다.[150] 이에 대하여 완전주의자들에게 완전 개념과 죄 개념을 더 철저하게 가려보라는 주문이 있다. 그런 주문을 받아들일 때에는 이 세상에서 완전한 성화 즉 거룩한 성결에 이를까? 에릭슨은 지적하고 있다. 죄의 성질을 다시 검토하자는 것이다. 죄란 단순히 외형적 성질에 속하는 행동들은 아니다. 죄라는 것은 사람이 생각하는 것 이상으로 상당히 내적으로 만연되어 있는 묘한 성질을 지닌 것이다. 예수께서 산상수훈에서 실제로 간음하지 아니해도 음욕은 곧 간음이라고 하셨다(마 5:27, 28).[151]

완전주의자들은 육체로 간음하지 아니했다는 것으로 범죄에서 떠난 것으로 보며 이것이 간음에 한해서 음란을 피한 것으로 본다. 또 완전 개념을 다시 검토하자는 것이다.

"그러므로 하늘에 계신 너희 아버지의 온전하심과 같이 너희도 온전하라"(마 5:48)에서 완전이라는 말에는 '흠' 이 없거나 '점' 이 없다는 것이 아니라 온전하라는 것뿐이다. 우리가 흠과 점이 있어도 온전할 수 있다. 죄로부터 완전히 자유하지 못하기 한데도 '온전' 해질 수 있다는 것이다. 이 온전은 흠과 점이 있는 온전이다. 그러기에 예수 그리스도의 충만한 것을 우리가 소유하며(엡 4:13), 그리고 성령의 충만한 열매를 지닌다(갈 5:22, 23). 이

---

149) L. Berkhof, *Systematic Theology*, pp. 537~538.
150) 위의 책, p. 538.
151) Millard J. Erickson, *Systematic Theology*, p. 972.

때에 완전 성화가 이루어진 것이 아니라도 그런 것을 소유한다.[152] 스트롱은 한 가지를 더 첨부해서 완전주의자들의 견해에 답하고 있다. 그것은 율법의 개념에 대한 오해라고 한다. 완전주의자들은 율법을 하나님의 거룩성을 변함없이 보여 주는 반영으로 보지 않고 피조 인간의 도덕적 상태에 조정해 주는 것으로 맞춤을 해주었다는 것이다. 그러니까 그런 정도의 율법이라면 사람이 지킬 수도 있다는 말이 되고 그렇다면 율법도 지켜주는 완전에 이르는 것이라 보는 것이다. 그런데 전술한 바 있지만 완전주의자들은 완전할 수 있다고 주장하는 근거를 성경에서 찾고 있다.

벌코프는 이를 네 가지로 말하면서 바로 곧 반론을 편다.[153]

첫째, 완전주의자는 성경은 신자로 거룩하고 온전하라고 명령했다는 것이다(벧전 1:16; 마 5:48; 약 1:4). 그러니까 완전해질 수 있지 않느냐는 것이다. 그런 무죄한 완전에 이르는 것이 불가하다면 그런 명령은 무의미하지 않겠느냐는 것이 완전주의자들의 생각이다. 벌코프는 이에 대해서 이렇게 답변한다. 거룩하고 완전하라는 성경의 요구는 중생받은 사람에게나 비중생인에게나 똑같이 권위 있는 요구이니, 왜냐하면 하나님의 율법은 처음부터 거룩을 요구했고 결코 철회된 적이 없었다.[154] 불신자 곧 중생하지 못한 사람도 완전 성결에 이르라는 말인가? 또 이룰 수가 있는가? 중생 여하를 막론하고 하나님의 율법의 요구가 그렇다는 것이다.

둘째, 완전주의자들은 거룩과 완전이 흔히 성경에서 신자에게 돌려 준 내용들이니까 지금 우리도 그렇게 되어야만 한다는 것이다(히 5:14; 빌 4:13; 골 2:10).[155]

"그러나 우리가 온전한 자들 중에서는 지혜를 말하노니 이는 이 세상의 지혜가 아니요 또 이 세상에서 없어질 통치자들의 지혜도 아니요"(고전 2:6)

"그런즉 누구든지 그리스도 안에 있으면 새로운 피조물이라 이전 것은 지나갔으니 보라 새 것이 되었도다"(고후 5:17)

"자기 앞에 영광스러운 교회로 세우사 티나 주름 잡힌 것이나 이런 것들이 없이 거룩하고 흠이 없게 하려 하심이라"(엡 5:27)

이에 대해 벌코프의 대답은 이렇다.

성경에서 신자가 거룩하고 완전한 것에 대해서 말한 것은 그들이 죄가 없다는 것을 의미하는 것은 아니다. 이 거룩과 완전이란 말이 일반적인 어투에서는 물론 성경에서도 다른

---

152) 위의 책, p. 973.
153) L. Berkhof, *Systematic Theology*, pp. 538~539.
154) 위의 책, p. 538.
155) 위의 책, p. 539.

의미로 사용되고 있기 때문이다. 신자가 거룩할 수 있고 거룩하고 또 거룩하다고 불리워질 수 있는 이유는 그들이 그리스도 안에서는 객관적으로 거룩하거나 또는 그들이 하나님의 성령에 의해 원리상 주관적으로 거룩하게 된 자들이기 때문이다. 신자가 거룩하다고 하는 것은 어느 의미로는 단지 많이 자랐다는 것이며(고전 2:6; 히 5:14), 또 다른 의미로서는 그들이 일하기에 충분히 준비가 되어 있다는 뜻이다(딤후 3:17). 그렇다고 완전히 무죄한 성화에 이른 것은 아니라는 것이다.

셋째, 완전주의자들은 성경에 완벽한 삶을 살았던 성도들의 성경적 모범이 있으니까 지금 우리도 그런 삶을 살 수 있어서 완전한 성결에 이른다고 한다. 노아, 욥, 아사와 같은 인물이 그렇다는 것이다(창 6:9; 욥 1:1; 왕상 15:14).

이에 대한 벌코프의 대답은 이러하다. 노아, 모세, 욥, 아브라함 같은 사람도 범죄했고 실패한 적이 있었다는 것이다.

"내가 내 마음을 정하게 하였다 내 죄를 깨끗하게 하였다 할 자가 누구냐"(잠 20:9)
"만일 우리가 죄가 없다고 말하면 스스로 속이고 또 진리가 우리 속에 있지 아니할 것이요"(요일 1:8)

넷째, 완전주의자들은 요한이 하나님께로 난 자들은 범죄하지 않는다고 명백히 선언했기에 지금 우리가 범죄하지 않는 완전 성화에 이른다고 했다.[156]

"그 안에 거하는 자마다 범죄하지 아니하나니 범죄하는 자마다 그를 보지도 못하였고 그를 알지도 못하였느니라, 죄를 짓는 자는 마귀에게 속하나니 마귀는 처음부터 범죄함이라 하나님의 아들이 나타나신 것은 마귀의 일을 멸하려 하심이라 하나님께로부터 난 자마다 죄를 짓지 아니하나니 이는 하나님의 씨가 그의 속에 거함이요 그도 범죄하지 못하는 것은 하나님께로부터 났음이라"(요일 3:6,8,9)
"하나님께로부터 난 자는 다 범죄하지 아니하는 줄을 우리가 아노라 하나님께로부터 나신 자가 그를 지키시매 악한 자가 그를 만지지도 못하느니라"(요일 5:18)

요한이 하나님께로서 난 자가 범죄하지 않는다는 것은 두 가지 상태를 대조하고 있다는 것이다. 즉 옛 사람과 새 사람의 기본적인 성품과 원리를 대조해서 하는 말이다. 하나님으로부터 난 새 사람의 성품과 기질은 죄를 짓지 않는 것이다. 계속해서 버릇처럼 죄를 짓지 않는다는 것이다. 그런데 옛 사람과 그의 조종자인 마귀는 성품과 기질이 버릇처럼 죄 짓

---

156) L. Berkhof, *Systematic Theology*, p. 539.

는 것이다. 새 사람은 성품과 기질이 죄 짓지 않는다는 것이지 그렇다고 한번도 죄를 짓는 경우가 없다는 뜻은 아니다. 요한이 여기서 강조하고자 한 것은 신자는 죄의 밖에 있다는 것이고 은혜의 상태에서부터 그런 죄를 지었기로서니 떨어지는 것은 결코 아니라는 것을 강조한 것이다. 벌코프는 완전주의자들의 그럴싸한 주장의 근거들을 제시하고 그럼에도 불구하고 그것은 잘못된 해석이라고 지적하면서 보다 적극적으로 완전주의에 대해 반대의 견을 제시한다.[157]

첫째, 죄를 짓지 않는 사람은 세상에 단 한 사람도 없다.

"내가 내 마음을 정하게 하였다 내 죄를 깨끗하게 하였다 할 자가 누구냐"(잠 20:9)
"범죄하지 아니하는 사람이 없사오니 그들이 주께 범죄함으로 주께서 그들에게 진노하사 그들을 적국에게 넘기시매 적국이 그들을 사로잡아 원근을 막론하고 적국의 땅으로 끌어간 후에"(왕상 8:46)
"우리가 다 실수가 많으니 만일 말에 실수가 없는 자라면 곧 온전한 사람이라 능히 온몸도 굴레 씌우리라"(약 3:2)
"만일 우리가 죄가 없다고 말하면 스스로 속이고 또 진리가 우리 속에 있지 아니할 것이요 만일 우리가 우리 죄를 자백하면 그는 미쁘시고 의로우사 우리 죄를 사하시며 우리를 모든 불의에서 깨끗하게 하실 것이요"(요일 1:8, 9)

죄를 피할 수는 있어도 죄 없을 수는 없다. 그럼 무엇인가? 지위적 성화로 돌아가서 경험적 성화에로의 길을 가야 하는 것이다. 오순절에 사도들에게 내린 것은 무죄가 아니라 능력이다. 그 능력으로 죄도 물리치고 또 선교도 하는 것이었다.

"오직 성령이 너희에게 임하시면 너희가 권능을 받고 예루살렘과 온 유대와 사마리아와 땅 끝까지 이르러 내 증인이 되리라 하시니라"(행 1:8)

둘째, 하나님의 아들들의 삶에는 육과 성령의 끊임없는 전투가 있다는 것인데 이것은 죽을 때까지 완전에 이른 성화는 없다는 것을 증명한다.

"내가 행하는 것을 내가 알지 못하노니 곧 내가 원하는 것은 행하지 아니하고 도리어 미워하는 것을 행함이라, 이제는 그것을 행하는 자가 내가 아니요 내 속에 거하는 죄니라 내 속 곧 내 육신에 선한 것이 거하지 아니하는 줄을 아노니 원함은 내게 있으나 선을 행하는 것은 없노라 내가 원

---

157) L. Berkhof, *Systematic Theology*, pp. 40~41.

하는 바 선은 행하지 아니하고 도리어 원하지 아니하는 바 악을 행하는도다 만일 내가 원하지 아니하는 그것을 하면 이를 행하는 자는 내가 아니요 내 속에 거하는 죄니라"(롬 7:15,17~20)

이것은 그의 중생된 상태에서 말하는 상황이다. 바울은 계속 달린다고 말했다(빌 3:10~14).[158]

셋째, 죄 고백과 사죄의 기도는 계속 요청된다.

"우리가 우리에게 죄 지은 자를 사하여 준 것같이 우리 죄를 사하여 주시옵고 우리를 시험에 들게 하지 마시옵고 다만 악에서 구하시옵소서 (나라와 권세와 영광이 아버지께 영원히 있사옵나이다 아멘"(마 6:12~13)
"만일 우리가 우리 죄를 자백하면 그는 미쁘시고 의로우사 우리 죄를 사하시며 우리를 모든 불의에서 깨끗하게 하실 것이요"(요일 1:9)

완전주의자들에 대한 멀린스의 반대 입장도 대단하다. 그는 빌립보서 3장 2~16절의 내용을 들어서 완전주의에 대하여 반대 입장을 말한다. 여기서 바울은 더 완전한 성화에 이르기 위해 계속 달려가는 투쟁의 모습을 보여 주고 있다고 했다. 자기가 다 갖추었다고 여기는 자기 기만을 그만 두고 어디까지 이르렀든지 그대로 행하라고 바울은 말하고 있다. 정말 성숙하고 완전한 그리스도인은 자기 자신의 불완전을 의식하고 있는 그리스도인이라고 했다.[159] 멀린스는 완전주의자에 대한 설명에서 다음과 같은 결론에 이르렀다고 길게 언급하고 있다.

「완전에 대한 앞의 논의로부터 우리는 다음과 같은 결론을 얻게 된다.
첫째, 무죄한 완전은 이 생에서는 결코 얻을 수 없다.
둘째, 그리스도인들이 완전의 목표를 향해 꾸준히 전진하는 것은 가능하다.
셋째, 우리는 그리스도인 생활의 어떤 단계의 달성을 완전의 달성으로 오해하는 위험이 있다. 우리는 그리스도인의 확신에 이를 수 있으나, 이것이 무죄상태(無罪狀態)는 아니다. 우리는 급진적(急進的) 영적 진보를 가능케 하는 소위 '제2의 축복'에 이를지도 모른다. 그러나 이것이 완전은 아니다. 우리는 제3, 제4 그리고 수천 배의 많은 축복을 마땅히 가져야 한다.
넷째, 우리는 완전주의(完全主義)에 대한 그릇된 견해를 반대하던 나머지 그리스도인 생활의 저급한 표준을 채택하고 죄 및 세상적인 것에 대해 우리 스스로 변명하려는 위험에 이른다. 이것은 우리가 인식하고 있어야 할 언제나 있을 수 있는 위험이다. 고든(Dr. A. J.

---
158) L. Berkhof, *Systematic Theology*, p. 540.
159) E. Y 멀린스, 「조직신학 원론」, p. 522.

Gordon) 박사는 이렇게 말하고 있다: "무죄한 완전의 교리가 하나의 이단(異端)일진대, 유죄(有罪)한 불완전으로 만족하고 말자는 교리는 보다 큰 하나의 이단이다. 어떤 기독교 세속주의자(世俗主義者)가 어떤 기독교 완전주의자에게 돌을 던지는 것을 본다는 것은 덕스럽지 못한 광경을 본 것이다"(ministry of the spirit, p.116).

다섯째, 결론은 비록 우리가 우리의 불완전을 계속 의식하고 있지만 우리의 인격 면에서나 봉사를 위한 능력 면에서나 어디로 보든 그리스도인 생활에서 크게 목표에 달성할 수 있다는 가능성을 믿어야 한다는 것이다. 때로는 의지를 완전히 순복시키면서 성령이 새롭게 충만해지는 등 위대한 헌신의 행위들이 있어서 어느 순간에는 우리가 영적 승리와 능력의 보다 높은 단계로 나아간다. 그러나 이것을 최종적인 것으로 보아서도 안 되며 또는 자기 기만으로 나아가서도 안 된다. 우리는 최대의 축복을 받은 후에도 그리스도 안에서의 하나님의 높은 부르심의 푯대를 향해 계속 전진해야만 한다.」[160]

③ 미완성 성화주의

완전주의 성화론을 설명하고 반대하는 입장을 취하는 과정에서 자연적으로 미완성주의 성화론을 설명해 버리는 결론에 이르렀고 또 그것이 성경이 말하는 진리라고 주장하게 되었다. 미완성 성화주의론자는 칼빈주의 사상 계통의 사람들이다. 미완성주의는 완전주의자들의 견해의 반대편에 서 있는 것으로 설명이 된다. 미완성주의자들의 성경 근거는 요한 일서 1장 8~10절과 로마서 7장이 주요한 근거가 되고 있다. 앞에서 멀린스도 미완성 성화를 부르짖으면서도 고든 박사의 말을 인용하여 미완성을 찬양하거나 거기 안주해서는 안 된다는 것을 강조했다. 멀린스가 인용한 고든 박사의 말은 완전 성화론도 틀린 생각이지만 그렇다고 미완성 성화에 그냥 만족하고 그친다는 것도 틀린 생각이라고 한 것이다. 진정한 미완성주의자의 입장을 들어보자. 에릭슨은 다음과 같이 진술하고 있다.

「이 세상에서는 결코 무죄할 수 없다는 것이 경험상으로는 맞는 말이지만 그럼에도 불구하고 무죄하게 살려는 것이 우리의 목표라는 견해에는 매우 중요한 의미가 담겨 있다. 한편으로 이런 견해는 우리가 범죄했을 때 지나친 절망감, 실패감, 더 나아가서 낭패감과 죄책감을 느낄 필요는 없다는 의미가 된다. 또 한편으로 이런 견해는 우리 자신을 두고 지나치게 이만하면 된 것 같이 즐겨서도 안 되며 또한 죄의 현실 앞에서 전혀 그 죄와 무관한 것처럼 지나도 안 된다는 것을 의미한다. 왜냐하면 우리는 바울처럼 우리 안에 만연되어 있는 악을 향하는 경향성을 완전히 극복하기 위해 하나님께 성실하고도 부지런히 간구해

---

160) E. Y 멀린스, 「조직신학 원론」, pp. 522~523.

야 하겠기 때문이다."¹⁶¹⁾

④ 성화 문제를 말할 때 율법 폐기론과 도덕 폐기론을 설명할 필요가 있다.

여기서 문제는 율법 폐기를 도덕 폐기로 등식화하는 착오를 사람들이 일으킨다는 것이다. 완전 성화된 자가 율법을 폐기한다는 것인데 그것은 곧 도덕을 폐기하는 것으로 보아 그릇된 입장이라고 하는 것이다. 그런데 율법 폐기와 도덕 폐기는 구분해야 할 주제이다. 완전주의자이든 미완성주의자이든 그 어느 계통의 사람에게나 율법은 폐기된 것이 사실이다. 스트롱이 율법 폐기론자의 그 주장을 아래와 같이 요약했다.

"그리스도의 복종과 고난이 율법의 요구를 만족해준 이상 신자는 율법을 준수할 의무에서 해방되었다."¹⁶²⁾

이들은 로마서 6장 14절 "죄가 너희를 주관치 못하리니 이는 너희가 법 아래 있지 아니하고 은혜 아래 있음이라"의 말씀을 오해한 데서 나왔다고 한다. 이 견해의 대표자는 아그리콜라(Agricola)와 암스돌프(Amsdorf)이다. 암스돌프는 "선행은 구원에 해(害)가 된다"고 말했다. 율법 폐기론을 부정하는 사람들은 율법의 어떤 부분이 폐기되었고 어떤 부분은 유효하다고 보는데, 율법은 어떤 부분은 살아남고 어떤 부분은 없어지고 하는 성질로 구성된 체계가 아니다. 율법은 그리스도의 죽음 안에서 폐기되었다. 다시 묻노니 "지금 율법 시대인가? 지금 예수가 율법을 좇아 죽으시고 저주를 받으셨는데 아직 율법의 법성(法性)이 살아 있는가? 지금도 율법을 지켜야 하는가? 그리고 율법을 지킬 수 있는가? 로마서 6장 14절의 법 아래 있지 않고 은혜 아래 있다는 말에 더 이상 무슨 설명이 필요한가? 묻노니 그대는 율법 아래 있는가? 은혜 아래 있는가? 히브리서 10장 9절에 "그 후에 말씀하시기를 보시옵소서 내가 하나님의 뜻을 행하러 왔나이다 하셨으니 그 첫째 것을 폐하심은 둘째 것을 세우려 하심이라"고 했는데 묻노니 그럼 아직도 첫 것이 폐하지 아니했단 말인가? 지금 둘째 것이 세워지지 아니한 오늘인가?"

스트롱도 율법 폐기는 잘못된 견해로 알고 있다. 그리고 율법 폐기가 잘못된 것임을 구체적으로 답변해 주고 있다. 그런데 역설적이게도 그 답변이 율법은 폐기되었음을 입증해 주고 있다. 이것이야말로 아이러니한 설명이다. 스트롱이 강조하는 것은 삶의 규칙, 곧 이 세상을 살아가는 데 필요한 도덕으로서의 율법까지도 지키지 않아도 된다고 그리스도가 우리를 해방시키신 것은 아니라는 것이다. 이 말은 이렇게 표현하면 된다. 율법의 법적 강제성과 율법의 도덕적 정신 중 그리스도는 전자에게서부터 신자들을 해방시켜 주셨다는 것이다. 가령, 간음하지 말라는 7계명은 예수님이 이루셨으니까 지킬 필요가 없는 것이 그

---

161) Millard J. Erickson, *Systematic Theology*, p. 974.
162) A. H. Strong, *Systematic Theology*, p. 875.

계명 자체가 없어졌기 때문인데 그러나 간음하지 않은 것은 법성(法性) 때문이 아니라 간음 안 하는 게 좋다는 생활의 규칙 곧 도덕성 때문이다. 우리는 간음을 하지 않아야 하지만 그것이 제7계명을 지키는 문제와는 다른 것이다.

　스트롱이 말하는 바 그리스도가 우리를 해방시킨 율법은 저주와 형벌의 시스템으로서의 율법인데, 이미 그리스도가 스스로 저주와 형벌을 받으셨기 때문이다.[163] 그러니 율법이 폐기된 것이 아니고 무엇인가? 이런 율법을 아직도 지키라는 말인가? 왜 율법이 폐기되었다는 고백이 그토록 어려운가? 또 스트롱이 말하는 바 그리스도가 우리를 자유케 하고 해방시킨 율법은 구원의 방법으로 행세하는 율법인데, 이미 그리스도께서 복종하시고 베푸신 공로를 우리의 것으로 만들어 주셨기 때문이다.[164] 그러니 이런 율법이 폐기된 것이 아니고 무엇인가? 이런 율법을 아직도 지키란 말인가?

　또 스트롱이 말하는 바 그리스도가 우리를 자유케 하고 해방시킨 율법은 외적이고도 낯선 충동으로서의 율법인데, 이미 그리스도께서 복종과 아들됨의 영을 우리에게 주셔서 우리 안에서 점진적으로 율법이 실현되고 있기 때문이다.[165] 그러니 이런 율법이 폐기된 것이 아니고 무엇인가? 이런 율법을 아직도 지키란 말인가?

　이상의 논의에서 세 가지 형태의 율법을 이미 그리스도께서 충족하셨기 때문에 신자는 준수할 필요가 없어졌다. 그럼에도 불구하고 율법이 폐기되었다는 것에 아쉬움을 느끼고 어떻게 하든지 율법은 폐기되지 않고 살아 있다는 쪽으로 편들어 설명하려는 노력이 가상스럽기까지 하다. 그들의 오해는 이것이다. 즉 율법의 강제성은 없어졌는데 율법의 좋은 도덕 정신은 나쁜 것이 아니니까 그것까지 무시해서 지키지 않으려 하면 되겠느냐는 식의 사고의 틀을 지닌 것 같다. 그렇다면 이렇게 말하면 된다. "율법은 지키지 마라. 그러나 율법의 도덕성은 지켜라." 그래서 필자는 도덕 폐기론은 결사 반대하지만 율법 폐기는 결코 수긍할 수 없는 것으로 확신한다. 다시 말하자면 도덕은 있으나 법은 없다. 도덕에는 벌이 없으나 법에는 벌이 있다. 도덕은 범하는 일이 없다. 가령, 범덕(犯德)이란 생활용어는 없다. 그러나 범법(犯法)이란 말과 범죄(犯罪)란 용어는 있다.

　결국 성화란 무엇인가?

　성화는 과거에 이미 우리에게 관계되었고 현재에 관계되고 미래를 향해 나아가야 할 거룩이란 타깃(target)이다. 그러나 이것은 신기루(蜃氣樓)는 아니다. 그것은 잡을 수 있는 타깃이다. 그러니까 잡으려고 나아가야 하는 타깃이다. 성화는 이미 거룩하게 된 사람이 평생을 두고 거룩하지 못한 것에서 떠나 거룩하신 하나님에게로 나아가 그의 쓰임에 합당

---

163) A. H. Strong, *Systematic Theology*, p. 876.
164) 위의 책, p. 876.
165) 위의 책, p. 876.

하게 응하는 그리스도인의 생활이다. 하나님을 위해 따로 떼어나와서 하나님의 거룩한 목적으로 쓰이는 물건은 성물(聖物)이요, 장소는 성소(聖所)요, 시간은 성일(聖日)이요, 제물은 거룩한 성제물(聖祭物)이라 하는데 특유하게도 사람은 성도(聖徒)라 한다. 교회란 성도들로 구성된다.

　프란시스 쉐퍼는 「진정한 영적 생활」[166]에서 진정한 영적 생활은 죄의 속박과 그 죄의 속박이 안겨다 준 속박의 불행한 결과에서부터 현재적 자유라고 설명했다. 즉 성화란 범죄로 인해 죄인되었던 사람이 거룩함을 입고, 또 범죄의 결과로 형벌을 받아야 하는 것으로부터도 자유를 얻은 상태이다. 죄와 죄의 결과로부터 구별되어 나와서 하나님에게로 들어간 상태이다. 성화는 거룩한 목적에 쓰임받기 위해 일단 처음부터 있던 자리에서 떠나는 자리 옮김이요, 자리 옮김을 받은 주체가 그 자리에 어울리게 점차적으로 변해가는 과정이다. 위치 변경과 자체 변화가 주를 이룬다.

　이스라엘 백성이 약속의 땅에 들어갔지만 이방 족속을 꼭 정복해야 하는 일이 구약적 성화의 한 면을 말해 준다고 볼 수 있다. 그리스도인이 은혜로 구원의 상태에 들어 왔지만 나날이 구원을 이루려는 삶이 신약적 성화의 전체를 말해 준다고 볼 수 있다. 성도는 이긴 전쟁의 또 이기는 전투의 삶을 산다. 큰 전쟁의 이김은 갈보리 십자가 상에서 이미 승전고를 울렸다. 계곡마다 패잔병을 처리해야 하는 것이 성화요 성전(聖戰)이다. 전투는 전쟁 속에 들어가 있다. 혹 한 전투에서 실패한다고 해서 이긴 전쟁이 패하는 전쟁이 되는 것은 아니다. 부분은 전체 속에 들어 있다. 우리는 각 부분을 구체적으로 승리로 이끄는 삶을 산다. 성화는 교회의 풍성한 내적 승리이다. 그것은 교회가 건강하고 생명력이 넘친다는 것을 의미한다. 이런 교회라야 영적 싸움에 임할 수 있다.

---

166) 프란시스 쉐퍼, 「진정한 영적 생활」 권혁봉 역, (서울: 생명의 말씀사, 1974). 이 책의 제Ⅰ부는 "죄의 속박에서부터의 자유"이고 제Ⅱ부는 "죄의 속박의 결과에서부터의 자유"를 말하고 있다.

| 소결론 : '함의 교회'(Church of Doing, 행위론적 교회) |

'함의 교회'란 하나님으로 말미암아 '그리스도인으로서 하는' 사람들의 모임이란 뜻이다. '됨의 교회'가 다음에 해야 할 것은 '함의 교회'가 되는 일이다. '됨의 교회'가 '되게 하시는 성령님'으로 인한 것이라면 '함의 교회'는 역시 같은 성령님이시지만 이때의 성령님은 '하게 하시는 능력의 성령'이다. 이제 신자가 그리스도인이 되었는데 능력을 얻어야 행할 수 있게 된다. '됨의 교회'에는 신자가 주체적으로 할 일이란 없다. 이 말은 되기 위해서 내가 보태줄 일이라고는 아무것도 없다는 것이다. 태아가 모태에서 성장해서 출산되는 과정을 보면 태아가 한 일이라고는 아무것도 없다. 모든 것이 수동적이다.

그런데 '함의 교회'가 되기 위한 과정으로서는 '성화'라는 주제가 나오는데 성화도 물론 하나님 편에서 시발을 하셨지만 이젠 사람이 능동적으로 성화를 이루어가야 하는 것이다. 이 말은 성화의 주체자가 하나님이 아니라는 것은 결코 아니로되 성화를 경험적으로 실천해내야 하는 일 또한 신자가 감당하는 일임을 강조하는 것이다.

문제는 무엇인가? 성화할 '능력'이 필요한 것이다. 그런데 이 능력을 누가 주시느냐? 하게 하시는 성령님'이다. 즉 신자가 성화하되 역시 그 능력은 공급받아야 한다. 그 능력을 누가 주시느냐? 성령님이 주신다는 것이다. 전술한 바 있지만 에베소서의 내용에 '됨', '함', '섬'으로 구성되어 있는 바와 같이 '된' 교회는 '하는' 교회이고 '하는' 교회는 악한 세력과의 투쟁을 겪어야 하는 바 이렇게 될 때 건전하고도 튼튼한 교회가 되는 것이다.

'함의 교회'는 교회의 '행위'로 말한다.

에베소서 4~6장 9절까지가 '함의 교회'의 내용을 싣고 있다. '됨의 교회'가 존재였고 '함의 교회'는 행위였다. 존재자는 행위자이다. 행위자가 존재자는 아니다. 선존재 후행위가 존재와 행위의 순서이다. 그런 면에서 그리스도교의 진리는 실존주의적(實存主義的)이 아니다. 즉 존재는 현존(現存)하는 만큼 존재한다는 것이 실존철학의 핵심인 바 그 현존은 행위하는 만큼의 현존이다. 행위 없는 존재는 존재가 아니라는 전제하에 펼쳐지는 실존철학이어서 이런 철학에 의식 무의식간에 젖어든 사람들은 교회에 있어서도 존재개념을 무시하고 행위개념만 강조하게 되었고, 이것이 율법주의로 흐르는 위험을 초래했던 것이다.

그러나 한편 이런 위험 때문에 행위 경시 경향으로 나가는 정반대 극단이 있다 보니 행함 없는 믿음의 교회라는 비난을 받게 될 것이다. 그런 만큼 교회가 어떻게 존재하며 교회가 무엇을 행해야 하는가 하는 문제는 성경적 입장에서 그 차서(次序)를 따져야 하는 것이다. 그런데 교회는 '성화'란 하나의 주제 속에 행함의 내용을 전부 포괄할 수 있다. 주제는 단 하나 '성화'이지만 그 내용에서는 여러 가지 사실들이 포함된다. 멀린스는 성화의 내용이 그리스도인의 모든 관계를 포함하고 있다고 말했다.

「성화는 그리스도인의 관계에 속하는 모든 것을 포함하고 있다. 성화는 개인적인 성화뿐만 아니라 사회적 성화이다. 성화는 단지 내적(內的)인 것만이 아니라 그것은 또한 외적 변화이다. 그리스도인이 사업상 및 사회와 시민생활에서 그 이웃과 맺는 관계가 그 사람이 내적으로 성화하고 있는 과정을 진정으로 말해주는 표가 된다. 그리스도인의 소명의 가치로서 최고의 이상에 못 미치는 것이라고는 아무것도 없다. 우리 아버지 하나님께서 온전하시기 때문에 우리도 그런 온전을 목적하고 있으며, 거룩한 삶을 살아야 할 높은 동기와 자극은 하늘에 계시는 우리 아버지같이 되려는 욕구이다.」[167]

성화에 관한 내용 뒤에는 '함의 교회'가 소결론으로 나오는 게 자연스럽다. 뒤에 말하지만 '섬의 교회'는 '영적 싸움' 이야기가 끝나면 자연히 나오게 될 것이다.

'함의 교회'를 말하는 능동적 자세의 대표적 성경구절을 보자(에베소서 4~6장).
① 에베소서 4장
'함의 교회'가 해야 할 행위의 대주제는 아래와 같다.

"그러므로 주 안에서 갇힌 내가 너희를 권하노니 너희가 부르심을 받은 일에 합당하게 행하여"(엡 4:1)

부름에 합당하게 행하라(walking). 또 해야 할 일들이 있다. 이것은 성화의 내용이다.

"모든 겸손과 온유로 하고 오래 참음으로 사랑 가운데서 서로 용납하고"(엡 4:2)
"힘써 지키라"(4:3)
"그가 어떤 사람은 사도로, 어떤 사람은 선지자로, 어떤 사람은 복음 전하는 자로, 어떤 사람은 목사와 교사로 삼으셨으니"(4:11)

11절의 내용은 존재자가 아니라 행위자의 이름들이다. 그 행위자들의 할 일이 12절에 소개되고 있다.

"이는 성도를 온전하게 하여 봉사의 일을 하게 하며 그리스도의 몸을 세우려 하심이라"(4:12)

---

167) E. Y. Mullinse, *Baptist Beliefs*, p. 52.

"그리스도의 장성한 분량이 충만한 데까지 이르리니"(4:13)

"요동하지 않게 하려 함이라"(4:14)

"그에게까지 자랄지라"(4:15)

"각 지체의 분량대로 역사하여"(4:16)

" 그 몸을 자라게 하며 사랑 안에서 스스로 세우느니라"(4:16)

"허망한 것으로 행함같이 너희는 행하지 말라"(4:17)

"그리스도를 그같이 배우지 아니하였느니라"(4:20)

"옛 사람을 벗어 버리고"(4:22)

"새 사람을 입으라"(4:24)

"그런즉 거짓을 버리고 각각 그 이웃과 더불어 참된 것을 말하라 이는 우리가 서로 지체가 됨이라"(4:25)

"분을 내어도 죄를 짓지 말며 해가 지도록 분을 품지 말고 마귀에게 틈을 주지 말라 도둑질하는 자는 다시 도둑질하지 말고 돌이켜 가난한 자에게 구제할 수 있도록 자기 손으로 수고하여 선한 일을 하라 무릇 더러운 말은 너희 입 밖에도 내지 말고 오직 덕을 세우는 데 소용되는 대로 선한 말을 하여 듣는 자들에게 은혜를 끼치게 하라 하나님의 성령을 근심하게 하지 말라 그 안에서 너희가 구원의 날까지 인치심을 받았느니라 너희는 모든 악독과 노함과 분냄과 떠드는 것과 비방하는 것을 모든 악의와 함께 버리고 서로 친절하게 하며 불쌍히 여기며 서로 용서하기를 하나님이 그리스도 안에서 너희를 용서하심과 같이 하라"(4:26~32)

② 에베소서 5장

"하나님을 본받는 자가 되고"(5:1)

"사랑 가운데서 행하라"(5:2)

"음행과 온갖 더러운 것과 탐욕은 너희 중에서 그 이름조차도 부르지 말라 이는 성도에게 마땅한 바니라 누추함과 어리석은 말이나 희롱의 말이 마땅치 아니하니 오히려 감사하는 말을 하라"(5:3~4)

"그러므로 그들과 함께하는 자가 되지 말라"(5:7)

"빛의 자녀들처럼 행하라"(5:8)

"주께 기쁘시게 할 것이 무엇인가 시험하여 보라"(5:10)

"도리어 책망하라"(5:11)

"그런즉 너희가 어떻게 행할지를 자세히 주의하여 지혜 없는 자 같이 하지 말고 오직 지혜 있는 자 같이 하여 세월을 아끼라 때가 악하니라 그러므로 어리석은 자가 되지 말고 오직 주의 뜻이 무엇인가 이해하라 술 취하지 말라 이는 방탕한 것이니 오직 성령으로 충만함을 받으라 시와 찬송과 신령한 노래들로 서로 화답하며 너희의 마음으로 주께 노래하며 찬송하며 범사에 우리 주 예수 그리스도의 이름으로 항상 아버지 하나님께 감사하며 그리스도를 경외함으로 피차 복종하라"(5:15~21)

③ 에베소서 6장(1~9절)

육체의 상전(上典)에게 순종하고(6:5), 상전은 종에게 공갈을 그치라고 했다(6:9).

철저한 성화운동이 그리스도인의 행위이다. 그리스도인의 삶은 성화를 위한 실천의 삶이다.

이제 우리는 다음 순서로 영적 싸움을 주제로 고찰하고자 한다. 그것은 외적 투쟁의 장소이다. 성화가 내적 승리라면 영적 싸움은 외적 승리다. 영적 싸움에 승리하자면 '섬의 교회'(Church of Standing)가 되어야 한다.

영적 싸움(영적 전투, spiritual warfare)이란 무엇인가? - 외적 승리

영적 싸움이란 그리스도인의 사탄과의 싸움을 말한다.

'하게 하시는 성령님'으로 말미암아 '함의 교회'가 되어 있어서 성화의 삶을 살고 있는 것이 지금 그리스도인의 모습이다. 그리스도인의 살아 있음은 거룩한 삶을 살려고 노력하는 성화로 입증된다. 문제는 성화의 삶에 방해자가 있는데 그가 사탄이다.

그런데 이 사탄과의 영적 싸움에서 그리스도인이 할 일은 무엇인가? '됨의 교회'에서 '함의 교회'로 나온 그리스도인의 마지막 관계는 사탄과의 전투 곧 싸움인데 여기서 취해야 할 태도가 '섬의 교회'(church of standing)이다. '선다'(stand)는 말은 사탄 앞에서 거꾸러져서는 안 된다는 상태를 의미하며 또 더 큰 의미는 사탄을 이기기 위한 우리의 노력이 정신을 잃어버릴 정도로 혼비백산(魂飛魄散)하거나 당황할 것이 아니라 지극히 침착하게 서 있는 상태로 대항하라는 것이다. 그것은 무작위적(無作爲的) 작위이니 이 영전(靈戰)의 승리 역시 승리자 주님이 하심을 믿고 그에게 의탁하라는 것이다. 영전이라고 하니까 예수님은 먼 뒷전에서 관전하시고 우리가 앞에 나가서 무참히 전사(戰死)라도 하라는 것이 아니다. 그리스도인의 싸움은 이미 이긴 싸움이다. 즉 이기기 위해 싸우는 싸움이 아니라 예수께서 이미 이겨주신 싸움을 우리가 향유하는 싸움이요 다 이긴 싸움을 이겨내는 싸움이다. 이긴 전쟁의 이기는 전투를 말하고 있는 것이다.

"내가 너로 여자와 원수가 되게 하고 네 후손도 여자의 후손과 원수가 되게 하리니 여자의 후손

은 네 머리를 상하게 할 것이요 너는 그의 발꿈치를 상하게 할 것이니라 하시고"(창 3:15)
"이것을 너희에게 이르는 것은 너희로 내 안에서 평안을 누리게 하려 함이라 세상에서는 너희가 환난을 당하나 담대하라 내가 세상을 이기었노라"(요 16:33)
"우리를 거스르고 불리하게 하는 법조문으로 쓴 증서를 지우시고 제하여 버리사 십자가에 못 박으시고 통치자들과 권세들을 무력화하여 드러내어 구경거리로 삼으시고 십자가로 그들을 이기셨느니라"(골 2:14~15)
"그가 우리를 흑암의 권세에서 건져내사 그의 사랑의 아들의 나라로 옮기셨으니 그 아들 안에서 우리가 속량 곧 죄 사함을 얻었도다"(골 1:13~14)

이렇게 이미 다 이겨 놓으신 승리의 싸움이지만 그것을 향유하고 보존하며 지키는 것은 그리스도인의 임무이다. 그것이 우리 그리스도인의 이기는 싸움이다. 다음은 그리스도인이 이기는 싸움을 해야 함을 강조하는 성경구절이다.

"간음한 여인들아 세상과 벗된 것이 하나님과 원수 됨을 알지 못하느냐 그런즉 누구든지 세상과 벗이 되고자 하는 자는 스스로 하나님과 원수 되는 것이니라 너희는 하나님이 우리 속에 거하게 하신 성령이 시기하기까지 사모한다 하신 말씀을 헛된 줄로 생각하느냐"(약 4:4~5)
"오직 너희를 부르신 거룩한 이처럼 너희도 모든 행실에 거룩한 자가 되라"(벧전 1:15)
"이로써 그 보배롭고 지극히 큰 약속을 우리에게 주사 이 약속으로 말미암아 너희가 정욕 때문에 세상에서 썩어질 것을 피하여 신성한 성품에 참여하는 자가 되게 하려 하셨느니라"(벧후 1:4)
"그러므로 형제들아 더욱 힘써 너희 부르심과 택하심을 굳게 하라 너희가 이것을 행한즉 언제든지 실족하지 아니하리라 이같이 하면 우리 주 곧 구주 예수 그리스도의 영원한 나라에 들어감을 넉넉히 너희에게 주시리라"(벧후 1:10~11)
"그러므로 형제들아 우리가 빚진 자로되 육신에게 져서 육신대로 살 것이 아니니라 너희가 육신대로 살면 반드시 죽을 것이로되 영으로써 몸의 행실을 죽이면 살리니"(롬 8:12~13)

그리스도인은 빚 청산을 받은 자이다. 더 이상 빚을 갚을 생각은 하지 않아도 되지만 돈을 벌어 저축할 생각은 마땅히 해야 하지 않는가? 전쟁에서 이겼으니 전투에서도 이겨야 하지 않는가? 아군 진지 안에 들어 있는 적군의 패잔병 소탕 정도는 우리의 몫이 아닌가?

"그러므로 사랑하는 자들아 너희가 이것을 바라보나니 주 앞에서 점도 없고 흠도 없이 평강 가운데서 나타나기를 힘쓰라"(벧후 3:14)

우리 몸에 살인적 독은 빠졌다 하더라도 점과 흠도 없는 자가 되어 평강 가운데서 나타나기를 힘쓰는 사람이 되어야 마땅하지 않으냐 말이다. 워치만 니가 에베소서의 6장을 3분하여 앉으라, 행하라, 서라고 정한 이유가 영전을 마지막에 의식하였기 때문이다. 실제로 에베소서 6장 10~24절까지가 '섬의 교회' 이야기인데 공격형 무기보다는 방어형 무기가 더 많다. 우리의 싸움의 대상은 아래와 같다.

"우리의 씨름은 혈과 육을 상대하는 것이 아니요 통치자들과 권세들과 이 어둠의 세상 주관자들과 하늘에 있는 악의 영들을 상대함이라"(엡 6:12)

방어용 무기가 다수이지만 공격형 무기는 성령의 검(6:17) 하나 정도인데 이 검은 공격형도 되고 방어용 무기도 될 수 있다. 여기서는 사탄이 만들어 놓은 세상(cosmos) 이야기는 교회와 세상의 대립 투쟁을 다루는 데서 언급하기로 하고 일단 악한 세력 마귀 사탄이 어떻게 그리스도인들에게 공격해 오는가를 주로 다루려고 한다. 사탄이 근본적으로 그리스도인과 교회를 공격해 오는 그 전략과 무기 그리고 어떻게 그리스도인들이 이 전투에서 승리를 거두는가를 집중적으로 다루려고 한다. 우리는 악한 천사와는 싸움을 하지만 선한 천사와는 아주 친밀하게 지낸다. 선한 천사들은 하나님 보좌에 있으면서 하나님을 경배하고 하나님의 백성을 보호하고 하나님의 종들을 격려하고 개인과 국가에 대한 심판의 대행자며 종말인 주님 재림 시에 나팔을 불며 추수를 하며 새 예루살렘 문전에 서게 된다.

"크고 높은 성곽이 있고 열두 문이 있는데 문에 열두 천사가 있고 그 문들 위에 이름을 썼으니 이스라엘 자손 열두 지파의 이름들이라"(계 21:12)

그런즉 선한 천사는 그리스도인의 영전의 지원자이되 악한 천사는 싸움의 주역들이 된다. 그리스도인은 생명을 얻기 위해 싸운 적이 없다. 예수께서 갈보리 십자가에 달릴 때 인류 중 어느 누구의 손가락 한 개를 잘라서 피를 보탠 적이 없기 때문이다.

그런데 그리스도인이 생명을 유지하기 위해서는 싸움이 있다. 그것을 영적 싸움이라 한다. 영적 싸움은 신령한 사람이 악령과의 싸움을 말한다. 신령한 사람이란 구원사역을 통해 이미 구원받은 사람이고 구원받은 사람은 생명이 있고 생명이 있으면 움직이게 된다.

바울은 데살로니가 교인에게 전인적 인간이 온전히 보존되기를 기도한다고 했다. 그리스도인은 인격 전체가 구원을 받아야 한다. 어느 부분이든 온전한 보존을 잃으면 그 인격은 깨어진다. 그래서 바울은 다음과 같이 기도했다.

"평강의 하나님이 친히 너희를 온전히 거룩하게 하시고 또 너희의 온 영과 혼과 몸이 우리 주 예수 그리스도께서 강림하실 때에 흠 없게 보전되기를 원하노라"(살전 5:23)

모기는 죽은 시체에 피를 빨아먹자고 습격하지 않는다. 모기는 반드시 산 사람에게 흡혈하려고 덤빈다. 우리는 모기와의 싸움을 하면서 여름을 보낸다. 모기의 습격을 받는다는 것은 산 사람의 증거이듯 사탄의 공격은 우리가 영적인 사람이요 또 살아 있다는 사실의 반증(反證)이다.

사탄은 그 존재와 행위와 모양을 가지고 사람을 혼란케 만든다.

사탄은 교활하게도 자기의 존재에 대하여 과소평가와 과대평가로 사람을 이끈다. 또 사탄은 자기의 행위를 자기 나름대로 적재적소에 실천함으로써 사람으로 하여금 감쪽같이 속게 만든다. 또 사탄은 자기의 모양새로 하여금 사람을 미혹케 만든다. 문제는 그리스도인 주변에는 사탄과 그의 군사들이 마치 구경하듯이 우리를 내려다보고 있는데도 우리는 그 사실에 무지하다는 것이 큰 위험이 아닐 수 없다. 그들은 우리를 삼키려고 날뛰는데 그 대상인 우리는 너무나 태평스럽다는 것이다.

"근신하라 깨어라 너희 대적 마귀가 우는 사자같이 두루 다니며 삼킬 자를 찾나니"(벧전 5:8)
"그러나 성령이 밝히 말씀하시기를 후일에 어떤 사람들이 믿음에서 떠나 미혹하는 영과 귀신의 가르침을 따르리라 하셨으니 자기 양심이 화인을 맞아서 외식함으로 거짓말하는 자들이라"
(딤전 4:1~2)

이러한 경고가 있음에도 불구하고 교회는 악령의 군단(軍團)에 대해 무지하거나 무관심하게 있다. 그리스도가 전파된 것으로만 만족하고 마귀의 공격에 대항하는 일에는 불필요하게까지 느낀다. 이렇게 하는 것도 악령의 한 작전인데 말이다. 악령인 마귀 사탄의 정체를 모르고 신앙생활을 하면 엉뚱한 결과를 낳게 된다. 하나님을 위한다는 것이 부지불식간에 마귀를 위하는 엉뚱한 일을 저지르게 된다. 바울의 로마서 서신에서는 이스라엘의 열심이 잘못된 것이라고 했다.

"형제들아 내 마음에 원하는 바와 하나님께 구하는 바는 이스라엘을 위함이니 곧 그들로 구원을 받게 함이라 내가 증언하노니 그들이 하나님께 열심이 있으나 올바른 지식을 따른 것이 아니니라"(롬 10:1~2)

이와 같이 무지 상태에서의 열심이나 행위는 하나님을 위하는 것이 되지 못하는 수가 있다. 예수님의 전 사역은 사탄과의 전쟁을 배경으로 해서 전개되고 있다. 사탄은 이미 창조 때부터 에덴 동산의 타락에 관여했었고 하나님은 이를 해결하셨다. 성령도 사탄의 역사를 끊으려고 우리 안에 역사하신다. 예수님이 세상에 오신 목적은 아주 분명하다.

> "죄를 짓는 자는 마귀에게 속하나니 마귀는 처음부터 범죄함이라 하나님의 아들이 나타나신 것은 마귀의 일을 멸하려 하심이라"(요일 3:8)
> "자녀들은 혈과 육에 속하였으매 그도 또한 같은 모양으로 혈과 육을 함께 지니심은 죽음을 통하여 죽음의 세력을 잡은 자 곧 마귀를 멸하시며"(히 2:14)

그런데 그리스도를 추종하는 사람들의 모양새는 어떠한가? 그리스도인의 대장이신 예수 그리스도는 사탄과 전쟁을 하시는데 그 부하인 그리스도인은 무엇을 하고 있는가? 한동안 우리는 사탄의 존재에 대해서 과소평가를 했다.

「십 년이면 강산도 변한다. 십 년 전, 십오 년 전만 해도 사탄은 죽은 것으로 선포되었고 세계적 명성을 가진 신학자들이 저마다 앞장서서 사탄 장례식에 상여군이 되기를 자원했었다. 루돌프 불트만(Rudolf Bultmann)은 사탄의 무덤가에서 비명(碑銘)을 읽었다. 그는 엄숙한 설교조(調)로, "마귀는 너무도 오래 우리 사이에 빈둥거렸고 이제는 아무도 그를 믿는 사람이 없으니, 그는 벌써 죽었어야 했다"고 우리에게 자신 있게 말했다.
불트만이 이렇게 쓴 글이 있다.
"자연의 힘과 법칙들이 발견된 이상 우리는 더 이상 선한 영이건 악한 영이건 할 것 없이 도대체 영이라는 존재를 믿을 수가 없다. 병과 또 그 치유는 모두가 자연적 인과율에 돌려야 하는 것이지, 마귀의 장난 혹은 귀신의 저주 때문에 생긴 결과가 아니다. 우리가 전깃불과 무선전신을 사용하고 또 현대의학의 내과 외과의 발견들을 이용하면서 동시에 신약성서에 나타난 영들의 세계와 기적들을 믿는다는 것은 불가능한 일이다"(*Kerygma and Myth*, New York, Harper, 1961, pp.4~5).」[168]

이런 태도는 사탄을 과소평가한 태도이다. 사탄 같은 존재는 사람의 관심 밖의 일이라고 여기고 말았다. 사탄의 정체 파악에 무관심했었다. 사탄은 예수의 갈보리 십자가 상에서 승리로 말미암아 영원히 패배의 잔을 마시고 계시록에나 나오는 무저갱(無底坑)으로 이미 들어가 버린 것으로 여겼다. 마치 핵폐기물을 아주 깊은 지하에 매장하고 지상에는 얼씬도

---

168) 제임스 칼라스, 「사탄의 생태」 박창환 역, (서울: 컨콜디아사, 1982), pp. 5~6.

하지 못하게 한 것으로 여겼다. 참으로 답답한 사실은 이것이다. 사탄의 잔재력(殘在力)이 온 인류의 모든 힘을 모은 것 이상이란 엄연한 사실이다. 농촌에서 목동놀이를 하러 산에 올라가면 뱀이 기어다니는 것을 보고 친구들이 날보고 지시한다. "저기 뱀이 간다. 어떻게 할 것이냐?" 나는 주문이나 받은 듯 창세기 3장의 인류 타락의 주범인 뱀을 생각해서 돌로 뱀 머리를 때려 즉사시킨다. 그렇게 하노라면 옆에 있던 꼬마 친구들은 예수 믿는 아이가 장하다고 치켜세워주고 나는 더더욱 힘을 얻어 "네 놈이 두 번 다시 살게 둘까 보냐"고 확인 사살로 돌멩이 한 개를 머리에 던져 버렸다.

그런데 집에 가기 위하여 하산하다가 그 자리에 와보니 이 무슨 놀라운 일인가? 뱀이 살아 있다! 뱀 머리는 박살이 났는데 뱀 꼬리는 좌우로 흔들리면서 상하로 움직이고 있었다. 물론 그 이튿날 그 자리에 가보니 뱀은 완전히 죽어 있었다. 나는 이것을 보고 이렇게 느꼈다. 악한 마귀 사탄도 그 머리는 이미 예수의 보혈로 치명상을 입었지만 그놈의 꼬리는 아직 살아서 사람을 유혹하고 권세 있게 괴롭히기도 하는구나.

"내가 너로 여자와 원수가 되게 하고 네 후손도 여자의 후손과 원수가 되게 하리니 여자의 후손은 네 머리를 상하게 할 것이요 너는 그의 발꿈치를 상하게 할 것이니라 하시고"(창 3:15)

이처럼 이 전투는 세상 끝날 때까지 자자손손 계속되건만 우리는 너무 일찍 스스로 정전(停戰)을 선언했고 평화를 누리고 있다.

사탄에 대한 정반대의 태도가 있는데 곧 사탄을 너무 과대평가하는 것이다. 제임스 칼라스는 과대평가를 아래와 같이 진술하고 있다.

「그런데 오늘날은 어떤가? 시계의 추가 훨씬 반대쪽으로 가 있다. 오늘날에 있어서는 사탄에 대한 문제만큼 널리 토론되고, 열광적으로 보증되고, 또 일반적으로 참이라는 인정을 받는 것이 없다고 해도 과언이 아니다. 거리의 일반인의 생각이든지, 교구(敎區)의 조용한 사택에 사는 직업적 목사의 진지한 명상이든지, 그 어느 편에도 사탄이 두드러지게 나타나고 모든 논의의 주요사항이 되어 있다.」[169]

「바로 그 점에 있어서 많은 현대 종교사상은 성경적인 것이 못되고 만다. 즉 그것들은 사탄에게 과하게 주의를 집중시키고 있기 때문이다. 현대사상의 잘못은 10년이나 15년 전의 경우와 같이 사탄을 과소평가하는 데 있는 것이 아니다. 현대사상은 사탄을 과대평가하기

---

169) 제임스 칼라스, 「사탄의 생태」, p. 8.

때문에 잘못이 있다. 현대사상은 우월자가 예수가 아니라 사탄인 것처럼 생각하며 그것을 내세운다. 승리감이 사라져 버렸다. 귀신에게 몰두하는 것은 신약성경의 강한 승리 선포에 대한 반영이 아니다. 반대로 그것은 우리 자신의 좌절과 절망을 비관적으로 반영하는 것이다. 지난 세대가 사탄을 과소평가했다면, 우리의 죄는 사탄을 과대평가하며 예수의 승리에 대한 성경적 선포에 대하여 확신을 잃고 있다는 데 있다.」[170]

사탄이 이렇게 자기의 존재에 대해 사람을 혼란시키는 것은 그는 속임과 가장(假裝)의 명수이기 때문이다.

> "만일 누가 가서 우리가 전파하지 아니한 다른 예수를 전파하거나 혹은 너희가 받지 아니한 다른 영을 받게 하거나 혹은 너희가 받지 아니한 다른 복음을 받게 할 때에는 너희가 잘 용납하는구나"(고후 11:4)

다음 사탄의 행위의 조작에 관해 보자. 즉 사탄은 예수 당시 귀신들린 사람들의 모습을 지금도 전혀 다른 바 없이 재현시키고 있는 것으로 착각하게 만든다.

「오늘날 현대사상은 사탄에게 병적으로 몰두하고 있는데 그렇게 하는 중에 또 다른 영역의 잘못 속에 빠져 들어간다. 우선 오늘날 사탄에 대해서 숨이 막힐 정도로 관심을 두면서 사탄은 언제나 동일하고 언제나 똑같은 모양으로 나타난다고 억단(臆斷)한다. 예수시대에는 귀신들린다는 것이 입에 거품을 문다든가, 큰 소리로 음담(淫談)을 지껄인다든가, 불 속에서 뒹군다든가, 쇠사슬로 자기 몸을 때린다든가 하는 것을 의미하였다. 복음 사화들 속에 나타난 귀신들린 자들의 모습을 모든 시대에 고정적으로 나타나는 모습이라고 생각하는 경향이 있다. 즉 우리는 2000년 전에 마귀가 하던 것과 꼭 같은 방식으로 오늘도 행동하리라고 기대하고 있다. 예수님 시대에 귀신들린 사람이 나타내던 현상과 똑같은 현상이 오늘날의 귀신들린 자에게도 나타난다고 우리는 억측한다. 즉 우리는 귀신은 변하지 않으며 옛날의 그의 양식은 오늘날에도 같다고 생각한다. 우리는 성경이 말하는 것을 바로 읽지를 못하고 있다. 즉 마귀는 자신을 위장할 수 있고 빛의 천사의 모습도 취할 수 있다는 사실을 깨닫지 못하고 있다.」[171]

문제는 사탄의 행위가 시대와 장소에 따라 다르건만 우리는 언제나 동일한 행위만 하는

---

170) 제임스 칼라스, 위의 책, p. 132.
171) 제임스 칼라스, 위의 책, p. 133.

줄로 착각하여 이것이 귀신의 장난인 것을 모르고 있다는 사실이다. 이렇게 해서 사탄의 농락에 놀아나는 비극을 맞는다.

「예를 들어 오늘날 마약을 남용하는 일이 범람하고 많은 청년들이 그로 인해서 두뇌를 망가뜨리고 그들의 마음을 태워버리며, 인간 실존의 삭막한 풍경을 잠재력 낭비와 미래 상실로써 점철(點綴)시키는 것은 과연 사탄의 공격 영역들 중의 하나이다. 우리가 사탄으로 하여금 예수 시대에 그가 취했던 모양만을 가지라고 제한하려고 할 때, 결국 우리는 그가 훨씬 더 활동적인 장소에서 그를 놓치게 되기가 쉽다. 마약, 워터게이트(Watergate), 동남아시아, 에디오피아의 기아, 중동에서 벌어지는 끝없는 충돌은 사탄이 우리 시대에 자기의 악한 의도를 실천하고 있는 영역들 중의 몇몇 실례이다. 만일 우리가 명백히 귀신 들린 사람의 사건에서만 귀신을 찾는다면 우리는 위험 속에 깊이 빠져들게 된다. 그것은 우리가 마귀의 권세를 과소평가하고 그를 과거의 모양에 국한할 뿐만 아니라 우리 시대에 가지는 그의 더 큰 범위의 활동을 깨닫지 못한 것이 되기 때문이다. 그것이 바로 우리 시대의 귀신사상이 저지르는 잘못의 한 가지 양상이다. 즉 오늘의 귀신사상은 마귀의 난동(亂動) 범위를 너무 좁게 제한한다는 말이다.」[172]

또 사탄은 자기의 모양새를 멋지게 만들어 사람을 미혹케 한다. 칼라스는 현대인이 마귀 인상을 무섭고 추한 것으로만 보기 때문에 마귀 사탄은 이것을 역이용하여 아름답고 부드러운 것으로 보이면 그땐 마귀 사탄으로 하여금 맘 놓고 악한 일을 하도록 내면적으로 방치해 놓는 실수를 범한다고 했다.

「현대사회가 잘못하는 둘째 양상은 언제나 마귀 혹은 귀신을 이야기할 때 그 악마를 무섭게 추한 색깔을 가지고 그려낸다는 점이다. 그것이 우리 시대의 한 큰 잘못이다. 아마도 엑소시스트(The Exorcist)라는 영화에서 가장 예리하게 나타냈다고 본다. 그 영화에서 마귀 곧 흑암의 권세들은 추하고, 악하고, 파괴적이고, 반발적이고, 황폐케 하는 존재로 나타난다. 영화에 등장하는 귀신 들린 작은 소녀는 토하고 저주하는 극히 추한 인간으로 변한다. 마귀가 그렇게도 분명하면 아무 문제도 되지 않을 것이다. 사람이 사탄과 관계되었을 때 생기는 일이 단순히 토(吐)하는 정도의 것이라면 마귀가 우리에게 문제될 것은 하나도 없을 것이다. 악이 그렇게 분명하고 그렇게도 파괴적이고 추하기만 하다면 그것과 짝할 자가 어디 있겠는가? 마귀에 대한 현대적 선입견은 마귀를 너무도 추한 것으로만 여김으로

---

[172] 제임스 칼라스, 위의 책, pp. 133~134.

써 사탄적인 세력의 그 놀라운 규모에 대해서는 캄캄하게 모르고 있는 것이다. 사탄은 교활하다. 그리고 악은 매혹적이다. 추한 것이 아니라 매력이 있다. 우리가 사탄의 추하고, 파괴적이고, 파멸적인 면을 보게 되는 것은 우리가 그 속에 들어갔을 때, 우리가 그것의 노예가 됐을 때, 그 사건이 생기기 이전이 아니라 그 후에야 비로소 되는 일이다. 겉으로 보기에는 악은 매력적이고, 사람을 유인하고, 충동하고, 크게 유망한 것 같이 보인다. 우리가 출발에서부터 마귀를 악하고 추한 것으로 묘사함으로써 사실은 우리 자신을 최면 걸고, 마취시키고, 그것의 희생물이 되게 하는 것이다.」[173]

매력적이고 기분 좋은 것은 좋은 영의 일인 줄 안다. 기분 나쁘고 혐오스러운 것만 사탄의 일로 알게 된다. 사탄의 일이 물론 혐오스러운 것은 사실이지만 거기까지 끌고 오기 위한 표면에는 아름다운 매력도 있다는 것을 알아야 할 것이다.

도대체 사탄의 기원은 어디인가?
사탄이란 말 자체가 구약에서는 세 곳밖에 없다는 사실이다. 이 말은 사탄과 그에 속한 부하들의 이야기가 전무하다는 것은 아니다. '사탄'(satan)이라고 명백히 이름을 내어걸고 나온 성구가 세 곳이라는 말이다.

"사탄이 일어나 이스라엘을 대적하고 다윗을 충동하여 이스라엘을 계수하게 하니라"(대상 21:1)

여기 나타난 사탄의 기질이 보인다. '대적' 하고 '격동' 하는 일이다. 다윗이 이스라엘을 계수(計數)한 것이 사탄의 조종에 의한 것이다. 경건하고 신앙 좋은 다윗도 사탄에 의해 격동 받았다는 것을 우리는 기억해야 한다. 양심가요, 신앙가인 다윗은 사탄에게 책임을 돌리려 하지 않고 자기가 책임을 지려고 고백했지만 뒤에는 사탄이 있었다. 백성의 수를 계산한다는 것이 무슨 그리 큰 죄인가? 그것은 하나님의 하신 일을 다윗 자신의 공로로 돌리려고 하는 약탈 행위 및 자기 과신적 인본주의 사상이었기 때문에 계수가 죄가 된 것이다. 7만 명의 백성을 온역으로 잃었다. 사탄이 역사하는 곳에는 불행만 초래된다.
다음 성구는 스가랴 3장 1~2절이다.

"대제사장 여호수아는 여호와의 천사 앞에 섰고 사탄은 그의 오른쪽에 서서 그를 대적하는 것을 여호와께서 내게 보이시니라 여호와께서 사탄에게 이르시되 사탄아 여호와께서 너를 책망하노라 예루살렘을 택한 여호와께서 너를 책망하노라 이는 불에서 꺼낸 그슬린 나무가 아니냐 하실

---
173) 제임스 칼라스, 위의 책, pp. 134~135.

때에"(슥 3:1~2)

여기서도 사탄은 대제사장 여호수아를 대적하고 있다. 여호수아가 입은 옷이 더럽다고 사탄은 대적하고 있다. 그러나 여호와는 여호수아의 더러운 옷을 벗기고 아름다운 옷을 입히시는데 그 이유는 그의 죄과를 제하여 버렸기 때문이다. 사탄은 대적을 일삼으나 여호와께서는 "사탄아 여호와께서 너를 책망하노라"고 하신 것처럼, 사탄에게 돌아가는 것은 책망뿐이다.

세 번째로 사탄이 나타난 성구는 욥기 1장이다.

"하루는 하나님의 아들들이 와서 여호와 앞에 섰고 사탄도 그들 가운데에 온지라 여호와께서 사탄에게 이르시되 네가 어디서 왔느냐 사탄이 여호와께 대답하여 이르되 땅을 두루 돌아 여기저기 다녀왔나이다 여호와께서 사탄에게 이르시되 네가 내 종 욥을 주의하여 보았느냐 그와 같이 온전하고 정직하여 하나님을 경외하며 악에서 떠난 자는 세상에 없느니라"(욥 1:6~8)

"여호와께서 사탄에게 이르시되 내가 그의 소유물을 다 네 손에 맡기노라 다만 그의 몸에는 네 손을 대지 말지니라 사탄이 곧 여호와 앞에서 물러가니라"(욥 1:12)

"또 하루는 하나님의 아들들이 와서 여호와 앞에 서고 사탄도 그들 가운데에 와서 여호와 앞에 서니 여호와께서 사탄에게 이르시되 네가 어디서 왔느냐 사탄이 여호와께 대답하여 이르되 땅을 두루 돌아 여기저기 다녀 왔나이다"(욥 2:1~2)

"사탄이 이에 여호와 앞에서 물러가서 욥을 쳐서 그의 발바닥에서 정수리까지 종기가 나게 한지라"(욥 2:7)

하나님이 유일신이라고 말할 때 천상에 홀로 계시는 분이 아니라 하늘의 무수한 존재들에게 둘러싸여 우뚝 솟아계시는 존재자라는 뜻이다.

"주여 신들 중에 주와 같은 자 없사오며 주의 행하심과 같은 일도 없나이다"(시 86:8)

"여호와는 위대하시니 지극히 찬양할 것이요 모든 신들보다 경외할 것임이여"(시 96:4)

"내가 알거니와 여호와께서는 위대하시며 우리 주는 모든 신들보다 위대하시도다"(시 135:5)

"하나님은 신들의 모임 가운데 서시며 하나님은 그들 가운데에서 재판하시느니라"(시 82:1)

"무릇 구름 위에서 능히 여호와와 비교할 자 누구며 신들 중에서 여호와와 같은 자 누구리이까 하나님은 거룩한 자의 모임 가운데에서 매우 무서워할 이시오며 둘러 있는 모든 자 위에 더욱 두려워할 이시니이다"(시 89:6~7)

하나님이 세상을 다스릴 때에는 하늘 의회를 통해서 간접적으로 다스리신다. 제임스 칼라스는 하늘 의회(議會)라 칭했다.

「'유일신론'(monotheism)이란 낱말의 현대적 의미는 홀로 계신 한 분 하나님, 즉 저 위의 화려한 하늘 세계에 혼자서 계시는 한 분 하나님에 대한 신앙이다. 그것이 바로 오늘날 '유일신론'이란 말이 뜻하는 것이다. 그러나 지금부터 2000년 전의 일반 유대인들에게는 하나님이 그런 의미가 아니었다. 그 당시의 유대인들에게는 하나님이 하늘에 홀로 계시는 존재가 아니라 하늘에 계시는 최고의 존재를 가리키는 것이었다. 구약성경은 하나님께 대해서 말할 때 마치 하늘에 하나님께서 혼자 계시는 것처럼 말하는 법이 없다. 그 점에 있어서 성경을 오해해서는 안 된다. 하나님은 하늘의 존재들에게 둘러싸여 계신다. 무수한 우주적 존재들에게 문자 그대로 옹위되어 계신다.

구약성서에 있어서 '유일신론'이란 홀로 계신 한 분 하나님을 의미하는 것이 아니라 그의 하늘 보좌에 둘러 섰는 다른 모든 천적 존재들 위에 뛰어나게 높이 계시는 유일하신 최고의 하나님을 의미한다. 하늘의 존재들의 수가 그렇게 많을 뿐 아니라 그것들은 또한 여러 급으로 나뉘어 있기까지 한다. 그는 하늘의 존재들이 '만(萬) 만(萬)'(단 7:10)이나 된다고 주장한다.」[174]

여기서 하늘 의회를 말하는 이유는 우리의 사탄에 관한 무비판적 무조건적 선입관을 버리자는 것이다. 사탄의 이름으로 사탄이 거론된 구약의 세 군데에는 사탄도 하나님의 의회에 당당히 참여하고 있다는 사실이다. 즉 사탄을 경원시(敬遠視)하고 따돌려 왕따를 시키는 것이 아니라 하나님의 어전(御殿)에 나타나고 있음을 주지해야 한다는 것이다.

즉 처음에 사탄을 원수로 보지 않고 소위 선한 천사와 같이 단순한 종으로 보았던 것이다. 사탄도 하나님의 의회의 한 회원이요 법정의 한 지위자이다. 사탄은 개인의 이름이 아닌 칭호 내지 직명이다. 단순히 그 의미는 '상대자'(adversary)이다. 법정에 가면 같은 사람을 두고 한 사람은 변호하고 또 다른 한 사람은 고소한다. 변호사는 죄 없다 하고 검사는 죄 있다고 한다. 그렇다고 검사를 '나쁜 놈'이라 할 수 없다. 국가 및 지방 검사로서 사건을 제기하고 제소된 내용을 증명하려는 공복(公僕)이다. 즉 사탄은 상대자, 고발 검사, 지방 검사이다. 그러기에 욥기 1장 6절은 자연스럽다.

"하루는 하나님의 아들들이 와서 여호와 앞에 섰고 사단도 그들 가운데 왔는지라"(욥 1:6)

---

174) 제임스 칼라스, 위의 책, p. 13.

하나님의 아들들도 종이고 사탄도 종이다. 그러나 그 직분은 잘못을 찾아 헤매는 직업, 변호보다는 고소 고발하는 직분을 맡다 보니 본래의 의회나 법정이 요구하는 정당한 업무관계를 벗어난 것이 되고 말았다. 그런데 사탄이란 말은 단순히 하나님의 종으로서 검사와 같은 직명이나 칭호가 아닌 하나님의 원수, 하나님의 대적자란 고유대명사로 변해 버리고 말았다.

「그러나 우리가 신약성경을 열면 극적인 반대 사실이 나타난다. 신약성경에 있어서는 사탄이 더 이상 대수롭지 않은 존재가 아니라 중심적인 존재이다. 더 이상 종이 아니라 원수로 나타난다. 사실 사탄은 '하나'의 원수가 아니라 '유일한' 원수이며 모든 것에 세력을 뻗치는 악독한 원수로서 예수의 사역이 온통 그것을 대행하는 데 목적을 두었던 그러한 존재이다. 신약성경에 깔려 있는 하나의 중심적 추진력은 예수가 마귀와 또 그의 모든 역사(works)와 그의 모든 방도를 부수기 위해서 오셨다는 사실을 확인하고 열렬하게 주장하려는 데 있다는 것을 인정하지 않는다면 그 사람은 신약성경을 지성적으로 읽을 도리가 없다. 변화는 어디에 있는가? 구약성경은 사탄을 하나의 하찮은 원수로 나타낸다. 신약성경은 말하기를, 사탄은 하나님을 버성기는 원수가 구체적으로 형태를 갖추어 나타난 것이라고 한다. 구약성경과 신약성경과의 중간에 변화가 생긴 것이 틀림없다. 이제 우리는 그 시대로 접어든다.」[175]

이런 맥락에서 창세기 3장 타락 장에서 뱀이 하와를 유혹한 것이지 사탄이 유혹한 것은 아니라고 주장한다든지 또는 뱀과 사탄을 동일시하는 것은 그 뒤에 나타난 신학이라고 말하는 것 등은 이해하기 어렵다. 왜냐하면 뱀 뒤에 사탄이 있었고 사탄이 곧 뱀이라고 성경은 말하고 있기 때문이다.

"큰 용이 내쫓기니 옛 뱀 곧 마귀라고도 하고 사탄이라고도 하며 온 천하를 꾀는 자라 그가 땅으로 내쫓기니 그의 사자들도 그와 함께 내쫓기니라"(계 12:9)

지금까지의 진술은 사탄이 보통 아무런 문제가 생기지 아니했던 당시의 하늘의 한 직명이라는 것을 설명한 것인데 왜 신약에 와서 사탄의 이해는 그렇게 달라졌을까? 그것은 사탄의 타락이다. 천사가 타락해서 사탄이 된 것이 아니라 사탄의 타락이 다른 의미에서 직분의 사탄으로 되어 버린 것이다. 하늘의 변화로 사탄이 악한 천사의 총수가 되었다. 사탄을 따라 많은 선한 천사가 악한 천사가 되었다. 원래 악한 천사가 없었고 그냥 천사들이 있

---

175) 제임스 칼라스, 위의 책, pp. 24~25.

었을 뿐인데 사탄의 타락으로 그를 따른 천사들이 악한 천사가 되었고 그들이 악령의 군단을 이루었던 것이다. 천사들의 1/3을 설득하여 자신의 반역에 가담시켰다.

"하늘에 또 다른 이적이 보이니 보라 한 큰 붉은 용이 있어 머리가 일곱이요 뿔이 열이라 그 여러 머리에 일곱 왕관이 있는데 그 꼬리가 하늘의 별 삼분의 일을 끌어다가 땅에 던지더라 용이 해산하려는 여자 앞에서 그가 해산하면 그 아이를 삼키고자 하더니"(계 12:3~4)

신구약 전체를 통해 메시아를 제거시키는 일에 적극 참여했다.

"그 꼬리가 하늘의 별 삼분의 일을 끌어다가 땅에 던지더라 용이 해산하려는 여자 앞에서 그가 해산하면 그 아이를 삼키고자 하더니 여자가 아들을 낳으니 이는 장차 철장으로 만국을 다스릴 남자라 그 아이를 하나님 앞과 그 보좌 앞으로 올려가더라"(계 12:4~5)

천사는 원래 '선한'이란 말을 붙일 필요가 없었는데 사탄의 타락과 그 군단의 악령들 때문에 '선한'이란 말을 붙여야 했다. 왜 타락했는가? 그 속에 진리가 없었기 때문이다.

"너희는 너희 아비 마귀에게서 났으니 너희 아비의 욕심대로 너희도 행하고자 하느니라 그는 처음부터 살인한 자요 진리가 그 속에 없으므로 진리에 서지 못하고 거짓을 말할 때마다 제 것으로 말하나니 이는 그가 거짓말쟁이요 거짓의 아비가 되었음이라"(요 8:44)

그 속의 교만 때문이었다.

"새로 입교한 자도 말지니 교만하여져서 마귀를 정죄하는 그 정죄에 빠질까 함이요"(딤전 3:6)

이사야 14장 12~14절과 에스겔 28장 12~15절을 두고 사탄의 기원, 즉 사탄의 타락의 원인으로 돌리려고 하는 보수 신학자들이 있는가 하면, 다른 신학자들은 단순히 바벨론과 두로 왕들에게 대한 역사적 한정적 의미로만 해석하려고 든다. 그러나 대개는 이것이 사탄 타락의 원인으로 통한다.

"너 아침의 아들 계명성이여 어찌 그리 하늘에서 떨어졌으며 너 열국을 엎은 자여 어찌 그리 땅에 찍혔는고 네가 네 마음에 이르기를 내가 하늘에 올라 하나님의 뭇 별 위에 내 자리를 높이리라 내가 북극 집회의 산 위에 앉으리라 가장 높은 구름에 올라가 지극히 높은 이와 같아지리라

하는도다"(사 14:12~14)

"인자야 두로 왕을 위하여 슬픈 노래를 지어 그에게 이르기를 주 여호와의 말씀에 너는 완전한 도장이었고 지혜가 충족하며 온전히 아름다웠도다 네가 옛적에 하나님의 동산 에덴에 있어서 각종 보석 곧 홍보석과 황보석과 금강석과 황옥과 홍마노와 창옥과 청보석과 남보석과 홍옥과 황금으로 단장하였음이여 네가 지음을 받던 날에 너를 위하여 소고와 비파가 준비되었도다 너는 기름 부음을 받고 지키는 그룹임이여 내가 너를 세우매 네가 하나님의 성산에 있어서 불타는 돌들 사이에 왕래하였도다 네가 지음을 받던 날로부터 네 모든 길에 완전하더니 마침내 네게서 불의가 드러났도다"(겔 28:12~15)

사탄의 궁극적 목표는 하나님 위에 올라서겠다는 것이다. 사탄은 하나님을 대신하여 자기가 숭배를 받고자 한 것이다. 사탄주의(Satanism)가 신본주의를 대신하자는 것이다. 사탄은 자기가 숭배 받는 사탄주의를 펴기 위하여 먼저 인간이 중심 되는 인본주의를 내어 놓았다. 사탄주의는 사탄이 예배를 받고 싶다는 사탄 자신의 철학이다.

"네가 네 마음에 이르기를 내가 하늘에 올라 하나님의 뭇 별 위에 내 자리를 높이리라 내가 북극 집회의 산 위에 앉으리라 가장 높은 구름에 올라가 지극히 높은 이와 같아지리라 하는도다"
(사 14:13~14)
"이르되 만일 내게 엎드려 경배하면 이 모든 것을 네게 주리라"(마 4:9)
"무릇 이방인이 제사하는 것은 귀신에게 하는 것이요 하나님께 제사하는 것이 아니니 나는 너희가 귀신과 교제하는 자가 되기를 원하지 아니하노라"(고전 10:20)
"용이 짐승에게 권세를 주므로 용에게 경배하며 짐승에게 경배하여 이르되 누가 이 짐승과 같으냐 누가 능히 이와 더불어 싸우리요 하더라, 그가 권세를 받아 그 짐승의 우상에게 생기를 주어 그 짐승의 우상으로 말하게 하고 또 짐승의 우상에게 경배하지 아니하는 자는 몇이든지 다 죽이게 하더라"(계 13:4, 15)

사탄주의와 신본주의 중간에 인본주의가 있다. 이것은 사탄이 하나님께 대항하기 위한 하나의 수단이었다. 인본주의는 사탄에게서 나왔다. 그 예를 창세기 3장 타락 장에서 보자. 여기 보면 사탄, 뱀에게는 아무 유익이 없고 모두 사람에게만 유익이 있는 것으로 되어 있다.

"너희가 결코 죽지 아니하리라" – 사탄이 죽지 않음이 아니다.
"너희 눈이 밝아진다" – 사탄의 눈이 밝아진다고 하지 않았다.
"너희가 하나님같이 된다" – 사탄이 하나님이 된다고 하지 않았다.

사람이 중심이 되는 역사의 배후에는 사탄이 있어 역사를 주관한다. 결국 역사는 사탄주의와 신본주의의 싸움인데 이것이 세상과 교회 간의 싸움이라는 것을 말하는 바, 이 문제는 세상과 교회를 다룰 때 더 많이 언급하기로 하고 여기서는 사탄이 어떻게 교회 개개인과 투쟁하는가를 말하고자 한다.

사탄의 여러 명칭

사탄은 직함이지만 이제는 그것이 구체적인 부하를 지닌 군단으로 변했고 그 군단이 교회를 대항해 온다. 우리는 주적 개념(主敵槪念)이 있어야 한다. 우리가 싸울 대상의 명칭을 알아야 전술(戰術)이 나오게 된다. 앞에서 언급한 바와 같이 원래는 사탄도 하나님의 존전에서 말을 건넬 수 있는 존재자였다(욥 1장). 그러나 직분을 넘어서서 하나님에게 바치는 예배를 자기가 받으려는 사탄주의를 내어 놓자 '악한' 이란 형용사가 붙었다. 그리고 그 뒤로는 사탄이라 하면 선한 사탄이 아닌 하나님 앞에서의 검사, 고발자라는 의미의 악한 사탄이 된 것이다. 그 타락의 원인은 이사야 14장과 에스겔 28장으로 보고 있다. 이 악한 사탄의 직분명은 다음과 같다. 참소자(讒訴者, accuser)이다.

"내가 또 들으니 하늘에 큰 음성이 있어 이르되 이제 우리 하나님의 구원과 능력과 나라와 또 그의 그리스도의 권세가 나타났으니 우리 형제들을 참소하던 자 곧 우리 하나님 앞에서 밤낮 참소하던 자가 쫓겨났고"(계 12:10)

높은 이에게 상대방의 결점을 짐짓 찾아내고 만들어서 고자질한다.
그는 시험하는 자(tempter)였다.

"큰 용이 내쫓기니 옛 뱀 곧 마귀라고도 하고 사탄이라고도 하며 온 천하를 꾀는 자라 그가 땅으로 내쫓기니 그의 사자들도 그와 함께 내쫓기니라"(계 12:9)
"시험하는 자가 예수께 나아와서 이르되 네가 만일 하나님의 아들이어든 명하여 이 돌들로 떡덩이가 되게 하라"(마 4:3)
"이러므로 나도 참다 못하여 너희 믿음을 알기 위하여 그를 보내었노니 이는 혹 시험하는 자가 너희를 시험하여 우리 수고를 헛되게 할까 함이니"(살전 3:5)

진리에서 떠나도록 유혹한다. 그리고 파괴하는 자(destroyer)였다.

"그런데 뱀은 여호와 하나님이 지으신 들짐승 중에 가장 간교하니라 뱀이 여자에게 물어 이르되

하나님이 참으로 너희에게 동산 모든 나무의 열매를 먹지 말라 하시더냐"(창 3:1)

끝내 아담과 하와를 파괴하고 에덴 동산을 파괴한다. 참소와 시험을 통해 결국 파괴하는 것이 악한 사탄의 일인데 다음에 소개하는 명칭들은 그 명칭에 걸맞게 그리스도인을 공격한다.

① 사탄(satan) - 반항자(resister), 고발자(adversary)
성경에 약 52회나 사탄을 지적하고 있다. 그는 하나님과 사람 양자에게 원수이다. 사탄의 주 임무는 악령들의 총사령관으로 대적(對敵)이 그의 임무이다.

"하루는 하나님의 아들들이 와서 여호와 앞에 섰고 사탄도 그들 가운데에 온지라"(욥 1:6)
"사탄이 일어나 이스라엘을 대적하고 다윗을 충동하여 이스라엘을 계수하게 하니라"(대상 21:1)
"대제사장 여호수아는 여호와의 천사 앞에 섰고 사탄은 그의 오른쪽에 서서 그를 대적하는 것을 여호와께서 내게 보이시니라"(슥 3:1)
"이에 예수께서 말씀하시되 사탄아 물러가라 기록되었으되 주 너의 하나님께 경배하고 다만 그를 섬기라 하였느니라"(마 4:10)
"베드로가 이르되 아나니아야 어찌하여 사탄이 네 마음에 가득하여 네가 성령을 속이고 땅 값 얼마를 감추었느냐"(행 5:3)
"큰 용이 내쫓기니 옛 뱀 곧 마귀라고도 하고 사탄이라고도 하며 온 천하를 꾀는 자라 그가 땅으로 내쫓기니 그의 사자들도 그와 함께 내쫓기니라"(계 12:9)
"용을 잡으니 곧 옛 뱀이요 마귀요 사탄이라 잡아서 천 년 동안 결박하여"(계 20:2)

② 마귀(devil) - 중상자(中傷者), 비난자(slanderer)
성경에 32회나 마귀를 지적하고 있다. 형제들을 비방하고 참소하는 일을 한다. 사람을 향해서는 하나님을 비방하고(창 3:1~7), 하나님을 향해서는 사람을 비방한다(욥 1:9; 2:4).

"그 때에 예수께서 성령에게 이끌리어 마귀에게 시험을 받으러 광야로 가사"(마 4:1)
"가라지를 뿌린 원수는 마귀요 추수 때는 세상 끝이요 추수꾼은 천사들이니"(마 13:39)
"마귀에게 틈을 주지 말라"(엡 4:27)
"큰 용이 내쫓기니 옛 뱀 곧 마귀라고도 하고 사탄이라고도 하며 온 천하를 꾀는 자라 그가 땅으로 내쫓기니 그의 사자들도 그와 함께 내쫓기니라"(계 12:9)

③ 계명성(啓明星, lucifer) - 아침의 아들, 빛나는 존재, 빛의 사자

아침의 아들, 빛의 천사로서 사람들에게 인기를 끄는 임무를 띠었으나 이젠 광명의 천사로 가장(假裝)하는 자이다.

"너 아침의 아들 계명성이여 어찌 그리 하늘에서 떨어졌으며 너 열국을 엎은 자여 어찌 그리 땅에 찍혔는고"(사 14:12)

"이것은 이상한 일이 아니니라 사탄도 자기를 광명의 천사로 가장하나니"(고후 11:14)

④ 그룹(cherub)과 바알세불(baalzebul) - 기름부음 받은 그룹
하나님 보좌의 수호자였는데 그 보좌를 파괴하는 사탄이 되어 버린 것이다.

"너는 기름 부음을 받고 지키는 그룹임이여 내가 너를 세우매 네가 하나님의 성산에 있어서 불타는 돌들 사이에 왕래하였도다"(겔 28:14)

"바리새인들은 듣고 이르되 이가 귀신의 왕 바알세불을 힘입지 않고는 귀신을 쫓아내지 못하느니라 하거늘"(마 12:24)

⑤ 악한 자(wicked) - 인격체
악하고 잔인하여 폭군의 임무를 띤다.

"아무나 천국 말씀을 듣고 깨닫지 못할 때는 악한 자가 와서 그 마음에 뿌려진 것을 빼앗나니 이는 곧 길 가에 뿌려진 자요, 밭은 세상이요 좋은 씨는 천국의 아들들이요 가라지는 악한 자의 아들들이요"(마 13:19,38)

"내가 비옵는 것은 그들을 세상에서 데려가시기를 위함이 아니요 다만 악에 빠지지 않게 보전하시기를 위함이니이다"(요 17:15)

"모든 것 위에 믿음의 방패를 가지고 이로써 능히 악한 자의 모든 불화살을 소멸하고"(엡 6:16)

"하나님께로부터 난 자는 다 범죄하지 아니하는 줄을 우리가 아노라 하나님께로부터 나신 자가 그를 지키시매 악한 자가 그를 만지지도 못하느니라 또 아는 것은 우리는 하나님께 속하고 온 세상은 악한 자 안에 처한 것이며"(요일 5:18~19)

⑥ 타락한 천사의 지배자(ruler of all the fallen angels)
타락한 천사, 악령의 관리자의 임무를 띤다.

"또 왼편에 있는 자들에게 이르시되 저주를 받은 자들아 나를 떠나 마귀와 그 사자들을 위하여

예비된 영원한 불에 들어가라"(마 25:41)

⑦ 이 세상 임금 - 불신자 + 귀신 =악한 세상 체계의 권세자(權勢者)
이 세상 정부에 대해 영향을 미치는 임무를 띤다.

"이제 이 세상에 대한 심판이 이르렀으니 이 세상의 임금이 쫓겨나리라"(요 12:31)
"이 후에는 내가 너희와 말을 많이 하지 아니하리니 이 세상의 임금이 오겠음이라 그러나 그는 내게 관계(關係)할 것이 없으니"(요 14:30)
"심판에 대하여라 함은 이 세상 임금이 심판을 받았음이라"(요 16:11)

⑧ 이 세상 신(神)
사람의 마음을 어둡게 하여 복음을 받아들이지 못하게 한다. 인간적 종교의 후원자이며 이단 종파 조직의 후원자의 임무를 띤다. 이 세상의 신이니까 자기 나름대로의 일꾼도 있고(고후 11:15), 자기의 교리도 있고(딤전 4:1), 자기의 계시도 있고(고전 10:20), 자기의 회당도 있다(계 2:9). 이 세상 신은 저 세상 신과의 대립개념이다.

"그 중에 이 세상의 신이 믿지 아니하는 자들의 마음을 혼미하게 하여 그리스도의 영광의 복음의 광채가 비치지 못하게 함이니 그리스도는 하나님의 형상이니라"(고후 4:4)

⑨ 공중권세자(空中權勢者) - 사탄의 영적인 영향력
악한 천사들의 지도자며(계 12:7; 마 25:41), 귀신의 왕으로서(마 12:24; 계 16:13~14) 그의 수종자를 많이 두고 있다.

"그 때에 너희는 그 가운데서 행하여 이 세상 풍조를 따르고 공중의 권세 잡은 자를 따랐으니 곧 지금 불순종의 아들들 가운데서 역사하는 영이라"(엡 2:2)
"우리의 씨름은 혈과 육을 상대하는 것이 아니요 통치자들과 권세들과 이 어둠의 세상 주관자들과 하늘에 있는 악의 영들을 상대함이라"(엡 6:12)

⑩ 뱀 - 거짓과 교활
뱀(serpent)의 특성은 무조건 부정적(욥 26:13)인 것과 기만적(고후 11:3)인 것인데 임무는 '아니다', '틀리다' 라고 외치는 일이다.

"그런데 뱀은 여호와 하나님이 지으신 들짐승 중에 가장 간교하니라 뱀이 여자에게 물어 이르되 하나님이 참으로 너희에게 동산 모든 나무의 열매를 먹지 말라 하시더냐"(창 3:1)

"뱀이 그 간계로 하와를 미혹한 것같이 너희 마음이 그리스도를 향하는 진실함과 깨끗함에서 떠나 부패할까 두려워하노라"(고후 11:3)

"큰 용이 내쫓기니 옛 뱀 곧 마귀라고도 하고 사탄이라고도 하며 온 천하를 꾀는 자라 그가 땅으로 내쫓기니 그의 사자들도 그와 함께 내쫓기니라"(계 12:9)

"용을 잡으니 곧 옛 뱀이요 마귀요 사탄이라 잡아서 천 년 동안 결박하여"(계 20:2)

⑪ 큰 용(龍) – 잔인과 파괴력

뱀 또는 바다의 괴물로서 사탄의 화신인데 바다 같은 세상에서의 사탄의 활동을 그 임무로 한다.

"하늘에 또 다른 이적이 보이니 보라 한 큰 붉은 용이 있어 머리가 일곱이요 뿔이 열이라 그 여러 머리에 일곱 왕관이 있는데, 하늘에 전쟁이 있으니 미가엘과 그의 사자들이 용과 더불어 싸울새 용과 그의 사자들도 싸우나, 큰 용이 내쫓기니 옛 뱀 곧 마귀라고도 하고 사탄이라고도 하며 온 천하를 꾀는 자라 그가 땅으로 내쫓기니 그의 사자들도 그와 함께 내쫓기니라"(계 12:3, 7, 9)

"용을 잡으니 곧 옛 뱀이요 마귀요 사탄이라 잡아서 천 년 동안 결박하여"(계 20:2)

"여호와의 팔이여 깨소서 깨소서 능력을 베푸소서 옛날 옛시대에 깨신 것같이 하소서 라합을 저미시고 용을 찌르신 이가 어찌 주가 아니시며"(사 51:9)

⑫ 참소하던 자

"내가 또 들으니 하늘에 큰 음성이 있어 이르되 이제 우리 하나님의 구원과 능력과 나라와 또 그의 그리스도의 권세가 나타났으니 우리 형제들을 참소하던 자 곧 우리 하나님 앞에서 밤낮 참소하던 자가 쫓겨났고"(계 12:10)

⑬ 시험하는 자

"시험하는 자가 예수께 나아와서 이르되 네가 만일 하나님의 아들이어든 명하여 이 돌들로 떡덩이가 되게 하라"(마 4:3)

"이러므로 나도 참다 못하여 너희 믿음을 알기 위하여 그를 보내었노니 이는 혹 시험하는 자가 너희를 시험하여 우리 수고를 헛되게 할까 함이니"(살전 3:5)

⑭ 미혹하는 자

"큰 용이 내쫓기니 옛 뱀 곧 마귀라고도 하고 사탄이라고도 하며 온 천하를 꾀는 자라 그가 땅으로 내쫓기니 그의 사자들도 그와 함께 내쫓기니라"(계 12:9)

"무저갱에 던져 넣어 잠그고 그 위에 인봉하여 천 년이 차도록 다시는 만국을 미혹하지 못하게 하였는데 그 후에는 반드시 잠깐 놓이리라"(계 20:3)

⑮ 살인자

"너희는 너희 아비 마귀에게서 났으니 너희 아비의 욕심대로 너희도 행하고자 하느니라 그는 처음부터 살인한 자요 진리가 그 속에 없으므로 진리에 서지 못하고 거짓을 말할 때마다 제 것으로 말하나니 이는 그가 거짓말쟁이요 거짓의 아비가 되었음이라"(요 8:44)

⑯ 거짓말쟁이

"너희는 너희 아비 마귀에게서 났으니 너희 아비의 욕심대로 너희도 행하고자 하느니라 그는 처음부터 살인한 자요 진리가 그 속에 없으므로 진리에 서지 못하고 거짓을 말할 때마다 제 것으로 말하나니 이는 그가 거짓말쟁이요 거짓의 아비가 되었음이라"(요 8:44)

⑰ 죄를 짓는 자

"죄를 짓는 자는 마귀에게 속하나니 마귀는 처음부터 범죄함이라 하나님의 아들이 나타나신 것은 마귀의 일을 멸하려 하심이라"(요일 3:8)

⑱ 귀신의 왕 바알세불

"제자가 그 선생 같고 종이 그 상전 같으면 족하도다 집 주인을 바알세불이라 하였거든 하물며 그 집 사람들이랴"(마 10:25)

"바리새인들은 듣고 이르되 이가 귀신의 왕 바알세불을 힘입지 않고는 귀신을 쫓아내지 못하느니라 하거늘, 또 내가 바알세불을 힘입어 귀신을 쫓아내면 너희의 아들들은 누구를 힘입어 쫓아내느냐 그러므로 그들이 너희의 재판관이 되리라"(마 12:24,27)

"예루살렘에서 내려온 서기관들은 그가 바알세불이 지폈다 하며 또 귀신의 왕을 힘입어 귀신을

쫓아낸다 하니"(막 3:22)

⑲ 벨리알 – 무가치, 사악

"그리스도와 벨리알이 어찌 조화되며 믿는 자와 믿지 않는 자가 어찌 상관하며"(고후 6:15)

⑳ 우는 사자 – 배가 고픈 자

"근신(勤愼)하라 깨어라 너희 대적 마귀가 우는 사자같이 두루 다니며 삼킬 자를 찾나니"(벧전 5:8)

이상에서 언급한 명칭만큼 사탄의 군단이 우리 주변에 있다는 것을 깨닫고 경각심을 가져야 한다. 그리스도인이 당면할 수 있는 비극들이 무엇일까? 우리 그리스도인이 겪을 수 있는 위험 요소들은 무엇일까?

우리는 사탄의 존재를 과소평가해도 안 되고 그렇다고 과대평가해도 안 되지만 명백한 사실은 뱀의 머리통은 박살이 났지만 뱀의 꼬리는 살아 있다는 현실을 인정해야 하고 다음의 경고를 다시 되새겨야 한다.

"근신(勤愼)하라 깨어라 너희 대적 마귀가 우는 사자같이 두루 다니며 삼킬 자를 찾나니"(벧전 5:8)

그러니까 우리는 어떻게 해야 하는가?
영적 싸움을 싸우지 않을 수 없다.

"너희는 믿음을 굳건하게 하여 그를 대적하라 이는 세상에 있는 너희 형제들도 동일한 고난을 당하는 줄을 앎이라"(벧전 5:9)
"그런즉 너희는 하나님께 복종할지어다 마귀를 대적하라 그리하면 너희를 피하리라"(약 4:7)
"마귀에게 틈을 주지 말라"(엡 4:27)

베드로의 위대한 신앙고백 바로 직후에 사단이 접근했었고 예수는 책망하셨다.

"예수께서 돌이키시며 베드로에게 이르시되 사탄아 내 뒤로 물러 가라 너는 나를 넘어지게 하는 자로다 네가 하나님의 일을 생각하지 아니하고 도리어 사람의 일을 생각하는도다 하시고"(마 16:23)

그런즉 그리스도인도 다음과 같은 위험에 처할 수 있다는 것을 알아야 한다. 우리는 이 사실을 정직하게 인정해야 한다. 그리스도인에게는 영적인 적들이 있다. 그들은 영계의 군단이다. 그리스도인은 중상모략을 받을 수 있다. 천사로 가장하는 사탄이 우리 앞에 아름답게 나타난다. 악한 자, 이 세상 임금, 이 세상 신의 영향을 받을 수 있다. 공중 권세 잡은 자가 마치 솔개가 병아리를 채가듯 호시탐탐 노리고 있다.

아직도 옛 뱀, 큰 용이 마지막 무저갱에 들어가기 전까지 활약하는 세상에 우리가 살고 있다. 우리는 참소를 당하고 시험을 당하고 미혹을 받을 수 있다. 살인하는 자가 있는 만큼 살해의 위험이 있고, 우리도 거짓말하고 죄를 지을 수도 있는 것은 마귀는 처음부터 살인자요 거짓말쟁이요 거짓의 아비이기 때문이다. 우리는 우는 사자의 먹이의 대상이 되고 있다. 태풍은 지나갔으나 태풍의 여력은 여전히 남아 있다. 앞에서도 언급한 바와 같이 우리의 영적 싸움은 예수 그리스도께서 이미 이겨 놓으신 전쟁의 이기는 전투이다. 전쟁은 이겼고 전투는 또 이겨야 한다. 맥아더 장군이 인천상륙작전으로 이미 승리의 전선은 굳혀 놓았는데 승전지 안에 미처 도망가지 못한 패잔병이 무수히 깔려 있다. 우리는 패잔병 섬멸의 전투를 하고 있는 것이다. 전쟁에서는 이겼으나 전투에서는 지는 수가 있다. 그러나 전투에서 졌다고 전쟁 자체의 승전이 무효가 되는 것은 아니다. 그렇다고 매 전투에서의 패배는 온전한 승전의 안전과 기쁨에 보탬이 될 것이란 없는 것이다.

사탄의 전략과 주 무기는 무엇인가?

사탄의 전략은 속임이요 주 무기는 속임을 위한 온갖 올무들이다. 그리고 이런 전략과 주 무기의 배후에는 사탄이 높은 데 앉아 예배를 받겠다는 사탄왕국의 건설이요 그 사상은 사탄주의이다. 이것은 하늘왕국의 파괴요 교회의 파멸 위에 세우려는 것이다. 이를 성사시키기 위해서는 교회를 구성하는 교인들을 파멸시켜야 한다. 그래서 교인들을 사탄의 밥으로 생각하고 있다.

"여호와 하나님이 뱀에게 이르시되 네가 이렇게 하였으니 네가 모든 가축과 들의 모든 짐승보다 더욱 저주를 받아 배로 다니고 살아 있는 동안 흙을 먹을지니라"(창 3:14)

여호와 하나님이 뱀에게 일러주셨다.
"네가 이렇게 하였다."
"네가 더욱 저주를 받아라."
"네가 배로 다녀라."
"네가 종신토록 흙을 먹을지니라"(And dust shalt thou eat all the days of thy life).

흙을 먹는다는 것은 깨끗지 못한 것, 더러운 것, 불결한 것, 육(肉)을 먹는다는 것이니 죄를 먹고 산다는 것이다. 죄인이 너의 밥이 될 것이라면 의인은 결코 너의 밥이 되지 않을 것이다. 의인이 많고 죄인이 없다면 뱀에게는 식량이 걱정될 것이다. 죄인이 아예 없고 온 세상이 의인의 교회가 된다면 그땐 뱀은 기아선상에 설 것이다. 사탄이 전쟁하려는 것은 자기 식량 확보를 위한 것이다. 우리의 영전은 사탄에게 돌아갈 식량 공급을 차단하는 것이다. 사탄의 왕국의 패망은 하나님 왕국의 부흥을 의미하는 것이다. 이런 차원에서 우리는 사탄의 전략과 그의 싸움의 주 무기들을 알아서 이미 초전박살 낸 전쟁을 깨끗이 마무리해야 할 책임이 있다. 하나님은 우리 그리스도인과 더불어 영전에 참전하시기를 원하신다. 다 이긴 전쟁에 총 한방 쏘고 승리의 전리품(戰利品)을 공유한다는 것은 하나님의 사랑이요 은총의 배려이다. 사탄은 하나님과 그 백성을 공격하기 위한 온갖 궤계(詭計)를 다 가지고 있다.

"마귀의 간계를 능히 대적하기 위하여 하나님의 전신 갑주를 입으라"(엡 6:11)

"이는 우리로 사탄에게 속지 않게 하려 함이라 우리는 그 계책을 알지 못하는 바가 아니로라"(고후 2:11)

그의 신분은 살인자요 거짓말쟁이다.

"너희는 너희 아비 마귀에게서 났으니 너희 아비의 욕심대로 너희도 행하고자 하느니라 그는 처음부터 살인한 자요 진리가 그 속에 없으므로 진리에 서지 못하고 거짓을 말할 때마다 제 것으로 말하나니 이는 그가 거짓말쟁이요 거짓의 아비가 되었음이라"(요 8:44)

악한 궤계와 살인과 거짓말을 통하여 하나님과 그 백성을 공격하고자 한다. 사탄은 쉬지 않고 공격해 온다. 그놈의 머리는 이미 깨어졌지만 그의 남은 꼬리는 시간과 공간의 틈만 있으면 흔들어댄다. 마귀가 예수님께 모든 시험을 다 한 뒤에 완패했건만 그럼에도 불구하고 "얼마동안 떠나가는" 전략을 썼다가 뒤에 다시 도전해 온다는 것이다. 실제로 사탄은 그 후에도 예수님께 계속 공격해 왔다. 그놈은 시간에 구애받지 않고 공격한다. 그놈은 또 환경과 장소에도 구애받지 않고 공격한다.

바울은 마귀로 틈을 타지 못하도록 아래와 같이 경고한다.

"분(忿)을 내어도 죄를 짓지 말며 해가 지도록 분을 품지 말고 마귀에게 틈을 주지 말라"(엡 4:26~27)

사탄은 자기 부하들을 백분 활용한다. 악한 천사들을 활용한다. 악한 천사들은 사탄의 목적과 계획을 수행하는데 전적으로 돕는다(마 25:41; 엡 6:21; 계 12:7~12). 악한 천사들이 사탄을 도와 활동하는 것은 신자를 그리스도로부터 분리하는 것과 선한 천사들의 일에 방해를 하기 위해서이다(단 10:12~13).

> "내가 확신하노니 사망이나 생명이나 천사들이나 권세자들이나 현재 일이나 장래 일이나 능력이나 높음이나 깊음이나 다른 어떤 피조물이라도 우리를 우리 주 그리스도 예수 안에 있는 하나님의 사랑에서 끊을 수 없으리라"(롬 8:38~39)

위에 언급된 항목들은 악한 천사들이 내어 놓는 올무요 무기들이요 화살이다. 그것들이 우리를 하나님의 사랑에서 끊을 수 없다는 말은 악한 자들이 그런 것들을 가지고 와서 그리스도인과 하나님과의 관계를 끊을 수 있는 것으로 여겼기 때문이다. 선한 천사들은 하나님을 보좌하며 사람을 도우려고 하는데 악한 천사들은 그것을 방해 공작한다. 사탄은 더 구체적으로 마귀를 십분 활용한다. 마귀는 더러운 귀신 및 악령과 동일한 존재로서 온갖 무기들을 다 내어 놓는다. 이하에 디이슨이 제시하는 마귀의 활동을 보면 아래와 같다.

「① 마귀는 질병을 유발시킨다(욥 1:5~10; 마 9:33; 12:22; 눅 9:37~42; 13:11, 16).
② 마귀들은 정신적 질병을 일으키기도 한다(막 5:4, 5; 눅 8:35).
③ 마귀는 많은 사람을 도덕적 불결로 이끈다(마 10:1; 12:43; 막 1:23~27; 3:11; 5:2~13; 눅 4:33, 36; 6:18; 8:29; 행 5:16; 8:7; 계 16:13).
④ 마귀는 거짓 교훈을 유포한다(왕상 22:21~23; 살후 2:2; 딤전 4:1).
⑤ 마귀들은 하나님의 자녀들의 영적 진보에 방해를 한다(엡 6:12).
⑥ 마귀들은 때로는 사람과 동물을 사로잡기도 한다(마 4:24; 막 5:8~14; 눅 8:2; 행 8:7; 16:16).
⑦ 마귀들은 때로는 하나님의 목적과 계획을 수행해 나가는 데 있어서 하나님에 의해 사용되어지기도 한다(삿 9:23; 삼상 16:14; 시 78:49).」[176]

우리는 마귀, 악령, 귀신들이 그들의 대장 사탄의 하수인이라는 것을 알아야 한다. 대장만 때려눕히면 하수인 부하들은 힘을 쓸 수가 없다. 여기서 거친 표현이 나오는 것은 그놈이 사탄이기 때문이다. 필자가 신학교에서 강의를 했을 때의 일이다. "여자의 후손은 네 머리를 상하게 할 것이요"라는 말씀을 소개하면서 여자의 후손이 뱀의 대갈통(머리에 대한

---

176) 헨리 디이슨, 「조직신학 강론」, pp. 327~329.

상스러운 표현)을 깨어 버린다고 했더니 강의가 끝난 뒤 어떤 제자가 조용히 다가와서 하는 말이 아무리 사탄이라도 좀 고운 단어를 쓰시는 게 어떠냐고 충고를 해준 적이 있었는데 그냥 재미있게 웃고 넘겼다. 그런데 여기서 유의할 사항이 하나 있다. 사탄이 그 부하를 이용하여 그리스도인에게 도전해 올 때 너무 과민한 반응을 보여줄 필요가 없다는 것이니 이미 그 부하의 대장은 패장(敗將)이니까 그 부하도 패한 부하의 짓이기 때문이다. 그렇다고 그것을 대수롭지 않게 여기라는 의미는 아니지만 우리의 총 관심사가 마귀, 귀신, 악령을 막는 데에만 쏠린다면 복음을 들고 나갈 기회는 어떻게 되겠느냐이다.

사탄은 귀신을 시켜 사람을 불안하게 한다. 그러므로 축귀(逐鬼) 목회를 해야 한다. 그러나 밤낮 축귀 목회를 하다 보면 복음 전파는 언제 하느냐 말이다. 나는 여기서 "잔치 집 개 쫓기" 드라마를 소개하고자 한다.

시골 혼인잔치 집에서 마당에 음식을 차려 놓고 손님을 기다린다. 손님이 오는 대로 잔치 음식을 내오는데 동네 개가 잔치집 마당에 어슬렁거리다가 그만 차려 놓은 잔칫집 음식을 먹어 버렸다. 그러니 불결하고 불쾌할 수밖에 없어 주인이 한 사람을 시켜서 "개를 쫓으라"고 지시를 내렸다. 잔칫집에 개를 쫓아야 하는 것이 당연하다. 그러나 여러 마리 개들이 떼를 지어 왔다. 한 사람으로서는 도저히 개를 쫓을 수 없어서 몇 사람의 지원병을 더 불렀다. 그래도 동네 개들은 결사적으로 달려오고 물고 뜯고 야단법석이다. 흉년을 맞아 개들도 배가 고팠던 것 같다. 지원병으로는 부족해서 잔치꾼들에게 개 쫓기 도움을 청했다. 그러나 개들은 쫓으면 쫓을수록 모여들었다. 주인은 급했다. 신랑신부도 마당 혼례식도 그만 뒤로 미루고 개 쫓기에 나섰다. 주인 혼주도 개 쫓기에 나섰다. 잔칫집에 있는 모든 사람들이 개 쫓기에 열을 올렸다. 이 잔치의 목적은 '개 쫓기'가 되어 버렸다. 이것을 두고 개 쫓기 잔치라 한다. 끝내 혼례식도 못 올렸고 잔치꾼들은 대접도 못 받고, 주인은 주인노릇도 못하고 결사적으로 개 쫓는 데 열중했다. 다행히 성공적으로 개들은 쫓았고 음식도 약탈당하지 않았다. 그런데 그 다음은 무엇인가?

사탄의 부하들의 도전에 대하여 너무 지나친 과민 반응은 우리 본연의 자세에 구김살을 준다. 본연의 일을 망치게 한다. 그럼 무엇인가? 개를 쫓아라! 그러나 혼례식은 거행하라. 잔치꾼들에게 친절한 대접도 하라. 저것도 하지만 이것들은 더욱 잘해야 하는 것이다. 하여튼 악한 천사와 마귀를 부하로 하여 사령관으로 악행하는 사탄은 하나의 악의 세력의 군대를 조직하고 신령한 하나님의 세계에 도전을 해 오고 있다. 우리는 이 사실만은 잠시도 잊지 말아야 할 것이다. 무관심은 낭패를 불러 오는 수가 있다.

다음은 사탄이 사용한 전쟁 방법이다.

「① 거짓말(요 8:44; 고후 11:3), ② 시험(마 4:1), ③ 훔침(마 13:19), ④ 괴롭힘(고후

12:7; 욥 1장, 2장), ⑤ 방해 공작(슥 3:1; 살전 2:18; 엡 6:12), ⑥ 밀 까부르듯 체질함 (눅 22:31), ⑦ 가장(假裝)(고후 11:14, 15; 마 13:25), ⑧ 참소함(계 12:9, 10), ⑨ 질병으로 침(눅 13:16 참조, 고전 5:5), ⑩ 사람 속에 들어감(요 13:27), ⑪ 죽이고 잠식함 (요 8:44; 벧전 5:8).」[177]

사탄은 싸움을 하고 있는데 우리는 무방비로 있으면 그 결과는 어떻게 되겠는가? 링 위에서 상대와 권투 시합이 벌어졌는데 우두커니 서 있기만 하면 어떡하나?

사탄과의 싸움에서 그리스도인의 자세는 무엇인가?
그리스도의 승리에 대한 확신과 신뢰가 그리스도인이 취해야 할 자세이다. 그리스도께서 사탄을 이미 쳐부수어 이겨 놓으셨다는 것을 확신해야 한다. 그런 확신을 우리는 신뢰해야 한다. 사탄의 대적은 하나님과 하나님의 백성이다. 그런데 그 사탄이 하나님과의 싸움에서 그리스도에 의해 철저하게 실패했고 성령은 그 승리를 보증하셨다. 사탄과 하나님과의 관계 및 사탄과 그리스도인과의 관계에서 사탄은 패배했고 또 그 패배를 그리스도인들이 확인하는 것이다. 사탄의 별칭들을 말할 때 사탄과 그 부하들의 성격 및 활동을 이야기했지만 또다시 말하거니와 예수께서 패배시켜버린 사탄은 과연 어떤 놈인가?

그놈은 천사였다.

"네가 옛적에 하나님의 동산 에덴에 있어서 각종 보석 곧 홍보석과 황보석과 금강석과 황옥과 홍마노와 창옥과 청보석과 남보석과 홍옥과 황금으로 단장하였음이여 네가 지음을 받던 날에 너를 위하여 소고와 비파가 준비되었도다 너는 기름 부음을 받고 지키는 그룹임이여 내가 너를 세우매 네가 하나님의 성산에 있어서 불타는 돌들 사이에 왕래하였도다"(겔 28:13~14)
"하루는 하나님의 아들들이 와서 여호와 앞에 섰고 사탄도 그들 가운데에 온지라"(욥 1:6)
"이것은 이상한 일이 아니니라 사탄도 자기를 광명의 천사로 가장하나니"(고후 11:14)

그놈은 인격을 지니고 있다.

"이르되 만일 내게 엎드려 경배하면 이 모든 것을 네게 주리라"(마 4:9)

이것은 자의식적(自意識的) 존재자를 말한다.

---
177) 헨리 디이슨, 「조직신학 강론」, p. 332.

"네가 네 마음에 이르기를 내가 하늘에 올라 하나님의 뭇 별 위에 내 자리를 높이리라 내가 북극 집회의 산 위에 앉으리라 가장 높은 구름에 올라가 지극히 높은 이와 같아지리라 하는도다"(사 14:13~14)

이것은 자기 표현적 존재자를 말한다.

"그 때에 예수께서 성령에게 이끌리어 마귀에게 시험을 받으러 광야로 가사"(마 4:1)

이것은 강압적이 아닌 도덕적 의식을 지닌 자를 말한다.

"그러므로 하늘과 그 가운데에 거하는 자들은 즐거워하라 그러나 땅과 바다는 화 있을진저 이는 마귀가 자기의 때가 얼마 남지 않은 줄을 알므로 크게 분내어 너희에게 내려갔음이라 하더라"(계 12:12)

이것은 감정적 존재자란 말이다. 그놈을 다시 한 번 소개하면 이렇다. 악한 놈이다.

"내가 비옵는 것은 그들을 세상에서 데려가시기를 위함이 아니요 다만 악에 빠지지 않게 보전하시기를 위함이니이다"(요 17:15)

살인자요, 속이는 자요, 거짓말쟁이다.

"너희는 너희 아비 마귀에게서 났으니 너희 아비의 욕심대로 너희도 행하고자 하느니라 그는 처음부터 살인한 자요 진리가 그 속에 없으므로 진리에 서지 못하고 거짓을 말할 때마다 제 것으로 말하나니 이는 그가 거짓말쟁이요 거짓의 아비가 되었음이라"(요 8:44)
"큰 용이 내쫓기니 옛 뱀 곧 마귀라고도 하고 사탄이라고도 하며 온 천하를 꾀는 자라 그가 땅으로 내쫓기니 그의 사자들도 그와 함께 내쫓기니라"(계 12:9)

교만한 놈이다.

"새로 입교한 자도 말지니 교만하여져서 마귀를 정죄하는 그 정죄에 빠질까 함이요"(딤전 3:6)

무례한 놈이다.

"이르되 만일 내게 엎드려 경배하면 이 모든 것을 네게 주리라"(마 4:9)

교활한 놈이다.

"이는 우리로 사탄에게 속지 않게 하려 함이라 우리는 그 계책을 알지 못하는 바가 아니로라"(고후 2:11)

또 시험하고 피하는 끈질긴 놈이다.

"또한 그들이 손으로 너를 받들어 네 발이 돌에 부딪치지 않게 하시리라 하였느니라"(눅 4:13)

그리고 하나님을 퇴위(退位)시키려고 어마어마한 음모를 꾸민 놈이다(사 14:12~14). 예수께서 승리하신 상대는 인격자 사탄이다. 예수님은 어떻게 이 사탄에게 승리하였는가? 예수의 사탄에 대한 승리는 이미 예언에 따른 성취였다.

"내가 너로 여자와 원수가 되게 하고 네 후손도 여자의 후손과 원수가 되게 하리니 여자의 후손은 네 머리를 상하게 할 것이요 너는 그의 발꿈치를 상하게 할 것이니라 하시고"(창 3:15)

예수는 마지막 아담으로 성육신하셨다.

"기록된 바 첫 사람 아담은 생령이 되었다 함과 같이 마지막 아담은 살려 주는 영이 되었나니"(고전 15:45)

예수는 마침내 이 세상을 포함한 모든 것을 향해 예수의 것이라고 아예 명찰을 달아 두셨다. 예수는 이 세상을 소유하러 오셨다. 그냥 소유가 아니라 정결케 하셔서 소유하러 오셨다. 더러운 것을 좋아하고 더러운 세상을 소유한 사탄에게 비상이 걸렸다. 예수는 그의 공생애 가운데 이미 생활 속에서도 사탄을 예비적으로 이겨 오셨지만(마 3:17; 히 4:15; 요일 3:5; 마 4:1~11; 막 10:2; 요 8:6; 마 16:22~23), 결정적인 승리는 십자가의 죽음과 그의 부활에서이다.

"심판에 대하여라 함은 이 세상 임금이 심판을 받았음이라"(요 16:11)
"이를 내게서 빼앗는 자가 있는 것이 아니라 내가 스스로 버리노라 나는 버릴 권세도 있고 다시 얻을 권세도 있으니 이 계명을 내 아버지에게서 받았노라 하시니라"(요 10:18)
"자녀들은 혈과 육에 속하였으매 그도 또한 같은 모양으로 혈과 육을 함께 지니심은 죽음을 통하여 죽음의 세력을 잡은 자 곧 마귀를 멸하시며"(히 2:14)

"하나님께서 그를 사망의 고통에서 풀어 살리셨으니 이는 그가 사망에 매여 있을 수 없었음이라"(행 2:24)

사탄은 요한복음 8장 44절에서 말한 대로 살인자였는데 예수는 부활하셔서 살인 행위를 희생 행위로 갚으셨고, 사탄은 거짓말쟁이였는데 예수는 율법에 따라 율법을 완성하심으로써 폐하시고 하나님의 공의와 진리를 증거해 보임으로써 마귀의 거짓을 부수고 참을 실천하셨다. 예수의 승리는 마귀에 대한 승리이고, 그 승리의 내용은 마귀의 체질에 대한 예수의 체질 승리이고, 마귀의 성품에 대한 예수의 성품의 승리이고, 마귀의 계략 및 철학에 대한 예수의 하나님 섭리의 승리였다. 다시 말하면 예수의 사탄에 대한 승리는 절대적이고 철저하고 완벽한 사탄의 인격 정복의 승리였다. 사탄 마귀는 더 이상 재기할 수 없는 완전한 패배자였다.

그런데 이 놈은 끈질긴 놈이다.

"마귀가 모든 시험을 다 한 후에 얼마 동안 떠나니라"(눅 4:13)

마귀는 3라운드 게임에서 번번이 실패했건만 자기 나름대로 와신상담(臥薪嘗膽)하여 또 기회를 엿보다가 공격한다는 것이다. '얼마 동안' 떠났으니 또 온다는 것이다. 그러나 예수님은 번번이 승리하셨다. 예수님은 마침내 보셨고 외치셨다.

"예수께서 이르시되 사탄이 하늘로부터 번개같이 떨어지는 것을 내가 보았노라"(눅 10:18)

70인이 주의 이름으로 귀신을 야단치고 항복시킴으로 기뻐하니까 예수님이 땅에서의 귀신의 항복은 하늘 사탄이 떨어졌기 때문이라고 했다. 떨어지는 속도가 번개 같았다. 어설픈 승리가 아니라 화끈한 예수의 승리였다는 것이다. 사탄의 패배도 겨우 넘어진 패배가 아니라 확실한 선을 긋는 패배였다는 것이다. 우리는 번개 떨어지는 속도를 알고 있다. 예수님은 이 승리를 그의 백성에게도 실현시키셨다. 주 예수는 그리스도인의 삶의 현장에서도 사탄을 굴복시키셨다는 것이다. 하늘에서의 승리가 땅의 승리로 연결되고 있다.

"그런즉 너희는 하나님께 복종할지어다 마귀를 대적하라 그리하면 너희를 피하리라"(약 4:7)
"보라 내가 너희에게 비밀을 말하노니 우리가 다 잠 잘 것이 아니요 마지막 나팔에 순식간에 홀연히 다 변화되리니 나팔 소리가 나매 죽은 자들이 썩지 아니할 것으로 다시 살아나고 우리도 변화되리라 이 썩을 것이 반드시 썩지 아니할 것을 입겠고 이 죽을 것이 죽지 아니함을 입으리로다 이 썩을 것이 썩지 아니함을 입고 이 죽을 것이 죽지 아니함을 입을 때에는 사망을 삼키고 이기리라고 기록된 말씀이 이루어지리라 사망아 너의 승리가 어디 있느냐 사망아 네가 쏘는 것이 어디 있느냐 사망이 쏘는 것은 죄요 죄의 권능은 율법이라 우리 주 예수 그리스도로 말미암아 우리에게 승리를 주시는 하나님께 감사하노니"(고전 15:51~57)

결국 사탄과 그의 부하들의 운명은 불못이다.

"또 그들을 미혹하는 마귀가 불과 유황 못에 던져지니 거기는 그 짐승과 거짓 선지자도 있어 세세토록 밤낮 괴로움을 받으리라"(계 20:10)

우리는 그 승리의 사건을 미리 내다보고 있다.

"각 섬도 없어지고 산악도 간 데 없더라"(계 16:20)

그럼 땅에 있는 우리는 어떻게 사탄과 싸울 것인가?
예수의 보장된 승리를 만끽하는 싸움을 하는 것이다. 예수의 승리 없이 우리의 힘으로 싸우는 것은 백전 백패이다. 필자가 초등학교 저학년 시절에 겪은 선배와 싸워 이긴 무용담이 있다. 그 선배는 나보다 키도 크고 힘도 셌다. 나는 왜소하여 힘을 쓰지 못했다. 이 선배는 짓궂게 나에게 고통을 주었다. 자기 책가방을 나에게 던지면서 대신 가지고 가라고 한 후 자기는 공을 차며 편하게 등교를 하는 것이다. 왠만한 심부름은 나에게 시켰다. 공이 논바닥에 떨어지면 주어 오라고 했다. 싫은 기색을 보이면 여지없이 주먹이 날아온다. 괴로운 초등학교 생활이었다. 이 장면을 보고 있던 먼 친척 되는 선배가 딱하게 여긴 나머지 나를 돕겠다고 나섰다. 그가 내게 주문한 것은 "싸워라"였다. 나는 싸우면 질 것이라고 거절했다. 그는 나에게 또 말했다. "내가 그놈보다 힘이 더 강하니까 네가 싸우다가 네가 질 것 같으면 대신 싸워 주겠다"는 것이었다. 그래도 나는 믿어지지가 않았다. 이런 불신과 불안을 씻어주려는 듯 나의 먼 친척 선배는 나를 괴롭히는 그를 때려눕힐 기회를 찾았다. 마침내 어떤 일로 두 사람은 싸움을 벌였다. 모든 학생들이 이 광경을 구경하러 모여들었다. 나를 돕는 친척 선배는 상대방을 일격에 땅에 거꾸러뜨렸다. 친척 선배의 완벽한 승리였다. 사람들이 다 뿔뿔이 흩어진 뒤 그는 나에게 와서 말했다. "너 봤어? 내가 이겼지."

그런데 여느 날과 같이 날 괴롭히던 선배가 또다시 나를 괴롭히는 것이었다. 오늘은 자기 신주머니를 들고 가라는 명령이었다. 나는 일언지하에 "싫어"라고 말했다. 그 순간 선배의 오른쪽 다리가 나를 향해 날아오고 있었다. 나는 이때다 싶어서 용기를 다 해 맞붙었다. 날아오는 다리를 피했다. 그의 왼쪽다리가 날아오는 것도 얼른 피했다. 나는 더 적극적으로 그 선배를 향해 공격했다. 두 주먹을 불끈 쥐고 그 선배의 얼굴인지 가슴인지 공격했건만 분간할 수 없었던 이유는 그때 나는 눈을 감고 싸웠기 때문이다. 나의 발인지 주먹인지 하여튼 어느 지체에 의해서인지는 몰라도 그 녀석은 얻어맞고 땅바닥에 큰 대자로 쓰러지고 말았다. 나를 바라보고 있는 그 녀석에게 나는 승리의 마지막 말을 선포했다. "내가 지금까지 참아 왔었다. 그런데 오늘은 내가 결판을 내기로 한 날이야, 알았지?"

그날 이후로 그 녀석은 나에게 일체 고통을 가하지 못했다.

예수의 사탄에 대한 승리를 우리는 보았다. 우리는 그 승리를 믿고 또 싸우는 것이다. 이것을 일러 전술한 바와 같이 "이긴 싸움의 또 이기는 싸움"이라 했다. 전쟁 속에 전투가 들어 있는데 이미 전쟁은 이겼는데 부분 전투는 계속되는 것이다. 우리의 전투라는 것은 이미 승리한 전쟁을 즐기는 전투이다. 왜냐하면 예수님의 대승리 선언이 있었기 때문이다.

"예수께서 신 포도주를 받으신 후에 이르시되 다 이루었다 하시고 머리를 숙이니 영혼이 떠나가시니라"(요 19:30)

왜냐하면 우리 안에 계신 이가 이 세상에 있는 이보다 더 크기 때문이다.

"자녀들아 너희는 하나님께 속하였고 또 그들을 이기었나니 이는 너희 안에 계신 이가 세상에 있는 자보다 크심이라"(요일 4:4)

왜냐하면 십자가의 승리가 있기 때문이다.

"통치자들과 권세들을 무력화하여 드러내어 구경거리로 삼으시고 십자가로 그들을 이기셨느니라"(골 2:15)

왜냐하면 세상을 이기신 분이 평안을 주시며 담대하라고 말씀하시기 때문이다.

"이것을 너희에게 이르는 것은 너희로 내 안에서 평안을 누리게 하려 함이라 세상에서는 너희가 환난을 당하나 담대하라 내가 세상을 이기었노라"(요 16:33)

왜 그런데 아직도 싸움이 있는가? 승자의 승전 선포는 있는데 패자의 패배 시인이 없기 때문이다. 그런즉 패자의 패배 승인을 얻을 때까지 싸우는 것이다. 이런 맥락에서 사탄에 대한 우리 그리스도인의 자세는 무엇인가? 예수의 사탄에 대한 승리 사실을 확신했다면 그 사실을 신뢰해야 한다. 예수는 승리했는데 우리는 패배할 것인가. 예수 승리의 향유는 우리의 권리이자 의무이다. 그러기 위해서 우리가 취해야 할 또 다른 전제는 마귀 사탄의 계략에 무지해서는 안 되며 오직 근신하고 깨어서 사탄을 대적해야 한다.

다음은 사탄의 계략을 경시하지 말아야 함을 말해주고 있다.

"이는 우리로 사탄에게 속지 않게 하려 함이라 우리는 그 계책을 알지 못하는 바가 아니로다" (고후 2:11)
"특별히 육체를 따라 더러운 정욕 가운데서 행하며 주관하는 이를 멸시하는 자들에게는 형벌할 줄 아시느니라 이들은 당돌하고 자긍하며 떨지 않고 영광 있는 자들을 비방하거니와" (벧후 2:10)
"그러한데 꿈꾸는 이 사람들도 그와 같이 육체를 더럽히며 권위를 업신여기며 영광을 비방하는도다 천사장 미가엘이 모세의 시체에 관하여 마귀와 다투어 변론할 때에 감히 비방하는 판결을 내리지 못하고 다만 말하되 주께서 너를 꾸짖으시기를 원하노라 하였거늘" (유 1:8, 9)

다음은 사탄을 대적해야 함을 말해준다.

"근신(謹愼)하라 깨어라 너희 대적 마귀가 우는 사자같이 두루 다니며 삼킬 자를 찾나니" (벧전 5:8)
"마귀에게 틈을 주지 말라" (엡 4:27)
"그런즉 너희는 하나님께 복종할지어다 마귀를 대적하라 그리하면 너희를 피하리라" (약 4:7)

그러나 그리스도인이 취해야 할 사탄에 대한 최후의 자세는 무엇일까?
그리스도 예수의 사탄 승리 소식에 무지해도 안 되거니와 그 소식을 듣고도 신뢰하지 못해도 안 되거니와 또 승리를 자기 자신의 힘으로만 쟁취(爭取)하려 해서도 안 된다. 사탄은 기왕에 자기가 예수 그리스도에 의해 패배한 자요 그가 하는 전쟁이 패배한 전쟁인 줄 알면서도, 그의 전략은 승리한 전쟁을 흔들어 놓는 일이다. 그리스도인은 예수가 이미 승리한 것에 대한 불신과 자력 전쟁을 하겠다는 생각을 버려야 한다.
에베소서 6장 10~20절에는 전투용 무기들을 설명하고 있다. 워치만 니는 여기서 주된 단어는 '서라'(stand)라고 말했다. 자력 전투를 하지 말라는 것이다. 전투에서 '서 있다는 것'이 황당한 일일 수도 있지만 하나님의 전투에서는 '서 있어야 하는 것'이 일이다. 된 자가 '하는 자'로 살아왔는데 이제 마지막 전투에서는 '선 자'(standing)로 전투에 임하는 것이다. 그러나 그 '선 자'를 유심히 보아야 한다. 그 '선 자'와 그 '선 자'가 갖춘 전투 장비를 유의해야 한다. 무릇 전투에서의 승리는 군병이 강해야 하고 또 군병이 지닐 전투 장비가 완벽해야 한다. 그런 면에서 바울은 에베소 교회를 향하여 명하고 있다.

"끝으로 너희가 주 안에서와 그 힘의 능력으로 강건하여지고 마귀의 간계를 능히 대적하기 위하여 하나님의 전신갑주를 입으라"(엡 6:10~11)

"강건하여라." 왜 강건해야 하는가?

강건하게 하는 방법 혹은 강건을 얻는 곳은 주 안에서와 그 힘의 능력 안에서이다. 여기서 성령의 '하게 하시는' 능력과 보증이 필요하다. 성령이 속사람을 능력으로 강하게 해주셔야 한다. 그리고 우리는 성령을 근심하게 하지 말고 그분의 인(印)쳐 주심을 감당해야 한다.

"그의 영광의 풍성함을 따라 그의 성령으로 말미암아 너희 속사람을 능력으로 강건하게 하시오며" (엡 3:16)

"하나님의 성령을 근심하게 하지 말라 그 안에서 너희가 구원의 날까지 인치심을 받았느니라" (엡 4:30)

왜 강건해야 하는가? 마귀의 궤계를 능히 대적하기 위해서이다. 영적 전투를 하기 위해서이다. 어떤 장비를 갖추어야 하는가? 하나님의 전신갑주를 입는 것이다(엡 6:10~11).

위 구절 속에 군병 그리스도인은 강건해야 하고 싸움의 목적이 분명해야 하고 그 다음에 그들을 막기 위해 군장비가 필요함을 말하고 있다. 군병-대적-장비의 3요소이니 대적을 강건한 인격과 완벽한 장비 속에 가둬 놓는 일이다. 인격과 장비의 갖춤이 적을 처리한다. 위 구절에서 보면 공격형 장비는 거의 없다. 모두 방어용 장비이다. 이것은 그리스도의 승리를 우리가 유지하고 지키는 일이 우리의 전투라는 것을 보여 주고 있다. 서 있는 것은 무기력하거나 무능을 의미하는 것이 아니라 강함과 완벽을 말한다. 사람은 강건하고 그가 지닌 무기는 완벽하다. 그런즉 그냥 서 있기만 하면 승리는 품 안으로 들어오게 된다. 기독교는 공격의 종교가 아니다. 방어의 종교이다. 공격은 세상의 모양새이고 방어는 기독교의 모양새인 것은 우리는 능동적인 자세가 아니라 수동적인 자세를 우리의 모양새로 하고 있기 때문이다. 능동적인 자세는 하나님의 것이고 수동적인 자세는 그리스도인의 것이니 가장 능동적으로 움직여야 할 이 전투에서 수동적인 자세로 서 있다는 것은 대단한 믿음이 아니고서는 불가능한 일일 것이다. 바울의 영적 싸움에 대비한 장비 곧 무기들은 어떤 성질의 것이었나? 전술한 바와 같이 이 무기들의 특징은 방어용이라는 것이다. 하나님이 우리에게 방어용 무기가 아닌 공격용 무기만 주셨더라면 우리의 전투는 참으로 힘겨웠을 텐데 하나님은 우리의 연약함을 긍휼히 보시고 방어 전투를 맡기셨던 것이다. 아무래도 공격전보다 방어전이 쉬울 것이다. 그 방어전 전투 무기들을 아래에 소개한다. 가장 대표적인 큰 무기는 하나님의 전신갑주이다. 전신갑주(entire a rmour) 밑에 수많은 무기들이 동원

된다. 전신갑주 없이는 수많은 무기가 있은들 적의 공격으로 인해 어느 한 군데라도 손상이 생길지도 모를 일이다.

전신갑주란 무엇인가?

전신갑주는 오락할 때 입는 옷이 아니라 전쟁터에서 입는 것이다. 대내외적으로 원수가 있어서 심한 싸움을 할 때 대결하기 위해 입는 갑옷이다. 물론 갑옷은 공격할 때도 착용하는 것은 사실이지만 기본적으로 방어용이다. 갑옷은 상대방을 해치는 무기가 아니라 상대방의 공격으로부터 보호를 받자는 것이 주 목적이다. 마귀의 궤계를 능히 대적하고 그냥 굳건히 서 있기(stand) 위함이다. 이 전신갑주는 우리 몸을 보호하는 옷이다. 상대방의 어떤 화살도 이 갑주에 와서는 무력해진다. 전신갑주이니까 몸을 온통 감싸는 갑옷이다. 원수는 우리 인격의 어떤 약점이 있으면 그것을 가지고 공격한다. 약하고 열려진 허점을 향해 일격을 가하려 든다. 전신갑주는 아무리 악한 사탄이 공격해 와도 상처를 낼 수 없을 만큼 우리의 완전한 보호막인데 그것은 실제로 짜여진 신령한 옷이다. 그것은 사탄이 우리를 향해 자기 원대로 그렇게 되어 주었으면 하는 것과는 정반대의 우리가 되어 있음 그 자체이다. 이것은 사실 우리 자신이 그렇게 되어 있는 것이 아니다. 형편없는 우리 자신의 외부에 걸친 옷이 그렇다는 것이다. 이 갑옷은 보혈의 옷이다. 무화과 나뭇잎이 아닌 피 흘려 거둔 짐승의 가죽옷이다.

F. H. 바라크만(Floyd H. Barackman)은 이렇게 말하고 있다.

「예수가 바로 이 완전한 갑옷이다. 예수는 우리가 하나님을 기쁘시게 하고 또 우리가 원수를 격파시키는 데 필수적인 것을 조금도 부족함이 없이 다 지니고 계신다.」[178]

예수가 바로 우리 전투의 갑옷이라는 말씀은 다음 성경구절이 말해 주고 있다.

"내가 그리스도와 함께 십자가에 못 박혔나니 그런즉 이제는 내가 사는 것이 아니요 오직 내 안에 그리스도께서 사시는 것이라 이제 내가 육체 가운데 사는 것은 나를 사랑하사 나를 위하여 자기 자신을 버리신 하나님의 아들을 믿는 믿음 안에서 사는 것이라"(갈 2:20)

"밤이 깊고 낮이 가까웠으니 그러므로 우리가 어둠의 일을 벗고 빛의 갑옷을 입자 낮에와 같이 단정히 행하고 방탕하거나 술 취하지 말며 음란하거나 호색하지 말며 다투거나 시기하지 말고 오직 주 예수 그리스도로 옷 입고 정욕을 위하여 육신의 일을 도모하지 말라"(롬 13:12~14)

---

[178] Floyd H. Barackman, *Practical Christian Theology* (Grand Rapids, Michigan: Kregel Publications, 1992), p. 243.

예수는 빛의 갑옷이요 그 자신이 갑옷이다. '나 아닌 그'(not I but He)가 나의 갑옷이다. 이런 든든한 갑옷을 입고 난 뒤 부수적인 전투장비가 마련되어 있다.

> "그런즉 서서 진리로 너희 허리 띠를 띠고 의의 호심경을 붙이고 평안의 복음이 준비한 것으로 신을 신고 모든 것 위에 믿음의 방패를 가지고 이로써 능히 악한 자의 모든 불화살을 소멸하고 구원의 투구와 성령의 검 곧 하나님의 말씀을 가지라"(엡 6:14~17)

첫째, 진리의 허리띠(belt of truth)가 있다. 왜냐하면 사탄은 거짓말쟁이요 사기꾼이니까 진리로 허리띠를 삼아야 한다.

둘째, 의의 흉배(coat of righteousness)가 있다. 왜냐하면 사탄은 죄의 틈만 있으면 파고들어오는 놈이기 때문에 의로움을 보여 줘야 한다.

셋째, 평안의 복음으로 예비된 신(sandals of preparation)이 있다. 왜냐하면 사탄은 불안과 평화를 조작하고 참 평안을 깨는 놈이기 때문이다.

넷째, 믿음의 방패(shield of faith)가 있다. 왜냐하면 사탄은 우리가 하나님이 주신 약속을 믿는 일에 의심을 갖게 하기 때문이다.

그놈은 우리로 하여금 하나님의 말씀보다 우리 자신의 자원(資源)을 의존하라고 한다.

다섯째, 구원의 투구(helmet of salvation)가 있다.

그리스도인은 구원에 관한 기본적인 지식과 일상생활에서 구원을 체험해야 한다. 사탄은 구원에 관하여 우리로 하여금 의심나게 하려 든다. 투구는 머리 부분을 보호하는 것인데 구원에 관하여 지적으로 완벽하게 알고 체험해야 한다. 구원 확신은 머리 보호만큼 기본적이다. 처음에 전신갑주를 입은 그리스도인 군병이 이상에 언급한 대개 방어용 무기들로 장비를 갖추었는데 이제 최후로는 공격용 무기가 나온다. 그냥 그 자리에 선 채로 성령의 검(sword of the sprit)을 가지라는 것이다. 성령의 검은 하나님의 말씀이라고 했다. 그런데 칼은 공격형의 무기이지만 여기서는 사실 칼로 싸우라는 말보다는 칼을 지니고 있으라고 했다(take the sword of the sprit). 칼을 빼서 지니고 있으면 적이 공격해 와서 자기 나름대로 거기 찔려 스스로 죽어버리는 것이다. 이쪽에서 칼질을 하기 전에 예리한 칼날에 적들이 와서 찔려 스스로 죽는 것이다. 참 묘한지고! 세상에 이런 전투가 다 있을까? 이 작전은 일찍이 예수께서 마귀 공격 시에 방어용으로 하나님의 말씀을 사용한 것이 있었다. "기록되었으되"(마 4:4, 7, 10)는 모두 기록된 말씀으로 마귀의 공격에 방어하셨던 것이었다.

사탄의 최후는 어떻게 되는가?

선한 천사들은 영원무궁토록 하나님을 섬긴다.

"또 내가 새 하늘과 새 땅을 보니 처음 하늘과 처음 땅이 없어졌고 바다도 다시 있지 않더라 또 내가 보매 거룩한 성 새 예루살렘이 하나님께로부터 하늘에서 내려오니 그 준비한 것이 신부가 남편을 위하여 단장한 것 같더라"(계 21:1~2)

"크고 높은 성곽이 있고 열두 문이 있는데 문에 열두 천사가 있고 그 문들 위에 이름을 썼으니 이스라엘 자손 열두 지파의 이름들이라"(계 21:12)

그런데 악한 천사들은 그들의 대장 사탄과 운명을 같이한다. 사탄의 거주지를 성경에 나타나는 대로 적어보면 다음과 같다. 욥기에서 보듯이 사탄이 처음에는 하나님의 보좌에 살았다(욥 1장). 하늘과 땅을 왕래하고 살았다. 사탄은 에덴 동산에 나타났다(창 3:1~15; 겔 28:13). 이때는 타락한 사탄이었다. 타락한 사탄은 아예 보좌가 아닌 공중에 본부를 두고 있었다(엡 2:2; 6:12). 거기서도 본부를 잃어버리고 땅으로 쫓김을 받아 땅에다가 사탄의 본부를 두고 진영(陣營)을 새로 만들었다.

"다섯째 천사가 나팔을 불매 내가 보니 하늘에서 땅에 떨어진 별 하나가 있는데 그가 무저갱의 열쇠를 받았더라"(계 9:1)

"큰 용이 내쫓기니 옛 뱀 곧 마귀라고도 하고 사탄이라고도 하며 온 천하를 꾀는 자라 그가 땅으로 내쫓기니 그의 사자들도 그와 함께 내쫓기니라 내가 또 들으니 하늘에 큰 음성이 있어 이르되 이제 우리 하나님의 구원과 능력과 나라와 또 그의 그리스도의 권세가 나타났으니 우리 형제들을 참소하던 자 곧 우리 하나님 앞에서 밤낮 참소하던 자가 쫓겨났고, 그러므로 하늘과 그 가운데에 거하는 자들은 즐거워하라 그러나 땅과 바다는 화 있을진저 이는 마귀가 자기의 때가 얼마 남지 않은 줄을 알므로 크게 분내어 너희에게 내려갔음이라 하더라 용이 자기가 땅으로 내쫓긴 것을 보고 남자를 낳은 여자를 박해하는지라"(계 12:9, 10, 12, 13)

이렇게 되어 땅이 고통스러운 곳이 되었다. 최후 환난기는 특별한 사탄의 고통과 고난의 시기가 된다. 그러나 다시 무저갱으로 쫓김을 받아 1천 년 동안 감금된다. 그 후 잠깐 놓임을 받는다. 또 하나님을 대적한다. 그러나 불이 하늘에서 내려와 사탄의 군사들을 멸하고 불 못에 던지움을 받는다(계 20:7~10). 그들은 영원히 고통을 받는 신세가 된다.

"또 왼편에 있는 자들에게 이르시되 저주를 받은 자들아 나를 떠나 마귀와 그 사자들을 위하여 예비된 영원한 불에 들어가라"(마 25:41)

이상은 사탄 자신이 당할 운명을 더듬어 본 것이다. 사탄의 세계에 대해서는 명확하게 알 수 없다. 사실 악령의 세계 조직을 훤히 꿰뚫어 본들 거기에 무슨 유익이 있겠는가? 문제는 사탄의 최후가 우리의 최후에 어떤 영향을 주는가에 주목해야 한다. 분명한 사실은 사탄과 그의 군대는 지금도 하나님의 백성에게 전투를 강행하고 있다는 것이다. 초두에 전술한 바와 같이 사탄과 우리의 전투는 휴전도 아니요 정전도 아니다. 단지 전투 중이다. 물론 이미 이겨 놓은 전쟁이지만 아직 곳곳에 전투는 있다.

사탄의 군단이 쏘고 있는 화살들은 무엇인가?

> "그런즉 이 일에 대하여 우리가 무슨 말 하리요 만일 하나님이 우리를 위하시면 누가 우리를 대적하리요 자기 아들을 아끼지 아니하시고 우리 모든 사람을 위하여 내주신 이가 어찌 그 아들과 함께 모든 것을 우리에게 주시지 아니하겠느냐 누가 능히 하나님께서 택하신 자들을 고발하리요 의롭다 하신 이는 하나님이시니 누가 정죄하리요 죽으실 뿐 아니라 다시 살아나신 이는 그리스도 예수시니 그는 하나님 우편에 계신 자요 우리를 위하여 간구하시는 자시니라 누가 우리를 그리스도의 사랑에서 끊으리요 환난이나 곤고나 박해나 기근이나 적신이나 위험이나 칼이랴 기록된 바 우리가 종일 주를 위하여 죽임을 당하게 되며 도살 당할 양같이 여김을 받았나이다 함과 같으니라"(롬 8:31~36)

위의 성구에서 사탄이 쏜 화살의 목록을 정리하면 다음과 같다. 대적의 화살(롬 8:31), 송사의 화살(롬 8:33), 정죄의 화살(롬 8:34), 환난의 화살, 곤고의 화살, 핍박의 화살, 기근의 화살, 적신의 화살, 위험의 화살, 칼의 화살이다(롬 8:35). 위의 화살들을 쏘아 붓지만 그리스도의 사랑에서 우리를 끊지 못한다. 저놈은 마지막엔 '죽음'의 화살을 쏜다. 최후의 화살이다. 죽음은 사탄의 최후의 가장 강력하고 먼 거리까지 와서 치명타를 가하는 화살이다. 그것을 성경은 이렇게 말한다.

> "맨 나중에 멸망 받을 원수는 사망이니라"(고전 15:26)

예수님은 혈육에 속한 자녀들이 죽기를 무서워하여 일생을 사망의 권세 잡은 자 마귀에게 매여 종노릇하는 자들을 놓아 주시려고 했다.

> "자녀들은 혈과 육에 속하였으매 그도 또한 같은 모양으로 혈과 육을 함께 지니심은 죽음을 통하여 죽음의 세력을 잡은 자 곧 마귀를 멸하시며"(히 2:14~15)

악한 마귀 사탄의 최후의 무기인 죽음도 예수께서 친히 자기 죽음으로 그 죽음을 정복하셨던 것이다. 그러기에 바울의 선포는 하나의 승전고(勝戰鼓)였다.

> "이 썩을 것이 썩지 아니함을 입고 이 죽을 것이 죽지 아니함을 입을 때에는 사망을 삼키고 이기리라고 기록된 말씀이 이루어지리라 사망아 너의 승리가 어디 있느냐 사망아 네가 쏘는 것이 어디 있느냐 사망이 쏘는 것은 죄요 죄의 권능은 율법이라 우리 주 예수 그리스도로 말미암아 우리에게 승리를 주시는 하나님께 감사하노니"(고전 15:54~57)

캄보디아의 사원을 찾은 적이 있다. 수백 년이 지난 사원이 커다란 나무 뿌리의 공격을 받고 있는 장면이 있었다. 사원 건물은 죽은 건물이요 거기엔 생명이 없다. 죽음 그 자체이다. 그런데 사원 주변에 살아 있는 열대의 거목이 자라고 또 자란 나머지 거목의 뿌리가 큰 사원을 삼켜버린 것이었다. 거목의 뿌리가 뻗어나가서 사원의 벽과 지붕 위에 군림해서 사원은 파괴되고 비스듬히 넘어지고 있었다. 사원 건물이 거목의 뿌리에 잠식당하고 있었다. 왜 저 사원을 철거하지 않느냐고 물었더니 안내자의 말이 이러했다.

"살아 있는 나무가 죽은 사원을 삼키고 있지 않습니까? 그냥 관광객이 보라고 두는 겁니다."
생명이 사망을 삼킨다는 성경 말씀의 현장을 똑똑히 보았다. 사망은 생명에게 삼켜진다!
사탄의 이런 화살들에 대하여 우리도 화살을 쏘아 붙여야 하지 않는가? 에베소서 6장에서 언급한 대로 전신갑주를 입고 온갖 군 장비를 갖추어 방어 자세를 취해서 흔들리지 말고 그 자리에 확실히 그리고 담대히 서서 쏘아 붙일 우리의 신령한 화살이 있지 않는가? 분명히 있다. 그것이 무엇인가?

> "그런즉 누구든지 사람을 자랑하지 말라 만물이 다 너희 것임이라 바울이나 아볼로나 게바나 세계나 생명이나 사망이나 지금 것이나 장래 것이나 다 너희의 것이요 너희는 그리스도의 것이요 그리스도는 하나님의 것이니라"(고전 3:21~23)

만물의 화살이 있다. 만물이 다 우리의 것이 되어 사탄에게 쏘아 주고도 남는 화살이다. 온 천하가 사탄을 향해 쏠 수 있는 화살이다. 그런데 이 만물이 우리의 것이고 우리는 그리스도의 것이고 그리스도는 하나님의 것이니 소유 공동체가 되어 있다. 우리는 만물과 우리 인간과 하나님이 삼위일체 공동체가 되어 사탄을 방어하고 공격도 하는 것이다. 사탄과 싸우는 사람은 싸우는 자세와 군 장비 곧 무기가 영전에 어울리는 것이어야 한다. 예수님을 뒤로 하고 사람이 앞서서 싸우겠다는 것은 용감이나 믿음이 아니라 만용(蠻勇)이다. 그런 고로 영적 싸움에 임하는 자는 일단 주님께 맡기고 '섬'(standing)의 자세를 가지는 것이다. '섬'은 하지 않으면서도 사실은 크게 하는 움직임이다. 이것을 무위지기(無爲之爲)라

한다. 그리고 그 무기는 영적 싸움에 효력 있는 무기들이어야 하는데 그것은 성령의 검 곧 하나님의 말씀이어야 하는 것이다(엡 6:16). 그리고 우리는 서서 해야 할 일이 있다.

"모든 기도와 간구를 하되 항상 성령 안에서 기도하고 이를 위하여 깨어 구하기를 항상 힘쓰며 여러 성도를 위하여 구하라 또 나를 위하여 구할 것은 내게 말씀을 주사 나로 입을 열어 복음의 비밀을 담대히 알리게 하옵소서 할 것이니"(엡 6:18~19)

성화가 내적 승리라면 영적 싸움은 외적 승리이다.

| 소결론 : '섬의 교회'(church of standing, 전투적 교회) |

'하게 하시는 성령님'은 '함의 교회'를 이루시고 또 '섬의 교회'를 이루신다. 그분이 해 주시니까 우리는 그냥 서 있는 것이다. 그냥 서 있다는 말이 그리스도인의 안일과 태만으로 여겨지지 않을까 걱정하지만 그것은 사람의 생각이다.

참으로 '됨의 교회'는 '하는 교회'이고 '함의 교회'는 '섬의 교회'로 나가게 된다. 차라리 원수와 싸울 때는 우리가 연약해지기 쉽다. 에베소서 6장 14절에 "그런즉 서서" 싸우라고 했다. 서 있는 사람이 방어용 장비를 갖추고 서 있으라는 것이다. 구원이 선물이듯이 영적 싸움의 모든 장비도 선물이다. 사람이 만든 것은 아무것도 없다. 우리를 군사로 강하게 만드사 이미 훈련(성화)시키셨고 최신의 첨단 무기도 하나님이 만들어 우리에게 구비해 주신 것이다. 한나 휘틀 스미스의 이야기가 왜 우리가 영적 싸움에서 서 있어야 하는가를 잘 말해 주고 있다.

「제일 먼저 본인이 이야기하고 싶은 것은 이 축복된 생활은 어떤 의미로든지 하나의 달성(達成, attainment)으로 보아서는 안 되고, 오직 하나의 주어 가지는 획득(獲得, obtainment)으로 보아야만 한다는 점이다. 우리는 그러한 복된 생활을 노력으로 얻을 수가 없다. 우리는 그런 생활에까지 오를 수도 없다. 쟁취(爭取)할 수도 없다. 우리는 다만 구하고 받아 가지는 것밖에는 더할 것이란 없다. 그런 복된 생활은 그리스도 예수 안에 있는 하나님의 선물이다. 어떤 물건이 선물일 경우 그것을 받는 자가 해야 할 유일한 태도는 단지 그것을 받아 가지고 그 다음엔 그것을 주던 자에게 고맙다 하면 그만이다. 우리는 선물을 두고서 "보라 내가 노력해서 얻은 것이로다"라고는 말할 수 없다. 또 우리는 선물을 노력해서 얻는 우리의 기술과 지혜 등을 뽐낼 수도 없다. 선물을 두고서는 일체 그런 태도를 취할 수 없다. 우리는 선물을 두고서 "보라 내게 주어진 것이 이렇다"라고 말하면서 내게 선물을 주신 그 사람의 사랑과 부(富)와 관용을 자랑할 뿐이다. 우리의 구원에 있어서 모든 것이 다 하나의 선물이다. 처음부터 끝까지 하나님은 수여자(giver)이시며 우리는 수취자(receiver)이다. 최대의 풍성한 약속이 내려지는 일은 위대한 일을 행한 자에게가 아니라 "은혜와 의의 선물을 넘치게 받는 자에게"(롬 5:17)이다.」[179]

그러나 서 있다고 해서 전투가 없는 것은 아니다. 섬의 교회는 전투하는 교회이다. 교회에 휴전이나 정전은 없다. 세상 종말까지 종전(終戰)도 없다. 가만히 서서 싸우는 전투이

---

[179] 한나 W. 스미스, 「행복한 그리스도인 생활의 비결」, pp. 44~45.

다. 전투적 교회의 전투 자세가 '가만히 서 있는 것'이란 참으로 전쟁사에서는 찾아 볼 수 없는 영적 전쟁이기에 가능한 것이다. 우리의 전쟁은 보이는 전쟁이 아니라 보이지 않는 전쟁인 바, 보이는 전쟁은 육신이 움직이지만 보이지 않는 전쟁은 영의 싸움이기에 움직이는 것이 보이지 않는다.

"우리의 씨름은 혈과 육을 상대하는 것이 아니요 통치자들과 권세들과 이 어둠의 세상 주관자들과 하늘에 있는 악의 영들을 상대함이라"(엡 6:12)
"나는 선한 싸움을 싸우고 나의 달려갈 길을 마치고 믿음을 지켰으니"(딤후 4:7)
"믿음의 선한 싸움을 싸우라 영생을 취하라 이를 위하여 네가 부르심을 받았고 많은 증인 앞에서 선한 증언을 하였도다"(딤전 6:12)

지상의 모든 교회는 전투적 교회이다. 그런데 그 전투가 서 있는 전투이다. 공격적이라기보다는 방어적 전투라는 것이다.

"그런즉 서서 진리로 너희 허리 띠를 띠고 의의 호심경을 붙이고"(엡 6:14)

섬의 교회는 전투적 교회이다. 전투적 교회는 승리적 교회와 비교되는 교회인 바, 승리적 교회는 천상에서 승리를 축하하고 있는 교회라면 전투적 교회는 아직도 지상에서 싸워야 하는 교회이다. 그것은 거룩한 전투이다. 교회는 교회 내의 소모전을 할 것이 아니라 악의 세력과 투쟁해야 한다. 예수님이 말씀하신다.

"또 내가 네게 이르노니 너는 베드로라 내가 이 반석 위에 내 교회를 세우리니 음부의 권세가 이기지 못하리라"(마 16:18)

이 세상에 세워진 교회는 음부의 권세의 공격을 당한다고 하셨다. 이제 '됨의 교회'가 '함의 교회'로 지나다가 끝내 '섬의 교회'가 된 것은 악한 세력과의 최후적인 대결을 하고 있는 것이니, 여기서 '섬의 교회'는 전투하되 '됨과 함의 교회'의 힘으로 할 것이 아니라 우리는 서 있고 우리 대장 예수의 멋진 승리를 바라보고 있는 것이다. 세상에서 최선의 방어는 최선의 공격이라고 하지만, '섬의 교회'는 최선의 방어가 최선의 공격이 되는 것이다. 전술한 바대로 에베소서 6장의 모든 무기는 일단 방어적이다. 진정한 영적 싸움은 하나님을 신뢰하고 차라리 가만히 서 있는 자세이다.

"내가 모세에게 말한 바와 같이 너희 발바닥으로 밟는 곳은 모두 내가 너희에게 주었노니, 네 평생에 너를 능히 대적할 자가 없으리니 내가 모세와 함께 있었던 것같이 너와 함께 있을 것임이니라 내가 너를 떠나지 아니하며 버리지 아니하리니 강하고 담대하라 너는 내가 그들의 조상에게 맹세하여 그들에게 주리라 한 땅을 이 백성에게 차지하게 하리라"(수 1:3,5~6)

"여호와께서 여호수아에게 이르시되 내가 오늘부터 시작하여 너를 온 이스라엘의 목전에서 크게 하여 내가 모세와 함께 있었던 것같이 너와 함께 있는 것을 그들이 알게 하리라"(수 3:7)

이근삼 교수는 칼빈의 교회론에서 전투적 교회의 전투 양상을 다음과 같이 말해 주고 있다.

「교회 자체로서는 이 싸움에 견디며 이겨나갈 수 없다. 이 인내력은 현존하는 교회 자체에는 없다. 다만 교회가 그리스도 안에 있는 한 그 교회에 약속된다(빌 4:13). 그리스도가 교회의 머리가 되심과 같이 투쟁하는 교회의 총사령관으로서 대장이 되시는 것이다. 그러므로 교회는 승리자이신 그리스도로 말미암아 항상 모든 대적보다 우세할 것이며 우리는 그리스도의 기치 아래 모여 투쟁할 때에 그의 도움을 믿고 승리자에 합당한 처신을 해야 한다. 그래서 교회가 패배하는 것처럼 보일 때에도 교회는 죽음 한복판에서 살아남으며 하나님의 능력과 도우심으로 모든 절망과 죽음에서 벗어나 자유를 얻게 된다. 칼빈은 전쟁의 전선이 확대되고 치열해지는 것을 중요시 하지 않는다. 다만 하나님의 약속에만 의존하며 그리스도의 뒷받침을 받는다. 이것 하나만도 우리를 강하게 하시기에 충분하다. 즉 우리는 한 분의 지도자를 가지고 있고, 이 지도자는 패할 수가 없으며 공격이 심하면 심할수록 승리에 승리를 거두신다. 칼빈은 교회가 종말적 전투에 돌입해 있음을 보았다. 따라서 하나님이 가져올 종말을 동경한다. 이때에 교회는 모든 투쟁을 벗어나 승리를 얻은 자로서 주님 앞에 있게 된다.」[180]

지금까지 '구원의 대책'에 이어 '구원의 적용'이란 주제 아래 '중생이란 무엇인가?'라는 제목으로 시작하여 '영적 싸움이란 무엇인가'를 다루었다. 그런데 최후의 한 제목을 뒤로 미룬 것이 있는데 그것은 '궁극적 구원이란 무엇인가?'이다. 이 제목은 제3기 교회시대 중 '하늘에 올라간 교회'란 주제 아래서 다룬다. 왜냐하면 교회는 최종적으로 구원받은 사람들의 모임이기 때문이다. 궁극적 구원 문제는 종말론적 주제인 것이다.

---

180) 이근삼, 「칼빈의 교회론」 교회문제 연구 제1집(부산: 고신대 교회문제연구소, 1979), pp. 17~18.

4 세워지는 교회
– 성부, 성자, 성령 삼위일체 하나님의 종합사역

교회는 삼위일체 하나님의 종합사역의 결과이다. 성부는 설계하셨고, 성자는 건축하셨으며, 성령은 사람들로 하여금 교인되게 하시고 교인 노릇하게 하시는 내주(內住) 사역으로 교회는 세워지게 된 것이다.

세워지는 교회란 다 준비되어 있던 건축자재들을 목수들이 이리저리 배열해서 건립하는 과정과 같다. 자재들이 건축 현장에 쌓여 있기만 하면 무엇하는가? 대들보, 창문틀, 마룻바닥, 자재, 벽돌, 유리창, 쇠못 등이 그냥 즐비하게 누워 있기만 하면 무엇하나? 그 자재들이 제각기 일어나서 자기가 있을 자리에 들어가서 상합(相合)하고 연결될 때에 건물이 우뚝 솟게 되는 것이다. 의인되고 구원받은 사람은 교회 건축의 인적 자재이다. 그런데 그 인적 자재가 개별적으로 흩어져 있기만 하면 교회가 아니다. 왜냐하면 교회는 믿는 자 개개인의 집합체이기 때문이다. 헨리 디이슨이 지적한 것처럼, 우주적 진정한 교회는 사람의 노력의 산물이 아니라서 조직되어진 것이 아니고 '출생되어진 것' 이었다.[181]

예수께서 지상에 계실 때에 베드로의 고백을 들으시고 "또 내가 네게 이르노니 너는 베드로라 내가 이 반석 위에 내 교회를 세우리니 음부의 권세가 이기지 못하리라"(마 16:18)라고 말씀하신 것을 근거로 교회 설립이 미래적이라고 주장하는가 하면, 또 교회는 그리스도의 승천과 승귀 이전에는 가능할 수 없었다는 전제를 두고서 교회 설립이 오순절 날이라는 결론(행 2장)을 내리는 사람들도 있는데, 그렇다면 교회가 없었던 때의 하나님의 관심사는 무엇이었겠는가? 창세 이전에 하나님의 관심사는 무엇이며 구약시대의 관심사는 무엇이며

---

181) 헨리 디이슨, 「조직신학 강론」, p. 652.

예수의 부활·승천·승귀 이전인 오순절까지의 관심사는 무엇이었는가? 교회는 하나님의 예견치 못한 우발적 사건인가?

어떤 사람들은 그렇게 말한다. 교회란 하나님이 아예 예견치도 아니했던 것인데 사람들이 하나님의 창조 목적에 이탈함으로 인해서 할 수 없이 '막간'(parenthesis)에 개입되어진 부산물적인 것이라고 한다. 구체적으로 말하면 이스라엘의 실패가 아니었더라면 교회는 존재할 필요가 없었을 것이라고 한다. 하나님은 처음 약속하신 이스라엘의 회복을 위하여 우선 그 중간에 교회를 두시고 결국 나중에는 이스라엘과 교회가 연합되어지는 어떤 체제가 있을 것이라고 한다. 신학적으로는 이것을 세대주의(世代主義)라고 한다.

구약시대에는 무엇이 중요한 주제이며 예수 승천 뒤 오순절에 이르기까지에는 무엇이 또 중요한 주제인가? 교회라는 주제보다 더 비중 있는 주제가 있는가? 다시 말하면 하나님의 창조, 예수 그리스도의 구속 사역은 결국 무엇을 지향한 역사였던가? 그리고 성령의 사역은 또 무엇을 위한 사역이었던가?

필자의 교회론에서 왜 하나님의 창조 행위, 예수의 구속 행위 그리고 구원론을 그렇게 기나길게 진술하게 되었던가? 그것은 아예 처음부터 모든 진술이 교회론 이야기였기 때문이다.

예를 들어 한 그루의 사과나무 이야기를 한다고 하자. 그 사과나무의 일생 중 어느 부분만을 톱으로 켜서 "이것만이 사과나무요"라고 말할 수 있는가? 사과꽃이 필 때를 두고 사과나무 이야기를 하는 적시(適時)라고 할까? 사과가 열매를 맺어 주렁주렁 나무에 달렸을 때를 두고 사과나무 이야기를 할 적시라고 할까? 도대체 사과나무의 어느 부분을 지적해서 사과나무 이야기라고 할까?

필자가 볼 때 사과나무 이야기는 알파와 오메가가 있다고 본다. 첫째로 사과나무 농사꾼을 생각하게 된다. 그 농부가 사과나무를 심기로 작정했다. 그러기 위해 우선 사과밭을 준비하고 묘목을 준비해 접붙임을 한 다음 땅을 팠다. 그리고 사과나무 묘목을 심었다. 수분과 퇴비를 적당히 주었다. 2년 동안은 사과 열매를 기대하지 않았다. 뿌리가 잘 박혀 자라기 시작했다. 해충도 제거하고 전지작업도 했다. 2, 3년이 지나자 사과나무에 꽃이 피었다. 꽃이 떨어지자 작은 열매가 맺었다. 그것이 여름 내내 공기와 수분 그리고 양분을 공급받아 가을에 불그스레하고 탐스러운 사과 열매를 맺었다. 사과를 수확하여 창고에 거둬들였다. 이제는 시판(市販)하기로 했다. 농부는 기뻐했고 즐거워했다. 이 정도가 사과나무에 관한 이야기가 아닐까? 우리는 사과 열매만 사과나무 이야기로 보지 않는다. 사과 농사를 짓겠다는 농부의 마음에서부터 이미 사과나무를 보았고 창고에 거둬들인 붉고 맛 좋은 사과 열매를 끝내 맛보고야 만다. 사과나무란 뿌리가 있고 줄기가 있고 가지가 있고 잎이 있고 꽃이 있고 열매가 있다. 어느 때 어느 것을 일러 사과나무라 할 것인가? 그 모든 것이 사과나무 이야기이다.

교회론은 창조론에서 종말론에 이르는 모든 조직신학 과정을 총망라한 모 교리(mother doctrine)라는 것을 이미 전술한 바 있다. 재래적인 교회론이 주로 다루고 있는 것은 교회의 명칭과 본질 그리고 교회의 행정과 의식(儀式)의 문제였다. 재래적인 교회론은 조직신학의 많은 주제들 중의 한 주제로 다루고 있는 데 반하여 필자는 교회론은 모든 조직신학의 주제를 포용하고 있는 어머니 교리로 보고 있다는 데 있다. 교회론은 암탉이지 암탉의 품속에 들어 있는 한 마리의 병아리가 아니라는 것이다. 교회론은 창세 전부터 거론되기 시작하고 역사 속에서 크게 거론되다가 역사가 끝난 뒤에 영원세계에서도 거론될 주제인 것이다.

필자가 교회 중심의 조직신학을 펼침과 또 교회라는 안경을 쓰고 성경을 읽는 데 대하여 한 형제가 와서 질문을 했었다. "교회를 강조하다 보니까 예수 그리스도 중심의 신학에 흠을 내지 않겠습니까?" 그러나 그 형제의 질문 속에 들어 있는 모순은, 교회 강조는 곧 예수 그리스도를 강조하는 것임을 모르는 것이었다. 교회는 예수 그리스도께서 피 값으로 산 곳이며 생명을 부여한 곳이며 그 교회의 머리가 예수 그리스도이시고 그 교회 신부의 신랑이 예수 그리스도이신 것을 잠깐 착각한 데서 온 질문으로 여겨서 나는 이렇게 답해 주었다. "교회 강조는 예수 그리스도를 강조하는 것입니다."

우리는 하나님과 세상의 관계를 다음과 같은 질문으로 시작하여 그 정답을 얻어야만 할 것이다.
   1. 창세 전에 하나님은 무엇을 계획하였는가?
   2. 창세된 역사 속에서 하나님은 무엇을 건설하고 계셨는가?
   3. 창세된 세상 끝에 하나님은 무엇을 취하시겠는가?
이 세 가지 근본적인 질문에 대한 답은 간단하다. 그리고 한결같이 하나이다. "그것은 교회이다."

창조된 이 세상 역사는 창세 전의 하나님의 계획의 실현장이다. 사람은 하나님의 계획의 한 주역이 된다. 역사는 하늘의 하나님의 드라마의 배경이요 사람은 그 드라마의 배역(配役)이다. 우리는 어떻게 이 사실을 알 수 있는가? 하나님이 우리의 영안(靈眼)과 심안(心眼)을 밝혀주심으로 가능하다.

> "우리 주 예수 그리스도의 하나님, 영광의 아버지께서 지혜와 계시의 영을 너희에게 주사 하나님을 알게 하시고 너희 마음의 눈을 밝히사 그의 부르심의 소망이 무엇이며 성도 안에서 그 기업의 영광의 풍성함이 무엇이며 그의 힘의 위력으로 역사하심을 따라 믿는 우리에게 베푸신 능력의 지극히 크심이 어떠한 것을 너희로 알게 하시기를 구하노라"(엡 1:17~19)

신령한 일은 신령한 것으로 분별하는 것이 하나님의 원리이다. 성령이 하나님의 깊은 것까지 통달하게 한다. 하나님의 깊은 것이란 하나님의 심중의 오묘막측한 계획인 바 그것은 하나님만이 갖고 계시는 깊은 곳의 사정이다. 그 사정은 세상의 영이 아닌 하나님의 영만이 알게 된다. 그런데 그리스도인들은 정말 행복하게도 하나님의 영을 받았기에 하나님의 깊은 것을 알게 되었다.

"우리가 세상의 영을 받지 아니하고 오직 하나님으로부터 온 영을 받았으니 이는 우리로 하여금 하나님께서 우리에게 은혜로 주신 것들을 알게 하려 하심이라"(고전 2:12)

그럼, 세워지는 교회의 양상을 살펴보아야 할 것이다. 이제 우리는 성부, 성자, 성령 삼위일체 하나님의 종합사역의 결과인 교회의 양상으로 들어가 보자. 하나님께서 이 땅위에 세워놓은 교회의 현상은 어떠한가? 누워 있던 교회가 세워진 교회가 된 그 모습은 어떠한가? 땅 속에 있던 교회가 땅 위로 싹을 내민 그 모습은 어떠한가?

이상의 질문들은 교회의 출현, 세워진 교회의 이상과 현실의 문제, 교회의 사명, 교회의 정치, 교회의 직분, 교회의 의식 등이다.

1) 교회의 출현

(1) 교회의 출현 장면

창세 전에 하나님의 마음속에 있었던 교회는 마침내 창조 사역과 구속 사역을 통해 이 세상 역사 위에 출현하였다. 교회의 생일은 창세 전이며 출생지는 창세 전 하나님의 마음이며 교회의 성장은 역사 속이었다.

교회 출현의 의미는 무엇인가? 즉 교회의 존재 목적은 무엇인가? 이 질문에 대한 답으로, '신생아의 출생은 부모의 기쁨인가?' '신생아의 기쁨인가?' 말할 것도 없이 신생아의 출생은 신생아 자신의 기쁨이 아니라 출산한 부모의 기쁨이다. 사실 신생아는 자기 출생을 기뻐할 줄 모른다. 신생아를 마냥 기뻐하는 것은 부모이다. 교회의 역사적 출현도 교회 자체의 기쁨을 위함이 아니라 하나님의 기쁨을 위한 것이었다. 일차적으로 교회 출현의 목적은 출현시키신 하나님을 위한 것이었다. 이런 목적으로 출현한 교회는 기존 세상과는 다른 면모를 가진다. 출현한 교회는 세상을 리모델링하거나 개혁하거나 또는 개선해서 생긴 것이 아니다. 그것은 하나님으로부터 생겨난 것이다.

교회는 이 세상 자체를 그냥 둔 채 정리 정돈한 어떤 체제가 아니다. 교회는 이 세상을 완전히 해체(解體)하고 새롭게 조직된 영적 체제이다. 그것을 우리는 "헤쳐 모여"라는 군대 용어로 표현해도 좋을 것이다. 연병장에 많은 훈련병들이 운집해 있다. 지휘자의 호령에 따라 대열(隊列)을 정리하고자 한다. 그러나 훈련병들의 행동이 민첩하지 못하고 대열의 정리가 잘못되면 지휘자가 호령을 내린다. "부대 헤쳐 모여" 외치며 어느 한 사람을 기준으로 정한다. 이 호령이 떨어지면 어떤 훈련병도 그 자리에 선 채 기왕에 세워진 대열을 고집할 수 없다. 좀더 정신을 차려 대열을 잘 맞추겠으니 그냥 이 대열은 헤치지 않은 채로 남아 있게 해 달라고 해도 소용이 없다. 일단 지휘자가 "헤쳐 모여" 하면 기존의 대열을 분산하고 새로 모여서 대열을 지어야 하는 것이다. 교회란 세상을 향하여 "헤쳐 모여"라고 하는 호령에 따라 기존의 세상 체제를 흩어버리고 새로운 조직체를 형성한 것이다.

"헤쳐 모여"의 구령을 가장 잘 표현한 주님의 말씀이 있다.

"예수께서 대답하여 가라사대 너희가 이 성전을 헐라 내가 사흘 동안에 일으키리라 유대인들이 가로되 이 성전은 사십 육 년 동안에 지었거늘 네가 삼 일 동안에 일으키겠느냐 하더라 그러나 예수는 성전된 자기 육체를 가리켜 말씀하신 것이라"(요 2:19~21)

유대인의 성전 개념이 예수에 의해 변경된다. 예수는 유대인의 성전을 헐라고 말씀하셨다. 그 성전을 그냥 존속시키고는 새 성전의 건립은 불가하다. 물론 이 성전은 예수의 육체를 가리킨 것이지만. 예수는 유대인의 성전을 향해 "헤쳐 모여"라는 구령을 내리셨다. "헤쳐 모여"라는 구령에 의해 부활하신 예수의 육체가 성전 아닌 교회를 이루게 된다. 부활하신 육체가 승천하심으로 성령이 강림하시사 그 성령이 교회 안에 계신다. 그래서 교회가 성전을 대치했다. 하나님의 성전, 하나님의 집이 나타난 것이다.

"너희는 너희가 하나님의 성전인 것과 하나님의 성령이 너희 안에 계시는 것을 알지 못하느냐"(고전 3:16)
"그의 안에서 건물마다 서로 연결하여 주 안에서 성전이 되어 가고"(엡 2:21)
"만일 내가 지체하면 너로 하여금 하나님의 집에서 어떻게 행하여야 할지를 알게 하려 함이니 이 집은 살아 계신 하나님의 교회요 진리의 기둥과 터니라"(딤전 3:15)
"또 하나님의 집 다스리는 큰 제사장이 계시매"(히 10:21)
"이기는 그에게는 내가 내 보좌에 함께 앉게 하여 주기를 내가 이기고 아버지 보좌에 함께 앉은 것과 같이 하리라"(계 3:21)

교회는 그리스도의 몸이라고 했다.

"이와 같이 우리 많은 사람이 그리스도 안에서 한 몸이 되어 서로 지체가 되었느니라"(롬 12:5)
"너희는 그리스도의 몸이요 지체의 각 부분이라"(고전 12:27)
"교회는 그의 몸이니 만물 안에서 만물을 충만하게 하시는 이의 충만함이니라"(엡 1:23)
"이는 우리가 그리스도 안에서 전부터 바랐던 그의 영광의 찬송이 되게 하려 하심이라"(엡 4:12)
"우리는 그 몸의 지체임이라"(엡 5:30)
"그는 몸인 교회의 머리시라 그가 근본이시요 죽은 자들 가운데서 먼저 나신 이시니 이는 친히 만물의 으뜸이 되려 하심이요"(골 1:18)
"나는 이제 너희를 위하여 받는 괴로움을 기뻐하고 그리스도의 남은 고난을 그의 몸된 교회를 위하여 내 육체에 채우노라"(골 1:24)

교회의 출현은 껍질을 버리고 알맹이의 튀어나옴이다. 헌 가죽부대는 물러가고 새 가죽부대의 등장이다.

"새 포도주를 낡은 가죽 부대에 넣는 자가 없나니 만일 그렇게 하면 새 포도주가 부대를 터뜨려 포도주와 부대를 버리게 되리라 오직 새 포도주는 새 부대에 넣느니라 하시니라"(막 2:22)

교회는 이스라엘에서 나와서 이스라엘을 물리치고 앞으로 나아가는 새로운 이스라엘이다. 그것은 마치 콩알이 콩깍지에 싸여서 보호를 받았지만 언젠가는 그 콩깍지를 버리고 콩알로 남아 있어야만 하는 운명과도 같은 것이다. 옛 계약에서 나왔으나 그 계약을 버리고 새 계약을 작성해야 하는 것이다. 첫 언약이 흠이 있었기에 둘째 언약이 필요했던 것이다. 첫 것은 낡아지고 새 것은 새로운 것이었다.

"저 첫 언약이 무흠하였더라면 둘째 것을 요구할 일이 없었으려니와, 새 언약이라 말씀하셨으매 첫 것은 낡아지게 하신 것이니 낡아지고 쇠하는 것은 없어져 가는 것이니라"(히 8:7,13)

그림자는 그림자로 떠나보내고 참 형상이 왔으므로 그것을 꼭 잡아야 하는 것이었다.

"율법은 장차 올 좋은 일의 그림자일 뿐이요 참 형상이 아니므로 해마다 늘 드리는 같은 제사로는 나아오는 자들을 언제나 온전하게 할 수 없느니라"(히 10:1)

교회의 출현에는 이와 같은 "헤쳐 모여"의 구령에 따라 헤침이 있고 버림이 따르며 그 뒤에 새로운 모임이 있고 지님이 있는 것이다. 교회 출현 현장에는 옛 것과 새 것의 이별이 있고 분리가 있는 것이다. 교회란 세상 체제를 대치하는 새로운 영적 하늘의 체제이다. 교회는 세상을 없애기 위해 출현했다. 교회는 세상을 교회화(敎會化)하기 위해 출현했고 세상의 교회화가 교회 출현의 목적이었다. 그렇거늘 도리어 교회가 세상화(世上化) 된다는 것은 역행적 사건이다. 가령, 군 지휘자의 "헤쳐 모여"라는 호령에 따라 새롭게 정리된 군 대열이 다시 분산되어 이전의 오합지졸의 혼란 상태로 나간다는 것을 상상할 수 없는 것과 마찬가지이다. 지금까지 우리는 창조와 구속 사역을 통해 마지막 교회 형성 사역까지를 검토했는데 이를 좀더 구체적으로 설명해 보자.

왜 사람은 사람이 되었는가? 왜 사람은 다른 피조물로 태어나지 아니했는가? 사람과 다른 피조물과 차이는 무엇인가? 사람과 천사의 차이는 무엇인가? 사람은 죄인으로 타락할 수 있었고 또 타락한 것도 사실이다. 그것은 에덴 동산에서 인간의 조상 아담이 저지른 씻지 못할 역사적 사건이다.

그런데 사람은 죄인이 되었지만 하나님의 구속의 대상이 되었다. 사람의 특혜는 구속의 대상이라는 데 있다. 다른 피조물은 하나님의 구속의 직접적인 대상이 아니다. 가령, 개가 타락할 수도 없고 구속받을 수도 없다. 개는 영원히 개일 뿐이다. 그런데 사람은 죄인이 될 수 있다. 그것은 사람은 윤리적 존재이기 때문이다. 그러나 죄인이 예수의 구속의 보혈로 의인이 될 수 있다. 의인이 된다는 것은 구속함을 받았음을 의미한다. 왜 사람이 되었는가? 죄인도 되었지만 결국 의인이 되기 위해서다. 타락했다가 의롭게 된 의견(義犬)이나 의우(義牛)는 없다. 사람만이 의인이 될 수 있다. 그럼 왜 의인이 되었는가? 왜 구원을 받았는가? 그것은 구원받은 의인들이 모이기 위해서다. 그것이 교회이다. 교회란 의인들의 집단이다. 사람들의 집단은 세상이고 의인들의 집단은 교회이다. 교회 출현은 의인들이 모여짐으로 나타난 영적 조직체의 현상이다. 그러기에 우리는 이런 동시 같은 것을 읊을 수 있었다.

왜 사람 되었나? 왜 사람 되었나?
의인이 되려고. 의인이 되려고.
왜 의인 되었나? 왜 의인 되었나?
교인 되려고. 교인 되려고.
사람이 의인 되고, 의인이 교인 되고.

사람의 궁극적 목적은 그 신분이 교인이 되는 것이다. 명목상의 교인이 있다는 이유로 '교인'이란 호칭을 경원시하는 것은 초가집에 빈대가 있다고 초가집을 불태워버려야 하겠다는 어리석음과 같은 것이다.

이상의 교회 출현의 이치를 다른 예로 설명해 보자.

① 농부가 콩 농사를 짓는다. 목적은 콩을 얻기 위해서다. 콩 농사를 한 농부는 충실히 익은 낱 콩알들을 많이 가진다. 그런데 그 낱 콩알들이 제각기 따로 있겠다고 하면 그 낱 콩알이 무슨 쓸모가 있는가? 즉 다시 말하면 낱 콩알 한 개를 가지고 어떻게 메주를 쑬 수 있으며 두부를 만들 수 있는가?

이젠 그 낱 콩알들이 모여야 한다. 모여서 한 되, 두 되 혹은 한 말, 두 말의 집산적인 콩이 될 때 그것을 가지고 메주도 쑤고 두부도 만들 수 있는 것이다. 아무리 충실하게 익은 콩이라도 그 한 개의 낱알 콩알로서는 아무것도 만들 수 없다.

구원받은 그리스도인이 외톨이로 남지 않고 모여야 한다. 그 모임이 교회다. 개개인 그리스도인이 의인이며 신실한 그리스도인이라고 해도 모임을 형성하지 않고 있다면 그것은 교회 출현을 도운 것이 아니다.

왜 콩작물 키웠나? 왜 콩작물 키웠나?
콩 낱알을 가지려고. 콩 낱알을 가지려고.
왜 콩 낱알을 가지려나? 왜 콩 낱알을 가지려나?
곡식을 가지려고. 곡식을 가지려고.
콩작물이 콩 낱알이 되고, 콩 낱알이 모여 곡식 되고.

② 토공(土工)이 흙벽돌을 만드는 과정을 보자. 흙에 물을 붓고 짓이긴 다음 나무틀 속에 진흙을 넣어 발로 밟고 다지면 단순한 흙벽돌이 된다. 이것을 며칠 동안 그늘에서 말리면 마른 흙벽돌이 된다. 그러나 이것은 비바람에 약해서 깨어지기 쉬우니 큰 옹기굴 속에 넣고 구우면 돌 같은 적벽돌이 된다. 이것은 비바람을 맞아도 깨어지지 않는다. 왜 적벽돌을 만들었는가 하면 건물을 짓기 위해서이다.

보통 버려져 있는 단순한 흙에서 흙벽돌의 모양을 갖춘 것만으로도 행운이다. 그러나 그것은 깨어지기 쉽다. 뜨거운 가마굴 속에 넣고 구우면 돌 같은 붉은 적벽돌이 된다. 왜 적벽돌을 만들었는가? 그냥 수많은 돌이 되게 하기 위해서인가? 아니다. 적벽돌을 만든 것은 건물을 짓기 위해서였다.

왜 흙벽돌 되었나? 왜 흙벽돌 되었나?
적벽돌 되려고. 적벽돌 되려고.
왜 적벽돌 되었나? 왜 적벽돌 되었나?
건물 지으려고. 건물 지으려고.
흙벽돌이 적벽돌이 되고, 적벽돌이 건물 되고.

③ 나비의 일생을 보기로 하자. 나비는 알에서 깨어나 애벌레가 된다. 애벌레는 커서 큰 벌레가 된다. 벌레는 벌레 상태로 있기 위해서 존재하는 것은 아니다. 그것은 번데기로 변해야 한다. 그런데 번데기로만 마냥 있으면 죽는다. 번데기는 일정 기간이 지나면 나비가 되어 나와야 한다. 벌레, 번데기 그리고 나비의 일생이란 과정이 있다.

왜 벌레 되었나? 왜 벌레 되었나?
번데기 되려고. 번데기 되려고.
왜 번데기 되었나? 왜 번데기 되었나?
나비 되려고 나비 되려고.
벌레가 번데기 되고, 번데기가 나비 된다.

이것은 그리스도인의 성화 문제와도 결부되는 예가 된다. 나비의 활동은 공중에 훨훨 나는 것이 그 참 모습이다. 나비라 하면서 평생 땅에만 기어다니는 나비가 있다고 한다면 그것은 나비답지 않다. 나비란 땅을 기어다니는 곤충이 아니라 하늘을 나는 곤충이다. 그러나 나비 중에도 땅만 기는 불행한 나비가 있다. 병들었거나 부상을 당했을 경우가 그렇다. 그렇다고 해서 나비를 땅에 기어다니는 지렁이처럼 봐줄 수는 없다. 분명히 하늘을 날아다니는 것이 나비이다. 그런데 땅에 기어다니는 나비라고 해서 다시 그것을 번데기 상태로 환원하기란 불가능하다. 나비 노릇을 못하는 것과 다시 번데기로 환원하는 것과는 별개의 문제다.

그리스도인이 다시 비그리스도인이 될 수 없는 이치가 바로 그런 것이다. 의인이 다시 죄인이 될 수 없다는 원리가 바로 그런 것이다. 한 번 선택된 사람이 비 선택될 수 없다는 교리가 그런 것이다. 한 번 구원받았던 사람이 구원을 상실할 수 없다는 진리가 그런 것이다. 그렇다고 해서 나비가 땅에 기어다니려고만 해서는 안 되는 것처럼, 우리 그리스도인이 구원의 보장이 되었다고 해서 세속인처럼 방종에 처할 수 없는 것이나 마찬가지이다. 교회는 나비들의 군무현상(群舞現象)이다. 전술한 바와 같이 교회 출현에는 과감한 버림과 신성한 취함이 있다.

태아가 자기를 보호하던 태(胎)보를 계속 덮어쓰고 있다면 문제가 아닐 수 없다. 신생아의 첫 과제는 태보를 벗는 것이다. 그리고 모태에서 각기 자라던 지체들이 출산하여 따로 노는 것이 아니라 그 지체가 머리를 중심으로 한 몸(一體, body)을 이뤄야 한 인격자가 되는 것이다. 교회는 역사 속에서 나오지만 역사를 벗어나서 새로운 역사를 펼쳐나가는 역사의 주역이다. 교회의 출현 장면은 어머니가 태아를 출산하는 것과도 같다.

(2) 교회 출현의 교회 모양

태어난 영아는 생명을 지니고 있다. 생명 없는 영아는 사산(死産)의 슬픔을 맞을 것이다. 교회에는 사산이란 없다. 태어난 교회는 생명으로 충만하다. 영아는 산모에게서 조직된 채로 나온다. 모태에 있을 때나 출산했을 때나 아무런 변화가 없다. 단지 성장만 있을 뿐이다.

교회가 태어났을 때의 모양을 보기로 하자.

① 교회는 인간적인 것이 아니다.[182]

그러면 무엇인가? 교회는 거룩하고 신적인 것이다. 교회는 거룩하게 태어났다. 교회는 사람들이 고안해서 사람들의 노력으로 만든 것이 아니고 하나님께서 선물로 주신 곳이다. 교회는 종교적인 사람들의 창조물이 아니다.

클라이드 터너는 교회는 신적인 기구라는 사실을 다음 여러 가지 증거를 들어 설명하고 있다.[183]

첫째, 교회는 신적 설계자가 계획했기 때문에 신적인 것이다. 교회에 관한 아이디어는 사람의 마음에서가 아니라 하나님의 마음(heart)에서 나왔다.

"그들이 섬기는 것은 하늘에 있는 것의 모형과 그림자라 모세가 장막을 지으려 할 때에 지시하심을 얻음과 같으니 이르시되 삼가 모든 것을 산에서 네게 보이던 본을 따라 지으라 하셨느니라"(히 8:5)

이것은 성부 하나님의 사역을 말한다. 필자가 목회할 때 예배당을 짓는 축복을 누렸다. 설계사에 의해 설계도가 나왔고 건축자는 필자 교회 집사의 남편이었다. 그는 건축업자로서 우리 교회에 유익을 주기 위해 간단한 편법을 썼다. 다시 말하면 설계사의 설계도대로 하지 않고 옆으로 몇 평의 면적을 더 늘렸고 곧게 내려가야 할 쇠기둥을 한 번 굽혀 내려가게 했고 서쪽 난간에는 밖에서 안으로 들어오는 층계를 만들어 주었다. 확실히 설계도와는 다르지만 우리로서는 좀 편리하고 넓은 공간을 가지게 되어 무척 기뻤다. 그러나 설계사 겸 감리사가 어느 날 건축 현장에 왔다. 그는 건축 현장을 보더니 노발대발하면서 원상 복구하라고 명령하였다. 설계도에 없는 건축 구조물은 일체 파괴해 버리라는 것이었다. 나는 무지하게도 이미 건축해 놓은 부분을 파괴한다는 것은 너무 지나친 일이라고 응수하고, 이해시키고 변명하는 등 온갖 방법으로 그를 설득시키고자 했었다. 그러나 나의 이 같은 노력은 허사였다. 그는 냉정하게 잘라 말했다. "설계도대로 하시오. 나의 명예와 직업이 걸린 문제입니다." 나중에 안 일이지만 설계

---

182) 도날드 G. 밀러, 「교회의 본질과 사명」 (대한기독교서회, 1985), pp. 23.
183) J. Clyde Turner, *The New Testament Doctrine of the Church* (Broadmanpres; Nashville. ien. 1951).

도대로 하지 않는 건물엔 문제가 생기게 마련이고 그 책임은 설계사와 감리사에게 있다는 이 평범한 상식과 행정 절차에 그렇게도 무지했던 것이다. 결국 건축업자가 자기 손으로 직접 그 설계도 이외의 구조물을 철거하는 아픔을 겪었다.

그렇다. 교회도 하나님이 설계한 대로 존재하지 않으면 결단코 안 된다. 하나님은 교회 외적 불필요한 요소들을 제거시키고야 만다. 그것이 교회의 정신이요 정화였던 것이다. 출애굽기에는 여호와께서 모세에게 명하여 이스라엘 자손이 애굽에서 치부(致富)했던 것들을 지금은 예물로 가지고 와서 성막을 지으라고 하셨다. 그런데 모세가 마음 내키는 대로 짓는 것이 아니라 하나님이 보여 주신 식양(式樣, pattern)대로 해야 할 것을 엄숙히 명하였다. 하나님은 성막의 설계자요 또 그는 교회의 설계자다. 교회는 하나님이 설계한 대로 건립되어야만 한다.

"내가 그들 중에 거할 성소를 그들이 나를 위하여 짓되 무릇 내가 네게 보이는 모양대로 장막을 짓고 기구들도 그 모양을 따라 지을지니라"(출 25:8~9)

"등잔대와 이 모든 기구를 순금 한 달란트로 만들되 너는 삼가 이 산에서 네게 보인 양식대로 할지니라"(출 25:39~40)

"그 널판들을 금으로 싸고 그 널판들의 띠를 꿸 금 고리를 만들고 그 띠를 금으로 싸라 너는 산에서 보인 양식대로 성막을 세울지니라"(출 26:29~30)

"제단은 널판으로 속이 비게 만들되 산에서 네게 보인 대로 그들이 만들게 하라"(출 27:8)

둘째, 교회는 신적 건축자가 건축했고 신적 구매자가 또 구매했기 때문에 신적인 것이다.[184] 예수님이 세우지 아니한 교회는 교회가 아니다. 또 예수님이 사주지 아니한 교회는 교회가 아니다.

"이 교회를 장로님이 세웠습니다."

"이 교회를 모 목사님이 세웠습니다."

조심스러운 말이다. 그렇건만 이런 말은 교회론에 무지해서 통상적으로 쓰는 말이다. 그러나 이해하고 넘어갈 말이지만 꼭 짚고 넘어가야 할 말인 것도 사실이다. 그리스도는 교회 건축자이시다. 주께서 교회를 풍요롭게 만든다.

"하나님을 찬미하며 또 온 백성에게 칭송을 받으니 주께서 구원 받는 사람을 날마다 더하게 하시니라"(행 2:47)

이것은 성자 그리스도의 사역을 말한다. 구원받는 자를 나날이 더하시는 것은 목사가 아

---

184) 위의 책, p. 28.

니다. 단지 사람은 더하시는 일에 도구가 될 뿐이다. 건축자가 건물의 재료를 구입하듯이 주께서 교회 형성을 위한 재료를 선택하시고 또 형체를 빚으신다. 주님이 선택하지 아니한 사람이 교회에 들어설 자리는 없다. 교회 안에는 신자와 불신자가 당분간이라도 섞여 있어서 교회가 형성되는 것이라는 진술은 성경적이지 않다. 즉 건물 구조물에는 건축 재료가 될 것과 재료가 되지 못할 것이 함께 어울려서 건물을 이룬다고 하는 사실이 있을 수 없음과 같다. 건물이라고 하면 그 건물을 형성할 건축 자재로만 구성되어 있다. 교회는 오직 믿어 의인되고 구원받은 사람들만이 교회 형성의 참 인적(人的) 자재가 된다.

그럼 교회라는 현실 안에 아직 예수를 영접하지 아니한 불신자가 섞여서 함께 예배를 드리는 경우에 교회를 어떻게 설명해야 할 것인가? 이때에 교회란 신자와 불신자가 섞여 있으니만큼 교회는 신자와 불신자로 구성된다는 말은 너무나 성경과는 먼 진술이다.

칼빈은 교회가 부조리하다고 해서 교회를 버릴 수는 없다고 말했다. 이 말은 참으로 수긍되는 말이다. 고린도 교회를 버릴 수가 없고 이단 위협에 빠진 갈라디아 교회와 골로새 교회를 버릴 수 없다. 그러나 언필칭 또 어차피 교회는 부조리할 수밖에 없다든지 부조리한 것이 교회라는 정의는 잘못된 것이다. 어떤 신체의 지체가 손상을 입고 그래서 절단된 상태가 되었다고 할 때 그 신체를 버릴 수는 없지만 그런 신체가 되는 것은 어차피 당연하다고 인정할 수는 없지 않은가? 칼빈은 교회의 부조리의 예를 예수님이 교회를 그물(마 13:47)과 밭(마 13:24)과 그리고 타작마당(마 3:12)으로 비유하셨다는 데서 찾고 있다. 그물 안에 온갖 종류의 고기가 들어 있어서 끌어올려 보기까지는 가려낼 수 없다든지, 좋은 씨가 뿌려진 밭이지만 원수들의 기만으로 가라지가 나오니까 추수할 때에 알 수 있다느니, 또 타작마당에서 알곡과 쭉정이가 비로소 가려진다는 예를 들었다.[185]

그러나 여기서 그물, 밭, 타작마당은 교회가 아니라 단지 이 세상 그 자체를 말하는 것이다. 세상과 교회가 공존해서 지금은 뚜렷이 구별이 안 되는 것 같아도 세상 끝에 가서는 확연히 구별된다는 것이 예수님께서 의도하신 교훈이었다. 교회 안에 성자들과 죄인들이 공존할 수 있을지는 모르나 공생(共生)할 수는 없다. 왜냐하면 아브라함 아래 두 아들이 있으니 하나는 계집종에게서 육체를 따라 난 아들이고, 다른 하나는 자유하는 여자에게서 약속을 따라 난 아들로서 확연히 구별되고 있기 때문이다(갈 4:21~31).

그럼 불신자에 대한 우리의 태도는 무엇인가? 불신자 당신들 때문에 교회가 이렇게 풍요로워졌다라고 말할 수는 없다. 그럼 어떻게 해야 하는가? 불신자의 신자화 작업이 필요하다. 불신자는 신자가 되었을 때 교회를 구성하고 인적 자재가 된다. 건물 벽에 걸어 놓은 시래기 타래(무청 말린 것)가 그것이 건물에 붙어 있다는 이유로 건물을 형성하고 있는 것

---

185) 칼빈, 「기독교 강요」 제4권 김문제 역, (서울: 세종문화사, 1977), pp. 67~69.

이라고는 말할 수 없지 않는가? 그리스도는 또 교회의 구매자이시다. 교회는 신적 구매자가 대가를 지불하고 샀기 때문에 신적인 것이다. 성자께서 건축하시고 또 자기가 구매까지 하셨다. 교회는 엄청난 값을 지불하고 산 바 되었다. 교회는 예수 그리스도에 의해 건축되고 또 그에 의해 구매된 바 되었다. 이것은 세상의 이치와는 다르다. 정말 아이러니한 것이다. 그리스도 자신이 건축하고 자신이 돈을 지불하고 사셨다. 참으로 묘한 일이다.

"여러분은 자기를 위하여 또는 온 양 떼를 위하여 삼가라 성령이 그들 가운데 여러분을 감독자로 삼고 하나님이 자기 피로 사신 교회를 보살피게 하셨느니라"(행 20:28)

"남편들아 아내 사랑하기를 그리스도께서 교회를 사랑하시고 그 교회를 위하여 자신을 주심같이 하라"(엡 5:25)

"너희 몸은 너희가 하나님께로부터 받은 바 너희 가운데 계신 성령의 전인 줄을 알지 못하느냐 너희는 너희 자신의 것이 아니라 값으로 산 것이 되었으니 그런즉 너희 몸으로 하나님께 영광을 돌리라"(고전 6:19~20)

그리스도는 교회를 사랑하시사 자기 자신을 그 교회에게 투자하셨다. 그리스도의 어느 소유 한 부분을 투자한 것이 아니라 전적으로 자기 자신을 희생하셨다. 목숨을 바쳤고 피를 흘렸다. 교회를 갖기 위해 그리스도는 죽으셨다. 죽음을 대가로 교회를 사셨다. 그러기에 교회는 영광스러운 그리스도의 사랑의 대상이었다. 이 사실을 구약에서는 하나님께서 아담의 독처하는 것이 싫어서 그의 배필을 아담의 허리에서 빼어내어 지으셨다고 했다.

"아담이 모든 가축과 공중의 새와 들의 모든 짐승에게 이름을 주니라 아담이 돕는 배필이 없으므로 여호와 하나님이 아담을 깊이 잠들게 하시니 잠들매 그가 그 갈빗대 하나를 취하고 살로 대신 채우시고 여호와 하나님이 아담에게서 취하신 그 갈빗대로 여자를 만드시고 그를 아담에게로 이끌어 오시니 아담이 이르되 이는 내 뼈 중의 뼈요 살 중의 살이라 이것을 남자에게서 취하였은즉 여자라 부르리라 하니라"(창 2:20~23)

깊이 잠들게 하셨다는 것은 죽음의 상태를 뜻하는 것이다. 아담의 아내는 아담에게서만 나와야 한다. 아담의 갈빗대가 아담의 아내이다. 아담과 그의 아내는 동질의 인격체여야만 한다. 그는 아내를 얻기 위해 자신을 죽이고 자신을 떼어내어 하와를 얻은 것이다. 그것은 사실 하나님의 작업이었다. 아무리 다른 피조물 중에 예쁘고 부드럽고 매력적인 산양이나 노루 같은 것이 있다손치더라도 그것이 아담의 아내 하와는 아니다. 그런 면에서 아담은 그리스도요 하와는 그리스도의 신부라고 하는 교리가 너무나 분명한 진리이다. 그런데도 하와를 그리스도의 신부 곧 교회의 예표라는 것을 반대하면서 단순히 우화적 해석이라고 보는 것은 명백한 성경해석의 오류라 하겠다.

아래에 어떤 교단지에 실린 에세이를 소개한다. 다음은 교회연합신문 연지골 "완전하고 영광스러운 교회"란 제목 하에 실린 내용이다.

「하와를 교회의 예표라고 하는 근거는 에베소서 5장 22~23절의 남편과 아내를 그리스도와 교회로 비유한 데서 찾고 있다. "이는 남편이 아내의 머리됨이 그리스도께서 교회의 머리됨과 같음이니 그가 친히 몸의 구주시니라 그러나 교회가 그리스도에게 하듯 아내들도 범사에 그 남편에게 복종할지니라"고 하시고 "이 비밀이 크도다 내가 그리스도와 교회에 대하여 말하노라"고 했다. 여기에서 곧 그리스도의 아내로서의 교회는 아담의 배필로서의 하와의 위치와 같다는 것이다. 더욱이 하와는 범죄하기 전 아담의 갈빗대에서 나오고, 교회는 흠 없고 온전하사 인류의 죄를 대속하신 그리스도의 피에서 나온다. 그러므로 오직 아무런 흠도 티도 없고, 죄 없으신 그리스도에게서 나온 것만이 교회가 될 수 있고, 그리스도에게서 나오지 않은 것은 그 어떤 것도 교회가 아님을 말하고 있는 것이다. 아담 안에 하와가 있던 것처럼 그리스도 안에 교회가 있고, 하와의 생명의 근원이 아담의 몸인 것처럼 교회의 생명의 근거도 그리스도의 몸이다.

그런데 장로교회는 하와가 타락을 상징하는데 타락한 하와를 교회의 예표라고 하는 것은 교회도 타락한다는 뜻이냐며 대단히 단세포적인 반응을 보인 것이다. 하나님이 지으신 하와는 죄가 아직 세상에 오기 전에 아담의 갈빗대에서 창조되었다. 온전한 그리스도의 거룩하고 흠 없는 교회도 마찬가지로 죄와는 관계가 없는 것이다. 또한 하나님은 아담과 하와를 창조하신 이후 "생육하고 번성하여 땅에 충만하라, 땅을 정복하라, 바다의 고기와 공중의 새와 땅에 움직이는 모든 생물을 다스리라"고 하시고 안식하셨다. 이와 같이 하나님은 그리스도로 인한 교회를 얻었기에 그 교회로 하여금 마귀의 일을 멸하고 세상을 정복하며 다스리도록 하셨다. 그것이 완전하고 영광스러운 하나님의 교회이다. 이런 교회를 인간들이 불완전한 교회로 만들고 있다.」[186]

셋째, 교회는 신적 거주자가 내주하시기 때문에 신적인 것이다. 교회는 삼위일체 하나님의 공동 작업의 결과인 만큼 성령께서도 교회를 세우시는 일에 관여하셨지만(엡 5:23; 고전 12:13~27), 성령님은 주로 교회 안에 내주(內住)하신다. 교회가 신적인 이유는 거룩하신 성령 하나님의 전(殿)이기 때문이다. 믿는 자 각자가 이미 성령의 전이다.

---

186) 교회연합신문, 연지골 2006년 8월 27일자.

"너희 몸은 너희가 하나님께로부터 받은 바 너희 가운데 계신 성령의 전인 줄을 알지 못하느냐 너희는 너희 자신의 것이 아니라"(고전 6:19)

그러나 믿는 자 각자의 모임은 더더욱 성령의 전이다.

"너희도 산 돌같이 신령한 집으로 세워지고 예수 그리스도로 말미암아 하나님이 기쁘게 받으실 신령한 제사를 드릴 거룩한 제사장이 될지니라"(벧전 2:5)
"너희는 사도들과 선지자들의 터 위에 세우심을 입은 자라 그리스도 예수께서 친히 모퉁잇돌이 되셨느니라 그의 안에서 건물마다 서로 연결하여 주 안에서 성전이 되어 가고 너희도 성령 안에서 하나님이 거하실 처소가 되기 위하여 그리스도 예수 안에서 함께 지어져 가느니라"(엡 2:20~22)
"하나님의 성전과 우상이 어찌 일치가 되리요 우리는 살아 계신 하나님의 성전이라 이와 같이 하나님께서 이르시되 내가 그들 가운데 거하며 두루 행하여 나는 그들의 하나님이 되고 그들은 나의 백성이 되리라"(고후 6:16)

성령은 교회에 거주하신다. 교회에 거주하시는 성령님은 어떻게 무엇을 하시며 거기 계시는가? 성령님은 교회의 모든 살림을 총책임지시고 통일, 지휘 감독, 통제, 능력 부여의 사역을 하신다. 성령은 단순히 교회 안에 안주하시지 않고 교회를 활력 있게 하시고 예수 그리스도의 머리되심을 유지케 하시며 성부 하나님께 영광이 되도록 교회를 이끄신다. 그러므로 성령 없는 교회는 죽은 교회이다. 성령님은 무능한 거주자가 아니라 활동적인 관리자이시다. 성령이 계시는 교회는 하나로 통일된 안정적인 교회가 된다.

"평안의 매는 줄로 성령이 하나 되게 하신 것을 힘써 지키라"(엡 4:3)

이 문제는 교회의 표지(標識) 혹은 통일성을 논할 때 더 논하기로 한다. 교회에 내주하시는 성령님은 교회에 은사를 주신다.

"이 모든 일은 같은 한 성령이 행하사 그의 뜻대로 각 사람에게 나누어 주시는 것이니라" (고전 12:11)
"그가 어떤 사람은 사도로, 어떤 사람은 선지자로, 어떤 사람은 복음 전하는 자로, 어떤 사람은 목사와 교사로 삼으셨으니 이는 성도를 온전하게 하여 봉사의 일을 하게 하며 그리스도의 몸을 세우려 하심이라"(엡 4:11~12)

교회에 내주하시는 성령님은 교회를 다스리신다. 그래서 하나님의 종을 부르시고,

"주를 섬겨 금식할 때에 성령이 이르시되 내가 불러 시키는 일을 위하여 바나바와 사울을 따로 세우라 하시니"(행 13:2)
"여러분은 자기를 위하여 또는 온 양 떼를 위하여 삼가라 성령이 그들 가운데 여러분을 감독자로 삼고 하나님이 자기 피로 사신 교회를 보살피게 하셨느니라"(행 20:28)

그래서 신자들의 사업을 지도하시며,

"두 사람이 성령의 보내심을 받아 실루기아에 내려가 거기서 배 타고 구브로에 가서"(행 13:4)

그래서 교회의 결정에 영향력을 주시며,

"성령과 우리는 이 요긴한 것들 외에는 아무 짐도 너희에게 지우지 아니하는 것이 옳은 줄 알았노니"(행 15:28)

그래서 교회에게 친히 말씀하신다.

"귀 있는 자는 성령이 교회들에게 하시는 말씀을 들을지어다 이기는 그에게는 내가 하나님의 낙원에 있는 생명 나무의 열매를 주어 먹게 하리라"(계 2:7)

교회를 통일되게 하시고 은사를 주시며 다스리던 성령은 마침내 교회를 성장케 하신다.

"그리하여 온 유대와 갈릴리와 사마리아 교회가 평안하여 든든히 서 가고 주를 경외함과 성령의 위로로 진행하여 수가 더 많아지니라"(행 9:31)

결국 성령이 교회에 내주하시는 목적은 무엇이었는가? 그리스도로 하여금 교회의 머리가 되게 하시는 일이었다. 성령은 자기 자신에 대하여 언급하지 않으신다. 성령은 그리스도를 영화롭게 하신다.

"그러나 진리의 성령이 오시면 그가 너희를 모든 진리 가운데로 인도하시리니 그가 스스로 말하지 않고 오직 들은 것을 말하며 장래 일을 너희에게 알리시리라 그가 내 영광을 나타내리니 내

것을 가지고 너희에게 알리시겠음이라"(요 16:13~14)

성령은 그리스도를 위해 계신다. 그리스도만이 교회의 머리이므로 그리스도를 영화롭게 하기 위해 성령은 역사하신다. 그리스도인은 성령의 이러한 사역에 반항하지 말아야 마땅하니 곧 우리는 성령을 근심케 하고 불안케 해서는 안 된다.

"하나님의 성령을 근심하게 하지 말라 그 안에서 너희가 구원의 날까지 인치심을 받았느니라" (엡 4:30)

② 교회는 단순한 조직체가 아니다.

그러면 무엇인가? 교회는 '코이노니아'(koinonia)이다. 교회는 믿음의 사람들의 친교모임이다. 싸움 장이 아니라 웃음 장이며 투쟁 장이 아니라 협력 장이다. 교회가 조직체가 아니라는 말의 부정적 표현으로는 다음과 같다. 그것은 건물로 된 조직체가 아니요 사람으로 구성된 조직체나 프로그램으로 이뤄진 조직체도 아니다.

교회가 조직체가 아니라는 말의 긍정적 표현으로는 교회는 거듭난 사람들의 친교 모임이다. 의인들의 사교장이요 구원받은 자의 구원의 친교 장이다. 따라서 교회는 한 사람으로 구성되지 않는다. 왜냐하면 한 사람만으로는 친교가 불가능하기 때문이다. 친교는 피차간에 상대가 있어야 하기 때문이다. 교회 안에 특별한 친교 그룹을 두는 경우를 심심찮게 볼 수 있다. 취미와 오락 그리고 성향에 따른 동호회(同好會) 같은 것들이다. 예배는 건성으로 대충 드리고 그룹으로 모여 취미나 오락행위를 여가로써 즐긴다. 혼을 지닌 사람들의 취미활동을 금할 것은 아니지만 교회에서 취하는 활동으로는 부적절한 것이다. 심지어 교역자와 교인 간의 친교나 교인과 교인 간의 친교를 가진다는 차원에서 의형제(義兄弟)라는 인척 관계를 맺으려고도 한다. 교회는 목사 대 교인의 관계로만 지내야 하는데 입양 딸이니 입양 아들이니 하는 형식을 취하여 부모자녀의 관계를 맺으려 한다. 아마 이렇게 하는 것이 친교이며 또 확고부동한 친교이거니라고 생각하는 듯하다.

왜 이런 부적절한 교제가 생기는가? 그것은 교회의 친교의 성질을 모르고 있기 때문이다. 교회는 친교해야 할 만한 교인들 간의 공통 근거를 지니고 있다. 진정한 의미에서 영적 체험의 동호인 그룹이 교회의 친교이다. 공동 체험을 가진 자가 친교하게 된다. 공동 문화를 가진 자가 친교하기 쉽다. 기독교의 진정한 공통적인 영적 체험의 소유자들이 모일 때 친교가 이루어진다. 그런 의미에서 세상 사람과 교인 간에 진정한 친교가 불가능한 것은 당연하다.

교회 친교의 성질은 무엇인가? 공통적인 영적 체험에 기초한 친교이다. 그 공통적인 영적 체험이란 무엇인가? 그것은 생명의 말씀에 관한 공통적인 체험과 이해이다. 태초부터 있는 생명의 말씀에 관하여 교인들도 똑같이 들었고, 보았고, 주목했고, 손으로 만졌다. 대단한 체험이 아닌가? 생명의 말씀 곧 영생을 소유했다. 어떤 교인이 이것을 먼저 체험하고 그 다음에 다른 사람에게 이것을 소개하여 그들도 이것을 체험케 한다. 그리하여 생명의 말씀에 관하여 피차 간에 동일한 체험 속으로 들어간다. 이것은 사귐을 위해서다. 그런데 이 사귐은 하늘 아버지와 그 아들 예수 그리스도가 동참하는 사귐이다. 세상 사람들은 사람들만의 사귐인데 반하여 교인들의 사귐에는 하나님과 예수 그리스도와 동참하고 동석하는 사귐이다. 이것은 대단한 친교이다.

"태초부터 있는 생명의 말씀에 관하여는 우리가 들은 바요 눈으로 본 바요 자세히 보고 우리의 손으로 만진 바라 이 생명이 나타내신 바 된지라 이 영원한 생명을 우리가 보았고 증언하여 너희에게 전하노니 이는 아버지와 함께 계시다가 우리에게 나타내신 바 된 이시니라 우리가 보고 들은 바를 너희에게도 전함은 너희로 우리와 사귐이 있게 하려 함이니 우리의 사귐은 아버지와 그의 아들 예수 그리스도와 더불어 누림이라"(요일 1:1~3)

그리스도인의 친교는 더 깊은 의미를 지닌다. 그것은 하나님께서 그리스도의 속죄 행위를 통해서 죄인들로 하여금 하나님과 화목하게 하심으로 인하여 일단 하나님과 사람과의 친교가 자리를 잡은 것이다. 하나님과 사람의 친교가 가능해진 것이다. 이런 친교가 전제되어지고 이런 친교의 경험자들이 마땅히 친교를 가져야 하는 것이다. 친교는 사람들이 만드는 것이 아니라 하나님이 이미 만든 친교를 단지 유지하고 즐기는 것이다. 존 맥아더는 다음과 같이 말하고 있다.

「헬라어로 '교제'라는 말은 '코이노니아'다. 코이노니아는 또한 '친교', '파트너십', 또는 '함께함'으로 번역될 수 있다. 그 말의 간단한 의미는 '공통됨'이다. 그 말의 다른 형태인 '코이노노스'는 '동료'를 의미하며 '코이노네오'는 '동료', '공유자' 또는 '동참자가 되는 것'을 의미한다. 나는 예수 그리스도의 교회 안에서의 교제는 기본적으로 경험적인 것이 아니라고 믿는다. 그것은 지위적(地位的)인 것이다. 지위적으로 우리는 그 교제 안에 있다. 그러므로 우리는 경험적으로 서로를 즐길 수 있다.」[187]

친교는 지위적으로 된 것을 경험적으로 즐기는 것이다. 그렇다면 어느 그리스도인도 그리스도인의 교제 밖에 있다는 말은 성립되지 않는다. 단지 교제의 기쁨을 누리지 않고 있을 뿐이다.

---

187) 존 맥아더, 「그리스도의 몸인 교회」 한화룡 역, (서울: 두란노, 1995), p. 80.

"우리가 이것을 씀은 우리의 기쁨이 충만하게 하려 함이라"(요일 1:4)

교회 안에서는 기쁨이 넘쳐야 한다. 하나님과 교인 사이에 '서로' 화목이 이루어져 친교가 가능한 것이다.

"곧 우리가 원수 되었을 때에 그의 아들의 죽으심으로 말미암아 하나님과 화목하게 되었은즉 화목하게 된 자로서는 더욱 그의 살아나심으로 말미암아 구원을 받을 것이니라 그뿐 아니라 이제 우리로 화목하게 하신 우리 주 예수 그리스도로 말미암아 하나님 안에서 또한 즐거워하느니라"(롬 5:10~11)
"모든 것이 하나님께로서 났으며 그가 그리스도로 말미암아 우리를 자기와 화목하게 하시고 또 우리에게 화목하게 하는 직분을 주셨으니 곧 하나님께서 그리스도 안에 계시사 세상을 자기와 화목하게 하시며 그들의 죄를 그들에게 돌리지 아니하시고 화목하게 하는 말씀을 우리에게 부탁하셨느니라 그러므로 우리가 그리스도를 대신하여 사신이 되어 하나님이 우리를 통하여 너희를 권면하시는 것같이 그리스도를 대신하여 간청하노니 너희는 하나님과 화목하라"(고후 5:18~20)
"이제는 전에 멀리 있던 너희가 그리스도 예수 안에서 그리스도의 피로 가까워졌느니라, 또 십자가로 이 둘을 한 몸으로 하나님과 화목하게 하려 하심이라 원수 된 것을 십자가로 소멸하시고"(엡 2:13,16)
"그의 십자가의 피로 화평을 이루사 만물 곧 땅에 있는 것들이나 하늘에 있는 것들이 그로 말미암아 자기와 화목하게 되기를 기뻐하심이라"(골 1:20)
"이 예수를 하나님이 그의 피로써 믿음으로 말미암는 화목제물로 세우셨으니 이는 하나님께서 길이 참으시는 중에 전에 지은 죄를 간과하심으로 자기의 의로우심을 나타내려 하심이니"(롬 3:25)

교인은 하나님과 사람 사이에 이뤄진 화목으로 인해 공통적으로 가담되었고 체험되었기에 끼리끼리 모이게 되는 것은 당연하다. 이것이 코이노니아이다. 이런 친교의 구체적 표현이 교회 출현 당시에 있었으니 사도행전 2장 41~47절의 체험이 그것이다. 3천 명 이상의 제자들이 구원의 공통 체험을 가졌기에 친교가 가능했다. 구원이란 공통적 주제가 없으면 3천 명의 사귐이 불가능했을 것이다. 그리고 서로 나눠주고 받으면서 교제를 했던 것이다. 친교의 특징은 '서로'(each other)이다. 나와 너, 너와 나 사이의 서로 간의 관계가 중하나 나의 기쁨만이 아니라 너의 기쁨이 우선되고 너의 기쁨 때문에 나의 기쁨이 충족되는 것이 진정한 친교이다. 친교에 '서로'라는 개념이 사라지면 친교가 아니다. 한 나무에 붙어 있는 가시들은 서로 찌르지 않는다.

진정한 친교는 서로 용서한다.

"누가 누구에게 불만이 있거든 서로 용납하여 피차 용서하되 주께서 너희를 용서하신 것같이 너희도 그리하고"(골 3:13)

"서로 친절하게 하며 불쌍히 여기며 서로 용서하기를 하나님이 그리스도 안에서 너희를 용서하심과 같이 하라"(엡 4:32)

서로 붙잡아 준다.

"너희가 짐을 서로 지라 그리하여 그리스도의 법을 성취하라"(갈 6:2)

서로 사랑한다.

"너희가 진리를 순종함으로 너희 영혼을 깨끗하게 하여 거짓이 없이 형제를 사랑하기에 이르렀으니 마음으로 뜨겁게 서로 사랑하라"(벧전 1:22)

"형제를 사랑하여 서로 우애하고 존경하기를 서로 먼저 하며"(롬 12:10)

서로 위로한다.

"그러므로 이러한 말로 서로 위로하라"(살전 4:18)

"그러므로 피차 권면하고 서로 덕을 세우기를 너희가 하는 것같이 하라"(살전 5:11)

서로 권면한다.

"오직 오늘이라 일컫는 동안에 매일 피차 권면하여 너희 중에 누구든지 죄의 유혹으로 완고하게 되지 않도록 하라"(히 3:13)

"서로 돌아보아 사랑과 선행을 격려하며"(히 10:24)

서로 권한다.

"내 형제들아 너희가 스스로 선함이 가득하고 모든 지식이 차서 능히 서로 권하는 자임을 나도 확신하노라"(롬 15:14)

서로 덕을 세운다.

"그러므로 우리가 화평의 일과 서로 덕을 세우는 일을 힘쓰나니"(롬 14:19)

서로 가르친다.

"그리스도의 말씀이 너희 속에 풍성히 거하여 모든 지혜로 피차 가르치며 권면하고 시와 찬송과 신령한 노래를 부르며 감사하는 마음으로 하나님을 찬양하고"(골 3:16)

필자는 그리스도를 머리로 하는 교회의 '서로' 개념에 푹 빠지자 다음과 같은 시를 저절로 읊는 것을 발견하게 되었다.

"내가 못하는 일 남이 하기에 존경스럽습니다.
내가 한 일 남이 알아주기에 고맙습니다.
내가 있어 남이 좋고 남이 있어 내가 좋으니
그런 세상에 오래오래 살고 싶습니다."

③ 교회는 개체적인 것이 아니다.
그러면 무엇인가? 교회는 집합체이다. 교회는 몸이다. 몸을 이루고 있는 신체적 구조를 보면 교회가 집합체임을 알 수 있다. 몸은 여러 지체들을 단순히 모아 놓음으로서 되어진 것이 아니다. 교회는 여러 가지 꽃들을 꺾어서 만든 꽃다발도 아니다. 꽃다발의 생리는 잠깐 모여서 아름답게 빛나다가 곧 시들어 버림이다. 거기엔 유기적이고도 생명적인 연결이 없기 때문이다. 교회도 구원받은 그리스도인 개개인의 단순한 개별성을 살리고 개별의 유익을 취하기 위한 이익 단체적인 조직체가 아니다. 교회는 구원받은 개개인이 생명의 줄로 연결되어 있다. 교회에는 개개 구원받은 사람 사이에 신경이 이어져 있어서 이 지체의 아픔이 저 지체의 아픔으로 통한다. 그러므로 교회의 각 지체는 서로를 필요로 하고 서로서로 도와야 한다. 이것 없이 저것 없고 저것 무시하고 이것 높여질 수가 없다. 공통적이고도 획일적인 생명의 원리가 작용한다. 한 사람의 삶의 형편이 몸 전체의 형편이 되고 몸 전체의 사정이 한 사람 한 사람의 사정이 된다.

"몸은 하나인데 많은 지체가 있고 몸의 지체가 많으나 한 몸임과 같이 그리스도도 그러하니라 우리가 유대인이나 헬라인이나 종이나 자유인이나 다 한 성령으로 세례를 받아 한 몸이 되었고 또 다 한 성령을 마시게 하셨느니라 몸은 한 지체뿐만 아니요 여럿이니"(고전 12:12~14)
"이제 지체는 많으나 몸은 하나라"(고전 12:20)

"너희는 그리스도의 몸이요 지체의 각 부분이라"(고전 12:27)

다시 말하거니와 교회는 한 그루의 나무가 아니라 그 나무들이 모여 이룬 숲(forest)이다. 개개 구원받은 이가 나무라면 그들이 모인 교회는 숲이다. 이런 말이 있다.

"나무가 나무에게 말했습니다. 우리 더불어 숲이 되어 살아가자."

이처럼 교회는 개인이 아닌 집합체이다. 한 국가가 전쟁에서 패했다면 그 국가에 소속된 개개 모든 국민이 전쟁에 패한 것이요 또 어떤 한 국가가 전쟁에서 승리했다면 그 국가에 소속된 개개 모든 국민이 전쟁에서 승리한 것이다. 전자의 경우 어떤 개개인이 어떤 전투에서 승리했다고 해도 국가가 패했으니 자기의 어떤 부분 전투에서의 승리가 무효화되거니와, 후자의 경우에 어떤 개개인이 어떤 전투에서 패배했다고 해도 자기가 소속되어 있는 국가가 승리했으면 자기의 어떤 부분 전투에서의 패전도 무효화되게 되어 있다. 그것은 그 국가와 개개인의 관계 때문이다.[188]

국가의 승리가 자기의 승리이고 국가의 패배가 자기의 패배이다. 그것은 자기의 패배와 승리에도 불구하고 국가의 그것들에 의해 개개인의 입장이 바뀌어지기 때문이다. 그리스도의 구속사역이 온 인류를 위한 것이기에 믿음으로 그것을 받아들이면 구속사역은 내 개인의 것이 된다. 전술한 바와 같이 농부는 쌀알 한 개를 가지고 떡을 만들 수 없다. 쌀알 한 개로서는 떡도 밥도 되지 않는다. 무수한 쌀알들이 모여서 한 되, 두 되, 한 말, 두 말이 되어 결국 식량이 되는 것이다. 쌀알 한 개로는 식량이 아니다. 그것이 일정한 양으로 모여질 때 밥도 되고 떡도 되는 것이다. 여기엔 쌀알 한 개의 유익이 문제가 아니라 그것들이 모여서 떡을 빚어내는 일이다. 거기에는 단순한 쌀알들의 모임이 아닌 '떡'이란 작품을 내기 위한 목적이 있다. 쌀의 생명이 중요한 것이 아니라 떡의 생명이 중요한 것이다. 농부의 목적은 쌀을 원한 것이 아니라 떡을 원한 것이다. 그리스도는 구원받은 개개인을 목적하시지 않고 그들의 유기적 모임을 원하셨다. 교회가 출현할 때의 모습은 각 지체들의 독립적인 존립을 위함이 아니라 지체들의 생명적 유기적 집합체였다. 예를 들어 아무리 갓 태어난 영아라도 온 지체가 따로 떼어져 있지 않고 집합되어 있다. 세상에 어떤 산모가 영아의 지체를 하나하나씩 시간적 간격을 두고 출산하는가?

④ 교회는 지역적인 것이 아니다.

그러면 무엇인가? 교회는 우주적이다. 이것은 교회가 시간과 공간의 제한을 받지 않는다는 것을 말한다. 최초의 아담으로부터 시작하여 마지막 주님 재림 시의 마지막 신자까지를 총망라하여 시간과 공간을 초월한 전 우주적 포용성을 지닌 것이 교회의 우주성에 관한 설명이다.

---

188) 도날드 밀러, 「교회의 본질과 사명」, p. 28.

"하늘에 있는 것이나 땅에 있는 것이 다 그리스도 안에서 통일되게 하려 하심이라"(엡 1:10)
"하늘에 기록된 장자들의 모임과 교회와 만민의 심판자이신 하나님과 및 온전하게 된 의인의 영들과"(히 12:23)

교회 안에는 부분적이거나 지역적이란 공간 개념이 없다. 교회 안에는 일시적이거나 한시적이란 시간 개념도 없다. 교회는 시공을 초월해서 온 우주에 퍼져 있고 꽉 차 있는 어떤 실체이다. 그러므로 개체 교회는 교회 중의 한 교회(a church)가 아니라 그 자리에 자리잡고 있는 교회 자체(the church)이다. 교회는 하나이다.[189]

그런데 하나는 전체 자체이다. 전체 자체는 부분을 떼어낼 수는 없는 것이다.

"떡이 하나요 많은 우리가 한 몸이니 이는 우리가 다 한 떡에 참여함이라"(고전 10:17)

떡이 하나이다. 조금 떼어 낸 떡도 떡이요 그 자리에 그냥 둔 떡도 떡이다. 떼어 낸 떡과 그냥 둔 떡이 별개의 것이 아니다. 이것을 일러 물질명사라 하는데 물질명사는 나눌 수가 없다. 공기, 흙, 물이 물질명사이다. 따라서 엄격한 의미로는 물질명사에는 복수가 없다. 왜냐하면 하나이기 때문이다.

"많은 우리(We who are many)가 한 몸이다."

적은 우리도 한 몸이고 많은 우리도 한 몸이다. 여기에 한 몸은 교회이다(롬 12:5; 고전 12:12~27). 교회는 거대한 체구를 가지고 태어났다. 그것은 전 우주적이며 포괄적인 유기체이기 때문이다. 가시적 교회, 불가시적 교회이니, 지역 교회, 우주적 교회란 개념은 구별되는 것 같은 개념이지만 하나의 교회 개념 속에 들어 있다. 하나의 교회는 바로 그 교회이다(A church is the church).

(3) 교회 출현 곧 유기체적 생명 출현

교회는 생명체이고 거룩한 생명(spiritual life)을 나타낸다. 거룩한 생명은 비로소 교회를 내었다. 생명이 없는 썩은 계란은 병아리를 내지 못한다. 아무리 암탉이 품고 있어도 썩은 계란에서 병아리는 나오지 않는다. 생명의 표현은 그 유기체성(有機體性)에 있다. 유기체는 단순한 조직체와는 다르다. 기계는 조직체이나 신체는 유기체이다.

어째서 교회는 생명체로 태어났는가?

---

[189] 도날드 밀러, 위의 책, p. 30.

① 하나님이 피를 주고 샀기 때문에 교회는 생명체이다.[190]
피는 생명을 말한다. 피를 주고 산 것은 역시 생명이다.

"여호와 하나님이 아담을 깊이 잠들게 하시니 잠들매 그가 그 갈빗대 하나를 취하고 살로 대신 채우시고"(창 2:21)
"남편들아 아내 사랑하기를 그리스도께서 교회를 사랑하시고 그 교회를 위하여 자신을 주심같이 하라"(엡 5:25)

깊이 잠들었다는 것은 죽었다는 의미이다. 예수님께서 자신을 주심같이 교회를 사랑했다. 그것은 자기를 희생하셨다는 의미의 상징이다. 피 값 치르고 산 것이 교회이다. 피는 생명이다. 생명을 드려 생명체를 구한 것이 교회이다.

"여러분은 자기를 위하여 또는 온 양 떼를 위하여 삼가라 성령이 그들 가운데 여러분을 감독자로 삼고 하나님이 자기 피로 사신 교회를 보살피게 하셨느니라"(행 20:28)

교회는 피로 산 교제의 공동체이다. 피로 사지 아니한 교회는 진정한 교회가 아니다. 교회를 이루고 있는 개개 그리스도인들이 피로 사들인 구원받은 의인들이기 때문에 교회가 그러한 것이다. 교회 안에는 구원받지 못한 사람이 들어설 자리가 없다. 어린 양의 피로 깨끗함을 입은 예복을 지닌 자들이 동참할 수 있는 잔치가 교회이다.

② 교회는 영적 체험을 지니고 영적 생명을 가진 자들로 구성되어 있기 때문에 생명체이다.[191] 거듭나지 않는 한 누구도 교회의 회원은 아니다. 교회에 속했다는 것은 하늘나라에 속했다는 것인데 그것은 오직 거듭남으로서만 가능하다.

"예수께서 대답하여 이르시되 진실로 진실로 네게 이르노니 사람이 거듭나지 아니하면 하나님의 나라를 볼 수 없느니라, 예수께서 대답하시되 진실로 진실로 네게 이르노니 사람이 물과 성령으로 나지 아니하면 하나님의 나라에 들어갈 수 없느니라 육으로 난 것은 육이요 영으로 난 것은 영이니"(요 3:3, 5, 6)

교회가 이 세상에 출현할 때의 모습은 영적 생명을 지닌 유기체였다. 이미 출현할 때 교

---
190) 터너, 위의 책, p. 30.
191) 터너, 위의 책, p. 29.

회가 교회되어서 나왔던 것이다. 출현할 때 불완전한 상태로 나와서 점차 개선되는 것이 아니라 완전하게 태어나 단지 성장 발전할 따름이다. 하나님은 불구자적 교회를 잉태하셨다가 출산하지는 않으셨다. 그것은 곧 교회는 영적 체험을 지니고 영적 생명을 지닌 자들의 유기적 연합체 조직임을 말한다. 진정한 교회는 변화를 요구하지 않고 성장을 촉진하려 한다. 오늘날 교회가 갱신되어야 하느니 변혁되어야 하느니 혹은 개조되어야 하느니 하는 외침은, 건전한 모습으로 태어난 유아의 신체 일부를 떼어버리거나 더 붙여야 한다는 어처구니없는 말이나 마찬가지이다. 그런 말을 들을 때면 이들이 진정 교회가 어떤 곳인지 알고 함부로 말하는지 의심스럽다.

③ 교회는 하나님의 성령의 거주하시는 곳이기에 거룩한 생명을 가지고 있는 것이다.[192]
성령은 생명이시다. 생명이신 성령이 거주하는 곳 역시 생명이 있다. 성령은 자기가 거하실 곳인 교회를 형성하는 개개인에게 생명을 소유하게 하셨다. 이런 비유는 세상의 어떤 현상 속에서도 찾아볼 수 없다. 억지로라도 이해시키자면 건축가가 거할 건물을 생명의 건물이 되게 하기 위해 그 건물을 구성하는 온갖 건축 자재들에게 생명을 부여해 놓은 다음 생명의 건물을 짓고 마침내 살아 있는 건물이 되게 하는 것이라고 가상해 볼 수 있다. 그러나 이것은 어디까지나 가상적인 이야기이지만 성령은 교회를 구성하는 개개인의 그리스도인들을 생명을 지닌 건축자재로 만들어 살아 있는 건물 교회를 형성하고 그 속에 거주하신다. 참으로 놀라운 사건이 아닐 수 없다.

> "너희는 너희가 하나님의 성전인 것과 하나님의 성령이 너희 안에 계시는 것을 알지 못하느냐 누구든지 하나님의 성전을 더럽히면 하나님이 그 사람을 멸하시리라 하나님의 성전은 거룩하니 너희도 그러하니라"(고전 3:16~17)

예수님이 예루살렘 성전에서 돈 바꾸는 상을 엎으시고 매물들을 다 추방한 사건은 하나님의 교회의 순결성과 생명 소유의 입장을 잘 말해 준 것이다.

> "예수께서 성전에 들어가사 성전 안에서 매매하는 모든 사람들을 내쫓으시며 돈 바꾸는 사람들의 상과 비둘기 파는 사람들의 의자를 둘러 엎으시고 그들에게 이르시되 기록된 바 내 집은 기도하는 집이라 일컬음을 받으리라 하였거늘 너희는 강도의 소굴을 만드는도다 하시니라"(마 21:12~13)

---

192) 터너, 위의 책, p. 30.

성령께서는 교회가 출현하실 때 이미 출현할 교회의 구성원에 대하여 놀라운 영적 일을 수행하셨다. 성령께서 교회가 생명 있는 유기체가 되게 하기 위해서 하셨던 영적 사역은 무엇이었던가?[193]

첫째, 거듭나게 하셨다.

"육으로 난 것은 육이요 영으로 난 것은 영이니"(요 3:6)

성령은 자연적 생명을 그대로 고차원의 수준으로 올리시지 않는다. 성령의 방법은 새 창조이지 개선이 아니다.

"그런즉 누구든지 그리스도 안에 있으면 새로운 피조물이라 이전 것은 지나갔으니 보라 새 것이 되었도다"(고후 5:17)
"만일 너희 속에 하나님의 영이 거하시면 너희가 육신에 있지 아니하고 영에 있나니 누구든지 그리스도의 영이 없으면 그리스도의 사람이 아니라"(롬 8:9)

둘째, 죄로부터 자유함을 주셨다.

"그러므로 이제 그리스도 예수 안에 있는 자에게는 결코 정죄함이 없나니 ·이는 그리스도 예수 안에 있는 생명의 성령의 법이 죄와 사망의 법에서 너를 해방하였음이라"(롬 8:1~2)

생명의 성령의 법은 살리는 법이다. 그것은 죄에서 자유케 하는 법이다. 죄와 사망의 법이 우리에게 작용하고 있지만 생명의 성령의 법 또한 우리에게 작용하고 있는데 이 법이 앞에 있던 법보다 더 강하니까 이 법이 우리를 지배하고 있는 것이다. 샌더스는 이 사실을 납과 나무 조각을 잡아 맨 경우를 들어 설명하고 있다. 납을 물에 떨어뜨리면 물 속으로 가라앉게 마련이다. 이때의 납은 인력의 법칙의 지배를 받고 있기 때문이다. 그런데 이 납을 끌어내어 거기에다가 물 위에 뜨는 나무 조각을 잡아 맨 다음 다시 물에 떨어뜨렸다. 이번에는 이 납이 물 속으로 가라앉지 않는다. 왜냐하면 이 납에 붙은 나무 조각의 힘이 납에게 작용하고 있는 인력보다 더 강하기 때문이다. 그냥 있는 납은 가라앉고 나무 조각을 잡아 맨 납은 물 위에 뜨는 것이다. 이것이 죄와 사망의 법과 생명의 성령의 법의 경쟁에서 생명의 성령의 법의 승리를 말하는 것이다.[194] 성령은 자기가 거하실 처소가 될 교회를 형성할 개개

---

193) J. 오스왈드 샌더스, 「성령과 그의 은사」 권혁봉 역, (서울: 요단출판사, 1975), pp. 87~94.
194) J. 오스왈드 샌더스, 위의 책, pp. 88~89.

그리스도인들이 생명의 성령의 법에 지배를 받도록 붙어 계신다.

셋째, 성화케 하신다.

> "주께서 사랑하시는 형제들아 우리가 항상 너희에 관하여 마땅히 하나님께 감사할 것은 하나님이 처음부터 너희를 택하사 성령의 거룩하게 하심과 진리를 믿음으로 구원을 받게 하심이니"(살후 2:13)
> "이 은혜는 곧 나로 이방인을 위하여 그리스도 예수의 일꾼이 되어 하나님의 복음의 제사장 직분을 하게 하사 이방인을 제물로 드리는 것이 성령 안에서 거룩하게 되어 받으실 만하게 하려 하심이라"(롬 15:16)

아버지께서 뜻하시고 아들께서 가능하게 하시는 모든 일이 그리스도인의 생활 속에 실제가 되는 것은 오직 성령의 유효한 역사를 통해서다. 성령은 그리스도인들을 동시적 및 최종적으로 성화하셨으면서도 또 점진적으로 그렇게도 하신다.

> "이 뜻을 따라 예수 그리스도의 몸을 단번에 드리심으로 말미암아 우리가 거룩함을 얻었노라"(히 10:10)
> "그가 거룩하게 된 자들을 한 번의 제사로 영원히 온전하게 하셨느니라"(히 10:14)
> "우리가 다 수건을 벗은 얼굴로 거울을 보는 것같이 주의 영광을 보매 그와 같은 형상으로 변화하여 영광에서 영광에 이르니 곧 주의 영으로 말미암음이니라"(고후 3:18)

어린아이를 성인으로 만드시는 것과 같이 거룩에서 또 거룩으로 나아가게 하신다. 성령님은 자기가 계시는 집 안 청소도 함께하신다. 성령님은 나태하신 분이 아니라 부지런히 자기가 거하는 전(殿)을 깨끗케 하신다. 지금 여기서 칼빈의 교회관을 언급해야 하는 이유가 있다. 칼빈은 교회와 교인은 별개적 존재로 보고 있다. 교회란 교인들로 구성되어 있다. 교인 없는 어떤 추상적인 교회란 기구가 따로 있어서 그 뒤에 사람들이 그리로 들어가서 소위 양육과 인도를 받는 것이 아니다. 성부 성자 성령 삼위일체 하나님께서 믿는 자들을 모아줌으로써 교회가 된 것이다. 삼위일체 하나님만 계시면 교회는 없다. 교인 없는 어떤 별개의 기구로서의 교회를 만드신 적은 없다.

「그러므로 하나님이 성부로 여겨지는 자들에게는 또한 교회는 어머니가 되는 것이다. 이 사실은 율법시대에만 통했던 것은 아니고 그리스도께서 오신 이후에도 그러하며 그 예로 바울은 하늘의 새 예루살렘의 자녀들이라고 가르치고 있다(갈 4:26).」[195]

---

195) 칼빈, 「기독교 강요」 제4집, (서울: 세종문화사, 1977), pp. 46~47.

그는 어머니 교회 개념을 키프리안의 다음과 같은 말에서 인용하고 있다. "네가 교회를 네 어머니로 섬기지 않고는 하나님을 네 아버지로 섬길 수 없다."

칼빈은 성도의 어머니 교회로서 가시적 교회를 들었다.

「이렇게 함으로 우리가 교회를 이해하는 데 많은 도움을 준다. 왜냐하면 어머니가 우리를 태중에 잉태하여 낳은 후 우리를 젖 먹여 길러 주었듯이 우리가 육에서 벗어나 천사와 같이 될 때까지(마 22:30) 우리를 돌보고 인도하지 않는다면 이 외에 우리가 생명으로 향할 다른 길이 없기 때문이다.」[196]

교회의 모성애와 하나님의 부성애를 강조하고 있다. 교회에 관계하신 삼위일체 하나님이 교회 안에서 교인들을 보호하고 양육하시는 것은 사실이지만 교회가 삼위일체 하나님의 하시는 일을 대신할 수는 없다. 교회된 만큼 교회가 되지, 교회된 만큼 교인되는 것이 아니다. 그 교인의 그 교회 됨이 순리이다.

2) 세워진 교회의 이상과 현실의 문제

(1) 성경에서 본 교회의 이상(理想)과 현실(現實)

교회는 이상적인 본질 문제와 현실적인 현상의 문제를 지니고 있다.
교회의 이상적인 본질성은 아래와 같다.

"자기 앞에 영광스러운 교회로 세우사 티나 주름 잡힌 것이나 이런 것들이 없이 거룩하고 흠이 없게 하려 하심이라"(엡 5:27)

교회는 마땅히 이상적인 모형이 있다. 그리스도께서 교회를 사랑하시고 위하여 자기 자신을 죽음으로 내모셨다. 예수 그리스도는 자기 앞에 영광스러운 교회를 세우신다. 자기 앞에 나타난 교회는 티도 없고 주름 잡힌 것이 없이 거룩하고 흠이 없다. 이것이 이상적인 교회다. 예수 그리스도는 교회의 머리이신 만큼 그 지체 중에 불구나 더럽거나 기능을 상실한 지체를 결코 원하지 않으신다. 어느 누가 지체 장애 가지기를 원할것인가? 또 묻노니 어느 누가 연애하고 약혼하고 마침내 결혼했을 때 늘 그렇듯이 예쁘고 아름답고 정숙한 신

---
196) 칼빈, 위의 책, p. 51.

부를 계속 앞에 놓고 보기를 원할지언정 망가지고 미운 못난이 신부를 보기를 원하겠는가? 또 묻노니 산모가 건강하고 예쁜 아이를 분만하기 원하지 팔이 절단되거나 뇌가 손상된 정신 이상의 아이를 원할 것인가? 하나님은 이상적인 본질의 교회를 원하셨다. 이것이 교회의 이상적인 국면이다. 그런데 교회의 현실적인 현상성은 어떤가? 교회도 마치 위에서 예로 든 것과 같이 미모와 완전성을 잃은 신체나 신부나 자식처럼 되어 버리고 말지 않았는가? 그렇다. 교회의 현실적인 현상성은 아래와 같다.

"그리스도의 은혜로 너희를 부르신 이를 이같이 속히 떠나 다른 복음을 따르는 것을 내가 이상하게 여기노라"(갈 1:6)

"어리석도다 갈라디아 사람들아 예수 그리스도께서 십자가에 못 박히신 것이 너희 눈 앞에 밝히 보이거늘 누가 너희를 꾀더냐 내가 너희에게서 다만 이것을 알려 하노니 너희가 성령을 받은 것이 율법의 행위로냐 혹은 듣고 믿음으로냐 너희가 이같이 어리석으냐 성령으로 시작하였다가 이제는 육체로 마치겠느냐"(갈 3:1~3)

이상적인 교회가 현상적인 교회가 되어 버린 것이다. 현상적인 교회란 어떤 것을 두고 하는 말인가? 그리스도의 은혜로 부르신 이를 속히 떠나 다른 복음을 좇는 교회가 현상적인 교회다. 교회의 현재의 실상이 다른 복음을 좇는 것이다. 왜 하나의 복음을 좇지 않고 다른 복음을 좇는가? 현상적인 현실 교회는 유혹을 받아 그리스도께서 십자가에 못 박히신 사실을 잊어버린다. 꾀임에 넘어가는 교회와 율법을 좇는 교회가 현상적인 교회이다. 성령으로 시작해 육체로 마치려는 교회가 현상적인 교회이다. 교회의 이상적인 본질성과 현실적인 현상성을 고린도 교회를 통해 알아보자. 그 이상적인 측면은 아래와 같다.

"하나님 우리 아버지와 주 예수 그리스도로부터 은혜와 평강이 있기를 원하노라"(고전 1:3)

고린도 교회는 하나님의 교회이다. 고린도 교회는 그리스도 예수 안에서 거룩하여진 교회다. 고린도 교회는 성도로 부르심을 입은 자들의 교회다. 예수 그리스도의 이름을 부르는 사람들이 모인 곳이 교회이다. 하나님과 예수 그리스도로 말미암아 은혜와 평강이 내리는 곳이 교회이다. 이것이 고린도 교회의 이상적인 측면이다.

그러나 고린도 교회의 현실적인 현상성은 어떤가? 그 현실적인 측면은 아래와 같다.

"형제들아 내가 신령한 자들을 대함과 같이 너희에게 말할 수 없어서 육신에 속한 자 곧 그리스도 안에서 어린 아이들을 대함과 같이 하노라 내가 너희를 젖으로 먹이고 밥으로 아니하였노니 이는 너희가 감당하지 못하였음이거니와 지금도 못하리라 너희는 아직도 육신에 속한 자로다 너희 가운데 시기와 분쟁이 있으니 어찌 육신에 속하여 사람을 따라 행함이 아니리요"(고전 3:1~3)

육신에 속한 자 그것은 곧 그리스도 안에서 어린아이들이 모인 교회였다. 아직도 딱딱한 밥을 먹기 어렵고 젖만 좋아하는 교회였다. 고린도 교회는 육신에 속한 교회였다. 시기와 분쟁이 그곳에 있었다.

"너희 중에 심지어 음행이 있다 함을 들으니 그런 음행은 이방인 중에서도 없는 것이라 누가 그 아버지의 아내를 취하였다 하는도다 그리하고도 너희가 오히려 교만하여져서 어찌하여 통한히 여기지 아니하고 그 일 행한 자를 너희 중에서 쫓아내지 아니하였느냐"(고전 5:1~2)

고린도 교회 교인 중에 음행을 행한 자가 있었다. 아버지의 아내를 아들이 취한 일이니 이방인 중에라도 없는 일이었다. 게다가 고린도 교인들은 이런 일을 당하고도 교만하여 통한히 여기지도 않고 이런 자를 회중에서 물리치지도 아니하였다. 음행을 묵인하고 오히려 공동적인 음행 가담자의 교회였다. 이것이 고린도 교회의 현실이었다.

"너희 중에 누가 다른 이와 더불어 다툼이 있는데 구태여 불의한 자들 앞에서 고발하고 성도 앞에서 하지 아니하느냐"(고전 6:1)

또 고린도 교회의 현실은 형제들 간의 문제를 굳이 세상 법정에서 해결하려고 했던 것이다. "너희는 불의를 행하고 속이는구나 그는 너희 형제로다"(고전 6:8)라고 탄식을 자아내게 하는 교회였다.

"그들 가운데 어떤 사람들과 같이 너희는 우상 숭배하는 자가 되지 말라 기록된 바 백성이 앉아서 먹고 마시며 일어나서 뛰논다 함과 같으니라, 무릇 이방인이 제사하는 것은 귀신에게 하는 것이요 하나님께 제사하는 것이 아니니 나는 너희가 귀신과 교제하는 자가 되기를 원하지 아니하노라 너희가 주의 잔과 귀신의 잔을 겸하여 마시지 못하고 주의 식탁과 귀신의 식탁에 겸하여 참여하지 못하리라"(고전 10:7, 20~21)

고린도 교회는 우상 숭배하는 자들도 있었기에 옛 조상들의 사건을 예를 들어 백성이 앉아서 먹고 마시며 일어나서 뛰노는 일이 없어야 하며, 간음하다가 하루에 이만삼천 명이 죽는 일이 없어야 하며, 주를 시험하다가 뱀에게 멸망당하는 일이 없어야 하며, 원망하다가 멸망당하는 일이 없어야 한다고 경고를 받았다.

> "그들에게 일어난 이런 일은 본보기가 되고 또한 말세를 만난 우리를 깨우치기 위하여 기록되었느니라 그런즉 선 줄로 생각하는 자는 넘어질까 조심하라"(고전 10:11~12)
> "내가 사람의 방언과 천사의 말을 할지라도 사랑이 없으면 소리 나는 구리와 울리는 꽹과리가 되고"(고전 13:1)

성령의 은사를 많이 받은 고린도 교회이지만 사랑의 결여로 그 받은 바 은사가 무색해짐을 경고받았다. 이것이 고린도 교회의 현실적인 문제였다.

데살로니가 교회의 경우를 보자. 거기에도 이상과 현실의 국면이 보인다. 데살로니가 교회는 믿음, 사랑, 소망의 교회였다. 그래서 하나님의 사랑하심과 택하심을 짐작할 수 있었다.

> "너희의 믿음의 역사와 사랑의 수고와 우리 주 예수 그리스도에 대한 소망의 인내를 우리 하나님 아버지 앞에서 끊임없이 기억함이니 하나님의 사랑하심을 받은 형제들아 너희를 택하심을 아노라"(살전 1:3~4)

그러나 데살로니가 교회에도 부족한 사람들이 섞여 있어서 바울은 교훈하고 있다.

> "또 형제들아 너희를 권면하노니 게으른 자들을 권계하며 마음이 약한 자들을 격려하고 힘이 없는 자들을 붙들어 주며 모든 사람에게 오래 참으라"(살전 5:14)

거기엔 규모 없는 자, 마음이 약한 자, 힘없는 자들이 있어서 그들은 권계하고 안위하여 도와주어야 할 대상들이었다. 그리스도인은 성경이 교회를 무엇이라고 말하는가에 유의해야 한다. 교회의 이상적인 것은 그 본질성에 있고 교회의 현실적인 것은 그 현상성에 있다. 우리는 현상에서 본질로, 현실에서 그 이상으로 나아가는 교회를 소원해야 한다.

교회의 이상과 현실의 문제를 다룰 때에 분명히 밝혀야 할 사실이 있다. 교회는 죄를 가지고 있고 교인들은 죄인들인가? 이 질문에 대한 답은 정녕 '아니다' 이다. 그럼 교회의 흠이 있다는 것은 무엇인가? 이상형 교회를 못 지킨다는 것은 무엇을 의미하는가? 부도덕한 일이나 다른 복음을 따르려는 현실형 교회는 무엇을 말하는가? 교회는 부족한 점이 있을지는 몰라도 파괴되는 일은 없다. 가령, 한 남편의 아내는 비록 그녀에게 부족한 점이 있어도 한 남편의 아내라는 사실에는 변함이 없는 것이다. 즉 아내에게 어떤 부족한 점이나 흠이 보일지라도 그렇다고 해서 아내의 지위와 칭호를 잃게 되는 것은 아니다. 왜냐하면 교회의 이상과 현실의 괴리 때문에 교회 자체를 부정하는 엄청난 실수를 저지르는 교인들이 있을지도 모르기 때문이다. 교회는 흠은 있을 수 있어도 죄와는 무관하다.

(2) 사람이 보는 교회관

여기서 사람들이란 불신자들을 말함은 물론이거니와 신학을 공부하는 사람들까지 포함시켜 통칭한 것이다. 교회론에 관한 많은 사람들의 관점은 무지하며 또 한편으로는 너무 유식한 것이 문제이다. 교회에 관한 다음과 같은 질문들은 사람들이 교회를 어떻게 보고 있느냐에 대한 질문이다.

「교회란 무엇인가? 교회는 가톨릭 교회가 말하는 바와 같이 교직기구(敎職機構)인가 아니면 개신교가 말하는 바와 같이 성도들의 모임 내지 사귐인가? 교회는 하나님이 세우신 것인가 아니면 사람들이 만든 것인가? 그것은 개인 영혼의 안식처 내지 구원의 방주인가 아니면 사회 활동과 정치 활동을 하는 일종의 사회기관에 불과한가? 교회는 과연 무엇을 해야 하는가? 교회가 존재하는 목적은 무엇인가? 교회는 병을 고쳐주고 교인들을 축복하기 위하여 존재하는가 아니면 하나님의 나라를 세우기 위하여 존재하는가? 교회의 주인은 누구인가? 교회의 주인은 교인들인가 아니면 목회자인가? 목회자와 교인들, 교역자와 평신도는 어떤 관계에 있는가? 목회자는 하나님이 세운 하나님의 종인가 아니면 교인들이 세운 교인들의 심부름꾼인가? 교회와 타종교, 교회와 국가는 어떤 관계에 있는가? 현대사회에서 교회는 과연 무엇을 해야 하는가?」[197]

위의 질문은 사람들이 교회를 어떻게 보고 있는가를 질문한 것이다. 교회의 정의, 교회의 기초, 건립 사명 등에 대하여 사람들은 어떻게 생각하느냐를 묻고 있다. 질문의 형태를 보면 요구하는 답의 형태를 알 수 있다. 어떤 답을 요구하기 위해 어떤 질문을 던지는 것이다. 교회에 관한 질문은 질문자의 교회론이 어떤 것인가도 알 수 있다. 위의 질문들은 다분히 교회가 세상을 향하여 어떤 사명을 띠고 있는가를 강조하고 있다. 사람들의 교회에 관한 기대와 이해가 어떤 것인가도 말해 준다. 그러나 교회는 교회 자체에 존재 의미가 있다는 것, 그것은 곧 교회는 일차적으로 하나님을 위해 존재한다는 것을 육에 속한 보통사람들은 이해하기 어려울 것이다.

---

197) 김균진, 「기독교 조직신학 Ⅳ」 (서울: 연세대학교 출판부, 1996), p. 7.

간략한 교회사

교회에 관해 역사적으로 내려온 진술을 들어보기로 하자. 하나님의 심중에 있다가 역사 속에 출현된 최초의 교회는 하나님의 에클레시아였다(행 20:28; 고전 1:2; 10:32; 11:22; 살전 2:14). 오순절에 출현한 교회는 바로 하나님의 교회였다. 필자는 출현이라고 했지 출산이란 말을 쓰지 않는다. 그러나 제도교회(制度敎會)가 생겨났다. 금방 발생할 것 같았던 예수 그리스도의 재림이 지연되면서 제도교회가 되어 버렸다. 베드로의 직분이 로마의 교황에게 승계되고 사도들의 직분이 교황을 통해 주교와 사제들에게 제도적으로 승계되니 사도 승계가 이런 것이었다. 제도교회는 권위를 가진다. 교직주의(敎職主義)가 제도교회의 핵심내용이 된다. 교직기구는 하나님의 관리자가 된다. 제도교회로서의 교회는 구원에 필수불가결이다. "교회 밖에는 구원이 없다"라고 하는 교회는 제도교회를 말한다. 그것은 하나님의 심중에 있었던 그런 교회를 말하는 것은 아니다. "어머니로서의 교회를 갖지 않은 사람은 아버지로서의 하나님을 가질 수 없다." 사제가 그리스도를 통하여 사도들의 후계자로 임명되었기 때문에 사제가 이끌어가는 교회가 구원을 베풀 수 있다. 교회는 구원의 중계기관으로 승격된다.[198]

과연 그러한가? 개별적으로 구원받은 사람들의 자율적 자의적 결정에 의해 모여져 있는 사람들의 상태가 교회이다. 교회 따로 있고 교인 따로 있는 것이 아니다. 교회는 구원기관은 아니다. 교회 안에서 구원의 역사가 벌어지지 않는다는 것이 아니라 교회가 하나의 제도로서 구원을 보증하는 관청은 아니라는 것이다.

주후 4세기에 교회는 로마의 국가 종교가 되었다. 이 말은 로마 시민은 교인이며 기독교의 모든 교직자는 로마의 국가 공무원이 되었다는 뜻이다. 로마의 황제가 교회의 공회를 소집 인도하는 권한을 가진다. 이는 정치와 종교의 결탁이다. 황제의 이름으로 모든 종교회의가 소집된다. 로마의 국교가 된 교회가 사도신경(Apostolicum)을 고백했었다. 이 고백에서 교회는 성도의 사귐이라 정의하였고, 니케아 신앙고백에서 교회의 네 가지 표지가 고백되기도 했다. 그것은 곧 "단 하나의, 거룩한, 보편적이며, 사도적인 교회"라는 것이었다.[199] 그것이 오늘날까지 내려오고 있는 통일성, 거룩성, 보편성, 그리고 사도성이라는 교회의 표지[200]였던 것이다. 교회가 계급 제도적 형태의 구원 기관이라는 사상이 더 발전하면서 교회는 사람 위에 군림하는 제도적 권세적 교회가 된다. 교회만이 성서해석권이 있다. 어거스틴의 견해에 의하면 교회는 외형의 가시적 교회와 그 속에 숨어 있는 참된 교회 곧 불가시적 교회로 구분되었다. 불가시적 교회는 가시적 교회 안에 숨어 있다. 그런고로 구

---

198) 김균진, 위의 책, pp. 9~10.
199) 김균진, 위의 책, pp. 10~11.
200) 김균진, 위의 책, p. 248.

원 얻기 위해서는 외형적 가시적 교회에 소속되어야 한다고 했다. 불가시적 참된 교회는 하나님의 도성(Civitas Dei)이라고 어거스틴은 보고 있는 것이다.[201]

1054년 성령은 아버지로부터(ex patre) 나올 뿐만 아니라 그리고 아들로부터(filioque) 나온다는 서방교회의 주장으로 인하여 기독교는 로마를 중심으로 서방의 로마 가톨릭교(한국의 천주교)와 콘스탄티노플 곧 이스탄불을 중심으로 한 동방의 정교회(正敎會)로 분열되었다. 정교회는 제의종교(祭儀宗敎)로 나아가고 서방교회는 법적 성격을 지닌 '구원의 기관'으로 나아갔다. 이제 교황시대의 교회가 되었다. 교황주의(敎皇主義, Papalismus)는 종교의 왕, 곧 교황이 국가의 왕인 황제보다 더 권위를 가지는 것이다. 교황 그레고리 7세에 의하면 교황은 태양이고 황제는 달이다. 교황 보니파스 8세에 의하면 세속검(世俗劍)과 영적 양자가 교황에게 속한다.[202]

이상은 지극히 간략한 교회사 개요이다. 하나님의 심중에 있었던 교회가 오순절에 출현하여 지극히 미미하지만 끊어지지 않고 이어져 오는 전통이 있었음을 또한 부인할 수 없다. 사람들이 교회를 이렇게 혹은 저렇게 변화를 가하고 상처를 주고 있는 고난의 과정 속에서도 그 어디서인가 하나님의 최초의 교회는 남아 있었고 그것이 면면히 이어져 왔다. 사람들이 교회에 대하여 온갖 변화와 상처를 주었고 제멋대로 교회의 정체를 언급해 왔더라도 하나님의 심중의 교회는 묵묵히 큰 강을 이루고 혹은 협곡에서 작은 강을 이루기도 하면서 지금까지 흘러온 것이다. 그것이 로마 가톨릭 속에 있었을 수도 있고 그래서 종교개혁이란 사건을 통해 원래의 교회의 모습을 되찾는 일도 있었을 것이다. 그러나 교회가 종교개혁을 거치지 않고 면면히 그 주변에 미약한 몇 종파(sects)처럼 보이면서 그것들이 모이고 헤어지는 과정에서 오늘의 어떤 교회 모습으로 보여졌을 수도 있다. 주목할 사실은 사람들이 교회에 대하여 어떠한 태도와 정의를 내리던 간에 하나님의 교회는 역사 속에서 자취를 감추지 않고 존립해 오고 있었다는 것이다. 그것이 교파일 수도 있고 독립교회일 수도 있고 소위 종교개혁 이후의 개신교라고도 할 수 있으며 침례교처럼 고고히 지나다가 역사 속에 툭 튀어나올 수도 있었을 것이다. 김씨가 낳은 자식에 대해 박씨, 이씨, 오씨들이 무슨 소리를 하던 김씨의 자식은 김씨의 자식으로 후대를 내리며 살아왔고 또 살아갈 것이다.

종교개혁은 로마 가톨릭 교회를 개혁했다는 의미에서 종교개혁이다. 종교 개혁자들의 개혁은 로마 가톨릭을 앞에 놓고 그 너머 있는 성경으로 넘어가는 자세였다. 다시 말하면 개혁자들이 성경이 무엇이라고 말하는가를 묻기 전에 로마 가톨릭은 무엇을 말하고 있는

---

201) 김균진, 위의 책, p. 11.
202) 김균진, 위의 책, pp. 12~13.

가를 듣고 그 다음에 성경은 무엇이라고 말하느냐는 답변 형식의 개혁을 한 것이었다. 그러고 보면 개혁자들의 개혁의 범위는 아무래도 로마 가톨릭 교회라는 범위를 더 넘어갈 수는 없었다. 로마 가톨릭 교회가 무엇이라 하든 성경이 말하고 있는 것이 무엇인가를 먼저 제시해 놓고 그 다음에 로마 가톨릭이 말하는 것을 가지고 와서 검증했어야 하지 않는가 말이다. 종교 개혁자들도 로마 가톨릭의 통일성, 거룩성, 보편성, 그리고 사도성이라는 교회 표지를 '보편적'이란 말 대신 '그리스도적'이란 말로 대체한 것 외에는 그대로 받아들였다. 그러나 그들은 이것보다는 더 좋은 교회의 표지는 말씀의 선포와 성례전이라고 칼빈은 말했다. "어디에서나 하나님의 말씀이 순수하게 전파되며 들려지고 성례전이 그리스도의 제정에 따라 집행되는 곳에 의심없이 하나님과 교회가 있다. 이것은 두세 사람이 내 이름으로 모인 곳에 그들 중에 내가 있다는 약속이 거짓되지 않기 때문이다."203)

칼빈은 거짓 교회와 참 교회를 비교하는 진술에서 "말씀 선포와 성례 집행은 교회의 존재를 드러내 보이는 영구적인 표지이다"(「기독교 강요」 II, 1)라고 했다. 이 두 가지만 잘 집행된다면 도덕적 과실이나 병폐가 혹 있다 하더라도 '교회'라는 이름에 방해가 되지 않지만 이 두 가지가 무너지면 교회는 사라진다고 했다. 로마 가톨릭 교도들이 칼빈의 종교 집단을 분파와 이단으로 비난했을 때에 칼빈은 성도들의 교통(交通)의 두 개의 띠를 내세워 반박했었다. 그 두 띠는 건전한 교리상의 일치와 형제 사랑이라고 하는 것이었다. 가톨릭이 이단이라고 하는 것에 대하여 이단이란 건전한 믿음을 거짓된 교리로 부패시키는 것이며, 분파란 형제 사랑의 교제의 띠를 끊는 것이라고 대변하면서 칼빈의 추종자들은 이단도 분파도 아니라고 주장했다(「기독교 강요」 II, 5). 그리고 칼빈은 로마의 교황은 다니엘과 바울이 예언한 적그리스도라고 했다(단 9:27; 살후 2:4).(「기독교 강요」 II, 12)204) 사람들은 진정한 교회의 표지로서는 위에서 언급한 말씀의 진정한 전파와 성례의 정당한 거행 외에 제3의 표지로서 신실한 권징(勸懲)도 들었다.

「권징(勸懲)의 신실한 시행: 교회 회원에게는 신경(信經)만 아니라 도덕생활의 표준이 요구된다. 신자의 생활은 수도원 생활(修道院生活)이 아니라 가정, 직장, 사회 안에서의 매일의 정상적인 의무를 행하는 생활이다. 동시에 현실적 유형교회(現實的有形敎會)는 기독교 윤리를 공연 무시(公然無視)하는 악인만을 제외한 혼성단체(混成團體)이다. 그러므로 권징이 필요하게 되는 때는 종종 온다. 권징을 신실히 시행하는 것은 곤란하되 필요한 일이다. 이것은 교리의 순전(純全)을 유지함과 성례의 신성(神聖)을 수호(守護)함에 극히 필요한 것이다. 권징에 등한한 교회들은 조만간 그 막내(幕內)에 진리의 광명의 일식(日蝕)과 거룩한

---

203) 「교회문제연구」 제1집 (고려신학대학 출판부, 1979.12), p. 13.
204) 나용화, 「칼빈의 기독교 강요 개설」(서울; 기독교문서선교회, 1993), pp. 146~147.

사물의 오용(誤用)이 생기(生起)함을 발견하게 된다. 그러므로 지상에서 가급(可及)한 정도로 이상(理想)에 응합(應合)하려는 교회는 권징의 시행에 근실(勤實)하며 양심적(良心的)이라야 한다. 하나님의 말씀은 그리스도의 교회 안에 상당한 권징을 역설하여 마지 않는다 (마 18:18; 고전 5:1~5; 14:33, 40; 계 2:14, 15, 20). 참된 기독교 권징의 능력은 하나님의 말씀과 그것의 순수한 전파에 있다.」[205]

교회 현상에 대한 사람들의 진술

교회에 관해 몇몇 사람의 진술을 들어보기로 하자. 이하에 소개할 사람은 멀린스(E. Y. Mullins), 도날드 밀러(Donald Miller), 필립 얀시(Philip Yancy), 찰스 콜슨(Charles Colson), 그리고 빌 레오나드(Bill Leonard)이다. 이 사람들 외에도 도저(A.W Tozer)의 교회관은 매우 흥미롭고 날카롭기까지 하다. 필자는 여러 곳에서 그의 언급을 소개하였기에 여기서 특별히 그에 관해서 지면을 할애하지는 않겠다.

멀린스(E. Y. Mullins)는 교회란 땅에 있거나 하늘에 있든지 간에 구속함을 입은 사람들, 곧 믿는 자들의 총체라고 했다. 그런데 우주적 교회는 어떤 의미로는 이 지상에 현존하는 것이 아니라는 것과 또 지역교회는 나중에 우주적 교회가 올 때는 사라지고 말 것이라고 주장하는 어떤 사람들의 견해를 일축했다. 멀린스는 일축의 근거로 에베소서 5장 25~27절을 들어 설명하고 있다.

"남편들아 아내 사랑하기를 그리스도께서 교회를 사랑하시고 그 교회를 위하여 자신을 주심같이 하라 이는 곧 물로 씻어 말씀으로 깨끗하게 하사 거룩하게 하시고"(엡 5:25~26)

위의 성경은 시간 안에 있는 교회의 모습이라고 했다. 즉 시간 안에 있는 지역교회는 티나 주름 잡힌 것이 있다. 그것은 교회의 현실성이다. 이 현실적인 교회는 물로 씻어 말씀으로 깨끗케 하사 거룩하게 되어야 할 처지에 놓였다.

"자기 앞에 영광스러운 교회로 세우사 티나 주름 잡힌 것이나 이런 것들이 없이 거룩하고 흠이 없게 하려 하심이라"(엡 5:27)

위의 성경은 영원 안에 있는 교회의 모습이라고 했다. 즉 영원 안에 있는 우주적 교회는

---

[205] 박형룡, 「교의 신학(교회론)」 제6권(은성문화사, 1974), p. 10.

티나 주름 잡힌 것이 없다. 그것은 교회의 이상성이다. 영원 안에 있는 이상적인 우주적 교회는 거룩하며 흠이 없다. 시간 속에 있는 지역교회는 물과 말씀으로 씻음을 받아 깨끗하게 됨을 입어야 하되 영원 속에 있는 이상적 우주적 교회는 그럴 필요가 없이 온전히 거룩하고 무흠하다는 것이다. 그러나 멀린스가 강조하는 것은 시간 속의 티나 주름이 있는 교회였거나 영원 속의 거룩하고 무흠한 교회가 둘이 아니라 그것이 하나의 교회며 이것에서 저것으로 나아간 교회라는 것이었다.[206] 이때 우리는 어느 교회에 속해 있다고 볼 것인가? 우리는 결국 하나의 같은 교회의 이런 부분과 저런 부분에 걸쳐 관계하고 존재하고 있다. 그리스도인이 할 일이란 유흠한 지역교회에서 무흠한 우주적 교회로 나아가기를 힘쓸 것이지 거기서 절망만 하고 있을 수는 없지 않은가?

도날드 밀러는 '교회의 순수성'이란 주제 속에 다음과 같은 장문의 문제를 제기하고 있다.[207] 교회에 관한 큰 질문은 이런 것이라고 밀러는 제시한다. "교회가 그리스도의 몸이라면 어찌하여 그리스도께서 그렇게도 불완전한 몸을 가지고 계시는가?" 즉 머리로서 그리스도는 완전한데 어찌하여 그 지체인 몸은 불완전하느냐는 회의가 있다. 도날드 밀러는 이런 회의에 대하여 교회가 지닌 문제성을 지적한다. 그 문제성이란 교회는 모순적이며 상반되어 보이는 요소들로 구성되는 실재라는 것이다.

「교회는 모순적이며 상반되어 보이는 요소를 가지는 실재이다. 교회는 신성하며 하나님의 영이 거하시며 일하시는 몸이다. 그러나 동시에 교회는 인간적이며, 유한(有限)과 불완전성의 테두리를 벗어나지 못하는 인간으로 구성되어 있다. 즉 교회는 영적인 동시에 또한 세상에 속한다. 교회는 거룩한 곳이지만 죄 있는 인간들로 구성되어 있다. 교회는 인간의 조직체인 동시에 그리스도의 몸이다. 교회는 인간이 창조하지도 못하며 이해할 수도 없는 생명의 질적 요소인 영원의 세계에 속하지만, 이 생명의 본질은 변화와 시간의 제한을 받으며 이 세상과 긴밀하게 관련을 맺는 교회의 역사적 형태를 통하여 그 효력을 발생시킨다. 제7장에서 이미 고려한 바와 같이 교회는 실질적인 형태를 떠나서 존재하지 못한다. 교회는 이 세상에서 그 형태가 이루어지며, 사람들로 구성되고, 직원, 건물, 집회, 사업, 재정을 구비한다. 그렇기 때문에 교회는 이 세상을 떠나서 불완전한 점이 없이는 존재할 수 없는 것이다. 온갖 인간의 기구는 제한된 것이며 불완전한 것이다. 교회는 세상과는 다르나 많은 점에서 세상과 같기도 하다.」[208]

도날드 밀러가 위와 같은 교회의 모순적 현실을 생명체가 지니는 보편적 현상이란 것으

---

206) E. Y. Mullins, *Baptist Beliefs* (Valley Forge: The Judson Press, 1925), pp. 62~63.
207) 도날드 밀러, 「교회의 본질과 사명」 (서울: 대한기독교서회, 1985), pp. 167~184.
208) 도날드 밀러, 위의 책, p. 168.

로 설명해 주고 있다.[209] 생명과 육체 관계가 있다. 생명은 육체로 더불어 존재하며 그 생명은 육체로 표현된다. 그러나 생명과 육체는 다른 것이니 생명은 육체 그 이상이다. 생명이 없다면 오장육부(五臟六腑) 그리고 온갖 지체들은 활동할 수 없으며 무익한 것이다. 죽은 사람의 눈이 무엇을 보며 귀가 무엇을 들으며 위가 무엇을 소화시키겠는가? 이 모든 것은 생명이 있을 때 가동하는 것이다.

그러나 정반대 사실을 말해보면 이렇다. 한쪽 다리가 절단되거나 한쪽 눈이 실명되었다고 해서 생명이 없어지는 것은 아니다. 그래도 생명은 유지된다. 그러나 생명이 없다면 모든 육체는 활동중지이다. 그러고 보면 생명은 모든 육체 이상의 존재의미이다. 이와 같이 교회엔 생명이 있다. 그것은 영적인 실재를 말한다. 교회의 영적 생명은 세속적인 기구를 통하여 표현된다. 신성한 교회가 인적인 기능을 통해 활동한다. 도날드 밀러는 교회의 이상적 본질과 현실적 현상 간의 알력 때문에 생기는 두 가지 극단적인 태도를 지적하고 있는 바 그 첫째 태도는 사람들이 조직화된 교회에서 철수하는 것이고, 그 둘째 태도는 사람들이 세상과 더불어 타협하는 것이었다.

첫째 태도인 철수하는 사람들에게 지적해 줄 말이 있다. 교회를 신성시하는 것과 그것을 지키려는 마음은 곱지만 이 세상에서 완전 무흠한 교회는 없다는 사실을 모르고 있다. 그들은 관용성이 없으며 편견에 사로잡혀 있다. 그들은 떨어져 나와서 자기들 나름대로의 신성한 교회를 이룰 것으로 생각한다. 그래서 분열하게 되고 수많은 보수파 종파를 형성한다.

이들의 주된 사상은 교회의 생명(본질)과 육체(현상적 기구)를 분리시키려 하는 것이다. 육체 없는 생명을 주장한다. 육체가 병들고 나약하면 생명도 없는 것으로 알고 있다. 육체가 불완전하다고 해서 그 속에 있는 생명까지 포기할 수 있는가?

둘째 태도인 세상과 타협하려는 사람들에게 지적해 줄 말이 있다. 이 사람들은 예리한 판단력이 결여되어 있어서 교회 내의 죄를 향해 도전하지도 않고 그리스도의 몸이 이교화(異敎化)되어도 보고만 있는 채, 교회의 단순한 도덕적 체면만을 유지하려 든다. 이들은 교회란 이만하면 된다는 자기만족과 타협정신이 많다. 이들은 생명과 몸을 지나치게 혼동하고 있다. 약하고 병든 육체인들 무슨 문제가 있느냐는 식이다.

기존 교회를 철수하는 사람들은 이 세상에서의 지역 교회가 완전무결해야만 한다는 소망이 지극하고, 반면 기존 교회에 남아 있으면서 세속과 적당히 타협할 수밖에 없다고 생각하는 사람들은 교회가 죄를 지어도 봐주어야 한다는 양보의 관용정신이 지배적이다. 그러나 이 두 가지 태도 모두 다 성경적이지 않다. 교회는 현재와 미래를 포괄하고 있다. 이 말은 교회는 지금의 약점과 나중의 완결을 동시에 지니고 있다는 것이다. 이제 막 피는 꽃

---

209) 도날드 밀러, 위의 책, p. 169.

속에는 모래알 같은 열매가 있지만 꽃이 떨어지고 나면 그 열매는 큰 과실로 나무에 달려 있다. 그런즉 꽃 속에 있는 작은 모래알 같은 열매에는 이미 다 익은 미래의 과실이 내포된 것이다. 진정한 교회가 앞으로 올 세대에 속한다.

"내가 말하기를 내 주여 당신이 아시나이다 하니 그가 나에게 이르되 이는 큰 환난에서 나오는 자들인데 어린 양의 피에 그 옷을 씻어 희게 하였느니라"(계 7:14)

"또 내가 들으니 허다한 무리의 음성과도 같고 많은 물 소리와도 같고 큰 우렛소리와도 같은 소리로 이르되 할렐루야 주 우리 하나님 곧 전능하신 이가 통치하시도다 우리가 즐거워하고 크게 기뻐하며 그에게 영광을 돌리세 어린 양의 혼인 기약이 이르렀고 그의 아내가 자신을 준비하였으므로"(계 19:6~7)

"자기 앞에 영광스러운 교회로 세우사 티나 주름 잡힌 것이나 이런 것들이 없이 거룩하고 흠이 없게 하려 하심이라"(엡 5:27)

그러나 앞으로 올 세대의 교회 또한 별다른 교회가 아니라 지금의 교회이다. 미래의 교회가 지금에 와 있고 지금의 교회가 미래에 가 있는 것이다. 결국 하나의 같은 교회의 지금과 미래가 있는 것이다. 그런 만큼 지금의 교회를 부정하고 미래의 교회만 인정한다는 것은 하나의 교회를 갈라놓고 보는 태도이다. 교회의 거룩함이 미래보다 현재에 속해야 한다고 주장하는 사람들에게 말해 줄 수 있는 것은 교회의 거룩함의 완전은 미래에 속한다고 다시 말해 주는 것뿐이다. 교회는 발전하고 성장하는 것이다. 도날드 밀러는 이미 존재하고 있는 교회를 인정하고 그 안에서 개혁할 것을 강조했다. 그가 그런 사상을 갖게 된 것은 베드로전서 4장 17절의 "하나님의 집에서 심판을 시작할 때가 되었나니"에 근거했다. 그리하여 하나님 집에서 뛰쳐나오지 말고 그 집 안에서 개혁을 시작해야 한다고 했다. 이런 맥락에서 밀러는 분리주의 운동을 부정했다. 동시에 교회 안에 남아 있기는 하면서도 교회를 비난하는 것은 자기는 책임을 면할 자리에 있는 것으로 착각하는 것이라고 했다. 자기도 교회의 약점에 책임을 지는 것이 올바른 태도라고 했다. 어느 누구든 교회에 밀접히 묶여져서 좋든 나쁘든 간에 모든 일에 관여하고 있음을 통감해야 한다고 했다.[210]

밀러의 결론은 다음과 같다.

「마음속에 간직되어야 할 하나의 최종적인 숙고는 교회가 그리스도에게 속한다는 사실이다. 그래서 그리스도께서는 교회의 약점, 결점, 또한 그 죄에도 불구하고 자기의 교회를

---

210) 도날드 밀러, 위의 책, pp. 177~182.

버리지 아니하셨다. 그는 교회를 끊임없이 심판하시지만 항상 사랑 안에서 심판하신다. 그리스도께서 교회를 사랑하시고 위하여 자신을 주셨다(엡 5:25).」[211]

필립 얀시(Philip Yancy)는 「교회, 나의 고민 나의 사랑」에서 오늘날의 교회에 대하여 자전적 이야기를 싣고 있다.[212] 필립 얀시는 교회 회의론자에서 옹호자로, 그리고 예배 구경꾼에서 참여자로 변한 자기의 경험을 진술하고 있다. 그가 교회 회의론자가 된 것은 교회의 위선과 문화 충격 때문이라고 했다. 위선이라 함은 선해야 할 교인들이 표리부동하게 악하며, 문화 충격이라 함은 교회 안의 생활과 교회 밖의 생활의 극렬한 부조화를 가리킨다. 물론 그런 의미에서 문화 충격이란 생활양식의 변화라고 할 수 있지만 더 깊이 들어가 보면 근본주의자들의 설교에서 인종주의 뿌리가 있다는 것이 못마땅하다는 것이다. 사랑을 외쳐야 할 교회가 흑인들은 열등하고 무지하며 노예로 평생 살아야 한다는 전제 아래 마틴 루터 킹 목사를 당원증을 지닌 공산주의자로 낙인찍는 행위 등이 교회를 회의론적 입장에서 보게 했다는 것이다.[213] 그런 필립 얀시가 교회 옹호론자로 변했다고 진술한다. 그는 교회를 떠난 생활을 해보니까 고통스럽고, 자꾸만 자기 안에서 퇴행(退行)하는 자기를 발견하였다고 했다. 홀로 있으면 자멸해 버리는 존재자가 된다고 느꼈다. 공동체라는 기반 위에 서 있는 기독교에 들어오지 않고는 외톨이가 된다는 것이었다. 얀시는 십자가의 요한(Saint John of the cross)의 말을 다음과 같이 인용했다.

「홀로 떨어진 고고한 영혼은… 홀로 타는 석탄과 같다. 그 불길은 이제 식는 일만 남았다. 더 이상 뜨거워지지 않을 것이다.」[214]

그것은 한 낱알의 콩알이 콩이 모인 그릇 안에 들어 있지 않고 외톨이로 그릇 밖으로 나아가서 길거리에 떨어져 있다면 아무런 소용이 없는 거나 마찬가지이다. 한 개의 콩 낱알로 메주를 담을 수 있는가? 두부를 만들 수 있는가? 낱개의 콩알들이 모일 때 곡식이 되는 것이다. 낱알의 의미는 그것들의 모임에서 찾는다. 낱알의 모임이 곡식이 되고 식량이 되는 것이다. 교회를 떠난 개인은 개인으로서의 임무를 수행할 수 없다. 그럼 얀시는 어떻게 교회 회의론자에서 옹호자로 변했는가? 그것의 다른 표현으로는 예배 구경꾼에서 예배 적극 참여자로 변했는가라는 말과 같다. 그것은 자기의 교회관이 바뀌어진 것이다. 얀시의 교회관의 네 방향은 상관(上觀), 변관(邊觀), 외관(外觀) 그리고 내관(內觀)이다. 얀시는 위

---

211) 도날드 밀러, 위의 책, p. 183.
212) 필립 얀시, 「교회, 나의 고민 나의 사랑」 김동완 역, (서울: 요단출판사, 2006). 이 책 전 권은 얀시의 자서전적 교회관에 관한 책이다.
213) 필립 얀시, 위의 책, pp. 24~36.
214) 필립 얀시, 위의 책, p. 35.

와 같이 교회를 바라보는 눈을 갖게 되자 교회로 깊숙이 들어올 수 있었다.

• 얀시의 교회 상관(위를 보고) - 예배하는 교회

교회는 위로 하나님께 예배드리는 사람들의 모임이다. 모인 사람들과 하나님의 눈맞춤이 있는 곳과 모임이 교회이다. 그런데 교인과 하나님과의 시선의 맞춤이 없어지고 교인과 다른 무엇들과의 시선만 맞춰진다. 교회에 와서는 목회자가 돋보이거나 평신도들의 어떤 공연 같은 것만 인상적으로 남아 있어서는 안 된다. 관중과 관중의 눈을 위한 공연만이 있는 교회는 안 된다. 이런 것들이 극성스러울수록 하나님을 잊어버린다.

하나님께 예배한다는 것은 하나님께 인사를 드린다는 것이며 인사를 드린다는 것은 그 집을 방문한 사람이 집 주인에게 예를 표한다는 것이다. 예배는 집 주인이 누구인지 기억하는 행위라고 월터 윙크(Walter Wink)가 말했다고 전한다.[215]

여기서 제안할 문제가 있다고 본다. 로마 가톨릭이나 러시아 정교와 소위 개신교들의 교회에서 행해지는 예배의 내용이다.

전자는 예배의 예술적 형식을 강조한다. 성찬예식 미사가 예술적으로 행해진다. 사제, 성상(聖像), 교회 건축양식, 찬양대 그리고 교회 건물의 장식이다. 그야말로 장엄하고 웅장하다. 이런 것들을 보느라고 하나님을 보지 못한다. 후자는 예배의 지성적 내용을 강조한다. 물론 예배 시의 예술성을 전혀 무시하지는 않지만 주로 예배가 '설교' 위주이다. 설교가 멋지고 재미있고 감동적이고 흥분되는 내용이어야 한다. 설교 못하는 목사는 인기가 없어 도태된다고나 할까? 문제는 너무나 듣기 좋은 설교를 하는 중에 교인들은 설교 속에서 하나님을 잊어버린다. 필자가 어느 에세이에 쓴 적이 있지만 예수 그리스도가 강단의 설교에서 질식당하는 어처구니없는 일도 일어난다. 질식당한 그 자리에 설교자가 서서히 일어나더니 어느새 그리스도의 자리에 선다. 이는 큰 문제가 아닐 수 없다. 이 문제는 교회의 예배 문제를 다룰 때 더 논하기로 하고 다음 성경구절을 소개한다.

"내가 네 집에서 수소나 네 우리에서 숫염소를 가져가지 아니하리니 이는 삼림의 짐승들과 뭇 산의 가축이 다 내 것이며"(시 50:9~10)

우리는 위를 볼 줄 알아야 성경적 교회관을 세울 수 있다. 위를 바라보는 교회가 되자는 것은 교회의 존재 목적이 하나님과 인사를 나누자는 것이요 위에 계시는 하나님의 영광을 보자는 것이요 그분에게 예배하자는 것이요 그분과 친교하자는 것인데 이 일에 방해가 되

---

215) 필립 얀시, 위의 책, p. 40.

거나 불필요한 것은 당연히 제거되어야 하는 것이다. 교회에 와서 하나님과 접촉하지 않은 사람은 언젠가 교회 회의론자가 될 수밖에 없다. 그러기에 교회는 하나님을 만난 사람들의 모임이 아닌가?

- 얀시의 교회 변관(주위를 보고) – 포용하는 교회

필립 얀시는 자기와 모든 면에서 비슷한 사람들이 주변에 있는가 찾았으며 자기가 선호하는 것을 똑같이 선호하는 자를 찾았으며 자기의 취미와 비슷한 것을 추구하는 자들을 찾았던 것이 교회에 대한 회의론자가 되었던 한 이유라고 했다. 즉 그는 자기 주변의 다양성을 몰랐다고 했다.[216] 필립 얀시는 시카고 도심의 러셀 스트리트 교회(Lasalle Street Church)에서 교회란 주변을 보아야 함을 배웠다고 한다. 그가 위로 본 것은 하나님이고 주변을 본 것은 다양한 사람이었다는 것이다. 그 다양한 사람들과 접촉하기를 원한다면 다양한 사람들이 모이는 교회가 예쁘게 보일 수밖에 없었던 것이다. 얀시는 그것을 유쾌한 다양성 때문에 고립적으로 신앙생활하려던 것을 버리고 그 다양한 사람들 틈에 끼여 예배드리기를 좋아했었다고 한다. 위에 언급한 교회는 시카고에서 가장 부유한 지역과 가장 가난한 지역의 중간에 있었으나 이 두 지역의 가교 역할을 했다는 것이다.

기독교 공동체는 갈등과 이질성에도 불구하고 뭉치게 되는 하나의 공통기반이 있다. 그것은 하나님의 화목케 하시는 사랑이다. 얀시의 "주위를 보고"의 교회관은 일치를 추구하되 획일은 아니며 다양성을 추구하되 분열이 아닌 것이라고 했다.[217] 이렇게 바라보는 눈이 그의 교회관이 되었던 것이다.

- 얀시의 교회 외관(밖을 보고) – 봉사하는 교회

교회는 밖을 내다볼 수 있어야 한다. 덕이 있는 참다운 부자는 이웃의 가난한 집을 주목할 수 있어야 한다. 역시 러셀 교회는 교회 밖의 사람들에게 봉사하는 정신을 가지고 있었다. 선교와 구제 그리고 교육 지원 등이었다. 각종 사회 봉사활동을 할 줄 아는 교회를 사람들은 선호한다. 교회 밖에는 교회의 도움을 필요로 하는 사람들이 무수히 많다.

얀시는 루이스 팔라우의 흙의 비유를 다음과 같이 말하고 있다. 팔라우는 흙의 비유로 교회의 본질을 포착했었다.

「그에 따르면 교회란 거름과 같다. 거름은 한 곳에 쌓아두면 이웃에 악취를 풍긴다. 그러나 땅에 골고루 뿌리면 세상을 비옥하게 한다. 나는 교회를 찾을 때면, 밖을 볼 줄 아는 교

---

216) 필립 얀시, 위의 책, p. 42.
217) 필립 얀시, 위의 책, p. 47.

회를 찾는다. 밖을 바라보고 그 쪽으로 손 내미는 행동이 교회의 성패를 가름하는 가장 중요한 요소라고 나는 믿는다. 주택가의 자족하는 교회들은 이제 밖으로 시선을 돌려야 할 것이다. 도시빈민 교회와 결연을 맺을 수도, 러시아나 남미 교회를 돕는 프로그램에 참여할 수도 있다. 처음에는 이러한 노력들이 힘과 자원의 소모로 생각될 수 있다. 그렇지만 나는 거기서 정확히 정반대의 모습을 보았다. 사랑은 아무리 나누어도 줄지 않는다. 나눌수록 풍성해지는 사랑, 그것이 믿음의 역설이다.」[218]

• 얀시의 교회 내관(안을 보고) – 은혜 복음을 전하는 교회

교회 안에는 은혜가 충만해야 한다. 교회 안에는 올바른 교리가 선포되어야 한다. 교회 안에서 찾을 수 있는 것은 오직 은혜의 충만이다. 어떤 사람이든 다 은혜로 포용하고 길러주는 교회가 되어야 한다. 얀시가 보았던 러셀 교회 담임목사는 은혜를 주제로 하는 설교만을 해서 얀시 자신이 스펀지에 물이 스미듯 은혜로 충만해지니까 그런 교회가 좋더라는 것이었다. 그는 그의 경험을 다음과 같이 말하고 있다.

「그러고 보니 은혜란 내 유년시절의 교회에서는 도무지 구경할 수 없는 것이었다. 나의 옛 교회는 왜 그렇게 무섭기만 했을까? 우리의 교회가, 경쟁과 비난과 서열, 곧 은혜 아닌 것들로 가득한 세상에 은혜를 알릴 수는 없을까? 그렇게만 한다면 우리의 교회는 과연 오아시스로 몰려드는 대상들처럼 사람들이 자연스럽게 모이는 장소가 될 것이다. 이제 나는 교회를 찾으면, 안을 보며 하나님께 부탁한다. 내게서 싸늘한 비평과 경쟁의 독을 제거하시고, 대신 은혜를 채워달라고, 어느 모로 보나 은혜가 넘치는 교회, 내가 찾는 교회는 그와 같다.」[219]

필립 얀시는 교회 회의론자에서 옹호론자로 나오게 된 것이 교회를 보는 시각을 정리한 것이라고 했다. 필립 얀시가 본 교회관은 가시적 교회에 대한 실망이 자기 믿음에 장애가 되는 것을 느꼈는데 마침내 러셀 교회를 통해 올바른 교회를 발견했다고 했다. 교회가 예배보다는 즐거움을, 다양성보다는 획일을, 포용보다는 배타를, 은혜보다는 율법을 내세우는 교회는 믿음에 도움이 되지 않는다고 했다. 필립 얀시는 교회의 정체성은 그리스도의 몸인 공동체라고 체험담을 이야기하고 있다.

「보다 못한 하나님께서는 결국 질그릇에 불과한 우리 안에 살기로 작정하지 않으셨는가! 그것은 인류가 하나님께 받을 수 있는 최대의 격려요 영광이었다. 창세기부터 요한계시록

---
218) 필립 얀시, 위의 책, p. 52.
219) 필립 얀시, 위의 책, p. 53.

까지 몇 차례인가 통독했지만, 읽을 때마다 나는, 교회가 하나의 정점, 곧 하나님께서 태초부터 계획하신 역사의 궁극적 실현이라는 사실을 새삼 깨달으며 고개를 끄덕인다. 그리스도의 몸은 인종과 국가와 성이라는 담을 허물고 들어선 새로운 표석(標石)이다. 그 표석의 현장에서라야 세상 천지에 둘도 없는 공동체는 이룩된다. 그 표석을 우리의 새로운 정체성이라 부르면 안 되겠는가. 모든 것이 다르지만 그리스도의 몸이라는 정체성 하나로 공동체를 이루는 것이 그리스도인들이다. 로마제국 곳곳에 흩어진 다양한 회중들에게서 바울은 서신을 보냈다. 아무 서신이고 펴서 첫 줄을 읽어보라. '그리스도 안에서'이다. 인종이나 경제적 지위 혹은 기타 인간주의가 만들어 낸 그 어떠한 범주도 그리스도 안에 사는 사람이라는 새로운 정체성을 넘어서지 못한다.」[220]

필립 얀시는 칼 바르트의 교회관을 인용하면서 교회의 정체성을 재강조다. "교회는 세상의 방식과는 현격하게 다른 새로운 표상, 그리고 어떤 면에서는 세상과 전혀 모순되는 표상을 세우기 위해 이 세상에 존재한다."[221] 세상은 세상이고 교회는 교회이다. 세상과 같은 교회는 있을 수 없다. 세상 역시 교회와 같은 세상은 없다. 필립 얀시는 가시적 지상교회에 약점이 있음을 인정한다.

「그리스도의 교회보다 적절한 것은 없다고 생각한다. 확실히 하나님께서는 이 세상에서 당신의 모습을 구현하는 임무를 교회에 위임하셨다. 우리가 하는 모든 일이 하나님의 위임이다. 부모라면 누구나 이 위임으로 인한 모험적 요소를 안다. 아직은 불안한 자녀들에게 무엇을 맡긴다는 것은, 그 결과로 인해 기쁨을 맛보든 고통을 겪든 가슴 졸이는 일이다. 걸음마를 배우는 아이는 일단 서기부터 한다. 그 다음에 걷고, 넘어지고, 다시 일어나 한 걸음 더 뗀다. 그렇다. 교회는 정확히, 하나님의 영광에 이르지 못하는 우리 인간으로 구성된 것이기에, 사명에 실패하고 중대한 실수를 저지른다. 그것이 하나님의 모험이다. 완벽을 기대하고 교회에 들어가는 자는 이 모험의 본질도, 인간 조건의 본질도 이해하지 못한다. 연애의 낭만적 감정이란 결국 어떤 깨달음으로 귀착하는가? 결혼은 끝이 아니라 시작이며, 비로소 사랑을 만들어 나가는 노력이라는 인식 아닌가. 마찬가지로 그리스도인들도 교회란 비로소 시작일 뿐이라는 사실을 깨달아야 한다.」[222]

교회 밖은 단순하다. 전파되는 복음이 단순하니까. 누구든지 목마르거든 와서 값없이 사먹으라고 한다. 그러나 교회 안에 들어와 보면 마치 값을 내고 사먹어야 하는 것처럼 복잡

---

[220] 필립 얀시, 위의 책, p. 60.
[221] 필립 얀시, 위의 책, p. 64.
[222] 필립 얀시, 위의 책, p. 162.

하다. 복잡이라기보다는 신비한 것이다. 교회 밖은 안에 들어온 사람들에게 당황함을 줄지 모른다. 이 양자 사이에 부조화가 있을 수 있고 그래서 교회에 실망할 수 있을지도 모른다. 이상과 현실의 문제가 그것일지도 모른다. 어떤 초신자가 신앙생활로 깊이 들어간 헌신적인 그리스도인이 된 다음에 다음과 같은 속마음을 털어놓았다고 한다.

"교인들이 나에게 처음 전도할 때는 아주 교회생활이 쉽다고 말했어요. 믿기만 하면 됩니다. 믿기만 하면 구원받고, 구원받았으면 천국 직행열차를 탄다고 했습니다. 그래서 예수를 믿었고 교회로 들어왔습니다. 그러나 막상 교회에 들어오고 보니 복잡합니다. 주일을 지키라, 십일조를 하라, 전도를 하라, 기도 경건 훈련을 쌓으라, 제자 교육을 받으라. 듣던 것보다 실제 들어와 보니 더 복잡합니다. 술을 끊지 못한다고 말했을 때 술을 먹어도 된다고 하더니 막상 교회생활을 계속하니까 술을 끊으라고 하더군요. 지금은 담배도 안 피우고 술도 안 마십니다. 그러나 이것은 푸념이 아니고 기쁨의 표현입니다. 처음 단순하게 여겼던 신앙생활보다 지금 복잡하게 느끼는 신앙생활이 훨씬 더 자유롭고 평안한데요. 뭘."

사람들은 지상의 가시적 교회의 약점 때문에 실망하고 교회를 떠나버리는 경우가 있는데 필립 얀시는 교회를 하나님의 입장에서 보기로 했다.

'그럼에도 불구하고'라는 전제가 교회에 붙어 있는 것이다. 얀시는 파머 목사가 베토벤 교향곡 9번을 어느 시골 고등학교 합주단에게 연주할 것을 부탁했었을 때의 경험을 말함으로써 그의 교회관을 결론짓고 있다. 파머 목사가 그 어려운 곡을 고등학교 합주단에게 맡길 때 사람들은 비웃으며 가소롭게 여겼지만 그럼에도 불구하고 강행한 이유가 있었다. 물론 이 고등학교 합주단이 베토벤 교향곡 9번을 완벽하게 연주하리라고는 기대하지 않았다. 시카고 심포니 오케스트라도 완벽에 이르기 어려운 곡을 고등학교 합주단이 해내지 못할 것을 알고 있었다. 그런데 왜 파머 목사는 고등학교 합주단에게 연주하라고 했던가?

「파머 목사님은 말했다. "그 고등학교 합주단이 베토벤의 교향곡 9번을 연주했을 때 우리는 대경실색하고 말았습니다. 귀머거리이긴 하지만 베토벤이 그 소리를 들었다면 무덤 속에서 통곡을 할 노릇이었습니다. 사람들은 물을 것입니다. 왜 저렇게 괴롭히느냐고. 왜 저 어린 학생들에게 불후의 작곡가 베토벤이 구상한 음을 저토록 애써가며 재현하게 하느냐고. 심한 거 아니냐고. 그러나 우리는 학생들에게서 완벽을 바라지 않았습니다. 저 유명한 시카고 심포니 오케스트라도 완벽에 이를 수는 없습니다."

"내가 하고 싶은 말은 이렇습니다. 객석에 앉은 청중들 중에는 그 학생들의 연주를 통해서야 베토벤의 위대한 9번 교향곡을 처음 접하는 사람들이 있습니다. 완벽과는 거리가 멀지만, 그 청중들이 그래도 베토벤의 메시지를 들을 수 있는 길은 학생들의 그 연주뿐입니다." 교회 예배가 지루해져 몸이 뒤틀릴 때면 나는 언제나 파머 목사님의 예화를 생각한다.

우리는 비록 작곡가가 애초에 구상한 음에는 결코 이르지 못하겠지만, 불완전한 그 음이나마 세상에 들려줄 사람들은 우리 외에는 없다.」[223]

여기서 고등학교 합주단은 교회이고 베토벤 교향곡 9번은 교회가 도달해야 할 목표이고 처음 교향곡을 접하는 학생은 불신 세상 사람이다. 교회는 그럼에도 불구하고 교회 소리를 내어야 한다. 찢어진 북이라도 북소리를 내라고 때리는 격이다. 좀더 좋은 소리를 내라고 찢어진 북을 꿰매어 때리는 것이 교회의 갱신이라 할까.

평신도인 문필가, 연설가, 칼럼니스트로 교도소 선교회의 사역을 하고 있는 찰스 콜슨(Charles Colson)의 간증에 가까운 진술을 들어 보기로 하자. 그는 「이것이 교회다」라는 저술가로도 유명하다.[224] 그는 C. S. 루이스로부터 굉장한 감명을 받았다고 한다. 필자가 찰스 콜슨의 간증을 굳이 교회론 서술 속에 넣는 이유는 솔직한 교회 정체성에 대한 그의 신중한 검토가 매우 감명적이었기 때문이다. 나는 그의 저서를 몇몇 사람들에게 선물해 주었는데 무척 도전적이며 충격적인 반응을 보이게 되었다는 회신을 받았다. 필자뿐 아니라 한국 기독교의 많은 저명인사들도 찰스 콜슨의 「이것이 교회다」라는 책에서 얻은 도전과 감명은 대단한 것이다. 그 중에서 몇몇 분의 추천사 전면을 여기에 싣는다.

「이동원 (지구촌교회 담임목사)

"21세기 기독교의 최대 화두는 교회론이다. 종교개혁 시대가 구원론을 정립했고, 19세기가 선교론을 정비했고, 20세기가 성령론을 모색하게 했다면, 21세기는 교회론의 구체적인 비전을 기다리고 있다. 우리 시대의 예언적 신앙인 찰스 콜슨의 책 「이것이 교회다」는 바로 이 화두에 대한 해답을 던지는 책이다. 이 책을 붙잡는 순간 우리의 교회는 새 역사의 지평선을 바라보며 힘차게 일어설 것이다."

이상규 (고신대학교 교수)

"우선 이 책이 찰스 콜슨의 작품이라는 점이 나를 유혹했다. 저명한 변호사, 닉슨 대통령의 법률 고문, 워터게이트 사건, 수형생활 등 영욕의 인생여정을 경험한 그의 글 속에는 뭔가 새로운 것이 있다. '하나님이 기뻐하는 교회'라는 거시적 안목으로 교회의 강줄기와 샛강을 오가며 그린 콜슨의 화상(畫像)은 바른 교회를 꿈꾸는 한국 교회에 창신(創新)의 도전을 준다. 내가 이 책을 좀더 일찍 볼 수 있었다면 나의 목회가 더 성공적이었을 것이다. 그러기에 나는 「이것이 교회다」를 한국 교회를 향한 '교회실의(敎會實義)'라고 부르고 싶다."

---

223) 필립 얀시, 위의 책, p. 164.
224) 찰스 콜슨, 엘렌 산틸리 본, 「이것이 교회다」 김애진 외 역(서울:홍성사, 2006)은 저자가 평신도이면서도 예리한 통찰력과 다양한 인생 체험을 통해 교회가 어떠해야 할 것인가를 소설처럼 제시하고 있다.

주승중 (장신대학교 교수)

"천국에 대한 증거이자, 미래적인 천국의 모습을 발견할 수 있는 곳이 교회이다. 그러므로 교회는 세상에 나타난 천국의 모습이다. 그런데 오늘, 교회가 병들어 가고 있다. 특별히 한국 교회가 정체성을 잃어버리며 실낙원하고 있다. 이런 상황에서 이 책은 교회의 주인이신 주님께서 한국 교회에 주는 귀한 선물이다. 한국 교회가 복낙원할 수 있는 길을 실존적으로 보여 주고 있기 때문이다."

허철 (주 벨기에 외교관)

"「이것이 교회다」는 많은 모순과 어려움에 직면한 현대 교회가 나아가야 할 길을 제시하면서, 결국은 모든 것이 그가 불러내신 우리 스스로의 책임임을 깨닫게 한다. 더불어 예수의 지체가 된다는 것의 의미에서 시작해, 신앙의 본질적인 요소들에 대해 명확하고 성서적이며 감동적인 답을 제시한다. 말씀과 성령의 권위에 순복하며 참된 믿음을 키워 나가기 바라는 모든 평신도들께 꼭 권하고 싶다."

J. I. 패커 (리전트 칼리지 교수)

"콜슨은 강한 필치와 심금을 울리는 이야기로 도전을 주고 머리 숙이게 하며, 성도를 감화시킨다. 교회가 정말로 근본적으로 갱신되어야 한다는 생각 때문에 마음이 편치 않음을 감수할 수 있다면 이 책은 바로 당신을 위한 책이다. 이 책은 심장에서 흘러나왔다!"

존 카디널 오코너 (뉴욕 주교)

"나는 가톨릭 신자이지만 저자의 교회 개념을 천명하지 않을 수 없다. 「이것이 교회다」는 교회론에 대해 깊은 감동을 주는 매우 소중한 책이다. 또한 우리가 주님의 말씀을 전파하고자 애쓸 때 우리를 하나 되게 하는 것이 무엇인지 강하게 상기시켜 준다."

빌 하이벨스 (윌로우크릭 교회 담임목사)

"콜슨의 책을 읽을 때마다 나는 하나님 앞에 위험을 무릅쓰는 그리스도인이 되겠다고 진지하게 결심한다. 독자여, 조심하라!"[225]

찰스 콜슨이 교회에 관한 책을 집필하는 데에는 그럴만한 자격이 있을까라고 문의할 수도 있다고 했다. 그가 말한 대로 그는 신학교에 한 번도 가 본적이 없는 단순 침례교도이며 전혀 목회 경험이 없는 자기 자신이라고 했다.[226] 그러나 그는 교회에 대해서 말할 수 있다고 자기 변호를 강하게 내밀고 있었다. 19년 이상을 교회의 평신도로서 살았고 17년 동안 교도소 선교회 지도자로서 미국을 비롯해서 전 세계에서 가장 열정적인 목회자 및 성도들

---

225) 찰스 콜슨, 「이것이 교회다」, 추천사 지면에서.
226) 찰스 콜슨, 위의 책, p. 56.

과 함께 일하고 통찰력을 키웠다고 했다. 그는 오스 기니스의 말 "물을 알고 싶거든 물고기에게 묻지 말라"는 것을 인용하면서 비록 자기가 신학자나 목회자가 아니라 하더라도 교회에 대해서 말 한 마디쯤은 할 수 있지 않느냐 하는 것이다.[227] 필자가 바라는 것은 한국에서도 지성적인 평신도나 헌신적인 경건한 평신도가 교회와 하나님의 진리에 대해서 이렇게 말할 수 있다면 한국 교회가 얼마나 수준 높고 격조 있는 경건하고도 강건한 교회가 되지 않겠나 싶다. 찰스 콜슨은 그의 책 「이것이 교회다」를 아래와 같이 3부로 나누어 저술했다고 한다.

「교회가 그리스도의 몸이라면, 그 말의 정확한 의미는 무엇인가? 교회란 정확히 어떤 존재인가? 제1부에서 우리는 우리 시대의 몇몇 교회들의 예를 살펴보면서 이 문제를 다룰 것이다. 제2부에서는 교회와 세상 사이의 심각한 긴장을 다룰 것이다. 진리 수호를 위한 전투에서 교회가 세상 문화에 대해 독립적으로 서지 않는다면 어떻게 진리의 파수꾼이 될 수 있으며, 성경의 수호자가 될 수 있겠는가? 제3부에서는 세상 속에서 교회가 어떻게 그 역할을 감당해야 하는지를 다룰 것이다. 하나님 백성의 참 모습은 무엇이며 어떻게 무장할 수 있는가?」[228]

찰스 콜슨은 교회의 정체성(正體性, identity)의 위기가 큰 문제라고 지적한다. 교회의 정의도 똑바로 못 내리고 있다는 게 그의 지적이다.

「그러나 교회를 건물로 인식하는 이런 개념은 이보다 훨씬 더 근원적인 문제, 곧 교회 정체성의 위기라는 심각한 현상의 한 증상일 뿐이다. 우리는 교회를 단지 벽돌과 회반죽의 합성물로 보는 잘못을 범하고 있을 뿐만 아니라 교회의 성격과 그 성경적 목적 및 사명을 잘못 이해하고 있는 것이다. 심지어 우리는 교회의 정의를 내리는 데에도 어려움을 겪고 있다. 교회는 집회인가? 교파인가? 교회는 그 범위가 전 세계의 모든 그리스도인인가, 등록교인들에게 국한되는가? 텔레비전으로 예배를 보는 사람들과 유아세례만 받은 사람들, 혹은 침(세)례 받지 않은 사람들은 어떻게 되는가?」[229]

그는 교회의 사명이 무엇인지도 확실히 정하지 못하고 있는 현실을 다음과 같이 지적하고 있다.

---

227) 찰스 콜슨, 위의 책, p. 56.
228) 찰스 콜슨, 위의 책, p. 52.
229) 찰스 콜슨, 위의 책, p. 46.

「또한 교회의 사명은 무엇인가? 예배? 복음 전도? 성장? 배고픈 자들을 먹이고, 정치가를 선출하고, 퇴폐와 비윤리에 저항하는 것? 이런 질문은 끝없이 계속될 수 있다. 그리스도인이든 아니든 아무나 붙잡고 교회를 주제로 대화를 나누어 보면 긍정, 부정, 무관심 등 다양한 견해를 접하게 된다. 불신자들이 교회의 정체성이나 사명을 정확히 이해하지 못하는 것은 당연한 일이다. 그러나 그리스도인들 스스로가 자기 정체성이나 사명을 제대로 이해하지 못하는 것은 그야말로 곤혹스러운 일이다. 이 같은 혼돈 상태에서는 교회의 권위가 설 자리가 없기 때문이다.」[230]

찰스 콜슨은 현대 교회가 정체성에 확신이 없으니 교회의 활동도 무의미하게 되어짐을 소상히 소개하고 있다.

「교회는 성장과 번영의 시기를 맞이하고 있는 듯하지만 실상은 사람들을 헌신과 희생의 삶으로 이끄는 데 실패하고 있다. 받아들이기는 힘들지만, 삶을 변화시키는 살아 있는 믿음의 역동성을 제도화된 종교로 대체해 버린 것이다. 우리 대부분에게 교회는 예배드리기 위해 모이는 건물이다. 교회의 사역은 우리가 관여하고 있는 프로그램들이며, 교회의 사명은 교회의 필요를 채워 주는 것이고, 교회의 일꾼들은 우리를 돌보게 하려고 고용한 전문 교역자들인 것이다. 교회의 성장은 그리스도의 몸으로서의 성숙보다는 장소, 마케팅, 건축, 프로그램, 교인 수를 가리키는 것이 되기에 이르렀다. 이전 세대와 비교해 볼 때 현대 교회는 세상 문화와 가장 잘 타협하고 있으며, 사회를 변화시키는 일에는 가장 무능하고, 신앙적으로는 가장 절망적이다. 우리의 존재 이유는 혼란에 빠졌으며, 우리의 사명은 모호하고, 하나님의 백성으로서 우리의 실존은 위험에 처해 있다. 더 심각한 것은 지도자들이 이런 사실들을 알고 있으면서도 이 문제를 해결할 능력이 없거나, 아예 해결할 의욕이 없어 보인다는 점이다.」[231]

찰스 콜슨은 오늘날 교회에 가장 필요한 것은 '거룩한 두려움'이라고 했다. 교회의 정체성은 교회가 '거룩한 두려움' 곧 하나님 앞에서의 경외심을 가질 때 회복된다고 하여 종교개혁자들의 표어인 코람데오(Coram Deo-하나님 앞에서, 하나님 목전에서)를 인용했다. 우리에게 주어진 짧은 인생살이 중 세상(문화와 사회)을 기쁘게 하기보다는 하나님을 더 기쁘게 하려는 열정이 그로 하여금 감히 교회론을 쓰게 했다고 진술했다.[232]

---

230) 찰스 콜슨, 위의 책, p. 46.
231) 찰스 콜슨, 위의 책, p. 47~48.
232) 찰스 콜슨, 위의 책, p. 57.

다시 말하면 교회의 이상과 현실의 문제는 교회가 인간을 위한 교회가 아니라 하나님을 위한 교회가 될 때 문제의 폭을 줄일 수 있는 것이다. 이것은 교회가 무엇을 위한 수단이 아니라 그 자체가 목적이 될 때 교회의 이상이 실현된다는 것이다. 그의 교회의 정체성, 교회와 세상과의 관계, 그리고 세상 속에서의 교회의 위치에 관해서는 본 교회론을 써가는 과정에서 필요 적절한 곳에서 인용하기로 하지만, 우선 본란에서는 그의 교회의 정체성에 관한 진술을 아주 간략하게 요약해 보고자 한다. 그것은 교회가 누구이며 또 누구여야만 하는 교회의 본질 및 정의에 대한 확신을 갖게 하기 위함이다. 콜슨은 교회가 소비자 취향에 맞추는 소매점이 되어가고 있고 신앙은 일개 상품으로 전락해 버렸다고 보았다. 콜슨이 현대 교회에 대해서 내건 따가운 비평의 소리는 다음과 같은 것들이다.

「사람들에게 교회에 기대하는 바가 무엇이냐고 물을 때에 가장 많이 나오는 대답은 '친교'이다. 그 외의 대답으로는 '훌륭한 설교', '음악 프로그램', '자녀들을 위한 청소년 활동', '편안한 마음' 등이 있다. 지금 이 순간에도 사람들은 자기 취향에 맞는 교회를 찾아서 이리저리 떠돌아다닌다. 이것이 이른바 '맥처치(McChurch)' 심리이다. 오늘은 맥도날드에서 빅맥 버거를 먹고, 내일은 웬디스에서 샐러드를 즐긴다.」[233]

영적 소비자가 된 교인들은 교회라는 상점에서 자기 구미에 맞는 것이라면 무엇이든지 구매하고 그렇지 않은 것은 외면하고 있다는 것이다.

「최근 조사에 의하면 기독교 전문서점에서 판매되고 있는 거의 대부분의 책들이 자아존중, 자아실현, 자아분석 등에 초점을 맞춘 '예민한 감정 문제'를 다룬 것들인 반면, 경건서적이나 선교사의 전기는 한쪽 구석에서 먼지만 쌓여간다고 한다. 자기희생을 격려하는 서적들도 역시 같은 처지이다.」[234]

필자도 TV에 나오는 저명한 목사들의 설교를 듣다보면 "교회에 나오는 것이 그대에게 유익하오. 예수 믿는 것이 그대에게 행복하오." 쪽이다. 콜슨이 말하는 대로 다음과 같은 웃지 못할 일이 있으니 곧 교회에 출석하는 것은 자기의 기분을 풀기 위함이라는 것이다.
"오늘은 목사님이 제 기분을 좀 풀어 주셨으면 좋겠어요. 지금 기분이 너무 나쁘거든요. 오늘 아침 집 뒷문 앞에서 죽은 새를 보았더니 기분이 몹시 안 좋네요."[235] 그런데 목사들은

---

233) 찰스 콜슨, 위의 책, p. 62.
234) 찰스 콜슨, 위의 책, p. 63.
235) 찰스 콜슨, 위의 책, p. 63.

눈치 빠르게 이 기분을 알아서 설교를 해 준다는 것이다. "기분을 푸세요. 그 몹쓸 놈의 새가 하필 죽어서 집 뒷문 앞에… 주님을 바라보세요." 이것은 필자가 삽입한 현대판 소수 목사의 가상적인 반응이다. 교회는 사람들의 취향에 맞추다보니 모든 면에 걸쳐 리모델링을 하기 시작했다. 그래서 교회의 설교도 잘 먹혀드는 설교에다가 성경적 용어도 없애버리고 교회 이름도 건축 구조도 바꾸어 버렸다. 교회의 영성(靈性)이 세상의 상품성(商品性)과 경쟁하여 살아남기 작전에 들어간 것이다.

교회에서 잘 먹혀드는 설교란 예수 믿으면 당신에게 손해가 없다는 것이요, 교회에서 변해버린 성경적 용어란 저주라는 말을 없애고 속죄니 회개란 말은 고어(古語)가 되고 지옥이란 원시적인 말보다는 "우리가 원하지 않는 곳"으로 바꾸고, 천국이니 천당이니 하는 원시 종교언어는 "우리가 가고자 하는 곳"으로 바꾸었음을 말하며, 교회 이름을 바꾸었다는 것은 원래 지명(地名)에 따라 붙인 신약적 의미의 관례는 없어지고 온갖 상업적 선전용 형용사를 붙여 '기분 살려주는 교회'라는 식으로 바꾼다는 것이며, 건축 구조는 마치 레스토랑이나 어떤 정부기관 내지 회사의 모델을 따른다는 것이다. 콜슨이 지적한 현대 교회의 어떤 왜곡된 면을 보노라면 교회의 이상과는 다르게 현실이 어떻게 변했는가를 이렇게 요약해 볼 수 있다.

첫째, 인본주의 대 신본주의라는 대립개념을 혐오까지 하는 오늘 세대에서 필자가 그럼에도 불구하고 끄집어내어 쓰고 싶은 말이 그런 말들이다. 오늘날 교회는 인본주의 쪽으로 흘러가고 있다는 것이다. 그것은 교회에 출석하는 사람들의 자기실현(自己實現)이 중요한 것일 뿐, 하나님 실현(God-Realization)은 중요하지 않게 본다는 것이다. 사람에게 마음을 편하게 해주며 인간의 가치 회복을 보장한다면 교회의 임무는 웬만큼 완수한 것이라고 보는 태도이다. 하나님 앞에서 사람이 만족하고 도취하고 흥분하고 실컷 기분을 풀고 교회문을 떠난다. 그러고도 이렇게 말한다. "오늘 참 행복했습니다. 하나님께서도 무척 기뻐하셨습니다." 그러나 이미 하나님은 그 자리를 떠나신 지 오래다.

둘째, 교회가 목적이 되지 못하고 수단이 되어 버렸다는 것이다. 이것이 교회의 수단화 과정인데 교회는 하나님 앞에서 존재하는 그 자체만으로 목적인데 사람 앞에서 사람을 돕는 서비스 업체로 변해 버렸다는 것이다. 교회가 시장 논리에 영합하고 세상의 시장성 내지 상품성과 대립하다 보니 교회의 본질 자체가 변질되고 복음이 왜곡된 성경 메시지가 희석되고 교회의 권위는 추락하여 머리되신 예수 그리스도의 지체며 장차 신랑 되실 예수 그리스도의 신부인 교회가 중도에서 이탈하여 수단성을 지닌 위치로 전락했다는 것이다. 교회의 역할이 사람을 행복하게 만드는 것이 아니라 거룩하게 만드는 것임을 잊었던 것이다.[236]

이를 답답하게 느낀 콜슨은 교회의 특성을 다음과 같이 진술한다.

---
236) 찰스 콜슨, 위의 책, p. 72.

「하나님의 백성으로 이루어진 몸인 교회는 교묘한 시장 전략이나 화려한 시설과는 무관하다. 믿음의 공동체인 교회는 하나님의 백성과 그들 안에 임재하시는 성령과 전적인 관계를 맺고 있다. 참으로 중요한 것은 신앙 공동체로서의 특성인 것이다.」[237]

현대 교회에 내린 따가운 비평에도 불구하고 콜슨은 노아의 방주 안이 냄새나고 불결함에도 불구하고 그 안에 있어야 함을 예로 들어 교회의 존재의미를 살려주고 있다.

「흔히들 교회가 노아의 방주와 같다고 말한다. 냄새나고 불결한 방주 속은 방주 밖의 대홍수가 없었더라면 절대로 참아낼 수 없는 곳이었다. 현실의 교회도 마찬가지다. 현실의 교회는 불완전하며 조화롭지 못하고, 때때로 우리의 분노를 불러일으킨다. 그럼에도 불구하고 우리는 바로 이런 교회를 통하여 진리가 선포되며 실현되고 있다는 사실을 인정해야 한다. 현실의 교회는 항상 신앙의 교회에 일치하고자 노력한다. 그리스도인들은 보편적 교회와 개별교회, 눈에 보이지 않는 교회와 보이는 교회, 신앙의 교회와 현실의 교회 간에 존재하는 긴장의 한가운데서 살아야 한다. 현실 교회의 편협함과 실패, 분열과 불화는 때때로 우리를 낙담케 할 수 있다. 죽을 수밖에 없는 우리 인간들은 교회의 이름 아래 얼마나 후회스러운 일들을 많이 저지르고 있는가? 그러나 하나님께서 당신의 교회를 친히 세우시리라는 약속 때문에 우리는 위로받는다. 하나님께서는 때때로 특별한 방법으로 교회를 세우신다.」[238]

지성적이고도 경건한 성도인 콜슨이 교회의 정체성의 위기에 대해 심히 우려를 표명하면서도 정체성을 잃은 교회를 버릴 것이 아니라 정체성을 찾아서 성도들이 그곳에 끝까지 남은 자로 있어야 함을 강조했다. 그는 자신이 말하듯 보편구원설 주장자와 관용주의자라는 비난을 받았다고 했다. 그 예로 그가 테레사 수녀를 거룩한 삶의 표본으로 삼았다는 것 때문에 많은 사람들로부터 그녀에게 구원하는 방법을 가르쳐 주라는 제의를 받았다는 것이다. 필자도 그녀가 구원을 받았다는 인상을 그리스도인들에게는 주지 못하고 있지만 주로 비그리스도인에게와 혹은 다소의 그리스도인에게 거룩하고 봉사하는 희생적 삶을 살아간 자의 표본이라는 인상을 주었다고 본다. 구원받는 것과 거룩한 희생적 삶을 사는 것이 반드시 일치하는 것은 아니기 때문이다. 희생적 자선 사업을 펼쳐 나가는 사람이나 종교인을 그리스도인이라 할 수 없는 것과 마찬가지이다.

여기서 필자가 콜슨의 어깨를 두드리거나 변호를 해 준다면 콜슨은 테레사를 구원받은 사람의 확신의 표본이라고 주장하기 보다는 말 그대로 "외형적으로 드러난 거룩한 삶의 표

---

237) 찰스 콜슨, 위의 책, p. 77.
238) 찰스 콜슨, 위의 책, p. 113~114.

본"으로 제시했음을 양해해 달라는 당부를 드림으로써 그가 현대 교회에 내린 평가와 비평 그리고 우려를 손(損) 가지 않도록 하고 싶은 마음이 있다.

콜슨이 강조한 것은 일부 그리스도인의 억측의 죄가 교회를 분열되게 하는 주원인이 된다는 우려 때문에 관용주의자라는 인상을 받지 않았나 싶다. 그러나 그의 사상을 예의 검토하면 관용이라 하기에는 너무나 근본주의자라는 것을 알게 된다. 콜슨은 세상 사람들의 모임은 동호인(同好人)의 모임이라 할 수 있지만 그리스도인의 모임의 경우는 다르다고 한 것이다. 우리 그리스도인은 그리스도의 초청으로 모인 것이지 우리의 초청으로 모인 것은 아니라는 것이었다.[239] 내가 좋아하는 사람들을 골라서 나의 파티에 초청한 것이 아니라 그리스도의 파티에 그리스도가 초청을 했고, 우리 모두는 그리스도의 초청을 받은 입장인데 우리끼리 '미운 사람', '고운 사람' 편들 수는 없는 것이 아닌가?

그러기에 그는 교회의 정체성은 교회의 분열보다는 일치에 있음을 성경에서 찾아내고 있다. 콜슨이 말한 교회의 표지는 교회의 일치와 진리 말씀의 선포에 있다고 보았다.

"평안의 매는 줄로 성령이 하나 되게 하신 것을 힘써 지키라 몸이 하나요 성령도 한 분이시니 이와 같이 너희가 부르심의 한 소망 안에서 부르심을 받았느니라 주도 한 분이시요 믿음도 하나요 세례도 하나요 하나님도 한 분이시니 곧 만유의 아버지시라 만유 위에 계시고 만유를 통일하시고 만유 가운데 계시도다"(엡 4:3~6)

"그러므로 너희는 가서 모든 민족을 제자로 삼아 아버지와 아들과 성령의 이름으로 세례를 베풀고 내가 너희에게 분부한 모든 것을 가르쳐 지키게 하라 볼지어다 내가 세상 끝날까지 너희와 항상 함께 있으리라 하시니라"(마 28:19~20)

"너희를 넘겨 줄 때에 어떻게 또는 무엇을 말할까 염려하지 말라 그 때에 너희에게 할 말을 주시리니 말하는 이는 너희가 아니라 너희 속에서 말씀하시는 이 곧 너희 아버지의 성령이시니라"(마 10:19~20)

"내 백성이 지식이 없으므로 망하는도다 네가 지식을 버렸으니 나도 너를 버려 내 제사장이 되지 못하게 할 것이요 네가 네 하나님의 율법을 잊었으니 나도 네 자녀들을 잊어버리리라"(호 4:6)

교회의 정체성에 관한 정의를 학자마다 사람마다 성경에서 이끌어내어 확인시키고 있는 바 콜슨은 교회의 하나 됨과 진리의 선포라는 것으로 교회가 교회 됨을 강조하고 있다. 이것은 장로교회에서 주장하는 교회의 정체성과 같은 것인데 말씀 선포와 성례가 있는 곳에 교회가 있다고 했던 것이다. 교회 정체성에서 말씀 선포가 얼마나 중요한 것인지를 콜슨은

---

239) 찰스 콜슨, 위의 책, p. 141.

"성경으로 복귀"라는 라디오 방송사역의 창시자 테오도르 에프 목사의 간증을 싣고 있다. 에프 목사는 자신을 비판하는 편지가 더 이상 오지 않자 무엇인가 자기가 잘못 설교하고 있다는 것을 깨달았다고 한다. 그것은 양들에게 충분히 성가시게 도전하지 않고 있다는 것이었다. 즉 시청자를 만족케 하는 편안한 설교를 하고 있는 자기 자신을 발견한 것이었다. 그래서 에프는 다음과 같이 말했다고 한다. "유감스럽게도 내가 모든 사람들을 기쁘게 하는 그때는 내가 주님을 기쁘게 하지 못하고 있는 때입니다. 나에게는 주님을 기쁘게 하는 일이 가장 중요합니다."[240]

> "이제 내가 사람들에게 좋게 하랴 하나님께 좋게 하랴 사람들에게 기쁨을 구하랴 내가 지금까지 사람들의 기쁨을 구하였다면 그리스도의 종이 아니니라"(갈 1:10)

하긴 오늘날 설교로 수술하는 일이 드물다. 히브리서 4장 12절은 말하고 있다.

> "하나님의 말씀은 살아 있고 활력이 있어 좌우에 날선 어떤 검보다도 예리하여 혼과 영과 및 관절과 골수를 찔러 쪼개기까지 하며 또 마음의 생각과 뜻을 판단하나니"(히 4:12)

하나님의 말씀은 살았고 운동력이 있어 좌우에 날선 어떤 검보다도 예리하다. 혼과 영과 관절과 골수를 찔러 쪼갤 수 있다. 마음의 생각과 뜻도 감찰한다. 말씀의 수술 칼이 육체와 마음을 수술한다. 수술하자면 통증이 있고 비명이 터지기 마련이다. 그러나 오늘날 교회 안에서는 너무 조용하다. 수술이 없다는 징조이다. 콜슨은 찰스 피니가 말한 바 그리스도의 사랑만 전하는 물탄 우유 같은 설교나 죄 때문에 못 박히시지 않은 그리스도를 전하는 설교는 집어치우라는 피니의 말을 인용하고 있다.[241] 다시 말하면 치료요법적 복음 설교는 경계해야 한다고 한 것이다. 그것은 이단성을 지닌 설교라고 했다. 콜슨은 치료요법적 복음 설교와 참 복음의 차이점을 아래와 같이 진술하고 있다.

> 「이런 맥락에서 볼 때 치료요법적인 복음은 참으로 경계해야 하는 이단적인 성향을 지니고 있다. 그 같은 복음은 인간 외부에서 작용하며 우리로 하여금 환경과 주어진 처지에 적응하게 함으로써 내면의 자존감을 회복시켜 준다. 여기에서 더 나아가면 우리가 당연히 나쁘게 여겨야 할 것도 좋게 느끼게 된다. 반면 참 복음은 우리의 삶을 바꾸고 환경을 바꾸도록

---

240) 찰스 콜슨, 위의 책, p. 180.
241) 찰스 콜슨, 위의 책, pp. 183~184.

의도된 것이다. 복음은 인간의 내부에서 외부로 작용한다. 치료요법은 행위를 바꾸는 것에 관심이 있는 반면, 참 복음은 인격을 바꾸는 것에 관심이 있다. 치료요법은 우리가 스스로 필요하다고 생각하는 것을 제공하지만 참복음은 우리에게 진정으로 필요한 것을 준다."[242]

이제까지 필자는 콜슨의 교회 정체성 위기에 관한 비평과 조언 그리고 교회에 끝까지 남아 있어야 하는 교훈을 길게 설명했다. 그는 교회의 본질적 이상과 현실적 현상의 거리를 실증하면서도 이상과 현실의 일치 내지 접근을 격려하고 있었다.

레오나드(Bill J. Leonard)의 「교회의 본질(The Nature of the Church)」에서 교회의 이상과 현실의 문제를 어떻게 다루고 있는가를 끝으로 요약해 보기로 한다.[243] 레오나드의 교회 진술은 "교회의 활동" 주제를 다룰 때 더 인용하기로 하고 여기서는 그의 교회론의 이상과 현실의 문제를 주로 간략하게 소개하고자 한다. 그의 저술은 모두 8장으로 나눠져 있는데 제1장에서 "교회란 무엇인가?" 질의하면서 교회의 이상과 현실(사실)(Ideal and Real)을 다루었다. 그는 바울의 에베소서 5장 25~27절을 소개한다.

"남편들아 아내 사랑하기를 그리스도께서 교회를 사랑하시고 그 교회를 위하여 자신을 주심같이 하라 이는 곧 물로 씻어 말씀으로 깨끗하게 하사 거룩하게 하시고 자기 앞에 영광스러운 교회로 세우사 티나 주름 잡힌 것이나 이런 것들이 없이 거룩하고 흠이 없게 하려 하심이라"
(엡 5:25~27)

위의 구절은 참 교회의 이상형이다. 그는 바울의 갈라디아서를 소개한다.

"그리스도의 은혜로 너희를 부르신 이를 이같이 속히 떠나 다른 복음을 따르는 것을 내가 이상하게 여기노라"(갈 1:6)
"어리석도다 갈라디아 사람들아 예수 그리스도께서 십자가에 못 박히신 것이 너희 눈 앞에 밝히 보이거늘 누가 너희를 꾀더냐"(갈 3:1)

위의 구절은 현 교회의 현실성을 말한다. 교회의 이상형은 복음을 지키며 사는 것이고 교회의 현상은 다른 복음을 따르는 것이다. 진리 복음에서 떠나려고 할 때 이상적인 교회 정체는 잃게 되고 그런 사람들을 바울은 "어리석은 갈라디아인"이라고 한 것이다. 교회는

---

242) 찰스 콜슨, 위의 책, p. 184.
243) Bill J. Leonard, *The Nature of the Church*, (Nashville, Ten. Broadman Press, 1986).

인적이며 또한 신적이다. 교회가 인적이란 이유는 인간성이 표출되기 때문이다. 그 인간성이란 허약하고 깨어지고 부서지고 유혹받기 쉽다는 측면이다. 교회가 신적이라는 이유는 그것이 그리스도의 몸으로서 이 세상에서 하나님의 일을 계속하고 있는 표시(sign)이기 때문이다.[244] 교회는 참 교회 하나밖에 없는데 왜 많은 교회라는 다양성을 지니게 되었는가? 교회는 그리스도가 한 분이기 때문에 하나임이 마땅하다. 이 말은 그리스도에게 잡힌 자들은 그리스도의 교회에게와 그리고 성도들 피차간에게 사로잡혀 있기 때문에 거기엔 둘이나 셋이 없고 오직 하나뿐이다. 정말 지당한 논리다.

그런데 왜 교회는 다양한가? 다양성의 교회들이 있는가? 왜 교회가 아니고 교회들인가? 그것은 같은 신앙의 공동체나 신념의 친교나 같은 회중이나 교파가 아닌 여러 다른 그것들이 있어서 동시에 즉각적으로 모든 복음 활동을 성취해 낼 수 없기에 교회마다 약간의 신앙이나 신념, 친교나 회중 및 교파의 성격이 달라지기 때문인 것이다. 레오나드는 교회가 다양한 형태를 가지게 된 이유는 복음이 모든 가능한 환경에 부적절해서가 아니라, 여러 다양한 사람과 문화와 사회요구의 응답에 적절하게 적당히 맞추어 주다보니까 그렇게 되었다고 꼬집었다.[245]

레오나드는 교회가 무엇인가에 대한 여러 가지 잘못되고 오해된 답변들을 소개하고 있다.[246]

- 교회는 이 세상에서 불가피한 실패작이다. 교회는 그의 창시자의 뜻에 합당한 삶을 사는 데 실패해 오고 있으니까 말이다.
- 교회는 사람들의 무관심의 대상이다. 교회가 사람들의 생활에 아무런 영향력도 미치지 못하고 있으니까 말이다.
- 교회는 세상에게 안전성을 주는 근원이다. 교회는 영성의 국면에서 생각할 대상이 아니라 단지 인간 사회에 그런대로 안전성과 질서를 줄 수 있는 근원이 되어 인간 문화 발전과 가치 및 도덕 그리고 미덕을 안겨다 주게 하니까 말이다.
- 교회는 종교인이 특별히 모여서 종교 행위를 하는 게토(Ghetto)이다. 교회는 하나의 특정 지역에 모인 사람들이 종교적인 언행을 같이하면서 이 세상에서 도피해 살아가는 안정감을 느끼는 도피처라는 것인데 실은 어떤 교회들은 세상과 유리하여 자기네들끼리만 오순도순 살아가는 소수 집단으로 뭉쳐 있으니 말이다. 교회란 단순한 피난처가 아니라 세상의 필요에 능동적으로 대처해 주는 곳이어야 하는 것이다.
- 교회는 하나의 법인체 같은 조직 기구이다. 교회란 법인체 같은 조직체로서 잘 기구화되어서 봉사하고, (기독교 사역) 제품을 만들어 내는 것에 촉진제 역할을 하는 곳이다.

---

244) Bill J. Leonard, *The Nature of the Church*, p. 10.
245) Leonard, 위의 책, p. 11.
246) Leonard, 위의 책, pp. 12~14.

그 제품은 기독교라는 것이다. 실제로 교회가 기독교 종교를 만들어 내고 있는 경우가 있으니까 말이다.

물론 교회에는 조직이 필요하지만 그것은 믿음의 공동체이다. 단지 조직 위주로만 나가면 영적인 갱신은 없어진다. 교회가 세상을 얻을지는 모르나 교회의 정신, 곧 교회의 정체성은 잃어버리는 손해를 보게 된다. 레오나드는 위에서 제시한 교회에 대한 다양한 답변들 중에서 그 어느 것도 선택하지 않고 교회가 무엇인가에 대해 두 가지로 요약하고 있다.[247]

- 교회를 가장 훌륭하고도 기본적인 의미로 설명할 수 있는 것은 교회란 신령한 친교(a spiritual communion)라고 했다. 이것은 인간 생활의 전부를 포함한 친교라고 했다. 그런데 그 교회는 단순한 신자들의 친교가 아니라 예수 그리스도 안에서의 신자들의 친교이며, 또 그 교회는 단순히 다른 사람들에게 봉사하는 친교가 아니라 예수의 이름으로 봉사하는 친교라는 것이다. 그런 만큼 교회는 지역적이면서 우주적이며, 개별적이면서 연합체이며, 추구해야 할 이상이며 실천해내야 할 현실인 것이다.

- 교회는 여행하는 백성이다.

교회는 하나님으로부터 시작되어 예수 그리스도 위에 세워진 역사적 공동체이다. 교회는 예배와 믿음과 사역 그리고 추억 안에서 그리스도의 복음의 증인이다. 말씀과 순종하는 가운데서 이 증인 노릇을 통하여 교회는 그 너머에 계시는 그리스도를 가리킨다. 교회는 구속받은 사람들의 공동체이면서 동시에 구속의 방편이 된다. 교회는 계속해서 진행 중에 있다. 선택받은 여행자의 공동체이지만 아직 완전하지는 못하며 계속 하나님 나라의 약속을 향해 나아가고 있다. "우리가 교회다"(We are the Church)라고 할 때 의미하는 내용은 무엇인가? 그것은 교회란 길을 잃고 헤매는 사람들에게 여행길을 가르쳐 주며 무력하고 고통 받으며 괴로워하며 또 죄인이며 외로운 여행자가 되어 있는 그런 사람들을 찾아 돕고자 하는 그리스도인의 친교이다. 교회의 이런 여행은 우리의 단독적인 것이 아니다. 그것은 그리스도와 그의 제자들에게까지 관계되는 과거, 현재, 미래에 걸쳐 온 시대에까지 범위를 확장하는 공동체에 속한 것이다. 교회가 고백하는 신앙도 지금 교회의 단독적인 것이 아니라 십자가 지고 그리스도를 따르는 모든 시대, 모든 사람들에게 속하는 신앙이다.

레오나드의 이상과 같은 말은 교회는 두부를 자르듯 오늘 여기에서만의 교회가 아니라 시간과 공간을 초월해서 처음부터 끝까지 이어 나가는 여정을 지닌 그리스도인의 신령한 모임이라는 것을 말하고 있는 것이다.

(3) 교회의 표지

---

247) Leonard, 위의 책, pp. 13~15.

표지의 의미

지금까지 교회의 이상과 현실, 곧 교회의 본질과 현실성에 관해 성경과 몇몇 경건한 성도들의 간증을 들어 길게 논의해 왔는데 그럼 이런 이상과 현실 사이에 놓여 있는 간격을 어떻게 좁혀야 하는가가 과제이다. 단적으로 말해서 일기예보가 때로 빗나간다고 해서 일기예보 청취를 아예 거부할 수는 없지 않느냐는 것이다. 그래도 일기예보는 들어야 한다. 문제가 있지만 그래도 교회는 사랑해야 한다. 그러나 이 말 자체도 모순이다. 자기와 교회는 별개적 존재냐 말이다. 그 교회는 자기와 자기들로 구성되어 있지 않은가? 자기는 쏙 빠진 채 객관적 입장에서 어떤 대상을 놓고 왈가왈부하는 식으로 교회를 대할 수 없는 것이다. 자기들의 모임이 교회 아닌가? 문제는 교회를 이루는 자기 그리고 또 자기들의 성분이 문제다. 좋은 재료로 지은 집과 나쁜 재료로 지은 집이 있다고 하자. 재료가 집을 향해 왈가왈부하는 것은 재료 자체에 대한 자기평가밖에 아무것도 아닌 것이다. 그럼 우리는 다시 교회의 이상 곧 본질로 들어가자. 그리고 교회의 현실을 이상 및 본질로 나아가도록 우리가 변해 보자. 그러기 위해서 교회의 정체와 체질 그리고 교회의 의미를 재인식할 필요가 있나니 교회란 무엇인가? 교회는 하나님의 자기표현이다. 여기서 교회의 진정한 표지(標識) 문제가 나온다. 사람들이 교회의 본질적 측면과 현실적 측면을 보았을 때 어느 것을 보고 '교회란 그런 것이다' 라고 알아 볼 수 있을까?

이에 교회의 표지 문제가 나온다.[248]

교회의 표지란 일견(一見)해서 "아, 저것이 교회이다"라는 함성이 나와야 표지라 할 수 있다. 가령 절을 보고 교회라 할 수 없음은 십자가 종탑이 없다는 것으로 판별된다. 교회를 보고 "저것이 교회다" 하는 것은 십자가 종탑이 있기에 그런 판결을 내리는 것이다. 물론 종탑과 교회 건물이 곧 교회는 아니지만 교회란 개념을 떠오르게 하는 것은 사실이다. 그러고 보면 교회 표지는 교회 알림이요 교회 브랜드(Brand)요 마크(Mark)이다. 겉으로 보기에 얼른 알아보게 하는 것이 교회의 표지이다. 학교를 알리는 배지가 있듯이 교회를 알리는 배지가 표지이다. 국가를 알리는 것은 국기(國旗)와 국화(國花)이다. 대한민국의 국기는 태극기요 국화는 무궁화이다.

교회 표지는 왜 필요한가?

첫째는 참 교회와 유사 교회의 구별을 위함이요, 둘째는 사람들로 하여금 교회 인식을 용이하게 하기 위함이다.

참 교회는 유사 교회와 다르다. 유사 교회로는 파라처치(Para Church)들이 있다. 선교단체들, 가정 교회들, 공동체들, 운동들(Crusades) 기타 각종 그리스도의 이름으로 모이는

---

[248] 박형룡은 그의 「교의신학 (교회론)」에서 표지란 말을 사용하지 않고 "교회의 속성"이라고 했다. 그는 교회표지란 주제를 따로 정하고 있다.

운동들이다. 이들은 교회를 지원하고 보완하고 있지만 이름만 교회가 아닐 뿐 실제로는 교회로 보인다는 것이다. 파라처치는 자발적 클럽의 성격을 띤다. 파라처치의 특징은 종교가 중요하다고 생각하는 소수 사람들이나 자기들과 마음이 맞는 사람들이 모여서 그럴듯한 말로 단체의 이름을 붙인 것이다.[249] 이 단체들은 참 교회의 표지 가운데 어떤 것들을 결여하고 있다. 그리고 대개 이 단체들은 '교회'란 칭호를 거부한다. '교회'란 이름을 붙이는 것을 거부한다. 그리고 자기들은 기성 교회와 다른 신선한 단체라고 하는데 실제로는 교회가 하는 일들을 한다. 즉 성찬식, 말씀 선포 그리고 때로는 권징도 행한다.[250] 그러나 그들은 교회란 이름만 거부하고 교회의 일을 하고 있는 것이다. 교회가 아니라고 우겨대지만 그들은 교회의 표지를 지니고 있다. 왜 그럴까? '교회'란 단어의 의미를 신학적으로 이해하지 못하기 때문이다. 그것은 마치 한 남자와 결혼한 여자가 온갖 주부된 아내의 일을 다 하면서도 그 남편에게서 '아내'라는 칭호만은 듣기를 사양할 뿐 아니라 자기도 그의 '아내'라고 말하기를 싫어하는 것과 같은 이야기이니 이 얼마나 우스꽝스러운 일인가? 교회는 표지를 가져야 한다. 하나님은 자기 교회의 표지를 보시기를 원하신다. 교회이면서 교회란 칭호받기를 거절하는 그런 교회에 대해서도 하나님은 하나님의 우주적 교회 속에 포함시키시는데 이것이야말로 하나님의 대단한 배려요 은혜요 사랑에 속하는 일이다.

둘째, 교회 표지의 필요성은 세상 사람들로 하여금 교회를 손쉽게 식별해 주기 위함이다. 그런데 과연 사람들이 알아보기 쉽게 나타난 교회의 표지는 무엇일까? 이에 대해서는 전통적으로 말하는 몇 가지 표지에 대한 설명이 있다.

초대교회의 표지

초대교회의 대표적 교회론에서는 381년 콘스탄티노플에서 모여 결정한 니케아-콘스탄티노플 신조를 따르고 있다.[251] 초대교회의 대표적 교회 표지로서는 다음과 같은 네 가지가 있었다.

- 단일성(單一性, 統一性, Unam Ecclesiam)
- 거룩성(聖性, Sanctam Ecclesiam)
- 보편성(普遍性, Catholicam Ecclesiam)
- 사도성(使徒性, Apostolicam Ecclesiam)

우리는 초대교회의 네 가지 표지가 생겨나게 된 역사적 배경을 유의해야 한다. 그것은 로마 황제와 로마 제국과 로마 제국의 국교적 배경을 띠고 있는 매우 세속적이고도 정치적인 연루가 있다는 점이다. 교회와 국가 정치의 영합 속에서 피차간에 필요에 의해 생긴 것

---
[249] 에드먼드 클라우니, 「교회」 황영철 역, (IVP. 1999), p. 116.
[250] 에드먼드 클라우니, 위의 책, p. 125.
[251] 이종성, 「교회론 I」, (대한 기독교 출판사, 1989), pp. 149~168.

이었으니 교회에게는 교리적인 안정을 보장하고 국가정치에게는 정치적인 번영을 약속하는 바터제(barter)에 의해 생긴 것임을 일찍부터 알고 있어야 한다.

「물론 초대교회가 고백한 참 교회의 네 가지 표지는 로마 황제에 의하여 소집된 제국교회의 공회에서 확정되었으며, 따라서 그것은 여러 가지 정치적 관심을 그 배면에 가지고 있음은 사실이다. 다시 말하여 그것은 로마 제국의 국가교회 내지 제국교회(reichskrche)로서 하나의 보편적 교회, 거룩하고 사도적 정통성을 가진 교회로 자신을 나타내어야 할 초대교회의 교회·정치적 관심과 결부되어 있었음은 물론 하나의 교회를 통하여 로마 제국의 정치적 통일성과 일치성을 얻고자 하였던 세속 정치적 관심과 결부되어 있었다. 콘스탄티노플 공회가 소집되던 당시, 교회는 그 자신을 로마 제국의 단 하나의 통일된 보편적 교회, 법적 정당성을 가진 교회로 형성해야 할 필요성을 가지고 있었으며, 로마 황제는 단 하나의 통일된 제국교회를 통하여 로마 제국의 내적 통일성과 일치를 얻고자 하는 정치적 관심을 가지고 있었다. 이러한 필요성과 관심 속에서 초대교회가 단 하나의, 보편적, 거룩하며 사도적인 교회를 고백한 것은 아주 자연스러운 일이다.」[252]

위에 언급한 네 가지 교회의 대표적 표지는 모든 교회들이 긍정하면서 즐겨 쓰는 표지로 보지만 파고들어 가보면 그 의미와 내용은 판이하게 다름을 발견한다. "하나의 거룩하고 보편적이며 사도적인 교회를 우리는 믿는다"라는 고백은 주후 325년 니케아 공회에서 결정되었는데 모든 개신교회들도 이를 받아들이거니와 로마 가톨릭 교회는 더더구나 사도계승(使徒繼承)에 의해 교회가 자동적으로 그렇게 되는 것이라고 주장한다.[253] 교회의 이상과 현실의 문제를 논하는 마당에 이상적인 교회의 표지는 무엇인가 하는 것을 밝히는 일은 매우 의미있는 일이며 여러 교회의 이 네 가지 표지 이해가 어떤 것인가를 분석하는 것도 매우 중요한 일이라 하겠다.

첫째, 단일성이란 무엇을 말하는가?

교회의 단일성 표지란 교회는 오직 하나뿐이라는 사상이다. 단일성은 통일성과도 통하는 바 교회는 오직 한 몸뿐이라는 것이다. 한 인격의 몸이 하나이지 둘이 될 수 없는 원리다. 교회는 그리스도의 몸의 단일이며 그 머리가 단일이기 때문에 단일이며 성령에 의해 성립된 단일이며 한 믿음에 의한 단일적 존재다. 이 단일의 배경에 만유를 통일하시는 한 하나님이 계심으로 교회는 단 하나이지 둘도 아니요 셋도 아니다. 교회 자체의 본질상 하

---

252) 김균진 「기독교 조직신학 IV」, p. 253.
253) 김균진, 위의 책, p. 248.

나가 교회의 단일성의 핵심 내용이다. 한 하나님이시기에 한 교회이다. 한 하나님의 한 교회다. 두 하나님이라면 두 교회가 있었을 것이다. 그러나 하나님은 오직 한 분이시기 때문에 교회도 오직 단 하나의 교회다. 단 하나의 교회, 즉 교회의 단일성은 다른 어떤 것도 이 교회에 비교될 수 없는 독특한 통일성을 지닌 그런 유(類)가 없는 것이 교회다. 교회의 단일성은 그 수적(數的)인 면에서 단연 단일(單一)이다. 머리가 하나이면 그 몸도 하나이다. 몸은 하나인데 두 머리가 달릴 수는 없다. 교회의 하나 됨은 한 머리 때문이다. 교회의 머리는 오직 예수 그리스도뿐이시다.

"이와 같이 우리 많은 사람이 그리스도 안에서 한 몸이 되어 서로 지체가 되었느니라"(롬 12:5)
"몸은 하나인데 많은 지체가 있고 몸의 지체가 많으나 한 몸임과 같이 그리스도도 그러하니라 우리가 유대인이나 헬라인이나 종이나 자유인이나 다 한 성령으로 세례를 받아 한 몸이 되었고 또 다 한 성령을 마시게 하셨느니라"(고전 12:12~13)
"또 만물을 그의 발 아래에 복종하게 하시고 그를 만물 위에 교회의 머리로 삼으셨느니라 교회는 그의 몸이니 만물 안에서 만물을 충만하게 하시는 이의 충만함이니라"(엡 1:22~23)
"몸이 하나요 성령도 한 분이시니 이와 같이 너희가 부르심의 한 소망 안에서 부르심을 받았느니라 주도 한 분이시요 믿음도 하나요 세례도 하나요 하나님도 한 분이시니 곧 만유의 아버지시라 만유 위에 계시고 만유를 통일하시고 만유 가운데 계시도다"(엡 4:4~6)

위의 성경이 교회는 하나뿐이라고 가르치고 있으니까 교회는 단일성을 지닌다. 교회가 그리스도의 몸이니까 몸이 둘이나 셋으로 찢어질 수가 없다. 찢어진다면 그 몸은 죽은 것이다. 한 몸에 머리가 하나이지 둘이 있을 수 없다. 머리가 둘이 있으면 기형적인 몸이다. 교회의 단일성을 유지해야 할 이유를 성경 외적 역사적 맥락에서 본다면 교리상의 불일치와 로마 국가 정치적 위협 때문에 반드시 교회의 단일성을 강조하게 되었으니 이것을 요청에 의한 단일성 주장이라고 해둘까? 물론 교회 안에 바울시대부터 율법과 복음의 관계 때문에 분열의 위험성이 있었던 것도 사실이다.

"그러므로 나는 그들이 복음의 진리를 따라 바르게 행하지 아니함을 보고 모든 자 앞에서 게바에게 이르되 네가 유대인으로서 이방인을 따르고 유대인답게 살지 아니하면서 어찌하여 억지로 이방인을 유대인답게 살게 하려느냐 하였노라"(갈 2:14)

교회 내적 엄청난 진리 문제로 분열의 위기에 처했을 때에 교회의 하나 됨을 강조하는 것은 자연적인 것이며 내적 요인에 의한 것이라 할 것이다. 그러나 위에서 말한 교회 역사적 교리

사상사나 로마 제국 정치적 입장에서 취해진 교회의 단일성이란 표지는 그 의미가 많이 달라지고 있다. 그러기에 막연히 "교회의 단일성"이란 구호 아래 동지라고 여겨서는 안 된다.

「로마 천주교회는 지금까지 분열이 없었음은 사실이다. 종교개혁 후 지금까지 내부적으로는 수차 어려운 문제가 많이 있었으나 교회 자체가 분열되지는 않았다. 트렌트 회의(1545~1563)와 제1, 제2바티칸 회의를 통해서 어렵게나마 통일을 유지하고 있다. 그러나 이 통일은 동방 정통교회나 개신교회가 생각하는 그러한 질적인 통일은 아니다. 그들이 통일을 위해서 사용하는 방법에는 비복음적인 방법이 있다. 리모우리스의 말대로 중앙집권적 권위주의에 의한 방법이다. 신앙적 자유와 주체적 의식에 의한 통일이 아니라 기구적이고 권력적 방법에 의한 통일이기 때문에 동방 정통교회나 개신교회가 추구하는 통일과 동일한 것은 아니다.」[254]

로마 교회는 내면적 통일이 아니라 외면적 기구적 통일이다. 그런가하면 참된 교회의 단일성 혹은 통일성이란 한 분 예수 그리스도를 머리로 한 단 하나의 신체뿐이라는 내면적 생리적 성격을 말한다. 이와 같은 내면적 단일성은 자연히 외부의 유형적 단일성도 얼마든지 가능하게 지닐 수 있다. 교회 외부의 다형성(多形性) 혹은 다양성(多樣性)은 교회의 내적 단일성과 모순되지 않는다. 외부적 다형성과 다양성은 내면적 단일성을 파괴하는 것이 아니라 단일성의 자유로운 표현인 것이다. 다형성 또는 다양성을 지양하고 기구적 외형적 단일적 통일성을 강조하던 로마 교회는 형식주의, 의식주의(儀式主義) 그리고 율법주의의 폐단을 낳았다.[255] 따라서 내면적 단일성을 무시한 채 교회들을 강제로 묶어 두려는 것은 또다시 로마 교회로의 환원이 될 것이다. 이와 같은 운동은 프로테스탄트 교회도 연합하여 로마 교회의 정치적 세력을 꺾자는 의도에서 나왔고, 한편으로 사회 복음주의 찬동자들이 국가 정책에 영향을 주자는 하나의 세력 단체로 앞서자는 의도에서 나왔다.[256] 교회의 단일성이 어떤 행동의 일률성(一律性, uniformity)은 아니다. 따라서 교회의 단일성을 그 내면적 입장에서 보아야 한다. 다시 말하면 하나님이 한 분이시고 그분의 하시는 일이 혼란스럽지 않고 단일하며 통일적이시라는 관점에서 교회라는 작품도 하나의 성격을 띠었음을 깊이 인식해야 한다. 이 문제는 진정한 교회의 표지를 논할 때 더 언급하기로 한다. 어떻게 하나 됨을 유지해야 할까? 그리고 어떻게 인위적으로 하나 됨의 노력을 그만둘 수 있을까?

---

254) 이종성, 「교회론 I」, p. 152.
255) 박형룡, 「교의신학 교회론」, pp. 60~61.
256) 박형룡, 위의 책, p. 62.

「우리에게 남아 있는 하나의 가능성은 무한자가 유한자를 구해 줄 수 있다는 논리에 따라 그리스도를 믿는 믿음 안에서만 가능하다는 원칙을 고수하고 그 안에서만 통일과 합동을 위한 노력을 경주해야 할 것이다. 이때까지의 통일과 대화의 모든 노력은 믿음 안에서 진행되었다기보다는 제2차적인 중요성밖에 없는 기구적 통합에 집중되었다고 생각된다. 그 결과 또 하나의 분열의 아픔을 우리는 겪어야만 했다. 그러므로 하나의 교회라는 것은 기구적 하나가 아니라 신앙적 하나를 의미하는 것이라는 점을 깊이 인식하고 이제부터는 기구적 일치나 통합이나 합동을 말하지 말고 신앙적 하나가 되기 위하여 노력해야 한다. 콘스탄티노플 신조가 말하는 "하나의 교회(unam ecclesiam)를 믿습니다"라고 한 고백은 바로 신앙적 하나를 의미했음에도 불구하고, 그 후의 교회가 그 뜻을 기구적 교회의 하나로 오해하고 그 방향으로 노력을 경주했기 때문에 아무 결실을 얻지 못한 채 사태가 더 악화되는 방향으로 진행되고 있다. 우리는 하나의 교회에 대한 신앙고백을 재확인하므로 분열의 물결을 막아야 한다.」[257]

위에서 언급한 대로 기구적 하나의 교회가 아닌 신앙적 하나의 교회의 통일성을 그리스도를 믿는 신앙 안에서 추구해야 할 것이다.

둘째, 교회의 거룩성(聖性)이란 무엇인가?
교회가 거룩하다는 것은 거룩하신 하나님이 잉태하시고(고안) 세상에 출현시켜 놓은 인격체이기에 거룩하다는 것이다. 하나님이 거룩하시니 하나님께서 내어 놓으신 교회가 거룩하다는 자연스러운 논리다. 거룩의 개념은 사람과 하나님 사이에 거리를 둔 것을 말한다. 하나님은 사람과는 동떨어진 절대적 거리감을 지니신 분이시다. 따라서 이런 거룩성을 지닌 교회와 같은 것은 이 세상에 그 어떤 유(類)도 찾아 볼 수 없다. 교회만이 고고(高高)하고 떨어져 있고 어떤 것과도 다른 거리감을 두고 있다. 하나님이 그렇게 거리감을 두신 거룩한 분이시듯 교회가 그렇게 거리를 둔 거룩한 의인들의 모임인 것이다. 교회의 거룩성이 하나님의 거룩성에 기초하고 있다.

"시온의 주민아 소리 높여 부르라 이스라엘의 거룩하신 이가 너희 중에서 크심이니라 할 것이니라"(사 12:6)
"버러지 같은 너 야곱아, 너희 이스라엘 사람들아 두려워하지 말라 나 여호와가 말하노니 내가 너를 도울 것이라 네 구속자는 이스라엘의 거룩한 이이니라, 네가 그들을 까부른즉 바람이 그들을 날리겠고 회오리바람이 그들을 흩어 버릴 것이로되 너는 여호와로 말미암아 즐거워하겠고

---

257) 이종성, 「교회론 I」, p. 154.

이스라엘의 거룩한 이로 말미암아 자랑하리라"(사 41:14,16)

교회의 단일성이 수적인 것이라면 교회의 거룩성은 그 질적(質的)인 면에서 본 것이다. 이 세상의 그 어떤 것도 이 교회에 접근할 수 있을 만큼 가깝게 거리를 둘 수 있는 존재가 없다는 것이다. 어떤 것도 이 교회에 비하면 거룩하지 못하다. 교회의 거룩성은 하나님의 거룩성에서 비롯된다. 하나님이 거룩하시니 교회도 거룩하다. 거룩하신 하나님의 거룩한 교회다. 하나님의 거룩하심과 교회의 거룩함은 연결되어 있다. 교회의 거룩성을 하나님 자신의 거룩성에서 찾지 않을 때 인위적 조작적 거룩을 모방하려는 우를 범한다.

「거룩은 교회의 주요하고 가장 특징적인 덕성(德性)이다. 이 영적 덕성으로 인해 교회가 이 세상에서는 판이한 입장과 직임을 가졌으며 세상과는 충돌할 수밖에 없다. 교회는 성도들의 교통으로서 다른 모든 자연적 교제들과는 판이하며, 오히려 그것들을 다 초월하며 뚫고 지나가며 높이 우뚝 선다. 이 영적 덕성 때문에 세상과 충돌하며 세상에 있으되 세상에 속하지는 않는다.」[258]

다시 말하면 교회는 왜 거룩하다는 것일까? 거룩하신 삼위일체 하나님이 관여된 교회이기 때문이다. 성부께서 잉태(고안)하시고 성자께서 구속하시고 성령께서 내주하신 즉 온통 거룩하신 삼위와 관계된 교회니까 거룩하다. 이런 본질과 특징을 가진 모임은 세상에는 없다. 삼위일체 하나님께 영광 돌리기 위해 존재하는 모임은 세상에서는 찾아볼 수 없다. 그러니까 세상의 모든 것과는 거리를 두고 있다. 그 거리감이 거룩성이다. 신학교도 거룩하지는 않다. 기독교 국가도 거룩하지는 않다. 선교회도 거룩하지는 않다. 지방회나 총회도 거룩하지는 않다. 단지 윤리적이고 성결된 사업을 하고 있을지는 모르나 거룩한 모임은 아니다. 다시 말하면 교회는 교회일 뿐이다. 어떤 다른 것을 교회로 대치하거나 동일시할 수는 없다. 오직 교회만이 교회이다. 교회는 모든 것과는 질적으로 특성적으로 거리를 두고 있다. 그런고로 교회는 거룩하다. 교회를 대내외적으로 볼 때 더러 눈살을 찌푸리는 측면들이 보여도 교회는 거룩한 것이다. 그렇다면 어떤 측면에서 교회가 거룩하다는 것일까?

교회는 거룩하신 하나님의 잉태로 출현한 것이기에 거룩하다고 했는데 그 내용은 아래와 같다.[259] 사람들과는 상관없이 외부에서 의를 전가시켰기에 객관적으로 거룩하다.

"예수 그리스도의 종이며 사도인 시몬 베드로는 우리 하나님과 구주 예수 그리스도의 의를 힘입

---

258) 박형룡, 「교의 신학 교회론」, pp. 63~64(약간의 문장체는 필자가 바꾸었음).
259) 박형룡, 「교의 신학 교회론」, pp. 64~65.

어 동일하게 보배로운 믿음을 우리와 함께 받은 자들에게 편지하노니"(벧후 1:1)

이제는 교회를 형성하는 사람들이 외부에서 전가시킨 의를 주관적으로 실천해내는 바 성화의 과정을 거쳐 그리스도를 닮으려고 하기에 거룩한 것이다.

"고린도에 있는 하나님의 교회 곧 그리스도 예수 안에서 거룩하여지고 성도라 부르심을 받은 자들과 또 각처에서 우리의 주 곧 그들과 우리의 주 되신 예수 그리스도의 이름을 부르는 모든 자들에게"(고전 1:2)
"그런즉 누구든지 그리스도 안에 있으면 새로운 피조물이라 이전 것은 지나갔으니 보라 새 것이 되었도다"(고후 5:17)
"그러므로 너희는 그들 중에서 나와서 따로 있고 부정한 것을 만지지 말라 내가 너희를 영접하여"(고후 6:17)
"이는 곧 물로 씻어 말씀으로 깨끗하게 하사 거룩하게 하시고 자기 앞에 영광스러운 교회로 세우사 티나 주름 잡힌 것이나 이런 것들이 없이 거룩하고 흠이 없게 하려 하심이라"(엡 5:26~27)

객관적 주관적으로 의롭게 된 거룩한 모임들이 세상으로 분리되고 성별되어 하나님께 봉헌한다는 뜻에서 거룩하다.

"너희가 내게 대하여 제사장 나라가 되며 거룩한 백성이 되리라 너는 이 말을 이스라엘 자손에게 전할지니라"(출 19:6)
"그러나 너희는 택하신 족속이요 왕 같은 제사장들이요 거룩한 나라요 그의 소유가 된 백성이니 이는 너희를 어두운 데서 불러 내어 그의 기이한 빛에 들어가게 하신 이의 아름다운 덕을 선포하게 하려 하심이라"(벧전 2:9)
"너희는 너희가 하나님의 성전인 것과 하나님의 성령이 너희 안에 계시는 것을 알지 못하느냐 누구든지 하나님의 성전을 더럽히면 하나님이 그 사람을 멸하시리라 하나님의 성전은 거룩하니 너희도 그러하니라"(고전 3:16~17)

따라서 교회의 거룩을 지키기 위해서 세상과 싸워야 하며 거룩을 펼치기 위해서 세상에 전도를 해야 한다. 교회 거룩의 대적은 세상, 악마 그리고 정욕인 것이다. 그런데 이 교회의 거룩성에 대한 사람들의 이해는 아주 상반되게 나가고 있다. 로마 천주교회와 동방 정통교회는 교회를 유형적 기구나 제도나 조직 내지 기능으로 보기 때문에 그 거룩성의 의미도 내면적 거룩이 아니라 외면적 의식적(儀式的) 거룩이라고 한다. 로마 천주교회가 말하는 교회의 거룩성은 예수가 죽으시기 전 생전에 직접 교회를 세우시겠다고 언명하신 생음악 같은 '말씀' 위에 세워진 신성 로마 교회라는 뜻에서 교회가 거룩하다는 것이다. 그렇게 말씀하시던 그날 그곳에서 교회가 세워졌다고 믿는다. 약간은 이것과 다른 의미에서 예수가 교회를 세웠다고 주장하는 경우도 있는데, 즉 거룩하신 구속주가 선교를 하는 중에 신비로운 전(殿)을 건설하시고 영광 가운데 십자가를 지셨을 때 그것을 완성하시고 최후엔 성령을 보내셨을 때 결정적으로 완결하셨기에 교회가 거룩하다라는 견해다. 어느 견해이든 간에 모두 로마 가톨릭의 견해인 바 다음과 같이 총체적으로 로마 가톨릭의 교회 성성(聖性)을 요약할 수 있을 것이다.

「이 교회는 그리스도에 의해서 획득된 구원을 그로부터 위탁받아 성례전을 통해 모든 신자들에게 현재적인 것으로 전달해 줌으로써 신자들이 성화되고 신화(神化)된다고 보며 교회는 시작될 때부터 현재까지 거룩한 신적 기관이요 구원을 취급하는 기관(institution)이다. "제도화되고 질서가 확립된 사회요 법에 의해서 통일된 백성(populus iure sociatus), 완전한 사회(societas perfecta)"라고 한다. 이와 같이 로마 천주교회는 교회의 성성의 근거를 예수 그리스도의 말씀(교회를 세우라는 말씀)에 두며 현실 교회는 그리스도가 넘겨준 신적 권위를 그대로 받아 지상에 완전한 신적 사회인 교회를 세워 그리스도의 현존을 의미하는 성례전을 집행하므로 교회 자체가 거룩한 기관이 되며 교회에서 그리스도의 구속의 공로를 부여받은 신자들은 성화되고 신화된다고 한다. 그러한 뜻에서 교회가 거룩하다는 것이다.」[260]

동방 정통교회의 교회 성성(聖性)은 이상의 로마 가톨릭과는 약간의 다른 견해를 보이고 있다. 정통교회에서는 교회를 제도나 단체는 아니고 본질적으로 생명이라고 한다. 교회는 거룩한 성육신 사건의 계속이며 충만으로써 교회 안에서 예전(禮典)을 통해 인간이 신화(神化)된다.

「이 예전은 성령의 힘에 의해서 사람이 개조되며 그리스도 안에 있는 새 존재와 생명을 창조한다. 새 존재라는 것은 은총에 의한 신화(神化)를 의미하며, 새 생명이란 영원의 생명을 선취하는 것을 말한다. 이와 같이 동방 정통교회는 교회를 그리스도의 몸이라고 하므로 교회 자체가 하나의 살아 있는 생명이며, 따라서 그 안에는 하나님의 사역이 계속해서 일어나고 그리스도의 성육신 사건이 완성되고 예전을 통해서 신도가 신과 하나가 되어 신적 존재가 된다. 교회가 거룩하다는 것(성성)은 그리스도가 신도들을 거룩하게 만들기 때문이

---

260) 이종성, 「교회론 I」, p. 156.

며, 그들 안에 성령의 은총이 부여되기 때문이다.」[261]

지금까지 교회의 거룩성을 유형적 기구나 제도나 기능으로서의 교회 안에서 찾으려 했음을 살펴보았다. 다음과 같은 질문을 해봄직하다.

「또는 교회 자체를 그리스도의 성육신 사건의 구현체요 연속이라고 하며, 그리스도의 구속사역의 연속이라고 하여 교회가 마치 신성하고도 신비적 모임이기 때문에 거룩하다고 하고 거기에 모이는 사람이 거룩하게 된 사람들이 모이기 때문에 교회를 거룩하다고 할 수 있을까?」[262]

교회의 거룩성은 외형적 모습에서가 아니라 그 내면적 본질에서 찾아야 한다. 교회는 그 구성요소가 성스러워서 성스러운 것이 아니다. 사람이 성스러워져서 교회가 성스러운 것이 아니라 거룩한 그리스도의 몸이 거룩한 하나님의 백성이요 거룩한 성령이 임재함으로 거룩한 것이다. 교회가 이미 거룩하기에 교회가 거룩을 내보여야 한다. 만일 이 경우를 버릴 경우라면 교회는 구성된 사람들이 거룩해야만 교회가 거룩해진다는 말인데 그렇다면 교회는 영원히 거룩하지 못한 상태로 남을 것이다. 교회는 거룩해야 할 의무가 있는 것이 아니라 거룩을 내보여야 할 의무가 있다. 교회는 가진 보화를 빛낼 의무가 있지 빛내야 할 보화 자체를 취득해야 할 의무는 없다. 거룩하신 하나님이 거룩이란 보화를 이미 교회에 주셨기에 교회는 그 보화를 빛나게 해야 한다. 그리고 그 보화는 교회 자체이다. 보화를 빛나지 못하게 하는 장애요소들을 제거해야 하며 보화를 늘 닦고 잘 간수해야 할 것이다.

"그들을 진리로 거룩하게 하옵소서 아버지의 말씀은 진리니이다"(요 17:17)

이것을 성화(聖化) 과정이라 할 것이다.

셋째, 교회의 보편성이란 무엇인가?
교회는 그리스도를 유일한 그 머리로 두고 있기 때문에 그 안에 모든 것을 포괄한다는 의미에서 보편적 교회이다. 모든 시대 모든 성도들이라면 다 교회 안에 포함된다. 동서고금 남녀노소를 불문하고 그리스도를 구주로 믿고 그 이름으로 모이는 모든 사람들을 다 받아들인다. 교회의 보편성을 말해주는 성경구절은 아래와 같다.

---

261) 이종성, 위의 책, p. 157.
262) 이종성, 위의 책, p. 157.

"유대인이나 헬라인이나 차별이 없음이라 한 분이신 주께서 모든 사람의 주가 되사 그를 부르는 모든 사람에게 부요하시도다 누구든지 주의 이름을 부르는 자는 구원을 받으리라"(롬 10:12~13)

"너희는 유대인이나 헬라인이나 종이나 자유인이나 남자나 여자나 다 그리스도 예수 안에서 하나이니라"(갈 3:28)

"하늘에 있는 것이나 땅에 있는 것이 다 그리스도 안에서 통일되게 하려 하심이라"(엡 1:10)

"아버지께서는 모든 충만으로 예수 안에 거하게 하시고 그의 십자가의 피로 화평을 이루사 만물 곧 땅에 있는 것들이나 하늘에 있는 것들이 그로 말미암아 자기와 화목하게 되기를 기뻐하심이라"(골 1:19~20)

"거기에는 헬라인이나 유대인이나 할례파나 무할례파나 야만인이나 스구디아인이나 종이나 자유인이 차별이 있을 수 없나니 오직 그리스도는 만유시요 만유 안에 계시니라"(골 3:11)

"이 일 후에 내가 보니 각 나라와 족속과 백성과 방언에서 아무도 능히 셀 수 없는 큰 무리가 나와 흰 옷을 입고 손에 종려 가지를 들고 보좌 앞과 어린 양 앞에 서서"(계 7:9)

교회의 보편성에 대해서도 많은 사람의 의견이 산재해 있다. 보편성의 범위가 하늘이나 땅에 있는 모든 것을 포괄하는 것이지만 그것은 어디까지나 '그리스도 안에서' 되어지는 일이지 그리스도 밖에서 되어지는 일은 아니다. 로마 천주교회는 교황제가 교회를 하나로 보는 중심이 된다고 보고 그 교황제의 유일성과 세계적 절대성을 강조하고 여기서 교회가 보편적이라고 본다. 참 교회는 로마 천주교 하나뿐이며 그 유일성이 곧 보편성이 된다고 한다. 그런데 보편성이란 제한적인 것을 푼다는 것인데 오히려 로마 가톨릭 교회만이 보편적이라고 하여 모순되게 보편이란 말을 쓰고 있다. 보편은 아무것이나 다 수용한다는 뜻인데 오직 로마 가톨릭 안에 들어와야만 보편성이 살아난다고 주장한다. 그런데 로마 가톨릭이 자기들 교회만의 보편성을 강조하던 나머지 교회를 구성할 수 없는 요소들까지도 일단 수용해 놓고 보자는 욕심 같은 것이 생겼다 할까? "로마 교회만이 보편적이다(catholicity). 그런고로 로마 교회 밖의 것도 수용해야 한다"는 논리다. 로마 교회로 들어오려 하든지 않든지 간에 로마 교회는 폭 넓은 그물을 던져 모든 사람들을 포괄시켜야 한다고 본다.

로마 가톨릭 교회에 소속되지 않은 사람이나 다른 교파에서 신앙생활하고 있는 사람들까지도 로마 가톨릭은 수용한다. 그것은 교회의 보편성 원리에 의하기 때문이다. 그런데 아이러니한 것은 오직 로마 가톨릭만이 구원을 주는 교회라고 편협한 생각을 가졌다가 급선회하여 보편성 원리에 따라 모든 사람을 다 수용하고 있다. "교회 밖에는 구원 없다"는 기구적인 교회를 강조하던 로마 가톨릭이 교회 밖에 구원 못 받은 사람도 수용한다는 포용성을 드러낸다. 트렌트 회의에서 언급한 대로 신앙이 살아 있지 아니한 모든 신자라도 교회에 속해 있다는 것이다. 그러한 사람들은 교회의 죽은 자이지만 그래도 교회의 가지다. 로마 가톨릭에 소속되지 않는 신도라도 로마 천주교회를 의미하는 보편교회에 소속된다고 함으로써 결국 다른 교파의 정당성을 부인하고 다른 교회의 목회자의 존재와 자격도 부인하려 든다. 로마 천주교회의 주장은 로마 천주교회는 보편적 우주적 교회다, 모든 사람은 어차피 그리로 들어오게 된다, 이런 믿음이 정당한 믿음이라는 것이다.[263]

로마 가톨릭의 보편성 교회개념을 확충하다보니 성경의 진리에 맞지 않는 사람들도 모두 수용한다. 포용주의(包容主義)가 여기서 통한다. 로마 가톨릭 교회의 구원을 중재하는 교회 기능을 살펴봄으로써 왜 로마 가톨릭이 모든 사람들을 자기 교회 안으로 끌어 들여 보편성을 유지하려는지 이해하기 쉬울 것이다.

그리스도께서 자기의 구원을 중재할 수 있는 권한을 교회에게 부여하셨다고 한다. 그러므로 "교회 밖에는 구원이 없다"(extra ecclesiam nulla salus)는 구호가 나온다. 여기서 교회는 제도적 기구로서의 로마 가톨릭 교회이다. 교회는 성례전과 교회만이 하나님의 진리를 가르친다는 교리적 교육과 교회 생활 위반자에 대한 법적 통치를 통하여 교회 밖에는 구원이 없다 하는 것이니, 이 말은 오직 교회(제도 교회) 안에만 구원이 있다는 것이다. 그러므로 모든 사람에게 구원을 주기 위해서는 미우나 고우나 일단 교회 기구 안으로 끌어들여야 한다는 것이다.[264]

일종의 자비심의 발로요 실천이다. 로마 가톨릭 교회에 입교하기도 쉽고 생활하기도 쉽다고 하여 교세가 지금 상승하는 이유는 일반 교회의 복음주의적 성경적 엄격한 규정이 사람들로 하여금 편의 위주의 로마 가톨릭으로 돌아가게 한 것이 되리라고 본다. 로마 가톨릭의 교회의 보편성이나 일반 교회의 보편성이나 그 용어의 사용은 외면적으로 동일하지만 전자와 후자는 그 내용 면에서 엄청난 차이를 드러내고 있다. 후자는 그리스도 안에서 누구나 그리스도의 구속사역의 은혜를 받을 수 있다는 것이다. 누구나 예수를 영접하면 하나님의 백성으로 받아들인다는 것이다.

교회의 보편성이 교회 구성원의 질적 요소를 무시해도 된다는 것은 아니다. 교회의 보편성이란 예수 구원 초대에 아무나 와도 된다는 것이다. 어느 누구도 구원 대상에서 제외된 적이 없다는 것이다. 그러나 어느 누구나 자격 없이 받아들인다는 것은 아니다. 아들을 위한 혼인 잔치가 벌어졌다. 그 잔치의 주인은 임금이었다. 종들을 보내어 일단 청한 자들에게 통고했으나 그들은 오지 아니했다. 핑계나 개개인의 사정들이 다 있었다. 주인이 말한다.

"이에 종들에게 이르되 혼인 잔치는 준비되었으나 청한 사람들은 합당하지 아니하니 네거리 길

---

263) 이종성, 「교회론 I」, p. 159.
264) 김균진, 앞의 책, pp. 132~133.

에 가서 사람을 만나는 대로 혼인 잔치에 청하여 오라 한대 종들이 길에 나가 악한 자나 선한 자나 만나는 대로 모두 데려오니 혼인 잔치에 손님들이 가득한지라"(마 22:8~10)

듣는 사람마다 복음 전해야 한다. 복음 들을 기회는 보편적이고 우주적이다. 복음을 받아들이는 데에 제한이 없다. 공개적이고 우주적이며 보편적이다.

<찬송가 257장>
1. 듣는 사람마다 복음 전하여 복스러운 소식 두루 펴치세
사람 있는 곳에 전할 소식은 어느 누구나 오라
2. 오는 사람들은 지체 말고서 문 열었을 때에 들어오시오
우리 행할 길은 구주 예수니 어느 누구나 오라
3. 언약하신 대로 이룰 것이니 아무나 그 언약 받을 수 있네
받는 사람에게 생명이로다 어느 누구나 오라
(후렴)
어느 누구나 주께 나오라 어서 와서 주의 말씀 들으라
하늘 아버지가 오라 하시니 어느 누구나 오라

그러나 일단 들어오지만 그 안에 예복이 필요하다. 보편성의 오해가 여기서 풀린다. 로마 가톨릭은 전술한 바와 같이 교회의 죽은 가지도 교회의 가지라 하는 것은 보편적 의미의 교회의 신비체라는 기구적 의미를 지니기 때문에 할 수 있는 이야기일 따름이다. 그것은 옳은 진술이 아니다.

"임금이 손님들을 보러 들어올새 거기서 예복을 입지 않은 한 사람을 보고 이르되 친구여 어찌하여 예복을 입지 않고 여기 들어왔느냐 하니 그가 아무 말도 못하거늘 임금이 사환들에게 말하되 그 손발을 묶어 바깥 어두운 데에 내던지라 거기서 슬피 울며 이를 갈게 되리라 하니라"(마 22:11~13)

보편성의 오해는 만인구원설과 종교다원주의로 나아가서 구원의 문을 턱 없이 열어젖히고 그 안에 들어간 사람들의 모임으로 세상을 이룬다. 슬픈 일이다. 브루너는 이러한 교회의 세속화를 부추기고 있다.

「브루너는 교회의 보편성은 교회가 가지고 있는 종교성을 탈피하고 더 과감하게 세속화

함으로써 세상을 위하고 인간(humanity)을 위한 종교가 되어 계속해서 개혁을 거듭하는 교회가 될 때 보편성을 교회가 지니게 된다고 한다."[265]

성경이 말하는 교회의 보편성이란 외면적인 것이 아니라 역시 그 내면적인 성격에 있는 것이다. 하나의 거룩한 교회가 거룩성과 하나 됨의 안으로 많은 사람이 들어오기를 문을 활짝 열고 있는 모습을 우리는 성경에서 찾는다. 그리스도는 엄격한 의미에서 보편적(Catholic)이시다. 그는 교회의 머리시며 그 속에 온 우주를 포괄하고 계신다.

넷째, 교회의 사도성이란 무엇을 말하는가?
교회의 사도성은 그리스도의 삶과 부활의 직접적인 목격자요 증인들인 사도들이 증언하고 확신시키며 보증하는 역사적 사실의 토대 위에 교회가 세워졌다는 뜻이다. 교회가 사도성을 지녔다는 의미는 교회는 어떤 공상적이거나 환상 혹은 명상을 통해 존재하는 것이 아니라 예수 그리스도의 확실한 구속사역 위에서 세워진 것을 의미한다. 교회는 공중누각이 아니라 시공 속에서 건립된 역사적 존재라는 것이다. 이것의 보증을 사도들이 해 준다는 것이다. 왜 사도들의 보증을 믿는가? 그들은 그리스도의 구속사역의 현장에서 육안으로 목격해서 증거하고 전달해 준 자들이기 때문이다. 교회는 반드시 사도적인 교회가 되어야 한다는 말은 교회는 역사적 사실적 교회이며, 목격자의 증언에 따라 된 교회라는 것이다. 사도성은 진리성이요 역사성이요 사실성을 말한다. 성경이 이를 말해주고 있다.

"너희는 사도들과 선지자들의 터 위에 세우심을 입은 자라 그리스도 예수께서 친히 모퉁잇돌이 되셨느니라"(엡 2:20)

사도들의 터 위에란 무엇인가? 사도들이 전하는 구속사역의 진실성을 말한다.

"또 내가 네게 이르노니 너는 베드로라 내가 이 반석 위에 내 교회를 세우리니 음부의 권세가 이기지 못하리라"(마 16:18)

교회의 사도성을 가장 확실하게 말해주는 구절이 "너는 베드로라 내가 이 반석 위에 내 교회를 세우신다"는 주 그리스도의 선언이다. 여기 반석은 베드로가 아니라 사도들을 대표해서 베드로가 고백한 신앙고백이다. 곧 사도들의 신앙고백이다. "주는 그리스도시요 살아계신 하나님의 아들"이란 고백 위에 교회는 세워진다. 창세 전에 하나님은 이미 그렇게 작

---

265) 이종성, 앞의 책, p. 160.

정하셨다. 그리스도는 기름부음을 받은 자로서 메시아요 구세주요 구속주란 말이며 살아계신 하나님의 아들이란 말은 그리스도인의 삶 속에서 살아 역사하시는 하나님의 아들로서 그리스도인의 삶의 주가 되시는 분이다. 그리스도가 구주와 주가 되시는 곳에 교회가 세워진다. 그것은 곧 교회는 진리와 생명 위에 세워진다는 것이다. 공중에 날아다니는 새도 장차 죽을 나무엔 새 둥지를 틀지 않는다. 죽을 나무 곧 사목(死木), 무생명적 나무에는 살아 있을 새 가족의 둥지를 틀지 않는다. 항차 살아 있는 교회가 살아계시는 그리스도의 구속사역 곧 진리와 생명의 토대 위에 세워짐이 마땅한 일이 아닌가?

교회의 사도성을 고백한 역사적 경과를 보면 아래와 같다.

「교회가 사도성을 지니고 있다는 것은 위에서 말한 네 가지 사건에 대한 사도들의 목격자로서의 증거(eye-witness)를 간직하고 그것을 가르치고 보관하고 있다는 것을 의미한다. 이토록 교회는 공상이나 환상이나 명상을 통해서 얻은 무시간적이고 무공간적인 득도(得道)를 토대로 한 종교는 아니다. 오히려 교회는 시간 선상에서 그리고 일정한 공간에서 일어난 역사적이고 객관적 사건을 토대로 해서 시작된 종교이다. 그리고 그 객관적 사건을 증거하는 사람들에 의해서 시작된 그리스도 공동체. 381년에 콘스탄티노플에서 모였던 교회 대표들은 이러한 것을 충분히 이해한 후에 교회의 사도성을 고백했다. 과연 교회는 그리스도 사건에 대한 증거를 토대로 건설되고 성장하고 확산되어 있다. 루터가 "그리스도에 대해서 사실인 것이 곧 사도적이다"라고 한 말도 사도들의 증거가 그리스도에 대하여 정확하고 정직할 때 사도적이라는 뜻으로 한 말이다. 그리스도에 관한 허위는 사도적이 될 수 없다. 원시교회는 이들 목격자들의 증거에 의해서 세워진 교회다. "교회가 원시교회와 역사적으로 연결될 때만이 사도적이다."」[266]

그러나 교회의 사도성에 대해서도 일반 교회와 로마 가톨릭 교회는 의견을 달리하고 있다. 즉 달리하는 내용이란 교회의 사도성이 사도적 제도의 계승이냐 혹은 사도적 교리의 계승이냐에 있다. 이 말은 사도권(使徒權)의 계승이냐 혹은 사도직(使徒職)의 계승이냐는 것이다. 원래 사도성을 강조한 것은 사도 자신들 때문이 아니라 사도들이 지닌 진리 때문이다. 사도를 귀하게 여긴 모든 사람의 이유는 사도 자신이 아니라 사도이기에 목격한 역사적 구속사건이 귀하기 때문이었다. 사도권이란 인권(人權)을 말하고 사도직이란 진리를 말한다. 성경이 원하는 것은 사도직이지 사도권이 아니다. 사도직이란 진리를 전하는 직분이다. 사도권이란 이젠 그가 전하는 진리가 문제가 아니라 사람 자신의 권리가 중요하게

---

[266] 이종성, 앞의 책, p.164.

다뤄지는 바 전혀 성경이 의도한 바는 아니었다. 교회의 사도성은 지금도 강조되어져야 할 교회의 주요 표지가 된다. 그것은 교회는 예나 지금이나 역사적 사실적 진리를 지켜야 하기 때문이다. 교회는 지금도 많은 사도들을 필요로 하고 있다. 목격자 사도는 지나가고 없는 과거의 사실이지만 사도들의 근본 사명이 진리의 확인과 전달자라면 지금 모든 그리스도인들이 다 사도들이다. 사도는 파송을 받은 자이다.

"그러므로 너희는 가서 모든 민족을 제자로 삼아 아버지와 아들과 성령의 이름으로 세례를 베풀고 내가 너희에게 분부한 모든 것을 가르쳐 지키게 하라 볼지어다 내가 세상 끝날까지 너희와 항상 함께 있으리라 하시니라"(마 28:19~20)

사도권은 없으나 사도직은 있다. 그것은 진리 없는 사도권의 계승(successio apostolica)이 아니라 복음의 계승(successio evangelu)이 오늘날도 있어야 하는 것이다.[267] 교회는 사도적이다. 교회는 역사적이다. 교회는 진리를 지닌다. 교회는 생명을 지닌다. 교회는 이념적 추상적 존재가 아니다라는 말로 설명된다.

"만일 내가 지체하면 너로 하여금 하나님의 집에서 어떻게 행하여야 할지를 알게 하려 함이니 이 집은 살아 계신 하나님의 교회요 진리의 기둥과 터니라 크도다 경건의 비밀이여, 그렇지 않다 하는 이 없도다 그는 육신으로 나타난 바 되시고 영으로 의롭다 하심을 받으시고 천사들에게 보이시고 만국에서 전파되시고 세상에서 믿은 바 되시고 영광 가운데서 올려지셨느니라"(딤전 3:15~16)

심고 물 주는 이인 바울과 아볼로는 지금도 필요하다. 그것은 권(權)이 아니라 직(職)이다. 사도권이 아닌 사도직을 이어 받고 또 이어 받음으로써 교회는 진리와 생명으로 충만해진다. 사도성은 그리스도 교회의 확실한 진리성과 역사성을 말해주는 것이며 그 사실이 계승되어야 함은 사도직이 계승되어야 함을 뜻한다. 사도권이 아닌 사도직의 계승은 모든 그리스도인들이 보내심을 받은 진리의 증인이요 전파자라는 뜻이다. 로마 가톨릭과 일반 교회가 다같이 교회의 사도성을 강조하고 있지만 그 의미하는 내용이 다르다는 것을 고찰해 왔는데 사도 계승의 방법이 잘못되었고 그것은 곧 사도권의 기계적 인위적 계승이란 과오를 범했던 것이다. 사도권 계승 없이도 사도직 계승은 얼마든지 있을 수 있다. 이하에 그 내용을 실어 본다.

---

267) 이종성, 앞의 책, p. 165.

「우리는 사도 계승의 숨은 의도에 대하여 동의할 수 있으나 사도 계승의 방법에 대하여 동의할 수 없다. 그것은 교회의 사도성, 사도적 전통, 사도들과의 사귐과 연속성, 사도적 정통성, 교회의 내적 통일성에 대한 '상징'은 될 수 있다. 그러나 교회의 이러한 요소들이 후임 교직자의 머리에 손을 얹음으로써 보장된다고 말할 수 없다. 한 마디로 그것은 사도적 요소들에 대한 '상징'(symbol)일 수 있으나 객관적 '보증'(garantie)일 수 없다. 사도적 신앙과 예배와 파송에 있어서의 연속성은 주교직의 제도를 갖지 않은 교회에서도 유지된다는 사실을 오늘날 많은 교회들이 인정하고 있다. 사실 초대교회 시대로부터 기독교 공동체들은 선임 주교의 안수 없이 교직자를 세우기도 하였으며, 이러한 공동체 안에도 교회의 사도성, 사도적 전통, 사도들과의 내적 사귐과 연속성, 사도적 정통성, 교회의 내적 통일성이 발견된다. 그러므로 사도 계승이 로마 주교로부터 시작하는 안수를 통하여 이루어진다고 말할 수 없다. 주교가 후임 주교의 머리에 안수하는 행위의 연속(Abfolge)이 "교회의 사도 계승의 인정에 대한 유일한 조건일 수 없다." 따라서 사도 계승이 안수를 받은 사제들에게 제한된다고 말할 수 없다.」[268]

또 다른 사도적 계승의 잘못된 면모를 보면 아래와 같다.

「자체의 독특한 사도적 계승을 과시하는 교회들이 사도의 인물에 치중하여 조직의 계승을 앞세우고 그들의 신앙, 교리를 등한히 보는 것은 선후(先後)와 본말(本末)을 거꾸로 놓음이다. 다른 두 교회는 고사하고 로마 교회로 말하면 사도들의 교리로부터 너무 멀리 떠났다. 그 교회는 무엇보다도 제일로 사도적 교훈의 심장(心臟)인 믿음으로만 칭의된다는 교리를 부인하지 않는가? 이 이유로(다른 이유들도 있었지만) 16세기의 종교 개혁자들은 로마 교회를 거짓 교회로 선포하기를 주저하지 아니하였다. 설혹 조직의 계승을 가졌다 하더라도 교리의 계승이 없으면 그것은 참된 예수 그리스도의 교회는 아니다. 우리의 종교개혁의 사부(師父)들은 정당히 말하되 '인물들과 처소들의 계승'보다도 '교리의 계승'이 참 교회의 표지라 하였다(see Bavinck, gereformeerde Dogmayiek, IV, p.353). 일반 프로테스탄트 교회는 사도성을 교회의 속성으로 주장하지 않는다. 그러나 그들은 어떤 교파들이 자파의 독특한 속성으로 이것을 주장하는 데는 반대하며 이것이 모든 참 교회의 속성이 될 수 있음을 설명한다.」[269]

로마 가톨릭이 우선 사도성을 강조하고 사도권을 위에서 말한 바 선임 주교가 후임 주교

---

268) 김균진, 앞의 책, pp. 176~177.
269) 박형룡, 앞의 책, p. 70.

에게 안수함으로 계승하기를 갈망한 배경은 진리 전달과 전달할 진리의 관계를 생각했기 때문이다. 즉 밥과 밥그릇의 문제라고 해 볼까? 영양가 있는 영원한 밥이 여기 있다. 그 밥을 전달하는 밥그릇이 일정하게 정해져 있어야 한다. 정당한 밥이 정당한 그릇에 의해서만 정당히 전달된다는 것이다. 여기까지는 수긍할 수 있다. 밥그릇으로 밥이 전달되는 것이니 말이다. 그러나 문제는 밥이 없는 밥그릇만 남아 있으면 어쩌자는 것인가? 사도성은 진리를 강조한 것이지만 지금에 와서는 진리성이 사라졌다. 다시 말하면 밥은 어딘가로 가버리고 그릇만 남았다. 그릇만 계속 남아서 후대로 넘겨지고 있다. 넘겨지고 있는 그릇 안에 밥은 없다. 딱한 일이 아닐 수 없다! 지금까지 전통적으로 보고 있는 교회의 네 가지 표지를 보아 왔는데 동명이인(同名異人)이요 동상이몽(同床異夢)이다. 그래서 오해의 설명을 초래할 것도 없이 교회의 뚜렷한 표지로서 둘 혹은 셋을 말하고 있다. 그것은 말씀의 선포와 성례의 정당한 거행이란 두 가지 표지이거나 이것에다가 신실한 권징 시행을 첨가해서 세 가지 표지라고 했다.[270] 필자는 로마 가톨릭과 개신교가 공히 긍정하고 수용하는 교회의 네 가지 표지, 즉 단일성, 거룩성, 보편성, 그리고 사도성이 결코 교회의 표지의 전부나 전유물이 될 수 없다는 주장을 한스 큉의 아래와 같은 진술에서 힘을 얻기로 한다.

「단일성(單一性)과 성성(聖性)과 보편성(普遍性)과 사도성(使徒性)은 참 교회의 특징이라 할 수 있는가? 종교 개혁자들도 이 네 가지의 전형적 속성을 부인하지 않았다. 오히려 초대 교회의 신앙 고백문을 뚜렷이 고수했다. 그러나 그들은-개별 공동체들과 교회 개혁문제에 비추어-어떤 다른 결정적으로 중요한 것이 있다고 보았다. 그들도 역시 어디에 참교회가 있는가를 물었다. 그러나 그들의 대답은 신학적인 동시에 논쟁적이었다: 복음이 순수하게 가르쳐지고 성사가 바르게 집행되는 거기라고! 그러나 이러한 배타적인 문제 제기는 이미 낡은 것이다. 오늘날 가톨릭에 있어서나 개신교에 있어서나 이 특징 문제는 이미 분명해진 것이다.」[271]

위의 진술에서 보다시피 한스 큉은 로마 가톨릭이나 소위 개신교가 공통적으로 인정하는 네 가지 표지가 참 교회의 특징이 되는 데에 의문을 제기하면서 개신교의 두 가지 주장 곧 말씀 선포와 성례 집행이 교회의 표지라는 것에 동의하고 있으나 이런 특징에 대해서도 아래와 같은 비판적인 평가를 내린다.

「개신교의 전형적인 두 특징에 대하여 가톨릭 신학이 어떤 적극적인 이의를 제기한 일은

---

270) 박형룡, 앞의 책, pp. 98~102.
271) 한스 큉, 『교회란 무엇인가?』 이홍근 역, (분도 출판사, 2005), p. 117.

없다. 성서에 맞는 복음 설교와 합목적적인 성사 집행 없이 참 교회란 없다는 것은 가톨릭 입장에서도 마찬가지이다. 이 두 가지는 그야말로 가톨릭 교회가 절대적으로 요구해 온 것이다. 다만 소극적으로 이 두 특징이 참 교회를 식별하는 특징은 아니라는 이의가 제기되었을 뿐이다. 이들은 가시적인 것이 아니며 교회의 참된 면보다는 숨은 면을 드러내는 역할을 한다는 것이다. 중세 후기 교회의 실태, 즉 당시의 교회가 설교와 신학과 교회 생활에서 본래의 복음 메시지를 등한시하고 무시했을 뿐 아니라 성사 집행(특히 미사와 고백성사)에 수많은 잘못이 있었음을 볼 때, 성서적 복음 설교와 합목적적인 성사 집행이라는 두 비판 기준은 가톨릭 측에서 즐겨 주장하듯이 그렇게 쓸모없는 것은 결코 아니다. 이것은 당시보다 오늘날 더 쉽사리 인정될 것이다. 그러나 한편 이 두 기준에 근거해서는 개신교를 광신자들이나 가톨릭 교회와 구별하기가 점점 더 어려워졌다는 것도 부인할 수 없다. 광신자들이야말로 순수한 복음을 전파하고 성사를 바르게 집행해야 한다고 열을 올렸다. 그리고 가톨릭 교회 역시 트렌트 공의회와 특히 근래의 개혁을 통해 그 복음 설교와 성사 집행을 전혀 부정적으로만 판단할 수는 없게 되었다. 어떻든 이미 가톨릭 교회의 진실성 문제는 일반 원칙만으로 간단히 결정될 수는 없게 되었다. 오늘날 프로테스탄트 교회들도 가톨릭 교회에 대한 더 세밀한 대답을 얻기 위해서는 본래의 메시지를 극히 구체적으로, 자기 비판적으로 재고하지 않을 수 없게 된 것이다.」[272]

한스 큉은 가톨릭은 특징 문제를 다루면서 역시 교회의 표지로서 단일성, 거룩성(聖性), 보편성, 사도성이 과연 적절한가를 질문한다. 그는 개신교나 가톨릭이나 간에 이 네 표지를 뒷받침해 주는 교회의 내면적 진리, 곧 신약성경의 메시지에 근거한 것이 아니라면 공허하고 설득력 없는 구호에 그친다고 아래와 같이 길게 진술하고 있다.

「이미 지적한 대로 개신교 신학은 교회의 네 가지 전통적 속성에 대하여 원칙적으로 아무런 이의가 없다. 그러나 이것은-광신자들에 대한 대항만을 위한 것이 아니라-개신교적 기준에는 없는 어떤 것을 표현하고 있다. 여기서 우리의 질문은 되돌아간다: 그러면 어디서 참 단일성·성성·보편성·사도성을 식별할 수가 있는가? 교회 직무의 교회법적 합법성만 지적하면 족한가? 네 가지 특징은 어떤 경우에나 다른 두 가지 특징에 입각할 때만 진정한 것이라 할 수 있다. 순수한 복음과 진정한 침(세)례와 뜻있게 거행되는 주의 만찬에 근거하지 않는다면 단일성·성성·보편성·사도성이 무슨 의미가 있는가? 언제나 어디서나 중요한 것은 교회가 본래의 신약의 메시지와 사실로 일치하고 있어야 한다는 것이다!

---

272) 한스 큉 「교회란 무엇인가?」 이홍근 역, (분도 출판사, 2005), p. 118.

아무리 소리높여 하나요, 거룩하고 공변되고 사도들로부터 이어받은 교회라고 외치더라도 그것이 신약성서의 메시지에 근거한 것이 아니라면, 그것은 고작 공허하고 설득력 없는 구호에 그치고 말 것이다. 경우에 따라서는 개개의 특징들이 교회 안에서마저 감추어져 있는 수도 있다. 즉 이들이 빛을 발하지 못하고 그래서 외부에 대하여, 심지어는 내부에서도 설득력을 잃어버리게 되는 수도 있다. 이렇게 되면 사람들은 교회 때문에 믿는 것이 아니라, 교회 때문에 믿지 않거나 교회가 싫음에도 불구하고 믿게 된다. 단일성·성성·보편성·사도성은 그러므로 비단 하느님의 은총에 의하여 교회에 주어진 특성에만 그치는 것이 아니라 동시에 교회의 책임 수행에 의존하고 있는 교회의 중대한 과업이기도 하다.」[273]

사실 한스 큉은 가톨릭과 개신교의 경계 선상에 선 신학자라 할 수 있다. 가톨릭 쪽에서는 약간 곱지 않은 눈길을 두는가 하면, 그렇다고 개신교에서도 가볍게 품을 수는 없지만 또 간과할 수도 없는 신학자이다. 왜냐하면 그의 신학이 제도적인 것에서부터 성경적인 쪽으로 시선을 돌리려 하기 때문이다. 그래서 가톨릭에서는 제도적 신학에서 떠나는 것 같으니까 곱지 못하고 개신교 쪽에서는 성경적 신학으로 접근하려 하니까 개신교 교리를 편들어 주는 것으로 보이기 때문에 양쪽에서 유리한 면을 골라 인용하고 있는 것 같다.

사실 한스 큉의 신학 정도가 개신교 신학자로서 내어 놓은 것이라면 큰 눈길을 끌 것까지는 못 되지만 그가 가톨릭의 제도적 환경에 처한 신학자로서 내어 놓은 신학이기에 주목을 받고 있지 않나라고 여겨진다. 하여간 전통적인 교회의 네 가지 표지가 만능적 포괄적인 표지인가에 대해서는 비판해 온 것이 사실이다.

그렇다면 우리는 어떤 결론을 내려야 하는가? 즉 진정한 교회 표지란 무엇인가?

전술한 대로 표지(標識)란 두 가지 목적이 있다. 하나는 교회 자체적으로 참 교회와 거짓 교회를 구별하는 표준이 되고 다른 하나는 많은 사람들로 하여금 교회라는 인식을 갖게 하는 것이다. 그런즉 교회 표지를 보면 이런 말이 나와야 한다.

"아, 이게 참 교회구나."

"아, 거기 교회가 있구나."

교회 표지를 보면 다른 단체에서는 결코 그 유례를 찾아 볼 수 없는 브랜드가 있다. 전술한 대로 개 국가에는 국기와 애국가와 그리고 국화가 있어서 우선 나라와 나라 사이에 구별이 되고 타국민도 모모 국가라는 것을 알아보게 된다.

그럼 네 가지 표지(혹은 속성)와 두 가지 표지를 어떻게 종합시켜 볼까? 이에 대해서 아래와 같은 진술을 보기로 하자.

---

273) 한스 큉, 위의 책, p. 119.

「그러므로 우리는 가톨릭 교회는 물론 정교회, 성공회가 역사적으로 주장하는 네 가지 표지를 포기해서는 안 될 것이다. 오히려 우리는 전통적 네 가지 표지와 종교개혁의 두 가지 표지를 상호보완의 관계에 있는 것으로 볼 수 있을 것이다. 종교개혁의 두 가지 표지는 참 교회가 무엇인가를 교회 내부로부터(von innen) 묘사한다면, 전통적 네 가지 표지는 참 교회가 무엇인가를 밖으로부터(von außen) 묘사한다고 볼 수 있을 것이다: 복음이 그 안에서 순수하게 선포되고 성례전이 바르게 집행되는 교회는 밖에서 볼 때 하나의, 보편적인, 거룩한 그리고 사도적인 교회이어야 할 것이다. 거꾸로 하나의, 보편적인, 거룩한 그리고 사도적인 교회는 복음이 그 안에서 순수하게 선포되고 성례전이 바르게 집행되는 교회이어야 할 것이다.」[274]

(4) 예수가 가리키신 표지

지금까지 교회의 표지에 대해 논술한 것은 현상적인 교회가 아닌 이상적인 교회가 무엇인가를 밝히려고 한 결과가 되었다. 교회의 표지는 진정한 교회가 이렇다고 내세울 수 있는 어떤 요건들이다. 그런데 우리는 교회의 표지로 보고 싶지만 묻노니 이상에서 언급한 것들을 보고 사람들이 "여기 교회가 있구나"라고 함성을 부르짖을 수 있을까? 그러기에는 아직 거리가 먼 것 같다. 그래서 필자는 예수 그리스도가 하신 말씀에 집착하기로 했다. 예수님이 교회의 표지라고 언명하신 것은 교회의 사랑과 교회의 하나 됨이라고 하셨다.

〈교회의 사랑〉- 교회의 사랑 표지

"작은 자들아 내가 아직 잠시 너희와 함께 있겠노라 너희가 나를 찾을 것이나 일찍이 내가 유대인들에게 너희는 내가 가는 곳에 올 수 없다고 말한 것과 같이 지금 너희에게도 이르노라 새 계명을 너희에게 주노니 서로 사랑하라 내가 너희를 사랑한 것같이 너희도 서로 사랑하라 너희가 서로 사랑하면 이로써 모든 사람이 너희가 내 제자인 줄 알리라"(요 13:33~35)

〈교회의 하나 됨〉- 교회의 하나 됨의 표지

"아버지여, 아버지께서 내 안에, 내가 아버지 안에 있는 것같이 그들도 다 하나가 되어 우리 안에 있게 하사 세상으로 아버지께서 나를 보내신 것을 믿게 하옵소서"(요 17:21)

---

274) 김균진, 「기독교 조직신학 IV」, p. 253.

교회의 사랑을 보고 세상 사람들이 교회를 교회로 인식하고 교회가 싸우지 않고 하나로 뭉쳐 있는 것을 보고 세상 사람들이 교회의 머리 되신 분은 하나님께서 보내 주셨기에 저 무리들이 하나가 되었다고 확신하게 된다. 교회의 양 어깨에 달린 표지는 '사랑' 그리고 '하나 됨'이다. 세상과 교회가 구별되는 표지가 있다. 세상의 특징은 미움과 분열이다. 그런 세상에 살던 사람들이 교회의 특징을 보게 되었다. 교회의 특징은 '사랑'과 '하나 됨'이 아닌가? 이런 구별적 표지를 보고 세상과 교회를 구별하는 것이다. 전술한 어떤 교회의 표지나 특성도 교회의 사랑과 하나 됨의 표지만큼 세상에 보란듯이 힘 있게 내어 놓을 수는 없을 것이다. 교회가 세상에 내보이는 것은 "여기 사랑이 있고 여기 하나 됨이 있다는 것이다." 그런데 오늘날 현실적 교회는 어떤가? 교회 표지가 희미해지고 있지는 않는가? 제자들의 모임이 교회요. 교회는 제자들의 모임이다. 그런데 제자들이란 예수 부활 사건과 생애를 지켜보고 직접 배운 자들만이 아니라 후대의 우리 모든 그리스도인들이 다 제자이다. 교회는 제자들로 구성되고 제자들로 구성된 것이 교회다.

"이로써 모든 사람이 너희가 내 제자인 줄(교회) 알리라."

모든 사람이 너희를 제자로 알아보는 방법은 무엇인가? 무엇을 보고 모든 사람이 그리스도의 제자 곧 교회로 식별하게 되었는가? 그 대답은 간단하다. "너희가 서로 사랑하면"이다.

우리는 미워도 다시 한 번 사랑하고 하나가 되어야 한다. 이미 그리스도께서 그렇게 해 주신 것을 우리는 지키는 것뿐이다. 헨리 나우웬이 말하기를 결코 함께 살고 싶지 않은 사람과 언제나 같이 사는 곳이 교회라고 했다. 교회는 사람이 초청한 곳이 아니라 그리스도께서 초청한 곳이다. 그리스도의 초정에 다같이 초청받아 온 처지에 누가 누구를 판단하며 갈라놓겠는가? "이는 하나님이 그를 받으셨음이니라"(롬 14:3). 하나님이 그냥 받으셨는데 우리 사람들이 못 받아들인다는 것은 있을 수 없다.

프란시스 A. 쉐퍼는 교회의 참된 표지는 사랑과 하나 됨임을 강조하였다.

「그리스도인의 표지를 매우 분명히 나타내는 성경본문을 다시 한 번 살펴보자.

"새 계명을 너희에게 주노니 서로 사랑하라 내가 너희를 사랑한 것같이 너희도 사랑하라 너희가 서로 사랑하면 이로써 모든 사람이 너희가 내 제자인 줄 알리라"(요 13:34~35).

"그들도 다 하나가 되어 우리 안에 있게 하사 세상으로 아버지께서 나를 보내신 것을 믿게 하옵소서"(요 17:21). 사마리아 사람이 부상당한 사람을 사랑한 것처럼 우리 그리스도인들은 모든 사람을 우리의 이웃같이, 우리 자신같이 사랑하라고 부르심을 받았다는 것 외에 무엇이라고 결론짓겠는가? 이것은 우리의 의견 차이가 크고 적음을 막론하고 우리 형제들을 사랑할 것을 의미하는 것이다. 희생이 있더라도 사랑하고 무서운 감정의 긴장에도 불구하고 사랑하되 세상 사람들이 볼 수 있게 사랑해야 한다. 요약해서 말하거니와 우리는 하나님의 거룩함과 하나님의 사랑을 나타내고 실천해야 한다. 왜냐하면 이것이 없으면 우리가 성령을 근심하게 하기 때문이다. 사랑은 세상 사람들 앞에서 달고 다니라고 그리스도께서 그리스도인들에게 주신 표지이고, 연합은 사랑의 증거이다. 세상 사람들은 오직 이 표지로 그리스도인들은 참으로 그리스도인이며 예수는 아버지의 보내심을 받았다는 것을 알 수 있는 것이다.」[275]

그리스도의 교회의 진정한 제1위 표지는 사랑이다. 그리스도인의 사랑 곧 교회가 사랑해야 함을 강조하는 성경말씀을 보자.

"피차 사랑의 빚 외에는 아무에게든지 아무 빚도 지지 말라 남을 사랑하는 자는 율법을 다 이루었느니라"(롬 13:8)
"이 모든 것 위에 사랑을 더하라 이는 온전하게 매는 띠니라"(골 3:14)
"형제 사랑에 관하여는 너희에게 쓸 것이 없음은 너희들 자신이 하나님의 가르치심을 받아 서로 사랑함이라"(살전 4:9)
"이 교훈의 목적은 청결한 마음과 선한 양심과 거짓이 없는 믿음에서 나오는 사랑이거늘"(딤전 1:5)
"너희는 그를 죽은 자 가운데서 살리시고 영광을 주신 하나님을 그리스도로 말미암아 믿는 자니 너희 믿음과 소망이 하나님께 있게 하셨느니라"(벧전 1:21)
"우리는 서로 사랑할지니 이는 너희가 처음부터 들은 소식이라"(요일 3:11)
"우리가 이 계명을 주께 받았나니 하나님을 사랑하는 자는 또한 그 형제를 사랑할지니라"(요일 4:21)
"내 계명은 곧 내가 너희를 사랑한 것같이 너희도 서로 사랑하라 하는 이것이니라"(요 15:12)
"그리스도께서 너희를 사랑하신 것같이 너희도 사랑 가운데서 행하라 그는 우리를 위하여 자신을 버리사 향기로운 제물과 희생제물로 하나님께 드리셨느니라"(엡 5:2)
"사랑은 여기 있으니 우리가 하나님을 사랑한 것이 아니요 하나님이 우리를 사랑하사 우리 죄를 속하기 위하여 화목 제물로 그 아들을 보내셨음이라 사랑하는 자들아 하나님이 이같이 우리를 사랑하셨은즉 우리도 서로 사랑하는 것이 마땅하도다"(요일 4:10~11)

그리스도의 교회의 진정한 제1위 표지는 사랑이라는 것을 한 예로 설명해 본다.

"남을 사랑하는 자는 율법을 다 이루었느니라"(롬 13:8 하반절)

세상 사람들에게도 무의식 중에 율법이 있다.

---
275) 프란시스 A. 쉐퍼, 「20세기 말의 교회」 김재권 역, (서울:생명의말씀사, 1972), p. 217.

"(율법 없는 이방인이 본성으로 율법의 일을 행할 때에는 이 사람은 율법이 없어도 자기가 자기에게 율법이 되나니 이런 이들은 그 양심이 증거가 되어 그 생각들이 서로 혹은 고발하며 혹은 변명하여 그 마음에 새긴 율법의 행위를 나타내느니라)"(롬 2:14~15)

율법이 주어진 바 없는 이방인도 본성으로 율법적인 진리 행위를 행하려 한다. 자기가 자기에게 율법이 된다. 양심이 그 증거가 되어 시시비비(是是非非)를 따진다. 따져 보아도 꼼짝 못하리만큼 양심에 찔림을 받는다. 즉 아무래도 율법을 이루지 못한다는 처절한 느낌을 가진다. 비록 타락되었지만 하나님의 형상으로 피조된 인간이기에 갖는 율법에 대한 태도요 좌절이요 슬픔이다. 그런데 그 옆에 있는 어떤 사람들의 무리를 본 것이다. 교회였다. 교인들의 모임이었다. 그 무리에게는 '남을 사랑함'이 나타날 뿐만 아니라 "서로 교제하며 떡을 떼며 기도하기를 전혀 힘쓰는" 공동체를 목격했던 것이다. 도대체 이 공동체가 누구인가? 어떤 사람들이 모여서 이런 공동체를 형성했는가? 거기를 보니 '사랑'이 넘쳐 강물처럼 흘러내리고 있었다. 이 모습이 하나님의 사람들의 모습이로구나, 그리스도인들이 모인 곳이구나. 이렇게 '사랑' 때문에 하나님의 백성의 모임이라는 것이 대외적 및 표면적으로 광고가 되어진 것이다. 남을 사랑함으로써 이방인도 갈구했으나 이루지 못한 율법을 다 이루는 공동체가 되었던 것이다. 사랑은 모든 율법을 이룬다. 그러므로 율법을 다 이룬 사람들은 특이한 사람들이다.

고린도전서 13장 사랑 장은 그리스도인의 교회의 표지로 수를 놓고 있다. 사랑의 표지의 다양함과 화려함이 거기 있다. '사랑이 없으면' 아무 의미가 없다. 모든 것 위에 사랑이 포장되어야 하고 그 밑바닥에도 사랑이 깔려 있어야 한다. 사랑이 없으면 사람의 방언과 천사의 말도 소리나는 구리요 꽹과리 소리다. 사랑이 없으면 예언, 비밀, 지식, 믿음도 아무 것도 아닌 것이 되고 사랑이 없으면 구제와 헌신도 아무 유익이 없다.

사랑은 추상명사이지만 그 내용은 보통명사가 된다. 사랑의 외부적 표현이 그리스도인의 표지가 된다. 믿음, 소망, 사랑 이 세 가지는 항상 있을 것이지만 사랑이 그 중에 최고라 함은 남들이 그리스도인의 믿음과 소망을 알아 볼 수 없지만 사랑은 알아 볼 수 있기 때문이다. "그리스도인들이여, 당신들이 가진 믿음과 소망에 대해서는 아는 바 없지만 당신들이 보여 준 사랑은 감지되오. 그래서 당신들이 그리스도인이라는 것을 믿소!" 이것이 비그리스도인들이 그리스도인들을 향한 선포가 되어야 하지 않을까?

세상의 표지는 미움이고 교회의 표지는 사랑이다. 서로 비교가 되는 표지들이다. 교회의 진정한 제2위 표지는 하나 됨이다. 하나 됨을 가리키는 성구를 먼저 보기로 하자.

"믿음이 연약한 자를 너희가 받되 그의 의견을 비판하지 말라 어떤 사람은 모든 것을 먹을 만한 믿음이 있고 믿음이 연약한 자는 채소만 먹느니라 먹는 자는 먹지 않는 자를 업신여기지 말고 먹지 않는 자는 먹는 자를 비판하지 말라 이는 하나님이 그를 받으셨음이라 남의 하인을 비판하는 너는 누구냐 그가 서 있는 것이나 넘어지는 것이 자기 주인에게 있으매 그가 세움을 받으리니 이는 그를 세우시는 권능이 주께 있음이라"(롬 14:1~4)

"몸은 하나인데 많은 지체가 있고 몸의 지체가 많으나 한 몸임과 같이 그리스도도 그러하니라 우리가 유대인이나 헬라인이나 종이나 자유인이나 다 한 성령으로 세례를 받아 한 몸이 되었고 또 다 한 성령을 마시게 하셨느니라 몸은 한 지체뿐만 아니요 여럿이니 만일 발이 이르되 나는 손이 아니니 몸에 붙지 아니하였다 할지라도 이로써 몸에 붙지 아니한 것이 아니요"(고전 12:12~15)

"몸 가운데서 분쟁이 없고 오직 여러 지체가 서로 같이 돌보게 하셨느니라 만일 한 지체가 고통을 받으면 모든 지체가 함께 고통을 받고 한 지체가 영광을 얻으면 모든 지체가 함께 즐거워하느니라"(고전 12:25~26)

"나와 아버지는 하나이니라 하신대"(요 10:30)

"거룩하게 하시는 이와 거룩하게 함을 입은 자들이 다 한 근원에서 난지라 그러므로 형제라 부르시기를 부끄러워하지 아니하시고"(히 2:11)

"마음을 같이하여 같은 사랑을 가지고 뜻을 합하며 한마음을 품어"(빌 2:2)

그리스도의 교회의 진정한 제2위 표지가 하나 됨이라는 것을 좀더 설명해 보자.

"믿는 무리가 한마음과 한 뜻이 되어 모든 물건을 서로 통용하고 자기 재물을 조금이라도 자기 것이라 하는 이가 하나도 없더라"(행 4:32)

여기 믿는 무리의 대외적인 모습이 나타났다. 믿는 무리, 즉 교회 내부는 한마음과 한뜻으로 하나가 되어 있다. 교회의 외부는 내부에 있는 하나 됨의 표출이 있다. 모든 물건을 서로 통용한다. 자기 재물을 조금이라도 제 것이라 하는 이가 하나도 없었다는 것이다. 자기 재물의 일부를 뒤로 빼돌리면서 다른 일부를 내어 놓는 일이 없었다는 것이다. 가진 재물 전부를 내어 놓았다는 것이다. 그리고 이렇게 하지 않은 사람은 그 모인 무리 가운데 단 한 사람도 없었다는 것이다.

지금도 이런 일이 가능할까? 이것은 초대교회에서만 가능한 일일까? 아니다. 지금도 이런 모습은 가능하다. 묻노니 초대교회와 현대의 교회는 달라야만 하는가? 그때 교회와 지금의 교회는 불연속선 상에 있는가? 한마음, 한뜻을 지닌 교회가 지금은 불가능한가? 지금 현대 교회는 한마음, 한뜻으로 하나가 되지 않아도 되는가? 그 당위성이 가능한가? 말할 것도 없이 지금의 교회도 하나가 되어야 하는 것이다. 하나가 되었으면 물건의 씀씀이가 풍성하게 나와야 하는 것이다. 현대적인 말로 표현하면 그리스도인은 하나님의 영광을 위하여 자기 자신과 자기의 가진 모든 것을 하나님의 것으로 여겨 하나님 앞에 내어 놓고 하나님이 임의로 쓰시도록 바쳐 놓았다는 것이다. 즉 청지기 직분을 이행하고 있는 것이 그것이다. 그리스도의 교회가 하나가 되어야 할 이유는 성령의 지시 때문이다. 이 세상 어느 단체인들 성령께서 직접 간섭하시는 데가 있으랴? 그리스도인은 부르심을 받은 자다. 그러므로 그 부르심에 합당하게 행하여야 한다.

"그러므로 주 안에서 갇힌 내가 너희를 권하노니 너희가 부르심을 받은 일에 합당하게 행하여"(엡 4:1)

부르심에 합당하게 행하는 내용은 무엇인가? "성령의 하나 되게 하신 것을 힘써 지키는 일이다." 그것은 평안의 매는 줄로 묶어 놓는 것이다.

"평안의 매는 줄로 성령이 하나 되게 하신 것을 힘써 지키라"(엡 4:3)

그렇게 하기 위해서는 서로 용납해야 한다. 피차 용납이 하나가 되는 전제이다.

"모든 겸손과 온유로 하고 오래 참음으로 사랑 가운데서 서로 용납하고"(엡 4:2)

그리스도인의 모임은 온통 하나인 원리 가운데서 이루어진 것이므로 마땅히 하나가 되어야 하는 것이다.

"몸이 하나요 성령도 한 분이시니 이와 같이 너희가 부르심의 한 소망 안에서 부르심을 받았느니라 주도 한 분이시요 믿음도 하나요 침(세)례도 하나요 하나님도 한 분이시니 곧 만유의 아버지시라 만유 위에 계시고 만유를 통일하시고 만유 가운데 계시도다"(엡 4:4~6)

필자에게는 쌍둥이 손녀 둘이 있다. 이제 갓 4살이 되었다. 한 태 속에 자라다가 동시에 세상에 나왔건만 이 손녀들은 경쟁심 때문에 무척 다툰다. 어떤 놈은 맞아 울고 어떤 놈은 장난감을 빼앗겨서 운다. 한번은 둘이서 결사적으로 맞붙어 싸우고 있었다. 그냥 보고만 있었는데 큰놈이 작은놈-불과 몇 분 간격을 두고 태어났지만 언니와 동생이란 질서가 있다-에게 맞아 울고 있었다. 큰놈은 패배자요 작은놈은 승리자다. 한 놈은 울고 있고 한 놈은 웃고 있다. 조상된 입장에서 어느 편의 손을 들어 심판을 내려야 하는가? 두 놈의 손을 동시에 들어 무승부를 부르짖었고 양승부로 끝을 내어 주었다. 다 이겼고 다 잘했다는 것이다. 조상이 보는 눈으로는 이긴 놈도 예쁘고 진 놈도 예쁘다. 우는 놈도 예쁘고 웃는 놈도 예쁘다. 왜냐하면 똑같은 손녀들이기 때문이다. 자기들끼리는 승부에 울고 웃고 억울하고 답답하고 명쾌하고 쾌활할지 모르나 조상이 보는 눈에는 그런 것들이 아무것도 아니었다. 그들은 하나였다. 하나님께서도 우리 그리스도인들을 하나로 보시고 누구나 다 똑같이 대해 주신다. 온통 세상을 보면 시기와 질투, 끝없는 욕망의 경쟁이 전투처럼 벌어지는 것이 현실인데 그 가운데 살던 사람들이 눈을 돌려 좌우를 보니 하나가 되어 뭉쳐 있는 공동체가 눈에 들어 왔으니 그것이 교회요 이들이 하나님이 보내신 아드님을 머리로 하고 모인 사람들이라는 것을 즉각적으로 알아 볼 수 있다.

세상의 특징은 분열이지만 교회의 특징은 하나 됨이다. 사랑과 하나 됨이라는 교회의 표지는 세상과 교회의 다름을 보여 주기 위한 십자군기나 마찬가지이다. 기(旗)를 봄으로써 소속을 알아볼 수 있다. 사탄의 군기가 있고 그리스도인 교회의 군기가 있으니 저들의 것은 미움과 분열이요 우리의 것은 사랑과 하나 됨이다. 문제는 군기를 바꾸어 달아서는 안 된다. 교회의 사랑과 하나 됨의 표지를 굳게 지켜야 하는 것이 오늘날 교회의 사명이라는 토저의 호소를 아래에서 보기로 하자.

「그리스도인들이여, 무릎 꿇고 세상을 흉내내지 말라!

과거에 세상이 교회를 따랐던 적이 있었다. 교회가 주도권을 쥐고 앞장서 나갔으며, 세상은 교회를 뒤따랐다. 하지만 지금은 전혀 반대이다.

지금은 교회가 무릎을 꿇고 세상을 흉내내고 있다.

과거의 교회는 어린 양의 아름답고 혈색 좋은 신부(新婦)였으나,

지금의 교회는 쪼글쪼글한 늙은 걸인 같다.

지금의 교회는 세상의 거리로 나가 세상 사람들에게 동전 한 닢을 구걸하기 위해 손을 내밀고 있다. 한때는 교회가 세상을 향해 "은과 금은 내게 없거니와 내게 있는 것으로 네게 주노니 곧 나사렛 예수 그리스도의 이름으로 걸으라"(행 3:6)고 말했다.

그러나 오늘날은 어떤가?

오늘날 교회는 "제발, 우리를 이상한 사람으로 취급하지 마십시오. 우리는 예수님을 믿는다는 것을 제외하고는 다른 모든 면에서 당신들과 똑같습니다"라고 말한다. 오늘날 기독교가 그 많은 시간과 돈과 노력을 쏟아 부으면서 세상에 전하는 것은 무엇인가?

성경적 기독교와 세상을 섞어 놓은 기독교, 즉 '혼혈(混血) 기독교'를 전하지 않는가?

명심하라. 십자가의 기독교는 세상의 비위를 맞추려고 애쓰지 않고 오히려 십자가를 지고 "하나님, 우리가 여기 있나이다. 우리가 의지할 분은 하나님뿐이오니 우리를 도우소서"라고 기도했다. 교회는 자신의 성경적 원리 위에 우뚝 서서 세상에게 성령님의 음성을 들

려주어야 한다. 그러면 세상 사람들이 교회로 몰려올 것이다.」[276]

세상으로 하여금 교회를 따라오게 만드는 것은 교회의 분명한 표지를 보여 줄 때 가능하다. 그것은 우선 보기에 쉽게 식별되는 사랑과 하나 됨의 모습인 것이다. 세상 사람들은 교회의 영성이니 거룩성이니 사도성이 무엇인지 알 수 없지만, 보일 수 있는 교회의 사랑과 하나됨은 알 수 있다. 성경도 이 표지로 교회의 존재를 알리라고 말하고 있다(요 13:34~35; 17:21).

3) 교회의 활동

교회는 유기체적 생명의 인격자이다. 그러므로 교회가 무엇이냐는 질문은 교회를 향한 질문치고는 실례가 되는 것이리라. 그렇다고 해서 그런 질문을 던진 자를 모두 부정적인 눈으로 볼 수 없는 것은 필자 자신도 무의식간에 그런 질문을 던져 왔던 사람이었는데 영안이 더 밝아지면서 깊숙이 사실 안으로 들어가 보니 교회를 인격자로 볼 수밖에 없는 결론에 이르렀고, 그때부터 교회가 누구냐라고 질문하게 되었기 때문이다.

이런 문제는 인격자 교회의 활동의 내용이 무엇이냐를 정확히 인식하는 일이다. 전술한 바와 같이 교회는 하나님의 자기표현(Church as the expression of God Himself)인 만큼 하나님의 활동이 무엇이냐를 인식해야 한다. 교회는 알파와 오메가이다. 역사는 교회로 말미암아 시작되었다가 교회의 들림받음으로 인해 종결될 것이다. 그러므로 교회의 활동이란 역사 속에서의 교회의 삶이요 삶의 표출인 것이다.

이런 측면에서 전통적으로 교회론이 다루고 있는 내용을 교회의 활동이란 주제 아래 묶어 놓고 다음과 같이 다루고자 한다.

첫째로 교회가 활동하는 장소가 어디냐? 그것은 세상이었다.

둘째로 교회가 활동하기 위해 두고 있는 조직은 어떠한가?

그것을 교회의 행정이라 한다. 여기에는 교회의 구성, 교회의 직분, 교회의 행정이 거론된다. 누가 교회를 이루는가? 교회의 직분에는 어떤 것들이 있어야 하는가? 꼭 직분을 두어야 하는가? 둔다면 어떤 직분을 두어야 하는가? 장로냐 안수집사냐 권사냐 목사냐 감독이냐? 지금도 교파적으로 견해를 달리하고 한 교파 안에도 이것을 두고 싸움하다시피 하고 있는 서글픈 현상이 벌어지는 주제들이다. 교회 행정만 하더라도 감독형, 장로형, 회중형, 민주형이 거론되고 있는 곳이 바로 여기다.

셋째로 교회가 활동하는 내용들은 무엇인가? 여기서 교회의 임무니 기능이니 사명이니 하는 이름을 붙여서 교회가 무엇을 해야 하는가를 거론한다. 교회가 무엇을 해야 한다는

---

276) A. W. 토저, 「세상과 충돌하라」 이용복 역, (서울; 규장, 2006), pp. 29~30.

사실을 강조한 나머지 정작 해야 할 주체자인 교회의 정체를 망각하고 심지어 일하다가 교회가 사라져 버리는 어처구니없는 현실이 나타나기도 한다. 우리는 교회의 임무, 기능, 사명이란 주제로 이야기하는 전통적 교회관에서 교회이기 때문에 자연스럽게 행해지고 또 행해질 수밖에 없는 일들을 제시하는 쪽으로 방향을 돌리려고 한다. 무엇 무엇을 해야 '교회'로 불러 주겠다가 아니라 '교회'이기 때문에 무엇 무엇을 하고 있지 않느냐는 질문이 타당한 질문이다. 기능이 본질을 규정하는 것이 아니라 본질이 기능을 발휘하는 것이다. 그 본질이 무엇이냐? 행위가 아닌 존재인 것이다. 선 존재 후 행위가 질서적이며 논리적인 것이다. 행위하는 만큼 존재한다는 실존적인 철학은 교회론에서는 통하지 않는다.

'교회의 활동' 주제를 세분하여 제목화시키면 다음과 같다.
- 교회가 활동하는 장소 – 교회는 세상에서 활동한다.
- 교회의 활동조직 – 교회는 조직을 가진다.
  - 교회의 구성
  - 교회의 직분
  - 교회의 행정
- 교회의 활동내용 – 교회는 삶의 양상을 지닌다.

(1) 교회가 활동하는 장소(세상)

교회가 활동하는 장소는 세상(cosmos)이다. 교회는 세상과 동떨어진 치외법권(治外法權) 영역에 있지 않고 예수님이 말씀하신 대로 음부의 권세의 공격을 받는 세상 안에 있다. 단지 세상 안에 있으나 속하지 아니했을 뿐이다.

> "또 내가 네게 이르노니 너는 베드로라 내가 이 반석 위에 내 교회를 세우리니 음부(陰府)의 권세가 이기지 못하리라"(마 16:18)

음부의 권세가 교회를 이기지는 못하지만 음부의 권세는 계속 공격해 오고 있다. 초여름 산에 오른 등산객에게 모기떼들이 계속 공격하면 그 일로 인해 등산객이 죽지는 않지만 심히 괴로운 것은 사실이다. 그러나 모기는 죽은 시체에는 덤비지 않는다는 것도 알아야 한다. 음부의 권세가 공격한다는 것은 교회가 살아 있다는 증거이다. 죽은 교회에는 음부의 권세가 공격하지 않는다. 왜냐하면 죽은 교회는 이미 그의 소속된 바이기 때문이다. 교회가 활동하고 있는 세상 개념부터 재확인할 필요가 있다. 교회는 아군 진지에서 안주하지 않고 적군 진지를 공략해야 하는 적극적 태도는 물론이거니와 거꾸로 적군의 공격에 대비해서 방어적 태도라는 소극적 자세도 취해야 한다. 교회는 세상과 대치하고 있다. 교회의 체질은 세상의 체질과는 상반되어 있다. 그런 만큼 교회는 적군인 세상의 정체 파악부터 분명히 인식해야 한다. 단지 여기서 안타까운 것은 악한 마귀는 교회와 세상의 엄격한 구별을 어떤 방도로든지 분쇄하려고 온갖 노력을 가하여 그리스도인들의 가치관을 흐려놓는다는 것이다. 마귀는 세상과 교회의 경계선을 무너뜨리고 미로(迷路) 선상에 그리스도인을 갖다 놓으려 한다. 이 사실에 무지하면 낭패를 당한다. 이 시대에 세상과 충돌하라! 세상을 파멸하라! 세상을 정복하라!는 외침에 역겨움을 느끼는 사람이라면 세상의 정체를 확실히 인식해야만 할 것이다. 신학적으로 말하면 세상을 구속하라는 것이다. 사람만이 침(세)례를 받는 것이 아니라 세상도 침(세)례를 받아야 한다. 세상은 문화요 곧 그것은 종교라는 등식을 주창한 폴 틸리히(Paul Tillich)의 사상에 준하여 문화 곧 세상에 대한 리차드 니버(H. Richard Niebuhr)의 생각은 다각도로 이해되고 있다.[277]

니버는 그리스도와 문화는 끊일 줄 모르는 문제 사항이라고 전제했다(The enduring problem). 그리고 그리스도는 문화에 반하며(Christ against Culture), 그리스도는 문화에 속하며(Christ of Culture), 그리스도는 문화 위에 있으며(Christ above Culture), 그리스도와 문화는 역설관계에 있다(Christ and Culture in Paradox)고 설명한 끝에 내린 결론은 무엇이었는가? 그리스도는 문화의 변혁자(Christ the Transformer of Culture)라고 결론을 내렸다. 그리스도는 문화를 바꾸시는 분이시다. 문화의 질과 양을 하나님 쪽으로 바꾸어 놓으시는 분이시다. 문화는 그냥 두고만 볼 수 없는 반드시 변화되어야만 쓸모있는 것이라는 결론이다. 이것은 전술한 바 '워치만 니'가 말한 대로 "세상은 침(세)례를 받아야 한다"(The World in Baptism)는 결론과 상통한다. 문화 곧 세상, 세상 곧 문화, 문화 곧 종교, 종교 곧 세상과 문화는 교회가 해야 할 변혁의 대상인 것이다. 교회는 온통 변혁시켜야만 하는 주변을 두고 있다. 이것은 일종의 영적 싸움인 것이다.

세상이란 무엇인가?
태초에 하나님이 만드신 것은 땅(earth)이지 세상(cosmos)은 아니었다.

"태초에 하나님이 천지를 창조하시니라"(창 1:1)

하나님은 천지만물 온 우주를 만드셨고 보시기에 좋으시고 또 심히 좋으셨다. 문제는 이것이니 곧 하나님은 세상은 만드시지 아니하셨다는 것이다. 세상은 사탄을 그 배후 조종자

---
[277] H. Richard Niebuhr, *Christ and Culture*, (Harper and Row, 1951).

로 두고 있는 아직 구원받지 못한 사람들의 조직이다. 상론한다면 세상은 사람들의 생각과 행위로써 하나님을 대항하여 인간을 중심으로 조직된 생활 전반인 바 그 배후엔 사탄이 도사리고 있는 체제로써 결국 사탄에 의한 사탄의 표현이다. 그것은 마치 교회가 하나님의 자기표현이라면 세상은 사탄의 사탄 자신의 표현이다. 교회와 세상은 대립관계에 있다. 교회와 땅은 대립관계가 아니다. 교회와 아름다운 자연계도 대립관계가 아니다. 교회와 대립관계는 세상이다. 여기 세상은 물리적 자연계가 아니라 인위적 도덕계이다. 성경은 우리의 소속과 세상의 소속을 명백히 말하고 있다.

"또 아는 것은 우리는 하나님께 속하고 온 세상은 악한 자 안에 처한 것이며"(요일 5:19)

세상은 악한 자 안에 있으며 교회는 선하신 하나님 안에 있다. 그런즉 세상은 하나님의 만드신 바가 아니기 때문에 하나님의 계획과 뜻 안에 협조자로서 내포되어 있는 것은 절대 아니다. 원래 하나님만 계시던 진실 앞에 하나님이 만드시지도 않은 세상은 도대체 어디에 근거하여 생겨난 것인가? 이에 대한 답변으로서 하나님은 죄를 내시지도 않으셨고 죄인을 만드시지도 않으셨다는 것으로 대신한다. 하나님이 무관하셨건만 죄가 있고 죄인이 있었듯이 하나님이 만드시지 아니하셨지만 세상이란 것이 생겼다. 결국 세상이 생겼다는 말은 죄와 죄인이 생겼다는 말의 다른 표현인 것이다. 그러나 분명한 것은 그럼에도 불구하고 세상은 하나님의 작정 안에 있다. 세상은 사탄에 의해 사람들로 구성된 인간 위주의 인본주의 조직이다. 여기엔 하나님도 없고 하나님을 위함도 없다. 단지 사람이 있고 사람을 위함만 있는데 이것도 사람 편에서는 속임을 당하고 있는 것이다. 그 조직 뒤에는 악한 마귀 사탄이 조종하고 있으니 말이다. 인본주의는 곧 사탄주의다.

다시 한 번 정리해 보자.

세상이란 무엇인가?

하나님이 처음 천지 창조하셨을 때에는 땅은 있었으나 세상은 없었다. 아담의 타락으로 인해 불행하게도 땅은 세상으로 변했다. 땅은 중성(中性)이지만 세상은 사나운 남성이다. 왜냐하면 세상이란 창조주 하나님을 반역하는 반항심 곧 자연인의 본성에서 생겨난 온갖 조직체이기 때문이다. 성경적 의미에서의 코스모스 즉 세상이란 하나님을 거부하는 사탄에 의한 반항하는 조직체이다. 예수님은 이 세상이 악하고 음란하다고 하셨다. 예수님이 이 세상에 오셔서 보시고 온통 악하고 음란한 세상이라는 선고를 내리셨다. 서기관과 바리새인이 표적을 구하자 예수님은 아래와 같이 답변해 주셨다.

"예수께서 대답하여 이르시되 악하고 음란한 세대가 표적을 구하나 선지자 요나의 표적밖에는

보일 표적이 없느니라"(마 12:39)

또 바리새인과 사두개인들이 하늘로 오는 표적을 구하자 예수님은 똑같이 답변해 주셨다.

"악하고 음란한 세대가 표적을 구하나 요나의 표적밖에는 보여 줄 표적이 없느니라 하시고 그들을 떠나 가시니라"(마 16:4)

악하다는 말은 남이 잘못되고 자기만 잘되자는 심리를 말하고, 음란하다는 것은 남녀 간의 정욕이 불타는 부정을 말한다. 모든 세대의 대중문화가 거의 다 시기, 질투, 복수 그리고 남녀 간의 애정 행각의 내용이 아니면 인기가 없어서 상품의 가치를 잃고 있다. 세상의 정체는 요한일서 2장 15~17절이 잘 말해 주고 있다.

"이 세상이나 세상에 있는 것들을 사랑하지 말라 누구든지 세상을 사랑하면 아버지의 사랑이 그 안에 있지 아니하니 이는 세상에 있는 모든 것이 육신의 정욕과 안목의 정욕과 이생의 자랑이니 다 아버지께로부터 온 것이 아니요 세상으로부터 온 것이라 이 세상도, 그 정욕도 지나가되 오직 하나님의 뜻을 행하는 자는 영원히 거하느니라"(요일 2:15~17)

세상이나 세상 안에 있는 것들을 사랑하지 말라는 당부이다. 세상을 사랑하면 아버지의 사랑이 틈타고 들어갈 공간이 없어진다. 이 놈의 세상은 아버지의 사랑을 쫓아버리는 무서운 실체이다. 그 이유를 다음과 같이 말하고 있다. 이 세상에 있는 모든 것이 하나 예외 없이 무엇으로 조직되어 있는가를 설명하고 있다. 그것은 육신의 정욕, 안목의 정욕, 이생의 자랑이라는 것이다. 그런데 이것들은 아버지께로부터 나온 것이 아니라는 것, 이것들은 세상으로부터 나온 것들이니 이것들의 결말은 무엇인가? 이 세상도 정욕도 다 지나간다는 것이다. 그리고 남는 것은 하나님의 뜻을 행하는 이가 영원히 남게 된다는 것이다. 세상 곧 반신(反神) 체제에 붙어 있어서 이득 볼 것이란 아무것도 없다. 모든 것이 지나갈 뿐이다. 불장난은 재미는 있으나 화재의 손실이 나기 마련이며, 숨어먹는 떡이 맛은 있으나 체증에 걸리게 됨은 피할 수 없는 것이다.

세상 이야기를 길게 말하게 되는 것은 교회가 대치관계에 있는 교회의 실체 곧 정체에 대해서 무지 내지 무관심하도록, 끊임없는 사탄의 모략이 있기 때문이다.

예수님은 세상의 정체를 말씀하시고 또 세상의 대교회관을 설파하셨다. 세상은 주님을 미워한다. 주님께 속한 사람들도 미워한다.

"세상이 너희를 미워하면 너희보다 먼저 나를 미워한 줄을 알라 너희가 세상에 속하였으면 세상이 자기의 것을 사랑할 것이나 너희는 세상에 속한 자가 아니요 도리어 내가 너희를 세상에서 택하였기 때문에 세상이 너희를 미워하느니라"(요 15:18~19)

"세상이 너희를 미워하지 아니하되 나를 미워하나니 이는 내가 세상의 일들을 악하다고 증언함이라"(요 7:7)

"나를 미워하는 자는 또 내 아버지를 미워하느니라"(요 15:23)

세상이 미워하는 원초적 순서는 이렇다. 아버지를 미워하고 그 다음 아들을 미워하고 또 그 다음엔 아들에게 속한 사람들을 미워한다. 세상은 교회를 미워한다. 세상으로부터 미움을 받는다는 것은 아버지께 속해 있다는 증거이다. 세상의 미움의 대상이 된 자는 아버지의 말씀을 지니고 있다는 말이다.

"내가 아버지의 말씀을 그들에게 주었사오매 세상이 그들을 미워하였사오니 이는 내가 세상에 속하지 아니함같이 그들도 세상에 속하지 아니함으로 인함이니이다"(요 17:14)

아버지의 말씀을 받은 사람들을 세상은 미움의 대상으로 삼는다. 아들과 아들을 따르는 자가 세상에 속하지 아니했기에 세상이 미워한다. 아버지의 말씀을 받았다는 표현이 의미하는 바는 아버지의 계획을 받았다는 것인데 그 계획이 무엇이냐? 이 땅에 교회를 세우시고야 말겠다는 작정이요 섭리이다. 세상은 그것과 대치관계에 있는 다른 조직이 생기는 것을 싫어한다. 세상은 아들 예수도 보았고 아버지를 보았건만 여전히 미워한다고 했다.

"내가 아무도 못한 일을 그들 중에서 하지 아니하였더라면 그들에게 죄가 없었으려니와 지금은 그들이 나와 내 아버지를 보았고 또 미워하였도다"(요 15:24)

세상은 주님의 고통에 박수를 친다. 교회는 곡하는데 세상은 박수를 친다. 교회는 근심하는데 세상은 기뻐한다. 이렇게 교회와 세상은 상반관계요 적대관계요 대치관계이다.

"내가 너희에게 종이 주인보다 더 크지 못하다 한 말을 기억하라 사람들이 나를 박해하였은즉 너희도 박해할 것이요 내 말을 지켰은즉 너희 말도 지킬 것이라"(요 15:20)

교회는 세상에서 환난을 당한다.

"이것을 너희에게 이르는 것은 너희로 내 안에서 평안을 누리게 하려 함이라 세상에서는 너희가 환난을 당하나 담대하라 내가 세상을 이기었노라"(요 16:33)

요한 서신 저자는 이렇게 위로한다.

"형제들아 세상이 너희를 미워하여도 이상히 여기지 말라"(요일 3:13)

(2) 교회와 세상의 관계

세상에 왔다가 떠나는 체험

사람은 나면서부터 세상에 속해 있다. 사람은 출생한 즉시 이 세상 사람이 된다. 출생한 모든 사람은 누구 하나 예외 없이 세상을 이루는 사람으로 태어난다. 그러나 나면서부터 교회를 이루는 사람은 없다. 창세 전에 교회를 이루기 위해 특별한 선택을 받은 사람까지도 일단은 세상에 속했다가 교회로 들어가는 것이다. 그것은 하나님의 작정과 섭리의 과정에 속한다. 나면서부터 세상에 왔으니 어떻게 해야 이 세상을 떠날까? 만인이 세상에 온 방법이 꼭 한 가지 양상 외에는 없으니 '출생'에 의해 세상에 온 것이다. 출생에 의한 세상 유입(流入)은 만인 공통적 경험이니 누구나 어머니의 모태로부터 나와서 세상에 들어 왔다. 예수님도 그렇게 세상에 오셨다.

그럼 세상을 떠나는 방법은 무엇인가? 세상 떠나는 것도 만인의 공통적인 경험이 있으니 '죽음'에 의해서다. 삶의 끝은 죽음이다. 출생으로 이 세상에 왔다면 죽음으로 이 세상을 떠나야 하는 것이다. 어떻게 그것이 가능할까? 내가 아닌 누군가가 그것을 해주셔야 한다. 사람은 그것을 해주신 분과 연합함으로써 그런 체험이 가능한 것이다. 그렇게 하신 분이 우리 구주와 주님이 되신 예수 그리스도시다. 그분은 세상에 오셨고 세상을 떠나셨다. 출생으로 오시고 죽음으로써 세상을 떠나셨다.

"내가 아버지에게서 나와 세상에 왔고 다시 세상을 떠나 아버지께로 가노라 하시니"(요 16:28)
"예수께서 대답하여 이르시되 내가 나를 위하여 증언하여도 내 증언이 참되니 나는 내가 어디서 오며 어디로 가는 것을 알거니와 너희는 내가 어디서 오며 어디로 가는 것을 알지 못하느니라"(요 8:14)
"저녁 먹는 중 예수는 아버지께서 모든 것을 자기 손에 맡기신 것과 또 자기가 하나님께로부터 오셨다가 하나님께로 돌아가실 것을 아시고"(요 13:3)
"…이는 내가 아버지께로 감이니라"(요 14:12 하반절)

"내 아버지 집에 거할 곳이 많도다 그렇지 않으면 너희에게 일렀으리라 내가 너희를 위하여 거처를 예비하러 가노니 가서 너희를 위하여 거처를 예비하면 내가 다시 와서 너희를 내게로 영접하여 나 있는 곳에 너희도 있게 하리라"(요 14:2~3)

예수님은 세상 오고 가시는 출입구를 우리 모든 사람과 함께하셨다. 그런데 우리는 우리 마음대로 올 수도 없고 갈 수도 없다. 하여튼 우리는 악하고 음란하며 하나님을 미워하고 교회를 파멸하려는 적대 세계에 들어온 입장에 놓여 있다. 우리는 어떻게 죽을까? 그리스도와의 연합밖에는 별 도리가 없다.

"그러나 내게는 우리 주 예수 그리스도의 십자가 외에 결코 자랑할 것이 없으니 그리스도로 말미암아 세상이 나를 대하여 십자가에 못 박히고 내가 또한 세상을 대하여 그러하니라"(갈 6:14)

그리스도를 가운데 두고 사건이 벌어졌다. 십자가 이쪽엔 내가 있고 십자가 저쪽엔 세상이 있다. 그런데 나와 세상이 똑같이 십자가에 동시에 못박혔다. 세상도 나도 이제부터의 관계는 죽음의 관계이다. 명백한 역사적 사건이다.

"만일 우리가 그의 죽으심과 같은 모양으로 연합한 자가 되었으면 또한 그의 부활과 같은 모양으로 연합한 자도 되리라, 만일 우리가 그리스도와 함께 죽었으면 또한 그와 함께 살 줄을 믿노니"(롬 6:5,8)

세상을 떠나는 방법은 세상을 하직하신 그리스도와 연합하는 것이다. 연합한다는 내용은 무엇인가?
첫째로 그리스도 예수와 함께 우리 옛사람이 십자가에 못박혔기 때문에 죄의 몸은 멸하게 되었고 따라서 죄에게 종노릇하지 않는다는 사실을 알고(knowing)(롬 6:6),
그 다음엔 죄에 대하여는 죽은 자요 그리스도 예수 안에서 하나님에 대하여는 산 자로 여겨야 되고(reckoning)(롬 6:11),
세 번째로는 하나님께 자기 자신을 의의 병기로 드리는 일(offering)이다(롬 6:13).
예수님은 죽으심으로 세상을 떠나셨고 다시 부활하심으로 교회를 세우셨다.

"그러므로 우리가 그의 죽으심과 합하여 세례를 받음으로 그와 함께 장사되었나니 이는 아버지의 영광으로 말미암아 그리스도를 죽은 자 가운데서 살리심과 같이 우리로 또한 새 생명 가운데서 행하게 하려 함이라"(롬 6:4)

"만일 우리가 그리스도와 함께 죽었으면 또한 그와 함께 살 줄을 믿노니"(롬 6:8)

그리스도와 함께 죽으니 그와 함께 살게 되었다. 죽은 곳은 세상이요 산 곳은 교회였다. 아버지 하나님께서 해 주신 은혜가 풍성하다.

"그가 우리를 흑암의 권세에서 건져내사 그의 사랑의 아들의 나라로 옮기셨으니"(골 1:13)

우리는 흑암의 권세인 세상에 무기력하게 축 늘어져 있었건만 아버지께서 건져 내사 그의 사랑의 아들의 나라로 옮겨 주셨다. 죽음에서 생명으로 옮김이다. 세상에서 하나님 나라 곧 교회로의 옮김이다. 사람은 난 자리에서 옮겨지는 자리로 반드시 이동 받아야 할 존재이다.

(3) 교회(천국)와 세상에 사는 모습

그리스도인은 예수 그리스도의 십자가를 통해 출생과 죽음의 경험을 가졌지만 아직 이 세상에 있다. 예수님은 제자들을 세상에 두신다고 하셨다.

"내가 비옵는 것은 그들을 세상에서 데려가시기를 위함이 아니요 다만 악에 빠지지 않게 보전하시기를 위함이니이다 내가 세상에 속하지 아니함같이 그들도 세상에 속하지 아니하였사옵나이다 그들을 진리로 거룩하게 하옵소서 아버지의 말씀은 진리니이다 아버지께서 나를 세상에 보내신 것같이 나도 그들을 세상에 보내었고"(요 17:15~18)

예수님이 이 세상을 떠나 하늘나라로 가실 때에 제자들을 데려가시지 않고 세상에 그냥 두신 것은 무슨 목적이 계셨던 것일까? 언젠가 데리러 오실 주님이시지만 그의 마지막 기도에서 하나님께 간구한 것은 제자들을 세상에 두시되 악에 빠지지 않게 보전하신다고 하셨다. 그렇다면 세상에 있는 교회들의 처지는 무엇인가? 악에 빠지지 않는다는 것은 무엇을 의미하는가? 그것은 영적 전쟁을 치르라는 것이다.

영적 전쟁의 시작은 교회가 천국에 있으면서 동시에 세상에 있다는 사실에서 비롯한다. 그리스도인이 신분상 하늘나라에 등록이 되어 있으면서도 아직 세상에 남아 있다. 악과 음란, 광란의 세상에 그리스도인이 남아 있다는 현실이다. 영적 전쟁은 그리스도인이 천국에 호적을 옮기면서부터 이 세상에서 시작된다. 우선 먼저 검토해 보자. 우리는 과연 천국에 있는가? 그렇다. 천국에 있다는 것은 교회에 속해 있다는 것이며 이것은 세상을 향한 교회의 선전포고이다.

> "그의 능력이 그리스도 안에서 역사하사 죽은 자들 가운데서 다시 살리시고 하늘에서 자기의 오른편에 앉히사"(엡 1:20)
>
> "사랑하는 자들아 거류민과 나그네 같은 너희를 권하노니 영혼을 거슬러 싸우는 육체의 정욕을 제어하라"(벧전 2:11)
>
> "그러나 우리의 시민권은 하늘에 있는지라 거기로부터 구원하는 자 곧 주 예수 그리스도를 기다리노니"(빌 3:20)
>
> "그러므로 너희가 그리스도와 함께 다시 살리심을 받았으면 위의 것을 찾으라 거기는 그리스도께서 하나님 우편에 앉아 계시느니라 위의 것을 생각하고 땅의 것을 생각하지 말라 이는 너희가 죽었고 너희 생명이 그리스도와 함께 하나님 안에 감추어졌음이라 우리 생명이신 그리스도께서 나타나실 그 때에 너희도 그와 함께 영광 중에 나타나리라"(골 3:1~4)

교회는 이 세상을 지배하되 순례자와 나그네의 심정으로 하고 있다. 그런데 세상은 교회를 향해 대항해 온다. 천국에 있다는 것은 무엇을 의미하는가? 세상과 결별했다는 의미가 그 첫째이고 결별한다는 교회에 소속해서 보호를 받고 있다는 것이 그 둘째이다. 이것을 "갈라놓으시고 덮으신 이치"(principle of separation and covering)라고 말한 바 있다. 세상으로부터는 분리되어 나왔고 알몸으로 뛰어나온 우리에게 보혈의 옷으로 덮으심을 받았다는 것이다.

> "누가 누구에게 불만이 있거든 서로 용납하여 피차 용서하되 주께서 너희를 용서하신 것같이 너희도 그리하고 이 모든 것 위에 사랑을 더하라 이는 온전하게 매는 띠니라"(골 3:13~14)
>
> "내가 진실로 진실로 너희에게 이르노니 내 말을 듣고 또 나 보내신 이를 믿는 자는 영생을 얻었고 심판에 이르지 아니하나니 사망에서 생명으로 옮겼느니라"(요 5:24)
>
> "그를 믿는 자는 심판을 받지 아니하는 것이요 믿지 아니하는 자는 하나님의 독생자의 이름을 믿지 아니하므로 벌써 심판을 받은 것이니라"(요 3:18)
>
> "이는 우리가 이제부터 어린 아이가 되지 아니하여 사람의 속임수와 간사한 유혹에 빠져 온갖 교훈의 풍조에 밀려 요동하지 않게 하려 함이라"(엡 4:14)
>
> "여호와 하나님이 아담과 그의 아내를 위하여 가죽옷을 지어 입히시니라"(창 3:21)

세상은 자기에게 소속된 백성을 빼앗겼다는 패배감에 젖어 이미 교회에 소속되어 보혈로 덮으심을 받고 있는 사람들을 공격하며 유혹한다. 이것이 싸움의 시작이다. 그런즉 그리스도인은 소속이 교회라는 것과 이제는 천국에 속했다는 확신이 필요하다. 자기의 소속을 모르면 상대방과의 구별을 모른다. 구별을 모르면 투쟁할 이유가 없어진다.

"내 백성이 지식이 없으므로 망하는도다 네가 지식을 버렸으니 나도 너를 버려 내 제사장이 되지 못하게 할 것이요 네가 네 하나님의 율법을 잊었으니 나도 네 자녀들을 잊어버리리라"(호 4:6)
"진리를 알지니 진리가 너희를 자유롭게 하리라"(요 8:32)

주머니에 돈을 넣고 다니면서도 그것을 몰라서 배를 곯고 다니는 것은 비극이다. 구원받고도 확신이 없는 것은 슬픈 일이다. 그러기에 구원의 확신이 재강조될 수밖에 없다. 비록 세상에 있지만 하늘에 있다는 이 구원의 확신은 객관적 측면과 주관적 측면이 있다. 객관적 측면의 구원의 확신은 하나님의 말씀이다. 말씀이 '그렇다' 하니까 그런 줄 믿는다. 이것은 문서로 된 구원의 확신이다. 자기가 아무리 의심스러워도 문서적으로 "네가 구원받았노라"고 하니까 믿는 것이다. 감정도 이성도 다 무용하다. 오직 객관적 증빙만이 필요한 바 그것이 성경이 말해 주는 구원의 확신이다. 우리가 땅에 있어도 아무 문제가 없이 사는 것은 우리의 명단이 하늘의 생명책에 기록되어 있기 때문이다.

"또 증거는 이것이니 하나님이 우리에게 영생을 주신 것과 이 생명이 그의 아들 안에 있는 그것이니라 아들이 있는 자에게는 생명이 있고 하나님의 아들이 없는 자에게는 생명이 없느니라"(요일 5:11~12)
"육신에 있는 자들은 하나님을 기쁘시게 할 수 없느니라"(롬 8:8)
"그 안에서 너희도 진리의 말씀 곧 너희의 구원의 복음을 듣고 그 안에서 또한 믿어 약속의 성령으로 인치심을 받았으니"(엡 1:13)
"이르되 주 예수를 믿으라 그리하면 너와 네 집이 구원을 받으리라 하고"(행 16:31)
"이와 같이 그리스도도 많은 사람의 죄를 담당하시려고 단번에 드리신 바 되셨고 구원에 이르게 하기 위하여 죄와 상관없이 자기를 바라는 자들에게 두 번째 나타나시리라"(히 9:28)

주관적 측면의 구원의 확신은 자기 생활의 모습이다. 자기의 생활과 생각이 변화되니까 그런 줄 믿어지는 것, 이것이 주관적 확신이다. 객관적 확신이 주관적 확신으로 확신되는 것이다.

"소망이 우리를 부끄럽게 하지 아니함은 우리에게 주신 성령으로 말미암아 하나님의 사랑이 우리 마음에 부은 바 됨이니"(롬 5:5)

"육신을 따르는 자는 육신의 일을, 영을 따르는 자는 영의 일을 생각하나니"(롬 8:5)

"그러므로 내가 너희에게 알리노니 하나님의 영으로 말하는 자는 누구든지 예수를 저주할 자라 하지 아니하고 또 성령으로 아니하고는 누구든지 예수를 주시라 할 수 없느니라"(고전 12:3)

"그런즉 누구든지 그리스도 안에 있으면 새로운 피조물이라 이전 것은 지나갔으니 보라 새것이 되었도다"(고후 5:17)

"너희는 믿음 안에 있는가 너희 자신을 시험하고 너희 자신을 확증하라 예수 그리스도께서 너희 안에 계신 줄을 너희가 스스로 알지 못하느냐 그렇지 않으면 너희는 버림 받은 자니라"(고후 13:5)

"내가 그리스도와 함께 십자가에 못 박혔나니 그런즉 이제는 내가 사는 것이 아니요 오직 내 안에 그리스도께서 사시는 것이라 이제 내가 육체 가운데 사는 것은 나를 사랑하사 나를 위하여 자기 자신을 버리신 하나님의 아들을 믿는 믿음 안에서 사는 것이라"(갈 2:20)

"오직 성령의 열매는 사랑과 희락과 화평과 오래 참음과 자비와 양선과 충성과 온유와 절제니 이 같은 것을 금지할 법이 없느니라"(갈 5:22~23)

"모세가 광야에서 뱀을 든 것같이 인자도 들려야 하리니"(요 3:14)

영적 전쟁의 현장은 교회가 세상에 있으면서 동시에 천국에 있다는 사실에서 나타난다. 그리스도인은 현실적으로 엄연히 세상에 거주하면서도 이미 저 천국에 가 있다. 비록 세상에 있지만 거룩과 의와 평안의 천국에 이미 가 있는 것이다.

"허물로 죽은 우리를 그리스도와 함께 살리셨고 (너희는 은혜로 구원을 받은 것이라) 또 함께 일으키사 그리스도 예수 안에서 함께 하늘에 앉히시니"(엡 2:5~6)

그리스도와 생사고락을 같이한 우리를 함께 살리셨고 함께 일으키시고 함께 하늘에 앉힘을 받았다. 여기 '함께'는 그리스도인인 나 개인과 그리스도인들인 너희들과 그리고 여기에 예수가 포함된 부사 '함께'인 바, 이것은 곧 그리스도를 중심으로 한 공동체 교회를 말한다. 그런데 이 교회가 이미 하늘에 앉힘을 받았다는 것이다. 그러나 이 교회는 그럼에도 불구하고 아직 세상에 있다는 것이니 세상에 있는 만큼 싸움이 없을 수 없는 것이다. 천국에는 싸울 일이 없지만 세상에서는 싸워야만 한다. 그러기에 전술한 바와 같이 세상의 정체를 확실히 알고 있어야만 했던 것이다. 다시 말하지만 땅이 세상으로 변했다는 것, 그리고 처음엔 땅만 있었고 세상은 없었다는 것, 그리고 성경이 말하는 세상은 하나님과의 적대관계에 있다는 이 진리를 확신해서 말한다. 세상은 전도의 대상이지만 사랑의 대상은 아니다. 사랑하기에는 세상은 너무나 악하고 음란하다고 예수님이 말씀하셨기 때문이다(마 12:39). 세상은 구속(救贖)의 대상이지만 단순한 포용(包容)의 대상은 아니다. 포용하기에는 세상은 너무도 그 행사가 악하다고 예수님이 말씀하셨기 때문이다(요 7:7).

"세상을 그냥 두려므냐", "그런데로 세상을 인정하려 보니", "세상에 손을 쓸 필요가 없다"는 세상 예찬론자나 포용주의자는 예수님의 말씀에 정면도전하는 행위이니 이것은 세상과 천국을 동일시하는 일이며 이런 가치관은 싸워야 할 명분을 얻지 못한다. "지리산의 아름다움을 즐겨라", "나이아가라 폭포를 즐겨라." 외치면서 관광을 즐기는 것을 두고 세상을 즐기는 것이라고 힐책하지는 않는다. 왜냐하면 지리산이나 나이아가라 폭포는 세상(cosmos)이 아니라 자연계의 경관이기 때문이다.

> "너희는 하나님이 우리 속에 거하게 하신 성령이 시기하기까지 사모한다 하신 말씀을 헛된 줄로 생각하느냐"(약 4:5)

하나님과 원수된 세상에 교회가 있다.

> "하나님이 범죄한 천사들을 용서하지 아니하시고 지옥에 던져 어두운 구덩이에 두어 심판 때까지 지키게 하셨으며"(벧후 2:4)

타락한 세상에 교회가 있다. 교회는 세상과 싸우는 것이다. 왜냐하면 천국에서는 싸움이란 용어가 없기 때문이다. 교회는 사탄을 그 임금으로 섬기고 있는 세상 조직 속에서 활동한다. 하나님의 소환장이 내려올 때까지 살아야 할 이 세상이다. 우리의 마음과 머리는 천국에 두고 있지만 우리의 발은 세상을 밟고 있다. 그럼 세상은 교회의 공포의 대상인가? 결코 그렇지 않다. 왜 그런가? 그것은 예수님이 세상을 이기셨기 때문이다.

> "이것을 너희에게 이름은 너희로 내 안에서 평안을 누리게 하려 함이라 세상에서는 너희가 환난을 당하나 담대하라 내가 세상을 이기었노라 하시니라"(요 16:33)

그것은 우리 안에 계신 이가 세상에 있는 이 보다 더 크시기 때문이다.

> "자녀들아 너희는 하나님께 속하였고 또 그들을 이기었나니 이는 너희 안에 계신 이가 세상에 있는 자보다 크심이라"(요일 4:4)

그러므로 교회는 음부의 권세를 이기고도 남는다.

"또 내가 네게 이르노니 너는 베드로라 내가 이 반석 위에 내 교회를 세우리니 음부(陰府)의 권세가 이기지 못하리라"(마 16:18)

교회는 넉넉히 이긴다.

"그러나 이 모든 일에 우리를 사랑하시는 이로 말미암아 우리가 넉넉히 이기느니라"(롬 8:37)

교회는 십자가로 이긴다.

"통치자들과 권세들을 무력화하여 드러내어 구경거리로 삼으시고 십자가로 그들을 이기셨느니라"(골 2:15)

세상과 교회가 공존하고 있는 모습을 보노라면 금방 교회가 세상 원수에게 잠식당할 것 같이 보일지도 모른다. 악한 마귀 사탄이 배고파 우는 사자처럼 으르렁거리는 전쟁터 안에 교회가 들어 있기 때문일 것이다(벧후 5:8). 그러나 교회는 영적 싸움에서 안전하게 보호되고 끝내 승리하고야 만다.

문경 벧엘 수양관이 있는 동네의 어떤 가정에서 개들을 키우고 있었다. 수양관을 오르락내리락하면서 늘 보고 있는 사실이지만 정말 이상한 장면이 있었다. 그것은 큰 우리 안에 사나운 사냥개와 토기 몇 마리가 같이 살고 있다는 것이다. 저 사나운 개가 시장기가 돌면 단번에 토끼들은 먹이가 되고 말 것인데도 어쩌면 저렇게 태연하게 풀을 뜯고 있는가? 수일, 수개월을 두고 보아도 토끼들은 먹이가 되지 않고 여전히 평화롭게 풀을 뜯고 있지 않은가? 사나운 개는 때로는 으르렁거리다가도 물끄러미 토끼를 보다가 그냥 두고만 있지 않은가? 어찌하여 사나운 개가 토끼를 잡아먹지 못하는가? 같은 우리 안에 있으면서 말이다. 하도 이상해서 나는 가까이 가서 관찰하기로 했는데 거기서 깜짝 놀랄 어떤 장치를 보았다. 그것은 사나운 개와 토끼들 사이에 철망이 가로질러 있었던 것이다. 같은 우리 안에 공존하면서도 그 가운데 철망이 가로질러 있으니 개가 토끼를 해칠 수가 없었던 것이었다. 세상과 교회 사이에는 철망이 아닌 십자가가 가로막고 있다.

"우리를 거스르고 불리하게 하는 법조문으로 쓴 증서를 지우시고 제하여 버리사 십자가에 못 박으시고 통치자들과 권세들을 무력화하여 드러내어 구경거리로 삼으시고 십자가로 그들을 이기셨느니라"(골 2:14~15)

이 시대에 토저의 권고는 시의적절하다고 본다.

"교회는 세상의 적대적 태도를 두려워하여 움츠러들지만 성령님은 '세상을 두려워하지 말라' 고 말씀하신다. 십자가의 기독교는 세상의 비위를 맞추려고 아첨하지 않는다."[278]

"우리는 타락한 시대에 살고 있다. 현재 기독교는 세상의 편한 방법들과 적당히 타협하면서 세상과 마찰 없이 지내고 있다. 성령님은 신앙의 깊은 잠에 빠진 기독교에게 '이제 깨어나라' 고 말씀하신다."[279]

"하나님이 우리를 지으신 목적은 우리가 기쁜 마음으로 하나님의 거룩한 뜻을 행하도록 하기 위함이었다. 하나님은 우리를 '이기적 즐거움' 에서 구하기를 원하시며 우리에게 '무욕(無慾)의 즐거움' 을 주시기 원하신다. 그리스도인들은 이 세상을 고향으로 여겨서는 안 된다. 하나님만이 우리가 영원히 돌아가야 할 고향이다."[280]

"그리스도인들은 '이 세상에서 살지 않는 것처럼' 이 세상에서 살아야 한다. 이것이 세상 안에서 살되 세상에 속하지 않는 자세이다. 이런 자세로 살아갈 때 하나님 한 분만으로 만족하면서 살아갈 수 있다. 하나님의 임재의 체험이 주는 즐거움은 온갖 문명의 이기(利器)와 문화적 산물(産物)이 주는 즐거움보다 더 크다."[281]

토저가 말한 세상은 사탄이 배후에서 조종하는 악한 사람들의 모임이며 그들의 조직체인 것이다.

"이 사람들은 다 믿음을 따라 죽었으며 약속을 받지 못하였으되 그것들을 멀리서 보고 환영하며 또 땅에서는 외국인과 나그네임을 증언하였으니 그들이 이같이 말하는 것은 자기들이 본향 찾는 자임을 나타냄이라 그들이 나온 바 본향을 생각하였더라면 돌아갈 기회가 있었으려니와 그들이 이제는 더 나은 본향을 사모하니 곧 하늘에 있는 것이라 이러므로 하나님이 그들의 하나님이라 일컬음 받으심을 부끄러워하지 아니하시고 그들을 위하여 한 성을 예비하셨느니라"(히 11:13~16)

우리 교회는 이미 승리의 기득권자요

"내가 너로 여자와 원수가 되게 하고 네 후손도 여자의 후손과 원수가 되게 하리니 여자의 후손은 네 머리를 상하게 할 것이요 너는 그의 발꿈치를 상하게 할 것이니라 하시고"(창 3:15)

우리 교회는 이미 승리의 명령권자이다.

---

278) A.W 토저, 「세상과 충돌하라」, p. 15.
279) 위의 책, p. 17.
280) A.W 토저, 「세상과 충돌하라」, p. 143.
281) 위의 책, p. 209.

"예수께서 나아와 말씀하여 이르시되 하늘과 땅의 모든 권세를 내게 주셨으니 그러므로 너희는 가서 모든 민족을 제자로 삼아 아버지와 아들과 성령의 이름으로 세례를 베풀고 내가 너희에게 분부한 모든 것을 가르쳐 지키게 하라 볼지어다 내가 세상 끝날까지 너희와 항상 함께 있으리라 하시니라"(마 28:18~20)

존 맥아더는 세상의 본질을 밝혔으나 그럼에도 불구하고 예수님은 계속해서 우리가 세상에 대해 증거해야 한다고 지시하시고 보혜사가 오셔서 증거할 대상도 세상이라고 했다.

「세상의 본질을 이해할 때까지, 몸으로서 또는 개인적 지체들로서 행하는 증거의 본질을 참으로 이해하지 못할 것이다. 예수님은 바로 세상 앞에서 재판을 받고 있기 때문이다. 요한의 기록은 세상이 무엇인지 분명하게 설명한다. 이 세상의 임금과 지배자는 마귀이다(요 12:31). 그리고 온 세상이 그의 권능 가운데 있다(요일 5:19). 세상은 사탄에 의해 지배받는다! 세상은 지나가고 있다. 그러나 그것이 지속되는 동안, 교회에 대한 세상의 미움은 깊고 지독하다. 요한복음 15장 26~27절의 본문에 나오는 단어들은 세상의 적대감과 미움의 맥락 가운데 끼워 넣어 있다(18, 19, 21, 24, 25; 16:1~3). 세상은 미워하고, 배척하고, 죽인다. 그러나 예수님은 계속해서 우리가 세상에 대해 증거해야 한다고 지시하신다. 그리고 열쇠는 26절에 있다. "보혜사가 오실 때에" 성령과 더불어 우리는 적대적이고 미워하는 세상에 직면하고 또 세상에 대해 증거할 수 있는 힘을 가진다.」[282]

세상은 우리를 미워하나 교회는 세상을 불쌍히 여겨 증거한다. 교회가 세상에 대해 증거하는 것은 세상의 배후에 도사리고 있는 사탄을 향한 영적 전쟁을 뜻한다.

(4) 교회가 활동하기 위한 조직(교회 행정)

교회는 어떤 사람들로 구성되는가? 이것을 교회의 구성이라 한다. 교회는 구원받은 그리스도인들로 구성된다. 이렇게 구성된 교회는 활동하기 위해 어떤 직분들이 필요한가? 이것을 교회의 직분이라 한다. 교회는 교인들 중에 선택받은 직분자들이 있다. 대표적인 직분자들은 목사와 집사이다. 이렇게 직분을 가진 교회의 행정체계는 무엇인가? 이것을 교회의 행정 또는 정치라 한다. 장로제, 감독제, 회중제 등이 거론된다.

---

[282] 존 맥아더, 「그리스도의 몸인 교회」 한화룡 역, (서울: 두란노. 1995), p. 25.

교회의 구성

교회는 예수 그리스도로부터 나온다. 예수 그리스도의 구속사역의 결과가 교회이다. 예수의 살과 피를 먹고 마신 자들로 교회는 구성된다. 교회는 구원받은 의인들의 집합체이다. 어느 누구도 구원받은 바 없는 사람은 교회를 구성하지 못한다. 즉 교회는 중생함을 받은 사람들로 이루어진다.

> "여호와 하나님이 이르시되 사람이 혼자 사는 것이 좋지 아니하니 내가 그를 위하여 돕는 배필을 지으리라 하시니라"(창 2:18)

하나님은 사람의 독처하는 것이 좋지 못하다고 하셨다. 예수 그리스도는 영적으로 교회의 신랑이시다. 그런 의미에서 신부 없는 신랑의 독처는 좋지 못한 것이었다. 하나님은 예수 그리스도의 독처하심을 막기 위해 돕는 배필을 두시기로 했다. 이런 표현이 듣기에 거슬리기라도 하는가? 그렇다면 재빨리 에베소서 5장으로 넘어가겠다. 거기엔 남편과 아내의 관계를 이야기하다가 강하게 그리스도가 교회의 머리되심을 말했고, 그리스도께서 교회를 위해 자기 자신을 주셨다고 말했다.

> "이는 남편이 아내의 머리 됨이 그리스도께서 교회의 머리 됨과 같음이니 그가 바로 몸의 구주시니라, 남편들아 아내 사랑하기를 그리스도께서 교회를 사랑하시고 그 교회를 위하여 자신을 주심같이 하라"(엡 5:23,25)

사도 바울은 남편과 아내 관계를 이야기하다가 끝내는 이렇게 결론을 맺었다.

> "이 비밀이 크도다 나는 그리스도와 교회에 대하여 말하노라"(엡 5:32)

남편과 아내의 관계에 대한 이야기는 그리스도와 교회의 관계에 대한 이야기였다고 말했다. 다시 창세기 2장으로 돌아가 보자. 아담에게 돕는 배필이 없었다. 하나님은 아담의 배필을 아담 밖의 어떤 피조물로 대치하시지 않았다. 아담을 깊이 잠들게 하셨다. 말하자면 아담을 마취시켰다고나 할까? 그 잠든 내용이 무엇인지 모른다. 한 가지 분명한 것은 갈빗대 하나를 취해도 아담이 의식하지 못하게 한 것을 보면 아담은 죽어 있었던 상태라고 할 수 있을 것이다. 아담에게서 갈빗대 하나를 빼내기 위해 그를 죽였다. 갈빗대 하나를 내기 위해 아담이 깊이 잠들었던 것처럼, 예수 그리스도는 교회를 내기 위해 십자가 위에서의 구속의 죽음을 죽으셨던 것이다. 아담의 아내는 아담으로부터만 나와야 한다. 그리고 아담의 깊이 잠듦에서 나와야 하는 것이다. 그게 하와였다. 교회의 구성은 그리스도로 말미암은 의인된 구원받은 사람들로 가능하다.

아담이 말했다.

"아담이 이르되 이는 내 뼈 중의 뼈요 살 중의 살이라 이것을 남자에게서 취하였은즉 여자라 부르리라 하니라"(창 2:23)

아담이 여자라 칭했다. 그리스도가 교회를 이름 짓는다.

"또 내가 네게 이르노니 너는 베드로라 내가 이 반석 위에 내 교회를 세우리니 음부의 권세가 이기지 못하리라"(마 16:18)

교회의 구성원은 예수 그리스도에게서 나온 사람들인데 이 말은 교회의 구성원은 예수의 생명을 공유하고 있다는 뜻이다. 아담과 하와는 동질의 체질과 인격을 가졌다. 왜냐하면 하와는 아담의 갈빗대로 형성되었기 때문이다. 교회의 구성원은 예수 생명을 지닌 자로만 되어 있다. 소위 눈에 보이는 교회 혹은 지상의 제도적인 교회 안에 들어 있다고 해서 모든 사람이 교회의 구성원은 아니다. 교회는 구원받은 자와 구원받지 못한 자들로 구성된다는 것은 아주 잘못된 오해이다. 하와는 오직 아담의 갈빗대만으로 형성되었다. 하와의 형성에 갈빗대와 기타 이물질이 혼합되어 있는 것이 아니다. 순전히 아담의 갈빗대만으로 하와는 형성되었고 따라서 하와는 아담의 생명과 아담의 체질을 공유했다.

가령, 우리 몸에서 다리가 하나 떨어져 나갔다고 하자. 그러면 한 쪽 다리로 다닐 수 없어서 의족(義足)을 달고 생활하게 된다. 그런대로 편리하고 유익하다. 그렇다고 의족이 지체는 아닌 것이다. 거기엔 머리의 명령이 통하지 않는다. 단지 의족의 기계적인 동작만이 있다. 의족에는 그 사람의 생명이 흐르지 않는다. 신경이 통하지 않기 때문이다. 그럼 무슨 말인가? 의족을 이용하되 지체는 아니라는 것을 기억해야 한다. 우리 몸이 부활할 때 평생 달고 다니던 의족도 이에 참여할 것인가? 의족은 부활에서 제외된다. 왜냐하면 그것은 몸에 붙은 지체가 아니기 때문이다. 의족이 지체가 될 수 없고 따라서 우리 몸이 부활할 때 제외되는 신세가 되는 이유는 그것은 사람이 만들어 붙인 의료기구이기 때문이다.

다시 말하면 교회는 역사상 실존하는 구체적 모임이어서 구성원을 두고 있는데 하나님의 자유로운 섭리에 의한 부르심을 받은 자가 지체로 남아 있도록 하나님이 아예 몸에 붙여 주었기 때문에 몸을 이루는 것이다. 교회 구성원은 하나님이 불러서 붙여준 자들로 되는 것이지 사람이 인위적으로 붙여 준다고 해서 교회 구성원이 되는 것은 아니다. 교회의 구성원인 그리스도인, 의인, 구원받은 이 사람들이 교회를 튼튼히 하기 위하여 그들 스스로가 해야 할 일이 무엇인가? 교회 구성원에게는 생명 유지와 성장을 위한 에너지 공급이 필요하다. 산자는 먹어야 한다. 그리스도인은 그리스도를 먹어야 한다. 이런 표현은 충분히 혐오스럽고 엽기적(獵奇的)이라고 할 수 있을 것이다. 세상 사람들의 이성과 문화에 의하면 그렇게 느껴질 수 있을 것이다. 그들은 예수 그리스도를 먹으라는 예수 자신의 표현을 듣지 못했고 혹 들었다 하더라도 영적인 의미를 모르고 육적인 의미만을 고집하기 때문이다. 그들은 상징과 실재를 모르지만 그리스도인은 상징과 실재를 알고 있다.

예수님은 말씀하셨다.

"이르시되 내게는 너희가 알지 못하는 먹을 양식이 있느니라"(요 4:32)

예수님이 지니신 양식은 세상은 모르는 것이다. 세상은 온갖 종류의 양식에 박식하지만 유일하게 무지한 한 가지 양식이 있으니 그것은 예수만이 지니신 양식이다. 그 양식을 그리스도인들이 먹음으로 인해서 교회 구성원으로서 생명과 활력을 지니게 된다. 예수가 지니신 양식은 무엇인가?

"예수께서 이르시되 나의 양식은 나를 보내신 이의 뜻을 행하며 그의 일을 온전히 이루는 이것이니라"(요 4:34)

예수님의 양식은 자신을 보내신 하나님의 뜻을 행하고 하나님의 일을 완성하는 것이니 곧 하나님의 사업이 양식인 것이다. 하나님의 사업이 예수가 살아가는 생명이요 사명이다. 그것은 교회가 아니고 무엇인가? 그런데 교회는 어떻게 그 양식을 취하는가? 그것은 양식 자체인 예수 그리스도를 먹는 일이다. 사람이 사람을 먹는다는 것이 가한 일인가? 인격이 인격을 먹는다는 것이 가한 일인가? 성경은 가하다고 한다. 예수님이 그렇게 말씀하셨다.

"이는 하늘에서 내려오는 떡이니 사람으로 하여금 먹고 죽지 아니하게 하는 것이니라 나는 하늘에서 내려온 살아 있는 떡이니 사람이 이 떡을 먹으면 영생하리라 내가 줄 떡은 곧 세상의 생명을 위한 내 살이니라 하시니라"(요 6:50~51)
"예수께서 이르시되 내가 진실로 진실로 너희에게 이르노니 인자의 살을 먹지 아니하고 인자의 피를 마시지 아니하면 너희 속에 생명이 없느니라 내 살을 먹고 내 피를 마시는 자는 영생을 가졌고 마지막 날에 내가 그를 다시 살리리니 내 살은 참된 양식이요 내 피는 참된 음료로다 내 살을 먹고 내 피를 마시는 자는 내 안에 거하고 나도 그의 안에 거하나니"(요 6:53~56)

예수님의 찢기신 살과 흘리신 피를 먹고 마신다는 것은 구속사역을 받아들인다는 것이다. 죄인이 의인으로 바꾸어지는 장면을 말하는 것이다. 예수님은 "나를 먹는 그 사람도 나로 인하여 살리라"고 하셨다(요 6:57).

"나를 먹으라." 이를 문자 그대로 받아들이면 정말 혐오스럽고 엽기적인 말이지만 이것은 상징이다. 그 진실은 무엇인가? 예수의 인격을 가슴에 품으라, 예수의 가치를 마음에 두라, 예수의 사업을 인격에 품으라는 것이다. 그것은 하나님의 떡이었다. 생명을 주는 떡이라고 했다.

"하나님의 떡은 하늘에서 내려 세상에 생명을 주는 것이니라"(요 6:33)

예수님이 지니신 이 떡, 이 양식은 생명과 직결된 것이다. 양식이란 무엇인가? 먹어도 되고 먹지 않아도 되는 성격의 간식이 아니다. 그것은 반드시 먹어야만 하고 그래야만 살아갈 수 있는 것이다. 교회의 구성원은 예수로부터 나오고 예수를 먹고사는 사람들이다. 출애굽한 이스라엘 백성이 광야에서 만나를 먹었다면 지금은 예수를 먹어야 한다. 만나를 먹지 않았더라면 죽었을 것처럼 예수를 먹지 않으면 영적으로 죽은 것이리라. 예수를 먹는다는 것은 하나님의 작정과 섭리를 생명으로 알고 받아들인다는 믿음이다. 하나님의 사업을 생명으로 받아들인다는 결단이다. 하나님의 뜻하신 바 곧 교회를 이루겠다는 사명을 말한다. 생명이 사명을 내지 않으면 생명이 무생명이 된다. 사명을 보면 생명이 있음을 안다. 생명과 사명은 등식을 이룬다.

W. T. 커너는 교회 구성원의 3대 원칙을 다음과 같이 말하고 있다.

첫째, 교회 구성원은 그리스도를 구주와 주로 영접했다는 확실한 증거를 보여야 한다. 다시 말하면 오직 중생한 사람만이 교회 구성원이다.

둘째, 중생한 사람으로서 침(세)례를 받은 자를 교회의 회원으로 맞이한다.

셋째, 강제나 강압에 의하지 않고 자원하는 마음으로 교회에 소속하기를 원하는 자를 구성원으로 맞는다.[283]

커너의 이상의 3대 원칙은 결국 교회 구성원은 그리스도와 관련된 사람들이라는 뜻인데 그것은 그리스도를 구주로 모시고 계속해서 그리스도를 따르겠다고 자원하는 자로 교회는 구성된다는 것을 말한다.

교회의 직분- 교회의 직분과 성령과의 관계

---

283) W.T. Conner, *Christian Doctrine*, (Nashville : Broadman Press), p. 259, 262.

교회가 영적 유기적 생명을 지닌 인격자라는 것은 교회를 구성한 사람들의 성분 때문이다. 구성원들이 영적 유기적 생명을 지닌 인격자들이며 그들의 모임이기에 교회도 그러한 것이다. 이런 교회에 성령이 오셔서 내주(內住)하신다. 성령과 교회 직분자 임명 과정에서 반드시 다루어야 할 관계는 성령과 교회와 어떤 관계에 있느냐는 것이다.

첫째, 성령은 교회에게 그리스도를 계시하시는 자이시다.

다음과 같은 성령 자신의 직임 때문에 성령과 교회의 관계는 중요하니 성령은 교회에게 그리스도를 계시해 주신 자이시다. 그런 만큼 교회 직분자는 교회에게 그리스도를 계시해 주신 성령에게 초점을 맞추고 장차 신랑 되실 그리스도에게 봉사해야 한다.

"그가 내 영광을 나타내리니 내 것을 가지고 너희에게 알리시겠음이라"(요 16:14)

"내가 아버지께로부터 너희에게 보낼 보혜사 곧 아버지께로부터 나오시는 진리의 성령이 오실 때에 그가 나를 증언하실 것이요"(요 15:26)

"아버지께서 내게 하라고 주신 일을 내가 이루어 아버지를 이 세상에서 영화롭게 하였사오니 아버지여 창세 전에 내가 아버지와 함께 가졌던 영화로써 지금도 아버지와 함께 나를 영화롭게 하옵소서"(요 17:4~5)

성령은 교회에게 그리스도를 계시해 주시고 자기 자신은 드러내지 않으려고 하신다. 교회 직분자는 임명권자 성령의 자태와 마음을 가져야 한다. 성령은 망원경의 기능을 한다. 망원경 자체를 계시하는 것이 아니라 망원경 안으로 들어와 있는 세계 안의 사물을 영화롭게 하는 것이라고 했다.[284] 그것은 마치 벽지 뒷면에 바른 풀이 벽지가 벽에 부착되도록 할 뿐, 풀 자체는 밖으로 나오지 않고 오직 벽지만 겉으로 보이려는 것과 같다. 성령의 사역은 그리스도를 드러내 보이고 추켜세우는 일이다.

둘째, 성령은 교회의 최고 행정관이시다. 성령은 최고 명령자이시며 최고 경영자(CEO;Chief Executive Officer)이시다. 제이 엘더 커밍(J. Elder Cumming)은 오순절이 교회의 만사를 행정하는 행정관으로서의 성령의 취임식 날이라고 했다.[285] 교회의 직분이 사람에 의해 제정된 것이 아니라 최고 행정관이요 명령자요 경영자이신 성령에 의해 제정된 것이다.

"여러분은 자기를 위하여 또는 온 양떼를 위하여 삼가라 성령이 그들 가운데 여러분을 감독자로 삼고 하나님이 자기 피로 사신 교회를 보살피게 하셨느니라"(행 20:28)

---

284) 오스왈드 샌더스, 「성령과 그의 은사」, (서울: 요단출판사, 1975), p. 112.
285) 오스왈드 샌더스, 위의 책, p. 121.

「성령은 교회의 생활과 행정에 관여된 제반사에 대하여 절대 주권적인 총책을 담당하신다. 교회를 존재케 하신 분은 성령이셨고 교회의 유효한 기능을 위탁받으신 분도 성령이셨다. 오순절 이전의 제자들은 개개인의 무리였으나, 강력한 성령의 침(세)례를 통해 하나의 연합적인 전체, 곧 "그의 몸인 교회"가 된 것이다(엡 1:23). 교회는 몸이란 비유가 의미하듯이 단순한 기구(機構, organization)가 아니라 유기적인 기관(器管, organism)이다. "한 성령으로 침례를 받아 한 몸이 되었다." 그것은 온 세상에 머리되신 그리스도와 연합해서 살고 있는 모든 사람을 총괄하고 있다.」[286]

교회는 한 성령으로 침(세)례를 받았다. 또 한 성령을 마셨다. 한 성령으로 침(세)례를 받고 한 성령을 마신 결과는 유대인이나 헬라인이나 종이나 자유자나 똑같은 체험을 지닌 자가 되었다. 그리고 그들 모두 한 성령의 지시를 받고 그 성령의 나눠주시는 은사에 따라 직분을 맡게 되었다(고전 12:13). 지금 교파가 생기고 신학적인 견해 차이가 있고 정치적 상관관계가 얽히고 설켜 오합지졸(烏合之卒) 같은 조직 위에 과연 성령이 명령권자로서 역사를 하고 계시는지가 의심스러울 지경이다. 그러나 분명한 사실은 이 세상 어디나 또 어느 순간에도 성령의 명령과 행정의 지배를 받고 있는 교회가 있을 것이라는 사실이다. 성령은 교회의 소유권자(所有權者)이시다. 그런데 오늘날 사람들이 교회의 점유권자(占有權者)가 되어 있다. 점유권은 소유권이 없는 자가 일시적으로 무단 사용하는 권리다. 그러나 성령은 한순간도 사람에게 그런 점유권을 허락하신 적이 없으시다. 이제 교회의 직분자들은 최고 행정관이신 성령의 임명장을 받은 자들인가 혹은 사람들의 임명장을 받은 자들인가를 자성해 보아야 할 것이다. 몸의 지체들이 점차 성령의 대권을 탈취하고 있다. 불행스럽게도 사람들의 의지가 오히려 성령의 의지를 전적으로 퇴위시키고 있다는 현실이다. 이것은 일종의 쿠데타이다.

「그리스도의 대행자라고 호칭되어진 성령께서는 교회에서 그의 유익하고도 거룩한 통치를 열심히 집행하시려 하신다. 그렇건만 불행스럽게도 오늘날 대다수 사람들의 의지가 오히려 성령의 의지를 전적으로 퇴위시키고 있다는 현실이다. 몸의 지체들이 점차 성령의 대권(大權)을 탈취하고 있다. 성령의 직분과 기능을 이토록 탈취하게 되는 주된 책임은 많은 교회들이 라오디게아 교회처럼 되어버린 상태에 기인된다. 그러나 다시 성령께 그의 정당한 지위를 허용해 보라. 그리하면 교회는 새로운 영적 생명으로 고동치게 될 것이다.」[287]

오늘날 교회에는 크고 작은 쿠데타가 얼마나 일어나고 있는가? 악한 마귀가 그 배후에서

---

286) 오스왈드 샌더스, 위의 책, p. 122.
287) 오스왈드 샌더스, 위의 책, p. 123.

조종하여 게릴라식으로 교회를 침공하고 있다. 그러나 번번이 그 모략은 실패로 돌아가지만 교회는 고통을 받는다. 교회에서 생기는 수많은 고통 중의 가장 큰 것은 직분과 관련되어 있다. 직분자에 대한 무지가 교회를 소란케 한다. 교회에도 계급제도가 있는가? 목회자와 평신도는 무엇인가? 평신도라는 말이 성경에 있는가? 직분의 종류와 수와 명칭과 선발의 문제는 무엇인가? 이 모든 것이 행정관의 일이건만 행정관을 옆으로 밀쳐놓고 밀실에서 사람이 직분을 배분한다고 한다면 대단한 대권 탈취요 이것이 곧 교회 안에서의 영적 쿠데타가 아니고 무엇인가? 그렇기에 교회는 임명권자요 행정관이신 성령께 깍듯이 대해야 할 자세가 있으니 이하에 이를 설명코자 한다. 직분자들은 직분 임명자에게 충성을 다해야 마땅하다. 성령은 취임식은 있어도 퇴임식은 없다. 그러므로 성령을 교회의 행정에서 퇴거시키는 것은 무서운 형벌을 자초하는 쿠데타가 아닐 수 없다.

그런데 성령께 쿠데타까지는 무례하게 행하지 않는다 하더라도 성령을 모셨으면서도 성령을 근심하게 하지는 않느냐고 반문해 볼 필요가 있다. 교회의 직분을 논하는 과정에서 성령을 의식해야 하는 이유는 성령께서 직분자를 임명하셨기 때문이다. 직분자는 임명권자를 의식해야 한다. 그런데 직분자가 임명권자를 근심하게 하거나 소멸하는 일을 해서는 안 된다. 불신자는 아예 성령을 모독하는 죄를 범하지만 신자는 성령을 근심케 하거나 소멸시키는 일을 할 수 있기 때문이다.

"성령을 근심하게 하지 말라"(엡 4:30)는 무슨 의미인가?

오스왈드 샌더스는 다음과 같이 말하고 있다.

「'근심한다'(슬퍼한다)는 말은 사랑의 말이다. 원수에겐 노여움을 표할 수는 있지만 원수로 인해 근심하지는 않는다. 노여움과 근심은 피차 상치되는 말이다. 사랑하는 사람만이 슬퍼할 줄 안다. 사랑이 깊을수록 슬픔도 크다. '수많은 실수로 인해 성령을 슬프게 한' 우리이건만 성령께서는 얼마나 자비롭게 대해 주셨는지 모른다.」[288]

우리의 어떤 상태가 직분 임명권자인 성령을 가뜩이나 근심케 하는가? 그것은 직분자 속에 계시는 성령을 불편하게 모시는 경우이다. 모시기로 했으나 불안스럽게 모신 경우이다. 어떤 경우를 두고 말하는가? 샌더스의 설명은 아래와 같다.

「신자의 몸 속에 성령이 임재함으로 그 몸은 하나님의 성전이 된다. 그러므로 죄의 현존(現存)은 몸에 거하시는 거룩한 거주자를 근심되게 한다. 그런고로 우리가 살아가면서 성

---

[288] 오스왈드 샌더스, 위의 책, p. 145.

령의 깨우치심을 의식적(意識的)으로 받아들여서 우리의 삶 속에 어떤 죄라도 있지 않는가 알아본다는 것은 건전한 활동이다. 성령은 본성 속에 있는 죄(sin)의 현존에 의해서라기보다는 구체적인 죄들(sins) 때문에 근심하는 것으로 보인다.」[289]

이것을 구체적으로 말하면 성령의 내주하심을 무시할 때 성령이 슬퍼하시고 근심하신다. 성령의 내주의 무시는 삼위일체 하나님과 우리의 관계를 무시한다는 확대해석이 된다. 성경은 삼위일체 하나님과 우리, 직분자, 교회와의 관계를 다음과 같이 말한다.

"이름을 주신 아버지 앞에 무릎을 꿇고 비노니 그의 영광의 풍성함을 따라 그의 성령으로 말미암아 너희 속사람을 능력으로 강건하게 하시오며 믿음으로 말미암아 그리스도께서 너희 마음에 계시게 하시옵고 너희가 사랑 가운데서 뿌리가 박히고 터가 굳어져서 능히 모든 성도와 함께 지식에 넘치는 그리스도의 사랑을 알고 그 너비와 길이와 높이와 깊이가 어떠함을 깨달아 하나님의 모든 충만하신 것으로 너희에게 충만하게 하시기를 구하노라"(엡 3:15~19)

성령은 너희 속에서 속사람을 능력으로 강건케 하셔야 마땅하고, 성자 그리스도는 너희 마음속에 계셔서 그리스도의 사랑을 깊이 깨달아야 마땅하고, 성부 하나님께서는 그 충만하심이 너희에게 충만하셔야 함이 마땅한 것이다. 이런 마땅히 맺어야 할 관계가 소홀하게 될 때 내주하시는 성령은 현장에서 가장 슬픔을 많이 느끼게 될 것이다. 성령을 근심케 하는 구체적인 죄들을 버려야 한다(엡 4:25~29). 그리고 항상 성령의 명령을 따라야 한다. 피임명자는 임명자의 명령에 따라야 한다. 상명하복(上命下服)이 하나의 윤리체계요 건전 사회의 유지 원리이듯이 교회에서도 그러한 것이다. 예수도 보내심을 받으셨기 때문에 보내신 자를 늘 기쁘게 하신다고 하셨다.

"나를 보내신 이가 나와 함께하시도다 나는 항상 그가 기뻐하시는 일을 행하므로 나를 혼자 두지 아니하셨느니라"(요 8:29)

직분자가 성령을 근심하게 한 사실을 즉각 의식할 수 있는 것은 그의 모든 영적 생활에 침체가 오기 때문이다. 성경을 읽고 기도하고 전도하는 모든 일이 피곤하고 따분하며 외식적으로 행해진다. 그리스도 안에서의 받은 바 은혜가 대수롭지 않게 되며 소망도 절망처럼 느껴지고 승리도 패배처럼 느껴지며 구원의 확신마저도 희미해진다. 모든 것이 가라앉고

---

[289] 오스왈드 샌더스, 위의 책, p. 146.

약해지며 무기력해진다. 그러나 그런 직분자가 아예 죽었다는 것은 아니다. 생명은 있다. 문제는 생명을 불타게 하는 일, 원기를 회복하는 일이 남은 것이다.

회복하는 방법은 무엇인가? 자백하는 일이다. 회개하는 일이다.

"만일 우리가 우리 죄를 자백하면 그는 미쁘시고 의로우사 우리 죄를 사하시며 우리를 모든 불의에서 깨끗하게 하실 것이요"(요일 1:9)

더더욱 우리가 절망해서는 안 될 전제는 그럼에도 불구하고 슬픔을 당하신 성령이 쉽게 우리를 떠나시지 않는다는 것이다. 한 번 내주하신 성령은 떠나실 줄을 모른다는 이 사실이 우리로 하여금 소망과 격려를 준다. 성령시대가 아닌 구약시대에는 성령이 세상에 이따금씩 오셨다가 가시고, 가셨다가 오시는 등 경우에 따라 오고 가셨기 때문에 다윗의 "나를 주 앞에서 쫓아내지 마시며 주의 성신을 내게서 거두지 마소서"(시 51:11)라는 기도는 오셨던 성령께서 떠나실 수 있다는 시대적 상황에서 가능한 기도였으나 오순절 이후에는 성령이 오셔서 우리와 늘 함께 계시기 때문에 떠나시는 법이 없다. 오스왈드 샌더스는 밖에는 태양이 있어도 방에 커튼을 드리우면 태양빛과 따스함을 즐길 수 없는 것이 사실이지만 그렇다고 태양이 부재하는 것은 아닌 만큼 드리웠던 커튼을 거두라고 좋은 예를 들어 주고 있다.[290] 그리고 "성령을 소멸치 말라"(살전 5:19)는 말씀은 무슨 의미인가? 소멸은 불을 끈다는 의미이듯 성령을 소멸치 말라는 것은 성령을 불로 묘사한 경우를 보아 아주 적절한 표현이다.

"이는 주께서 심판하는 영과 소멸하는 영으로 시온의 딸들의 더러움을 씻기시며 예루살렘의 피를 그 중에서 청결하게 하실 때가 됨이라"(사 4:4)

"마치 불의 혀처럼 갈라지는 것들이 그들에게 보여 각 사람 위에 하나씩 임하여 있더니"(행 2:3)

죄가 성령의 거룩한 불꽃을 진압 또는 소멸시킨다. 문맥상으로 보아 성령의 소멸이란 주제는 교회의 공중 사역과 관련되고 있다. 소멸의 문제는 그리스도인 직분자의 생명보다는 봉사와 관련해서 생기는 문제다.[291] 그리스도인 직분자도 성령을 소멸시킬 수 있다. 이 말은 성령을 소멸시켜도 괜찮다는 의미가 아니라 잘못하면 그런 실수를 저지를 가능성이 있는 만큼 주의하고 경계하라는 의미를 주고 있다. 어떻게 성령을 소멸시키고 있는가? 어떻게 하는 것이 불을 끄는 것인가? 물을 끼얹는 것이 불을 끄는 것이다. 어떻게 하는 것이 물을 끼얹는 것인가? 오스왈드 샌더스는 다음과 같이 진술하고 있다.

---

290) 오스왈드 샌더스, 위의 책, p. 151.
291) 오스왈드 샌더스, 위의 책, p. 153.

「그렇다. 우리도 우리들 스스로 성령의 사역을 소멸시킬 수도 있다. 그것은 성령께서 우리를 봉사나 증거를 위한 소명에 우리가 응답하지 않거나, 또는 하나님께서 문을 열어주신 기회의 문에 들어가지 못함으로써 성령의 사역을 소멸케 한다. 영적인 방법을 버리고 세상적인 방법을 쓸 때에, 하나님의 칭찬보다도 사람의 칭찬받기를 더 좋아할 때에, 봉사의 동기가 하나님의 지시하심이 아니라 자기 자신에게서 시작할 때에 성령은 소멸을 당하신다.」[292]

인위적인 방법으로 영적인 일을 하려 할 때 성령은 싫어하신다. 움츠리신다.

「이런 범죄는 교회의 연합적인 행동에도 있을 수 있다. 교회는 연합적으로 하나님의 역사를 방해하며, 또 성령의 구원하시고 부흥하시는 사역 속에서 성령을 소멸시키기도 한다. 성령 초기의 많은 운동의 불들이 분열, 비평, 형식주의, 교만한 과시, 사람의 칭찬, 또는 성령의 작용하심을 교묘하게 농간을 피우려는 노력 따위에 의해 소멸되고 있다. 하나님의 제단에 거짓 불을 붙여 놓음으로써 성령이 소멸되는 수도 있다. "하나님은 성령의 불을 그의 제단 위에서 낯선 불과 섞이는 것을 허용치 않으시기 때문이다." 하나님이 임명하신 지도자인 모세를 미리암이 비난함으로써 모든 이스라엘의 진행이 7일 동안 지체된 것처럼, 영향력을 끼치는 한 사람의 비영적인 구성원이 능히 온 교회를 마비시켜 놓을 수도 있다.」[293]

교회가 연합적으로 하나님의 역사를 방해할 수도 있다. 역시 거기에도 영적인 일을 육적으로 행하려 할 때이다. 성령은 교회 직분자를 임명하셨다. 교회 직분자는 임명권자요 최고 행정관에게 순종해야 한다. 직분자는 성령의 행정을 신뢰해야 한다.

이상에서 우리는 성령과 교회 직분자와의 관계가 어떠해야 함을 길게 설명해 왔는데 다음은 교회에 어떤 직분자들이 있었는지 알아보기로 하자.

교회의 직분자

교회는 이 세상에 있는 동안 조직을 가지게 된다. 그러나 교회의 조직 속의 직분이 어느 정도의 비중을 지니고 있는지도 알아야 한다. 왜냐하면 교회 형성에 중요한 요소는 무엇인가? 교회 구성원인가, 교회의 직분자인가를 검토할 필요가 있기 때문이다. 교회는 구성원으로 인해 존재하지 직분자로 인해 존재하는 것은 아니다. W. T. 커너는 이렇게 잘 말해 주고 있다.

---

292) 오스왈드 샌더스, 위의 책, p. 154.
293) 오스왈드 샌더스, 위의 책, pp. 155~156.

「실제로 모든 조직에는 직분자들이 있게 마련이다. 확실히 신약 교회들도 그런 직분자를 갖고 있었다. 그렇지만 교회의 직분자 문제는 교회 존재에 그토록 필요불가결한 관계는 아니다.…직분자 없이도 교회는 존재할 수 있고 또 교회의 기능도 행해낼 수 있지만 교회 구성원이 중생하지 못했을 경우에 그 교회는 아예 존재할 수가 없다. 중생하지 못한 구성원으로 구성된 교회라면 그리스도의 영을 소유할 수가 없으며 따라서 그리스도의 몸으로서의 기능이 중단되고야 말 것이다.」[294]

교회가 소란스러운 것은 구성원 때문이 아니라 교회의 직분 문제 때문이다. 성령이 일차적으로 하시는 일은 직분이 아니라 일단 한 몸을 만들어 한 성령을 마시는 교회의 구성원을 만드는 일이다. 그러한 구성원이 있는 교회가 된 뒤에야 직분자도 있음을 말해 주고 있다.

"우리가 유대인이나 헬라인이나 종이나 자유인이나 다 한 성령으로 세례를 받아 한 몸이 되었고 또 다 한 성령을 마시게 하셨느니라"(고전 12:13)

교회 직분자 문제가 교회 존립의 절대 불가결적 문제는 아니라는 대전제를 두고 이 문제에 접근해야 하는 것이 성경적 태도이다.
성령은 교회의 직분자를 임명할 뿐 아니라 직분자가 일할 수 있는 은사도 부여한다. 성령은 임명권자이며 은사 수여자이다. 은사가 있고 직임이 있으며 직임이 있으니 역사함이 있다.

"은사는 여러 가지나 성령은 같고 직분은 여러 가지나 주는 같으며 또 사역은 여러 가지나 모든 것을 모든 사람 가운데서 이루시는 하나님은 같으니"(고전 12:4~6)

여기 교회 일을 하기 위하여 삼위일체 하나님이 등장하신다. 여러 가지 은사라도 성령은 같고 여러 가지 직임이라도 주는 같으며 여러 가지 역사는 있어도 하나님은 같다. 다시 묻고 싶다. 교회란 누구냐? 교회는 인격자 하나님을 세상에 알려주는 인격자이다. 교회를 보면 하나님이 보이고 하나님을 보면 교회가 보여야 한다. 교회를 통해서 보여 주시고자 하는 것은 하나님에게 속한 어느 부분적인 진리가 아니라 하나님 자신이다. 교회를 통해 하나님의 존재와 그의 성지(聖旨)와 성사(聖事)를 알 수 있다.
그러나 더 성경적으로 보면 교회는 하나님을 보여 주는 매개체나 수단이 아니라 하나님 자신의 표현 그 자체이다. 교회는 하나님을 표현한다. 교회는 하나님을 알린다. 그런 만큼

---

294) W. T. Conner, *Christian Doctrine*, pp. 262~263.

성자와 성령이 교회에 관련되는 관계는 범상한 것이 아니니 교회의 머리되시는 그리스도를 위하여 그 지체인 교회 구성원과 직분자에게 적절한 지위와 은사를 성령은 부여해야만 했다. 그리스도는 성육신을 통해 하나님을 세상에 계시하셨는데 이제는 그 성육신을 교회를 통해 계속 하신다. 교회를 통한 성육신을 계속하기 위해 교회에게 은사와 능력을 주셔야만 하는데 이 일을 성령이 하신다는 것이다.

> "이 모든 일은 같은 한 성령이 행하사 그의 뜻대로 각 사람에게 나누어 주시는 것이니라"(고전 12:11)
> "각 사람에게 성령을 나타내심은 유익하게 하려 하심이라"(고전 12:7)

각 사람에게 성령의 나타남이 있고 각 사람에게 성령이 역사하신다.

그러면 교회의 머리되신 그리스도에게 잘 순종하여 하나님의 표현이라는 교회를 세상에 내보이기 위한 지체가 되기 위하여 성령이 주시는 은사란 무엇을 뜻하는가?

은사는 그리스도인이 되기 전에는 결코 얻을 수 없는 것으로, 참된 그리스도인에게는 예외 없이 주어지는 봉사를 위한 능력이다.[295] 은사(gift. pneumatika. 고전 12:1; 14:1)와 은사들(gifts. charismata. 고전 12:4)은 구별된다. 전자는 그리스도의 기도의 응답과 하나님 아버지의 약속의 성취로 인해 하나님의 교회에게 부여하신 바 보편적이며 절대적이며 항시 있어야 할 선물이다.[296] 그것은 교회가 되어지고 교회를 관리하시기 위해 주신 바 된 성령 그 자신이 은사 곧 선물이다.

> "너희가 악할지라도 좋은 것을 자식에게 줄 줄 알거든 하물며 너희 하늘 아버지께서 구하는 자에게 성령을 주시지 않겠느냐 하시니라"(눅 11:13)

후자인 은사들은 성령께서 그의 주권을 가지고 기뻐하시는 대로 개개인의 신자에게 주시는 것이다. 부활 이후 50일이 되는 오순절에 성령의 위대한 은사가 유대인 그리스도인에게 부어진 바 되었다. 후에 이방인 고넬료의 집에서 이방인들도 이런 은사를 받았다. 성령의 은사는 일체 구별이 없이 그리스도의 몸의 모든 지체를 위한 것이었다.

> "베드로가 이르되 너희가 회개하여 각각 예수 그리스도의 이름으로 세례를 받고 죄 사함을 받으라 그리하면 성령의 선물을 받으리니"(행 2:38)

---

295) Ray. C. Steadman, *Body life*, (California: A Division of G/L Publications, 1972), p. 40.
296) 오스왈드 샌더스, 위의 책, p. 166.

따라서 이 은사는 절대적이며 영원한 것이다.

"내가 아버지께 구하겠으니 그가 또 다른 보혜사를 너희에게 주사 영원토록 너희와 함께 있게 하리니"(요 14:16)

그런데 성령의 은사들(gifts)은 특수한 것들로 개별적으로 부여되었으며 오용될 수도 있다.[297] 은사는 교회에 필수적으로 보편적 수여가 되지만 은사들은 교회 각 구성원들에게 제각기 다르게 특수적 수여가 된다.

"각 사람에게 성령을 나타내심은 유익하게 하려 하심이라"(고전 12:7)
"이 모든 일은 같은 한 성령이 행하사 그의 뜻대로 각 사람에게 나누어 주시는 것이니라"(고전 12:11)

그런즉 은사는 모든 교회의 공유적 대상이 되고 은사들은 모든 교인 개개인의 개인적 대상이 된다. 교회가 반드시 성령이란 은사 선물을 가져야 하듯이 교회 구성원은 누구나 일인 일은(一人一恩)을 소유해야 한다.

「이를 설명하기 위해 들어 쓴 비유가 몸과 지체의 비유다. 개개의 지체는 몸 전체의 온전한 기능 발휘에 불가결의 것이다. 지극히 미미한 교회의 지체일지라도 지극히 중요한 교회의 지체만큼이나 필요한 모든 은사들은 공통적인 유익의 관점에서 평가되어야만 한다. 만일 우리가 우리 나름대로 은사를 선택한다고 한다면 이로 인해 생기는 혼란은 이만저만한 것이 아니니라! 이렇게 될 때 그리스도의 몸은 기형적인 괴물이 되고말 것이다.」[298]

그럼 은사들의 목적은 무엇인가? 그것은 교회 직분자들에게 주어 직분 이행을 하도록 하는 것이었다. 자신의 유익을 목적으로 함이 아니었다.

「은사들을 수여하신 목적은 은사를 받은 사람들 자신을 드러내기 위함도 아니며 또는 성령의 특별한 재능 수여의 증거를 표하기 위함도 아니다. 그것은 그리스도의 몸의 유익과 교화(教化)를 위한 것이다. 은사 소유자들은 도구이지, 자신이 영광의 수령자가 아니다. 리처드 백스터(Richard Baxter)는 이렇게 말했다: "우리 각자는 하나님의 손 안에 들어 있는 펜이다. 펜에게 무슨 영예가 있겠는가?" 은사는 다른 사람을 섬기기 위해 있는 것이다. "이는 성

---

297) 오스왈드 샌더스, 앞의 책, p. 167.
298) 오스왈드 샌더스, 앞의 책, p. 170.
299) 오스왈드 샌더스, 앞의 책, p. 170.

도를 온전하게 하며 봉사의 일을 하게 하며 그리스도의 몸을 세우려 하심이라"(엡 4:12).」[299]

은사는 다양하고(고전 12:4) 등급도 있다(고전 12:31; 14:5; 12:28). 그러면 성령이 주시는 은사들은 얼마나 되는가?

"우리가 한 몸에 많은 지체를 가졌으나 모든 지체가 같은 기능을 가진 것이 아니니 이와 같이 우리 많은 사람이 그리스도 안에서 한 몸이 되어 서로 지체가 되었느니라 우리에게 주신 은혜대로 받은 은사가 각각 다르니 혹 예언이면 믿음의 분수대로, 혹 섬기는 일이면 섬기는 일로, 혹 가르치는 자면 가르치는 일로, 혹 위로하는 자면 위로하는 일로, 구제하는 자는 성실함으로, 다스리는 자는 부지런함으로, 긍휼을 베푸는 자는 즐거움으로 할 것이니라"(롬 12:4~8)

"그가 어떤 사람은 사도로, 어떤 사람은 선지자로, 어떤 사람은 복음 전하는 자로, 어떤 사람은 목사와 교사로 삼으셨으니 이는 성도를 온전하게 하여 봉사의 일을 하게 하며 그리스도의 몸을 세우려 하심이라"(엡 4:11~12)

"어떤 사람에게는 성령으로 말미암아 지혜의 말씀을, 어떤 사람에게는 같은 성령을 따라 지식의 말씀을, 다른 사람에게는 같은 성령으로 믿음을, 어떤 사람에게는 한 성령으로 병 고치는 은사를, 어떤 사람에게는 능력 행함을, 어떤 사람에게는 예언함을, 어떤 사람에게는 영들 분별함을, 다른 사람에게는 각종 방언 말함을, 어떤 사람에게는 방언들 통역함을 주시나니, 하나님이 교회 중에 몇을 세우셨으니 첫째는 사도요 둘째는 선지자요 셋째는 교사요 그 다음은 능력을 행하는 자요 그 다음은 병 고치는 은사와 서로 돕는 것과 다스리는 것과 각종 방언을 말하는 것이라"
(고전 12:8~10, 28)

존 맥아더는 교회 직분자가 지켜야 할 영적 은사들에 대한 기본 원리를 아래와 같이 제시하고 있다.

「① 영적 은사들은 몸의 건강을 위해 중요하며 필수적이다(고전 12:1).
② 성령님은 이러한 은사들의 원천이다(고전 12:11).
③ 은사들은 타고난 재능들이 아니다(고전 2:1, 4).
④ 은사들 가운데는 계급 제도가 없다(고전 12:15~27).
⑤ 은사들은 영성이나 무오류성의 증표나 보장이 아니다(고전 12:7, 11; 14:29, 32, 37).
⑥ 성령 안에서 바르게 행사될 때, 은사들은 신적 힘의 약속을 갖는다(고전 12:4~7).
⑦ 은사들이 사용될 때, 몸이 도움을 얻는다(고전 12:7).
⑧ 성령의 은사들은 성령의 열매와 다르다(갈 5:22, 23).

⑨ 은사를 갖고도 그것을 사용하지 않은 채로 둘 수 있다(딤전 4:14; 딤후 1:6).
⑩ 영적 은사들은 결합하게 한다(딤후 4:1~5).」[300]

성경은 하나님의 일에 어떤 조직이나 직분이 필요하다고 말하고 있는가?
성경은 하나님이 주권을 잡고 계시지만 어떤 조직이나 직분이 필요했음을 말해 주고 있다. 구약의 예를 보자. 모세의 장인이 모세에게 내리는 충고가 있다.

"모세의 장인이 그에게 이르되 네가 하는 것이 옳지 못하도다 너와 또 너와 함께한 이 백성이 필경 기력이 쇠하리니 이 일이 네게 너무 중함이라 네가 혼자 할 수 없으리라 이제 내 말을 들으라 내가 네게 방침을 가르치리니 하나님이 너와 함께 계실지로다 너는 하나님 앞에서 그 백성을 위하여 그 사건들을 하나님께 가져오며 그들에게 율례와 법도를 가르쳐서 마땅히 갈 길과 할 일을 그들에게 보이고 너는 또 온 백성 가운데서 능력 있는 사람들 곧 하나님을 두려워하며 진실하며 불의한 이익을 미워하는 자를 살펴서 백성 위에 세워 천부장과 백부장과 오십부장과 십부장을 삼아 그들이 때를 따라 백성을 재판하게 하라 큰 일은 모두 네게 가져갈 것이요 작은 일은 모두 그들이 스스로 재판할 것이니 그리하면 그들이 너와 함께 담당할 것인즉 일이 네게 쉬우리라"(출 18:17~22)

이스라엘 자손이 애굽 땅에서 나온 후 제 이년 이월 일일에 여호와께서 모세의 명하신 것이 있다. 군대 조직의 이스라엘이 행군할 때에 조직과 직분 그리고 동서남북에 적절한 인원 배치가 치밀했었다.

"이스라엘 중 이십 세 이상으로 싸움에 나갈 만한 모든 자를 너와 아론은 그 진영별로 계수하되 각 지파의 각 조상의 가문의 우두머리 한 사람씩을 너희와 함께하게 하라"(민 1:3~4)

그리고 이스라엘 백성의 모든 정치와 종교가 조직적이었다. 열왕과 열조가 모두 조직적이었고 또 각 지파마다 두령을 두고 있었다. 그 다음 신약의 예를 보면 아래와 같다.
신약 교회에도 조직체가 존재했다는 것은 다음에 나타나는 사실 속에 분명히 드러난다.
① 어떤 목회 분야에 문제가 발생했을 때, 그러한 일을 처리할 지도자가 임명되었다(행 6:1~7).
② 제자들이 예배를 드리기 위하여 처음에는 날마다, 후에는 주의 첫 날에 정규적으로

---

300) 존 맥아더, 「그리스도의 몸인 교회」, pp. 49~50.

모임을 가졌다(행 2:46, 47; 5:42; 20:7; 고전 16:2).
③ 적합한 지도자를 임명하려고 애쓴 흔적이 보인다(행 1:23~26; 14:23; 딛 1:5).
④ 장로(감독) 및 집사의 자격이 어느 정도 상세하게 기록되어 보내졌다(딤전 3:1~13; 딛 1:5~9; 딤전 5:1, 17~22; 벧전 5:1~4; 행 6:1~7; 20:28~35).
⑤ 매 교회마다 신자들을 징계하고, 출교시킬 만한 권위를 갖고 있었다(마 18:17; 고전 5:1~5; 살후 3:6~16; 딤전 1:18~20).
⑥ 교인들은 교회 지도자를 존경하고, 그들에게 순종하도록 권고 받았다(살전 5:12, 13; 히 13:7, 17, 24).
⑦ 선교사들은 교회로부터 공식적인 환송을 받으며 파송되었다(행 13:1~3).
⑧ 모든 그리스도인들의 교리와 관습에 대한 논란을 해결하기 위하여, 예루살렘에서 종교회의가 개최되었다(행 15:1~35).

실제 교회에는 어떤 직분이 필요한가?

초대교회에는 어떤 직분이 필요하며 현대교회에는 또 어떤 직분이 필요할까? 이런 질문 자체에 대한 반응은 어떨까? 직분 문제와 관련해서 먼저 생각할 주제가 따로 있다. 은사는 성도가 되기 위해 필수적이고, 은사들은 활동을 하기 위해 필요한 것인데 성도는 항상 있어야 하되 직분자는 항상 있어야 하는 것은 아니다. 이 말은 은사는 항상 있어야 하되 은사들은 형편에 따라 있기도 하고 없기도 하다는 것이다. 항상 같은 은사들이 항상 있어야 하는 것은 아니라는 것이다. 초대교회의 은사의 성질은 주로 봉사의 은사였고 그리스도의 부활을 증거하고 있는 사도들에게 하나님이 내리신 신임장으로써 필수적이었다.

"하나님도 표적들과 기사들과 여러 가지 능력과 및 자기의 뜻을 따라 성령이 나누어 주신 것으로써 그들과 함께 증언하셨느니라"(히 2:4)

그런데 사도들의 증거 신임장이 확립되고 신약성경이 완성되어지자 과거와 같은 어떤 특별한 은사(이적 등)의 활동이 굳이 필요치 않게 되어 점차적으로 특별한 은사의 활동이 현저하지 못해졌다.[301]

"사랑은 언제까지나 떨어지지 아니하되 예언도 폐하고 방언도 그치고 지식도 폐하리라"(고전 13:8)

---

301) 오스왈드 샌더스, 위의 책, p. 171.

그러나 샌더스는 교회 및 선교역사의 빛에 비추어 보노라면 이적적인 특별한 은사가 완전히 지나가 버리고 말았던 것은 아니라는 점도 말해 주고 있다.[302] 그렇지만 꼭 기억해야 할 것은 국민은 고정적이지만 국민을 통치하는 정치 체제는 바뀔 수 있다는 점이다. 정치 체제가 바뀌면 직분도 바뀌고 그 직분의 칭호도 바뀌게 된다. 나라의 지도자를 대통령이라고도 하고 혹은 다른 명칭으로 부르기도 하는 것이다. 현대 교회에는 초대교회와는 많이 변화된 생활 문화가 있다. 초대교회에서는 차량 운전직은 필요 없었으나 현대 교회에는 아주 필요하다. 초대교회에는 건물을 관리하는 자가 필요 없었으나 현대교회에는 수많은 관리자가 필요하다. 전기기사, 건축기사, 청소원 등이다. 그럼 빌딩은 교회가 아니라고 해서 교회 건물 관리자를 교회의 직분자가 아니라고 배제할 수 있는가? 문제는 교회의 직분은 교회를 세우기 위함이라는 사실을 인식하는 일이다.

"그가 어떤 사람은 사도로, 어떤 사람은 선지자로, 어떤 사람은 복음 전하는 자로, 어떤 사람은 목사와 교사로 삼으셨으니 이는 성도를 온전하게 하여 봉사의 일을 하게 하며 그리스도의 몸을 세우려 하심이라"(엡 4:11~12)

초대교회에서는 필요를 느끼지 못했던 직분도 현대 교회에서 그 필요를 느끼면 마땅히 직분을 두어야 하고, 초대교회에서는 필요했지만 지금 현대 교회에서는 그 직분이 필요하지 않으면 정지시켜도 될 일이다. 어떤 은사들은 영구적으로 계발되어져야 하는가 하면 또 어떤 은사들은 일시적으로 존재하다가 사라져야 하는가 하는 문제는 일률적으로 두부 모 자르듯 말할 수는 없다. 왜냐하면 교회의 모든 은사들과 직분자들은 언제나 이 모양 저 모양으로 유용하기 때문이다.

존 맥아더는 영구 은사들과 일시 은사들을 구분하고 있다. 그가 영구 은사라고 한 것은 아래와 같다. 예언 은사(고전 12:10; 롬 12:6), 가르치는 은사(롬 12:7), 믿음의 은사(고전 12:9), 지혜의 은사(고전 12:8), 영 분별 은사(고전 12:10), 긍휼의 은사(롬 12:8), 권고의 은사(롬 12:8), 구제의 은사(롬 12:8), 다스리는 은사(롬 12:8; 고전 12:28) 그리고 섬기고 돕는 은사(롬 12:7; 고전 12:28) 등이다.[303]

위의 은사와 직분자들은 말할 것도 없이 현대 교회에 필요하다.

존 맥아더가 지적하는 일시적 은사로서 지금은 사라지고 없는 은사란 다음과 같다.

그것은 한 마디로 표적의 은사로서 불신자들에게 지금 사도들과 선지자들의 입을 통해 말해지고 있는 것이 하나님의 말씀임을 확증하기 위함이며(막 16:17~20; 고후 12:12; 히

---

302) 오스왈드 샌더스, 위의 책, pp. 171~172.
303) 존 맥아더, 「그리스도의 몸인 교회」, pp. 50~61.

2:3~4), 동시에 사도들의 진가(眞價)를 인정하기 위한 것이라고 했다(행 14:3; 롬 15:15~19). 능력 은사(고전 12:10, 28), 병 고치는 은사(고전 12:9, 28, 30), 방언의 은사와 통역의 은사(고전 12:10, 28, 30) 등이다.[304]

그런데 초대교회와 같은 피 선교지나 기타 그 외 유사한 곳에서 표적의 은사가 나타나지 않는 이유는 무엇일까? 존 맥아더의 이론은 간단하다. 하나님의 기적은 지금도 행해지지만 그것이 은사는 아니라는 것이다. 지금은 사도들이 없는 시대이므로 사도에게 주어졌던 기적의 은사들도 사라졌다는 것이다. 문제는 사도들이 사라졌기에 기적의 은사가 사라졌느냐, 기적의 은사가 사라졌기에 사도들이 사라졌느냐이다. 전술한 대로 광의의 사도의 의미라면 지금도 기적의 은사가 필요할 것이고 또 기적의 은사가 행해지면 사도들도 살아남아 있는 것이다. 지금 사도도, 기적의 은사도 사라진 것은 없다. 존 맥아더는 오늘날 하나님은 믿음의 기도에 대한 반응으로 그 주권적인 뜻 가운데 병을 고친다는 것을 인정하면서도 그것을 치유의 은사라고는 보지 않는다고 했다.[305]

맥아더가 말한 것처럼 기적, 즉 표적의 은사가 시대에 따라 상하로 오르락내리락 하며 그 빈도에 차이가 있는 것만은 사실이다. 표적 은사의 빈도를 이야기하는 것은 성경적이다. 모세 시대(출 7:3)에 기적들로 바로에게 하나님이 이스라엘 가운데 역사하심을 보이며 모세는 하나님의 임명한 지도자라는 것을 실증함이요, 엘리야와 엘리사 시대(왕상 18:36)에 이스라엘이 바알의 우상숭배에 참여했기에 하나님이 선지자를 통해서 말씀하고 계심을 입증함이요, 그리스도와 그의 사도들의 시대(눅 11:20)에 그리스도가 하나님으로부터 오셨고 사도들은 예수가 메시아임을 증명한다는 것이요, 초대교회 사도들의 시대니(고전 14:22) 불신자들에게 하나님의 증언을 확증함이다.[306]

우리 모두가 보내심을 받은 사도로서 불신 세계에 나아가서 하나님의 살아 계심을 보일 기적이 필요하다. 그러나 이런 기적 은사에 전적으로 의존할 것이 아니라 기록된 하나님의 말씀의 권위에 전적으로 의존한다는 지금의 사도의 기본 정신을 굳게 지니고 있어야 할 것이다. 그렇게 되면 사라지고 없어져야 할 기적의 은사도 보조적인 증거가 될 것이다.

표적을 은사로 보느냐의 여하에 따라 은사의 유무가 판가름이 난다. 은사 아닌 표적의 다른 이름은 무엇이라고 해야 할까? 교인은 항상 세워야 하되 직분은 항상 세울 필요는 없다. 교인이 없으면 교회가 안 되지만 직분자는 없어도 교회는 된다. 직분 때문에 교회가 소란스러운 것은 크게 잘못된 태도이다. 더구나 직분의 호칭 때문에 교회가 소란해진다면 그것은 넌센스가 아닐 수 없다. 바늘 끝에 천사 몇이 설 수 있느냐가 어느 교회시대에 중대한 논란거리가 되었다는 것이 가소롭다면 오늘날 교회의 직분 문제로 교회가 논란 속에 빠지

---
304) 존 맥아더, 「그리스도의 몸인 교회」, pp. 67~77.
305) 존 맥아더, 위의 책, p. 70.
306) 존 맥아더, 위의 책, pp. 68~69.

면 이것 또한 가소로운 것이다. 가령, '사도'란 직분을 놓고 생각해 보자. 현대적 사도가 있을 수 있는가? 대개 현대 교회에는 사도가 없다고 한다. 그것은 사도의 아래와 같은 개념에 의해서이다. 이것은 현대적 사도의 의미, 혹은 좁은 의미의 사도 개념이다.

사도가 되기 위한 자격은 다음과 같다고 했다.

① 주님과 함께 있었을 것(행 1:21, 22),
② 부활을 증거할 수 있는 자라야 할 것(행 1:22),
③ 주를 본 자(고전 9:1),
④ 표적과 기사와 능력을 행한 자(고후 12:12)였다.

기초가 되는 사도들은 열두 명으로 고정되어 있었다. 본래 사도들은 예수께서 함께 계시기 위해 택하시고 개인적으로 사명을 주어서 내보낸 그 사람들이었다.

"열두 사도의 이름은 이러하니 베드로라 하는 시몬을 비롯하여 그의 형제 안드레와 세베대의 아들 야고보와 그의 형제 요한, 빌립과 바돌로매, 도마와 세리 마태, 알패오의 아들 야고보와 다대오, 가나나인 시몬 및 가룟 유다 곧 예수를 판 자라"(마 10:2~4)

숫자적으로 꼭 12명이며 가룟 유다의 배신으로 그가 빠지자 제비 뽑힌 맛디아가 열한 사도의 수에 가입했다(행 1:26). 이들의 이름이 새 예루살렘의 열두 기초석 위에 기록되기도 했다(계 21:14). 이렇게 볼 때 오늘날 사도직은 없다고 하셨다. 더더구나 로마 가톨릭이 사도직 계승을 강조하는 마당에 교회는 사도직의 사라짐을 호응하는 정서적인 측면도 있었을지 모른다. 그러나 '사도'의 원래 의미를 보자. 사도는 사명을 갖고 보내심을 받은 자라는 헬라어 아포스톨로스에서 왔다. 보내심을 받은 자가 바로 사도이다. 즉 사도 개념을 넓은 의미로 보기로 하자. 사도 개념이 광의로 사용된 경우는 아래와 같다.

다음과 같이 '사도'로 불리워지던 다른 사람들이 있었다.

① 바울, 그는 주님의 환상을 직접 보았고, 이방인의 사도로서 예수의 직접 부르심을 받았으며(롬 11:13; 고전 9:1), 자기가 사도라고 스스로 열두 번이나 선언했다. ② 예수의 형제, 야고보(고전 15:7), ③ 바나바(행 14:14), ④ 바울의 친척(롬 16:7), ⑤ 이름이 나타나지 않은 몇몇 사도들(고전 15:7). 분명히 '사도'라는 용어는 70인, 120문도 등과 같이 예수와 함께 있었던 사람들에게, 특히 새 교회를 세움에 있어서 특별한 명령을 받은 사람들에게까지 광의로 사용되었던 것이다.

그럼 현대 교회에는 사도는 없을까? 즉 하나님으로부터 보내심을 받은 자가 없을까? 예수의 부활의 증거를 위해 하나님으로부터 보내심을 받은 자가 한 명도 없을까? 오늘날 모든 그리스도인이 다 하나님의 부르심을 받아 그 앞에 모였다가 또 다 하나님의 보내심을 받아 세상에 선교사와 전도자로 나가고 있지 않은가? 교회가 사도를 창조하는 권위는 받지 아니했으며 따라서 안수를 통한 사도직 계승은 없어도 사도직은 만인의 직이다. 계승이라 하면 혹자에겐 사도직이 이어지고 혹자에게는 제외된다는 의미가 있게 된다. 그러기에 사도직의 계승이 아니라 사도직의 현존인 것이다. 이상은 사도직이 없다는 주장에 대해 사도직이 있다는 논리를 전개한 것이다. 그럼 집사의 기원이라고 하는 사도행전 6장으로 가 보자. 통칭 7집사가 거론된다. 그리고 지금도 집사직은 건재하다고 믿고 또 반드시 있어야 한다고 한다. 물론 디모데전서 목회서신에서 집사의 자격을 무게 있게 거론한 것을 보아도 집사직은 건재하다(딤전 3:8~13).

지금 여기서의 논의는 집사직을 과소평가하거나 현대 교회에서 제외시키자는 것은 결코 아니다. 그러나 집사직이라고 하더라도 초대교회가 일꾼을 택했던 이유로 오늘날 집사직을 두는 교회는 없다. 그런 의미에서라면 그런 직을 위한 집사직은 사라져도 될 것이니, 즉 초대교회에 제자가 더 많아지고 헬라파 유대인들이 자기의 과부들이 그 매일 구제에 빠지므로 히브리파 사람을 원망하자 열두 사도가 직분자를 정해서 교회의 특수한 사역을 맡기자고 결의한 것이었다.

"…우리가 이 일을 저희에게 맡기고"(행 6:3 하반절)

저희에게 맡긴 일이 무엇인가? 공평한 구제 활동이다.

초대교회에 있었던 직분을 보자.
터너는 교회의 직분은 점진적 발전적 상태라고 말하면서 목사와 집사가 최종적으로 확정된 직분이라고 못을 박았다.

그는 다음과 같은 사실을 지적하고 있다.[307] 초대교회의 기구 및 직분은 점진적으로 발전했다는 것, 예수께서 그의 제자들에게 직분과 행정에 관한 어떤 지시를 내렸다 치더라도 그것에 대한 기록은 없다는 정직한 인정, 사도들이 예루살렘 교회에서 지도자로 있었다는 것, 그리고 사도들 외에 특정한 교회 직분자는 없었다는 사실, 교회가 성장하자 성령의 인도로 새로운 직분이 생겨났다는 것, 그렇지만 신약성경에는 어떤 한 교회의 직분에 대해서 많은 기록은 남기지 아니했다는 것, 그리하여 이런 주제에 대해서는 많은 논란이 있었다는 것이었다. 이런 관점에서 볼 때 오늘날의 교회 조직이나 직분을 놓고 논쟁하거나 극심한 의견 대립으로 인하여 교회 자체에 데미지(damage)를 주는 어리석은 일은 없어야 한다고

---

307) J. Clyde Turner, *The New testament Doctrine of the Church*, (Nashville, Tenn: Broadman Press, 1951), pp. 51~53.

본다. 어떤 직분이 어떤 일을 해야 하는 대원칙은 세우되 그 직분이 때로는 어떤 다른 일을 해서는 안 된다는 주장은 인격체 교회활동에 대해 너무나 기계적 비인격적인 적용으로 수정받아야 할 것이다. 몸에는 많은 지체들이 있으나 몸은 하나이다.

"만일 다 한 지체뿐이면 몸은 어디냐 이제 지체는 많으나 몸은 하나라"(고전 12:19~20)

각 지체들의 고유한 임무가 있어서 언제나 그 임무를 완수해야 하는 것이 지체가 할 일이다. 그러나 때로는 비상사태도 있다. 발은 걷기 위해 있는 것이고 손은 잡기 위해 있는 지체이지만 어떤 갑작스러운 사태를 맞아 발이 걷지 못하거나 실족할 경우엔 손이 발 노릇을 해야 하는 것이다. 손이 발처럼 땅을 짚어줌으로써 실족한 발을 대신하여 몸 전체의 부상을 막는 것이다. 문제는 온 지체는 직분자로되 결국은 몸의 유지를 위한 것이라는 측면에서 오늘날의 교회 직분을 의식해야 한다. 몸이야 어떻게 되든 말든 지체 자체만을 위하는 체제라면 몸도 지체도 아무런 상관관계가 없지 않느냐는 것이다. 이런 설명은 우리의 몸의 생활을 보면 충분히 설명되고도 남는다. 말 못하는 벙어리 신체 장애자는 구화(口話)가 불가능하기 때문에 수화(手話)를 한다. 손이 입 노릇하고 있는 것이다. 이때 누가 손더러 입 노릇 하지 말라 할 자가 있는가? 눈이 먼 장님은 앞을 볼 수 없는데 그땐 발이 눈 노릇을 한다. 발의 감각으로 사물과 방향을 인지하고 보행한다.

문제는 몸의 활동이 효과적이냐이다. 교회라는 몸이 잘 움직이느냐가 문제이다. 특별히 개교회는 개교회 나름대로의 직분과 조직과 행정이 다르게 마련이다. 필자는 막 개척하는 목회 초년병에게 이렇게 말한다.

"결코 조직부터 하지 마라. 이미 성장한 기성 교회의 조직과 행정을 따르지 마라. 우선 사람들을 모아 놓고 예수를 소개하라. 예수 설명도 길게 하지 말고 그냥 예수를 소개하라."

대개는 무엇을 말하는지 잘 이해하지 못한다. 계속해서 부언하는 나의 설명인즉 자매가 몇 사람 되지도 않는데 여전도회를 조직해서 회장, 부회장, 총무, 서기 등등 하다 보면 결속력이 아니라 깨어지기 쉽거나, 조직 속에서 생명력이 질식당하거나, 조직만 있고 움직임은 없는 것으로 이어진다. 그때서야 이해가 되는 것같이 보인다. 그럼에도 불구하고 또 조직하려 한다. 조직하고 직분 주지 않고는 교회가 안 되는 것으로 여기는 것 같은데 예수님은 조직보다 가르침에 더 비중을 두셨다. 그렇다고 해서 교회에 영영 조직이나 직분이 없으라는 것은 아니다. 바울 사도가 제시한 교회의 직분 명단은 고린도전서 12장 28절과 에베소서 4장 11절이 대표적이다.

"하나님이 교회 중에 몇을 세우셨으니 첫째는 사도요 둘째는 선지자요 셋째는 교사요 그 다음은 능력을 행하는 자요 그 다음은 병 고치는 은사와 서로 돕는 것과 다스리는 것과 각종 방언을 말하는 것이라"(고전 12:28)

"그가 어떤 사람은 사도로, 어떤 사람은 선지자로, 어떤 사람은 복음 전하는 자로, 어떤 사람은 목사와 교사로 삼으셨으니"(엡 4:11)

그런데 대부분의 직분 명단들은 교회 안의 직분자에게라기 보다는 개개인에게 부여한 선물 곧 은사(gifts)를 지닌 것 같다고 본다. 터너는 사도와 예언자 그리고 바울이 제시한 직분들은 초대교회의 상황에 따라 나타났다가 사라지기도 하는 직분이라고 말하고 있다.

사도 직분을 보자.

"밝으매 그 제자들을 부르사 그 중에서 열둘을 택하여 사도라 칭하셨으니"(눅 6:13)

예수께서 제자들을 부르셨다. 모든 제자들을 다 사도라 칭하지 아니하시고 그 중에서 열둘만을 택하셔서 사도라 칭하셨다.

"곧 베드로라고도 이름을 주신 시몬과 그의 동생 안드레와 야고보와 요한과 빌립과 바돌로매와 마태와 도마와 알패오의 아들 야고보와 셀롯이라는 시몬과 야고보의 아들 유다와 예수를 파는 자 될 가룟 유다라"(눅 6:14~16)

유다가 죽자 그의 자리를 무명인 맛디아로 대신했다. 이 사람을 택해서 12사도의 수를 맞추었다. 이것은 성령이 오시기 전 예루살렘 교회가 선택한 것이었다. 후에 바울은 부활하신 주님에 의해 사도로 임명되기로 했다.

"예수 그리스도의 종 바울은 사도로 부르심을 받아 하나님의 복음을 위하여 택정함을 입었으니"(롬 1:1)

그런데 터너는 사도는 교회의 직분자가 아니라 처음엔 예수 그리스도 아래서 그 다음엔 성령의 지시 아래서 활동한 보다 일반적인 사역자였다고 한다. 사도직은 일시적이었으므로 초대 사도의 계승자들은 없었다.[308] 그러나 전술한 바와 같이 광의의 사도로 보면 모든 그리스도인들은 사도들이다. 그것은 영적으로 예수를 보았고 또 전도하도록 주님으로부터

---

308) J. Clyde Turner 앞의 책, p.52

파송 받은 자들이 바로 그리스도인들이기 때문이다. 지금 그리스도인들은 사도들이다. 초대 교회의 사도권 계승은 없지만 사도직은 계속되고 있다. 터너가 말하는 예언자 직을 보기로 하자. 예언자 직도 교회의 고유한 직은 아닌 것이 이미 교회가 있기 이전에 예언자가 있었기 때문이다. 예언직은 특별한 영적인 은사를 지적한다. 예언자는 하나님에 의해 선택되어진 사람으로 사람들에게 하나님의 메시지를 전해 주기 위해 존재했다. 교회에 의해 예언직이 선출된 증거는 없다. 그들은 하나님의 지명을 받았다.[309] 터너는 바울이 말한 다른 직분들도 교회의 일정한 직분이 아니라 특별한 봉사를 위해 하나님으로부터 능력을 받은 사람들이었다고 지적해 준다.[310] 개개인에게 특별히 부여한 은사들이 하나님의 사역에 꼭 필요해서 준 것만은 사실이지만 교회의 직분이라는 이름으로 정해진 것은 아닌 것 같은데 다음에 제시하는 성경말씀으로도 그것이 입증되고 있다.

"우리에게 주신 은혜대로 받은 은사가 각각 다르니 혹 예언이면 믿음의 분수대로, 혹 섬기는 일이면 섬기는 일로, 혹 가르치는 자면 가르치는 일로"(롬 12:6~7)

"어떤 사람에게는 성령으로 말미암아 지혜의 말씀을, 어떤 사람에게는 같은 성령을 따라 지식의 말씀을, 다른 사람에게는 같은 성령으로 믿음을, 어떤 사람에게는 한 성령으로 병 고치는 은사를, 어떤 사람에게는 능력 행함을, 어떤 사람에게는 예언함을, 어떤 사람에게는 영들 분별함을, 다른 사람에게는 각종 방언 말함을, 어떤 사람에게는 방언들 통역함을 주시나니 이 모든 일은 같은 한 성령이 행하사 그의 뜻대로 각 사람에게 나누어 주시는 것이니라"(고전 12:8~11)

이상에 언급한 직분들이 어떤 일정한 교회에게 고정적 불변적 위치로 존재하는 것이 아니라 교회가 발전하고 성장함에 따라 두 개의 직분이 고정화되기에 이르렀다. 그것이 곧 목사와 집사이다(딤전 3:1, 8).

목사란 누구인가? 그 칭호 문제는 무엇인가?
이 말의 다른 표현은 장로는 누구인가? 감독은 누구인가와 똑같은 내용이다. 장로는 목사이다. 장로는 감독이다. 목사는 장로이다. 목사는 감독이다. 감독은 목사이다. 감독은 장로이다. 이 혼란스러운 표현은 같은 직분에 대한 세 가지 다른 칭호이다.
헨리 디이슨도 목사, 장로, 감독이 동일 직분임을 여러 성경 구절로 설명해 주고 있다.[311]
사도행전 20장 17, 28절에서 에베소 교회의 장로들은 하나님의 교회를 칠 목적으로 양

---

309) 위의 책.
310) 위의 책.
311) 헨리 디이슨, 「조직신학 강론」 권혁봉 역, p. 658.

떼들 위에 감독자로 삼았다고 했다. 요한과 베드로는 사도였지만 또한 스스로 장로라고 불렀다(요이 1:1, 요삼 1:1, 벧전 5:1). 바울이 빌립보 교회의 '감독들'과 집사에게 편지했다.

> "그리스도 예수의 종 바울과 디모데는 그리스도 예수 안에서 빌립보에 사는 모든 성도와 또한 감독들과 집사들에게 편지하노니"(빌 1:1)

바울이 감독들에게 편지했다. 확연히 구별되는 성도와 집사에게도 편지했다. 그러나 '장로와 목사들' 이 직분이 감독과는 엄연히 구별되는 것이라고 가정한다면 왜 장로와 목사들은 편지 수신자의 대상에서 빠져 버렸을까? 불공평하고도 오해를 일으킬 소지가 있었을 것이다. 그러나 성도와 집사와 감독이란 세 직분은 구별되는 것이기에 이름을 거론했고 장로와 목사의 이름은 생략된 이유가 감독이란 말로 다른 두 직분을 다 포함시킬 수 있었기 때문이다. 가령 '권 목사님', '권 감독님' 그리고 '권 장로님' 이라 해도 좋다. 결국 동인삼명(同人三名)인 것이다. 어떤 경우에는 목사이고 또 어떤 경우에는 감독 내지 장로라 하는가 하는 문제는 그때 그때의 역할에 따른 것이었다. 스트롱도 세 명칭이 동일인을 가리킨다고 했다(행 20:28; 빌 1:1; 딤전 3:1,8; 딛 1:5,7; 벧전 5:1~2).[312]

목사와 장로에 대한 칼빈의 이야기에 대한 스트롱의 견해는 무엇인가? 스트롱은 칼빈이 디모데전서 5장 17절에 근거하여 장로와 감독의 동일성에 매우 설득력 있는 반대 의견을 내어 놓았다고 했다. 그러나 이 본문이 단지 보여 주자는 내용은 장로나 감독이라는 한 직분이 두 종류의 일거리(labor)를 지니고 있음을 뜻하는 것이라고 했다. 어떤 장로나 감독은 두 가지 종류의 일 중에 어느 일이 다른 어떤 일보다 더 성공적이라는 것을 본문이 말한다고 스트롱은 제시해 주고 있다. 가르치고 치리하는 은사들은 동일한 개인에게 속한다는 것이 다음 성경 구절에서 분명하다고 했다.[313]

> "너희는 자기를 위하여 또는 온 양 떼를 위하여 삼가라 성령이 저들 가운데 너희로 감독자를 삼고 하나님이 자기 피로 사신 교회를 치게 하셨느니라"(행 20:28)
>
> "그가 어떤 사람은 사도로, 어떤 사람은 선지자로, 어떤 사람은 복음 전하는 자로, 어떤 사람은 목사와 교사로 삼으셨으니"(엡 4:11)
>
> "하나님의 말씀을 너희에게 일러 주고 너희를 인도하던 자들을 생각하며 그들의 행실의 결말을 주의하여 보고 그들의 믿음을 본받으라"(히 13:7)
>
> "그러므로 감독은 책망할 것이 없으며 한 아내의 남편이 되며 절제하며 신중하며 단정하며 나그

---

312) A. H. Strong, 앞의 책, p. 914.
313) A. H. Strong, 앞의 책, p. 915.

네를 대접하며 가르치기를 잘하며"(딤전 3:2)

박형룡 박사의 진술을 보기로 하자.
「개혁파 장로파 교회들은 그들의 교회 정치의 상세 전부(詳細全部)가 성경에 의해 결정된다고 주장하지 않고 다만 그 근본적 원리들이 성경에서 직접 인출(引出)된다고 단언한다. 그러나 그들은 오히려 성경이 보여 주는 교회 정치의 근본적 원리(根本的原理)들은 장로주의보다 다른 것이 아니라는 데는 확신을 가지고 전진한다. 그들은 사도 시대(使徒時代)의 교회 조직의 형식은 장로직을 기본으로 하였다는 관념 위에 움직이고 있다. 과연 사도들은 설립된 여러 지역의 교회들에 장로들을 세우는 것으로 정치 조직의 형식을 취하였던 것이다(행 14:23, 20:17; 딛 1:5). '감독'이라는 직명(職名)은 장로의 다른 이름에 불과한 것으로 인정되며(행 20:17), '목사'는 장로 중에 교훈을 맡은 자의 칭호로 간주된다(딤전 5:17). 장로들이 회중(會衆)에 의해 민선(民選)되었다는 강한 증거도 성경에서 발견된다(행 1:23~26, 6:3, 14:23). 노회(老會)와 기타 광대 회의(廣大會議)들의 근원도 성경에서 추적된다(행 15; 딤전 4:14). 이러므로 신약에 나타난 사도적 교회 정치의 조직 형식은 장로주의를 기본으로 삼았다는 것은 피하기 어려운 결론이다.」[314]

박형룡 박사는 교회 정치의 조직 형식이 장로주의라는 것을 힘써 강조하고 있지만 그의 정직성을 엿볼 수 있다. 그가 강조하는 장로주의를 포함한 교회 정치의 상세한 부분 전부를 직접 성경에 있기에 끌어내어 온 것이 아니라, 단지 그것들을 인정할 만한 근본적인 원리들이 성경에 있기에 직접 인출한 것이라고 한 것이다. 정직한 보고이다. 노회와 기타 광대 회의들의 근원도 성경에서 추적한다고 했다. 다시 말하면 성경의 사실에서 현재의 사실을 이어 온 것이 아니라 성경에서 추적되는 원리에서 현재의 사실을 인정한다는 솔직성이다. 그도 목사, 장로, 감독이란 명칭이 동일인의 세 명칭이라고 했다. 장로교회의 소위 장로의 일은 집사의 일로 간주되고 있다. 가르치는 장로 곧 목사요, 치리하는 목사도 곧 장로인데 왜 굳이 별개의 명칭에 별개의 사람이 별개의 일을 하는 것같이 '장로'만을 뚝 떼어 놓았을까? 이렇게 생각하면 성경적이기도 하고 아주 마음 편한 내용이 될 것이다. 목사들의 모임이 장로 모임이요 또 그것이 감독의 모임으로써 가르치고 치리하고 징계하고 교회를 직접 운영하고 특별히 책임진다고 하자. 심지어 아이디어 뱅크(Idea Bank)라 하자. 그게 당회가 되고 장로회가 될 것이다. 그러나 이를 돕는 집사 곧 현 장로들이 하는 것과 같은 일을 하는 특수 무리가 있다. 그리고 많은 성도들이 있다. 목사회(장로회, 감독회), 집사회 그리고 성도들의 삼위일체적 모임이 교회가 아닌가?

---

314) 박형룡, 「교의신학 교회론」, pp. 106~107.

헨리 디이슨은 다음과 같이 칼빈의 입장을 제시하고 있다.

「칼빈도 동일 견해를 주장하고 이렇게 말한다.
　나는 교회를 다스리는 사람에 대해서 감독, 장로, 목사라는 이름을 별달리 구별을 하지 않고 그냥 붙여 주고 있는데, 내가 그렇게 하는 것은 성경의 권위에 입각해서다. 성경이 그런 말들을 동의어(同義語)로 사용하고 있기 때문이다.
　그러나 칼빈은 로마서 12장 7절과 고린도전서 12장 28절에 열거한 직분 중에, 둘에 대해서는 이렇게 주장한다.
　이중 둘은 영속적(永續的) 성질의 직분이다. 그것은 즉, 교회 치리와 빈자(貧者) 보호의 직분이다. 이중 치리자들(운영자, governors)은 사람들 가운데서 선택된 연장자(年長者)로서 견책(譴責)을 표하고 징계를 실천하는 일에 감독과 협력하는 자로 본인은 이해하고 있다. 빈자 보호는 집사들에게 위탁되었다.
　이들 치리자들은 명백히 '장로들'의 일분류이다. 따라서 칼빈은 두 종류의 '장로들'을 인정했으니, 하나는 말씀을 가르치는 장로요, 다른 하나는 치리하는 장로다. 두 종류의 장로들이 있었다는 견해에는 다소의 근거가 있긴 하지만(딤전 5:17; 롬 12:8), 이런 진술들은 동일인(同一人) 속에 있는 상이한 자질을 묘사하는 것으로 설명하는 것이 가(可)하다.」[315]

그런데 오늘 교파와 교단 안의 현실을 보면 칭호 때문에 교회가 나아가는 길에 방해를 받고 있는 것 같다. 명백한 사실은 목사는 목사이고 집사는 집사라는 명백한 직분의 설명이 디모데전서 3장에 있다는 것이다. 목사를 집사라 부르지 말고 집사를 목사라 부르지 않는 한, 어떤 호칭도 목사에겐 가한 것이다. 목사, 감독, 장로가 동인 삼명이라는 것을 증명하는 성경구절을 아래에 소개한다.

"바울이 밀레도에서 사람을 에베소로 보내어 교회 장로들을 청하니"(행 20:17)
"여러분은 자기를 위하여 또는 온 양 떼를 위하여 삼가라 성령이 그들 가운데 여러분을 감독자로 삼고 하나님이 자기 피로 사신 교회를 보살피게 하셨느니라"(행 20:28)
"그리스도 예수의 종 바울과 디모데는 그리스도 예수 안에서 빌립보에 사는 모든 성도와 또한 감독들과 집사들에게 편지하노니"(빌 1:1)
"미쁘다 이 말이여, 곧 사람이 감독의 직분을 얻으려 함은 선한 일을 사모하는 것이라 함이로다, 이와 같이 집사들도 정중하고 일구이언을 하지 아니하고 술에 인박히지 아니하고 더러운 이를

---
[315] 헨리 디이슨,「조직신학 강론」권혁봉 역, pp. 660~661.

탐하지 아니하고"(딤전 3:1,8)
"내가 너를 그레데에 남겨 둔 이유는 남은 일을 정리하고 내가 명한 대로 각 성에 장로들을 세우게 하려 함이니, 감독은 하나님의 청지기로서 책망할 것이 없고 제 고집대로 하지 아니하며 급히 분내지 아니하며 술을 즐기지 아니하며 구타하지 아니하며 더러운 이득을 탐하지 아니하며"(딛 1:5,7) "너희 중 장로들에게 권하노니 나는 함께 장로 된 자요 그리스도의 고난의 증인이요 나타날 영광에 참여할 자니라 너희 중에 있는 하나님의 양 무리를 치되 억지로 하지 말고 하나님의 뜻을 따라 자원함으로 하며 더러운 이득을 위하여 하지 말고 기꺼이 하며"(벧전 5:1~2)

목사라는 말은 에베소서 4장 11절에 딱 한 번 나오는 말이다. 그렇다면 이제 우리는 장로와 감독이란 말을 목사에 대해서 쓰는 말로 확신하고 상호 교체적으로 사용해야 할 것이다. 특수 교단에서 목사와 장로를 아주 별개의 상이한 직분으로 구별하는 것도 사실 다음에서 언급하는 직분상의 개념을 알고 보면 문제될 것이 없으나 실제로 문제가 야기되는 것은 동인 별명(同人別名)이란 개념을 갖지 못하기 때문이다. 장로(長老, presbyter, elder)란 무엇인가? 교회의 노인이다. 경험 있고 존경받을 만한 가치가 있는 뭇 성도의 모범적 인물이다.
감독(監督, bishop)은 누구인가? 위에서 교회를 사랑과 경험을 지니고 내려다보면서 감독해 주는 인물이다.
목사(牧師, pastor)는 누구인가? 양들을 돌보고 먹여주는 양의 목자이다. 이 모든 일은 세 사람의 세 가지 임무나 직분이 아니라 한 사람이 경우에 따라 세 가지 직분을 수행하는 것이다. 터너의 진술은 다음과 같다.

「장로(elder)는 또한 감독(bishop)과 목사(pastor)로도 호칭된다. 이 호칭들은 같은 직분자에 대한 세 가지 이름들이다. '장로'는 말 그대로 원래는 노인을 가리킨다. 그러나 그것이 직분적 의미로 사용될 때에는 경험과 존경을 받는 사람을 지칭하게 되었다. '감독'이란 말의 문자적 의미는 위에서 관찰하는 자(overseer)로서 교회에서 울타리 노릇을 하는 자이다. '목사'는 목자(牧者, shepherd)를 의미한다. 그는 양 떼를 먹이고 돌보는 자이다.」[316]
이상찬 목사도 신약의 장로에 대해서 터너와 같은 사상을 말하고 있다.

「신약의 장로라는 명사는 감독, 목사, 장로(치리장로)로 상호 교체적으로 사용되나(행 20:17~28; 딤전 3:2~7; 딛 1:5~7), 직분의 직무(function)에 따라서 주어진 감독, 목사, 장로의 3자를 각각 구별하여 호칭한다.」[317]

---
316) J. Clyde Turner, 앞의 책, p. 53.
317) 이상찬, 「교회 직분론」, (한국 보수 신학회, 1984), p. 96.

목사의 수는 얼마나 되는가?
대개 목사의 수는 복수이다.

"바울 및 바나바와 그들 사이에 적지 아니한 다툼과 변론이 일어난지라 형제들이 이 문제에 대하여 바울과 바나바와 및 그 중의 몇 사람을 예루살렘에 있는 사도와 장로들에게 보내기로 작정하니라, 예루살렘에 이르러 교회와 사도와 장로들에게 영접을 받고 하나님이 자기들과 함께 계셔 행하신 모든 일을 말하매, 사도와 장로들이 이 일을 의논하러 모여, 그 편에 편지를 부쳐 이르되 사도와 장로 된 형제들은 안디옥과 수리아와 길리기아에 있는 이방인 형제들에게 문안하노라"(행 15:2,4,6,23)
"각 교회에서 장로들을 택하여 금식 기도하며 그들이 믿는 주께 그들을 위탁하고"(행 14:23)
"바울이 밀레도에서 사람을 에베소로 보내어 교회 장로들을 청하니"(행 20:17)
"너희 중에 병든 자가 있느냐 그는 교회의 장로들을 청할 것이요 그들은 주의 이름으로 기름을 바르며 그를 위하여 기도할지니라"(약 5:14)
"내가 너를 그레데에 남겨 둔 이유는 남은 일을 정리하고 내가 명한 대로 각 성에 장로들을 세우게 하려 함이니"(딛 1:5)

그러나 얼마나 많은 수의 목사(장로, 감독)가 있었는지는 확실치 않다. 그런데 목사의 수가 교회에 반드시 복수로 있어야만 하는 것은 아닌 것 같다. 스트롱은 어떤 교회에서는 적어도 한 분의 목사가 있었고, 집사들은 여럿이 있었다는 것도 사실이라고 말했다. 스트롱의 견해를 뒷받침하는 성경적 근거도 없지 않다.

"미쁘다 이 말이여, 곧 사람이 감독의 직분을 얻으려 함은 선한 일을 사모하는 것이라 함이로다"(딤전 3:1)

여기서 감독(overseer)은 단수이다.

"이와 같이 집사들도 정중하고 일구이언을 하지 아니하고 술에 인박히지 아니하고 더러운 이를 탐하지 아니하고"(딤전 3:8)

여기서 집사(deacon)들은 복수이다. 어떠한 교회를 두고 말할 때 감독은 한 분이되 집사들은 여럿이 있을 수 있다는 것을 암시하는 것 같다.

목사의 자격은 무엇인가?

"미쁘다 이 말이여, 곧 사람이 감독의 직분을 얻으려 함은 선한 일을 사모하는 것이라 함이로다 그러므로 감독은 책망할 것이 없으며 한 아내의 남편이 되며 절제하며 신중하며 단정하며 나그네를 대접하며 가르치기를 잘하며 술을 즐기지 아니하며 구타하지 아니하며 오직 관용하며 다투지 아니하며 돈을 사랑하지 아니하며 자기 집을 잘 다스려 자녀들로 모든 공손함으로 복종하게 하는 자라야 할지며 (사람이 자기 집을 다스릴 줄 알지 못하면 어찌 하나님의 교회를 돌보리요) 새로 입교한 자도 말지니 교만하여져서 마귀를 정죄하는 그 정죄에 빠질까 함이요 또한 외인에게서도 선한 증거를 얻은 자라야 할지니 비방과 마귀의 올무에 빠질까 염려하라"(딤전 3:1~7)

"책망할 것이 없고 한 아내의 남편이며 방탕하다는 비난을 받거나 불순종하는 일이 없는 믿는 자녀를 둔 자라야 할지라 감독은 하나님의 청지기로서 책망할 것이 없고 제 고집대로 하지 아니하며 급히 분내지 아니하며 술을 즐기지 아니하며 구타하지 아니하며 더러운 이득을 탐하지 아니하며 오직 나그네를 대접하며 선행을 좋아하며 신중하며 의로우며 거룩하며 절제하며 미쁜 말씀의 가르침을 그대로 지켜야 하리니 이는 능히 바른 교훈으로 권면하고 거슬러 말하는 자들을 책망하게 하려 함이라"(딛 1:6~9)

"너희도 알거니와 우리가 아무 때에도 아첨하는 말이나 탐심의 탈을 쓰지 아니한 것을 하나님이 증언하시느니라 또한 우리는 너희에게서든지 다른 이에게서든지 사람에게서는 영광을 구하지 아니하였노라 우리는 그리스도의 사도로서 마땅히 권위를 주장할 수 있으나 도리어 너희 가운데서 유순한 자가 되어 유모가 자기 자녀를 기름과 같이 하였으니 우리가 이같이 너희를 사모하여 하나님의 복음뿐 아니라 우리의 목숨까지도 너희에게 주기를 기뻐함은 너희가 우리의 사랑하는 자 됨이라"(살전 2:5~8)

목사는 아첨의 말이나 탐심의 탈을 쓰지 않는다. 사람에게 영광을 구하지 아니한다. 유순한 유모같이 된다. 사람들을 사모한다. 목숨까지 주기를 즐겨 할 수 있을 만큼 사람을 사랑한다. 목사의 주요 자격은 사람을 사랑해야 한다. 사람이 싫은 사람은 아예 목사가 될 자격이 없다. 흔히 사람은 싫으나 하나님의 진리가 좋아서 진리를 전하는 목사가 되고자 하는 것은 이기적인 자세이다. 목사는 우선 일반적인 그리스도인의 생활원리를 더욱더 체험하고 실천해야 한다.

"예수께서 이르시되 네 마음을 다하고 목숨을 다하고 뜻을 다하여 주 너의 하나님을 사랑하라 하셨으니 이것이 크고 첫째 되는 계명이요 둘째도 그와 같으니 네 이웃을 네 자신같이 사랑하라 하셨으니 이 두 계명이 온 율법과 선지자의 강령이니라"(마 22:37~40)

"너희 중 장로들에게 권하노니 나는 함께 장로 된 자요 그리스도의 고난의 증인이요 나타날 영광에 참여할 자니라 너희 중에 있는 하나님의 양 무리를 치되 억지로 하지 말고 하나님의 뜻을 따라 자원함으로 하며 더러운 이득을 위하여 하지 말고 기꺼이 하며 맡은 자들에게 주장하는 자세를 하지 말고 양 무리의 본이 되라"(벧전 5:1~3)

장로는 양 무리를 치되 부득이함으로 하지 않는다. 오직 하나님의 뜻을 따라 자원하며 더러운 이를 위하여 일하지 않고 즐거운 뜻으로 한다. 주일이 지나고 월요일에 동역자를 만났다 하자. 한숨 어린 인사말을 주고받는가? 기쁨의 인사말을 주고받는가?

장로에겐 맡기운 자들이 있다. 하나님이 맡겨주신 자들이 있다. 그들에게 주장하는 자세를 하지 말고 양 무리의 본이 되는 것이 장로, 목사, 감독의 자격이다.

낳아놓고도 소유하려 들지 말고(生而不有), 도와주고도 뽐내지 말고(爲而不恃), 키워주고도 다스리려 하지 마라(長而不宰).[318]

교인들을 향하여 "나의 축복으로 부자가 되지 않았느냐?"는 말은 결코 목사의 언설이 되어서는 안 된다. 목사는 자기의 타고난 심장은 빼버리고 그리스도의 심장으로 이식수술을 한 자며 교인들을 얼마나 사모하는지 하나님을 증인으로 내세울 정도의 인물이어야 한다.

"내가 예수 그리스도의 심장으로 너희 무리를 얼마나 사모하는지 하나님이 내 증인이시니라"(빌 1:8)

터너는 말한다:

「요컨대 목사(감독, 장로)는 천성적으로(by nature), 은혜로(by grace), 그리고 훈련에 의하여(by training) 특별한 자질을 얻은 자라야만 한다.」[319]

목사의 임무는 무엇인가?

전술한 바와 같이 동인 삼명에 따라 임무가 뚜렷해진다. 목사의 자격에 대해서는 전술한 바와 같이 상세히 언급되어 있으나 목사의 의무에 대해서는 신약성경에서 명백하게 규정되어 있지 않다는 사실에 다소 의아함을 가진다. 터너 역시 목사의 임무 또는 의무에 대해서 신약성경에 상세한 언급은 비교적 없다는 것을 고백하고 있다.[320]

그러나 터너가 목사의 자격에 관한 언급은 많은데 비해 목사의 임무에 관한 성경 언급은

---

318) 老子「道德經」제10장.
319) J. Clyde Turner, 위의 책, p. 57.
320) J. Clyde Turner, 위의 책, p. 57.

별로 없다는 말은 사실 성경 전체가 목사의 임무와 활동인 만큼 굳이 몇몇 조항을 빼내어서 이것들이 목사의 할 임무라고 규정할 필요가 없었기 때문인 것이다. 성경 전체가 목사, 감독, 장로 그리고 집사 또 모든 신자들의 임무와 활동에 관한 기록인 것이다. 감독, 목사, 장로의 세 직분을 각각 다른 세 사람의 직분 명칭으로 보는 견해자들은 좀 무리하게 세 직분의 임무를 구분하려고 하지만 그들의 사상을 종합해 보면 결론은 다음과 같다.

"목사, 장로, 감독의 임무는 결국 동일한 것이다."

목회학에서 말하는 목사의 임무라는 주제들을 목회서신인 디모데전후서로 돌아가서 성경은 무엇이라고 말하는지를 조사해 본다. 목회 서신은 교회 직분론이다.

① 목사는 교회를 감독한다 - 감독권

감독받기를 싫어하는 문화가 있다. 민주적이며 자치적이고 자율적이라는 정치정신을 받아들인 교회들이 감독받기를 싫어하지만 그럼에도 불구하고 교회는 감독을 받아야 한다. 왜냐하면 악한 세력이 침입하기 때문이다.

"너희 중에 있는 하나님의 양 무리를 치되 억지로 하지 말고 하나님의 뜻을 따라 자원함으로 하며 더러운 이득을 위하여 하지 말고 기꺼이 하며"(벧전 5:2)

목사는 다스림을 실천해야 한다.

"잘 다스리는 장로들은 배나 존경할 자로 알되 말씀과 가르침에 수고하는 이들에게는 더욱 그리할 것이니라"(딤전 5:17)

목사는 권면과 책망을 해야 한다.

"내가 너를 그레데에 남겨 둔 이유는 남은 일을 정리하고 내가 명한 대로 각 성에 장로들을 세우게 하려 함이니 잘 다스고 거슬러 말하는 자들을 책망하게 하려 함이라"(딛 1:5,9)

목사는 교회를 감독해야 한다.

감독, 목사 곧 장로는 하나님의 교회를 쳐야 한다. 목사가 감독해야 할 교회는 하나님의 교회이다. 하나님이 자기 피, 곧 하나님의 피로 사신 교회를 목사는 치리하고 감독한다. 굉장한 곳에서 굉장한 일을 해내는 것이 목사의 일이다.

"여러분은 자기를 위하여 또는 온 양 떼를 위하여 삼가라 성령이 그들 가운데 여러분을 감독자로 삼고 하나님이 자기 피로 사신 교회를 보살피게 하셨느니라"(행 20:28)

목사는 무엇보다 먼저 하나님이 자기 피, 곧 하나님의 피로 사신 교회의 감독자요 파수꾼으로서 방어벽이 되어 주어야 한다. 목사는 감독자라는 측면에서 교회에서 행하는 의식(儀式)의 집행자이다(마 28:19~20). 그리고 목사는 교회의 각종 모임의 사회자 직을 맡음은 물론이거니와 교인을 훈육하는 책임자가 된다.

② 목사는 가르쳐야 한다- 교육권
목사는 공·사석에서 신령한 교사이다. 목사는 가르친다.

"잘 다스리는 장로들은 배나 존경할 자로 알되 말씀과 가르침에 수고하는 이들에게는 더욱 그리할 것이니라"(딤전 5:17)

목사는 감독 곧 다스리기도 잘하지만 말씀과 가르침에 수고를 하고 있다. 목사의 수고는 말씀과 가르침이다. 목사는 꺼림이 없이 전하고 가르친다.

"유익한 것은 무엇이든지 공중 앞에서나 각 집에서나 거리낌이 없이 여러분에게 전하여 가르치고 유대인과 헬라인들에게 하나님께 대한 회개와 우리 주 예수 그리스도께 대한 믿음을 증언한 것이라 보라 이제 나는 성령에 매여 예루살렘으로 가는데 거기서 무슨 일을 당할는지 알지 못하노라 오직 성령이 각 성에서 내게 증언하여 결박과 환난이 나를 기다린다 하시나 내가 달려갈 길과 주 예수께 받은 사명 곧 하나님의 은혜의 복음을 증언하는 일을 마치려 함에는 나의 생명조차 조금도 귀한 것으로 여기지 아니하노라 보라 내가 여러분 중에 왕래하며 하나님의 나라를 전파하였으나 이제는 여러분이 다 내 얼굴을 다시 보지 못할 줄 아노라 그러므로 오늘 여러분에게 증언하거니와 모든 사람의 피에 대하여 내가 깨끗하니 이는 내가 꺼리지 않고 하나님의 뜻을 다 여러분에게 전하였음이라"(행 20:20~27)

위의 성경 구절에서 나타난 목사의 마땅히 할 일이 조목조목 가름되고 있다. 목사는 교인들에게 유익한 것은 때와 장소를 불문하고 전하며 가르친다. 공중 앞에서나 각 집에서나 꺼림이 없이 전한다. 사람의 비위를 맞추는 가르침이 아니라 유익한 것이면 사정을 봐 주지 않고 전하는 담대함이 있다. 유대인과 헬라인에게도 전했다. 하나님께는 회개하고 예수 그리스도께는 믿음을 가져야 한다고 유대인과 헬라인에게 전했다. 바울은 주변에 핍박이 몰려오지만 심령에 매임을 받은 자가 되어 있었다. 결박과 환난이 자기를 대기하고 있지만 그는 그 길을 달려갔다. 주저하지 않았다는 말이다. 주 예수께 받은 사명이 있었다. 그것은 하나님의 은혜의 복음을 증거하는 일을 마치는 것이다. 율법이 아닌 은혜를 증거하는 일이다. 그 일을 마치려 함에 생명을 조금도 귀한 것으로 여기지 아니했던 목사의 모형이 여기 있다. 노후 걱정도 없다. 목사에게는 노후가 없는 것이니 노후를 걱정할 만큼 남아 있는 생명이 없기 때문이었다. 바울은 사람 중에 왕래하며 하나님 나라를 전파했다. 그는 꺼리지 않고 하나님의 뜻을 사람에게 다 전했다.

목사는 신자들을 경성케 한다.

"또 형제들아 너희를 권면하노니 게으른 자들을 권계하며 마음이 약한 자들을 격려하고 힘이 없는 자들을 붙들어 주며 모든 사람에게 오래 참으라"(살전 5:14)

"너희를 인도하는 자들에게 순종하고 복종하라 그들은 너희 영혼을 위하여 경성하기를 자신들이 청산할 자인 것같이 하느니라 그들로 하여금 즐거움으로 이것을 하게 하고 근심으로 하게 하지 말라 그렇지 않으면 너희에게 유익이 없느니라"(히 13:17)

목사는 수면제나 진통제를 주는 자가 아니라 경성케 한다. 자극과 도전을 준다. 충격적인 말씀으로 깨우친다.

③ 목사는 위로해야 한다- 위로권

"너희도 아는 바와 같이 우리가 너희 각 사람에게 아버지가 자기 자녀에게 하듯 권면하고 위로하고 경계하노니"(살전 2:11)

"우리가 이같이 너희를 사모하여 하나님의 복음뿐 아니라 우리의 목숨까지도 너희에게 주기를 기뻐함은 너희가 우리의 사랑하는 자 됨이라"(살전 2:8)

"너희 중에 병든 자가 있느냐 그는 교회의 장로들을 청할 것이요 그들은 주의 이름으로 기름을 바르며 그를 위하여 기도할지니라 믿음의 기도는 병든 자를 구원하리니 주께서 그를 일으키시리라 혹시 죄를 범하였을지라도 사하심을 받으리라"(약 5:14~15)

"제자들이 각각 그 힘대로 유대에 사는 형제들에게 부조를 보내기로 작정하고 이를 실행하여 바나바와 사울의 손으로 장로들에게 보내니라"(행 11:29~30)

목사는 병자를 돌아보고 구제도 하며 권면과 위로도 한다. 결국 목사는 성도들을 온전케 해야 한다.

"그가 어떤 사람은 사도로, 어떤 사람은 선지자로, 어떤 사람은 복음 전하는 자로, 어떤 사람은 목사와 교사로 삼으셨으니 이는 성도를 온전하게 하여 봉사의 일을 하게 하며 그리스도의 몸을 세우려 하심이라"(엡 4:11~12)

목사의 임무를 논하는 마당에서 언급해야 할 현재의 교회 관심사가 있다. 소위 전 신자 목회니 평신도 목회니 하는 주제이다. 성경에 의하면 모든 신자가 목사라는 말도 없거니와 또 평신도라는 말도 없지만 편의상 교회 구성원을 평신도라 한다는 가정 하에서 평신도 목회도 없다. 한스 큉이 "교회는 성직자 중심이 아니다"라는 주제 하에서 언급한 어떤 진술을 평신도 사역의 신학적 근거로 삼으면 그의 본의에서 떠난 것이 아닌가 한다. 이하에 평신도와 성직자의 구별을 없애고 또 평신도라는 말이 성경에 아예 없다는 논지의 그의 진술이 인상적이라서 싣는다.

「신약성서에서 '라오스'라는 말이 '하나님 백성'이라는 뜻으로 그리스도교 공동체에 대하여 그처럼 자주 사용되고 있는 데 반하여, '라이코스'(laikos), 즉 '평신도'(문외한, 국외자)라는 말이 전혀 없다는 것은 주목할 만한 사실이 아닌가. 그것은 이교도들에게는 '무식한 대중'이라는 뜻이요, 유대인들에게는 사제가 레위가 아닌 사람이라는 뜻이었다. 그런 말을 어떻게 에클레시아에 해당하는 뜻으로도 사용할 수가 있었겠는가. 신약성서에서는 비단 한 부류만이 아니라 모두가 '선택된 자'로, '성도'로, '제자'로, '형제'로 불리고 있고, 모두가 오직 한 주님, 오직 한 스승을 모시고 있다! 신약성서에서-이미 구약성서에서도 마찬가지다- '라오스'라는 말은 공동체 내부의 사제들(성직자)과 백성(평신자, 교도)과의 구별을 뜻하는 것이 아니다. 그보다는 모든 백성이 단일한 공동체로 결합되어 있다는 뜻이다. 그리고 따라서 그것은 외부와의 구별, 즉 (온) 하나님 백성과 '하나님 백성 아닌 사람들'인 '세상'과의 구별을 뜻한다. '성직자', '평신자'의 구별이 확정된 것은 3세기 이후의 일이다. 물론 신약성서의 하나님 백성 안에도 고려해야 할 구별, 즉 여러 가지 카리스마·봉사활동·직분·기능들이 있다. 그러나 이런 구별이 아무리 중요하다 해도, 그것은 결코 '라오스'냐 '라이코스'냐로 표시되는 것이 아니며 기본 동등성에 비하면 이차적일 뿐이다. 구체적으로 어떤 특별한 임무를 가진 사람에게도 참으로 중요한 것은, 하나님-인간 차별과 혈통·인종·지위·직무의 특권을 인정하지 않는 분-께 받아들여진 사람이냐, 즉 참으로 믿고 순종하고 바라고 사랑하는 사람이냐 하는 것이다. 궁극적으로 중요한 것은, 교회 내에서 직무를 가지고 있느냐, 그것이 무슨 직무냐가 아니라, 직무야 어떻든 한 '신자', 즉 믿고 순종하고 사랑하고 희망하는 사람이냐 하는 것이다.」[321]

---

321) 한스 큉, 「교회란 무엇인가?」 이홍근 역. (분도출판사, 2005), pp.85~86.

위에서 언급한 대로 한스 큉은 평신도라는 낮은 계급은 교회에 없으며, 교회 안에 직분상의 구별은 엄존하되 라오스냐 라이코스냐의 구별은 아니라는 것을 강조한다. 왜냐하면 모든 교회 구성원이 다 지도자로서의 일을 해낸다면 굳이 성경이 목사와 집사에 관한 자격과 임무를 디모데전서와 기타 성경에서 제시할 이유가 없었을 것이다. 필자는 여기서 백보 양보하여 전 신자 목회니 평신도 목회니 하는 말의 의미는 이런 것이 아닌가 한다. 즉 모든 신자는 목사처럼 목사의 심정으로 목사의 목회 사역에 순종하고 협력하여 교회를 똑바로 세우라는 것이다. 결국은 전 신자 목회니 평신도 목회니 하는 말은 평신도로서의 고정된 자기 위치와 임무를 다하는 것을 두고 빌려 쓰는 말이라는 것이다. 목회라는 말을 빼고 전 신자 사역이니 하는 말로 일보 양보한 듯한 표현을 쓰기도 하는데 그것은 전 신자가 신자의 일을 해내라는 요청을 좀더 강하게 이름 지어 준 것 같다. 전 신자 사역이니 목회니 하지만 정말 전 신자가 설교할 수 있는가? 그럼 어느 부분은 목사의 일을 못하고 어느 부분은 목사의 일을 하라는 것인가? 오죽하면 모든 신자들이 목사처럼 되었으면 좋았을까 해서 내어 놓은 교회의 한 프로그램인 것 같다.

가령, 전 신자가 목회를 한다고 하자. 전 신자가 다 목회의 전공자인가? 전 신자가 다 목사와 같은 은사들을 지니고 있는가? 나의 주변에 온통 전 신자 목사들만이 있다는 것인가? 그렇다면 성경의 주요 교리에 대해서 굳이 성직자로 구별된 목사에게 문의할 것도 없이 주변에 있는 어떤 형제자매에게 문의해도 가하다는 것인가? 그리고 그들로부터 얻은 답변을 안심하고 믿어도 되는가? 환자에게는 전문의가 필요하다. 환자가 시장이나 사람이 많이 모인 곳에서 자기를 내어 놓고 진찰을 해달라고 맡길 수 있는가? 그리고 전문의도 아닌 사람들이 내린 진단과 처방에 따라 자기 건강을 관리할 수가 있는가? 시중의 모든 사람이 내 병을 고칠 수 있는 전문의라는 말인가? 전문의가 따로 있는 게 의료계이다. 의사라고 다 같은 의사가 아니라 전문 분야가 각기 다른 것이다.

교회가 권위를 부여한 목사에게 교리문답을 하는 것이 가장 안정된 신앙 자세이다. 그래서 하나님은 교회에 사람을 세우셨다. 모든 성도들이 하나님의 사람이지만 모든 성도들이 교회 위에 세움을 받은 것이 아니라 하나님이 세워주심을 받은 사람들만이 세워진 사람들이다.

> "그가 어떤 사람은 사도로, 어떤 사람은 선지자로, 어떤 사람은 복음 전하는 자로, 어떤 사람은 목사와 교사로 삼으셨으니 이는 성도를 온전하게 하여 봉사의 일을 하게 하며 그리스도의 몸을 세우려 하심이라"(엡 4:11~12)

모든 사병이 다 사단장은 아니며 모든 사원이 다 사장은 아니다. 하나님은 두 사람이 존재하는 데에도 경우에 따라 A가 B보다 앞서고 또는 B가 A보다 앞서는 권위와 질서를 주셨다. 그것은 은사와 재능을 따라 하신 것이다.

목사는 어떻게 생활을 영위하는가?

목회학에서 논의하는 목사의 생활 이야기보다는 성경이 무엇이라고 말하는지 검토하기로 하자. 우선 성도는 목사에게 어떤 태도로 대해야 하는가?

성도는 순종해야 한다.

"하나님의 말씀을 너희에게 일러 주고 너희를 인도하던 자들을 생각하며 그들의 행실의 결말을 주의하여 보고 그들의 믿음을 본받으라, 너희를 인도하는 자들에게 순종하고 복종하라 그들은 너희 영혼을 위하여 경성하기를 자신들이 청산할 자인 것 같이 하느니라 그들로 하여금 즐거움으로 이것을 하게 하고 근심으로 하게 하지 말라 그렇지 않으면 너희에게 유익이 없느니라"(히 13:7,17)

성도는 기도해 주어야 한다.

"각 교회에서 장로들을 택하여 금식 기도하며 그들이 믿는 주께 그들을 위탁하고"(행 14:23)

성도는 존경해 주어야 한다.

"장로에 대한 고발은 두세 증인이 없으면 받지 말 것이요"(딤전 5:19)

목사의 생활은 교회 성도가 책임을 진다.

"성전의 일을 하는 이들은 성전에서 나는 것을 먹으며 제단에서 섬기는 이들은 제단과 함께 나누는 것을 너희가 알지 못하느냐 이와 같이 주께서도 복음 전하는 자들이 복음으로 말미암아 살리라 명하셨느니라"(고전 9:13~14)

구약시대에 성전에서 봉사하던 제사장들이 상당한 생활비를 받았다. 고무신 공장에서 일한 직원이 남의 솥 만드는 공장에 가서 월급을 달라고 문전에서 동정을 기다린다는 것은 경제 원리와 윤리에도 맞지 않는 처사이다. 목사는 성도의 사랑을 먹고 산다. 그러나 목사 편에서 취해야 할 자세가 있다. 목사는 돈을 사랑하는 자가 아니다. 바울은 자비량 사역을 하기도 했다.

"내가 아무의 은이나 금이나 의복을 탐하지 아니하였고 여러분이 아는 바와 같이 이 손으로 나

와 내 동행들이 쓰는 것을 충당하여"(행 20:33~34)

목사는 돈에 대해서 다음과 같이 가르치고 있는 사람이 아닌가?

"우리가 세상에 아무것도 가지고 온 것이 없으매 또한 아무것도 가지고 가지 못하리니 우리가 먹을 것과 입을 것이 있은즉 족한 줄로 알 것이니라 부하려 하는 자들은 시험과 올무와 여러 가지 어리석고 해로운 욕심에 떨어지나니 곧 사람으로 파멸과 멸망에 빠지게 하는 것이라 돈을 사랑함이 일만 악의 뿌리가 되나니 이것을 탐내는 자들은 미혹을 받아 믿음에서 떠나 많은 근심으로써 자기를 찔렀도다"(딤전 6:7~10)

성도들에게 유익을 위해 헌금할 것을 바울은 말하고 있다.

"데살로니가에 있을 때에도 너희가 한 번뿐 아니라 두 번이나 나의 쓸 것을 보내었도다 내가 선물을 구함이 아니요 오직 너희에게 유익하도록 풍성한 열매를 구함이라 내게는 모든 것이 있고 또 풍부한지라 에바브로디도 편에 너희가 준 것을 받으므로 내가 풍족하니 이는 받으실 만한 향기로운 제물이요 하나님을 기쁘시게 한 것이라 나의 하나님이 그리스도 예수 안에서 영광 가운데 그 풍성한 대로 너희 모든 쓸 것을 채우시리라"(빌 4:16~19)

목사는 바울처럼 자족하기를 배워야 부자 목사가 된다. 자기가 자족하면 외부로부터 부족해도 스스로 부자가 된다.

"내가 궁핍하므로 말하는 것이 아니니라 어떠한 형편에든지 나는 자족하기를 배웠노니 나는 비천에 처할 줄도 알고 풍부에 처할 줄도 알아 모든 일 곧 배부름과 배고픔과 풍부와 궁핍에도 처할 줄 아는 일체의 비결을 배웠노라 내게 능력 주시는 자 안에서 내가 모든 것을 할 수 있느니라"(빌 4:11~13)

목사는 어떻게 세워지는가?

목사직은 임직(ordination)에 의한다. 임직이라는 말은 신약성경에는 발견되지 않은 단지 기술적인 의미이다. 마치 삼위일체라는 말이 성경에는 없으나 그런 명칭이 너무나 확실하고 당연한 것처럼 임직이란 용어도 그러한 것이다.

임직이란 무엇인가? 그것은 단지 선택했다, 지명했다, 따로 떼어 놓았다는 것을 의미한다.

"이를 위하여 내가 전파하는 자와 사도로 세움을 입은 것은 참말이요 거짓말이 아니니 믿음과 진리 안에서 내가 이방인의 스승이 되었노라"(딤전 2:7)

여기서 전파자와 사도로 세움을 입었다는 것(I was appointed)은 하나님으로부터 임직을 맡았다는 것을 의미한다(딤전 1:11; 엡 3:7~8; 딤후 1:11). 거룩이란 말이 하나님 편으로 하나님의 거룩한 일을 할 수 있는 백성으로 구별하여 따로 세웠듯이, 임직이란 그런 백성 중에서 또한 특별한 일을 하도록 지명했다는 의미이다.

스트롱의 임직에 대한 설명은 아래와 같다.

「임직은 교회 안에서 특별한 사역에 종사하도록 하나님의 거룩한 부르심을 입은 사람을 따로 떼어 놓는 행위이다. 그것이 어떤 능력을 전달해 준다는 것은 아니다. 단지 임직은 하나님에 의해서 이미 부여되어진 능력을 인정하는 것이며, 또 교회 쪽에서는 이미 부여된 은사들을 활용하도록 공식적인 권위를 부여해 주는 행위이다. 이렇게 인정해 줌과 권위를 주는 행위는 교회에 의해서나 혹은 교회를 대표하는 모임에서 투표로 인해 그 후보자에게 주는 것이며, 그때 권면과 기도와 안수가 수반된다.」[322]

이런 임직은 교회의 행사이다. 교회 안의 어떤 특권층의 행사는 아니다. 이런 임직은 순전히 후보자가 속해 있는 교회의 행사이지 장로회에서나 혹은 타 교회에서나 혹은 타 교회의 대표들에 의해서 되는 것은 아니다. 성경이 목사를 임명하는 과정을 다음 성경 구절을 보고 더 확실히 알 수 있을 것이다.

"온 무리가 이 말을 기뻐하여 믿음과 성령이 충만한 사람 스데반과 또 빌립과 브로고로와 니가노르와 디몬과 바메나와 유대교에 입교했던 안디옥 사람 니골라를 택하여 사도들 앞에 세우니 사도들이 기도하고 그들에게 안수하니라"(행 6:5~6)
"주를 섬겨 금식할 때에 성령이 이르시되 내가 불러 시키는 일을 위하여 바나바와 사울을 따로 세우라 하시니 이에 금식하며 기도하고 두 사람에게 안수하여 보내니라"(행 13:2~3)
"각 교회에서 장로들을 택하여 금식 기도하며 그들이 믿는 주께 그들을 위탁하고"(행 14:23)
"네 속에 있는 은사 곧 장로의 회에서 안수 받을 때에 예언을 통하여 받은 것을 가볍게 여기지 말며"(딤전 4:14)
"아무에게나 경솔히 안수하지 말고 다른 사람의 죄에 간섭하지 말며 네 자신을 지켜 정결하게

---

[322] A. H. Strong, 이전의 책, pp. 918~919.

하라"(딤전 5:22)

목사 임직에 관한 현재의 관행이 무엇이든지 간에 성경이 어떻게 목사, 장로, 감독(나중에 언급할 집사)을 임명했는지를 의식하는 일이 우선적이어야 한다. 목사로서의 소명을 받은 사람들은 두 가지 체험이 전제되어야 하는데 첫째는 후보자 자신이 무엇보다 먼저 목사 됨을 느껴야 한다. 그것을 소명감이라 한다.

"내가 복음을 전할지라도 자랑할 것이 없음은 내가 부득불 할 일임이라 만일 복음을 전하지 아니하면 내게 화가 있을 것이로다"(고전 9:16)
"나를 능하게 하신 그리스도 예수 우리 주께 내가 감사함은 나를 충성되이 여겨 내게 직분을 맡기심이니"(딤전 1:12)

둘째는 자기가 목사가 되고 싶다고 해서 되는 것이 아니라 교회가 후보자를 인정할 수 있어야 한다.

"그러므로 감독은 책망할 것이 없으며 한 아내의 남편이 되며 절제하며 신중하며 단정하며 나그네를 대접하며 가르치기를 잘하며 술을 즐기지 아니하며 구타하지 아니하며 오직 관용하며 다투지 아니하며 돈을 사랑하지 아니하며 자기 집을 잘 다스려 자녀들로 모든 공손함으로 복종하게 하는 자라야 할지며 (사람이 자기 집을 다스릴 줄 알지 못하면 어찌 하나님의 교회를 돌보리요) 새로 입교한 자도 말지니 교만하여져서 마귀를 정죄하는 그 정죄에 빠질까 함이요 또한 외인에게서도 선한 증거를 얻은 자라야 할지니 비방과 마귀의 올무에 빠질까 염려하라"(딤전 3:2~7)
"네 속에 있는 은사 곧 장로의 회에서 안수 받을 때에 예언을 통하여 받은 것을 가볍게 여기지 말며"(딤전 4:14)
"책망할 것이 없고 한 아내의 남편이며 방탕하다는 비난을 받거나 불순종하는 일이 없는 믿는 자녀를 둔 자라야 할지라 감독은 하나님의 청지기로서 책망할 것이 없고 제 고집대로 하지 아니하며 급히 분내지 아니하며 술을 즐기지 아니하며 구타하지 아니하며 더러운 이득을 탐하지 아니하며 오직 나그네를 대접하며 선행을 좋아하며 신중하며 의로우며 거룩하며 절제하며 미쁜 말씀의 가르침을 그대로 지켜야 하리니 이는 능히 바른 교훈으로 권면하고 거슬러 말하는 자들을 책망하게 하려 함이라"(딛 1:6~9)

오늘날 목사 임직을 위해서 행해지고 있는 모든 과정들이 과연 신약성경에서 말하고 있는 그대로 진행되고 있는지 한번 고찰해 볼 필요가 있다.

교회에 고정된 직분은 목사(장로, 감독)와 집사이다. 현 교회에서 장로라는 이름으로 봉사하고 있는 일은 원래 성경의 집사의 일인데 장로란 이름으로 집사의 일을 하고 있다는 현실이다. 현 교회의 장로는 정말 목사, 감독의 일에 치중할 것이지 집사의 일을 떠맡아서는 안될 것이다. 익숙하게 표현하자면 목사가 집사의 일을 해서는 안 되며 집사가 목사의 일을 해서는 안 된다는 것이다. 맡겨진 사명과 직무를 찾아서 해야 한다는 제안이다. 각자의 일을 하라. 장로, 목사, 감독은 그의 일을 하고 집사는 집사의 일을 하라는 것이다. 이것은 교파 간이나 교단 안에서도 논란의 주제가 되고 있지만 하여간 성경이 무엇이라고 말하는가를 유의해 보자.

집사(執事)란 말의 의미는 무엇인가?

헬라어 디아코노스(diakonos)를 영어로 디콘(deacon)이라 번역한 것이다. 헬라어 디아(dia)는 전치사 '통하여'라는 뜻이고, 콘(kon)은 '먼지', '진흙탕', '지저분한 곳'이란 뜻이며 오스(os)는 대역자(代役者, 일꾼, 사역자)라는 뜻의 합성어가 디아코노스인 바 그 어근적 진의는 '먼지 속에서 왔다 갔다 하면서 일하는 일꾼'이라는 것이다.[323]

집사는 온갖 궂은 일을 해내는 일꾼이다. 호화로운 잔치에서 일선에 나타나지 않고 사람이 안 보이는 곳에서 먼지를 뒤집어쓰고 냄새를 맡으며 힘들게 일하고도 드러나지 않는 일을 하는 사람들이다. 한국어로 집사(執事)란 말은 아주 잘 번역된 말이다. 집사란 의미는 무엇인가? 일을 잡은 사람이다. 잡을 '집'(執)자와 일 '사'(事)가 합해져 집사(執事)인즉 일을 손에 잡은 사람이다. 그런데 그 일은 사람 보기에 미천한 일이다. 쓰레기를 청소하는 일이다. 집사의 맡은 일은 봉사와 섬김이니 곧 수종(隨從)드는 일이다. 얼마나 무정하도록 수종의 의미를 살려주고 있는지 예수님의 말씀을 들어보자.

> "너희 중 누구에게 밭을 갈거나 양을 치거나 하는 종이 있어 밭에서 돌아오면 그더러 곧 와 앉아서 먹으라 말할 자가 있느냐 도리어 그더러 내 먹을 것을 준비하고 띠를 띠고 내가 먹고 마시는 동안에 수종들고 너는 그 후에 먹고 마시라 하지 않겠느냐 명한 대로 하였다고 종에게 감사하겠느냐 이와 같이 너희도 명령 받은 것을 다 행한 후에 이르기를 우리는 무익한 종이라 우리가 하여야 할 일을 한 것뿐이라 할지니라"(눅 17:7~10)

뼈 빠지게 일하고 돌아온 종에게 주인이 대하는 모습은 오늘날 노사(勞使) 쟁의에 걸리고도 남음직하다. "수고했다. 와서 앉아 먹으라"는 주인의 친절한 말 한 마디가 없다. 거꾸로 "식사를 준비해 오너라"고 명령한다. 그동안에 너도 식사하라는 것이 아니라 주인이 식

---

323) 이상찬, 「교회 직분론」, (한국 보수 신학회, 1984), p. 111.

사하는 동안 띠를 띠고 수종 들라는 것이다. 그 후에 먹고 마시라는 것이다. 그렇다고 해서 주인이 사례를 하겠느냐? 어림도 없는 일이다. 그리고 종으로서 양심고백까지 하라는 명령이다.

"우리는 무익한 종이라 우리의 하여야 할 일을 한 것뿐입니다."

예수님이 가리키신 참 집사의 어의는 이상과 같다. 집사가 수종 드는 자라는 것을 말하는 다른 성경 구절도 여기 실어본다.

"예수께서 가까이 서서 열병을 꾸짖으신대 병이 떠나고 여자가 곧 일어나 그들에게 수종드니라"(눅 4:39)

"마르다는 준비하는 일이 많아 마음이 분주한지라 예수께 나아가 이르되 주여 내 동생이 나 혼자 일하게 두는 것을 생각하지 아니하시나이까 그를 명하사 나를 도와 주라 하소서"(눅 10:40)

"주인이 와서 깨어 있는 것을 보면 그 종들은 복이 있으리로다 내가 진실로 너희에게 이르노니 주인이 띠를 띠고 그 종들을 자리에 앉히고 나아와 수종들리라"(눅 12:37)

"그의 손을 만지시니 열병이 떠나가고 여인이 일어나서 예수께 수종들더라"(마 8:15)

모두 수종 들고 있다. 당신은 나로부터 봉사와 섬김을 받을 자요 나는 당신을 봉사하고 섬겨야 할 종이라는 종의 가치관의 소유자가 집사이다. 이런 마음이 없고는 누구도 집사가 되지 못한다. 집사는 아무나 하는 것이 아니다.

성경에서 말하는 집사의 의미는 무엇인가?

교회 밖에서의 일반적인 의미의 집사와 정해진 교회 안에서의 집사의 의미로 나눠진다. 교회 밖에서의 일반적 의미의 집사의 예들은 아래와 같다. 가정에서도 집사가 있었다.

"그의 어머니가 하인들에게 이르되 너희에게 무슨 말씀을 하시든지 그대로 하라 하니라"(요 2:5)

여기 예수의 어머니 마리아가 말한 하인들(servants)은 집사들(deacons)이었다. 나라의 공무원들을 집사라고도 했다.

"그는 하나님의 사역자가 되어 네게 선을 베푸는 자니라 그러나 네가 악을 행하거든 두려워하라 그가 공연히 칼을 가지지 아니하였으니 곧 하나님의 사역자가 되어 악을 행하는 자에게 진노하심을 따라 보응하는 자니라"(롬 13:4)

여기 하나님의 사역자라고 한 말도 섬기는 자(minister)이며 곧 그것은 집사(deacon)라는 것이 원래의 의미였다. 바울은 자기 자신과 아볼로를 사역자라고 했는데 그것의 원 의미는 집사(deacon)였다. 한국 성경 난외주에도 여기 사역자를 집사로 표기해 주고 있다. 바울이 집사다. 약간은 어울리지 않는 것처럼 들리는 말이다. 그러나 바울이 집사라는 말은 집사의 원 의미가 섬기고 봉사하는 자라는 뜻일진대 바울이 집사라는 말이 딱 어울리는 것이라 할 것이다.

"그런즉 아볼로는 무엇이며 바울은 무엇이냐 그들은 주께서 각각 주신 대로 너희로 하여금 믿게 한 사역자들이니라"(고전 3:5)

참으로 놀라운 사실은 예수님도 한 사람의 집사로 호칭을 받으셨다는 것이다.

"내가 말하노니 그리스도께서 하나님의 진실하심을 위하여 할례의 추종자가 되셨으니 이는 조상들에게 주신 약속들을 견고하게 하시고"(롬 15:8)

여기 할례의 수종자(a servant of circumcision)는 디아코논(diakonon) 곧 집사였다. 더더욱 놀라운 사실은 예수님이 스스로 집사의 일을 하신다고 말씀하셨다는 점이다.

"인자가 온 것은 섬김을 받으려 함이 아니라 도리어 섬기려 하고 자기 목숨을 많은 사람의 대속물로 주려 함이니라"(막 10:45)

'섬김을 받으러' 즉 '디아코네세나이'(diakonethenai) 하러 오시지 않고 오히려 섬기려 즉 '디아코네사이'(diakonesai) 하러 오셨다. 여기 '디아코네사이'라는 동사는 디아코노스(diakonos) 즉 집사의 동사인 것이다. 다시 말하면 예수는 '집사' 되시고 '집사' 하시러 오셨다고 말씀하셨다. 집사의 원 모델은 예수 그리스도이다. 그런만큼 현재 교회의 집사들은 모델 집사이신 예수의 행적을 주목하고 집사 일을 해야 하는 것이 마땅하다 할 것이다.

그리스도께서 할례의 수종자(minister)가 되셨다고 로마서 기자는 말하고 있다. 예수님이 한 사람의 집사였다는 것이다! 그것은 예수님도 섬기고 봉사하는 직분을 이행하시는 분이라는 뜻이다.[324] 예수님도 스스로 집사라는 생각을 갖고 계셨다. 이하에 그런 사상을 말하는 성경구절을 보기로 하자.

---

324) J. clyde Turner, *The New testament Doctrine of the Church*, (Nashville, Tenn; Broadman Press, 1951), p. 59.

"저녁 잡수시던 자리에서 일어나 겉옷을 벗고 수건을 가져다가 허리에 두르시고 이에 대야에 물을 떠서 제자들의 발을 씻으시고 그 두르신 수건으로 닦기를 시작하여"(요 13:4~5)

"내가 주와 또는 선생이 되어 너희 발을 씻었으니 너희도 서로 발을 씻어 주는 것이 옳으니라"(요 13:14)

"오히려 자기를 비워 종의 형체를 가지사 사람들과 같이 되셨고"(빌 2:7)

바울도 아볼로도 집사이고 예수님도 집사이신데 항차 우리 성도들도 마땅히 집사여야 할 것이다. 터너는 문자적인 의미로 모든 그리스도인은 한 사람의 집사라고 했다.[325] 위와 같이 누구나 집사인데 그 이름이 교회 안에서의 특별한 의무자를 가리키는 의미로 쓰이게 되던 것이다. 지금은 교회 안에서의 집사라는 특별히 지정된 의미를 보기로 한다.

"그리스도 예수의 종 바울과 디모데는 그리스도 예수 안에서 빌립보에 사는 모든 성도와 또한 감독들과 집사들에게 편지하노니"(빌 1:1)

모든 성도들에게 편지하면서도 그 중에서도 특별한 직분자인 감독자들과 집사들을 상대로 편지한다고 했다.

"이와 같이 집사들도 정중하고 일구이언을 하지 아니하고 술에 인박히지 아니하고 더러운 이를 탐하지 아니하고"(딤전 3:8)

집사의 자격을 구체적으로 제시하면서 모든 성도들이 아닌 그 중에서 뽑힘을 받을 직분자 집사들을 언급하고 있다. 모든 그리스도인이 집사이고 모든 그리스도인 중에서 특별히 선택을 받은 그리스도인이 또한 집사이다. 집사란 칭호 속에 찬란하게 등장하는 집사의 직무 혹은 자격 등에 관련된 다른 표현들은 어떤 것들이 있는가? 아래 집사와 관련된 다른 표현들을 보노라면 집사가 할 일들이 무엇인가를 알기에 큰 도움이 될 것이다. 집사라는 명사로 사용된 경우가 신약성경에 약 30여 회나 된다(디아코노스).[326]

- 집사 3회(빌 1:1; 딤전 3:8, 12)
- 섬기는 자 5회(마 20:26; 23:11; 막 9:35; 10:43; 요 12:26)
- 수종자 1회(롬 15:8)

---

325) J. clyde Turner, 위의 책.
326) 이상찬, 「교회 직분론」, (한국 보수 신학회, 1984), p. 112.

- 사자(使者) 3회(롬 13:4; 고전 3:5)
- 일꾼 13회(롬 16:1; 고후 3:6; 6:4; 11:15, 15, 23; 엡 3:7; 6:21; 골 1:23, 25; 4:7; 살전 3:2; 딤전 4:6)
- 사환 1회(마 22:13)
- 종 1회(골 1:7)
- 짓게 하는 자 1회(갈 2:17)
- 하인(下人) 2회(요 2:5, 9)

한국말 성경은 본래의 집사의 뜻을 잘 묘사하지 못하고 있다.」

봉사와 사역 및 수종인으로 약 34회가 나온다(디아코니아).[327]

「• 직위(職務) 4회(행 1:17; 25; 고전 12:5; 고후 9:13)
- 섬기는 일 9회(롬 12:7; 고전 16:15; 롬 15:31; 고후 11:8; 히 1:14; 계 2:19; 고후 8:4; 9:1)
- 봉사 3회(행 21:19; 엡 4:12; 고후 9:12)
- 일 3회(행 20:24; 딤후 4:5, 11)
- 직분 8회(고후 4:1; 골 4:17; 딤전 1:12; 고후 3:7)
- 부조 2회(행 12:25; 11:29)
- 구제 1회(행 6:1)
- 준비 1회(눅 10:40)
- 직책 2회(고후 5:18; 6:3)
- 전무(專務) 1회(행 6:4)」

섬긴다는 동사의 의미로 신약성경에는 약 37회가 나온다(디아코네오).[328]

「• 섬기다 19회(마 4:11; 20:28; 27:55; 막 10:45; 15:41; 눅 8:3; 22:26; 22:27; 요 12:26; 롬 15:25; 딤후 1:18; 몬 1:13; 히 6:10; 벧전 1:12)
- 수종 6회(마 8:15; 막 1:13, 31; 눅 4:39; 12:37; 17:8)
- 공양 1회(마 25:44)
- 공궤 1회(행 6:2)

---

327) 이상찬, 위의 책 p.113
328) 이상찬, 「교회 직분론」, (한국 보수 신학회, 1984), pp. 113~114.

- 도와주다 2회(눅 10:40 ; 행 19:22)
- 봉사하다 2회(벧전 4:10, 11)
- 나타나게 함 2회(고후 3:3; 8:19)
- 직분을 하게 하다 2회(딤전 3:10, 13)
- 일을 보고 1회(요 12:2)
- 맡은 일을 하다 1회(고후 8:20)」

집사란 말에 붙어 있거나 파생된 표현들을 집결하여 몇 마디 말로 압축한다면 '섬긴다', '봉사한다', '희생한다' 는 말들이다.

집사란 일을 맡은 자라고 했다. 무슨 일을 맡은 자란 말인가? 무조건 아무 일이라도 맡기만 하면 집사인가? 불법과 비윤리적인 어떤 반사회적 활동도 일이라고 할 수 있는가? 그런 일을 하는 자도 일 맡은 집사라 호칭할 수 있는가? 여기서 '일'(事)이란 무엇인가를 묻고 답해야 한다. 교회에서의 집사가 맡은 일은 하나님의 일을 말한다. 그것은 세상 일이 아닌 하늘 일이다. 하늘 일이란 무엇인가? 그것은 영적인 일이다. 영적인 일은 하늘 일이고 하늘 일은 하나님의 일이다. 하나님의 일은 무엇인가?

"그들이 묻되 우리가 어떻게 하여야 하나님의 일을 하오리이까 예수께서 대답하여 이르시되 하나님께서 보내신 이를 믿는 것이 하나님의 일이니라 하시니"(요 6:28~29)

예수님은 하나님의 일은 하나님의 보내신 자를 믿는 것이라고 정의하셨다. 집사란 하나님의 보내신 자를 믿는 자이다. 하나님의 보내신 자를 믿는 일이 하나님의 일이고 하늘 일이고 그것이 영적인 일이다. 그러니까 집사의 자격 중 중요하게 다루는 것은 다음의 "깨끗한 양심에 믿음의 비밀을 가진 자라야 할지니"(딤전 3:9). 그럼 집사는 세상만사를 제쳐 놓고 하나님의 보내신 자를 믿는다 하면서 전혀 세상에서의 활동을 금하고 사는 사람인가? 그것은 아니다. 하나님의 보내신 자 곧 예수 그리스도를 믿는 사람은 무엇을 하든지 이제는 하나님의 영광을 위하여 일한다.

"그런즉 너희가 먹든지 마시든지 무엇을 하든지 다 하나님의 영광을 위하여 하라"(고전 10:31)

집사란 하나님의 영광을 위해 그가 하는 모든 일을 하나님 이름 아래로 끌고 와서 하나님의 재단(財團)에 등록하는 것이다. 하나님을 믿고 그의 영광을 위해 행하는 모든 사업과 활동이 하나님의 일이다. 그것은 곧 청지기의 일을 말한다. 특별히 개교회에서 선정된 집사는 하나님의 교회에서 특별하게 활동해야 한다. 모든 성도들이 집사 곧 하나님의 일을 맡은 자들이지만 개교회에서 특별히 "당신이 집사요"라고 선택한 이유는 유별나게 교회의 일을 해도 된다는 일종의 허가이다. 유별나게 일을 한다는 것은 불신자는 물론이거니와 성도들까지도 상상을 초월하는 희생과 충성을 바친다는 뜻이다. 너무한 것 같다, 지나친 것 같다고 느낄 만큼 섬김의 일을 하는 자가 교회의 집사이다. 예수 집사의 최후는 자기 목숨을 많은 사람의 대속물로 바치셨던 것이다.

집사의 기원은 무엇인가?

사도행전 6장의 기사를 일부에서는 부인하지만 대개 일반적으로 집사의 기원으로 본다. 물론 여기에 집사라는 용어는 나타나지 않는다.

> "그 때에 제자가 더 많아졌는데 헬라파 유대인들이 자기의 과부들이 매일의 구제에 빠지므로 히브리파 사람을 원망하니 열두 사도가 모든 제자를 불러 이르되 우리가 하나님의 말씀을 제쳐 놓고 접대를 일삼는 것이 마땅하지 아니하니 형제들아 너희 가운데서 성령과 지혜가 충만하여 칭찬 받는 사람 일곱을 택하라 우리가 이 일을 그들에게 맡기고 우리는 오로지 기도하는 일과 말씀 사역에 힘쓰리라 하니 온 무리가 이 말을 기뻐하여 믿음과 성령이 충만한 사람 스데반과 또 빌립과 브로고로와 니가노르와 디몬과 바메나와 유대교에 입교했던 안디옥 사람 니골라를 택하여 사도들 앞에 세우니 사도들이 기도하고 그들에게 안수하니라"(행 6:1~6)

집사가 교회에 고정적인 직분으로 나타나게 된 동기는 지극히 사소한 문제였다. 교회 과부들에게 베푸는 구제의 불균형 때문이었다. 헬라파 유대인들의 과부들이 매일 구제에 자신들의 이름이 빠짐으로 인해 히브리파 사람들을 원망하게 되었다. 비상이 걸린 것은 12사도들이었다. 하나님의 말씀을 제쳐 놓고 식탁 봉사에만 매달리는 것이 바람직하지 않았던 것이다. 12사도들의 고유하고도 더 중요한 직무인 기도와 말씀 전파를 제쳐 놓게 되자 다른 일은 어떤 사람들에게 분담시키는 것이 좋겠다고 느낀 나머지 묘안을 낸 것이었다.

사도들의 제안은 다음과 같았다. 우선 교회 일을 하는 데 참가할 사람들(집사)의 자격을 말해 주었다. 형제들 가운데서 후보자가 나와야 하는 것이다. 외부에서 전문인을 차용하는 것은 아니라는 의미이다. 후보자는 성령과 지혜가 충만한 사람이어야 한다. 형제들 가운데 칭찬을 듣는 사람이어야 한다.

일단 자격을 말한 다음 선택은 형제들이 하는 것이다.

"일곱을 택하라."

사도들이 일꾼 숫자까지 정하되 선택은 사도들이 하지 않겠다는 것이다. 이런 제안에 대한 온 무리의 반응이 여기 있다.

"온 무리가 이 말을 기뻐했다."

온 무리가 기뻐하는 가운데 일꾼을 뽑은 것이다. 온 무리 가운데 일부는 기뻐하고 일부는 싫어하는 분위기가 아니므로 온 무리가 기뻐했다니 표결에 부쳐 다수결로 하는 것이 아니라 만장일치(unanimity)로 정했던 것이다. 원칙적 교회 행정은 만장일치론이 성경적이었다.

끝으로 사도들이 한 일은 무엇인가?

"기도하고 그들에게 안수하니라."

사도들의 권위가 여기 있다.

로마서 16장 1절에 의하면 바울은 겐그레아 교회의 일꾼 자매 뵈뵈를 말하고 있는데 여기 일꾼이 일반적인 의미의 종인지 아니면 직분상의 의미인지는 확실치 않으나 여집사로 보는 견해가 우선적이다.

집사직의 기간에 관해서는 신약성경에서 밝힌 바는 없다. 아마도 한 번 집사는 평생 집사이거나 혹은 그 집사의 행동이 바를 경우에 한해서만 집사직을 유지했던 것 같은데 성경에 집사직 기간에 대해 특별한 정보를 제공하지 않은 것을 보면 집사직의 기간 문제는 대단히 중요한 문제로 생각하지 않은 것 같다. 집사는 자기가 선택받은 교회에서의 집사이지 그가 다른 교회로 옮겨갈 때 옮겨간 그 교회에서도 꼭 집사가 되어야 한다는 적격자로 보지는 않는다.[329] – 교회에 가서는 결코 집사가 될 수 없다는 기록도 없다. 단지 교회가 처한 입장과 그 집사의 기본 자격 및 능력에 따라 개교회가 결정할 문제로 본다.

위와 같은 집사 선택 과정을 보노라면 지금 현행되고 있는 교회의 각종 임직자 선택을 재고해 보아야 할 것이다. 수차 언급한 바와 같이 교회의 직분 및 조직과 행정은 교회의 효과적인 생명 유지와 그 생명의 활동의 효율성을 의식해야 마땅한 것이다. 어떤 조직이나 임무 부여라 해도 몸의 활동이 부자유스럽다면 얼마든지 조정되어야만 할 일이다. 특히 교회는 악한 세력과 전투하고 있는 영적인 군대인데 내부의 조직이 전투에 비효과적이면 얼마든지 효과적으로 조정되어야만 할 것이다. 전술한 바와 같이 개척교회나 소규모 교회가 이미 대형 기성 교회의 조직의 체제를 따르다가 큰 손실을 당하는 경우가 허다하다. 조직 속에서 생명의 질식이 있고 질식 때문에 활동이 중단되면 그것은 죽음을 의미한다. 이것이야말로 슬픈 현상이다.

교회 집사 선택 과정에 관해 필자가 경험했던 일이 지금도 생생하게 기억된다. 오랜 교수 생활을 마친 내게 고령의 선배 목사께서 어느 지하실에서 몇 분의 성도들을 모아 놓고 소위 개척한 지 2년 된 교회를 목회하라고 물려 주셨다. 후배 목회자에게 도움을 줄 요량

---

329) J.clyde Turner, *The New testament Doctrine of the Church*, (Nashville, Tenn: Broadman Pr.) pp. 61~62.

으로 선배 목사님은 다섯 분의 안수집사 후보자까지 미리 정해서 나에게 통보해 주셨고 내가 담임 목회자가 되어 안수식을 하게 되었다.

　나에게는 단단히 작심한 것이 있었다. 전술한 바와 같이 집사는 일반 성도들이 상상을 초월하는 봉사활동을 하는 자들이어서, 인간적으로는 무척 고통스러운 직분을 맡은 자들이었기에 이들의 안수식 행사에는 결코 그들로부터 어떤 형태로든지 경제적 부담을 주지 않기로 결심했다. 이것은 신학교에서 강의할 때도 학생들에게 강조한 것인데 목사나 집사 후보자들에게 모든 행사의 경비를 일체 부담시키지 말라는 것이었다. 이젠 내가 실천할 때가 온 것이다. 다섯 분의 안수집사님들은 안수식 행사에 한 푼의 비용도 내지 말라고 했다. 안수식과 돈과는 어떠한 의미에서도 결부시키지 말라고 했다. 그래서 심지어 잔치하는 일체의 비용도 교회에서 지불했다. 소위 임직자가 교회에게 드리는 헌물이니 성물이니 하는 것도 없게 했다. 강대상의 종 한 개라도 바치지 말라고 했다. 요는 집사 안수식에 관련해서는 일체의 비용을 걱정하지 말라고 한 것이다. 시쳇말로 하면 순 공짜로 안수집사가 된 것이었다. 참 잘한 일이라고 목회자 스스로 자부했었다. 필자는 다른 교회에서 이런 저런 명목으로 많은 거금을 지출하는 것을 심히 못마땅하게 여겼다. 물론 집사가 된 후에는 재물이 아니라 생명까지 바쳐야 할 분들인데 그까짓 물질 약간의 지출이 가소로웠던 것이다.

　그러나 결과는 무엇인가?

　안수집사를 임명한 지 3년이 채 되기도 전에 안수집사 다섯 분 중 네 분이 미련 없이 교회를 떠나고 말았다. 이유가 무엇이든지 간에 훌훌 먼지를 털다시피 교회를 떠나버리고 말았다. 물론 이 떠난 시기는 나의 제자 후임 목사가 목회를 할 때였지만 일단 안수는 필자가 목회할 때 시행했던 것이었다. 나중에 어떤 동역자에게 이 형편을 이야기해 주었더니 그 동역자의 답은 이러했다.

　"집사 안수를 공짜(?)로 한 것이 탈입니다. 무겁게 경제적인 짐을 지웠더라면 결코 교회를 떠나지 않았을 텐데요." 이 말을 듣는 순간 어리둥절했었다. 생각해보니 너무 힘들이지 않고 돈 쓰지 않고 안수집사(장로교회에서는 장로라 함)가 되니 그 자리가 귀한 줄 모르고 값싸게 여긴 나머지 미련 없이 안수집사 직도 마다하고 교회를 떠났던 것인가? 그래서 자문해 보았다. "안수집사를 세울 때는 비싸게 세워야 하느냐?" 그러나 나의 대답은 다음과 같았다. "안 된다. 비록 교회를 떠나는 안수집사가 생겨도 내가 택한 태도가 정당하다. 그게 성경적이다." 사탄과 악한 세력을 대항해서 싸워야 할 전투적인 교회의 조직 문제를 두고 인간적인 생각이 작용하면 안 된다는 것이 나의 결론이다. 참으로 직분자의 자격이 갖추어져 있다면 함부로 교회를 떠나는 일이 없을 것이다.

　집사의 자격은 무엇인가?

집사의 자격에 관한 뚜렷한 성경말씀은 사도행전 6장 1~6절과 디모데전서 3장 8~13절이다. 사도행전에 나타난 집사의 자격은 다음과 같다.

"형제들아 너희 가운데서 성령과 지혜가 충만하여 칭찬 받는 사람 일곱을 택하라 우리가 이 일을 그들에게 맡기고"(행 6:3)

디모데전서에 나타난 집사의 자격은 다음과 같다.

"이와 같이 집사들도 정중하고 일구이언을 하지 아니하고 술에 인박히지 아니하고 더러운 이를 탐하지 아니하고 깨끗한 양심에 믿음의 비밀을 가진 자라야 할지니 이에 이 사람들을 먼저 시험하여 보고 그 후에 책망할 것이 없으면 집사의 직분을 맡게 할 것이요 여자들도 이와 같이 정숙하고 모함하지 아니하며 절제하며 모든 일에 충성된 자라야 할지니라 집사들은 한 아내의 남편이 되어 자녀와 자기 집을 잘 다스리는 자일지니"(딤전 3:8~12)

집사의 자격은 감독, 목사, 장로의 자격과 유사하다. 그렇다면 집사는 어떠해야 하는가?

① 집사는 단정(端正)해야 한다(딤전 3:8, 11).
단정이란 원어의 의미는 '존경스럽다', '무섭다', '떨린다', '거룩하다', '진지하다'는 의미가 있다. 집사는 인격이 단정하고 말끔하게 하나님 앞에서 하나님의 일을 하니까 사람들로부터 단정하다는 평가를 받는다. 성도들이 집사들을 보노라면 그저 존경스럽고, 떨림을 느끼는 사람으로 보인다(men of worthy of respect, grave man).
집사 알기를 가볍게 여김은 성도와 집사 간에 큰 문제가 아닐 수 없다. 손 얹어 안수 받은 집사들은 특별히 갈라놓아 경우에 따라서는 교회 앞에서 교회를 대표하고 어떤 경우에는 교회 뒤에서 온갖 궂은 일을 다 해내는 봉사자인 것이다. 집사는 자기 자신을 늘 깨끗하게 몸 관리를 하며 인격 관리를 잘 하는 사람이어야 한다.

② 집사는 일구이언하지 않아야 한다(딤전 3:8; 엡 4:15).
한 입으로 두 가지 말을 하지 않아야 한다. 거짓말이나 거짓 증거나 사기성을 갖고 이기적인 말을 해서는 안 된다. 속에 진리가 있어서 입으로 나오는 것이 둘이 아닌 하나의 말이 되어야 한다. 일구이언은 거짓말의 다른 표현이다. 집사 속에는 진실과 진리가 있어야 밖으로 엉터리 같은 말이 나오지 않게 된다(not double tongued, sincere).

③ 술에 인박이지 아니해야 한다(딤전 3:8).

술에 인박인 자는 술로부터의 자유가 없다. 그 사람은 술에 잡힌 술의 종이다. 집사는 하늘 일을 위한 하나님의 종이 되어야지 술의 종이 되어서는 안 된다(고전 5:11; 전 6:10; 딤전 3:2). 여기 인박이지 말라는 것은 어떤 대상에게도 자기 인격을 함몰시키지 말라는 것이다. 집사는 어떤 것에 의해서도 질질 끌려 다녀서는 안 된다. 자기를 사로잡아 부자유하게 하는 것이 무엇인지 알아서 술 같은 많은 것들로부터 단절해야 한다. 그리고 성령의 충만을 받아야 한다.

"술 취하지 말라 이는 방탕한 것이니 오직 성령으로 충만함을 받으라"(엡 5:18)

④ 더러운 이를 탐하지 말아야 한다(딤전 3:8).

더러운 이(利)는 헬라어의 원 의미가 수치스럽고 부끄러우며 비굴하게 얻어낸 유익 그리고 돈벌이란 말이다(아이스크로켈테스). 감독의 직분 자격에도 돈을 사랑치 말라고 했다(딤전 3:3).

"너희 중에 있는 하나님의 양 무리를 치되 억지로 하지 말고 하나님의 뜻을 따라 자원함으로 하며 더러운 이득을 위하여 하지 말고 기꺼이 하며"(벧전 5:2)
"돈을 사랑함이 일만 악의 뿌리가 되나니 이것을 탐내는 자들은 미혹을 받아 믿음에서 떠나 많은 근심으로써 자기를 찔렀도다"(딤전 6:10)

돈은 인격의 시험물이다. 깨끗하게 재산을 유지하라는 것이다. 돈의 궁핍자나 억지로 청렴결백한 체 하라는 것이 아니라 정정당당하게 그러면서도 수전노(守錢奴)나 배금주의(拜金主義)가 되지 않은 경제생활을 영위하는 자라야 하는 것이다. 깨끗한 부자 집사는 깨끗한 가난한 집사보다 교회에 훨씬 더 유익하다.

⑤ 믿음의 비밀을 가진 자라야 한다(딤전 3:9).

믿음의 비밀은 신비스러울 만큼 믿음을 지닌 것을 말한다. 집사가 지닌 믿음이 신비스럽다는 것이다. 믿음의 미스터리(mystery of the faith)란 무엇인가? 집사는 믿음의 내용이 범상(凡常)한 것이 아닌 특별한 것이라는 점이다. 성도들 앞에선 집사의 믿음의 내용이 얼마나 신비로우며 풍성하며 은혜로운가라고 사람들이 경탄해마지 않을 정도이다. 성도는 물론 집사가 특별히 유념해야 할 비밀은 무엇인가? 그리스도의 비밀이니 곧 복음의 비밀이다.

"곧 계시로 내게 비밀을 알게 하신 것은 내가 먼저 간단히 기록함과 같으니 그것을 읽으면 내가

그리스도의 비밀을 깨달은 것을 너희가 알 수 있으리라"(엡 3:3~4)

"또 나를 위하여 구할 것은 내게 말씀을 주사 나로 입을 열어 복음의 비밀을 담대히 알리게 하옵소서 할 것이니"(엡 6:19)

그리스도가 주시는 복음의 비밀은 교회이다.

"영원부터 만물을 창조하신 하나님 속에 감추어졌던 비밀의 경륜이 어떠한 것을 드러내게 하려 하심이라 이는 이제 교회로 말미암아 하늘에 있는 통치자들과 권세들에게 하나님의 각종 지혜를 알게 하려 하심이니 곧 영원부터 우리 주 그리스도 예수 안에서 예정하신 뜻대로 하신 것이라"(엡 3:9~11)

교회의 온갖 궂은 일을 해야 하는 집사는 그 동기가 어디에 있는가? 그것은 교회의 중요성 때문이다. 교회란 누구인가? 이 본문에서 교회의 정체와 의미를 찾아보자.

교회는 영원부터 있었다. 교회는 만물을 창조하신 하나님 속에 감취었던 비밀의 경륜이다. 교회는 만물 위에 있다. 교회는 하나님의 각종 지혜를 하늘에서 정사와 권세들에게 알게 한다. 교회는 영원부터 있되 주 예수 그리스도 안에서 예정된 뜻대로 된 것이다. 위의 진술에서 단어의 연결 상에 익숙하지 못한 부분도 있겠지만 교회라는 것이 그리스도가 품고 계신 비밀이라는 점이다. 그런데 집사는 이런 것을 믿음의 내용으로 지니고 있는 자이다. 그리고 이런 내용을 단단히 신뢰하고 소망을 가지고 온갖 일을 다 해내는 자이다. 아무나 집사가 되는 것이 아니다. 넓은 의미로 모든 그리스도인은 집사이다. 좁은 의미로 그리스도인 중에서 특별히 더 유별나게 궂은 일을 마다하지 않는 봉사자, 섬기는 자로 뽑힌 자가 집사이다. 넓은 의미로서의 그리스도인 집사이거나 좁은 의미로서의 뽑힘을 입은 집사이거나 간에 공통적으로 지녀야 할 것은 그리스도교의 핵심인 비밀스러운 믿음, 곧 믿음의 신비로움을 지녀야 한다.

⑥ 집사는 훌륭한 가정 관리자가 되어야 한다(딤전 3:12).

"집사들은 한 아내의 남편이 되어 자녀와 자기 집을 잘 다스리는 자일지니"(딤전 3:12)

문자 그대로 집사는 하나의 아내를 두어야 한다. 드러나게 축첩하라는 것이 아니다. 또 축첩을 말아 달라는 것이 아니라 정조를 지켜야 한다는 것이다. 윤리 생활에 정결함을 지녀야 하는 것이다. 따라서 자기 가정을 잘 관리해야 하는 것이다. 감독이나 집사이거나 간에 한 아내의 남편의 도리를 못 지키는 경우에는 하나님의 영적인 일에 힘을 낼 수 없는 것은 말할 것도 없다. 윤리 생활의 정결은 힘을 내게 한다. 성경에는 여자 집사 제도도 있다. 집사 자격을 이야기하는 장에서 여자 이야기를 하는 것을 보면 여자 집사라는 것을 말한다.

> "여자들도 이와 같이 정숙하고 모함하지 아니하며 절제하며 모든 일에 충성된 자라야 할지니라" (딤전 3:11)

여자 집사 제도에 대해서 논란은 별로 없는 것 같으나 어떤 교단에서는 이를 심각하게 생각하고 있다. 그런데 장로, 목사, 감독을 이야기하는 장에서(딤전 3:1~7) 여자 이야기가 없는 것은 분명하다는 사실을 지적하고 싶다. 그러나 여자든 남자든 교회의 유익을 위해서 봉사해야 한다는 차원에서는 직제 문제가 논쟁거리는 될 수 없다고 본다. 이상에서 언급한 것을 집사의 주관적 자격이라고 명명한다면 그 주관적 자격에 대한 객관적 자격 평가가 있어 마땅하다.

> "이에 이 사람들을 먼저 시험하여 보고 그 후에 책망할 것이 없으면 집사의 직분을 맡게 할 것이요"(딤전 3:10)

주관적 자격이 있다고 자칭하더라도 먼저 시험하여 책망할 것이 없는가 검토한 다음 다 통과되면 집사의 직분을 주는 것이다. 오늘날 행해지고 있는 집사직 수여에 따라야 할 원칙이 아닌가? 우리는 터너의 다음 말을 깊이 생각해야 할 것 같다.

> 「직분이 사람을 찾고 있지 사람이 직분을 찾고 있지는 않다.
> (The office should seek the man, and not the man the office)」[330]

교회가 사람에게 직분을 주려 하는 것이 아니라 교회가 필요로 하는 직분이 사람을 찾는다.

집사의 직무는 무엇인가?

집사의 직무는 그대로 그리스도인의 직무이다. 전술한 대로 집사는 유별나게 일해도 가하다고 교회에서 공인 받은 사람이기에 섬기는 일에 갑절이나 더 열중한다. 스트롱이 집사의 직무를 요약해서 집사는 영적인 일과 현세적인 일에 있어서 목사와 교회를 돕는 자라고

---

330) J.clyde Turner, *The New testament Doctrine of the Church*, (Nashville, Tenn: Broadman Pr.), p. 63.
331) A. H. Strong, *Systematic Theology*, pp. 917~918.

말한다.[331]

첫째로 집사는 목사의 외부적인 노동을 덜어주고 교회의 상태와 궁핍을 목사에게 가르쳐 주고 목사와 교인 간의 유대 관계를 형성해 주는 자다.

둘째로 집사는 가난한 자와 병든 자를 보살피며 비공식적인 방법으로 교회의 영적 필요를 채우며 교회 예배 및 봉사에 관련된 일정한 외적 의무를 담당해 줌으로써 교회를 돕는 자이다. 집사는 목사(장로, 감독)와 교회의 협조자라는 요지이다. 집사의 일을 구체적으로 말하면 아래와 같다.

"다윗이 그를 가리켜 이르되 내가 항상 내 앞에 계신 주를 뵈었음이여 나로 요동하지 않게 하기 위하여 그가 내 우편에 계시도다"(행 2:25)

"우리는 오로지 기도하는 일과 말씀 사역에 힘쓰리라 하니"(행 6:4)

"혹 위로하는 자면 위로하는 일로, 구제하는 자는 성실함으로, 다스리는 자는 부지런함으로, 긍휼을 베푸는 자는 즐거움으로 할 것이니라"(롬 12:8)

"성도들의 쓸 것을 공급하며 손 대접하기를 힘쓰라"(롬 12:13)

"만일 누가 말하려면 하나님의 말씀을 하는 것같이 하고 누가 봉사하려면 하나님이 공급하시는 힘으로 하는 것같이 하라 이는 범사에 예수 그리스도로 말미암아 하나님이 영광을 받으시게 하려 함이니 그에게 영광과 권능이 세세에 무궁하도록 있느니라 아멘"(벧전4:11)

"하나님이 교회 중에 몇을 세우셨으니 첫째는 사도요 둘째는 선지자요 셋째는 교사요 그 다음은 능력을 행하는 자요 그 다음은 병 고치는 은사와 서로 돕는 것과 다스리는 것과 각종 방언을 말하는 것이라"(고전 12:28)

아주 현실적인 이야기로 집사의 직무를 말하는 예들을 아래에서 본다.

예배 시에 안내를 하고 헌금을 세어 관리하고 교회 건물과 대지를 보살피며 성도들의 쓸 것을 구제하며 도와주는 일을 흔히 한다.[332] 필자는 사도행전 7장의 스데반의 설교를 소개함으로써 집사의 직무가 얼마나 업그레이드(upgrade) 되어야만 하는가를 현실 교회의 집사들에게 도전하고 싶다. 스데반 집사는 최초의 일곱 집사들 중의 한 사람으로 사도들이 기도하고 설교하는 것(말씀 전하는 것)에 전무하도록 교회 안의 구제품 관리를 맡기 위해 피택된 사람이었다. 구제품 관리가 더 이상 교회 내부의 문제가 되지 않았다는 것을 보아 일곱 집사들은 처음 의도했던 일을 성공적으로 마친 것 같다. 집사에게 부여된 일을 잘 완수했다는 사실도 집사군(群)의 협동심과 단결력과 추진력을 입증하는 것이리라. 여기 최초

---

332) 이상찬, 「교회 직분론」, (한국 보수 신학회, 1984), p. 125.

의 집사들은 자기들에게 위임된 일을 잘 완수했을 뿐만 아니라 하나님이 시키시면 무슨 일이든지 해내겠다는 각오가 대단한 것 같다. 집사가 목사나 감독의 일을 빼앗는다는 것이 아니라 하나님이 위임하시는 일이라면 사양치 않고 순종했다는 점에 더 의미가 큰 것이다. 서두에서 목사는 목사의 일을 하고 집사는 집사의 일을 하라고 한 것은 그 이름에 맞게 맡겨진 일을 분간해서 완수하라는 의미였고, 지금 여기서 스데반이 집사로서의 맡겨진 일을 다 한 후에 누구나 다 해야 하는 일이 있었으니 '전도'는 일이다. 여기서 전도는 설교의 형식을 취했지만 하나님의 진리의 말씀을 전하는 데에는 어느 특정인에게만 국한되는 것은 결코 아닌 만큼, 모든 성도인 집사는 하나님의 말씀을 전해야만 하는 것이다. 스데반 집사가 소위 목회를 했다는 것이 아니라 공중 전도 곧 노방 전도를 했다는 것이니 누구인들 공중 전도를 금하겠는가?

오늘날 교회 안에서 일부 집사들이 기본 직무도 이행하지 못하고 오히려 교회 안에서 문제를 일으키는 사태를 보노라면 최초 집사들로부터 교훈을 받아야 할 것이다. 다른 집사들의 행방에 대한 기록은 없지만 이들을 대표하는 집사 스데반의 활동에 관한 기록은 너무나 확실하다. 스데반은 집사가 된 뒤에도 다음과 같은 영성을 지녔다.

"스데반이 은혜와 권능이 충만하여 큰 기사와 표적을 민간에 행하니"(행 6:8)
"스데반이 지혜와 성령으로 말함을 그들이 능히 당하지 못하여"(행 6:10)
"공회 중에 앉은 사람들이 다 스데반을 주목하여 보니 그 얼굴이 천사의 얼굴과 같더라"(행 6:15)

위와 같은 영성을 지닌 스데반의 설교는 명설교 중의 명설교였다(행 7장).
그의 설교의 요지는 다음과 같다.
철저하게 성경 중심이었다. 그는 구약성경을 줄줄이 다 외우고 있었다. 아브라함, 요셉, 출애굽 사건, 모세, 아론, 장막 건축, 여호수아, 다윗, 솔로몬 등의 역사를 제시했다(행 7:1~50).
회개를 촉구하는 설교였다.

"목이 곧고 마음과 귀에 할례를 받지 못한 사람들아 너희도 너희 조상과 같이 항상 성령을 거스르는도다 너희 조상들이 선지자들 중의 누구를 박해하지 아니하였느냐 의인이 오시리라 예고한 자들을 그들이 죽였고 이제 너희는 그 의인을 잡아 준 자요 살인한 자가 되나니 너희는 천사가 전한 율법을 받고도 지키지 아니하였도다 하니라"(행 7:51~53)

인기 위주의 설교가 아니었다.

"그들이 이 말을 듣고 마음에 찔려 그를 향하여 이를 갈거늘"(행 7:54)

마음을 찌르는 설교, 들은 자가 이를 가는 설교를 했던 스데반이다. 오늘날 듣기 좋게 편안하게 하는 어떤 설교와는 너무나 대조적이다.

보상을 바라는 설교가 아니었다. 스데반이 설교하고 받은 보상은 '돌세례'였다. 그의 설교의 댓가는 '죽음' 그것이었다. 사례비나 거마비도 받지 않고 죽음을 설교의 보상으로 받아 가졌다.

"그들이 큰 소리를 지르며 귀를 막고 일제히 그에게 달려들어 성 밖으로 내치고 돌로 칠새 증인들이 옷을 벗어 사울이라 하는 청년의 발 앞에 두니라"(행 7:57~58)

설교 끝에 자기 인생을 고백하고 있다.

"그들이 돌로 스데반을 치니 스데반이 부르짖어 이르되 주 예수여 내 영혼을 받으시옵소서 하고"(행 7:59)

한 사람의 집사 스데반의 활동을 보았다. 그는 명설교가였고 명전도자였고 명신학자였고 명상담가였고 명신앙인이었다. 집사라고 하면 이 정도 수준에 이르러야 하지 않겠는가? 참 집사는 집사의 고유한 일을 거뜬히 마치고 더 나아가서 복음 전파에 생명을 던진다. 이것이 집사이다. 성경 지식에 통달하고 말씀 전파를 하는 사람은 오직 담임 목사만 할 일이며 집사는 그런 일에 등한히 해도 된다는 생각은 집사 스데반의 활동과는 모순된다. 이상스럽게도 세상에서의 모모 분야에 전문가인 성도들 혹은 집사들이, 기독교 진리 곧 성경과 교리에 대해서는 아주 무식해도 아무렇지도 않은 일이거니 하거나 혹은 차라리 무지한 상태에서 목사의 설교만 잘 듣고 안일하게 생활하는 것이 모종의 미덕인 양 착각까지 하고 있으니 말이다. 집사는 스데반 집사와 같은 신앙의 경지까지 이르러야 한다. 그것은 하나님이 기뻐하실 일이다. 필자가 집사론에서 장황하게 설명을 해 왔지만 결론은 이러하다. 교회 집사의 원 모형은 예수 집사이며 그 모형을 실천한 최초의 선배 집사는 스데반 집사인 점을 받아들인 집사라면 어떤 자세로 교회에서 봉사해야 될까?

"…네가 죽도록 충성하라 그리하면 내가 생명의 관을 네게 주리라"(계 2:10 하반절)

(5) 교회의 정치

교회정치(The government of the church)와 교회행정(The administration of the church)은 상호 교체적으로 사용된다. 정치는 교회의 정체(政體)이고 행정은 그 정체에 의한 교회의 조직 활동이다. 선 정체(先政體) 후 행정(後行政)이다.

교회가 누구인가? 그 교회를 누가 다스린다는 것인가? 교회 정치니 행정이니 할 때에 교회가 정치나 행정 아래 들어가 있다는 말은 아닐 것이다. 교회가 있기에 정치와 행정이 있는 것이다. 정치와 행정이 교회를 내는 것이 아니라 교회가 그것들을 낸다. 정치와 행정은 교회의 절대적 요소가 아니라 필연적 요소이다. 터너는 교회의 본질을 논하는 과정에서 아래와 같이 진술하고 있다. 교회는 하나님이 계획하고 하나님이 세우시고 하나님이 자기의 피로 사셨고 하나님이 위탁하셨기 때문에 하나님의 제도(institution)이다. 교회는 하나님의 교회요 그리고 그리스도의 교회요 또 성령의 교회이니 곧 삼위일체 하나님의 교회이다. 또 교회는 신령한 유기체이다. 유기체(organism)는 기구(organization) 이상이다. 유기체는 생명을 지녔으나 기구는 생명을 지니지 못했다. 기구는 부분들로 구성된 기계이지만 유기체는 부분들로 연결되어 있다. 구성에는 생명의 흐름이 없으나 연결에는 생명의 흐름이 있다.[333]

그런데 이런 교회에게 사람이 정치니 행정이니 하는 용어로 접근하고 있다는 사실에 또 한 번 경건하고도 신중해야 할 것이다. 여기 살아 있는 사람이 있다. 이 사람에게 외부 사람들이 접근해 와서 이 사람을 손아귀에 넣고 이 사람의 인격과 행동을 자기 맘대로 조정한다는 것을 상상이나 할 수 있는가?

필자가 걱정하는 바와 같이 성경이 언급하는 바가 일치점에 이르는 것은 현재 교회에서 교회를 다스리고 있는 그 체제가 과연 교회로부터의 자연 발생적인 필요 요소인가 아니면 교회 밖에서부터의 인위적 강압의 추가 요소인가 하는 점이다. 그럼 먼저 초대교회의 기구(organization)에 대해서 성경은 무엇이라고 말하는가? 교회는 제자들이 모여서 되어졌다. 복음 진리 아래로 사람들이 구름떼처럼 모여들고 있다. 성도의 수가 늘어난다. 이때 어떤 정치나 행정 조직이나 기구를 가지고 들어온 것이 아니라 단순히 그리스도를 구주로 영접한 사람이 끼리끼리 모여들어 교회가 되었다. 그럼 오합지졸의 상태에 머물러 있을 수 있는가? 우선 최소의 조직기구가 필요하다. 일종의 행정기구가 생기게 되었다. 신약 교회에 이미 기구가 있었다는 증거는 아래 사실들로 인해 확인된다.[334]

초대교회는 일정한 모임이 있었다.

"그 주간의 첫날에 우리가 떡을 떼려 하여 모였더니 바울이 이튿날 떠나고자 하여 그들에게 강

---

333) J.clyde Turner, 이전의 책, pp. 27~37.
334) A. H. Strong, *Systematic Theology*, p. 894.

론할새 말을 밤중까지 계속하매"(행 20:7)
"모이기를 폐하는 어떤 사람들의 습관과 같이 하지 말고 오직 권하여 그 날이 가까움을 볼수록 더욱 그리하자"(히 10:25)

초대교회는 선거도 했다.

"제비 뽑아 맛디아를 얻으니 그가 열한 사도의 수에 들어가니라"(행 1:26)
"온 무리가 이 말을 기뻐하여 믿음과 성령이 충만한 사람 스데반과 또 빌립과 브로고로와 니가노르와 디몬과 바메나와 유대교에 입교했던 안디옥 사람 니골라를 택하여"(행 6:5)

초대교회는 일정한 직분자가 있었다.

"그리스도 예수의 종 바울과 디모데는 그리스도 예수 안에서 빌립보에 사는 모든 성도와 또한 감독들과 집사들에게 편지하노니"(빌 1:1)

초대교회는 사역자를 임명했다.

"바울이 밀레도에서 사람을 에베소로 보내어 교회 장로들을 청하니 여러분은 자기를 위하여 또는 온 양 떼를 위하여 삼가라 성령이 그들 가운데 여러분을 감독자로 삼고 하나님이 자기 피로 사신 교회를 보살피게 하셨느니라"(행 20:17,28)

초대교회는 교회의 사역자에게 권위를 인정해 주었다.

"만일 그들의 말도 듣지 않거든 교회에 말하고 교회의 말도 듣지 않거든 이방인과 세리와 같이 여기라"(마 18:17)
"너희 중에 있는 하나님의 양 무리를 치되 억지로 하지 말고 하나님의 뜻을 따라 자원함으로 하며 더러운 이득을 위하여 하지 말고 기꺼이 하며"(벧전 5:2)

초대교회는 징계도 실천했다.

"밖에 있는 사람들은 하나님이 심판하시려니와 이 악한 사람은 너희 중에서 내쫓으라"(고전 5:13)

초대교회는 헌금도 했다.

"성도를 위하는 연보에 관하여는 내가 갈라디아 교회들에게 명한 것같이 너희도 그렇게 하라 매주 첫날에 너희 각 사람이 수입에 따라 모아 두어서 내가 갈 때에 연보를 하지 않게 하라"(고전 16:1~2)
"이는 마게도냐와 아가야 사람들이 예루살렘 성도 중 가난한 자들을 위하여 기쁘게 얼마를 연보하였음이라"(롬 15:26)

초대교회는 추천서를 써 보냈다.

"아볼로가 아가야로 건너가고자 함으로 형제들이 그를 격려하며 제자들에게 편지를 써 영접하라 하였더니 그가 가매 은혜로 말미암아 믿은 자들에게 많은 유익을 주니"(행 18:27)
"우리가 다시 자천하기를 시작하겠느냐 우리가 어찌 어떤 사람처럼 추천서를 너희에게 부치거나 혹은 너희에게 받거나 할 필요가 있느냐"(고후 3:1)

초대교회는 과부 명부도 작성했다.

"과부로 명부에 올릴 자는 나이가 육십이 덜 되지 아니하고 한 남편의 아내였던 자로서"(딤전 5:9)

초대교회는 관습을 조정했다.

"논쟁하려는 생각을 가진 자가 있을지라도 우리에게나 하나님의 모든 교회에는 이런 관례가 없느니라"(고전 11:16)

초대교회는 의식을 집행했다.

"그 말을 받은 사람들은 세례를 받으매 이 날에 신도의 수가 삼천이나 더하더라"(행 2:41)
"너희가 이 떡을 먹으며 이 잔을 마실 때마다 주의 죽으심을 그가 오실 때까지 전하는 것이니라"(고전 11:26)

초대교회는 기타 준수사항을 말해 주었다.

"모든 것을 품위 있게 하고 질서 있게 하라"(고전 14:40)

"이는 내가 육신으로는 떠나 있으나 심령으로는 너희와 함께 있어 너희가 질서 있게 행함과 그리스도를 믿는 너희 믿음이 굳건한 것을 기쁘게 봄이라"(골 2:5)

초대교회는 교회 회원의 의무와 자격을 말했다.

"그러므로 너희는 가서 모든 민족을 제자로 삼아 아버지와 아들과 성령의 이름으로 세례를 베풀고"(마 28:19)

초대교회는 온몸이 공통으로 해야 할 일을 말했다.

"저가 그리스도의 일을 위하여 죽기에 이르러도 자기 목숨을 돌아보지 아니한 것은 나를 섬기는 너희의 일에 부족함을 채우려 함이니라"(빌 18:30)

교회는 자연발생적으로 정치, 행정 및 기구가 필요하다는 것이 성경의 가르침인데도 불구하고 이것이 비성경적인 태도라고 말하는 두 이론이 있다. 첫째는 기구 무용론과 둘째는 기구 편의론이다. 여기서 기구에 대해 자세히 언급하는 이유는 조직기구를 두고 양극단으로 나아가는 경향이 있기 때문에 성경에서 말하는 기구 진술로 나아가는 데에 그 의미가 있다. 또 어떤 교회는 기구 만능주의에 빠져서 교회의 참 활동을 저지하는 데까지 이르고 있기 때문이다. 악한 마귀는 교회의 기구 문제에도 교묘하게 간섭하여 교회를 혼란시킬 수도 있기 때문이다.

첫째, 기구 무용론부터 보자. 기구 무용론은 교회는 모든 형식적인 기구는 일체 개입시키지 않고 오직 특수한 영적인 몸이며 오직 개개 신자의 상호관계에 의해서만 신자 속에 내주하시는 주님께 결속된 것이라고 주장한다.

이 견해에 의하면 교회는 오직 독립된 단위들의 집합일 뿐이다. 특별한 장소에서 모이거나 특별한 시간 속에 살고 있는 기회를 지닌 신자들이 그곳 혹은 그때의 교회를 이룬다. 이 견해의 주창자는 친구들파(Friends)와 플리머스 형제단(Plymouth Brethren)이다.[335]

이 견해의 약점은 무엇인가?

인간의 본성에 고유한 조직기구를 가지려는 경향성을 무시한다. 가시적 교회와 비가시적 교회를 혼동하고 있다. 진정한 신자가 아닌 혹자들을 품고 있는 가시적 교회에 관한 성경의 제안을 무시한다. 다시 말하면 가시적 교회 안에는 구원받지 못한 사람들도 섞여 있

---

335) A. H. Strong, *Systematic Theology*, p. 895.

다는 성경의 사실까지도 부정한다는 것이다. 물론 구원받지 못한 사람이 그때 그곳의 교회의 회원이 아닌 것은 사실이지만, 그 교회 안에 그런 사람들이 존재하고 있다는 사실은 부정할 수 없지 않는가? 다음 성경구절이 믿는 우리 안에도 믿지 않는 사람이 섞여 있다는 것을 증명한다.[336]

"그러므로 온 교회가 함께 모여 다 방언으로 말하면 알지 못하는 자들이나 믿지 아니하는 자들이 들어와서 너희를 미쳤다 하지 아니하겠느냐"(고전 14:23)
"내가 여러 번 너희에게 말하였거니와 이제도 눈물을 흘리며 말하노니 여러 사람들이 그리스도의 십자가의 원수로 행하느니라"(빌 3:18)

플리머스 형제단들은 거북이에게 놀란 사람이 솥뚜껑을 보고 피하는 것과 같은 자세를 취하는 것 같다. 그들은 자기들이 기계적인 사람들이 될까봐 교회 기구를 싫어한다. 그들은 모두 감독이 될까봐 안수 받아 임직되는 사역자를 싫어한다. 그들은 성령은 이미 오순절에 강림하셨기 때문에 성령 강림을 위한 기도를 반대한다. 그러나 오순절 이후에도 교회가 "빌기를 다하매 모인 곳이 진동하더니 무리가 다 성령이 충만하여 담대히 하나님의 말씀을 전하니라"(행 4:31)고 한 것처럼 기도한 사실을 무시하고 있다. 그들은 소위 성령을 주신다느니 강림하신다느니 하는 말을 오해하고 있다. 성령께서는 무소부재하시기 때문에 언제 어디서나 성령의 능력의 나타남을 말하는 것인데도 불구하고 그것을 성령의 새로운 강림으로 플리머스 형제단들은 오해하고 있다는 것이다.[337] 그리하여 성령의 능력의 나타남도 성령의 강림이 아닌가 하여 능력의 나타남 자체를 부인하고 있다.

"너희가 악할지라도 좋은 것을 자식에게 줄 줄 알거든 하물며 너희 하늘 아버지께서 구하는 자에게 성령을 주시지 않겠느냐 하시니라"(눅 11:13)

플리머스 형제단은 새로운 당파를 만들어서 기존의 다른 당파에 더 편협한 적대감을 갖고 있는 것으로 취급받으나 오히려 지금은 그 형제단들 가운데서도 조직기구를 향한 인간의 본성이 워낙 강해서 모종의 비공식적 조직을 하는 경향으로 흐르고 있음도 사실이다.[338]

둘째, 기구 편의론을 보자. 기구 편의론은 교회기구의 형태가 신약에 결정적으로 제시된 바가 없지만 편의상 신자들로 모인 각 몸된 교회는 그 환경과 입장에 알맞은 기구 방법을

---

336) 위의 책.
337) 위의 책.
338) A. H. Strong, 위의 책, p. 896.
339) 위의 책.

택하도록 허용되어 있다 라고 주장한다.[339]

이는 니안다(Neander)가 주장한 이론인데 교회는 그냥 정체하지 않고 점진적으로 발전하고 있다는 교회사적 넓은 개념과 흔히 일치하고, 이 견해는 교회는 계속 발전하니까 그에 맞도록 조직기구도 마땅히 따라주어야만 한다는 것이다. 상당히 호감을 얻는 이론이다.

그러나 스트롱은 교회가 발전하기로소니 영감된 정경이 끝나기 전에 기본적인 특수한 것을 다 완성해서 갖추어 놓은 교회기구를 마구잡이로 제거해 낼 수는 없다고 했다. 즉 참으로 올바른 발전 이론은 기왕에 존재하는 것들을 배제하는 것이 아니라고 주장하면서 기구 편의론의 약점을 지적하고 있다. 기구 편의론자들은 신약 교회 가운데 있는 행동의 차이점을 너무 과장한다. 즉 신약 교회들 가운데에 있는 차이점들을 공통점보다 더 부각시켜서 지금도 개교회는 개교회 형편에 따라 기구를 편리하게 장치할 수 있다고 한다. 문제는 아무리 시대와 장소가 변하는 과정의 개개 교회들이라 하더라도 성경이 말하는 만고 불변적 공통분모가 되는 기구와 그 방법은 항존하지 않겠느냐는 것이다. 건축양식은 달라도 건축설계와 건축기술의 기본은 남아 있지 않겠느냐는 것이다. 기술이 양식에 선행(先行)하고 또 전제(前提)가 된다.

또 이들은 교회 통일의 방법에 관한 하나님의 지시를 과소평가한다. 왜냐하면 양식을 마음대로 바꾸니 통일된 교회 모습이 없어지기 때문이다. 또 이들은 '교회 세력'(Church Power)원리를 인정하는 과오를 범하고 있다. 교회 세력이란 영적인 몸으로서의 교회 존재를 파멸시킨 것으로 역사적으로 보여준 바 있는 세력이다. 즉 영적인 몸으로서의 교회보다는 인간이 모여서 조직해 놓은 인간 중심적 교회라는 세력이 더 강하다는 것인즉, 말하자면 악화가 양화를 구축하는 이론과 같은 것이니 악화 때문에 양화(良貨)가 쫓겨남을 당하는 것이다. 그때 그곳의 형편에 맞춘 조직기구의 교회가 되다 보니까 성경이 말하는 신령하고도 영적인 교회가 사라지고 인조(人造)된 교회가 득세하지 않느냐는 것이다.

신약 교회가 말하는 교회 기구의 성격은 무엇인가?
스트롱은 교회 안의 어떤 기구이든 다음과 같은 세 가지 질문을 던져 보아야 한다고 했다.
첫째, 이 기구의 회원은 어떤 사람이어야 하는가?
둘째, 이 기구의 목적은 무엇인가?
셋째, 이 기구의 운영규칙은 무엇인가?
첫째 질문의 정답은 이미 우주적 교회의 회원이 되어 있어서 지금 지역 교회의 회원이 되어 있는 자, 즉 중생한 사람만이 교회 안의 기구의 회원이 될 수 있다.
둘째 질문의 정답은 믿는 자의 마음속과 세계 속에 하나님 왕국의 완전한 실현을 통하여

---
340) A. H. Strong, *Systematic Theology*, pp. 897~900.

하나님께 영광을 돌리는 일이다.[340]

셋째 질문의 정답은 아주 단순한데 그리스도의 의지이다. 그것은 성경에 표현되어 있고 성령에 의해 해석된 그리스도의 뜻 그것이 기구의 규칙이다. 이 기구의 규칙이란 이 기구 회원의 자격과 의무를 정한다. 잘못된 기구를 지닌 교회는 잘못된 교회가 되기 쉽다. 그런 만큼 기구의 회원 자격과 의무는 분명해야 한다. 기구에는 생명이 없고 유기체에는 생명이 있는데 그 기구의 구성원이 건강해야만 유기체가 건강하게 되는 것이다. 그래서 회원의 자격과 의무를 성경이 정해 놓았는데 그 내용은 그리스도의 뜻하신 바이다.

조직기구의 회원이 될 사람은 아래의 체험을 지녀야 한다.
- 중생하고 침(세)례를 받으라.
- 대내외적 삶을 그리스도께 드려라.
- 그리스도의 죽으심과 부활에 들어간 영적인 친교를 가지라.
- 그리스도와 함께 죽고 부활한 것을 침(세)례를 통해 세상에 공식적으로 고백하라.

조직기구의 회원의 의무는 아래와 같다.
- 성경에서 그리스도의 뜻을 발견하라.
- 개개인은 그리스도의 뜻을 개인적으로 판단할 권리가 있다.

이런 지식을 사용함에 있어서 그리스도께 직접 책임을 지고 그리스도의 명령이 알려지는 대로 순종해야 한다.[341]

성경에 나타난 교회 정치는 무엇인가?

사람들이 교회 정치제도에 대하여 무엇이라고 정의하든 간에 일단 성경은 교회 정치제도에 대하여 무엇이라고 말하는가부터 상론하고자 한다.

「교회의 정치란, 교회가 그리스도로부터 분부 받은 임무와 사명을 수행하는 데 필요한 교회의 행정체제를 말한다. 따라서 교회 정치의 목적은 사도들이 가졌던 것과 같은 목적으로서 세계 만방에까지 가서 예수 그리스도의 삶과 십자가와 부활을 증거하여 이 땅에 하나님의 나라를 건설하여, 모든 인류가 합하여 하나님을 중심한 새 하늘과 새 땅을 만드는 데 있다.」[342]

위에 언급한 대로 역사적 교회가 발전시킨 제도들이 있다. 그러나 우리는 먼저 성경에 있었던 정치제도부터 찾아본 후, 역사적 교회가 발전시킨 제도들도 고찰해 보기로 한다.

---

341) A. H. Strong, *Systematic Theology*, p. 900.
342) 이종성, 「교회론Ⅱ」, p. 115.

성경의 교회 정치는 회중제도였다.

모든 개교회는 독립적인 자치적 몸이었다. 개교회를 규제하는 권위를 지닌 어떠한 상위 기구도 없다. 개개 회중은 어떤 외부의 간섭 없이 자체적으로 그 회중의 문제를 처리했다.[343]

회중제도는 성경에 명백히 제시되어 있다. 명백히 제시된 회중 정치제도가 사도들과 성령의 지도 아래 점진적으로 발전해 온 것으로 보인다. 최초의 예루살렘 교회만 하더라도 매우 단순한 기구를 가지고 시작했으나 사람들이 많이 모임으로써 사도들을 지도자로 두게 되었다. 기독교가 성장하고 확장됨에 따라 새 교회의 기구가 일정한 형태를 지니게 된 것이다.[344]

위와 같은 진술은 다음과 같은 사상을 거부한다는 의미가 있다. 어떤 사람들이 성경의 권위를 무시하지는 않지만 신약성경이 개교회에게 하나의 결정적인 정치 형태를 계시하지는 않았다고 주장한다. 그런 만큼 교회는 자기 교회의 필요에 알맞은 조직을 만들어 사용하도록 하는 위임을 받았다. 이들은 교회 정치의 단지 싹(Germ)만이 성경에 나타나 있을 뿐인 만큼 그것을 완전한 조직으로 개발시키는 것은 교회가 떠맡은 것이라고 한다. 그 대표적인 예가 가톨릭 교회이다. 가톨릭 교회는 성경과 동일한 권위를 갖고 있다고 주장한다.[345] 그런데 특별히 회중제도를 따르는 침례교도들은 어떤 다른 부류의 사람들과 더불어 교회 정치의 규범(Norm)이 아주 명명백백하게 신약성경에 제기되었다고 믿는다. 교회 조직기구의 두 가지 두드러진 특징이 있다. 그 하나는 민주적 기구이며 다른 하나는 독립적 기구라는 특징들이다.[346]

첫째로 민주적 기구란 무슨 내용을 담고 있는 것인가?

민주주의라는 것은 세속 정치사회의 용어이며 인간이 발견해서 사용하고 있는 최선의 정치제도인 것인데 성경에 나타난 어떤 정치제도를 표현하기 위해 빌려 쓰는 말인 것만은 일단 전제로 해야 한다. 왜냐하면 성경에는 민주주의라는 말이 없기 때문이다. 따라서 세속 정치적 의미의 민주주의가 성경의 정치제도를 유감없이 다 포용하거나 표현한 것은 아니라는 것이다. 가장 대표적인 민주주의는 국민의 통치요 그 방법은 다수결에 의한 의사결정이다.

그러나 이 말은 성경에 비춰 볼 때 절반은 맞는 말이고 나머지 절반은 꼭 맞다고 할 수 없다. 왜냐하면 모든 성도가 참여하는 교회 정치제도라는 의미에서는 절반의 긍정이 가지만 성경에는 투표에 의해 다수결로 무엇을 결정했다는 진술은 없다. 그런 의미에서 절반은 민주주의에 대해 부정적이다. 성경에는 다수결에 의하지 않고 언제나 만장일치

---

343) J. clyde Turner, 이전의 책, p. 40.
344) 위의 책.
345) 위의 책.
346) J. clyde Turner, 이전의 책, pp. 41~49.

(unanimity)에 따라 사건을 결정지었다는 증거만 나오기 때문이다. 사도행전 15장의 예루살렘 교회에서 이방인에게 할례를 주고 모세의 율법을 지켜야 한다는 바리새파 중에 어떤 믿는 자의 주장을 듣고 교회는 회의에 들어갔었다. 그곳에서 많은 변론도 있었다. 그러나 투표로 들어가지는 않았다. 여러 사람의 의견을 들은 예루살렘 교회는 이방인 중에서 하나님께 돌아오는 사람들을 괴롭게 하지 말자는 의견에 동의했다(행 15:19~21). 투표하지 않고 만장일치에 이른 결론은 다음과 같다.

"이에 사도와 장로와 온 교회가 그 중에서 사람을 택하여 바울과 바나바와 함께 안디옥으로 보내기를 가결하니 곧 형제 중에 인도자인 바사바라 하는 유다와 실라더라"(행 15:22)

교회가 회중적 민주주의 정치제도를 따른다고 할 때 그 민주주의란 의미의 세속적 측면을 감안해야 한다. 터너가 제시한 민주적 기구라고 하는 말 속에는 자원해서 가입한 회원제도, 모든 회원의 동등한 권리제도 그리고 자치적 제도 등 세 개의 민주적 성격의 제도가 내포되어 있다.[347]

위의 내용을 쉽게 풀이하면 아래와 같은 것이다.

교회 입교는 출생에 의해 되는 것이 아니다. 그 부모의 신앙이 좋다고 해서 그 자녀가 교회 회원이 자동적으로 되는 것은 아니다. 교회 출석과 회원이 되는 것과는 별개이다. 어느 누구도 강요에 의해서 특정 교회의 회원이 되는 것이 아니다. 또 강요에 의해서 특정 교회 회원으로 꼭 남아 있어야 하는 것도 아니다. 스스로 결정하고 자원하라는 것이다. 교회 문은 열려 있고 들어오고 싶은 사람은 자기 결정에 따라 자원하여 출입한다. 예수께서도 문밖에 서서 문을 두드렸지만 강제로 문을 열지는 아니하셨다(계 3:20). 예수께서 예루살렘 성을 보고 우셨지만 강제로 자기 품에 그 성을 품지는 아니하셨다(마 23:37). 이것이 자유요 자기 결정이요 자원이다. 물론 타인에 의해 영향을 받지만 강요는 아니며 촉구는 당하지만 결정은 본인이 하는 데에, 말할 수 없는 하나님의 형상으로 피조된 자유적 인격의 의미와 가치가 있다. 자원하여 입교한 교인들은 다른 회원과 동등한 권리와 특전을 지닌다. 남녀노소 유무식 간에 동등하다. 단지 능력과 쌓은 경륜에 따라 혹 지도자(leader)는 될지 몰라도 주인(lord)은 되지 못한다(마 20:25~27).

구약 시대에는 모형과 상징으로서 제사장이 있어 성소와 지성소에서 봉사했으나 신약에 와서는 믿는 모든 사람들이 제사장이다(벧전 2:9; 계 1:5~6). 믿는 자는 하나님께 가까이 가기 위해서 어떤 외부 직분자의 도움을 필요로 하지 않고 자기가 직접 하나님과 대면한

---

[347] J. clyde Turner, 이전의 책, pp. 41~44.

다. 사람과 하나님 사이를 어느 누구도 대신해 줄 수 없다. 오직 그리스도만이 중보자가 되어 있기에 신자는 직접 하나님과 대면한다. 여기서는 하나님의 형상으로 피조된 사람의 인격이 중요시되고 있다. 개교회는 자치적인 몸이다. 이 표현 속에도 교회 안에는 통치자란 없다. 초대교회에 사도가 있었지만 계승자는 없었고 교회를 명령조로 다스리지 않았다. 배급 문제로 예루살렘 교회에 문제가 생겼을 때에도 모든 회중이 인선(人選)에 참가했다(행 6:3). 베드로도 같이 장로 되었다고 자기 신분을 밝히면서 명령하지 않고(not command) 권고했다(exhort).[348]

바울 역시 위대한 사도들 중에서도 위대한 사도이지만 교회 일을 총괄하려 하지는 않았다(고전 7:25; 14:37).

> "결혼한 자들에게 내가 명하노니 (명하는 자는 내가 아니요 주시라) 여자는 남편에게서 갈라서지 말고"(고전 7:10)

둘째로 독립적 기구란 무슨 내용을 담고 있는가?

신약 개개 교회는 독립적 단위이다. 다른 교회의 충고는 받아들이지만 그리스도의 그것 말고는 어떤 권위도 인정하지 않는다.[349] 신약의 개개 교회가 독립적이라는 말은 개개 교회가 다른 교회와의 관계에 있어서 충고와 협조와 협력을 주고받되 결코 간섭이나 방해는 받지 않는다는 뜻이며, 또 개개 교회는 정부와의 관계에 있어서도 독립적이라는 뜻이다.

터너의 개교회 성격에 관한 이야기를 들어 보자.

「신약 기독교에는 개별적인 교회 위에 그 기구의 뜻을 억지로 부과시키려 하는 상위 기구란 없다. 교회에게 법규를 만들어 주는 입법체도 없다. 아무리 가난하고 약한 교회라 하더라도 타교회로부터 도움을 받지만 그들 교회에게 예속되는 것은 아니다. 이것은 우리 침례교회가 굉장한 신경을 곤두세우면서 지킬 필요가 있는 원리다. 침례교 가운데는 권위 집중의 여지는 없다. 지방회와 총회는 계획하고 충고할 수는 있어도 명령하거나 규제하지는 않는다. 이사회와 위원회가 건립되더라도 교회가 무엇을 꼭 해야 하는가를 말해주기 위해서가 아니라 교회가 하고자 하는 뜻을 실천해 주기 위해서 건립된 것이다. 교회들은 신조들을 내려 받을 상위단체를 필요로 하지 않는다. 교회 가운데 거하시는 성령이 유감없이 만족한 안내자이다.」[350]

---

348) J. clyde Turner, 이전의 책, pp. 41~44.
349) 위의 책.
350) J. clyde Turner, 위의 책, p. 45.

교회 안에 협동(co-operation)은 있어도 간섭(interfere)은 없다. 아! 자유스러움! 인격자 그리스도인이 모인 교회도 인격자이기 때문에 인격적인 활동을 한다. 개인도 인격적으로 활동해야 하거늘 수많은 귀중한 인격자 그리스도인들이 모여서 구성된 살아 있는 영적 유기체인 인격자 교회가 더구나 독자적으로 독립적으로 활동하는 것이야말로 얼마나 당연지사인가?

J. T. 코디 박사의 말을 들어보자.

「지역 교회가 그 안에 내주하시는 성령님을 모시고 있을진대 어떤 단체도 성령보다 더 위대한 것이란 일체 가질 수 없기 때문에 따라서 개교회는 어떤 다른 단체에게도 종속될 필요가 없다. 지역 교회 가운데 있는 동등과 독립은 개개 그리스도인의 동등과 독립이 성령의 선물이듯이 마땅히 성령의 선물로부터 나온 것이다.」[351]

지방회와 총회는 교회의 명령기구가 아니다. 그것들은 교회 위에 군림하는 상회(上會)가 아니다. 교회는 지방회나 총회의 규제를 받는 것이 아니라 도움을 받아야 한다. 개교회에 도움을 주기 위한 지방회와 총회이지 교회를 지배하기 위해 있는 것은 아니다. 그 다음 개개 교회는 정부와의 관계에 있어서도 정부의 간섭이나 강제를 받지 않고 개교회 독자적으로 생활하고 있다. 이것이 개교회와 독립적 기구란 말의 두 번째 의미이다. 이것을 일러 정교(政敎) 분리라 하는 것이다.

"이르되 가이사의 것이니이다 이에 이르시되 그런즉 가이사의 것은 가이사에게, 하나님의 것은 하나님께 바치라 하시니"(마 22:21)

정부와 교회는 반드시 분리되어져야 하고 구분되어져야 마땅하되 피차는 우정적인 관계로 피차 간에 협조해야 함은 물론이다. 그리스도인은 땅에 있으면서 하늘에 속해 있기 때문에 땅의 원리와 하늘의 원리를 따라 살아간다. 그리스도인은 땅에 살기 때문에 땅 나라의 국민이고 또 하늘에 살기 때문에 하늘나라의 국민이다. 흔히 이것을 두고 그리스도인은 두 나라의 시민이라고 하지만 보다 정확한 표현으로서는 그리스도인은 그냥 하늘나라 백성이다. 단지 하늘나라 백성인데 시공적으로 땅 나라에 사는 사람이다. 하늘나라 사람이지만 땅 나라에 사는 사람이기 때문에 땅 나라의 법을 존중해야 한다. 한국 국적을 지닌 사람이 잠시 외국에 체류하는 동안에는 그 나라 법을 따라야 한다. 한국 국민이 잠시 외국에 체

---

351) J. clyde Turner, 위의 책, pp. 45~46.

류한다고 해서 그 사람을 두 나라에 속한 사람이라고 할 수 없듯이 그리스도인은 땅 나라와 하늘나라에 속한 두 종류의 국민이라고 하는 것이 통상적인 용어로는 가능할지 모르나 신학적으로는 그리 적합한 말은 되지 못한다. 그러나 우선 외국 땅에 있는 외국인이라도 따라야 할 법이 있고 또 그것을 준수해야 하듯이 그리스도인도 땅에서 그러하고 교회도 세상 정부에 대해서 그러한 것이다.

"이 사람들은 다 믿음을 따라 죽었으며 약속을 받지 못하였으되 그것들을 멀리서 보고 환영하며 또 땅에서는 외국인과 나그네임을 증언하였으니 그들이 이같이 말하는 것은 자기들이 본향 찾는 자임을 나타냄이라 그들이 나온 바 본향을 생각하였더라면 돌아갈 기회가 있었으려니와 그들이 이제는 더 나은 본향을 사모하니 곧 하늘에 있는 것이라 이러므로 하나님이 그들의 하나님이라 일컬음 받으심을 부끄러워하지 아니하시고 그들을 위하여 한 성을 예비하셨느니라"(히 11:13~16)

그리스도인은 국법을 지켜야 하고(벧전 2:13~17; 롬 13:1~4), 세금을 내야 하고(마 22:17) 정치에 관심을 두어 정당한 권리와 의무를 행사해야 한다. 무엇보다도 그리스도인은 하나님의 법을 지켜야만 한다. 땅의 법과 하늘 법이 갈등을 일으킬 때 그리스도인은 하늘 법을 따라야 한다(행 5:27~29).[352]

그리스도인은 손해도 볼 수 있다. 심지어 순교로써 최후를 맞을 수도 있다. 교회나 정부, 국가 간에 초대교회 때부터 연합한 적은 없었다. 예수님도 로마에 속한 유대나라에 오셨지만 그는 독립운동을 하시지 않았다. 예수님의 마음속에는 곧 세상 나라들이 하나님께 속해 있고 섭리에 따라 역사는 흘러간다고 생각하셨을 것이다. 교회와 정부, 국가 간의 연합은 결국 교회에게 큰 손실이 된다. 정부는 교회에 온갖 규제를 가하려 하고, 교회의 어떤 기관은 정부를 끌어들여서 교회의 순수성을 잃게 한다. 연합 자체는 교회와 정부 양자에게 모두 손해이다. 정치는 정치이고 교회는 교회인 것이다. 하나님은 세상 나라와 교회 나라 두 개 왕국을 양 손에 잡는 것이 아니라 오직 교회 나라 하나만을 잡고 계시고 세상 나라는 교회 나라에 부속되게 하셨다. 세상 나라가 교회 나라로 편입되는 것을 전제로 하셨다. 교회가 세상 나라를 잠식하는 것이 전도이다. 이것을 전도라 하고 선교라 하는 것이 아닌가?

교회와 정부의 연합은 교회의 자유를 잃게 하는 바 특별히 침례교도들은 이 종교적 자유를 위해 싸웠고 승리했으나 피와 눈물을 많이 흘렸다. 침례교뿐만 아니라 진정한 기독교는 정부와 싸웠는데 그것은 곧 세상과 싸웠다는 것을 의미한다. 싸우지 않고 편안히 지나온 기독교는 타락하고 변질되어 버렸다. 정부의 규제 이야기가 나올 때마다 생각나는 에피소

---

352) J. clyde Turner, 이전의 책, pp. 47~49.

드가 있다. 한국의 신학대학교들이 1970년도 이전까지는 '대학'(college)이 아니라 '신학교'(seminary)라는 이름을 가졌다. 대학은 문교부 법령에 의하면 대학령(大學令)에 의한 것이고 신학교는 각종 학교라는 영에 의해서 설립되었던 것이다. 사람들이 볼 때 '대학'이란 이름은 더 빛나는 것 같고 '신학교'란 이름은 빛이 조금은 덜 나는 것 같게 느낀 것 같다. 그런데 대학령에 의한 대학은 문교부의 철저한 규제를 받고, 신학교는 문교부의 산하에는 있으나 그토록 딱딱한 규제 밖에 있어서 꽤나 자유롭고 독립적이라서 설립한 그 목적을 성취하는 데에 아무런 어려움이 없었다.

그런데 어느 날인가 타 교파에서 '대학' 인가를 받고 ○○신학교가 아닌 ○○대학이 되어 버렸고 크게 학교가 발전할 것이라 기대했었다. 그러나 '침례교 신학교'는 그대로 존속하고 싶었다. 하지만 시세를 따라 학생들이 들고 일어났다. 물론 여기엔 일부 교수도 합세하는 분위기였다. 왜 다른 신학교는 대학이라고 하는데 우리 신학교만은 그대로 신학교로 남느냐? 명예와 자존심이 걸린 문제라고 계속 학생들이 항의해 왔다. 역시 긴 안목을 지닌 외국인 침례교 선교사 교장과 교수들은 이에 반대했다. 신학교가 대학으로 승격하면 문교부의 온갖 규제를 받고 부자유해진다고. 그러나 워낙 강하게 학생들이 도전하고 주변의 거의 모든 신학교가 대학으로 인가를 얻어 간판을 붙이고 있는지라 우리 신학교도 결국 대학으로 인가를 받고야 말았다.

그 결과는 무엇인가? 한국의 모든 신학대학들이 이 시기로부터 문교부의 통제 아래 들어갔고 영성은 떨어지고 본래의 설립 목적과는 다른 교육 프로그램이 생기게 되었다. 대학이란 이름을 갖고부터는 신학교가 그 질적 하향성을 면치 못했다. 마침내 신학대학이란 이름조차 없애는 신학대학도 있었고, 신학대학이란 이름은 가졌으나 그 내용은 일반 대학처럼 되고 보니 소위 신학과는 타 과들에 의해 밀려나간 외롭고 초라한 한 학과로 전락해 버렸다.

이제 다시 소위 신학대학원이라는 새로운 신학교(Graduate Seminary)호 설립인가를 받게 되었는데 그것마저 정부의 지시에 따른다. 그런 나머지 군소 교단에서 소위 무인가 신학교를 세워 독자적으로 목회자를 양성하는데 이에 대해서 단적으로 부정적인 평가만을 내릴 수는 없을 것으로 본다. 스데반 집사가 신학교를 졸업해서 유명한 설교자가 되었는가? 물론 열두 제자들이 예수 선생으로부터 직강을 듣긴 했지만 국가로부터 외적 자격증을 받지 아니하고도 모두 순교자, 복음 전도자가 되지 않았는가?

좀 장황한 이야기가 되었지만 왜 하나님의 통제 아래서 하나님의 뜻만을 이룩해 나가지 못하고 주변과의 손실당하는 관계를 맺으려 하는가이다. 우리는 역사의 지침 교훈을 다시 기억해야 할 것이기에 아래에 시편 한 절을 싣는다.

"여호와께서 그의 보좌를 하늘에 세우시고 그의 왕권으로 만유를 다스리시도다"(시 103:19)

지금까지는 회중정치가 될 수밖에 없는 전제요건을 성경에서 찾아 본 것이다.

그럼 회중제도란 무엇인가?
회중제도 혹은 회중정치에 대한 학자들의 진술을 들어보자.
박형룡 박사는 다음과 같이 말하고 있다.

「회중 정체는 또한 독립성(獨立性)의 정체라 칭한다. 이 정체는 장로회 정체와 같이 교직자들의 동일 서열(同一序列)을 인정하나 권위는 선택된 대표자들에게 있지 않고 신도(信徒)들의 직접 결의(直接決議)에 있다. 각 교회는 상호 독립(相互獨立)하여 충분한 정치권(政治權)을 가진 완전한 교회이다. 이 같은 교회에 정치권은 독점적으로 교회의 회원들에게 있으니 그들은 자기들의 사건들을 규정(規定)할 권리를 가지는 것이다. 직원들은 단순히 개체 교회의 사역자(事役者)들이니 교훈 혹은 교회 사무(敎會事務)의 집행을 위하여 임명되는 것이요, 그들이 교회의 회원으로서 가지는 것 이상의 정치권을 가지지 못한다. 침례교회(浸禮敎會)들은 회집한 회중의 투표에 의하여 회원들을 받아들인다. 만일 여러 교회들이 전도, 문서, 교육 같은 사업을 위하여 상호 교통(相互交通)을 행함이 유익하다고 생각되는 때에는 연합공의회(聯合公議會)와 지방협의회(地方協議會) 같은 것을 개최하여 공동으로 관계된 사건들을 경리(經理)한다. 이 같은 연합은 유기적(有機的)이 아니라, 자원적 교제(自願的交際)를 기초로 할 뿐이니 개체 교회가 이 연합으로부터 어느 때에나 탈퇴하되 오히려 교회로 남아 있다. 그리고 이 같은 연합단체들의 결의(決議)는 엄밀히 충고적(忠告的) 혹 선언적(宣言的)이요, 어느 개체 교회든지 속박(束縛)하지 못한다. 개체 교회의 자치(自治)는 각개의 특수한 처소와 시간에 성령의 직접 지도를 허용한다고 믿는다.」[353]

이상에서 본 바와 같이 회중정치에 대해서 아주 선명하게 진술했지만 스스로 위의 진술과 모순되는 의견을 내어 놓기도 한다. 즉 회중정치는 교회의 통일성을 기하지 못하고 분열적 효과를 내기 쉽고 교회정치에 각종 전횡(專橫)의 문호를 열게 되고 기형적 교리가 생겨서 자유주의를 초래할 위험을 내포한다고 했다.[354]
그러나 회중 정치제도를 가짐으로써 진술자가 걱정하는 것이 자연히 해소되는 것이다. 진술자의 그런 걱정을 없애는 데에는 회중 정치제도가 가장 적합한 것으로 본다. 인위적 제도적으로 통일하고 규제하기보다는 생명을 지닌 영적 유기체이며 내주하시는 성령의 전으로서의 교회에게 모든 회원들의 자원적 자발적 의사표시와 결정 그리고 그 실천만이 지

---
353) 박형룡, 「교의신학 (교회론)」, pp. 11~12.
354) 위의 책.

극히 생명적인 활동이 아닌가?

  이종성 박사는 다음과 같이 말하고 있다.

「그들의 주장은 교회가 영국교회나 장로회 제도처럼 개교회의 자주권을 무시한 그러한 제도가 아니라 개교회의 회중이 국가와 전통적 교회와는 독립적으로 성서의 말씀에 따라 예수 그리스도에게 복종하는 교회가 참 교회라고 주장했다. 이들은 국왕의 교회 영주권(領主權)과 감독의 통치권을 반기독교적인 것이라고 하여 강하게 반대했다. 또는 장로교회처럼 개교회 위에 노회나 대회나 총회를 두어 행정적으로 개교회의 자유를 통제하는 것도 반기독교적인 것이라고 하여 반대했다. 그러한 외적이고 상회의 모든 간섭과 통제를 벗어나, 모든 교인이 자유로운 신앙고백을 토대로 하여 구성한 자치교회가 예수 그리스도와 그의 왕권에 대한 신앙을 고백하고, 교회를 관리하고 그리스도가 교회에 주신 모든 권리를 즐길 수 있는 참 교회다. 그들은 신앙고백, 예전, 규칙, 목사나 집사 등 교직을 선임할 때 일체 외부의 간섭을 받지 않는다. 그들은 상회에 의해서 개교회가 모인 것이 아니라 자발적으로 만나고 모임으로써 하나님 안에서 하나가 될 수 있다고 믿었다. 따라서 기성교회, 특히 영국교회의 감독제와 감독의 사도계승제를 완강히 거부했기 때문에 많은 박해를 받았다. 그들은 개교회 회중의 완전 독립을 주장했기 때문에 회중파(congregationalism)라고 불리웠고, 영국교회에서 탈퇴했기 때문에 분리파(separatists)라고 조롱받기도 했다. 그들은 영국에서 일어난 청교도들과 침례교도들과 함께 영국(스코틀랜드는 아님)에서 자리를 굳히지 못하고 일단 화란으로 이주했다.

  회중제도의 특징을 몇 가지 지적한다면, ①일체의 상회권을 인정하지 않고 개교회의 자주권을 기본구조로 삼는다. ②성직자에 의한 교회 운영을 강조한다. ③사도 계승권을 인정하지 않고 개교회 회중의 결정에 따라 목사나 집사를 세운다. ④장로교회가 가지고 있는 것과 같은 장로직은 없다. 다만 집사직만 있다. ⑤감독제나 장로제를 거절한 결과 교회 지도력의 약화를 초래했다. ⑥에큐메니칼 운동에 많은 관심을 가지고 있으나 그 결과 회중교회의 자주권에 위협을 느끼고 있다. ⑦현재의 추세는 다른 교단과 합병을 많이 하고 있다. 그러나 다 같은 회중제도를 가지고 있는 침례교회는 타 교단과 합동하지 않는다.」[355]

  이종성 박사도 회중제도에 대해 비교적 선명한 진술을 하고 있으나 침례교회는 타 교단과 합동하지 않는다고 했는데 그 합동이 협동의 의미는 아닐 것으로 해석하고 싶다. 침례교회는 타 교단과의 협동 내지 교류가 원만하다. 가령, 침례교 신학이란 무엇인가라는 질

---
355) 이종성, 「교회론 Ⅱ」, pp.122~124.

문을 던졌을 때 그 답은 십인십색(十人十色)이니 그것은 개개 그리스도인들이 성경에서 이끌어 내온 진리를 자기 것으로 믿을 권리가 있다는 뜻이 된다. 그런 의미에서 침례교는 문이 열린 교단이지 닫힌 교단이 아니다. 문이 열려 있다 보니까 외부로부터 오염되는 경우도 있으나 결국 고름이 피가 되지 않기 때문에 오염된 것은 제거되고 자연스럽게 순수성을 지니게 된다. 그것을 성령의 역사라 하며 침례교는 신조주의(信條主義) 신학을 내지 않고 신앙 고백적 사실만이 있다.

그럼 어떻게 진리의 통일성에 이르느냐? 그 답은 이렇다. 사람의 제안에 의해 진리의 통일이 이루어지는 것이 아니라 진리가 본질적으로 지닌 그 고유한 통일성에 의해 자연적으로 통일이 이루어진다. 한국의 두 학자가 내린 회중 정치제도에 대한 진술을 보았다. 비교적 선명하고 간결하게 회중 정치제도를 설명해 주는 것 같다. 그럼 에릭슨의 회중 정치제도에 대한 진술을 보기로 하자.

에릭슨(M.J. Erickson)은 다음과 같이 말하고 있다.

「교회 정치의 제3 형태는 개개 그리스도인의 역할을 강조하고 지역 회중을 권위의 자리에 앉게 한다. 두 가지 개념이 회중체제에 기본적이니 곧 그것은 자율성과 민주성이요 자율성이란 지역 회중은 독립적이며 자치적이란 것을 의미한다. 지역 회중에게 행동지침을 명령할 수 있는 외부의 세력은 없다. 민주성이란 지역 회중의 모든 구성원이 회중의 일들에 발언권을 갖고 있음을 의미한다. 권위를 갖고 행사하는 사람은 회중의 개개 구성원이다.」[356]

에릭슨은 교회 정치의 대표적인 형태가 회중제도라고 말하는 근거를 다음과 같이 열거하고 있다.

첫째 근거는 초대교회가 회중제도를 실천했다. 사람을 선택하고 무슨 중대한 결정을 할 때는 전 교인이 가담했다. 맛디아를 뽑은 일(행 1:26), 최초의 집사를 뽑은 일(행 6장), 바울과 바나바가 안디옥에 돌아와서 온 교회에게 선교 보고를 한 것(행 14:27), 또 온 교회가 바울과 바나바를 할례 문제 해결을 위해 예루살렘에 파송한 일(행 15:2~3) 등을 보면 어떤 개인이나 단체가 아닌 온 교회가 가담했다는 증거가 있다.[357]

둘째 근거는 예수의 교훈이 회중제도였다. 예수는 교회제도의 감독이나 장로제에서 발견되는 것과 같은 특수 지배권을 반대한 것으로 보아 제자들이 누가 큰 인물이냐고 논란 지을 때 그들에게 들려준 말씀이 있다.

---

356) M. J. Erickson, *Christian Theology*, p. 1078.
357) M. J. Erickson, 위의 책, p. 1081.

"예수께서 이르시되 이방인의 임금들은 그들을 주관하며 그 집권자들은 은인이라 칭함을 받으
나 너희는 그렇지 않을지니 너희 중에 큰 자는 젊은 자와 같고 다스리는 자는 섬기는 자와 같을
지니라 앉아서 먹는 자가 크냐 섬기는 자가 크냐 앉아서 먹는 자가 아니냐 그러나 나는 섬기는
자로 너희 중에 있노라"(눅 22:25~27)

지도자는 모든 사람의 종이다.[358]

셋째 근거는 예수와 바울은 징계의 권위를 특정인이나 지도층에 맡기지 않고 교회 전체에게 속하는 것이라고 가르친 사실이다.

"네 형제가 죄를 범하거든 가서 너와 그 사람과만 상대하여 권고하라 만일 들으면 네가 네 형제
를 얻은 것이요 만일 듣지 않거든 한두 사람을 데리고 가서 두세 증인의 입으로 말마다 확증하
게 하라 만일 그들의 말도 듣지 않거든 교회에 말하고 교회의 말도 듣지 않거든 이방인과 세리
와 같이 여기라"(마 18:15~17)

바울서신은 감독이나 장로 계급보다는 교회 전체에게 향한 것이었다. 디모데나 디도나 빌레몬에게 보낸 편지도 특수 교회의 지도자들이 아니라 개개인의 입장에 있는 그들에게 기록한 것이었다.[359] 지금까지 에릭슨이 회중제도에 대한 설명과 그 제도의 지지 근거를 말해 왔는데, 회중제도의 중대한 약점은 성경에 나타난 사도적 권위를 무시하고 있다는 것이다.

"각 교회에서 장로들을 택하여 금식 기도하며 그들이 믿는 주께 그들을 위탁하고"(행 14:23)
"내가 너를 그레데에 남겨 둔 이유는 남은 일을 정리하고 내가 명한 대로 각 성에 장로들을 세우
게 하려 함이니"(딛 1:5)

기타 바울이 여러 교회들에게 편지할 때 단순히 충고나 도움말을 주는 정도가 아니라 말한 것을 들은 대로 실천할 것을 명령하고 있다. 이 사실을 외면할 수 있는가? 그 외에 회중제도에 대한 약점도 한두 개 더 소개하고 있는데 별로 큰 의미를 갖지 못하고 있다.

끝으로 회중제도에 관한 침례교 신학자 커너의 진술을 소개한다. 그는 자율성이란 말을 빠뜨리고 민주적 제도란 말을 사용하고 있다. 자율과 민주는 동전의 양면이란 관점에서 보면 어느 쪽을 들어서 말해도 다른 쪽을 말하는 입장이 되어진다. 성경이 회중 정치제도 혹은 행정제도를 아예 초대교회 때부터 시행한 것으로 모범을 보여 준다는 것이다. 교회 문

---

358) M. J. Erickson, 위의 책, p. 1081.
359) M. J. Erickson, *Christian Theology*, p. 1082.

제를 독단적으로 처리하는 지배 장로나 감독이나 특별 계급이 전혀 없었다고 성경은 증거하고 있다. 마태복음 18장의 교회 문제도 전 교회 법정에서 처리하라고 했으며 사도행전 6장의 일꾼 선정도 온 무리에게 위임된 것이다.[360]

카너는 교회정치가 민주적 회중제도라는 기독교의 기본원리에 의존하고 있다고 말한다. 그 기본원리란 그리스도의 주 되심과 이신득의에 의한 그리스도인 구원의 도리와 그리스도인 안에서의 성령의 내주하심이다. 이 세 가지 기본원리가 개개 그리스도인들이 모여서 형성된 교회의 활동과 행정을 회중적 민주주의 형태를 내게 했다는 것이다.

그런데 전술한 바 있지만 민주적이라는 말은 사람이 고안한 정치적 용어라는 사실을 감안하고 단지 그 의미는 인격자를 인격자로 대해 주는 양상에 관한 명칭이라는 정도로 이해해 두기로 하자. 그리스도의 주 되심이 어떻게 민주적 회중제도에 기여하고 있는가?

그리스도의 주 되심은 만왕의 왕이요 만주의 주이시요 온 세상과 역사의 주관자이심을 말한다. 따라서 이 세상의 어떤 왕이나 어떤 주이든 간에 사람 위에 군림할 자는 없다. 주님이 교회의 머리가 되심은 영적 영역에 있어서도 최고의 위치에 계신다. 한 몸에 두 머리는 없다. 역사에 쌍두마차는 없다. 그런 만큼 교회 위에 제사장이나 감독이나 교황이 군림할 수 없다. 그 자리에는 오직 예수그리스도만이 계셔야 한다. 그리고 그 밑에 있는 그리스도인은 모두 동등하다. 그리스도인으로서 그리스도인 위에 올라갈 자는 아무도 없나니 목사도 장로도 감독도 아니요 더구나 교황은 그 자리에 있을 수 없다. 오직 한 주만 위에 계시고 그 아래는 모두 동등하다면 동등한 사람은 동등한 권리와 의무를 지니게 됨으로 이것이 민주적이라는 제도를 갖게 하는 것이다.

이신득의에 의한 그리스도인 구원의 도리가 어떻게 회중제도에 기여하고 있는가?

소망 없고 무능한 죄인이 은혜로 말미암아 구원을 받았을진대 인위적인 사람 차별이란 있을 수 없다. 모든 사람이 출생이란 과정을 통해 세상에 왔다가 죽음이란 과정을 통해 세상을 떠나가는 것이 만인에게 공통적인 경험이듯이 어느 누구나 죄인이 은혜로 인해 믿음으로 말미암아 구원을 받았으니 모든 그리스도인은 은혜 받은 바가 동일한 만큼 모두가 동등한 위치에 있다. 하나님과 사람 사이에 어떤 특수한 종교 지도자들이 있어서 그들로 인해 구원을 받았다면 그 특수 종교 지도자들이 구원받은 그리스도인 위에 군림할 수 있을지 모르나, 성경은 만인이 이신득의로 구원을 받았기에 어떤 종교 지도자에게 신세나 빚을 진 바가 없이 피차 간에 동일한 구원체험을 가졌고 따라서 수평선상에 놓여 있는 동등한 사람들이다. 그런고로 민주적 회중제도가 자연히 나오게 된다.

끝으로 그리스도인 안에서의 성령의 내주하심이 어떻게 회중제도에 기여하고 있는가?

---

360) W. T. Conner, *Christian Doctrine*, p. 266.

그리스도인 안에 내주하시는 성령은 그리스도의 뜻을 모든 그리스도인 개개인이 다 알 수 있도록 돕는다. 내주하시는 성령님이 개개 그리스도인들로 하여금 진리를 알게 해주는 데 어느 누구인들 진리를 안다는 전매 특허를 받은 계급이 교회 안에 있는가? 성령의 내주 목적은 그리스도의 뜻이 교회 안에서 효과적으로 작용하고 온 세계 안에 교회를 통하여 그 뜻이 펼쳐지도록 하는 것이다. 모든 그리스도인 안에 성령이 내주하시니 모든 그리스도인은 자기에게 성령이 계시해 주시는 대로 그리스도와 뜻을 알 특권을 마땅히 가진다. 감독제도나 어떤 직분 계급에 의한 정부는 성령이 감독이나 장로나 어떤 특수한 직분 계급에게 아주 특별한 방법으로 역사한다는 가정 위에 서 있지만, 교회의 민주제도는 성령은 모든 신자 안에 내주하시며 하나님의 뜻을 이해하는 인간의 이해의 제한은 그가 지닌 직분적 입장 때문이 아니라 그의 영적 지식에 의한 것이라는 전제 위에 서 있는 것이다.

그럼 교회의 직분자는 무엇하는 것인가? 목사, 장로, 감독은 왜 있어야 하는가? 직분자들이 있어서 교회가 있는 것이 아니라 먼저 교회가 있어서 직분자가 있는 것이니 직분자는 모든 그리스도인이면 누구나 다 할 수 있는 기능, 즉 말하자면 설교, 행정, 의식 집행들을 회중의 요청과 임명에 의해 회중을 위하여 단순히 일정한 기능을 이행하고 있을 뿐이다.

문제는 회중 위에 군림하는 아무 사람이나 제도나 계급은 일체 없다. 교회가 임명한 모든 직분자는 교회를 돕는 자이지 명령자가 아니다. 가령, 몸을 두고 말해 보자. 의사는 찾아온 환자를 돕는 자이지 그 위에 지배하거나 군림하는 폭군이 아니다. 인격 위에 그 어떤 것도 지배하거나 군림할 수 없다. 음식이 몸을 지배하거나 의복이 몸을 관리하는 것이 아니라 그것들은 단지 몸을 위할 뿐이다. 몸은 교회이다.

역사적 교회가 발전시킨 제도들을 보자. 역사적 교회가 발전시킨 제도들 중에는 교황제도, 감독제도, 장로제도, 무교직제도 등이 있다.

교황제도

이것을 일명 로마 가톨릭 교회 정체 혹은 세계교회론(The world-church theory)이라고 부르는 교황제도의 핵심은 다음과 같다.

모든 지역 교회들은 그리스도의 무오한 대행자이며 베드로의 후계자로서 로마의 감독의 최우월적 권위 아래 들어가서 이것이 연합되어 이 지구상에는 오직 단 하나의 유일한 그리스도의 교회만이 있다는 주장이다.[361]

로마 가톨릭교(천주교회)는 교회를 위계제도(位階制度)에 의한 법국가로 보아 신학적 의

---

361) A. H. Strong, 앞의 책, p. 908.

미의 국가가 아니라 세상 법에 따르는 의미의 국가가 되어 세계의 모든 국가와 조약을 맺거나 외교관계를 가진다.[362]

이 위계제도는 군대처럼 계급적인 제도이다. 로마 가톨릭은 '성경에 의하면'이라는 논리보다도 '바티칸 회의에 의하면'이라는 결정에 따른다. 이들이 즐겨 쓰는 말은 제1바티칸 회의니(1869~1870), 제2바티칸 회의(1963~1965)이며 제○기 헌장 제○장 등이다.

「성 베드로가 모든 교회 위에 수위를 차지하고 있어 단절이 없는 후계자를 가진다는 것은 주 예수 그리스도 자신이 정하신 것이요 하나님의 법에 의해서 정해졌다(제4기 헌장 제2장).」[363]

요약하면 로마 가톨릭 교회의 교황제도는 로마로 한정되어진 곳에 온 세계교회의 본부를 정하고 로마의 교황이 세계교회의 절대적 권위를 가지고 그 휘하의 성직자가 평신도 위에 군림하는 성직자 전제주의인 것이다. 성직자와 평신도의 절대적인 이중구조로 되어 있으며 양 계급 간에는 건널 수 없는 강이 있다. 그 강 가운데 하나님이 계셔서 좌우로 명확히 차별해서 갈라놓았으니 이 제도는 하나님의 제도라는 것이다.

예수 그리스도가 베드로에게 모든 것을 일임했고, 그 베드로의 후계자가 계속 계승되고 있다는 전제를 지닌다. 교황이 절대화되어 있어서 그에게 반항하고 이탈하는 것은 징벌과 유기를 의미한다. 교황이 그의 자리에서 말하고 결정한 것은 오류가 없다. 교황의 모든 것은 옳다. 왜냐하면 그리스도의 대행자로 여기기 때문이다.

이 결과 소위 평신도의 입장은 무엇인가?

평신도는 언제나 성직자 아래에 있다. 성직자로부터 배우고 듣고 복종하고 협조하는 일 밖에는 평신도의 할 일은 없다. 그것은 예수와 그리스도인의 관계에 대한 다른 표현으로 보기 때문이다. 이것이 성직자 전제주의인 것이다. 평신도는 맹목적 신앙(fides implicita)만 가지면 되고 성직자는 알고 믿는 신앙(fides explicita)을 가진다. 평신도는 하나님과 자기들 사이에 성직자가 없으면 아무것도 할 수 없는 처지이다. 은총도 기도도 성직자를 통해서만 가능하다. 평신도는 지배 대상이지 동역자가 아니다.

오늘날 예수 그리스도의 교회 행정제도가 로마 가톨릭 제도쪽으로 기울지 않나 심히 걱정되는 바 크다. 전술한 바와 같이 평신도란 없다. 단지 하나님의 백성만이 있을 뿐이고 그 백성 중에서 하나님의 선택을 받은 자가 섬기는 자로 도와주고 있을 뿐이다.

교황제도를 설명하면서 좀더 자세하게 이 제도의 그릇됨을 지적하는 이유는 교회가 가톨릭화하는 위험성을 지녔기 때문이며 비진리적 요소를 지닌 교회가 연합하려고 하는 운

---

362) 이종성, 「교회론 Ⅱ」, p. 115.
363) 이종성, 위의 책, pp. 116~117.

동 때문이며 어떤 몇몇 학자들은 심지어 로마 가톨릭 교회와 그 교황을 적그리스도니 바벨론이니라고 했기 때문이다.

이하에 스트롱이 로마 가톨릭 제도의 그릇됨을 지적한다.[364]

첫째, 그리스도가 베드로에게 그토록 그리스도를 대신하는 권위를 주신 바가 없었다는 것이다. 그럼 마태복음 16장 18~19절은 어떻게 설명해야 하느냐? 그것은 베드로가 그리스도를 최초로 고백했고 그리스도의 이름을 유대인과 이방인에게 전파한 자로서의 개인적인 지위를 단지 말해 주었을 뿐, 그 외의 특권 부여는 아니었다는 것이다. 베드로 자신도 자기를 단지 하나의 동역하는 장로라 했고(벧전 5:1), 어떤 경우에는 바울에게 책망을 받기도 했다(행 15:7~30).

둘째, 비록 베드로가 우월적 권위를 가졌다고 하더라도 그가 그것을 다른 사람들에게 전수할 권세를 가졌다는 증거가 없다.

셋째, 베드로가 로마에 있었다는 결정적인 증거가 없다.

넷째, 베드로가 그의 후계자들을 로마의 감독으로 지정했다는 증거가 없다.

다섯째, 비록 로마의 감독을 지정했다 하더라도 그 계승이 계속되어졌다는 증거가 없다.

여섯째, 교회의 군주제도가 교회를 부패시켰고 그리스도에게 불명예를 안겼다는 증거는 너무나 많다.

스트롱은 로마 가톨릭 제도와 그 성격을 같이하고 있는 국가교회론(The National-Church theory)을 많이 비판하고 있다. 국가교회는 지역적 정체를 거부하고 전 국가적 교회 정체를 주장한다. 이것은 독일의 패프(C. M. PFaff 1686~1780)에 의해 발전되고 나중에 화란으로 소개된 제도이다. 즉 지역에 흩어진 모든 지역 교회들은 한 국가에 소속한 전국 교회의 작은 부분들이고 따라서 한 국가 교회의 지시를 받아야 한다는 것이다.[365] 가령, 대한민국에는 하나의 국가적 차원의 교회가 있고 그 밑에 수많은 각 도시의 교회들이 산재해 있다는 논리이다.

국가 교회론은 어느 지방이나 혹은 어느 나라에 있던 간에 모든 교회 회원들은 지방이나 국가의 조직 속에 묶여 있어야 하고 이 조직이 개교회 위에 심판자로 군림한다는 것인데 이 이론은 성경에서 아무런 지지도 받지 못한다고 일축했다. 이것은 그리스도인과 개교회의 자율성을 파괴하고 결국 로마 가톨릭 제도로 나아가게 하는 논리를 제공한다고 했다.[366]

로마 교황제도는 그리스도를 정확히 고백한 베드로의 신앙고백의 진리가 그리스도로부터 인정을 받은 바 되었으니 이 고백적 진리가 땅에 떨어지지 않고 고스란히 '그리스도-베드로-또 다른 베드로'라는 계승을 통해 오늘날 모든 그리스도인들에게 전달시켜야 한다

---

364) A.H. Strong, 앞의 책, pp. 908~911.
365) 박형룡, 이전의 책, p. 113.
366) A. H. Strong, 앞의 책, pp. 912~913.

는 기본 사상이 깔려 있었다. 그러나 마침내 그릇은 전달되고 있는데 그 그릇 속에 든 내용물은 없어지거나 혹은 원래의 내용물이 아닌 불순물이 들어 있게 되었고, 더 나아가서 그 그릇마저 순수하게 전승되고 있느냐는 것도 의문스럽기 그지없다. 그릇과 그릇에 들어 있는 내용물이 함께 아무것도 아닌 다른 것으로 역사 속에 나타나지 않았나 싶다.

감독제도

교회 정체가 교회의 감독단에 의해서 집행되는 제도이다. 이것은 왕정(王政)의 형식을 가진 교회 정체이다. 이 제도의 기초원리는 사도계승 사상이다. 그리스도께서 교회의 정치를 사도들의 후계자인 감독들의 무리에게 직접적으로 또는 독점적으로 위임하셨고 따라서 평신도는 교회 정치에 참여하지 못한다. 감독은 교회생활의 전통을 수호하는 자들이며 최고의 권위를 가지고 교회 문제의 최종적 의결자이며 집행자이다.

"감독이 없으면 교회도 없다", "감독이 있는 곳에 교회가 있다." 그만큼 감독은 그리스도로부터 받은 바 진리 전달과 수호를 잘 해낼 수 있는 특권의 소유자라는 것이다. "알아야 면장을 한다"는 말과 같이 평신도는 아무것도 모르는 사람들인 바 그들이 모였다고 해서 교회가 되는 것이 아니라 뭔가를 알고 있는 사람, 즉 감독이 있어야 기독교의 진리가 밝혀지고 해석되고 가르쳐지고 그때서야 참으로 교회가 존재할 수 있다는 것이다.

감독제도를 강조하거나 장점으로 보는 이유는 교회의 보편적 성격이 감독을 낸다는 것이고 또 교회의 사도성 및 그 계승이란 원리가 감독을 낸다는 것이고 교회는 관리를 받아야 양들을 잘 돌볼 수 있다는 실용적 차원에서 감독을 낸다는 것이다.[367]

감독제도를 택할 때 여러 교회들이 분쟁하거나 분립하지 않고 하나로 뭉치는 보편성을 지닌 교회를 유지할 수 있다는 것이다. 감독 아래 보편성이 가능하다는 것이다. 감독제도를 택할 때 그리스도의 진리를 누수됨이 없이 계승되는 사도에 의해 전달되고 진리 통제가 가능하다는 것이다.

감독제도를 택할 때 교회의 운영이 순조롭고 원만한 해결책을 내놓을 수 있다는 것이다. 교회의 모든 일은 성직자들의 독무대이다. 예수께서 베드로에게 주신 목회권이 사도직의 계승이란 제도에 의해서 감독에게 전달되었기 때문이다. 이 제도의 성직 안수식은 매우 엄숙하다. 요한복음의 아래 말씀이 이를 강조한다.

"이 말씀을 하시고 그들을 향하사 숨을 내쉬며 이르시되 성령을 받으라 너희가 누구의 죄든지 사하면 사하여질 것이요 누구의 죄든지 그대로 두면 그대로 있으리라 하시니라"(요 20:22~23)

---

[367] 이종성, 앞의 책, pp. 119~120.

감독제에 대한 비판을 아래의 인용문을 제시하는 것으로 대신한다. 스트롱의 견해를 따른 박형룡 박사의 진술을 소개한다.

「성경은 이같이 장립(將立)과 치리(治理)의 고유적 권리(固有的權利)를 가지고, 따라서 회중을 대표하거나 그들로부터 직권(職權)을 인출하거나, 하지 않는 우월한 직원들의 별계급(別階級)이 있는 증거를 포함하지 않는다. 또 감독들의 연속적인 계대(繼代)를 통하여 사도적 권위가 전래(傳來)된다는 의미의 '사도적 계승'이란 있을 수 없다. 우선 감독들의 중단 없는 역사적 계승을 증명하는 것이 불가능한 일이다. 설혹 그것이 증명된다고 가정하더라도 사도적 계승이 참된 사실로 나타나지는 못할 것이다. 사도성(使徒性)은 사도들의 직임(職任)의 효능에 의하여 주어진 자신적 권위(自身的權威)에 머물러 있는데 그 직임은 그들의 죽음과 함께 끝난 것이었다. 성경은 사도적 직임은 영구성(永久性)을 가진 것이 아니었다는 것을 명료히 보여 준다(고전 15:8). 후대 감독들은 사도들의 어떤 작용(作用)들을 취하였으나 그들의 대권(大權)들은 그리 하지 못했다. 사도들은 그들이 전한 복음의 권위를 전수(傳授)할 수 있었으나 그들이 사도직의 효능으로 소유한 자신적 권위는 그리 할 수 없었던 것이다. 뿐만 아니라 교회는 사도들의 그리스도에 대한 증언을 기초로 하여 건설되고 그들의 자신적 권위 위에 서지 않는다.」[368]

장로제도

장로교회 제도의 근본정신은 온 교회 교인들이 교회 행정에 가담하자는 것이다. 장로교회 제도에 대한 오해는 소위 평신도들을 교회 행정에서 제외시키자는 것으로 보는데 그들의 밑바닥 동기만은 이해하고 넘어가야 한다. 감독제도가 평신도의 존재를 경시하는 단점이 있고 또 회중제도는 상회를 경시하는 단점이 있기에 이 두 단점을 피해서 온 교인이 교회행정에 가담케 하자는 특징을 이루고 있다는 것이다.[369]

그런데 어떻게 온 교인이 교회 행정에 가담할 수 있는가?

그 방법이 대의 제도(代議制度)였다. 모든 사람이 다 참여할 수 없으니 대표자를 선정하고 그들이 대표해서 교회 행정에 책임을 지라는 것이다. 어떻게 보면 회중제도와 같다. 그 밑바닥 사상은 회중 민주제도이다. 장로제도는 입헌적(入憲的), 대의적이고 민주적이라고 했다.[370] 그런데 여기 대의원이 누구냐? 목사와 장로였다. 치리하는 장로와 가르치는 장로를 구별하여 두 사람의 두 가지 직분으로 보아, 두 종류의 직분의 두 종류의 사람들이 대의원이 된 것이다. 소위 현재의 목사, 장로라는 두 직분의 구별이 디모데전서 5장 17절에 근

---

368) 박형룡, 이전의 책, pp.108~109.
369) 이종성, 이전의 책, p. 124.
370) 이종성, 이전의 책, p. 125.

거한다고 하지만 이것은 한 사람의 두 직분, 두 역할, 두 기능이라는 것을 말한 바 있다.

> "잘 다스리는 장로들은 배나 존경할 자로 알되 말씀과 가르침에 수고하는 이들에게는 더욱 그리 할 것이니라"(딤전 5:17)

치리하는 장로로 평신도의 대표격이 되는 것이다. 그렇게 형성된 것이 교회 당회(敎會堂會)로 간단하게 당회라 하는데 이 당회가 절대 결정권 행사를 하고 있다. 이렇게 되면 장로제도가 또 감독제도로 흘러가지 않나 싶은 것이다. 장로제도는 감독제도와 회중제도의 약점을 반대한 특별한 제도라는 긍지를 가졌으나 오히려 반대하던 쪽으로 기울어지는 듯한 인상을 주고 있다. 카너는 장로제는 최고의 권위를 지닌 장로들에 의해 지배되는 정체라고 말했다.[371]

모든 교회 제도들이 다 약간씩 성경에 근거한 것은 사실이지만 전술한 바와 같이 역사적 교회들이 내어놓은 제도라고 필자가 말한 바도 있지만 장로제도의 출현도 성경에서라기보다는 아래의 진술로 보아 역사 속에서 되어진 것임을 변명의 여지가 없을 것으로 본다.

칼빈이 작성한 교회 제도 중에서 장로제도에 미친 영향이 단연 획기적이다. 칼빈은 1539년 판 「기독교 강요」에서 장로 자격을 높였고 그 직책이 하나님이 정하신 제도요 설교 장로와는 다르다고 말했다. 칼빈이 말하는 장로는 목사와는 다른 의미의 장로였다. 그리하여 제네바 시에서 목사와 장로가 합하여 감독회가 조직되어 교회의 훈육적 일을 맡아 본 사건은 그 후 개혁교회와 장로교 발전에 큰 영향을 주게 되었고 그것이 현재까지도 장로교회 안에서 설치되어 있는 당회(session)의 원형이라고 한 것이다.[372]

「중세 로마 천주교회에 의해서 극도로 무시당하던 일반 신도들을 루터가 만인제사장이란 착상으로 평신도들의 제사장권이 인정되는 듯했으나 그 후의 발전과정에 있어서 루터교회도 영국교회도 평신도들의 의견이 교회 운영에 적절하게 반영되는 길이 열리지 않았다. 이러한 심각한 문제점을 발견한 칼빈은 제네바에서 목사와 장로가 회원이 되어 제네바 시내의 모든 종교적 문제를 관장하는 종무원(consistory)을 만들어서 그 일을 담당케 했다. 여기에서 처음으로 평신도들의 대표와 성직자의 대표가 함께 교회위원회(당회)를 만들어 교회의 일을 대의적으로 그리고 민주적으로 처리하게 되었다. 이 제도를 대의제도 또는 장로제도라고 한다. 본래 이 제도는 칼빈에 의해서 제네바에서 시작된 후 낙스가 스코틀랜드에 이식시켜 가장 대규모적 장로제도를 실시했다. 현재 이 제도를 채택한 교회는 주로 개혁교회와 장로교회뿐이다.」[373]

---

371) W. T. Conner, 이전의 책, p. 266.
372) 이종성, 이전의 책, pp. 94~95.
373) 이종성, 이전의 책, pp. 124~126.

그런데 거꾸로 감독제도가 평신도들을 행정에 참석시키는 대의 정치제도를 하고 있는 경향이고 회중제도도 회중의 대표자들을 행정에 참여토록 하는 대의 정치제도를 취하고 있는 경향이라서 장로제도를 주장하는 사람들은 그것이 최고인 것으로 생각하고 있기도 하다.

「오늘날 교회 정치의 실제 상태를 보면 감독 정체의 감리교회는 감독이 주도(主導)하는 회의에 평신도 대표들을 참석시켜 대의 정치의 편익(便益)을 취해 쓰고 회중 정체의 회중교회, 침례교회들은 독립한 교회들의 대표자들이 모여 협의회(協議會)들을 구성하여 역시 대의 정치의 편익을 위해 쓴다. 그러므로 감독 정체와 회중 정체의 중간에 서서 대의 정치를 위주로 하는 장로회 정체는 가장 이상적인 교회 정체(敎會政體)라는 것을 교회의 정치생활의 실제가 증명한다고 단언할 수 있을 것이다.」[374]

감독제는 성직자들만이 모인 회의에서, 그리고 회중 교회는 각 개교회가 주요한 사안을 처리하는 데 비해 장로제도는 노회가 처리함으로써 매우 건전하게 처리된다는 주장으로 장로제도의 이점을 주장하는 것이다. 그러나 대의 정치가 세속적 모형을 따르고 있지 않은지 검토할 필요가 절실한 오늘의 현실이 아닐까?

무교직제도(無敎職制度)

무교직제도란 평신도의 자발성에 의한 모임의 활동을 강조한다. 어느 누구의 지시나 명령 없이 교회라는 모임이 움직이고 나아간다는 것이다.

무교직제도는 외형보다는 내실(內實)을 중히 여기고 상징보다는 실재(實在)를 추구하는 것을 특징으로 한다. 무교직제도 혹은 다른 명칭으로 무교회주의는 기성 교회의 외형적이고 비본질적인 어떤 국면을 반대한 데서 생긴 제도이다. 그래서 기성 교회의 조직과 예전(禮典)을 주로 공격한다. 공격이라기보다는 아예 외면한다는 표현이 무교직제도의 성격을 잘 말해 준다고 할 수 있을 것이다. 아예 '교회'라는 조직체 자체까지 부인하기 때문에 무교회주의라 하기까지 이르렀다. 이들은 '교회'라는 명칭을 취하는 것까지 거부한다. 이 운동의 대표자로서는 스위스의 멘노파(메노나이트), 영국의 퀘이커파와 독일의 경건주의의 일파이다.[375] 이 제도는 기성 교회는 힘과 본질보다는 형식과 그늘을 더 즐긴다고 비평한다. 기독교가 이방문화와 유대문화의 영향으로 예전 즉 할례, 침(세)례 그리고 주의 만찬을 행한다고 보고 이것을 시정하라고 했다.

---

374) 박형룡, 이전의 책, p. 111.
375) 이종성, 이전의 책, p. 126.

이들의 교회관은 다음과 같다.

「거룩한 빛과 자기 마음속에서 나타나는 하나님의 사역에 순종하는 모든 사람들이 함께 공동으로 보편적 교회를 형성한다. 산 자나 죽은 자나 다 보편적 교회에 속한다.」[376]

그들은 내적 빛(inner light)이 최고로 권위가 있다고 본다. 그 빛을 가진 자들의 자연적인 모임이 교회이다. 또 영적 체험과 성령의 충만을 강조한 점에서 신비주의라는 비판도 받지만 사회봉사도 강조하고 있어서 균형을 잡고 있다. 기성 교회의 교직 제도와 정치 제도에 반대하는 순수한 평신도 운동으로 아직 성경 연구만을 중요시하는 소위 무교회주의가 일본의 내촌감삼(內村鑑三, 1861~1930)이 〈성서 연구〉지를 출간하면서 활발히 움직였다. 예배드리기 위한 모임이 아니라 성경 강의를 듣기 위한 모임인데, 구원은 외형적 율법적인 행위에 의하지 않고 오직 신앙에 의해서만 주어진다고 보고 이것은 성경 연구를 통해서 가능하다고 했다. 내촌감삼은 〈무교회〉라는 잡지도 출간했다. 교회다운 교회가 없다는 의미로 무교회이고 성서적 교회를 시작했는데 이것의 이름이 '무교회'인 것이었다. 그는 생생하게 하나님과 함께 있었으며 그리스도와 함께 사는 그에게는 교회가 필요 없다는 주장이었다.[377] 무교직제도 및 무교회 사상은 교회의 이상과 현실이 어떤 것인지를 이해해 주는 데에 너무 인색하여 이상적인 교회만을 추구했다. 그런 나머지 '교회'란 명칭까지 협소하게 되었다. 빈대가 있다고 해서 초가삼간을 불태워 버릴 수는 없는 것이 아닌가? 빈대를 잡을 것이지 집을 불태울 것은 아니다.

그럼 우리는 교회 정치에 대해서 어떤 태도를 취해야 할까?

말할 것도 없이 역사적 교회가 약간의 성경이나 아전인수 격으로 성경 해석을 한 나머지 무리하게 만들어 놓은 교회 제도를 무조건 인정할 수는 없거니와 그래도 성경이 말하는 제도는 무엇인가를 잘 분간해야 할 것인데 아무래도 회중제도가 성경에 가까운 것으로 본다. 전술한 바와 같이 회중제도에도 민주적이라는 말이 다수결에 의한 대중의 의사표시라는 것에 국한된다면 회중제도에서도 그 말을 빼어버리고 만장일치를 취해야 할 것이다. 그러나 만장일치론은 민주적이지는 못한 것이다. 무엇하자는 정치며 무엇하자는 제도며 또 무엇하자는 직분인가? 교회는 생명을 지닌 유기체이다. 생명을 지닌 유기체는 자율적, 자치적 활동을 해야 한다. 그런즉 외부의 어떤 규제가 자율적, 자치적 생명 활동을 억제할 수 없다. 교회는 자연스럽게 자라는 나무들로 이룬 숲이지 분재 전문가들이 강제로 만들어낸 난쟁이 나무들로 이루어진 꽃집은 아니다. 교회는 그리스도의 신부로서 순결을 지켜야 한다. 순결은 외

---

376) 이종성, 이전의 책, p. 127.
377) 이종성, 이전의 책, pp. 128~129.

부에서 어떤 조직이나 강제에 의하지 않고 교회 자체가 지켜야 할 과제이다. 교회는 주님의 군대이다. 천상에 있는 교회는 승리한 교회이고 지상에 있는 교회는 교전 상태에 있다. 이것은 두 종류의 교회가 있다는 것이 아니라 하나의 교회의 상층부와 하층부인 것이다. 머리는 하늘을 두고 있지만 발은 땅에 있는 것이 교회이다. 그래서 교회는 음부의 권세와 싸운다.

"우리의 싸우는 무기는 육신에 속한 것이 아니요 오직 어떤 견고한 진도 무너뜨리는 하나님의 능력이라 모든 이론을 무너뜨리며 하나님 아는 것을 대적하여 높아진 것을 다 무너뜨리고 모든 생각을 사로잡아 그리스도에게 복종하게 하니"(고후 10:4~5)

"마귀의 간계를 능히 대적하기 위하여 하나님의 전신 갑주를 입으라 우리의 씨름은 혈과 육을 상대하는 것이 아니요 통치자들과 권세들과 이 어둠의 세상 주관자들과 하늘에 있는 악의 영들을 상대함이라"(엡 6:11~12)

교회의 행정 및 정치 제도는 생명을 지닌 유기체의 순결과 악과의 투쟁에서의 승전(勝戰)을 위한 것이다. 아무리 좋은 제도라 하더라도 교회 본연의 존재와 행위에 도움이 되지 않으면 의미가 없다는 것이다.

이상에 언급한 모든 제도들이 있지만 어느 제도에도 어떤 개인이나 무리가 회중들 위에 군림하려는 유혹이 있고 또 그렇게 되는 위험에 빠지기도 하는 바 여기에 조지 오웰의 「동물농장」 이야기를 실어본다. 그 요지는 대개 다음과 같다. 동물농장의 모든 동물들이 인간 주인의 지배를 받지 않겠다고 협력하여 주인을 몰아낸 뒤 동물들만 모여 사는 동네가 되었다. 그게 동물농장이다. 이 동물농장에는 온갖 종류의 가축들이 있었다. 같은 시간 같은 장소 그 농장에 있기는 매일반이며 그것들이 사람이 아닌 동물인 바에는 동물 그 자체이지 그 이상도 그 이하도 아니다. 말하자면 동물 회중이다. 모든 개개 동물은 동물의 권리가 있다. 어느 동물도 그 동물농장 위에 군림할 수가 없는 것이다. 다 같은 동물이 의좋게 동물 인격을 존중하면서 협동, 협력, 협조 체제로 자자손손 살아가면 되는 것이다. 그것이 회중 정치제도라 할까? 거기에 당번이 생기고 선주자(先走者)가 있다면 모든 동물들의 권익과 행복을 위한 봉사직 곧 섬기는 직분자일 것이다.

그런데 수퇘지 스노볼이 등장하였다. 그는 모든 동료 수퇘지들을 제거하고 모든 동물들 위에 군림했다. 이 동물농장의 모든 동물들의 안전과 보호 권익과 평안을 위해 돼지 그룹이 책임지고 감독하겠다고 나섰다. 어른 그룹이 생긴 것이다. 거기서 어른 중 어른이 나타났으니 스노볼 수퇘지였다. 이놈이 온 동물농장의 동물들을 위하기보다는 내심 자기를 위한 욕심이 생겼다. 자기를 위한 계획이 나오고 철학이 나왔다. 회중 동물을 위하는 것이 아니라 돼지 그룹, 더 분명하게 수퇘지 스노볼 자신의 경영철학의 실천이 목적이었다. 이 동물농장의 모든 동물들을 이끌기 위해서 어떤 이슈(issue)를 내놓아야 했다. 마치 한국의 군사혁명 정부의 지도자가 새마을 운동을 펼치듯 어떤 목표 지향점을 정했다. 다행히 새마을 운동은 성공했지만 조지 오웰의「동물농장」에서의 수퇘지 스노볼의 풍차(風車) 건설 계획은 끝내 실패했다. 풍차를 세우기만 하면 온 동물들이 문화생활을 할 수 있다고 동물들의 현재적 고통과 억압은 참으라고 헛된 꿈을 불어넣어 주었던 것이다. 그러나 풍차 건설은 성공한 바 없고 동물농장은 자멸하고 만다는 이야기이다.

오늘날 교회나 교단에 스노볼 같은 지도자는 없을까?

동물농장 전체의 유익은 그만 두고 스노볼의 이익을 위해 풍차 건설계획을 정해놓고 모든 동물들로 하여금 그것만을 향해 달리도록 혹사하는 일은 없는가? 교회는 하나님의 목회 계획에 의해야지 목회자 개인의 목회 계획에 의해서는 안 된다. 교회는 목회자의 목회 철학을 펴는 곳이 아니라 하나님이 창세 전에 계획하신 자기표현(self-expression)으로서의 걸작품 그 자체이다(엡 2:10; 빌 1:6; 2:13; 엡 3:10; 골 1:28~29; 히 13:21; 고후 5:17). 사람이 사람을 다스린다는 것은 사람의 주인이 오직 하나님밖에 없다는 신학 때문에 불가능한 것이다. 이종성 박사는 교직 제도의 융통성에 대해서 아래와 같이 말한다.

「우리는 위에서 교회의 정치제도의 유형 다섯 가지를 고찰했다. 교황제도, 감독제도, 회중제도, 대의-장로제도, 그리고 무교직제도다. 이러한 다양한 제도가 형성된 데에는 여러 가지 긍정적인 이유가 있다. 그러나 현대에 있어서 교회가 또다시 다각적으로 심한 비판을 받고 있으므로 교회의 교직제도를 재검토할 필요성이 있다. 교회 존립의 목적은 현 역사 안에서 하나님의 말씀이 확산되고 그리스도의 몸인 교회가 견고히 서 있게 하는 데 있으므로 교회는 이 목적을 달성하기 위하여 필요한 모든 대책을 세워야 한다. 교회는 결코 인간이 만든 어떤 구조나 제도 안에 안주하는 것은 아니다. 교회라는 조직체는 그 안에 있는 하나님의 말씀에 의해서 언제든지 새롭게 되어야 한다. "개혁된 교회는 계속해서 개혁되어야 한다."」[378]

그런 만큼 교회 정치가 교회에게 어떤 유익과 효과를 주느냐를 의식해야 하는 것이다. 국가 정체(政體)는 변해도 국시(國是)는 변할 수 없다. 교단이 생기고 교단끼리 그리고 심지어 교회 사이에 불목이 생기는 것도 상당한 수가 교회 정치제도의 다름 때문이라는 것을 생각한다면 이 세상에서 원수와 싸움하고 있는 교회의 단결성 및 통일성이 걱정이 아닐 수 없다.

장로제도를 강조하는 루이스 벌코프도 은근히 개교회의 회중 정치제도를 손짓하고 있는 것을 보면 민주적 회중 정치제도가 성경에 더 가까운 것으로 보인다. 그는 어떤 보다 큰 기

---

378) 이종성, 이전의 책, pp. 129~130.

구가 개교회의 자율성에 어떤 일정한 제한을 가하는 것이 분명하다고 했지만 그 기구는 결국 개교회의 성장과 복지를 촉진하며 하나님의 교회의 회원들의 권리를 보증하며 하나님의 교회가 보다 충분하게 통일성을 나타내는 데에 기여하는 것이라고 했다.[379]

최근에 매쿼리의 「하나님의 백성의 신학-평신도 신학」과 크레머의 「평신도 신학」에 나타난 평신도 신학은 평신도를 매우 격조높게 올려놓고 있다. 필자는 여기서 평신도라는 말은 그냥 교회의 구성원, 교인, 성도, 그리스도인이라는 말로 대체시켜 놓고 생각하는 바가 있다. 그것은 모든 것은 회중을 위한 것이어야 한다는 것이다.

매쿼리는 평신도 신학은 하나님의 백성의 신학이라 했다. 그것은 곧 신학은 회중의 신학이라는 것이다. 이 말은 신학이 교회 성직자의 전유물이 아니라는 것을 말한다. 평신도 신학은 평신도의 평신도에 의한 평신도를 위한 신학이라는 것이다.[380] 이것은 신학 이야기이지만 결국 평신도라는 회중을 교황이나 감독이나 심지어 장로의 어떤 단체가 그 위에 군림할 수 없다는 것을 암시하는 것이다. 숲이란 여러 나무들이 모여서 이루어진 나무군(群)들이다. 그 중 어느 한 나무만으로 숲은 이루어지지 않는다. 회중 나무들이 있을 뿐, 회중 나무 위에 군림하는 거목은 없다.

"나무가 말했습니다. 우리 더불어 숲이 되어 지키자."

그럼 그들 직분자는 누구인가? 회중의 협조자이며 봉사자이다. 교회의 최고 행정가는 성령님이시다. 그는 군대 사령관이시다. 교회 직분자는 사령관 휘하에 있다. 그럼 그 모든 제도는 무엇인가? 회중의 보호막이며 안전망일 따름이다. 버스 안에는 파괴하기 위한 망치가 있다. 그것은 버스가 사고가 났을 경우 그 안에 있는 승객의 탈출을 위해 유리창을 파괴하기 위해 예비해 놓은 것이다. 제도란 그런 것쯤으로 생각하고 그 제도 안에 있는 회중, 사람, 그리스도인, 곧 성도를 귀하게 여겨야 할 것이다.

역사적 교회가 제도와 정치를 필요로 했지만 그것은 가변적이었다. 그러나 그 모든 제도의 중심에 깔려 있는 기본 사상은 회중 곧 하나님의 백성을 위한다는 전제이다. 하나님의 백성이 이 땅 위에서 '교회를 하게' 만드는 일이다. '교회를 한다'는 동사는 생명적 유기체인 교회가 그의 순결과 그의 성장 그리고 그의 승리의 활동을 해야 한다는 뜻이다.

(6) 교회의 활동 내용

교회의 활동에 관한 표현의 문제

---

379) L. Berkhof, *Systematic Theology*, (Michigan: Eerdmans Publishing Co, 1974), p.584.
380) 이종성, 「교회론 Ⅱ」, pp. 164~165.

학자들은 교회의 활동에 관해 여러 가지 용어로 표현한다. 교회의 역할, 교회의 사명, 교회의 의무, 교회의 사역, 교회의 기능 등 다양한 표현으로 교회의 활동을 설명하고 있다. 에릭슨은 '교회의 기능'(Function of the Church)이란 주제 아래 복음전도, 교육, 예배, 사회봉사 등을 들고 있으며,[381] 터너는 '교회의 사역'(The work of the Church)이라는 주제 아래 사역의 성격, 사역의 범위 그리고 사역의 방법을 말하고 있다. 뒤에 상론하겠지만 우선 터너의 설명을 말한다면 교회는 진리의 안내자이며 그리스도의 대행자로서 사역하는 것이며 그 사역 범위는 교회 안에서와 세상 안에서의 사역이며, 그 방법은 공중사역과 개인사역으로 나눠진다고 했다.[382]

　더 깊이 들어가서 그런 표현들로 말한 교회의 활동 내용으로는 대개 다음 사항들을 말한다. 예배, 전도 및 선교, 교육(양육), 친교, 봉사를 들고 있다. 이것들을 교회의 5대 사명이니 혹은 줄여서 4대 사명이니 혹은 기능, 의무로 말한다.

　활동을 표현하는 여러 가지 용어 중 어느 것을 택하느냐에 거의 신경도 쓰지 않고 상호 교체적으로 사용하고 있다. "교회가 무엇을 해야만 하는가?"라는 질문과 "교회는 무엇을 하고 있는가?"라는 질문에서 그것이 바라는 답이 너무나 판이한 것이다. 무엇을 해야만 하는가의 질문은 교회의 기능과 의무를 답해야 하는가 하면, 무엇을 하고 있는가의 질문은 교회의 본질과 자연성을 답하게 된다는 것이다. 무엇을 꼭 해야만 한다는 교회는 그 자체가 목적이 아니라 교회보다 더 큰 어떤 목적을 두고 그것을 완성해야 하는 수단으로 전락하거니와, 무엇을 한다는 교회는 더 이상 나아갈 어떤 목적을 가진 것이 아니라 교회 자체가 목적이며 결국 목적 자체로서의 교회의 존재를 강조하는 것이다. 가령, 교회의 기능이란 무엇인가라고 질문하자. 그 기능은 교회를 위한 것이 아니라 교회가 또 다른 그 무엇을 위한 수단이란 말밖에는 다른 의미가 없는 것이다. 또 하나의 비근한 예를 들어보자.

　우리 사람의 몸의 '기능'이란 무엇인가? 사람의 몸의 의무란 무엇인가? 사람의 몸의 역할이 무엇인가? 결국 같은 내용을 여러 가지 형태의 질문으로 표현한 것이지만 몸은 무엇을 해야만 하는가의 외압적이고도 강제적인 압력을 받아서 몸 아닌 어떤 다른 것을 위해 존재해야만 하는 철저한 수단적 존재로 남게 된다는 것이다. 이런 태도가 몸에 대한 설명인가? 결코 그렇지 않다. 교회는 그리스도를 머리로 하고 있는 몸으로서 교회 자체가 목적이지 또 무엇의 수단은 아니다.

　그럼 몸의 지체의 기능을 말해보자. 몸은 먹고 마시고 보고 느끼고 소화하고 배설하는 지체의 기능을 갖고 있다. 그런 몸의 지체의 기능은 몸 자체의 존재에서 자연스럽게 생기는 활동에 불과한 것이다. 몸이란 존재가 있으면 그 몸의 활동이 있는 것이다. 우리는 몸의

---

381) M. J. Erickson, 이전의 책, pp. 1052~1059.
382) J. C. Turner, 이전의 책, pp. 94~106.

활동을 몸의 기능이니 역할이니 의무니 사명이니 하고 이름을 붙여 주었던 것이다. 몸의 활동은 몸의 존재 양태일 뿐이다. 소위 그런 기능들을 빼버린 몸의 존재를 상상할 수 있는가? 선 존재(先存在) 후 행위(後行爲)가 진리이다. 그것을 명실공(名實共)이라 하는 것이다.

교회의 기능 역할 등의 표현에서 교회를 도외시하고 그 외에 또 무엇을 위한 기능이란 말인가? 사실 몸은 지체의 기능은 지니고 있지만 몸 자체의 기능이란 적절치 못한 표현이다. 언필칭 교회는 하나님 나라를 확장하고 복음을 지니고 진리를 전하기 위해 교회의 기능 내지 역할 혹은 사명을 다해야 한다고들 한다. 즉 교회는 복음 전파의 수단적 의미를 지닌다는 것이다.

그럼 복음 전파의 궁극적 목적은 무엇인가? 교회가 중한가? 복음 전파가 중한가? 복음 전파의 목적은 교회를 세우는 것이다. 복음 전파는 수단이고 교회는 그 수단의 목적이다.

몸이란 왜 존재하느냐? 그 기능 때문이다. 그 기능이란 무엇이냐? 전술한 바와 같은 단순한 그런 기능이다. 먹고 마시고 보고 느끼고 소화 배설하는 그런 기능 말이다. 우스갯소리로 먹기 위해 몸이 있느냐 몸이 있으니까 먹느냐? 몸이 있으니까 먹게 되는 이 생리적 자연적 현상을 먹기 위해 몸이 있다고 말하는 것은 몸에 대한 모멸적 표현이다. 이 모멸적 표현을 피하기 위해 먹고 마신 몸이 몸 이외의 그 무엇을 위해 존재하는 것이라는 논리를 편다면, 그땐 몸이 그 무엇을 위한 담보(擔保)로 제공했다는 것인데 예수님은 이를 단연코 부정하신다.

"사람이 만일 온 천하를 얻고도 제 목숨을 잃으면 무엇이 유익하리요 사람이 무엇을 주고 제 목숨을 바꾸겠느냐"(마 16:26)

교회를 최후 목표로 보지 않고 아직도 하나님이 이루지 못한 그 무엇을 위한 사업의 수단으로 본다는 것은 창세 전 하나님의 교회 잉태와 역사 속에서의 교회의 성장과 종말에서의 교회의 들림이라는 하나님의 작정과 섭리에 무지한 탓으로 돌릴 수밖에 없다.

교회는 교회를 잉태하시고 출산하시고 성장케 하시는 하나님의 뜻을 따라야 한다. 그렇게 하는 것이 교회의 활동이다. 교회는 하나님의 자기 표현이기 때문에 교회의 활동은 하나님의 활동이다. 교회의 활동을 보노라면 하나님의 활동을 보는 것이 된다. 잃어버린 하나님의 형상을 되찾은 사람들이 그리스도인이고 이런 그리스도인들의 모임이 교회이니까 교회를 보면 하나님이 보이게 마련이다. 자식을 보면 그 부모를 알듯이 교회를 보면 하나님 아버지를 알게 된다. 자식은 부모를 닮고 부모의 뜻을 존중한다.

교회는 하나님의 창조와 구속의 최후 목표이다. 모든 것은 교회를 위한 사전준비에 불과한 것이었다. 교회는 역사의 최후이며 역사의 꽃이었다. 왜냐하면 교회의 머리가 예수 그리스도, 그의 아드님이시기 때문이다. 하나님은 아드님 때문에 교회를 그토록 사랑하셨다. 그런 교회가 생존하고 있으며 생존하기에 생활(生活) 즉, 생명의 활동을 하는 것뿐이다. 이 생활을 또 무슨 다른 사역의 수단으로 제공한다는 것은 사람의 몸을 아무 데나 수단으로 던져버리라는 것과 같은 말인데 그렇게 되면 몸은 파괴된다.

한스 큉은 교회(에클레시아)와 하나님 나라(바실레이아)를 구별하는 진술에서 교회의 의미에 대해 오해를 하고 있는 것 같다. 하나님 나라와 교회가 다르다는 것은 말할 것도 없다. 하나님 나라를 건설하려는 것이 궁극적 목적이 아니라 새로운 존재로서의 교회 건설이 그 목적인 것이었다. 한스 큉이 말하는 교회는 그가 몸담고 있는 가톨릭 교회를 염두에 둔 것이었지만 신약적 의미의 교회로 본다면 한스 큉의 이야기는 초점을 잃고 있다. 우선 진술을 보자.

「이 마지막 시대에 자신이 일시적? 잠정적? 과도기적인 존재임을 망각하는 교회는 스스로 지나친 요구를 하는 교회다. 그런 교회는 미래가 없으므로 지치고 잠들며 쓰러진다. 그러나 항상 자기 자신이 아닌 하나님 나라에서 목적을 찾기를 명심하는 교회는 버틸 수 있다. 그런 교회는, 자신에게 지나친 요구를 아니할 줄을 알고, 결코 최종적인 존재나 영원한 보금자리로 자처할 필요가 없음을 알며, 가다가 회의에 흔들리고 장애에 부딪치며 근심에 짓눌린다고 해서 조금도 놀랄 것이 아님을 안다. 그렇다. 교회가 굳이 결정적인 존재라야 한다면, 그런 교회는 좌절할 수밖에 없다. 그러나 교회가 일시적인 존재에 불과하다면, 그런 교회는 희망이 있을 수 있다. 교회에는 지옥문이 쳐이기지 못하리라는 약속이 주어져 있는 것이다.」[383]

그가 계속 말하는 내용을 보면 "창조의 목표는 교회가 아니라 완성된 하나님의 통치"라 하고,[384] "교회는 따라서 교회 자신을 목적으로 내세워서는 안 된다"고 했다.[385]

한스 큉은 하나님 나라의 선재성(先在性)과 광대성(廣大性)을 강조한 나머지 교회를 일시적 잠정적으로 지나가는 변화의 과정을 겪는 존재로 인식하고 있는데 문제는 바실레이아와 에클레시아의 성격 문제가 아니라 하나님이 존재하시다가 왜 행위하셨는가 하는 것이다. 그것은 기존 하나님의 왕국 건설이 아니라 기존한 바 없는 하나님 특유의 고유한 걸 작품을 내시려 했던 것이다(엡 1:3~10). 그게 교회이다.

이런 전제에서 볼 때 교회야말로 하나님의 궁극적 목표였던 것이다. 그런 교회에 하나님

---

383) 한스 큉, 「교회란 무엇인가?」, (분도출판사, 2005), p. 75.
384) 한스 큉, 위의 책, pp. 71~72.
385) 한스 큉, 위의 책, pp. 74~75.

의 통치, 하나님의 나라가 부재한다는 것은 아니다. 불완전하고 미숙해서 성장으로 나아가고 있다는 것이 교회의 약점이 될 수 없고 그런 교회를 둔다는 것이 하나님의 궁극적 목적이 될 수는 없다. 이하에 저명한 학자들의 견해를 소개해 본다. 터너의 입장을 보자.

「우리 주님은 이 세상에서 행해 내실 일을 갖고 계셨기 때문에 교회를 건설하셨다. 주님은 그의 사업을 실천해 내는 책임을 교회에게 위탁하셨다. 교회는 그리스도의 몸으로 묘사되고 있다. 이 몸을 통해 주님은 그의 사역을 하신다. 그리스도인의 입을 통해서 주님은 말씀하시고 그리스도의 손을 이용하사 주님은 사역하시고 그리스도인의 발을 가지시고 사람 가운데 움직이신다.」[386]

터너도 아쉽지만 교회의 수단성을 말하고 있을 뿐, 교회가 더 나아갈 수 없는 주님 사업의 최종적 종착역이며 목표라는 것을 간과하고 있는 것 같다. 이 세상 안에서 교회 아닌 주님의 다른 사업은 무엇인가? 언필칭 하나님 나라의 선포 및 확장이라고 할 것이다. 이 답이 회귀법이라고 이미 지적한 바 있다. 교회가 있기 전에도 하나님의 나라는 있었다. 하나님은 유무(有無) 간 모든 것에 내존하시고 통치하시는 분이신 만큼 그의 통치가 하나님의 나라가 아닌가? 하나님의 통치가 없었던 때가 있었을 것인가? 결코 그런 것이 아니다.

에릭슨의 입장을 보자.

「그러나 교회의 기능들은 매우 중요한 주제이다. 왜냐하면 교회는 그 자체로서 하나의 최종 목표로 단순히 존재하기 위해 우리 주님에 의해 존재하게 된 것은 아니었기 때문이다. 오히려 교회는 주께서 의도하시는 그 목적을 완성하기 위해 존재하게 되었다. 교회는 이 세상에서 주님의 사역을 실천에 옮긴다. 교회는 주님이 지금 여기 계셨다 하더라도 주님이 하셨던 일과 또 하시려고 했던 일을 지속한다. 본 장에서 우리가 첫째로 고려하는 것은 교회가 실천해내야 할 책임진 일들을 해낼 수 있도록 하는 여러 종류의 기능들이다.」[387]

에릭슨도 교회의 기능은 교회가 해내야 할 어떤 과제를 실천하는 데에 필요하다는 것이다. 이럴 경우 교회와 기능은 별개의 문제다. 교회는 교회 자체를 위함이 아니라 다른 그 무슨 일을 위해 교회가 기능을 갖고 있어야 하고 그 기능으로 그 일을 해내야만 한다. 그것이 교회의 사명이요 교회의 역할이요 교회의 목표라 칭해진다.

여기서 우리가 요주의할 것은 오늘날 교회가 교회로 남지 못하고 다른 어떤 사업을 완성

---

386) J. C. Turner, 이전의 책, p. 94.
387) M. J. Erickson, 이전의 책, p. 1051.

해 주기 위한 기능 발휘를 하다가 마침내 교회가 쇠약해지고 결국 교회의 정체가 사라진다는 위험천만한 사태인 것이다.

기능 이전의 교회의 자기관리

교회가 기능을 발휘하기 이전에 해야 할 교회 자체의 할 일이 있지 않을까? 자기관리이다. 교회 자체의 관리이다. 교회는 살아 있는 영적 유기체적 생명체이다. 살아 있는 생명체 교회의 모습은 어떤 것인가?

"이는 성도를 온전하게 하여 봉사의 일을 하게 하며 그리스도의 몸을 세우려 하심이라"(엡 4:12)

온전한 성도들이 있어야 하고 성도들이 봉사의 일을 해야 하며 성도들이 그리스도의 몸을 세울 때에 그 교회가 생명을 지닌 건강한 교회이다. 어떤 교회를 향해 자기관리가 잘된 교회라 할 수 있는가? 건강한 교회와 성장하는 교회이다.[388]

그럼 먼저 건강한 교회는 어떤 모습의 교회인가? 스테드만의 교회 진단을 보기로 하자. 레이 스테드먼(Ray C. Steadman)은 교회에는 사도들과 선지자들과 복음 전하는 자와 목사와 교사는 단 한 가지 하는 일이 있다고 설명한다. 그것은 성도를 온전케 하는 일이었다. 온전케 한다는 것은 성도들로 하여금 무슨 일이든지 부족함이 없이 일을 잘 해낼 수 있도록 준비 내지 예비시켜 놓는 것을 말한다. 전선에 나갈 군병에게 철저하게 전투훈련을 시켜 놓는 것을 말한다.

전부(全部)는 일부(一部)가 모여서 형성된다. 일부의 흠은 곧 전부의 흠이 된다. 건강한 교회는 건강한 개개인 그리스도인이 모여서 된다. 교회에 소속한 각 사람은 교회 속에서 각 사람이 권함을 받고 가르침을 받고 완전한 자로 세워져야만 그 교회가 건강한 교회가 된다.

"우리가 그를 전파하여 각 사람을 권하고 모든 지혜로 각 사람을 가르침은 각 사람을 그리스도 안에서 완전한 자로 세우려 함이니"(골 1:28)

좋은 교회는 좋은 그리스도인으로 형성된다. 자기 개인은 좋지 않으면서 교회를 향해 좋은 교회가 되라는 요구는 자기 책임을 모르는 자의 욕심이다. 소위 이름난 교회에 속했다고 이름난 각인이 되는 것은 아니다. 현재 어떤 사람은 이름난 교회에 소속된 것만으로 자신의 문제가 다 해결된 것으로 보려는 자도 있다. 안 될 말이다. 하나님의 교회는 불순분자가 섞

---

[388] R.C. Steadman, *Body Life*, (CA,USA:Division of G/L Publication), pp. 87~88.

여서 그냥 넘어가는 예는 없다. 천국 입성이 대중에 섞여서 요행스럽게 통과되는 예는 절대로 없다. 결코 각 사람의 문제를 지닌 채 이름난 교회의 회중에 섞여 어물쩍 천국 가려는 허상은 일찌감치 포기해야 한다. 건강한 교회는 건강한 각각의 그리스도인으로 형성된다.

교회의 목사는 교회의 각 사람에게 해야 할 일이 있고 교회에 소속한 각 사람도 자기가 해야 할 일이 있다. 그것은 목사는 각 사람을 권하고 각 사람을 가르치고 각 사람을 완전하게 해야 하고, 각 사람은 권함을 받고 가르침을 받고 완전하게 됨을 받은 교회라야 건강한 교회라 할 수 있다. 잘 먹여주시니 잘 받아먹는 자녀가 건강한 것처럼, 목사가 잘 지도하고 성도는 그 지도를 잘 받아야 건강한 성도가 된다. 유명한 교회에 소속했다고 유명한 교인이 되는 것이 아니다. 유명한 식당에 갔다 해도 식사를 해야만 간 보람이 있는 것이다. 사람들에게 양동이로 우유를 마시라 하면 도저히 마실 수가 없을 것이다. 사람들 각자가 자기 컵으로 우유를 떠서 마셔야만 우유를 마실 수 있다. 목사의 설교를 개개인의 영적 컵으로 받아 먹어야 영적 영양을 공급받는 법이다.

그럼 왜 그렇게 성도들을 온전케 하는가? 성도들은 왜 준비나 예비된 상태로 있어야 하는가? 거기엔 두 가지 일들을 하기 위해서라고 했다. 그 두 가지 일들이란 봉사의 일을 하게 하는 것과 그리스도의 몸을 세우는 것이었다. 준비되고 예비되고 잘 갖춰진 성도가 온전한 성도인데 이들은 봉사의 일을 하며 그리스도의 몸을 세운다.

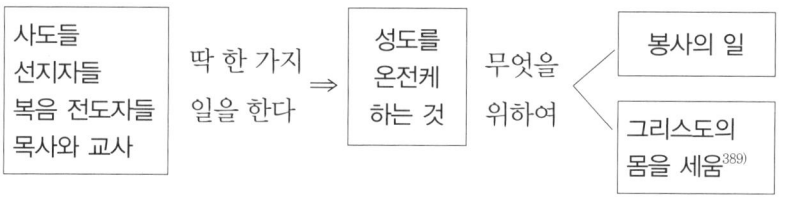

스테드먼은 교회는 그 자체 몸을 우선 건강하게 유지해야 한다고 했다. 건강하자면 건강한 성도들로 구성된 교회여야 한다. 건강하지 못한 성도는 왜 생기는가? 즉 몸 생활의 무서운 질병은 무엇인가? 따뜻한 친교의 부족에 있다. 코이노니아(친교)가 없으면 교회 구성원은 병든다. 그것은 사랑의 부족 때문이요 서로의 짐을 지지 않기 때문이다.[390]

"새 계명을 너희에게 주노니 서로 사랑하라 내가 너희를 사랑한 것같이 너희도 서로 사랑하라 너희가 서로 사랑하면 이로써 모든 사람이 너희가 내 제자인 줄 알리라"(요 13:34~35)

오늘날 교회의 친교 상태는 어떤가? 친교 대체 운동이 교회에 들어 왔다. 교회 안에 유사

---

389) R. C. Steadman, *Body Life*, pp. 112~114.
390) 위의 책.

친교가 있는데 그것은 교회의 친교가 아니다. 그럼 교회의 친교는 어떤 것인가? 교회의 친교는 다음과 같다.

> "우리가 보고 들은 바를 너희에게도 전함은 너희로 우리와 사귐이 있게 하려 함이니 우리의 사귐은 아버지와 그의 아들 예수 그리스도와 더불어 누림이라 우리가 이것을 씀은 우리의 기쁨이 충만하게 하려 함이라"(요일 1:3~4)

교회 안에 진정한 교회의 친교라는 것은, 태초부터 있다가 나타내신 바 된 영원한 생명을 듣고 보고 주목하고 손으로 만진 바 있는 영적 체험의 공유자들의 친교이다. 이 친교의 내용은 공통적인 영적 체험의 소유자들이 그 가운데 아버지와 그 아들 예수 그리스도와 함께하는 사귐인 것이다. 그런데도 오늘날 교회 안의 친교는 모종의 사교클럽이나 동호인(同好人) 모임이나 취미성 그룹이 아닌가 걱정스럽다. 이것은 유사 친교나 대체 친교이다. 교회에 친교가 없는 나머지 인위적으로 친교 모임의 프로젝트나 행사를 하는 것도 오래지 않아 시들해지기 마련이다. 이를 극복하기 위해 온갖 새로운 형태의 교육 프로그램과 운동이 생겼다가 사라지곤 한다. 불건전한 성도가 생기는 또 다른 이유는 무엇인가? 그것은 피차에 죄를 고백하고 위해서 기도하지 않기 때문이다.

> "그러므로 너희 죄를 서로 고백하며 병이 낫기를 위하여 서로 기도하라 의인의 간구는 역사하는 힘이 큼이니라"(약 5:16)

신약 교회는 피차 간에 친밀히 사정을 알고 도왔다. 유무상통했다. 피차 죄를 고백했다. 서로 권고하고 기도해 주었다. 이런 것을 하지 못하는 성도들은 불건전한 성도이다. 이런 불건전한 성도들이 모인 교회는 불건전한 교회이다. 건강하지 못하고 약한 교회가 된다. 지금의 교회는 가정의 문을 닫고 마음의 문을 닫고 일터의 문을 닫고 도무지 정보를 나누지 않는다. 출석 교인들은 바다의 모래처럼 모였으나 두 개의 모래알도 합한 적이 없는 외톨이들의 모임이다. 내부적으로 결집력이 없으며 외부적으로 악한 세력에 대항해서 공격력도 없게 된다. 그러므로 중요한 것은 교회 자체가 건강해야 하는 바 이것이 교회가 해야 할 과제이며 역할이라고 할 것이다. 성장한 교회는 어떤 모습의 교회인가?

건강한 교회의 드러난 표적은 성장이다. 성장하지 않는 교회는 건강한 교회가 아니니 마치 신체적으로 성장하지 않는 몸은 그 안에 무슨 질병이든 성장 장애 요소가 있는 것과 같다. 건강한 몸은 성장하기 마련이듯 건강한 교회는 성장한다. 하나님은 교회가 성장하기를 원하신다.

성장이란 어떤 상태인가?

"우리가 다 하나님의 아들을 믿는 것과 아는 일에 하나가 되어 온전한 사람을 이루어 그리스도의 장성한 분량이 충만한 데까지 이르리니"(엡 4:13)

성장은 교회가 그리스도의 장성한 분량에까지 이르는 것이며 범사에 머리이신 그리스도에게까지 자라가는 것이다. 즉 교회의 성장이란 그리스도께 가까이 나아가는 것이고 그리스도처럼 되는 것이다.

「무엇보다 하나님이 추구하시는 가장 고상한 것, 영구적인 것은 현 세계 속에다가 예수 그리스도의 인간성과 닮은 사람을 생산하는 일이다. 하나님은 흰 옷 입은 성도나 성공적으로 일을 잘 해낸 교인이나 혹은 종교적인 전문가를 원하지 않으시고, 단지 그가 원하는 것은 우리 모두가 성장하게 되기를 바라는 것이다. 즉 예수 그리스도와 같이 책임질 줄 알고 잘 조정되고 온 마음을 쏟아 붓는 인간이 되는 것이다.」[391]

그리스도의 장성한 분량이 충만한 데까지 이르는 교회는 하나님의 아들을 믿는 것과 아는 일에 하나가 되어 온전한 교회인 것이다. 성장한 교회는 예수 그리스도에 대한 믿음과 지식에 있어서 이견(異見)이 없이 통일되어 있다. 진리에 대해 갑론을박(甲論乙駁)하는 것은 학문 세계의 일이며 정치 세계에서나 하는 일이지 교회 안에서는 진리가 토론의 대상이다. 다수결에 의해 결정되는 것이 아니라 저절로 하나님의 아들을 믿고 아는 일에 하나가 되어진다. 이런 상태가 자란 만큼 그리스도의 분량의 충만한 데 이른 성장이다. 물량적 성장이 아닌 진리의 영적 성장인 것이다. 따라서 성장한 교회는 더 이상 어린아이가 아니다. 어린아이는 격물치지(格物致知)를 못한다(大學, 經文, 大學之道의 格物致知).

"이는 젖을 먹는 자마다 어린 아이니 의의 말씀을 경험하지 못한 자요"(히 5:13)

위 성경구절에서 지각을 사용하여 연단을 받아 선악을 분변하는 자가 장성한 자라고 했다.
격물치지란 무엇인가? 사물을 구분할 줄 앎으로써 지식에 이른다는 것이니 성장한 교회는 사람의 궤술과 간사한 유혹에 빠져 모든 교훈의 풍조에 밀려 요동하지 않는다. 교회가 무슨 일을 하기에 앞서 자체 성장을 목적으로 해야 한다.
모 교회 출석한 지 몇 개월밖에 안 되는 어떤 여인이 교회의 노방전도 팀에 소속이 되어 열

---

[391] R. C. Steadman, *Body Life*, p. 124.

심히 노방전도를 했었다. 목청을 높여 "주 예수를 믿으라. 그리하면 너와 네 집이 구원을 얻으리라"고 외쳤다. 개인적으로 그 여인을 알고 있었는데 나중에 만나보니 "교회는 무슨 교회예요. 교회 끝났습니다." 하고 아예 교회 출석을 안한 지 오래 되었다는 슬픈 보고였다. 아주 비근한 실례이지만 전도하기에 앞서 전도를 받아야 하는 것이다. 어떤 사람들은 안드레가 메시아를 만난 순간 베드로에게 전도했고, 또 빌립이 메시아를 만난 순간 나다나엘에게 즉각 전도한 전례로 보아 전도에 바로 뛰어들라고 한다(요 1:40, 51). 그러나 이들은 예수 그리스도를 확실히 메시아로 믿고 난 후 전도했음을 기억해야 한다. 성장의 또 다른 형태는 무엇인가?

> "오직 사랑 안에서 참된 것을 하여 범사에 그에게까지 자랄지라 그는 머리니 곧 그리스도라"(엡 4:15)

범사에 교회의 머리되시는 그리스도에게까지 자라는 것이다. 예수 그리스도만큼 자란 사람들의 모임이 된 교회가 성장한 교회이다. 전인적 인격, 완전한 사람, 곧 성숙한 사람으로 구성된 교회가 성장한 교회이다. 하나님이 원하시는 것은 교회가 성장하는 것을 보시는 일이다. 교회 성장은 뒷전으로 하고 어떤 역할만 하려는 것은 세상살이 논리에도 맞지 않는다. 자본 없이 사업을 할 수 없고, 실력 없이 가르칠 수 없고, 면허증 없이 불법으로 전문적인 일을 할 수는 없지 않는가?

성장한 교회는 오직 사랑 안에서 참된 것을 행한다. 성장한 교회는 사랑과 진리에 있어서 그리스도에게까지 자란 것이다. 그리스도가 사랑과 진리 그 자체이듯 성장한 교회에게는 사랑과 참이 거기 있다. 우리는 성장의 개념을 성경적으로 파악하고 있어야 할 것이다.

교회는 영성(spirituality)과 성장(maturity)을 지니는 바 영성은 단순히 영적으로 건강한 상태이고 그 영성은 성장 혹은 성숙으로 나아간다. 신체적으로 건강한 어린아이들이라면 유아에서 성인으로 나아가는 것이 사실이다. 영성은 생명의 한 상태이고 마침내 그 결과는 성장인 것이다.[392] 사도 바울은 성장 곧 다른 말로 온전한 데로 계속 나아가야 한다고 말한다.

> "내가 이미 얻었다 함도 아니요 온전히 이루었다 함도 아니라 오직 내가 그리스도 예수께 잡힌 바 된 그것을 잡으려고 달려가노라, 그러므로 누구든지 우리 온전히 이룬 자들은 이렇게 생각할지니 만일 어떤 일에 너희가 달리 생각하면 하나님이 이것도 너희에게 나타내시리라"(빌 3:12,15)

오늘날 교회가 자체 관리엔 소홀하고 소위 교회의 기능만 강조한 나머지 교회가 연약하게 된 기현상이 생기게 되었던 것이다. 그것은 앉지도 못한 아이를 서서 걸으라고 명령하

---

392) R. C. Steadman, *Body Life*, p. 125.

는 것과도 같다. 그러기에 전술한 바 있는 워치만 니는 그의 「에베소서 강해」에서 앉으라 (sit), 행하라(walk), 서라(stand)는 주제로 많은 독자들에게 감명을 주고 있다.

교회의 활동

전술한 바와 같이 교회의 활동이란 교회가 살아 있는 영적 생명체요 유기체이니까 어떻게 무슨 활동을 하느냐에 관한 이야기이다. 사람들은 그것을 일러 사명, 기능, 역할, 의무 등으로 호칭하겠지만 그런 호칭에 지나치게 민감한 반응을 표하고 싶지는 않다.

그럼, 교회는 어떤 활동을 하는가?

하나님이 교회를 내셨다. 그렇다면 교회는 교회를 내게 하신 하나님의 뜻을 실천해야 한다. 그 뜻이란 하나님이 교회를 가지시는 일이다. 교회는 하나님의 뜻에 의해 창세 전에 잉태되었고 역사 속에서 성장하고 있고 역사 끝에서 결실을 거두게 되는 바 이 모든 것이 교회라는 생명체의 활동이요 그것이 교회의 일생인 것이다.

교회의 일생은 위로는 대신(對神) 생활이요 아래로는 대인(對人) 생활이나 후자는 전자에 종속된다. 즉 위로는 하나님을 사랑하고 아래로는 이웃을 사랑하라는 것이다. 이 일에 하나가 되어 있을 때 그것들이 교회의 두 가지 표지 곧 사랑과 하나 됨의 모습이다. 하나가 되어 서로 사랑하는 모임이 되자. 사랑하는 일에 하나가 되자. 이것이 교회의 모습이다. 어디에서 그런 근거를 찾는가? 그것은 성경에 나타나 있다.

> "예수께서 이르시되 네 마음을 다하고 목숨을 다하고 뜻을 다하여 주 너의 하나님을 사랑하라 하셨으니 이것이 크고 첫째 되는 계명이요 둘째도 그와 같으니 네 이웃을 네 자신같이 사랑하라 하셨으니 이 두 계명이 온 율법과 선지자의 강령이니라"(마 22:37~40)

그런데 교회의 대신 생활도 대인 생활의 다른 측면이고 대인 생활도 결국 대신 생활의 또 다른 활동인 만큼 두부 모 자르듯 양 편을 엄격하게 구분할 수 없으나 개념적으로는 구분할 수 있을 것이다. 모든 것이 다 하나님을 위한 일이다.

> "깨끗한 자들에게는 모든 것이 깨끗하나 더럽고 믿지 아니하는 자들에게는 아무것도 깨끗한 것이 없고 오직 그들의 마음과 양심이 더러운지라"(딛 1:15)
> "그런즉 너희가 먹든지 마시든지 무엇을 하든지 다 하나님의 영광을 위하여 하라"(고전 10:31)

그리스도인에게는 성속(聖俗)의 개념이 없다. 그리스도 안에서 모든 것이 정결하게 되었기 때문이다. 성속의 개념은 율법 정신에서 싹이 튼다. 그리스도의 이름으로 할 수 있는 일이라면 그것이 모두 거룩한 일이다. 그리스도의 이름으로 도적질을 할 수는 없지 않은가? "예수 그리스도의 이름으로 빕니다." 하고 구하는 모든 것은 대신 생활이나 대인 생활 모두가 거룩한 것이다. 교회는 거룩한 생활을 하고 있는 단체이다.

교회는 구원받은 죄인들, 말을 바꾸면 의인된 죄인들, 그러나 결국은 하나님이 자기 아들의 피 아래 있는 단순한 의인들의 모임인 만큼 그 안에서 행해지는 모든 것을 거룩하게 보아 주신다. 하나님은 의인들 가운데서 애써 죄를 찾으시려 하지 않으신다. 단지 우리의 이성과 양심이 피 아래서 스스로 성속을 가려 놓으려 한다. 그러나 하나님은 위에서 예수의 피만 보신다. 유월절 어린 양의 피가 인방과 문설주에 묻어 있는 집안엔 일단 관여하시지 않는다. 교회의 대신 생활(對神生活)과 대인 생활(對人生活) 속에는 어떤 활동들이 포함되고 있는가? 교회의 대신 생활에는 예배가 포함되고 대인 생활에는 교육, 친교, 전도, 선교 그리고 사회봉사가 포함된다.

교회의 대신(對神) 생활- 예배

예배는 교회의 모든 활동 중에서 단연 최고이며 지고(至高)한 활동이다. 교회론이 모든 조직신학의 내용들을 포괄하는 지붕 같은 모 교리라 한 바 있는데, 예배는 교회의 모든 활동 중에 지붕 같은 으뜸 생활(Top life)이다. 대신 생활로서의 예배가 대인 생활인 모든 활동의 으뜸이 된다. 조직신학의 지붕이 교회론이라면 실천신학의 지붕은 예배학이다. 이것을 시각적 안목으로 보면 아래와 같다.

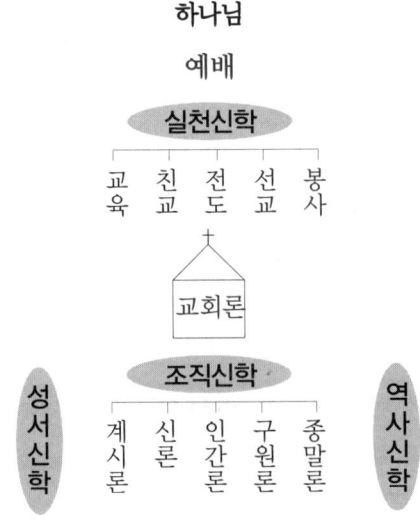

위의 도표는 교회는 하나님께 예배하는 인격체라는 것이다. 교회는 하나님의 자기표현이면서 동시에 하나님과의 관계는 1:1의 상대관계를 지닌다. 즉 교회는 하나님의 자기표현이자 하나님에게 대좌(對坐)하는 대상적 존재이다. 자기표현인 교회를 통해서 나타난 하나님은 영광과 사랑의 하나님이시다. 예배는 지극히 자연스러운 것이다.

「만일 인간이 타락하지 않았다면, 예배는 인간에게 이 세상에서 가장 자연스러운 일이 되었을 것이다. 왜냐하면 본래 하나님은 인간을 예배자로 창조하셨기 때문이다. 예배가 부자연스럽다고 느끼는 것은 소수의 사람만이 예배를 드리기 때문이다. 그러나 사실 예배는 자연스러운 것이다. 왜냐하면 하나님이 본래 우리를 창조하신 목적이 우리가 하나님을 예배하도록 하는 것이기 때문이다. 하나님의 창조 목적은 우리가 하나님을 예배하고 영원히 즐거워하는 것이다. 예수 그리스도께서 동정녀 마리아에게 나시고 본디오 빌라도에게 고난을 받아 십자가에서 죽으시고 장사되신 이유가 무엇인가? 그분이 죽음의 고통을 이기고 무덤에서 부활하신 이유가 무엇인가? 그것은 모두 하나님께 반역하는 자들을 예배자로 바꾸시기 위함이었다.」[393]

단지 불신자들은 예배를 드리되 하나님이 원하시지도 않는 예배를 드리고 있을 뿐이다.

"썩어지지 아니하는 하나님의 영광을 썩어질 사람과 새와 짐승과 기어다니는 동물 모양의 우상으로 바꾸었느니라"(롬 1:23)

교회는 이런 하나님의 영광과 사랑에 대해 감탄(admiration)하고 존경(honour)하고 매혹(fascination)하고, 그리고 사랑(love)해서 하나님 앞에 그냥 절을 하게 된다.[394] 이것이 하나님에 대한 인간의 최우선적 자세이며 소위 '예배'라 하는 것이다. 예배는 예를 갖추어 절하는 것이다. 예배라는 한국적 어의는 예의 있는 머리 숙임이다.

"모세가 급히 땅에 엎드리어 경배하며"(출 34:8)
"백성이 믿으며 여호와께서 이스라엘 자손을 찾으시고 그들의 고난을 살피셨다 함을 듣고 머리 숙여 경배하였더라"(출 4:31)
"…우리의 집을 구원하셨느니라 하라 하매 백성이 머리 숙여 경배하니라"(출 12:27 하반절)

---

393) A.W. 토저, 「예배인가, 쇼인가!」, (서울: 규장, 2007), p. 39.
394) A.W. 토저, 위의 책. p. 13~15.

예배란 무엇인가?

예배는 일차적으로 하나님이 원하시는 것이다. 하나님은 자기를 예배하는 자를 두시기를 원하셨다. 하나님은 예배드리는 개인과 단체를 원하셨다. 그리스도인은 예배하는 자요 교회는 예배하는 모임이다. 예배의 선수권은 하나님이 잡고 계신다. 예배자는 자기가 성장하며(엡 4:11~15), 다른 사람들을 그리스도 앞으로 인도할 수 있지만(고전 14:23~25), 예배자의 일차적인 목적은 하나님께 영광을 돌리는 것이다(고전 10:31; 엡 3:20~21).

천지만물을 창조하시고 마침내 사람을 자기의 형상을 따라 만드신 하나님은 에덴 동산을 만들어 놓으시고 거기에 아담과 하와, 한 가족을 옮겨 놓으셨다. 왜 그렇게 하셨을까? 다른 모든 피조물은 에덴 동산에 모으시지 않으시고 굳이 아담과 하와, 한 가족만 거기에 두셨을까? 사람 외의 모든 동물, 식물들은 다 제각기 창조된 대로 살아가게 두신 하나님께서 왜 굳이 아담 하와만은 에덴 동산에 고정시켜 놓으셨을까? 죽음을 걸어놓고 맺은 어마어마한 약속까지 하셨을까?

"선악을 알게 하는 나무의 열매는 먹지 말라 네가 먹는 날에는 반드시 죽으리라 하시니라"(창 2:17)

그의 답은 간단하다. 하나님은 다른 피조물과는 접촉(contact) 관계를 가지시나 사람과는 친교(fellowship) 관계를 갖기 원하셨다. 그래서 다른 피조물은 결코 비교될 수 없이 오직 하나님의 형상으로 사람을 만드셨다. 하나님과 사람 사이에 친교의 가능성을 위해 하나님과 사람은 닮아야만 했었다. 그것은 통(通)하기 위해서다. 그것은 의사소통하기 위해서다. 그것은 곧바로 친교하기 위해서다.

친교란 무엇인가? 친교는 인격 대 인격의 사귐이다. 하나님은 오직 사람과만 친교하신다. 친교란 결국 사귐이요 통함이요 교통함이요 의사소통 됨인데 그것을 인간적인 언어로 표현하면 친교는 곧 인사(人事)이다. 인사는 사람의 마땅히 할 일이다. 사람이라면 반드시 해야 할 일이 있으니 피차 간에 인사를 나누는 것이다. 너와 나, 나와 너의 만남에서 최초로 하는 것은 인사이다. 인사의 표시로는 언어와 행위가 있는데 그것은 문화의 차이에 따라 각양 각색일 수 있다. 동양에서의 키스는 금물이되 서양에서는 정상이다. 동양에서는 몸 접촉은 꺼리는 것이로되 서양에서는 몸 접촉이 흔히 통하는 인사법이다.

인사는 사람의 고유한 사람 됨의 표시다. 사람은 개인적으로도 인사를 나눈다. 통성명(通姓名) 나누었을 때 비로소 사람과 사람, 곧 인격자와 인격자의 만남이 되는 것이다. 열차를 타고 긴 여행을 하던 승객이 이야기를 주고받다가 마침내 "우리 인사합시다. 저는 ○○○입니다." 하는 것이 인사이다. 또 단체, 국가에도 인사 행위를 한다. 정부행사에 보면 예식이 있다. 국기에 대한 경례, 애국가 제창, 애국 선열에 대한 묵념, 만세 삼창 등 거의 정부의 어떤 예배 같은 인상을 준다.

개인이나 단체의 인사 예배의 대상이 참되고 그릇되고를 떠나서 하여튼 인간은 예배자, 인사하는 자로 피조되었음을 입증한다. 세상의 어떤 피조물도 피차 간에 인사하는 법이 없다. 동물학자들의 실험에 의한 어떤 동물의 동작을 인사로 규정할 수 있을지 모르나 하나님은 어떤 피조물도 피차 간에 인사하는 제도를 정하신 바 없고 더구나 창조주에게 인사를 걸어오게 만들지는 않으셨다. 사람 '인'(人)자와 일 '사'(事)자가 합해서 인사(人事)인즉 사람만이 하는 일이 인사이다. 견사(犬事)란 말이 없고 돈사(豚事)란 말이 없으며 우사(牛事)란 말이 사전에도 없고 통용어에도 없다. 그것들은 짐승이니까 일다운 일이 없는 것이다. 만물과 특수하게 선택받은 생물들이 어린 양에게 찬양을 올리지만 엎드려 경배하는, 곧 인사하는 주체자는 사람인 장로들임을 기억해야 한다.

"내가 또 들으니 하늘 위에와 땅 위에와 땅 아래와 바다 위에와 또 그 가운데 모든 피조물이 이르되 보좌에 앉으신 이와 어린 양에게 찬송과 존귀와 영광과 권능을 세세토록 돌릴지어다 하니 네 생물이 이르되 아멘 하고 장로들은 엎드려 경배하더라"(계 5:13~14)

인사(人事)라고 하니까 사람이 일꾼부터 되라는 교훈인 줄 착각할지 모른다. 하나님은 하나님 앞에서의 일꾼보다 예배자를 찾으신다. 예배자가 된 다음에 일꾼이 되어야 하는 것이다. 그런 의미에서 어떤 일도 예배를 대체할 수 없다. 일 때문에 교회 예배를 등한히 한다는 것은 잘못된 것이다. 예배에 지장을 줄 만한 교회 일이거든 그만두는 것이 더 좋다. 다음 성경구절도 같은 맥락에서 이해해야 할 것이다.

"하늘이 하나님의 영광을 선포하고 궁창이 그의 손으로 하신 일을 나타내는도다 날은 날에게 말하고 밤은 밤에게 지식을 전하니 언어도 없고 말씀도 없으며 들리는 소리도 없으나 그의 소리가 온 땅에 통하고 그의 말씀이 세상 끝까지 이르도다 하나님이 해를 위하여 하늘에 장막을 베푸셨도다"(시 19:1~4)

하늘과 궁창과 날과 밤은 인격적 존재가 아니기 때문에 인격 대 인격의 만남의 주체자들은 아닌 것이다. 그것들은 그렇게 하도록 하나님이 제한적으로 만드신 것이었을 뿐이다. 인사는 오직 사람만이 지닌 지고(至高)한 특권이요 전유물이다. 인사는 예배의 다른 표현이다. 인사는 피차간에 인격을 존중하고 예를 갖추어 존경하는 표시이다. 인사는 정중하게 하는 것이다. 버릇없이 결례되게 하는 인사란 없다. 이제 본격적으로 예배의 정의로 들어가 보자. 그럼 예배는 무엇인가? 그것은 사람이 하나님께 인사를 올리는 것이다. 하나님께 드리는 인사가 예배이다. 예배학에서 예배의 정의, 예배 방법 혹은 형식, 예배 장소, 예배의 시간, 예배의 목적 등을 자세하게 설명하고 있으니까 많은 참고가 될 줄로 믿으나 그 구체적인 내용보다 우선 예배자의 마음이 귀한 것이다.

다시 한 번 예배(禮拜)의 어의를 보자. 예의를 갖추어 머리 숙여 절한다는 것이다.

예배자는 경외(敬畏)와 복종(服從)의 마음을 가지고 겉으로 깍듯이 예를 갖추어 절하는 사람이다. 온 우주의 어떤 피조물이 이런 행위를 할 수 있는가? 아무도 없다. 오직 사람만이 이런 행위를 하기에 사람이 하는 일, 사람이니까 하는 일, 또 그 일을 하니까 사람임을 증거하게 되는 것, 이것이 곧 예배 행위이다.

필자는 전통적 예배학을 현행 인간생활에서 그 용어를 발견하여 사용하는 바 그것이 곧 인사신학(人事神學)이었다. 사람은 하나님께 인사를 올려야 한다. 사람은 하나님께 문안을 드려야 한다. 어떤 어린아이가 아침에 하나님께 문안인사를 올렸다. "How are you, Lord."(안녕하십니까? 하나님) 정말 우스운 영어표현이지만 이 어린아이는 하나님과 마주보고 인사를 나누는 것이다. 아침 경건의 시간이나 잘 때나 깰 때의 기도, 식사 시간의 기도, 건강에 대한 감사, 구원하여 주심에 대한 감사 등, 이 모든 것이 인사이다. 어른을 찾아 인사하러 갈 때 빈 손으로 가지 않고 대접하기 위해 물건이나 현금을 갖다 드리는 것을 예물이라 하는 것이다. 교회로 하나님을 찾아뵈러 오는 사람이 민망스럽게도 빈 손이 아니라 마음의 표시를 물질로 가지고 오는 바 그것을 우리는 헌금이라 하지 않는가? 하나님은 사람에게 선물을 주시고 사람은 하나님께 예물을 드린다.

다간(E.C. Dargan)은 예배를 다음과 같이 정의하고 있다.

「참된 예배란 하나님은 능력이 많으시니까 우리 인간은 그것을 의지하며, 하나님은 거룩하시되 우리는 죄가 있으며, 하나님의 의로우심에 대해 우리는 감사해야 한다는 것을 예배자가 인정한다는 사실에 기초해야만 한다.」[395]

결국 예배란 무엇인가? 예배는 사람이 하나님께 대한 내적 체험을 외적으로 표현하는 것이다.[396]

예배는 예배자의 내부를 외부로 표하는 것이다.

예배는 예배자의 마음을 몸으로 표하는 것이다.

예배는 예배자의 생각을 행동으로 표하는 것이다.

그러므로 예배자의 마음속에 없던 것을 겉으로 나타낸다는 것은 가능하지도 않고 혹 겉

---

[395] J. C. Turner, 이전의 책, p. 78.
[396] J. C. Turner, 위의 책.

으로 나타낸다고 해도 그것은 거짓이다.

> "그러므로 형제들아 내가 하나님의 모든 자비하심으로 너희를 권하노니 너희 몸을 하나님이 기뻐하시는 거룩한 산 제물로 드리라 이는 너희가 드릴 영적 예배니라"(롬 12:1)
> "너희도 산 돌같이 신령한 집으로 세워지고 예수 그리스도로 말미암아 하나님이 기쁘게 받으실 신령한 제사를 드릴 거룩한 제사장이 될지니라"(벧전 2:5)
> "하나님은 영이시니 예배하는 자가 영과 진리로 예배할지니라"(요 4:24)

신령과 진정으로 드리는 예배는 정신을 바짝 가다듬고 진실하게 드리는 예배를 말한다. 속과 겉이 같음을 표현하는 것이다. 안에서 감사한 것이 밖으로 나오는 것이다. 여기 신령과 진정으로 예배드리라는 것에 대한 일반적 해석으로 예배를 드릴 때 오른쪽에는 성령을 모시고 왼쪽에는 성경을 펴들고 장엄하게 드리는 것으로 해석하고 있지만 영어의 표기로는 소문자 'in spirit'과 'in truth'로 신령과 진정을 표시하고 있음을 볼 때 이것은 순전히 예배자 측의 상태를 말해준다고 본다. 즉 예배자는 예배드릴 때 다른 생각하지 말고 정신을 바짝 차려서 진실되게 예배의 대상 하나님께 깍듯이 인사해야 한다는 것이다. 사병이 지휘관 앞에 서 있는 자세가 흐트러질 수 없는 것이다.

논산훈련소의 훈련병이 제일 먼저 배우는 군사훈련이 있다. 그것은 '차려'와 '경례' 자세이다. 차려 자세는 내가 이제 군인이 되었으니 세상의 일은 그만두고 오직 사령관의 명을 받아 군대 일만 하겠으니 하명(下命)만 해 달라는 부동자세(不動姿勢)이다. 부동자세는 군인의 기본자세이다. "움직이지 말라"는 명을 받고 움직여야 된다는 것이다. 경례 자세는 그런 사령관에게 인사부터 올리겠다는 것이다. 존경하고 신뢰하는 사령관에게 부동자세로 거수하여 경례하는 것부터 배운다. 이런 인사 절차도 없이 결단코 전선에 나갈 수는 없다.

결국은 사람에게 평안과 기쁨과 영생을 주신 분에게 "감사합니다"라는 고백을 하면서 머리 숙여 절하는 것, 예를 갖추어 절하는 것, 인사를 올리는 것이 예배이다.

하나님을 대했을 때 사람이 제일 먼저 취해야 할 자세는 인사부터 올리는 것이다. "제가 여기 있습니다." 탕자가 아버지 앞에 돌아왔을 때 아버지에게 제일 먼저 하는 것은 "제가 돌아왔습니다. 용서해 주셔서 감사합니다"라는 인사부터 올리는 것이다. 인사도 안하고 아버지 일을 한다는 것은 순서가 바뀐 것이다. 선 인사 후 봉사가 순서이다. 결혼식도 두 남녀가 인사하는 예식이다. 어느 피조물들이 결혼식을 올리고 짝 놀음하는 예가 있는가? 오직 사람만이 예(禮)라는 것을 안다. 그 예는 하나님에 대한 예요 아래로는 사람에 대한 예다. 인간은 연장을 사용함으로 인간됨이 아니라 더 근원적인 것은 인간이 인사하는 존재이기에 인간됨이 있다. 오죽하면 겨우 말 배우기 시작한 유아를 향한 어머니의 교육은 '아버지' '어머니'라는 호칭 연습이며, 그것이 끝나면 '안녕?'이라는 인사말이며, 마지막에는 '고개 숙여' 인사하라는 동작 훈련일까? 사람의 자녀가 배우는 최초의 교육 "아버지, 안녕?" 하고 고개 끄덕이는 것은 인간은 하나님의 이름을 부르고 그에게 경배하라는 것의 전조(前兆)이며 모형(模型)인 것이다. 이것이 인사신학의 내용이다. 구약이나 신약에 걸쳐 하나님을 사랑하고 믿으라는 것은 평범한 문화 언어로는 단순히 인사하라는 것 이상이 아니다.

논어에도 이런 말이 있다. "부지예 무이입야"(不知禮 無以立也)[397]

이를 번역한즉 사람이 예의를 모르면 감히 사람으로서의 행세를 할 수 없다는 것이다. 즉 예를 모르면 설 수 없다는 것이니 사람이 예를 모르면 땅에 쓰러져 인간 노릇을 못한다는 것이다. 즉 사람은 예의를 갖춰 인사해야 하는 존재임을 말해준다. 물론 이 논어의 예는 인위적 예이지만 하여튼 어떤 격식을 차려 살아가는 게 인간이라는 의미는 틀림이 없다. 예수와 제자들의 대화에서도 인사에 대해 말해주고 있음을 발견한다.

> "그들이 묻되 우리가 어떻게 하여야 하나님의 일을 하오리이까 예수께서 대답하여 이르시되 하나님께서 보내신 이를 믿는 것이 하나님의 일이니라 하시니"(요 6:28~29)

하나님의 일을 하기에 급급한 제자들에게 예수는 인사부터 하는 것이 하나님의 일이라고 교훈하신다. 하나님의 보내신 자를 믿는 것이 하나님의 일이라고 했으니 하나님이 보내신 자를 외면하지 말고 대면하는 것이 곧 믿는 것이요 그게 인사요 그게 예배이다.

예배는 어떤 행위에 의해서도 대치될 수 없다고 터너는 말하고 있다. 예배와 행위는 나란히 갈 수는 있어도 행위가 예배를 물리치고 그 자리에 들어올 수는 없다는 것이다. 하나님은 예배드리고 그 다음에 봉사하라고 우리를 부르신다.[398]

인사신학의 성경적 사례
• 구약의 인사신학

하나님과 사람의 관계는 결국 인사 관계라는 것이 인사신학의 정의인데 인사신학의 시초는 전술한 에덴 동산이었다. 에덴 동산에서 하나님은 아담과 더불어 밤낮으로 문안을 나누며 사귀기를 원하셨다. 존재하시던 하나님이 행위하시는 하나님으로 역사하사 자기 외적 대상으로 사람을 만드시고 간단없는 대화를 나누시기를 원하셨다. 그런데 이 대화가 끊어졌다. 사귐이 깨어졌다. 하나님과 아담 사이에 인사가 끊어졌다. 선악과를 따먹고 범죄했기에 하나님과 인사를 나눌 수 없었다. 하나님과 시선의 초점을 맞출 수 없었다. 별 도리

---

397) 論語 二十堯曰
398) J. C. Turner, 이전의 책, pp. 80~81.

가 없는 아담은 하나님을 피해버렸다.

> "이에 그들의 눈이 밝아져 자기들이 벗은 줄을 알고 무화과나무 잎을 엮어 치마로 삼았더라 그들이 그 날 바람이 불 때 동산에 거니시는 여호와 하나님의 소리를 듣고 아담과 그의 아내가 여호와 하나님의 낯을 피하여 동산 나무 사이에 숨은지라"(창 3:7~8)

하나님은 그래도 찾아오셔서 인사하고 싶으셨다. 하나님은 아담과 하와를 영영 버리시고 다른 인사의 대상을 찾지 않으셨다. 끝내 하나님에게는 아담이 인사의 대상이다. 아담만이 친교와 대화의 상대였다.

> "여호와 하나님이 아담을 부르시며 그에게 이르시되 네가 어디 있느냐"(창 3:9)

아담의 응답이 즉각적으로 나왔다. 아마도 기어들어가는 듯한, 거의 다 죽어가는 듯한 목소리로 말했을지도 모른다.

> "이르되 내가 동산에서 하나님의 소리를 듣고 내가 벗었으므로 두려워하여 숨었나이다"(창 3:10)

하나님의 "네가 어디 있느냐?"의 질문에 아담의 "내가 숨었나이다"가 대답이었다. 이것이 친교인가? 이것을 대화라 할 수 있는가? 슬픈 인사가 아닐 수 없다. 하나님은 일찍이 이사야 선지자를 통해 사람과 인사하자고 간청하고 계신다.

> "하늘이여 들으라 땅이여 귀를 기울이라 여호와께서 말씀하시기를 내가 자식을 양육하였거늘 그들이 나를 거역하였도다 소는 그 임자를 알고 나귀는 그 주인의 구유를 알건마는 이스라엘은 알지 못하고 나의 백성은 깨닫지 못하는도다 하셨도다 슬프다 범죄한 나라요 허물 진 백성이요 행악의 종자요 행위가 부패한 자식이로다 그들이 여호와를 버리며 이스라엘의 거룩하신 이를 만홀히 여겨 멀리하고 물러갔도다 너희가 어찌하여 매를 더 맞으려고 패역을 거듭하느냐 온 머리는 병들었고 온 마음은 피곤하였으며 발바닥에서 머리까지 성한 곳이 없이 상한 것과 터진 것과 새로 맞은 흔적뿐이거늘 그것을 짜며 싸매며 기름으로 부드럽게 함을 받지 못하였도다"(사 1:2~6)

유다와 예루살렘을 향하여 하나님은 인사가 끊어진 것, 예배가 없어진 것, 친교가 깨어진 것을 한탄하신다. 그리고 하나님은 또다시 우리로 하여금 인사 자리로 초청하신다.

> "여호와께서 말씀하시되 오라 우리가 서로 변론하자 너희의 죄가 주홍 같을지라도 눈과 같이 희

어질 것이요 진홍같이 붉을지라도 양털같이 희게 되리라"(사 1:18)

A.W. 토저는 다음과 같이 말하고 있다.

「우리는 예배를 위해 태어났고 예배를 위해 거듭났다. 우리가 창조되고 또한 재창조되는 것은 하나님을 예배하기 위해서다. 예배를 위해 최초의 시작이 있었고 또한 예배를 위해 '중생'(重生)이라는 새로운 시작이 있다. 교회의 존재 목적도 예배이다. 우리의 교회는 무엇보다도 하나님을 예배하기 위해 이 땅에 존재한다.」[399]

하나님은 자기에게 절하는 상대를 두시기를 작정하셨다. 하나님과 사람은 한평생 인사를 나누며 살기를 원하셨다. 하나님은 경배를 받으시고 사람은 경배를 드린다. 하나님과 사람 사이에는 경배가 있다. 이를 위해 창조하셨고 구속하셨으니 그 결과로 나타난 존재가 교회였다. 그러므로 교회는 하나님께 예배드리는 것을 최우선 생활로 정하고 있다. 교회생활이란 곧 예배생활이다. 전술한 바와 같이 실천신학의 모든 내용들이 예배를 위한 사전 기초 작업일 뿐이다. 모든 활동을 다하면서도 예배가 없으면 아무 의미가 없다.

타향에 갔다가 고향에 돌아온 자녀가 부모에게 해야 할 최우선적인 자세는 한국식 고전 풍속으로 말하면 아버지 어머니에게 절하는 일이다. 필자도 십대 소년 시절에 타향살이 하다가 귀향하면 짐짓 밖에서 일하시던 부모님을 안방으로 모셔 앉게 하고 무릎 꿇고 절부터 하고 난 뒤에 다른 자세를 취했다. 무례하게 "여기, 아버님 선물 있어요." 하는 식으로 선물만 던져 주고 "안녕하셨습니까?"라는 정중한 인사말이 없는 듯 하는 것은 상상할 수 없는 일이었다. 하나님은 예물보다는 우리의 예배를 받으시기를 원하신다. 예물은 예배에 따른 부속물이다.

• 신약의 인사신학

예수 그리스도의 이 세상 강림과 구속사역은 결국 하나님과 사람과의 인사의 회복을 위한 것이다. 떳떳하게 피차간에 인사를 나누라는 것이 피의 역사인 것이다. 끈질기게도 우리 하나님은 사람들로부터 인사 받기를 원하신다. 즉 하나님은 사람과 친교하시기를 원하신다는 것, 곧 예배 받으시기를 원하신다.

"아버지께 참되게 예배하는 자들은 영과 진리로 예배할 때가 오나니 곧 이때라 아버지께서는 자기에게 이렇게 예배하는 자들을 찾으시느니라 하나님은 영이시니 예배하는 자가 영과 진리로

---

[399] A.W. 토저, 「이것이 예배이다」, (서울:규장, 2007), p. 9.

예배할지니라"(요 4:23~24)

하나님은 예배자들을 찾으신다. 인간의 목적은 하나님께 예배드리는 것이니 이것은 곧 시시때때로 하나님께 인사를 올리는 것이다. 인사를 올리자면 가까이 나가야 한다. 먼 곳 먼 거리 먼 시간을 두고 인사할 수는 없다. 범죄자는 경찰을 피하고 잘못을 저지른 자는 부모의 곁을 두려워한다. 그리스도의 피는 이 거리감을 없애 주었다. 피는 화목케 하는 요소이다.

"그러므로 형제들아 우리가 예수의 피를 힘입어 성소에 들어갈 담력을 얻었나니 그 길은 우리를 위하여 휘장 가운데로 열어 놓으신 새로운 살 길이요 휘장은 곧 그의 육체니라 또 하나님의 집 다스리는 큰 제사장이 계시매 우리가 마음에 뿌림을 받아 악한 양심으로부터 벗어나고 몸은 맑은 물로 씻음을 받았으니 참 마음과 온전한 믿음으로 하나님께 나아가자"(히 10:19~22)

하늘에서 하나님이 예배자들을 위해서 하신 일을 보자. 예배자는 예수의 피를 힘입어야 한다. 성소로 들어가거라. 성소 밖에서 우물쭈물하지 말아라. 담력을 가져라. 용기를 가지라는 말이다. 거기에 길이 있다. 길이 있어야 걸어갈 것이 아닌가? 길이 없는데 어찌 나아가랴. 그런데 성소에 들어가니 사람을 위한 길이 있었다. 그 길은 우리를 위하여 휘장 가운데로 열어 놓은 새로운 길이요 산 길이었다. 이 세상에 그런 길은 없다. 그 길로 그 안에 들어가니 예배자를 맞아주시는 이가 계신다. 큰 제사장이 계셨다. 그분은 하나님의 집을 다스리는 자이시다.

그럼 땅에 있는 예배자 쪽에서는 어떻게 해야 하는가?

그냥 하늘에서 해놓은 것을 즐기며 활용하는 것이다. 열어놓으셨으니 들어가면 되고, 새 길을 만들어 놓았으니 밟고 가면 되고, 큰 제사장이 맞아주시니 손잡으면 된다. 여기서 우유부단 혹은 사색 행위 혹은 이성적, 논리적 판단은 금물이다. 하나님 편에서 사람에게 다시 인사를 회복하자고 인사의 길을 터놓으셨다. 시쳇말로 하나님이 우리 인간에게 인사를 청해 오셨다. 인사하자고 선수 치신 분은 하나님이시다. 범죄한 사람이 무흠하신 하나님께 인사를 하자 했더라면 문제는 어떻게 되었을까? 인사 받으실 분이 거부하면 인사 관계는 끝이 날 것이다. 그런데 하나님이 인사하자고 했으니 우리는 인사하러 들어가면 되는 것이다. 구약의 인사신학의 시작이 에덴 동산이라면 신약의 인사신학의 결실은 예수님이 탄생하신 유대 베들레헴이다.

예수님은 이 세상에 인사하러 오셨다. 에덴 동산에서 하나님과 아담과의 인사가 깨어졌기에 예수를 이 땅에 보내시사 단절한 인사를 재개하시자는 것이었다. 하나님께서 아담과의 인사가 깨어졌으니 둘째 아담이신 예수 그리스도를 세상에 보내시사 그를 새 인류의 대표자로 삼으시고 인사를 재개하자는 심산이었다. 하나님과 아드님의 인사는 하나님과 온 인류의 인사의 확대요 그것은 하나님과 교회와의 인사의 결정인 것이었다. 다시 말하거니와 여기서의 인사는 하나님과의 친교요 예배인 것이다.

예수의 강림은 인사를 외면하고 있는 백성에게 굳이 인사를 치르시겠다는 의지의 실천이었다. 하나님 앞에 설 수 없는 죄인을 의인으로 만들어 하나님 앞에 당당히 나서서 악수할 수 있는 상태를 만드시자는 것이었다. 교회는 그런 자격자들의 모임이요, 이 모임에서 최우선으로 해야 하는 일은 하나님과 다정한 인사를 나누는 것이니 곧 친교요 예배요 경배 행위인 것이다. 예수님은 이 세상에 오셨다. 오신 예수님은 사람들과 통성명(通姓名)의 예를 치루셔야 했다. 사람들도 낯선 사람끼리 만나면 명함을 건네는 등 자기소개를 한다. 거기에는 이름과 직분이 기록되어 있다.

예수님도 이 세상에 오실 때 자기의 이름을 공개하셨다. "나는 예수올시다", "나는 임마누엘올시다"(마 1:21, 23)가 예수님의 이름이었다. 예수의 호칭에 대해서는 여러 가지로 부를 수 있지만 그가 세상에 오시면서 제일 먼저 소개된 이름이 '예수', '임마누엘'이었다. 첫째 예수란 무슨 뜻인가?

"아들을 낳으리니 이름을 예수라 하라 이는 그가 자기 백성을 그들의 죄에서 구원할 자이심이라 하니라"(마 1:21)

예수는 자기 백성을 저희 죄에서 구원할 자라는 뜻이다. 예수는 백성을 그들의 죄에서 구원할 자라고 자기를 소개하셨다. 그러면 백성은 어떤 이름으로 예수의 인사를 받아야 할까? 죄인의 구주로 오신 예수에게 사람은 무엇이라고 자기를 나타내고 또 소개해야 할까?

그 정답은 이런 것이 아닌가? "그렇습니다. 나는 죄인입니다. 구원해 주세요." 이것이 정당하고도 예의 있는 인사가 아닌가? 예수께서 죄인의 구주라고 한다면 우리 인간 쪽에서는 구원받아야 할 죄인입니다라고 하는 것이 당연하고도 당연한 일이 아닌가? 그러나 현실은 그렇지 못했다. 에덴 동산에서도 인사를 거부하던 사람이 두 번째 인사 재개의 시작에서부터 또 거절하기 시작하는 우매한 인간이 거기 있었던 것이다.

"자기 땅에 오매 자기 백성이 영접지 아니하였으나"(요 1:11)

'예수'라고 소개하는 하나님 앞에서 사람은 '죄인'이라는 자기소개를 하는 데 실패했다. 의사 앞에서는 환자, 선생님 앞에서는 제자, 부모 앞에서는 자녀, 선배 앞에서는 후배, 남편 앞에서는 아내라는 직분과 이름이 있다면 예수 앞에서는 '죄인'이라는 고백이 마땅하지 않느냐 말이다.

그럼 둘째로 임마누엘은 무슨 뜻인가?

"보라 처녀가 잉태하여 아들을 낳을 것이요 그의 이름은 임마누엘이라 하리라 하셨으니 이를 번역한즉 하나님이 우리와 함께 계시다 함이라"(마 1:23)

임마누엘은 하나님이 사람과 함께 계신다는 뜻이다. 예수 임마누엘은 사람과 함께 계시고자 하시는 분이시다. 이것은 사람이 하나님과 떨어져 있었다는 것을 내포한 말이다. 사람은 하나님 없이 살았다. 사람은 반드시 하나님과 함께해야 함에도 불구하고 그분 없이 홀로 고독하게 존재해 왔었다. 그리고 그 곁에 있는 것들은 자기 고독을 해소해 줄 수 없는 것들로 둘러싸여 있었다. 그뿐만 아니라 악한 자에게 속해 인간은 고통을 받고 있었다.

임마누엘 예수는 위로자요 돕는 자이시다. 예수님은 "홀로 있는 고독한 사람에게 친구가 되어 주겠소"라고 사람에게 인사를 건네셨다. 고독한 인간에게 친구가 되어 주시겠다는 임마누엘 예수에게 사람이 해야 할 마땅한 인사는 어떤 것이어야만 할까?

그 정답은 이런 것이 아닐까? "그렇습니다. 나는 고독한 사람입니다. 친구가 되어 주십시오. 함께해 주세요."

그런데 현실은 어떤가? 함께해 주시겠다고 하신 임마누엘 예수께 사람은 어떻게 대하고 있는가? 사람은 '고독한 사람'이라는 자기고백을 하는 데에 실패했다. 그것은 최초의 인류였던 아담부터 그러했던 것이었다.

범죄한 아담이 숨어버렸다(창 3:10).

살인한 가인에게 하나님이 생명 보장을 해 주신다고 했건만 그는 여호와의 앞을 떠나 에덴 동편 놋 땅에 거했다(창 4:16).

빛이신 예수께서 이 땅에 오시자 사람들은 자기 행위가 악하므로 빛보다 어두움을 더 사랑하여 빛으로 오지 않고 피해 버렸다(요 3:19~20).

예배자는 어떻게 인사해야 할까?

이 질문에는 다음과 같은 내용들이 들어 있다. 예배자의 자격, 예배 대상자, 예배 방법이다. 올바른 예배자가 올바른 예배 대상자에게 올바른 방법으로 예배를 드려야 한다. 하나님께서는 어떤 예배는 기뻐하시고 어떤 예배는 싫어하신다. 자녀가 부모에게 효도하는 것은 좋다. 그러나 그 자녀의 마음과 부모의 마음이 통하는 효도를 해야 한다. 사치품을 꺼리는 부모에게 고가의 선물을 바치는 것이 자식에게는 기쁨이 되지만 부모에게는 짐이 된다. 짐이 되는 선물은 부모를 즐겁게 해주지 못한다. 예배라는 인사를 받으시고도 거부하신 여호와의 심정이 아래와 같이 토로되고 있다.

"너희 소돔의 관원들아 여호와의 말씀을 들을지어다 너희 고모라의 백성아 우리 하나님의 법에 귀를 기울일지어다 여호와께서 말씀하시되 너희의 무수한 제물이 내게 무엇이 유익하뇨 나는 숫양의 번제와 살진 짐승의 기름에 배불렀고 나는 수송아지나 어린 양이나 숫염소의 피를 기뻐하지 아니하노라 너희가 내 앞에 보이러 오니 이것을 누가 너희에게 요구하였느냐 내 마당만 밟을 뿐이니라 헛된 제물을 다시 가져오지 말라 분향은 내가 가증히 여기는 바요 월삭과 안식일과 대회로 모이는 것도 그러하니 성회와 아울러 악을 행하는 것을 내가 견디지 못하겠노라 내 마음이 너희의 월삭과 정한 절기를 싫어하나니 그것이 내게 무거운 짐이라 내가 지기에 곤비하였느니라"(사 1:10~14)
"소를 잡아 드리는 것은 살인함과 다름이 없이 하고 어린 양으로 제사드리는 것은 개의 목을 꺾음과 다름이 없이 하며 드리는 예물은 돼지의 피와 다름이 없이 하고 분향하는 것은 우상을 찬송함과 다름이 없이 행하는 그들은 자기의 길을 택하며 그들의 마음은 가증한 것을 기뻐한즉"(사66:3)
"시바에서 유향과 먼 곳에서 향품을 내게로 가져옴은 어찌함이냐 나는 그들의 번제를 받지 아니하며 그들의 희생제물을 달게 여기지 않노라"(렘 6:20)

하나님은 소돔과 고모라의 백성이 바치는 무수한 제물이 아무런 유익도 없으며 마당만 밟을 뿐이라 힐책하셨고, 성회와 더불어 벌어지는 악행을 견디기 어려운 무거운 짐이라고 하셨다. 제물로 소를 잡는 것을 살인이라 보시고 제사 드리는 양을 잡는 것을 개의 목을 꺾는 것이라 하며 예물은 돼지의 피며 분향은 우상을 찬양하는 것이라 하셨다.

A.W 토저는 잘못된 예배의 세 가지 사례로 가인의 예배와 사마리아인의 예배와 자연숭배를 들고 있다. 그는 속죄가 없는 예배는 가인의 예배라고 규정했다. 하나님 앞에 나아가는 자는 하나님과 사람 사이의 '죄' 문제를 심각하게 다뤄야 한다. 인사 받으실 하나님으로부터 "들어와도 괜찮다"라는 말씀이 떨어져야 한다. 아무나 지성소에 들어가는 것은 아니지 않는가?

「그러므로 나는 십자가의 속죄의 보혈을 가르치지 않는 교회에서는 단 한 시간도 머물고 싶지 않다. 우리 주 예수 그리스도의 보혈을 통한 구속(救贖)을 가르치지 않는 교회에서는 '가인의 예배'가 드려질 수밖에 없다. '가인의 예배'가 아무리 점잖고 아름답게 느껴질지라도, 그것이 이 세상 모든 시(詩)의 꽃밭들에서 따온 온갖 아름다운 꽃들로 장식되어 있다 할지라도 그것은 잘못된 것이다. 하나님은 그것을 보고 얼굴을 찡그리신다. 왜냐하면 그것은 그 자체가 잘못된 것이기 때문이다.」[400]

---
400) A.W 토저, 「이것이 예배이다」, p. 94

토저는 예배의 대상에 무지하면서 드리는 예배는 사마리아인의 예배라고 규정했다. 그것은 일종의 이단적 예배라고 했다. 자기가 좋아하는 부분을 택하고 나머지는 버리는 것이 이단인데 사마리아 여인도 자기 구미와 생각에 따라 좋다고 느끼는 대로 예배를 드리는데 누구에게 드리는 예배인지도 모른다.[401]

토저는 자연숭배로 하나님을 경배하는 것은 잘못된 예배라고 했다. 자연숭배는 종교의 시(詩)라고 하면서 자연숭배는 장엄한 것을 명상하며 즐기는 것이라고 했다. 그것을 통해 하나님을 경배하는 것은 바람직하나 그렇지 않고 자연 감탄에 빠진 채 헤어 나오지 못하는 경지라면 그것은 자기만족이요 자기쾌락일 뿐이다.

「'자연숭배'가 고차원적인 즐거움을 선사할 수 있다. 그것은 아름다운 것에 눈과 귀를 집중시키는 것이 아니라 마음을 집중시키는 것이다. 우리의 귀가 아름다운 것을 듣는다면 그것은 음악이다. 우리의 눈이 아름다운 것을 본다면 그것은 미술이다. 그러나 우리가 눈과 귀를 사용하지 않고 아름다운 생각을 한다면 그것은 시(詩)이다. 우리는 이런 생각을 글로 적을 수도 있을 것이다. 그러나 당신은 그렇게 하지 말라.」[402]

그럼 교회는 어떻게 예배를 드려야 할까? 교회는 어떻게 하나님께 문안인사를 드려야 할까? A.W 토저는 그의 저서 「예배인가, 쇼인가!」에서 모두 3부에 걸쳐 하나님이 받으시는 예배를 감동적으로 기술하고 있다.

「1부 인생의 목적은 하나님을 하나님답게 예배하는 것이다.
하나님은 자신이 우리를 창조하신 본래의 목적을 위해 우리를 다시 부르고 계신다. 그 본래의 목적이란 하나님을 예배하며 하나님을 영원히 즐거워하는 것이다.
1장 먼저 하나님을 믿고 하나님께 예배하라.
2장 우리는 예배드리기 위해 구원받았다.

2부 하나님이 받으시는 예배를 드려라.
우리가 하나님이신 예수 그리스도를 통하여 하나님께 참 예배를 드리려면 우리 안에는 반드시 하나님의 영이 활동하셔야 한다. 하나님은 성령 없는 예배를 받지 않으신다.
3장 하나님이 받지 않으시는 예배도 있다.
4장 영혼의 눈으로 영광의 하나님을 바라보라.

---

401) A.W 토저, 위의 책, p. 5.
402) A.W 토저, 「이것이 예배이다」, p. 99.

5장 하나님의 황홀한 임재를 체험하라.
6장 불타오르는 열정으로 하나님과 교제하라.
7장 하나님의 능력을 간절히 사모하라.
8장 모든 것을 다 바쳐 하나님을 숭모하라.
9장 참된 예배의 부흥을 주시는 성령을 간구하라.
10장 나를 찬양하지 말고 하나님을 찬양하라.

3부 사이비 예배를 중단하라.
종교적 쇼에는 악취가 난다. 종교적 쇼의 진행자들이 성소로 들어갈 때 그들은 여호와께 이상한 불을 드리는 위험스러운 짓을 하는 것이다. 최악의 경우 종교적 쇼는 신성모독이 될 수 있다.
11장 쇼비즈니스 연예오락이 예배를 타락시키고 있다.
12장 그리스도를 배반하고 인기를 숭배하는 작태를 그쳐라.
13장 껍데기 예배는 가라.
14장 인간에게 아첨하지 말고 하나님의 방법으로 전하라.
15장 재미의 우상을 버리고 하나님께로 돌아오라.
16장 할리우드에서가 아니라 성경에서 배우라」.[403]

교회의 예배에는 육하원칙(六何原則)이 있다.
①누가 ②누구에게 ③언제 ④어디서 ⑤어떻게 ⑥왜 예배를 드려야 하는가이다.
이에 대한 서술적 답변은 이렇다.
①예배의 주체자는 교회이고 ②예배의 대상은 삼위일체 하나님이시며 ③예배의 시간은 무시(無時)이고 ④예배의 장소도 무처(無處)이며 ⑤예배의 방법은 하나님이 정하신 방법이요 ⑥예배의 목적은 하나님께 영광을 돌리기 위함이다.
위의 육하원칙을 조금 더 상세히 설명하면 아래와 같다.

① 예배의 주체자는 교회이다.
누가 예배를 드릴 수 있느냐? 원론적으로는 '사람'만이 하나님께 예배를 드릴 수 있다. 사람은 이 세상에 하나님께 인사를 드리기 위해 태어났다. 이 세상의 어떤 피조물도 하나님께 인사를 드릴 수 없다. 그것들은 하나님의 성품과 신성을 표현할지는 모르나 사람은 하나님을 경배하고 예배하며 친교하는 존재자인 바 곧 인사할 줄 아는 존재자다. 웨스트민스터 소요리

---
403) A.W 토저, 「예배인가, 쇼인가!」, pp. 8~9.

문답 제1문항은 "사람의 제일 되는 목적이 무엇인가?"를 묻고 그 답을 아래와 같이 내리고 있다. "사람의 제일 되는 목적은 하나님을 영화롭게 하고 하나님을 영원히 즐거워하는 것이다."

「개가 사료를 먹고 저기 있는 저 말이 먹이를 먹듯이 나도 단지 먹기 위해 세상에 존재하는 것은 아니다. 뒷골목의 고양이가 새끼를 낳듯이 내가 단지 자식을 낳기 위해 존재하는 것도 아니다.」[404]

사람 외의 모든 피조물이 하나님의 영광을 찬양할 수 있을지 모르나 그것들은 예배를 드리는 사람 밑이나 혹은 주변에서 예배를 돕는 일을 할 뿐이다. 예배드릴 때에 하나님의 시선과 마주치는 것이 사람이지 다른 피조물은 아니다. 그런데 예배를 드려야 할 사람이 거룩하시고 의로우신 하나님 앞에 설 수 없게 더러워지고 타락했으며 범죄인이 되었다는 것이 여간 문제거리가 아닐 수 없다. 결론은 이제는 자연인 사람도 하나님 앞에 예배를 드릴 수 없게 되었다는 것이다.

그럼 예배를 드릴 자는 누구인가?

죄없이 함을 입은 의인만이 예배를 드릴 수 있다. 하나님은 빛이시기 때문에 빛 앞에 어두움은 공존할 수가 없다. 빛은 빛으로만 대할 수밖에 없다. 빛 앞에 어두움도 존재할 수가 없다. 의 앞에 죄는 설 자리가 없다. 하나님이 이 문제를 해결해 주셨다. 예수 그리스도의 피로 말미암아 죄인이 의인 되게 하셨다. 의인은 의로운 하나님의 면전에 당당히 서게 된다. 하나님의 의와 사람의 의가 상통하게 된 것이다. 이런 체험을 지닌 개개인이 하나님과 직통하게 된다. 그런데 교회는 이런 체험을 지닌 개개인의 집단이요 모임이다. 그러므로 예배의 주체자는 교회인 것이다.

"우리가 마음에 뿌림을 받아 악한 양심으로부터 벗어나고 몸은 맑은 물로 씻음을 받았으니 참 마음과 온전한 믿음으로 하나님께 나아가자"(히 10:22)

예배자는 마음에 피 뿌림을 받았다. 양심의 악을 깨달았다. 잘못된 것을 알았다. 제 잘못도 모르고 덤비는 무례자는 아니다. 알 것은 알아야 한다. 악이 있었다. 그렇지만 우선 몸을 맑은 물로 씻었다. 목욕재계(沐浴齋戒)한 것이다. 이젠 참 마음과 온전한 믿음을 갖게 되었다. 마음과 믿음이 참되고 온전한 것이 되었다. 온전케 되었으면 행동에 옮겨야 한다. "하나님께 나아가자"(Let us draw near). 하나님과 사람 사이의 관계는 인사이다. 인사는

---
[404] A.W 토저, 「이것이 예배이다」, p. 25.

예를 갖춰 절하는 것이다. 사람이 인사할 대상은 위에 계시는 하나님이시다. 하나님이 최고의 인사를 사람들로부터 받는다. 또 사람은 형제된 사람에게 인사를 드리는 것이다. 그것은 사람이 인격적인 존재이기 때문이다.

죄인이 예수의 보혈로 거듭나 의인이 된 자가 예배자이다. 그리스도를 믿는 모든 사람들은 모두가 예배꾼이다. 종교개혁자들은 사제제도를 없애고 만인 제사장론을 주장했는데 그것은 모든 그리스도인이 하나님께 직접 나아갈 수 있게 되었다는 전제가 있기 때문이다.

"이 예수를 하나님이 그의 피로써 믿음으로 말미암는 화목제물로 세우셨으니 이는 하나님께서 길이 참으시는 중에 전에 지은 죄를 간과하심으로 자기의 의로우심을 나타내려 하심이니"(롬 3:25)

성전에서 제사장이나 종교 지도자들이 제사를 올릴 수 있었기에 성전의 권위가 대단했지만 성경은 다음과 같이 말한다.

"내가 너희에게 이르노니 성전보다 더 큰 이가 여기 있느니라"(마 12:6)

인간의 역사는 하나님과 인사가 두절된 상태에서의 인간의 방황하는 유랑의 역사이며, 하나님의 구속사는 인사가 회복된 사람들의 구원의 역사인즉 전자를 세상이라 하고, 후자를 교회라 하는 것이다. 교회는 인사를 잃어버린 에덴 동산을 대치하는 인사 회복의 예배의 장(場)이며 예배자이다. 창조된 인간, 중생 받은 인간들의 모임인 교회는 일차적으로 하나님께 예배드려야 한다. 예배는 최초이자 최종의 목적이다.

「우리는 예배를 위해 태어났고 예배를 위한 거듭났다. 우리가 창조되고 또한 재창조되는 것은 하나님을 예배하기 위해서다. 예배를 위한 최초의 시작이 있었고 또한 예배를 위해 '중생'이라는 새로운 시작이 있다. 교회의 존재 목적도 예배이다. 우리의 교회는 무엇보다도 하나님을 예배하기 위해 이 땅에 존재한다. 예배는 교회의 이차적 목적이 아니며 교회의 액세서리도 아니다. 예배가 교회의 일차적 목적이고 그 외의 모든 것들은 이차, 삼차 또는 사차 목적이다.」[405]

예배 없는 교회, 예배를 무시한 교회는 죽은 교회이다. 예배는 하나님과 인간 사이에 살아 있다는 생명 존재의 확인이며 생명 그 자체의 활동인 것이다. 예배를 잘 하면 교회의 여

---

[405] A. W. 토저, 「이것이 예배이다」, pp. 55~56.

타의 일도 잘하게 된다. 예배자는 사죄함을 받고 의인이 되고 구원받는 하나님의 백성이어야 하고 그런 백성의 모임이 하나님께 장엄한 예배를 드릴 수 있다.

> "한마음과 한 입으로 하나님 곧 우리 주 예수 그리스도의 아버지께 영광을 돌리게 하려 하노라"(롬 15:6)
> "이는 우리가 그리스도 안에서 전부터 바라던 그의 영광의 찬송이 되게 하려 하심이라, 이는 우리 기업의 보증이 되사 그 얻으신 것을 속량하시고 그의 영광을 찬송하게 하려 하심이라"(엡 1:12,14)
> "우리 가운데서 역사하시는 능력대로 우리가 구하거나 생각하는 모든 것에 더 넘치도록 능히 하실 이에게 교회 안에서와 그리스도 예수 안에서 영광이 대대로 영원무궁하기를 원하노라 아멘"(엡 3:20~21)

② 예배의 대상은 삼위일체 하나님이시다.

구원받은 사람들의 모임인 교회는 올바른 예배 대상자를 상대해서 인사를 올린다. 사람이 예배자를 정한 것이 아니라 하나님 자신이 우리 앞에 예배 받으실 분으로 선수(先手)하셨다. 인간의 범죄로 창조에서의 인사 관계가 끝났지만 예수 그리스도의 구속으로 말미암아 인사 관계가 회복되었고 성령의 내주하심으로 인사 관계가 지속되고 있는데 이 모든 것의 선수를 쓰신 분은 하나님이시다. 그리고 우리 사람으로 하여금 인사할 수 있는 유자격자로 승격시키시사 자기 앞에 세워주시고 "인사하라, 경배하라, 그리하면 너의 인사를 받아 주겠다."고 약속하셨다.

> "여호와여 이제 내가 주께서 내게 주신 토지 소산의 맏물을 가져왔나이다 하고 너는 그것을 네 하나님 여호와 앞에 두고 네 하나님 여호와 앞에 경배할 것이며"(신 26:10)

여호와께서 예배자에게 하신 일이 먼저 있었다.
애굽에서 구출해 주셨다(신 26:6~8).
젖과 꿀이 흐르는 땅을 주셨다(신 26:9).
그래서 예배자에게서 취해야 할 일이 있었다. 예배를 드리는 일이다. 먼저 선수를 써 주신 분에게 예배를 드려야 한다. 예배는 무턱대고 공중을 향하여 아무런 이익을 본 바도 얻은 바도 없는 무 대상을 향하여 하는 것이 아니다. 명백히 사람에게 무엇을 해주신 분을 의식해야 한다. 여호와는 이스라엘을 애굽에서 구출하셨고 젖과 꿀이 흐르는 복지를 주셨다. 그러니까 거기서 얻은 소산의 맏물을 가지고 와서 여호와 앞에 갖다 놓고 그 다음에 경배를 했던 것이다. 예물 없는 예배는 구색을 잃은 예배이다. 예배의 대상은 삼위일체 하나님이시다. 일차적으로 예배의 대상은 성부 하나님으로 그는 창조자 하나님이다.

"너희 권능 있는 자들아 영광과 능력을 여호와께 돌리고 돌릴지어다 여호와께 그의 이름에 합당한 영광을 돌리며 거룩한 옷을 입고 여호와께 예배할지어다"(시 29:1~2)
"오라 우리가 굽혀 경배하며 우리를 지으신 여호와 앞에 무릎을 꿇자"(시 95:6)
"여호와의 이름에 합당한 영광을 그에게 돌릴지어다 예물을 들고 그의 궁정에 들어갈지어다 아름답고 거룩한 것으로 여호와께 예배할지어다 온 땅이여 그 앞에서 떨지어다"(시 96:8~9)
"감사함으로 그의 문에 들어가며 찬송함으로 그의 궁정에 들어가서 그에게 감사하며 그의 이름을 송축할지어다"(시 100:4)
"이에 예수께서 말씀하시되 사탄아 물러가라 기록되었으되 주 너의 하나님께 경배하고 다만 그를 섬기라 하였느니라"(마 4:10)
"그가 큰 음성으로 이르되 하나님을 두려워하며 그에게 영광을 돌리라 이는 그의 심판의 시간이 이르렀음이니 하늘과 땅과 바다와 물들의 근원을 만드신 이를 경배하라 하더라"(계 14:7)
"…그리하지 말고 하나님께 경배하라 하더라"(계 22:9 하반절)

또 예배의 대상은 성자 예수 그리스도이시다. 그는 구원자 하나님이다. 하나님이 받으실 예배를 예수 그리스도께서 받으셨다. 그리스도께서 그런 예배 즉 경배를 받으실 것을 수락하셨다. 그것은 그리스도가 신이시고 또한 사람이심을 보여 주시기 위함이었다.

"시몬 베드로가 이를 보고 예수의 무릎 아래에 엎드려 이르되 주여 나를 떠나소서 나는 죄인이로소이다 하니"(눅 5:8)
"배에 있는 사람들이 예수께 절하며 이르되 진실로 하나님의 아들이로소이다 하더라"(마 14:33)
"여자가 와서 예수께 절하며 이르되 주여 저를 도우소서"(마 15:25)
"예수께서 그들을 만나 이르시되 평안하냐 하시거늘 여자들이 나아가 그 발을 붙잡고 경배하니"(마 28:9)
"이는 모든 사람으로 아버지를 공경하는 것같이 아들을 공경하게 하려 하심이라 아들을 공경하지 아니하는 자는 그를 보내신 아버지도 공경하지 아니하느니라"(요 5:23)
"또 그가 맏아들을 이끌어 세상에 다시 들어오게 하실 때에 하나님의 모든 천사들은 그에게 경배할지어다 말씀하시며"(히 1:6)
"헤롯 왕 때에 예수께서 유대 베들레헴에서 나시매 동방으로부터 박사들이 예루살렘에 이르러 말하되, 집에 들어가 아기와 그의 어머니 마리아가 함께 있는 것을 보고 엎드려 아기께 경배하고 보배합을 열어 황금과 유향과 몰약을 예물로 드리니라"(마 2:1,11)

"예수를 뵈옵고 경배하나 아직도 의심하는 사람들이 있더라"(마 28:17)

"하늘에 있는 자들과 땅에 있는 자들과 땅 아래에 있는 자들로 모든 무릎을 예수의 이름에 꿇게 하시고 모든 입으로 예수 그리스도를 주라 시인하여 하나님 아버지께 영광을 돌리게 하셨느니라"(빌 2:10~11)

"이십사 장로들이 보좌에 앉으신 이 앞에 엎드려 세세토록 살아 계시는 이에게 경배하고 자기의 관을 보좌 앞에 드리며 이르되 우리 주 하나님이여 영광과 존귀와 권능을 받으시는 것이 합당하오니 주께서 만물을 지으신지라 만물이 주의 뜻대로 있었고 또 지으심을 받았나이다 하더라"(계 4:10~11)

또한 예배의 대상은 성령 하나님이시다. 그는 우리 속에 역사하시는 내주자(內住者)이시다. 성령께서 예배를 받으시는 것은 삼위일체 하나님이라는 진리 때문이다. 성령은 침(세)례식에서 삼위일체 하나님으로 역사하셨다.

"그러므로 너희는 가서 모든 민족을 제자로 삼아 아버지와 아들과 성령의 이름으로 세례를 베풀고"(마 28:19)

성령은 사도의 축도에서 삼위일체 하나님으로 축복하셨다.

"주 예수 그리스도의 은혜와 하나님의 사랑과 성령의 교통하심이 너희 무리와 함께 있을지어다"(고후 13:13)

성령은 교회를 주관하심에 성부 하나님과 성자 예수님과 동역하셨다.

"은사는 여러 가지나 성령은 같고 직분은 여러 가지나 주는 같으며 또 사역은 여러 가지나 모든 것을 모든 사람 가운데서 이루시는 하나님은 같으니"(고전 12:4~6)

삼위일체 하나님은 붙어계시고 떨어져 계시지 않으신다. 성부 하나님과 성자 하나님이 교회로부터 인사 곧 예배를 받으실 때 성령은 인사를 받지 않으려고 어디로 잠적하시는가? 그렇지 않다. 삼위일체 하나님의 각 위의 하신 일이 두드러지게 괄목할 만하지만 그렇다고 해서 다른 위들이 그 괄목한 일에 무관하시거나 무관심하시거나 무작위하신 것이 아니다. 따라서 교회로부터 예배를 받으실 때 삼위께서 어느 위도 예외되거나 제거되는 일은 없으시다. 왜냐하면 삼위이시나 일체이시기 때문이다. 그런데 성령께 예배한다거나 기도드린다는 것이 익숙하지 아니함은 성령 자신은 우리 속에 거리를 두지 않고 딱 붙어 내주하시는 하나님으로 믿기 때문일 것이다. 그러나 찬송에도 명백히 경배를 받으시는 분으로 되어 있다.

> "만복의 근원 하나님 온 백성 찬송 드리고
> 저 천사여 찬송하세 찬송 성부 성자 성령 아멘" (찬송가 1장)
> "성부 성자 성령께 찬송과 영광 돌려보내세
> 태초로 지금까지 또 영원무궁토록 성 삼위께 영광 영광 아멘"
> (찬송가 2장)
> "거룩 거룩 거룩 전능하신 주여 이른 아침 우리 주를 찬송합니다
> 거룩 거룩 거룩 자비하신 주여 성삼위일체 우리 주로다"
> (찬송가 9장 1절)

우리는 지금까지 예배의 대상은 삼위일체라는 것을 밝혀 왔다. 교회가 삼위일체 하나님께 예배드림이 당연한 것은 삼위일체 하나님께서 교회를 통해서 예배 받으시기를 작정하셨고 실천하셨기 때문이다. 예배를 받으시기 위해 삼위일체 하나님은 교회를 내셨다.

그리스도인은 누구를 예배해야 하는가?

우리의 궁극적 관심은 무엇인가?

예배자는 그리스도인이며 그리스도인은 예배자이다. 그리스도인들의 하는 일이 다양하지만 궁극적으로는 하나님께 예배드리기 위한 것들이다. 그런데 하나님께 예배드리기 위한 환경 내지 분위기를 조성하려는 나머지 진정 예배를 받으셔야 할 하나님을 잊어버리는 경우가 있다. 그리스도인은 언제나 궁극적 관심이 예배 받으실 그분에게로 집중되어야 한다. 그러나 그리스도인 예배자가 예배에서 탈선하는 경우를 많이 본다. 세속적, 인간적, 이기주의에 빠져 자기가 예배의 대상이 되고 자기가 삶의 궁극적 관심이 되는 경우가 허다하다. 하나님을 예배의 유일하시고 절대적인 대상으로 삼지 않을 경우에 생기는 자기 본위 이기주의적 상황을 성경은 다음과 같이 말하고 있다.

> "너는 이것을 알라 말세에 고통하는 때가 이르러 사람들이 자기를 사랑하며 돈을 사랑하며 자랑하며 교만하며 비방하며 부모를 거역하며 감사하지 아니하며 거룩하지 아니하며 무정하며 원통함을 풀지 아니하며 모함하며 절제하지 못하며 사나우며 선한 것을 좋아하지 아니하며 배신하며 조급하며 자만하며 쾌락을 사랑하기를 하나님 사랑하는 것보다 더하며 경건의 모양은 있으나 경건의 능력은 부인하니 이 같은 자들에게서 네가 돌아서라" (딤후 3:1~5)

사람들의 예배 대상이 자기 본위가 되어가고 그 자기 본위는 자기의 일평생을 책임져 주는 것으로 착각하는 재물(財物)이다. 이것이 배금종교(拜金宗敎)이다. 예수께서도 사람들의 예배의 대상이 하나님과 재물 사이에서 후자를 택하는 쪽으로 기울어진다는 사실을 아시고 경계하셨다(눅 12:13~21).

한 부자가 재물을 가운데 두고 하나님과 싸움을 걸었다. 부자는 밭에 소출이 많았다. 기왕에 지어놓은 창고에 가득 찼으면 그만하면 될 것이지 새 곳간을 짓는다. 기왕의 곳간에 가득 찼으면 나머지는 남에게 줄 것이어늘 새 곳간을 굳이 짓는다.

부자 曰, "내가 이렇게 하리라"(눅 12:18)

내 곳간을 헐고 더 크게 짓겠다. 재물을 거기 쌓아 두리라. 영혼에게 말한다. 여러 해 쓸 물건을 비치했으니 평안히 쉬고 먹고 마시고 즐거워하라.

하나님 曰, "…하나님은 이르시되…"(눅 12:20)

어리석은 자로구나. 오늘 밤에 네 영혼을 도로 찾아가련다. 네 예비한 것이 뉘 것이 되겠느냐? 즉 자기를 위하여 재물을 쌓고 하나님께 부요치 못한 자가 이런 꼴이 될 것을 교훈하고 있다.

"한 사람이 두 주인을 섬기지 못할 것이니 혹 이를 미워하고 저를 사랑하거나 혹 이를 중히 여기고 저를 경히 여김이라 너희가 하나님과 재물을 겸하여 섬기지 못하느니라"(마 6:24)

우리는 예배의 대상자를 함부로 바꾸는 실수를 범하지 않는가? 우리는 생활에서 수많은 우상을 만들고 있지 않는가? 하나님은 일찍부터 오직 인간의 예배 대상자는 하나님뿐이심을 명하시고 가르치셨다. 그것은 사람을 사람으로 대우하시는 하나님의 사랑의 손길이요 선물이다. 하나님이 어떤 피조물을 향해서 예배 대상자의 유일하신 절대성을 가르치신 적이 있었던가?

"너는 나 외에는 다른 신들을 네게 두지 말라 너를 위하여 새긴 우상을 만들지 말고 또 위로 하늘에 있는 것이나 아래로 땅에 있는 것이나 땅 아래 물 속에 있는 것의 어떤 형상도 만들지 말며 그것들에게 절하지 말며 그것들을 섬기지 말라 나 네 하나님 여호와는 질투하는 하나님인즉 나를 미워하는 자의 죄를 갚되 아버지로부터 아들에게로 삼사 대까지 이르게 하거니와"(출 20:3~5)

만방의 모든 신은 헛것이다. 그것은 우상이다. 그런데 그가 세상 사람들의 예배를 받고 있으니 말이다.

"만국의 모든 신들은 우상들이지만 여호와께서는 하늘을 지으셨음이로다"(시 96:5)

그러니까 우리 그리스도인 교회는 어떻게 해야 하는가?

"여호와의 이름에 합당한 영광을 그에게 돌릴지어다 예물을 들고 그의 궁정에 들어갈지어다 아름답고 거룩한 것으로 여호와께 예배할지어다 온 땅이여 그 앞에서 떨지어다"(시 96:8~9)

합당한 영광을 돌리고 예물을 가지고 궁정에 들어가며 아름답고 거룩한 것으로 여호와께 경배해야 하는 것이다. 하나님은 교회 자체를 예물로 보고 아름답고 거룩한 것으로 보아 교회의 경배를 받으신다.

③ 예배의 시간은 무시(無時)이다.
그리스도인의 모든 시간은 예배 시간이다. 교회의 모든 시간은 예배 시간이다. 그리스도인에게 예배 시간 그리고 비예배 시간이란 없다. 예배는 그리스도인의 생명의 활동인 만큼 생명이 있는 한, 그 생명의 모든 활동하는 시간이 그대로 예배 시간이다. 예배 시간에 대한 이러한 진술은 예배의 장소에 대해서도 동일하게 말할 수 있는데 이것은 시공(時空)을 살아가는 그리스도인의 삶의 현장이요 삶의 현장은 곧 예배 생활의 현장인 것이다. 농장에서 일할 때에도 하나님께 인사를 드릴 수 있다. "이 농장을 주셔서 감사합니다. 농사가 잘 되게 비와 공기와 양분을 주시는 하나님께 감사드립니다." 직장에서도 인사를 드릴 수 있다. 집에서 가사를 돌볼 때도 인사를 드릴 수 있다. 밤낮으로 쉬지 않고 인사를 드린다. 하나님 앞에 서 있는 순간순간이 모여서 우리의 일생이 되는 것이다. 그리스도인의 일생은 예배의 일생이다. 그런데 아무 때나 예배를 드릴 수 있지만 반드시 정한 일시에 예배를 드린다는 것을 결코 잊어서는 안 된다.

예배의 시간에 대해 두 가지 그릇된 극단의 태도가 있다. 그 하나는 아무 때나 예배드릴 수 있는데 굳이 정한 일시 즉 주일예배, 수요 삼일예배, 금요 철야예배, 새벽기도회, 구역예배 등에 참예할 것이 무엇이냐는 등의 태도가 있다.

어떤 성도가 교회와 틀어진 나머지 교회 예배에 출석하지 않고 소위 가정예배를 드리자고 했다. 온 가족이 그렇게 하기로 했다. 주일 아침 11시가 되었다. 예배드리자고 식구들을 거실로 모으니 자녀들의 복장이 제각기였다. 정숙한 모습이 없거니와 경건의 모습도 없었다. 아버지가 목사가 되어 예배를 인도했지만 감동적일 수가 없었다. 이렇게 하기를 몇 번 하고 난 뒤 아버지가 고백했다.

"다음 주일에는 본 교회에 가서 예배드리자."

한국교회의 예배의 횟수는 단연 세계적이다. 이에 대해서는 여러 의견이 나오고 있지만 예배 중심 생활이라는 측면에서 부정적으로만 볼 것이 아니라고 본다.

다른 하나는 반드시 정한 일시에 드리는 예배만이 참되고 복된 예배라고 여기는 태도이다. 소위 성수주일(聖守主日) 등 새로운 율법 조항을 만드는 것 같다. 성수주일파적 사고방식의 예배자들은 아무 때나 예배드려야 한다는 일상생활 예배는 간과하는 것 같다.

재미있는 일화가 있다. 아침 8시경에 동역자에게 전화를 걸었다. 사모님이 전화를 받으셨는데 간절히 그리고 고요하게 되려 부탁의 말씀을 내게 올리는 것이었다. "목사님, 죄송합니다. 저의 남편이 새벽기도 갔다 오셔서 지금 주무시는데 일어나시는 대로 전화를 드리라고 할게요." 그날 내내 나는 그 목사로부터 회신전화를 받지 못했었다. 그리고 생각했다. '새벽기도회에 갔다 와서 주무실 바에는 아예 더 주무시고 새벽기도회를 인도하시면 안 됩니까? 새벽기도로 톡톡히 교회 성장의 아름다움을 보는 교회들도 있지만 온 세계의 모든 교회가 다 그런 것은 아니라는 것을 솔직히 인정한다는 것이 무슨 거리낌이라도 되는 것일까? 새벽기도회 갔다 왔건만 잠이 부족하지 않고 그대로 일과를 시작하여 황혼까지 졸음에 시달리지 않고 직장 상사에게 사랑을 받을 수 있다면 오죽 좋은 새벽기도일까마는, 그렇지 못할 경우라면 차라리 잠을 푹자고 맑은 정신으로 기도하고 직장일 하면 되지 않을까? 언필칭 이렇게 말할 것이다. "그런 식으로 하면 아예 기도생활 자체가 없어지는데요." 그러나 많은 신앙의 선배들이 꼭 그런 것만은 아니더라는 것도 실증해 보이고 있는 게 교회 역사이다.

예배 시간을 두고 말하다 보니 그 한 가지 예로 새벽기도회 문제가 나왔는데 정말 은혜 받은 대로 할 일이지 일률적으로 교회 법처럼 할 것은 아니라는 점이다. 또 한 가지 재미있는 에피소드는 한국에서 새벽기도회 때문에 목회하기가 힘들다고 미국으로 이민 갔던 어떤 목사가 거기서도 더 열심히 새벽기도회를 강조하는 신앙의 풍토 때문에 결국 목회자의 길에서 떠나 버렸다는 것이다. 그런데 이것과는 정반대로 새벽기도회 때문에 본인과 교회가 생기가 도는 체험을 했다는 간증도 있는 게 사실이다.

필자가 신학교 교수로 있을 때 기독교 윤리학 시간에 질문을 던졌다. "교인이 감기가 걸렸는데 주일예배에 참석해야 하느냐?" 거의 모든 학생들은 주께서 고쳐줄 것이니, 혹은 그까짓 감기 때문에 교회 예배를 빠질 수 있느냐 등의 의문을 제기하면서 꼭 성수주일을 해야 한다는 쪽으로 기울어졌는가 하면, 극히 일부 학생들은 감기를 남에게 전염시킬 수도 있으니 남을 위해 출석을 금하고 또 본인도 휴식을 취해 감기를 속히 떨어버리는 것이 좋을 것이 아니냐 하면서 예배에 가는 것을 삼가라고 했다.

나는 결론적으로 물었다. "하나님은 어느 쪽을 좋아하실까?"라고 물으니 아무도 대답을 못했다. 이쪽도 저쪽도 대답을 못했다. 그러면서 "교수님은 어떻게 생각하십니까?"라고 되물었다. 나도 "그것은 하나님만이 아실 것이요"라고 답했더니 학생들은 찜찜해 하면서도 또 어느 일부 학생은 "그게 정답인 것 같습니다"라고 했다.

교수인 나의 생각은 교회 예배 출석했을 때나 집에서 혼자 예배드릴 때나 하나님은 어느 쪽도 사람이 택한 것을 존중하실 거라는 생각이다. 그러나 이 말을 할 수 없었던 것은 공중 예배 참여의 태도가 느슨해질까봐 걱정한 탓이었다. 그러나 교수가 강조하는 것은 정한 시간, 정한 장소에서 예배를 드리는 것을 목표로 하고 그 예비단계로 개인 예배 시간을 갖는 것이 순서라고 보는 것이다. 결국 예배 시간은 따로 없다. 그러니까 무시예배(無時禮拜)이다. 그런데 무시예배라고 해서 유시예배(有時禮拜)를 등한히 하면 안 된다. 너무 많다고 여길 때 아무것도 없는 경우가 있으니 말이다. 개인예배와 공중예배라는 두 색깔의 예배가 나타나는데 그 어느 것을 소홀히 해도 둘 다 소홀해지는 것이다. "주인 많은 나그네가 저녁을 굶는다"는 속담이 있듯이 나그네에게 밥 주는 주인이 많다고 여길 때에 서로 미루다 보면 나그네는 어느 주인에게도 밥 한 술 못 얻어먹는 신세가 되어 버리는 것이다.

성경은 구체적인 일정한 시간을 두고 예배하기를 강조하고 있는 것만은 사실이다. 개인 예배보다 더 비중이 큰 예배는 공중 예배이다.

"날마다 마음을 같이하여 성전에 모이기를 힘쓰고 집에서 떡을 떼며 기쁨과 순전한 마음으로 음식을 먹고"(행 2:46)

"그 주간의 첫날에 우리가 떡을 떼려 하여 모였더니 바울이 이튿날 떠나고자 하여 그들에게 강론할새 말을 밤중까지 계속하매"(행 20:7)

"매주 첫날에 너희 각 사람이 수입에 따라 모아 두어서 내가 갈 때에 연보를 하지 않게 하라"(고전 16:2)

"주의 날에 내가 성령에 감동되어 내 뒤에서 나는 나팔 소리 같은 큰 음성을 들으니"(계 1:10)

"모이기를 폐하는 어떤 사람들의 습관과 같이 하지 말고 오직 권하여 그 날이 가까움을 볼수록 더욱 그리하자"(히 10:25)

④ 예배의 장소도 무처(無處)이다.

그리스도인의 모든 장소는 예배처이다. 교회의 모든 장소는 예배 장소이다. 그리스도인에게 예배처 그리고 비예배처란 없다. 예배는 그리스도인의 생명의 활동인 만큼 생명이 있는 한, 그 생명의 활동하는 장소는 그대로 예배처이다. 예배 시간과 장소가 무시무처(無時無處)인 것도 하나님은 무소부재(無所不在)하시고 영원하신 분이기 때문에 그분이 시공을 초월하시니까 예배자가 비록 시공을 초월하지는 못해도 예배자가 서 있는 그곳 그 시간에 예배자에게 무소부재 영원하신 분으로 찾아오사 하나님을 그 시간 그 자리에서 예배할 수 있다는 것이다. 온 천하 모두 하나님을 예배할 수 있는 곳이다. 왜냐하면 온 천하가 하나님이 지으신 세계이기 때문이다.

"여호와 우리 주여 주의 이름이 온 땅에 어찌 그리 아름다운지요"(시 8:9)

"땅의 모든 끝이 여호와를 기억하고 돌아오며 모든 나라의 모든 족속이 주의 앞에 예배하리니 나라는 여호와의 것이요 여호와는 모든 나라의 주재심이로다"(시 22:27~28)

"오라 우리가 여호와께 노래하며 우리의 구원의 반석을 향하여 즐거이 외치자 우리가 감사함으로 그 앞에 나아가며 시를 지어 즐거이 그를 노래하자 여호와는 크신 하나님이시요 모든 신들보다 크신 왕이시기 때문이로다 땅의 깊은 곳이 그의 손 안에 있으며 산들의 높은 곳도 그의 것이로다 바다도 그의 것이라 그가 만드셨고 육지도 그의 손이 지으셨도다 오라 우리가 굽혀 경배하며 우리를 지으신 여호와 앞에 무릎을 꿇자"(시 95:1~6)

개인 예배는 개인이 처한 장소 어디서든 예배를 드릴 수 있다. 가정이나 직장이나 자기가 처한 곳에서 예배를 드릴 수 있다. 그러나 예배 시간이 일정하듯이 모이는 장소도 약속에 의해 일정한 곳이 있어 그 장소에 모여 예배를 드리는 것이 초대교회의 관습이었다. 예루살렘 교회는 맨 처음에 유명한 다락방에서 모이다가 나중에는 성전으로 그리고 회당으로 갔다.

"들어가 그들이 유하는 다락방으로 올라가니 베드로, 요한, 야고보, 안드레와 빌립, 도마와 바돌로매, 마태와 및 알패오의 아들 야고보, 셀롯인 시몬, 야고보의 아들 유다가 다 거기 있어"(행 1:13)

"날마다 마음을 같이하여 성전에 모이기를 힘쓰고 집에서 떡을 떼며 기쁨과 순전한 마음으로 음식을 먹고"(행 2:46)

공공건물이나 개인 집을 예배처로 삼기도 했다.

"라오디게아에 있는 형제들과 눔바와 그 여자의 집에 있는 교회에 문안하고"(골 4:15)

"그리스도 예수를 위하여 갇힌 자 된 바울과 및 형제 디모데는 우리의 사랑을 받는 자요 동역자인 빌레몬과 자매 압비아와 우리와 함께 병사 된 아킵보와 네 집에 있는 교회에 편지하노니"
(몬 1:1~2)

그러나 어떤 곳도 예배 장소가 될 수 있지만 그것은 하나님이 어떤 곳에도 계신다는 믿음을 전제로 했을 때 힘이 있는 말이 되지만 하나님은 구체적으로 예배처를 지시해 주셨다. 그것은 사람들로 하여금 보다 생명력 있고 실감나는 예배를 드리기 위해서였다.

"오직 너희의 하나님 여호와께서 자기의 이름을 두시려고 너희 모든 지파 중에서 택하신 곳인 그 계실 곳으로 찾아 나아가서 너희의 번제와 너희의 제물과 너희의 십일조와 너희 손의 거제와 너희의 서원제와 낙헌 예물과 너희 소와 양의 처음 난 것들을 너희는 그리로 가져다가 드리고 거기 곧 너희의 하나님 여호와 앞에서 먹고 너희의 하나님 여호와께서 너희의 손으로 수고한 일에 복 주심으로 말미암아 너희와 너희의 가족이 즐거워할지니라 우리가 오늘 여기에서는 각기 소견대로 하였거니와 너희가 거기에서는 그렇게 하지 말지니라"(신 12:5~8)

"네 하나님 여호와 앞 곧 여호와께서 그의 이름을 두시려고 택하신 곳에서 네 곡식과 포도주와 기름의 십일조를 먹으며 또 네 소와 양의 처음 난 것을 먹고 네 하나님 여호와 경외하기를 항상 배울 것이니라 그러나 네 하나님 여호와께서 자기의 이름을 두시려고 택하신 곳이 네게서 너무 멀고 행로가 어려워서 네 하나님 여호와께서 그 풍부히 주신 것을 가지고 갈 수 없거든"(신 14:23~24)

"네 하나님 여호와께서 네게 기업으로 주어 차지하게 하실 땅에 네가 들어가서 거기에 거주할 때에 네 하나님 여호와께서 네게 주신 땅에서 그 토지의 모든 소산의 맏물을 거둔 후에 그것을 가져다가 광주리에 담고 네 하나님 여호와께서 그의 이름을 두시려고 택하신 곳으로 그것을 가지고 가서"(신 26:1~2)

위의 구절에서 보면 예배하는 곳이 어디인지 분명해진다.

여호와께서 그 이름을 두신 곳이 이스라엘의 예배처이다(신 26:2 ; 14:23 ; 12:5).
여호와께서 그 이름을 두시려고 그 많은 곳 중에서 특별히 택하신 곳이 이스라엘의 예배처이다 (신 26:2 ; 14:23 ; 12:5).
여호와 앞이 이스라엘의 예배처이다. 거기 곧 여호와 앞에서 먹고 즐기라(신 14:23 ; 12:7).

모든 곳이 예배처이지만 특정한 곳이 또한 예배처이다. 전자는 창조 원리에 의했고 후자는 구속 원리에 의했다. 모든 곳이 예배처라는 원리에 의해 어떤 사람이든 어떤 곳에서든 예배를 드리고 있지만 그들의 예배는 거짓되고 헛된 예배가 될 수밖에 없다. 왜냐하면 예배 대상자를 모르고 예배하기 때문이다.

"우리 조상들은 이 산에서 예배하였는데 당신들의 말은 예배할 곳이 예루살렘에 있다 하더이다" (요 4:20)

예수님은 사마리아 여인에게 분명히 예배처와 예배 대상을 가르쳐 주셨다.

"예수께서 이르시되 여자여 내 말을 믿으라 이 산에서도 말고 예루살렘에서도 말고 너희가 아버지께 예배할 때가 이르리라 너희는 알지 못하는 것을 예배하고 우리는 아는 것을 예배하노니 이

는 구원이 유대인에게서 남이라"(대하 30:5)

또 어떤 곳이든 예배할 수 있다는 신학 때문에 특정한 장소에서의 예배를 경시하는 경향이 있다. 하나님은 예배하는 개인들도 귀하게 보시지만 예배하는 개인들의 모임인 교회의 예배를 더 귀하게 보시기 때문이다. 구약의 성도들은 성소(聖所)에서의 예배를 드리도록 명령받았다. 모든 곳이 성소이지만 특정한 성소도 따로 있다. 굳이 예루살렘 여호와의 전에 와서 유월절을 지키라고 하셨다.

> "히스기야가 온 이스라엘과 유다에 사람을 보내고 또 에브라임과 므낫세에 편지를 보내어 예루살렘 여호와의 전에 와서 이스라엘 하나님 여호와를 위하여 유월절을 지키라 하니라"(대하 30:1)
> "드디어 왕이 명령을 내려 브엘세바에서부터 단까지 온 이스라엘에 공포하여 일제히 예루살렘으로 와서 이스라엘 하나님 여호와의 유월절을 지키라 하니 이는 기록한 규례대로 오랫동안 지키지 못하였음이더라"(대하 30:5)

일제히 예루살렘으로 와서 유월절을 지켜야 한다. 개개인이 자기 집이나 일터에서 유월절을 지킨다 하면 그것은 이스라엘 공동체의 제사에 반(反)하는 행위였던 것이다. 이사야는 백성으로 하여금 예배처가 어디인가를 분명히 가르쳐 주고 있다. 그것은 여호와의 산이었다. 야곱의 하나님의 전(殿)이었다. 율법과 여호와의 말씀이 나오는 곳이 시온이요 예루살렘이라고 했다. 꼭 여기 와서 예배를 드리라는 것이다.

> "많은 백성이 가며 이르기를 오라 우리가 여호와의 산에 오르며 야곱의 하나님의 전에 이르자 그가 그의 길을 우리에게 가르치실 것이라 우리가 그 길로 행하리라 하리니 이는 율법이 시온에서부터 나올 것이요 여호와의 말씀이 예루살렘에서부터 나올 것임이니라"(사 2:3)
> "에브라임 산 위에서 파수꾼이 외치는 날이 있을 것이라 이르기를 너희는 일어나라 우리가 시온에 올라가서 우리 하나님 여호와께로 나아가자 하리라"(렘 31:6)

하나님은 이스라엘 백성과 만나기 위해 성막을 지으라고 모세에게 명하셨다.

> "너는 성막을 만들되 가늘게 꼰 베 실과 청색 자색 홍색 실로 그룹을 정교하게 수 놓은 열 폭의 휘장을 만들지니"(출 26:1)

그 성막이 시내산에서 처음 세워졌다.

"둘째 해 첫째 달 곧 그 달 초하루에 성막을 세우니라"(출 40:17)

이 성막 곧 회막은 이스라엘의 특별한 예배처이다. 훗날 솔로몬이 성막보다 더 튼튼한 성전을 짓는다. 부친 다윗을 이어 여호와의 이름을 위하여 전을 짓겠다고 했다.

"여호와께서 내 아버지 다윗에게 하신 말씀에 내가 너를 이어 네 자리에 오르게 할 네 아들 그가 내 이름을 위하여 성전을 건축하리라 하신 대로 내가 내 하나님 여호와의 이름을 위하여 성전을 건축하려 하오니"(왕상 5:5)
"그러나 너는 그 성전을 건축하지 못할 것이요 네 몸에서 낳을 네 아들 그가 네 이름을 위하여 성전을 건축하리라 하시더니 이제 여호와께서 말씀하신 대로 이루시도다 내가 여호와께서 말씀하신 대로 내 아버지 다윗을 이어서 일어나 이스라엘 왕위에 앉고 이스라엘의 하나님 여호와의 이름을 위하여 성전을 건축하고"(왕상 8:19~20)

여호와의 이름을 위하여 전을 건축했었다. 예배자는 여호와의 이름이 있는 곳에서 예배를 드려야 했다.

"주께서 전에 말씀하시기를 내 이름이 거기 있으리라 하신 곳 이 성전을 향하여 주의 눈이 주야로 보시오며 주의 종이 이 곳을 향하여 비는 기도를 들으시옵소서 주의 종과 주의 백성 이스라엘이 이 곳을 향하여 기도할 때에 주는 그 간구함을 들으시되 주께서 계신 곳 하늘에서 들으시고 들으시사 사하여 주옵소서"(왕상 8:29~30)

그런즉 교회는 하나님 앞에 서 있어야 한다. 교회의 구성원 개개인도 하나님 앞에 서 있다. 예배자는 예배자가 택한 그곳, 바로 예배자 앞에서 예배를 드려야 한다. 예배자의 예배처는 예배 받으실 분의 앞이다. 그게 바른 예배요 그게 바른 자세이다.
한자 중에 '正'은 '一'과 '止'으로 형성된 것 같다. 필자가 보기에 '一'과 '止'으로 합성어가 '正'와 그 '一'은 하나이니 하나님을 가리키는 것으로 보며, '止'는 그친다는 뜻으로 보아 하나님 앞에 와서 꼼짝하지 않고 서 있는 자세가 인간이 하나님 앞에서 취해야 할 자세인 것이다. 그게 바름이요 정의(正義)이니 신학적 용어로 말하면 의로움(righteousness), 그것이다. 하나님 앞에 선다는 것이 인간의 바른 태도이다. 그리고 그 하나님 앞에서 친교하고 대화하고 지시받고 선물 받고 사람은 감사하고 예물 바치는 행위가 따른다. 마땅히 하나님 앞에 서야 할 인간이 무엇 앞에 서 있는가를 보자. 사람들은 무엇에다가 절을 하고 있느냐 말이다. 세상과 세상에 속한 것들 앞에 서 있지 않은가 말이다. 가령, 다음과 같은 글자가 있는가? '金'이나 '炡'이나 같은 글자가 있느냐 말이다. 돈 앞에 서 있는 인생, 명예 앞에 서 있는 인생, 이성 앞에 서 있는 인생. 인생은 그런 것들 앞에 서서 경배하며 섬기는 존재가 아니기 때문에 아예 그런 글자 자체가 없거늘 오늘날 사람들은 없던 글자도 만들어내고 있는 실정이 아닌가?

그리스도인은 교회를 이루어 하나님 앞에 서 있는 사람들이고 비그리스도인들은 세상을 이루어 악한 자 앞에 서 있는 사람들이다. 비그리스도인들은 악한 자가 내어 놓은 온갖 세상 것들에게 매혹당하고 있는 것이다. 그러기에 성경은 이렇게 말하고 있는 것이다.

> "이 세상이나 세상에 있는 것들을 사랑하지 말라 누구든지 세상을 사랑하면 아버지의 사랑이 그 안에 있지 아니하니 이는 세상에 있는 모든 것이 육신의 정욕과 안목의 정욕과 이생의 자랑이니 다 아버지께로부터 온 것이 아니요 세상으로부터 온 것이라 이 세상도, 그 정욕도 지나가되 오직 하나님의 뜻을 행하는 자는 영원히 거하느니라"(요일 2:15~17)

특정 예배처라고 해서 여기서 예배를 드리는 사람들에게 따르는 위험도 있다. 즉 일정한 곳에서 취한 공중 예배만을 중시하고 개인적 경건 예배를 무시하는 경향이 있다는 것이다. 가령, 새벽기도회에 참석하고 왔다는 것으로 그날 하루 하나님께 드릴 기도의 의무는 다 완료한 듯 착각하고 생활에서의 기도를 혹 소홀히 하고 있지 않나 하는 기우(杞憂)인 것이다. 무시무처로 예배드리는 사람들이라도 특별히 지정된 예배처에서 예배 드리기를 게을리해서는 결코 안 되지만 특별 예배처에서 예배드렸다고 그날 예배생활을 '끝'이라고 생각 해서는 안 된다. 신약 시대에 와서 예배자들은 어디서 예배를 드려야 하는가? 교회 건물을 교회로 착각하고 교회 건물에 지나친 강조점을 두고 있지 않나 싶다.

J. C. 터너는 다음과 같이 교훈해 주고 있다.

「교회들이 예배를 드리는 장소를 가지는 것이 필요한 일이다. 근대에 와서 교회의 건물에 두 가지의 극단이 생겼다. 어떤 교회들은 인색한 나머지 괴상한 오막살이로 만족하였으며, 다른 교회들은 자존심 때문에 뽐내기 위하여 남에게 보이기 위한 건물을 세웠던 것이다. 교회 건물에는 두 가지 특징이 있겠는데, 그것은 사용함에 편리함과 미관이다. 어떤 교회는 미관 때문에 실용면을 희생하였고, 어떤 교회는 실용 때문에 미관을 희생하였다. 예배를 위한 건물이 이 두 가지 요소-실용과 미관-를 다 가져서는 안 된다는 이유는 없다.」[406]

---

406) J. C. 터너, 「신약교회 교리」 이요한 역, (서울; 침례회출판사, 1962), p. 98.

솔로몬 자신도 화려한 성전을 건축하고도 겸손한 신앙고백을 하고 있다.

"하나님이 참으로 땅에 거하시리이까 하늘과 하늘들의 하늘이라도 주를 용납하지 못하겠거든 하물며 내가 건축한 이 성전이오리이까"(왕상 8:27)

솔로몬은 성전 건물보다도 거기에 계시는 여호와의 이름을 강조했다. 주의 앞에서 부르짖고 기도한다고 했다. 성전이 무슨 마력이나 효능을 발휘하는 곳이 아님을 그는 강조하고 있다. 차라리 솔로몬은 주의 계신 곳이 하늘이며 또 하늘에서 들으시고 들어달라고 호소했다.

"주는 하늘에서 들으시고 행하시되…"(왕상 8:32)
"주는 계신 곳 하늘에서 들으시고…"(왕상 3:34,36,39,43,45)

서울의 모 교회는 자기 건물을 소유하지 않은 것으로 특색을 드러내면서 교회성장을 계속하고 있다. 교회 구성원들의 여간한 단결력이 아니고는 불가능한 일이지만 그 교회 특유의 색깔로는 가능하다. 그런데 예배처를 너무 사치스럽고 거창하게 하다가 적잖은 잡음과 경제적 어려움을 당하는 교회도 있다. 유럽의 큰 예배당이 관광코스의 한 명소로 전락하고 있는 현실은 슬프기까지 하다. 그러나 교인들의 집중력을 얻기 위해서 교회의 소속 건물이 있는 것은 행복한 일이다. 필자는 지하실에서 개척을 시작했는데 예배처가 불편하다는 것도 목회에 큰 어려움이었던 것을 체험했다.

"목사님, 불신자인 제 남편이 교회에 출석하고 싶다는데 이런 지하실 교회에 다닌다는 것이 좀 창피하다고 느끼니 어쩌면 좋겠습니까?" 어느 여신도의 고민스러운 질문이었다. 나는 서슴지 않고 대답해 주었다. "그래요, 체면도 있고 말고요. 시내에 큰 예배당을 가진 교회로 인도하세요. 꼭 예수를 잘 믿도록 하세요."

그 여신도는 너무나 고맙다고 하고서 그 다음 주일부터 어느 교회인지 모르지만 교회를 옮기고 말았다. 그러면서 성전 건축 때 도움이 되라고 건축헌금을 봉투에 넣어 주고 떠났다. 오랜 시간이 지난 후 어느 교회에 출석하고 있는지 알게 되었는데 남편은 그 교회도 출석하지 않는다는 소식을 듣고 씁쓸했었다.

⑤ 예배의 방법은 하나님이 정하신 방법이다.

예배의 방법은 예배의 형식을 말한다. 예배 형식은 예배드리는 내적, 외적 자세를 말한다. 우리 문화권 안에도 예법(禮法)이라는 것이 있다. 남녀가 짝을 이룰 때에도 혼례(婚禮)와 혼례법이 있다. 두 남녀의 결합을 선포하고 알리는 예가 혼례인데 혼례식, 즉 혼례 양식은 다양하다. 사람은 혼례를 치르고 떳떳이 부부가 됨을 알린다. 형편상 혼례를 치르지 못하고 사는 부부이거나 혹은 동거인이라도 그들의 소원은 뒤늦게나마 면사포를 쓰고 혼례를 올리고자 하는 것이다. 그만큼 두 사람이 만나는 데에는 상호간에 인사가 필요한 것이다. 인사 없이 남녀가 만나는 것은 적절치 못할 뿐만 아니라 때로는 탈선된 만남일 수도 있다. 한국 고전적 혼례는 마당에 멍석을 펴놓고 네 발 달린 긴 상(床)을 준비한 후 그 위에 변치 말자는 의미의 소나무 가지와 대나무 가지를 꽂아놓고 수탉과 암탉을 마주보게 붙들어 놓는 장치부터 마련한다. 마침내 신랑이 입장해서 신부를 기다린다. 신랑을 애태우기 위해 신부를 일찍 마당 혼례장으로 모셔오지 않는다. 그리고는 말들 한다. "신부가 밭에 나물 뜯으러 갔는데 두어 시간 뒤에 온다"느니 "신랑이 왜 여기 와서 장승처럼 서 있느냐?"는 등 농담을 건다. 나는 어릴 때 정말 신부가 나물하러 가서 늦게 오나 싶어서 가슴을 졸인 적도 있었다. 아마 나는 어릴 적부터 남을 배려하는 마음이 있었던 것 같다.

그런데 드디어 신부가 나타났다. 오라버니뻘 되는 남정이 신부를 안아다가 혼례마당에 세운다. 그리고 집례자가 명한다. 신부 이배(二拜), 신랑은 일배(一拜)라고 한다. 신부는 두 번 절하고 신랑은 한 번만 절하라는 것이다. 지금 생각하면 남녀 불평등 처사인 것 같다. 이렇게 만나면 절부터 한다. 그게 혼례 인사이다. 만나면 인사하는 것, 그게 사람의 일이다. 일은 모두 예(禮)로 시작한다. 그리고 마침내 술잔이 오고 간다. 축배를 드는 것이다. 대개 이런 식으로 전통혼례가 치뤄진다.

혼례는 기쁘지만 우리에게는 슬픈 예식도 있다. 장례(葬禮)이다. 이것에 대해서는 상론하지 않겠으나 이를 언급하는 것은 사람은 죽음 앞에서도 예를 치른다는 것이다.

궁정(宮廷)에서 치뤄지는 장례는 대단히 엄격했다. 경우에 따라 1년 상복(喪服)을 입느냐 3년 상복을 입느냐는 문제를 놓고 정쟁(政爭)으로 번지기도 했다. 국상(國喪)의 장례는 온 국민이 제례(祭禮)했던 것이다. 예배는 인간만이 지니는 윤리적 종교적 특징이다.

위에 언급한 혼례나 장례를 치르는 피조물은 사람 외에는 없다. 문화인류학적 견지에서 보아도 이 예는 역사가 오랜 것이다.

동양의 공자사상에서도 예(禮)를 중시했다.

"공자께서 가라사대 사람이 어질지 못하면 예(禮) 같은 것이 있기로서니 무엇하며 또 사람이 어질지 못하면 음악 같은 것이 있기로서니 무엇하리오."

"임방이 예절의 근본을 물을 때 공자 가라사대 큰 질문을 했구나. 예는 사치로운 것보다는 차라리 검소한 것이요 상을 치를 때에는 차림보다는 슬픔이 있어야 하느니라."[407]

여기서 예(禮)는 형식(形式)보다는 내용에 충실해야 한다는 것을 가리키면서 사람의 하

---

407) 論語 三 八佾
　　子曰「人而不仁 如禮何 人而不仁 如樂何」林放問禮之本 子曰「大哉問 禮如其奢也 寧儉 哀如其易也 寧戚」

는 일에 표리부동하지 않은 예의를 지키라고 한 것이다. 이와 같이 인간은 하나님께만 예배를 드리는 예배자의 위치를 자꾸만 잃어가고 있다. 그 역사는 에덴 동산에서부터 예수 재림 때까지 계속될 인간의 비극이다. 예레미야 선지자는 유다의 배신 행위, 즉 예배 거절에 대해서 이렇게 말하고 있다.

> "무리가 나를 버리고 다른 신들에게 분향하며 자기 손으로 만든 것들에 절하였은즉 내가 나의 심판을 그들에게 선고하여 그들의 모든 죄악을 징계하리라"(렘 1:16)

하나님께 인사를 드리고 축복을 받아야 할 인간이 하나님으로 하여금 우리 인간과 다투도록 만들었다는 것은 정말 못할 짓을 저지른 것이다.

> "그러므로 내가 다시 싸우고 너희 자손들과도 싸우리라 여호와의 말씀이니라"(렘 2:9)

여호와는 자기 백성이 예배드리지 않고 엉뚱한 짓을 했노라고 지적해주고 계신다.

> "내 백성이 두 가지 악을 행하였나니 곧 그들이 생수의 근원되는 나를 버린 것과 스스로 웅덩이를 판 것인데 그것은 그 물을 가두지 못할 터진 웅덩이들이니라"(렘 2:13)

그럼 인간이 참으로 예를 갖추어 절해야 하는 예배는 어떻게 드려져야 하는가이다. 하나님께 드리는 예배는 우리 마음대로 아무렇게나 드려서는 안 된다. 하나님은 자기가 예배 받으실 자라는 것만을 알리신 분이 아니라 어떻게 예배 받으실 것인지도 알려 주셨다.

예배 방법은 하나님이 정하신 법대로이다. 하나님은 자기가 원하시고 정하신 방법, 형식 또는 양식대로 예배를 받으시려고 하신다. 여기서 올바른 예배와 그릇된 예배가 나온다.

A.W. 토저의 「예배인가, 쇼인가!」 책 전체의 항목을 전술한 바 있었는데 그는 하나님이 받지 아니할 예배가 무엇인가 설명하고 있다. 그것은 그릇된 예배이다.

하나님이 받지 않으시는 그릇된 예배란 예배 형식이 하나님을 기쁘시게 해 드리는 것이 아니라 예배자 자신들의 기쁨을 위주로 한 예배 형태이다. 토저는 그것을 일러 사이비(似而非) 예배라 이름했는데 이것을 더 구체적으로 표현하자면 인본주의 예배이다. 인본주의 예배는 신본주의 예배와 대치되는 것이다.

누구를 위한 예배인가? 나를 위한 예배인가? 하나님을 위한 예배인가? 하나님은 왜 나를 창조하셨고 구속하셨고 성령으로 내 속에 거주하시도록 하셨는가? 또 왜 그런 사람들이 모여서 이루어진 모임, 곧 교회를 창세 전부터 계획하셨던가? 그것은 하나님이 원하시는 방법대로 예배를 받으시기를 원하셨기 때문이다. 예배는 하나님과 사람과의 대면이요 대화요 친교인데 거기에 특별히 예(禮)를 갖추었던 것이고, 그렇게 갖춘 예(禮) 속에는 감탄, 존경, 매혹, 사랑이 꽉 차 있어야 하는 것이었다.

교회가 하나님 앞에 예배를 드렸다 하자. 그 결과는 무엇이어야 하는가? 하나님이 기뻐셨는가? 사람들이 기뻤는가? 하나님을 기쁘시게 하지 않고 사람들이 실컷 도취되고 흥분되고 재미로만 끝났다면 예배가 아니다. 하나님은 그 예배 자리를 일찍 떠나고 계시지 않는데 사람들만의 잔치가 계속된 것이다. 하나님이 역겨워 그 자리를 떠나셨는데 사람들은 마냥 즐겁다는 것이다. 신 부재(神不在) 속의 인간의 오락만이 여운을 남기고 있다. 종교적 쇼를 한 셈이다.

필자의 노부께서 암으로 인해 82세에 별세하셨다. 시골 동네 사람들이 맏아들인 나에게 아버님의 마지막 생신 상을 차려드려야 한다고 압력(?)을 가했다. 솔직히 내 생각에는 암으로 고통 받으시는 아버님을 조용히 하늘나라로 떠나시게 하는 것이 좋을 것 같았는데 온 동네 사람들의 성화가 이만저만이 아닌 것이다. 나의 형제자매들도 나와 같은 생각이었지만 시골 동네에서 생신 상을 차려드리지 않으면 괜히 목사가 불효자니 뭐니 해서 하나님께 영광을 돌리지 못할 것 같아서 생신잔치를 벌였다. 아버님은 금일이라도 곧 떠나실 것 같은 고통에 시달리고 계셨다. 온 동네 사람들이 모여들었다. 아버님은 마지막 자기 생일을 축하하러 찾아오는 사람들을 억지로 맞이하면서 병석에 누워계셨다. 동네 사람들이 모두 "만수무강하세요, 일어나셔야지요"라고 인사를 올렸다. 아버지와 축하객의 관계는 그것으로 끝이 났다.

그리고 지금 세상을 떠나면 호상이니 하면서 먹고 마시고 춤추고 꽹과리를 치는 등 슬픈 집에는 되려 흥이 있어야 한다고 부추기었다. 동네 사람들의 순수한 인정은 모르는 바가 아니지만 결과는 무엇인가? 그냥 축하객만 즐거웠지 아버지는 아무런 즐거움도 기쁨도 맛보실 수 없었다. 비근한 실례인 것 같은데 하나님 앞에서 우리의 예배 형식이 이러하지 않은가? 하나님은 아랑곳하지 않고 사람의 기분과 뜻에 따라 행해지고 있지는 않은가 싶다.

지금 교회 안에 예배가 오락으로 전락하고 있다는 것이 토저의 지적이다. 재미와 인기 그리고 세상적인 쾌미가 예배에 섞이지 않으면 무재미 교회라고 해서 등을 돌린다.

교회 예배에 복음성가 가수가 특송을 불러주면 겨우 교통비 정도로 사례를 하고, 유명한 탤런트나 개그맨, 유행가수가 교회 예배 순서에 출연(?)하면 상상을 초월하는 경비를 지불한다는 것은 단적으로 무엇을 가리키는가?

이런 사람들이 와서 세속적 방법으로 그 음성을 내고 춤을 추고 말을 해서 교인들이 눈물이 날 정도로 실컷 웃고 났는데 이미 하나님은 하늘로 올라가셨다.

토저는 예배 속에 불경스러운 것의 침투를 막아야 한다고 했다.

「우리는 어떤 대가를 치르고서라도, 불경스럽고 불행한 것들이 교회와 예배 안으로 들어오는 것을 막아야 한다. 우리는 이상한 불이 여호와의 제단 위에 드려지는 것에 반대해야 한다. 우리는 이상한 희생제물들이 하나님께 드려지는 것에 반대해야 한다. 우리는 이상한 신(神)들이 우리의 성소 안으로 들어오는 것에 반대해야 한다. 우리는 침(세)례 받고 거룩하게 되었으나 여전히 세상의 어리석고 천박한 것들을 좇는 행태(行態)가 복음적 신앙을 잠식해가는 것에 반대해야 한다. 과거에 우리의 교회 지도자들은 조롱거리가 되고 심지어 옥에 갇히고 도시에서 쫓겨나는 고난도 당했다. 그러나 오늘날 교회 지도자들은 대중의 어깨 위에 올라앉아 있다. 왜냐하면 그들은 세상을 구원한다는 미명하에 기독교를 최대한 세상처럼 만들려고 애쓰기 때문이다. 그렇다. "기독교를 세상처럼 만들라"라는 것이 그들의 철학이다. 그들은 "기독교가 세상과 다를 것이 없고, 단지 약간 높은 수준의 도덕을 요구할 뿐이라고 세상 사람들에게 말하라. 그러면 곧 당신은 그들을 기독교인으로 만들 수 있을 것이다"라고 말한다. 그러나 기독교는 단지 약간 높은 수준의 도덕을 요구하는 정도가 아니라 불가능한 것을 요구한다. 그러면서도 그 불가능한 것을 이룰 수 있는 힘을 주는 것이 기독교이다. 기독교는 인간의 본능에 야합하지 않고 그것을 비판한다. 그리스도의 메시지는 인간의 생각과 정면으로 충돌한다.」[408]

교회 스스로 지켜야 할 울타리가 있는데 교회 스스로 구멍을 뚫어버렸고 그 구멍으로 세상의 방법들이 흘러들어가고 있다.[409]

어느 주일, 어느 교회에서 드리는 예배에 참예한 적이 있었다. 누가 예배 때 사회(司會)를 보는지 통 알 수가 없었다. 찬양 인도자가 기타로 교인과 함께 정신없이 노래를 부르더니 어디선가 한 사람이 강단으로 달려가듯 오르더니 대중 기도를 마치고 쏜살같이 하단하는 것이었다. 그 다음엔 목사인 듯한 사람이 강단에 올라가서 설교를 시작했다. 그가 설교를 끝내자 헌금주머니가 왔다 갔다 하더니 어느새 축도로 예배가 끝나고 사람들이 마무리를 하듯 박수를 친 후 급하게 식당으로 가서 점심을 즐기는 것이었다.

소위 이것을 자율 예배라고 해야 할까? 평신도 중심의 민주적 예배라 할까? 군대 사단에는 사령관의 지휘가 있어야 하고, 회사에는 사장이 있어야 하고, 어느 단체에도 단체장이 있어야 질서가 잡히는 법이다. 사회(司會)란 말은 무엇인가? 그 모임의 사령(司令)이다. 그 모임의 지휘자가 사회자이다. 예배 형식은 대단히 중요하다. 우리는 우리의 예배가 자유로운 예배라고 강조하지만 종종 그것은 '자유'가 아니라 '방종'일 때가 많다.

그런데 서울의 모 대형교회에서는 담임목사님이 주일 설교를 무려 5,6회나 강행하고 있

---

408) A. W. 토저, 「예배인가, 쇼인가!」, pp. 220~221.
409) A. W. 토저, 「예배인가, 쇼인가!」, p. 219.

다. 설교자가 예배의 모든 것을 진행하기에는 심신의 피곤이 대단할 것이기에 소위 부목사가 예배를 진행하는데 그때에도 꼭 한 가지 불문율적 형식이 있다. 매회 예배 때마다 담임 설교목사가 사회자 곧 사령관이 되어서 선포를 한다는 것이다. "지금부터 경건한 마음으로 하나님께 예배를 드리겠습니다." 이 간단한 말로 예배를 선포한 뒤 그는 뒷좌석으로 가서 앉고 그 다음부터 부목사가 예배를 진행한다. 이런 경우의 예배는 질서가 무엇이며 경건이 무엇인지를 알고 드리는 예배이다. 목회자는 예배 인도에 전적인 카리스마를 지녀야 한다. 단체나 국가의 지도자가 흔들리면 모든 것이 흔들린다. 목회자는 예배 인도를 최우선으로 여겨야 한다. "사공이 많으면 배가 산으로 올라가는 격"이 된다. 사공은 하나이지 둘이 아니다. 교회라는 지붕 아래서는 두 사람의 스타는 없다.

그런데 목회자는 넓게는 목회 전반에, 또 첨예하게는 예배 인도에 있어서 교인들의 압력을 받는다고 토저는 말하고 있다.

「정신없이 바쁘게 돌아가는 시대에 사는 목회자와 교회는 질적 가치를 희생해서라도 양적 팽창을 추구하고, 정상적인 성장을 통해서 얻을 수 없는 것을 과장을 통해서라도 얻고자 하는 유혹에 시달린다. 각양 각색의 사람들로 구성된 대중은 소리 높여 양적 팽창을 주장하며, 영원하고 충실한 가치를 추구하는 목사를 용서하지 않으려고 한다. 목회자의 느린 방법을 비웃으며 빠른 결과와 인기 영합만을 요구하는 '잘못 배운' 교인들이 목회자에게 잔인하게 압력을 가한다. 이런 교인들이 그들이 즐겁게 휘파람을 불 때 목회자가 춤추지 않는다고, 그들이 변덕이 나서 슬픈 피리 소리를 낼 때 목회자가 울지 않는다고 불평한다. 그들은 스릴 넘치는 일에 목말라 있다. 그러면서도 감히 나이트클럽에는 가지 못하겠고 그런 것들을 도리어 교회 안으로 끌어들이라고 요구하는 것이다.」[410]

찰스 콜슨은 「이것이 교회이다」라는 그의 저술에서 프란시스 쉐퍼의 말을 인용하고 있다.

「복음주의의 가장 큰 재난은, 복음주의 세계가 진리를 진리로 나타내는 데에 실패했다는 것이다. 이러한 상황을 표현하는 합당한 단어가 딱 하나 있는데 그것은 현실 적응(accommodation)이다.」[411]

예배나 목회도 모두 정도(正道)를 따라야 한다. 하나님이 원하시는 방법을 따라야 하는데 그것은 진리와 진실함이다. 법도를 따라 하는 경기가 유효한 것이다. 전술한 바와 같이

---

410) A. W. 토저, 「예배인가, 쇼인가!」, p. 132.
411) 찰스 콜슨, 「이것이 교회이다」, p. 366.

이해 부족한 교인들의 성화에 못 이겨 교회 지도자인 목사가 흔들리면 온 교회가 흔들리게 된다. 목사는 말씀을 듣고 말씀을 전하는 말씀 잔치의 장으로 예배를 인도해야 할 것인데 말씀은 빠지고 사람들의 흥미 위주의 인기 있는 프로그램이 남발하고 있지는 않은가?

바울이 디모데 후배에게 전한 내용을 보자.

"너는 말씀을 전파하라 때를 얻든지 못 얻든지 항상 힘쓰라 범사에 오래 참음과 가르침으로 경책하며 경계하며 권하라"(딤후 4:2)

교인들에게 경책, 경계, 권하는 일을 하는 것이 마땅한 것이지 교인들의 기호와 비위에 맞게 현실에 적응하다 보면 예배의 실체가 없어진다. 그렇게 되면 예배 받으시기 위해 교회를 내신 하나님의 입장은 어떻게 되는가? 바울은 어떤 '때'를 강조하고 있다. 그것은 말세의 고통하는 때이다(딤후 3:1). 그때의 사람들의 반응을 다음과 같다고 말하고 있다.

"때가 이르니 사람이 바른 교훈을 받지 아니하며 귀가 가려워서 자기의 사욕을 따를 스승을 많이 두고 또 그 귀를 진리에서 돌이켜 허탄한 이야기를 따르리라"(딤후 4:3~4)

그때 사람들이 좋아하는 것이 무엇인가?
그리고 바로 예배 현장에서 인기를 끌게 하는 것이 무엇인가?
그리스도 사람들의 일상생활 예배에서도 좋아하는 항목이 무엇인가?
사람들은 바른 교훈을 받지 아니하려 든다. 사람들은 귀가 가렵다. 그래서 가려운 귀를 반드시 긁어줌을 받아야 하는데 그때의 귀이개에는 마취약이 묻어 있다.

사람들은 자기의 사욕을 좇는다. 교회가 해야 하는 일은 저 멀리 가버리고 개인주의, 이기주의적 욕망이 앞선다. 식욕, 성욕, 명예욕, 쾌락의 욕심이 채워지기를 바란다. 본능은 중요하되 본능 조절이 이성적 인간의 자세요 더 나아가서 신앙으로 본능과 이성까지 다스리는 자가 그리스도인이요 교회는 그런 사람들의 모임인 것이다.

사람들은 스승을 많이 둔다. 예수 선생님 한 분만으로는 족하지 않다는 것이다. 이에 대해 존 맥아더는 「우리는 그리스도만으로 충분하다」는 저서에서 많은 스승의 가르침에 현혹될 것이 아니라 오직 한 선생님이신 그리스도로 족할 줄 알라고 당부하고 있다.

「많은 이들이 그리스도의 충족성에 대한 확신을 상실하고 있다는 또 다른 증거는 교회가

---

412) 존 맥아더, 「우리는 그리스도만으로 충분하다」, (서울; 생명의 샘, 1995), p. 17.

실용주의적 방법론에 점점 매력을 느낀다는 사실이다. 상담이 가르침, 교제, 성례, 기도 등을 대신한 유일한 프로그램인 것은 아니다. 많은 교회들은 설교와 예배를 덜 강조하는 대신 오락이나 여흥을 중요시한다. 그들은 육신적인 흥미를 유발함으로써 초신자들의 비위를 맞춰야 한다고 믿는 것이 분명하다. 많은 교회 지도자들은 사람을 얻기 위해 그들의 기호에 따라주어야 한다고 믿고 있다. 교회들이 앞을 다투어 새로운 철학을 채택함에 따라 저속한 소극(笑劇)이 최근의 복음주의 진영에서 대유행이다.」[412]

사람들은 또 허탄한 이야기를 좇아다닌다. 이런 분위기에 싸여있지만 바울이 디모데에게 당부하는 것은 근신하고 고난받으며 전도인의 일과 직무를 다하라는 것이다.

"그러나 너는 모든 일에 신중하여 고난을 받으며 전도자의 일을 하며 네 직무를 다하라"(딤후 4:5)

교회는 세속성을 따라 물량주의 및 성장 진보주의에 집중한 나머지 수단방법을 가리지 않고 팽창하기를 바랐다. 예배도 사람의 기호에 따라 구미에 맞는 예배로 교인들을 모이게 하려는 작전 같은 것을 짜기도 한다. 예배에 성공하고 상 받기 위해서는 예배의 법에 따라야 한다. 경기한다고 다 상을 받는 것은 아니지 않는가?

"경기하는 자가 법대로 경기하지 아니하면 승리자의 관을 얻지 못할 것이며"(딤후 2:5)
"운동장에서 달음질하는 자들이 다 달릴지라도 오직 상을 받는 사람은 한 사람인 줄을 너희가
알지 못하느냐 너희도 상을 받도록 이와 같이 달음질하라"(고전 9:24)

경기하는 운동선수들은 순수한 목적과 평상시 쌓은 실력으로 상을 얻을 생각을 해야 한다. 도핑(doping)하면 안 된다. 도핑은 선수가 약물을 복용하여 최고의 흥분된 광인의 상태에서 초인적 능력을 발휘하여 상을 얻으려는 부정한 수단이다. 1988년 서울 올림픽 육상 100m에서 우승한 벤 존슨은 근육 강화제인 스테로이드 복용이 적발돼 금메달을 박탈당했다. 교회의 일은 수단도 정당해야만 한다. 복음 진리만으로 예배하고 교회를 세워나가야 할 것이지 흥분제인 약물 사용으로 혹 겉보기에 성공한다 해도 하나님은 인정하지 않으신다. 복음 진리 외에 다른 것을 첨가할 필요가 없다. 이런 면에서 C. S. 루이스의 「순전한 기독교」[413]를 읽고 필자가 내린 은 다음과 같았다.

---

413) C. S. 루이스, 「순전한 기독교」 장경철, 이종태 역, (서울; 홍성사, 2002).

「루이스는 기독교 아군 진지에서 적국의 사단 진지를 향해 항복해 오라고 명령하는 것이 아니라, 아군 진지를 떠나 직접 적진에 가서 적국의 병사들을 설득 회유하여 그들을 아군의 진지로 몰아오고 있는 전도 전략가이다.」[414]

이런 신앙의 자세라면 기독교 신앙의 어떤 부분도 손상당하는 일이나 양보하는 일이 없이 세상을 교회로 끌어올 수 있을 것인데 오늘날 교회는 예배에서부터 오히려 세상을 교회로 끌고 들어와서 세상에 승리를 안겨다 주는 어처구니없는 일을 저지르고 있다는 것이다. 그런데 이렇게 비정상적이고 불법적인 도핑 경기를 하고 있는 동안에 골인 지점까지 가도록 하는 그것이 부정한 방법이요 비록 제일착으로 테이트롤을 끊는다고 해도 무효화된다는 사실을 모른 채 계속 달리면서 헛된 망상에 만족감을 느끼고 있는 형편이 또한 딱하기 그지없다는 것이다. 그런데 누가 이런 지경에 이르도록 했던가? 그것은 악한 마귀 사단의 짓이었다. 이에 대해 C. S. 루이스의 「스크루테이프의 편지」는 명쾌하고도 코믹하게 잘 말해 주고 있다.[415] 악마 세계의 고참 스크루테이프는 그의 조카인 신출내기 악마 웜우드에게 인간을 유혹하여 파멸에 빠뜨리는 방법에 대해 조언하는 31통의 편지를 쓰고 있다. 고참은 신참 조카 웜우드를 악마 세계의 본부에서 교회라는 세상으로 파송하여 교회가 착각한 상태에서 부정을 긍정으로, 비진리를 진리로, 죄를 의로, 실패를 성공으로 여기도록 부추기면서 박수를 쳐주라고 하는 것이다. 그런데 그 마지막은 파멸로 드러나게 되어 있다는 것이다. 특별히 오늘날 교회의 가장 중요한 최고 수준의 예배에 있어서 불순물이 섞여 있고, 그것이 인간 심리에 호응이 가는 탓에 사람들이 그곳으로 몰리도록 놔두라는 것이 고참이 신참에게 내리는 지시이다. 그 결국은 망하는 것이라는 확신을 놈들은 갖고 있는 것이다.

예배 시간이 짧아서 좋다, 사회자가 없어서 좋다, 예배처가 미적이라서 좋다, 교회가 예산의 거의 대부분을 사회봉사에 사용한다, 광고가 없다, 있어도 짧다, 목사가 현대적 감각을 지녔다, 오늘의 삶에 필요한 현실적 메시지를 준다, 유머가 있다, 그 교회 예배에서는 책망이란 없다, 마음의 부담이 없는 예배이다. 물론 이상의 항목들이 복음 진리만을 강조하면서 부수적으로 붙어 다니는 액세서리 정도라면 모를 일이지만, 그것이 복음 진리를 제쳐 놓고 그 자리를 차지해서 사람을 모으는 교회라면 교회의 장래는 시간 문제이다.

그런데 신참 웜우드는 교회에게 "그것 참 잘하는 일이다. 그러니까 교회는 성장하는 거야"라고 추켜 세워준다는 것이다. 교회 예배 문제를 두고 비근하고도 난삽한 장광설을 펴는 데에는 예배를 본래대로 회복하자는 호소가 거기 담겨 있기 때문인 것이다. 혹 어떤 사람들은 교회가 예배드리는 것을 너무 강조하다보면 다른 일에는 소홀히 할 것이 아니냐는

---

414) 필자가 「순전한 기독교」를 읽고 기록한 독후감의 일부.
415) C. S. 루이스, 「스크루테이프의 편지」 김선형 역, (서울; 홍성사). 416) A. W. 토저, 「이것이 예배이다」, p. 152.

우려를 표할지도 모른다. 이에 대해서 토저는 "예배만 하고 다른 것은 하지 않으면 어떻게 되는가?"라는 의문을 품는 사람이 있다면 그것은 걱정할 것이 없다고 했는데 그 이유는 예배만 드리고 다른 것을 하지 않은 사람은 없다는 것이었다. 예배를 드린 사람은 매우 적극적으로 활동도 한다는 것인데 이것이 예배의 묘미라고 했다.[416]

그럼 하나님이 받으실 만한 예배의 방법은 무엇인가? 하나님이 받으시기를 원하는 방법의 예배가 분명히 성경에 나온다. 예배 받으실 분이 좋아하시는 방법으로 예배를 드려야 한다. 예배 받으시고도 기뻐하시지 않은 예배는 예배가 아니다.

구약 최초에 나오는 가인과 아벨의 제사를 보자.

"세월이 지난 후에 가인은 땅의 소산으로 제물을 삼아 여호와께 드렸고 아벨은 자기도 양의 첫 새끼와 그 기름으로 드렸더니 여호와께서 아벨과 그의 제물은 받으셨으나"(창 4:3~4)

여호와는 왜 가인의 제물을 받지 않으시고 아벨의 예물은 열납하셨는가에 대해서 성경은 그 이유를 명백히 밝히지 않고 있으나 일반적으로 '피'의 유무를 가지고 설명한다. 하여튼 하나님이 받으시는 예물 그리고 거절하시는 예물이 있다는 것은 사실이다. 아마도 명백한 사실은 예물의 열납은 하나님이 정하셔서 기뻐하시는 방법을 따른 것이고 열납하지 아니하는 것은 그 반대의 이유였을 것이다. 하나님은 구약 이스라엘과 계속 인사를 나누며 친교하시기를 원하셨고 이를 위해 역사 속에서 이적과 기사를 백성에게 베푸사 하나님의 살아계심을 드러내시고 이에 대한 백성의 반응으로는 예배 곧 경배하는 것이니 구약적 표현으로 제사를 드리는 것이었다. 하나님은 이스라엘 백성에게 역사적 사건을 보여 주시고 백성에게는 여호와의 살아계심과 능력과 긍휼을 제사로 표시하라고 명하셨다.

하나님이 이스라엘 백성에게 10계명을 주어 하나님께 깍듯이 예를 차려 인사하라고 주신 것도 애굽 땅에서 인도해 낸 다음의 일이었다.

"하나님이 이 모든 말씀으로 말씀하여 이르시되"(출 20:1)

출애굽기의 대부분이, 구출 받은 이스라엘이 하나님 앞에서 지켜야 할 도덕적인 예의를 갖추라는 생활 규칙과 예배드리는 장막을 지을 것과 그 장막의 온갖 시설과 그 장막에서 제사 드리는 제사장의 복장과 제사 예법을 기록한 것이다. 창세기는 인사하자고 창조한 이야기인가 하면, 출애굽기는 구출하셨으니까 인사하자는 하나님의 선수적 행사였던 것이

---

[416] A. W. 토저, 「이것이 예배이다」, p. 152.

다. 그야말로 레위기는 레위 지파가 집행하는 예배서이다. 민수기는 광야를 지나면서도 어떻게 군대조직 속에서 하나님께 예배드리는 것을 방해받지 않고 안전하게 드릴 수 있는가를 위한 광야 행군 기록이다. 신명기는 하나님이 약속하신 땅에 들어가서는 과거를 회상하며 하나님 앞에 제사를 잘 드리는 예배의 삶을 계속하라는 하나님의 당부가 기록된 책이다. 결국 모세5경은 하나님과 인간의 인사 관계를 기록한 책이다.

모세5경 중에서 몇 군데 성경구절을 뽑아서 하나님이 어떻게 제사를 받으시기를 원하셨나 보기로 하자. 출애굽기에서 성막과 그에 부속된 기물도 하나님이 보여 주시는 식양(式樣), 곧 방법대로 해야 했다.

"내가 그들 중에 거할 성소를 그들이 나를 위하여 짓되 무릇 내가 네게 보이는 모양대로 장막을 짓고 기구들도 그 모양을 따라 지을지니라"(출 25:8~9)

이스라엘 자손은 자기 멋대로 아무데서나 방종하게 예배드릴 수가 없었다. 하나님은 이스라엘 자손 가운데 성소를 정하신다. 그 성소는 백성이 짓는다. 그러나 그 성소의 목적은 여호와를 위한 것이다. 짓는 백성이라도 자기들을 위해 짓는 성소가 아니다. 백성이 성소를 짓되 하나님이 보여 주신 대로 지어야 한다. 장막의 식양과 그 기구의 식양도 하나님이 보여 주신 대로 지어야 한다. 하나님은 예배처를 특별히 정하셨다. 하나에서 열까지 철저히 하나님이 보여 주신 대로이다. 그대로 되지 않은 상태에서의 제사는 열납하지 않으신다. 이게 율법이요 구약이다. 이 모든 복잡한 것은 더할 나위 없는 간단한 것을 위함이니 곧 이것은 상징이요 저것은 실재이다. 예수 그리스도가 앞에 나오면 그 모든 복잡한 것이 단순화되는 것이다. 그렇다고 구약의 복잡한 것을 그냥 외면할 수는 없으니 하나님이 조정해 놓으시고 계획하신 대로 제사 받으시기를 원하시기 때문이다.

"너는 삼가 이 산에서 네게 보인 양식대로 할지니라"(출 25:40)

궤, 상, 등대 등 예배 기구들을 만들 때도 산에서 모세에게 보여 준 대로 해야 했다. 이하에 모든 것을 만들 때마다 산에서 보여준 양식을 따르라고 한다.

"너는 산에서 보인 양식대로 성막을 세울지니라"(출 26:30)
"제단은 널판으로 속이 비게 만들되 산에서 네게 보인 대로 그들이 만들게 하라"(출 27:8)

제사장 직분과 그 예복의 정교함은 모두 다 하나님이 그렇게 하시기를 원하셨기 때문이다(출 28, 29장).

"에봇 어깨받이에 달아 이스라엘의 아들들을 기념하는 보석을 삼았으니 여호와께서 모세에게 명령하신 대로 하였더라"(출 39:7)
"청색 끈으로 흉패 고리와 에봇 고리에 꿰어 흉패로 정교하게 짠 에봇 띠 위에 붙여서 에봇에서 벗어지지 않게 하였으니 여호와께서 모세에게 명령하신 대로 하였더라"(출 39:21)
"방울과 석류를 서로 간격을 두고 번갈아 그 옷 가장자리로 돌아가며 달았으니 여호와께서 모세에게 명령하신 대로 하였더라"(출 39:26)
"모세가 그 마친 모든 것을 본즉 여호와께서 명령하신 대로 되었으므로 모세가 그들에게 축복하였더라"(출 39:43)
"그는 또 성막과 제단 주위 뜰에 포장을 치고 뜰 문에 휘장을 다니라 모세가 이같이 역사를 마치니"(출 40:33)

모세가 이같이 역사를 필하였다. 즉 하나님이 원하시는 대로 예배 분위기를 만들었다. 하나님의 예배 분위기는 사람의 예배 분위기에 의해 좌우되지 않는다. 우리 사람의 기호대로 "하나님, 이런 식으로 제사를 받으세요"라고 하나님께 말할 수 없다. 그것은 신약에서 예수의 '피' 외에 다른 것으로 하나님께 나아갈 수 없다는 실상에 대한 상징이다.

모세가 하나님의 지시대로 다 필하였더니 이제 하나님의 반응이 계셨다.

"구름이 회막에 덮이고 여호와의 영광이 성막에 충만하매"(출 40:34)

여호와의 영광이 성막에 충만해졌던 것이다. 그런즉 교회는 어떤 예배를 드려야 할까?

"그러므로 형제들아 내가 하나님의 모든 자비하심으로 너희를 권하노니 너희 몸을 하나님이 기뻐하시는 거룩한 산 제물로 드리라 이는 너희가 드릴 영적 예배니라 너희는 이 세대를 본받지 말고 오직 마음을 새롭게 함으로 변화를 받아 하나님의 선하시고 기뻐하시고 온전하신 뜻이 무엇인지 분별하도록 하라"(롬 12:1~2)
"그러므로 형제들아 우리가 예수의 피를 힘입어 성소에 들어갈 담력을 얻었나니"(히 10:19)

예수의 피를 가지고 담대하게 성소에 들어가서 하나님께 예배를 드려야 한다. 예수의 피 없이는 하나님을 만나러 갈 수가 없다. 하나님이 원하시는 것은 자기 아들의 피다. 하나님은 피 아래 모든 것을 묻어두고 피만 겉에 보이게 해서 우리로 하나님께 나아가게 마련하셨다. 하나님과 사람 사이에는 피의 계약이 있다. 참 마음과 온전한 믿음으로 하나님께 나아가는 자가 그리스도인이다(히 10:22). 교회의 예배는 몸을 드리는 예배요 산 제사요 그것은 곧 영적 예배이다. 제물은 몸인데 그 결과는 영적인 것이 되었다. 몸 바치니 영적인 것이 된다. 몸이 가면 온 마음도 가게 된다. 왜냐하면 마음은 몸으로 돌아오기 때문이다. 몸이 움직인다는 것은 온 인격이 움직인다는 것이다. 몸은 인격 자체를 말하는 것이다.

"이 백성은 내가 나를 위하여 지었나니 나를 찬송하게 하려 함이니라"(사 43:21)

몸으로 예배드린다는 것은 육체 자체의 움직임이 예배에 동원되어야 한다는 것이다. 여기 무척 재미난 가정 이야기가 있기에 실어 본다.

「어떤 어머니와 아들이 이런 대화를 나누었다.
"어머니! 나는 예배드리기 싫은 세 가지 이유가 있습니다. 첫째, 주일 아침은 늦잠을 자고 싶어요. 둘째, 장로님의 기도가 너무 길어요. 셋째, 성가대의 불협화음이 싫어요."
그때 어머니가 이렇게 권면하셨다.
"그럼에도 불구하고 네가 예배를 드려야 하는 세 가지 이유가 있다. 첫째, 예배는 선택이 아니라 의무다. 둘째, 예배는 사람과의 관계가 아니라 하나님과의 관계다. 셋째, 너는 담임 목사이니까 결석하면 안 된다."
우스갯소리같지만 사역자들과 직분자들일수록 바쁘게 뛰어다니다가 정작 하나님 앞에 예배드리고 은혜 받는 것을 소홀히 여기기 쉽다는 교훈을 주는 이야기라고 생각된다. 사역자들이나 직분자들일수록 예배를 뒷전에 두는 위험에 노출되어 있다는 것이다. 따라서 사역자들은 스스로 늘 조심해야 할 것이다. 신앙생활의 우선순위를 놓치지 말라는 것이다.」[417]

그리고 교회의 외부에 대해서는 이 세대를 본받지 않는 것이다. 그리고 하나님의 온전하신 뜻을 알아서 하나님께 나아가는 것이다. 이 세대를 악하게 보셔서 꼭 구속해야만 될 것으로 보고 계시는 하나님 앞에 예배자라고 하는 사람들이 이 세대를 본받아 이 세대를 하나님께 바친다는 것은 신성모독이 아닐 수 없다. 그것은 마치 구약에서 하나님이 굳이 제외시킨 제물, 곧 돼지나 토끼로 제물을 바칠 수 없는 것이나 마찬가지이다. 돼지는 발굽은 갈라졌으나 새김질은 못하는 불균형적 모순적 짐승이요, 토끼는 새김질은 하나 발굽이 갈라져 있지 않은 짐승이기에 하나님 앞에 제물로서는 불합격 판정을 받은 것이다. 그 대신

---
417) 최대복, 「예배에 목숨을 걸라」, (서울; 규장, 2007), p. 189.

소나 양은 제물로 합당한 것이었다. 이와 같이 아담은 자기도 타락하고 주변도 망쳐 놓았다. 하나님은 아담과 아담 주변 분위기에서 인사 받으시려 하지 않으셨다.

「아담이 타락했기 때문에 현재 우리가 비참한 상태에 처해 있는 것이다. 아담의 타락 때문에 질병이 우리에게 찾아와 우리를 죽음으로 이끌어가는 것이다. 아담의 타락 때문에 사고가 일어나는 것이다. 아담의 타락 때문에 감옥과 병원과 정신병자 수용소와 묘지가 생긴 것이다. 인간의 무덤을 향해 비틀거리며 걸어가는 것은 근본적으로 아담의 타락 때문이다.」[418]

하나님이 받으시는 예배, 곧 인사는 예배자와 예배자 주변이 정돈되고 안정된 상태에서 드리는 예배이다. 그런데 하나님은 자기의 아들 예수 그리스도를 통하여 예배 당사자와 분위기가 엉망진창으로 된 것을 재정돈하셨다. 하나님은 예배 받으실 조건을 마련하시고 예배 받으신다. 하나님도 기쁘고 예배자도 기쁘고 하나님도 즐겁고 예배자도 즐겁고 하나님도 의롭고 예배자도 의롭고.

"하나님이 죄를 알지도 못하신 이를 우리를 대신하여 죄로 삼으신 것은 우리로 하여금 그 안에서 하나님의 의가 되게 하려 하심이라"(고후 5:21)

예수가 죄가 되심은 우리가 하나님의 의가 되기 위함이었다. 죄인인 우리 자신이 어느 정도로 착하고 선해져서 의로운 상태에 겨우 이른 것이 아니라 우리 자신이 하나님의 '의'가 된 것이다. 하나님은 의인의 예배를 받으신다.

모든 사람들은 어떤 다른 피조물과는 다르게 예배를 드리도록 피조되었다. 모든 피조물이 피조된 후에는 창조주에게 고개 숙여 인사 한 마디 던지는 일이 없이 피조된 상태, 피조된 체질, 주어진 본능대로 존재하고만 있다. 그러나 사람들은 하나님에게 인사를 나누도록 피조되었기 때문에 인사라는 행위를 가지게 마련인데 문제는 예배가 없는 것이 아니라 참된 예배가 없다는 것이다. 비그리스도인 세상은 거짓 예배를 드리고 그리스도인의 교회는 참된 예배를 드린다는 것이다. 예배를 가운데 두고 세상과 교회는 갈라지는 판인데 교회가 예배를 모든 행사 위에 첨단으로 놓지 않는다는 것은 교회의 정체와 방향을 잃은 처사라 할 것이다. 그렇기 때문에 모든 인류가 예배하는 인류라는 것은 극히 자연스러운 것이다. 극소수의 그리스도인이 하나님을 예배한다는 견지에서 볼 때 예배는 부자연스럽게 보일 것이다. 예배는 부분적인 인간의 행위가 아니라 보편적인 행위이다. 단지 그 예배 행위가

---

418) A. W. 토저, 「이것이 예배이다」, p. 53.

부당하냐 타당하냐가 문제일 뿐이다. 로마서 1장이 이상에서 말한 모든 것을 설명해 준다. 모든 만물은 피조된 뒤에는 그대로 하나님의 능력과 신성을 보여 주기는 했지만 그것들이 하나님에게로 찾아와 인사를 나눈 적도 없으며 하나님도 그것들에게 찾아가서 인사를 나누자고 하시지도 않았다. 그것들은 단순한 하나님의 피조물이었다.

> "창세로부터 그의 보이지 아니하는 것들 곧 그의 영원하신 능력과 신성이 그가 만드신 만물에 분명히 보여 알려졌나니 그러므로 그들이 핑계하지 못할지니라"(롬 1:20)

오직 사람만이 예배자로서 하나님께 인사해야 하는데 생각이 허망해지고 마음이 미련해져서 엉뚱한 예배 행위를 하고 있었던 것이다.

> "썩어지지 아니하는 하나님의 영광을 썩어질 사람과 새와 짐승과 기어다니는 동물 모양의 우상으로 바꾸었느니라"(롬 1:23)

예배 행위가 잘못되니까 그 결과 그들의 일상의 삶이 비윤리적으로 파멸된 삶이 되었다. 하나님으로부터 3중 포기(내어버려 두셨음)를 당했던 것이다.

- 제1포기 "마음의 정욕대로 더러움을 내버려 두사"(롬 1:24).

제1포기의 결과는 무엇인가?

저희 몸을 서로 욕되게 하였다. 하나님의 진리를 거짓 것으로 바꾼다. 피조물을 조물주보다 더 경배한다.

- 제2포기 "부끄러운 욕심에 내버려 두셨으니"(롬 1:26).

제2포기의 결과는 무엇인가?

성 생활의 혼탁이 왔다. 남녀 간에 음탕하고 방종한 성 생활이 나왔다.

- 제3포기 "그 상실한 마음대로 내버려 두사"(롬 1:28).

제3포기의 결과는 무엇인가?

합당치 못한 일을 하게 되었다. 온 세상의 죄의 항목이 여기에 다 들어 있다.

하나님께 예배드려야 할 인간이 예배드리기에는 그 마음과 몸과 생활이 도저히 하나님께 용납될 수 없게 되었던 것이다. 참으로 하나님께 예배드릴 자의 정체가 깨어졌고 깨어진 예배자가 예배 대상자와 예배 방법을 자기 멋대로 결정해서 예배드리는 예배 타락자가 된 것이다. 그래서 사람들은 소위 종교 체험을 그리스도교 복음 진리 체험으로 대체시키고, 종교적인 예배를 그리스도교의 예배인양 여기는 것이다. 진정 안 될 일이다.

종교적 봉사활동이 예배를 무색케 해서도 안 된다.

「교회 안을 돌아보면 열심히 봉사는 하는데 문제를 일으키는 분들이 의외로 많다. 그 이유는 그분들이 예배드릴 때 예배드리지 않고 봉사만 하였기 때문이다. 예배자로 먼저 서지 못하고 일만 하면 정작 자기의 영혼은 돌아보지 않아 황폐화된다. 하나님과의 관계가 소원해지니 사람과의 관계가 깨진다. 그래서 문제가 생기는 경우가 많다. 예배 안에서 먼저 자기 자신을 하나님 앞에서 조율하는 작업이 우선되어야 하는데 그 예배를 소홀히 했기 때문이다.」[419]

하나님이 받으시는 예배는 종교 체험에서 우러난 예배가 아니라 예배자로서 거듭난 자만이 드리는 예배이다. A. W. 토저는 우리에게 없는 것은 참 예배라고 역설하고 있다.

「오늘날 우리에게는 모든 것이 있다. 없는 것은 오직 예배뿐이다.
하나님이 우리를 부르신 것은 우리의 예배를 받으시기 위해서다.
그런데 현재 그리스도의 교회에서는 예배가 보이지 않는다.
우리는 예배를 배우지 못하고 대신 연예오락을 배웠다.
나의 형제자매들이여! 하나님을 경배하고 찬양하는 것이 우리의 의무인데도 복음주의적 교회들에서 예배는 '잃어버린 보석'(The Missing Jewel)이 되고 말았다. 여기에 면류관이 있지만, 이 면류관에는 보석이 박혀 있지 않다. 지금 교회는 온갖 장식품으로 화려하게 빛나지만, 정작 빛나야 할 보석인 예배는 실종되었다.」[420]

예배를 이끌어 나가야 할 주체자는 교회이다. 교회는 예배의 힘으로 건재한다. 건전한 교회는 예배드리는 교회이다. 교회는 경영의 대상이 아니라 예배의 주체자이다. 예배가 살아있는 교회는 산 교회이다. 산 교회에게는 너절한 외적 장식이나 보조기구가 불필요하다.

「내가 볼 때 현재 아주 끔찍한 현상이 우리 가운데 벌어지고 있다. 기도하지 않고 예배도 드리지 않는 집사와 장로와 목사들이 교회를 경영하면서 교회의 나아갈 길을 결정하고 있다.」[421]

하나님이 받으시는 예배는 우리의 일상생활 예배이다. 하나님과 그리스도인의 인사가 겨우 주일에 교회 건물 안에서 드려지는 예배만이 전부가 아니다. 오늘날 '예배'라고 하면 개인 예

---
419) 최대복, 「예배에 목숨을 걸라」, (서울; 규장, 2007), p. 189.
420) A.W. 토저, 「이것이 예배이다」, p. 145.
421) A.W. 토저, 앞의 책, p. 149.

배나 생활 예배보다는 공중 예배 곧 제도화된 교회 안에서의 집단 예배를 더 중시하고 '예배 =교회 공중예배' 라는 등식을 생각하는 것 같다. 이에 대해서 생각해 보아야 할 것이 있다.

최대복 목사의 「예배에 목숨을 걸라」[422]는 예배의 중요성을 아주 실감나게 강조해 준 귀중한 책이다. 그러나 거기에 강조된 내용은 마치 일반 사회생활과 논산훈련소 훈련병 생활을 대조 연상시키는 듯한 인상을 준다. 실제로 저자는 "기도의 훈련소에 오신 것을 환영합니다"라고 한다.[423]

또한 그러나 예배 때문에 목숨을 바친다는 표현은 적절치 못하다. 예배는 사람의 목숨을 요구하지 않고 목숨을 해방시켜 준다. 목숨을 담보하는 예배는 극기 훈련일지는 모르나 지극히 정상적인 생활은 아닐 것이다.

그 교회는 철저한 규율과 준칙 그리고 규범에 따라 교회의 예배 프로그램에서 훈련받을 때 참된 예배자로 인정해 주고 있다. 절대 다수가 청년층으로 이루어져 있으나 연로하신 장로님이나 어른들도 잘 따른다는 주석을 붙인 것을 보면 한 가지 분명한 사실이 있다. 그 교회는 세상 밖에서와 심지어 일반 교회 밖에서 따로 조직된 특수한 성격의 모임으로, 구성원이 교회의 예배 프로그램 속에 들어가 있는 영적 생기가 왕성한 영원한 훈련병처럼 느껴진다. 예배의 훈련과 연습이 실종되고 있는 오늘날의 교회 상황에서 볼 때 참으로 도전적이고 창의적이고 생산적인 모델 교회이다.

그러나 그리스도인의 삶은 생활이지 훈련은 아니라는 것이다. 논산훈련소의 생활이 제대한 사람들의 여생처럼 이어지는 것은 아니다. 삶은 생활이지 운동이 아니다. 삶은 자연스러운 것이지 구호가 아니다. 경건의 훈련은 생활 속에서 되는 것이지 어느 시공간의 제한된 프로그램 속에서 되어지는 것은 아니다. 이렇게 장광설을 한 것은 개인의 생활 예배가 충실해지고 그것이 자연스럽게 교회의 공중 예배로 이어져야 한다는 진정한 예배의 성격을 말하기 위해서였다. 물론 생활 예배의 총 결산이요 꽃이, 특정한 시공간에서 드리는 모든 성도들의 공중 예배이지만 개인의 생활 예배가 없는 공중 예배는 그 진가를 잃게 될 것이다.

교회의 예배란 개인예배와 공예배인데 이것은 무시무처의 모든 삶에 걸쳐 하나님께 드리는 예배를 지칭한다.

"그런즉 너희가 먹든지 마시든지 무엇을 하든지 다 하나님의 영광을 위하여 하라"(고전 10:31)

「나는 우리가 항상 교회에서 살아야 한다고 주장하는 것은 아니다. 항상 교회에서 사는

---

[422] 최대복, 「예배에 목숨을 걸라」, (서울; 규장, 2007).
[423] 최대복, 「예배에 목숨을 걸라」, (서울; 규장, 2007), p. 150

것은 불가능하다. 내가 강조하고 싶은 것은, 책상에 앉아 공부하거나 전철을 타고 가거나 자동차를 몰고 가는 중에도 하나님을 예배할 수 있다는 것이다. 우리는 설거지를 하거나 다리미질을 하면서도 하나님을 경배할 수 있다. 불법적이고 악하고 잘못된 일을 하는 것이 아니라면 언제 어디서나 하나님을 경배할 수 있다. 우리가 교회에 가서 예배하는 것은 지극히 당연한 일이다. 그러나 주일 교회에 가서 예배하고 나머지 6일 동안 예배(경배) 속에 살지 않는다면 주일의 예배는 참 예배가 아니다.」[424]

개인의 생활 예배와 단체의 공중 예배가 다 조화를 이루어야 할 것이다. 그런데 이것도 저것도 아닌 제3의 어떤 예배 형식이 유행하고 그것이 모든 예배의 전형(典型)이라면 문제가 아닐 수 없다. 예배는 개인 및 공중예배를 통한 포괄적인 생활 예배여야 한다. 어느 시간 어느 장소에서 특별하게 드리는 예배가 단연 모든 생활 예배를 경시하게 되면 그것도 큰 문제가 아닐 수 없다. 한국 학생들이 영어를 잘 해보겠다고 안간힘을 쓰고 있다. 그래서 소위 한국 땅 안의 '영어마을'에 입주한다. 짧게는 몇 달, 길게는 몇 년을 영어마을에서 영어를 연습한다. 문제는 영어마을에서 공부했다고 해서 반드시 누구나 다 영어에 통달하는 것은 아니라는 것이다. 영어마을에 들어간 사람보다 더 영어를 잘하는 사람이 있다. 그들은 영어마을 같은 곳에는 들어가지 않는 사람들이다. 그들은 미국에서 태어나 미국 생활 속에서 그냥 영어를 한 것뿐이다. 영어를 배운 적도 없이 습득한 것이다.

그런데 생활 속에서 되어진 예배의 어떤 특수한 장치나 제도 속에서 배운 예배보다 더 실천적이라는 것이다. 예배 생활이란 개인 생활과 교회의 공 생활에서의 예배이다. 개인 예배와 공예배는 지극히 자연스러운 생활 예배이다.

「사업가가 월요일 아침 자신의 사무실로 들어서면서 경배의 충동을 느껴 "여호와께서 내 사무실에 계시니 온 천하는 그 앞에서 잠잠할지니라"라고 외칠 수 있다면 얼마나 아름다운 일인가! 월요일에 당신의 의무를 수행해야 할 곳에서 하나님을 경배할 수 없다면 당신은 주일에 제대로 경배했다고 볼 수 없다. 많은 사람들은 자기들이 하나님을 상자 안에 넣어 둔다고 느끼는 것 같다. 그들에게 하나님은 단지 교회의 성소에 계실 뿐이다. 교회의 문을 나와 차를 몰고 집으로 돌아오면 우리는 하나님을 큰 상자 안에 넣어두고 온 것 같다고 느낀다. 물론 당신은 하나님을 상자 안에 넣어두지 않았다고 생각할 것이다. 하지만 정말 그런지 진지하게 생각해 보라.」[425]

---

424) A. W. 토저, 「이것이 예배이다」, p. 209.
425) A. W. 토저, 위의 책, pp. 210~211.

예배가 종교 활동 속에서 묻혀버려서는 안 된다. 예배가 봉사 활동 속에서 질식되어져서도 안 된다. 악한 마귀는 예배의 개념을 흐리게 하려 든다. 예배를 다반사로 여기지 못하게 할 뿐만 아니라 또 예배를 중대사로 여기지 못하게 한다. 다시 말하면 교회의 예배란 자나 깨나 어디서든 드려야 할 우리의 생활 자체이면서도 더할 나위 없이 중요한 일로 여겨야 마땅한 것이다. 우리의 생명을 지닌 삶이 일평생 지속된다고 해서 누가 그 생명의 삶을 다반사이니까 귀중하게 여기지 않아도 된다고 말할 수 있을까? 하나님이 기뻐하시는 예배는 생활 전반에 걸친 예배이다. 예배자의 마음에서 우러나는 제사가 필요한 것이다.

> "주께서는 제사를 기뻐하지 아니하시나니 그렇지 아니하면 내가 드렸을 것이라 주는 번제를 기뻐하지 아니하시나이다 하나님께서 구하시는 제사는 상한 심령이라 하나님이여 상하고 통회하는 마음을 주께서 멸시하지 아니하시리이다"(시 51:16~17)

「예배를 대신하겠다고 하면서 우리를 유혹하는 것들이 우리를 끊임없이 에워싸고 있다. 다시 말해서, 눈만 뜨면 종교 활동에 몰두하도록 유혹하는 것들이 그리스도인들 주변에 널려 있다는 말이다.

많은 교회에서 끊임없는 봉사 활동이 곧 봉사라고 가르치기도 한다. 많은 설교를 통해 현대 교회는 발바닥에 불이 나도록 바쁜 것이 하나님의 뜻이라고 가르치는 경향이 있다. 우리가 사는 세상에서 이것보다 더 큰 가치는 없다고 가르친다는 말이다.

그러나 우리가 조금이라도 정직해질 수 있다면, 조용한 시간에 우리에게 깨달음이 찾아와 "오늘날, 믿음을 고백하는 그리스도인들에게서도 진정한 영적 예배를 찾아보기 힘들다"라고 속삭일 것이다. 우리는 용기를 가지고 우리 자신에게 "우리가 어쩌다가 이렇게 되었는가?"라고 물어야 한다. 교역자이든 평신도이든 많은 지도자들은 그들의 삶 가운데 하나님과의 교제가 말로 표현할 수 없을 정도로 즐거운 것임을 잘 보여 주지 못한다. 이런 상황에서 우리의 예배가 어떻게 역동적(力動的)일 수 있는가?」[426]

오늘날 휴대전화와 인터넷 사이트가 모든 사람에게 문화의 이기(利器)로 등장하고부터 많은 그리스도인들이 하늘 소리를 듣지 못하고 있다. 하늘에서 전보가 내려와도 통하지 않는다. 전보는 사람의 귓전에서 거절당하고 있다. 하늘 소리를 들을 시간이 없다.

예수님은 문 앞까지 찾아오셔서 인사하자고 하셨다.

---

426) A. W. 토저, 「이것이 예배이다」, pp. 214~215.

"볼지어다 내가 문 밖에 서서 두드리노니 누구든지 내 음성을 듣고 문을 열면 내가 그에게로 들어가 그와 더불어 먹고 그는 나와 더불어 먹으리라"(계 3:20)

문을 두드리건만 안에서는 아무런 응답이 없다. 문 두드리는 소리와 음성을 듣지 못했기 때문이다. 문 안에서 노는 재미가 너무나 꿀맛 같아서 밖에서 보내는 소리를 듣지 못한 것이다. 안에서 춤추고 노래하고 흥이 돋친 분위기라서 밖에서 아무리 소리쳐도 안에서는 들리지 않는다. 예수님은 또 문전박대의 신세가 되셨다. "문을 열라." 문을 여는 것이 인사의 시작이다. 하나님이 새 하늘과 새 땅을 지으심은 최후로 예배를 받으시기 위함이었다.

하나님이 기뻐하시는 예배는 24장로들이 보좌에 앉으신 이 앞에 드리는 경배 그것이다.

"이십사 장로들이 보좌에 앉으신 이 앞에 엎드려 세세토록 살아 계시는 이에게 경배하고 자기의 면류관을 보좌 앞에 드리며 이르되 우리 주 하나님이여 영광과 존귀와 권능을 받으시는 것이 합당하오니 주께서 만물을 지으신지라 만물이 주의 뜻대로 있었고 또 지으심을 받았나이다 하더라"(계4:10~11)

24장로들이 보좌에 앉으신 이에게 엎드렸다. 그런데 우리는 뻣뻣이 서 있지 않는가? 24장로들이 자기들의 관을 보좌 앞에 드렸다. 그런데 우리는 우리의 관을 쓴 채 또 주님의 관을 빼앗으려 하지 않는가? 24장로들은 영광과 존귀와 능력을 하나님이 받으시는 것이 마땅하다고 했다. 그런데 우리는 그런 것들을 우리가 착복하려 하지 않는가? 24장로들은 주께서 만물의 창조자요 만물이 주의 뜻대로 있었고 지으심을 받았다고 선언한다. 그런데 우리는 만물의 주인을 잊어버리고 인간이 세계와 역사의 주인이 되는 인본주의로 흘러가려고 하지 않는가?

⑥ 예배의 목적은 하나님께 영광을 돌리기 위함이다.

하나님의 영광은 하나님 자신의 본래적인 고유한 영광이다. 즉 사람이 하나님께 영광을 만들어서 바치는 것이 아니라 하나님이 지니신 영광 자체를 손상시키지 않고 그대로 인정하고 또 감탄하며 찬양한다는 것이다. 예배는 하나님의 지니신 영광을 착복하지 않고 돌려드리는 인간이 할 수 있는 하나님께 대한 가장 아름다운 모습이다. 하나님은 영광으로 사람에게 나타나신다. 살아계신 천지의 근원적 존재는 다만 그 영광만이 빛나고, 인간은 그 앞에 두려워 엎드릴 뿐이다. 영광은 히브리 원어로는 '표출', '평판'을 뜻하며 마침내 그것은 '호령', '장관'의 의미를 지니며 하나님의 위엄의 표시 내지 지선(至善), 지미(至美)의 표시이다. 하나님은 영광의 하나님이시다. 하나님 곧 영광, 영광 곧 하나님이시다. 이런 하나님을 더도 말고 덜도 말고 그대로 그러하신 하나님이심을 인정해 드린다는 것이 영광을 돌리는 것이다. 삼위일체 하나님은 영광의 하나님이시다.

먼저 성부 하나님의 영광을 보자.

"능히 너희를 보호하사 거침이 없게 하시고 너희로 그 영광 앞에 흠이 없이 기쁨으로 서게 하실 이"(유 1:24)

"스데반이 이르되 여러분 부형들이여 들으소서 우리 조상 아브라함이 하란에 있기 전 메소보다미아에 있을 때에 영광의 하나님이 그에게 보여"(행 7:2)

"우리 주 예수 그리스도의 하나님, 영광의 아버지께서 지혜와 계시의 영을 너희에게 주사 하나님을 알게 하시고"(엡 1:17)

하나님의 영광이 성막에 충만했었다.

"구름이 회막에 덮이고 여호와의 영광이 성막에 충만하매"(출 40:34)

"내가 거기서 이스라엘 자손을 만나니 내 영광으로 말미암아 회막이 거룩하게 될지라" (출 29:43)

"제사장이 그 구름으로 말미암아 능히 서서 섬기지 못하였으니 이는 여호와의 영광이 여호와의 성전에 가득함이었더라"(왕상 8:11)

"주의 사자가 곁에 서고 주의 영광이 그들을 두루 비추매 크게 무서워하는지라"(눅 2:9)

하나님의 영광이 성막 곧 회막에 가득하고 또 그 성막이 하나님의 영광으로 인하여 거룩하게 되는데 그럼 그 성막은 무엇하는 곳인가? 백성이 하나님께 예배드리는 곳이다. 그럼 예배드리는 그곳에서 하나님께 드려야 할 것이 무엇인가? 성막에 가득하고 성막을 거룩하게 하신 하나님의 영광에 감탄해야 할 것이다. 다음, 성자 하나님의 영광을 보자. 성부 하나님의 영광은 예수 그리스도에게로 이어진다. 이미 구약 이사야서에는 다윗을 예수 그리스도의 모형으로 정하시고 다윗을 영화롭게 하신다고 했는데 그것은 하나님이 예수 그리스도를 영화롭게 하신다는 것이었다. 하나님의 영광은 아들에게로 내려갔다.

"보라 내가 그를 만민에게 증인으로 세웠고 만민의 인도자와 명령자로 삼았나니 보라 네가 알지 못하는 나라를 네가 부를 것이며 너를 알지 못하는 나라가 네게로 달려올 것은 여호와 네 하나님 곧 이스라엘의 거룩하신 이로 말미암음이니라 이는 그가 너를 영화롭게 하였느니라"

(사 55:4~5)
"…여호와께서 야곱을 구속하셨으니 이스라엘 중에 자기의 영광을 나타내실 것임이로다"
(사 44:23 하반절)

예수께 내린 영광을 보자.

"예수께서 이 첫 표적을 갈릴리 가나에서 행하여 그의 영광을 나타내시매 제자들이 그를 믿으니라"(요 2:11)
"나는 내 영광을 구하지 아니하나 구하고 판단하시는 이가 계시니라"(요 8:50)
"예수께서 이 말씀을 하시고 눈을 들어 하늘을 우러러 이르시되 아버지여 때가 이르렀사오니 아들을 영화롭게 하사 아들로 아버지를 영화롭게 하옵소서"(요일 7:1)

성부 하나님의 영광은 성령 하나님께로 전해졌다.
성령은 영광의 영이요 하나님의 영으로 지칭되었다.

"너희가 그리스도의 이름으로 치욕을 당하면 복 있는 자로다 영광의 영 곧 하나님의 영이 너희 위에 계심이라"(벧전 4:14)

그런데 하나님께서는 그의 영광을 삼위일체 하나님의 공유 보화로 여기셨을 뿐만 아니라 그 영광을 성도들에게 나눠 주셨다는 사실이다. 우리가 하나님의 영광을 받아 가졌다는 사실이다. 성도가 환난 중에서도 영광을 바라고 즐거워한다는 것이다.

"또한 그로 말미암아 우리가 믿음으로 서 있는 이 은혜에 들어감을 얻었으며 하나님의 영광을 바라고 즐거워하느니라 다만 이뿐 아니라 우리가 환난 중에도 즐거워하나니 이는 환난은 인내를,"(롬 5:2, 3)

성도는 현재의 고난과 비교할 수 없는 영광을 바란다는 것이다.

"생각하건대 현재의 고난은 장차 우리에게 나타날 영광과 비교할 수 없도다"(롬 8:18)

성도가 그리스도와 같은 영광을 받는다는 것이다.

"우리가 다 수건을 벗은 얼굴로 거울을 보는 것 같이 주의 영광을 보매 그와 같은 형상으로 변화하여 영광에서 영광에 이르니 곧 주의 영으로 말미암음이니라"(고후 3:18)

영광의 소망 그리스도가 비밀의 영광으로 이방인에게까지 풍성히 나타났다는 것이다.

"하나님이 그들로 하여금 이 비밀의 영광이 이방인 가운데 얼마나 풍성한지를 알게 하려 하심이라 이 비밀은 너희 안에 계신 그리스도시니 곧 영광의 소망이니라"(골 1:27)

예수께서 하나님으로부터 받은 영광을 제자들에게 주셨다.

"내게 주신 영광을 내가 그들에게 주었사오니 이는 우리가 하나가 된 것같이 그들도 하나가 되게 하려 함이니이다"(요 17:22)

성도들이 그리스도 재림 때에 그와 함께 영광 중에 나타날 것이다.

"우리 생명이신 그리스도께서 나타나실 그 때에 너희도 그와 함께 영광 중에 나타나리라"(골 3:4)

성도는 영원한 영광과 함께 구원을 받는다.

"그러므로 내가 택함 받은 자들을 위하여 모든 것을 참음은 그들도 그리스도 예수 안에 있는 구원을 영원한 영광과 함께 받게 하려 함이라"(딤후 2:10)

성도는 그리스도의 죽음으로 인해 영광에 들어갔다.

"오직 우리가 천사들보다 잠시 동안 못하게 하심을 입은 자 곧 죽음의 고난 받으심으로 말미암아 영광과 존귀로 관을 쓰신 예수를 보니 이를 행하심은 하나님의 은혜로 말미암아 모든 사람을 위하여 죽음을 맛보려 하심이라 그러므로 만물이 그를 위하고 또한 그로 말미암은 이가 많은 아들들을 이끌어 영광에 들어가게 하시는 일에 그들의 구원의 창시자를 고난을 통하여 온전하게 하심이 합당하도다"(히 2:9~10)

지금까지 하나님은 영광이요 영광의 하나님은 그 영광을 성자, 성령 그리고 성도, 더 나아가 이방 세계에까지 비춰 주셨는데 그렇다면 그 영광을 받은 자들의 반응은 무엇이었는가? 예수님이 받으신 그 영광을 또 하나님께로 돌려 보내셨다.

> "나는 내 영광을 구하지 아니하나 구하고 판단하시는 이가 계시니라, 예수께서 대답하시되 내가 내게 영광을 돌리면 내 영광이 아무것도 아니거니와 내게 영광을 돌리시는 이는 내 아버지시니 곧 너희가 너희 하나님이라 칭하는 그이시라"(요 8:50,54)

성령님도 예수로부터 영광을 받아 나타내시되 그것을 제자들에게 돌리고 알려 주셨다.

> "그가 내 영광을 나타내리니 내 것을 가지고 너희에게 알리시겠음이라"(요 16:14)

그럼 성도들이 마땅히 해야 할 일은 무엇인가?
하나님으로부터 받은 영광을 또 하나님께 돌리는 것이다. 하나님과 우리 사이에는 영광의 줄이 이어져 있고 우리의 교제에는 영광의 분위기가 충만해 있는 것이다. 마땅히 우리는 하나님께 영광을 돌려야 한다. 예수님께 영광을 돌려야 한다. 성령님께 영광을 돌려야 한다. 예배의 목적은 하나님께 영광을 돌려드리는 것이다. 예배의 끝맺음은 하나님께 영광이다. 찬송가는 삼위일체 하나님께 영광을 돌리는 것으로 시작된다.

> "성부 성자 성령께 찬송과 영광 돌려 보내세
> 태초로 지금까지 또 영원 무궁토록 성 삼위께 영광 영광 아멘"(찬송가 2장)
> "성부 성자와 성령 영원히 영광 받으옵소서
> 태초로 지금까지 또 길이 영원무궁 영광 영광 아멘 아멘"(찬송가 4장)
> "주 성부 성자 성령께 다 찬양 드리며 어제와 오늘 영원히 늘 영광 돌리세 아멘"(찬송가 5장)
> "찬양 성부 성자 성령 삼위일체 신께 영세 무궁하기까지 영광을 돌리세 영광을 돌리세"(찬송가 6장)

> "그의 아버지 하나님을 위하여 우리를 나라와 제사장으로 삼으신 그에게 영광과 능력이 세세토록 있기를 원하노라 아멘"(계 1:6)
> "영원하신 왕 곧 썩지 아니하고 보이지 아니하고 홀로 하나이신 하나님께 존귀와 영광이 영원무궁하도록 있을지어다 아멘"(딤전 1:17)
> "이제부터 영원까지 여호와의 이름을 찬송할지로다"(시 113:2)
> "우리 주 하나님이여 영광과 존귀와 권능을 받으시는 것이 합당하오니 주께서 만물을 지으신지라 만물이 주의 뜻대로 있었고 또 지으심을 받았나이다 하더라"(계 4:11)

"우리가 즐거워하고 크게 기뻐하며 그에게 영광을 돌리세 어린 양의 혼인 기약이 이르렀고 그의 아내가 자신을 준비하였으므로"(계 19:7)

"여호와께 그의 이름에 합당한 영광을 돌리며 거룩한 옷을 입고 여호와께 예배할지어다"(시 29:2)

"나와 함께 여호와를 광대하시다 하며 함께 그의 이름을 높이세"(시 34:3)

"하나님이여 주는 하늘 위에 높이 들리시며 주의 영광이 온 세계 위에 높아지기를 원하나이다"(시 57:5)

"백성의 모임에서 그를 높이며 장로들의 자리에서 그를 찬송할지로다"(시 107:32)

"여호와여 주는 나의 하나님이시라 내가 주를 높이고 주의 이름을 찬송하오리니 주는 기사를 옛적에 정하신 뜻대로 성실함과 진실함으로 행하셨음이라"(사 25:1)

예수께 경배 드려야 한다.

"많은 사람들은 자기들의 겉옷을, 또 다른 이들은 들에서 벤 나뭇가지를 길에 펴며 앞에서 가고 뒤에서 따르는 자들이 소리 지르되 호산나 찬송하리로다 주의 이름으로 오시는 이여 찬송하리로다 오는 우리 조상 다윗의 나라여 가장 높은 곳에서 호산나 하더라"(막 11:8~10)

"친히 그 여러 회당에서 가르치시매 뭇 사람에게 칭송을 받으시더라"(눅 4:15)

"이는 모든 사람으로 아버지를 공경하는 것같이 아들을 공경하게 하려 하심이라 아들을 공경하지 아니하는 자는 그를 보내신 아버지도 공경하지 아니하느니라"(요 5:23)

"종려나무 가지를 가지고 맞으러 나가 외치되 호산나 찬송하리로다 주의 이름으로 오시는 이 곧 이스라엘의 왕이시여 하더라"(요 12:13)

"내가 또 들으니 하늘 위에와 땅 위에와 땅 아래와 바다 위에와 또 그 가운데 모든 피조물이 이르되 보좌에 앉으신 이와 어린 양에게 찬송과 존귀와 영광과 권능을 세세토록 돌릴지어다 하니"(계 5:13)

회막에는 하나님의 영광이 가득했고, 사람들은 그 앞에서 영광에 압도되어 엎드러졌을 때 하나님의 부드러운 음성과 손길에 겨우 고개를 들고 영광, 영광, 영광을 돌렸었는데 지금 우리의 교회당은 하나님의 영광이 나타나고 있는가? 예배자는 하나님의 영광을 보았고, 예배자 자신도 현재적으로 영광을 받았고, 훗날에 그 영광을 만끽하고 그 영광의 자리에 앉게 되는데 지금 예배자의 자세는 어떠해야 하는가가 우리가 고려해야 할 과제이다. 우선 예배자는 왜 자기가 이 세상에 존재하는가에 대한 의미를 찾아야 한다. 우리의 삶이 하나님으로부터 시작되고 하나님께로 돌아간다는 것이다. 우리의 삶은 하나님의 유익, 하나님의 목적, 하나님의 즐거움, 하나님의 영광을 위한 수단적 삶이다. 우리의 삶 자체가 목적이 아니다. 우리의 삶은 더 큰 삶을 위한 삶이다. 우리의 삶은 예배의 삶이며, 그 예배의 절정은 하나님의 영광과 대면했을 때이다.

"여호와는 자기를 경외하는 자들과 그의 인자하심을 바라는 자들을 기뻐하시는도다"(시 147:11)
"아버지께 참되게 예배하는 자들은 영과 진리로 예배할 때가 오나니 곧 이때라 아버지께서는 자기에게 이렇게 예배하는 자들을 찾으시느니라"(요 4:23)

이런 예배자의 삶의 3대 요소를 기억해야 할 것이다. 그것은 곧 삶은 시험이며 위탁받은 청지기며 임시로 맡겨진 삶의 일시성임을 깨닫는 것이다.[427]

삶이 시험이란 의미는 무엇인가? 삶은 언제나 테스트를 거쳐 완숙해진다는 것이다. 늘 시험을 치르고 후한 점수를 얻는 것은 즐거운 일이다. 삶은 하나님이 주신 과제물을 받고 그 과제물을 성실히 보고하는 학생의 삶과 같은 것이다. 예배에서 하나님께 영광을 돌리는 목적을 논하면서 인생의 삶의 의미를 되새기는 이유는 사람들이 자기의 삶의 이유를 모르고 자기의 삶 자체에만 몰두해서 빠져 나오지 못하고 있기 때문이다. 마치 호박꽃 속에 꿀을 채취하러 간 꿀벌이 꿀을 벌집 창고에 운반하려 하지 않고 그 꽃 속에서 꿀을 실컷 즐기다가 비만 상태로 죽어가는 신세가 아니냐 말이다. 아브라함의 믿음의 생활도 이삭을 바치라는 시험을 거쳐 믿음의 조상이 된 것이다. 이때 아브라함은 하나님께 영광을 돌리는 생활 예배의 극치를 보인 것이다.

「삶이 시험이라는 것을 깨달으면 우리는 삶에서 중요하지 않은 것은 아무것도 없다는 것을 알게 될 것이다. 가장 작은 사건도 우리의 인격에 매우 중요하게 작용한다. 매일이 중요한 날이고, 매 순간이 인격을 개발하고 사랑을 실천하며 또는 하나님에게 의지할 수 있는 성장의 기회다. 어떤 시험은 아주 크게 느껴질 수도 있고, 어떤 시험은 있는지도 알지 못할 만큼 작을 수도 있다. 하지만 이 모든 시험들이 우리에게 끼치는 영향력은 영원한 것이다.」[428]

우리가 상면하는 이 세상사(世上事)는 모두 우리가 대면해서 풀어나가야 할 과제이며 통과하고 나면 점수를 얻는 것이다. 삶이 위탁받은 청지기란 무엇인가? 우리는 우리 삶과 그 부속물 내지 부속 사건이 우리의 소유가 아니라 단지 우리의 사용 대상이란 대물관(對物觀)이다. 청지기는 주인의 것을 관리할 뿐이다.

"땅과 거기에 충만한 것과 세계와 그 가운데에 사는 자들은 다 여호와의 것이로다"(시 24:1)

---

[427] 릭 워렌, 「목적이 이끄는 삶」 고성삼 역, (도서출판 디모데, 2005), pp. 56~69.
[428] 릭 워렌, 「목적이 이끄는 삶」, p. 58.

"하나님이 그들에게 복을 주시며 하나님이 그들에게 이르시되 생육하고 번성하여 땅에 충만하라, 땅을 정복하라, 바다의 물고기와 하늘의 새와 땅에 움직이는 모든 생물을 다스리라 하시니라"(창 1:28)

「엄밀한 면에서 보면 이 땅에서 우리가 잠시 머무는 동안 우리는 아무것도 소유하지 않는 것이고, 우리가 여기에 있는 동안 하나님이 우리에게 이 지구를 잠시 빌려주신 것이다. 우리가 소유한 모든 것이 우리가 태어나기 전에는 하나님의 재산이었고, 우리가 죽고 나면 하나님은 그것을 다른 사람에게 빌려주실 것이다. 즉 우리는 땅에서 사는 동안 우리가 소유한 것을 잠시 동안 즐기고 사용할 뿐이다. 아담과 하와를 창조하신 하나님은 그들에게 피조물들의 관리를 맡기셨고, 하나님의 재산을 맡은 청지기로 임명하셨다. 성경은 이렇게 말한다. "하나님이 그들에게 복을 주시며 그들에게 이르시되 생육하고 번성하여 땅에 충만하라, 땅을 정복하라, 바다의 물고기와 하늘의 새와 땅에 움직이는 모든 생물을 다스리라 하시니라"(창 1:28).」[429]

예수님의 달란트 비유(마 25:14~29)는 청지기의 삶을 보여주는 대표적 실례이다.

「이 땅에서의 삶이 끝나면 우리는 하나님께서 맡기신 것들을 얼마나 잘 다루었는지 평가 받을 것이고, 그에 따라 상급을 받을 것이다. 그것은 우리가 하는 모든 것, 아주 작은 집안일까지도 영원히 영향을 미칠 것임을 의미한다. 우리가 모든 것을 충성스러운 수탁자로서 잘 돌보면 하나님은 영원한 세계에서 세 가지 상을 내리실 것이다. 첫째, 하나님의 칭찬을 받을 것이다. 하나님은 "아주 잘 했다!"라고 말씀하실 것이다. 둘째로, 우리는 승진하게 될 것이고 영원한 세계에서 보다 많은 책임을 맡게 될 것이다. "내가 많은 것으로 네게 맡기겠다." 그리고 마지막으로 하나님과 기쁨의 자리에 함께하게 될 것이다. "와서 네 주인의 즐거움을 같이 나누자."」[430]

"네 주인의 즐거움에 참예할지어다"(마 25:21, 23).
'네 주인의 즐거움'이 우선이다. '나의 즐거움'은 여기서 언급되지 않는다. 온전히 주인의 즐거움을 위해 맡긴 것을 관리했던 것이다.
필자는 소년시절에 고무신을 파는 상점의 점원으로 일한 적이 있었다. 정오가 되도록 고무신을 한 켤레도 팔지 못하면 점원인 나는 그렇게 불안할 수가 없었다. 마치 내가 잘못해

---
429) 릭 워렌, 「목적이 이끄는 삶」, p. 59.
430) 릭 워렌, 위의 책, p. 61.

서 손님이 찾아오지 않는가 해 심히 마음의 고통을 느꼈다. 그런데 어느 날에는 아침 일찍부터 손님들이 몰려와 신나게 고무신을 팔고서 돈주머니에 판매대금이 가득히 쌓이게 되면 주인을 바라보는 나의 눈은 빛나고 생기가 돈다. 그때 주인이 날 보고 고개를 끄덕이며 웃어줄 때는 하루의 피로가 싹 가셨다. 그리고 주인이 말했다. "오늘 저녁은 맛있는 식당 가서 밥 먹자." 그러면 먹으러 갈 때 기분 좋고 먹을 때 기분 좋고 먹고 나서 기분이 좋았다. 그것은 "주인이 기뻐하였기" 때문이다. 예배자는 자기가 예배를 받는 것이 아니라 하나님께 예배를 드림으로 기쁘다. 그 기쁨은 하나님의 영광과 대면했을 때의 기쁨이다.

임시로 맡겨진 일시적인 삶이란 무엇인가?

우리의 이 세상 삶이 일시적, 제한적으로 맡겨진 것이라서 언젠가 하나님이 되찾아 가신다는 것을 말한다. 우리는 우리의 삶이 영원한 줄로 착각한다. 그것은 마치 유대인의 속담에 젊은이는 자기들이 늙을 것이라는 사실을 결코 의식하지 못 하는가 하면, 노인들은 자기들이 젊어질 것은 아니라는 것을 확실히 알고 있다는 것과 같을 것이다. 유대인 청년처럼 사람들은 이 생(生)이 영원한 줄 안다는 것이다. 그러나 성경은 그것을 부인한다.

"사랑하는 자들아 거류민과 나그네 같은 너희를 권하노니 영혼을 거슬러 싸우는 육체의 정욕을 제어하라"(벧전 2:11)
"여호와여 나의 종말과 연한이 언제까지인지 알게 하사 내가 나의 연약함을 알게 하소서"(시 39:4)
"나는 땅에서 나그네가 되었사오니 주의 계명들을 내게 숨기지 마소서"(시 119:19)
"외모로 보시지 않고 각 사람의 행위대로 심판하시는 이를 너희가 아버지라 부른즉 너희가 나그네로 있을 때를 두려움으로 지내라"(벧전 1:17)

그런고로 우리는 영원한 본향을 사모해야 한다.

"이 사람들은 다 믿음을 따라 죽었으며 약속을 받지 못하였으되 그것들을 멀리서 보고 환영하며 또 땅에서는 외국인과 나그네임을 증언하였으니 그들이 이같이 말하는 것은 자기들이 본향 찾는 자임을 나타냄이라 그들이 나온 바 본향을 생각하였더라면 돌아갈 기회가 있었으려니와 그들이 이제는 더 나은 본향을 사모하니 곧 하늘에 있는 것이라 이러므로 하나님이 그들의 하나님이라 일컬음 받으심을 부끄러워하지 아니하시고 그들을 위하여 한 성을 예비하셨느니라"(히 11:13~16)

미국 대통령과 한 배를 탄 은퇴 선교사가 부두에 내렸을 때 대통령에 대한 환영은 열광적인데 비해 선교사 자기에 대한 환영은 없어 하나님께 불평했더니 하나님의 음성이 들렸다. "내 사랑하는 아들아, 너는 아직 네 집에 온 것이 아니지 않니?"

「이 세상에서 우리가 숨 쉬는 시간이 우리 인생 스토리의 완결편이 아니며, 스토리의 나머지 부분들은 천국에 가서야 채울 수 있다. 이 세상에서 이방인으로 살아가려면 믿음이 필요하다. "내가 왜 그렇게 일시적인 것들을 중요하게 생각했지? 도대체 내가 무슨 생각을 하고 있었던 거지? 난 왜 그렇게 영원하지 않은 것들을 위해 많은 시간과 정신적, 육체적 에너지를 소모하며 안간힘을 썼지?" 이와 같은 부르짖음이 우리의 마음에서 울리기 전에는 우리는 천국에 들어갈 수 없다. 삶이 힘들어지고, 의심의 구름이 몰려오며, 그리스도를 위해 사는 것이 과연 가치가 있을까 고민하게 될 때 우리는 아직 집에 온 것이 아니라는 사실을 기억하라. 죽음이란 우리가 집을 떠나는 것이 아니라 진짜 집으로 가는 것을 의미한다.」[431]

어느 유행가 가사가 너무 인상적이라 여기 실어본다.
"타향도 정이 들면 고향이라고 그 누가 말했던가? 말을 했던가? 바보처럼 바보처럼 아니야 아니야 그것은 거짓말, 향수를 달래려고 술이 취해 하는 말이야 아~ 타향은 싫어 고향이 좋아."

정말 비속한 가사같지만 필자가 좋게 보는 것은 정 들면 고향이라고 여겨 자기 본향을 잃어 버리고 사는 인생의 한 단면을 잘 보여준다는 점이다. 세상과 교회는 다르다. 세상도 정이 들면 교회를 찾을 생각도 없이 세상에 묻혀 살아가는게 사람들이다. 저들에게는 교회가 타향이 되어 있는 것이다.

장광설을 펴는 것에 대한 변명 내지 정당성을 말해야 할 단계가 왔다. 우리의 삶이 릭 워렌이 말했듯이 시험적이고 위탁된 일시적인 것이라면 도대체 이런 삶으로 무엇을 하라는 말인가? 하나님께 영광을 돌리고 오라는 것이며, 그때만이 인생의 의미가 드러난다는 것이다. 지금 우리는 하나님 앞에서 어떻게 살아야 하는가의 실제적 영혼의 문제를 분석, 평가, 교정하고 있기 때문에 술(術)이 급선무이지 학(學)은 뒤로 미루게 되었다는 것이다. 학이 술을 뒷받침하는 것도 사실이지만 술을 빼버린 학만으로는 의사가 수술을 할 수 없다.

너무나 많은 기독교의 진리가 단순하게 다뤄지지 못하고 너무나 추상적이고도 관념적이며 나아가서 현학적(衒學的) 경향으로 흘러가기에 효과적인 수술을 위한 기술적인 면을 소개하고 있는지도 모른다. 즉 하나님께 영광을 돌려야 할 예배에 고답적인 예배학적 사색을 짙게 곁들일 필요는 없다는 논지이다. 칼 바르트의 관념적인 신학이 마침내 한계성을 느끼고 로마서 주석을 냄으로 새로운 전기를 마련했던 것을 상기하면 좋을 것이다. 물론 그의 초역사적 초월신학을 인정하는 것은 아니지만 말이다. 또 폴 틸리히의 그 방대한 「조직신학」이 과연 교회 강단에서 외쳐 은혜를 끼칠 수 있을지는 의문이다. 그러나 필자는 그의 신

---
431) 릭 워렌, 「목적이 이끄는 삶」, p. 68.

학을 기독교의 진리를 담는 그릇으로서의 의미는 인정하는 바이다.

모든 이론과 학설을 잠시 뒤로 하고 왜 사람의 가치가 그토록 중요한가? 그리고 모든 사람 중에서 하나님의 백성된 것이 왜 그토록 중요한가를 다음 성경 말씀으로 답해 본다.

"이 백성은 내가 나를 위하여 지었나니 나의 찬송을 부르게 하려 함이니라"(사 43:21)

예배의 내용은 무엇인가? 예배가 갖추어야 할 요건은 무엇인가?

목숨을 담보로 예배를 드려야 한다는 강조 속에 예배의 내용이 어떤 것인가를 말해주는 진술이 여기 있다.

「예배는 한 마디로 '영적인 종합 비타민제' 이다. 예배에는 용광로와 같이 모든 것을 녹이는 기도가 있고, 우리의 모든 부분과 못된 자아를 도려내는 좌우에 날 선 검과 같은 말씀이 있고, 우리의 심령을 흥분시키고 뛰놀게 만드는 찬송이 있고, 천군 천사의 음악소리 같은 찬양대의 찬양이 있고, 영원히 함께할 성도들과의 교제가 있다. 그러니 예배는 목숨을 걸고서라도 잘 드려야 하는 것이다.」[432]

위의 진술에서 보는 바와 같이 예배 속에는 기도, 말씀, 찬양, 교제가 들어 있음을 본다. 예배는 어떻게 짜여진 형태를 지니는가? 위의 진술이 예배의 모든 내용을 다 말한 것은 아니로되 중요한 부분을 말하는 것임은 틀림없다. 일반적으로 예배의 구성은 예배 선언, 찬양, 기도, 설교, 의식(儀式) 집행, 헌신, 축도 및 광고로 되어 있다.

① 예배 선언

예배꾼들은 오합지졸의 상태를 이루지 않는다.

석양에 공중을 날아가는 기러기떼에도 선두가 있어서 지휘한다. 미물의 개미 떼에도 여왕개미의 지휘가 있고, 벌들도 여왕벌이 있어서 지휘한다. 찬양대에도 지휘자가 있다. 어떤 모임이든 장(長)이 있다. 하나님 앞에 성도들이 모여 인사를 드리는데 지휘자가 없으면 어떻게 질서 있는 인사를 드릴 수 있는가? 하나님 앞에 설 때는 사병들이 사단장 앞에 서 있는 엄숙, 단정, 신뢰 그리고 존경의 예를 갖춘 질서와 안정을 가져야 한다.

초대 신약 교회에서는 일정한 예배 형식은 없었던 것 같고, 고린도 교회는 단순 소박했지만 너무 자유로운 나머지 소란에 가까운 무질서를 보여 바울이 지휘자가 되어 주었다.

---

432) 최대복,「예배에 목숨을 걸라」, (서울; 규장, 2007) , p. 13.

고린도 교회에 한꺼번에 방언의 물결이 터지고, 성만찬을 먹되 야외에 나가서 음식 자랑하듯 먹어치우는 바람에 성만찬 예식장이 엉망진창이 되어 바울이 안내를 한다.

"모든 것을 품위 있게 하고 질서 있게 하라"(고전 14:40)
"그런즉 내 형제들아 먹으러 모일 때에 서로 기다리라"(고전 11:33)

두세 사람이 모여도 거기에 권위자가 있다. 전문 지식이나 능력에 따라 권위자가 바뀔 수는 있어도 반드시 인도자가 있어야 한다. 하나님 앞에 모이는 자들이 중구난방식으로 무질서하다면 아름답지 못하다. 사회(司會)는 그 모임을 관리하는 행위이다. 사회자는 그 모임의 사령관이다. 사령관 없는 사단(社團)은 전투에 임할 수 없다. 예배 선언은 모인 성도가 예배하기 위해 모였음을 상기시키고 정신을 차려 진실되게 예배를 드리게 한다.

② 찬양

하나님 앞에 나올 때는 마음에서 우러나오는 노래가 있어야 한다. 노래하는 마음은 평안, 안정, 여유를 말한다. 구약의 모든 것이 리듬에 맞춘 시(詩)이다. 모세5경이 산문이 아니라 모두 음률을 따라 지어진 장편의 시요, 특히 성문서는 모두 시이고 그것이 악기와 곡조에 맞춰 노래가 된 것이다.

"할렐루야 그 성소에서 하나님을 찬양하며 그 권능의 궁창에서 그를 찬양할지어다 그의 능하신 행동을 인하여 찬양하며 그의 지극히 광대하심을 좇아 찬양할지어다 나팔 소리로 찬양하며 비파와 수금으로 찬양할지어다 소고 치며 춤추며 찬양하며 현악과 통소로 찬양할지어다 큰 소리 나는 제금으로 찬양하며 높은 소리 나는 제금으로 찬양할지어다 호흡이 있는 자마다 여호와를 찬양할지어다 할렐루야"(시 150:1~6)

찬양의 목적은 기쁨과 증거와 경배이다. 예수의 살과 피를 먹고 마심으로써 구원 사역을 이루시는 큰 영적 사건을 맞아 기뻐하며 찬미했던 것이다.

"이에 그들이 찬미하고 감람 산으로 나아가니라"(마 26:30)

찬미함으로써 어떤 곤경에서도 하나님의 살아 계심을 증거하게 되었던 것이다.

"한밤중에 바울과 실라가 기도하고 하나님을 찬송하매 죄수들이 듣더라"(행 16:25)
"너희는 시온에 계신 여호와를 찬송하며 그의 행사를 백성 중에 선포할지어다"(시 9:11)

찬미는 하나님께 목소리로 드리는 경배의 표시이다.

"그러므로 우리는 예수로 말미암아 항상 찬송의 제사를 하나님께 드리자 이는 그 이름을 증언하는 입술의 열매니라"(히 13:15)
"하나님이여 민족들이 주를 찬송하게 하시며 모든 민족들이 주를 찬송하게 하소서"(시 67:3)
"여호와께 영광을 돌리며 섬들 중에서 그의 찬송을 전할지어다"(사 42:12)

야곱이 임종 시에 그 아들을 불러 축복한 것은 일종의 가족창을 하나님 앞에서 노래한 것이다.

"야곱이 그 아들들을 불러 이르되 너희는 모이라 너희가 후일에 당할 일을 내가 너희에게 이르리라"(창 49:1)

모세와 이스라엘이 애굽 군대를 수장시키고 무사히 바다를 건너간 후에 노래를 불렀다.

"이 때에 모세와 이스라엘 자손이 이 노래로 여호와께 노래하니 일렀으되 내가 여호와를 찬송하리니 그는 높고 영화로우심이요 말과 그 탄 자를 바다에 던지셨음이로다 여호와는 나의 힘이요 노래시며 나의 구원이시로다 그는 나의 하나님이시니 내가 그를 찬송할 것이요 내 아버지의 하나님이시니 내가 그를 높이리로다"(출 15:1~2)

욥이 역경을 인내로 이긴 뒤 하나님께 드리는 노래는 신학적 고백이었고 체험적 신앙의 발로였다.

"내가 주께 대하여 귀로 듣기만 하였사오나 이제는 눈으로 주를 뵈옵나이다 그러므로 내가 스스로 거두어들이고 티끌과 재 가운데에서 회개하나이다"(욥 42:5~6)

히스기야가 죽을 병에서 살아 수한(壽限)에 15년을 더 연장 받고 터져 나온 것이 찬양이요 노래였다.

"유다 왕 히스기야가 병들었다가 그의 병이 나은 때에 기록한 글이 이러하니라, 여호와께서 나를 구원하시리니 우리가 종신토록 여호와의 전에서 수금으로 나의 노래를 노래하리로다"(사 38:9, 20)

하나님의 백성이 하나님 앞에 나와서 제일 먼저 할 일은 "아! 기쁩니다. 아! 즐겁습니다."가 제일성이다. 구원받은 자가 시무룩한 채로 서서 어떤 소원 등을 맥없이 요청하는 것은 진실로 하나님의 마음을 기쁘게 해 드리지 못하는 잘못 아닌가? 살아 있는 교회는 찬양이 살아 있다. 그러므로 찬양 목사의 위치는 대단하다. 설교 목사 혼자서 예배의 영웅(hero)이 되는 것이 아니다. 예배는 합작 예술이다. 그 중에서 찬양이 빠진 예배는 무미하다. 예수 탄생했을 때에도 모두 노래했다. 그 노래가 싫어서 헤롯이 살인 행위를 저질렀던 것이다.

> "유대인의 왕으로 나신 이가 어디 계시냐 우리가 동방에서 그의 별을 보고 그에게 경배하러 왔노라 하니, 그들이 별을 보고 매우 크게 기뻐하고 기뻐하더라 집에 들어가 아기와 그의 어머니 마리아가 함께 있는 것을 보고 엎드려 아기께 경배하고 보배합을 열어 황금과 유향과 몰약을 예물로 드리니라"(마 2:2,10,11)
>
> "또 유대 땅 베들레헴아 너는 유대 고을 중에서 가장 작지 아니하도다 네게서 한 다스리는 자가 나와서 내 백성 이스라엘의 목자가 되리라 하였음이니이다"(마 2:6)

유대 땅 베들레헴을 주제로 찬양이 나온 것이다. 마리아가 예수 잉태 후에 찬송하고(눅 1:46~55), 사가랴가 예언하고 찬송하고(눅 1:68~79), 시므온이 예수 안고 찬송했다(눅 2:29~32). 천사가 기쁨으로 찬송한 것은 더욱 유명하다.

> "홀연히 수많은 천군이 그 천사들과 함께 하나님을 찬송하여 이르되 지극히 높은 곳에서는 하나님께 영광이요 땅에서는 하나님이 기뻐하신 사람들 중에 평화로다 하니라"(눅 2:13~14)

하늘에서도 찬양은 계속된다. 네 생물들의 찬양이 있다.

> "네 생물은 각각 여섯 날개를 가졌고 그 안과 주위에는 눈들이 가득하더라 그들이 밤낮 쉬지 않고 이르기를 거룩하다 거룩하다 거룩하다 주 하나님 곧 전능하신 이여 전에도 계셨고 이제도 계시고 장차 오실 이시라 하고"(계 4:8)

24장로들의 찬양이 있다.

> "이십사 장로들이 보좌에 앉으신 이 앞에 엎드려 세세토록 살아 계시는 이에게 경배하고 자기의 관을 보좌 앞에 드리며 이르되 우리 주 하나님이여 영광과 존귀와 권능을 받으시는 것이 합당하오니 주께서 만물을 지으신지라 만물이 주의 뜻대로 있었고 또 지으심을 받았나이다 하더라"(계 4:10~11)

성도들의 찬양이 있다.

"그들이 새 노래를 불러 이르되 두루마리를 가지시고 그 인봉을 떼기에 합당하시도다 일찍이 죽임을 당하사 각 족속과 방언과 백성과 나라 가운데에서 사람들을 피로 사서 하나님께 드리시고 그들로 우리 하나님 앞에서 나라와 제사장들을 삼으셨으니 그들이 땅에서 왕 노릇 하리로다 하더라"(계 5:9~10)

천군 천사들의 찬양이 있다.

"내가 또 보고 들으매 보좌와 생물들과 장로들을 둘러 선 많은 천사의 음성이 있으니 그 수가 만만이요 천천이라 큰 음성으로 이르되 죽임을 당하신 어린 양은 능력과 부와 지혜와 힘과 존귀와 영광과 찬송을 받으시기에 합당하도다 하더라"(계 5:11~12)

만물들의 찬양이 있다.

"내가 또 들으니 하늘 위에와 땅 위에와 땅 아래와 바다 위에와 또 그 가운데 모든 피조물이 이르되 보좌에 앉으신 이와 어린 양에게 찬송과 존귀와 영광과 권능을 세세토록 돌릴지어다 하니"(계 5:13)

아멘 하는 네 생물이 있고, 마지막 경배하는 장로들이 엎드린다.

"네 생물이 이르되 아멘 하고 장로들은 엎드려 경배하더라"(계 5:14)

계시록은 온통 찬양 가사로 이루어져 있다. 어떤 이벤트가 생길 때마다 찬양이 울려 퍼진다. 모세의 노래가 계시록에 연결되고 있다. 교회의 노래는 단절된 것이 아니라 연결됨을 증거한다.

"하나님의 종 모세의 노래, 어린 양의 노래를 불러 이르되 주 하나님 곧 전능하신 이시여 하시는 일이 크고 놀라우시도다 만국의 왕이시여 주의 길이 의롭고 참되시도다 주여 누가 주의 이름을 두려워하지 아니하며 영화롭게 하지 아니하오리이까 오직 주만 거룩하시니이다 주의 의로우신 일이 나타났으매 만국이 와서 주께 경배하리이다 하더라"(계 15:3~4)

혼인 기약이 이르렀고 그 아내가 예비되어 혼인 예식이 거행되려 하니 또 노래가 나온다.

"또 내가 들으니 허다한 무리의 음성과도 같고 많은 물 소리와도 같고 큰 우렛소리와도 같은 소리로 이르되 할렐루야 주 우리 하나님 곧 전능하신 이가 통치하시도다 우리가 즐거워하고 크게 기뻐하며 그에게 영광을 돌리세 어린 양의 혼인 기약이 이르렀고 그의 아내가 자신을 준비하였으므로 그에게 빛나고 깨끗한 세마포 옷을 입도록 허락하셨으니 이 세마포 옷은 성도들의 옳은 행실이로다 하더라"(계 19:6~8)

진실로 속히 오시리라고 한 이에게 듣는 자가 아래와 같이 반응을 표했다.

"이것들을 증언하신 이가 이르시되 내가 진실로 속히 오리라 하시거늘 아멘 주 예수여 오시옵소서 주 예수의 은혜가 모든 자들에게 있을지어다 아멘"(계 22:20~21)

예수 오심을 바라며 예수의 은혜를 빌어주는 것이 맥없는 고통의 소리였을까? 찬양의 멜로디였을까? 이것은 상상만 해도 노래가 나오는 것이다. 노래 없는 인생은 메마른 인생이고 찬양 없는 우리의 모임은 죽은 모임이다. 필자의 어린 시절 모교회는 큰 들판 입구에 초가집으로 된 예배당이었다. 주일이면 어김없이 사람들이 교회에 모였다. 모내기에 바쁜 날이라도 모여 반드시 오전 예배를 드렸다.
"천당 길로 우리 다닐세 맘 기뻐서 찬미하네…"
기독교한국침례회의 전신 동아기독대의 소위 복음 찬미였다. 초가집 교회당 밖에서는 모내기에 바쁜 사람들의 일손이 부지런했다. 그러나 우리 교인들은 모내기에 아랑곳하지 않고 찬양을 불렀다. 모심던 사람들의 전하는 말이 재미있었다. "저 사람들은 밤낮 매미처럼 노래만 부른다냐?", "또 노래하러 가능교?"
그러나 가을 농사 수확에는 저들이나 우리나 매한가지로 소출을 보았고 우리는 일주일에 하루를 안식하는 축복을 받았다. 저들에게는 피곤과 관절염의 발병이 더 빈번했고 우리는 그냥 자연 노쇠만 있었을 뿐이었다. 예수님이 제자들과 겟세마네 동산으로 가기 위하여 다락방을 떠날 때에도 찬송가를 불렀다.

"이에 그들이 찬미하고 감람 산으로 가니라"(막 14:26)

바울과 실라가 맞아서 피를 흘리며 빌립보 감옥 바닥에 누웠을 때도 하나님을 찬미하였더니 옥문이 열리고 매인 것이 벗어지는 기적의 역사가 있었다.

"한밤중에 바울과 실라가 기도하고 하나님을 찬송하매 죄수들이 듣더라 이에 갑자기 큰 지진이 나서 옥터가 움직이고 문이 곧 다 열리며 모든 사람의 매인 것이 다 벗어진지라"(행 16:25~26)

초대 교회는 말할 것도 없이 찬양의 예배를 드렸다.

"시와 찬송과 신령한 노래들로 서로 화답하며 너희의 마음으로 주께 노래하며 찬송하며"(엡 5:19)
"그리스도의 말씀이 너희 속에 풍성히 거하여 모든 지혜로 피차 가르치며 권면하고 시와 찬송과 신령한 노래를 부르며 감사하는 마음으로 하나님을 찬양하고"(골 3:16)
"그러면 어떻게 할까 내가 영으로 기도하고 또 마음으로 기도하며 내가 영으로 찬송하고 또 마음으로 찬송하리라"(고전 14:15)

그런데 오늘날 복음송과 찬송을 균형있고 조화롭게 불렀으면 하는 바람이 있다. 이것은 찬양 전문가가 신령하고도 경건한 자세와 신학적 이해를 깊이 가져야 한다고 본다.

문제는 하나님 앞에 인사 예배드리러 왔을 때 무한 감사로 인해 속에서 우러나는 찬미를 드리고, 떠날 때에도 아쉬워 교회당 문밖을 나오면서 콧노래가 나와야 할 것이다.

그런데 찬양 부르는 사이에 자기도취, 자기 만족에 빠진 나머지 하나님을 기쁘게 해 드린다는 의식이 없어질 바로 그때가 가장 조심해야 할 시기이다. 열광적으로 찬양을 하고 난 뒤에 바라보니 하나님은 이미 그 자리를 뜨고 마셨다는 슬픈 현상은 결코 있어서는 안 될 일이다. 대저 복음송은 '나는 기뻐요'가 중심을 이루고 재래적인 찬송가는 '주께 영광 돌리세'가 중심을 이룬다. 복음송이나 찬송가나 모두 그 시대의 음악적인 분위기를 따르는 것은 그 당시 사람들의 문화의식을 맞추려 한 것이었는데, 그럼에도 불구하고 하나님께 찬양 올려서 내게 즐거움이 있고 하나님께는 영광을 돌리는 결과가 나와야 마땅하다.

성경에 나오는 가장 장엄한 찬양대를 소개하면 역대상 25장의 다윗이 창설한 것이리라.

"다윗이 군대 지휘관들과 더불어 아삽과 헤만과 여두둔의 자손 중에서 구별하여 섬기게 하되 수금과 비파와 제금을 잡아 신령한 노래를 하게 하였으니 그 직무대로 일하는 자의 수효는 이러하니라, 그들과 모든 형제 곧 여호와 찬송하기를 배워 익숙한 자의 수효가 이백팔십팔 명이라"(대상 25:1,7)

그러니까 교회는 모든 나라, 모든 백성이 하지 못하는 찬양을 하나님께 드리는 제일선에 서 있는 특별한 모임인 것이다.

③ 기도

예배에서의 기도는 하나님과 교통하는 영혼의 호흡이다. 찬양이 "하나님께 감사합니다"라고 한다면 기도는 "하나님께 또 아뢰옵니다"이다. 또 아뢰는 내용은 이미 받은 것에 감사하다는 인사 말씀이며 또 아뢰는 다른 내용은 "앞으로도 주시옵소서"라는 부탁이다. 기도는 하나님과 교회를 연결짓는 끈이다.

기도에는 다음과 같은 네 가지 요소가 포함된다. 기원하는 기도가 있다.[433]

"여호와는 나의 빛이요 나의 구원이시니 내가 누구를 두려워하리요 여호와는 내 생명의 능력이시니 내가 누구를 무서워하리요"(시 27:1)
"주 여호와여 주께서 주의 크심과 주의 권능을 주의 종에게 나타내시기를 시작하셨사오니 천지 간에 어떤 신이 능히 주께서 행하신 일 곧 주의 큰 능력으로 행하신 일같이 행할 수 있으리이까"(신 3:24)

경외와 숭배하는 기도가 있다.

"우리 주 하나님이여 영광과 존귀와 권능을 받으시는 것이 합당하오니 주께서 만물을 지으신지라 만물이 주의 뜻대로 있었고 또 지으심을 받았나이다 하더라"(계 4:11)

감사하는 기도가 있다.

"내 영혼아 여호와를 송축하라 내 속에 있는 것들아 다 그의 거룩한 이름을 송축하라 내 영혼아 여호와를 송축하며 그의 모든 은택을 잊지 말지어다"(시 103:1~2)

사죄를 구하는 기도가 있다.

"하나님이여 주의 인자를 따라 내게 은혜를 베푸시며 주의 많은 긍휼을 따라 내 죄악을 지워 주소서 나의 죄악을 말갛게 씻으시며 나의 죄를 깨끗이 제하소서 무릇 나는 내 죄과를 아오니 내 죄가 항상 내 앞에 있나이다"(시 51:1~3)
"이 중 하나에 허물이 있을 때에는 아무 일에 잘못 하였노라 자복하고 그 잘못으로 말미암아 여호와께 속죄제를 드리되 양 떼의 암컷 어린 양이나 염소를 끌어다가 속죄제를 드릴 것이요 제사장은 그의 허물을 위하여 속죄할지니라"(레 5:5~6)
"너는 오직 네 죄를 자복하라 이는 네 하나님 여호와를 배반하고 네 길로 달려 이방인들에게로 나아가 모든 푸른 나무 아래로 가서 내 목소리를 듣지 아니하였음이라 여호와의 말씀이니라"
(렘 3:13)

남을 위하는 도고의 기도가 있다.

"그러므로 내가 첫째로 권하노니 모든 사람을 위하여 간구와 기도와 도고와 감사를 하되"
(딤전 2:1)
"그리고 내가 전과 같이 사십 주 사십 야를 여호와 앞에 엎드려서 떡도 먹지 아니하고 물도 마시지 아니하였으니 이는 너희가 여호와의 목전에 악을 행하여 그를 격노하게 하여 크게 죄를 지었음이라 여호와께서 심히 분노하사 너희를 멸하려 하셨으므로 내가 두려워하였노라 그러나 여호와께서 그 때에도 내 말을 들으셨고 여호와께서 또 아론에게 진노하사 그를 멸하려 하셨으므로 내가 그 때에도 아론을 위하여 기도하고"(신 9:18~20)
"그들이 차례대로 잔치를 끝내면 욥이 그들을 불러다가 성결하게 하되 아침에 일어나서 그들의 명수대로 번제를 드렸으니 이는 욥이 말하기를 혹시 내 아들들이 죄를 범하여 마음으로 하나님을 욕되게 하였을까 함이라 욥의 행위가 항상 이러하였더라"(욥 1:5)

구약에서도 사람과 이스라엘은 하나님과 끊임없는 연결선을 기도로 유지했었다. 기도는 사람에게 주신 하나님의 특권이요 은혜요 선물이다. 기도는 호흡이요 생명의 율동이다. 생명은 끊을 수 없는 것이다. 그러므로 기도는 무시무처로 기도해야 한다.

모든 일에 기도하고(빌 4:6), 무시로(엡 6:18), 밤에(시 119:56), 밤새도록(눅 6:12), 병들 때(약 5:14), 새벽에(막 1:35), 세상 떠날 때(눅 23:46), 시간을 정해서(행 3:1), 오전·오후·저녁(행 10:9; 3:1; 창 24:63), 하루 세 번(단 6:10, 13), 하루 종일(시 86:3), 항상(골 4:2), 환난 때(시 50:15). 기도는 감옥(행 16:25), 강 가(행 16:13), 다락방(행 1:13~14), 바닷가(행 21:5), 방(단 6:10), 산 위(눅 9:28), 집(행 12:12)에서도 한다.

무시무처로 드리되 가장 첨예한 기도는 정한 시공간에서 함께한 성도들의 합심기도이다. 또한 기도는 대화이다. 대화는 산 자끼리만 가능하다. 대화의 대상이 하나님이라는 사실에서 기도의 귀중성이 있다. 하나님은 사람들로부터 기도 받으시기를 원하셨다. 기도의 첫 말은 여호와의 이름을 부르는 것이다. 누구와 대화할 때 첫 말은 "○○님, ○○씨"로 시작되는 것과 같다. 인사할 때 통성명한다는 것은 그것을 말한다.

"셋도 아들을 낳고 그의 이름을 에노스라 하였으며 그 때에 사람들이 비로소 여호와의 이름을 불렀더라"(창 4:26)

사람들이 이때 비로소 여호와의 이름을 불렀다. 여호와의 이름을 부른 것이 최초의 기도 형태이다. 족장시대로부터 시작하여 그 뒤로 계속 여호와의 이름을 부르기 시작했었다.

"…그가 그 곳에서 여호와께 제단을 쌓고 여호와의 이름을 부르더니"(창 12:8 하반절)
"아브라함은 브엘세바에 에셀나무를 심고 거기서 영원하신 여호와의 이름을 불렀으며"(창 21:33)

거룩한 이름을 부른 것은 기원이나 호소할 때 사용되었다. 기도는 사람이 하나님께 부탁의 말씀을 올리는 것이다. 하나님은 아무것도 아쉬운 것이 없지만 인간은 아쉬운 것이 많아서 하나님께 도움을 호소하게 되고 그때 도움을 주실 분의 이름을 똑똑히 말해야 한다. 하나님은 사람들에게 도움 주시기를 원하시고 또 도와달라는 간구에 기뻐하신다.

교회 예배는 성도들과 온 인류와 온 우주를 위해 모든 것을 가지셨고 모든 것을 주실 수 있는 전지전능, 무소부재의 영원하신 여호와께 나아가는 것이다. 예배 시에 간구가 없다면 하나님은 주시고자 하여도 주실 수 없고 주시는 기쁨도 없으실 것이다. 자녀들이 부모에게 도움을 달라고 요청할 때 부모는 기쁨을 느낀다. 아브라함과 이삭과 야곱의 하나님께 기도한 것이 창세기의 주된 내용이었다. 족장시대의 기도는 주로 자신들을 위한 기도였다. 그런데 바벨론 포로 이전과 포로시대 이후에 나온 기도는 주로 중보기도로서 선지자가 백성의 죄를 사해 주실 것을 간구하고 도와달라는 당부의 기도였다. 하나님께서 세우신 선지자, 제사장 그리고 왕들이 자기 자신들을 위해서가 아니라 백성을 위해 중보기도를 했다. 이런 역사적 맥락에서 볼 때 교회의 예배의 기도는 그 범위가 넓고 깊이가 깊은 대형기도여야 할 것이다. 교회 기도를 통해 나라가 살아나고 교회 기도가 세계 역사를 살릴 수 있다. 하나님이 교회의 기도를 통해 그렇게 하시기를 원하셨던 것이다.

대표적으로 모세의 중보기도를 보자.

"모세가 그의 하나님 여호와께 구하여 이르되 여호와여 어찌하여 그 큰 권능과 강한 손으로 애굽 땅에서 인도하여 내신 주의 백성에게 진노하시나이까 어찌하여 애굽 사람들이 이르기를 여호와가 자기의 백성을 산에서 죽이고 지면에서 진멸하려는 악한 의도로 인도해 내었다고 말하게 하시려 하나이까 주의 맹렬한 노를 그치시고 뜻을 돌이키사 주의 백성에게 이 화를 내리지 마옵소서"(출 32:11~12)

모세는 백성을 바라볼 때 아주 급했다. '어찌하여'를 연속 두 번 말했다.
금 신을 만든 백성을 위한 모세의 기도를 보자.

"모세가 여호와께로 다시 나아가 여짜오되 슬프도소이다 이 백성이 자기들을 위하여 금 신을 만들었사오니 큰 죄를 범하였나이다 그러나 이제 그들의 죄를 사하시옵소서 그렇지 아니하시오면 원하건대 주께서 기록하신 책에서 내 이름을 지워 버려 주옵소서"(출 32:31~32)

주의 기록하신 책에서 자신의 이름을 지워버리더라도 백성을 용서해 달라는 중보기도에 사생 결단한 모범이 된 이가 여기 있다. 하늘에서 하감(下鑑)하시고 복을 달라는 간절한 기도가 여기 있다.

"원하건대 주의 거룩한 처소 하늘에서 보시고 주의 백성 이스라엘에게 복을 주시며 우리 조상들에게 맹세하여 우리에게 주신 젖과 꿀이 흐르는 땅에 복을 내리소서 할지니라"(신 26:15)

선지자들도 기도로 하나님의 말씀을 받아들였다. 다니엘 선지자의 예를 한 가지만 들기로 하자. 다니엘이 이스라엘의 죄를 자복하고 간구할 때에 기도의 응답으로 가브리엘 천사가 다니엘에게 이르러 계시를 받게 된다는 이야기이다.

"곧 내가 기도할 때에 이전에 환상 중에 본 그 사람 가브리엘이 빨리 날아서 저녁 제사를 드릴 때 즈음에 내게 이르더니 내게 가르치며 내게 말하여 이르되 다니엘아 내가 이제 네게 지혜와 총명을 주려고 왔느니라 곧 네가 기도를 시작할 즈음에 명령이 내렸으므로 이제 네게 알리러 왔느니라 너는 크게 은총을 입은 자라 그런즉 너는 이 일을 생각하고 그 환상을 깨달을지니라"(단 9:21~23)

신약에서의 기도에 관한 교훈은 무엇인가? 복음서에서는 괄목할 만한 기도의 사례를 보여 주고 있다. 밤중에 떡 세 덩이 빌리러 온 친구의 비유(눅 11:5~8), 불의한 재판관의 비유(눅 18:1~8), 세리와 바리새인의 비유(눅 18:10~14), 불의한 종의 비유(마 18:21~35) 등이 그 대표적인 예이다. 주님은 기도의 모형을 가르쳐 주시기까지 했다.

"그러므로 너희는 이렇게 기도하라 하늘에 계신 우리 아버지여 이름이 거룩히 여김을 받으시오며 우리를 시험에 들게 하지 마시옵고 다만 악에서 구하시옵소서 (나라와 권세와 영광이 아버지께 영원히 있사옵나이다 아멘"(마 6:9:13)

위의 기도는 주님이 하나님께 드리는 기도가 아니라 사람이 하나님께 드려야 할 기도의 형태를 말한 것이다. 주님도 기도가 중요하기 때문에 습관적으로 기도 시간을 갖기를 원하셨으며 그의 최후 기도는 요한복음 17장에 나와 있다. 요한복음 17장은 사람에게 그렇게 기도하도록 가르쳐 주기 위한 모형 기도가 아니라 예수 자신의 전 생애를 정리하는 하나님과의 일대일 대면 최후의 기도였다. 하나님과 대면한 최후의 기도를 중요하게 여기신 그분이 교회의 머리로 있는 만큼 그 몸된 교회는 예배 행위에서 기도가 얼마나 중요한가를 깨달아야 할 것이다. 사도 바울은 교인들로 하여금 깊은 영적 세계의 진리에 이르도록 기도했다.

"이로 말미암아 주 예수 안에서 너희 믿음과 모든 성도를 향한 사랑을 나도 듣고 내가 기도할 때에 기억하며 너희로 말미암아 감사하기를 그치지 아니하고 우리 주 예수 그리스도의 하나님, 영광의 아버지께서 지혜와 계시의 영을 너희에게 주사 하나님을 알게 하시고 너희 마음의 눈을 밝히사 그의 부르심의 소망이 무엇이며 성도 안에서 그 기업의 영광의 풍성함이 무엇이며 그의 힘의 위력으로 역사하심을 따라 믿는 우리에게 베푸신 능력의 지극히 크심이 어떠한 것을 너희로 알게 하시기를 구하노라"(엡 1:15~19)

예배 시 회중 기도는 매우 가치 있고 실효 있는 것이었다.

"진실로 다시 너희에게 이르노니 너희 중의 두 사람이 땅에서 합심하여 무엇이든지 구하면 하늘에 계신 내 아버지께서 그들을 위하여 이루게 하시리라 두세 사람이 내 이름으로 모인 곳에는 나도 그들 중에 있느니라"(마 18:19~20)
"모든 백성은 그 분향하는 시간에 밖에서 기도하더니"(눅 1:10)
"여자들과 예수의 어머니 마리아와 예수의 아우들과 더불어 마음을 같이하여 오로지 기도에 힘쓰더라"(행 1:14)
"그들이 듣고 한마음으로 하나님께 소리를 높여 이르되 대주재여 천지와 바다와 그 가운데 만물을 지은 이시요"(행 4:24)
"깨닫고 마가라 하는 요한의 어머니 마리아의 집에 가니 여러 사람이 거기에 모여 기도하고 있더라"(행 12:12)
"이 여러 날을 지낸 후 우리가 떠나갈새 그들이 다 그 처자와 함께 성문 밖까지 전송하거늘 우리가 바닷가에서 무릎을 꿇어 기도하고"(행 21:5)

위의 구절은 성도들이 합심하여 함께하는 기도였다. 통성 기도가 이와 같을 것이다.
기도의 태도에 대해서는 성경은 무엇이라고 하는가? 먼저 중언부언하지 말라고 했다.

"또 너희는 기도할 때에 외식하는 자와 같이 하지 말라 그들은 사람에게 보이려고 회당과 큰 거리 어귀에 서서 기도하기를 좋아하느니라 내가 진실로 너희에게 이르노니 그들은 자기 상을 이미 받았느니라 너는 기도할 때에 네 골방에 들어가 문을 닫고 은밀한 중에 계신 네 아버지께 기도하라 은밀한 중에 보시는 네 아버지께서 갚으시리라 또 기도할 때에 이방인과 같이 중언부언하지 말라 그들은 말을 많이 하여야 들으실 줄 생각하느니라"(마 6:5~7)

기도는 회개하는 마음의 태도를 가져야 한다.

"내 이름으로 일컫는 내 백성이 그들의 악한 길에서 떠나 스스로 낮추고 기도하여 내 얼굴을 찾으면 내가 하늘에서 듣고 그들의 죄를 사하고 그들의 땅을 고칠지라"(대하 7:14)

기도는 순결한 마음의 태도를 가져야 한다.

"내가 나의 마음에 죄악을 품었더라면 주께서 듣지 아니하시리라 그러나 하나님이 실로 들으셨음이여 내 기도 소리에 귀를 기울이셨도다"(시 66:18~19)

기도는 전심전력으로 하는 태도를 가져야 한다.

"너희가 온 마음으로 나를 구하면 나를 찾을 것이요 나를 만나리라"(렘 29:13)

기도는 믿음의 태도를 가져야 한다.

"너희가 기도할 때에 무엇이든지 믿고 구하는 것은 다 받으리라 하시니라"(마 21:22)

기도는 쉬지 말고 해야 한다.

"쉬지 말고 기도하라"(살전 5:17)

기도는 순종하는 태도로 해야 한다.

"그를 향하여 우리가 가진 바 담대함이 이것이니 그의 뜻대로 무엇을 구하면 들으심이라"(요일 5:14)

기도하는 자세는 여러 형태였다.
머리를 숙이고(창 24:26; 출 4:31; 12:27), 일어서고(출 33:10; 왕상 8:14), 소리 없이 하

고(삼상 1:12~13), 손을 들고(왕상 8:38; 딤전 2:8), 무릎을 꿇고(스 9:5; 시 95:6; 사 45:23; 단 6:10; 눅 22:41; 행 7:60), 엎드리고(출 34:8; 스 10:1; 마 26:39), 가슴을 두드리며(눅 18:13) 했다.

새벽기도회에 참석한 두 성도가 있었다. 한 성도는 소리 소리 외치고 한 성도는 고요했다. 기도의 자세가 달라서 이미 기도할 때부터 아예 구분선을 그어 놓고 피차간에 비판을 했다. "좀 조용히 하세요." 고요히 기도하는 성도가 말했다. "여기가 당신 집이에요?" 큰소리로 기도하는 성도의 반응이었다. 그날 새벽기도는 망쳐버렸다.

어느 교회는 전쟁터 같은 큰 소리로 기도하고 또 어떤 교회는 바늘 떨어지는 소리도 들릴 만큼 조용한 기도를 올린다. 어느 쪽도 상대방을 비판하지 말아야 할 것이다.

필자의 한 가지 체험을 말하자면 양극단적인 기도 형태를 지닌 교회에 가서 말씀을 전할 때가 있다. 어느 교회에서 전하든 나에겐 거부 반응이 일어나지 않으며, 시종일관 아무런 방해도 받지 않고 설교를 마칠 수 있었다. 소란하다고 해서 말씀을 못 전하는 것도 아니고 조용하다고 해서 말씀을 더 잘 전하는 것도 아니라는 말이다. 문제는 말씀의 위력은 그 어떤 양극화된 상태에도 그 위를 달린다는 것이다.

예배 시에는 개인기도와 공중을 위한 기도가 있다. 예배 시에 기도의 풍요를 맛보는 것이 가장 현실적이다. 반드시 자기 기도와 남을 위한 기도를 해야 한다. 예배 시에 기도로 하나님과 대화를 개인적으로도 나누고 공중을 위한 기도도 함께 나눈다.

종종 대표 기도자가 기도문을 기록해서 낭독해야 할까? 원고 없이 구술로 직고해야 할까? 고민하는데 누구에게 드리는 기도인가를 생각하면 답변은 나온다. 공중 대표기도는 그때 그곳의 교인의 심정을 대변하는 것이기에 교인들이 '아멘' 할 수 있도록 또렷하고도 체계적인 말로 해야 하되 하나님께 이 말씀을 올린다는 자세를 가져야 한다.

기도가 끊어진 교회는 생명줄이 끊어진 교회다. 살아 있는 기도를 하는 교회는 활력이 넘친다. 기도하는 교회는 부흥한다.

"그들이 사도의 가르침을 받아 서로 교제하고 떡을 떼며 오로지 기도하기를 힘쓰니라 사람마다 두려워하는데 사도들로 말미암아 기사와 표적이 많이 나타나니 믿는 사람이 다 함께 있어 모든 물건을 서로 통용하고 또 재산과 소유를 팔아 각 사람의 필요를 따라 나눠 주며 날마다 마음을 같이하여 성전에 모이기를 힘쓰고 집에서 떡을 떼며 기쁨과 순전한 마음으로 음식을 먹고 하나님을 찬미하며 또 온 백성에게 칭송을 받으니 주께서 구원 받는 사람을 날마다 더하게 하시니라"(행 2:42~47)

예배 시의 기도 끝에는 주 예수의 이름으로 기도하고 '아멘' 또는 '바라니다'라고 한다.

아멘은 "하나님의 약속을 믿겠습니다"라는 확신이요, 바라니다는 "주님이 다시 오실 줄 믿습니다"라는 재림 신앙의 확신이다.

④ 설교

말씀 선포와 성례가 있는 곳에 교회가 있다고 외치는 만큼 설교는 교회의 예배에서 아주 중요한 위치를 차지한다. 예배 시에 설교는 필수적이다. 설교는 하나님의 말씀을 선포하는 것이다. 설교는 일차적으로 하나님의 말씀을 성도들에게 알리는 것이다.

하나님의 말씀이란 무엇인가? 그것은 하나님의 뜻을 담아 전달된 언어이다. 그런즉 설교란 하나님의 뜻을 선포하는 것이다. 그럼 하나님의 뜻이란 무엇인가? 뜻은 의미를 지닌 것이다. 아무런 의미를 지니지 않은 말은 없다. 그런데 의미는 무엇인가? 하나님의 마음에 품은 생각이다. 그 생각이란 무엇인가? 하나님이 하시고자 하는 사업이다. 그 사업은 무엇인가? 교회 사업이다.

설교란 교회에 관한 하나님의 말씀이다. 설교를 통해서 성도가 듣고자 하는 것은 하나님이 의도하시는 바 그 성지(聖旨)를 듣고자 하는 것이다. 설교 시간은 사람의 생각이나 심지어 소위 제도화된 교회의 프로젝트나 프로그램에 관한 설명회가 되어서는 안 된다. 설교야말로 하나님의 자기표현을 성도들의 익숙한 말로 듣는 순간이다. 말씀의 선포 케리그마(Kerugma)는 일방적이다. 듣는 자로 하여금 이해해 달라든지 양해해 달라는 것이 아니라 하늘 소식을 일방적으로 선언하는 것이다. 설교는 설득하려는 노력이 아니라 그냥 던지는 속사포(速射砲)이니 곧 선언(declaration)이다. 그것은 설명(explanation)이 아니라 선포(proclamation)이다. '설교하다'의 동사 케뤼소(Kerusso)는 권위 있는 당국으로부터 임명 받아 당국의 뜻을 전한다는 의미가 있다. 그것은 공적 공포(公布)이지 사적 표명(表明)이 아니다.

구약의 설교는 하나님에 의해 피택된 사람들을 통해 신약 교훈의 그림자를 소개하는 내용이었다. 홀랜드의 분석에 의하여 구약설교를 요약한 것을 보면 아래와 같다.

예언 및 예전적 설교이니 '에녹-노아-모세-아모스'로 시작된 것이 첫 단계이고, 경고와 회개를 촉구하는 사무엘로 시작하여 예레미야로 이어지는 선지자적 설교가 둘째 단계이고, 남은 자를 지키며 그들에게 소망을 약속해 주는 포로기 에스겔, 다니엘과 같은 예언자의 설교가 세 번째 단계의 설교라고 했다.[434] 구약설교는 이스라엘과 이방, 그러니까 온 세계를 향해 창조하셨고 구속하시려 하며 또 교회를 역사 속에 내보이사 하나님의 자기 계시를 그들의 문화와 언어로 이해할 수 있도록 선언하고 선포하고 공포한 것이었다.

---

434) 은준관, 「신학적 교회론」, (서울: 대한기독교서회, 1998), p. 137.

예언자 중 에스겔 예언자의 말씀 선포의 정황을 보기로 하자.

"갈대아 땅 그발 강 가에서 여호와의 말씀이 부시의 아들 제사장 나 에스겔에게 특별히 임하고 여호와의 권능이 내 위에 있으니라"(겔 1:3)

갈대아 땅 그발 강가는 역사적, 현실적 공간을 말한다. 부시의 아들 제사장 에스겔은 역사적 실제 인물을 말한다. 여호와의 말씀이 지리적, 인적 상황을 갖춘 데서 특별히 임했다. 말씀이 임할 때 여호와의 권능이 에스겔 위에 있었다. 이만하면 부족한 것이 무엇인가? 이것은 무엇을 하자는 이벤트인가? 하나님의 말씀을 선포하라는 것이다. 즉 에스겔이 설교하라는 것이다. 에스겔은 어떤 반응을 표했는가?

"…내가 보고 곧 엎드리어 그 말씀하시는 자의 음성을 들으니라"(겔 1:28)

설교자는 엎드린 자세로 음성을 들어야 한다. 이런 설교자가 교회 강단의 목사이다. 그리고 말씀을 주시는 여호와께서 계속 에스겔에게 설교자의 입장과 분위기를 말씀해 주신다. 에스겔이 설교할 대상은 이스라엘 자손이다. 그들은 패역한 백성이며 하나님을 배반한 자이다. 그들과 그들의 열조가 여호와께 범죄하여 에스겔이 설교하는 그 당시에까지 이르렀다.

"내게 이르시되 인자야 내가 너를 이스라엘 자손 곧 패역한 백성, 나를 배반하는 자에게 보내노라 그들과 그 조상들이 내게 범죄하여 오늘까지 이르렀나니"(겔 2:3)

이 자손의 특징은 어떤가? 얼굴이 뻔뻔하고 마음은 강퍅한 자였다. 이런 자들에게 에스겔은 여호와의 말씀을 가지고 선포하라고 파송을 받은 것이다.
에스겔이 할 말은 무엇인가?
"주 여호와의 말씀이 이러하시다"(Thus saith the Lord God)(겔 2:4).
백성이 듣든지 말든지 간에 찬송가 후렴처럼 할 말은 "주 여호와의 말씀이 이러하시다"이다. 에스겔은 결코 흐트러짐 없이 여호와의 말로 전해야 했었다. 에스겔의 생각이나 느낌이나 철학으로 전해서는 안 된다.

"그들은 심히 패역한 자라 듣든지 아니 듣든지 너는 내 말로 고할지어다"(겔 2:7)
"사로잡힌 네 민족에게로 가서 그들이 듣든지 아니 듣든지 그들에게 고하여 이르기를 주 여호와의 말씀이 이러하시다 하라"(겔 3:11)

"그러나 내가 너와 말할 때에 네 입을 열리니 너는 그들에게 이르기를 주 여호와의 말씀이 이러하시다 하라 들을 자는 들을 것이요 듣기 싫은 자는 듣지 아니하리니 그들은 반역하는 족속임이니라"(겔 3:27)

에스겔은 두루마리를 먹었다. 에스겔은 배와 창자 속에 두루마리를 채웠다. 설교자는 하나님이 주시는 두루마리를 먹어야 한다. 먹은 자가 내어 놓을 수 있다. 가진 자가 줄 수 있다. 잉태한 임산부가 출산할 수 있다. 없는 것을 줄 수는 없다. 교회의 설교자는 두루마리를 먹고 그 먹은 것을 토해 낸 것을 성도들이 또 먹는다. 그것은 꿀을 전달하는 것과 같다. 배에서 배로, 창자에서 창자로, 입에서 입으로 꿀이 여기저기 흘러들어가는 것이다. 예배에서는 꿀잔치가 벌어진다. 구약 예언자 중 예레미야의 말씀 선포로 인한 그의 고뇌를 들어 보자. 그 당시 거짓 선지자들은 엉터리 예언을 하고 있었다.

"그들이 딸 내 백성의 상처를 가볍게 여기면서 말하기를 평강하다, 평강하다 하나 평강이 없도다"(렘 8:11)

그러나 예레미야는 참 선지자이기 때문에 하나님으로부터 받은 것을 정직하게 말했었다. 그는 하나님의 판단과 경고와 힐책을 그대로 전하였다. 여호와께서 주시는 권유를 가감 없이 받아들였다. 그런 의미에서 여호와께서 예레미야를 이기셨다. 하나님은 거짓 선지자처럼 적당히 평강하다, 괜찮다 하고 싶은 예레미야의 심정을 꺾어 버리셨다. 그 결과는 무엇이었던가? 예레미야가 조롱거리가 된 것이었다.

"여호와여 주께서 나를 권유하시므로 내가 그 권유를 받았사오며 주께서 나보다 강하사 이기셨으므로 내가 조롱거리가 되니 사람마다 종일토록 나를 조롱하나이다"(렘 20:7)

그 이유는 이스라엘에게 임할 하나님의 강포와 멸망을 그대로 전했기 때문이다. 사람의 비위를 맞추려 하지 않고 하나님의 하시고자 하는 말씀을 액면 그대로 전했던 것이다. 그 결과 예레미야는 치욕을 당하게 되었다.

"내가 말할 때마다 외치며 파멸과 멸망을 선포하므로 여호와의 말씀으로 말미암아 내가 종일토록 치욕과 모욕거리가 됨이니이다"(렘 20:8)

그러나 여호와를 선포하지 않으려 해도 도저히 그럴 수 없는 그의 중심에 불이 붙었다.

"내가 다시는 여호와를 선포하지 아니하며 그의 이름으로 말하지 아니하리라 하면 나의 마음이 불붙는 것 같아서 골수에 사무치니 답답하여 견딜 수 없나이다"(렘 20:9)

여기서 예배의 한 요소로서의 설교자와 설교 듣는 자의 관계를 엿볼 수 있다. 세상의 조롱거리가 된 사람의 말을 멍청하게(?) 듣고 있는 백성도 이방인에게는 조롱거리가 되는 것이다. 이방인이 보기에는 조롱거리인 인물이 조롱받는 사람들에게 조롱거리 말을 전하는 것처럼 보인다. 여기서 예배 시의 설교에 어떤 변화를 주고자 해서 생겨난 설교 병이 오늘날 번지기 시작했으니 온갖 잡동사니 설교가 되어 사람의 구미에 맞춰버린 저질 설교가 나왔던 것이다. "설교를 회복하자." 이는 오늘의 구호가 아닐 수 없다.

진실한 설교를 하는 것이 얼마나 괴로웠으면 예레미야가 이렇게 고백했을까?

"어찌하여 내가 태에서 나와서 고생과 슬픔을 보며 나의 날을 부끄러움으로 보내는고 하니라"(렘 20:18)

여기서 한 가지 풀어야 할 오해가 있다. 설교자의 고통이 무엇인가? 에스겔이나 예레미야는 '무엇을 선포할까' 하는 선포의 내용에 대한 무지 때문에 괴로워한 것이 아니라 정확히 선포한 데 대한 청자들의 무반응을 향한 고통이었다. 그런 측면에서 설교는 지극히 하기 쉬운 활동이나, 그 결과는 반드시 만족으로 돌아오는 것은 아니라는 것을 기억해야 할 것이다. 예수 밑에서 3년이나 M.Div 과정을 마친 제자 중에도 가룟 유다가 있었다는 것을 기억해 두면 좋을 것이다.

이제 우리는 신약 교회 예배에서의 말씀 선포에 관해 고찰해 보기로 하자.

성경을 공적으로 봉독하고 설교하고 가르침을 주었다.

"내가 이를 때까지 읽는 것과 권하는 것과 가르치는 것에 전념하라"(딤전 4:13)
"내가 주를 힘입어 너희를 명하노니 모든 형제에게 이 편지를 읽어 주라"(살전 5:27)
"이 편지를 너희에게서 읽은 후에 라오디게아인의 교회에서도 읽게 하고 또 라오디게아로부터 오는 편지를 너희도 읽으라"(골 4:16)
"이 편지를 너희에게서 읽은 후에 라오디게아인의 교회에서도 읽게 하고 또 라오디게아로부터 오는 편지를 너희도 읽으라"(살후 2:15)

초대 교회는 성경 말씀과 편지를 낭독하는 사례가 많았다. 간증보다는 설교가 좋고 설교보다는 성경이 더 좋고 성경보다는 하나님 자신이 더 좋다. 이 모든 것이 다 하나님의 말씀의 증거요 선포인데 이런 표현을 쓰는 데에는 현실적인 이유가 있었다. 간증은 과장되기 쉬워 마침내 거짓이 되기 쉽고, 설교는 너무 세련되게 하다 보니 설교자 자신이 돋보이고 예수는 설교 속에서 사라지기 쉽고, 성경은 주문적(呪文的) 성질로 평가절하 되기 쉬우니, 결국 하나님 자신으로 돌아가야 한다는 것을 말하고자 한 것이다.

성경에 대한 잘못된 이해는 칼 바르트의 신 정통주의적 견해로 나갈 위험도 있기는 하다. 성경은 말씀이 되고 있는 중이라는 것이 바로 그것이다. 성경은 말씀이 되고 있는 것이 아니라 말씀 자체이다. 성경을 읽는다는 것이 말씀 선포에 또 다른 위력이 될 수도 있다. 어쩌면 어설픈 설교보다 차라리 본문을 읽어 주는 것이 훨씬 더 은혜로울 때도 있다.

필자가 어느 교회에서 설교를 하게 되었는데 사회자 목사가 성경책의 긴 장을 교독하는 것이 아닌가? 간단한 시편을 교독하는 것이 아니라 아예 성경책 중의 한 장을 통째로 교독하는데 시골 교회에 노인들만 모인 교회인지라 교독하는 데 꽤 많은 시간이 소요되었다. 시계를 보니 교독하는데 10분이 걸렸다. 예배를 마친 후 교독문을 길게 할 필요가 있느냐고 물으니 그 목사의 대답이 이러했다.

"제 설교가 아무래도 성경 본문만은 못하니까요."

지금도 이 발언을 어떻게 해석해야 할지 곤란하다. 하여간 성경 읽는다는 것이 공예배에서 무시되고 있는 상황에서 생각해 볼 일이다. 어떤 목사는 본문을 읽은 후에 아예 성경책을 덮어 놓고 원고에 매어 설교하는 경우도 있는데 심지어 어떤 경우는 성경책을 아예 강대상 옆으로 내려놓고 노트 위주로 설교하는데 아연실색할 정도였다.

설교는 목사가 통례적으로 하는 것이지만 하나님의 말씀을 증거하는 데는 누구나 앞장서야 한다. 스데반 집사는 교회의 구제 문제를 해결하기 위해 피택된 7인 중의 한 사람이지만 자기에게 맡겨진 일을 완수한 뒤에는 설교자로 나왔다. 사도행전 7장은 스데반 집사의 설교 장이며 그는 구약성경을 꿰다시피 정통하였고 그것의 현실 적용 또한 대단함을 알 수 있다.

"목이 곧고 마음과 귀에 할례를 받지 못한 사람들아 너희도 너희 조상과 같이 항상 성령을 거스르는도다 너희 조상들이 선지자들 중의 누구를 박해하지 아니하였느냐 의인이 오시리라 예고한 자들을 그들이 죽였고 이제 너희는 그 의인을 잡아 준 자요 살인한 자가 되나니 너희는 천사가 전한 율법을 받고도 지키지 아니하였도다 하니라"(행 7:51~53)

그의 설교의 반응은 어떤 것이었나? 아부하는 설교가 아니라 직언하는 설교였기에 나온 반응은 이렇다.

"그들이 이 말을 듣고 마음에 찔려 그를 향하여 이를 갈거늘"(행 7:54)

스데반은 설교하다가 순교하였다.

"그들이 돌로 스데반을 치니 스데반이 부르짖어 이르되 주 예수여 내 영혼을 받으시옵소서 하고 무릎을 꿇고 크게 불러 이르되 주여 이 죄를 그들에게 돌리지 마옵소서 이 말을 하고 자니라" (행 7:59~60)

그는 설교 값을 받지 아니했다. 명성을 얻어 유명해진 것도 아니었다. 참 설교의 대가의 돌세례 역사적 현장을 보노라면 오늘날의 설교자들은 많은 생각을 해야 할 것 아닌가? 오늘날 교회 직분자들은 스데반 집사의 경지에까지 오를 아예 생각조차도 못하고 있지 않는가? 예배의 허리는 말씀이다. 말씀을 읽어주고 강해하는 것은 왜 그렇게 중요한가?

"하나님의 말씀은 살아 있고 활력이 있어 좌우에 날선 어떤 검보다도 예리하여 혼과 영과 및 관절과 골수를 찔러 쪼개기까지 하며 또 마음의 생각과 뜻을 판단하나니"(히 4:12)
"모든 성경은 하나님의 감동으로 된 것으로 교훈과 책망과 바르게 함과 의로 교육하기에 유익하니"(딤후 3:16)

설교는 곧 예배요 또 설교는 목회활동 그 자체라 할 만큼 중요하다. 목회의 또 다른 이름은 설교이다. 설교자가 설교하기에 기쁘고, 성도는 설교 듣기에 기뻐야 축제와 같은 예배가 되는 것이다. 교회 예배에서 어떤 설교가 행해져야 할까? 이를 알기 위해서 예수님과 성령님의 술이부작(述而不作)의 설교를 기억해야 한다. 술이부작이란 그냥 말을 할 뿐이지 만드는 것은 아니라는 것이다. 받은 것을 전달한다는 것이다. 설교자는 농사를 짓는 농부가 아니라 농부가 지어 놓은 쌀 도매업자이다. 쌀 장사는 쌀 농사꾼이 아니라 농사꾼이 지은 쌀을 구입해서 분배하는 상인이다. 예수님과 성령님도 말씀을 창작하신 것이 아니라 아버지께로부터 받은 말씀을 단지 전달했을 뿐이라고 하셨다. 예수님과 성령님은 설교 작성자가 아니라 그냥 설교자이시다. 설교자는 설교 내용을 창작하는 자가 아니라 고스란히 받아서 전해 주는 자이다. 예수님의 술이부작의 설교를 보자.

"그러므로 예수께서 그들에게 이르시되 내가 진실로 진실로 너희에게 이르노니 아들이 아버지께서 하시는 일을 보지 않고는 아무것도 스스로 할 수 없나니 아버지께서 행하시는 그것을 아들도 그와 같이 행하느니라 내가 아무것도 스스로 할 수 없노라 듣는 대로 심판하노니 나는 나의 뜻대

로 하려 하지 않고 나를 보내신 이의 뜻대로 하려 하므로 내 심판은 의로우니라"(요 5:19,30)

"예수께서 이르시되 나의 양식은 나를 보내신 이의 뜻을 행하며 그의 일을 온전히 이루는 이것이니라"(요 4:34)

"내가 하늘에서 내려온 것은 내 뜻을 행하려 함이 아니요 나를 보내신 이의 뜻을 행하려 함이니라"(요 6:38)

"예수께서 대답하여 이르시되 내 교훈은 내 것이 아니요 나를 보내신 이의 것이니라 사람이 하나님의 뜻을 행하려 하면 이 교훈이 하나님께로부터 왔는지 내가 스스로 말함인지 알리라"(요7:16~17)

"내가 너희에게 대하여 말하고 판단할 것이 많으나 나를 보내신 이가 참되시매 내가 그에게 들은 그것을 세상에 말하노라 하시되 이에 예수께서 이르시되 너희가 인자를 든 후에 내가 그인 줄을 알고 또 내가 스스로 아무것도 하지 아니하고 오직 아버지께서 가르치신 대로 이런 것을 말하는 줄도 알리라"(요 8:26,28)

예수님의 교훈은 아버지께로부터 받은 교훈이었다. 성령님의 술이부작 설교를 보자.

"내가 아버지께로부터 너희에게 보낼 보혜사 곧 아버지께로부터 나오시는 진리의 성령이 오실 때에 그가 나를 증언하실 것이요 너희도 처음부터 나와 함께 있었으므로 증언하느니라"(요15:26~27)

"그러나 진리의 성령이 오시면 그가 너희를 모든 진리 가운데로 인도하시리니 그가 스스로 말하지 않고 오직 들은 것을 말하며 장래 일을 너희에게 알리시리라 그가 내 영광을 나타내리니 내 것을 가지고 너희에게 알리시겠음이라 무릇 아버지께 있는 것은 다 내 것이라 그러므로 내가 말하기를 그가 내 것을 가지고 너희에게 알리시리라 하였노라"(요 16:13~15)

성령님은 또 예수의 것을 가지고 설교하셨다. 예수님과 성령님께서 설교를 창작하시지 않았는데 사람이 설교를 창작한다는 것은 어림도 없는 소리다. 그럼 설교학이란 무엇인가? 어떻게 하나님의 말씀을 순수하게 받아서 선포할까 하는 기술에 관한 학문이다.

여기 컵이 하나 있다. 이것을 사람들에게 알리는 것이 뭐 그리 애쓰고 노력해야 할 일인가? 그냥 "이것이 컵이요" 하면 된다. 부언하자면 컵의 용도를 말하면 그만이다. 그런데 이 컵을 시계라고 우겨대자니 여간 힘이 드는 게 아니다. 즉 '아닌 것'을 '맞는 것'이라고 하거나 '없는 것'을 '있는 것'이라고 할 때 그 설득력에 진이 빠질 수밖에 없다.

진리는 순순히 말해지기 마련이다. 설교 방법에 대해서는 어떤 평가를 내려야 하는가? 선물을 하되 기왕이면 그 선물에 포장의 미를 갖추는 것이 좋다는 정도로 생각하면 될 것이다. 단순 명료하게 전하기만 하면 될 진리에 무슨 누더기 이론의 옷을 그렇게도 많이 입혀 놓았던가? 성경주석이니 주해가 필요한 것은 재론의 여지가 없지만 주석이나 주해부터 읽고 성경으로 돌아오는 순서 바꿈의 설교자에게는 충고가 필요하다. 왜 예수님은 성경을 기록하시되 바로 그 옆에 주석책을 마련하지 않으셨던가? 그것은 주석책 없이도 그 말씀을 충분히 이해할 수 있기 때문이었다. 주석책 속에서 성경은 질식당하고 있지는 않은가? 예배 시의 설교는 영의 양식을 먹는 영양 공급 행위이니 교인은 갓난아이처럼 신령한 젖을 사모해야 한다.

> "갓난 아기들같이 순전하고 신령한 젖을 사모하라 이는 그로 말미암아 너희로 구원에 이르도록 자라게 하려 함이라"(벧전 2:2)

바울은 더 나아가서 젖에서 밥으로 나아가기를 소원한다.

> "내가 너희를 젖으로 먹이고 밥으로 아니하였노니 이는 너희가 감당하지 못하였음이거니와 지금도 못하리라"(고전 3:2)

예배 시 설교를 통해 젖과 밥을 골고루 먹어야 건강한 교인이 되고 건강한 교회가 된다. 젖 달라고 우는 어린 동생에게 젖이 없는 언니가 온갖 쇼를 다해도 아이는 순간적으로 '방긋' 할지 모르나 결국은 또 울어대기 마련이다. 언니가 더 흥미로운 쇼를 해 보이면 어린 것은 또 한 번 '방긋' 웃을지 모르나 주린 배는 채워지지 않는다. 아무런 쇼도 없지만 젖을 가진 엄마가 오면 만사는 해결된다. 오늘날 젖이 없는 언니가 얄팍한 쇼로 어린아이를 달래는 식의 무기력하고 무생명적, 무영양적 설교가 난무하고 있지는 않은가? C. S. 루이스의 「스크루테이프의 편지」에서의 마귀의 계략을 우리는 잠시도 잊어서는 안 될 것이다. 예레미야서의 경고를 듣자.

> "내 백성이 두 가지 악을 행하였나니 곧 그들이 생수의 근원되는 나를 버린 것과 스스로 웅덩이를 판 것인데 그것은 그 물을 가두지 못할 터진 웅덩이들이니라"(렘 2:13)

⑤ 의식(儀式, ordinances)

예배는 예를 갖추어 하나님께 굽혀 절하는 것이라고 했다. 즉 예배는 절도 있게 하나님께 인사를 올리는 것이다. 그럼 그 '절도 있게'라는 표현에는 어떤 의미가 있는가? 그것은 예배자가 갖추어야 할 예배 시의 어떤 이벤트가 있다는 것이다. 그런데 그 이벤트는 깜짝 쇼가 아니라 주님께서 정하시고 명하셨던 것인데 침(세)례와 주의 만찬(晚餐)의 두 가지 의식이 전부이다.

의식이란 무엇인가?

그 원래의 어원은 라틴어 오도(ordo)에서 왔다. 그것은 '줄을 서다'(列), 혹은 '차례를 지키다'(order)이다. '줄을 서라', '차례를 지키라'는 말에는 절도 있고 규칙적인 외적 행위 표시가 시각적으로 느낄 수 있게 표현된다는 것이다. 주님의 살과 피를 먹고 마신다는 것을 지금 행위로 표시한다든지, 주님이 죽으시고 부활하신 것을 지금 행위로 표시한다는 것은 어디까지나 과거에 있었던 역사적 사건을 세월이 흘러간 오늘에 다시 재현하는 것이다. 그런 의미에서 일차적으로 의식은 상징이요 그 상징은 역사적 사건을 회상하고 기념하는 것이었다. 이것을 상세히 설명한다면 예배 행위 속에서 가장 드라마틱하게 구원사역을 표현하는 것이 교회의 의식이다. 의식(儀式)이란 한국말이 그 의미를 가장 잘 살려주는데 곧 예의범절을 갖춘 격식인 것이다. 다시 말하자면 예배 행위 가운데서 강조되고 있는 진리는 예수 그리스도의 죽으심과 부활 사건이다. 이 사건이 찬양과 기도와 설교의 주제가 되고 있다.

그런데 교회 예배 시의 의식은 이 사건을 시각적으로 드러내는 예식이다. 떡과 포도주를 마시는 것을 상징하며, 물 속에 잠겼다가 물 밖으로 나오는 예식을 통해 예수의 죽으심과 다시 사심을 눈으로 보면서 기념하는 상징이다. 전자를 주의 만찬이라 하고, 후자를 침(세)례라 하는 데 예배에는 이 두 가지 예식이 집례됨으로써 상징을 통해 실제를 기억하고 기념하는 경지로 들어간다. 예식을 중요하게 여기는 로마 가톨릭의 물리적, 기계적, 주술적 의미는 미신에 가까운 것으로 흘러갔기 때문에 인정할 수 없는가 하면, 퀘이커 교도들의 의식 무용론도 인정할 수는 없다. 그들의 교주인 조지 폭스(George Fox)는 의식이 형식주의로 기울어지는 것이기 때문에 일체의 외관적인 것을 부인했다. 그러나 이 양자는 모두 극단으로 흘러갔다. 우리는 의식에 대한 주 예수님의 교훈에 집중해야 할 것이다.

교회 의식은 축복을 받는 하나의 수단이 아니다. 이미 축복을 받았기에 그것을 회상하고 기념하기 위해 상징으로 재연하는 것이다. 예수의 죽으시고 부활하신 사건을 실제로 역사 속에서 재현하라는 것은, 예수가 의미 없이 두 번 성육하시고, 두 번 죽으시고, 두 번 부활하셔야 한다는 무리한 요청이 아닐 수 없다. 또 그렇게 할 수도 없고 할 필요도 없는 것이다. 진리 사건은 일회적이지만 그 효능은 영구한 것이다. 단지 그 일회적 사건을 상징함으로써 감사해 하는 것이 의식이다.

우리 주님은 자신이 세상에서 이룩하신 죽으시고 부활하신 구원사역을 교회가 재연(再演)하는 것을 보시고 하늘에서 얼마나 기뻐하실까? 그것은 역사적 사건을 교회에서 드라마하는 것이다. 그런 의미에서 모든 교인들은 드라마의 배우들이고 이 드라마를 즐기는 관람자는 오직 하나님이시다. 그런고로 교회의 의식은 하나님과 교인들 간의 영적 드라마를 통해 즐기는 예식 드라마이다. 이 드라마는 두 부분으로 나눠지는데 그 일부는 침(세)례이고 나머지 일부는 주의 만찬(晚餐)이다. 가톨릭의 성례 개념 때문에 '성'(聖)이란 말 쓰기를 꺼리지만 거룩한 것을 상징한다는 의미에서 볼 때, 성만찬이란 말을 굳이 못 쓸 이유도 없다. 필자는 지금까지 상호 교체적으로 사용해 왔다.

의식에 대한 다른 명칭에는 어떤 것들이 있는가?

영국 킹 제임스 역에는 '의식'(ordinance)이라는 말에 네 가지 헬라어가 있다.[435]

첫째, 예법으로 번역되었다.

"첫 언약에도 섬기는 예법과 세상에 속한 성소가 있더라. 이런 것은 먹고 마시는 것과 여러 가지 씻는 것과 함께 육체의 예법일 뿐이며 개혁할 때까지 맡겨 둔 것이니라"(히 9:1,10)

둘째, 유전으로 번역되었다.

"너희가 모든 일에 나를 기억하고 또 내가 너희에게 전하여 준 대로 그 전통을 너희가 지키므로 너희를 칭찬하노라"(고전 11:2)

셋째, 제도로 번역되었다.

"인간의 모든 제도를 주를 위하여 순종하되 혹은 위에 있는 왕이나"(벧전 2:13)

넷째, 명으로 번역되었다.

"야손이 그들을 맞아 들였도다 이 사람들이 다 가이사의 명을 거역하여 말하되 다른 임금 곧 예수라 하는 이가 있다 하더이다 하니"(행 17:7)

그러나 의식(儀式)에 관한 아주 특별한 명칭으로는 성례(聖禮, Sacraments)가 있다. 로마 가톨릭, 루터교 및 많은 기타 종파들이 이 용어를 사용해 왔다. 의식과 성례를 왜 구별해야 하는가의 배경에는 신학적 문제가 있기 때문이다. 가령, 의식이란 이름 아래 행해지는 주의 성만찬 같은 예식은 '오직 상징'(symbolical-only)의 뜻만 있다고 보는가 하면, 또 성례라는 이름 아래 행해지는 주의 만찬 같은 예식은 '은혜의 전달'(transfer of grace)

---

435) J. C. 터너, 「신약 교회 교리」 이요한 역, p. 76.

의 뜻이 있다고 보는 것이다.[436]

세크라멘토(Sacramento)라는 성례전이 함축한 의미는 주의 만찬과 침(세)례 의식 같은 의식이 신령하고도 불가사의적 은혜를 가시적인 것을 매개로 약속, 보증 또는 전달한다는 말이다. 그것은 상징도 하면서 물적 요소들이 은혜를 약속하고 전달한다는 뜻이다. 이런 의미의 성례전은 로마 가톨릭적 견해로 대표되기 때문에 기독교에서는 이런 종류의 성례전이라면 별로 의미가 없는 것으로 여겨 예배에서 경시하는 풍조가 생기게 되었다.

로마 가톨릭교는 이 성례가 어떤 방법으로 축복을 준다고 본다. 성례 참예자에게 자동적으로 은혜가 전달되고 거룩함을 낳는다고 보고 신자에게 은혜가 전달되는 파이프 선(pipe-line)이 된다는 것이다. 여기에는 기계적, 물리적, 미신적 요소가 깔려 있다. 떡과 포도주를 먹고 마시면 그리스도와 결합하는 것이라고 한다. 그것은 상징이 아니라 실제의 사건이 된다는 것이다.[437] 성례라고 이름하는 사람들의 성례의 의미를 보자. 그들은 주님의 만찬이나 침(세)례 행위 등이 그 자체로 어떤 신비한 힘을 지닌 것이라서 은혜를 전달해 주는 실제적 사건으로 본다. 원래 세크라멘툼(sacramentum, 성례)은 로마 군인이 그의 사령관에게 행하는 충성의 성스러운 헌신이었는데 그 의미가 변질되어 성례 그 자체가 거룩한 사건이 되어 은혜를 나눠주는 중재 역할을 하게 되었던 것이다.

로마 가톨릭은 소위 성례로 교회를 이끌어 간다. 로마 가톨릭에는 다음과 같은 칠성례 혹은 성사가 있다.

신품성사(神品聖事, ordination), 견진성사(堅振聖事, confirmation), 혼배성사(婚配聖事, matrimony), 종유성사(終油聖事, extreme unction), 고해성사(告解聖事, penance), 영세성사(領洗聖事, baptism) 그리고 성체성사(聖體聖事, eucharist)이다.[438] 이 성례가 교회의 권위를 세워주고 신부는 이 성례 집행자라는 지위에서 독보적이다.

좀 우스운 이야기이지만 로마 가톨릭 교회의 신부가 설교에 열을 올리지 않는 것이 일반적인 인상이다. 왜냐하면 그들은 성례 집행으로 인해서 축복과 은혜를 사람들에게 전달해 주고 있기 때문에 굳이 목청을 높여 설교로 감동과 감격에 찬 은혜를 나눠주지 않아도 되기 때문이다. 로마 가톨릭에서는 침(세)례 성례에서 구원 효험이 나오고 주의 만찬 성례에서 어떤 신령한 유익을 받는다고 본다.

그러면 의식 혹은 예식이라는 명칭의 의미는 무엇인가? 의식 명칭을 쓰는 사람들은 이 의식 자체가 어떤 특별한 마술적 혹은 신비한 기적의 의미를 지닌 것이 아니라 단지 구원 복음의 진리를 상징하는 것으로 본다. 의식은 영적 진리를 표현하는 상징적 행위인 것이

---

436) 윌리엄 W. 스티븐즈, 「조직신학 개론」 허 긴 역, (대전: 침례신학대학 출판부, 1988), p. 433.
437) 윌리엄 W. 스티븐즈, 같은 책, p. 435.
438) 헨리 디이슨, 「조직신학 강론」, p. 665.

다. 스티븐스의 의식에 대한 참된 견해를 소개한다.

「신약성서의 전체의 대의(大義)는 이 의식들을 그 참예자가 체험한 구원의 복음에 대한 상징인, 내재(內在)하는 그리스도에 대한 가시적(可視的)이며 외적인 표식(表識)으로 보도록 우리를 인도한다. 이 의식(儀式)들은 신자의 생활 안에 있는 그리스도의 구속적 권능의 명백한 표본이다. 이것은 추상적 진리들을 하나의 가시적 형태(可視的形態)로 설명하고 있는, 그리스도인이 준수하도록 그리스도께서 명하신 상징적 행위이다. 이들은 그 자체 속에 구원을 가능케 하거나 구원을 지속시킬 능력을 가지고 있지는 않으며, 그리스도의 주님되심을 인정하는 하나님이 정하신 관례(God-ordained institution)이다.」[439]

그럼 이 의식의 참예자는 누구인가?
오직 구원받은 그리스도인만이 이 의식에 참예한다. 거듭난 자만이 영적 진리를 알 수 있으므로 오직 거듭난 사람만이 이 의식에 동참할 수 있다. 지금까지 의식에 대하여 그 명칭과 의미 그리고 참예자에 관해서 진술해 왔는데 침(세)례와 주의 만찬으로 이뤄지고 있는 의식을 좀더 구체적으로 정의를 내려 본다. A. H. 스트롱은 의식을 다음과 같이 정의내리고 있다.

「의식은 그리스도께서 복음의 구원 진리를 눈에 보이는 표징으로써 주님의 교회에서 행해지도록 그리스도가 정해 놓으신 외적 예식이다.」[440]

위의 정의에 따르면 다음과 같은 세분된 설명이 나온다.
이 의식은 구원 진리를 다룬다.
이 의식은 구원 진리를 눈에 보이게 하는 것이다.
이 의식은 구원 진리의 단지 표징이다.
이 의식은 개교회에서 행해져야 한다.
이 의식은 그리스도께서 정하신 것이다. 이 말 속에는 의식의 의미와 방법 그리고 참예자의 자격까지 주님이 정하셨다는 것이다.
이 의식은 외적 예식이다.
의식의 내용을 이렇게 자상하고도 분명하게 알고 보면 과연 이 의식이 교회의 예배에서 얼마나 중요한가를 알게 될 것인데 이에 웃지 못할 또 하나의 에피소드가 있었다. 그 한 가

---

439) 윌리엄 W. 스티븐스, 「조직신학 개론」, p. 435.
440) A. H. 스트롱, 이전의 책, p. 930.

지 에피소드는 침례교 연차총회에서 생겼다. 침례교 연차총회가 모 교회에서 열렸는데 총회 기간 중 저녁 성찬식을 한다는 광고가 나왔다. 나는 깜짝 놀랐다. 성찬식은 개교회에서 행해야 하는 것이었다. 지방회나 총회는 교회가 아닌 만큼 성찬식을 집행할 수 없는 것이 아닌가? 어느 회원의 제지로 성찬식 거행이 그날 저녁 중단되었고 다행히 그 교회 소속 교인의 참여로 끝을 맺긴 했었다.

다른 하나는 한국 기독교 부흥 100주년 기념 대회에서 생긴 것이었다. 이 대회에서 성찬식이 거행된 것이다. 수많은 사람들이 떡과 포도주를 먹고 마시는 광경이 TV에 공개되었다. 이것은 교회에서 이 의식이 행해져야 한다는 진리에 대한 순간적인 망각 내지 착각 혹은 오해라고 보고 싶다. 왜냐하면 체육관에서의 초교파 모임은 교회가 아니기 때문이다.

지방회나 총회나 어떤 기독교 단체의 모임이건 간에 이 의식은 행할 수 없다. 그런 관례가 성경에 없기 때문이다. 또 가정에서 아무 때나 소위 성찬하자고 가장이 외칠 수도 없다. 칼빈도 말씀 선포와 성례 집행이 있는 곳에 교회가 있다고 했으며 또 그것이 교회의 몫이라고 했었다. 그럼 체육관에 모인 대중에게서 말씀 선포와 성례가 베풀어졌으니 그럼 초대형 초교파 교회라고 명명해도 가능한가? 어느 누구도 그런 성질의 교회를 인정하지는 않을 것이다. 이제 우리는 침례(혹 세례)와 주의 만찬에 관해 구체적으로 진술해보자.

침례 *

그리스도인의 침례는 그리스도인이 그리스도의 죽음과 부활의 친교 속으로 이미 들어갔다는 증거로 믿는 자가 물 속으로 잠기는 예이다. 이것을 다른 말로 표현하면 그리스도인의 침례는 그리스도인이 그리스도와의 연합을 통하여 부활을 얻었다는 증거를 침례로 보여 준 것이다.[441] 침례의 상징은 그리스도의 죽으심과 부활하심의 사건에 그리스도인이 참여해서 그리스도와 함께 죽고 그리스도와 함께 부활했다는 것을 보여 주는 것이다. 침례는 기독교의 구원 사건을 극적으로 보여 주는 행사이다. 침례교의 강단에는 아예 침례탕이 준비되어 있어서 믿는 순간, 즉 구원을 고백하는 순간에 침례를 베푼다. 주님의 죽으심과 부활을 믿고 그 사건에 동참한다는 신앙 고백자에게는 그 즉시 침례를 베푼다. 물에 몸을 담그는 종교 행위는 침례 요한과 예수님이 실천하기 전부터 있어 왔던 것이다. 이방인들이 유대교로 개종할 때 정결케 하는 표로서 침례를 받으라고 요청을 받았기 때문이다.[442]

침례 요한과 예수께서 이 종교 행위를 실천했을 때에는 새로운 의미를 거기에 부여했었다. 가령, 침례 요한이 시행한 침례는 죄를 자백하고 회개를 반드시 동반했어야 했다.

---
441) A. H. 스트롱, 이전의 책, p. 931.
442) J.C. Turner, *The New testament Doctrine of the Church*, p. 68.
* 이 부분은 침례교도들의 '침례'의 진의를 설명하는 부분이기에 '세례'란 용어를 사용하지 않았으나 혹 다른 곳에서는 병기하기도 했음.

"자기들의 죄를 자복하고 요단 강에서 그에게 침례를 받더니"(마 3:6)
"나는 너희로 회개하게 하기 위하여 물로 침례를 베풀거니와…"(마 3:11)

예수께서도 침례 요한의 침례를 인정하시고 권위를 부여하셨다. 예수께서 성전에 들어가 가르치실 때에 대제사장들과 장로들이 예수께 가르치시는 권세의 출처를 따지고 대항했을 때 예수께서 되물으신 내용이 이러했다.

"요한의 침례가 어디로부터 왔느냐 하늘로부터냐 사람으로부터냐…"(마 21:25)

이것은 요한의 침례가 하늘로서 온 것임을 입증하는 것이었다.
바울도 침례 요한의 침례를 예수와 연관된 침례라고 권위를 부여했다.

"바울이 이르되 요한이 회개의 침례를 베풀며 백성에게 말하되 내 뒤에 오시는 이를 믿으라 하였으니 이는 곧 예수라 하거늘"(행 19:4)

바울은 여기서 요한의 침례는 회개의 침례라고 정의를 내렸다. 그 다음 예수의 침례의 의미는 무엇인가? 그 이전부터 행해 오던 침례 행위를 예수께서 인정하시고 친히 요한에게 침례를 부탁하시고 침례를 받으신 이유가 무엇인가? 그토록 침례 의식은 중요한 것임을 반증하는 것이 아닌가? 예수께서 요한에게 침례를 받으려 하시니 요한이 당황했었다.

"요한이 말려 이르되 내가 당신에게서 침례를 받아야 할 터인데 당신이 내게로 오시나이까"(마 3:14)

그런데 예수님은 "허락하라", "모든 의를 이루는 것이 합당하니라"고 답하셨다(마 3:15). 예수 침례의 극적 장면을 우리는 간과해서는 안 된다. 예수의 침례는 요단 강물 속에 온몸을 잠그는 예였다.

"예수께서 침례를 받으시고 곧 물에서 올라오실새…"(마 3:16)

물에서 올라오셨다. 이 표현에 추상적이고도 가상적인 설명을 붙여서는 안 된다. 물에서 올라오셨다는 것은 물 속에 들어가셨다가 물 밖으로 나오셨다는 것이다(He went up straightway out of the water). 어떤 사람은 예수께서 요단 강에 내려가시니 요한이 물을 한 컵 정도 떠서 예수의 머리 위에 부어 소위 세례를 주었고, 예수는 요단 강 언덕을 따라 올라오셨다고 설명을 하는데 원래 뱁타이스(baptise)라는 말의 제일차적 의미는 잠근다는 것이라는 사실과 요단 강물 속에 잠기셨다는 정황이 저들의 지나친 가상적 설명을 용납하지 않는 다는 것이다. 여기서 침례의 형식이 나온다. 침례의 형식을 두고 많은 논란이 있어왔지만 정답을 주는 곳은 성경이요 그 정답은 물 속에 잠기는 것(immersion in water)이다. 요단 강에서 침례를 받은 것과(마 3:6), 예수께서 침례 받으시고 물에서 올라오셨다는(마 3:16) 사실이 물 속에 몸을 잠그는 것을 말하며, 빌립과 내시가 물에서 올라왔다고 했다.

> "길 가다가 물 있는 곳에 이르러 그 내시가 말하되 보라 물이 있으니 내가 침례를 받음에 무슨 거리낌이 있느냐 (없음) 이에 명하여 수레를 멈추고 빌립과 내시가 둘 다 물에 내려가 빌립이 침례를 베풀고 둘이 물에서 올라올새 주의 영이 빌립을 이끌어간지라 내시는 기쁘게 길을 가므로 그를 다시 보지 못하니라"(행 8:36~39)

침례 형식에 대한 칼빈의 솔직한 입장 표명은 아래와 같다.

> 「칼빈의 입장은 그렇게 적극적이지는 못했다. 그는 이렇게 말한다.
> 세례를 받은 사람이 완전히 물 속에 들어갔는지(完全浸水), 그리고 일회(一回) 또는 삼회(三回)나 그렇게 했는지, 그리고 단지 물로 뿌림을 받기만 했는지(溝水禮)의 문제들은 조금도 중요한 것이 아니다. 그런데 침례(세례, Baptism)라는 말이 물 속에 잠근다는 것을 의미하는 것은 명백한 사실이며, 침례는 초대 원시 교회들이 사용하던 형태인 것도 확실하다. 그러나 교회는 기후의 다양성(多樣性)에 따라 이 중 어느 형태의 세례를 행하느냐 하는데에는 자유다. 전인용서, p. 524」[443]

교회는 침례 의식의 의미와 특별히 형식에 대하여 임의로 수정하거나 개정하는 권리를 갖고 있지는 않기 때문에 예수가 명하신 침수, 침례 외에 다른 형태의 침례는 행할 수 없다. 교회는 입법 단체가 아니라 단지 집행 단체이다. 입법 단체는 예수이시다.[444] 이에 대한 성구는 아래와 같다.

> "그러므로 누구든지 이 계명 중의 지극히 작은 것 하나라도 버리고 또 그같이 사람을 가르치는 자는 천국에서 지극히 작다 일컬음을 받을 것이요 누구든지 이를 행하며 가르치는 자는 천국에서 크다 일컬음을 받으리라"(마 5:19)
> "여호와 하나님이 웃사가 잘못함으로 말미암아 진노하사 그를 그 곳에서 치시니 그가 거기 하나님의 궤 곁에서 죽으니라"(삼하 6:7)

---

443) 헨리 디이슨, 「조직신학 강론」, p. 665.
444) A.H. 스트롱, 이전의 책, p. 939.

예수의 침례는 순리와 유전 전통과 질서를 그대로 유지하면서도 자기의 구원사건과 관련된 의미를 더욱 돈독히 실천하려는 선견자적 이해가 있었다. 예수의 침례의 즉각적인 반응은 무엇인가? 이 장면에는 삼위일체 하나님이 총동원되셨다. 우선 하늘이 열렸다. 열린 하늘에서 하나님이 나타나셨다. 하나님의 성령이 비둘기같이 내려 예수 위에 임하셨다. 성부 성자 성령의 합동 모습이 여기 있었다. 하늘로서 소리가 있어 말씀하셨다. 그것은 예수를 인정하신다는 하나님의 소리였다.

"…이는 내 사랑하는 아들이요 내 기뻐하는 자라 하시니라"(마 3:17)

예수의 침례는 죄와 상관없이 모든 의를 이루고자 하시는 목적으로 이뤄진 의식으로서 요한의 침례를 인정해 줌과 동시에 나중에 침례받은 신자들의 침례도 인정해 주시는 모든 시대의 모든 사람들의 침례의 한 실례(實例)의 의미를 지닌 것이다. 그런즉 이런 침례 의식을 소홀히 할 수 있겠느냐는 자문자답의 결단이 요구되는 것이다. 예배 시에 침례 의식이 반드시 강조되어져야 할 이유는 무엇인가? 전술한 바와 같이 요한과 예수님이 모범을 보이셨고 또 이것을 실천하라고 명령하셨기 때문이다. 다시 말하거니와 그리스도가 침례라고 하는 외적 의식을 제정하셨기 때문에 예배 시에 이 의식을 중요시하는 것이요 예수께서 지상 대명령으로 침례를 강조하셨기 때문이다.

"그러므로 너희는 가서 모든 민족을 제자로 삼아 아버지와 아들과 성령의 이름으로 침례를 베풀고"(마 28:19)
"믿고 침례를 받는 사람은 구원을 얻을 것이요 믿지 않는 사람은 정죄를 받으리라"(막 16:16)

사도들이 침례를 실천했다.

"베드로가 이르되 너희가 회개하여 각각 예수 그리스도의 이름으로 침례를 받고 죄 사함을 받으라 그리하면 성령의 선물을 받으리니"(행 2:38)

신약 교회 교인들은 침례받은 신자들이었다.

"무릇 그리스도 예수와 합하여 침례를 받은 우리는 그의 죽으심과 합하여 침례를 받은 줄을 알지 못하느냐 그러므로 우리가 그의 죽으심과 합하여 침례를 받음으로 그와 함께 장사되었나니 이는 아버지의 영광으로 말미암아 그리스도를 죽은 자 가운데서 살리심과 같이 우리로 또한 새 생명 가운데서 행하게 하려 함이라 만일 우리가 그의 죽으심과 같은 모양으로 연합한 자가 되었으면 또한 그의 부활과 같은 모양으로 연합한 자도 되리라"(롬 6:3~5)

침례가 왜 이토록 중요한가 하는 이유는 그것이 의미하는 상징성 때문이다. 침례의 형식을 중요시하는 이유는 침례가 지닌 의미 때문이요 그 의미는 상징으로 나타나고 그 상징성은 가시적 형태로 가장 잘 그 의미를 드러내는 상징을 띤 형식이어야 하는 것이다. 즉 침례는 예수 그리스도의 구원 사건에 동의하고 추종하는 사람들이 그 사건과 하나 됨을 표현하는 것이다. 그럼 침례가 상징하는 것은 무엇인가? 그리스도인이 그리스도의 죽음과 부활에 동참하는 것을 상징한다.[445] 침례는 그리스도의 죽음과 부활의 상징이다.

"무릇 그리스도 예수와 합하여 침례를 받은 우리는 그의 죽으심과 합하여 침례를 받은 줄을 알지 못하느냐"(롬 6:3)
"예수께서 이르시되 너희는 너희가 구하는 것을 알지 못하는도다 내가 마시는 잔을 너희가 마실 수 있으며 내가 받는 침례를 너희가 받을 수 있느냐"(막 10:38)
"너희가 침례로 그리스도와 함께 장사되고 또 죽은 자들 가운데서 그를 일으키신 하나님의 역사를 믿음으로 말미암아 그 안에서 함께 일으키심을 받았느니라"(골 2:12)

그리스도인이 그리스도의 죽음과 부활의 목적, 즉 죄사함을 받고 죄의 형벌과 세력으로부터 죄인들이 구출 됨을 상징한다.[446] 그의 죽음과 부활의 목적의 상징이다. 죄에서 새 생활로의 해방 상징이다.

"그러므로 우리가 그의 죽으심과 합하여 침례를 받음으로 그와 함께 장사되었나니 이는 아버지의 영광으로 말미암아 그리스도를 죽은 자 가운데서 살리심과 같이 우리로 또한 새 생명 가운데서 행하게 하려 함"(롬 6:4)
"그리스도의 사랑이 우리를 강권하시는도다 우리가 생각건대 한 사람이 모든 사람을 대신하여 죽었은즉 모든 사람이 죽은 것이라"(고전 5:14)

그리스도인이 그리스도의 죽음과 부활의 목적 즉 죄에 대하여 죽고 영적 생명으로 부활한다는 사실이 침례받은 사람 속에서 성취되는 것을 상징한다.[447] 수침자의 생활 안에서 성취된 목적의 상징이다. 죽고 사는 체험의 상징으로 죄에 대해 죽고 하나님을 향하여 사는 것이다.

---
445) A. H. 스트롱, 이전의 책, p. 939.
446) A. H. 스트롱, 이전의 책, p. 941.
447) A. H. 스트롱, 이전의 책, p. 941.

"이와 같이 너희도 너희 자신을 죄에 대하여는 죽은 자요 그리스도 예수 안에서 하나님께 대하여는 살아 있는 자로 여길지어다"(롬 6:11)

"누구든지 그리스도와 합하기 위하여 침례를 받은 자는 그리스도로 옷 입었느니라"(갈 3:27)

"물은 예수 그리스도께서 부활하심으로 말미암아 이제 너희를 구원하는 표니 곧 침례라 이는 육체의 더러운 것을 제하여 버림이 아니요 하나님을 향한 선한 양심의 간구니라"(벧전 3:21)

"내가 율법으로 말미암아 율법에 대하여 죽었나니 이는 하나님에 대하여 살려 함이라 내가 그리스도와 함께 십자가에 못 박혔나니 그런즉 이제는 내가 사는 것이 아니요 오직 내 안에 그리스도께서 사시는 것이라 이제 내가 육체 가운데 사는 것은 나를 사랑하사 나를 위하여 자기 자신을 버리신 하나님의 아들을 믿는 믿음 안에서 사는 것이라"(갈 2:19~20)

"이는 너희가 죽었고 너희 생명이 그리스도와 함께 하나님 안에 감추어졌음이라"(골 3:3)

그리스도인이 구원 사건에서 성취되는 방법, 즉 그리스도와 연합하고 그리스도를 받아들이고 자기 자신을 그리스도에게 믿음으로 바친다는 것을 상징한다.[448] 그리스도와의 연합의 상징이다.

"만일 우리가 그의 죽으심과 같은 모양으로 연합한 자가 되었으면 또한 그의 부활과 같은 모양으로 연합한 자도 되리라"(롬 6:5)

"누구든지 그리스도와 합하기 위하여 세례를 받은 자는 그리스도로 옷 입었느니라"(갈 3:27)

그리스도로 옷 입는다는 것은 옛 생명은 장사되고 새 생명으로 태어난다는 것이다. 그리스도 안에 있는 모든 신자들에게 뒤따르는 연합을 침례가 상징해 준다.[449]

"주도 한 분이시요 믿음도 하나요 침례도 하나요"(엡 4:5)

"우리가 유대인이나 헬라인이나 종이나 자유인이나 다 한 성령으로 침례를 받아 한 몸이 되었고 또 다 한 성령을 마시게 하셨느니라"(고전 12:13)

이상을 요약하면 침례는 세 가지의 진리를 상징한다. 그리스도의 장사와 부활, 신자들이 그리스도 안에서 죄에 대하여 죽고 새 생명으로 부활한다는 것, 그리고 예수 오실 때에 우리 몸이 부활한다는 것이다.[450] 침례는 체험을 발생시키는 사건이 아니라 침례 이전에 있었

---

448) A. H. 스트롱, 같은 책.
449) A. H. 스트롱, 이전의 책, p. 941.
450) J. C. Turner, *The New testament Doctrine of the Church*, p. 73.

던 체험을 가시적으로 행위화하는 것이다. 즉 그리스도인이 그리스도의 죽음과 부활의 교제 가운데 들어가 있다는 사실을 나타내는 것이다. 누가 이런 침례를 받기에 적격자인가? 오직 예수 그리스도를 개인적으로 주와 구세주로 영접한 구원받은 그리스도인만이 적격자이니, 예수 그리스도를 주와 구세주로 영접했다는 말은 예수의 구원 사건을 영적으로 체험했다는 것인데 이것을 또 공중 앞에서 가시적으로 고백하는 것이다. 2000여 년 전의 예수 사건을 재연할 수 없어도 그 사건에 자기가 영적으로 체험하고 믿음으로 그 사건에 합류되었음을 상징으로 표하는 것이다.

"죄에 대해서는 죽었습니다. 그리스도 안에서."

"새 생명으로 살아났습니다. 그리스도 안에서."

이런 것을 체험하고 고백한 자만이 수침 자격자이다. 이런 영적인 체험 없이 침례를 받는다는 것은 의식에 대한 하나의 조롱 행위이다.

"그러므로 너희는 가서 모든 민족을 제자로 삼아 아버지와 아들과 성령의 이름으로 침례를 베풀고"(마 28:19)

"그 말을 받은 사람들은 침례를 받으매 이 날에 신도의 수가 삼천이나 더하더라"(행 2:41)

"회개하라 천국이 가까이 왔느니라 하였으니, 저는 선지자 이사야를 통하여 말씀하신 자가 일렀으되 광야에 외치는 자의 소리가 있어 이르되 너희는 주의 길을 예비하라 그가 오실 끝을 곧게 하라 하였느니라, 자기들의 죄를 자복하고 요단강에서 그에게 침례를 받더니"(마 3:2,3,6)

"그들이 이 말을 듣고 마음에 찔려 베드로와 다른 사도들에게 물어 이르되 형제들아 우리가 어찌할꼬 하거늘 베드로가 이르되 너희가 회개하여 각각 예수 그리스도의 이름으로 침례를 받고 죄 사함을 받으라 그리하면 성령의 선물을 받으리니"(행 2:37~38)

"바울이 이르되 요한이 회개의 침례를 베풀며 백성에게 말하되 내 뒤에 오시는 이를 믿으라 하였으니 이는 곧 예수라 하거늘"(행 19:4)

"예수께서 대답하시되 진실로 진실로 네게 이르노니 사람이 물과 성령으로 나지 아니하면 하나님의 나라에 들어갈 수 없느니라"(요 3:5)

"또한 너희 지체를 불의의 무기로 죄에게 내주지 말고 오직 너희 자신을 죽은 자 가운데서 다시 살아난 자같이 하나님께 드리며 너희 지체를 의의 무기로 하나님께 드리라"(롬 6:13)

"무릇 그리스도 예수와 합하여 침례를 받은 우리는 그의 죽으심과 합하여 침례를 받은 줄을 알지 못하느냐 그러므로 우리가 그의 죽으심과 합하여 침례를 받음으로 그와 함께 장사되었나니 이는 아버지의 영광으로 말미암아 그리스도를 죽은 자 가운데서 살리심과 같이 우리로 또한 새 생명 가운데서 행하게 하려 함이라 만일 우리가 그의 죽으심과 같은 모양으로 연합한 자가 되었으면 또한 그의 부활과 같은 모양으로 연합한 자도 되리라"(롬 6:3~5)

"너희가 다 믿음으로 말미암아 그리스도 예수 안에서 하나님의 아들이 되었으니 누구든지 그리스도와 합하기 위하여 침례를 받은 자는 그리스도로 옷 입었느니라"(갈 3:26~27)

"또 회당장 그리스보가 온 집안과 더불어 주를 믿으며 수많은 고린도 사람도 듣고 믿어 침례를 받더라"(행 18:8)

「어떤 사람이 침례를 받을 수 있는가? 침례를 받아야 할 사람은 오직 복음을 듣고, 회개하고, 믿고, 그리고 믿음을 고백한 사람이다. 달리 말하면 오직 중생함을 받고 죽음에서 생명으로 옮겨졌으며 그리고 이 사실을 알고 말할 수 있을 만큼 나이가 든 사람만이 침례를 받을 자격을 가진다.」[451]

수침 자격자는 구원 체험에 대한 의식적 인식자로서 영적 체험을 표현할 수 있는 단계의 인격자라야 하는 것이다. "이 사실을 알고 말할 수 있을 만큼 나이가 든 사람"이란 말이 유아 세례의 불가능성을 암시한다. 요한의 침례 행위로 내적 변화를 입증할 만한 성숙한 사람에게 베풀어졌던 것이다.

"자기들의 죄를 자복하고 요단 강에서 그에게 침례를 받더니"(마 3:6)

자기들의 죄를 자복할 수 있을 나이의 사람에게 요한의 침례가 가능했다. 유아가 무슨 죄을 고백하랴? 예수의 침례는 제자들에게 행해졌다.

"그 후에 예수께서 제자들과 유대 땅으로 가서 거기 함께 유하시며 침례를 베푸시더라"(요 3:22)
"예수께서 제자를 삼고 침례를 베푸시는 것이 요한보다 많다 하는 말을 바리새인들이 들은 줄을 주께서 아신지라 (예수께서 친히 침례를 베푸신 것이 아니요 제자들이 베푼 것이라)"(요 4:1~2)
"그러므로 너희는 가서 모든 민족을 제자로 삼아 아버지와 아들과 성령의 이름으로 침례를 베풀고"(마 28:19)

유아가 제자가 되기엔 너무 어리다. 예수가 베푼 침례는 무작위로 아무에게나 행한 것이 아니라 알아듣고 이해하는 제자들에게 행했던 것이다. 유아세례를 인정할 수 없는 이유는 유아는 위와 같은 예수 구원 사건에 의식적(意識的), 영적으로 체험하지 아니한 상태이기 때문이다. 그런즉 그들이 모국어를 말할 때쯤 되면 어린 유아에게도 구원 초대를 일찍부터 시도하는 것이 당연하다. 필자의 경험으로는 초등학교 입학 전 그러니까 7세에 예수 그리

---

451) 윌리엄 W. 스티븐스, 「조직신학 개론」, p. 452.

스도를 구주로 영접했었고 그것은 지금까지 유효하게 작용하고 있음을 고백한다. 미국남침례교회에서는 특별히 유아교육에 강조점을 두어 이미 말하기 시작했으면 바로 그리스도를 구주로 소개하고 영접하게 하는 것이 가정생활과 교회생활의 정규적인 모델이 되고 있다. 유아세례를 변호하는 자의 입장을 들어보면 할례, 권속(眷屬), 유아 존중, 유아세례의 장구한 역사성, 제도교회의 실천, 중생 세례의 이론을 제시한다.[452]

할례는 하나님이 제정하셨고(창 17:10~14), 율법에 기록되고(레 12:3), 사내아이에게 행했고(창 17:12~13), 불이행시 벌받고(창 17:14; 출 4:24), 태어난 지 8일 만에 받게 되며(레 12:3; 빌 3:5), 유월절을 지키기 위한 조건이기도 했다(출 12:48).

할례는 하나님의 백성이라고 인(印)을 친 표시로서 이방인과 구별을 하려 한 것이었다. 할례는 율법시대 율법 세계에 속한 것이었다. 그런데 유아세례자들은 할례의 대체로 세례를 주장하는 근거를 찾는다. 옛 언약과 새 언약이 다 은혜의 언약인데 할례는 옛 언약의 표이고 세례는 새 언약의 표라고 하는 것이다. 그러나 할례가 세례를 대체할 수 없거니와 유아세례의 근거로 삼을 수 없다고 신약은 말하고 있다. 이는 거짓 교사들이 주장한 할례였다.

"어떤 사람들이 유대로부터 내려와서 형제들을 가르치되 너희가 모세의 법대로 할례를 받지 아니하면 능히 구원을 받지 못하리라 하니"(행 15:1)

할례는 사도들이 폐지시켰다(갈 5:1~4; 엡 2:11, 15). 그리스도 안에서 효력이 없어졌다.

"그리스도 예수 안에서는 할례나 무할례나 효력이 없으되 사랑으로써 역사하는 믿음뿐이니라"(갈 5:6)
"거기에는 헬라인이나 유대인이나 할례파나 무할례파나 야만인이나 스구디아인이나 종이나 자유인이 차별이 있을 수 없나니 오직 그리스도는 만유시요 만유 안에 계시니라"(골 3:11)

할례를 육체의 자랑거리로 삼는 폐단이 생겼다.

"할례를 받은 그들이라도 스스로 율법은 지키지 아니하고 너희에게 할례를 받게 하려 하는 것은 그들이 너희의 육체로 자랑하려 함이라"(갈 6:13)

유아세례의 근거의 하나로 할례를 삼는 것은 복음사상과 위배된다.
권속사상에다가 유아세례의 근거를 두고 있는데 그 내용은 사도행전 6장 14~15절의 루

---

[452] 윌리엄 W. 스티븐스, 「조직신학 개론」, pp. 454~458.

디아 권속, 사도행전 6장 33~34절의 빌립보 간수와 고린도전서 1장 14~16절의 스데바나 권속의 가정 침례 이야기이다(household baptism). 이 권속이 침례를 받았으니 그 속에는 어린아이들도 포함되어서 침례를 받지 않았겠느냐는 추측이다. 그러나 여기 유아란 말이 사용되지 않았다는 것이 유아세례 근거로 삼기에 힘을 잃는다. 여기 권속 침례는 믿을 만큼 장성한 사람들의 침례를 말하는 것이 분명하다.

유아존중 사상에서 유아세례의 근거를 찾기도 한다.

"그 때에 사람들이 예수께서 안수하고 기도해 주심을 바라고 어린 아이들을 데리고 오매 제자들이 꾸짖거늘 예수께서 이르시되 어린 아이들을 용납하고 내게 오는 것을 금하지 말라 천국이 이런 사람의 것이니라 하시고 그들에게 안수하시고 거기를 떠나시니라"(마 19:13~15)

그러나 여기서도 유아세례에 관한 언급은 없다. 또 마태복음 28장 19절과 사도행전 2장 38~39절을 들어 유아까지 포함해서 세례를 주어야 되지 않느냐고 질문하고 있으나 여기서도 이성적 개발이 안 된 유아는 포함되지 않는다. 그럼 이성적인 것과 신앙적인 것이 반드시 연결되어야 하느냐는 반문이 생길 수도 있다. 이성과 계시 문제라는 종교 철학적 주제가 나올 수도 있다. 그러나 계시는 이성을 포함하고 있으며 신앙에는 이성적 긍정이 필수적으로 따르게 되는 것이다. 무이성적 짐승이나 광인이 예수 고백을 못하는 것은 이성의 부재나 결여 때문이다. 그렇다면 유아의 신앙고백은 좀더 성장한 후에야 가능한 것이다. 어머니 젖을 빨고 있는 유아는 어머니의 존재와 고마움을 모르고 있는 처지이다.

유아세례의 장구한 역사가 유아세례를 긍정한다는 논리이다. 교부의 증거에 기초해서 유아세례가 초기에 있었다는 것은 사도들의 인정을 받았다는 것을 의미하는 이론이다. 유아세례 관습이 AD 253년 키프리안에 의해 이루어진 것은 사실이다. 그러나 오래된 관습이라고 해서 정당하다는 논리는 이슬람교가 오랜 전통을 지녔다고 해서 우리가 인정할 수 없는 논리나 마찬가지이다.[453]

제도교회가 유아세례를 베풀고 있다는 현실 때문에 유아세례의 정당성을 찾는 것은 가톨릭 교회의 연옥설 등 희미한 구원관에 기초한 것임을 알면 충분할 것이다. 중생 세례도 로마 가톨릭 교회의 교리에 주로 근거한 것인데 성인이 영세를 받아야 하듯 유아도 영세를 받아야 천국행 티켓을 받을 것이라는 논리다. 유아세례는 유아가 죄를 씻고 천국을 가기 위해 반드시 필요하다는 것이다.

A. H. 스트롱은 주장하기를 유아세례는 성경에서 전혀 보증 받지 못하는 것이라고 했

---

453) 윌리엄 W. 스티븐즈, 「조직신학 개론」, p. 457.

다. 그것은 유아세례를 명한 바도 없고, 유아세례의 명백한 실례도 없고, 유아세례를 말하는 듯한 성경구절을 잘 검토 해석해 보면 전혀 그것을 인정하는 경우가 없더라는 것이었다.[454]

유아세례는 중생의 표로 믿음과 회개가 전제되어야 한다는 진리에 의하면 유아가 도저히 그런 경지에 이를 수 없다는 것이며, 유아세례는 그릇된 성례 개념에 따라 세례 중생을 강조한 나머지 성례가 구원에 영향력을 준다는 교리 때문에 유아에게도 세례를 베풀어 불쌍하게 죽어가는 일이 없이 구원을 받아야 한다고 여긴 것이다. 이것은 매우 감상적인 발상일 뿐이다. 사실 유아세례의 반대 이유는 교회론에 있다. 교회 회원의 자격은 오직 중생한 구원받은 의인들이므로 진리 안에서 보면 유아는 도저히 교회 회원이 될 수 없는 것이다. 그런데 유아에게 세례를 준다는 것은 무슨 변명을 늘어놓는다 하더라도 교회 회원 자격에 부적절한 것이다. 유아세례를 인정하고 따라서 구원받지 못한 다른 종류의 어떤 사람도 교회 회원이 될 수 있다는 관용적 태도를 취한다면 교회는 예수의 피로 인한 사죄함을 받아 중생한 사람이 아닌 사람들도 회원이 된다고 할 것이다. 그렇게 되면 주님이 그 머리로 계시는 교회는 아니다. 소위 제도적 교회 안에 구원받은 자와 아직 구원에 응하지 않는 사람 등 두 부류의 사람들의 집합체가 교회라고 한다면 그것은 잘못된 진술이다. 제도적 가시적 교회당 안에 구원받지 못한 사람이 끼어 있을 수는 있으나 그럼에도 불구하고 주님이 보시는 교회는 구원받은 사람들만의 모임을 가려서 교회라 할 것이다. 가령, 밭에 참 곡식과 잡초 열매가 공존할 수 있지만 농부가 보는 곡식은 참 곡식뿐이며 농부의 창고에 들어갈 것도 참 곡식일 뿐이다.

끝으로 침례를 베풀 자는 누구인가?

침례는 예배 의식 중의 한 의식이다. 침례는 예배 인도자가 집례하는 것이 지극히 자연스럽고 번거롭지 않을 것이다. 침례 의식이 예배 속에 들어 있기 때문에 예배 인도자인 개교회의 목회자가 침례 의식을 집행하는 것은 지극히 자연스러운 것이다.

그러나 목회자가 로마 가톨릭의 성직자의 성례 개념을 가지고 침례 의식을 집행하는 것은 교권주의 내지 사도계승권 같은 인상을 주기 때문에 신약 교회의 직제적 개념과는 어울리지 않을 것이다. 목회자가 의식을 집행할 독점권을 가지지는 않았다는 것인데 현실적으로 목회자만이 집행해 오던 의식을 목회자의 손에서부터 거두어 올 수도 있다는 생각은 현실 교회에서 납득되기 어려운 과제이다. '침례받은 자'와 '침례 베풀 자'의 결정이 '교회'에게 있다는 것이다. 침례교회의 '교회론'이 여기에서 돋보인다. 교회 회중의 절대주권과 행사가 가장 권위가 있는 것이다. 목사나 집사 안수 시에 하는 이야기를 보면 "○○교회가 위임한 권한에 의하여 목사 혹은 집사를 안수한다"고 진술한다.

---

454) A. H. 스트롱, 이전의 책, pp. 951~953.

그러면 그 답변은 무엇인가? 그 답은 이중적으로 보인다.

「첫째로, 침례의 집행자는 침례(immersion)를 받은 신자라야만 한다. 그 자신이 침례(immersion)를 믿어야 하며, 침례(immersion)로써 그 신앙을 나타내 보여야 한다. 그렇지 못할 때는 이 중요한 의식(rite)에 대한 그의 행위는 하나의 웃음거리에 지나지 않을 것이다. 둘째로, 침례 주는 일을 누가 행할 것인가 하는 것은 교회가 결정을 해야 한다. 이것은 교회의 의식(儀式)이며, 그리고 그러한 것은 교회의 결정에 따르는 것이다. 교회 자체가 침례를 '베풀 자'와 '받을 자'를 결정할 권위를 가지는 것이다. 침례는 그리스도에 대한 그 사람의 믿음을 나타내는 수단일 뿐만 아니라 그가 신자의 독특한 공동사회와 제휴하는 수단이다. 이것은 신약성서 시대에 있어서와 마찬가지로 오늘날에 있어서도 사실이다. 이것은 한 개인의 행위가 아니라 교회의 행위이며, 그래서 교회에 의하여 그렇게 집행되어야만 한다. 교회는 누가 집행자가 될 것을 결정한다. 그 집행자는 그 교회의 목사가 된다는 것이 하나의 기정 사실이다. 그러나 그 교회에 목사가 없는 경우에는 누가 이 의식(rite)을 수행하도록 지정할 수도 있다. 사실상, 침례에 관계된 어떤 문제를 성서적 증거에 입각하여 그 교회 자체의 확신에 따라 결정짓는 것은 그 교회의 임무와 책임이다. 침례에 있어서 '교회 전승'(church succession)은 주례자가 지녀야 할 조건은 아니다.」[455]

목사만이 침례 베푸는 자라는 고정관념을 가진 자라면 약간은 당황하고 의아할지도 모른다. 그러나 담임목사가 집례하는 것이 교회가 원하는 것이요 교회의 결정이 그러할 것으로 본다.

주의 만찬(The Lord's supper)

신약성경에는 주의 만찬에 관한 기록이 네 군데에 기록되어 있다(마 26:26~29; 막 14:22~25; 눅 22:17~20; 고전 11:23~26).

주의 만찬은 인류의 죄악을 위해서 둘째 아담이신 예수 그리스도께서 몸을 깨뜨리고 피를 흘려 죽으셨음을 그리스도인은 기념하고 세상 사람들에게는 증거하자는 두 가지 목적 때문에 교회가 떡과 잔을 베푸는 외적, 가시적 규례의 식사이다. 주의 만찬에는 그리스도의 죽으심 사상이 주가 된다. 엄격하게 말해서 죽으신 다음의 부활 사건이 주가 되는 것은 아니다. 물론 죽으심 다음에 부활이 연결되고 따라서 만찬에서도 주님의 살아나심이 연결될 수 있지만 만찬의 본의는 예수의 죽으심 사건이다. 그의 죽으심이 만인의 죄를 사해 주시는 죽으심이기 때문에 이미 그리스도를 영접한 자에게는 그 죽으심에 대한 기념의 의미

---

[455] 윌리엄 W. 스티븐스, 「조직신학 개론」, p.452.

가 있고 아직 그리스도를 영접하지 못한 불신 세상 사람들에게는 그 죽으심을 증언하는 예식이 된다.

"…이것을 행하여 마실 때마다 나를 기념하라 하셨으니"(고전 11:24)
"너희가 이 떡을 먹으며 이 잔을 마실 때마다 주의 죽으심을 그가 오실 때까지 전하는 것이니라" (고전 11:26)

만찬은 거룩한 식사이다. 일반적인 식사는 단순히 몸의 활력소를 위한 영양 공급적 의미를 지닌다. 그러나 주의 만찬은 영의 활력소를 위한 영적 양식의 의미를 지니는데, 그것은 지금 먹고 마시는 떡과 포도주가 보이지 않는 영적 양식을 보이는 물질적 양식을 상징하고 있기 때문이다. 보이는 떡과 포도주 먹고 마시는 의식을 통해 보이지 않는 영적 떡과 포도주 마신 것을 상징하고 가시화(可視化)하는 것이다.
스트롱은 위의 사실을 다음과 같이 요약 설명해 준다.

「주의 만찬은 중생 시에 시작된 생명이 계속 유지되고 완벽하게 되는 그리스도의 죽음과 부활에 영구히 동참한다는 징표로서 교회가 함께 모여서 깨어진 떡을 먹고 부어진 포도주를 마시는 외적 의식이다.」[456]

주의 만찬은 주님이 제정하신 것이었다.

"그들이 먹을 때에 예수께서 떡을 가지사 축복하시고 떼어 제자들에게 주시며 이르시되 받아서 먹으라 이것은 내 몸이니라 하시고"(마 26:26)
"이것은 죄 사함을 얻게 하려고 많은 사람을 위하여 흘리는 바 나의 피 곧 언약의 피니라"(마 26:28)
"또 떡을 가져 감사 기도 하시고 떼어 그들에게 주시며 이르시되 이것은 너희를 위하여 주는 내 몸이라 너희가 이를 행하여 나를 기념하라 하시고"(눅 22:19)
"내가 너희에게 전한 것은 주께 받은 것이니 곧 주 예수께서 잡히시던 밤에 떡을 가지사 축사하시고 떼어 이르시되 이것은 너희를 위하는 내 몸이니 이것을 행하여 나를 기념하라 하시고 식후에 또한 그와 같이 잔을 가지시고 이르시되 이 잔은 내 피로 세운 새 언약이니 이것을 행하여 마실 때마다 나를 기념하라 하셨으니"(고전 11:23~25)

그리스도는 그의 죽음을 기념하라고 그의 제자들에게 이 외적 의식을 준수할 것을 제정

---

[456] A. H. 스트롱, 이전의 책, p. 959.

하셨다. 그러기 위해 그는 죽기 이전에 미리 만찬 장면을 보여 주셨다. 예수 그리스도의 죽음 이전에 요한의 침례가 그리스도인의 침례이듯이 예수께서 죽으시기 이전에 예수께서 직접 베푸신 만찬이 그대로 그리스도인의 만찬이 되는 것과 마찬가지이다. 예수님은 자신의 죽음이 영원히 기념되어야 할 인류의 속죄 사건임을 아셨고, 또 그의 살과 피를 먹고 마셔야 진정한 양식이 되는 것도 아셨다. 오직 그가 죽으신 이후부터 이 만찬의식은 의식으로서 집행되었던 것이다.

사도들이 계속 교회에서 주님의 재림 때까지 주의 만찬의식을 행한 것을 보면 우리 주님이 이 주의 만찬의식을 영구적이고도 보편적인 준수 규례로 정한 것이 분명하다.

"너희가 이 떡을 먹으며 이 잔을 마실 때마다 주의 죽으심을 그가 오실 때까지 전하는 것이니라" (고전 11:26)
"그러나 너희에게 이르노니 내가 포도나무에서 난 것을 이제부터 내 아버지의 나라에서 새것으로 너희와 함께 마시는 날까지 마시지 아니하리라 하시니라"(마 26:29)
"진실로 너희에게 이르노니 내가 포도나무에서 난 것을 하나님 나라에서 새 것으로 마시는 날까지 다시 마시지 아니하리라 하시니라"(막 14:25)

신약 교회와 그 뒤에 따르는 거의 모든 교회들이 주의 만찬을 실천한 것을 보면 이 의식은 그리스도 자신이 설정하신 의식임이 입증되고 있다.

"그들이 사도의 가르침을 받아 서로 교제하고 떡을 떼며 오로지 기도하기를 힘쓰니라, 날마다 마음을 같이하여 성전에 모이기를 힘쓰고 집에서 떡을 떼며 기쁨과 순전한 마음으로 음식을 먹고"(행 2:42, 46)
"그 주간의 첫날에 우리가 떡을 떼려 하여 모였더니 바울이 이튿날 떠나고자 하여 그들에게 강론할새 말을 밤중까지 계속하매"(행 20:7)
"우리가 축복하는 바 축복의 잔은 그리스도의 피에 참여함이 아니며 우리가 떼는 떡은 그리스도의 몸에 참여함이 아니냐"(고전 10:16)

주의 만찬에 대한 구약과 신약의 전례(前例)를 보기로 하자. 구약의 전례는 유월절이요(출 12장), 신약의 전례는 생명의 떡이신 예수이시다(요 6장). 그것은 주의 만찬이 우연한 돌발 사건이 아니라 의도된 하나님의 심중의 발로라는 것을 의미한다. 예수 그리스도께서 속죄의 양으로 죽으시사 죄사함의 은혜를 믿는 자에게 주셨고 더 나아가서 양식을 공급해 주심으로써 영의 삶이 유지되고 완벽하게 된 것이었다. 이런 중요한 영적 사건을 우리가 흔히 다반사로 접하는 떡과 포도주로 상징하는 예식을 예배 시에 행한다는 것이 중요한 일이다. 로마 가톨릭의 성례 개념으로서 이 예식은 강조되다 못해 주술적, 미신적 경향으로 흘러갔는가 하면, 일반 교회에서는 이것을 경시하는 경향으로 흘러가는 양극단적 현실이 아쉽기도 하다.

구약에 나타난 주의 만찬의 전례를 보자.

그것은 유월절(踰月節, passover) 예식이다(출 12장). 유월절과 무교절은 구분되면서도 분리될 수 없는 두 절기이다. 유월절을 이야기하면서 무교절을 함께 그 이야기 속에 포함시키는 것은 자연스럽고 유월절은 무교절을 내포하고 있다고 할 것이다. 엄격하게 따지면 유월절은 이스라엘이 문설주와 인방에 먹기 위해 죽인 어린 양의 피를 발라서 하나님의 저주와 심판과 구원의 심판 양자를 기념하는 것이며 무교절은 출애굽 사실 자체를 기념한다. 유월절은 출애굽기 12장 1~14절을 내용으로 하고 무교절은 출애굽기 12장 15~20절을 내용으로 한다. 유월절은 아빕월 14일 저녁의 유월절 식사만을 가리키며 무교절은 아빕월 다음 날인 15일부터 21일까지의 일주일 간의 식사를 가리킨다. 유월절로 인해 세속 역사는 바뀌어지며 세속 월력도 바뀐다.

민간 월력으로 아빕월(니산월-유대인 월력)은 그 해의 7째 달이다(현대력으로 3월~4월). 그런데 7째 달에 유월절 사건이 터지게 되자 그 해의 시작 곧 첫 달이 되게 하셨다. 그냥 통하고 있는 민력이 유월절 사건으로 말미암아 순서가 바뀌어진 것이다. 7째 달이 소위 성력(聖曆)에 의해서는 첫째 달이 된 것이다. 7째가 첫째로 변했다. 하나님의 구속의 사건은 일반 세속사를 바꾸고 일반 민간 달력의 순서까지 바꾸어 첫째 달이 되게 하셨다.

하나님께서 이렇게 외치시는 것 같다.

"역사의 바퀴를 뒤로 돌려라, 시간의 흐름을 바꾸어라, 달력의 순서를 재정비하라, 구속의 사건이 있는 달이 그 해의 첫 달이 되어야 하노라."

그 뒤 민력으로 8째 달인 시브월(이야르월)이 성력으로는 둘째 달이 되고, 또 민력으로 9째 달인 시완월이 성력으로는 셋째 달이 되고, 민력으로 첫 달인 에다님월은 7째 달로 전락하고, 민력으로 6째 달인 아달월은 성력으로는 12째 달이 되었다. 유월절의 의미는 역사를 바꾼다. 예수의 죽으심이 그러한 구속사적 의미를 지닌다. 이를 알기 쉽게 표현하면 아래와 같다.

민력	7	8	9	10	11	12	1	2	3	4	5	6
	아빕월	시브월	시완월	↓	↓	↓	에다님월	불월	기슬르월	데밧월	스밧월	아달월
성력	1	2	3	4	5	6	7	8	9	10	11	12

"여호와께서 애굽 땅에서 모세와 아론에게 일러 말씀하시되"(출 12:1)

유월절을 지키기 위해서 여호와께서 모세와 아론에게 애굽 땅에서 명하신 내용이 있다: 유월절은 애굽 땅에서 행한다. 죄악된 세상에서 구속사역이 벌어졌다는 것이다. 아빕월에 유월절을 지키게 되니 이 달이 해의 첫 달이 되게 하셨다. 구속사가 세속사를 바꾸었다.

아빕월 10일에 어린 양을 취한다. 그 양은 흠 없고 일 년 된 수컷으로 한다. 양이나 염소 중에서 취한다. 아빕월 14일까지 잡아먹을 양을 잘 보관한다. 아빕월 14일 해질 때에 그 양을 잡는다. 하나님이 정하신 순서와 배열에 따라 준비한다. 잡은 양에서 피가 나올 것인데 그 피는 그 양을 먹을 집 문 좌우 설주와 인방에 바른다. 구속의 보혈의 효험이 여기 있다. 그 밤에 그 고기를 불에 구워 먹는다. 날로나 물에 삶아서 먹지는 말라. 무교병과 쓴 나물을 고기와 아울러 먹는다. 호화로운 사치의 연회장이 아닌 주님의 고난에 동참하는 것이다. 15일 아침까지 남겨두지 말 것이다. 남은 것이 있으면 소화해 버리라. 구속의 진리를 남용하지 말 것이다.

먹을 때의 자세가 따로 정해져 있다. 허리에 띠를 띠고 발에 신을 신고 손에 지팡이를 잡고 급히 먹어라. 이는 급히 떠나는 자세임을 의미한다.(출 12:1~11).

하나님의 심판이 내린다. 피가 없는 집에는 사람이든 짐승이든 초태생을 다 멸한다. 애굽의 모든 신에게 벌을 내린다. 하나님은 거짓 신 때문에 분노하신다. 그러나 하나님의 인자하심이 여기서도 나타난다. 생물에게는 초태생만 치시고 모든 신에게는 무조건 벌을 내리신다(출 12:12). 그리고 하나님의 구원의 심판이 있다. 피를 보신 하나님이 그 집은 들르시지 않고 그냥 넘어가신다(passover). 하나님이 들르셨다면 그 집은 초상집이 될 것이다. 재앙이 떨어졌을 것이다. 그러나 여호와 하나님이 피를 보시고 넘어가신 그 집은 안전이요 평안이요 구원이 임한다.

"피를 볼 때에 내가 너희를 넘어가리라"(출 12:13).

문설주와 인방에 바른 피는 누구를 위한 것인가? 그 피를 누가 보라는 것인가? 집 안에 있는 사람은 그 피를 볼 수 없다. 그런즉 피는 집 안의 사람들이 보라고 있는 것이 아니라 집 밖에 그리고 집 위에 계시는 하나님이 보시라고 있는 피이다.

일차적으로 피는 하나님을 위해 있다. 그 피는 사죄의 피요 의롭게 하는 피다. 하나님은 그 피를 보시고 그 집 안에 있는 사람들을 심판하시지 않으셨다. 이미 그 피가 심판의 결과이기 때문이다. 집 안 사람들은 그 피를 보지 못해서 실감이 나지 않을지 모르나 아무런 근심 걱정할 필요도 없고 불안해 할 필요가 없는 것은, 내가 보지 못했을 뿐이지 하나님은 보셨기 때문이다. 피를 보고 만족하신 분은 일차적으로 하나님이시다. 벌 주실 공의의 하나님이 그 피로 만족하셨기에 하나님의 의와 거룩이 충족되었던 것이다. 하나님이 그 집 안 식구를 개별적으로 불러 세우시고 따지지 않으심은 피 때문이었다. 하나님은 피 아래 있는 인간의 어떠한 불행하거나 부도덕한 국면도 보시지 않는다. 왜냐하면 하나님의 눈에 보이시는 것은 오직 피뿐이기 때문이다. 피 아래 있는 사람의 죄된 상태에 대해 하나님은 초연하시고 무관하시고 간과하신다. 그래서 규례는 영구히 지켜야 할 것이다.

"너희는 이 날을 기념하여 여호와의 절기를 삼아 영원한 규례로 대대로 지킬지니라"(출 12:14)

그리고 무교절을 지키라고 하셨다. 무교절은 출애굽 사건 자체를 상기하고 기념하는 절기이다. 이 기간은 아빕월 15일부터 21일까지 일주일 간이다.

"첫째 달 그 달 열나흘날 저녁부터 이십일일 저녁까지 너희는 무교병을 먹을 것이요"(출 12:18)

이 기간 중에 누룩은 제한다. 맛 좋고 부드러운 유교병은 먹지 않는다. 맛없고 딱딱한 무교병만 먹는다. 감식(甘食)이 아니라 신식(辛食)을 먹는 게 우리의 도리이다. 이러한 유월절은 시내 광야에서도 지켜졌고(민 9:1~14), 길갈에서 지켜졌고(수 5:10~12), 영원한 규례를 삼아 지켜졌다.

"너희는 이 일을 규례로 삼아 너희와 너희 자손이 영원히 지킬 것이니 너희는 여호와께서 허락하신 대로 너희에게 주시는 땅에 이를 때에 이 예식을 지킬 것이라"(출 12:24~25)

모세는 첫 유월절을 이스라엘 모든 장로들을 불러서 시행케 했다(출 12:21~22). 그 뒤로 계속 유월절은 지켜졌다(신 16:1~8).

"아빕월을 지켜 네 하나님 여호와께 유월절을 행하라 이는 아빕월에 네 하나님 여호와께서 밤에 너를 애굽에서 인도하여 내셨음이라, 오직 네 하나님 여호와께서 자기의 이름을 두시려고 택하신 곳에서 네가 애굽에서 나오던 시각 곧 초저녁 해질 때에 유월절 제물을 드리고, 네 하나님 여호와께서 택하신 곳에서 그 고기를 구워 먹고 아침에 네 장막으로 돌아갈 것이니라"(신 16:1,6,7)

유월절 규례는 엄격하다. 정한 시간, 정한 장소에서 정한 음식을 먹어야 한다.

"여호와께서 그 이름을 두시려고 택한 곳"이 정한 장소이다(신 16:2).
"네가 애굽에서 나오던 그 시각, 곧 초저녁 해질 때"가 그 정한 시간이다(신 16:6).
"구운 고기를 먹고 무교병을 먹는 것"이 정한 음식이다(신 16:7~8).

왜 예수의 성만찬의 구약적 전례로 유월절을 들었는가? 신약성경이 그렇다고 진술하기 때문이다.

"너희는 누룩 없는 자인데 새 덩어리가 되기 위하여 묵은 누룩을 내버리라 우리의 유월절 양 곧 그리스도께서 희생되셨느니라"(고전 5:7)
"오직 흠 없고 점 없는 어린 양 같은 그리스도의 보배로운 피로 된 것이니라"(벧전 1:19)
"자녀들은 혈과 육에 속하였으매 그도 또한 같은 모양으로 혈과 육을 함께 지니심은 죽음을 통하여 죽음의 세력을 잡은 자 곧 마귀를 멸하시며 그러므로 그가 범사에 형제들과 같이 되심이 마땅하도다 이는 하나님의 일에 자비하고 신실한 대제사장이 되어 백성의 죄를 속량하려 하심이라"(히 2:14,17)
"주의 크고 영화로운 날이 이르기 전에 해가 변하여 어두워지고 달이 변하여 피가 되리라"(행 2:23)

신약에 와서 예수님이 사도들에게 주의 만찬을 베푸신 것은 유월절 음식을 드실 때였다.

"그들이 먹을 때에 예수께서 떡을 가지사 축복하시고 떼어 제자들에게 주시며 이르시되 받아서 먹으라 이것은 내 몸이니라 하시고 또 잔을 가지사 감사 기도하시고 그들에게 주시며 이르시되 너희가 다 이것을 마시라 이것은 죄 사함을 얻게 하려고 많은 사람을 위하여 흘리는 바 나의 피 곧 언약의 피니라"(마 26:26~28)
"이르시되 내가 고난을 받기 전에 너희와 함께 이 유월절 먹기를 원하고 원하였노라"(눅 22:15)

예수님은 우리의 유월절 양이며 만찬은 우리의 유월절 음식이다. 이것은 우리의 구속의 잔치이다. 만찬은 구약성경의 원형인 유월절에 대한 신약의 모형임을 보여 준다. 요한복음에 의하면 예수는 유월절 양이 죽임을 당한 날인, 예비일인 니산(Nisan)월(아빕월) 14일에 십자가에 달리셨다. 예수님이 우리의 유월절이라고 한 바울의 고백은 요한복음의 견해와 상호관계하고 있다.[457] 유월절 어린 양은 신약의 예수 그리스도이시다. 침례 요한이 외쳤다.

"이튿날 요한이 예수께서 자기에게 나아오심을 보고 이르되 보라 세상 죄를 지고 가는 하나님의 어린 양이로다 내가 전에 말하기를 내 뒤에 오는 사람이 있는데 나보다 앞선 것은 그가 나보다 먼저 계심이라 한 것이 이 사람을 가리킴이라"(요 1:29~30)

---

457) 윌리엄 W. 스티븐스, 「조직신학 개론」 허 긴 역, p. 461.

주의 만찬은 이스라엘 백성이 아빕월 14일 밤 해질 무렵 양을 잡아서 그 피는 문설주와 인방에 발라놓고 집 안에서는 탈출하기 위해 활력소를 유지하도록 온 식구가 구워먹었던 그 양의 피를 우리 인격 위에 바르고 그 고기를 우리가 먹고 있다는 것을 기념하고, 세상을 향해서는 저들이 눈으로 보고 알 수 있도록 전하는 것이었다. 만찬은 주님의 죽으심을 기념하는 것과 증거하는 두 가지 의미를 지닌다.

신약에 나타난 주의 만찬의 전례를 보자.

그것은 생명의 떡 예수에 관한 진술이다(요 6장). 예수의 제자들이 큰 무리에게 먹일 떡이 없어 걱정할 때, 마침 한 아이가 오병이어 가진 것을 보고 그것을 예수께 갖다 드리니, 축사하시고 떡 분배를 했는데 오천 명이 먹고 12광주리가 남았던 것이다(요 6:1~15). 사람들의 관심이 배부르게 하는 떡에 쏠릴 때 예수님은 다른 떡으로 관심을 끌게 하시는 일성을 발하셨다.

> "썩을 양식을 위하여 일하지 말고 영생하도록 있는 양식을 위하여 하라 이 양식은 인자가 너희에게 주리니 인자는 아버지 하나님께서 인치신 자니라"(요 6:27)

썩는 양식과 영생하는 양식이 있는데 그 중 영생의 양식은 인자만이 줄 수 있는 양식이다. 예수에게는 도저히 사람이 알 수 없는 그만이 지니신 양식이 있다고 하셨다.

> "이르시되 내게는 너희가 알지 못하는 먹을 양식이 있느니라"(요 4:32)

양식이란 무엇인가? 양식은 생명과 직결되는 것이다. 양식은 산 자는 반드시 먹어야 하고 먹지 않으면 죽을 수밖에 없다. 양식이 없어서 굶어 죽을 수도 있고, 양식은 있지만 병이 들어 먹지 못해도 죽는다. 양식은 간식(間食)이 아니다. 간식은 먹어도 되고 먹지 않아도 되는 성질의 음식이다. 양식은 기호식과도 다르다. 기호식은 맛따라 취미따라 먹어도 살고 먹지 않아도 산다. 양식은 별식과도 다르다. 별식은 정상적인 식사에서 이따금씩 특별한 날에 특별하게 먹는 음식인데 항상 별식만 먹으면 먹는 자가 아예 싫증이 나서 고개를 돌린다. 그런데 양식은 아무리 먹어도 질리지 않는다. 어제도 먹었고 오늘도 먹고 내일도 먹어야 하는 게 양식이요 식사이다. 동물은 초식(草食)동물이 있고 육식동물이 있다. 사자와 소가 결혼을 했다가 금방 이혼했다는 우화가 있는데 이유는 식성의 문제였다. 아무리 배가 고파도 사자가 풀을 먹을 수 없고 아무리 시장해도 소가 고기를 먹을 수 없다. 몸에는 반드시 몸에 해당되는 떡이 있어야 하고 영혼에는 반드시 영혼에 해당하는 떡이 있어야 하는데, 그것이 영생케 하는 양식이라는 것이며, 그것은 인자만 지니고 있고, 인자만 줄 수 있고, 또 인자에게 와야만 얻을 수 있는 것이다. 예수님은 썩을 양식이 아닌 영생하는 양식을 계속 설명하고 계신다. 조상들이 광야에서 만나를 먹은 것처럼 지금은 하나님이 주시는 참 떡을 먹어야 한다.

"하나님의 떡은 하늘에서 내려 세상에 생명을 주는 것이니라"(요 6:33)

사람들이 성급하게 "이 떡을 주세요" 하니까 예수님은 이에 떡 먹는 순서를 말씀하신다.

"예수께서 이르시되 나는 생명의 떡이니 내게 오는 자는 결코 주리지 아니할 터이요 나를 믿는 자는 영원히 목마르지 아니하리라"(요 6:35)

유대인들이 수군수군하는데, 자칭 '생명의 떡' 이라는 작자가, 자기들 보기에는 분명 목수 요셉의 아들 예수인데 본인 입으로 하늘에서 내려왔다니 도저히 수긍할 수가 없었던 것이다. 예수는 더 깊게 생명의 떡이 자기라는 것을 직언하셨다.

"내가 곧 생명의 떡이니라 너희 조상들은 광야에서 만나를 먹었어도 죽었거니와 이는 하늘에서 내려오는 떡이니 사람으로 하여금 먹고 죽지 아니하게 하는 것이니라 나는 하늘에서 내려온 살아 있는 떡이니 사람이 이 떡을 먹으면 영생하리라 내가 줄 떡은 곧 세상의 생명을 위한 내 살이니라 하시니라"(요 6:48~51)

유대인들의 의문은 계속된다. 요셉의 아들이 하늘에서 내려 왔다고 하더니 이제는 자기 살을 먹으라고 하니 물리적 발언으로밖에 이해하지 못하는 이들이 영적인 의미를 알 도리가 없었던 것이다. 예수는 조금도 양보 없이 계속 자기의 살과 피가 참된 양식이요 참된 음료라고 이르신다.

"예수께서 이르시되 내가 진실로 진실로 너희에게 이르노니 인자의 살을 먹지 아니하고 인자의 피를 마시지 아니하면 너희 속에 생명이 없느니라 내 살을 먹고 내 피를 마시는 자는 영생을 가졌고 마지막 날에 내가 그를 다시 살리리니 내 살은 참된 양식이요 내 피는 참된 음료로다 내 살을 먹고 내 피를 마시는 자는 내 안에 거하고 나도 그의 안에 거하나니 살아 계신 아버지께서 나를 보내시매 내가 아버지로 말미암아 사는 것같이 나를 먹는 그 사람도 나로 말미암아 살리라"(요 6:53~57)

그리고 결론을 내리신다.

"살리는 것은 영이니 육은 무익하니라 내가 너희에게 이른 말은 영이요 생명이라"(요 6:63)

이 영적 진리를 이해하지 못하기 때문에 생긴 반응은 두 가지였다. 그 하나는 떠나는 것이고 다른 하나는 붙어 있겠다는 것이었다.

"그 때부터 그의 제자 중에서 많은 사람이 떠나가고 다시 그와 함께 다니지 아니하더라"(요 6:66)
"시몬 베드로가 대답하되 주여 영생의 말씀이 주께 있사오니 우리가 누구에게로 가오리이까"(요 6:68)

그럼 여기서 생명의 떡 되신 예수는 어떻게 만찬을 연결시키셨는가? 유월절에 어린 양의 피를 밖에 바르고 안에서는 그 고기를 먹듯이 주의 만찬을 거기에 맞추어 행하셨다. 베드로와 요한에게 유월절을 단단히 준비하라고 명하셨다. 그리고 성내로 들어가 유월절을 지킬 방도를 묻게 하셨다. 유월절을 지키는 데 주님의 주 되심이 보이셨다.

"또 떡을 가져 감사 기도하시고 떼어 그들에게 주시며 이르시되 이것은 너희를 위하여 주는 내 몸이라 너희가 이를 행하여 나를 기념하라 하시고 저녁 먹은 후에 잔도 그와 같이 하여 이르시되 이 잔은 내 피로 세우는 새 언약이니 곧 너희를 위하여 붓는 것이라"(눅 22:19~20)

떡과 잔은 예수의 살과 피였다.

그리스도인은 무엇을 위해 사는가? 육신을 위해서는 육신의 밥이 필요하고 영을 위해서는 영혼의 밥이 필요하다. 그리스도인과 비그리스도인의 차이는 그리스도인은 두 가지 종류의 밥을 먹고 비그리스도인은 한 가지 종류의 밥만 먹는 것이니, 전자는 온 인격이 살고 후자는 반 인격만이 사는 것이다. 주의 만찬에서 떡과 포도주를 먹고 마시는 것은 예수의 살과 피를 먹는다는 것이다. 예수의 살과 피는 예수 인격을 이루는 요소이다. 그의 살과 피를 먹고 마신다는 것은 그의 인격을 먹었다는 것이다. 그의 인격은 그의 사상을 먹는다는 것이다. 그의 인격은 뜻을 지닌다. 예수를 먹는다는 것은 엽기적인 표현이 아니라 그의 뜻을 먹고 산다는 것이다. 예수께서 자기는 양식인데 그 양식은 육신의 물리적, 영양학적 재료가 아닌 특별한 것이라고 했다. 그럼 예수가 우리의 양식이 된다는 그 양식의 정의는 무엇인가?

"예수께서 이르시되 나의 양식은 나를 보내신 이의 뜻을 행하며 그의 일을 온전히 이루는 이것이니라"(요 4:34)

예수 양식은 그를 보내신 하나님의 뜻을 행하며 그의 일을 온전히 이루는 것이다. 예수는 하나님의 뜻과 하나님의 일을 행했고 이루셨다. 그 자체가 양식이다. 단지 그것의 상징적 표현으로 살과 피가 나온 것이다. 그는 인류의 양식이 되기 위해 오셨다.

"내가 하늘에서 내려온 것은 내 뜻을 행하려 함이 아니요 나를 보내신 이의 뜻을 행하려 함이니라 나를 보내신 이의 뜻은 내게 주신 자 중에 내가 하나도 잃어버리지 아니하고 마지막 날에 다시 살리는 이것이니라 내 아버지의 뜻은 아들을 보고 믿는 자마다 영생을 얻는 이것이니 마지막 날에 내가 이를 다시 살리리라 하시니라"(요 6:38~40)

하나님의 뜻과 일은 무엇인가? 우리는 그 뜻과 일을 먹어야 한다. 먹는다는 것은 자기 속에 받아들여 소화시킨다는 말이다. 하나님의 뜻과 일을 내 영혼의 양식으로 받아들인다는 것이다. 하나님의 뜻과 일은 양식이지 단지 간식이나 기호식이나 싫증나게 하는 별식 정도가 아니다. 그것은 영혼을 살리는 양식이다. 사람은 하나님의 뜻과 일을 실천할 때 살아가는 의미를 지닌다. 그럼 한 마디로 말하면 그게 무엇인가? '교회'이다. 하나님은 '교회'를 내셨다. 교회는 하나님의 자기표현이며 교제의 대상이며 예배 받고자 하는 기대의 대상이다. 교회 예배에서의 의식은 이토록 중요한 의미를 지니는 상징 규례이다. 구약에서 예표되고, 십자가에 죽으시기 전 생명의 떡이신 자기를 소개하시고, 죽기 직전에 만찬식 모범까지 예수께서 보이셨다. 그런데 이 주의 만찬에 관한 사람들의 이해는 각각 다르다. 이에 터너의 진술을 소개한다.

「로마 가톨릭 교회는 이 말씀을 문자 그대로 해석을 하고 있다. 그들은 가르치기를 떡과 포도주는 바로 그리스도의 몸과 피로 변하는 것이라 한다. 이것을 화체(化體, transubstantiation)라 하는데, 말하자면 다른 물질로 변한다는 것이다. 루터교 신도(信徒)들은 조금 다른 견해(見解)를 가지고 있다. 루터는 주장하기를, 그 물질이 실제로 그리스도의 몸과 피로 변하는 것이 아니고, 그 안에 그리스도의 몸과 피가 존재(存在)한다는 것이다. 이것을 성체 공재론(聖體共在論, consubstantiation)이라 한다. 칼빈은 그 물질 안에 그리스도의 몸과 피가 존재한다는 것을 부인(否認)하고, 부수적(附隨的)으로 존재한다고 주장하였다. 이상 여러 견해는 모두 이 의식(儀式)을 가짐으로써 영적인 축복이 임(臨)하는 것으로 알고 있다.」[458]

로마 가톨릭 교회의 화체설은 1551년 트렌트 회의에서 공식적으로 공표되었다. 이때부터 기타 모든 성찬 의미는 정죄되었다. 떡과 포도주가 사제의 성화(聖化)를 통하여 바로 그

---

458) J. C. 터너, 「신약 교회 교리」, 이요한 역, p. 86.

리스도의 몸과 피로 변했다는 신앙이다. 기독교의 목사는 설교에 언성을 올려야 하는가 하면, 가톨릭의 신부는 그럴 필요가 없다고 한다. 왜냐하면 그의 축사로 떡과 포도주 자체가 예수의 살과 피가 되어 버리니 얼마나 대단한 카리스마인가?[459]

루터교의 성체 공재설은 그리스도의 몸과 피가 떡과 포도주의 성분 가운데 참으로 현존하며 그러므로 참예자는 그리스도의 참 몸과 참 진리를 먹고 마시는 것이 된다는 것이다. 이것은 아우구스부르그 신앙고백서 X조에 명시되어 있다.[460] 떡과 포도주 속에, 그 밑에, 그것과 함께, 그리스도가 실제적으로 임한다는 설인데, 물질과 그리스도의 몸이 제각기 변화를 주지 않고 공재(共在)한다는 것이다.

칼빈의 부수적 공존 혹은 역동적 공존설은 떡과 포도주 안에 그리스도의 몸과 피가 역동적으로 현존한다는 것이다. 태양은 하늘에 있으나 그 빛과 열은 지상에 현존하는 것처럼, 그리스도의 몸은 하늘에 있으나 그 영광을 입은 몸으로부터 만찬 시에는 그 참예자에게 성령의 감화와는 다른 하나의 감화를 방사(放射)하는 것을 받게 된다는 것이다. 이를 통하여 생명을 주는 권능(life-giving power)을 받는다는 뜻에서 뭔가 만찬식에서는 이적적(異蹟的)인 색채를 띠고 있는 것이다.[461] 칼빈은 화체설이나 공재설도 인정하지 않고 그리스도가 만찬에서 영적으로 임재한다는 것이다. 이것은 일명 '영적 임재설' 이라고도 한다. 위의 세 가지 설은 보다시피 어느 회의의 결정에 따른 것이었다. 성경에서 그 근거를 가져오지 못했다. 칼빈의 견해에 따른 만찬식을 거행할 때 감동과 감격 그리고 충동적인 은혜의 감정을 느끼고 그것이 신앙생활에 복이 된다는 현실적 감각에는 긍정이 간다.

그러나 일반적으로는 쯔빙글리의 상징설을 대개 인정하고 있다. 그의 죽으심을 기념하고 증언하는 상징인 것이다.

「성찬은 중생시키는 능력을 가지고 있지 않으며 성화시키는 은혜도 지니고 있지 않다. 성질에 있어서 그것은 마술적이거나 신비적인 것이 없다. 이것은 홀로 성화를 이루시는 그리스도와 신자의 관계에 대한 하나의 상징이다. 그리스도에 의하여 고안된 외적인 이 표식은 그의 위대한 희생의 구속적 권능 및 사죄의 사랑에 대한 상징이며, 이것은 단번에 효력을 나타내는 것이다. 이 희생은 여러 세기를 통하여 사제(司祭)에 의하여 다시 제정될 수 없으며 되어져야만 하지도 않았다. 이 견해는 하이델베르그 교리문답(Heidelberg Catechism) 속에 분명하게 나타나고 있으며, 그래서 침례교인, 소수의 장로교인 및 일반적으로 감리교인들이 지지하고 있다.」[462]

---

459) 윌리엄 W. 스티븐스, 「조직신학 개론」, p. 463.
460) 위의 책, p. 464.
461) 위의 책, p. 465.
462) 윌리엄 W. 스티븐스「조직신학 개론」, p.467

주의 만찬은 두 가지 목적, 즉 예수 그리스도의 죽으심을 상징함과 증언함을 목적으로 한다. 이 예식을 통해 지, 정, 의를 지닌 사람이 부수적으로 감격하고 깨닫는 바가 많겠지만 이 예식 자체가 그런 것을 발생시키는 신비한 능력을 지니는 것은 아니다. 만약 신비한 능력을 지닌 의식으로 본다면 다시 로마 가톨릭의 견해로 되돌아가는 꼴이 되고 그렇게 되면 미신적, 마술적, 주술적 원시종교의 행습으로 전락되고 말 것이다.

「신약 성경에 의하면 주의 만찬(晚餐)은 단지 주의 죽으심을 기념(記念)하는 것으로 떡과 포도주는 주의 몸과 피를 상징(象徵)하는 것으로 되어 있다. "이것을 행하여 나를 기념하라"(고전 11:24)고 예수께서 말씀하셨다. 바울은 여기에 더 말을 보태어 "너희가 이 떡을 먹으며 이 잔을 마실 때마다 주의 죽으심을 오실 때까지 전하는 것이니라"(고전 11:26)고 하였다. 유월절이 양의 피를 통하여 애굽으로부터 구출된 것을 기념하는 것과 마찬가지로, 성찬은 그리스도께서 죽으심으로 인하여 죄에서 구속됨을 기념하는 것이다.」[463]

누가 주의 만찬에 참예할 수 있는가? 중생의 체험과 침(세)례를 받고 자원하여 교회 회원이 된 사람이 주의 만찬에 참예한다. 죽은 자가 산 자 그리스도의 사건에 관여할 수는 없다. 그것은 거룩한 것에 대한 신성모독인 것이다.

"그러므로 누구든지 주의 떡이나 잔을 합당하지 않게 먹고 마시는 자는 주의 몸과 피에 대하여 죄를 짓는 것이니라 사람이 자기를 살피고 그 후에야 이 떡을 먹고 이 잔을 마실지니 주의 몸을 분별하지 못하고 먹고 마시는 자는 자기의 죄를 먹고 마시는 것이니라"(고전 11:27~29)

침(세)례를 받지 않은 사람은 관여하지 않는다.

"이러하므로 요한의 침(세)례로부터 우리 가운데서 올려져 가신 날까지 주 예수께서 우리 가운데 출입하실 때에 항상 우리와 함께 다니던 사람 중에 하나를 세워 우리와 더불어 예수께서 부활하심을 증언할 사람이 되게 하여야 하리라 하거늘"(행 1:21~22)

침(세)례 받은 자에게만 만찬에 참예해야 한다는 공식적인 명령은 없으나 제자를 삼고 침(세)례를 주었다는 것과(마 28:19~20), 다음 구절에서도 침(세)례 받은 자가 주의 만찬에 참예하는 것이 자연스러움을 보여준다.

---

463) J. C. 터너, 「신약 교회 교리」, 이요한 역, p. 87.

"그 말을 받은 사람들은 침(세)례를 받으매 이 날에 신도의 수가 삼천이나 더하더라, 날마다 마음을 같이하여 성전에 모이기를 힘쓰고 집에서 떡을 떼며 기쁨과 순전한 마음으로 음식을 먹고"(행 2:41,46)

중생과 침(세)례를 경험한 자는 교회 회원이 되기를 원하고 교회를 이루었다. 교회는 예배를 드리는 주체자이며 이 예배 중에 있는 의식 중 주의 만찬에 참예하는 것이다. 지극히 자연스러운 것이다.

"그 주간의 첫날에 우리가 떡을 떼려 하여 모였더니 바울이 이튿날 떠나고자 하여 그들에게 강론할새 말을 밤중까지 계속하매"(행 20:7)
"떡이 하나요 많은 우리가 한 몸이니 이는 우리가 다 한 떡에 참예함이라"(고전 10:17)

누가 주의 만찬을 집행하는가? 이에 대해서 스티븐스는 다음과 같이 말하고 있다.

「성찬(聖餐)의 집행에 관계되는 모든 결정은 이 예식(service)을 인도할 사람과 아울러 보조(補助)할 사람을 포함하여, 그 교회가 결정해야 한다. 일반적으로는 목사가 이 예식을 집행할 지도권을 가지고 있으며 집사들이 조력하는 것으로 이해되고 있다. 그러나 잠정적으로 목사가 없는 경우에는 그 교회가 회원들 가운데 한 사람을 선정하여 이 예식을 관장하도록 할 수 있다. 침(세)례에 있어서처럼, 단순히 안수식에서 목회자에게 행하는 안수가 동시에 성찬을 집행하는 권위를 그에게 부여하지 않으며 하물며 집사나 안수 받지 않은 회원에게는 그렇게 할 독점력이 더욱 부여되지 않은 것이다. 집행에 관계되는 모든 일에 있어서는 교회가 결정을 해야 한다.」[464]

전술한 바와 같이 모든 의식의 집행은 개교회이다. 하나님은 교회가 하나님을 향해 예의를 차리고 인사하는 것을 받기 원하신다. 하나님은 인사받기 위해 교회를 내셨다. 그런데 교회가 아닌 단체에서 인사하면 하나님은 인사 받기를 꺼리신다. 격식을 갖춘 몸이 예를 갖춰 의식을 행하기를 원하시기 때문에 교회가 주의 만찬의 집행자가 되는 것이 마땅하고 교회의 권위와 위엄에 따라 어떤 특정인이 집행할 것이다. 그땐 대개 담임목사가 집행자가 되는 것이 자연스럽다. 얼마나 자주 만찬을 베풀 것인가? 그 빈도에 대해서는 일정하게 말한 데가 없다. 예루살렘 교회에서는 날마다 성찬식을 가졌던 것 같다.

---

464) 윌리엄 W. 스티븐스, 「조직신학 개론」, p. 468.

"날마다 마음을 같이하여 성전에 모이기를 힘쓰고 집에서 떡을 떼며 기쁨과 순전한 마음으로 음식을 먹고"(행 2:46)

그러나 보통 식사인지 성찬 식사인지는 확실치 않다고 본다. 한 주일에 한 번씩 있었던 것 같기도 하다.

"그 주간의 첫날에 우리가 떡을 떼려 하여 모였더니 바울이 이튿날 떠나고자 하여 그들에게 강론할새 말을 밤중까지 계속하매"(행 20:7)
"너희가 이 떡을 먹으며 이 잔을 마실 때마다 주의 죽으심을 그가 오실 때까지 전하는 것이니라"(고전 11:26)

초대 교회에서는 설교나 찬송을 예배에서 뺄 수 없듯이 주의 성만찬이 예배의 한 요소로 여겨졌다. 예배 전반부에서는 성경말씀을 읽고, 후반부에서는 성만찬을 하는 것으로 끝났다. 이때 성만찬의 빈도는 자주 있었다.[465]

그러나 중세에 와서 성만찬 의식이 너무 강조되어 말씀의 예배, 즉 설교 중심의 전반부 예배가 약화되어지고 성만찬 중심으로 하는 미사가 예배의 전부처럼 되었다. 성경은 낭독될 정도이고 성만찬이 무언의 설교로 나타났다. 형식이 강해지고 의미는 사라지게 되었다. 교회 지도자는 성례전 집행 권한이 있고 설교는 약해졌다.[466]

종교개혁자들이 말씀 권위 회복을 위해 설교를 중시하고 동시에 성만찬도 겸했으나 성만찬의 의미가 반드시 가톨릭과 같은 신비한 것이 아닌 데다가 집행 방법도 각자가 자기 손으로 잔을 들고 떡을 집어 먹게 하는 등, 더 나아가 길고 긴 설교 중심의 예배가 성만찬할 기회를 놓치게 하여 마침내 성만찬 예식을 거행하는 것이 뜸해져 버렸던 것이다.[467] 주의 만찬은 경건하고 신중해야 함을 바울의 고린도 교회에 대한 경고에서 엿볼 수 있다.

"그런즉 너희가 함께 모여서 주의 만찬을 먹을 수 없으니 이는 먹을 때에 각각 자기의 만찬을 먼저 갖다 먹으므로 어떤 사람은 시장하고 어떤 사람은 취함이라 너희가 먹고 마실 집이 없느냐 너희가 하나님의 교회를 업신여기고 빈궁한 자들을 부끄럽게 하느냐 내가 너희에게 무슨 말을 하랴 너희를 칭찬하랴 이것으로 칭찬하지 않노라"(고전 11:20~22)

---

465) 이장식, 「교회의 본질과 교회 개혁」, (서울: 대한 기독교 출판사, 1988), p. 96.
466) 이장식, 같은 책.
467) 이장식, 같은 책.

주의 만찬 등 의식을 경홀히 여기다가 하나님으로부터 벌을 받기까지 했다.

"그러므로 너희 중에 약한 자와 병든 자가 많고 잠자는 자도 적지 아니하니"(고전 11:30)

그런고로 주의 만찬에 임할 때의 태도를 가르치고 있다.

"그러므로 누구든지 주의 떡이나 잔을 합당하지 않게 먹고 마시는 자는 주의 몸과 피에 대하여 죄를 짓는 것이니라"(고전 11:27)

주의 만찬은 빈번할수록 좋다. 이 의식의 준행은 교회가 주의 명령에 순종하는 행위이며(고전 11:23~24), 교회가 그리스도의 죽음을 고백하는 행위이며(고전 11:26), 교회가 그리스도의 대속의 죽음을 기념하는 행위이며(고전 11:24; 눅 22:19), 교회가 그리스도와 친교하는 체험 행위이며(고전 10:16), 식탁에 모인 신자들의 친교(koinonia)요 그리스도의 몸의 일원이 된다는 성명(聲明)이기 때문이다(고전 10:17). 터너는 의식에 대한 경고를 다음과 같이 내리고 있다.

「우리 앞 사람들은 의식(儀式)의 중요성(重要性)은 너무나 강조(強調)하였지만, 오늘날에 와서는 반대로 너무나 가볍게 다루는 경향(傾向)이 있다. 의식을 지킴으로써 복음의 중심(中心)을 잊지 않게 하며 그것을 통하여 교회가 섬기는 일에 중요성을 보여 줄 수 있어야 할 것이다. 의식을 준비하는 데 있어서는 깊은 주의(注意)로서 행하여 성스럽고 인상적(印象的)으로 실천할 수 있도록 하여야 한다. 어떤 교회에서는 침(세)례식을 넓은 곳에서 행하여 공중에게 죄의 자복을 하도록 하지 않고, 수침인(受浸人)들을 조그마한 방으로 데리고 가서 될 수 있는 대로 많은 사람을 피하는 것 같이 하는 잘못을 저지르고 있다.」[468]

침례교회 강단 뒤에는 침례탕이 있는 것이 건물의 한 구조로 되어 있다. 필자의 문경 벧엘관에는 낙동강 상류의 한 지류가 벧엘관 앞으로 흐르고 있기 때문에 아예 자연산 '침례샘'(baptist well)이 있어서 침례 베풀기에 안성맞춤이다. 이장식 교수는 사크라멘토를 긍정적으로 보아 가톨릭 교회의 의식을 연구하여 좋은 것을 배울 필요가 있다는 진술을 하는 것이 약간은 거슬리는 점이 되긴 해도 주의 성만찬 의식이 강조되어야 한다는 측면에서는 긍정이 가기도 한다.

---

[468] J. C. 터너, 「신약 교회 교리」 이요한 역, p. 90.

「목사의 설교 내용이 무엇이든 그것은 결국은 성만찬이 가지고 있는 여러 가지 진리와 은혜의 효과 이외의 것이나 이상의 것이 될 수 없다. 즉 성찬 의식의 효과는 기독교 설교의 내용의 집약이며 종합이다. 그리고 그것은 가장 복음적인 것이다. 이런 효과를 성찬은 우리에게 실감하게 하며 가장 순수하고 승화된 종교적 정서를 우리에게 준다. 청중의 고막을 뚫을 듯한 설교의 고함소리나 찢어지는 듯한 찬송소리가 오히려 울리지 못하는 심금을 울리는 힘이 성만찬 예전에 있다. 거기서 감격과 감사와 사랑과 위로와 치유와 사죄와 소망과 헌신의 결단이 자연히 생기고 형제의 사랑과 친교와 일체감이 절로 생기는 것이다. 한국 교회는 앞으로 설교 중심의 예배에서 벗어나서 성찬 의식의 사크라멘토를 예배 의식 안에 회복시키고 자주 거행하여 예배를 완성시켜야 한다. 그리고 성찬 의식을 엄숙하고 아름답고 규모있게 집행하기 위하여 의식적인 연구를 가져야 한다. 이 점에 있어서는 가톨릭 교회나 성공회의 의식을 연구하여 좋은 것을 배울 필요가 있다.」[469]

의식(儀式)은 하나님 앞에서 취하는 인사 예법이다. 그것은 "하나님의 식탁 예의"(God's table manner)이다. 하나님과 식사하는 그 자리에서는 경거망동하는 결례를 범해서는 안 될 것이다. 침(세)례와 주의 만찬은 주님이 그것의 실제 주역이 되셨고 거기서 그친 것이 아니라 가시적으로 그 상징적 의미를 되풀이해서 행할 것을 명하셨다. 의식은 반복적인 가시적 재연을 통해 역사 속에서의 그리스도의 실천 사실을 상징해 주는 것이다. 그런고로 이젠 의식 속에는 '사실'은 없고 '상징'만 있는 것이다. 만약 '사실'이 있다면 '상징'을 할 필요가 없지 않은가? 왜냐하면 상징을 볼 것이 아니라 사실을 보면 되기 때문이다. 그러나 의식 자체 속에 예수 사건의 현실적 사실은 없다.

⑥ 헌신
헌신은 예배자가 자기와 자기에게 속한 것을 하나님께 예물로 바치는 행위이다. 헌신은 하나님이 여러 모양으로 예배자에게 베풀어 주신 사랑과 은혜에 대한 예배자의 물질적 반응이다. 헌신은 하나님께서 이 몸을 주셨으니 이 몸을 다시 하나님께 드린다는 것이다. 예배는 하나님께 인사를 드린다고 했는데 인사드릴 때는 예물을 가지고 가는 것이 상례(常禮)이다. 고향을 찾은 자녀가 빈손으로 부모를 찾는다는 것은 있을 수 없다. 사람이 타인의 가정을 방문할 때도 예물을 가지고 가야 한다. 예물은 마음을 실은 애정의 가시적 표현이다. 엄격하게 제물(祭物)과 예물(禮物)은 다르니 전자는 사(赦)함 받고자 드리는 것이요 후자는 사함 받았으니까 드리는 것이다. 이스라엘 백성이 제사장으로 하여금 양을 바칠 때는

---
469) 이장식, 「교회의 본질과 교회 개혁」, p.103.

그것이 제물이요, 또 이스라엘 백성이 출애굽한 뒤에 성막을 짓기 위해 바치는 각종 물건들이 예물이었다.

> "마음이 감동된 모든 자와 자원하는 모든 자가 와서 회막을 짓기 위하여 그 속에서 쓸 모든 것을 위하여, 거룩한 옷을 위하여 예물을 가져다가 여호와께 드렸으니"(출 35:21)

예배자가 예배 받으실 하나님께 예물을 드려야 하는 것은 인사하기 위한 절차요 과정 때문이다. 우리는 '주셨으니 받는 자'가 되었고 '받았으니 주는 자'가 되어야 한다. 하나님은 '주신 자'시요 그래서 '받으실 자'가 또 되셔야 한다. 즉 하나님은 선물(gift)을 주셨고, 사람은 예물(offering)을 드린다. 선물은 전부이고 예물은 일부이다. 인간의 예물로 하나님의 선물을 다 갚을 수는 없다.

어린아이에게 과자를 사준 엄마가 "그것 나 좀 다오"라고 하면 대개 철없는 아이는 주지 않으려고 떼를 쓴다. 조르고 졸라서 달라 하면 온전한 것이 아닌 부스러기 깨어진 조각 하나를 아깝게 건네준다. 그게 어린아이다. 성장한 자녀는 부모에게 효도한다. 효도한다 한들 몸을 낳아 준 부모에게 갚음이 다 될까? 예배자의 자세는 철이 든 자녀의 태도 그것이다. 헌신 속에는 몸 자체를 드린다는 말 그대로 헌신(獻身)과 물질을 드린다는 헌물(獻物)과 금전을 드린다는 헌금(獻金)이 있다.

먼저 헌신의 예물을 보자.

사람 자신을 번제로 바치라고 먼저 제안하신 분은 하나님이시다. 하나님은 우리의 몸을 원하신다. 이 말 속에는 우리의 영육 간의 모든 인격체가 포함된다.

> "여호와께서 이르시되 네 아들 네 사랑하는 독자 이삭을 데리고 모리아 땅으로 가서 내가 네게 일러 준 한 산 거기서 그를 번제로 드리라"(창 22:2)
> "손을 내밀어 칼을 잡고 그 아들을 잡으려 하니"(창 22:10)

하나님은 아브라함에게 이삭을 번제로 요구하셨고 아브라함은 이에 응했다. 사상 최고 최대의 멋진 예배가 벌어진 것이다. 세상에 이보다 더 멋진 드라마가 있을까? 하나님은 아브라함의 100세에 얻은 귀한 혈육을 요구하신다. 예배란 가장 귀한 것을 드리는 예물을 수반한다. 뭐니뭐니 해도 인간 자기보다 더 귀한 것은 없을 것이다. 인간의 목숨을 무엇을 위한 담보로 제공할까마는 하나님이 요구하실 때 그냥 바칠 수 있다면 그런 예배자는 칭찬받아야 마땅할 것이다. 하나님의 마음이 마침내 표출되었다.

"사자가 이르시되 그 아이에게 네 손을 대지 말라 그에게 아무 일도 하지 말라 네가 네 아들 네 독자까지도 내게 아끼지 아니하였으니 내가 이제야 네가 하나님을 경외하는 줄을 아노라"(창 22:12)

하나님이 "내가 이제야"라고 말씀하셨다. 모든 예배자는 하나님으로부터 이런 감격적이고도 충격적 반응을 이끌어내는 예물을 바쳐야 할 것이 아니겠는가! 번제물로서 이삭은 그 뒤 수많은 양들로 이어져 나왔고 마침내 하나님은 참으로 인간 자체를 제물과 또 예물 등 양자의 의미로 받으시기를 실천하셨으니 성자 예수를 세상에 보내시고 그를 어린 양으로 간주하시고 인류의 죄를 사하시는 제물로 받으셨다. 침(세)례 요한이 자기에게 나아오시는 예수님을 보고 한 편의 시를 읊었다.

"이튿날 요한이 예수께서 자기에게 나아오심을 보고 이르되 보라 세상 죄를 지고 가는 하나님의 어린 양이로다"(요 1:29)
"예수께서 거니심을 보고 말하되 보라 하나님의 어린 양이로다"(요 1:36)

예수는 세상 죄를 대신 지셨고 죗값을 치르기 위해, 죄의 삯은 사망이기 때문에 죽으셔야 했고, 피 흘림이 없으면 죄 사함이 되지 않기 때문에 사함을 받기 위해서 반드시 죽으셔야만 했다(히 9:22). 헌신은 살아서는 불가능하되 죽어서야 가능한 것이다. 예수 그리스도가 하나님께 드려진 제물이라는 사실이 얼마나 귀중한 복음인가?

"하나님이 세상을 이처럼 사랑하사 독생자를 주셨으니 이는 그를 믿는 자마다 멸망하지 않고 영생을 얻게 하려 하심이라 하나님이 그 아들을 세상에 보내신 것은 세상을 심판하려 하심이 아니요 그로 말미암아 세상이 구원을 받게 하려 하심이라"(요 3:16~17)
"그는 우리 죄를 위한 화목 제물이니 우리만 위할 뿐 아니요 온 세상의 죄를 위하심이라"(요일 2:2)
"아버지가 아들을 세상의 구주로 보내신 것을 우리가 보았고 또 증언하노니"(요일 4:14)

예수가 어린 양으로 제물이 되는 것은 구약에서부터 예언되어 왔던 것이다.

"이 달 열나흗날까지 간직하였다가 해질 때에 이스라엘 회중이 그 양을 잡고"(출 12:6)
"그가 곤욕을 당하여 괴로울 때에도 그의 입을 열지 아니하였음이여 마치 도수장으로 끌려 가는 어린 양과 털 깎는 자 앞에서 잠잠한 양같이 그의 입을 열지 아니하였도다"(사 53:7)

번제할 어린 양은 어디 있느냐는 이삭의 질문에 아비 아브라함은 이렇게 대답했다.

"아브라함이 이르되 내 아들아 번제할 어린 양은 하나님이 자기를 위하여 친히 준비하시리라 하고 두 사람이 함께 나아가서"(창 22:8)

예수님은 하나님이 미리 준비해 놓으신 죄 사함을 위한 제물이었다. 그럼 신약의 그리스도인들은 어떻게 몸을 바쳐야 하는가? 죄 사함을 위해 바치는 것이 아니라 예물로 바쳐야 한다.

"그러므로 형제들아 내가 하나님의 모든 자비하심으로 너희를 권하노니 너희 몸을 하나님이 기뻐하시는 거룩한 산 제물로 드리라 이는 너희가 드릴 영적 예배니라"(롬 12:1)

묘한 것은 우리의 몸을 바쳤는데도 영적 예배가 되어졌다는 사실이다. 이삭을 번제로 요구하셨듯이 하나님은 우리의 몸을 통째로 받으시기를 원하신다. 그리고 몸을 바쳤건만 결과는 영적이라고 한다. 물(物)의 영화(靈化)인 것이다. 몸 가는 데 정신이 가고 영혼이 따라간다. 결국 몸을 바치라는 것은 위의 온 인격과 온 정신과 온 영혼을 송두리째 바치라는 것이다. 예배드리러 올 때 제일 중요한 예물이 내 몸이라는 것을 생각한다면 몸을 소중히 여겨야 할 것이다.

"너희 몸은 너희가 하나님께로부터 받은 바 너희 가운데 계신 성령의 전인 줄을 알지 못하느냐 너희는 너희 자신의 것이 아니라 값으로 산 것이 되었으니 그런즉 너희 몸으로 하나님께 영광을 돌리라"(고전 6:19~20)

주일 예배를 잘 드리기 위해 몸의 건강과 휴식을 잘 취해 두었다가 주일 예배에 맑은 정신 그리고 쾌적한 자기 몸을 드려야 하는 것이다. "어제 토요일 저녁에 밤을 새우고 났더니 주일 아침에 너무 피곤해서…"라는 말은 주일 예배 준비를 소홀히 하는 것이리라. 내일 주일 예배를 위해 오늘 몸의 상태를 점검해 둔다는 것은 참으로 경건한 자세이다. 내일 몰고 갈 승용차라 하더라도 안전운행을 위해 점검해 두는 판인데 주일 예배를 위해 자기 몸을 점검해 두는 일이야 더욱 귀한 일이 아닌가? 가령, 성악가가 내일 중대한 콘서트를 위해 하루 전에 자기 몸과 목청을 점검하고 조심하는 것이 성악가의 도리가 아닌가? 내일 예배를 위해 신체 관리를 잘해 두는 것이 마땅하지 않은가? 우리는 예배드릴 때에 몸의 피곤을 느낄 만큼 과로해 있어서는 안 될 것이다. 최선의 몸의 컨디션으로 가장 쾌적한 예배를 드린다는 것은 사소한 일같지만 가장 아름다운 자세이다. 내일 예배를 위해 목청을 아끼고 눈을 아끼고 귀를 아껴 둔다는 이런 유보는 하나님이 마냥 기뻐하실 일이다. 우리는 온몸을 바치기는커녕 우리 몸의 한 지체도 바치기에 인색하지 않은가?

예수님은 최고 최대의 계명이 인격 전체를 바치는 것이라고 언명하셨다.

"예수께서 이르시되 네 마음을 다하고 목숨을 다하고 뜻을 다하여 주 너의 하나님을 사랑하라 하셨으니 이것이 크고 첫째 되는 계명이요"(마 22:37~38)

우리가 몸 바침은 이미 하나님이 인간이 되셔서 우리를 위해 몸 바침이 되셨다는 사실에 기초한다. 재언하거니와 우리가 우리의 몸을 하나님께 예물로 바치는 모범은 예수 그리스도께서 십자가 상에서 자기 몸을 바치셨기 때문이다. 그것은 예수의 전 생애를 바치셨다는 것을 의미한다. 우리의 몸은 우리의 인격이요 전 생애이다. 예수의 몸 바쳐 이룩하신 구속 사역이 교회를 이루신 것이었다. 그런고로 교회는 예배에서 우리의 몸을 산 제사로 드리는 것이었다.

다음 헌물에 관해 생각해 보기로 하자.

예배자가 자기 몸을 가지고 예배 받으실 하나님 앞에 나타날 때 부수적으로 따라야 할 것이 헌물이다. 예배자는 하나님의 백성이다. 세상 나라의 백성에게는 납세, 국방, 교육 등의 중대한 의무가 있다. 세금을 내지 않으면 국가 운영이 어려워진다. 하나님의 백성도 하나님 나라를 위해 세금을 내야 할 의무가 있다. 그것이 헌물과 헌금으로 나뉘는데 물건으로 세금을 내는 현물세(現物稅)가 있고, 금전으로 세금을 내는 현금세(現金稅)가 있다는 것이다. 하나님은 우선 물권(物權)을 사람에게 일단 맡기셨다.

"하나님이 그들에게 복을 주시며 하나님이 그들에게 이르시되 생육하고 번성하여 땅에 충만하라, 땅을 정복하라, 바다의 물고기와 하늘의 새와 땅에 움직이는 모든 생물을 다스리라 하시니라"(창 1:28)

청지기(servant, steward)라는 주제를 따로 떼어서 생각할 것이 아니라, 이는 사예배와 공예배에서 다뤄야 할 주제인 것이다. 식탁에서 시중드는 하인을 의미하는 헬라어 디아코노스(Diakonos)는 주인 앞에서 식사를 제공하고 시중하는 것이다. 예배는 하나님과의 식사 예법이라고 볼 때 거기에는 풍성한 식사 메뉴가 있어야 한다. 식탁 부실은 대접하는 이의 무례(無禮)요 실례(失禮)이다. 하나님의 헌물 요청의 한 역사적 단면을 출애굽기에서 찾아 볼 수 있다. 하나님이 애굽 사람들을 움직이셔서 이스라엘 백성이 출국할 때 많은 물질을 주게 하셨다. 이스라엘 사람들이 애굽 사람들의 물품을 취하였다. 종살이하던 사람들이 떠나올 때 풍성하게 물질을 가지고 나왔다.

"이스라엘 자손이 모세의 말대로 하여 애굽 사람에게 은금 패물과 의복을 구하매 여호와께서 애굽 사람들에게 이스라엘 백성에게 은혜를 입히게 하사 그들이 구하는 대로 주게 하시므로 그들이 애굽 사람의 물품을 취하였더라"(출 12:35~36)

애굽을 나올 때 이스라엘 백성은 큰 민족을 이루어 나왔다. 유아 외에 보행하는 장정이 60만이었다. 중다한 잡족이 섞여 나왔다. 양과 소 등 심히 많은 생축도 함께했다(출 12:37~38). 출애굽할 때 물품, 백성, 잡족, 가축 등이 뭉쳐서 나왔다. 무엇하자는 것인가? 하나님은 주시고 받고자 하셨다. 그렇게 하시는 것을 하나님은 기뻐하셨다. 부모가 자녀에게 주고 또 자녀로부터 받아 가지는 놀이를 좋아하는 것 같이 "주시고 받으시고" 하시는 하나님이시다. 문제는, 받은 우리가 내어놓지를 않는다는 것이다. 말하자면 착복한 것이고 유용(流用)한 것이고 남용한 것이었다.

주신 여호와께서 계산하시는 시점에 이르렀다.

"여호와께 드려라"(출 35:5), "여호와의 명하신 것을 다 만들라"(출 35:10).

하나님이 이스라엘을 향하여 "드려라", "만들라"고 명령하셨다.

"모세가 이스라엘 자손의 온 회중에게 말하여 이르되 여호와께서 명령하신 일이 이러하니라 이르시기를 너희의 소유 중에서 너희는 여호와께 드릴 것을 택하되 마음에 원하는 자는 누구든지 그것을 가져다가 여호와께 드릴지니 곧 금과 은과 놋과 청색 자색 홍색 실과 가는 베 실과 염소털과 붉은 물 들인 숫양의 가죽과 해달의 가죽과 조각목과 등유와 및 관유에 드는 향품과 분향할 향을 만드는 향품과 호마노며 에봇과 흉패에 물릴 보석이니라"(출 35:4~9)

그 바칠 항목이 구체적으로 열거되었다.

"무릇 너희 중 마음이 지혜로운 자는 와서 여호와께서 명령하신 것을 다 만들지니 곧 성막과 천막과 그 덮개와 그 갈고리와 그 널판과 그 띠와 그 기둥과 그 받침과 증거궤와 그 채와 속죄소와 그 가리는 휘장과 상과 그 채와 그 모든 기구와 진설병과 불 켜는 등잔대와 그 기구와 그 등잔과 등유와 분향단과 그 채와 관유와 분향할 향품과 성막 문의 휘장과 번제단과 그 놋 그물과 그 채와 그 모든 기구와 물두멍과 그 받침과 뜰의 포장과 그 기둥과 그 받침과 뜰 문의 휘장과 장막 말뚝과 뜰의 말뚝과 그 줄과 성소에서 섬기기 위하여 정교하게 만든 옷 곧 제사 직분을 행할 때에 입는 제사장 아론의 거룩한 옷과 그의 아들들의 옷이니라"(출 35:10~19)

그 만들 항목이 크게는 성막으로 시작하여 세세한 부분까지 열거되었다. 결국 모세는 성막을 세웠다.

"둘째 해 첫째 달 곧 그 달 초하루에 성막을 세우니라"(출 40:17)

하나님은 주신 것을 다 기억하신다. 하나님은 주신 것으로 무엇을 만드실 것도 다 계획하셨다. 그런데 받은 이스라엘이 엉뚱한 생각을 가질 수는 없는 것이다. 광범위한 예배생활에서 우리는 물질을 바쳐야 한다. 각종 제물을 드릴 것은 물론이거니와 예물도 반드시 드려야만 한다. 제물과 예물이 다 물(物)인 것이다.

"이것들은 여호와의 절기라 너희는 공포하여 성회를 열고 여호와께 화제를 드릴지니 번제와 소제와 희생제물과 전제를 각각 그 날에 드릴지니 이는 여호와의 안식일 외에, 너희의 헌물 외에, 너희의 모든 서원제물 외에 또 너희의 모든 자원제물 외에 너희가 여호와께 드리는 것이니라" (레 23:37~38)

여호와 하나님은 온전한 예물을 원하신다.

"만군의 여호와가 이르노라 너희가 또 말하기를 이 일이 얼마나 번거로운고 하며 코웃음치고 훔친 물건과 저는 것, 병든 것을 가져왔느니라 너희가 이같이 봉헌물을 가져오니 내가 그것을 너희 손에서 받겠느냐 이는 여호와의 말이니라"(말 1:13)

헌물다운 헌물을 바치라는 것이다. 여호와 하나님은 하나님의 것을 도적질하지 말라고 이르신다.

"사람이 어찌 하나님의 것을 도둑질하겠느냐 그러나 너희는 나의 것을 도둑질하고도 말하기를 우리가 어떻게 주의 것을 도둑질하였나이까 하는도다 이는 곧 십일조와 봉헌물이라 너희 곧 온 나라가 나의 것을 도둑질하였으므로 너희가 저주를 받았느니라"(말 3:8~9)

여호와 하나님은 온전한 십일조를 드릴 때에 축복을 주신다고 하셨다.

"만군의 여호와가 이르노라 너희의 온전한 십일조를 창고에 들여 나의 집에 양식이 있게 하고 그것으로 나를 시험하여 내가 하늘 문을 열고 너희에게 복을 쌓을 곳이 없도록 붓지 아니하나 보라 만군의 여호와가 이르노라 내가 너희를 위하여 메뚜기를 금하여 너희 토지 소산을 먹어 없애지 못하게 하며 너희 밭의 포도나무 열매가 기한 전에 떨어지지 않게 하리니 너희 땅이 아름

다워지므로 모든 이방인들이 너희를 복되다 하리라 만군의 여호와의 말이니라"(말 3:10~12)

　예물과는 약간 다른 의미가 있는 제물의 문제를 생각할 때 가인과 그 제물, 아벨과 그 제물의 사건을 들 수 있다. 하나님은 제물 바치는 자와 그 제물을 함께 묶어서 보신다. 그런고로 바치는 자와 바치는 물건 중 어느 한 쪽이 온전치 못해도 다른 한 쪽까지 못 쓰게 된다. 그런고로 제물 및 예물은 언제나 하나님 보시기에 합당해야 하는 것이다(창 4:1~8).
　예배자가 하나님께 속했기 때문에 예배자의 모든 것도 하나님께 속한 것이요 그러니까 예배자만 드리는 것이 아니라 그에게 속한 것까지도 드리는 것이 물(物)과 인(人)의 통합적 온전한 예물 바침이 되는 것이다.
　옛날 필자의 장인 집에 18세 청년이 머슴살이를 했다. 머슴은 쌀 네 가마니를 받고 1년 동안 주인집에서 침식을 하며 일했다. 그 청년의 부모도 같은 동네에 살고 있었다. 한 번은 이 청년이 산에 나무를 하러 갔다가 꿩알 12개를 발견하고 채취한 일이 있었다. 나는 이 문제를 신학교 학생들에게 질문했다. "이 꿩알은 누구의 것이냐?" 즉 머슴 청년의 부모 것이냐, 머슴 주인의 것이냐고 물었다.
　효심에 기울어진 학생들은 자기 친부모에게 갖다 주어야 한다면서 머슴의 주인이 원한 것은 나무를 해 오는 것이지 꿩알이 아니라고 주장하며 그 꿩알은 머슴의 부수입이니까 마땅히 자기의 친부모에게 바치라는 논리였고, 경제 논리에 기울어진 학생들은 일단 1년 동안은 주인에게 쌀 네 가마니에 팔렸으니 일체 모든 수익물은 머슴의 주인에게로 가야 한다는 논리였다. 찬반에 붙였더니 양 쪽이 비슷했었다. 교수에게 정답을 묻기에 나는 도리어 질문했다. "그럼 실제 그 머슴은 그 꿩알을 누구에게로 가져갔겠느냐?" 아무 대답이 없었다.
　그때 사실을 말했다. 그것은 장인어른으로부터 직접 들었던 이야기였다. 그 머슴 청년은 꿩알을 머슴 주인에게로 가져왔더라는 것이었다. 지게 위에 꿩알 12개를 넣고 주인집에 오는 머슴의 발걸음은 신명이 났다. 장인어른은 너무 기특하고 착한 머슴의 마음에 감동을 받아 그 꿩알 전부를 머슴의 아버지에게 갖다 주라고 했다. 머슴은 끝까지 사양했지만 떠밀리다시피 해서 자기 아버지에게 갖다 주었다고 한다.
　그런데 머슴의 아버지는 아들에게 다시 그 꿩알을 주인에게 반환하라는 것이었다. 그 꿩알은 다시 머슴 주인에게로 돌아왔다. 주인은 할 수 없이 6개씩 각각 나눠서 가지도록 했단다. 그 다음, 학생들에게 그 꿩알의 행방의 당위성에 대해 물으니 오히려 양심에 찔려 회개하는 자도 있었다. 우리 모두는 하나님의 청지기로 나와 나의 모든 것이 하나님께 귀속되어야 한다는 성경적 원리가 강의실에서 되살아난 것이었다.
　다윗은 온 회중 앞에서 여호와를 송축했다. 모든 것이 여호와로 말미암고 여호와께 속해 있다는 확신 때문에 송축한 것이었다.

"다윗이 온 회중 앞에서 여호와를 송축하여 이르되 우리 조상 이스라엘의 하나님 여호와여 주는 영원부터 영원까지 송축을 받으시옵소서 여호와여 위대하심과 권능과 영광과 승리와 위엄이 다 주께 속하였사오니 천지에 있는 것이 다 주의 것이로소이다 여호와여 주권도 주께 속하였사오니 주는 높으사 만물의 머리이심이니이다 부와 귀가 주께로 말미암고 또 주는 만물의 주재가 되사 손에 권세와 능력이 있사오니 모든 사람을 크게 하심과 강하게 하심이 주의 손에 있나이다 우리 하나님이여 이제 우리가 주께 감사하오며 주의 영화로운 이름을 찬양하나이다"(대상 29:10~13)

그래서 어떻게 해야 한다는 것인가? 모든 것이 주께로 말미암고 주의 손으로 받은 것을 단지 주께 드려야 한다는 헌물 사상이 물씬 박혀 있다.

"나와 내 백성이 무엇이기에 이처럼 즐거운 마음으로 드릴 힘이 있었나이까 모든 것이 주께로 말미암았사오니 우리가 주의 손에서 받은 것으로 주께 드렸을 뿐이니이다"(대상 29:14)

세상에 머무는 날이 나그네와 우거하는 자로서의 삶이요 그림자 같아서 머무름이 없는 이때에 우리가 할 일이 무엇인가?

"우리는 우리 조상들과 같이 주님 앞에서 이방 나그네와 거류민들이라 세상에 있는 날이 그림자 같아서 희망이 없나이다"(대상 29:15)

주의 거룩한 이름을 위하여 전을 건축하려고 미리 저축한 이 모든 것이 주의 손에서 왔으니 다 주의 것이라는 고백이다. "뼈가 으스러지게 벌어 드리옵니다"가 아니라 "주의 손에서 온 것이니 주의 것으로 돌린다"는 겸손의 헌물 행위가 여기 있다.

"우리 하나님 여호와여 우리가 주의 거룩한 이름을 위하여 성전을 건축하려고 미리 저축한 이 모든 물건이 다 주의 손에서 왔사오니 다 주의 것이니이다"(대상 29:16)

복음의 프리랜서인 필자도 부흥집회나 세미나 강사로 자주 나가는 편인데 초청하는 교회가 나를 강사로 초청할 때는 양자 중 한 쪽을 택해야 한다는 것이었다.
"복음 진리를 듣고 싶거든 권 목사를 강사로 초청하되, 교회의 재정상 헌금 거출을 하려거든 권 목사는 초청하지 않는 것이 좋다."
나는 그런 줄도 모르고 부지런히 집회를 인도했는데 나중에 어떤 제자가 귀띔을 해줘 비로소 그 사실을 알게 되었다. 나는 그 제자에게 어째서 그렇게 되었는가 경위를 물었더니 그 제자의 대답이 아리송했다.

"목사님, 칠판에 붙여서 설교하는 목사의 집회에서는 헌금 거출이 잘 안 됩니다." 내가 칠판과 헌금이 무슨 함수관계가 있나 하고 고개를 갸우뚱하고 있으니까 그 제자의 연속 설명이 나왔다. "헌금을 많이 나오게 하자면 강단에서 큰 소리로 '축복, 축복, 축복을 쉬쉬쉬!' 외쳐야 합니다." 그제서야 뭔가 알 듯했었다.

여기 주의 건축한 전은 무엇인가? 그것은 구약의 전이요 신약의 교회이니 전은 교회의 모형이다. 결국 우리 예배자는 교회를 이룬다. 예배자 없는 교회는 교회가 아니고 교회 없는 예배자는 예배자가 아니다.

끝으로 헌신 주제에 포함된 헌금에 관해서 생각해 보자. 헌금은 물질의 다른 형태인 금전을 하나님께 드리는 것이다. 헌금은 거룩한 성금(聖金)이 된다. 다 같은 돈이라도 어디에 무엇 때문에 사용하느냐에 따라 돈의 가치가 달라진다. 구약에서 돈을 직접 바쳤다는 증거가 있다.

"곧 오빌의 금 삼천 달란트와 순은 칠천 달란트라 모든 성전 벽에 입히며"(대상 29:4)

"모든 방백들과 백성들이 기뻐하여 마치기까지 돈을 가져다가 궤에 던지니라"(대하 24:10)

"그 사면 사람들이 은 그릇과 금과 물품들과 짐승과 보물로 돕고 그 외에도 예물을 기쁘게 드렸더라"(스 1:6)

"힘 자라는 대로 공사하는 금고에 들이니 금이 육만 천 다릭이요 은이 오천 마네요 제사장의 옷이 백 벌이었더라"(스 2:69)

"어떤 족장들은 역사를 위하여 보조하였고 총독은 금 천 드라크마와 대접 오십과 제사장의 의복 오백삼십 벌을 보물 곳간에 드렸고 또 어떤 족장들은 금 이만 드라크마와 은 이천이백 마네를 역사 곳간에 드렸고"(느 7:70~71)

물보다 금(金)은 더 효용가치가 있기 때문에 선뜻 내어 놓기가 어려운 수중의 보화이다. 그런데 가난한 과부의 헌금은 아주 모범적인 사례이다.

"예수께서 눈을 들어 부자들이 헌금함에 헌금 넣는 것을 보시고 또 어떤 가난한 과부가 두 렙돈 넣는 것을 보시고 이르시되 내가 참으로 너희에게 말하노니 이 가난한 과부가 다른 모든 사람보다 많이 넣었도다 저들은 그 풍족한 중에서 헌금을 넣었거니와 이 과부는 그 가난한 중에서 자기가 가지고 있는 생활비 전부를 넣었느니라 하시니라"(눅 21:1~4)

예수님은 헌금의 질도 중요하게 여기시지만 양도 귀하게 보셨다.

"가난한 과부가 모든 사람보다 많이 넣었다."

많이 넣을 필요 없이 조금 넣어도 된다는 인색한 마음은 통하지 않는다. 우리가 아무리 많은 것을 바친다 한들 하나님의 주신 것에 만분의 일인들 될까마는 최선을 다해 바치는 것이 또 축복의 길이 된다. 가난한 과부의 헌금에 대한 예수님의 평가는 그녀가 많이 내었다는 사실 외에 과부 자신을 위해서는 남겨둔 것이 없었다는 사실에 더 강조점을 두고 있다. 많이 내고도 자기에게 아직 많이 남아 있는 수도 있고, 많이 냄으로써 자기에게는 아무 것도 남지 않은 경우도 있는데 주님은 후자의 결단에 더 칭찬하셨다. 이게 무슨 말인가 하면 하나님을 위해서는 자기에게는 전무(全無)한 상태에 이를 만큼 봉헌하라는 교훈이다. 엘리야가 사르밧 과부에게 모자가 먹을 마지막 가루와 기름을 자기에게 공양하라고 명령하고 과부가 이에 응한 것은 봉헌은 자기에게 아무것도 남기지 않은 상태까지 이를 때 그 진가가 드러난다는 것을 예증하고 있다(왕상 17:8~18).

얼마만큼 바쳐야 하는가? 얼마만큼 헌금을 하게 해야 하는가? 그것이 그리 큰 과제는 아니다. 그때 그 장소에서 소용되는 만큼 풍족하게 헌금해야 할 것이니 모세와 그 회중의 예물은 쓰고도 남아 "제발 그만"이라고 절규하다시피 절제시켰다.

"모세에게 말하여 이르되 백성이 너무 많이 가져오므로 여호와께서 명령하신 일에 쓰기에 남음이 있나이다 모세가 명령을 내리매 그들이 진중에 공포하여 이르되 남녀를 막론하고 성소에 드릴 예물을 다시 만들지 말라 하매 백성이 가져오기를 그치니 있는 재료가 모든 일을 하기에 넉넉하여 남음이 있었더라"(출 36:5~7)

이런 장면을 보노라면 교회당을 짓고 은행 빚이 많아서 힘들다고 말하는 교회의 고충 소리는 은혜롭지 못한 것처럼 느껴진다. 교회당을 짓고 빚이 있느냐 교회당을 짓고도 돈이 남아도느냐 중 어느 쪽이 더 축복 받았는가는 아무라도 판정내릴 수 있을 것이다. 교회당을 짓고 교회가 혼란스러워지는 현실을 두고 하는 말이다. 당(堂)이냐 회(會)냐? 당이 회를 구축해서는 안 된다는 말이다. '풍성한 연보'에 먼저 자기 자신을 주께 드림과 하나님의 뜻을 좇아 연보하는 그 정신과 그 연보의 양을 성경은 긍정적으로 보고 있다.

"형제들아 하나님께서 마게도냐 교회들에게 주신 은혜를 우리가 너희에게 알리노니 환난의 많은 시련 가운데서 그들의 넘치는 기쁨과 극심한 가난이 그들의 풍성한 연보를 넘치도록 하게 하였느니라 내가 증언하노니 그들이 힘대로 할 뿐 아니라 힘에 지나도록 자원하여 이 은혜와 성도 섬기는 일에 참여함에 대하여 우리에게 간절히 구하니 우리가 바라던 것뿐 아니라 그들이 먼저 자신을 주께 드리고 또 하나님의 뜻을 따라 우리에게 주었도다 그러므로 우리가 디도를 권하여 그가 이미 너희 가운데서 시작하였은즉 이 은혜를 그대로 성취하게 하라 하였노라 오직 너희는 믿음과 말과 지식과 모든 간절함과 우리를 사랑하는 이 모든 일에 풍성한 것 같이 이 은혜에도 풍성하게 할지니라 내가 명령으로 하는 말이 아니요 오직 다른 이들의 간절함을 가지고 너희의 사랑의 진실함을 증명하고자 함이로라"(고후 8:1~5)

초대 교회에도 성도의 헌금은 빈번했었다.

"그 중에 가난한 사람이 없으니 이는 밭과 집 있는 자는 팔아 그 판 것의 값을 가져다가 사도들의 발 앞에 두매 그들이 각 사람의 필요를 따라 나누어 줌이라"(행 4:34~35)
"제자들이 각각 그 힘대로 유대에 사는 형제들에게 부조를 보내기로 작정하고"(행 11:29)

헌금은 자기 자신을 주께 드림과 하나님의 뜻을 좇아 드림과 인색하지 않고 풍부하게 드려야 하는 정신을 지니고 있다. 그런데 이런 정신을 위배하고 풍부한 헌금만을 추구한다면 성경적이지 못하다.
헌금과 관련해서 십일조에 대한 언급을 해 보자.
신약교회에서의 십일조의 의미는 무엇인가? 새삼스러운 질문이지만 신약시대에 십일조를 꼭 이행해야 하는가? 우선 이 질문에 답변부터 해 보자. 그렇다. 신약시대에도 십일조를 꼭 이행해야 한다. 십일조 이상까지도 해야 한다. 십일조를 실천하는 자 자신까지도 온통 다 드려야 한다. 그렇거늘 십일조 정도로서 하나님께 바치는 행위가 완결되었다고 할 수 있겠는가? 그러나 십일조의 구약적 의미와 신약적 의미를 반드시 구분해야만 한다. 이런 구분이 없는 십일조는 신약시대를 구약시대로 되돌리는 시대착오적 실수이며 율법과 은혜를 혼동하는 교리적 무지가 된다. 구약에서의 십일조 실천을 보자.

"그리고 그 땅의 십분의 일 곧 그 땅의 곡식이나 나무의 열매는 그 십분의 일은 여호와의 것이니 여호와의 성물이라 또 만일 어떤 사람이 그의 십일조를 무르려면 그것에 오분의 일을 더할 것이요 모든 소나 양의 십일조는 목자의 지팡이 아래로 통과하는 것의 열 번째의 것마다 여호와의 성물이 되리라"(레 27:30~32)
"왕의 명령이 내리자 곧 이스라엘 자손이 곡식과 포도주와 기름과 꿀과 밭의 모든 소산의 첫 열매들을 풍성히 드렸고 또 모든 것의 십일조를 많이 가져왔으며"(대하 31:5)
"만군의 여호와가 이르노라 너희의 온전한 십일조를 창고에 들여 나의 집에 양식이 있게 하고 그것으로 나를 시험하여 내가 하늘 문을 열고 너희에게 복을 쌓을 곳이 없도록 붓지 아니하나 보라"(말 3:10)

"너는 레위인에게 말하여 그에게 이르라 내가 이스라엘 자손에게 받아 너희에게 기업으로 준 십일조를 너희가 그들에게서 받을 때에 그 십일조의 십일조를 거제로 여호와께 드릴 것이라" (민 18:26)

"내가 이스라엘의 십일조를 레위 자손에게 기업으로 다 주어서 그들이 하는 일 곧 회막에서 하는 일을 갚나니"(민 18:21)

"그가 또 너희의 곡식과 포도원 소산의 십일조를 거두어 자기의 관리와 신하에게 줄 것이며" (삼상 8:15)

"또 처음 익은 밀의 가루와 거제물과 각종 과목의 열매와 새 포도주와 기름을 제사장들에게로 가져다가 우리 하나님의 전의 여러 방에 두고 또 우리 산물의 십일조를 레위 사람들에게 주리라 하였나니 이 레위 사람들은 우리의 모든 성읍에서 산물의 십일조를 받는 자임이며 레위 사람들이 십일조를 받을 때에는 아론의 자손 제사장 한 사람이 함께 있을 것이요 레위 사람들은 그 십일조의 십분의 일을 가져다가 우리 하나님의 전 곳간의 여러 방에 두되 곧 이스라엘 자손과 레위 자손이 거제로 드린 곡식과 새 포도주와 기름을 가져다가 성소의 그릇들을 두는 골방 곧 섬기는 제사장들과 문지기들과 노래하는 자들이 있는 골방에 둘 것이라 그리하여 우리가 우리 하나님의 전을 버려 두지 아니하리라"(느 10:37~39)

"매 삼 년 끝에 그 해 소산의 십분의 일을 다 내어 네 성읍에 저축하여 너희 중에 분깃이나 기업이 없는 레위인과 네 성중에 거류하는 객과 및 고아와 과부들이 와서 먹고 배부르게 하라 그리하면 네 하나님 여호와께서 네 손으로 하는 범사에 네게 복을 주시리라"(신 14:28~29)

"셋째 해 곧 십일조를 드리는 해에 네 모든 소산의 십일조 내기를 마친 후에 그것을 레위인과 객과 고아와 과부에게 주어 네 성읍 안에서 먹고 배부르게 하라"(신 26:12)

십일조는 율법이다. 이 사실만은 확실히 굳혀놓고 보자. 구약은 율법서이고 십일조는 구약에 기록되어 있다. 데이빗 학킹은 다음과 같이 말하고 있다.

「우리는 신구약 모두에 사용된 구약적 헌금의 용례를 살펴보는 일을 통하여 '십일조' 혹은 '십일조를 드리는 것'이 모세 율법의 한 부분으로서, 오늘날 신자들에게는 의무의 일환으로 결코 명령되고 있지 않음을 발견할 수 있다. 그러면 사람들의 마음속에 즉시 일어나는 질문은 "뭐라고? 그렇다면 신약시대의 헌금 비율은 어떠한가?"라고 하는 것이다. 이것은 다음의 두 가지 근본적 원리들로 요약될 수 있다.」[470]

학킹은 두 가지 근본원리로서 심는 대로 거둔다는 것과(고후 9:6), 하나님께서 번영케 하신

---
470) 데이빗 학킹, 「교회성장 중심의 성경적 목회방법」 진영화 역, (서울: 나침반, 1991), p. 138.

만큼 드린다는 것을 제시했다(고전 16:1~2). 십일조가 율법이라면 율법은 폐기되고 없으니 십일조 실행은 무의미하거나 따라서 실행할 이유가 없지 않느냐고 반문할 것이다. 다른 율법 항목은 완성되었으므로 준수할 근거가 없다고 하여 지키지 않으면서도, 굳이 십일조만은 구약의 실천 근거에 의해 신약에서도 지켜야 한다는 것은 석연치 않은 해석이 아니냐고 반문할 것이다. 확실한 답변도 내리지 않은 채 "그럼에도 불구하고 십일조는 지켜야 한다"라고 철칙으로 정해 놓고 있는 현실이다. 먼저 말하거니와 필자는 십일조가 헌금의 기준은 아니라는 것과 그러면서도 십일조 이상을 헌금해야 한다고 강조하는 사람 중의 하나다. 그런데 십일조를 내야 한다는 근거를 그릇된 해석에서 이끌어내고 있다는 것을 지적하고 싶다.

첫째로 십일조는 율법 이전에 있었던 것이라는 율법 이전적 하나님의 제도설에 따라서 행해야 한다는 주장이다.

"살렘 왕 멜기세덱이 떡과 포도주를 가지고 나왔으니 그는 지극히 높으신 하나님의 제사장이었더라 그가 아브람에게 축복하여 이르되 천지의 주재이시요 지극히 높으신 하나님이여 아브람에게 복을 주옵소서 너희 대적을 네 손에 붙이신 지극히 높으신 하나님을 찬송할지로다 하매 아브람이 그 얻은 것에서 십분의 일을 멜기세덱에게 주었더라"(창 14:18~20)

위의 성경 구절에 근거해서 히브리서 7장 1~10절이 오늘날 그리스도인이 십일조를 실천해야 할 근거라고 말하고 있다. 과연 그런 것인가? 창세기 14장의 기사에 보면 아브람이 그돌라오멜과 그와 함께한 왕들과 싸워 승전하고 돌아오자 살렘 왕 멜기세덱이 아브람에게 축복을 해 주었다. 하나님의 제사장인 멜기세덱은 신비적 존재였다.

"아버지도 없고 어머니도 없고 족보도 없고 시작한 날도 없고 생명의 끝도 없어 하나님의 아들과 닮아서 항상 제사장으로 있느니라"(히 7:3)

멜기세덱 제사장은 레위 계통의 제사장과 비견되면서도 훨씬 더 위대한 존재로서 제시된다. 아브람이 구체적 율법이 주어지기도 전에 우리의 대제사장 예수 그리스도를 분명히 예표하는 멜기세덱에게 십일조를 드렸은즉, 이 십일조는 하나님의 방법이며 아브라함과 야곱이 모세의 율법 요구를 알지도 못하는 상태에서 드린 것인 만큼 율법으로 간주할 십일조가 아니기 때문에 지금도 지켜야 할 규례라는 것이다.[471] 아브람의 십일조는 강요성이 없었다. 십일조를 내도록 요구받은 바가 없었다.

---

471) 데이빗 학킹, 「교회성장 중심의 성경적 목회방법」, p. 137

"아브라함이 모든 것의 십분의 일을 그에게 나누어 주니라 그 이름을 해석하면 먼저는 의의 왕이요 그 다음은 살렘 왕이니 곧 평강의 왕이요"(히 7:2)

율법의 십일조는 강요성이 있으나 아브람의 십일조는 자발성이었다. 아브람이 스스로 일체 십분의 일을 나눠 주었다. 아브람이 일단 십일조를 드리되 부분 십일조를 드렸다.

"이 사람이 얼마나 높은가를 생각해 보라 조상 아브라함도 노략물 중 십분의 일을 그에게 주었느니라"(히 7:4)

노략물 전체의 십일조가 아니라 "노략물 중 좋은 것"을 구분하여 그것의 십일조를 드렸은즉 좋지 않은 것의 십일조는 드리지 않았다는 결론이다. 또 아브라함의 전 생애를 통해서 이 사건 이전이나 이후에 십일조를 드렸다는 기록은 없다.[472]

여기서 우리가 얻어야 할 교훈은 비록 십일조가 율법 이전적(以前的) 실천 규례라고 하여 지금도 강제성을 띠는 것은 아니라는 것이니 만약 강제성을 띤다면 새로운 율법규정에 속하게 될 것이다. 그럼 어떻게 하라는 결론인가? 십일조는 구약에서 어떤 형태로 제시되었든지 간에 강제성을 띤 부담스러운 그리스도인의 실천사항으로 볼 것이 아니라 무한정 하나님께 바치되 십일조를 기준 삼아서 봉헌하라는 지침이 될 것인즉 최소한의 기준으로 여겨야 할 것이다. 그런즉 신약시대의 십일조는 가장 낮은 수준의 헌금이므로 이 정도의 수준에도 못 미치면 봉헌했다고 할 수가 없을 것이다. 그래서 가장 낮은 수준이라도 실천하는 겸허한 자세에서 이제는 온 재산과 온몸과 생명까지 바칠 각오가 서게 되는 것이다. 둘째로 신약 성경에 십일조에 관한 기록이 있으니까 십일조를 반드시 실천해야 한다는 것이다. 그런데 신약에 십일조에 기록은 미미하다. 마태복음 23장 23절, 누가복음 11장 42절 18장 12절과 히브리서 7장 1~10절에 기록되어 있다.

"화 있을진저 외식하는 서기관들과 바리새인들이여 너희가 박하와 회향과 근채의 십일조는 드리되 율법의 더 중한 바 정의와 긍휼과 믿음은 버렸도다 그러나 이것도 행하고 저것도 버리지 말아야 할지니라"(마 23:23)

"나는 이레에 두 번씩 금식하고 또 소득의 십일조를 드리나이다 하고"(눅 18:12)

그런데 십일조에 대한 언급은 있으나 적극적으로 십일조를 실천하라는 인식이 아니라

---

472) 데이빗 학킹, 「교회성장 중심의 성경적 목회방법」, p. 138.

그릇된 십일조 생활을 오히려 지적하고 계시는 주님이시다. 외식하는 서기관들과 바리새인들이 모세의 율법을 지키기 위해 십일조를 힘겹게 실천하면서 우쭐대고 있었다. "소득의 십일조를 드렸습니다." "박하와 회향과 근채의 십일조를 드렸습니다." 아주 작은 것의 수입에도 꼭 십일조를 바쳤다는 것이다. 그런데 그들에게 의(義)와 인(仁)과 신(信)은 버렸다고 주님이 경고하셨다. 주님의 마지막 말씀이 신약시대에 십일조를 실천해야 할 절대적이고 권위 있는 근거로 본다.

"그러나 이것도 행하고 저것도 버리지 말아야 할지니라"(마 23:23 하반절). 이에 대한 데이빗 학킹의 설명은 아래와 같다.

「이 구절의 마지막 문장은 많은 사람들에 의해서 오늘날의 그리스도인들도 '십일조'를 내야 한다는 근거로서 제시되었다. 그러나 그것이 오늘날 그리스도인들에게도 적용되는 말씀인지 아닌지에 상관없이, 예수께서 그 외의 어떠한 말씀을 하시리라고 기대하는가? 물론 바리새인들은 십일조를, 모세의 율법이 요구했기 때문에 구약 경륜의 한 부분으로 여겨야 했다. 예수께서 바로 이 점을 염두에 두신 채, 십일조의 문제를 율법 아래 있던 사람들인 바리새인들과 서기관들에게 말씀하셨다. 이것은 오늘날의 그리스도인들에게도 '십일조'가 의미가 있음을 재가하고 있지 않음이 분명하다. 다만 이 바리새인들과 서기관들이 구약 율법의 한 부분으로서의 십일조를 모세의 명령대로 반드시 바쳤어야만 했던 사실을 언급하고 있을 뿐이다.」[473]

이 말씀하실 당시에는 예수가 십자가에서 율법을 몸으로 완성하신 때가 아닌 만큼 모세의 율법을 지킬 한시적 상황이었기에 "이것도 저것도" 할 수 있었다. 그러나 몸으로 율법을 완성시킨 뒤에는 "이것도 저것도"의 표현은 무의미한 것이다. 학킹은 다음과 같이 말한다.

「많은 사람들이 하나님께 대한 희생과 사랑은 거의 없으면서 하나님께 10%를 내려는 꾸준한 노력을 하는 데에 대단한 자부심을 갖고 있다.」[474]

못난이가 돈 자랑한다는 말이 있듯이 십일조 실천이 못난이 교인의 자랑거리가 되어서는 안 된다. 국민이 세금을 내는 것이 의무이자 자연스럽듯이 이것도 마찬가지이다. 문제는 십일조가 신약시대에 와서까지 적어도 구약의 율법적 성격을 지닌 항목으로 효력을 나타내거나, 혹은 구약의 율법적 성격은 빼버렸다 하더라도 아직도 준수해야 할 심판 계율로

---

473) 데이빗 학킹, 「교회성장 중심의 성경적 목회방법」, p. 136.
474) 위의 책, p. 140.

등장한다면 그땐 율법이 되고만다. 오늘날 교회 직분 수여자에게 십일조 실천이 한 자격기준이 되고 성숙하고도 경건한 그리스도인의 표징이 십일조 준수라고 할 만큼 십일조의 위세는 대단한 것이 사실이다. 그렇다면 십일조의 실천이 평범한 그리스도인의 자연스러운 신앙생활의 한 국면으로 자리매김을 할 때 율법 아닌 은혜와 감사의 십일조가 될 것이다. 십일조 생활의 일상화(日常化)는 그리스도인의 정상적인 생활의 한 부분이 되어야 한다.

십일조! 열개 중 한 개를 따로 떼서 하나님께 바쳐라!

그게 아니다. 한 개가 아니라 열 개를 다 바쳐야 하는 것이다. 그것이 실천 되지 않을 것이라는 무슨 장애라도 있는가?

"아들아! 저 알을 갖다 먹어라." 내가 어릴 적에 어머니가 해 주시던 말씀이다. 암탉이 높이 달린 닭 둥지에서 애써 알을 낳은 후 푸드득 땅으로 내려와서 "꼬꼬댁 꼭꼭" 하고 소리친다. "주인님, 내가 알을 낳았어요"라고 알리는 것이다. 이 말을 듣는 순간 어머니는 계란 한 개가 나왔으니 그것을 갖다 먹으라는 것이다. 나는 재빨리 닭 둥지로 달려가서 알을 집는다. 막 낳은 알이라서 따스한 촉감까지 있다. 이로 계란의 한 쪽을 톡톡 깨고 훌쩍훌쩍 마시는 맛이 고소하기 그지없었다. 자기 알을 깨어 먹고 있는 나를 바라보는 닭은 "당연하시지 뭘 그래요, 미안해 할 것도 없잖아요." 하는 것 같았다. 나는 그 다음 날도 계속 그렇게 계란을 낳는 대로 깨어 먹었다. 그 암탉은 십일조 정도가 아니라 십의 십조를 다 바치고도 또 알을 낳기 시작했다. 그 닭에게는 십일조 개념이 없다. 훗날 그 암탉은 죽어서 밥상에 고기까지 제공했다.

예배는 예를 갖추어 절하는 것이기에 예물은 필수적이다. 우리의 일평생이 예배를 드리는 삶이므로 일평생 예물을 바치는 삶을 산다. 그것이 청지기 생활이다. 단지 여기서 청지기 생활을 예배라는 주제 속에 포함시킨 것은 청지기가 예배와 무관한 어떤 주제로 동떨어져 진술되는 것이 부적절한 처사 같아서였다. 예배는 구색(具色)을 갖춰야 하는데 반드시 헌금 순서가 있어야 한다.

지방에 있는 아들 집을 방문해서 가정예배를 드렸다. 예배의 요소를 다 갖춘 경건한 예배였다. 예배 선언, 찬송, 기도, 말씀 증거, 축도까지 짜여 있는데 헌금 순서가 없었다. "아들아, 여기 헌금 봉투가 없구나. 빨리 헌금을 내어 놓으라!"고 나는 말했다. 아들의 반응은 의외였다. "아버지, 가정예배입니다. 교회예배도 아닌데 꼭 헌금을 해야 합니까?" 아들은 아버지가 그냥 던지는 말로 알았던 것 같다. 나는 정색을 하고 예배의 구색을 갖추기 위해 반드시 헌금이 있어야 한다고 진지하게 설명했다. 아들은 당황한 듯 또는 미안한 듯 깨끗한 봉투에 헌금을 넣어 바쳤다. 상경하면서 헌금 봉투를 열어보니 3만원이 들어 있었다.

헌신에 대한 좌우명적 성경 구절을 여기 소개한다.

"이는 만물이 주에게서 나오고 주로 말미암고 주에게로 돌아감이라 그에게 영광이 세세에 있을 지어다 아멘"(롬 11:36)

"그러나 자족하는 마음이 있으면 경건은 큰 이익이 되느니라 우리가 세상에 아무것도 가지고 온 것이 없으매 또한 아무것도 가지고 가지 못하리니 우리가 먹을 것과 입을 것이 있은즉 족한 줄로 알 것이니라 부하려 하는 자들은 시험과 올무와 여러 가지 어리석고 해로운 욕심에 떨어지나니 곧 사람으로 파멸과 멸망에 빠지게 하는 것이라 돈을 사랑함이 일만 악의 뿌리가 되나니 이것을 탐내는 자들은 미혹을 받아 믿음에서 떠나 많은 근심으로써 자기를 찔렀도다"(딤전 6:6~10)

그러니까 예배의 최후는 헌신이다.

"또한 너희 지체를 불의의 무기로 죄에게 내주지 말고 오직 너희 자신을 죽은 자 가운데서 다시 살아난 자같이 하나님께 드리며 너희 지체를 의의 무기로 하나님께 드리라"(롬 6:13)

"나의 간절한 기대와 소망을 따라 아무 일에든지 부끄러워하지 아니하고 지금도 전과 같이 온전히 담대하여 살든지 죽든지 내 몸에서 그리스도가 존귀하게 되게 하려 하나니 이는 내게 사는 것이 그리스도니 죽는 것도 유익함이라"(빌 1:20~21)

⑦ 축도 및 광고

예배 요소 중 마지막 부분이 축도 및 광고이다. 예배의 마감으로 삼위일체 하나님의 임재를 기원하는 것으로 축도를 한다.

"주 예수 그리스도의 은혜와 하나님의 사랑과 성령의 교통하심이 너희 무리와 함께 있을지어다"(고후 13:13)

삼위일체 하나님은 은혜와 사랑과 교통하심으로 성도들에게 임하신다. 이것은 예배 종결 시에 삼위일체 하나님과 "너희 무리"와의 긴밀한 접속을 통해 공식적인 예배를 필한 후 생활예배에서도 하나님이 함께하실 것을 기원하는 것이다. 전도사로 봉사할 때는 이런 축도를 하지 못하다가 목사 안수를 받고 나서 제일 먼저 하는 것이 축도이고 보면 축도의 의미는 굉장한 것으로 보인다. 그런데 삼위일체 하나님으로 축도하다가 끝에 가서 또다시 "예수님의 이름으로 기도합니다" 하는 첨가어는 축도의 규격상 맞지 않는다.

공식예배를 마친 뒤 하는 '광고'는 매우 의미 있는 것이다. 광고를 공식예배 도중에 넣기도 하는데 공식예배를 마친 후에 가지는 것이 더 좋다고 본다. 광고는 하나님 앞에서 공동으로 인사를 나눈 성도들이 이제는 성도들끼리 알아야 하고 도와야 하며 또 위로하고 격려해야 할 생활 소식이다. 이것이 친교이며 교제이다. 교인 수가 너무 많아서 사생활에 관한 것을 낱낱이 소개할 수 없다면 반드시 대형교회라고 해서 좋은 것만은 아닐까 한다.

죽어가던 영혼이 구원 받아서 그 수가 늘어나는 것에 대해서야 비판적인 말을 할 필요가 없지만, 여하튼 교제가 말살되는 냉랭한 사람들의 모임이기만 하다면 이것 또한 문제가 아닐까. 그래서 교회 안에 교회가 생기며 나아가서 교회 밖의 교회가 생기는 운동이 벌어지고 있는 것 같다. 이런 양상은 여러 가지 형태로 나타나는데 최근의 대표적인 것으로는 셀 교회운동이 있고 기타 파라처치(Para Church) 운동이 있다. 이런 것들의 유익한 점도 많이 있지만 잘못하면 또 하나의 당파 내지 신앙이 의식화되는 무리로 전락될 위험도 없지 않다. 문제는 하나님이 원하시는 바 그 본래적인 계획에 약간이라도 손상을 주면 안 된다는 것이다. 우선 이름 자체를 반드시 '교회'라 해야 하고, 하나님은 그 교회가 교회다운 체질과 생활을 살아내야 한다는 명실상부한 교회관이 깨어지는 것을 결코 원치 않으신다. 광고 이야기를 하다가 다소 길어진 감이 있었는데 교인들이 함께 모여 하나님께 예배까지 올렸는데 예배꾼들 사이에 아무런 교통이 없다면 이 얼마나 삭막한 일인가 하는 점이다.

어떤 교회는 세상적으로 출세를 했거나 유명해진 사건은 광고를 하고 그렇지 않은 일은 아예 숨겨버린다. 하기야 아무개 성도가 부도가 나서 망해버렸다는 사건을 광고까지 할 필요는 없지만 아무개 성도가 암 투병하다가 소천했다는 광고는 하지 못할 이유가 없지 않느냐 말이다. 혹 암 투병을 이기지 못한 것이 담임 목사의 카리스마나 교회의 이미지에 어떤 손상이라도 끼칠까 걱정이 되는가 말이다. 실제로 어떤 교회에서는 소천 광고는 아예 없다시피 하고 있다. 나중에서야 그 유족을 만나 "어머님은 편히 계십니까?"라고 문안했다가 "지난달 소천하셨어요!" 하는 말을 들었을 때는 참으로 당황스럽기 짝이 없다.

교회의 대인(對人) 생활 – 교육, 친교(교제), 전도, 선교, 사회봉사

교회의 대신생활은 하나님께 예배드리는 생활이었음을 말해 왔다. 교회의 대인생활은 인간에게 유익을 주는 여타의 모든 일상생활을 말한다. 거기에는 교육, 친교(교제), 전도, 선교 그리고 사회봉사가 있다. 교회의 이런 대인생활은 특수한 생활이 아니요 마땅히 유지해야 할 다반사적 일상생활이다. 교회는 의당히 일상생활을 잘 영위해야 한다.

가령, 교회에서 배우고 친교하고 전도하고 선교하며 국가와 사회 그리고 가까운 이웃을 위해 유익한 사회 봉사를 한다는 것은 특별한 무슨 운동이나 계획이 아니라 교회라면 자연스럽게 해내어야 할 생활인 것이다. 이러한 면에서 이런 생활들을 기능이니 의무이니 사명이니 이름을 붙이지 말자는 뜻이었다. 산 자가 밥 먹고 일하는 따위를 산 자의 기능이니 사명이니 하는 말이 어울리지 않는 것이나 마찬가지다. 그런데 교회의 대인생활이 인간에게

만 유익을 주는 생활로 끝나는 것이 아니라 대인생활의 성공이 예배생활로 직결되기 때문에 결국 교회의 대인생활도 대신생활로 연결되는 것이다.

가령, 하나님께 무슨 교육이 필요하시겠는가? 그것은 사람에게 꼭 필요한 것이다. 그러기에 교육은 교회가 사람을 향해서 생활하는 대인생활인 것이다. 그러나 잘 교육받은 성도가 해야 하는 일은 무엇인가? 예배를 드리는 일이다. 잘 선교해야 하는 이유는 무엇인가? 외국에서의 교회들이 예배를 드리게 하기 위한 것이다. 잘 전도해야 할 이유는 무엇인가? 국내의 많은 성도들이 모여서 교회를 하자는 것이고 교회를 하자는 것은 결국 하나님께 예배를 드리자는 것이다. 그러나 우선 일차적으로 교회의 대인생활은 소속된 교회 구성원과 아직 구원받지 못한 사람들을 향한 유익을 강조하는 것이다. 교회가 전도해서 사람을 얻는 유익은 무엇인가? 전도를 통해 구원을 받았다는 것이다. 구원받은 자가 예배자가 되는 것은 그 위에 따라오는 순서이다.

교회의 교육

예배가 하나님을 위한 교회의 생활인데 비해 교육은 사람을 위한 교회의 생활이다. 하나님은 예배 받으실 필요는 느끼시지만 교육 받으실 필요는 느끼지 않으신다. 이런 의미에서 교육은 사람을 위한 것이다. 사람은 반드시 교육을 받을 필요가 있다. 사람이 더 배울 것이 없다든지 더 이상 선생이 필요치 않다는 말은 자기가 신이 되었다는 교만밖에 아무것도 아니다. 교회는 힘써 가르치고 힘써 배우는 현장이다. 무엇을 가르치고 무엇을 배우는가? 땅의 이치가 아니라 하늘 이치가 가르치고 배우는 것의 주제가 된다. 세상에서는 도저히 가르치고 배울 수 없는 것을 교회에서 가르치고 배운다. 즉 교회는 영적인 진리를 교수하는 곳이다. 교회가 교육을 중지하면 하늘 이치가 교수될 방도가 없다.

① 교회 교육의 모델은 일찍이 하나님에 의해 제시되었다.

"하나님의 백성이 무엇보다 먼저 배워야 할 일은 여호와 경외하기를 배우는 일"이다.

"…또 네 소와 양의 처음 난 것을 먹고 네 하나님 여호와 경외하기를 항상 배울 것이니라"
(신 14:23 하반절)

"평생에 자기 옆에 두고 읽어 그의 하나님 여호와 경외하기를 배우며 이 율법의 모든 말과 이 규례를 지켜 행할 것이라"(신 17:19)

"또 너희가 요단을 건너가서 차지할 땅에 거주할 동안에 이 말씀을 알지 못하는 그들의 자녀에게 들고 네 하나님 여호와 경외하기를 배우게 할지니라"(신 31:13)

여호와를 경외하는 것이 지식의 근본이다.

"여호와를 경외하는 자에게는 견고한 의뢰가 있나니 그 자녀들에게 피난처가 있으리라 여호와를 경외하는 것은 생명의 샘이니 사망의 그물에서 벗어나게 하느니라"(잠 14:26~27)
"여호와를 경외하는 것이 지혜의 근본이요 거룩하신 자를 아는 것이 명철이니라"(잠 9:10)
"여호와를 경외하는 것이 지식의 근본이거늘 미련한 자는 지혜와 훈계를 멸시하느니라 내 아들아 네 아비의 훈계를 들으며 네 어미의 법을 떠나지 말라"(잠 1:7~8)
"너는 범사에 그를 인정하라 그리하면 네 길을 지도하시리라 스스로 지혜롭게 여기지 말지어다 여호와를 경외하며 악을 떠날지어다 이것이 네 몸에 양약이 되어 네 골수를 윤택하게 하리라"(잠 3:6~8)
"여호와 경외하기를 깨달으며 하나님을 알게 되리니 대저 여호와는 지혜를 주시며 지식과 명철을 그 입에서 내심이며"(잠 2:5~6)

아비의 훈계를 받는 것이 자식된 도리라 하면서 교육의 기본 틀은 아버지가 아들에게 가르치는 것이고 아들은 아버지로부터 배우는 것이었다.

"네 모든 자녀는 여호와의 교훈을 받을 것이니 네 자녀에게는 큰 평안이 있을 것이며"(사 54:13)
"아들들아 아비의 훈계를 들으며 명철을 얻기에 주의하라 내가 선한 도리를 너희에게 전하노니 내 법을 떠나지 말라"(잠 4:1~2)
"내 아들아 내 말에 주의하며 내가 말하는 것에 네 귀를 기울이라"(잠 4:20)
"아들들아 이제 내게 들으라 내 도를 지키는 자가 복이 있느니라 훈계를 들어서 지혜를 얻으라 그것을 버리지 말라"(잠 8:32~33)
"지혜로운 아들은 아비의 훈계를 들으나 거만한 자는 꾸지람을 즐겨 듣지 아니하느니라"(잠 13:1)
"너는 귀를 기울여 지혜 있는 자의 말씀을 들으며 내 지식에 마음을 둘지어다"(잠 22:17)

신약에 이르러 예수님의 교육관이 나온다. 교육의 3대 요소는 교사(教師, teacher)와 교재(教材, textbook) 그리고 학생(學生, student)이다. 예수는 공생애 시초부터 그렇게 교육하셨다. 예수님의 교육에도 3대 요소가 있다. 예수는 온 갈릴리에 두루 다니시며 저희 회당에서 가르치셨다.

"예수께서 온 갈릴리에 두루 다니사 그들의 회당에서 가르치시며 천국 복음을 전파하시며 백성 중의 모든 병과 모든 약한 것을 고치시니"(마 4:23)

여기서도 교사는 예수님이시고 교재는 천국 복음이며 학생은 백성이었다. 그 학생의 처한 상태가 구체적으로 나타났는데 그들은 모두 앓는 사람들이었다.

"그의 소문이 온 수리아에 퍼진지라 사람들이 모든 앓는 자 곧 각종 병에 걸려서 고통 당하는 자, 귀신 들린 자, 간질하는 자, 중풍병자들을 데려오니 그들을 고치시더라"(마 4:24)

그런데도 예수님의 교육 효과는 대단했었다. 그들을 고쳐주시니 허다한 무리가 따랐다.

"갈릴리와 데가볼리와 예루살렘과 유대와 요단 강 건너편에서 수많은 무리가 따르니라"(마 4:25)

그런데 오늘날 교육현장을 보면 양극화 현상이 뚜렷하다. 어떤 사람들은 철저하게 성경만 가르친다고 하여 성경 문자해석과 마치 수능시험에서의 학습방법같이 딱딱하게 대하는 근본주의적 현장이 있는가 하면, 또 어떤 사람들은 사람들의 오직 육체적, 심적 질병을 고쳐준다는 식의 소위 은사주의적 현장이 있다. 그러나 예수님의 교육방법은 육과 영을 함께 치유하는 전인적 교육이었다. 예수님은 가르치시고(teaching) 또 전파하시는 것(preaching)을 먼저 우선적으로 하신 뒤 그 다음 고치시는(healing) 것을 하시는 순서를 지키셨다는 것을 본문은 말해 주고 있다. 예수님은 교육자로서 알려주시고 꼭 가르쳐 주셔야 할 하늘 아버지를 알고 계셨다.

"내 아버지께서 모든 것을 내게 주셨으니 아버지 외에는 아들을 아는 자가 없고 아들과 또 아들의 소원대로 계시를 받는 자 외에는 아버지를 아는 자가 없느니라"(마 11:27)

아버지를 안다는 것이 가르침의 핵심이었다. 예수께 와서 배우는 것은 하늘 아버지이다. 이 아버지는 아들만이 알고 아들의 소원대로 계시를 받은 자만이 알 수 있는 아버지이다. 예수 교육의 핵심은 하늘 아버지를 소개하는 일이었다. 예수님은 계속 교육하셨다.

"수고하고 무거운 짐 진 자들아 다 내게로 오라 내가 너희를 쉬게 하리라 나는 마음이 온유하고 겸손하니 나의 멍에를 메고 내게 배우라 그리하면 너희 마음이 쉼을 얻으리니 이는 내 멍에는 쉽고 내 짐은 가벼움이라 하시니라"(마 11:28~30)

여기 교사는 예수님이시고 교재는 인격자 예수와 그분이 가시신 것이고 학생은 수고하고 무거운 짐을 진 자들이었다. 교회는 묵상과 사색을 통해 각도(覺道)하는 곳이 아니다.

엄연히 거기 교사가 있고 교재가 있고 학생이 있어서 교육이 이루어진다. 예수님의 교육은 세상 떠날 때까지 계속되었다.

> "그러므로 너희는 가서 모든 민족을 제자로 삼아 아버지와 아들과 성령의 이름으로 세례를 베풀고 내가 너희에게 분부한 모든 것을 가르쳐 지키게 하라 볼지어다 내가 세상 끝날까지 너희와 항상 함께 있으리라 하시니라"(마 28:19~20)

여기서 교사는 예수님이 위탁하신 그의 제자들이었고, 교재는 예수 선생으로부터 분부 받은 것이며, 학생은 온 세계의 모든 족속이다. 이렇게 볼 때 교회는 온통 천국 복음을 가르치고 배우는 학습장이다. 교회의 교육생활은 예수 승천하신 후 강림하신 성령님의 사역이기도 했다. 성령님은 예수 교육을 전수받으셨다.

> "보혜사 곧 아버지께서 내 이름으로 보내실 성령 그가 너희에게 모든 것을 가르치고 내가 너희에게 말한 모든 것을 생각나게 하리라"(요 14:26)

여기 교사는 '성령님'이시고 교재는 '모든 것'이며 학생은 '제자들'이었다.

② 누가 교회의 교사인가?

교육의 3대 요소가 교사, 교재, 학생이라고 전술한 바 있는데 그럼 우리는 하나님의 교회에서의 교사는 누구인가를 보자. 처음엔 특정인이 교사로 나타났으나 나중에는 모든 사람들이 피차 간에 교사가 되는 것을 볼 수 있다. 특정인이 교사라 할 때 포함되는 인물들은 족장들이요 선지자들이며 성문서의 저자들이며, 신약의 초기엔 사도들이며 교회의 직분자들이며 성경 저자들이다. 모든 사람들이 교사가 된다는 것은 교회 안에 그리스도의 말씀이 풍성히 거하여 모든 지혜로 피차 가르치며 권면해야 한다는 바울의 권면처럼 모두 서로 돕기 위한 교사가 되어야 함을 뜻한다(골 3:16). 아브라함과 다윗의 자손 예수 그리스도의 족보라는(마 1:1) 언급에서 아담과 노아가 서두에 등장하지 않은 것을 보면 족장으로서 교사 노릇을 잘한 사람들은 아브라함과 이삭과 야곱이었던 것 같다. 하나님 소개를 할 때 아브라함과 이삭과 야곱의 하나님이라고 한 것을 보면 그들은 글은 남기지 아니했지만 이모저모로 대대로 생활교육을 시킨 것은 분명하다. 가르칠 수 있는 자는 백성의 지도자(신 5:31), 부모(신 11:19; 엡 6:4; 잠 4:1), 제사장(레 10:11), 선지자(삼상 12:23), 노인(왕상 12:6~8), 전도자(전 12:9), 열조(렘 9:4), 학사(스 7:10), 제자(마 28:19), 사도(행 4:2, 18; 15:35), 본성(本性)(고전 11:14), 교회 안의 교사(고전 12:28~29; 딤후 1:11), 감독(딤전

3:2), 장로(딤전 5:17), 주의 종(딤후 2:24)들이었다. 교회 교육을 왜곡시키는 그릇된 교사들도 있는데 이들은 거짓 선지자이다.

"그 머리는 곧 장로와 존귀한 자요 그 꼬리는 곧 거짓말을 가르치는 선지자라"(사 9:15)

삯꾼 제사장이다.

"그들의 우두머리들은 뇌물을 위하여 재판하며 그들의 제사장은 삯을 위하여 교훈하며 그들의 선지자는 돈을 위하여 점을 치면서도 여호와를 의뢰하여 이르기를 여호와께서 우리 중에 계시지 아니하냐 재앙이 우리에게 임하지 아니하리라 하는도다"(미 3:11)

유대의 전통주의자이다.

"사람의 계명으로 교훈을 삼아 가르치니 나를 헛되이 경배하는도다 하였느니라 하시고"(마 15:9)

율법주의 그리스도인이다.

"어떤 사람들이 유대로부터 내려와서 형제들을 가르치되 너희가 모세의 법대로 할례를 받지 아니하면 능히 구원을 받지 못하리라 하니"(행 15:1)

믿음을 떠나 거짓말을 하는 자이다.

"그러나 성령이 밝히 말씀하시기를 후일에 어떤 사람들이 믿음에서 떠나 미혹하는 영과 귀신의 가르침을 따르리라 하셨으니 자기 양심이 화인을 맞아서 외식함으로 거짓말하는 자들이라 혼인을 금하고 어떤 음식물은 먹지 말라고 할 터이나 음식물은 하나님이 지으신 바니 믿는 자들과 진리를 아는 자들이 감사함으로 받을 것이니라"(딤전 4:1~3)

거짓 신자이다.

"때가 이르리니 사람이 바른 교훈을 받지 아니하며 귀가 가려워서 자기의 사욕을 따를 스승을 많이 두고 또 그 귀를 진리에서 돌이켜 허탄한 이야기를 따르리라"(딤후 4:3~4)

오늘날 교회에서는 가르치고 배우는 교육 일이 제도적으로 묶여서 활력소가 없는 것 같다. 교육 프로그램에 따라서 정규학교에서 학점을 이수하고 수료하는 듯한 인상을 주는 바 배우긴 하되 실천이 따르지 못하는 경우가 허다한 것 같다. 그리고 가장 취약점은 성도들끼리의 가르치고 배우는 일은 아예 질색할 정도로 금지 현상까지 나온다. 성도들은 서로 만나면 가르치고 배우는 즐거움이 있어야 성도들의 만남이요 교회인 것이다.

"피차 가르치며 권면하라!"(골 3:16)

이것이 오히려 금지된 조항 같다. 그것은 교회의 지도자가 할 일이며 모든 성도들은 배우기만 하면 된다는 분위기이다. 모든 사람이 교사가 되고 모든 사람이 학생이 된다면 얼마나 교회가 활력으로 넘칠까?

교회는 각인이 권함을 받고 각인이 가르침을 받고 각인이 그리스도 안에서 완전한 자로 세워짐을 받아야 한다. 즉 개개인이 철저하게 가르침을 받을 때에 대중은 철저하게 교육을 받은 모임이 되는 것이다. 많은 사람이 모인 곳에 우유를 공급한답시고 "우유 마시세요" 외치면서 양동이로 퍼붓는다면 어느 누구라도 우유를 마실 수 없는 우스꽝스러운 쇼가 될 것이다. 개개인이 자기 컵으로 우유를 받아먹어야만 마실 수 있다. 많은 사람 중의 누군가가 대표로 우유를 마셨다고 해서 많은 사람이 마신 것도 아니다. 각 사람의 철저한 교육이 성도 전체의 철저한 교육이 되는 것이다.

학(學)의 종교인 유교 경전의 논어에도 이런 말이 있다.

"배우고 때때로 익히니 이것 또한 기쁘지 않은가? 벗이 있어서 먼 데서 찾아오니 이것 또한 즐겁지 아니한가? 남이 나를 알아주지 않는다고 해도 노여워하지 않으니 이것 또한 군자가 아닌가?"[475]

이 많은 교사들은 어떤 자격을 갖춰야 할까? 위에서 언급한 대로 가르치는 교사인 나를 타인들이 알아주지 않는다고 해도 화내지 않고 꿋꿋이 교사 노릇을 해내는 자라야 교회 교사로서의 자격자일 것이다. 에베소서에는 다음과 같은 교사들이 있었다.

"그가 어떤 사람은 사도로, 어떤 사람은 선지자로, 어떤 사람은 복음 전하는 자로, 어떤 사람은 목사와 교사로 삼으셨으니"(엡 4:11)

이 많은 교사들이 가르쳐야 할 내용은 무엇인가?
도대체 교회 교육의 내용은 무엇인가?
교회 교사들이 자신 있게 내어 놓아야 할 자기소개는 무엇인가?
가짜 박사학위 소지자 목사, 가짜 경력 과시자 목사, 세상적인 어떤 인기 있는 것들, 자기

---

475) 論語. 學而 「學而時習之 不亦說乎 有朋自遠方來 不亦樂乎 人不知而不慍 不亦君子乎」

의 타고난 어떤 자질 등을 목사의 인격의 포장으로 쓴다면 머지않아 본색이 드러날 것이다. 교회가 자랑할 게 무엇인가? 거기에 답이 있다. "우리 주 예수 그리스도의 십자가"이다.

"그러나 내게는 우리 주 예수 그리스도의 십자가 외에 결코 자랑할 것이 없으니 그리스도로 말미암아 세상이 나를 대하여 십자가에 못 박히고 내가 또한 세상을 대하여 그러하니라"(갈 6:14)

교사인 목사가 순수한 복음 진리를 갖고 있는 것으로 자부심을 가져야지 세상적인 것으로 치장이 되면 순수성을 잃는다. 심지어 목사가 돈 자랑하거나 지식 자랑하면 은혜롭지 못하다. 성전에 올라가는 베드로와 요한에게 구걸하는 앉은뱅이를 향해 베드로는 말하고 있다.

"베드로가 이르되 은과 금은 내게 없거니와 내게 있는 이것을 네게 주노니 나사렛 예수 그리스도의 이름으로 일어나 걸으라 하고"(행 3:6)

교사는 나사렛 예수 그리스도의 이름을 가르치는 사람이다.
교사는 누구의 기쁨을 위해 교육해야 하는가?
사람에게 좋게 하는 것이 아니라 하나님께 좋게 하는 것이어야 한다.

"이제 내가 사람들에게 좋게 하랴 하나님께 좋게 하랴 사람들에게 기쁨을 구하랴 내가 지금까지 사람들의 기쁨을 구하였다면 그리스도의 종이 아니니라"(갈 1:10)

교사는 말과 지혜의 아름다운 것을 무기로 삼으면 될까? 안 된다.

"형제들아 내가 너희에게 나아가 하나님의 증거를 전할 때에 말과 지혜의 아름다운 것으로 아니하였나니"(고전 2:1)

그럼 교사들은 무엇을 가르쳐야만 하는가?
교사들은 "예수 그리스도와 그의 십자가에 못박히신 것"을 전해야 했다.

"내가 너희 중에서 예수 그리스도와 그가 십자가에 못 박히신 것 외에는 아무것도 알지 아니하기로 작정하였음이라"(고전 2:2)

「오늘날의 기독교가 전하는 새로운 십자가는 전혀 다른 방법을 권장한다. 현대의 전도자들(교육자들)은 새생명을 받아들이기 전에 옛 삶을 포기해야 한다고 가르치지 않는다. 그들은 복음과 세상의 차이점을 가르치지 않고 유사점만을 가르친다.」[476]

천국과 지옥을 섞어서 만든 비빔밥 메시지를 결코 가르쳐서는 안 된다. 할인된 가격의 그리스도를 가르쳐서도 물론 안 된다. 순수 복음이 세상 사람의 입맛에 거부감을 준다고 해서 교사가 조미료를 너무 많이 넣었다. 이젠 조미료를 소유한 자가 복음 진리를 소유한 자보다 더 인기가 있는 것 같다. 목사는 조미료의 소유자가 아니다. 마침내 "기독교는 이 땅에서 아주 재미있는 것이 되어 버렸다"고 한탄하게 되었다.[477] 세상 비위 맞추는 기술이 발전하다 보니 기독교가 세상의 오락물이 된 것이다.

교회의 교사가 된다는 긍지는 어떤가?

교회의 한 성도가 임용고시에 합격한 것은 잔치를 하는 등 가족과 교회의 축하를 받고, 한 성도가 교회 주일학교 교사로 임명된 것은 별로 대단치 않게 여기는 분위기는 역전되어야 할 과제가 아닌가? 교사의 가치는 교사가 무엇을 가르치느냐에 달려 있다. 교회 학교의 교사는 하늘나라를 가르치고 있지 않는가?

③ 교회 교육의 소재는 무엇인가?

다시 말하면 교회 교육의 내용은 무엇인가라는 질문이다. 교회 교육은 적극적 목적과 소극적 목적이 있다. 적극적 목적은 복음의 유지요 소극적 목적은 복음의 방어이다. 교회 교육은 진리를 지키고 또 방어하기 위하여 거짓을 물리치자는 것이다. 그것은 곧 내부적으로는 교회를 지키고 외부적으로는 교회를 방어하는 것이다. 교회란 다음과 같은 것이기 때문이다.

"만일 내가 지체하면 너로 하여금 하나님의 집에서 어떻게 행하여야 할지를 알게 하려 함이니 이 집은 살아 계신 하나님의 교회요 진리의 기둥과 터니라"(딤전 3:15)

그럼 먼저 교회 교육의 적극적 목적부터 보기로 하자. 그것은 복음의 유지이고 진리를 지킴이다. 가르침과 배움이 형성되는 곳인 교회에서는 무엇을 가르치고 배우는가? 교회의 교육은 하늘 사상을 땅에 전파하는 것이다. 교회 교육은 하나님의 뜻을 성도들에게 전달하는 전달 교육이다. 교회에서 배우는 것은 하늘나라 생활이다. 하늘나라 생활은 하나님의 계획과 뜻이다. 그것은 하나님의 성지(聖旨)이다. 교회에서는 그리스도인의 교회생활을 가르친다. 교회 교육의 대상은 주로 교인이고 전도의 대상은 주로 불신자이다. 교회에서는

---

476) A.W. 토저, 「예배인가, 쇼인가!」, p. 173.
477) 위의 책, p. 164.

다른 것을 배우려 하면 안 된다. 이러한 것을 가르치는 교과서는 성경이다. 성경은 하나님의 말씀이다. 구약에서 이미 교회가 가르쳐야 할 것이 무엇인지 가르쳐 주고 있다.

"여호와여 주의 도를 내게 보이시고 주의 길을 내게 가르치소서 주의 진리로 나를 지도하시고 교훈하소서 주는 내 구원의 하나님이시니 내가 종일 주를 기다리나이다"(시 25:4~5) - 이것이 주님의 도이다.

"여호와여 주의 도를 내게 가르치시고 내 원수를 생각하셔서 평탄한 길로 나를 인도하소서"(시 27:11) - 이것이 주님의 길이다.

"찬송을 받으실 주 여호와여 주의 율례들을 내게 가르치소서, 내가 나의 행위를 아뢰매 주께서 내게 응답하셨사오니 주의 율례들을 내게 가르치소서"(시 119:12, 26) - 이것이 주님의 율례이다.

"내가 주의 계명들을 믿었사오니 좋은 명철과 지식을 내게 가르치소서"(시 119:66) - 이것이 명철과 지식이다.

"주는 나의 하나님이시니 나를 가르쳐 주의 뜻을 행하게 하소서 주의 영은 선하시니 나를 공평한 땅에 인도하소서"(시 143:10) - 이것이 주의 뜻이다.

묻노니 성경은 무엇인가?

"그들과 같이 우리도 복음 전함을 받은 자이나 들은 바 그 말씀이 그들에게 유익하지 못한 것은 듣는 자가 믿음과 결부시키지 아니함이라"(히 4:12)

하나님의 말씀은 우리 인격을 수술하는 영적 검이다. 하나님의 영적 검으로 수술 받지 아니한 수술은 모두 잘못된 수술이다.

"또 어려서부터 성경을 알았나니 성경은 능히 너로 하여금 그리스도 예수 안에 있는 믿음으로 말미암아 구원에 이르는 지혜가 있게 하느니라 모든 성경은 하나님의 감동으로 된 것으로 교훈과 책망과 바르게 함과 의로 교육하기에 유익하니"(딤후 3:15~16)

하나님의 말씀은 일단 사람을 구원시키며 구원 받은 사람들을 하나님의 사람으로 온전케 하고 모든 선한 일을 행하기에 또한 온전케 해 준다. 그럼 성경이 우리에게 해 주는 이 모든 것은 결국 무엇이 목적인가?

"…그리스도의 몸을 세우려 하심이라"(엡 4:12)

그리스도의 몸은 교회다. 왜 그리스도의 몸인 교회를 세워야 하는가? 그것은 교회생활의 꽃인 예배를 드리기 위해서다. 교회의 대인생활은 교회의 대신생활을 위한 준비요 기초요 전제이다. 교회 교육의 한 맹점은 무엇을 가르치느냐 보다는 어떻게 가르치느냐에 더 강조점을 두는 일이다. 가진 자는 줄 수 있어도 갖지 않은 자는 줄 수가 없다. 진리를 체험한 자만이 진리를 설명할 수 있다. 상품이 있고 상술이 뒤따르는 법이다. 그런데 상술만 익혀 놓고 막상 팔아야 할 상품이 고갈된 것은 딱한 일이 아닐 수 없다. 교사인 감독의 자격 중에 "가르치기를 잘 하며"가 있다(딤전 3:2; 딤후 2:24). 가르치기를 잘 한다는 말은 일차적으로 가르칠 내용이 진리라는 것이다. 혹 그 뒤에 가르치는 기술 문제를 포함시켰는지는 확실치 않다. 물론 진리인즉 전달 방법도 좋았을지 모른다.

바울의 교육 내용은 대단한 용기와 자신에 넘쳐 있었다(행 20:19~27).

바울의 교육 내용은 무엇인가?

"유익한 것이었다"(행 20:20).

유익한 것을 전하는 곳은 공중 앞에서나 각 집에서이고, 유익한 것을 전하는 태도는 꺼림이 없이 전하고 가르치는 것이다. 그는 설교하고(preaching) 강의했다(teaching). 유익한 것을 설교하고 강의한 대상은 종교적인 사람 유대인이요 철학적인 사람 헬라인이었다. 무엇이 유익한 것이었는가? 유익한 말씀의 내용은 무엇인가? 사람들이 하나님께 대해서는 회개하고 예수께 대해서는 신뢰하라는 것이다. 그러나 자기 주변의 위협은 대단했었다.

"보라 이제 나는 성령에 매여 예루살렘으로 가는데 거기서 무슨 일을 당할는지 알지 못하노라 오직 성령이 각 성에서 내게 증언하여 결박과 환난이 나를 기다린다 하시나"(행 20:22~23)

그는 가르치고 사례비 받는 것이 아니라 고통만이 그를 기다려도 달려갈 길과 주 예수께 받은 사명이 있었다고 했다. 그에게는 천천히 걸어가면서 할 수 있는 사명은 없었다. 그 사명은 "하나님의 은혜의 복음 증거하는 일"(행 20:24)이었다. 그의 생명을 비로소 복음 증거에 담보로 내어 놓았다.

"…나의 생명을 조금도 귀한 것으로 여기지 아니하노라"(행 20:24 하반절)

결국 그가 가르친 교육의 내용은 '하나님 나라'였다. 그것은 교회의 다른 표현인 것이다. 교회 교육은 세상에서 들어보지 못한 메시지를 전하는 것이다. 교회는 교회 이야기로 꽃을 피운다. 지금까지 교회 교육의 적극적인 목적을 진술해 왔는데 교회가 유지 보존해야 하는 그 진리는 무엇인가? 그것은 하나님의 말씀이다. 그 말씀은 성경이다. 말씀은 사상을 담고 있다. 사상이 없는 말씀은 의미 전달이 없다. 의미 전달이 없는 말씀은 소음일 뿐이다. 교회 교육의 교재가 성경이라고 말했을 때 매우 주의해야 할 사실이 있다. 성경 애호자가 반드시 성경의 의미를 다 파악한 것은 아니라는 점이다. 성경에 대한 태도에 따라 성경이 율법주의의 도구가 될 수 있다는 것이다.[478]

성경에서 하나님의 뜻하신 바를 간과하고 표면상의 성경 문자만 사랑하면 문제 중의 문제라는 것이다. 즉 성경공부 자체를 중요시하거나 타인보다 성경을 더 많이 읽고 외웠다고 하면서 진작 그런 것을 통해 하나님의 성지(聖旨)를 발견 못하면 아무 소용이 없는 것이다. 성경을 지독하게 사랑한다는 자체가 자기 공로가 되고, 그것이 자기 의가 되어, 이것 가지고도 하나님 앞에서 인정받을 수 있다고 여긴 나머지, 보혈도 제쳐놓고 그리스도의 의도 멀리하게 된다는 것이다. 성경 애호 행위가 복음 위에 추가되는 또 하나의 율법 행위가 되어버린다.

하나님의 말씀은 하나님의 뜻의 표현이다. 하나님의 뜻은 무엇인가? 하나님의 계획이요 하나님의 사업이다. 교회 교육이란 우리 하나님 아버지께서 어떠하신 분이며(신론), 그 분이 무엇을 하셨으며(창조론, 계시론, 구원론), 그분의 최종 목적, 하시는 바가 무엇인가(교회론, 종말론)를 가르치는 것이다. 교회 교육은 결국 조직신학 교육이다.

여기에서 기독교 세계관이 정립된다. 사람은 하나님과 어떤 관계를 맺어야 하는지를 알게 된다. 결국 창조와 구속의 목적은 교회 형성이고 교회 형성은 하나님의 최대 최후 최고의 목적이다. 누차 언급한 대로 교회는 하나님의 자기표현이며 또 자신의 객관화된 대상이며 동시에 친교의 대상인 것이다. 하나님은 교회와 인사를 나누신다. 교회 교육은 교회가 누구냐에 대한 질문과 답변이요 그 답변대로의 삶의 실천 교육이다. 이렇게 교회 교육의 적극적 목적을 광의로 해석할 때 교회 교육을 단순히 교회 한 부서의 작은 활동으로만 돌릴 것이 못 된다는 것을 느끼게 될 것이다.

다음엔 교회 교육의 소극적 목적은 무엇인가?

안으로 진리를 지킴이 교회 교육의 적극적 목적이라면, 밖으로부터 오는 진리 파괴를 위한 공격으로부터 진리를 방어하는 것이 소극적 목적이다. 여기 밖으로부터라는 말은 반드시 공간적인 의미만이 아니라 진리 외적 요인을 포함시키는 말이다. 즉 이단은 외부에서 오는 것도 있고 내부에서 생기는 것도 있는데 그 어느 쪽도 외부로부터의 공격이라 말할 수 있으며 따라서 교회 교육은 이러한 공격을 방어한다는 의미에서 소극적 목적이라 하는 것이다.

갈라디아 교회에 문제가 생겼다. 거기에 '다른 복음'이 들어 왔던 것이다.

"그리스도의 은혜로 너희를 부르신 이를 이같이 속히 떠나 다른 복음을 따르는 것을 내가 이상

---

478) 여주봉, 「십자가의 복음」, (서울: 요단, 2003), p. 41.

하게 여기노라 다른 복음은 없나니 다만 어떤 사람들이 너희를 교란하여 그리스도의 복음을 변하게 하려 함이라"(갈 1:6~7)

그리고 단호히 말한다. "다른 복음을 전하면 저주를 받을지어다"(갈 1:8), 이미 "저들이 받은 것 외에 다른 복음을 전하면 저주를 받을지어다"(갈 1:9), 그리고 바울은 자기가 전한 복음의 성격을 말한다.

"형제들아 내가 너희에게 알게 하노니 내가 전한 복음은 사람의 뜻을 따라 된 것이 아니니라 이는 내가 사람에게서 받은 것도 아니요 배운 것도 아니요 오직 예수 그리스도의 계시로 말미암은 것이라"(갈 1:11~12)

갈라디아 교회의 문제는 복음+α 공식이었다. 그리스도와 그의 십자가 외에는 결코 자랑할 것이 없는 것이 그리스도인의 보화이다. 그런데도 갈라디아 교인들에게는 할례가 꼭 붙어다녀야 한다고 했다. 바울은 할례와 같은 율법 무용론을 부르짖게 되었다. 사람들은 율법 완전 유용론은 아니로되 율법 부분 유용론에는 호감을 가진다. 그것이 갈라디아 교인이었다.

"…율법의 행위로서는 의롭다 함을 얻을 육체가 없느니라"(갈 2:16 하반절)
"주의 형제 야고보 외에 다른 사도들을 보지 못하였노라 보라 내가 너희에게 쓰는 것은 하나님 앞에서 거짓말이 아니로다"(갈 1:19~20)

그리스도인은 율법을 향하여 죽었다. 그리스도인은 하나님을 향하여 산 자이다. 율법의 그 지긋지긋한 요구가 그대로 건재할지 모르나 그런 율법 앞에서 죽어버린 자가 된 것이 그리스도인이다. 예수 그리스도께서 갚아주셨기 때문이다.

"그리스도께서 우리를 위하여 저주를 받은 바 되사 율법의 저주에서 우리를 속량하셨으니 기록된 바 나무에 달린 자마다 저주 아래에 있는 자라 하였음이라"(갈 3:13)

율법 안에서 의롭다 함을 얻으려는 자의 운명은 무엇인가?

"율법 안에서 의롭다 함을 얻으려 하는 너희는 그리스도에게서 끊어지고 은혜에서 떨어진 자로다"(갈 5:4)

우리는 언제나 율법주의의 공격을 방어해야 할 자세를 취해야 한다. 율법주의의 특징은 자기 의(눅 18:9~14), 영적인 우월감(눅 18:11~12), 전통 고집(마 15:3; 요 5:1~20), 할례받지 못한 마음(사 66:2; 행 7:51), 능력이 없는 외식 종교(마 23:24~28), 그리고 믿음이 없는 행위(요 5:45~47)이다.[479] 사도 바울은 할례, 무할례가 아무 소용이 없으되 사랑으로써 역사하는 믿음을 강조하고 다시 갈라디아 교인들에게 돌아올 것을 호소한다.

"그리스도 예수 안에서는 할례나 무할례나 효력이 없으되 사랑으로써 역사하는 믿음뿐이니라 너희가 달음질을 잘 하더니 누가 너희를 막아 진리를 순종하지 못하게 하더냐 그 권면은 너희를 부르신 이에게서 난 것이 아니니라 적은 누룩이 온 덩이에 퍼지느니라"(갈 5:6~9)

골로새 교회에도 이단 사상이 나왔다.

"누가 철학과 헛된 속임수로 너희를 사로잡을까 주의하라 이것은 사람의 전통과 세상의 초등학문을 따름이요 그리스도를 따름이 아니니라"(골 2:8)
"그러므로 먹고 마시는 것과 절기나 초하루나 안식일을 이유로 누구든지 너희를 비판하지 못하게 하라"(골 2:16)

바울은 여기서도 단호하게 말했다. 의문(儀文)에 쓴 증서는 한평생 사람을 거스르고 대적하는 것인데 그리스도께서 그것을 도말하시고 제하여 버리시고 십자가에 못박으셨다고 했다. 율법은 사라졌다고 강조하건만 인간의 도덕과 양심이 "미워도 다시 한 번", "그럼에도 좋은 의도의 율법을", "어찌 새 것이 왔다고 옛 것을 버린다냐?"는 감상적 인정이 예수의 죽으심을 헛되게 만든다. 교회 교육의 소극적 방어로서는 무엇보다도 율법주의 사상이다. 하나님의 의에 대항하여 인간의 의를 내세우려고 하는 신본주의에 대한 인본주의의 대항이 교회의 방어교육이다. 사탄은 교묘하게도 거룩하고 경건하며 의당히 그럴듯한 교회 생활의 항목들을 엉뚱하게도 율법주의 도구로 쓸 수 있는 놈이다.

「먼저 주일예배, 십일조, 주의 성만찬식, 침(세)례, 성경이나 성경공부, 기도 등 우리 신앙의 모든 면이 율법주의의 도구가 될 수 있습니다. 이런 것들은 의식(rituals)으로서 상징(symbols)이지 결코 실재(reality) 혹은 본질이 아닙니다. 이 모든 것들의 실재는 오직 예수 그리스도입니다.

---

479) 여주봉, 「십자가의 복음」, (서울: 요단, 2003), pp. 44~62.

종교적인 의식이나 행사, 그리고 신앙적인 이유로 고기를 먹지 않는 것도 다 그림자라고 성경은 말합니다. 본체는 예수 그리스도입니다. 쉽게 말해서, 예수님은 알맹이요 이러한 의식들은 알맹이인 예수님을 싸는 포장지에 불과합니다.」[480]

교회는 알맹이를 지켜야 하고 포장지의 여세(餘勢)는 버려야 하는 교육을 해야 하는 것이다. 배를 타고 강을 건넜으면 배를 버려두고 갈 길을 계속 가야지, 강가에서 한평생 배만 붙잡고 있을 수는 없는 것이다. 율법주의는 배를 이용한 나그네에게 배도 끌고 가라는 요청하는 것과 마찬가지이다. 나그네가 끙끙거리면서 배를 끌고 가는 모습을 바라보고 "장하도다, 그대여! 마땅하도다. 어이 고마운 배를 버리고 갈 터인가!"라고 박수를 보내는 것이 율법주의인 것이다. 사람이 약간만 방심하고 조금만 감상적으로 흐르기만 하면 율법주의에 빠지기는 아주 손쉬운 일이다. 사탄은 이것을 노리고 있다. 그런데 성경은 무엇이라고 말해 주고 있는가?

"우리를 거스르고 불리하게 하는 법조문으로 쓴 증서를 지우시고 제하여 버리사 십자가에 못 박으시고 통치자들과 권세들을 무력화하여 드러내어 구경거리로 삼으시고 십자가로 그들을 이기셨느니라"(골 2:14~15)

좀더 거슬러 올라가면 인류 최초의 정황이 나온다(창 3장). 사람은 사탄과 더불어 하나님의 교육도 거부했다. 하나님의 교육 지침은 이러했다.

"선악을 알게 하는 나무의 열매는 먹지 말라 네가 먹는 날에는 반드시 죽으리라 하시니라"(창 2:17)

이에 대해 대적하는 뱀의 유혹은 이러했다.

"뱀이 여자에게 이르되 너희가 결코 죽지 아니하리라"(창 3:4)

이런 뱀의 유혹에 대한 사람의 반응은 이러했다.

"여자가 그 나무를 본즉 먹음직도 하고 보암직도 하고 지혜롭게 할 만큼 탐스럽기도 한 나무인지라 여자가 그 열매를 따먹고 자기와 함께 있는 남편에게도 주매 그도 먹은지라"(창 3:6)

---

480) 여주봉, 「십자가의 복음」, (서울: 요단, 2003), pp. 40~41.

유혹에 넘어간 사람의 형편은 어떠했는가?

눈이 밝아졌다(창 3:7) - 세상 눈은 밝아지고 영계의 눈은 어두워졌다.

치마를 해 입었다(창 3:7) - 위장 기술이 시작되었다.

나무 사이에 숨었다(창 3:8) - 도피술이 시작되었다.

그가 주기에 내가 먹었소(창 3:12) - 핑계술이 시작되었다.

문제는 하나님의 교육 내용만으로는 부족하다는 생각이 들어간 것이다. 그러기에 이단과 헛된 속임수가 기독교 진리 외부에서 들어오는 것을 막아야 하는 것이 교회 교육의 소극적 목적이 되었다. 다시 말하면 교회 안에 있는 "보화 진리" 곧 "길이요 진리요 생명이신 예수 그리스도"로 만족을 느끼지 못하기 때문에 무엇을 더 첨가시키려고 헛된 노력을 한다는 것이다. 그리스도인의 풍성하고도 안정된 입장은 어떠한가?

"그런즉 누구든지 그리스도 안에 있으면 새로운 피조물이라 이전 것은 지나갔으니 보라 새것이 되었도다"(고후 5:17)

"그 안에 뿌리를 박으며 세움을 받아 교훈을 받은 대로 믿음에 굳게 서서 감사함을 넘치게 하라"(골 2:7)

"만일 너희 속에 하나님의 영이 거하시면 너희가 육신에 있지 아니하고 영에 있나니 누구든지 그리스도의 영이 없으면 그리스도의 사람이 아니라"(롬 8:9)

"너희 몸은 너희가 하나님께로부터 받은 바 너희 가운데 계신 성령의 전인 줄을 알지 못하느냐 너희는 너희 자신의 것이 아니라"(고전 6:19)

"우리가 다 그의 충만한 데서 받으니 은혜 위에 은혜러라"(요 1:16)

고속도로를 주행하기 위해 동역자 차에 동승했었다. 지금까지 해 온 것을 보면 톨게이트에서 표를 빼고 도착지에 가서 돈을 지불하는 등 꽤나 시간을 소비하는 번거로움이 있었다. 그런데 이 동역자는 도착지에 와서 톨게이트를 통과하는데 요금 지불도 하지 않고 그냥 속도를 내어 무사통과로 마구 달리고 있지 않은가? "왜 요금 지불을 안 합니까?"라고 물으니 이미 전자카드에 선불(先拂)했다는 것이다. 이미 통행요금을 지불해 놓았고 그 전자카드만 차내에 부착해 놓으면 아무런 수속이나 절차도 없이 그냥 쌩쌩 달린다는 것이다. 과연 신명이 났다. 그런데도 어리석게 옛날처럼 정차하고 또 통행료를 지불하겠다는 분주함을 떤다면 이거야말로 교통질서에 반(反)하는 어리석음이 아니고 무언가? 복음만으로 만족한데 또 무슨 율법을 지켜야 하는가? 교회는 복음의 교육장이지, 율법의 기념장도 아니요 율법의 교육장은 더더구나 아니다.

지금까지 진술한 것은 초대 교회 당시의 영지주의(靈知主義)였다.

영지주의란 무엇인가? 물질은 악하고 영혼은 선하다는 이원론적 철학으로서 성육신 교리를 극구 반대하고 있다. 하나님의 계시 외에 숨겨진 어떤 지식의 추구 운동이다. 영지주의 역사는 에덴 동산에서부터 시작되고 있다. 하나님의 말씀 외에 또 다른 권위 있는 말씀이 있지 않나 시작해서 하와가 뱀의 말을 들어 범죄했다는 타락의 현장이 바로 영지주의가 발동한 곳이었던 것이다. "오직 하나님 말씀뿐이다"가 아니라 "그 외에 또 다른 말씀이 있노라"가 영지주의의 근본사상이다. 그 지식이 고상하고 영적인 것이라고 속이는 것이다.

그리스도의 충족성을 공박하고 이보다 더 높고 완전한 영적 실체의 추구 운동이다. 이에 대해 바울은 단연코 맞대응했다.

> "이는 그들로 마음에 위안을 받고 사랑 안에서 연합하여 확실한 이해의 모든 풍성함과 하나님의 비밀인 그리스도를 깨닫게 하려 함이니 그 안에는 지혜와 지식의 모든 보화가 감추어져 있느니라"(골 2:2~3)

영지주의가 추구하는 예수 그리스도 이외의 어떤 것, 하나님의 계시 이외의 또 어떤 것은 아무것도 아니라고 응수했다.

> "그 안에는 신성의 모든 충만이 육체로 거하시고 너희도 그 안에서 충만하여졌으니 그는 모든 통치자와 권세의 머리시라"(골 2:9~10)

우리 교회 교육은 방어용 교육임을 지금도 배워야 하나니 현대판 신영지주의가 있기 때문이다. 존 맥아더는 오늘날의 신영지주의를 다음과 같이 정의내리고 있다.

> 「정확하지 않은 교리나 부주의한 성경 주해가 용인되는 곳에서, 그리고 성경적인 지혜와 분별력이 느슨해진 곳에서, 사람들은 흔히 그리스도 안에서 제공되는 단순하고 충분한 만족 그 이상의 무엇을 추구하려는 경향이 있다. 그 어느 때보다 오늘날에 이르러 교회는 성경적인 진리와 관련하여 점점 더 부주의하고 모호한 태도를 보이고 있으며, 이로 인해 비밀스러운 지식에 관해 전례 없는 관심을 드러내고 있다. 그것이 바로 신영지주의이며, 오늘날 교회에서 발견되는 세 가지 주요한 경향들은 신영지주의가 더욱 세를 확장하고 있음을 시사한다. 그 세 가지는 바로 심리학과 실용주의와 신비주의이다.」[481]

---

481) 존 맥아더, 「우리는 그리스도만으로 충분하다」, (서울: 생명의 샘, 1995), p. 26.

맥아더가 현대판 신영지주의를 부추기는 것으로 제일 먼저 꼽은 것이 심리학이다. 그의 주장은 대개 다음과 같이 요약될 수 있다. 심리학에 매료되는 것만큼 신영지주의 경향을 잘 요약해 주는 것은 없다. 성경에 기초한 정통적 상담방법은 정교하지 못하고 심지어는 어리석게 보인다는 것, 그 방법은 피상적이라는 것, 심리학에 밝은 비밀스러운 지식을 가진 자가 상담자의 자격이 있다는 것이다.[482]

또한 이러한 심리학의 한계점을 지적해 주고 있다. 심리학은 영혼을 구원하지 못한다는 것, 심리학은 인간 행동을 연구하는 것에 제한되어 있다는 것, 세상에 기여하는 바가 없진 않지만 영적 요구를 만족시킬 수는 없다는 것, 현대 심리학의 여러 개념들이 원래는 무신론자에 의해 개발된 것이라는 점이다.

인간 구원이 심리학적 차원에서 가능하다는 헛된 소망의 제안은 오직 믿음에 의해서만 구원된다는 기독교의 구원론과는 상치되는 것이다. 이것이 외부로부터 교회 안에 들어온 것이기 때문에 구원론을 유지하기 위해 세속 상담학의 공격을 방어해야 한다는 것이 교회 교육의 소극적 목적에 들어가는 것이다.

두번째 맥아더가 말하는 실용주의가 신판 영지주의에 미치는 영향은 아래와 같이 요약해 볼 수 있다.[483]

목적 앞에 수단은 무조건 정당화할 수 있느냐는 질문에 "예"라고 답하는 것이 실용주의라는 것, 꿩 잡는 것이 매인 만큼 불신자들로 하여금 흥미와 관심거리를 제공해서 많은 사람들이 모이면 목적을 달성한 것이라는 그릇된 목회철학, 초자연적 능력보다는 인간적 방법에 의존한다는 것, 육신적인 방법으로 영적 목표를 달성할 수 있다는 것, 교회가 여흥거리를 마련해 주는 정도로 인식되는 것, 하나님의 말씀으로는 불신자들에게 접근하기 부족하다는 것. 이런 실용주의의 한계점은 결코 실용주의 접근으로 교회의 영적 상태에 도달하지 못할 뿐만 아니라 기존 영적 상태마저 혼란스럽게 만들 뿐이다. 교회 교육은 이런 실용주의 사상을 막는 데에 초점을 맞춰야 할 것이다.

마지막으로 존 맥아더가 말하는 신비주의가 신판 영지주의에 미치는 영향을 보자. 맥아더가 말하는 신비주의를 요약하면 다음과 같다.[484]

하나님의 객관적 계시를 제쳐놓고 주관적 감정이나 직관에 의한 진리를 더 강조하는 것, 개인적인 체험이 모든 객관적 지식보다 우선한다는 것, 신비주의는 자아중심적 자기실현적 동기에서 출발한 것 등이다.

이 신비주의가 교회에 미친 영향은 무엇인가?

---

[482] 존 맥아더, 위의 책, p. 26.
[483] 존 맥아더, 위의 책, p. 28.
[484] 존 맥아더, 위의 책, pp. 29~30.

"성경이 무엇을 말하느냐" 보다는 "성경이 나에게 무슨 의미가 있느냐"에 더 관심을 갖게 하여 교회에서 주된 관심사가 하나님이 아니라 사람이 되어 버린다. 이런 신비주의 한계점은 결코 하나님의 객관적 계시 진리가 아니고서는 사람의 영혼에 접근할 수 없다는 것이요 교회를 영성으로 인도할 수 없음이 탄로 나는 것이다.

이에 대한 교회의 대책은 기독교 진리의 '충족성'(充足性)에 대한 확신이다.

"너희도 그 안에서 충만하여졌으니 그는 모든 통치자와 권세의 머리시라"(골 2:10)

④ 교회 교육을 받는 학생은 누구인가?

교사는 있는데 학생이 없는 학교는 폐교가 된다. 교회 안에는 배우려는 학생들로 가득차야 한다. 성도들은 평생 영적 교육을 받아야 할 피교육자이다. 그것은 성도는 하나님 앞에서 항상 배워야 하기 때문이다. 율법을 낭독할 때 그 앞에는 천하 만민이 다 모였다. 온 이스라엘은 물론 백성의 남녀와 유지와 성 안의 우거하는 타국인과 요단강 건너편 땅의 자손까지다.

"온 이스라엘이 네 하나님 여호와 앞 그가 택하신 곳에 모일 때에 이 율법을 낭독하여 온 이스라엘에게 듣게 할지니 곧 백성의 남녀와 어린이와 네 성읍 안에 거류하는 타국인을 모으고 그들에게 듣고 배우고 네 하나님 여호와를 경외하며 이 율법의 모든 말씀을 지켜 행하게 하고 또 너희가 요단을 건너가서 차지할 땅에 거주할 동안에 이 말씀을 알지 못하는 그들의 자녀에게 듣고 네 하나님 여호와 경외하기를 배우게 할지니라"(신 31:11~13)

하나님의 말씀을 교육받는 데에 사람으로서 예외될 자는 없다. 그런데 교회 교육은 특별히 성도에게 중점을 두고 전도 및 선교는 아직 성도되지 못한 타국인에게 향하는 것이다. 교육이든 전도, 선교이든 모든 인류는 그 대상이 된다.

"…네 하나님 여호와 경외하기를 배우게 할지니라"(신 31:13 하반절)

모든 족속이 학생이다.

"그러므로 너희는 가서 모든 민족을 제자로 삼아 아버지와 아들과 성령의 이름으로 세례를 베풀고 내가 너희에게 분부한 모든 것을 가르쳐 지키게 하라 볼지어다 내가 세상 끝날까지 너희와 항상 함께 있으리라 하시니라"(마 28:19~20)

모든 족속이 하나님의 피조된 인간이요 모든 족속이 범죄하였으며 모든 족속이 구원을 받아야 하며 모든 구원 받은 족속이 교회를 이뤄야 하였기에 모든 족속이 하나님의 말씀을 배워야 할 학생인 것이다. 모든 족속이 하나님의 선택을 받았으며 모든 백성이 초청을 받았기에 그들은 하나님 앞에 나와서 교육 받을 권리가 주어진 것이다.

수고하고 무거운 짐 진 자가 학생이다(마 11:28).
잃은 양 한 마리가 돌아와야 할 학생이다(마 18:12).
누구나 포도원의 품꾼으로 초청되었다(마 20:1~16).
누구나 천국 잔치에 초청을 받았다(마 22:1~14).

가장 하나님 가까이에서 교육을 받은 사람들은 성도들이다. 이미 신령한 자도 교육 받고 육신에 속한 자 곧 그리스도 안에서 어린아이도 교육을 받아야 한다.

"형제들아 내가 신령한 자들을 대함과 같이 너희에게 말할 수 없어서 육신에 속한 자 곧 그리스도 안에서 어린 아이들을 대함과 같이 하노라"(고전 3:1)

"그러므로 모든 악독과 모든 기만과 외식과 시기와 모든 비방하는 말을 버리고 갓난 아기들같이 순전하고 신령한 젖을 사모하라 이는 그로 말미암아 너희로 구원에 이르도록 자라게 하려 함이라"(벧전 2:1~2)

⑤ 결국 교회 교육의 목적은 무엇인가?
교회를 온전히 세우는 것이다.

"자기 앞에 영광스러운 교회로 세우사 티나 주름 잡힌 것이나 이런 것들이 없이 거룩하고 흠이 없게 하려 하심이라"(엡 5:27)
"모든 겸손과 온유로 하고 오래 참음으로 사랑 가운데서 서로 용납하고"(엡 4:12)
"너희도 산 돌같이 신령한 집으로 세워지고 예수 그리스도로 말미암아 하나님이 기쁘게 받으실 신령한 제사를 드릴 거룩한 제사장이 될지니라"(벧전 2:5)

교회 교육은 그리스도를 머리로 하는 몸의 지체의 생활이다. 하나님으로부터 배우고 이미 배운 것을 또 가르치고 실천하는 삶 그 자체가 교회의 삶이다. 어떻게 교육하느냐 하는 것은 무엇을 교육하느냐에 따라 그 방식이 달라질 수 있을 것이다.

교회의 친교(교제, Koinonia)
교회 교육의 목표가 "피차 가르치고 배우자"였다면 교회의 친교(교제)의 목표는 "피차간에 모든 것을 나누자"는 것이다.

① 교제의 역사(歷史)

세상의 특징이 증오와 분리라면 교회의 특징은 사랑과 친교이다. 친교는 교제이며 연합이며 결속이다. 하나님은 사람들과 교제하시기를 원하셨다. 이것을 다른 말로 표현하면 하나님은 홀로 계셔 오시다가 사람을 만드시고 그 사람과 인사 나누시기를 원하셨다는 것이다. 하나님은 사람들과 대화하시기를 원하셨다. 하나님은 대화의 대상을 원하셔서 대화의 장(場)으로 세상을 창조하시고 대화의 대상인 사람을 창조하셨다. 친교하시기에 가장 좋은 곳이 에덴 동산이요 그 동산의 주인 되게 한 아담과 친교하시기를 원하셨다. 그러나 에덴 동산에서 아담이 하나님과 친교하기를 포기했다. 하나님과의 친교의 단절로 인해 모든 여타 친교들의 단절 사건이 생겨났다.

교회란 에덴 동산에서 잃어버린 친교의 회복장이다. 친교는 궁극적으로 하나님을 향한 예배로 나아가지만 친교의 유익은 사람에게 절대적으로 필요한 것이다. 친교의 단절은 하나님께는 무료(無聊)함 정도일 것이로되 사람과 여타 피조물에게는 생명의 단절이다. 이런 의미에서 교회의 대인생활 중 교제라는 것이 우선 사람에게 필요하다는 것이다.

그런즉 교회의 자연적인 삶이란 교제하는 삶이요 친분을 맺는 관계요 연합하고 포용하는 삶이다. 교회는 끊어진 교제를 이어주는 삶을 사는 것인데 그것은 사람들에게 우선 유익한 것이다. 교제가 끊어진 인간의 삶은 모래알 같은 사막의 삶이다.

깨어진 교제의 원초적 상황을 보기로 하자. 에덴 동산에서의 아담의 삶은 하나님과의 친교의 삶을 사는 가운데서 온 천하를 지배하고 에덴 가정에서 행복하게 사는 것이었지만, 하나님의 말씀, 즉 선악을 알게 하는 나무의 실과만은 따먹으면 정녕 죽으리라는 것을 듣고도 실과를 따먹고 범죄하게 되었던 것이다. 이로써 친교는 단절되었다. 하나님의 말씀을 순종치 않는 사람과는 친교할 수 없는 것이 당연했다. 교제의 단절은 사탄의 조정이다. 친교는 그리스도의 몫이고, 친교 곧 교제의 단절은 사탄의 계략의 소산이다.

"너희가 그것을 먹는 날에는 너희 눈이 밝아져 하나님과 같이 되어 선악을 알 줄 하나님이 아심이니라"(창 3:5)

이런 사탄의 계략은 예수 그리스도에 의해 파괴되고 친교의 길이 열리게 되었다.

"하늘에 있는 것이나 땅에 있는 것이 다 그리스도 안에서 통일되게 하려 하심이라"(엡 1:10)

그리스도 안에서 하늘에 있는 것들이나 땅에 있는 것들이 통일되게 이르렀다. 교제 파괴는 사탄이 하고, 교제 재건은 예수 그리스도께서 하셨다. 그런 만큼 사탄에 의해 단절된 교제 곧 통일을 교회가 지키면서 살아낸다는 것은 마땅한 교회의 삶의 한 부분이다. 다시 교제가 처음 시작된 사건의 현장으로 가 보자. 에덴 동산의 주인인 아담이 하나님과의 교제를 깨뜨려버렸다. 그 결과로 제1차적 교제의 단절이 일어났다. 그것은 하나님과의 교제가 끊겼다는 것이니 곧 대신 교제(對神交際)의 단절이다.

"여자가 그 나무를 본즉 먹음직도 하고 보암직도 하고 지혜롭게 할 만큼 탐스럽기도 한 나무인지라 여자가 그 열매를 따먹고 자기와 함께 있는 남편에게도 주매 그도 먹은지라 이에 그들의 눈이 밝아져 자기들이 벗은 줄을 알고 무화과나무 잎을 엮어 치마로 삼았더라 그들이 그 날 바람이 불 때 동산에 거니시는 여호와 하나님의 소리를 듣고 아담과 그의 아내 여호와 하나님의 낯을 피하여 동산 나무 사이에 숨은지라"(창 3:6~8)

제2차적 교제의 단절이 생겼다. 그것은 형제된 인간과의 교제가 끊겼다는 것이니 곧 대인 교제의 단절이다.

"가인이 그의 아우 아벨에게 말하고 그들이 들에 있을 때에 가인이 그의 아우 아벨을 쳐죽이니라 여호와께서 가인에게 이르시되 네 아우 아벨이 어디 있느냐 그가 이르되 내가 알지 못하나이다 내가 내 아우를 지키는 자니이까"(창 4:8~9)

가인이 아벨을 죽인 최초의 살인행위는 인간 대 인간의 교제의 단절을 최악적인 모습으로 보여 준 사건이었다. 또 제3차적 교제의 단절이 발생했는데 그것은 인간과 자연과의 관계가 끊겼다는 것이니 곧 대물 교제(對物交際)의 단절이다.

"아담에게 이르시되 네가 네 아내의 말을 듣고 내가 네게 먹지 말라 한 나무의 열매를 먹었은즉 땅은 너로 말미암아 저주를 받고 너는 네 평생에 수고하여야 그 소산을 먹으리라 땅이 네게 가시덤불과 엉겅퀴를 낼 것이라 네가 먹을 것은 밭의 채소인즉"(창 3:17~18)

땅이 저주를 받았다. 저주받은 땅이 아담에게 좋은 것을 생산해 줄 수야 없지 않은가? 그래서 겨우 내어놓은 것이 가시덤불과 엉겅퀴라는 것이다. 이 식물들은 사람을 찌르는 가시가 있을 뿐만 아니라 땅의 양분을 모조리 빨아 먹어서 땅을 가난하게 만드는 것들이다. 이렇게 자연이 사람을 멀리하게 되었던 것이다. 친교의 단절은 슬프고 괴로운 것이었다. 제4

차적 교제의 단절이 결론을 짓는다. 그것은 자기와 자기 자신과의 교제가 끊겼다는 것이다. 곧 대자아 교제(對自我交際)의 단절이다.

> "네가 흙으로 돌아갈 때까지 얼굴에 땀을 흘려야 먹을 것을 먹으리니 네가 그것에서 취함을 입었음이라 너는 흙이니 흙으로 돌아갈 것이니라 하시니라"(창 3:19)

비록 흙으로 지음 받은 자기라도 영구히 흙으로 구성된 자아를 지녀야 하겠거늘 자기 분열을 자초하여 자기는 자기대로 가고, 흙은 흙대로 떨어져 나가는 물리적 현상이 생기게 된 것이다. 이런 교제의 단절은 원수 관계로 나아가게 마련이었다.

> "내가 너로 여자와 원수가 되게 하고 네 후손도 여자의 후손과 원수가 되게 하리니 여자의 후손은 네 머리를 상하게 할 것이요 너는 그의 발꿈치를 상하게 할 것이니라 하시고"(창 3:15)

결국은 예수 그리스도로 말미암아 하나님과의 화목이 이뤄지고 그분 앞에 나아가게 되었던 것이다. 우리는 '교제'라는 말을 저급한 생활의 한 단면으로 가볍게 보는 경향이 있는데 이것은 고쳐야 할 우리의 자세이다. 교제는 하나님이 일차적으로 원하셔서 그 모양과 형식을 정하셨는데, 사람들이 깨어버렸으나 다시 회복시키시는 하나님의 긍휼 때문에 교제의 재건이 가능했다. 그런데 그 교제의 유익은 사람에게 주시고자 한 것이었다.

② 교회의 친교 문제

교회의 친교 곧 교제는 어떻게 가능해졌는가? 그것은 대신 교제(對神交際)의 재건 내지 회복이 전제되어 있다. 대신 교제의 단절이 여타 모든 교제의 단절을 초래했듯이 그것의 재건이 여타 모든 교제의 재건을 초래한 역순을 거친 것이다. 예수 그리스도는 교제를 재건하기 위한 화목제물이 되셨다. 그것은 창세기 3장 15절에 이미 예언된 대로 여자의 후손이 뱀의 후손의 머리를 박살낸다고 했다. 세상 죄는 하나님과 사람의 교제의 단절이 원인이며 교제 단절 그 자체이다. 이런 죄를 어린 양 되신 예수 그리스도가 짊어지셨다.

> "이튿날 요한이 예수께서 자기에게 나아오심을 보고 이르되 보라 세상 죄를 지고 가는 하나님의 어린 양이로다"(요 1:29)

죄의 삯은 사망이요 피흘림이 없으면 사(赦)함도 없다.

"죄의 삯은 사망이요 하나님의 은사는 그리스도 예수 우리 주 안에 있는 영생이니라"(롬 6:23)
"율법을 따라 거의 모든 물건이 피로써 정결하게 되나니 피흘림이 없은즉 사함이 없느니라"
(히 9:22)

교제의 회복을 위해서 예수는 피를 흘리셔야 했다. 우리는 잠시도 우리가 누리는 교제의 엄청난 과정을 잊어서는 안 된다. 이 어찌 된 일인고? 우리가 어이하여 교제라는 축복을 누리게 되었는가? 예수께서 우리로 하여금 하나님과 화목해하고 친교할 수 있는 길을 환히 열어 주셨던 것이다.

"예수께서 다시 크게 소리 지르시고 영혼이 떠나시니라 이에 성소 휘장이 위로부터 아래까지 찢어져 둘이 되고 땅이 진동하며 바위가 터지고"(마 27:50~51)

우리 인간은 교제를 위한 화목이 필요했었다. 그런데 그것은 우리가 해낼 수 있는 것이 못 된다. 우리는 그렇게 할 입장도 아니고 자격도 없고 능력도 없다. 우리는 단지 화목해서 하나님과 반드시 친교해야 할 필요성만 있지 그 충족성은 지니지 못했다. 우리는 어떤 상태에 있었는가? 우리가 처한 이 세 가지 때가 있었을 뿐이다. 우리가 연약할 때(롬5:6), 우리가 아직 죄인 되었을 때(롬 5:8), 그리고 우리가 원수 되었을 때(롬 5:10)였다. 우리는 이전에 악한 행실로 멀리 떠나 마음으로 하나님과 원수가 되어 있었다.

"전에 악한 행실로 멀리 떠나 마음으로 원수가 되었던 너희를"(골 1:21)

하나님과 친교한다는 것은 감히 상상할 수도 없는 절망 상태에 있었지만 친교의 길이 열렸다. 휘장이 위에서 아래로 찢어지므로 누구나 원하면 지성소에 들어갈 수 있게 되었다. 예수 그리스도가 친교의 길을 열어 주셨다.

"그의 십자가의 피로 화평을 이루사 만물 곧 땅에 있는 것들이나 하늘에 있는 것들이 그로 말미암아 자기와 화목하게 되기를 기뻐하심이라, 이제는 그의 육체의 죽음으로 말미암아 화목하게 하사 너희를 거룩하고 흠 없고 책망할 것이 없는 자로 그 앞에 세우고자 하셨으니"(골 1:20,22)

하나님이 우리를 위해 자기와 화목케 하셨던 것이다. 무엇을 근거로 했는가? 십자가의 피로 하셨다. 그 결과는 무엇인가? 화평이요. 평안이다. 우리를 '거룩하다' 하신다. '흠 없다' 하신다. '책망할 것이 없다' 하신다. 이런 자로 만들어서 하나님 앞에 세워 주신다. 그리스도께서 육체의 죽음으로 이 일을 해내셨다. 교제 뒤에는 그리스도의 죽음과 피가 있다. 그리스도가 화목을 통한 친교 회복의 방편이 되어 주셨음을 성경은 아래와 같이 말하고 있다.

> "곧 우리가 원수 되었을 때에 그의 아들의 죽으심으로 말미암아 하나님과 화목하게 되었은즉 화목하게 된 자로서는 더욱 그의 살아나심으로 말미암아 구원을 받을 것이니라"(롬 5:10)
> "모든 것이 하나님께로서 났으며 그가 그리스도로 말미암아 우리를 자기와 화목하게 하시고 또 우리에게 화목하게 하는 직분을 주셨으니"(고후 5:18)
> "이제는 전에 멀리 있던 너희가 그리스도 예수 안에서 그리스도의 피로 가까워졌느니라"(엡 2:13)
> "또 십자가로 이 둘을 한 몸으로 하나님과 화목하게 하려 하심이라 원수 된 것을 십자가로 소멸하시고"(엡 2:16)

우리는 하나님과 친교할 수 있다. 교회는 하나님 앞에서 뒤로 물러설 것이 아니라 바짝 앞으로 나아가야 한다. 왜냐하면 우리가 하나님과 친교하기에 조금도 어색하거나 부끄럽지 않게 조처해 주신 분이 그리스도이시기 때문이다. 그분의 죽음과 피로 에덴 동산에서 깨어진 친교의 회복 재건이 이루어졌기 때문이다. 하나님의 공의가 만족되셨다.

> "이 예수를 하나님이 그의 피로써 믿음으로 말미암는 화목제물로 세우셨으니 이는 하나님께서 길이 참으시는 중에 전에 지은 죄를 간과하심으로 자기의 의로우심을 나타내려 하심이니 곧 이 때에 자기의 의로우심을 나타내사 자기도 의로우시며 또한 예수 믿는 자를 의롭다 하려 하심이라"(롬 3:25~26)

우리가 의롭게 되는 정도를 넘어서 하나님 자신의 '의'가 된다. 하나님은 우리를 자기의 '의'로 보신다.

> "그러므로 우리가 그리스도를 대신하여 사신이 되어 하나님이 우리를 통하여 너희를 권면하시는 것같이 그리스도를 대신하여 간청하노니 너희는 하나님과 화목하라 하나님이 죄를 알지도 못하신 이를 우리를 대신하여 죄로 삼으신 것은 우리로 하여금 그 안에서 하나님의 의가 되게 하려 하심이라"(고후 5:20~21)

우리가 옛 피조물이 아니라 새 피조물이므로 하나님은 새 피조물인 우리와 친교하시지 옛 피조물인 우리는 잊으신다.

"그런즉 누구든지 그리스도 안에 있으면 새로운 피조물이라 이전 것은 지나갔으니 보라 새 것이 되었도다"(고후 5:17)

예수가 친교를 위한 화목제물이 되셨는데 우리가 스스로 화목제물이 되려고 하니 문제가 생긴다. 그것이 타 종교의 고행주의요 자력 종교의 본색이다.

"그는 우리 죄를 위한 화목제물이니 우리만 위할 뿐 아니요 온 세상의 죄를 위하심이라"(요일 2:2)

그럼 교회는 교제의 실천을 어떻게 해내어야 하는가? 교회는 화목을 유지하고 실천하며 전해야 할 직책을 부여받았고 화목하게 하는 말씀을 부탁받았다.

"모든 것이 하나님께로서 났으며 그가 그리스도로 말미암아 우리를 자기와 화목하게 하시고 또 우리에게 화목하게 하는 직분을 주셨으니 곧 하나님께서 그리스도 안에 계시사 세상을 자기와 화목하게 하시며 그들의 죄를 그들에게 돌리지 아니하시고 화목하게 하는 말씀을 우리에게 부탁하셨느니라"(고후 5:18~19)

'화목케 하는 직책', '화목하게 하는 말씀' 이 양자(兩者)를 부여받았다. 지금 우리는 교회의 교제생활을 어떻게 하고 있는가? 하나님과 교제하게 된 우리는 우선 하나님과 교제를 잘 유지해야 하고 이웃 사람과의 교제도 잘 유지해야 하고 자연과의 교제도 잘 지켜야 하고 자기 자신과의 교제도 성실히 실천해야 할 것이다.

교제의 순수한 말뜻은 무엇인가? '교제(交際)'는 어떤 대상의 끝과 끝이 서로 만난다는 것이다. '제'(際)는 경계선, 가장 멀리까지 나간 변두리, 가장 많이 팽창시킨 끝자락을 의미하는데 이런 변두리와 변두리의 만남, 경계선과 경계선의 섞임, 끝자락과 끝자락의 맞붙음이다. 그런즉 교제란 자기를 움츠리지 말고 펼대로 다 펴고, 개방할 대로 다 개방한 그런 상태에 이른 양자의 만남이요 붙음이요 섞음이다. 그런즉 양자 사이에는 거리가 없다. 더 이상 내어 놓을 것이 없이 모두 다 개방하고 확장시킨 양자가 그런 상태에서의 만남의 장이 교제이다.

친교의 순수한 말뜻은 무엇인가? '친교(親交)'는 서로 교환함을 익숙하게 한다는 것이다. 오고 감이 친근하고 자연스러운 것이다. 왼손과 오른손의 맞잡음이 지극히 자연스러운 것 같이 서로서로 바뀜이 쉽다는 것이다.

교제는 겉과 속을 다 터놓은 양자의 대좌(對坐)요 상면(相面)이다. 하나님과 그리스도인의 교제가 그런 것이다. 사람은 자기의 죄와 부족을 마지막 변두리까지 가지고 나가고, 하나님은 당신의 풍성하고도 긍휼에 찬 의를 마지막 변두리까지 가지고 가셔서 사람과 만나셨다. 내가 가진 것은 죄뿐이고 하나님이 가지신 것은 오직 의뿐이니 죄와 의를 맞바꿔 버리셨다. 그것은 예수를 통해서 가능했다. 죄 없는 예수가 죄가 되고, 의 없는 사람이 의가 되었다는 것, 이것이 신비요 불가사의한 하나님의 섭리인 것이다.

"하나님이 죄를 알지도 못하신 이를 우리를 대신하여 죄로 삼으신 것은 우리로 하여금 그 안에서 하나님의 의가 되게 하려 하심이라"(고후 5:21)

③ 교회의 교제의 근거

대신 교제, 대인 교제, 대물 교제 그리고 대자아 교제 등 네 종류의 교제를 단순히 '교제'라는 주제 아래서 진술해 보고자 한다.

영적 혈연으로 인한 관계 - 하나님의 가족

가족은 사회학에서 말하는 바 이익사회가 아니라 혈연사회라는 것이 특징이다. 교회도 영적 혈연으로 맺어진 인격체이다. 성경은 그 사실을 아래와 같이 말하고 있다.

"몸은 하나인데 많은 지체가 있고 몸의 지체가 많으나 한 몸임과 같이 그리스도도 그러하니라 우리가 유대인이나 헬라인이나 종이나 자유인이나 다 한 성령으로 세례를 받아 한 몸이 되었고 또 다 한 성령을 마시게 하셨느니라 몸은 한 지체뿐만 아니요 여럿이니"(고전 12:12~14)
"너희는 유대인이나 헬라인이나 종이나 자유인이나 남자나 여자나 다 그리스도 예수 안에서 하나이니라"(갈 3:28)

가족은 하나로 뭉쳤다. 가족원은 피차간에 돕는다.

"몸 가운데서 분쟁이 없고 오직 여러 지체가 서로 같이 돌보게 하셨느니라"(고전 12:25)

한 몸의 여러 지체끼리 분쟁하거나 질투하는 일은 없다. 한 지체의 통증이 모든 지체에게로 옮겨지고 한 지체의 즐거움이 모든 지체에게로 옮겨간다.

옛날 할아버지 방에는 화로가 있었다. 그 주변에는 온 식구들이 둘러 앉아 화로 안에 생밤을 넣고 군밤 먹기를 기다렸다. 대개는 알밤 하나하나에 칼집을 내서 폭발하는 일을 피하지만 어쩌다가 알밤에 칼집을 내지 않고 공기구멍 없이 불에 넣어두었다가는 폭발음과 폭발하는 재와 먼지로 마치 전쟁터를 방불케 하지만 그래도 모든 식구들이 의좋게 둘러앉아서 밤이 구워지기를 기다린다. 얼마나 정겨운 모습인가? 게다가 할아버지의 옛이야기는 더욱더 재미를 더해준다. 교회의 친교는 바로 이런 것쯤은 되어야 하지 않겠는가? 가족은 혈연관계에 의해서 형성된다. 위로부터 거듭난 사람들의 교회라는 말은 중생을 체험한 의로운 그리스도인들의 모임이고 그런 교회의 구성원들의 삶이 친교의 삶 그 자체인 것이다. 가족 중 그러니까 교회 구성원 중 혹 부족하거나 미운 털(?) 같은 사람이 있을지 몰라도 교회는 그들도 받아들여야 한다.

「하나님께서 하나의 훈련장으로 가족이라는 인간 기구를 만드신 것은 아닌가 하고 나는 가끔씩 생각해 본다. 예컨대, 가족이라는 훈련장에서 열심히 연습한 후 여타의 기구에 가서 모범을 보이라고 말이다. 가족이란 차이를 지적하는 것이 아니라 그 차이를 장려함으로써 최상으로 꽃핀다. 강한 자들을 무너뜨리지 않고도 약한 자들을 강하게 하는 것이 가족이다. 그렇지 않은가! 사회는 강한 자를 무너뜨려야 내가 그 자리에 올라설 수 있다. 그러므로 존 웨슬리(John Wesley)의 어머니가 했다는 이 말이야말로 건강한 가족이 무엇인지 보여 준다. "내 자식 중 누구를 사랑하냐고요? 아픈 자식이 나을 때까지는 그 자식을, 집 나간 자식이 돌아올 때까지는 또 그 자식을 나는 사랑합니다."

가족이란 우리로서는 선택의 여지가 없는 인간 기구이다. 우리는 태어나는 순간 가족으로 편입되며, 그 결과 우리는 불가항력적으로 나와 같지 않은 이상한 사람들의 동물원에 던져지는 것이다. 그러나 교회는 여기서 한 단계 더 나아가야 한다. 교회는 불가항력이 아니라 자발적으로 이 이상한 동물원을 형성하는 것이다. 그것은 예수 그리스도라는 하나의 끈이 우리를 묶기 때문에 그렇다. 이와 같은 공동체는 아무래도 다른 인간 기구보다는 가족과 유사하다는 것이 내 생각이다.」[485]

로마 교회의 형편을 보자(롬 14~15장). 로마 교회에서는 연약한 자가 있었다. 그들의 연약은 의심하는 버릇이다. 그들에게 채소냐 육식이냐라는 음식 문제가 경건과 결부되어 논란이 벌어졌다. 육식하는 자도 있고 채식하는 자도 있는데 피차간에 이것 때문에 교제의 단절이 있어서는 안 된다는 것이다. 교회에서 소위 세속적인 말로 '왕따' 당하는 일은 없어야 한다. 세상의 특징은 나무에 올라간 사람을 흔들어 떨어지게 하는 것이 특징이라 하더라도 교회는 사람을 세워주어야 한다. 이것이 교회생활이다. 왜 교회는 형제자매끼리 판사 노릇을 해서는 안 되는가? 그 이유는 아래와 같다.

"먹는 자는 먹지 않는 자를 업신여기지 말고 먹지 않는 자는 먹는 자를 비판하지 말라 이는 하나

---

485) 필립 얀시, 「교회, 나의 고민 나의 사랑」, 김동완 역, pp. 104~105.

님이 그를 받으셨음이라"(롬 14:3)

우리는 비판을 해도 비판받는 그 대상을 "하나님이 저를 받아주셨느니라"고 했다. 하나님이 받아주셨는데 형제된 사람이 버린다고? 안 될 말이다. 하나님이 판단의 주인이라고 강변한다.

"남의 하인을 비판하는 너는 누구냐 그가 서 있는 것이나 넘어지는 것이 자기 주인에게 있으매 그가 세움을 받으리니 이는 그를 세우시는 권능이 주께 있음이라"(롬 14:4)

그리고 각자의 신앙의 상태를 두고 '왕따' 시키는 일은 없어야 하는 것이다.

"네가 어찌하여 네 형제를 비판하느냐 어찌하여 네 형제를 업신여기느냐 우리가 다 하나님의 심판대 앞에 서리라"(롬 14:10)

그리스도인의 교회의 교제는 서로 돌보아 주는 것이어야 한다고 로마서는 다음과 같이 강조한다.

"우리 강한 자가 마땅히 연약한 자의 약점을 담당하고 자기를 기쁘게 하지 아니할 것이라 우리 각 사람이 이웃을 기쁘게 하되 선을 이루고 덕을 세우도록 할지니라"(롬 15:1~2)

교회에는 강한 자도 있고 약한 자도 있다. 각인이 이웃을 기쁘게 하고 선을 이루고 덕을 세워야 하는 것이다. 우리는 큰 교제 곧 하나님과의 교제를 이루고 있는 그리스도인의 모임인 교회를 이루고 있는 만큼 이 큰 교제는 다른 수많은 작은 교제까지 가능케 한다.

일단 교회 안에 들어와 있는 사람이라면 이단적 행위 아니고는 용납해야 한다. 세상에서 미움을 받던 형제자매가 교회 안에까지 와서 차별대우로 인해 슬피 운다면 이것은 결코 용납될 수 없는 일이다. 왕따시키는 일은 결코 교회 안에서는 없어져야 한다. 봉사의 정도, 충성의 분량, 믿음의 정도 등을 스스로 평가하여 형제 간에 등급을 정한다는 것은 결코 안 될 일이다. 형제 비방이나 판단은 교제에 금이 가게 한다. 한 나무에 달린 가시들은 서로 찌르지 않는다. 수천 개의 가시들이 한 나무에 달려 있지만 그 어느 것도 이웃 가시를 찌르지 않고 의좋게 지낸다. 가시와 같은 성도들이 있을지라도 한 교회 안에서는 서로 찔러대는 일이 있어서는 안 되지 않는가? 교우들 간에 피차 상처를 입혀서는 안 된다.

그러므로 성경은 말하고 있다.

"형제들아 서로 비방하지 말라 형제를 비방하는 자나 형제를 판단하는 자는 곧 율법을 비방하고 율법을 판단하는 것이라 네가 만일 율법을 판단하면 율법의 준행자가 아니요 재판관이로다 입법자와 재판관은 오직 한 분이시니 능히 구원하기도 하시며 멸하기도 하시느니라 너는 누구이기에 이웃을 판단하느냐"(약 4:11~12)

한국 속담에 이런 말이 있다. "자기 집 뜰에 들어온 산짐승은 결코 잡지 마라." 야생 토끼나 노루나 산돼지가 사람 사는 인가(人家)에 무슨 이유인지는 모르지만 일단 들어오면 먹이를 주어서 보낼지언정 잡아먹을 생각에 도살하면 사람의 도리가 아니라고 하는 인정(人情)이 거기 있다는 것이다. 교제 가운데 부족한 사람이 혹 있거나 비판을 받아 마땅한 사람 같은 구성원도 귀히 여겨야 할 이유가 있나니 그리스도께서 그런 사람마저 받아 주시사 하나님께 영광을 돌리기까지 하셨다는 역사적 사실 때문이다.

"그러므로 그리스도께서 우리를 받아 하나님께 영광을 돌리심과 같이 너희도 서로 받으라"(롬 15:7)

지금까지 하나님의 가족은 위로부터 중생한 영적 혈연관계로 인한 교제임을 말해 왔다.

영적 체험으로 인한 교제- 공통적인 체험의 무리

하나님의 가족은 공통적인 영적 체험의 소유자들로 조직되었다. 하나님의 가족인 교회는 하나님의 사역장이다. 교회의 구성원은 하늘나라 이야기를 나눌 수 있는 영적인 사람들이다. 이런 교제는 풍부하고 경건하며 거룩한 것이다. 이런 교제에는 삼위일체 하나님이 함께하시며 태초부터 있는 생명의 말씀을 함께 체험한 사람들이 있다.

"태초부터 있는 생명의 말씀에 관하여는 우리가 들은 바요 눈으로 본 바요 자세히 보고 우리의 손으로 만진 바라 이 생명이 나타내신 바 된지라 이 영원한 생명을 우리가 보았고 증언하여 너희에게 전하노니 이는 아버지와 함께 계시다가 우리에게 나타내신 바 된 이시니라 우리가 보고 들은 바를 너희에게도 전함은 너희로 우리와 사귐이 있게 하려 함이니 우리의 사귐은 아버지와 그의 아들 예수 그리스도와 더불어 누림이라 우리가 이것을 씀은 우리의 기쁨이 충만하게 하려 함이라"(요일 1:1~4)

세상의 조직은 실용성과 효율성이 그 기본정신이다. 그러나 교회의 조직은 그렇지 않다. 교회도 세상 조직의 기본정신을 따르려는 유혹에 빠져 실용성과 효율성을 따지려고 한다. 이렇게 되면 교회의 사랑의 교제는 날아간다. 어떻게 해야 교회에 유익이 되겠는가? 어떻게 해야 교회가 성장하는 데 도움이 될까? 교회의 교제는 실용성이 앞서는 것이 아니라 사랑이 우선한다.

　식구들을 세워놓고 능력별로 등급을 정해서 평가하는 가정이 어디 있는가? 혹 식구 중 신체장애자가 있으면 온 가족이 그를 위해 봉사하며 더불어 살아가고 있지 않은가? 우리 몸의 어떤 아픈 지체가 있으면 모든 지체들이 그 아픈 지체를 의식하고 도와주지 않던가? 왼팔이 아프면 오른팔이 왼팔 몫까지 다 해주고 있지 않는가? 한 교회 안의 구성원끼리도 그런 교제를 할 뿐만 아니라 교회 대 교회의 교제에도 성령의 교제로 사랑하고 도와야 마땅한 것이다. 토저의 진술을 들어보자.

　「하나님의 사람들은 경쟁자가 아니라 동역자이다. 성령님이 내주(內住)하시는 교회가 경쟁심을 품는다는 것은 있을 수 없는 일이다. 어떤 교회가 다른 교회와 경쟁한다면, 그 순간부터 그 교회는 하나님의 참 교회가 아니다. 그 교회는 교회의 본질을 잃어버리고 저급한 수준으로 떨어진 것이다. 이런 교회에는 성령님이 계시지 않다고 말할 수 있다. 이런 교회의 활동은 성령님이 함께하시지 않는 단지 인간들의 활동일 뿐이다.」[486]

　그리스도인 대 그리스도인의 교제나 교회 대 교회 간의 교제에 있어서 즐거움과 괴로움을 함께 나눠야 하는데, 즐거움을 나눠 가지면 배가가 되고 괴로움을 나눠 가지면 아예 괴로움이 없어지는 법이다. 영적 체험의 공통분모를 가졌기에 우리는 모였다. 우리는 그 체험만으로 화제의 꽃을 피운다.

　아주 말을 잘 안하는 묵직한 도사 같은 친구가 있었다. 남의 말 듣기를 좋아하고 자기 말은 거의 하지 않는다. 그의 심정을 들여다보면 할 말도 없거니와 말하는 수고를 덜자는 다분히 이기적인 생각이 깔려 있다. 나는 그로 말문을 열게 하는 비결을 갖고 있다. 그것은 청년시절 누구나 겪는 '군대' 이야기다.

　나는 육군이었다고 말을 꺼내면서 "친구는 해군이냐?"고 물으면 "육군"이라고 대답한다. "몇 사단에 있었느냐?"고 물으면 사단 소속을 말하고 그 다음부터는 군에서 겪은 온갖 이야기를 술술 토해 놓는다. 그러면 다른 친구들은 해군생활을 말하고 또 어떤 친구는 공군이야기를 하면서 군대생활로 그 자리는 아주 멋진 대화의 장이 된다.

　공통체험의 분모를 가진다는 것은 친교의 내용이 된다. 교회는 하늘나라 이야기로 꽃을 피우는 모임이다. 여기서 그런 이야기가 없으면 교회의 교제는 메마르게 된다. 그럼 군대이야기만 하면 그만인가? 점심 때가 되었으니 점심부터 해결해야 할 것 아닌가? 여기서 먹는 문제로 나간다. 그래서 그리스도인의 교회의 교제는 먹고 마시는 것으로 비약한다.

---

486) A.W. 토저, 「이것이 성공이다」, 이용복 역, p. 246.

"그들이 사도의 가르침을 받아 서로 교제하고 떡을 떼며 오로지 기도하기를 힘쓰니라 사람마다 두려워하는데 사도들로 말미암아 기사와 표적이 많이 나타나니 믿는 사람이 다 함께 있어 모든 물건을 서로 통용하고 또 재산과 소유를 팔아 각 사람의 필요를 따라 나눠 주며 날마다 마음을 같이하여 성전에 모이기를 힘쓰고 집에서 떡을 떼며 기쁨과 순전한 마음으로 음식을 먹고 하나님을 찬미하며 또 온 백성에게 칭송을 받으니 주께서 구원 받는 사람을 날마다 더하게 하시니라"(행 2:42~47)

④ 교회 교제의 실천

교회는 사랑이 특징이라고 했다. 서로 사랑함으로 교회의 친교를 보여 주어야 한다. 교회의 사랑의 친교를 보고 예수의 제자들임을 세상으로 알게 할 수 있다는 것이다.

"새 계명을 너희에게 주노니 서로 사랑하라 내가 너희를 사랑한 것같이 너희도 서로 사랑하라 너희가 서로 사랑하면 이로써 모든 사람이 너희가 내 제자인 줄 알리라"(요 13:34~35)

교회의 사랑의 실천을 보고 예수의 사람들이 진리에 속했음을 알 수 있다는 것이다.

"그가 우리를 위하여 목숨을 버리셨으니 우리가 이로써 사랑을 알고 우리도 형제들을 위하여 목숨을 버리는 것이 마땅하니라 누가 이 세상의 재물을 가지고 형제의 궁핍함을 보고도 도와 줄 마음을 닫으면 하나님의 사랑이 어찌 그 속에 거하겠느냐 자녀들아 우리가 말과 혀로만 사랑하지 말고 행함과 진실함으로 하자 이로써 우리가 진리에 속한 줄을 알고 또 우리 마음을 주 앞에서 굳세게 하리니"(요일 3:16~19)

교회 구성원들 중에는 어떤 지도자들과 어떤 사람들이 끼어 있는가? 교회 안에는 교인들 가운데서 수고하고 주 안에서 교인들을 다스리는 자들이 있다(살전 5:12~13). 성도들은 이들을 알아야 한다. 안다는 말은 인정해 준다는 것이다. 이 사람들 밑에서 교인들은 화목하게 지내는 교제의 장을 이뤄야 한다. 성도와 교회 지도자들과의 교제는 교회 전체를 위해 반드시 필요한 것이다. 성도들은 교회를 인도하는 자들에게 순종하고 즐겁게 그들이 일하도록 맞춰주어야 한다고 했다.

"너희를 인도하는 자들에게 순종하고 복종하라 그들은 너희 영혼을 위하여 경성하기를 자신들이 청산할 자인 것같이 하느니라 그들로 하여금 즐거움으로 이것을 하게 하고 근심으로 하게 하지 말라 그렇지 않으면 너희에게 유익이 없느니라"(히 13:17)

먹는 데서 정이 나고 쌀독 옆에서 정이 돋는다. 바울은 자비량 선교를 했지만 그것은 모든 주의 종들에게 통한다는 논조로 강조하지는 않았다. 자비량 선교도 있지만 비자비량 선교도 물론 있다.

> "누가 자기 비용으로 군 복무를 하겠느냐 누가 포도를 심고 그 열매를 먹지 않겠느냐 누가 양 떼를 기르고 그 양 떼의 젖을 먹지 않겠느냐 내가 사람의 예대로 이것을 말하느냐 율법도 이것을 말하지 아니하느냐 모세의 율법에 곡식을 밟아 떠는 소에게 망을 씌우지 말라 기록하였으니 하나님께서 어찌 소들을 위하여 염려하심이냐 오로지 우리를 위하여 말씀하심이 아니냐 과연 우리를 위하여 기록된 것이니 밭 가는 자는 소망을 가지고 갈며 곡식 떠는 자는 함께 얻을 소망을 가지고 떠는 것이라 우리가 너희에게 신령한 것을 뿌렸은즉 너희의 육적인 것을 거두기로 과하다 하겠느냐 다른 이들도 너희에게 이런 권리를 가졌거든 하물며 우리일까보냐 그러나 우리가 이 권리를 쓰지 아니하고 범사에 참는 것은 그리스도의 복음에 아무 장애가 없게 하려 함이로다"(고전 9:7~12)

교인들의 목사와의 친교는 주고받음에 있다. 목사는 말씀을 주고 성도들은 빵을 제공하는 이 친교는 지극히 평범하고도 정상적인 것이리라. 교회 안에는 부족한 사람들이 있는데 이 사람들도 서로 돌보고 도와야 한다. 그러나 규모 없는 자들이 있다. 이들을 권계해야 한다. 마음이 약한 자들은 그들에 대해 안위해 줘야 한다. 힘이 없는 자들은 붙들어 줘야 한다. 교회 안에는 여러 부류의 사람들이 있다. 이들에 대해 오래 참아야 한다.

> "또 형제들아 너희를 권면하노니 게으른 자들을 권계하며 마음이 약한 자들을 격려하고 힘이 없는 자들을 붙들어 주며 모든 사람에게 오래 참으라 삼가 누가 누구에게든지 악으로 악을 갚지 말게 하고 서로 대하든지 모든 사람을 대하든지 항상 선을 따르라"(살전 5:14~15)

헨리 나우웬(Henri Nouwen)은 교회라는 공동체의 고충을 잘 말해 주고 있다. 그는 공동체를 "결코 함께 살고 싶지 않은 사람과 언제나 같이 사는 곳"이라고 정의했다.[487] 세상 모임에는 미운 사람을 밀어내든지 자기가 그 모임을 떠나든지 양자 중 한 가지를 택하면 그만이지만 교회는 자기와 어떤 다른 것을 지니고 있는 사람이 있더라도 그와 결별하거나 또 결별당하는 일이 없이 함께 살아내야 하는 곳이다. 뭐니뭐니해도 교회의 친교는 주의 만찬에서 예배 형식을 통해 드라마틱하게 전한다. 주님의 죽으심에 우리 모두가 동참하는 것이다.

---
487) 필립 얀시, 「교회, 나의 고민 나의 사랑」, 김동완 역, p. 105.

"우리가 축복하는 바 축복의 잔은 그리스도의 피에 참여함이 아니며 우리가 떼는 떡은 그리스도의 몸에 참여함이 아니냐 떡이 하나요 많은 우리가 한 몸이니 이는 우리가 다 한 떡에 참여함이라"(고전 10:16~17)

그리스도의 '피'에 참예하고 그리스도의 '몸'에 참예한다는 것은 결합의 최절정이다. 그리스도의 피를 마시고 몸을 먹는 자들이 서로 친해야만 된다. 떡은 하나인데 많은 그리스도인이 한 몸이 된 것이다. 예수만이 가지고 계시되 세상은 어디서나 발견할 수도 없고 또 만들 수도 없는 그런 양식을 먹는 자들이 성도들이 아닌가?

"이르시되 내게는 너희가 알지 못하는 먹을 양식이 있느니라"(요 4:32)

식성(食性)이 같은 사람끼리 같은 식당을 찾는 것이 정상이다. 초식동물과 육식동물은 결합할 수 없다. 그리스도인은 예수만이 가지신 양식, 즉 하나님의 뜻인 성지(聖旨)를 품고 사는 사람들이다. 품은 생각과 가치관이 같기 때문에 친교가 될 수밖에 없다. 우리가 하나 되어 친교하게 됨은 거룩에 기초를 두고 있는데 거룩하게 하시는 자와 거룩하게 함을 입은 자들이 다 '하나'에서 났기 때문에 '형제'가 된 것이다.

"거룩하게 하시는 이와 거룩하게 함을 입은 자들이 다 한 근원에서 난지라 그러므로 형제라 부르시기를 부끄러워하지 아니하시고"(히 2:11)

형제가 된 고로 친교하는 것이 지극히 정상적인 것이다. 형제를 계속 사랑해야 하고 손님은 늘 대접해야 하는 것이 친교 현장이다.

"형제 사랑하기를 계속하고 손님 대접하기를 잊지 말라 이로써 부지중에 천사들을 대접한 이들이 있었느니라"(히 13:1~2)
"형제를 사랑하여 서로 우애하고 존경하기를 서로 먼저 하며"(롬 12:10)
"이 일에 분수를 넘어서 형제를 해하지 말라 이는 우리가 너희에게 미리 말하고 증언한 것과 같이 이 모든 일에 주께서 신원하여 주심이라"(살전 4:9)
"사랑하는 자들아 우리가 서로 사랑하자 사랑은 하나님께 속한 것이니 사랑하는 자마다 하나님으로부터 나서 하나님을 알고 사랑하지 아니하는 자는 하나님을 알지 못하나니 이는 하나님은 사랑이심이라 하나님의 사랑이 우리에게 이렇게 나타난 바 되었으니 하나님이 자기의 독생자를 세상에 보내심은 그로 말미암아 우리를 살리려 하심이라 사랑은 여기 있으니 우리가 하나님을 사랑한 것이 아니요 하나님이 우리를 사랑하사 우리 죄를 속하기 위하여 화목 제물로 그 아들을 보내셨음이라 사랑하는 자들아 하나님이 이같이 우리를 사랑하셨은즉 우리도 서로 사랑하는 것이 마땅하도다"(요일 4:7~11)

사람들은 소외(疎外) 상태에 있다. 소외 상태란 사람이 일체의 어떤 대상과도 교류가 없다는 것이다. 그것은 모래와 자갈과 시멘트가 모여 있지만 거기에 물이 없으므로 제각기 따로 있을 뿐 건축물로 쓸 수 있게 결합이 되지를 못한다. 교회는 소외된 자를 찾아 친교 속으로 넣어야 한다. 소외된 예수님이 계신다. 소외된 이웃이 있다.

주리는 자가 있고 목마른 자가 있고 나그네 될 때가 있고 벗을 때가 있고 옥에 갇혔을 때의 사람들이 있다. 이들을 맞이하자는 것이다. 이렇게 한 자들은 오른편에 앉게 된다. 복 받은 자들이요 예비된 나라를 상속받는다고 했다.

"그때에 임금이 그 오른편에 있는 자들에게 이르시되 내 아버지께 복 받을 자들이여 나아와 창세로부터 너희를 위하여 예비된 나라를 상속받으라 내가 주릴 때에 너희가 먹을 것을 주었고 목마를 때에 마시게 하였고 나그네 되었을 때에 영접하였고 헐벗었을 때에 옷을 입혔고 병들었을 때에 돌보았고 옥에 갇혔을 때에 와서 보았느니라"(마 25:34~36)

서로 대접하기를 원망 없이 하는 교제가 필요하다(벧전 4:9).
그리스도인의 친교는 영적 진리를 가운데 두고 이뤄지는 것이면서 동시에 그 친교의 표출은 외적으로 보이는 물질적인 교류가 거기 있다.

"빌립보 사람들아 너희도 알거니와 복음의 시초에 내가 마게도냐를 떠날 때에 주고받는 내 일에 참여한 교회가 너희 외에 아무도 없었느니라"(빌 4:15)
"우리가 너희에게 신령한 것을 뿌렸은즉 너희의 육적인 것을 거두기로 과하다 하겠느냐"(고전 9:11)
"가르침을 받는 자는 말씀을 가르치는 자와 모든 좋은 것을 함께하라"(갈 6:6)

갈라디아 교인은 사도를 대접하기를 하나님의 천사를 대접하듯이 했고 더 나아가서는 그리스도 예수와 같이 영접하는 친교를 했다.

"너희를 시험하는 것이 내 육체에 있으되 이것을 너희가 업신여기지도 아니하며 버리지도 아니하고 오직 나를 하나님의 천사와 같이 또는 그리스도 예수와 같이 영접하였도다"(갈 4:14)

갈라디아 교인들은 사도 바울에게 할 수만 있다면 눈이라도 빼어 주었을 것이라고 바울이 말하고 있다. 하기는 지금의 의학 기술 같았으면 실제로 안구를 바울에게 주었을 것이었다. 그래서 바울이 지닌 가시라고 하는 병이 안질이 아닌가라고 추측해 볼 수도 있다.

"너희의 복이 지금 어디 있느냐 내가 너희에게 증언하노니 너희가 할 수만 있었더라면 너희의 눈이라도 빼어 나에게 주었으리라"(갈 4:15)

얼마나 사람들이 소외되었으면 그리고 얼마나 사람들이 외톨이가 되었으면 또 얼마나 사람들이 교제가 그리웠으면 온갖 못할 짓들을 교제라는 이름으로 자행하고 있을까? 동물이나 꽃을 기르는 취미를 과소평가하고 싶지는 않지만 그 밑바닥에 깔린 소외된 심리는 짐작할 만한 것이다.

교회의 친교 즉 교제생활의 특징은 무엇인가? 하나 됨이요 협동함이요 공생(共生)함이다. 그리고 이런 모습의 교회가 하나님께 예배를 드린다. 좋은 교제는 좋은 예배를 드리기 위함이라고 성경은 말하고 있다.

"그러므로 예물을 제단에 드리려다가 거기서 네 형제에게 원망 들을 만한 일이 있는 것이 생각나거든 예물을 제단 앞에 두고 먼저 가서 형제와 화목하고 그 후에 와서 예물을 드리라"(마 5:23~24)

형제와 화목부터 하라. – 친교하라. 교제의 악수부터 하라. 그 후에 와서 예물을 드리라 – 그리고 예배를 드려라.

교제 혹은 친교가 교회의 대인생활이라는 것은 교회라는 인격체가 교제로 이뤄지고 또 교제를 계속 유지해 나가야 하는 교회 자체의 생명적, 자생적(自生的) 작용이란 말이다.

왜 교제하는가? 왜 친교하는가? 그것은 하나님께서 받으실 예물을 드리기 위함이다. 하나님께서 우리의 예물을 받으시도록 우리가 화목의 친교를 해야 한다. 그런데 우리의 교제는 예수 그리스도께서 이미 선수(先手)로 교제의 기초와 틀을 잡아 주셨기 때문에 가능한 것임을 잊지 말아야 한다. 교회의 교제생활을 잘 말해주는 한 가지 실례를 들어 보겠다. 그것을 이름하여 필자는 '콩나물시루 교회' 라 했다.

우선 '콩나물시루' 란 것을 설명해야 하겠다. 그것은 밭에서 수확한 콩들을 모아서 하나의 그릇에 담아 놓고 위에서 물을 부어줌으로써 콩의 싹이 터지고 그것이 자라서 콩나물이 되어 사람의 밥상에 맛있는 음식물이 되게 하는 안방 농사 기구이다. 이 '콩나물시루' 에서 콩이 싹을 터서 먹을 수 있는 콩나물까지 자라는 과정은 그리스도인 한 사람 한 사람들이 모여서 교회를 이루는 것과 너무도 닮은 데가 있어서 그 설명이 재미있기만 한 것이다. 콩나물시루는 곧 교회이고 교회는 곧 콩나물시루이다.

〈콩나물시루 교회 이야기〉

🌱 콩나물시루를 마련하신 분은 안방마님이셨다.

안방마님은 콩나물을 취하기 위해 콩나물시루(옹기로 되었거나 짚으로 짐짓 만들기도 함)를 마련해 둔다. 하나님은 교회를 미리 작정해 두셨다. 창세 전에 교회를 두셨다(엡 1:3~10).

🌱 콩나물시루에는 생명을 지닌 콩알들만 들어간다.

콩나물시루 속에는 썩지 아니한 싱싱한 콩 낱알들만 들어간다. 썩은 콩알에 아무리 물을 준다 해도 싹은 나지 않는다. 썩은 계란을 아무리 암탉이 품고 있어도 병아리가 될 수 없는 이치와 같다. 썩은 콩알은 전염병도 옮긴다. 그러므로 썩은 콩알은 철저하게 가려서 제거해야 한다. 콩나물시루 안에는 살아 있는 콩알만 들어간다. 만약 썩은 콩알이 들어 있으면 콩나물 농사는 망친다. 그런고로 썩은 콩알은 아예 처음부터 제거해야 한다. 썩은 콩알을 넣고 물을 주면서 농사를 할라 치면 그 썩은 콩에서 병균이 발생하여 다른 콩에도 모두 전염되어 썩고 마는 실패작이 된다.

이것은 교회는 순결해야 한다는 뜻이다. 교회에서는 이단이 있어서는 안 된다. 이스라엘 무리 중에 아간이 있어서는 전쟁에 패하기 마련이다.

🌱 콩나물시루는 여러 개의 콩알로 구성된다.

단 한 개의 콩알로 콩나물 농사를 지을 수는 없다. 넓은 콩나물시루(옹기그릇) 안에 콩알 한 개를 톡 떨어뜨려 놓고 물 주어 본들 그 낱알 한 개 가지고는 콩나물시루를 채우지 못한다. 콩나물시루 안에는 수많은 콩알들이 모이고 모여야 한다. 아마 콩나물 한 시루에 대개 한 되 가량의 콩이 있어야 콩나물시루가 형성된다.

교회란 단 한 사람의 그리스도인으로 구성되지 않는다. 교회란 무엇인가? 그리스도를 구주와 주로 영접하여 중생한 그리스도인들의 모임이 아닌가? 교회는 경건한 한 사람의 그리스도인으로 형성되지 않고 적어도 두세 사람 이상으로 모이되 주님의 이름으로 모이고 이젠 수많은 그리스도인들의 운집(雲集)이 교회인 것이다. 교회란 그리스도인들이 모여서 형성되었다. 콩나물시루 안에 단 한 알의 콩으로는 안방마님이 콩나물 농사를 하지 않는다. 그것은 한 개의 콩알로는 콩나물이란 채소를 얻을 수 없기 때문이다.

(고전 12:12; 엡 2:19~22; 4:2~16; 빌 2:1~4)

🍀 콩나물시루 안에는 반드시 성장이 있다.

그 안에 들어간 콩알들은 싹이 트고 자라기 시작한다. 콩나물시루 안에 던져진 콩알들을 보노라면 뽀송뽀송한 낱알들이다. 단지 그 안에 생명력을 지닌 산 콩알들인데 이것들이 계속 물 공급을 받고 보면 겨우 싹이 트기 시작한다. 삐죽이 싹을 내민 것들이 물을 먹으면서 조금씩 싹의 길이를 더해 가는데 이놈들이 똑바로 서지 못하고 제각기 마음대로 동서남북 방향을 두고 누워 있다. 처음에 싹튼 콩알이 제대로 서지 못하고 옆으로 혹은 앞으로 혹은 뒤로 누워 있다. 이것들이 자라면 비로소 수직으로 서게 된다.

교회 안의 초신자들의 모습이 이와 같다. 똑바로 자기 위치를 못 지킨다. 넘어지기도 하고 엎어지기도 한다. 처음 싹을 튼 콩알들이 자기 몸을 주체할 수 없듯이 교회 안의 초신자들과 같은 성도들이 갈팡질팡한다. 그래도 그냥 두라. 성장하기를 기다리라. 콩알들이 넘어지고 옆으로 누워 있어도 콩나물시루 안이므로 소망은 있다. 때가 되면 콩나물이 될 것이다. 교회 안에는 주 안의 어린아이들이 있다. 육신에 속한 자들이 있다. 그냥 두라. 생명이 있는 한, 썩은 콩이 아닌 한, 급하게 버리지 마라. 성장이 필요하다.

이것들의 성장과정을 3단계로 본다.

처음 콩나물 – 옆으로 눕기도 하고 제각기 논다.

중간 콩나물 – 나란히 의좋게 그 싹들이 위를 향한다.

최후 콩나물 – 뿌리를 내리되 계속 자란다.

최후 콩나물을 뽑아서 안방마님은 콩나물국을 끓인다. 콩나물무침도 한다. 마침내 주인의 밥상에 오른다. 세월이 지나면 제각기 자기 위치를 찾아서 자립하게 되는 콩나물이다 (고전 3:1; 골 2:6~7; 엡 3:7~19).

🍀 콩나물시루는 계속 신선한 물 공급을 받아야 한다.

콩나물시루의 콩나물은 물 없이는 못 산다. 그 물은 밑에서 주는 것이 아니라 위에서 쏟아 부어주는 것이다. 콩나물을 일찍 자라도록 하기 위해 화학약품이나 다른 영양분 비료를 쓰면 안 된다. 교회의 교인은 신령한 젖을 사모해야 한다(벧전 2:2).

🍀 콩나물시루의 콩나물들은 의좋게 자란다.

콩나물시루의 무수한 콩알들이 싹을 내고 무성하게 자라는데 결코 다투거나 얽히거나 엉켜 싸우는 일이 없다. 어쩌면 제각기 수직으로 자라 올라가되 옆에 있는 다른 콩알들과 결코 싸우는 예가 없다. 제각기 그냥 자라서 올라갈 뿐이다. 자람에 경쟁도 없고 자리싸움에 상처가 나는 일도 없다. 무성하게 자란 콩나물이 복스럽게 어울려 콩나물시루를 가득 채우는 광경은 하나의 예술이다.

이는 이상적인 교회상(敎會像)을 말한다. 지금 교회의 교제에 대해 진술하고 있는 중인 바 참으로 콩나물시루의 콩나물들은 수천 개의 콩나물들이 함께 자라지만 단 두 개의 콩나물도 엉키는 법이 없이 제각기 꼿꼿이 자라고 있는 것이다. 교회는 성도들이 함께 공존한다. 함께 교회를 이룬다. 함께 콩나물시루를 이루듯이 성도들이 모여서 화평한 교회를 이룬다. 그러나 거기에 분쟁이란 없어야 한다는 것이다. 이것이 이상적인 교회요 또 교회의 교제인 것이다(엡 4:12~16; 고전 12:12~31).

"몸 가운데서 분쟁이 없고 오직 여러 지체가 서로 같이 돌보게 하셨느니라"(고전 12:25)

교제 중 싸움과 다툼이 있음은 정욕 때문이라고 했다. 콩나물시루에는 정욕이 없었다.

"너희 중에 싸움이 어디로부터 다툼이 어디로부터 나느냐 너희 지체 중에서 싸우는 정욕으로부터 나는 것이 아니냐 너희는 욕심을 내어도 얻지 못하여 살인하며 시기하여도 능히 취하지 못하므로 다투고 싸우는도다 너희가 얻지 못함은 구하지 아니하기 때문이요 구하여도 받지 못함은 정욕으로 쓰려고 잘못 구하기 때문이라"(약 4:1~3)

🌺 왜 콩나물시루인가?

콩나물시루의 의미는 무엇인가? 콩나물시루의 궁극적 목적은 무엇인가? 왜 콩인가? 왜 콩나물인가? 무엇하자는 콩나물시루인가? 그 대답은 간단하다. 주인의 밥상에 콩나물 반찬 되는 것이 콩나물시루의 궁극적 목적이다.

왜 교회인가? 무엇하자는 교회인가? 교회의 궁극적 목적은 무엇인가?

그것은 하나님의 자기표현이다. 교회가 하나님의 사랑과 영광의 대상이 되는 것이다. 하나님은 교회를 앞에 놓고 교제하자고 하신다. 하나님은 하나님 외적 대상인 교회를 영원히 자기와 대좌(對坐)시키자는 것이다. 콩나물이 주인마님의 밥상에 맛있는 반찬이듯이 교회는 하나님의 식탁의 미식(味食)이다.

콩밭 ········ | 콩알 → 콩나물 → 콩나물 반찬 | ········ 인체 양분
　　　　　　　　　　　콩나물 시루

끝으로 교회의 교제라는 이름 아래 사탄의 함정이 있다는 것에도 유의해야 한다. 교회의 교제는 단순한 사교모임이 되어서는 안 된다. 무슨 동호회(同好會)의 성격을 띠어서도 안 된다. 잘못하면 교회 안에 당파를 만들기 쉬우며 의식화된 사람들의 무리가 교제의 틈을 낼 수도 있기 때문이다.

⑤ 교회의 교제의 특성
생명의 교제요 영적인 교제며 그 표출은 물질적인 나눔의 교제이다.

교회의 전도 및 선교
① 전도 및 선교의 의미

교회의 대인 생활의 세 번째 주제인 '전도 및 선교'의 목표는 "도(道)를 가까운 곳이나 먼 곳으로 전하자"는 것이다. 교회의 교육과 친교가 일차적으로 사람을 위해서 필요한 것이지 하나님께 필요한 것은 아니었듯이 전도 및 선교도 일차적으로 사람을 위한 것이었다. 즉 하나님은 전도 받으시거나 선교 받으실 필요가 있는 분이 아니다. 사람은 반드시 전도와 선교를 받아야만 그들의 생명이 구원 받게 되어 있다. 지금까지 교회 생활 중 대신 생활인 예배와 대인 생활의 교육, 친교를 진술해 왔는데, 본란에서는 교회의 전도 및 선교를 주제로 다루게 되고, 끝으로 남은 것이 교회의 사회봉사 생활이 될 것이다.

전도와 선교를 한 묶음 안에 넣었다는 것은 그 범위가 가까운 이웃이냐 먼 이웃이냐라는 지극히 표면적인 구별이 있을 뿐이지 전(傳)하고 선(宣)하는 것은 모두 다 도(道)이며 교(敎)이기 때문이다. 무엇을 전하느냐? 도를 전한다. 무엇을 선전하느냐? 가르침을 선전한다. 따라서 전하고 선전하는 것은 같은 가르침의 행위이며 그 내용은 도(道)와 교훈(敎訓)이다. 그리고 도(道)와 교(敎)는 복음의 다른 명칭이다.

실제로 전도와 선교를 강조하는 성경구절은 다 같은 하나의 동일한 성경구절을 배경으로 하고 있다. 그 실례들을 보자.

> "그러므로 너희는 가서 모든 민족을 제자로 삼아 아버지와 아들과 성령의 이름으로 세례를 베풀고 내가 너희에게 분부한 모든 것을 가르쳐 지키게 하라 볼지어다 내가 세상 끝날까지 너희와 항상 함께 있으리라 하시니라"(마 28:19~20)

위 성경구절은 모든 족속으로 제자를 삼으라고 하여 가까이 있는 동족이나 멀리 있는 타 민족이나 모두 도를 받아야 할 대상을 말하기 때문에 여기엔 가까운 전도도 먼 선교도 다 포함되는 것이다.

"오직 성령이 너희에게 임하시면 너희가 권능을 받고 예루살렘과 온 유대와 사마리아와 땅 끝까지 이르러 내 증인이 되리라 하시니라"(행 1:8)

위 성경구절도 예루살렘은 전도의 대상이고 사마리아와 땅 끝은 선교의 대상이라 본 것이다. 학문적으로 전도학이 따로 있고 선교학이 따로 있으며 선교학과 나란히 비교종교학이 함께하고 있는 현실이지만 결국 전도 및 선교라는 것은 아직도 구주 예수 그리스도를 모르는 사람들에게 그리스도를 소개하여 영접하도록 해서 신자들의 모임인 교회를 이루게 하는 활동이다. 전도 및 선교로 죄인이 의인이 되고 멸망 받을 자가 구원을 받고 사탄의 세상에 속한 자가 성령의 교회에 속한 자가 되는 것은 교회의 전도 및 선교생활로 말미암는다. 전술한 대로 전도 및 선교의 일차적 유익이 죽을 수밖에 없는 사람이 살게 되고, 잃어버렸던 사람이 찾음이 되는 것이지만, 더 깊게 들어가 보면 전도 및 선교의 의미는 하나님과 직결되어 있음을 발견한다.

하나님은 잃었던 자기의 사람들을 전도 및 선교로 인해 다시 찾으신다. 하나님은 잃었던 사람을 찾으심으로 마냥 기뻐하신다. 하나님은 잃어버림 받은 사람을 몹시 찾으시고자 하신다. 이 일을 교회의 전도 및 선교라는 활동으로 행하신다. 하나님의 백성이 유괴당하였다. 유괴당한 백성을 전도 및 선교로 찾으시겠다는 하나님이시다. 반드시 찾으셔야만 하나님은 만족하신다. 물론 찾음이 된 사람에게 일차적인 축복임은 말할 것도 없다.

한국에서 생긴 비극적인 사건은 자식을 유괴당한 부모들의 여생이 순탄치 못했다는 통계이다. 대개 부모들은 정신적, 신체적 불안과 질병을 가졌고 또 일찍 세상을 떠났다는 것이다. 하나님의 자녀가 유괴를 당했다. 유괴범으로부터 구출해 내어야 하는 것이 마땅하니 손이 닿는 가까운 곳에서 유괴당한 자녀를 구해내는 것을 전도(outreach)라 하고, 손이 닿지 않는 먼 곳에 사람을 파송해서 유괴당한 자녀를 구해내는 것을 선교(mission)라 하는 것이다.

전도와 선교는 죽어가는 자를 살려내는 활동으로 우선 죽어가는 자가 살 수 있어서 일차적으로 사람에게 유익한 것이고 그런 사람들이 모여서 교회를 이뤄 하나님께 예배를 드린다는 차원에서 궁극적으로 하나님께 기쁜 일이다.

필자는 20여 년이 넘는 역사를 가진 지방 모 교회에 소위 설교목사라는 이름으로 수개월 봉사한 적이 있었다. 그 교회는 이런 저런 사정으로 담임 목회자가 공석으로 남아 있었다. 첫날 설교하는데 분위기가 다소 냉랭했었다. 교인에 대한 아무런 선입견 없이 단순히 하나님의 말씀만을 열심히 전했었다. 두세 달이 지난 뒤 교인들에게는 생기가 돌았다. 교인의 수라고 해봤자 30여 명이 될까 말까 했는데 이들은 무척 즐겁고 기쁘게 주일을 맞고 있었다. 예배 후 옥상에서 맛있는 점심도 즐기는 등 설교목사인 나도 즐겁고 적은 수의 교인들도 즐거웠다.

　마침내 한 자매가 내게 귓속말로 소곤거렸다. "목사님, 더도 말고 덜도 말고 우리 이대로 살아갑시다." 그 자매의 말은 30여 명의 적은 교인 수라도 싸우지 말고 사이좋게 교회 생활하는 현 상태가 더할 나위 없이 만족하다는 뜻이었다. 이 자매의 말 속에서 교회의 지난 형편을 조금은 알 수 있었다. 이 교인들의 지배적인 생각은 전도해서 교인의 숫자가 많이 늘어나는 것보다는 우선 모여 있는 사람들 사이에 회복의 분위기 조성이 더 시급하다는 뜻이었다. 그런데 이 상태가 굳어지면 전도도 선교도 무기력해지고 단지 지독하게 의식화된 소수 집단의 동호인(同好人) 클럽이 되기 쉬운 것이다. 그래서 필자는 어느 설교 시간에 전도의 중요성을 강조했었다.

　"성도 여러분, 저기 강물에 떠내려가는 사람들이 있습니다. 저들은 익사 직전에 있습니다. 우리는 강 둑에서 삽겹살을 구워 먹으며 즐거운 시간을 보냅니다. 어떻게 해야 될까요? 우리의 즐거움이 깨어질 것 같으니 저들을 못 본체 해야 될까요?" 이에 모든 교인들이 "안 될 말씀이지요." 하는 기색이 역력했었다. 필자는 그때 말했었다.

　"전도란 그런 것입니다. 죽을 자를 살리는 활동이 전도입니다. 건져주니 보따리 달라는 철없는 사람도 있고, 감사하지도 않는 사람도 있고, 심지어 내 짐 보따리를 가지고 달아나는 사람도 있을지도 모릅니다. 그럼에도 불구하고 강 둑에 있는 사람의 할 일은 일단 저들을 살려 놓는 일입니다. 그 뒷일은 생각하지 맙시다. 우리 교회에서 갈라져 나간 형제자매들이 또 하나의 교회를 형성했습니다. 우리 교회의 교인된 사람들이 타 교회에 가서 열심히 봉사할 수도 있습니다. 따지고 보면 그래서 어떻다는 것입니까? 그들이 일단 구원받은 하나님의 백성이 된 것이 사실이라면 만족해야 할 것이 아닙니까? 전도란 그런 것입니다. 선교도 그런 것입니다."

　이런 설교가 있은 후 다시 전도하자는 열의가 꿈틀거리기 시작했었다. 전도는 교회당 자리를 채우는 일이 아니라 이 세상의 멸망 받을 사람의 숫자를 줄이자는 것이고, 그 결과로 구원 받은 사람의 숫자가 늘어나고, 그것이 개개 교회로 분배되다 보니까 교회들이 만원이 되고 그것을 가리켜 교회성장이라 하고, 그 성장이 하나님 나라의 확장 혹은 왕국이 되고 상대적으로 사탄의 왕국이 침몰당하게 되는 것이다. 결국 전도 및 선교는 사탄 왕국의 침몰과 하나님 나라의 확장의 요소이다.

　이런 맥락에서 전도 및 선교의 성경적 정의를 분명히 해야 할 것이다. 즉 전도라 하면서도 전도 아닌 것이 있고, 선교가 아니면서도 선교라 하는 것이 있기 때문에 성경이 말하는 그것들의 개념이 무엇인지 밝혀두어야 한다. 교회의 대인 생활의 주요한 국면이 전도하고 선교하는 것이다. 교회니까 전도 및 선교활동이 자연스러운 것이다. 전도 및 선교를 교회의 사명이라고 명명(命名)하지 말고 당연하고도 자연스러운 교회 생활의 일면이라고 보자는 것이다. 선교를 교회의 어떤 특별한 사명으로 보다 보니 소위 선교의 과열경쟁 상태가 야기되어 오히려 사명이란 이름 아래 선교가 교회에게 어려움을 주는 경우가 없지 않아 있었던 것이다. 선교는 개 교회 간에 경쟁할 내용이 아니라 개 교회가 감당해야 할 의무인 것이다.

우선 선교개념부터 검토해 보자.

복음주의 선교개념과 에큐메니컬(ecumenical) 운동의 선교개념 사이에는 확연한 차이점이 드러난다.

다시 한 번 정리해야 할 주제는 전도와 선교의 관계 문제이다. 전도란 가까운 곳에서 행해지는 것이고, 선교란 먼 곳에서 행해지는 것인데 가깝다는 말은 동일 문화권을 말하고 멀다는 말은 외지선교(外地宣敎)로 구분될 수 있다. 오늘날 대부분의 복음주의자들은 선교를 전도와 사회봉사를 포함시켜 광의적으로 해석한다. 허버트 케인도 선교를 영혼 구원과 사회봉사로 해석하고 있는데 복음주의는 아무래도 영혼 구원에 강조점을 두고 자유주의는 사회봉사에 강조점을 둔다고 말했다.[488]

교회의 생활은 영혼 구원과 바로 뒷장에서 언급할 사회봉사가 내포된다. 교회는 그 생명의 길과 가르침(道 및 敎)을 전하는 생명적 인격체이다. 성경적인 전도 및 선교의 개념과는 다소간에 옆으로 밀려나간 선교개념부터 진술하게 되면 성경적인 선교개념이 자연스럽게 돋보일 것이다.

그럼 옆으로 밀려나가 버린 선교개념은 어떤 것인가? 그것은 소위 에큐메니컬의 선교개념이다. 제2차 세계대전 이후 선교신학에 많은 변화가 생겼다. 자유주의 신학사상의 기초를 둔 교회연합 운동인 '세계교회협의회'(The world council of churches, W.C.C)가 전통적인 선교신학의 개념을 바꾸어 놓았다. 그것은 한 마디로 말해서 사회구원의 선교신학이다.[489]

사회구원이란 무엇인가? 그것은 사회는 그냥 그대로 두고 보노라면 아무 데도 손 댈 곳이 없이 그런대로 괜찮은 구조라는 것이다. 괜히 서구 기독교 세계가 비기독교 세계에 기독교 세계관을 주입시켜서 기독교화 하려는 일종의 횡포를 자행한다는 것이다. 사회구원은 이상한 자성론(自省論)으로, 전통적 선교 주체자에게 도전을 해왔다.

타문화권, 곧 비기독교 사회에 새삼스럽게 전도할 것이 없는 이유는 이미 거기 전도가 현존(現存, presence)하고 있다는 것이다. 기독교의 전할 도가 이미 거기도 있는데 굳이 새삼스럽게 특별한 척하여 소위 복음이니 진리니 하는 것을 가지고 들어간다는 것이다. 이미 그곳도 전도된 곳이요 또 전도가 진행되고 있다는 것이다. 이것은 종교다원화주의에 대

---

488) 전호진, 「선교학」, (서울: 개혁주의 신행협회, 1987), pp. 22~23.
489) 전호진, 위의 책, pp. 17~18.

한 인정이 되며 계시의 만유 공존설을 인정하는 바 유일 절대적이란 성경의 기본정신과는 위배된다.

타문화권, 곧 비기독교 세계에 있는 사람들에게는 예수 그리스도의 구속사역이 필요한 것이 아니라 이런 저런 제약과 규범으로 인한 인간의 존엄성과 가치가 억압받고 있기 때문에 인간 본연의 가치를 지니게 하는 인간화(人間化)가 급선무이고, 이런 인간화는 모든 제약과 속박으로부터의 인간의 해방화(解放化)가 목표라는 것이다.

기독교가 타문화권 비기독교 세계에 하나님을 소개하기 전에 이미 하나님이 계셨고, 진리를 전하기 전에 이미 거기 진리가 있었고, 구원을 전하기 전에 이미 거기 구원 역사가 있었고, 기쁜 소식을 전하기 전에 이미 거기에도 기쁜 소식이 있었다. 따라서 유아독존적 제국주의적 자세로 기독교의 우월성을 가지고 피선교지에 나갈 필요는 없다는 것이니 비교종교학 분야에서는 종교다원주의 경향이요 조직신학 분야에서는 일반 계시론 절대 우위성 경향이다. 이것이 소위 '하나님의 선교'(Missio Dei)라는 것이다.

호켄다이크(J.C. Hochendijk)는 '선교신학의 세속화'를 주장했었다. 그는 전통적인 교회론 중심의 선교는 기독교의 근본 진리를 왜곡하는 것이라 했다. 그는 선교는 선포(kerygma), 교제(koinonia) 및 봉사(diakonia)인데 비록 성경적 용어는 확실하지만 그 그릇이 담고 있는 내용물은 다르다는 데에 문제가 있다는 것이다. '선포'라고 해봤자 기독교의 어떤 특별한 것을 전하는 것이 아니라 그리스도가 거기 현존(現存)하고 있다는 것의 깨우침이요, '교제'라 해봤자 사람들 가운데 더할 나위 없이 평화가 있다는 것이며, '봉사'라 해봤자 사람들 사이에 겸손의 미덕이 있다는 것이다.[490]

에큐메니컬 신학적 입장에서 본 선교, '선교신학의 세속화'에서 본 선교, 하나님의 선교에서 본 선교, 본 훼퍼의 신학적 입장에서 본 선교는 결국 선교의 의미를 전통적인 것과는 달리하고 있다. 그 달리하고 있는 내용은 무엇인가?

1966년 제네바에서 모인 W.C.C 총회는 '교회와 사회'란 주제 아래 '타자를 위한 교회, 세상을 위한 교회'를 역설했는데 이것은 교회가 하나님이 원하시는 최종 목적이 아니라 교회란 선교를 하는 것이 목적이며, 선교의 목적도 교회가 아니라 세상을 위한 것이라는 점이다. 교회의 목적성이 깨어지고 교회 존재의 수단성이 강조된다. 쉽게 말하면 선교의 목적이 교회가 아니라 세상인 것이다. 선교는 왜 하는가? 세상을 위해서다. 세상을 위한다는 말은 결국 무엇을 의미하는가? 언필칭 세계의 복음화라 할 것이다. 그럼 세계의 복음화는 무슨 목적을 지녔는가? 여기서 답변은 '교회를 구성하기 위해서'가 아니다. 그 답변은 '세계를 위해서'라는 답변이 나온다. 난해하게 들릴지 모르나 교회도 선교를 위해서 존재하는

---

490) 전호진, 「선교학」, pp. 18~19.

것은 아니다. 물론 교회가 선교를 하지 않아도 된다는 것이 아니라 교회의 선교도 결국 교회 자체를 위한 것이라는 뜻이다. '타자를 위한 교회'가 세속 선교학의 내용이다. 그런데 교회가 타자를 위한다는 것은 복음화시킨다는 것이지만 여기에도 두 가지 지적 사항이 있다. 그 하나는 복음화라고 하지만 그리스도의 피로 인한 구속사역의 복음화가 아니라 인간화(人間化), 해방화(解放化)라는 의미의 변질된 복음화라는 것이다. 그 둘째는 복음화의 목적이 교회 설립이 아니라 세상 건립이다.

'하나님의 선교'에서 주장하는 교회의 선교 목적은 세상에 평화(shalom)를 건설하는 것이며 교회는 평화건설을 위한 수단이다. 굳이 이방 선교가 목적이 아니기 때문에 문화나 국경을 넘는 선교사를 파송할 필요는 없다는 것이다. 세상에 봉사를 하는 것 자체가 선교하고 있는 것이라고 본다. 세상이 우선하고 교회는 그 세상을 위한 차선의 존재가 되는 것이다. 교회는 왜 존재하는가? 결국 세상을 위해서라는 것이다. 어떻게 하는 것이 세상을 위하는 것인가? 세상에 평화를 주는 것이다. 이런 식으로 이론이 전개되면 하나님이 계획하신 교회는 어디로 갈 것인가? 세상을 교회화한다는 의미로 교회가 세상을 위한다고 하면 그것은 참으로 세상을 위한 것이 될 것이다. 세상을 세상대로 둔 채 사회개혁이나 추진하려고 하는 것은 전도나 선교는 아니다.

이런 식의 선교개념이 교회에 유익한 것은 아무것도 없다. 교회생활로서의 선교가 이런 정도의 개념이라면 그 선교는 교회에 유익이 되지 않는다. 몸의 모든 활동이 다 몸에 유익하지 않은 것은 몸에 불리하게 움직이는 활동도 있기 때문이다. 교회가 도를 전하고 가르침을 선포하는 전도 및 선교는 교회의 세속화 내지 세상화가 아니라 세상의 교회화가 목적이다. 1968년 웁살리에서 모인 제4차 W.C.C 총회의 선교 목표가 바로 '인간화'로 다음과 같이 규정했다.

「우리는 인간화를 선교의 목표로 규정한다. 왜냐하면 우리는 우리 역사의 시대에서는 메시아적 목표의 의미를 다른 입장으로 전달하기 때문이다. 다른 시대에서는 하나님의 구속적 사역(使役)의 목표가 인간이 하나님께로 돌아서는 것으로 생각하였다.…선교의 목적은 기독교화로서, 그리스도와 그의 교회를 통하여 사람을 하나님께 인도하는 것으로 생각하였다. 그러나 현재의 중요한 문제는 참 인간의 문제이다. 따라서 선교 교회의 주요 관심은 선교의 목표가 그리스도 안에서 인간성을 지배하는 것이다.」[491]

교회가 전도 및 선교라고 하는 행위를 했건만 결과적으로 교회에게는 아무런 보탬이 되

---

491) 전호진, 「선교학」 p. 19.

지 않고 있다. 오히려 교회에게 손해(damage)를 주고 있다는 것이 선교신학의 세속화인 것이다. 복음주의 신학의 선교개념은 어떤가?

선교는 라틴어 '미토'(Mitto, 보낸다)에서 유래된 것인데 그 의미는 사람을 파송한다는 것이다. 신약성경에 파송한다는 말의 횟수가 200회 이상 나타나고 있고, 선교사(missionary)란 말은 13세기 천주교 수도원에서 사용했고 개신교 교회에서도 이 용어를 그대로 사용하고 있는 터이다.[492]

선교학의 할아버지라 할 수 있는 독일 선교학자 구스타프 바르넥(G.Warneck)은 선교의 개념을 아래와 같이 체계화시켰고 그것이 20세기에 들어오면서까지 계속 유지되고 있다. "선교란 비기독교 세계에 교회를 설립하기 위한 복음 전파이다."

복음주의 신학의 선교개념이 확연해지고 있다. 선교의 대상은 비기독교 세계이다. 불신자들의 상태는 어떤가?

"만일 우리의 복음이 가리었으면 망하는 자들에게 가리어진 것이라 그 중에 이 세상의 신이 믿지 아니하는 자들의 마음을 혼미하게 하여 그리스도의 영광의 복음의 광채가 비치지 못하게 함이니 그리스도는 하나님의 형상이니라"(고후 4:3~4)

그들이 구원받지 못하면 지금 교회 형성에도 참여하지 못할 뿐만 아니라 백보좌 심판에 처하게 되는 것이다.

"또 내가 크고 흰 보좌와 그 위에 앉으신 이를 보니 땅과 하늘이 그 앞에서 피하여 간 데 없더라 또 내가 보니 죽은 자들이 큰 자나 작은 자나 그 보좌 앞에 서 있는데 책들이 펴 있고 또 다른 책이 펴졌으니 곧 생명책이라 죽은 자들이 자기 행위를 따라 책들에 기록된 대로 심판을 받으니 바다가 그 가운데서 죽은 자들을 내주고 또 사망과 음부도 그 가운데서 죽은 자들을 내주매 각 사람이 자기의 행위대로 심판을 받고 사망과 음부도 불못에 던져지니 이것은 둘째 사망 곧 불못이라 누구든지 생명책에 기록되지 못한 자는 불못에 던져지더라"(계 20:11~15)

선교의 목적은 교회를 설립하는 것이다. 선교의 내용은 복음이다. 선교는 사람을 파송하는 것인데 파송된 사람이 반드시 지녀야 할 것이 있다. 파송하는 사람이 있고 파송 받는 사람이 있고 파송할 때 전달 내용이 있어야 하는 것이다.

"예수께서 또 이르시되 너희에게 평강이 있을지어다 아버지께서 나를 보내신 것같이 나도 너희

---
492) 전호진, 「선교학」 p. 20.

를 보내노라"(요 20:21)

"그러므로 우리가 그리스도를 대신하여 사신이 되어 하나님이 우리를 통하여 너희를 권면하시는 것같이 그리스도를 대신하여 간청하노니 너희는 하나님과 화목하라"(고후 5:20)

"사람이 마땅히 우리를 그리스도의 일꾼이요 하나님의 비밀을 맡은 자로 여길지어다"(고전 4:1)

하나님이 예수님을 보내시고 예수님이 제자들을 보내셨다. 또한 보내심을 받은 자는 하나님의 비밀을 받았다. 파송된 자는 예수 그리스도를 소개하는 자이다. 예수 그리스도는 어떤 분이신가를 전한다.

"예수께서 이르시되 내가 곧 길이요 진리요 생명이니 나로 말미암지 않고는 아버지께로 올 자가 없느니라"(요 14:6)

전도 및 선교란 무엇을 전하는가? 예수 그리스도가 길이라는 것을 길 잃은 자에게 소개하며, 예수 그리스도가 진리라는 것을 비진리를 추종하는 자에게 소개하는 것이며, 예수 그리스도가 생명이라는 것을 멸망하는 자에게 소개하는 것이다. 예수 그리스도를 통하지 않고도 하늘나라를 갈 수 있을 것이라고 착각 내지 오해하고 있는 사람들에게 결코 그런 것이 아니라는 것을 깨우쳐 주는 것이 전도요 선교이다. 전도 혹은 선교에 대한 극단적인 양자의 입장을 보면서 그것이 전도 및 선교라 할 수 없는 것들이란 어떤 것이 있는가를 제시해 보고자 한다.

데이빗 학킹은 다음과 같은 세 가지 항목을 제시하고 있다.[493]

세상에 벌어지는 제반 문제들, 예를 들면 인구폭발, 대기오염, 범죄, 기아, 주거문제, 건강 등과 같은 것을 우선적으로 해결하는 등의 사회활동이 과연 전도인가? 세상에 벌어지고 있는 정치적 변화를 초래케 하는 것, 정치활동이 과연 전도인가? 구원의 확신도 없이 단순히 교회 출석을 독려하여 교인의 숫자만 늘어나게 하는 것, 교회 출석 위주가 과연 전도인가? 이 모든 것이 정확한 전도는 아니라고 결론을 짓는다.

진정한 전도는 고린도전서 15장 1~9절 사이에 기록되어 있다. 사도 바울은 자기가 받은 것을 전했다고 했다. 그 받은 것은 무엇인가?

"내가 받은 것을 먼저 너희에게 전하였노니 이는 성경대로 그리스도께서 우리 죄를 위하여 죽으시고"(고전 15:3)

---

493) 데이빗 학킹, 「교회성장 중심의 성경적 목회방법」, pp. 80~81.

"그분은 살아 계신 구세주이시다."

전도는 그분의 일생을 소개하는 것이다. 그것은 그의 죽으심, 장사되심, 부활, 승천, 승귀하심 그리고 재림하심인데 이 모든 것은 교회를 위한 것이라는 점이다.

② 교회의 전도(선교)

교회는 왜 전도해야 하느냐가 아니라 왜 전도할 수밖에 없느냐이다. 왜 전도해야 하는가에 대한 질문은 교회의 전도 의무를 묻는 것이고, 왜 전도할 수밖에 없느냐에 대한 질문은 교회의 전도는 생활의 일면이라는 것을 묻는 것이다. 전도는 의무가 아니라 생활 그 자체라는 것이다. 교회가 전도해야 하는 것은 그리스도의 명령이며(마 28:19), 사랑의 강권함이며(고후 5:14~15), 그리스도의 재림이 있기 때문이다(고전 15:51, 58).

하나님은 전도(傳道)로 자기 교회를 확장시키신다. 전도란 하나님의 백성이 또 하나님의 백성을 낳는 행위이다.

"그리스도 안에서 일만 스승이 있으되 아버지는 많지 아니하니 그리스도 예수 안에서 내가 복음으로써 너희를 낳았음이라"(고전 4:15)

전도란 하나님의 백성이 하나님의 가족을 번창케 하는 행위이다. 이런 일은 하나님의 백성이 도(道)를 전함으로 가능한 것이다. 전도란 하나님의 말씀의 씨앗을 온 땅에 뿌리는 행위이다. 전도란 하나님의 도가 온 세상에 전염되다시피 퍼뜨려지는 행위이다. 이 세상에 지혜자가 없고 선비도 없고 변사도 없다. 그 이유는 하나님께서 이 세상의 지혜를 미련케 하셨다고 했기 때문이다.

"지혜 있는 자가 어디 있느냐 선비가 어디 있느냐 이 세대에 변론가가 어디 있느냐 하나님께서 이 세상의 지혜를 미련하게 하신 것이 아니냐"(고전 1:20)

이런 세상을 향해 지혜를 가졌고, 선비가 되고, 변사가 되는 하나님의 백성은 무엇을 해야 하는가? 하나님의 손 안에 잡혀서 도를 전해야 한다.

"하나님의 지혜에 있어서는 이 세상이 자기 지혜로 하나님을 알지 못하므로 하나님께서 전도의 미련한 것으로 믿는 자들을 구원하시기를 기뻐하셨도다"(고전 1:21)

하나님께서는 전도의 미련한 것으로 세상 사람들을 구원하시기를 기뻐하셨다. 미련하게 보이는 것이 전도이다. 현명치 못하게 보이는 접근이 전도이다. 그러나 그것이 하나님의 방법이다. 전도의 대상은 누구였던가? 표적을 구하는 종교적 유대인이요 지혜를 찾는 철학적 헬라인이다.

"유대인은 표적을 구하고 헬라인은 지혜를 찾으나"(고전 1:22)

그럼에도 불구하고 하나님의 백성이 전해야 할 도(道)는 무엇인가? 전도의 내용은 십자가에 못박힌 그리스도이시다.

"우리는 십자가에 못 박힌 그리스도를 전하니 유대인에게는 거리끼는 것이요 이방인에게는 미련한 것이로되 오직 부르심을 받은 자들에게는 유대인이나 헬라인이나 그리스도는 하나님의 능력이요 하나님의 지혜니라"(고전 1:23~24)

전도는 도를 지닌 자가 할 수 있다. 도를 지녔다는 말은 하나님의 백성이라는 말이다. 그 말은 세상 사람이 아니라는 말이다. 세상 사람이 아니라는 것은 구원받은 중생 체험자라는 것이다. 중생자가 비중생자에게 다가가서 중생 이야기를 전하니 전도는 도를 가진 자가 도를 갖지 못한 자에게 주는 행위이다. 체험자가 비체험자에게 체험을 들려주는 것이다.
교회는 말씀(도)으로 가득 차 있다. 교회의 입 안에는 말씀이 꽉 차 있다. 입만 열면 터져 나오는 것이 말씀이다. 마치 화살 통에 화살이 꽉 차 있다가 쏘기만 하면 날아가는 것이 복음전도이니 그 화살이 가까이 떨어지면 전도이고 담 너머 멀리 떨어지면 선교이다. 전도나 선교의 화살은 매일반이니 복음이요 십자가요 생명이다.
입만 열면 나오는 것이 말씀이다. 그 말씀은 마음에 있었던 것이다.

"그러면 무엇을 말하느냐 말씀이 네게 가까워 네 입에 있으며 네 마음에 있다 하였으니 곧 우리가 전파하는 믿음의 말씀이라"(롬 10:8)

전도는 하나님이 이미 정하신 자기표현 방법이다. 하나님은 일단 어떤 특정인에게 '도'를 주신 다음 그 '도'를 전염시키는 방법대로 확산시키신다. 그렇게 전염된 '도'는 다른 목적이 아니라 '도'를 전해 준 주체자 곧 전도자 더 크게는 교회의 부흥을 위한 것이다.
일단 '도'를 받은 자는 누구나 그 '도'를 전해야 한다. 맡겨진 '도'를 전해도 되고 전하지 않아도 되는 것이 아니라 반드시 전해 주어야만 한다. 하나님은 일단 '도'를 어떤 사람에게 맡겨주신 다음 그것이 또 다른 사람에게 전달되는지 여부에 관심을 두신다.

어떤 사람에게 택배(宅配)로 물건을 보냈다. 그 물건이 그 사람에게 전달되었는지 여부가 궁금하다. 그때 그 물건을 받은 사람이 틀림없이 잘 받았다고 전갈이 오면 그제야 보낸 사람이 안심한다. 혹 타인으로부터 택배 물건을 받았을 경우 나는 반드시 전화로 즉각 "고맙다"는 말을 전한다. 그쪽에서는 매우 기뻐한다.

미국의 유명한 전도학 교수를 청빙해 한국에서 특강집회를 했다. 그 강사는 첫날 강단에 서서 아주 짧게 이벤트를 하고 하단했다.

"안녕하십니까? 나, 나이가 들었습니다. 장거리 여행에 피곤합니다. 오늘 전도학 강의는 간단히 끝마치겠습니다." 이렇게 서두를 연 그 전도학 강사는 옆에 서 있는 통역자에게 "이 선물을 이 통역자의 친구가 이 통역자에게 전달해 주라고 나에게 부탁한 것인데 지금 이 선물을 전달합니다"라고 하면서 통역자에게 안겨 주는 것이 아닌가? 그리고 그 강사는 "여러분, 제가 분명히 전달해 주었지요?"라고 묻는 것이었다. 모두가 "그렇습니다"라고 하니까 "그럼 내 임무는 끝났습니다. 오늘 강의는 이것으로 마칩니다. 내일 봅시다" 하는 것이었다. 물론 그 뒤에 다른 순서들이 있긴 했지만 말이다.

이튿날 그의 강의는 계속되었고, 전도라는 것은 하나님이 우리에게 맡긴 '도'를 전달해 주라는 사람에게 정확하게 갖다 주는 일이라고 정의했었다.

"모든 것이 하나님께로 났나니 저가 그리스도로 말미암아 우리를 자기와 화목하게 하시고 또 우리에게 화목하게 하는 직책을 주셨으니"(고후 5:18)

"주의 약속은 어떤 이의 더디다고 생각하는 것같이 더딘 것이 아니라 오직 너희를 대하여 오래 참으사 아무도 멸망치 않고 다 회개하기에 이르기를 원하시느니라"(벧후 3:9)

"다른 이로서는 구원을 얻을 수 없나니 천하 인간에 구원을 얻을 만한 다른 이름을 우리에게 주신 일이 없음이니라 하였더라"(행 4:12)

바울 사도는 영적 아들 디모데에게 간절한 부탁을 하고 있다.

"내 아들아 그러므로 너는 그리스도 예수 안에 있는 은혜 가운데서 강하고 또 네가 많은 증인 앞에서 내게 들은 바를 충성된 사람들에게 부탁하라 그들이 또 다른 사람들을 가르칠 수 있으리라"(딤후 2:1~2)

"바울 – 디모데 – 충성된 사람들 – 다른 사람들"
디모데가 바울에게서 '들은 바'를 전달하는 고리가 위와 같다. 우선 바울은 자기가 들은 바를 이미 가지고 있었기에 디모데에게 들려주고 디모데는 들은 바를 충성된 사람들에게 또 들려주고 충성된 사람들은 또 다른 사람들에게 들려준다는 것이다. 전도에는 고리의 연결이 계속된다. 좀더 긴 안목으로 전도의 고리를 보면 아래와 같다.

하나님은 전체 인류 만민에게 복 주시기를 원하신다.

"여호와께서 아브람에게 이르시되 너는 너의 고향과 친척과 아버지의 집을 떠나 내가 네게 보여 줄 땅으로 가라 내가 너로 큰 민족을 이루고 네게 복을 주어 네 이름을 창대하게 하리니 너는 복이 될지라 너를 축복하는 자에게는 내가 복을 내리고 너를 저주하는 자에게는 내가 저주하리니 땅의 모든 족속이 너로 말미암아 복을 얻을 것이라 하신지라"(창 12:1~3)

아브라함을 통해서 복을 전달해 주신다.

"여호와께서 이르시되 내가 하려는 것을 아브라함에게 숨기겠느냐 아브라함은 강대한 나라가 되고 천하 만민은 그로 말미암아 복을 받게 될 것이 아니냐"(창 18:17~18)

복의 전달은 이스라엘을 통해서다.

"내가 네게 큰 복을 주고 네 씨가 크게 번성하여 하늘의 별과 같고 바닷가의 모래와 같게 하리니 네 씨가 그 대적의 성문을 차지하리라 또 네 씨로 말미암아 천하 만민이 복을 받으리니 이는 네가 나의 말을 준행하였음이니라 하셨다 하니라"(창 22:17~18)

이스라엘을 통해 예수께 나아간다. 이것은 상징적이다.

"네 자손을 하늘의 별과 같이 번성하게 하며 이 모든 땅을 네 자손에게 주리니 네 자손으로 말미암아 천하 만민이 복을 받으리라"(창 26:4)

마지막 도달한 축복의 종착역은 교회이다. 이것은 상징이다.

"야곱이 잠이 깨어 이르되 여호와께서 과연 여기 계시거늘 내가 알지 못하였도다 이에 두려워하여 이르되 두렵도다 이 곳이여 이것은 다름 아닌 하나님의 집이요 이는 하늘의 문이로다 하고 야곱이 아침에 일찍이 일어나 베개로 삼았던 돌을 가져다가 기둥으로 세우고 그 위에 기름을 붓고 그 곳 이름을 벧엘이라 하였더라 이 성의 옛 이름은 루스더라"(창 28:16~19)

하나님은 일찍이 구약시대에 하나님의 백성의 전도를 작정하셨다.

"그의 영광을 백성들 가운데에, 그의 기이한 행적을 만민 가운데에 선포할지어다"(시 96:3)
"내 거룩한 산 모든 곳에서 해 됨도 없고 상함도 없을 것이니 이는 물이 바다를 덮음같이 여호와를 아는 지식이 세상에 충만할 것임이니라"(사 11:9)
"만군의 여호와가 이르노라 해 뜨는 곳에서부터 해 지는 곳까지의 이방 민족 중에서 내 이름이 크게 될 것이라 각처에서 내 이름을 위하여 분향하며 깨끗한 제물을 드리리니 이는 내 이름이 이방 민족 중에서 크게 될 것임이니라"(말 1:11)

신약에서 실천하셨다.

"이 천국 복음이 모든 민족에게 증언되기 위하여 온 세상에 전파되리니 그제야 끝이 오리라"(마 24:14)
"그러므로 너희는 가서 모든 민족을 제자로 삼아 아버지와 아들과 성령의 이름으로 세례를 베풀고"(마 28:19)
"또 이르시되 너희는 온 천하에 다니며 만민에게 복음을 전파하라"(막 16:15)
"또 그의 이름으로 죄 사함을 받게 하는 회개가 예루살렘에서 시작하여 모든 족속에게 전파될 것이 기록되었으니"(눅 24:47)
"밤에 환상이 바울에게 보이니 마게도냐 사람 하나가 서서 그에게 청하여 이르되 마게도냐로 건너와서 우리를 도우라 하거늘"(행 16:9)
"이스라엘과 이방인들에게서 내가 너를 구원하여 그들에게 보내어 그 눈을 뜨게 하여 어둠에서 빛으로, 사탄의 권세에서 하나님께로 돌아오게 하고 죄 사함과 나를 믿어 거룩하게 된 무리 가운데서 기업을 얻게 하리라 하더이다"(행 26:17~18)

온 세상이 전도를 받아야 함은 온 세상이 주님을 알고 경배해야 함이 마땅하기 때문이다. 전도는 경배의 대상을 가르쳐 주는 것이다. 전도는 인간이 마땅히 경배하고 인사 받으실 분에게 경배하고 인사하게 만드는 것이다.

"땅의 모든 끝이 여호와를 기억하고 돌아오며 모든 나라의 모든 족속이 주의 앞에 예배하리니 나라는 여호와의 것이요 여호와는 모든 나라의 주재심이로다 "(시 22:27~28)
"땅의 모든 끝이여 내게로 돌이켜 구원을 받으라 나는 하나님이라 다른 이가 없느니라 내가 나를 두고 맹세하기를 내 입에서 공의로운 말이 나갔은즉 돌아오지 아니하나니 내게 모든 무릎이

꿇겠고 모든 혀가 맹세하리라 하였노라"(사 45:22~23)

"여호와가 말하노라 매월 초하루와 매 안식일에 모든 혈육이 내 앞에 나아와 예배하리라"(사 66:23)

"기록되었으되 주께서 이르시되 내가 살았노니 모든 무릎이 내게 꿇을 것이요 모든 혀가 하나님께 자백하리라 하였느니라"(롬 14:11)

"이러므로 하나님이 그를 지극히 높여 모든 이름 위에 뛰어난 이름을 주사 하늘에 있는 자들과 땅에 있는 자들과 땅 아래에 있는 자들로 모든 무릎을 예수의 이름에 꿇게 하시고 모든 입으로 예수 그리스도를 주라 시인하여 하나님 아버지께 영광을 돌리게 하셨느니라"(빌 2:9~11)

"주여 누가 주의 이름을 두려워하지 아니하며 영화롭게 하지 아니하오리이까 오직 주만 거룩하시니이다 주의 의로우신 일이 나타났으매 만국이 와서 주께 경배하리이다 하더라"(계 15:4)

예수님은 전도자를 특별히 파송하셨다.

"보라 내가 너희를 보냄이 양을 이리 가운데로 보냄과 같도다 그러므로 너희는 뱀같이 지혜롭고 비둘기같이 순결하라 사람들을 삼가라 그들이 너희를 공회에 넘겨 주겠고 그들의 회당에서 채찍질하리라 또 너희가 나로 말미암아 총독들과 임금들 앞에 끌려 가리니 이는 그들과 이방인들에게 증거가 되게 하려 하심이라"(마 10:16~18)

"예수께서 또 이르시되 너희에게 평강이 있을지어다 아버지께서 나를 보내신 것같이 나도 너희를 보내노라"(요 20:21)

하나님 아버지께서 아들을 보내심같이 그 아드님은 제자들을 보내신다. 전도를 통하지 않고 하나님은 역사하지 않으신다. 세상이 믿지 아니하는 이를 어찌 부르며 듣지도 못한 이를 어찌 믿겠는가? 전파하는 자가 없으면 어떻게 들을 수 있겠는가? 보내심을 받지 않으면 어찌 전파하겠는가?

"그런즉 그들이 믿지 아니하는 이를 어찌 부르리요 듣지도 못한 이를 어찌 믿으리요 전파하는 자가 없이 어찌 들으리요 보내심을 받지 아니하였으면 어찌 전파하리요 기록된 바 아름답도다 좋은 소식을 전하는 자들의 발이여 함과 같으니라"(롬 10:14~15)

③ 교회 전도 어떻게 할 것인가?

지금까지 교회 전도는 의무가 아니라 단순한 생활이라고 말해 왔다. 전도자는 이미 먼저 '도'를 지닌 자가 그 '도'를 아직 갖지 않은 자에게 전해 주는 것이라고 했다. 그런데 이

'도'를 어떻게 전해줘야 할까? 즉 전도 방법에 대한 문제가 제기된다. 그러나 여기에서 주의해야 할 것은 방법에 치중하다 보면 전달하는 내용에 소홀할 수 있다는 위험성이다. 사실 전달하는 방법보다는 전달하는 내용이 더 귀중한 것이다. 가진 자는 줄 수 있고 갖지 않은 자는 줄 수 없다. 안 가진 것을, 주는 방법에만 익숙한들 전달되는 것이 없을 것이지만, 가진 것은 주는 방법이 서툴러도 전달될 수가 있다는 점을 유의해야 한다. 기독교 교육이나 전도학이 대개는 방법에 더 치우치지 않나 싶다.

일간 신문에 이런 기사가 실려 있었다. 나는 그 기사를 보는 순간 일종의 전율을 느꼈다. "사랑은 성내지 아니하고…, 그렇게 가르치지만 어떻게 화를 참는지는 안 가르쳐요." 가정사역에 수고를 많이 한 모 목사에 관한 기사인데 아마도 신문 편집자의 표제 설정이 그렇게 되지 않았나 믿고 싶다. 이 표제를 액면대로 해석하면 성경의 진리가 반(半)진리요 그 효과도 반(半)효과밖에 없어서 사람이 나머지 반(半)을 보조해 주어야만 그 성경구절이 살아난다는 것 같이 들린다.

"사랑은 성내지 아니하고." 그것이면 족한 것이다. 사랑이 있으면 성내지 않게 되어 있다. 사랑의 결여가 성을 내게 한 것이다. 사랑이란 근본이 있으면 어떻게 성내지 않게 되는지 구체적 방법을 제시하지 않더라도 성이 일어나지 않는 것이 사랑의 위력이다. 그런데 이 표제에 따르면 사랑만으로는 안 된다. 사랑의 작용 방법을 개발해야 된다. 그렇게 해야만 사랑이 성내지 않게 만든다는 논조처럼 들린다.

떡이 있으면 떡을 나눠줄 수 있다. 그 분배 방법은 둘째 문제다. 떡이 없는데 나눠주는 방법에만 열중한다는 것은 어리석은 일이다. 물론 떡이 있다는 것을 전제로 떡 분배 방법이 있겠지만 가장 중요한 것은 '사실'이고 그 '사실'에서 방법이 나오게 된다.

그럼 우리는 '도'가 확신되어진 자들의 '도'의 전달방법에 관해 안심하고 진술해 보기로 하자. 구약에는 상징의 도를 전하고 신약에는 실재의 도를 전한다. 구약 전체가 그림자요 신약 전체가 그 실재라는 의미에서 내린 정의이지만 결국 '道' 그 자체는 하나인 것이다. 신구약 전도를 종합적으로 예시한다.

가장 좋은 전도 방법은 자기 체험 그 자체이다(왕하 7장).

네 문둥이들이 빛나는 전도자들이었다. 그들은 복음의 상징인 '아람 군대 안의 풍요로움'을 체험한다. 어떻게 전할 것인가의 방법이 문제가 아니다. 왜 전해야 하는지의 당위성이 문제였다. 체험한 기쁜 소식을 전하지 않으면 안 되는 것이 전도요 선교이다. 성문 밖 문둥이 네 사람이 가만히 앉아 죽을 수 없어서 용감하게 아람 군대 진지 안으로 침입하여 실컷 먹고 마시고 치부하게 되었다.

"그 나병환자들이 진영 끝에 이르자 한 장막에 들어가서 먹고 마시고 거기서 은과 금과 의복을

가지고 가서 감추고 다시 와서 다른 장막에 들어가 거기서도 가지고 가서 감추니라"(왕하 7:8)

실컷 재미를 본 문둥이 네 사람은 분연히 일어나서 이스라엘 백성에게 기쁜 소식, 기쁜 체험, 기쁜 현장을 알린다.

"나병환자들이 그 친구에게 서로 말하되 우리가 이렇게 해서는 아니되겠도다 오늘은 아름다운 소식이 있는 날이거늘 우리가 침묵하고 있도다 만일 밝은 아침까지 기다리면 벌이 우리에게 미칠지니 이제 떠나 왕궁에 가서 알리자 하고 가서 성읍 문지기를 불러 그들에게 말하여 이르되 우리가 아람 진에 이르러서 보니 거기에 한 사람도 없고 사람의 소리도 없고 오직 말과 나귀만 매여 있고 장막들이 그대로 있더이다 하는지라"(왕하 7:9~10)

전도 안하면 그 소위가 선치 못하고 벌을 받을 것이라는 양심의 소리가 전도하게 된 것이다. 사도 바울은 실재 '복음'의 소유자였다. 자신은 복음의 빚진 자라고 자기의 부채를 생각했다. 복음을 부끄러워하지 않는 자가 되었다. 율법 중시와 헬라철학 존중의 시기에 복음 이야기는 충분히 어리석은 자라는 평판을 면치 못했을 것이다. 이신득의(以信得義) 교리를 외친다. 여기에 무슨 설득이나 사전 양해가 없다. 복음의 확신만이 복음 전파의 원동력이 된 것이다.

"헬라인이나 야만인이나 지혜 있는 자나 어리석은 자에게 다 내가 빚진 자라 그러므로 나는 할 수 있는 대로 로마에 있는 너희에게도 복음 전하기를 원하노라 내가 복음을 부끄러워하지 아니하노니 이 복음은 모든 믿는 자에게 구원을 주시는 하나님의 능력이 됨이라 먼저는 유대인에게요 그리고 헬라인에게로다 복음에는 하나님의 의가 나타나서 믿음으로 믿음에 이르게 하나니 기록된 바 오직 의인은 믿음으로 말미암아 살리라 함과 같으니라"(롬 1:14~17)

사도 바울은 어차피 복음을 전하지 않으면 안 된다고 했다.

"내가 복음을 전할지라도 자랑할 것이 없음은 내가 부득불 할 일임이라 만일 복음을 전하지 아니하면 내게 화가 있을 것이로다 내가 내 자의로 이것을 행하면 상을 얻으려니와 내가 자의로 아니한다 할지라도 나는 사명을 받았노라"(고전 9:16~17)

파수꾼이 되어 여호와의 입의 말을 전하는 것이다. 에스겔 선지자의 방법에 유의하자.

"인자야 내가 너를 이스라엘 족속의 파수꾼으로 삼음이 이와 같으니라 그런즉 너는 내 입의 말을 듣고 나를 대신하여 그들에게 경고할지어다 그러나 너는 악인에게 경고하여 돌이켜 그의 길에서 떠나라고 하되 그가 돌이켜 그의 길에서 떠나지 아니하면 그는 자기 죄악으로 말미암아 죽으려니와 너는 네 생명을 보전하리라"(겔 33:7,9)

에스겔은 이스라엘 족속의 파수꾼이다. 파수꾼은 여호와의 입의 말을 듣고 그를 대신하여 사람들을 깨우친다.

"인자야 내가 너를 이스라엘 족속의 파수꾼으로 세웠으니 너는 내 입의 말을 듣고 나를 대신하여 그들을 깨우치라"(겔 3:17)

에스겔이 파송 받아 간 전도의 대상자들은 그렇게 수월한 백성이 아니었다. 그들은 전도 방법이 따로 있는 게 아닐 정도로 험악한 사람들이었다.
그들은 패역한 백성이요 여호와를 배반한 자들이다.
그들은 그 열조가 지금까지 범죄만 해온 이력을 지녔다.
그 자손은 얼굴이 뻔뻔하고 마음은 강퍅하다.
그들은 가시와 찔레와 같고 전갈과 같다.
이런 사람들에게는 전도 방법이 특별한 게 없다. 전도 방법이 있긴 있는데 그것이 무엇인가?
"주 여호와의 말씀이 이러하시다"(겔 2:4)(Thus Saith the Lord God).
"그들은 심히 패역한 자라 듣든지 아니 듣든지 너는 내 말로 고할지니라"(겔 2:7) (And thou shalt speak my words unto them).
바울이 밀레도에서 에베소 장로들을 청해 놓고 전도 강의를 하고 있다(행 20:17~35). 그의 복음은 하나님께 회개하고 예수 믿는 믿음을 가지라는 것이었다. 이것이 곧 유익한 것이었다. 이것을 공중 앞에서나 각 집에서 사역할 때에 증거했다.

"유익한 것은 무엇이든지 공중 앞에서나 각 집에서나 거리낌이 없이 여러분에게 전하여 가르치고 유대인과 헬라인들에게 하나님께 대한 회개와 우리 주 예수 그리스도께 대한 믿음을 증언한 것이라"(행 20:20~21)

생명을 귀한 것으로 여기지 않을 정도로 전도했다는 말밖에 무슨 또 다른 전도 방법이 있을까?
스승의 방법으로 전도하는 것이다.

"그러므로 너희는 가서 모든 민족을 제자로 삼아 아버지와 아들과 성령의 이름으로 세례를 베풀고 내가 너희에게 분부한 모든 것을 가르쳐 지키게 하라 볼지어다 내가 세상 끝날까지 너희와 항상 함께 있으리라 하시니라"(마 28:19~20)

가서(going), 침(세)례를 주고(baptizing), 그리고 가르치는 것(teaching)이 스승의 할 일이다. 스승은 자비와 인내를 가진다.
증인의 방법대로 전도하는 것이다.

"오직 성령이 너희에게 임하시면 너희가 권능을 받고 예루살렘과 온 유대와 사마리아와 땅 끝까지 이르러 내 증인이 되리라 하시니라"(행 1:8)

사신의 방법으로 전도하는 것이다.

"이러므로 우리가 그리스도를 대신하여 사신이 되어 하나님이 우리로 너희를 권면하시는 것같이 그리스도를 대신하여 간구하노니 너희는 하나님과 화목하라"(고후 5:20)

사람 낚는 어부의 방법으로 전도한다.

"말씀하시되 나를 따라오라 내가 너희를 사람을 낚는 어부가 되게 하리라 하시니"(마 4:19)
"말씀하시되 나를 따라오라 내가 너희를 사람을 낚는 어부가 되게 하리라 하시니"(막 1:17)
"세베대의 아들로서 시몬의 동업자인 야고보와 요한도 놀랐음이라 예수께서 시몬에게 이르시되 무서워하지 말라 이제 후로는 네가 사람을 취하리라 하시니"(눅 5:10)

아름다운 소식의 전령자의 방법으로 전도할 것이다.

"주 여호와의 영이 내게 내리셨으니 이는 여호와께서 내게 기름을 부으사 가난한 자에게 아름다운 소식을 전하게 하려 하심이라 나를 보내사 마음이 상한 자를 고치며 포로 된 자에게 자유를, 갇힌 자에게 놓임을 선포하며 여호와의 은혜의 해와 우리 하나님의 보복의 날을 선포하여 모든 슬픈 자를 위로하되 무릇 시온에서 슬퍼하는 자에게 화관을 주어 그 재를 대신하며 기쁨의 기름으로 그 슬픔을 대신하며 찬송의 옷으로 그 근심을 대신하시고 그들이 의의 나무 곧 여호와께서 심으신 그 영광을 나타낼 자라 일컬음을 얻게 하려 하심이니라"(사 61:1~3)

하나님과 사람 사이의 화목의 직책자의 방법으로 전도할 것이다.

"모든 것이 하나님께로서 났으며 그가 그리스도로 말미암아 우리를 자기와 화목하게 하시고 또 우리에게 화목하게 하는 직분을 주셨으니 곧 하나님께서 그리스도 안에 계시사 세상을 자기와 화목하게 하시며 그들의 죄를 그들에게 돌리지 아니하시고 화목하게 하는 말씀을 우리에게 부탁하셨느니라"(고후 5:18~19)
"그뿐 아니라 이제 우리로 화목하게 하신 우리 주 예수 그리스도로 말미암아 하나님 안에서 또한 즐거워하느니라"(롬 5:11)

전도란 무엇인가 심도 있게 검토해 보면 다음과 같다.
잘못된 곳에 있는 사람을 옳은 데로 불러내는 것이 아닌가?

"지혜 있는 자는 궁창의 빛과 같이 빛날 것이요 많은 사람을 옳은 데로 돌아오게 한 자는 별과 같이 영원토록 빛나리라"(단 12:3)

하나님의 잃어버린 자를 찾아내는 것이 아닌가?

"인자가 온 것은 잃어버린 자를 찾아 구원하려 함이니라"(눅 19:10)
"집에 와서 그 벗과 이웃을 불러 모으고 말하되 나와 함께 즐기자 나의 잃은 양을 찾아내었노라 하리라"(눅 15:6)
"이 네 동생은 죽었다가 살아났으며 내가 잃었다가 얻었기로 우리가 즐거워하고 기뻐하는 것이 마땅하다 하니라"(눅 15:32)

불 가운데서 건져 내는 것이 아닌가?

"어떤 의심하는 자들을 긍휼히 여기라 또 어떤 자를 불에서 끌어내어 구원하라 또 어떤 자를 그 육체로 더럽힌 옷까지도 미워하되 두려움으로 긍휼히 여기라"(유 1:22~23)

평화가 없는 곳에서 평화가 있는 곳으로 인도해 내는 것이 아닌가?

"가까이 오사 성을 보시고 우시며 이르시되 너도 오늘 평화에 관한 일을 알았더라면 좋을 뻔하였거니와 지금 네 눈에 숨겨졌도다"(눅 19:41~42)

하나님께 회개하고 예수를 믿으라고 가르치는 것이 아닌가?

"유대인과 헬라인들에게 하나님께 대한 회개와 우리 주 예수 그리스도께 대한 믿음을 증언한 것이라"(행 20:21)

병든 자를 강하게 하고 죄인을 불러 회개하게 하는 것이 아닌가?

"예수께서 대답하여 이르시되 건강한 자에게는 의사가 쓸 데 없고 병든 자에게라야 쓸 데 있나니 내가 의인을 부르러 온 것이 아니요 죄인을 불러 회개시키러 왔노라"(눅 5:31~32)

수고하고 무거운 짐 진 자에게 가벼운 짐을 지라고 부르는 것이 아닌가?

"수고하고 무거운 짐 진 자들아 다 내게로 오라 내가 너희를 쉬게 하리라 나는 마음이 온유하고 겸손하니 나의 멍에를 메고 내게 배우라 그리하면 너희 마음이 쉼을 얻으리니 이는 내 멍에는 쉽고 내 짐은 가벼움이라 하시니라"(마 11:28~30)

멸망하지 않고 영생을 얻으라고 초청하는 것이 아닌가?

"하나님이 세상을 이처럼 사랑하사 독생자를 주셨으니 이는 그를 믿는 자마다 멸망하지 않고 영생을 얻게 하려 하심이라"(요 3:16)

이 모든 전도의 목적은 무엇인가? 선한 일을 위하고 또 교회를 이루는 것이다.

"우리는 그가 만드신 바라 그리스도 예수 안에서 선한 일을 위하여 지으심을 받은 자니 이 일은 하나님이 전에 예비하사 우리로 그 가운데서 행하게 하려 하심이니라"(엡 2:10)
"또 만물을 그의 발 아래에 복종하게 하시고 그를 만물 위에 교회의 머리로 삼으셨느니라 교회는 그의 몸이니 만물 안에서 만물을 충만하게 하시는 이의 충만함이니라"(엡 1:22~23)
"그가 우리를 흑암의 권세에서 건져내사 그의 사랑의 아들의 나라로 옮기셨으니 그 아들 안에서 우리가 속량 곧 죄 사함을 얻었도다"(골 1:13~14)
"그는 몸인 교회의 머리시라 그가 근본이시요 죽은 자들 가운데서 먼저 나신 이시니 이는 친히 만물의 으뜸이 되려 하심이요 아버지께서는 모든 충만으로 예수 안에 거하게 하시고 그의 십자가의 피로 화평을 이루사 만물 곧 땅에 있는 것들이나 하늘에 있는 것들이 그로 말미암아 자기

와 화목하게 되기를 기뻐하심이라"(골 1:18~20)

④ 잘못된 전도는 없는가?

잘못된 전도란 어떤 것인가? 전달되는 내용도 잘못되었고 전달되는 방법도 잘못된 경우일 것이다. 그것은 '십자가의 복음'을 변질시켜 그나마 세속적인 방법으로 그것을 전하는 경우를 잘못된 전도라 할 것이다. 혹은 전달되는 내용은 잘 된 것인데 그 전달 방법이 잘못되었을 경우일 것이다. 이때는 어차피 방법 때문에 전달되는 내용도 왜곡될 수 있다. 우리는 세상에 '도'를 전하지 않고, 이도(異道)를 전하면 안 된다. 즉 온전한 메시지를 전해야 한다.

「현재 가장 인기 있고 가장 적극적인 활동을 보이는 기독교는 죄를 대적하지 않으려고 꽤 신경을 쓴다. 이런 기독교는 대중을 즐겁게 해주면서 그들을 끌어 모으고, 기독교 메시지의 일부만을 제시함으로써 개종자를 만들어낸다. 그것은 세상의 사업가들의 방법을 모방하여 요란스럽게 선전(광고)함으로써 프로젝트를 추진하는 것과 다르지 않다. 어떤 방법을 사용해서라도 개종자를 만들어내야 한다는 사상이 그리스도의 교회를 멍들게 했다. 그러나 우리는 아무 방법이나 다 사용해서는 안 되며 하나님께서 명하신 방법에 따라야 한다. 성령님이 역사하시도록 해야 하며, 전도 대상자가 복음을 받아들일 것인지 아닌지를 결정하도록 이끌어야 한다. 사람들이 계속 찾아와 자리를 채워 주고 헌금을 드리게 하기 위해서는 절대로 그들을 불쾌하게 해서는 안 되며 모든 것을 원만하고 부드럽게 처리해야 한다는 사상은 신약성경의 교훈을 떠난 나약한 사상이다.」[494]

사람들이 편하게 예수를 믿도록 하기 위하여 복음의 일부를 평가절하시켜서 복음을 전한다. 그것은 깨어진 보화요 깨어진 보화는 가치가 없다.

사도 바울은 갈라디아 교인에게 "너희의 얻은 것 외에 다른 복음을 전하면 저주를 받을지어다"라고 강변한다(갈 1:9). 그는 복음을 전할 때 사람의 기쁨을 위하지 않았고 하나님의 기쁨을 위해 이실직고(以實直告)했다고 간증한다.

"이제 내가 사람들에게 좋게 하랴 하나님께 좋게 하랴 사람들에게 기쁨을 구하랴 내가 지금까지 사람들의 기쁨을 구하였다면 그리스도의 종이 아니니라"(갈 1:10)

갈라디아 교인을 편하게 하는 것은 율법의 일부를 인정해 주는 것이지만 바울은 율법과 은혜를 날카롭게 대조시키면서 갈라디아 교인들에게는 다소 인기가 없어도 이실직고하고 있었다.

---

494) A.W. 토저, 「예배인가, 쇼인가!」, pp. 173~174.

"내가 율법으로 말미암아 율법에 대하여 죽었나니 이는 하나님에 대하여 살려 함이라"(갈 2:19)
"어리석도다 갈라디아 사람들아 예수 그리스도께서 십자가에 못 박히신 것이 너희 눈 앞에 밝히 보이거늘 누가 너희를 꾀더냐 내가 너희에게서 다만 이것을 알려 하노니 너희가 성령을 받은 것이 율법의 행위로냐 혹은 듣고 믿음으로냐 너희가 이같이 어리석으냐 성령으로 시작하였다가 이제는 육체로 마치겠느냐"(갈 3:1~3)
"그러나 내게는 우리 주 예수 그리스도의 십자가 외에 결코 자랑할 것이 없으니 그리스도로 말미암아 세상이 나를 대하여 십자가에 못 박히고 내가 또한 세상을 대하여 그러하니라"(갈 6:14)

「많은 교회가 기독교의 진리에 물을 타버렸다. 그리하여 그것이 독이라 할지라도 그 누구도 죽일 수 없고, 그것이 약이라 할지라도 그 누구도 고칠 수 없을 정도로 묽어져 버렸다. 서로 다른 양극, 즉 세상과 교회의 간격을 메워보려고 시도하다가 불법적인 결혼을 한 것이 우리의 문제라는 지적은 이제 진부한 이야기가 되었을 정도이다. 성경은 결코 이런 불법적인 결혼을 용인하지 않는다. 다시 말해서, 세상과 교회의 진정한 연합은 불가능하다. 교회가 세상과 짝할 때 그것은 더 이상 참 교회가 아니다. 세상에게는 경멸의 대상이고 주님에게는 가증스럽고 가련한 잡종일 뿐이다.

우리는 거룩한 것을 웃음거리로 삼으려는 세상 속에서 살고 있다. 어느 신문에선가 얼룩무늬 개가 마치 기도하듯 두 발을 포개고 눈을 감고 머리를 숙이고 있는 사진을 보았다. 성경은 "개들을 조심하라"고 가르친다. 나는 이 말씀에 "개들에게 기도하는 법을 가르치는 바보들을 조심하라"고 덧붙이고 싶다.

오늘날 교회들은 신약성경의 기준에 미치지 못한다. 세속성은 우리 삶의 방식의 일부가 되었다. 이제 교회는 영적 분위기가 아닌 세상적 분위기를 풍긴다. 우리는 예배드리는 법을 잊어버렸다. 우리는 '성도들'을 배출하지 못한다. 우리는 성공한 사업가, 연예계 및 체육계의 스타들을 본받으려고 애쓴다. 우리는 현대 광고업자들의 방법을 빌려서 우리의 신앙적 활동들을 전개하려고 한다. 우리의 가정은 극장이 되어버렸다. 우리의 신앙서적들은 그 내용이 얄팍하기 짝이 없고, 우리가 부르는 찬송은 신성모독에 가깝다. 그런데도 이렇게 잘못된 것들에 대해 아무도 문제 삼지 않는다.」[495]

이런 것을 볼 때 가장 위대한 설교가 스데반 집사의 설교가 생각난다. 그는 설교를 마치고 죽었다. 그에게는 사례비가 전달되는 순간도 없었다. 사례비를 줄 자도 없었지만 사례비를 받을 순간도 없었다.

---

495) A.W. 토저, 「예배인가, 쇼인가!」, pp. 210~211.

"목이 곧고 마음과 귀에 할례를 받지 못한 사람들아 너희도 너희 조상과 같이 항상 성령을 거스르는도다 너희 조상들이 선지자들 중의 누구를 박해하지 아니하였느냐 의인이 오시리라 예고한 자들을 그들이 죽였고 이제 너희는 그 의인을 잡아 준 자요 살인한 자가 되나니 너희는 천사가 전한 율법을 받고도 지키지 아니하였도다 하니라"(행 7:51~53)

스데반은 사람들에게 목이 곧고 마음과 귀에 할례를 받지 못한 자들이라고 지적하면서 항상 성령을 거스리고 말씀에 귀를 막는다고 호통을 쳤다. 즉 그는 사람들을 향해 회개하라는 것이다.

그 반응은 무엇인가? 저들의 마음을 부드럽게 하거나 사실 이상으로 치켜올리거나 하지 않고 그들의 입장을 솔직히 해부하고 말씀을 들으라고 하니 저들의 반응은 마음에 찔려 스데반을 향해 이를 갈았던 것이다.

"그들이 이 말을 듣고 마음에 찔려 그를 향하여 이를 갈거늘"(행 7:54)

복음전도도 좋지만 그 방법도 성령의 방법이어야 한다. 그리스도와 그의 십자가에 못박히신 것을 전함은 성령의 나타남과 능력으로 하는 것이라고 바울은 외친다.

"형제들아 내가 너희에게 나아가 하나님의 증거를 전할 때에 말과 지혜의 아름다운 것으로 아니하였나니 내가 너희 중에서 예수 그리스도와 그가 십자가에 못 박히신 것 외에는 아무것도 알지 아니하기로 작정하였음이라 내가 너희 가운데 거할 때에 약하고 두려워하고 심히 떨었노라 내 말과 내 전도함이 설득력 있는 지혜의 말로 하지 아니하고 다만 성령의 나타나심과 능력으로 하여 너희 믿음이 사람의 지혜에 있지 아니하고 다만 하나님의 능력에 있게 하려 하였노라"(고전 2:1~5)

그런데 오늘날은 어떻다는 것인가? 하나님의 복음을 빼어버리거나 평가절하해서 전하면 무슨 유익이 있는가? 하나님의 메시지를 변경시켜 가면서 전하는 것이 무슨 유익인가? 제 살을 칼로 베어 팔아먹으면서 제 몸을 위한다는 것이 무슨 의미인가? 자기 피를 팔아서 자기 몸을 지킨다는 것이 무엇을 의미하는가? 제 몸을 죽이고 제 몸을 살린다는 이 바보 같은 말은 무슨 의미인가?

하나님의 말씀이 얼마나 예리한 칼인데 그것을 둔탁한 칼로 만들겠는가?

"하나님의 말씀은 살아 있고 활력이 있어 좌우에 날선 어떤 검보다도 예리하여 혼과 영과 및 관절과 골수를 찔러 쪼개기까지 하며 또 마음의 생각과 뜻을 판단하나니"(히 4:12)

전도는 피전도자를 인격 수술하는 행위이다. 전도를 받아들인 사람이라면 영혼 수술을 받겠다고 동의한 사람이다. 이때 수술 칼은 양면에 날선 검인 말씀이다.

하나님의 집에서 기둥을 빼어버리고 터를 파괴하면 그 집이 어떻게 설 수 있는가?

"만일 내가 지체하면 너로 하여금 하나님의 집에서 어떻게 행하여야 할지를 알게 하려 함이니 이 집은 살아 계신 하나님의 교회요 진리의 기둥과 터니라 크도다 경건의 비밀이여, 그렇지 않다 하는 이 없도다 그는 육신으로 나타난 바 되시고 영으로 의롭다 하심을 받으시고 천사들에게 보이시고 만국에서 전파되시고 세상에서 믿은 바 되시고 영광 가운데서 올려지셨느니라"
(딤전 3:15~16)

그런데 실제로 오늘날 기둥을 빼어버리고 터를 파괴하는 일이 생긴다고 경고한다.

「오늘날의 기독교가 전하는 새로운 십자가는 전혀 다른 전도 방법을 권장한다. 현대의 전도자들은 새 생명을 받아들이기 전에 옛 삶을 포기해야 한다고 가르치지 않는다. 그들은 복음과 이 세상의 차이점을 가르치지 않고 유사점만을 가르친다. 그들은 기독교가 결코 불쾌한 요구를 하는 것이 아님을 보여 주면서 대중의 관심을 끌려고 한다. 기독교는 세상의 것과 동일한 것을 제공하는 종교라고 말한다. 차이가 있다면 기독교가 주려는 것이 세상이 주는 것보다 단지 수준이 높을 뿐이라고 말한다. 기독교가 주려는 것이 죄에 빠져 헤어나지 못하는 세상 사람들이 추구하는 것과 본질적으로 동일한데도, 단지 기독교의 것이 조금 더 낫다고 말한다.

현대의 기독교가 전하는 새로운 십자가는 사람들에게 그들이 죄인임을 깨닫고 하나님 앞에서 두려워 떨며 절망감을 느끼게 하려 하지 않는다. 단지 그의 삶의 방향을 다시 잡아 주려고 할 뿐이다. 그것은 그를 더 기쁘고 멋있는 생활방식으로 인도하면서 그의 자존심을 살려준다. 또 자기를 내세우기 좋아하는 사람에게 "와서 그리스도를 위해서 당신을 내세워라"고 말한다. 자기중심적인 사람에게 "와서 주 안에서 너의 자랑을 늘어놓아라"라고 말한다. 스릴을 추구하는 사람에게 "와서 기독교 안의 교제의 스릴을 즐겨라"고 말한다. 대중들이 기독교 메시지를 받아들이도록 만들겠다는 의지를 표명한 전도자들은 기독교를 현대의 풍조에 맞게 왜곡시켰다.」[496]

A. W. 토저는 전도하는 방법에 있어서 그리스도는 후원자를 필요로 하시지 않는다고 했

---
496) A.W. 토저, 「예배인가, 쇼인가!」, p. 181~182.

다.[497] 모 연예인이나 모 정치인 등 유명인사가 예수를 믿으니 당신도 믿어야 한다는 전도방법은 세상이 제공하는 그리스도의 후원자가 된다는 것이다. 이것은 육신의 정욕과 안목의 정욕과 이생의 자랑에 기초한 전도방법이 될 수 있다는 위험성을 지적한 것이다. 그리스도는 자기를 세상에 알리는 증인과 전도자는 필요로 하시지만 자기와 무관한 유명인의 후원은 필요치 않으신다. 그런 의미에서 그리스도에게는 전도자가 필요하시지만 후원자는 필요가 없는 것이다.

그럼 한 사람을 전도한다는 것은 어떤 상태를 말하는 것인가?

괜히 사람을 헛되게 위로해서는 안 된다. 욥의 측근 친구들의 위로와 충고는 불난 집에 키질하는 것밖에 되지 않았다.

"그런데도 너희는 나를 헛되이 위로하려느냐 너희 대답은 거짓일 뿐이니라"(욥 21:34)

진정한 전도의 한 예로 사울의 경험을 들어 본다(행 9장, 롬 10:9~10).

전도 받은 자의 양심을 감동시켰는가?

"땅에 엎드러져 들으매 소리가 있어 이르시되 사울아 사울아 네가 어찌하여 나를 박해하느냐 하시거늘"(행 9:4)

전도 받은 자의 입을 열게 했는가?

"대답하되 주여 누구시니이까 이르시되 나는 네가 박해하는 예수라"(행 9:5)

전도 받은 자의 의지를 움직였는가?

"사흘 동안 보지 못하고 먹지도 마시지도 아니하니라"(행 9:9)

전도 받은 자의 삶이 변화되었는가?

"주께서 이르시되 일어나 직가라 하는 거리로 가서 유다의 집에서 다소 사람 사울이라 하는 사람을 찾으라 그가 기도하는 중이니라 음식을 먹으매 강건하여지니라 사울이 다메섹에 있는 제

---

497) A.W. 토저, 위의 책, p. 177.

자들과 함께 며칠 있을새 즉시로 각 회당에서 예수가 하나님의 아들이심을 전파하니 사울은 힘을 더 얻어 예수를 그리스도라 증언하여 다메섹에 사는 유대인들을 당혹하게 하니라"(행 9:11, 19~20, 22)

이런 피전도자의 최후 결단은 무엇인가?
어느 경지까지 이르도록 전도를 계속해야 하는가?
교회는 전도 인격체이다. 전도의 용광로이다.
선교학자 바빙크의 표현을 빌린다면 교회는 엘렝틱스(elenctics) 작전의 본부이다. 엘렝틱스는 헬라어 동사 '엘렝코'에서 파생된 것으로 '논박하다', '부끄럽게 만든다', '상대방을 책망한다'는 뜻이다.[498]

진리의 교회는 비진리의 세상을 논박하고 부끄럽게 하고 책망하는 것이 마땅한 도리이다. 심하게 말하면 상대방을 창피하게 만든다. 혹은 당황스럽게 만든다는 것이다. 가령, 대전역에서 서울을 간다는 여행객이 부산행 열차를 타려고 할 때, 이 잘못을 알고 있는 사람이 "여보세요, 당신 서울 가는 사람이시죠? 그런데 왜 부산행 열차를 타려 하는 겁니까?"라고 깨우쳐 줄 때 그 여행객은 자기의 바보스러움에 부끄럽기도 하고 창피스럽기도 할 것이다. 그러나 그렇게 해 주는 것이 똑바르게 알고 있는 사람의 마땅한 도리인 것이다. 그때 서울행 열차를 타게 된 여행객이 비로소 "감사합니다"라고 할 것이다. 전도란 무엇인가? 바른 길(正道)을 가르쳐 주는 것이다.

바빙크의 엘렝틱스는 비교 종교학에 있어서도 가장 일선에서 취해야 할 기독교의 타 종교에 대한 태도인 것이다. 엘렝틱스 전법은 성경의 근거를 지니고 있다.

"그가 와서 죄에 대하여, 의에 대하여, 심판에 대하여 세상을 책망하시리라"(요 16:8) – 책망한다
"범죄한 자들을 모든 사람 앞에서 꾸짖어 나머지 사람들로 두려워하게 하라"(딤전 5:20) – 꾸짖는다
"네 형제가 죄를 범하거든 가서 너와 그 사람과만 상대하여 권고하라 만일 들으면 네가 네 형제를 얻은 것이요"(마 18:15) – 권고한다
"이는 뭇 사람을 심판하사 모든 경건하지 않은 자가 경건하지 않게 행한 모든 경건하지 않은 일과 또 경건하지 않은 죄인들이 주를 거슬러 한 모든 완악한 말로 말미암아 그들을 정죄하려 하심이라 하였느니라"(유 1:15) – 정죄한다

우리는 피 전도자의 마음을 상하게 할까봐 전전긍긍하고 있다. 우리는 물에 빠진 사람을

---
498) 전호진, 「선교학」, p. 195.

건져주는데 너무나 비굴한 자세로 구제하려 든다. 화염에 싸여 죽기 직전에 있는 사람에게 "내가 당신을 좀 살려주어도 기분이 상하지 않으실까요?"라고 동의를 얻어내려다가 상대방을 불 속에서 죽게 만드는 바보짓을 하고 있지 않은가? 이런 행위는 비윤리적이요 악덕행위가 아닐 수 없다. 피 전도자를 철저하게 다루어야 한다. 그것은 회개, 굴복 그리고 시인의 3단계까지 나아가는 전도여야 하고 마침내 그가 교회 회원이 되게 해야 한다.

회개에 이르게 한다.

"유대인과 헬라인들에게 하나님께 대한 회개와 우리 주 예수 그리스도께 대한 믿음을 증언한 것이라"(행 20:21)
"이르시되 때가 찼고 하나님의 나라가 가까이 왔으니 회개하고 복음을 믿으라 하시더라"(막 1:15)

굴복에 이르게 한다.

"사람이 만일 온 천하를 얻고도 자기 목숨을 잃으면 무엇이 유익하리요 사람이 무엇을 주고 자기 목숨과 바꾸겠느냐 누구든지 이 음란하고 죄 많은 세대에서 나와 내 말을 부끄러워하면 인자도 아버지의 영광으로 거룩한 천사들과 함께 올 때에 그 사람을 부끄러워하리라"(막 8:36~38)

시인(是認)에 이르게 한다.

"누구든지 사람 앞에서 나를 시인하면 나도 하늘에 계신 내 아버지 앞에서 그를 시인할 것이요 누구든지 사람 앞에서 나를 부인하면 나도 하늘에 계신 내 아버지 앞에서 그를 부인하리라"(마 10:32~33)
"네가 만일 네 입으로 예수를 주로 시인하며 또 하나님께서 그를 죽은 자 가운데서 살리신 것을 네 마음에 믿으면 구원을 받으리라 사람이 마음으로 믿어 의에 이르고 입으로 시인하여 구원에 이르느니라"(롬 10:9~10)

전도의 최후 목적은 무엇인가? 신령한 집을 짓는 것이다.

"그러므로 모든 악독과 모든 기만과 외식과 시기와 모든 비방하는 말을 버리고 갓난 아기들같이 순전하고 신령한 젖을 사모하라 이는 그로 말미암아 너희로 구원에 이르도록 자라게 하려 함이라 너희가 주의 인자하심을 맛보았으면 그리하라 사람에게는 버린 바가 되었으나 하나님께는 택하심을 입은 보배로운 산 돌이신 예수께 나아가 너희도 산 돌같이 신령한 집으로 세워지고 예수 그리스도로 말미암아 하나님이 기쁘게 받으실 신령한 제사를 드릴 거룩한 제사장이 될지니라"(벧전 2:1~5)

어부가 고기를 낚는 목적은 낚아서 바다에 던지기 위함이 아니다. 그것은 괜한 수고가 아닐 수 없다. 어부가 낚은 고기는 어항에 넣기 위함이다. 바다의 고기를 어항에 넣는 것은 세상의 사람을 교회에 소속시키는 것이다. 바다와 어항 가운데는 어부가 존재한다. 어부는 전도자이다. 사람들이 필요로 하는 것은 넓은 바다의 고기가 아니라 어항의 고기이니 하나님은 악하고 음란한 세상을 이끌어 하나님의 전(殿)인 교회를 만들고자 하신다.

4) 교회의 사회봉사

(1) 교회의 봉사를 받아야 할 세상 개념

교회의 대인 생활의 마지막인 사회봉사의 목표는 "세상에 도움을 주자"는 것이다. 그런데 교회의 도움을 받아야 한다는 세상은 어떤 성질의 세상인가? 교회는 어떤 의미의 세상을 도와야 하는가? 그것은 단순한 창조 질서의 세계이다. 아직도 하나님의 율법이 통하는 천진난만한 창조세계이다. 그럼 교회가 도움을 줄 수 없는 세상은 또 어떤 세상인가? 그것은 복잡한 비창조적 질서의 세계이다. 즉 하나님께 반역함으로 나타나는 조직된 체계의 인간사회와 문화를 의미한다.

교회가 사회봉사를 한다고 해서 무작정 악을 조장하는 일에 협조하라는 것은 아니다. 세 나타나는 상과 세상 안에 있는 것들을 사랑하지 말라고 한 경고 앞에서 그런 세상에 봉사하면 악한 일이다.

"이 세상이나 세상에 있는 것들을 사랑하지 말라 누구든지 세상을 사랑하면 아버지의 사랑이 그 안에 있지 아니하니 이는 세상에 있는 모든 것이 육신의 정욕과 안목의 정욕과 이생의 자랑이니 다 아버지께로부터 온 것이 아니요 세상으로부터 온 것이라"(요일 2:15~16)

사도 바울은 고린도 교회가 협해서는 안 될 조직을 말해 주고 있다. 그런 조직에 동조하라는 것이 아니다.

"너희는 믿지 않는 자와 멍에를 함께 메지 말라 의와 불법이 어찌 함께하며 빛과 어둠이 어찌 사귀며 그리스도와 벨리알이 어찌 조화되며 믿는 자와 믿지 않는 자가 어찌 상관하며 하나님의 성전과 우상이 어찌 일치가 되리요 우리는 살아 계신 하나님의 성전이라 이와 같이 하나님께서 이르시되 내가 그들 가운데 거하며 두루 행하여 나는 그들의 하나님이 되고 그들은 나의 백성이 되리라"(고후 6:14~16)

오히려 그런 조직에서는 도와주기는커녕 빨리 빠져나와야 한다고 충고하고 있다.

"그러므로 너희는 그들 중에서 나와서 따로 있고 부정한 것을 만지지 말라 내가 너희를 영접하여"(고후 6:17)

교회가 사회봉사한다고 할 때 봉사의 대상의 성질을 잘 파악해야 한다.
전술한 바와 같이 처음 창조에는 자연만이 있었으나 타락 후에는 코스모스(cosmos)가 있었다. 코스모스는 반신세계(反神世界)의 조직이다. 자연 질서 곧 창조세계는 비록 타락은 했지만 그것이 사탄에게로 전부 다 넘어갔다는 뜻은 아니다. 하나님 없이 하나님의 창조세계를 향유하려는 세계관에는 동의할 수 없지만 그래도 세상에게 도움을 주어야 할 부분이 있고 교회는 그 부분에 대해 도움을 주어야 한다.
하나님의 창조 질서인 세계에 대해서는 교회는 반드시 도움을 주어야 하는가? 우선 그 대답은 그렇다고 해 두자. 필자는 기독교윤리학 강의 시간에 다음과 같은 문제를 학생들에게 제시했었다.
"전투에 나가기 전에 1중대에서는 군목(軍牧)의 기도와 2중대에서는 군승(軍僧)의 기도가 있었다. 어느 중대가 전과를 올려야 할까? 군목 중대냐 군승 중대냐? 모두 아군이 적군을 향해 전투하러 가기 직전이다."
아무도 선뜻 대답을 하지 못했다. 용감한 한 학생이 최초로 반응을 표했다. "아무래도 군목 기도를 받은 1중대가 승리해야지요." 필자는 즉각 문의했다. "그럼 군승이 기원 예불한 2중대는 어떻게 되었으면 하는가?" 학생들이 무엇이라고 말하기 어려워하는 것 같이 느껴졌다. 아무도 답변을 하지 않기에 필자는 2중대는 전멸했으면 어떻게 하겠느냐고 무서운 질문을 했더니 모든 학생들이 고개를 옆으로 절레절레 흔들면서 그럴 수는 없다는 것이었다. 그럼 무엇인가? 2중대도 승전했으면 좋겠느냐? 2중대도 사상자 없이 전과를 크게 거두었으면 하느냐고 물었더니 "그렇습니다"라고 하는 것이었다.
그럼 기독교나 불교나 무엇이 다를 것이 있는가? 그 효력과 능력이 동일하다면 두 종교를 굳이 구분할 필요가 있느냐고 질문했다. 학급의 분위기는 기독교나 불교나 간에 하나가 되어 적군을 격파하는 데에 성공을 거두어야 한다는 것이었다. 이것이 바로 교회가 처한 세상이다. 아군 진지라는 것은 전투세계이다. 여기서 기독교는 승전을 위해 전투세계에 도움을 주어야 하고 불교와의 협력도 마다해서는 안 된다.

교회가 도움을 줘야 한다는 세상은 적어도 땅 위에서 인류 공존, 적게는 동족 공존을 위해 협력하고 협동하고 협조해야 한다는 성질에 속하는 것이다. 만일 군목이 군승 부대의 실패를 마음속으로 생각하거나 군승이 군목 부대의 실패를 바라고 있다면 전투라는 세계에서의 공존은 불가능한 것이다. 그렇다고 해서 이런 특수한 환경에서 공존하고 협동했다는 상황을 들어 교회가 불교도들에게 구원의 도리마저 전도할 필요가 없다는 것은 결코 아니다. 교회는 사회에 봉사해야 한다. 교회는 세상을 도와야 한다. 그것은 교회가 할 일이다.

뭐니뭐니 해도 창조질서의 세계나 반신적 인간조직의 세계에서는 일차적으로 십자가의 도를 전하는 전도가 가장 우선적이고 가장 유익한 봉사임은 말할 것도 없거니와 우리는 그것은 전도 및 선교라는 주제 아래 이미 강조한 바 있다.

지금 사회봉사라고 하는 것은 전도 이외에 우리가 함께 이 세상에서 시한적(時限的)으로 살아가는 동안에 취해야 할 생활태도이다. 그런데 사실 전도 속에는 이미 사회봉사가 내포되어 있는 것도 사실이다. 세상은 전도와 봉사를 모두 필요로 하고 있다. 하나님께서 고집 피우는 요나를 굳이 니느웨로 보낸 이유가 무엇인가? 하나님은 요나가 성 동편에 초막을 지어놓고 니느웨 성의 형편을 보고자 할 때 하룻밤에 박넝쿨을 선물했다가 하룻밤에 망하게 하셨고 이를 애통히 여기는 요나에게 실물교육을 시키셨다.

"하나님이 요나에게 이르시되 네가 이 박넝쿨로 말미암아 성내는 것이 어찌 옳으냐 하시니 그가 대답하되 내가 성내어 죽기까지 할지라도 옳으니이다 하니라 여호와께서 이르시되 네가 수고도 아니하였고 재배도 아니하였고 하룻밤에 났다가 하룻밤에 말라 버린 이 박넝쿨을 아꼈거든 하물며 이 큰 성읍 니느웨에는 좌우를 분변하지 못하는 자가 십이만여 명이요 가축도 많이 있나니 내가 어찌 아끼지 아니하겠느냐 하시니라"(욘 4:9~11)

니느웨에 대한 요나의 봉사는 12만 명의 생명을 구하는 일이 그 첫째요 그 다음에 따라오는 봉사는 니느웨 성에 있는 육축이었다. 하나님은 12만 명의 사람의 생명과 많은 육축도 아끼시기에 요나를 니느웨로 보내셨다.

교회는 12만 명의 사람과 많은 육축이 있는 니느웨라는 세상에 봉사를 해야만 한다. 교회가 봉사해야 할 세상은 바로 니느웨이다. 그리고 하나님은 명령하셨다.

"여호와의 말씀이 아밋대의 아들 요나에게 임하니라 이르시되 너는 일어나 저 큰 성읍 니느웨로 가서 그것을 향하여 외치라 그 악독이 내 앞에 상달되었음이니라 하시니라"(욘 1:1~2)

교회는 봉사해야 할 세상과 어떤 관계에 있는가도 투시해 볼 필요가 있다. 이 세상의 다른 이름은 사회라 해도 좋고, 시공(時空)이라 해도 좋고, 그것은 곧 역사를 말하는 것이다. 그럼 교회가 역사 안에 있느냐 역사가 교회 안에 있느냐의 문제다. 사람들은 교회가 역사 안에 있다(The church exists in the history)고 한다. 이런 경우 역사가 교회보다 우선적이고 더 포괄적인 위치가 된다. 그리고 역사가 교회보다 선재(先在)한다는 결론이 된다. 그러나 사실은 그렇지 않다. 역사가 교회 안에 있다(The history exists in the church)는 것이 성경이 가르치는 교훈이다. 그것은 창세 전에 교회가 있었다는 것 때문이다.

"곧 창세 전에 그리스도 안에서 우리를 택하사 우리로 사랑 안에서 그 앞에 거룩하고 흠이 없게 하시려고"(엡 1:4)

교회 안에 역사가 있다. 교회 안에 세상이 있다. 그런데 교회 안에서 세상은 교회를 반항하고 있다. 교회 안에서 세상은 교회 밖으로 탈출하려고 한다. 교회로부터의 도망자가 세상이다. 교회가 세상에 봉사한다는 것은, 교회 안에 있기를 거부해서 교회 밖으로 도망쳐 나가 더욱더 세상화되려는 세상을 일차적으로 교회 안으로 끌어들이려는 봉사, 즉 전도 및 선교와, 이런 봉사를 거절하고 계속 세상으로 남아 있으려는 세상을 향해 저주하거나 방치하지 않고 우선 세상 그대로 두되 더 이상 악화되지 않도록 노력하는 것, 이것이 소위 사회봉사이다.

말하자면 교회 안 오른편에 교회가 있고 또 왼편에 세상이 있으니 세상과 교회가 교회 안에 불편스럽게 공존하고 있는 것이 사실이다. 세상과 교회가 내적 연결은 없으나 외적 접촉은 있다.

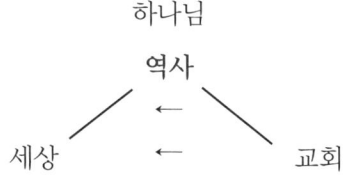

위의 도표가 성경에서 말하는 바 교회 안에 교회와 세상이 있다는 것으로 교회는 세상 쪽으로 그 지경을 넓혀 나가서 결국 세상의 지경을 잠식하여 세상의 영역을 좁혀내는 일이 교회가 할 일이다. 이것을 교회성장이라 하고 하나님 나라의 확장이라 한다.

위의 도표는 역사 속에 교회가 있다는 것인데 성경은 역사보다 교회가 선재(先在)했고 교회가 더 포괄적 위치를 취한다는 견해이고 보면 위의 도표는 적절치 못한 것이다.

이제 교회는 괴롭게 세상을 품고 있다. 왜냐하면 세상과 교회는 체질상 이질적이기 때문이다. 문제는 세상을 교회 체질로 바꾸는 일이 급선무이다. 그러나 아직 교회 체질화되지 않은 세상에 대해서 교회가 할 일은 무엇인가? 그것이 사회봉사이다. 사회봉사는 전도나 선교가 아니다. 혹 그것이 전도나 선교의 예비 단계일지 모르나 사회봉사는 엄격하게 그 예비 단계가 아니어도 상관없다. 세상의 교회화는 전도 및 선교의 과제이다.

교회가 해야 할 일은 무엇인가? 그 첫째 봉사는 바로 직전 전술한 대로 전도를 통한 세상의 교회로의 영입 즉 세상의 교회화(敎會化)이다. 그렇지만 교회화 되지 않은 세상에 대해 교회가 취해야 할 태도는 무엇인가? 그것이 바로 사회봉사이다. 사회봉사는 교회가 공존하고 있는 이 현실 앞에서 세상이 전도를 받든 안 받든 도와주어야 한다는 것이다. 그 결과 세상이 개혁되고 개선될 수도 있을 것이다. 세상의 중생이 사회봉사의 목적이 아니라 세상 개선이 목적이다. 이런 개선이 중생의 길로 인도하는 어떤 통로나 계기가 될 수 있을지는 모르나 세상 개선과 세상 중생과는 엄격히 구별된다. 교회의 사회봉사의 목적은 세상 개선 정도이다. 그렇다면 굳이 교회가 사회봉사라는 삶을 살아야 할 명백한 이유가 있는가?

(2) 교회가 사회 봉사를 하는 이유

교회가 사회봉사를 해야 할 명백한 두 가지 이유가 있다. 그 첫째 이유는 세상에 대한 하나님의 태도이다. 그것은 이렇든 저렇든 이 세상은 하나님의 것이요 하나님이 주관하시기 때문이다.

"여호와께서 그의 보좌를 하늘에 세우시고 그의 왕권으로 만유를 다스리시도다"(시 103:19)

누차 언급했지만 이것은 하나님의 역사 교과서(FM-field manual)이다. 하나님은 이 세상을 친히 만드셨고 관리하신다. 하나님의 활동 중에 창조론과 보관론이 이에 속한다.

"…그의 능력의 말씀으로 만물을 붙드시며…"(히 1:3)
"…만물이 그 안에 함께 섰느니라"(골 1:17)

하나님이 붙드시는 하나님 안의 만물에 대하여 하찮은 우리 인간이 무시, 방관, 무관심, 더 나아가서 남용, 학대한다는 것은 창조론에서 탈선된 것이다.

> "그러나 자기를 증언하지 아니하신 것이 아니니 곧 여러분에게 하늘로부터 비를 내리시며 결실기를 주시는 선한 일을 하사 음식과 기쁨으로 여러분의 마음에 만족하게 하셨느니라 하고"(행 14:17)

하늘에서 비를 내려 주시고 결실기를 주어 음식을 먹게 하시고 기쁨으로 우리 마음을 만족케 하시는 하나님이 이 우주를 창조하셨다. 그러나 인간의 죄로 인해 이 우주는 타락하였다. 그렇거늘 우리가 이 우주만물을 타락한 것이라고 해서 방치할 수 있겠는가? 하나님은 육체적 건강과 운동의 가치도 존중하도록 아래와 같이 상기시켰다.

> "육체의 연단은 약간의 유익이 있으나 경건은 범사에 유익하니 금생과 내생에 약속이 있느니라"(딤전 4:8)
> "이제부터는 물만 마시지 말고 네 위장과 자주 나는 병을 위하여는 포도주를 조금씩 쓰라"(딤전 5:23)
> "평강의 하나님이 친히 너희를 온전히 거룩하게 하시고 또 너희의 온 영과 혼과 몸이 우리 주 예수 그리스도께서 강림하실 때에 흠 없게 보전되기를 원하노라"(살전 5:23)

하나님은 혼인과 식물(食物)도 감사의 대상이 된다고 아래와 같이 말씀하셨다.

> "혼인을 금하고 어떤 음식물은 먹지 말라고 할 터이나 음식물은 하나님이 지으신 바니 믿는 자들과 진리를 아는 자들이 감사함으로 받을 것이니라 하나님께서 지으신 모든 것이 선하매 감사함으로 받으면 버릴 것이 없나니"(딤전 4:3~4)

가령, 혼인과 식물에 대해서 탈선된 교리를 가르치는 것은 믿음에서 떠났기 때문이요 미혹케 하는 영과 귀신의 가르침을 따랐기 때문이요 양심이 화인 맞았기 때문이요 외식했기 때문이요 거짓말하는 자들 때문이라고 성경이 말하였다.

> "그러나 성령이 밝히 말씀하시기를 후일에 어떤 사람들이 믿음에서 떠나 미혹하는 영과 귀신의 가르침을 따르리라 하셨으니 자기 양심이 화인을 맞아서 외식함으로 거짓말하는 자들이라"(딤전 4:1~2)

사회봉사를 잘 하지 못하는 이유는 세상이 비록 타락했지만, 그래서 전도를 받아 구속함을 받고 중생함을 얻어 교회화 되어야 하겠지만, 아직 그 상태에 이르지 못한 세상에 대한 하나님의 태도를 우리가 명명백백하게 알지 못하기 때문이다. 그리고 교회가 봉사해야 할 세상에 대한 무지, 무관심, 방관이 미덕인 줄 착각하고 오직 전도 및 선교만 하는 것이 교회가 해야 할 일의 전부라는 가치관의 불성실 때문에 교회가 살아내어야 할 삶의 한 부분이 녹슬고 있는 것이다.

"미워도 다시 한 번", "미운 자에게 떡 한 덩어리를 더 주라"는 세속 속담이 교회의 사회봉사에 적용되는 말이라면 너무 비속(卑俗)한 예일까? 교회의 사회봉사 측면은 하나님이 세상에 대해 가지는 태도 때문에 아주 철저하게 준수해야 할 과제이다.

앞에서는 하나님의 우주창조와 보관 측면을 말했는데 다음에서는 하나님의 윤리적 사랑과 의의 측면에서 보고자 한다. 우선 하나님은 모든 것이 깨끗하다고 하셨다.

> "깨끗한 자들에게는 모든 것이 깨끗하나 더럽고 믿지 아니하는 자들에게는 아무것도 깨끗한 것이 없고 오직 그들의 마음과 양심이 더러운지라"(딛 1:15)

하나님은 모든 것을 후히 주신다고 하셨다.

> "네가 이 세대에서 부한 자들을 명하여 마음을 높이지 말고 정함이 없는 재물에 소망을 두지 말고 오직 우리에게 모든 것을 후히 주사 누리게 하시는 하나님께 두며"(딤전 6:17)

하나님은 해와 비를 교인과 세상 사람들을 구별해서 주시지 않았다는 사실이다.

> "이같이 한즉 하늘에 계신 너희 아버지의 아들이 되리니 이는 하나님이 그 해를 악인과 선인에게 비추시며 비를 의로운 자와 불의한 자에게 내려주심이라"(마 5:45)

몇 개월 동안 비가 오지 않다가 마침내 하나님이 비를 내려 주셨다고 하자. 김 집사님의 논에는 비를 내려 주시고 바로 그 옆에 있는 불교신자 이 처사(處士)의 논에는 비를 내려주시지 아니했다고 가정해 보자. 무슨 반응이 나올까? 교인들의 반응을 보자.

교인 A - "하나님은 교인들만 사랑하시는 고마우신 분이십니다."
교인 B - "하나님의 행사가 지당합니다."
교인 C - "어쩌면 하나님은 이렇게도 공의로우실까?"
교인 D - "보시오, 세상 사람들이여! 하나님을 믿으니 이렇게 축복받지 않습니까?"

교인 E – "불교도들이 이제야 하나님을 찾을 것입니다. 두고 보십시오."

그런데 불교도들의 반응은 어떨까?
불교도 A – "좋소, 이제 우리 부처님이 나설 것입니다."
불교도 B – "아따, 너희 하나님의 도량이 그것밖에 되지 않느냐?"
불교도 C – "그런 하나님은 믿지 않을테요. 대자대비(大慈大悲)하신 부처님은 그렇게 하시지 않아요."
불교도 D – "결코 예수쟁이는 안 될 것이요."
불교도 E – "예수쟁이들이여, 절로 들어와서 우리 다함께 성불(成佛)합시다."

하나님은 해와 비를 악인과 선인, 의로운 자와 불의한 자를 구별하시지 않고 골고루 비춰 주시고 내려주시는 참으로 대자대비(?)하신 분이시다. 만약 구별해서 차별대우 하셨더라면 바로의 마음이 더욱더 강퍅해지듯이 불교도 처사들은 오기에 가득 차 더욱 고개를 돌렸을 것이다. 그러즉 하나님은 사회봉사의 모형을 보여 주셨다.

우리 교회가 사회봉사를 해야 할 둘째 이유는 이 세상은 하나님의 것이요 또 교회의 것이라고 했기 때문이다. 전술한 바대로 교회 안에 세상이 있다. 이것을 세상과 교회의 동질성 때문에 공생(共生, commensalism)한다는 뜻이 아니라 세상과 교회가 시한적으로 공유(共有)하고 있는 공유물(共有物) 때문에 공존(共存, coexistence)한다는 뜻이다.

공생과 공존은 다르나니 공생은 유기체적 생명의 흐름이 있는가 하면, 공존은 두 개의 각이한 실체가 병존(竝存)한다는 것을 말한다.

한 지붕 아래 적과 함께 지내야 하는 운명적 기회가 닥쳐왔다고 하자. 적을 패하게 하기 위해 지붕이 무너졌으면 하는 것은 자기도 함께 패하는 공멸의 운명에 놓이고자 하는 것이다. 긴장되는 순간이 왔다고 하자. 지붕이 삐거덕 삐거덕 무너지려는 찰나라 하자. 이때는 적과 합세하여 어떻게든 지붕이 무너지는 것을 막아 놓고 볼 일이다. 피아(彼我)관계를 따지는 것은 그 뒷이야기이다.

최초의 창조에서 하나님은 만물을 지배하라고 사람에게 특권을 주셨다.

"하나님이 그들에게 복을 주시며 하나님이 그들에게 이르시되 생육하고 번성하여 땅에 충만하라, 땅을 정복하라, 바다의 물고기와 하늘의 새와 땅에 움직이는 모든 생물을 다스리라 하시니라"(창 1:28)

하나님은 만물의 고리를 말씀하셨다.

"그런즉 누구든지 사람을 자랑하지 말라 만물이 다 너희 것임이라 바울이나 아볼로나 게바나 세계나 생명이나 사망이나 지금 것이나 장래 것이나 다 너희의 것이요 너희는 그리스도의 것이요 그리스도는 하나님의 것이니라"(고전 3:21~23)

"다 너희의 것이요." 여기서 끝나면 인본주의가 된다. "너희는 그리스도의 것이요." 그 다음은 무엇인가? "그리스도는 하나님의 것이니라."

위에 언급된 이유들로 인해 교회의 사회봉사는 에덴 동산에서의 "동산 지키기" 실패를, 이제는 "역사 지키기" 성공으로 이루어야 할 과제가 되며, 교회는 세상 곧 역사라는 과제를 뱃속에서 영양분이 되도록 소화시켜 내야 할 임무를 스스로 내포하고 있다.

(3) 교회의 사회봉사에 대한 오해

그 첫째는 교회의 사회봉사에 대한 회의적 태도이다. 세상은 하나님의 선물을 오용하고 있기 때문에 그런 세상을 도와주면 점점 더 오용의 속도를 가할 것이 아니냐는 우려이다. 그런고로 사회봉사에 적극 나설 것은 아니라는 생각이다. 하긴 세상이 하나님이 주신 선물을 사용하는 것을 보노라면 화가 치밀 때가 있다. 우선 세상은 선물을 주신 하나님을 부정한다. 하나님은 부정하면서도 하나님이 주신 선물은 애지중지하면서 그 선물이 우상이 되어 하나님을 제외시킨다. 이것은 하나님의 선물에 대한 세상의 우상화요 오용하는 모습이다.

영지주의(靈知主義)자처럼 물질세계는 악한 것이라고 하는 이원론적 철학을 지니는 자도 있다. 하나님의 선물에 대한 증오, 격리 그리고 무시하는 태도가 있다.

불교의 연기법(緣起法)은 이 세상에 실재란 아무것도 없다고 한다. 단지 어떤 원인 때문에 어떤 결과가 생겼을 뿐임으로 그 원인이 제거되면 그 결과도 제거될 뿐이라서 "그것이 그것이다"라고 할 수 있는 실재는 일체 없다는 것이다. 이것은 선물 우상화 사상과는 정반대로 선물 기피적 태도이다. 교회는 하나님의 선물에 대해서 이렇게 양극단으로 나아가는 세상을 향해 무엇을 도와줄 것인가라고 아예 생각하지 않고 오직 영적인 요소만 전해주자는 방향으로 나아간다. 그러나 이런 태도는 잘못된 것이다.

금생에 필요한 것은 금생에 긴요하다는 것을 정직하게 인정해야 한다. 금생만을 위한 것으로는 의식주가 그렇고 결혼, 음악, 시와 같은 예술, 체육 그리고 정치, 문화 일반이 있다. 하늘나라에 가서는 금생의 것들이 전혀 무의미하다. 결혼만 하더라도 이 세상에서 좋은 것이지 하늘나라에서는 필요할 것도 없고 좋을 것도 없다. 그보다 더 좋은 것들이 하늘나라에 있기 때문이다. 그래서 영적인 것, 거룩한 것, 천상적인 것만을 중시하고 이런 요소들만 혹 세상에 주려 하여 기타 금생적인 것들의 필요에 눈을 감아버리는, 즉 사회봉사를 평가

절하 하는 것이다. 교회는 "육체의 연습은 약간의 유익이 있으나 경건은 범사에 유익하니 금생과 내생에 약속이 있느니라"(딤전 4:8)는 것을 잘 알고 있지만 육체 연습의 약간의 유익에 소홀하거나 무시해서는 안 된다.

땅에서 친척이 천국에 가서는 친척이 되지 않을 입장에 처할지 모르나 우선 땅에서의 친척이라는 이유 때문에 금생에서의 필요를 채워주는 일이 교회의 사회봉사이다.

"누구든지 자기 친족 특히 자기 가족을 돌보지 아니하면 믿음을 배반한 자요 불신자보다 더 악한 자니라"(딤전 5:8)

"누가 이 세상의 재물을 가지고 형제의 궁핍함을 보고도 도와 줄 마음을 닫으면 하나님의 사랑이 어찌 그 속에 거하겠느냐"(요일 3:17)

물에 빠져 떠내려가고 있는 강아지를 보고서 단지 강아지란 이유로 방치할 수는 없다. 그 강아지는 금생의 동물이지만 구할 수 있는 데까지는 구해 주는 것이 도리이다. 하나님은 악인의 죽음까지도 원치 않으셨다.

"너는 그들에게 말하라 주 여호와의 말씀이니라 나의 삶을 두고 맹세하노니 나는 악인이 죽는 것을 기뻐하지 아니하고 악인이 그의 길에서 돌이켜 떠나 사는 것을 기뻐하노라 이스라엘 족속아 돌이키고 돌이키라 너희 악한 길에서 떠나라 어찌 죽고자 하느냐 하셨다 하라"(겔 33:11)

올리버 바클리의 견해를 보자.

「그러나 영적인 것이 우선이라고 해서 다른 것은 전혀 중요하지 않다는 뜻은 아니다. 예수 그리스도께서는 영혼뿐 아니라 육체도 치료해 주셨으며, 물을 포도주로 바꾸셨고, 오천 명을 먹이셨으며, 과부의 아들을 다시 살리셨다. 하나님은 금생에서 우리의 육체가 물질적, 사회적 필요를 느끼도록 만드셨다. 이것은 일시적 불운이 아니라 하나님의 완전한 계획 가운데 일부이다. 이 세상은 하나님의 것이며, 하나님은 그분의 섭리가 보여 주듯이 이 세상을 돌보신다. 그분은-이방나라에서조차-악을 금하고 선을 장려하기 위해 권력자를 임명하신다. 또 해를 비추시며 비를 내리신다. 우리가 누구이기에 그분의 선물을 무시할 수 있겠는가?」[499]

---

499) 올리버 바클리, 「세상 속의 그리스도인」, (서울: IVP, 1999), p. 26.

개인이 부자가 되고 나라가 부강해지면 하나님을 무시하게 되니 가난이 오히려 영적으로 부요하게 된다고 한다면 크게 오해하고 있는 것이다. 가난이 축복의 길이 될 수 있기에 세상 사람들의 가난에 협조하지 않는 것이 그들의 영적 상태를 위해서 차라리 좋은 것이라고 생각하는 것은 엄청나게 잘못된 생각이다. 가난 자체를 미덕으로 생각하는 것은 소극적 금욕주의요 일종의 전도(顚倒)된 교만과 세속성의 한 모습이다.[500]

사회봉사에서 후퇴할 수 없는 이유는 사회라는 세상의 약점과 한계점이 있더라도 하나님이 관여하고 계시기 때문에 하나님이 허용하시는 범위와 한도 내에서 봉사하고 섬겨야 하는 것이다. 가난한 자에게 전도지를 주면서 동시에 만 원권 한 장을 붙여 주는 것이 교회의 사회봉사의 극적인 장면이라 할 것이다.

올리버 바클리가 사회봉사의 타당성에 대해 말하는 논리를 참조해 본다.

「그렇다면, 우리의 논점은 이것이다. 물질 세계의 이용과 인간의 은사와 자원의 개발에 관한 모든 주제는 이 세상이 하나님의 세계라는 확신을 갖고 접근해야 한다. 하나님이 창조하신 모든 것은 선하다. 모든 사람에 대한 하나님의 뜻은 하나님의 풍요로운 선물을 즐기는 것이다. 그분은 세상을 만드셨으며, 지금도 세상을 돌보고 계신다. 그분은 세상을 유지하신다. 그분은 세상을 다스리기 위해 법령을 주셨으며, 가장 이기적인 사람이라도 하나님이 주신 것을 완전히 망쳐 놓을 수 없도록 어떤 구조를 설정하셨다. 이러한 법령들과 구조들이 무엇인가 하고 묻는다면 그 대답은 일견 놀라운 것이다. 우리는 '구조'(가족, 국가, 우리의 본능 등)라는 용어를 사용할 때 마음에 두고 있는 것에 대해서 이미 논했다. 그러나 문제는 모든 것이 오용될 수 있다는 것이다. 그래서 하나님은 또한 우리에게 율법을 주셨다. 국가는 악마적이 될 수 있고, 가정은 포악한 곳이 될 수 있으며, 우리의 본능은 혼란해질 수 있다. 그러므로 그것들 자체는, 비록 긍정적인 방향을 제시하며 악에 제동을 걸기는 하지만, 절대적인 길잡이는 아니다. '자연적' 행동이 무엇인가 하는 문제에 대한 끝없는 논쟁은 이 어려움을 드러낸다. 그러나 우리는 이 세상을 만드신 분의 가르침을 갖고 있다. 예를 들어 성(性)을 가장 잘 사용하는 방법에 대해 사회학적, 심리학적 연구가 분명한 답을 주지 않는다 해도, 하나님은 우리를 미심쩍은 상태로 남겨 놓지 않으신다. 하나님의 모든 선물은 그 창조 목적에 따라 사용되면 거룩하고 건강을 증진시키는 것이 된다.」[501]

세상이 하나님의 것을 오용 내지 우상화하고 있다는 섭섭함 때문에 금생에서 당장 도와야 할 것에 손을 묶고 있다면 냉정한 삶이다. 이런 태도에 대해서는 불난 집에 일단 불을

---
500) 올리버 바클리, 위의 책, p. 31.
501) 올리버 바클리, 「세상 속의 그리스도인」, pp. 31~32.

끄고 볼 일이 아니냐고 충고한다.

둘째는 교회의 사회봉사의 적극적 태도인데 그것은 전도나 선교를 대체하는 것이라고 여기는 봉사 제일주의적 태도이다. 이것은 앞의 태도보다도 훨씬 더 위험한 것이다. '도'를 전하고 '가르침'을 선포하는 것보다 우선 사람들의 현지(現地) 상태를 간파하고 도와주는 것이 더 급선무요 더 중요하다는 철학이다. 이런 태도는 사회봉사가 이미 전도이며 어떤 의미로는 그것이 전도 이상이라는 사상으로 흐르기 쉽다. 이것은 사회복음(social gospel)이란 무기를 가지고 도전한다. 기독교 사회주의는 사회복음이 미국에서 출현하기 이전에 이미 독일, 스위스 그리고 영국에 있었다. 사회복음(social gospel)과 자유주의(liberalism)가 실제적으로 동의어로 사용된 것은 미국에서였다. 대표적인 사회복음주의 학자로는 콜웰(S. Colwell), 워싱턴 글래든(Washington Gladden), 월터 라우센부쉬(Walter Rauschenbush)인데 가장 유명한 자는 라우센부쉬이다.[502]

사회복음주의의 핵심은 다음과 같다.

「사회복음주의자들은, 구원이라는 것은 개개인이 하나님과 화목하고 하늘에서 영생을 취하는 것으로 생각하지 않고, 시대적 사회악을 개선함으로써 지금 당장 여기서 얻어내는 세상적 구원을 전파하려 한다. 어떻게 이런 일을 성취시킬 수 있느냐의 방법은 예수의 사랑의 윤리라고 한다. 그 사랑의 윤리는 개개인이 피차간에 화목하고 사회구조를 재건함을 말한다.」[503]

자유주의 신학이 사회복음주의 신학으로 흘러가면서 모든 영성은 '세상을 위하여'라는 방향으로 나아가고 있었다. 하나님을 향한 방향, 곧 '교회를 위하여'가 아니라 교회가 세상을 위하여 존재해야 한다는 사상이 대두했다.

1960년대에서 70년대 어간에 나타난 예를 보면 루돌프 불트만(Rudolf Bultmann)의 비신화론(非神話論), 피에르 티아르 드 사르뎅(Chardin)의 과정신학(過程神學), 디트리히 본회퍼(Dietrich Bonhoeffer)의 성인시대(成人時代, The world come of Age), 폴 틸리히(Paul Tillich)의 문화신학 등이 그 예로 볼 수 있는 바, 이들의 기본 전제는 세상을 위해서는 전통적인 진리도 변형되게 표현할 수 있어야 한다는 것이다. 정말 기독교의 진리를 묻게 해서라도 사회봉사에 유익을 주자는 것이었다.[504]

전통적인 성경적 진리를 그대로 전하지 못하고 급격하게 변형시켜 세상에 접근하려는

---

502) Stanley N. Gundry, *Tensions in contemporary Theology*, (Chicago: Moody Press, 1978), p. 24.
503) Stanley N. Gundry, *Tensions in contemporary Theology*, p. 24.
504) Stanley N. Gundry, 위의 책, pp. 43~102.

신학운동으로는 세속신학(世俗神學, Secular Theology)과 소망신학(所望神學, Theology of Hope)과 과정신학(過程神學, Process Theology)을 들 수 있다.[505]

이 모든 신학자와 신학운동은 세상에 봉사하기 위해서는 기독교 진리를 세상이 이해할 수 있는 수준과 모양으로 변형해서 제시하자는 것인데, 그 변형(變形) 속에는 변질(變質)의 위험이 있었던 것이 문제였다. 이런 사회봉사 지상주의(至上主義) 배경에는 그리스도의 현존과 성육신 교리가 깔려 있다. 전술한 바와 같이 교회가 그리스도를 전하기 이전에 이미 그곳에 그리스도가 현재적으로 계신다는 그리스도의 현존사상과 또 그리스도가 이미 그곳에 성육신하셔서 인간 속에 거하신다는 성육신 교리이다.

대표적인 신학운동으로서는 에큐메니컬 운동이 있다. 그리스도, 진리, 은혜, 복음, 칭의, 중생이니 하는 성경적 용어로 접근할 세상은 없나니 이미 그 세상에는 그런 용어의 실재가 적용하고 있다는 것이다. 단지 금생에 피부에 와 닿을 정도의 급선무로 해결해야 할 일이라는 것이다.

토지를 갖다 주려 하지 말고 우선 농사 자금을 돕는 것이 사회봉사라는 것이다. 토지는 이미 거기 있다. 문제는 농자금이 없을 뿐이니 농자금을 조달해 주자는 것이 교회가 해야 할 사회봉사라는 것이다. 교회만이 가르칠 것을 가졌다고 교만하지 말고 차라리 교회가 현지에 가서 배우라는 것이다. 선교사가 가기 전에 이미 하나님이 거기 임재해 계신다는 것이다. 그런데 이미 계시는 하나님이 왜 농자금을 주시지 않았다는 것인가?

여기에 '하나님의 선교' 및 사회봉사자들이 이미 그곳에 있다고 하는 '토지' 개념에 대해서 밝혀야 할 것이 있다. 피 선교지에 있는 그 '토지'는 '토지'로되 그곳 주민이 사용할 수 없는 어떤 자본가의 사유물이 되어 있는 토지라는 것을 모르고 있다. 토지가 있지만 그곳 주민이 농사할 수 없는 토지이다. 왜냐하면 그 토지의 소유권이 주민에게 있지 않고 어떤 악덕 자본가 한 사람의 개인 소유로 되어 있는 토지다. 토지가 있으니 주민은 씨앗만 뿌리면 수확할 수 있다는 생각은 '하나님의 선교자'나 사회봉사자들의 천진난만하고도 낭만적인 생각이다. 사회봉사는 그 토지의 개념에 대해 무지하다. 그런데 전도 및 선교하는 사람들은 그 토지가 어떤 한 사람의 단독 소유로 되어 있는 줄로 알고 그 토지를 구입해서 주민에게 주어야만 농사할 수 있다고 보는 것이다.

이것이 무슨 말인가? '세상' 개념 문제이다. 피선교지의 '세상'은 악한 마귀에게 속한 것이기 때문에 일단 거기서부터 옮겨 와야 하는 세상이다. 사탄에게 속해버린 '세상'을 일단 하나님께로 이전시켜 놓는 일이 우선적이다. 이것을 사회봉사보다 먼저 해야 할 전도라 하는 것이다. 사회봉사 제일주의자들이 빠지는 함정이 바로 여기 있으니 '토지매입 행위'는 없이 '토지경작 행위'부터 시작한다는 것이다. 좀더 이 문제를 다루어 보기로 하자.

---

505) Stanley N. Gundry, 위의 책, p. 157,197,237.

「오늘날 이 학파는 에큐메니컬 운동에 대해 탁월한 저술을 발표한 수많은 사람을 포함하고 있는데, 그들은 하나님의 창조가 올바른 질서를 갖고 운용되는 곳이면, 삶이 완전히 인간적인 방법으로 즉 인간성이 최대로 작동되는 방법으로 영위되며 어디서나 하나님의 임재가 드러난다고 강조한다. 오늘날 이 학파가 주장하는 핵심 사상은, 그리스도께서 성육신을 통해 인간의 삶을 신성하게 하셨고, 인생이란 어떻게 살도록 의도된 것인가를 보여 주셨으므로, 우리는 어떤 '종교적인' 또는 교회활동에 의해서가 아니라 완전히 인간적인 방법으로 삶을 살아냄으로써 일상의 삶을 신성하게 만들도록 노력해야 한다는 것이다. 그들은 지적하기를, 초영적인 사람은 선한 이교도들보다 인간적이지 못할 위험이 있으며, 기독교 외의 다른 종교들이 진정 인간적인 이상을 구현하는 한, 선교사가 도착하기 전에 하나님이 거기에 이미 임재해 있다고 말한다. 이러한 견해에 따르면, 비그리스도인들로부터 어떻게 진정 인간적이 되는가에 대해 우리가 배울 수 있는 것들은 기독교 본질의 진정한 일부라는 것이다. 그런 경우 그들은 우리가 그들에게 가르쳐 주는 것과 똑같이 기본적인 진리를 우리에게 가르칠 수 있다!」[506]

이미 하나님께서 선교사가 도착하기 전에 거기서 선교하고 계신다. 이것이 '하나님의 선교'(Mission of God, Missio Dei)이다. 교회가 선교하는 유일 절대적 존재는 아니라는 것이니 왜냐하면 하나님이 이미 거기 계시기 때문이다.

사회봉사가 그 사회 체제를 인정한다는 것은 아니다. 교도소에 있는 죄수들이 아무리 선행을 해도 죄수들의 선행일 뿐 시민의 선행은 아니다. 물론 교도소 내에서의 선행이 사회에서의 선행과 비교될 수 없는 처지에 있다고 해서 교도소에서 악행을 저질러도 된다는 말은 아니다. 즉 세상이 악하다고 해서 악한 세상을 그냥 악하게 둘 수는 없다. 악한 세상에서도 선행을 해야 악한 세상에서의 삶이 편해질 수 있다. 이런 상황만 생각하고 사회봉사가 교도소를 시민사회로 만들 수 있다는 착각은 잠시라도 해서는 안 된다.

사회봉사 제일주의가 전도의 내용을 바꿀 수 없다는 사실에 대한 성경의 실례가 있다. 전도 대체적 입장에 있는 사회봉사 제일주의의 불가함을 베드로가 입증했다.

베드로와 요한이 기도하러 성전에 가다가 구걸하는 사람을 만났다. 구걸하는 사람은 앉은뱅이 신세를 면하려는 생각보다 동전 한 푼을 얻자는 심산이었다. 사회봉사 제일주의자라면 동전 한 푼만 주면 끝나는 일이지만 사회봉사가 전도를 대체할 수 없는 일이기에 베드로는 전도가 무엇인가를 실증해 주고 있다.

"그가 그들에게서 무엇을 얻을까 하여 바라보거늘 베드로가 이르되 은과 금은 내게 없거니와 내

---

506) 올리버 바클리, 「세상 속의 그리스도인」, pp. 42~43.

게 있는 이것을 네게 주노니 나사렛 예수 그리스도의 이름으로 일어나 걸으라 하고 오른손을 잡아 일으키니 발과 발목이 곧 힘을 얻고 뛰어 서서 걸으며 그들과 함께 성전으로 들어가면서 걷기도 하고 뛰기도 하며 하나님을 찬송하니"(행 3:5~8)

사회봉사는 은과 금을 주려 하겠지만 베드로는 나사렛 예수 그리스도의 이름을 준다. 교회가 사회봉사는 하되, 사회봉사 제일주의나 전도 대체적 사회봉사를 하지는 않는다.

사회봉사는 그 사회에 동화하거나 모방하는 교회의 태도가 아니다. 악한 자에게 사랑을 베푸는 것과 악한 자를 두둔하는 것과는 별개이다. 사회봉사가 그릇된 생각으로 악한 자에게 사랑도 주고 두둔하라는 쪽으로 흐르게 되면 그런 봉사는 그만두는 것이 성경적일 것이다. 물에 빠진 사람을 건지는 것은 사회봉사이지만 구조자가 함께 익사한다는 것은 이것도 저것도 아니다.

「하나님께서는 이스라엘에게 주변 문화에 동화하거나 모방하는 것을 금하셨다. 이스라엘에게 가나안 7족을 철저하게 멸하라는 명령은, 하나님이 진노의 하나님임을 보이는 것이 아니라 이방 문화와의 잘못된 접촉으로 하나님의 언약이 파괴될 것을 염려하셨기 때문이다. 구약에서 우리는 특이한 풍속이나 의식을 금지한 율법들을 발견할 수 있는데 그것은 이방 문화를 무조건 배격하라는 것이 아니라 그 풍속이나 의식은 가나안 문화의 특징인 우상, 다신론, 마술 등과 관련되었기 때문이다. 그 실례로서, 출애굽기 23장 19절, 34장 26절, 신명기 14장 21절에 염소 새끼를 그 어미의 젖에 삶지 말라고 가르친다. 수세기 동안 구약학자들은 이 금령의 진의를 깨닫지 못하였으나 현대 고고학의 발견으로 이 습관은 가나안인들이 염소 새끼를 그 어미의 젖에 삶아 그것을 밭이나 나무 등 원하는 지역에 뿌려 그 해의 풍속을 기원하였다고 한다. 성경은 이렇게 우상이나 종교 등과 관련된 풍속은 철저히 배격한다.」[507]

지금까지 교회가 해야 할 사회봉사에 대한 오해적 측면을 살펴보았다. 그것은 사회봉사에 대한 회의적 태도와 적극적 태도였다. 사회봉사는 마땅히 할 일이지만 전도의 자리를 빼앗으면서까지 할 일은 못 된다는 것이다. 교회의 사회봉사가 어쩌면 전도의 위치를 무색케 할 만한 위험도 도사리고 있음을 다음 한 가지 실례로 알 수 있다.

내가 알고 있는 어떤 여성은 불교신자였다. 그런데 그 여성은 자기 집 부근에 있는 교회에 출석한다고 말했다. 개종했느냐고 단도직입적으로 물으니 그 여성의 대답이 이러했다.

---

[507] 전호진, 「선교학」, p. 150.

"꼭 개종을 해야 합니까? 내 집 부근에 있는 교회가 매주 목, 토 양 일에 독거노인을 위해 점심을 대접하며 이·미용을 해주며 영화도 상영하는 등 너무나 고마운 사회봉사를 하기에 그것에 매료되어 자원봉사자로 그 교회 마당을 밟습니다. 절에서는 그런 일이 없어요."

내가 보기에 그 여성은 복음과는 아무런 상관도 없이 열심히 자원봉사를 하고 있었다. 아마도 그녀의 마음속에는 봉사는 교회에서 하고, 보상은 절에서 받는다고 생각하고 있을지도 모른다. 사회봉사를 전도로 간주했을 때의 함정이 바로 이런 것이 아닐까 한다.

누가복음 15장에 탕자의 비유가 나온다. 사회봉사자가 자식을 잃어버린 아버지의 입장을 뒤로 하고 객지에서 고생하고 있을 둘째 아들을 현지에서 도와주려고만 한다면 별로 큰 의미는 없다. 탕자를 아버지 품으로 돌아오게 하는 일은 뒤로 하고 단지 객지에서 고생하고 있는 탕자에게 의식주를 제공하는 것을 가장 귀중한 봉사로 여긴다면 이것은 사회봉사가 전도를 대체하는 불행한 조치가 되는 것이다.

워치만 니는 이 사실을 다음과 같이 설명하고 있다.

「탕자의 이야기를 읽을 때 거의 모든 사람들은 탕자가 겪은 모든 고통의 문제에 신경을 쓰고 있다. 그들은 탕자가 지닌 불행한 시간이 어떠했을까 하는 생각에 사로잡혀 있다. 그러나 이것이 이 비유의 핵심이 아니다. "내 아들을 잃었다가 찾았다." 이것이 탕자 이야기의 중심이다. 아들의 고통이 문제가 아니다. 아버지의 잃어버림이 문제이다. 아버지가 고통 받는 자요 아버지가 잃어버림을 당한 자이다. 양 한 마리를 잃었다. 누구의 양을 잃어버렸다는 것인가? 목자의 양이다. 동전을 잃었다. 누구의 동전이 잃어버렸다는 것인가? 여인의 동전이다. 아들을 잃었다. 누구의 아들을 잃어버렸다는 것인가? 아버지의 아들이다. 이것이 누가복음 15장의 교훈이다.」[508]

잃은 양을 찾아 주인의 우리에 들어가게 하는 것과 잃은 상태에 있는 양에게 현지에서 꼴을 주는 것과는 별개의 문제이다. 다시 말하면, 탕자에게나 잃은 양에게 가서 도와주는 것을 아버지 품이나 양 우리로 인도해 오는 행위와 동일시 한다는 것은 탕자나 양 및 아버지와 목자에겐 영원한 불행을 안겨주는 것밖엔 아무것도 아닌 것이다.

사회봉사 제일주의의 약점이 여기 있다. 악한 마귀는 겉으로 보기에 선한 것을 가지고 영적 사역에 방해를 놓을 수도 있다는 것을 잊지 말아야 한다.

(4) 교회의 사회봉사의 현장

---

[508] Watchman Nee, *The normal Christian life*, (Tyndale House, 1977), p. 111.

교회의 사회봉사라고 해서 교회가 수단이 되고 사회가 목적이 되는 것은 아니라고 수차 강하게 성경은 말해왔고, 필자도 강조하는 교회론의 핵심이다. 어떠한 목적이나 대상을 위해서도 교회는 수단이 아니라 그 자체가 인격적 목적이다.

터너는 '교회의 사명'이라는 주제 아래 그 서론에서 다음과 같이 말하고 있다.

「우리 주께서는 교회가 이 세상에서 꼭 할 일이 있기 때문에, 그의 교회를 세운 것이다. 주는 교회에게 주의 사업을 수행(遂行)할 책임(責任)을 맡기셨다. 교회는 그리스도의 몸이라 일컫는다. 이 몸을 통하여 주께서 그의 일을 하신다. 그리스도인의 입을 통하여 주는 말씀하시고, 그리스도인의 손으로서 주께서 일을 하시고, 그리스도인의 발로서 주께서 사람들 가운데를 다니시는 것이다.」[509]

「그리스도께서는 교회를 통하여 이 세상에 그의 사업을 수행하시는 것이다.」[510]

위의 두 진술에서 보면 교회가 존재하는 목적은 하나님의 사업을 위해서라는 것이다. 교회는 주의 사업을 수행할 책임이 있다는 것이다. 그런데 교회가 수행해야 할 '주의 사업'은 교회가 아니고 또 무슨 특별한 사업이란 말인가!

이 세상에서의 '주의 사업'은 '교회 그 자체'이다. 교회는 사명이나 기능이나 의무를 지닌 자로서 교회 아닌 또 무슨 프로젝트를 위한 수단으로 남아 있어야 하는 것은 아니다. "산이 거기 있어 산에 오른다"는 어느 도인(道人)의 시처럼 "교회는 존재하기 때문에 행위한다." 그 행위는 존재의 표현일 뿐이다. 그 행위를 존재의 어떤 기능으로 보면 안 된다. 존재는 행위를 수반한다. 행위 없는 존재는 존재감(存在感)을 잃는다.

교회의 경건이 무엇인지 야고보서는 아래와 같이 말한다.

"하나님 아버지 앞에서 정결하고 더러움이 없는 경건은 곧 고아와 과부를 그 환난 중에 돌보고 또 자기를 지켜 세속에 물들지 아니하는 그것이니라"(약 1:27)

교회는 스스로 어떤 존재로 행위하고 있는가? 교회는 진리의 수호자이며 공존자이다.

"만일 내가 지체하면 너로 하여금 하나님의 집에서 어떻게 행하여야 할지를 알게 하려 함이니 이 집은 살아 계신 하나님의 교회요 진리의 기둥과 터니라"(딤전 3:15)

---

509) J. C. 터너, 「신약교회 교리」 이요한 역, p. 110.
510) J. C. 터너, 「신약교회 교리」 이요한 역, pp. 111~112.

교회는 진리의 원천도 아니며 만드는 곳도 아니라 교회는 진리의 수호자이며 공포자(公布者)이다. 교회는 진리를 수호하고 공포하기에 교회라 하는 것이다. 교회라는 주체가 따로 있고 그제서야 진리 수호와 공포를 하는 것은 아니다. 교회는 그리스도의 대행자이다.

"예수께서 또 이르시되 너희에게 평강이 있을지어다 아버지께서 나를 보내신 것같이 나도 너희를 보내노라"(요 20:21)
"아버지께서 나를 세상에 보내신 것같이 나도 그들을 세상에 보내었고"(요 17:18)

교회가 그리스도의 대행자이기 때문에 예수께서 하시던 육신적 물질적 필요를 채운다.

"임금이 대답하여 이르시되 내가 진실로 너희에게 이르노니 너희가 여기 내 형제 중에 지극히 작은 자 하나에게 한 것이 곧 내게 한 것이니라 하시고"(마 25:40)
"이에 임금이 대답하여 이르시되 내가 진실로 너희에게 이르노니 이 지극히 작은 자 하나에게 하지 아니한 것이 곧 내게 하지 아니한 것이니라 하시리니"(마 25:45)
"누가 이 세상의 재물을 가지고 형제의 궁핍함을 보고도 도와 줄 마음을 닫으면 하나님의 사랑이 어찌 그 속에 거하겠느냐"(요일 3:17)

또 교회는 그리스도의 대행자이기 때문에 예수께서 하시던 영적 필요를 채운다.

"인자가 온 것은 잃어버린 자를 찾아 구원하려 함이니라"(눅 19:10)
"미쁘다 모든 사람이 받을 만한 이 말이여 그리스도 예수께서 죄인을 구원하시려고 세상에 임하셨다 하였도다 죄인 중에 내가 괴수니라"(딤전 1:15)

교회가 진리의 수호자 및 공포자 그리고 그리스도의 대행자라는 것은 교회란 누구인가에 대한 설명이지 그것이 교회의 기능이란 말은 아니다. 그것은 존재하는 교회의 행위이며, 행위하는 교회의 존재이다. 위의 진술은 전도 및 선교 분야에 속하는 것으로 되어 왔다. 그런데 교회가 또 다른 측면에서 봉사해야 함으로써 존재하는 교회의 행위상을 보여 준다. 소위 사회봉사이다. 교회의 가르침은 예술, 과학 및 노사문제 등에 영향력을 미칠 수 있다. 다빈스는 교회가 사회에 미치는 봉사적 영향력을 아래와 같이 진술하고 있다.

「교회를 통한 그리스도의 봉사는 하나의 예술인 동시에 과학(科學)이다. 예술(藝術)로서의 그것은 통찰(洞察)과 상상(想像)과 창조력(創造力)을 필요로 한다. 과학으로서의 그것은 연구(研究)와 본질(本質)과 그렇지 않은 것을 구별(區別)하는 것과 목표(目標)를 예견(豫見)함과 적당한 수단(手段)의 사용(使用)과 올바른 원리(原理)의 실험(實驗)과 확고한 일반 원리의 결과로서의 수미일관(首尾一貫)한 행동이 필요하다. 서로 다투는 개인(個人)과 단체들이 자기(自己)의 이익(利益)만을 구하며 모든 봉사행위(奉仕行爲)에 대하여 요금(料金)과 보수(報酬)를 요구하는 이기경쟁(利己競爭)의 사회에서 봉사하는 교회는 언덕 위에 세운 성과 같이 우뚝 솟아 서 있는 것이다. 그러한 교회 안에 있는 사람은 남자나 여자나 그리스도인의 생활원리(生活原理) 즉 생명을 얻기 위하여 생명을 잃는 것을 실천(實踐)에 옮길 기회를 찾게 된다.」[511]

교회는 역사에 대해서 책임적인 보호를 해야 한다. 교회 안에 들어 있는 역사, 세상, 사회를 사랑으로 품어 주어야 한다. 세상의 중생이란 없다. 단지 세상의 개선은 있다. 교회 안에서는 세상의 중생이란 세상의 교회화이고 세상의 개선은 더 나은 개혁된 세상으로서의 단지 세상이다. 교회당이 있는 곳에 집값이 떨어진다는 부동산업자의 입이 다물어지도록 해야 한다.

그런 측면에서 다빈스는 교회 밖 봉사 분야를 아래와 같이 제시하고 있다.

「기독교 가정의 건설. 한 사회에 있어서 가정(家庭)이란 근본적(根本的) 중요성(重要性)을 가진 것이다. 그러므로 교회는 기독교 가정의 건설, 기독교 가정생활의 지도, 파괴된 가정의 재건(再建), 집 없는 아이들을 위한 가정을 마련해 주는 일 등에 최선(最善)의 노력을 기울여야 할 것이다.

교회는 마땅히 선(善)을 행하며 다니신 주의 본을 따라 어려움에 빠진 사람을 구하며 도움이 필요한 사람에게 도움을 베풀며 파괴된 생활을 다시 잇게 해 주며 남이 지지 않은 어려운 짐을 지고 허덕이는 사람에게 용기를 주어 스스로 살아 나갈 수 있게 해 주어야 한다.

사회적 의(義)의 추구. 의(義)의 열매를 맺지 않는 교회는 "빛의 열매는 모든 착함과 의로움과 진실함에 있느니라"(엡 5:9)로 나타내는 그의 헌장(憲章)을 범(犯)한 것이다. 그러므로 교회는 적극적으로 사회의 무법(無法) 또는 불법(不法), 부도덕(不道德), 주잡, 부정(不正) 등을 없이 하고 그 대신에 "사랑과 희락과 화평과 오래 참음과 자비와 양선과 충성과 온유와 절제"(갈 5:22)를 심어야 할 것이다. 여론(輿論)의 지도 교회가 공사(公事)를 관리(管理)하고자 꾀하여서는 안 된다. 그러나 사회의 악덕(惡德)과 부패(腐敗)를 제거(除去)하며 훌륭한 학교와 훌륭한 정부(政府)와 사회의 복지(福祉)와 올바른 인간관계와 약한 사람들을 보호함과 모

---

511) G. S. 다빈스, 「교회보전」 이요한 역, (서울: 침례출판사, 1987), p. 197.

든 사람들이 평등(平等)하게 다루어질 수 있는 방향으로 공중(公衆)의 사상과 의견(意見)에 영향을 주어 여론을 이끌어 나가야 할 불가피한 책임이 있는 것이다.」[512]

실용주의적 실제생활의 중요성이 교회의 사회봉사 현장에서도 나타나는 바 다빈스는 교회가 봉사해야 할 구석구석을 제시하고 있다. 교회는 사람들이 여가선용을 잘 해야 한다든지, 그리스도인의 오락 프로그램을 개발해야 한다든지, 결혼생활 및 결혼예식을 지도한다든지, 어린이의 교육에 봉사한다든지, 장례식을 주관하는 일까지 봉사의 범위 안으로 넣고 있다. 교회는 탈세간적(脫世間的) 가치관을 배제하고 할 수 있는 데까지 세상에 유익을 주려고 한다. 하늘 영광을 버리시고 이 세상에 강림하신 구세주를 교회의 머리로 모시고 있는 교회가 세상을 피해서 어디로 가란 말인가? 터너는 교회의 봉사의 범위를 교회 안과 사회 안과 그리고 세계 안으로 보아, 교회 안에서는 교인들의 육신 상의 궁핍과 영혼의 궁핍을 보살펴야 한다고 했다.[513] (약 5:14; 1:27; 골 1:28; 엡 4:11~15; 갈 6:1)

터너는 사회 안에서의 교회봉사는 교회 존재로 인한 마땅한 행위라고 진술하고 있다.

「교회는 그가 위치(位置)하고 있는 그 사회(社會)에 대하여 의무(義務)를 지고 있다. 그 첫째 의무는 교회가 미치는 한도 내에 있는 모든 사람들을, 주 예수 그리스도를 아는 구원의 지식으로 인도하고자 노력하는 것이다. 교회는 그 사회 앞에 높은 표준의 행실을 유지(維持)하여야 한다. 교회원의 일부라도 가치 없는 생활을 영위(營爲)한다면, 그것은 어느 사회에 있어서도 저주의 대상(對象)이 될 것이다. 교회는 사회의 개선(改善)을 위하여 모든 힘을 다하여 노력하여야 한다. 그리고 교인이거나 교인이 아니거나를 막론하고, 그 사회의 궁핍한 사람들에게 도움의 손을 뻗쳐야 한다. 궁핍과 낙심 가운데 있을 때 교회가 도움으로써 많은 영혼들이 그리스도 앞으로 인도되어 나왔었다. 그 사회의 사회적인 궁핍을 악(惡)의 세력에 맡겨 놓지 말고 교회가 돌보아야 할 책임이 있는 것이다.」[514]

세계에서의 교회봉사는 전도와 선교라고 했다. 그것은 온 세계는 언제 어디서나 복음만이 절대로 필요하며 주께서 명령하신 것이라고 했다. 세상은 복음씨앗을 받아야 할 밭이었다(마 13:38). 세상은 악한 자 안에 처해 있다.

"예수께서 그리스도이심을 믿는 자마다 하나님께로부터 난 자니 또한 낳으신 이를 사랑하는 자마다 그에게서 난 자를 사랑하느니라"(요일 5:1)

---

512) G. S. 다빈스,「교회보전」이요한 역, (서울: 침례출판사, 1987), p. 199.
513) J. C. 터너,「신약교회 교리」이요한 역, p. 115.
514) J. C. 터너,「신약교회 교리」이요한 역, pp. 117~118.

세상은 잃어버린 바 된 탕자요 잃어버린 바 된 양이요 또 잃어버린 바 된 동전이다. 교회는 하나님께서 잃어버린 것들을 하나님과 함께 찾으러 나가서 찾아오는 일을 하는 것이 교회의 존재 양태이다. 교회는 교회이기 때문에 전도하고 봉사하는 일이 지극히 당연하다. 바울 서신들의 전반부는 거의 모두 '교리'이고, 후반부는 거의 모두 '실천'에 관한 이야기이다. 로마서의 구조를 그 예로 들어보자. 1~9장까지는 이신득의(以信得義) 교리를 말해 오다가, 10~11장은 동족의 구원을 애타게 갈구하고 있으며, 12~16장은 교회 내외에서의 그리스도인들이 실천해야 할 행위를 서술하고 있다. 12~16장의 내용은 사회를 위한 봉사 내용이 포함되고 있는데 특히 13장은 위에 있는 권세들에게 굴복하라고 했다. 특별히 16장은 문안(問安)하라는 부탁을 일일이 이름을 거론하며 당부하고 있다. 하늘 이야기를 하다가 땅에서 받은 작은 친절에 감사하고 문안하라는 것은 최소한 인간이 해야 할 인사(人事)의 도리를 강조하는 것이 아닌가?

바울의 거의 모든 서신이 전반부는 전도하기 위한 '도'(道) 이야기이고, 후반부는 그 '도'를 받은 자가 섬김의 생활을 해야 한다는 실천 즉 사회봉사를 강조하고 있다.

교회는 하늘과 땅을 그 영토로 하고 그리스도인을 그 백성으로 하며 하나님의 주권을 갖추고 있다. 따라서 어느 한 구석에도 교회의 활동이 미치지 않는 사각지대는 없다.

| 제2기 교회시대 결론 |

    제2기 교회시대에 관한 장황한 진술을 요약할 단계에 이르렀다. 제2기 교회시대란 역사(歷史)를 품고 있는 교회의 일생을 말한 것이다. 통상적인 개념으로는 역사 속에서의 교회 개념이라 하겠지만 앞에서 지적한 것과 같이 교회가 역사를 내포하고 있다는 의미에서 역사 속에서의 교회란 표현을 지양하고 교회 속에서의 세상이란 표현을 사용한다. 세상을 그 속에 내포하고 있는 교회는 어떻게 그 세상을 처리해오고 있는가? 이에 대한 설명이 제2기 교회시대의 몫이 되었다.
    요약하면 이런 것이다:

    창세 전에 하나님의 마음속에 잉태되었던 교회가 역사를 안고 역사 속에서 출현하여 세상을 살아가는 이야기이다.

    삼위일체 하나님의 종합적 사역의 열매가 교회였다. 성부 하나님은 교회를 설계하시고, 성자 예수 그리스도는 설계대로 교회를 건축하시고, 성령 하나님은 그 교회를 마지막까지 '되게' 하시고 '하게' 하시는 역사를 하신 바, 이 모든 것은 삼위일체 하나님의 종합적 그리고 통시적(通時的) 공작(工作)이었다.
    제2기 교회시대는 '됨'의 교회와 '함'의 교회의 일생이다. 출생하지도 않은 아이가 걷는 것이 불가능하듯이 '되지 않은 교회'가 '하는 교회'가 될 수는 없다. 어떻게 교회가 되는가? 그리고 된 교회는 어떻게 행하는가? 즉 어떻게 된 것이 교회이며 어떻게 행하는 것이 교회인가? 교회의 존재와 행위는 교회의 생애를 이룬다. 교회의 구조(構造)와 활동은 교회의 생명이다.
    제2기 교회시대는 교회의 현실적 역사적 생애시대이다. 뒤에 언급할 제3기 교회시대는 종말에 이른 교회의 모습에 관한 이야기를 전개할 것이다.

그러면 무엇이냐 겉치레로 하나 참으로 하나 무슨 방도로 하든지 전파되는 것은 그리스도니 이로써 나는 기뻐하고 또한 기뻐하리라(골 1:18)

3부 第三期 教會時代

종말론 개요

1_정의
종말론 혹은 말세론은 어떤 내용을 담고 있는가?

종말론은 최후 사건들에 관한 연구이다. 최후 사건은 시간과 공간상 최후이며 사건의 내용상 최후적이라는 것이다. 다소 추상적인 말 같기에 구체적인 내용을 말해야 하겠다.

최후 사건이란 역사의 완성(consummation of history)이다.[515] 그것은 기나긴 역사의 제일 마지막에 있을 사건이다. 역사의 완성은 세상에서 하나님 사역(使役)의 완결(完結)을 의미한다. 그 공식은 아래와 같다.

"역사의 완성 = 하나님 사역의 완결"

그런데 종말론은 역사적으로 어떤 취급을 받아왔는가?

2_종말론의 위치
어떤 다른 교리들 끝에 붙는 부록적 위치, 여러 주요 교리들 중의 한 교리, 우월적인 한 교리, 그리고 신학 전반을 포괄하는 교리 등으로 취급을 받아 왔다.[516]

그런데 에릭슨은 최근 종말론에 관한 관심이 더 높아진 이유를 다음과 같은 몇 가지로 제시하고 있다.

첫째, 급속한 기술 발달로 인한 문화 일반에 변화가 생기는 만큼 신학은 이에 대해 어떤 설명을 붙여야 할 필요성을 느끼게 되었던 것이다. 여기서 미래주의가 나왔다.[517]

둘째, 제3세계가 일어나고 있기 때문에 앞으로 세상이 어떻게 변화될지 예측 불허인 만큼 종말에 관심을 쏟아야 한다는 것이다.[518]

셋째, 공산주의 혹은 변증법적 유물주의가 강세를 보이면서 공산주의가 역사철학을 내어놓고 있는데 신학은 이에 영향을 받은 종말론을 펴게 되었다는 것이다.[519]

공산주의 변증법적 유물사관은 역사는 궁극적 목적을 향해 행진하고 있다고 본다. 한 단계에서 또 다른 한 단계로 행진하는 역사라 본다. 지금에 와서는 공산주의라는 단어보다 물질주의 및 그것의 변증법적 사관이 더 나은 미래를 위한 세계적 소망을 제공한다고 본 것이다. 여기에 심리학자들이 '소망'에 대해 강조점을 두었다. 그 대표적인 학자가 빅터 프랭클의 심리요법(Victor Frankl's logotherapy)이다.[520]

---

515) Millard J. Erickson, *Christian Theology*, p. 1150.
516) Millard J. Erickson, 위의 책, p.1151.
517) 위의 책.
518) 위의 책, p. 887.
519) 위의 책.
520) 빅터 프랭클의「심리요법과 현대인」,「삶의 의미를 찾아서」는 그의 대표적인 저술로서, 삶은 의미추구의 과정임을 그의 나치수용소 생활을 통해 기록한 책들이다.

인생이란 삶의 의미를 찾는 데 있다고 보았다. 그 의미는 현재가 아니라 미래에서라도 찾을 수 있다는 소망인 것이었다. 미래는 의미가 있다. 인생과 역사의 종말에는 허무가 아니라 실재적 의미가 있다. 고로 포기하거나 절망하지 말고 구석구석에서 의미를 찾아 나가는 그 자체가 삶의 현장이란 것이다. 빅터 프랭클은 나치 수용소에서 아직 자기가 죽지 않고 살아 있음을 피부를 찔러 확인하면서 그 확인에 의미를 두고 보니 죽어가지 않고 살아가게 되더라는 고백을 했다. 그의 유명한 말은 이런 것이었다. "희망을 가진 사람, 곧 자기 존재의 '이유'(왜, why)를 아는 사람은 거의 어떤 '방법'(어떻게, how)도 견디어 낼 수 있을 것이다."[521] 세속사상에서 미래를 지향하는 그 열성이 신학자로 하여금 종말론에 관해 더 관심을 갖게 했을 뿐만 아니라 은연 중 그런 미래주의와의 경쟁에서 더 나은 기독교 종말론을 내어놓아야 하겠다는 동기유발도 있었을 것으로 본다.

마지막 종말론에 관한 관심의 이유는 위의 진술과는 정반대로 인류를 파괴할 수 있는 파괴적 핵문제와 환경문제로 인한 인류의 미래의 절망이 신학자로 하여금 종말론에 관심을 갖게 한 것이었다.[522]

에릭슨이 제시한 종말론에 관한 관심유발에도 약간의 이유는 될지 모르지만 진정으로 기독교 사관에 들어선 사람은 자연스럽게 종말사관으로 나아가게 된다. 하나님의 창조사관이 하나님의 구원사관으로 나아가고 하나님의 구원사관이 하나님의 교회사관으로 나아가게 되는 것이다. 왜 사람을 창조했는가? 구원하시기 위해서다. 왜 구원하셨는가? 교회를 형성하기 위해서다. 그런즉 종말론은 교회론에 아주 딱 붙어 있는 최후적 교리이다. 종말론과 교회론이 밀접한 관계가 있다는 어거스틴의 강력한 주장이다.[523]

성경의 줄을 잡고 있는 사람이라면 가다가 도착하는 곳이 종말인데 거기에 등장한 실체는 교회이다. 그런즉 종말론이란 교회의 마지막 형편에 관한 교리이다. 어떤 다른 외적 이유가 없어도 종말론은 자연스럽게 그리스도인에게 다가오는 교리이다. 왜냐하면 그 종말엔 교회가 있고 교회는 그리스도인으로 구성되어 있기 때문이다.

3_종말론의 양태

종말론에 대한 관심은 마침내 두 개의 극단적인 양태로 나아갔다. 그것들은 열광적 종말론(eschatomania)과 도피적 종말론(eschtaophobia)이다.[524]

열광적 종말론은 일반적으로 보수계통 사람들과 세대주의자들의 호감을 끌고 있다. 종말론에 그 사상이 아예 사로잡혀 있는 사람들은 종말사상으로 꽉 차 있다. 세대주의자들은

---

521) Millard J. Erickson, *Christian Theology*, pp.1151~1152, *Victor Frankl man's search for meaning*, p. 127.
522) Millard J. Erickson, *Victor Frankl man's search for meaning*, p.127.
523) Millard J. Erickson, *Christian Theology*, p.1150.
524) Millard J. Erickson, 위의 책, p. 1152.

설교와 강의에 이것이 빠지는 적이 없고 어떤 목사는 요한계시록을 19년 동안 매 주일 저녁에 설교를 했다는 보고이다. 종말에 관해서 자세한 차트를 그려놓기도 하며 현행 정치적·사회적 그리고 특별히 이스라엘 나라와 관련된 사건들을 성경의 예언과 동일시하면서 한편에는 신문을, 다른 한편에는 성경을 가지고 대조하는 판이다.[525]

열광적 종말론 중 다른 하나의 양태는 종말론을 신학의 전부로 만드는 태도이다. 종말이란 말을 모든 교리의 앞에다 형용사격으로 붙여 놓기도 한다.[526]

도피적 종말론은 종말론에 지레 겁을 먹거나 싫어하는 태도이다. 종말론에 대해 토의하는 것조차 피해 버리려 한다. 이들은 성경에 나타난 모든 예언적 자료를 명백히 해석하면서 역사 속에 나타난 모든 의미 있는 사건을 성경의 어떤 예언과 동일시하는 사람들에 역반응을 보인다.[527] 목사가 이러고 보니 평신도들은 마침내 세대주의로 가거나 말거나 방치해두는 상태에 빠진다. 종말론 이야기가 나오면 담임목사에게는 들어볼 것도 없이 세대주의 주창자에게로 나아가서 흥미를 끈다는 것이다. 도피적 종말론자에게는 종말론은 방언과 크게 다를 것이 없이 이해하기 어렵다는 태도를 취한다.

에릭슨은 이상과 같은 종말론을 대하는 태도에 대하여 어떤 태도를 취해야 할까를 말하고 있다. 데살로니가전서 4장에 의하면 그 당시 사랑하는 사람들이 죽었고 유족들이 슬퍼하고 있을 때 소망 없이 슬퍼만 하는 것은 건전치도 못하고 불필요한 것이라고 지적하면서 예수 재림 때에 먼저 간 자들도 같이 올 것이니 위로를 받으라고 했다는 것이다.[528]

"그러므로 이러한 말로 서로 위로하라"(살전 4:18)

물론 본문이 위로하라는 것은 분명하지만 종말론의 목적이 단순히 위로와 확신만이 아니다. 종말론은 그리스도인 개개인의 문제로만 결부된 것이 아니라 크게 교회와 결부된 것이다. 창세 전에 있었던 교회가 역사를 포용하고 이 세상에 출현하였다가 어떻게 역사의 끝마침을 맺는가라는 교회의 최후의 형편에 관한 교리가 종말론이다. 이런 의미에서 볼 때 종말론은 기피할 성질의 교리가 아니라 열광적으로 환영해야 할 성질의 교리이다. 종말사상이 모든 교리의 형용사로 붙은들 탓할 것이 무엇인가?

4_종말론의 범위

종말사상이 역사의 끝에 생기는 사건들과 관련된 것이 분명하지만 그러나 말세 종말 사

---

525) Millard J. Erickson, 위의 책, p. 1152.
526) 위의 책.
527) 위의 책.
528) Millard J. Erickson, 위의 책, p. 1153.

상은 적어도 신약성경이 기록할 당시부터 '말세'라는 언어로 명백히 나타나고 있다는 점을 유의해야 할 것이다. 이 말은 종말사상이 반드시 역사의 한 끝부분에 가서만 관계되는 것이 아니라 역사 전역에 걸쳐 관계된 것이라는 말이다. 그렇다면 종말론은 도피하거나 거부할 것이 아니라 환영해야 마땅한 교리이다. 종말론은 가슴에 품고 살아야 할 길고도 깊고도 넓은 교리이다. 그것의 역사는 교회와 함께하기 때문이다.

2000여 년 전, 신약성경이 기록될 당시에도 이미 '말세'라고 했던 성경을 소개한다. 만약 그 말세가 성경 기록 당시의 교회에게 무관하다면 아마 지금의 교회에게도 무관하게 될 것이 뻔하다. 적어도 지금 이 순간이 세상 끝이 아니라면 말이다.

"이 모든 날 마지막에는 아들을 통하여 우리에게 말씀하셨으니 이 아들을 만유의 상속자로 세우시고 또 그로 말미암아 모든 세계를 지으셨느니라"(히 1:2)

"하나님이 말씀하시기를 말세에 내가 내 영을 모든 육체에 부어 주리니 너희의 자녀들은 예언할 것이요 너희의 젊은이들은 환상을 보고 너희의 늙은이들은 꿈을 꾸리라"(행 2:17)

"아이들아 지금은 마지막 때라 적그리스도가 오리라는 말을 너희가 들은 것과 같이 지금도 많은 적그리스도가 일어났으니 그러므로 우리가 마지막 때인 줄 아노라"(요일 2:18)

"너는 이것을 알라 말세에 고통하는 때가 이르러"(딤후 3:1)

"너희 금과 은은 녹이 슬었으니 이 녹이 너희에게 증거가 되며 불같이 너희 살을 먹으리라 너희가 말세에 재물을 쌓았도다"(약 5:3)

"먼저 이것을 알지니 말세에 조롱하는 자들이 와서 자기의 정욕을 따라 행하며 조롱하여"(벧후 3:3)

"그들이 너희에게 말하기를 마지막 때에 자기의 경건하지 않은 정욕대로 행하며 조롱하는 자들이 있으리라 하였나니"(유 1:18)

"그들에게 일어난 이런 일은 본보기가 되고 또한 말세를 만난 우리를 깨우치기 위하여 기록되었느니라"(고전 10:11)

"또한 너희가 이 시기를 알거니와 자다가 깰 때가 벌써 되었으니 이는 이제 우리의 구원이 처음 믿을 때보다 가까웠음이라"(롬 13:11)

많은 설명 중에 다른 두 곳을 보자.

"그는 창세 전부터 미리 알린 바 되신 이나 이 말세에 너희를 위하여 나타내신 바 되었으니"(벧전 1:20)

"이 말세에 너희를 위하여." 예수께서 오신 그 당시가 이미 말세였고 그 당시의 사람을 위해 예수께서 오셨다고 하지 않았는가? 이미 말세인 것이다. 이미 종말론 사상이 거기 있는 것이다.

"그리하면 그가 세상을 창조한 때부터 자주 고난을 받았어야 할 것이로되 이제 자기를 단번에 제물로 드려 죄를 없이 하시려고 세상 끝에 나타나셨느니라"(히 9:26)

"그가…세상 끝에 나타나셨느니라." 예수님이 오신 것은 지금으로부터 2000년 전인데 이미 그때 '세상 끝'이라 하였으니 이미 말세인 것이다. 이런 사상에서 나온 것이 뒤에 논하게 될 천년왕국설 및 환난기설 중에서 무천년설의 손짓이라 할 것이다.

다시 묻노니 말세 곧 종말은 "지금부터 이 다음"이냐? 혹은 이미 "과거부터 지금을 거쳐 다음까지"이냐? 종말의 시간과 공간에 관한 개념을 정립하는 것이 성경 전체의 이해에 도움이 될 것이다. 그러면 이렇게 말할 수 있을 것이다. "온 역사가 다 종말이다."

이에 대해 성경은 보증하고 있다.

"사랑하는 자들아 주께는 하루가 천 년 같고 천 년이 하루 같다는 이 한 가지를 잊지 말라"(벧후 3:8)

종말론의 범위가 이토록 넓고 길다고 볼 때 자연적으로 두 가지 종말이 있다고 하겠다. 그것은 개인의 죽음, 부활, 심판을 다루는 개인의 종말과 재림, 휴거, 환난, 천년왕국, 대심판 그리고 영원 세계를 포함하는 역사적 우주적 종말론이다. 가족원의 죽음은 가족원 개인의 슬픈 종말이다. 개인의 죽음은 개인의 모든 것이 종지부를 찍는 것이니까 개인의 종말이다. 역사의 종말은 예수 재림으로 온 세상 역사의 수레바퀴가 멈추는 것, 즉 역사적 우주적 종말이다.

종말론의 시공의 범위가 이렇게 결정되면 다음 질문들의 의미가 약해지는 것이 분명하다. 예언 특히 요한계시록에 접근하는 시간상의 해석은 어떠해야 하는가에 대한 질문이기도 하다.

- 성경 예언은 미래적인가? 성경에 기록된 대부분의 사건은 미래에 가서 성취되는 것인가?
  – 미래지향적 견해
- 성경 예언은 과거적인 것인가? 성경에 기록된 사건은 성경 저자 자신의 때에 성취되는 것인가? – 과거지향적 견해
- 성경 예언은 전 역사(全歷史)를 통해 이루어지는가? 성경에 기록된 사건이 저자 자신의 집필 당시에는 미래이지만 그것이 교회사 전역을 통해 일어나고 있지 않는가?
  – 전 역사적 견해
- 성경 예언은 문자적이 아닌 상징적으로 이루어지는 것이 아닌가? 그것은 시간적 연속

선 상에 일어나는 사건이 아니라 그 본질상 일정한 시간에만 국한되는 것도 아니고 어떤 단 하나의 역사적 사건에만 제한되는 것도 아닌 상징적인 의미를 지닌 예언이다.
　- 상징적 견해 [529]

위의 해석에 따라 예언서 해석은 달라진다.

에릭슨은 예언서 및 요한계시록에 접근하는 태도에 따라 현대 유행하는 종말론을 다음과 같이 제시해 놓고 있다.

① 자유주의 종말론 - 현대화 종말론
② 알버트 슈바이처 - 역 현대화 종말론
③ C. H. 도드 - 실현된 종말론
④ 루돌프 불트만 - 실존주의 종말론
⑤ 쥬리겐 몰트만 - 정치화 종말론
⑥ 세대주의 - 체계화 종말론

세대주의의 발전자는 J. N. 다비(1800~1882)로서 플리머스 형제단 운동의 조직 책임자였고 나중에는 스코필드 성경연구를 통해 세대주의가 급선전되었다. 이들의 성경 해석은 거의 절대적으로 문자적이다. 고로 상징주의나 우화는 결코 용납하지 않는다. 문자적 성경 해석의 고수자이다. 이런 정신에서 나온 것이 이스라엘과 교회는 절대로 결합할 수 없는 평행선적 위치이다. 이스라엘은 영원히 이스라엘이다. 이스라엘에게 내린 하나님의 모든 예언은 오직 이스라엘에게만 해당된다. 이스라엘에 내린 예언의 성취를 교회로 가지고 들어와서는 결코 용납되지 않는다. 민족적, 국가적, 정치적 현세의 이스라엘은 영원한 것이고, 교회는 구약에서는 아예 언급된 바가 없다가 이스라엘이 하나님을 거부하는 막간에 임기응변식으로 갑자기 교회를 내어놓았다는 것이다.

하나님께는 두 가지 계획이 있다고 한다. 하나는 이스라엘이고 다른 하나는 교회라는 것이다. 그 실례로 요한계시록은 2장, 3장에만 교회가 나타나는데, 이것은 교회시대라는 것이다. 그리고 계시록 4~19장은 환난 기간이며, 교회와는 무관하고 이스라엘과만 관계된다는 것이다. 하나님의 보좌 주위에 있는 24장로들은 휴거되어 보상받는 교회(계 4:4)이며, 지상의 백성은 12지파로 구성된 144,000명의 유대인이다(계 7:1~8). 이들은 환난 기간 동안 왕국 복음을 전하며 수많은 이방인을 얻는다(계 7:1~8). 짐승은 말세에 회복되는 로마 제국의 수반이라는 것이다(단 9:27). 마지막 7년은 짐승, 즉 적그리스도와 이스라엘의 언약으로 시작되지만 짐승은 3년 반 뒤에 언약을 깨뜨리고 도리어 유대인을 핍박한다. 이 큰

---

[529] Millard J. Erickson, *Christian Theology*, p. 1154.

전쟁은 적그리스도와 교회와의 싸움이 아니라 이스라엘과의 싸움이다. 교회는 이미 휴거되고 없으니까. 계시록 2~3장만 교회를 위한 것이고 그 외에는 전부 이스라엘 이야기라고 한다.[530]

하나님의 일에 계획 밖의 돌발사건이 있을 수 있는지는 아무리 생각해도 이해가 가지를 않는다. 성경도 만사는 하나님의 섭리와 작정에 의한 것이라고 하지 않았는가?[531]

필자는 작은 종말에서 큰 종말에로의 진행이 있다고 본다. 미미한 종말에서 괄목할 만한 종말에로의 진행이 있다고 본다. 종말론의 확대론이라고 할까? 종말 확대론에는 위의 모든 견해를 다 포괄할 수 있다고 본다. 그리고 그 중심에는 교회가 들어 있다. 교회가 창세 전부터 있었고 역사를 안고 전진하기 때문에 종말 없는 교회가 없었고 교회 없는 종말은 일순간도 없었다는 것이다.

5_종말론의 목적

왜 종말론을 연구하는가? 종말론의 목적은 무엇인가? 그런즉 앞으로 전개되는 종말사건에 대하여 우리가 취해야 할 태도를 미리 말해 본다. 에릭슨의 이야기를 표어화 해본다.[532]

"일치점(agreement)을 찾고 불일치점(disagreement)을 찾으려 애쓰지 마라!"

종말론 연구는 거룩한 생활, 부지런한 봉사, 미래를 향한 소망이 목적이다. 논쟁하기 위해 연구하는 것이 아니라 화합하기 위해 연구하라. 분산하기 위해 연구하는 것이 아니라 연합하기 위해 연구하라. 항상 종말이다. 우리는 언제나 종말을 살고 있다. 2000년 전이나 지금이나 종말이다. 처음 시작해서 끝까지 인내하고 이기는 것이 신앙의 정도이다.

"끝맺음도 시작할 때와 같이 신중할지라"(愼終如始).[533]

그러기에 계시록의 일곱 교회에게 보낸 주님의 당부는 교회의 시작도 그 나중도 한결같을 것을 말씀하셨다. 에베소 교회가 처음 사랑을 버렸다(계 2:4). 사데 교회는 살았다는 이름은 가졌으나 죽었다(계 3:1). 라오디아 교회는 미지근하다고 했다(계 3:16). 주님은 그러기에 거의 모든 일곱 교회에게 "이기는 자"가 되라고 당부하셨다.

"이기는 자와 끝까지 내 일을 지키는 그에게 만국을 다스리는 권세를 주리니"(계 2:26)

"이기는 자는 이와 같이 흰 옷을 입을 것이요…"(계 3:5)

"이기는 자는 내 하나님 성전에 기둥이 되게 하리니…"(계 3:12)

"이기는 그에게는 내가 내 보좌에 함께 앉게 하여…"(계 3:21)

---

530) G. E. Ladd, 「신약신학」, (서울: 대한기독교서회, 1984), p. 700.
531) Millard J. Erickson, *Christian Theology*, pp. 1156~1164.
532) Millard J. Erickson, 위의 책 , p. 1165.
533) 노자 「道德經」 64장.

제3기 교회시대 서론

제1기 교회는 창세 전 하나님의 마음속에 품으셨던 잉태된 교회였다. 말하자면 파종기(播種期) 교회이며 봄 교회(spring church)이다.

제2기 교회는 잉태되었던 교회의 출현과 성장을 거듭해 오던 교회였다. 말하자면 성장기(成長期) 교회이며 여름 교회(summer church)이다.

제3기 교회는 성장했던 교회가 열매를 내어놓는 교회이다. 말하자면 수확기(收穫期) 교회이며 가을 교회(autumn church)이다.

제3기 교회는 종말론적 교회이다. 세상의 종말에 가서 교회가 당면하는 현실을 다루는 것이 제3기 교회시대이다. 종말의 세상과 종말의 교회는 어떻게 그 생을 마감하는 지가 중대 관심사이다. 교회는 발악하는 사탄의 세력과 최후까지 전투하여 마침내 승전가를 현실화하는 교회의 영화 자리에 이른다.

요한계시록은 제3기 교회시대를 요약적으로 예언했던 예언서이다. 계시록에 나오는 일곱 교회들은 각 시대의 특성을 말해주는 교회의 대표성을 지녔다고 하며 교회사 전체를 포용하는 것이라고 하지만 어떤 해석을 따르든 간에 종말의 교회에 대한 진술인 것은 사실이다.

요한계시록의 일곱 교회들에게 우리 주님이 계산하라고 촉구하는 내용이 있다. 그것은 "너희 믿음"의 문제는 아니다. 그것은 "너희 지식"의 문제도 아니다. 그럼 무엇을 따지고 계시는가? 그것은 "너희 행위"이다. 하나님은 종말에 가서 그동안 너희들이 쌓아놓고 머리에 담아둔 진리의 내용이 무엇인가 어디 한 번 내어놓으라는 것이 아니라 너희 행위 즉 결실된 열매를 내어놓으라는 것이다. 생각의 행동화가 어느 정도 되었느냐를 물으신다. 지행(知行)의 일치가 어느 정도인가를 따지신다. 다시 말하면 종말론적 교회는 열매를 맺는 교회이다. 이하에 일곱 교회들에게 주님의 문의하신 내용을 보자.

에베소 교회에 대하여:

"내가 네 행위와 수고와 네 인내를 알고 또 악한 자들을 용납하지 아니한 것과 자칭 사도라 하되 아닌 자들을 시험하여 그의 거짓된 것을 네가 드러낸 것과"(계 2:2)

서머나 교회에 대하여:

"내가 네 환난과 궁핍을 알거니와 실상은 네가 부요한 자니라 자칭 유대인이라 하는 자들의 비방도 알거니와 실상은 유대인이 아니요 사탄의 회당이라"(계 2:9)

버가모 교회에 대하여:

"네가 어디에 사는지를 내가 아노니 거기는 사탄의 권좌가 있는 데라 네가 내 이름을 굳게 잡아서 내 충성된 증인 안디바가 너희 가운데 곧 사탄이 사는 곳에서 죽임을 당할 때에도 나를 믿는 믿음을 저버리지 아니하였도다"(계 2:13)

여기 행위란 말이 나오지는 않지만 그 모든 것이 결국 행위라는 내용이다.
두아디라 교회에 대하여:

"내가 네 사업과 사랑과 믿음과 섬김과 인내를 아노니 네 나중 행위가 처음 것보다 많도다"(계 2:19)

사데 교회에 대하여:

"사데 교회의 사자에게 편지하라 하나님의 일곱 영과 일곱 별을 가지신 이가 이르시되 내가 네 행위를 아노니 네가 살았다 하는 이름은 가졌으나 죽은 자로다 너는 일깨어 그 남은 바 죽게 된 것을 굳건하게 하라 내 하나님 앞에 네 행위의 온전한 것을 찾지 못하였노니"(계 3:1~2)

빌라델비아 교회에 대하여:

"볼지어다 내가 네 앞에 열린 문을 두었으되 능히 닫을 사람이 없으리라 내가 네 행위를 아노니 네가 작은 능력을 가지고서도 내 말을 지키며 내 이름을 배반하지 아니하였도다"(계 3:8)

라오디게아 교회에 대하여:

"내가 네 행위를 아노니 네가 차지도 아니하고 뜨겁지도 아니하도다 네가 차든지 뜨겁든지 하기를 원하노라"(계 3:15)

주님의 각 교회의 사자에게 이르신 말씀이 교회의 '행위'의 문제였다.
종말론적 교회는 최후까지 발악하는 원수를 완전히 정복하고 하나님이 창세 전에 잉태했던 교회의 이상적 원형을 유지하여 역사를 마감하고 하늘로 올라가서 영화롭게 되는 것이다. 수많은 혼인잔치가 있었지만 종말론적 대우주적 최후적 혼인이 있으니 신랑 예수와 신부 교회의 혼인잔치인 것이다. 그때 삼위일체 하나님의 하늘 역사가 영존하게 될 것이다.

그런데 악한 마귀 사탄은 이 잔치를 무산시키기 위해 최후적으로 발악할 것인데 교회는 최후 전쟁을 치르고 승전고를 울릴 것이다.

제3기 교회시대를 맞이하여 진술해야 할 주요 주제들은 무엇인가?

1. 시종일관적 교회 정체(正體)
2. 최후 발악적 세상
3. 최후 승리적 교회
4. 하늘을 바라보는 교회
5. 하늘에 올라간 교회

교회는 창세 전 하나님의 마음속에 품었던 그 모습, 그 체질, 그 성격, 그 구상(構想), 그 계획을 역사와 더불어 지니고 있으면서 역사의 종말을 맞이한다는 의미에서 그 정체성이 시종일관하다는 것이다. 그것은 교회의 사명은 언제 어디서나 변함없이 하나님에 의한, 그리고 하나님을 위한 존재라는 것이다.

시종일관적 교회를 지키려 할 때 이를 좌절시키기 위해 사탄이 조직한 세상은 최후적으로 극렬하게 발악하게 될 것이다. 발악하는 세상 뒤에는 사탄이 있다. 사탄이 세상 조직을 가지고 교회를 파괴하려고 공격해 오지만 결국 실패하고 그 조직인 세상은 깨어진다. 때로는 사탄이 교회에게 손실을 안겨다주는 일이 있어서 사탄이 획득한 승점(勝點)이 꽤 되는 것 같지만 결국은 교회가 한판승으로 승자가 된다. 교회가 지향(指向)하는 곳은 하늘이고 결국 그 하늘에 올라간다.

1 시종일관적(始終一貫的) 교회 정체(正體)

1) 교회의 사명 곧 정체

정체는 사명(使命)의 다른 이름이다. 교회의 처음이라 해서 그 정체가 그러하고 교회의 나중이라고 해서 그 정체가 이러하다고 말하는 것은 시종일관적 교회의 정체와는 모순되는 말이다. 즉 교회의 사명은 처음과 나중이 언제나 한 가지이다.

하나님의 계획은 일이관지(一以貫之)이다. 즉 하나님의 거룩한 계획이 교회의 전 생애를 관통하는 것이다. 하나님의 계획에 의해 존재하게 된 교회의 의미는 무엇인가? 즉 교회의 정체성은 무엇인가? 교회는 하나님의 자기표현(自己表現, God's self expression)이라고 했다. 하나님의 자기표현은 하나님의 '영광'과 '사랑'이었다. 영광과 사랑의 하나님이 창조와 구속사역을 통해 교회라는 인격체로 계시되셨다. 교회에게서 하나님의 영광과 사랑을 찾아볼 수 없다면 이미 교회가 아니다. 교회를 보면 하나님의 영광과 사랑이 보이게 마련이다. 하나님의 창조행위에서 영광이 나타나고 구속행위에서 사랑이 실천되고 있는데 결국 영광과 사랑의 결집처가 교회이다.

하나님의 사업의 시작도 교회이고 과정도 교회이고 결말도 교회이다. 모든 것과 모든 행위는 오직 교회를 위한 것이고 교회는 그리스도를 으뜸으로 하자는 것이고 으뜸되시는 그리스도는 하나님을 위한다. 계셔오시던 하나님은 하나님 외적 인격체로서 '교회'라는 것을 잉태, 출산, 성장케 하시면서 그 교회와 영존(永存)하시고 공존(共存)하신다. 왜 그리하셨을까? 그것은 하나님의 기쁘신 뜻이요 작정이요 섭리이다. 그 이상은 알 길이 없다.

종말에 이르러 더더욱 교회의 정체를 재확인하고 확신한다는 것은 성도의 마땅한 자세일 것이다. 그래서 교회가 종말을 맞이했을 때 그 주변보다도 우선 교회 자체를 내면적으로 검토하는 일이 중요한 과제이다. 전투에 임하는 자가 임전태세(臨戰態勢)가 되어 있는가? 전투할 대상은 누구인가? 이런 것을 알아두는 일은 매우 중요하다. 지피지기 백전백승(知彼知己 百戰百勝)이기 때문이다.

그럼 이렇게 질문을 던지면 좋을 것이다.

"교회의 사명은 무엇인가?"

교회의 사명에 대한 사람들의 오해가 무수하게 있어 왔음을 다음과 같이 지적하고 있다.

「교회론 가운데서 교회의 사명만큼 오해되고 있는 부분도 아마 없을 것이다. 교회의 본질에 관한 잘못된 견해로 시작해서, 교육자들과 사회사업가들은 성서적인 보증도 없으며 흔히는 성격상 반성서적(反聖書的)인 정치적, 경제적, 사회적 개혁의 계획을 촉진시켜 왔다. 그리스도인은 교회의 사명이 무엇이냐? 교회가 사용해도 좋은 방법들이 무엇이냐고 다시 한 번 문의해 볼 필요가 있다.」[534]

이런 배경에서 교회의 종말, 즉 제3기를 맞이하여 교회의 사명은 무엇인가를 다시 한 번 정리해 본다. 사명이란 말은 교회의 기능, 임무, 의무, 목적 등으로 부르기도 한다. 통칭 교회의 사명이라고 하면 교회란 것이 따로 있고 그 교회가 어떤 일을 하는 것이라 생각하겠지만 교회 사명 자체가 교회 됨의 내용이 된다. 교회의 기능, 임무, 의무, 목적 등을 강조하다 보면 교회는 그것들의 수단이 되기 쉽다. 그런 기능들이 모여서 교회 됨이 된다. 가령, 교회의 사명으로서는 예배, 전도(선교), 교육, 친교, 봉사를 제시하고 있지만 그것들은 교회의 사명이 아니라 그런 것들이 있기에 교회가 되는 것이다. 그것들은 교회 형성의 내용이다.

우리 몸의 사명이 무엇인가? 몸의 기능이 무엇인가? 그 기능들이 먹는 것, 보는 것, 걷는 것, 일하는 것, 자는 것이라고 한다면 몸은 무엇인가? 몸의 목적이 먹는 것, 보는 것인가? 몸은 어떤 무엇을 위한 수단이 될 수 없다. 몸 자체가 목적이다. 먹기 위하여 몸을 희생할 수 있는가? 보는 것을 위하여 몸을 희생할 수 있는가? 일을 위하여 몸을 희생할 수 있는가? 이런 기본 전제를 인식한 뒤에 교회의 사명은 무엇인가를 문의하고 답해야 할 것이다. 교회는 수단이 아니라 목적 자체이다. 무슨 목적인가? 교회는 하나님의 창조와 구속의 최종 목적이다. 교회와 그리스도와의 관계 형성, 곧 삼위일체 하나님과 교회의 관계 자체가 중요하다(엡 3:14~21). 그리스도를 위하여 하나님은 교회를 마련해 두셨다. 이 세상에서는 그리스도가 교회의 머리 됨이요, 오는 세상에서는 그리스도는 교회의 신랑 됨이다. 그와 같은 관계 속에 있는 교회는 하나님의 거처(dwelling place)이다.

---

[534] 헨리 디이슨, 「조직신학 강론」, p. 682.

교회는 하나님의 집으로서 하나님이 거처하시기에 합당해야 한다. 거룩하신 하나님이기에 교회도 거룩해야 한다. 교회는 하나님이 거처하시기에 불편하지 않아야 한다. 창세 전에 자존(自存)하시는 하나님이 이제는 교회와 더불어 공존(共存)하시기를 작정하시고 교회를 고안, 출현, 유지, 완성, 휴거하기까지 하셨다. 교회의 사명은 하나님을 향한 사명이다. 하나님은 목적을 가지고 모든 것을 창조하셨다. 교회는 하나님의 걸작(傑作)이요, 가장 놀라운 기관이다. 그것은 하나님께서 그것보다 더 큰 어떤 목적이 있어서 그 목적에 이르기 위한 과정의 방편 내지 수단으로서의 교회를 생각하신 것이 아니다. 최종 목적이 교회인 것이다. 그리고 모든 창조 행위와 하나님의 활동의 최종 목적지도 교회였다. 하나님의 걸작 교회 위에 다른 걸작은 없다. 교회는 하나님 바로 밑에 있는 것이다. 교회는 하나님과 공존한다. 교회는 하나님의 집이다.

2) 교회의 사명 곧 정체의 네 방향

교회의 사명 곧 정체의 네 방향은 다음과 같이 상론할 수 있다. 마땅히 교회라면 그렇게 존재해야만 하고 또 그렇게 행위해야만 하는 것이니 그것이 정체요 사명이다.

(1) 하나님을 향한 교회의 사명[535]

교회는 하나님에 의해 고안되었고 그의 아들 그리스도의 구속사역에 의해 실재하며 성령에 의해 내주(內住)하시는 하나님을 모셨기 때문에 삼위일체와 관련된 사명을 지닌다.

① 성부 하나님께 영광을 돌리는 사명을 지닌 교회

"곧 창세 전에 그리스도 안에서 우리를 택하사 우리로 사랑 안에서 그 앞에 거룩하고 흠이 없게 하시려고 그 기쁘신 뜻대로 우리를 예정하사 예수 그리스도로 말미암아 자기의 아들들이 되게 하셨으니 이는 그가 사랑하시는 자 안에서 우리에게 거저 주시는 바 그의 은혜의 영광을 찬송하게 하려는 것이라"(엡 1:4~6)
"이는 우리가 그리스도 안에서 전부터 바라던 그의 영광의 찬송이 되게 하려 하심이라, 이는 우리 기업의 보증이 되사 그 얻으신 것을 속량하시고 그의 영광을 찬송하게 하려 하심이라, 너희 마음의 눈을 밝히사 그의 부르심의 소망이 무엇이며 성도 안에서 그 기업의 영광의 풍성함이 무엇이며"(엡 1:12,14,18)

---

535) John H. Lohrenz, *The doctrinal teaching of the Bible*, (A.M.S. mission. India 1964), pp. 276~277.

"한마음과 한 입으로 하나님 곧 우리 주 예수 그리스도의 아버지께 영광을 돌리게 하려 하노라"
(롬 15:6)
"이방인들도 그 긍휼하심으로 말미암아 하나님께 영광을 돌리게 하려 하심이라 기록된 바 그러므로 내가 열방 중에서 주께 감사하고 주의 이름을 찬송하리로다 함과 같으니라 또 이르되 열방들아 주의 백성과 함께 즐거워하라 하였으며 또 모든 열방들아 주를 찬양하며 모든 백성들아 그를 찬송하라 하였으며 또 이사야가 이르되 이새의 뿌리 곧 열방을 다스리기 위하여 일어나시는 이가 있으리니 열방이 그에게 소망을 두리라 하였느니라"(롬 15:9~12)
"교회 안에서와 그리스도 예수 안에서 영광이 대대로 영원무궁하기를 원하노라 아멘"(엡 3:21)
"몸은 하나인데 많은 지체가 있고 몸의 지체가 많으나 한 몸임과 같이. 그리스도도 그러하니라 우리가 유대인이나 헬라인이나 종이나 자유인이나 다 한 성령으로 세례를 받아 한 몸이 되었고 또 다 한 성령을 마시게 하셨느니라"(고전 12:12~13)

② 성자 그리스도를 으뜸(preeminence)으로 모시는 사명을 지닌 교회
그리스도는 그의 몸 된 교회의 머리이시다. 머리는 그 몸의 최상적 명명자이다.

"그는 몸인 교회의 머리시라 그가 근본이시요 죽은 자들 가운데서 먼저 나신 이시니 이는 친히 만물의 으뜸이 되려 하심이요"(골 1:18)

교회는 그리스도에 의존하고 그로부터 생명을 공급받는다. 그리고 영원히 교회는 그리스도와 결합된다. 그리스도는 교회의 구주며 머리며 주시며(Lord) 생명이다.

"이는 남편이 아내의 머리 됨이 그리스도께서 교회의 머리 됨과 같음이니 그가 바로 몸의 구주시니라"(엡 5:23)
"또 만물을 그의 발 아래에 복종하게 하시고 그를 만물 위에 교회의 머리로 삼으셨느니라 교회는 그의 몸이니 만물 안에서 만물을 충만하게 하시는 이의 충만함이니라"(엡 1:22~23)

그리스도는 만유이시며 만유 안에 계신다.

"거기에는 헬라인이나 유대인이나 할례파나 무할례파나 야만인이나 스구디아인이나 종이나 자유인이 차별이 있을 수 없나니 오직 그리스도는 만유시요 만유 안에 계시니라"(골 3:11)

교회는 그리스도의 부르심에 합당해야 하며 그리스도를 최고로 모셔야 한다.

"이러므로 우리도 항상 너희를 위하여 기도함은 우리 하나님이 너희를 그 부르심에 합당한 자로 여기시고 모든 선을 기뻐함과 믿음의 역사를 능력으로 이루게 하시고 우리 하나님과 주 예수 그리스도의 은혜대로 우리 주 예수의 이름이 너희 가운데서 영광을 받으시고 너희도 그 안에서 영광을 받게 하려 함이라"(살후 1:11~12)

"몸을 돌이켜 나에게 말한 음성을 알아 보려고 돌이킬 때에 일곱 금 촛대를 보았는데 촛대 사이에 인자 같은 이가 발에 끌리는 옷을 입고 가슴에 금띠를 띠고"(계 1:12~13)

"에베소 교회의 사자에게 편지하라 오른손에 있는 일곱 별을 붙잡고 일곱 금 촛대 사이를 거니시는 이가 이르시되"(계 2:1)

"두세 사람이 내 이름으로 모인 곳에는 나도 그들 중에 있느니라"(마 18:20)

"내가 너희에게 분부한 모든 것을 가르쳐 지키게 하라 볼지어다 내가 세상 끝날까지 너희와 항상 함께 있으리라 하시니라"(마 28:20)

③ 성령 하나님께서 거처하는 사명을 지닌 교회

교회는 함께 연합한 유기적 구조로서 주 안에서 거룩한 성전으로 자라며 결국 성령 안에서 하나님의 거처(dwelling place)가 된다.

"그의 안에서 건물마다 서로 연결하여 주 안에서 성전이 되어 가고 너희도 성령 안에서 하나님이 거하실 처소가 되기 위하여 그리스도 예수 안에서 함께 지어져 가느니라"(엡 2:21~22)

성령은 교회 안에서 교회를 통하여(in and through the church) 주 예수 그리스도를 영화롭게 하신다.

"몸이 하나요 성령도 한 분이시니 이와 같이 너희가 부르심의 한 소망 안에서 부르심을 받았느니라"(엡 4:4)

"그가 내 영광을 나타내리니 내 것을 가지고 너희에게 알리시겠음이라"(요 16:14)

성령은 교회를 통해서 교회에게 말씀하시고 하나님의 뜻을 계시하신다.

"귀 있는 자는 성령이 교회들에게 하시는 말씀을 들을지어다 이기는 그에게는 내가 하나님의 낙원에 있는 생명 나무의 열매를 주어 먹게 하리라"(계 2:7)

"주를 섬겨 금식할 때에 성령이 이르시되 내가 불러 시키는 일을 위하여 바나바와 사울을 따로 세우라 하시니 이에 금식하며 기도하고 두 사람에게 안수하여 보내니라"(행 13:2~3)

"성령과 우리는 이 요긴한 것들 외에는 아무 짐도 너희에게 지우지 아니하는 것이 옳은 줄 알았노니"(행 15:28)

"내가 아버지께로부터 너희에게 보낼 보혜사 곧 아버지께로부터 나오시는 진리의 성령이 오실 때에 그가 나를 증언하실 것이요 너희도 처음부터 나와 함께 있었으므로 증언하느니라"(요 15:26~27)

(2) 하나님의 말씀을 향한 교회의 사명[536]

구약이 이스라엘에게 주어진 것이라면 신약은 교회에게 주어진 것이다. 결국 신구약은 총체적으로 하나님의 백성의 모임인 교회에 주어진 바 되었다.

교회는 하나님의 말씀을 위탁받았다.

교회는 하나님의 말씀을 위탁받기 위해 있었다. 또 하나님의 말씀을 맡고 있기에 교회가 교회 된다.

"내가 아버지의 말씀을 그들에게 주었사오매 세상이 그들을 미워하였사오니 이는 내가 세상에 속하지 아니함같이 그들도 세상에 속하지 아니함으로 인함이니이다"(요 17:14)

교회는 성경을 지니며 성경을 보존, 반포, 해석하는 책임이 있다.

"이 교훈은 내게 맡기신 바 복되신 하나님의 영광의 복음을 따름이니라"(딤전 1:11)
"그러나 성령이 밝히 말씀하시기를 후일에 어떤 사람들이 믿음에서 떠나 미혹하는 영과 귀신의 가르침을 따르리라 하셨으니 자기 양심이 화인을 맞아서 외식함으로 거짓말하는 자들이라"(딤후 4:1~2)
"곧 하나님께서 그리스도 안에 계시사 세상을 자기와 화목하게 하시며 그들의 죄를 그들에게 돌리지 아니하시고 화목하게 하는 말씀을 우리에게 부탁하셨느니라"(고후 5:19)
"내가 받은 것을 먼저 너희에게 전하였노니 이는 성경대로 그리스도께서 우리 죄를 위하여 죽으시고 장사 지낸 바 되셨다가 성경대로 사흘 만에 다시 살아나사"(고전 15:3~4)
"베뢰아에 있는 사람들은 데살로니가에 있는 사람들보다 더 너그러워서 간절한 마음으로 말씀을 받고 이것이 그러한가 하여 날마다 성경을 상고하므로"(행 17:11)

교회는 진리의 기둥과 터이다.

---

[536] John H. Lohrenz, *The doctrinal teaching of the Bible*, pp. 279~280.

"만일 내가 지체하면 너로 하여금 하나님의 집에서 어떻게 행하여야 할지를 알게 하려 함이니 이 집은 살아 계신 하나님의 교회요 진리의 기둥과 터니라"(딤전3:15)

그리스도는 교회의 머리로서 성육 진리(成肉眞理)이시다.

"예수께서 이르시되 내가 곧 길이요 진리요 생명이니 나로 말미암지 않고는 아버지께로 올 자가 없느니라"(요 14:6)
"그러므로 누구든지 나의 이 말을 듣고 행하는 자는 그 집을 반석 위에 지은 지혜로운 사람 같으리니"(마 7:24)
"태초부터 있는 생명의 말씀에 관하여는 우리가 들은 바요 눈으로 본 바요 자세히 보고 우리의 손으로 만진 바라 이 생명이 나타내신 바 된지라 이 영원한 생명을 우리가 보았고 증언하여 너희에게 전하노니 이는 아버지와 함께 계시다가 우리에게 나타내신 바 된 이시니라"(요일 1:1~2)
"사랑하는 자들아 우리가 일반으로 받은 구원에 관하여 내가 너희에게 편지하려는 생각이 간절하던 차에 성도에게 단번에 주신 믿음의 도를 위하여 힘써 싸우라는 편지로 너희를 권하여야 할 필요를 느꼈노니"(유 1:3)

교회는 스스로 하나님의 말씀에 순종한다.

"또 어려서부터 성경을 알았나니 성경은 능히 너로 하여금 그리스도 예수 안에 있는 믿음으로 말미암아 구원에 이르는 지혜가 있게 하느니라"(딤후 3:15)
"예수께서 대답하여 이르시되 너희가 성경도, 하나님의 능력도 알지 못하는 고로 오해하였도다"(마 22:29)
"때가 이르리니 사람이 바른 교훈을 받지 아니하며 귀가 가려워서 자기의 사욕을 따를 스승을 많이 두고 또 그 귀를 진리에서 돌이켜 허탄한 이야기를 따르리라"(딤후 4:3~4)
"볼지어다 내가 네 앞에 열린 문을 두었으되 능히 닫을 사람이 없으리라 내가 네 행위를 아노니 네가 작은 능력을 가지고서도 내 말을 지키며 내 이름을 배반하지 아니하였도다 보라 사탄의 회당 곧 자칭 유대인이라 하나 그렇지 아니하고 거짓말하는 자들 중에서 몇을 네게 주어 그들로 와서 네 발 앞에 절하게 하고 내가 너를 사랑하는 줄을 알게 하리라"(계 3:8~9)

교회는 하나님의 말씀을 떠나서는 존재 의미와 행동 규범을 가질 수 없다. 교회는 복음 전파의 사명을 지닌다.

"오직 성령이 너희에게 임하시면 너희가 권능을 받고 예루살렘과 온 유대와 사마리아와 땅 끝까지 이르러 내 증인이 되리라 하시니라"(행 1:8)

하나님이 그리스도 안에 계시고 세상과 화목하되 그 화목의 메시지 선포는 교회에 위탁된다.

"모든 것이 하나님께로서 났으며 그가 그리스도로 말미암아 우리를 자기와 화목하게 하시고 또 우리에게 화목하게 하는 직분을 주셨으니 곧 하나님께서 그리스도 안에 계시사 세상을 자기와 화목하게 하시며 그들의 죄를 그들에게 돌리지 아니하시고 화목하게 하는 말씀을 우리에게 부탁하셨느니라"(고후 5:18~19)

"곧 우리가 원수 되었을 때에 그의 아들의 죽으심으로 말미암아 하나님과 화목하게 되었은즉 화목하게 된 자로서는 더욱 그의 살아나심으로 말미암아 구원을 받을 것이니라 그뿐 아니라 이제 우리로 화목하게 하신 우리 주 예수 그리스도로 말미암아 하나님 안에서 또한 즐거워하느니라"(롬 5:10~11)

"우리는 하나님의 동역자들이요 너희는 하나님의 밭이요 하나님의 집이니라"(고전 3:9)

"항상 우리를 그리스도 안에서 이기게 하시고 우리로 말미암아 각처에서 그리스도를 아는 냄새를 나타내시는 하나님께 감사하노라 우리는 구원 받는 자들에게나 망하는 자들에게나 하나님 앞에서 그리스도의 향기니 이 사람에게는 사망으로부터 사망에 이르는 냄새요 저 사람에게는 생명으로부터 생명에 이르는 냄새라 누가 이 일을 감당하리요"(고후 2:14~16)

땅 끝까지 이르러 제자를 삼는 일이 남았다.

"예수께서 나아와 말씀하여 이르시되 하늘과 땅의 모든 권세를 내게 주셨으니 그러므로 너희는 가서 모든 민족을 제자로 삼아 아버지와 아들과 성령의 이름으로 세례를 베풀고 내가 너희에게 분부한 모든 것을 가르쳐 지키게 하라 볼지어다 내가 세상 끝날까지 너희와 항상 함께 있으리라 하시니라"(마 28:18~20)

"너희는 세상의 빛이라 산 위에 있는 동네가 숨겨지지 못할 것이요 사람이 등불을 켜서 말 아래에 두지 아니하고 등경 위에 두나니 이러므로 집 안 모든 사람에게 비치느니라 이같이 너희 빛이 사람 앞에 비치게 하여 그들로 너희 착한 행실을 보고 하늘에 계신 너희 아버지께 영광을 돌리게 하라"(마 5:14~16)

"이에 제자들에게 이르시되 추수할 것은 많되 일꾼이 적으니 그러므로 추수하는 주인에게 청하여 추수할 일꾼들을 보내 주소서 하라 하시니라"(마 9:37~38)

"너희는 넉 달이 지나야 추수할 때가 이르겠다 하지 아니하느냐 그러나 나는 너희에게 이르노니 너희 눈을 들어 밭을 보라 희어져 추수하게 되었도다 거두는 자가 이미 삯도 받고 영생에 이르는 열매를 모으나니 이는 뿌리는 자와 거두는 자가 함께 즐거워하게 하려 함이라"(요 4:35~36)

"또 이르시되 너희는 온 천하에 다니며 만민에게 복음을 전파하라 믿고 세례를 받는 사람은 구원을 얻을 것이요 믿지 않는 사람은 정죄를 받으리라"(막 16:15~16)

"또 이르시되 이같이 그리스도가 고난을 받고 제삼일에 죽은 자 가운데서 살아날 것과 또 그의 이름으로 죄 사함을 받게 하는 회개가 예루살렘에서 시작하여 모든 족속에게 전파될 것이 기록되었으니 너희는 이 모든 일의 증인이라 볼지어다 내가 내 아버지께서 약속하신 것을 너희에게 보내리니 너희는 위로부터 능력으로 입혀질 때까지 이 성에 머물라 하시니라"(눅 24:46~49)

"예수께서 또 이르시되 너희에게 평강이 있을지어다 아버지께서 나를 보내신 것같이 나도 너희를 보내노라 이 말씀을 하시고 그들을 향하사 숨을 내쉬며 이르시되 성령을 받으라"(요 20:21~22)

"이르시되 때와 시기는 아버지께서 자기의 권한에 두셨으니 너희가 알 바 아니요 오직 성령이 너희에게 임하시면 너희가 권능을 받고 예루살렘과 온 유대와 사마리아와 땅 끝까지 이르러 내 증인이 되리라 하시니라"(행 1:7~8)

교회의 엄숙한 책임은 구원받지 못한 자들에게 복음의 빚진 자로서 산다.

"그 때에 너희는 그 가운데서 행하여 이 세상 풍조를 따르고 공중의 권세 잡은 자를 따랐으니 곧 지금 불순종의 아들들 가운데서 역사하는 영이라 전에는 우리도 다 그 가운데서 우리 육체의 욕심을 따라 지내며 육체와 마음의 원하는 것을 하여 다른 이들과 같이 본질상 진노의 자녀이었더니"(엡 2:2~3)

"그러므로 생각하라 너희는 그 때에 육체로는 이방인이요 손으로 육체에 행한 할례를 받은 무리라 칭하는 자들로부터 할례를 받지 않은 무리라 칭함을 받는 자들이라 그 때에 너희는 그리스도 밖에 있었고 이스라엘 나라 밖의 사람이라 약속의 언약들에 대하여는 외인이요 세상에서 소망이 없고 하나님도 없는 자이더니"(엡 2:11~12)

"하나님의 진노가 불의로 진리를 막는 사람들의 모든 경건하지 않음과 불의에 대하여 하늘로부터 나타나나니"(롬 1:18)

"헬라인이나 야만인이나 지혜 있는 자나 어리석은 자에게 다 내가 빚진 자라 그러므로 나는 할 수 있는 대로 로마에 있는 너희에게도 복음 전하기를 원하노라"(롬 1:14~15)

"유대인이나 헬라인이나 차별이 없음이라 한 분이신 주께서 모든 사람의 주가 되사 그를 부르는 모든 사람에게 부요하시도다 누구든지 주의 이름을 부르는 자는 구원을 받으리라 그런즉 그들이 믿지 아니하는 이를 어찌 부르리요 듣지도 못한 이를 어찌 믿으리요 전파하는 자가 없이 어찌 들으리요 보내심을 받지 아니하였으면 어찌 전파하리요 기록된 바 아름답도다 좋은 소식을

전하는 자들의 발이여 함과 같으니라"(롬 10:12~15)

"내가 복음을 전할지라도 자랑할 것이 없음은 내가 부득불 할 일임이라 만일 복음을 전하지 아니하면 내게 화가 있을 것이로다 내가 내 자의로 이것을 행하면 상을 얻으려니와 내가 자의로 아니한다 할지라도 나는 사명을 받았노라"(고전 9:16~17)

"약한 자들에게 내가 약한 자와 같이 된 것은 약한 자들을 얻고자 함이요 내가 여러 사람에게 여러 모습이 된 것은 아무쪼록 몇 사람이라도 구원하고자 함이니 내가 복음을 위하여 모든 것을 행함은 복음에 참여하고자 함이라"(고전 9:22~23)

"인자야 내가 너를 이스라엘 족속의 파수꾼으로 세웠으니 너는 내 입의 말을 듣고 나를 대신하여 그들을 깨우치라 가령 내가 악인에게 말하기를 너는 꼭 죽으리라 할 때에 네가 깨우치지 아니하거나 말로 악인에게 일러서 그의 악한 길을 떠나 생명을 구원하게 하지 아니하면 그 악인은 그의 죄악 중에서 죽으려니와 내가 그의 피 값을 네 손에서 찾을 것이고 네가 악인을 깨우치되 그가 그의 악한 마음과 악한 행위에서 돌이키지 아니하면 그는 그의 죄악 중에서 죽으려니와 너는 네 생명을 보존하리라"(겔 3:17~19)

(3) 교회 자체를 향한 교회의 사명[537]

창세 전에 고안되어 존재하던 교회가 오순절에 출현하여 성장, 발전하는 중(마 16:18), 성령은 구원받은 사람들을 교회로 이끌어 주 안에서 성전이 되게 하셨다. 그리스도는 그 성전의 모퉁잇돌이요, 사도와 선지자들은 그 기초가 되고, 성도들은 살아 있는 돌로서 이 구조물을 형성한다(cornerstone, foundation, living stones).

"그러므로 이제부터 너희는 외인도 아니요 나그네도 아니요 오직 성도들과 동일한 시민이요 하나님의 권속이라 너희는 사도들과 선지자들의 터 위에 세우심을 입은 자라 그리스도 예수께서 친히 모퉁잇돌이 되셨느니라 그의 안에서 건물마다 서로 연결하여 주 안에서 성전이 되어 가고 너희도 성령 안에서 하나님이 거하실 처소가 되기 위하여 그리스도 예수 안에서 함께 지어져 가느니라"(엡 2:19~22)

"너희는 말세에 나타내기로 예비하신 구원을 얻기 위하여 믿음으로 말미암아 하나님의 능력으로 보호하심을 받았느니라"(벧전 1:5)

교회는 교회 구성원을 교화하고 세운다.

---

537) John H. Lohrenz, *The doctrinal teaching of the Bible*, pp. 280~281.

"갓난 아기들같이 순전하고 신령한 젖을 사모하라 이는 그로 말미암아 너희로 구원에 이르도록 자라게 하려 함이라"(벧전 2:2)
"형제들아 내가 신령한 자들을 대함과 같이 너희에게 말할 수 없어서 육신에 속한 자 곧 그리스도 안에서 어린 아이들을 대함과 같이 하노라 내가 너희를 젖으로 먹이고 밥으로 아니하였노니 이는 너희가 감당하지 못하였음이거니와 지금도 못하리라 너희는 아직도 육신에 속한 자로다 너희 가운데 시기와 분쟁이 있으니 어찌 육신에 속하여 사람을 따라 행함이 아니리요"(고전 3:1~3)
"때가 오래 되었으므로 너희가 마땅히 선생이 되었을 터인데 너희가 다시 하나님의 말씀의 초보에 대하여 누구에게서 가르침을 받아야 할 처지이니 단단한 음식은 못 먹고 젖이나 먹어야 할 자가 되었도다 이는 젖을 먹는 자마다 어린 아이니 의의 말씀을 경험하지 못한 자요 단단한 음식은 장성한 자의 것이니 그들은 지각을 사용함으로 연단을 받아 선악을 분별하는 자들이니라"(히 5:12~14)

교회는 스스로 성장할 책임이 있다.

"사랑하는 자들아 너희는 너희의 지극히 거룩한 믿음 위에 자신을 세우며 성령으로 기도하며"(유 1:20)
"형제들아 우리가 너희를 위하여 항상 하나님께 감사할지니 이것이 당연함은 너희의 믿음이 더욱 자라고 너희가 다 각기 서로 사랑함이 풍성함이니 그러므로 너희가 견디고 있는 모든 박해와 환난 중에서 너희 인내와 믿음으로 말미암아 하나님의 여러 교회에서 우리가 친히 자랑하노라"(살후 1:3~4)
"이로써 우리도 듣던 날부터 너희를 위하여 기도하기를 그치지 아니하고 구하노니 너희로 하여금 모든 신령한 지혜와 총명에 하나님의 뜻을 아는 것으로 채우게 하시고"(골1:9)
"오직 우리 주 곧 구주 예수 그리스도의 은혜와 그를 아는 지식에서 자라 가라 영광이 이제와 영원한 날까지 그에게 있을지어다"(벧후 3:18)

교회의 모든 예배와 일들은 교인들을 교화하고 영적 전쟁에 잘 대비케 만들어 준다.

"그런즉 형제들아 어찌할까 너희가 모일 때에 각각 찬송시도 있으며 가르치는 말씀도 있으며 계시도 있으며 방언도 있으며 통역함도 있나니 모든 것을 덕을 세우기 위하여 하라"(고전 14:26)
"그러므로 우리가 화평의 일과 서로 덕을 세우는 일을 힘쓰나니"(롬 14:19)
"무릇 더러운 말은 너희 입 밖에도 내지 말고 오직 덕을 세우는 데 소용되는 대로 선한 말을 하여 듣는 자들에게 은혜를 끼치게 하라"(엡 4:29)

"모든 것이 가하나 모든 것이 유익한 것은 아니요 모든 것이 가하나 모든 것이 덕을 세우는 것은 아니니 누구든지 자기의 유익을 구하지 말고 남의 유익을 구하라"(고전 10:23~24)

"그가 어떤 사람은 사도로, 어떤 사람은 선지자로, 어떤 사람은 복음 전하는 자로, 어떤 사람은 목사와 교사로 삼으셨으니 이는 성도를 온전하게 하여 봉사의 일을 하게 하며 그리스도의 몸을 세우려 하심이라 우리가 다 하나님의 아들을 믿는 것과 아는 일에 하나가 되어 온전한 사람을 이루어 그리스도의 장성한 분량이 충만한 데까지 이르리니 이는 우리가 이제부터 어린 아이가 되지 아니하여 사람의 속임수와 간사한 유혹에 빠져 온갖 교훈의 풍조에 밀려 요동하지 않게 하려 함이라 오직 사랑 안에서 참된 것을 하여 범사에 그에게까지 자랄지라 그는 머리니 곧 그리스도라 그에게서 온몸이 각 마디를 통하여 도움을 받음으로 연결되고 결합되어 각 지체의 분량대로 역사하여 그 몸을 자라게 하며 사랑 안에서 스스로 세우느니라"(엡 4:11~16)

"그러므로 피차 권면하고 서로 덕을 세우기를 너희가 하는 것같이 하라"(살전 5:11)

"그 안에 뿌리를 박으며 세움을 받아 교훈을 받은 대로 믿음에 굳게 서서 감사함을 넘치게 하라"(골 2:7)

주님도 그의 제자들에게 교육을 부탁하셨다.

"그러므로 너희는 가서 모든 민족을 제자로 삼아 아버지와 아들과 성령의 이름으로 세례를 베풀고"(마 28:19)

사도들은 이 명령을 준행했다.

"그들이 날마다 성전에 있든지 집에 있든지 예수는 그리스도라고 가르치기와 전도하기를 그치지 아니하니라"(행 5:42)

"만나매 안디옥에 데리고 와서 둘이 교회에 일 년간 모여 있어 큰 무리를 가르쳤고 제자들이 안디옥에서 비로소 그리스도인이라 일컬음을 받게 되었더라"(행 11:26)

바울이 교회를 위해 기도한 것도 교인들에게 각성과 지식을 주기 위함이었다.

"우리 주 예수 그리스도의 하나님, 영광의 아버지께서 지혜와 계시의 영을 너희에게 주사 하나님을 알게 하시고 너희 마음의 눈을 밝히사 그의 부르심의 소망이 무엇이며 성도 안에서 그 기업의 영광의 풍성함이 무엇이며 그의 힘의 위력으로 역사하심을 따라 믿는 우리에게 베푸신 능력의 지극히 크심이 어떠한 것을 너희로 알게 하시기를 구하노라 그의 능력이 그리스도 안에서 역사하사 죽은 자들 가운데서 다시 살리시고 하늘에서 자기의 오른편에 앉히사 모든 통치와 권세와 능력과

주권과 이 세상뿐 아니라 오는 세상에 일컫는 모든 이름 위에 뛰어나게 하시고"(엡 1:17~21)

교인들은 피차간에 가르쳐야 한다.

"가르침을 받는 자는 말씀을 가르치는 자와 모든 좋은 것을 함께하라"(갈 6:6)
"끝으로 형제들아 무엇에든지 참되며 무엇에든지 경건하며 무엇에든지 옳으며 무엇에든지 정결하며 무엇에든지 사랑 받을 만하며 무엇에든지 칭찬 받을 만하며 무슨 덕이 있든지 무슨 기림이 있든지 이것들을 생각하라 너희는 내게 배우고 받고 듣고 본 바를 행하라 그리하면 평강의 하나님이 너희와 함께 계시리라"(빌 4:8~9)
"이로 말미암아 내가 주 안에서 내 사랑하고 신실한 아들 디모데를 너희에게 보내었으니 그가 너희로 하여금 그리스도 예수 안에서 나의 행사 곧 내가 각처 각 교회에서 가르치는 것을 생각나게 하리라"(고전 4:17)
"하나님이 교회 중에 몇을 세우셨으니 첫째는 사도요 둘째는 선지자요 셋째는 교사요 그 다음은 능력을 행하는 자요 그 다음은 병 고치는 은사와 서로 돕는 것과 다스리는 것과 각종 방언을 말하는 것이라"(고전 12:28)

교회는 스스로를 깨끗하고 정결하게 해야 한다.

"우리가 판단을 받는 것은 주께 징계를 받는 것이니 이는 우리로 세상과 함께 정죄함을 받지 않게 하려 하심이라"(고전 11:32)
"이는 곧 물로 씻어 말씀으로 깨끗하게 하사 거룩하게 하시고 자기 앞에 영광스러운 교회로 세우사 티나 주름 잡힌 것이나 이런 것들이 없이 거룩하고 흠이 없게 하려 하심이라"(엡 5:26~27)
"사랑하는 자들아 우리가 지금은 하나님의 자녀라 장래에 어떻게 될지는 아직 나타나지 아니하였으나 그가 나타나시면 우리가 그와 같을 줄을 아는 것은 그의 참모습 그대로 볼 것이기 때문이니 주를 향하여 이 소망을 가진 자마다 그의 깨끗하심과 같이 자기를 깨끗하게 하느니라"(요일 3:2~3)
"그들은 잠시 자기의 뜻대로 우리를 징계하였거니와 오직 하나님은 우리의 유익을 위하여 그의 거룩하심에 참여하게 하시느니라 모든 사람과 더불어 화평함과 거룩함을 따르라 이것이 없이는 아무도 주를 보지 못하리라 "(히 12:14,10)

하나님은 자녀들을 징계하신다.

"너희가 참음은 징계를 받기 위함이라 하나님이 아들과 같이 너희를 대우하시나니 어찌 아버지

가 징계하지 않는 아들이 있으리요"(히 12:7)

"그들은 잠시 자기의 뜻대로 우리를 징계하였거니와 오직 하나님은 우리의 유익을 위하여 그의 거룩하심에 참여하게 하시느니라 무릇 징계가 당시에는 즐거워 보이지 않고 슬퍼 보이나 후에 그로 말미암아 연단 받은 자들은 의와 평강의 열매를 맺느니라"(히 12:10~11)

교회는 교회의 주님에게 책임을 가지고 정결한 몸이 되어야 한다. 신자들이 모두 정결해야 교회가 정결하다.

"너희는 누룩 없는 자인데 새 덩어리가 되기 위하여 묵은 누룩을 내버리라 우리의 유월절 양 곧 그리스도께서 희생되셨느니라"(고전 5:7)

"너희는 믿지 않는 자와 멍에를 함께 메지 말라 의와 불법이 어찌 함께하며 빛과 어둠이 어찌 사귀며 그리스도와 벨리알이 어찌 조화되며 믿는 자와 믿지 않는 자가 어찌 상관하며 하나님의 성전과 우상이 어찌 일치가 되리요 우리는 살아 계신 하나님의 성전이라 이와 같이 하나님께서 이르시되 내가 그들 가운데 거하며 두루 행하여 나는 그들의 하나님이 되고 그들은 나의 백성이 되리라 그러므로 너희는 그들 중에서 나와서 따로 있고 부정한 것을 만지지 말라 내가 너희를 영접하여 너희에게 아버지가 되고 너희는 내게 자녀가 되리라 전능하신 주의 말씀이니라 하셨느니라 그런즉 사랑하는 자들아 이 약속을 가진 우리는 하나님을 두려워하는 가운데서 거룩함을 온전히 이루어 육과 영의 온갖 더러운 것에서 자신을 깨끗하게 하자"(고후 6:14~7:1)

"우리가 즐거워하고 크게 기뻐하며 그에게 영광을 돌리세 어린 양의 혼인 기약이 이르렀고 그의 아내가 자신을 준비하였으므로"(계 19:7)

거룩한 징계가 필요하다.

"그들은 잠시 자기의 뜻대로 우리를 징계하였거니와 오직 하나님은 우리의 유익을 위하여 그의 거룩하심에 참여하게 하시느니라 무릇 징계가 당시에는 즐거워 보이지 않고 슬퍼 보이나 후에 그로 말미암아 연단 받은 자들은 의와 평강의 열매를 맺느니라"(히 12:10~11)

"우리가 판단을 받는 것은 주께 징계를 받는 것이니 이는 우리로 세상과 함께 정죄함을 받지 않게 하려 하심이라"(고전 11:32)

"아나니아라 하는 사람이 그의 아내 삽비라와 더불어 소유를 팔아"(행 5:11)

"만일 그들의 말도 듣지 않거든 교회에 말하고 교회의 말도 듣지 않거든 이방인과 세리와 같이 여기라"(마 18:17)

"너희가 자랑하는 것이 옳지 아니하도다 적은 누룩이 온 덩어리에 퍼지는 것을 알지 못하느냐 너희는 누룩 없는 자인데 새 덩어리가 되기 위하여 묵은 누룩을 내버리라 우리의 유월절 양 곧 그리스도께서 희생되셨느니라 이러므로 우리가 명절을 지키되 묵은 누룩으로도 말고 악하고 악의에 찬 누룩으로도 말고 누룩이 없이 오직 순전함과 진실함의 떡으로 하자"(고전 5:6~8)

"밖에 있는 사람들은 하나님이 심판하시려니와 이 악한 사람은 너희 중에서 내쫓으라"(고전 5:13)

"형제들아 내가 너희를 권하노니 너희가 배운 교훈을 거슬러 분쟁을 일으키거나 거치게 하는 자들을 살피고 그들에게서 떠나라"(롬 16:17)

"형제들아 우리 주 예수 그리스도의 이름으로 너희를 명하노니 게으르게 행하고 우리에게서 받은 전통대로 행하지 아니하는 모든 형제에게서 떠나라 누가 이 편지에 한 우리 말을 순종하지 아니하거든 그 사람을 지목하여 사귀지 말고 그로 하여금 부끄럽게 하라"(살후 3:6,14)

"이단에 속한 사람을 한두 번 훈계한 후에 멀리하라 이러한 사람은 네가 아는 바와 같이 부패하여 스스로 정죄한 자로서 죄를 짓느니라"(딛 3:10~11)

(4) 세상을 향한 교회의 사명[538]

교회가 세상을 향하여 일반적인 봉사를 할 수 있다. 그것은 다음과 같은 일들이다. 세상의 소금과 빛으로서의 교회는 신자들의 영향력과 증거에 의해서 불법을 막는다.

"너희는 세상의 소금이니 소금이 만일 그 맛을 잃으면 무엇으로 짜게 하리요 후에는 아무 쓸 데 없어 다만 밖에 버려져 사람에게 밟힐 뿐이니라 너희는 세상의 빛이라 산 위에 있는 동네가 숨겨지지 못할 것이요 사람이 등불을 켜서 말 아래에 두지 아니하고 등경 위에 두나니 이러므로 집 안 모든 사람에게 비치느니라 이같이 너희 빛이 사람 앞에 비치게 하여 그들로 너희 착한 행실을 보고 하늘에 계신 너희 아버지께 영광을 돌리게 하라"(마 5:13~16)

"너희는 지금 그로 하여금 그의 때에 나타나게 하려 하여 막는 것이 있는 것을 아나니 불법의 비밀이 이미 활동하였으나 지금은 그것을 막는 자가 있어 그 중에서 옮겨질 때까지 하리라"(살후 2:6~7)

"그 사람들이 거기서 떠나 소돔으로 향하여 가고 아브라함은 여호와 앞에 그대로 섰더니 아브라함이 가까이 나아가 이르되 주께서 의인을 악인과 함께 멸하려 하시나이까 그 성 중에 의인 오십 명이 있을지라도 주께서 그 곳을 멸하시고 그 오십 의인을 위하여 용서하지 아니하시리이까 주께서 이같이 하사 의인을 악인과 함께 죽이심은 부당하오며 의인과 악인을 같이 하심도 부당하니이다 세상을 심판하시는 이가 정의를 행하실 것이 아니니이까 여호와께서 이르시되 내가 만일 소돔 성읍 가운데에서 의인 오십 명을 찾으면 그들을 위하여 온 지역을 용서하리라 아브라함이 대답하여 이르되 나는 티끌이나 재와 같사오나 감히 주께 아뢰나이다 오십 의인 중에 오

---

538) John H. Lohrenz, *The doctrinal teaching of the Bible*, pp. 281~283

명이 부족하다면 그 오 명이 부족함으로 말미암아 온 성읍을 멸하시리이까 이르시되 내가 거기서 사십오 명을 찾으면 멸하지 아니하리라 아브라함이 또 아뢰어 이르되 거기서 사십 명을 찾으시면 어찌 하려 하시나이까 이르시되 사십 명으로 말미암아 멸하지 아니하리라 아브라함이 이르되 내 주여 노하지 마시옵고 말씀하게 하옵소서 거기서 삼십 명을 찾으시면 어찌 하려 하시나이까 이르시되 내가 거기서 삼십 명을 찾으면 그리하지 아니하리라 아브라함이 또 이르되 내가 감히 내 주께 아뢰나이다 거기서 이십 명을 찾으시면 어찌 하려 하시나이까 이르시되 내가 이십 명으로 말미암아 그리하지 아니하리라 아브라함이 또 이르되 주는 노하지 마옵소서 내가 이번만 더 아뢰리이다 거기서 십 명을 찾으시면 어찌 하려 하시나이까 이르시되 내가 십 명으로 말미암아 멸하지 아니하리라 여호와께서 아브라함과 말씀을 마치시고 가시니 아브라함도 자기 곳으로 돌아갔더라"(창 18:22~33)

"그 사람들이 롯에게 이르되 이 외에 네게 속한 자가 또 있느냐 네 사위나 자녀나 성 중에 네게 속한 자들을 다 성 밖으로 이끌어 내라 그들에 대한 부르짖음이 여호와 앞에 크므로 여호와께서 이 곳을 멸하시려고 우리를 보내셨나니 우리가 멸하리라 롯이 나가서 그 딸들과 결혼할 사위들에게 말하여 이르기를 여호와께서 이 성을 멸하실 터이니 너희는 일어나 이 곳에서 떠나라 하되 그의 사위들은 농담으로 여겼더라 동틀 때에 천사가 롯을 재촉하여 이르되 일어나 여기 있는 네 아내와 두 딸을 이끌어 내라 이 성의 죄악 중에 함께 멸망할까 하노라 그러나 롯이 지체하매 그 사람들이 롯의 손과 그 아내의 손과 두 딸의 손을 잡아 인도하여 성 밖에 두니 여호와께서 그에게 자비를 더하심이었더라 그 사람들이 그들을 밖으로 이끌어 낸 후에 이르되 도망하여 생명을 보존하라 돌아보거나 들에 머물지 말고 산으로 도망하여 멸망함을 면하라 롯이 그들에게 이르되 내 주여 그리 마옵소서 주의 종이 주께 은혜를 입었고 주께서 큰 인자를 내게 베푸사 내 생명을 구원하시오나 내가 도망하여 산에까지 갈 수 없나이다 두렵건대 재앙을 만나 죽을까 하나이다 보소서 저 성읍은 도망하기에 가깝고 작기도 하오니 나를 그 곳으로 도망하게 하소서 이는 작은 성읍이 아니니이까 내 생명이 보존되리이다 그가 그에게 이르되 내가 이 일에도 네 소원을 들었은즉 네가 말하는 그 성읍을 멸하지 아니하리니 그리로 속히 도망하라 네가 거기 이르기까지는 내가 아무 일도 행할 수 없노라 하였더라 그러므로 그 성읍 이름을 소알이라 불렀더라 롯이 소알에 들어갈 때에 해가 돋았더라 여호와께서 하늘 곧 여호와께로부터 유황과 불을 소돔과 고모라에 비같이 내리사 그 성들과 온 들과 성에 거주하는 모든 백성과 땅에 난 것을 다 엎어 멸하셨더라"(창 19:12~25)

"곧 하나님께서 그리스도 안에 계시사 세상을 자기와 화목하게 하시며 그들의 죄를 그들에게 돌리지 아니하시고 화목하게 하는 말씀을 우리에게 부탁하셨느니라"(고후 5:19)

"도리어 그들은 내가 무할례자에게 복음 전함을 맡은 것이 베드로가 할례자에게 맡음과 같은 것을 보았고"(갈 2:7)

"이 교훈은 내게 맡기신 바 복되신 하나님의 영광의 복음을 따름이니라"(딤전 1:11)

"생명의 말씀을 밝혀 나의 달음질이 헛되지 아니하고 수고도 헛되지 아니함으로 그리스도의 날에 내가 자랑할 것이 있게 하려 함이라"(빌 2:16)

"사랑하는 자들아 우리가 일반으로 받은 구원에 관하여 내가 너희에게 편지하려는 생각이 간절하던 차에 성도에게 단번에 주신 믿음의 도를 위하여 힘써 싸우라는 편지로 너희를 권하여야 할 필요를 느꼈노니"(유 1:3)

"끝으로 너희가 주 안에서와 그 힘의 능력으로 강건하여지고 마귀의 간계를 능히 대적하기 위하여 하나님의 전신 갑주를 입으라 우리의 씨름은 혈과 육을 상대하는 것이 아니요 통치자들과 권세들과 이 어둠의 세상 주관자들과 하늘에 있는 악의 영들을 상대함이라 그러므로 하나님의 전신 갑주를 취하라 이는 악한 날에 너희가 능히 대적하고 모든 일을 행한 후에 서기 위함이라 그런즉 서서 진리로 너희 허리 띠를 띠고 의의 호심경을 붙이고 평안의 복음이 준비한 것으로 신을 신고 모든 것 위에 믿음의 방패를 가지고 이로써 능히 악한 자의 모든 불화살을 소멸하고 구원의 투구와 성령의 검 곧 하나님의 말씀을 가지라 모든 기도와 간구를 하되 항상 성령 안에서 기도하고 이를 위하여 깨어 구하기를 항상 힘쓰며 여러 성도를 위하여 구하라 또 나를 위하여 구할 것은 내게 말씀을 주사 나로 입을 열어 복음의 비밀을 담대히 알리게 하옵소서 할 것이니 이 일을 위하여 내가 쇠사슬에 매인 사신이 된 것은 나로 이 일에 당연히 할 말을 담대히 하게 하려 하심이라"(엡 6:10~20)

그리고 세상을 위한 선한 일도 적극 행한다.

"너희는 믿지 않는 자와 멍에를 함께 메지 말라 의와 불법이 어찌 함께하며 빛과 어둠이 어찌 사귀며 그리스도와 벨리알이 어찌 조화되며 믿는 자와 믿지 않는 자가 어찌 상관하며 하나님의 성전과 우상이 어찌 일치가 되리요 우리는 살아 계신 하나님의 성전이라 이와 같이 하나님께서 이르시되 내가 그들 가운데 거하며 두루 행하여 나는 그들의 하나님이 되고 그들은 나의 백성이 되리라 그러므로 너희는 그들 중에서 나와서 따로 있고 부정한 것을 만지지 말라 내가 너희를 영접하여 너희에게 아버지가 되고 너희는 내게 자녀가 되리라 전능하신 주의 말씀이니라 하셨느니라"(고후 6:14~18)

"그러므로 우리는 기회 있는 대로 모든 이에게 착한 일을 하되 더욱 믿음의 가정들에게 할지니라"(갈 6:10)

"하나님이 나사렛 예수에게 성령과 능력을 기름 붓듯 하셨으매 그가 두루 다니시며 선한 일을 행하시고 마귀에게 눌린 모든 사람을 고치셨으니 이는 하나님이 함께하셨음이라 우리는 유대인의 땅과 예루살렘에서 그가 행하신 모든 일에 증인이라 그를 그들이 나무에 달아 죽였으나 하나님이 사흘 만에 다시 살리사 나타내시되 모든 백성에게 하신 것이 아니요 오직 미리 택하신 증인 곧 죽은 자 가운데서 부활하신 후 그를 모시고 음식을 먹은 우리에게 하신 것이라 우리에게 명하사 백성에게 전도하되 하나님이 살아 있는 자와 죽은 자의 재판장으로 정하신 자가 곧 이 사람인 것을 증언하게 하셨고 그에 대하여 모든 선지자도 증언하되 그를 믿는 사람들이 다 그의 이름을 힘입어 죄 사함을 받는다 하였느니라"(행 10:38~43)

"예수께서 그들이 그 사람을 쫓아냈다 하는 말을 들으셨더니 그를 만나사 이르시되 네가 인자를 믿느냐 대답하여 이르되 주여 그가 누구시오니이까 내가 믿고자 하나이다 예수께서 이르시되 네가 그를 보았거니와 지금 너와 말하는 자가 그이니라 이르되 주여 내가 믿나이다 하고 절하는 지라"(요 9:35~38)

교회가 세상을 향하여 특별한 봉사를 해야 한다. 그것은 복음전파이다.[539] 하나님이 그리스도 안에 있어서 세상과 하나님과의 화목을 도모하시는데 교회에게 화목의 메시지를 선포하게 하셨다.

"모든 것이 하나님께로서 났으며 그가 그리스도로 말미암아 우리를 자기와 화목하게 하시고 또 우리에게 화목하게 하는 직분을 주셨으니 곧 하나님께서 그리스도 안에 계시사 세상을 자기와 화목하게 하시며 그들의 죄를 그들에게 돌리지 아니하시고 화목하게 하는 말씀을 우리에게 부탁하셨느니라"(고후 5:18~19)

"곧 우리가 원수 되었을 때에 그의 아들의 죽으심으로 말미암아 하나님과 화목하게 되었은즉 화목하게 된 자로서는 더욱 그의 살아나심으로 말미암아 구원을 받을 것이니라 그뿐 아니라 이제 우리로 화목하게 하신 우리 주 예수 그리스도로 말미암아 하나님 안에서 또한 즐거워하느니라"(롬 5:10~11)

구속의 날까지 사람 가운데 하나님의 역사를 완수하시는 일은 교회를 통해서 이룬다.

"우리는 하나님의 동역자들이요 너희는 하나님의 밭이요 하나님의 집이니라"(고전 3:9)

"항상 우리를 그리스도 안에서 이기게 하시고 우리로 말미암아 각처에서 그리스도를 아는 냄새를 나타내시는 하나님께 감사하노라 우리는 구원 받는 자들에게나 망하는 자들에게나 하나님 앞에서 그리스도의 향기니 이 사람에게는 사망으로부터 사망에 이르는 냄새요 저 사람에게는 생명으로부터 생명에 이르는 냄새라 누가 이 일을 감당하리요"(고후 2:14~16)

주님은 우리에게 대분부를 하셨다.

"예수께서 나아와 말씀하여 이르시되 하늘과 땅의 모든 권세를 내게 주셨으니 그러므로 너희는 가서 모든 민족을 제자로 삼아 아버지와 아들과 성령의 이름으로 세례를 베풀고 내가 너희에게

---

539) John H. Lohrenz, *The doctrinal teaching of the Bible*, p. 281.

분부한 모든 것을 가르쳐 지키게 하라 볼지어다 내가 세상 끝날까지 너희와 항상 함께 있으리라 하시니라"(마 28:18~20)

이 일을 위해서 주께서 세상 끝날까지 교회와 함께 계시고 성령을 보내 주셨다(마 28:20; 행 1:8). 교회의 엄숙한 책임은 잃어버린 자들에게 복음을 전하는 것이다. 그렇게 함으로써 교회임이 드러나고 교회이기 때문에 그러한 활동을 한다.

"헬라인이나 야만인이나 지혜 있는 자나 어리석은 자에게 다 내가 빚진 자라 그러므로 나는 할 수 있는 대로 로마에 있는 너희에게도 복음 전하기를 원하노라"(롬 1:14~15)

"유대인이나 헬라인이나 차별이 없음이라 한 분이신 주께서 모든 사람의 주가 되사 그를 부르는 모든 사람에게 부요하시도다 누구든지 주의 이름을 부르는 자는 구원을 받으리라 그런즉 그들이 믿지 아니하는 이를 어찌 부르리요 듣지도 못한 이를 어찌 믿으리요 전파하는 자가 없이 어찌 들으리요 보내심을 받지 아니하였으면 어찌 전파하리요 기록된 바 아름답도다 좋은 소식을 전하는 자들의 발이여 함과 같으니라"(롬 10:12~15)

"내가 복음을 전할지라도 자랑할 것이 없음은 내가 부득불 할 일임이라 만일 복음을 전하지 아니하면 내게 화가 있을 것이로다 내가 내 자의로 이것을 행하면 상을 얻으려니와 내가 자의로 아니한다 할지라도 나는 사명을 받았노라"(고전 9:16~17)

"약한 자들에게 내가 약한 자와 같이 된 것은 약한 자들을 얻고자 함이요 내가 여러 사람에게 여러 모습이 된 것은 아무쪼록 몇 사람이라도 구원하고자 함이니 내가 복음을 위하여 모든 것을 행함은 복음에 참여하고자 함이라"(고전 9:22~23)

"인자야 내가 너를 이스라엘 족속의 파수꾼으로 세웠으니 너는 내 입의 말을 듣고 나를 대신하여 그들을 깨우치라 가령 내가 악인에게 말하기를 너는 꼭 죽으리라 할 때에 네가 깨우치지 아니하거나 말로 악인에게 일러서 그의 악한 길을 떠나 생명을 구원하게 하지 아니하면 그 악인은 그의 죄악 중에서 죽으려니와 내가 그의 피 값을 네 손에서 찾을 것이고 네가 악인을 깨우치되 그가 그의 악한 마음과 악한 행위에서 돌이키지 아니하면 그는 그의 죄악 중에서 죽으려니와 너는 네 생명을 보존하리라"(겔 3:17~19)

교회는 하나님을 향한 그리스도의 향기이다.

"항상 우리를 그리스도 안에서 이기게 하시고 우리로 말미암아 각처에서 그리스도를 아는 냄새를 나타내시는 하나님께 감사하노라 우리는 구원 받는 자들에게나 망하는 자들에게나 하나님 앞에서 그리스도의 향기니 이 사람에게는 사망으로부터 사망에 이르는 냄새요 저 사람에게는

생명으로부터 생명에 이르는 냄새라 누가 이 일을 감당하리요"(고후 2:14~16)

교회는 그리스도를 대신한 하나님 앞에 서는 대사이다.

"그러므로 우리가 그리스도를 대신하여 사신이 되어 하나님이 우리를 통하여 너희를 권면하시는 것 같이 그리스도를 대신하여 간청하노니 너희는 하나님과 화목하라"(고후 5:20)

교회가 세상을 위해서 할 수 있는 최선이고 최고이고 최종적인 봉사는 복음전도이다.

"그가 이르시되 네가 나의 종이 되어 야곱의 지파들을 일으키며 이스라엘 중에 보전된 자를 돌아오게 할 것은 매우 쉬운 일이라 내가 또 너를 이방의 빛으로 삼아 나의 구원을 베풀어서 땅 끝까지 이르게 하리라"(사 49:6)
"지혜 있는 자는 궁창의 빛과 같이 빛날 것이요 많은 사람을 옳은 데로 돌아오게 한 자는 별과 같이 영원토록 빛나리라"(단 12:3)
"무리를 보시고 불쌍히 여기시니 이는 그들이 목자 없는 양과 같이 고생하며 기진함이라 이에 제자들에게 이르시되 추수할 것은 많되 일꾼이 적으니 그러므로 추수하는 주인에게 청하여 추수할 일꾼들을 보내 주소서 하라 하시니라"(마 9:36~38)

우리 주님은 복음의 메시지를, 잃어버린 죄인들에게 전하도록 교회에 주셨다. 교회는 구원의 복음 메시지의 성격을 알고 자신 있게 전해야 한다. 그것이 세상을 위하는 일이 된다. 복음이란 무엇인가?

"내가 복음을 부끄러워하지 아니하노니 이 복음은 모든 믿는 자에게 구원을 주시는 하나님의 능력이 됨이라 먼저는 유대인에게요 그리고 헬라인에게로다"(롬 1:16)
"십자가의 도가 멸망하는 자들에게는 미련한 것이요 구원을 받는 우리에게는 하나님의 능력이라 하나님의 어리석음이 사람보다 지혜롭고 하나님의 약하심이 사람보다 강하니라"
(고전 1:18, 25)

이상이 종말을 맞이하여 반드시 기억해야 할 교회의 사명이요 정체성이다. 위와 같이 존재해야 할 교회가 마지막까지 그 정체성, 즉 교회 됨을 유지하는 것이 하나님의 계획이다. 그러나 사탄은 에덴 동산에서 하나님을 공격하더니 이젠 교회를 최후로 공격하고 있는 중이다. 우리는 이런 상황에 민감해야 할 것이다.

2 최후 발악적 세상

사탄이 교회를 공박하는 예를 들어보기로 하자. 씨앗을 먹어버리지 못한 해충은 싹이 튼 농작물의 잎과 줄기를 먹어버리려고 하지만 그것도 뜻대로 되지 않는지 이제는 곡식 열매 자체를 먹어버리려고 최후의 안간힘을 다 쓴다고 말할 수 있다.

1) 사탄의 3대 사관 공격

사탄은 교회의 3대 진리에 도전해 왔다.

첫째로 창조사관을 깨뜨리려 했었다. 그놈은 세상은 우연에 의한 진화 과정을 통해 형성되었다는 진화론을 내세워 하나님의 창조론을 공격했으나 창조론이 승리를 거두었다. 아직까지 진화론은 하나의 가상적인 추론일 뿐 현실적으로 입증되지 않았고 또 창조론을 근본적으로 부정할 근거를 제시하지 못하고 있다. 고로 사탄은 창조사관 파괴에 실패했다.

둘째는 구원사관을 깨뜨리려 했었다. 사탄은 초대교회의 영지주의와 율법주의를 이용하여 구원은 인간의 고상한 지식과 지력(知力) 및 고행과 자력행위를 통해서 얻는 것이라는 율법주의 구원관을 내어 놓았다. 한동안 율법에 의한 구원론이 성공하는 듯 했었다. '복음+율법'의 혼성 구원이 인간의 이성에 들어맞는 듯이 보였다. 아직까지도 율법구원의 잔재가 없지 않으나 하나님은 시대적 요청에 따라 평범하지만 신실한 종들을 통하여 종교개혁자들이 주장해 온 오직 믿음에 의한 구원론을 다시 부흥시켜 주셨다. 그 대표적인 인물로서는 C. H. 매킨토시, 프란시스 A. 쉐퍼, 워치만 니, 후안 카를로스 오르티즈, A.W. 토저

그리고 평신도 신학자 C. S. 루이스 등을 들 수 있다.[540]

이제 웬만한 그리스도인이라면 오직 믿음으로 인한 구원, 즉 이신득의(以信得義) 교리를 믿고 있다. 이로 인해 사탄은 구원사관 파괴에 또 실패했다. 필자는 A.W. 토저의 「패배를 통한 승리」라는 책을 번역, 소개하면서 역자 서문을 아래와 같이 기록한 바 있는데, 그것은 토저의 체험적인 구원에 대한 감상문이라 할 수 있다.

「기독교 선교 연맹의 목사인 'A.W. 토저' 박사는 그냥 덮어두는 것이 없이 모조리 뚜껑을 열어 뵈는 명수(名手)이다. 딱딱한 껍질을 벗기고 알맹이를 내 보이기로 이름이 났다. 본서는 기독교의 형식주의적 요소를 낱낱이 지적하면서 순수한 영적, 내적 체험을 강조하고 있다. 이전의 전통과 기존하는 모든 기독교적 요소를 일단 시술대(施術臺)에 올려놓고 성서적 권위로 해부하고 있다. 하나님께 한 번도 온전히 정복된 체험도 없이 멋지게 기독교적 연극을 해내는 소위 종교가들의 무대를 여지없이 무너뜨리고 있다. 그리고 거기에 '참'을 실연(實演)해 보이는 새로운 계기를 조성하고 있다. 하나님과의 실존적(實存的) 체험을 가진 사람만이 하나님 앞에서 진실을 말하고 참되게 살아갈 수 있다는 기독교의 기본 자세를 제시해 주고 있다.

우리는 '토저' 박사의 밝은 영안에 의한 오늘의 기독교 해부를 거울삼아 제발 주님 앞에 참되게 살아가자. 비진리를 진리인 양 속고 사는 생처럼 억울한 것도 없으리니, 우리는 주님 앞에서 어제와 오늘을 직시(直視)하고 내일을 향해 진리 안에서 살아가자.」[541]

셋째이자 마지막 사탄의 공격 대상은 교회사관이다. 사탄은 창조사관, 구원사관 파괴에 실패한 것을 매우 통탄하면서 이제 마지막 남은 기독교의 최후적 사관 박멸에 혼신을 다 던지고 있다. 창조사관과 구원사관의 목적은 교회사관이었고 이 세 사관은 연결되어 있기 때문에, 마지막 교회사관만 파괴하면 비록 앞의 두 사관 파괴에 실패했다 하더라도 사탄은 마침내 승리할 수 있기 때문에 교회사관을 깨뜨리기 위해 최후 일전을 걸어오고 있다.

사탄은 창조론의 반대 무기로 진화론을 내세웠고, 구원론의 반대 무기로 율법론을 내세웠고, 이제 교회론의 반대 무기로 세속주의(世俗主義)를 내세웠다. 즉 교회와 세상의 구별

---

540) 필자는 일찍이 C. H. 매킨토시의 모세 5경(전 6권)을 1970년도에 번역, 생명의 말씀사에서 출판했었다. 처음에 사람들은 그의 저술이 도무지 무슨 말을 하고 있는지 이해하지 못하는 듯 했으나 깨달은 사람들은 그 내용에 매료되었다. 그 뒤 스위스 라브리에서 온 세상의 모든 종류의 사람들과 대화의 광장을 펼친 쉐퍼의 소개를 다른 역자들과 더불어 번역 소개했는데 그의 「진정한 영적생활」은 지금도 명저라 본다. 워치만 니의 구원론에 대해서는 독자들이 양극적인 반응을 보이고 있는데 역자는 그의 사상을 한국에 소개시킨 몇몇 사람들 중의 한 사람으로서 성령의 인도를 받으면서 대하면 큰 유익이 있을 것을 의심하지 않는다. 학자마다 약점을 흠 잡을 수 있다는 전제를 가진다면 아무런 문제 없이 경건과 복음의 자유함과 자연성을 느낄 것이다. A.W. 토저의 「패배를 통한 승리」는 필자가 1975년에 생명의 말씀사를 통해 번역, 소개한 바 있었는데 그때 독자들은 거의 무반응이었다. 그런데 2000년도 이후 그의 저서들이 폭발적인 인기를 얻고 있어 격세지감을 느낀다. 「패배를 통한 승리」는 제목을 바꾸어 출판되고 있다.
541) A.W. 토저,「패배를 통한 승리」 권혁봉 역, (서울: 생명의 말씀사, 1975). p. 3.

선을 없애고 교회가 세상의 알쏭달쏭한 야바위 짓을 몇 번 되풀이하다가 결국 세상이 최우선이라고 주장한다.

결국 이것은 하나님의 목적이 교회가 아니라 세상 건설이라는 결론으로 나아가게 하고, 교회는 세상 건설을 위한 하나의 수단으로 전락하게 만든다. 그럼 세상이란 무엇인가? 세상은 그 배후에 사탄이 도사리고 앉아서 조종하고 있는 코스모스이니 인간 및 인간 활동의 조직이요 체계이다. 말하자면 그것은 사탄의 교회(?)이다.

우리는 하나님의 교회를 바랄 뿐 사탄의 교회를 바라는 것은 아니다. 적그리스도가 있듯이 적교회(敵敎會)가 있는데 그것이 세상이다. 이것이 구체적으로 나타난 곳이 요한계시록의 후반부에 나타나는 바벨론이다. 교회의 승리는 바벨론의 무너짐 위에 서게 된다.

"힘찬 음성으로 외쳐 이르되 무너졌도다 무너졌도다 큰 성 바벨론이여 귀신의 처소와 각종 더러운 영이 모이는 곳과 각종 더럽고 가증한 새들이 모이는 곳이 되었도다 그 음행의 진노의 포도주로 말미암아 만국이 무너졌으며 또 땅의 왕들이 그와 더불어 음행하였으며 땅의 상인들도 그 사치의 세력으로 치부하였도다 하더라"(계 18:2~3)

오늘날 교회의 주변이 왜 이렇게 혼란스러운가? 왜 이렇게 환난 속에 있는가? 또 왜 교회 내부가 이렇게 요란스러운가? 교회의 내외적 환경과 입장이 왜 이렇게 시끄러운가? 교회는 사탄의 최후의 공격을 막아야 할 시점에 이르렀다. 이것이 제3기 교회시대가 종말론적 시대라는 말이 의미하는 내용이다.

2) 경쟁 아닌 전쟁 관계

종말론적 교회시대는 적그리스도의 적교회(敵敎會, Anti-Church)에 대한 그리스도의 교회(Christ's Church)의 방어요 공격의 활동 시기이다. 적그리스도가 마지막 발악하는 종말론 시대의 형편은 어떤가? 지금이 대환난 시기가 아니고 무엇인가?

"너는 이것을 알라 말세에 고통하는 때가 이르러 사람들이 자기를 사랑하며 돈을 사랑하며 자랑하며 교만하며 비방하며 부모를 거역하며 감사하지 아니하며 거룩하지 아니하며 무정하며 원통함을 풀지 아니하며 모함하며 절제하지 못하며 사나우며 선한 것을 좋아하지 아니하며 배신하며 조급하며 자만하며 쾌락을 사랑하기를 하나님 사랑하는 것보다 더하며 경건의 모양은 있으나 경건의 능력은 부인하니 이 같은 자들에게서 네가 돌아서라 그들 중에 남의 집에 가만히 들어가 어리석은 여자를 유인하는 자들이 있으니 그 여자는 죄를 중히 지고 여러 가지 욕심에 끌린 바 되어 항상 배우나 끝내 진리의 지식에 이를 수 없느니라 얀네와 얌브레가 모세를 대적한 것같이 그들도 진리를 대적하니 이 사람들은 그 마음이 부패한 자요 믿음에 관하여는 버림 받은 자들이라 그러나 그들이 더 나아가지 못할 것은 저 두 사람이 된 것과 같이 그들의 어리석음이 드러날 것임이라"(딤후 3:1~9)

말세에 고통하는 때가 이른다고 했다. 무엇이 고통인가? '자기 사랑', '위선'(경건의 모양만 있는 것) 그리고 '무지'(항상 배우나 진리의 지식에 이르지 못하고, 진리를 대적함)가 고통이다. 이런 분위기 속에 교회가 싸여 있다. 이것이 교회의 환난기이다. 세상 종말의 형편에 대한 또 다른 진술이 있다. 예수의 제자들이 주의 임하심과 세상 끝에는 무슨 징조가 있사오리까 하는 질문에 대하여 예수님의 대답은 '사람의 미혹'과 '증오'와 '사랑이 식어짐'이라고 했다(마 24:3~12).

"예수께서 대답하여 가라사대 너희가 사람의 미혹을 받지 않도록 주의하라"(마 24:4)
"그 때에 많은 사람이 실족하게 되어 서로 잡아 주고 서로 미워하겠으며 거짓 선지자가 많이 일어나 많은 사람을 미혹하겠으며 불법이 성하므로 많은 사람의 사랑이 식어지리라"(마 24:10~12)

교회는 이와 같은 세태와 경쟁적으로 그런 세태가 되는 것이 아니라 그런 세태를 멸하기 위해서 전쟁을 벌여야 한다. 종말의 때에는 교회를 넘어지게 하려는 세력이 극성을 부리는데 그 방법은 미혹과 증오와 사랑의 식어짐을 통해서이다. 교회가 공격의 대상이 된 것은 어제 오늘의 사건이 아니다. 악한 마귀 사탄은 창조 이후의 역사의 전 과정을 통해서 계속 교회를 공격해 오다가 최후 종말에 이르러 발악하고 있는 것이다. 예수는 이 사실을 이미 교회 출현 시에 예고하셨다.

"또 내가 네게 이르노니 너는 베드로라 내가 이 반석 위에 내 교회를 세우리니 음부(陰府)의 권세가 이기지 못하리라"(마 16:18)

예수는 음부의 권세가 이기지는 못할망정 계속 공격해 올 것을 예고하셨다. 사탄 세상과 교회의 관계는 무엇인가? 세상과 교회는 경쟁관계에 있지 않다. 경쟁이란 피차간에 상대를 인정해주고 어쩌면 선의로 우열을 겨루는 게임이라 할 수 있을 것이다. 우리 한국은 이웃나라와 경쟁하고 있는 것이지 전투하고 있는 것은 아니다. 그 말은 이웃나라를 나라로 인정한다는 것이다. 그런데 교회는 세상을 인정하지 않는다. 교회는 사탄의 세계를 결코 선의의 경쟁 상대자로 대하지 않는다. 이때의 세상은 자연계가 아니다.

"이 세상이나 세상에 있는 것들을 사랑하지 말라 누구든지 세상을 사랑하면 아버지의 사랑이 그 안에 있지 아니하니 이는 세상에 있는 모든 것이 육신의 정욕과 안목의 정욕과 이생의 자랑이니 다 아버지께로부터 온 것이 아니요 세상으로부터 온 것이라 이 세상도, 그 정욕도 지나가되 오직 하나님의 뜻을 행하는 자는 영원히 거하느니라"(요일 2:15~17)

위의 세상은 우리가 사랑할 대상은 아니다. 위의 세상은 교회를 공격하는 세상이다. 사탄이 뒤에서 조종하고 있는 인간의 활동세계이다. 하나님을 거역하는 사람들의 생각의 산물(産物)이요 행동의 결실로 나온 것이 세상이다. 그것은 말하자면 하나님의 교회의 반대 개념이다. 교회는 세상과 유치하게 겨루지 않는다. 세상은 교회와 맞붙어 겨룰 만한 경쟁의 대상이 못 된다. 그럼 무엇인가?

교회는 세상과 전쟁하고 있다. 전투가 거기 있고 싸움이 거기 있다. 사탄은 "교회는 세상이요 세상은 곧 교회"라고 하는 세속주의(secularism) 내지 세속성(worldness)을 가지고 공격의 다른 형태를 취해 온다. 이것이 고단수인 사탄의 최후적 발악이요 공격 모습이다. 대환난기가 무엇이냐는 신학적 학설은 무수하고 풍부하지만, 또 대환난이라는 장소적, 시간적 특수사건이 없는 것은 아니지만, 교회는 에덴 동산부터 지금까지 대환난기에 속해 있다는 의식을 가져야 하는데, 이것이 교회의 세상을 보는 태도이다.

사탄은 교회를 향하여 온갖 전략과 애교를 던진다. 그놈은 경쟁하지 말고 공존하자고 제안해 온다. 그러나 언제 우리가 경쟁하고 있었다는 것인가? 교회는 사탄의 세상, 곧 세상의 사탄과 휴전(休戰)협정이나 정전(停戰)협정을 맺은 바 없다. 사탄은 심지어 평화협정(平和協定)을 체결하자고 제안해 온다. 사탄과 하나님은 평화로운 공존자들이 아니다. 세상과 교회는 태평성대를 이루면서 웃으며 공존할 체계가 아니다.

"너희는 믿지 않는 자와 멍에를 함께 메지 말라 의와 불법이 어찌 함께하며 빛과 어둠이 어찌 사귀며 그리스도와 벨리알이 어찌 조화되며 믿는 자와 믿지 않는 자가 어찌 상관하며 하나님의 성전과 우상이 어찌 일치가 되리요 우리는 살아 계신 하나님의 성전이라 이와 같이 하나님께서 이르시되 내가 그들 가운데 거하며 두루 행하여 나는 그들의 하나님이 되고 그들은 나의 백성이 되리라"(고후 6:14~16)

성경은 반신(反神) 체계에서 떠나올 것을 강조한다. 부정한 것을 만지지 말라고 했다. 마귀를 대적하라고 했다.

"그러므로 너희는 그들 중에서 나와서 따로 있고 부정한 것을 만지지 말라 내가 너희를 영접하

여"(고후 6:17)

"그런즉 너희는 하나님께 복종할지어다 마귀를 대적하라 그리하면 너희를 피하리라"(약 4:7)

사탄이란 놈은 아예 최후까지 이르러 우리에게 도전한다. 아예 종전 선언(終戰宣言)에 협상하자고 한다. 교회는 무적시대(無敵時代)나 무적지대(無敵地帶)에 처해 본 적이 없었다. 고로 교회는 지금 전투하는 교회라는 자기 정체성을 반드시 지녀야 한다. 이것이 교회의 전투 정체성이라 할 것이다. 교회는 이미 챔피온으로서 링 아래의 관망자가 아니라 링 위에서 12라운드를 싸워야 할 권투장에 올라가 있다. 도전자를 멋지게 KO시키는 것이 역사 종말의 우주적 게임인 것이다.

여기 전갈과 개구리의 강 건너는 이야기를 실어본다. 전갈이 강을 건너기 위해 강둑에 왔건만 배가 없는지라 난감해 하던 차에 개구리 한 마리가 강을 건너기 위해 오고 있었다.

"개구리야! 참 잘 왔구나. 네가 나를 업고 강을 건네주려무나. 내가 그 공을 잊지 않겠다." 전갈이 말했다.

"안 되오. 그대의 날카로운 집게발톱에 찔리면 어쩌라고?" 개구리는 일언지하에 전갈의 청을 거절했다.

"이 사람아! 아무리 내가 찌르기로 이름이 났지만 나를 업고 강을 건너는 자네마저 그렇게 하겠나? 그대도 죽고 나도 죽을 일을 하겠나?"

이렇게 하도 통사정하자 개구리는 전갈을 업고 강을 건네주기로 했다. 강 중간쯤 건너고 있는데 개구리의 양쪽 허리에 뭔가 슬슬 부딪히는 것 같이 느껴지기 시작하더니 마침내 전갈의 발톱이 개구리의 배를 찌르고 있었다.

"전갈 친구, 이러면 약속이 틀리지 않나! 함께 익사한단 말이야." 개구리가 사정하다시피 말했다.

"글쎄, 나도 이래서는 안 되는 줄 알면서도 그러는 걸세. 원래 내 본성이 찌르는 것이거든." 전갈이 말했다.

강을 건너기 직전 개구리와 전갈은 함께 물 속으로 사라지고 말았다.

세상은 하나님을 반(反)하는 게 그 특성이고, 교회는 하나님을 위하는(for) 것이 그 특성이다. 상반된 두 특성 간에 조화란 없다. 교회가 세상을 업고 가다 보면 상처를 받게 됨은 뻔한 일이다. 고린도 교회가 그러했고 갈라디아 교회나 골로새 교회가 율법 때문에 그러했고 요한계시록의 교회들이 그러했지 않았는가? 교회는 사탄의 발악적 세상에서 오직 방어 그리고 공격만이 교회의 살길임을 명심하고 있다. 빛과 어둠이 함께할 수 없고 백과 흑이 함께할 수 없는 것이다.

3) 전쟁의 현장

전쟁은 언제나 두 편으로 나눠진다. 전쟁의 현장에는 원래부터 성령이 거기 계셨는데 언젠가 사탄이 접근해 왔다. 전쟁의 현장에 가 보면 사탄이 최후적으로 발악하고 있다. 놈은 이미 패했지만 마지막 일전을 치르려 한다. 놈의 군사들은 후퇴하고 있는 패잔병이지만 이따금씩 방향을 바꾸어 교회를 공격한다. 갈보리 십자가 상에서 이미 패한 놈이다. 그렇기 때문에 전쟁의 현장에 나타난 사탄의 정체를 다시 한 번 점검해 보는 것이 종말의 교회가 손상을 받지 않는 비결이 될 것이다. 꺼진 불도 다시 보자는 식의 불조심이 필요하다.

그놈은 하늘의 권세 잡은 자며 공중 권세의 통치자며 이 세상의 신이다. 그놈은 하늘과 땅을 오가는 놈이다.

> "그때에 너희는 그 가운데서 행하여 이 세상 풍조를 따르고 공중의 권세 잡은 자를 따랐으니 곧 지금 불순종의 아들들 가운데서 역사하는 영이라"(엡 2:2)
>
> "그 중에 이 세상의 신이 믿지 아니하는 자들의 마음을 혼미하게 하여 그리스도의 영광의 복음의 광채가 비치지 못하게 함이니 그리스도는 하나님의 형상이니라"(고후 4:4)

이 세상 신이 믿지 않는 자들의 마음을 혼미케 한다. 그것이 교회에게 어떤 어려움을 주는가? 그 답은 위의 본문에 나타나 있다. 그리스도의 영광의 복음의 광채를 비취지 못하게 하는 것이다. 이 얼마나 답답한 일인가? 교회를 통한 그리스도의 영광의 복음의 광채가 비취지 못한다는 것 이상으로 교회의 답답함이 어디 있을까? 예수 그리스도께서 하늘과 땅을 연결 짓고 계신다.

> "하늘에 있는 것이나 땅에 있는 것이 다 그리스도 안에서 통일되게 하려 하심이라"(엡 1:10)

악한 마귀 사탄은 예수 그리스도께서 하시는 일을 그대로 모방하려 한다. 그리스도께서 하늘과 땅을 연결해서 통일되게 하셨던 것처럼, 사탄도 하늘의 공중 권세를 잡고 또 땅에 내려와서는 이 세상 땅의 신이 되어 있었던 것이다. 그리스도를 모방하여 그리스도의 자리를 차지하려는 사탄의 계략을 파괴하는 것이 종말에 이른 교회가 치러야 할 영적 전쟁이다. 영적 전쟁의 현장은 바로 이 세상이다. 전쟁터는 이 땅의 제도이다. 사탄이 짜놓은 이 세상 그물(world net)이다. 이 그물에 사람들을 걸리게 했고 그 다음에 그리스도인도 그 그물에 걸리게 만드는 것이 세상 조직이다. 전쟁의 현장에는 사탄과 그 사탄의 조직이 있다.

어부들이 바다에서 고기를 잡아 올리는 광경을 보노라면 정말 가소롭다. 어부들이 던진

미끼는 인조 미끼이다. 고기들이 볼 때는 흡사 바다에 떠도는 살아 있는 생선같지만 사람들이 교묘하게 색깔, 크기 등을 조절하여 아주 살아 있는 생선 미끼처럼 만든 것이다. 그런데도 고기들은 착각하고 오해하여 경박스럽게도 덥석 그 인조 미끼를 물었다가 쇠붙이에 아가미가 걸려드는 것이다. 어부들이 줄을 잡아당기면 놈들은 꼼짝 못하고 끌려와서 배 바닥에 내동댕이쳐지는 것을 보노라면 역지사지(易地思之)란 말이 생각난다. 놈들의 후회하는 소리가 들린다. "때는 늦으리, 때는 늦으리."

사탄이 사람을 유혹하는 것도 그런 것이다. 사탄도 인조 복음(人造福音)을 만들어 사람들에게 던진다. 사람들은 그것을 넙죽 받아먹고 있다.

> "마귀의 간계를 능히 대적하기 위하여 하나님의 전신 갑주를 입으라 우리의 씨름은 혈과 육을 상대하는 것이 아니요 통치자들과 권세들과 이 어둠의 세상 주관자들과 하늘에 있는 악의 영들을 상대함이라"(엡 6:11~12)

사탄의 부하들은 어둠의 세상 주관자들과 하늘에 있는 악의 영들인데 이것들이 교회를 공격하는 공격 대원들이다. 사탄이란 놈은 원래 그 기원이 하늘에서의 반란 행위에서 나온 것이었다(겔 28:11~19; 사 14:12~20; 욥 38:7).

> "너 아침의 아들 계명성이여 어찌 그리 하늘에서 떨어졌으며 너 열국을 엎은 자여 어찌 그리 땅에 찍혔는고 네가 네 마음에 이르기를 내가 하늘에 올라 하나님의 뭇 별 위에 내 자리를 높이리라 내가 북극 집회의 산 위에 앉으리라 가장 높은 구름에 올라가 지극히 높은 이와 같아지리라 하는도다"(사 14:12~14)

그런 원초적 기원을 가진 사탄의 부하들은 지금 어두운 구덩이에 갇혀 있다.

> "하나님이 범죄한 천사들을 용서하지 아니하시고 지옥에 던져 어두운 구덩이에 두어 심판 때까지 지키게 하셨으며"(벧후 2:4)
> "또 자기 지위를 지키지 아니하고 자기 처소를 떠난 천사들을 큰 날의 심판까지 영원한 결박으로 흑암에 가두셨으며"(유 1:6)

그러나 어떤 부하들은 하나님의 허용에 따라 이 세상에 두루 다니며 미혹하는 영으로서, 또는 괴롭히는 영으로 활동하고 있다. 귀신은 사람의 눈을 멀게 하고 벙어리가 되게 한다.

"그때에 귀신 들려 눈 멀고 말 못하는 사람을 데리고 왔거늘 예수께서 고쳐 주시매 그 말 못하는 사람이 말하며 보게 된지라"(마 12:22)

귀신은 무고한 여인의 딸을 사로잡고 괴롭힌다.

"가나안 여자 하나가 그 지경에서 나와서 소리 질러 이르되 주 다윗의 자손이여 나를 불쌍히 여기소서 내 딸이 흉악하게 귀신 들렸나이다 하되"(마 15:22)

귀신은 외아들을 괴롭힌다.

"귀신이 그를 잡아 갑자기 부르짖게 하고 경련을 일으켜 거품을 흘리게 하며 몹시 상하게 하고야 겨우 떠나 가나이다"(눅 9:39)

교회의 머리이신 예수님은 교회를 이루시기 위해 사람들로부터 귀신을 추방해야만 했다. 예수님이 귀신을 추방하실 때에는 교회가 전쟁에 들어간 상태이다. 예수님은 귀신 쫓으심을 대단히 중한 일로 여기셨다.

"회당에 더러운 귀신 들린 사람이 있어 크게 소리 질러 이르되 아 나사렛 예수여 우리가 당신과 무슨 상관이 있나이까 우리를 멸하러 왔나이까 나는 당신이 누구인 줄 아노니 하나님의 거룩한 자니이다 예수께서 꾸짖어 이르시되 잠잠하고 그 사람에게서 나오라 하시니 귀신이 그 사람을 무리 중에 넘어뜨리고 나오되 그 사람은 상하지 아니한지라"(눅 4:33~35)

귀신이 예수님의 정체를 알아준다고 해서 예수님이 귀신을 인정하신 것은 아니다. "나는 당신이 누구인 줄 아노니 하나님의 거룩한 자니이다"라고 했을 때 예수께서는 꾸짖으셨다. "잠잠하고 그 사람에게서 나오라"고 하셨다.
문제는 예수의 소문이 그 근처 사방에 퍼지는 효과를 보자는 것이었다.

"이에 예수의 소문이 그 근처 사방에 퍼지니라"(눅 4:37)

귀신은 사람을 붙잡아 둠으로 쇠사슬과 고랑까지 끊을 만큼 강하게 만들어 사람을 광야로 끌고 나간다. 이 사건도 갈릴리 맞은편 거라사인의 땅에 이르러 된 것이다.

"예수께서 육지에 내리시매 그 도시 사람으로서 귀신 들린 자 하나가 예수를 만나니 그 사람은 오래 옷을 입지 아니하며 집에 거하지도 아니하고 무덤 사이에 거하는 자라 예수를 보고 부르짖으며 그 앞에 엎드려 큰 소리로 불러 이르되 지극히 높으신 하나님의 아들 예수여 당신이 나와 무슨 상관이 있나이까 당신께 구하노니 나를 괴롭게 하지 마옵소서 하니"(눅 8:27~28)

예수님은 더러운 귀신을 명하사 그 사람에게서 나오게 하시고 군대란 이름을 지닌 그 귀신을 돼지 떼에게 들어가게 하사 호수에서 몰사하게 하셨다(눅 8:30~39). 예수님을 대장으로 해서 사탄의 세상과 싸우는 교회는 에베소서 6장에서 말한 바대로 전쟁은 전쟁이로되 공격형 전쟁이 아니라 방어형 전쟁이라는 것이다. 예수님이 귀신을 쫓으려고 귀신을 찾아가신 것이 아니라 찾아오는 귀신을 쫓으셨을 뿐이다.

귀신과의 일전(一戰)을 예수의 최대의 전쟁으로 보시지는 않으셨다. 예수님은 성령과 더불어 하나님의 교회를 세우시는 일을 주 임무로 여기셨고 그 일에 방해를 하는 사탄의 세력을 손등으로 물리치셨다. 손등이란 표현은 공격적이라는 것이 아니라 방어적이란 말의 상징적 표현이다. 파리나 모기가 덤비면 귀찮다는 듯이 손등으로 쫓아버리는 것과 같다. 즉 여기서 사탄이 예수가 누구인지 알고 고백한다고 해서 그것을 인정해 주시지 않으셨다.

교회는 세상이 교회를 어느 정도 인정해 준다고 해서 넙죽 세상의 환영을 받아들여서는 안 된다. 그것이 곧 '정교분리'라는 현상으로 나오는 것이기도 하다. 예수는 그냥 귀신을 향해 나오고 잠잠하라고 했지 어떤 대화나 상담을 하시지 않으셨다. 교회는 세상에게 세일(sale)하는 것이 아니다. 교회는 세상을 설득하여 복음을 판매하지는 않는다. 세일은 설득을 위주로 하지만, 교회는 세상과 전쟁을 하고 있는 바 전쟁은 세일과 다르나니 전쟁은 설득하지 않고 그냥 파괴하는 것이다. 전쟁의 현장에서는 설득의 세일이 아닌 파괴의 전투만 있을 뿐이다. 돼지 떼의 몰사는 파괴의 극치이다. 변화산 상에서 하산하신 후에는, 귀신이 간질을 주어 자주 불에도 넘어지며 물에도 넘어지는 불쌍한 아이를 고쳐 주셨다.

"주여 내 아들을 불쌍히 여기소서 그가 간질로 심히 고생하여 자주 불에도 넘어지며 물에도 넘어지는지라 내가 주의 제자들에게 데리고 왔으나 능히 고치지 못하더이다 예수께서 대답하여 이르시되 믿음이 없고 패역한 세대여 내가 얼마나 너희와 함께 있으며 얼마나 너희에게 참으리요 그를 이리로 데려오라 하시니라 이에 예수께서 꾸짖으시니 귀신이 나가고 아이가 그 때부터 나으니라"(마 17:15~18)

전쟁의 현장에서 교회와 세상이 내어놓는 무기들은 어떤 것들이 있는가? 교회가 내어놓는 무기는 에베소서 6장 10~17절에 있다. 그곳은 마치 군부대의 병기고(兵器庫)와 같다.

전쟁의 현장에서 교회가 갖춰야 할 무기들이 있는데 그 중 성령의 검 곧 하나님의 말씀을 제외하고는 거의 모두 다 방어용이다. 심지어 검마저도 공격형과 방어형 전투에 공히 다 사용될 수 있다. 이러고 보면 온통 방어용 무기가 주를 이룬다. 여기 있는 무기를 소개하면 아래와 같다. 전신갑주가 제일 먼저 등장되고 그 다음에는 허리띠, 의의 흉배, 평안의 복음의 신, 믿음의 방패, 구원의 투구이며 최전방에서 한 방 쏘는 무기가 있으니 성령의 검, 곧 하나님의 말씀이다. 하나님의 말씀은 칼이다. 칼은 죽이는 것이다. 방어해 오다가 한 번의 공격으로 적을 죽이나니 그것이 하나님의 말씀이다.

하나님의 말씀은 진리이다. 하나님의 말씀은 어떤 의미를 지닌다. 그 의미는 어떤 사건의 개요를 말한다. 그 사건은 하나님의 계획이다. 그 계획은 하나님의 뜻하신 바이다. 그 뜻하신 바는 하나님의 사업이다. 그 사업은 하나님의 표현이다. 그 표현이 교회이다.

즉 말하자면 사탄의 모든 공격과 유혹과 투쟁이 날아와도 '교회'를 유지하기 위하여 그리고 교회 앞에 더 말할 구실이 무엇이냐고 모든 것을 거부하고 물리치는 것이다. 교회 앞에서 할 말이 무엇이냐? 교회에 유익되지 않는 것을 그 무엇인들 용납하랴? 교회 앞에 잠잠하라! 하나님의 사업 외에 무슨 사업이 득세할까 보냐!

교회와 세상의 싸움은 하나님의 교회라는 사업과 사탄의 세상이란 사업 간의 대결이다. 하나님의 사업으로 사탄의 사업을 물리치는 것이다. 사업과 사업 간의 싸움이다. 그 규모와 범위가 대단하다. 물론 이런 진술 속에는 마니교나 기타 철학에서 말하는 세계의 이원론적 사상이 들어 있다는 것은 아니다. 하나님과 사탄이 세계 위의 양대 세력은 아니기 때문이다. 그럼에도 불구하고 하나님의 사업에 사탄이 도전해 오는 것은 처음부터 있었던 상황이었다. 욥기에 그런 상황이 나타나고 있다.

"하루는 하나님의 아들들이 와서 여호와 앞에 섰고 사탄도 그들 가운데에 온지라 여호와께서 사탄에게 이르시되 네가 어디서 왔느냐 사탄이 여호와께 대답하여 이르되 땅을 두루 돌아 여기저기 다녀왔나이다 여호와께서 사탄에게 이르시되 네가 내 종 욥을 주의하여 보았느냐 그와 같이 온전하고 정직하여 하나님을 경외하며 악에서 떠난 자는 세상에 없느니라 사탄이 여호와께 대답하여 이르되 욥이 어찌 까닭 없이 하나님을 경외하리이까 주께서 그와 그의 집과 그의 모든 소유물을 울타리로 두르심 때문이 아니니이까 주께서 그의 손으로 하는 바를 복되게 하사 그의 소유물이 땅에 넘치게 하셨음이니이다 이제 주의 손을 펴서 그의 모든 소유물을 치소서 그리하시면 틀림없이 주를 향하여 욕하지 않겠나이까 여호와께서 사탄에게 이르시되 내가 그의 소유물을 다 네 손에 맡기노라 다만 그의 몸에는 네 손을 대지 말지니라 사탄이 곧 여호와 앞에서 물러가니라"(욥 1:6~12)

우리는 하나님의 말씀으로 원수를 공격한다고 할 때 성경 66권 중 어느 한 구절을 택해서 무슨 처방전이라도 내리는 것처럼, 성경구절을 신비적인 방법으로 사용하는 미신적 기복적 종교 행위를 가끔씩 하고 있는 것 같아서, 이것은 아주 조심해야 할 태도라고 지적해 두는 바이다.

그럼 사탄의 조직인 세상이 내어놓는 무기는 무엇인가? 그들이 내어놓는 인조 미끼는 무엇인가? 사탄은 세상을 내세워 교회를 공격하는데 세상이 쏘는 화살은 무엇인가?

사탄은 교회를 향하여 대내외적으로 공격해 온다. 사탄은 외부에서 교회 안으로 직행하여 교회를 파괴하려고도 하고, 또 교회 내부에서도 교회를 잠식하기 위하여 어떤 전염병적 작업을 하고 있다. 사탄의 세계가 쏘는 화살은 대내외적으로 날아온다.

외부에서의 직행하는 사탄의 공격을 보면 불과 칼과 투옥과 살육이다.

그리스도인들이 매를 맞고 돌로 맞고 감옥에 가고 짐승에게 밥이 되고 불에 타 죽고 십자가에 못박힘을 당한다. 바울이 당한 고난이 그대로 종말의 때 전쟁의 현장에도 있는 것이다.

"그들이 그리스도의 일꾼이냐 정신 없는 말을 하거니와 나는 더욱 그러하도다 내가 수고를 넘치도록 하고 옥에 갇히기도 더 많이 하고 매도 수없이 맞고 여러 번 죽을 뻔하였으니 유대인들에게 사십에서 하나 감한 매를 다섯 번 맞았으며 세 번 태장으로 맞고 한 번 돌로 맞고 세 번 파선하고 일 주야를 깊은 바다에서 지냈으며 여러 번 여행하면서 강의 위험과 강도의 위험과 동족의 위험과 이방인의 위험과 시내의 위험과 광야의 위험과 바다의 위험과 거짓 형제 중의 위험을 당하고 또 수고하며 애쓰고 여러 번 자지 못하고 주리며 목마르고 여러 번 굶고 춥고 헐벗었노라"(고후 11:23~27)

바울은 외부에서 교회에 침입하는 외적 공략을 분명하게 아래와 같이 말하고 있다.

"내가 떠난 후에 사나운 이리가 여러분에게 들어와서 그 양 떼를 아끼지 아니하며"(행 20:29)

흉악한 이리가 와서 그 양 떼를 아끼지 아니한다.
내부에서의 교회를 썩어지고 무너지게 하려는 사탄의 공격이 있다.
바울은 내부에서 교회를 공략하는 것을 말하고 있다.

"또한 여러분 중에서도 제자들을 끌어 자기를 따르게 하려고 어그러진 말을 하는 사람들이 일어날 줄을 내가 아노라"(행 20:30)

---

542) J. C. 터너, 이전의 책, pp. 109~112.

J. C. 터너는 사탄의 공격을 불신(unbelief), 탐심(covetousness), 세속성(worldness) 그리고 형식주의(formalism)이라고 했다.[542]

① 불신이란 무엇인가?

불신의 시작도 그 역사가 아주 처음부터였다. 하나님의 인격과 말씀에 대한 최초의 불신이 아담과 하와에서부터 시작되었다. 하나님을 불신하면 모든 것을 불신하는 것이다. 불신이란, 사실을 부인하고 진리를 신뢰하지 않는 행위이다. "…인 것"을 아니라 하고 "…아닌 것"을 반대로 그것이라고 말하는 바 항상 사실과 대치하고 엇갈리는 방향으로 나아가는 것이다. 최초부터 하나님께 도전하던 공격의 주제들이 최후까지 하나님의 사업인 교회에 공격해 오는 것인데 종말에 이르러 그 공격의 강도가 더 세지고 그 공격의 범위가 더 넓어진다. 교회 안의 불신은 교회를 더욱 어지럽게 하고 있다.

갈라디아 교회의 불신 풍조를 보자.

"그리스도의 은혜로 너희를 부르신 이를 이같이 속히 떠나 다른 복음을 따르는 것을 내가 이상하게 여기노라 다른 복음은 없나니 다만 어떤 사람들이 너희를 교란하여 그리스도의 복음을 변하게 하려 함이라"(갈 1:6~7)

그리스도의 은혜 안에 있는 갈라디아 교인들이 어쩌면 그렇게도 쉽게 떠나가는가? 그들은 속히 떠났다고 한다. 속히 떠난 사람들이 받아들인 것은 다른 복음이었다. 복음은 하나밖에 없다(one gospel). 다른 복음(another gospel)은 없다. 사과면 사과이지 그것이 배와 같은 사과란 있을 수 없다. 감이면 감이지 사과 같은 감은 없다. 사과를 사과로 보지 않고 감을 감으로 보지 않는 것은 사과와 감에 대한 불신(不信)이다. 복음이면 하나의 복음이지 또 다른 하나의 복음은 없다. 다만 어떤 사람들이 갈라디아 교인을 교란하려 했던 것이었다. 결국은 그리스도의 복음을 변하게 하려 한 것이었다. 교회가 당면해서 싸우는 전쟁의 현장은 교회 내의 불신앙 그 자체이다.

베드로의 권고는 아래와 같다.

"그러나 백성 가운데 또한 거짓 선지자들이 일어났었나니 이와 같이 너희 중에도 거짓 선생들이 있으리라 그들은 멸망하게 할 이단을 가만히 끌어들여 자기들을 사신 주를 부인하고 임박한 멸망을 스스로 취하는 자들이라"(벧후 2:1)

베드로는 거짓 선지자들이 일어났던 것 같이 거짓 선생들이 있게 될 것을 경고했다. 이

단을 가만히 끌어들이는 거짓 선생들이 있다. 그 이단은 사람을 멸망하게 한다. 이단은 주님을 부인하고 멸망을 자초하는 것이다. 이런 사태가 벌어지는 것도 우리를 사신 주님께 불신이 생기기 때문이었다.

불신앙의 대상이 무엇일까? 무엇 무엇을 불신하는가? 교회가 종말에 이르러 힘써 싸워야 할 주제는 교회 내에 팽배하는 불신앙이다.

터너가 제시하는 불신앙의 예들을 보면 아래와 같다.[543]

그것은 우리 신앙의 근본을 불신하는 것이다.

그것은 성경의 진리와 권위를 불신하는 것이다.

그것은 그리스도의 인격과 사역을 불신하는 것이다.

그것은 그리스도의 신성의 왕권을 빼버리고 예수 그리스도를 세상 앞에 단순한 한 사람으로 내려놓게 하는 불신이다.

그것은 복음의 심장으로부터 십자가를 찢어버리고 구세주 없는 세상을 내어놓게 하는 불신앙이다.

그것은 그리스도의 부활을 불신하는 것이다.

그것은 그리스도의 몸이 무덤에 남아 있어서 살아계시는 구세주 대신에 죽은 그리스도를 지닌 세상으로 남게 하는 불신앙이다.

그것은 죄와 구원 그리고 모든 세상에 대한 불신앙이다.

교회의 최대의 적은 불신 행위이다.

② 탐심이란 무엇인가?

탐심의 시작도 그 역사가 아주 처음부터이다. 아담과 하와가 하나님의 자리를 차지하려는 탐욕의 마음이 탐심이다. 탐심이란 자기 몫에 만족하지 않고 남의 몫을 가지려고 하는 마음 바탕이다. 자기 지위, 자기 소유에 만족하지 않고 타인의 지위, 타인의 소유를 쟁취하려는 것이 탐심의 발로이다. 같은 시내에서 똑같은 시기에 개척교회를 시작했던 두 동역자가 있었다. 같은 교단은 아니지만 한 동역자의 교회는 물량적으로 번성하고 다른 동역자의 교회는 거기에 미치지 못하였다. 이때 어느 교회가 문제를 지니겠는가? 번성한 교회는 번성하지 못한 교회를 하시(下視)하기 쉽고 번성하지 못한 교회는 번성한 교회를 질시(嫉視)하기 쉽다. 이런 경우엔 피장파장(both the same)이니 단지 그 표출이 다를 뿐이지 그 속에는 탐심이 있기 때문이다. 이것을 억지로 거룩한 경쟁이라 부르지 마라. 정말 무서운 게 탐심이니 교회 간의 탐심, 교역자 간의 탐심, 교인들 간의 탐심은 마땅히 뿌리 뽑아야 할

---

543) J. C. 터너, 위의 책, pp. 109~110.

교회의 대적이다. 십계명의 종결은 탐심 경계로 맺어졌다.

"네 이웃의 집을 탐내지마라 네 이웃의 아내나 그의 남종이나 그의 여종이나 그의 소나 그의 나귀나 무릇 네 이웃의 소유를 탐내지 말라"(출 20:17)

사람은 하나님을 소유하려는 탐심을 지녔다. 하나님은 사람의 소유물이 될 수 없다. 구약에서의 탐심 경계를 보자.

"네 이웃의 아내를 탐내지 말지니라 네 이웃의 집이나 그의 밭이나 그의 남종이나 그의 여종이나 그의 소나 그의 나귀나 네 이웃의 모든 소유를 탐내지 말지니라"(신 5:21)
"그들이 침상에서 죄를 꾀하며 악을 꾸미고 날이 밝으면 그 손에 힘이 있으므로 그것을 행하는 자는 화 있을진저 밭들을 탐하여 빼앗고 집들을 탐하여 차지하니 그들이 남자와 그의 집과 사람과 그의 산업을 강탈하도다"(미 2:1~2)

이렇게 남의 소유를 탐하는 것을 '하마드' 탐욕 이라 했다.

"무지한 치리자는 포학을 크게 행하거니와 탐욕을 미워하는 자는 장수하리라"(잠 28:16)
"이는 그들이 가장 작은 자로부터 큰 자까지 다 탐욕을 부리며 선지자로부터 제사장까지 다 거짓을 행함이라"(렘 6:13)

이렇게 부당한 이득을 탐하는 것을 '베차' 탐욕이라 했다.

"어떤 자는 종일토록 탐하기만 하나 의인은 아끼지 아니하고 베푸느니라"(잠 21:26)

이렇게 이기적인 욕심을 부리는 것을 '아와' 탐욕이라 했다.
신약에서 예수님도 탐심을 물리치라고 말씀하셨다.

"그들에게 이르시되 삼가 모든 탐심을 물리치라 사람의 생명이 그 소유의 넉넉한 데 있지 아니하니라 하시고"(눅 12:15)

탐심을 부리다가 망한 사례를 보면 아주 극적이다. 아간의 탐심이 이스라엘 군을 패하게 했다.

"이스라엘 자손들이 온전히 바친 물건으로 말미암아 범죄하였으니 이는 유다 지파 세라의 증손 삽디의 손자 갈미의 아들 아간이 온전히 바친 물건을 가졌음이라 여호와께서 이스라엘 자손들에게 진노하시니라"(수 7:1)

그렇게 승승장구 승리의 길을 걷던 이스라엘 군이 아간 한 사람의 탐심 때문에 전쟁에서 참패했다.

"백성 중 삼천 명쯤 그리로 올라갔다가 아이 사람 앞에서 도망하니 아이 사람이 그들을 삼십육 명쯤 쳐죽이고 성문 앞에서부터 스바림까지 쫓아가 내려가는 비탈에서 쳤으므로 백성의 마음이 녹아 물같이 된지라 여호수아가 옷을 찢고 이스라엘 장로들과 함께 여호와의 궤 앞에서 땅에 엎드려 머리에 티끌을 뒤집어쓰고 저물도록 있다가 이르되 슬프도소이다 주 여호와여 어찌하여 이 백성을 인도하여 요단을 건너게 하시고 우리를 아모리 사람의 손에 넘겨 멸망시키려 하셨나이까 우리가 요단 저쪽을 만족하게 여겨 거주하였더면 좋을 뻔하였나이다"(수 7:4~7)

마침내 아간이 죄인으로 뽑혔고 그가 고백했다.

"내가 노략한 물건 중에 시날 산의 아름다운 외투 한 벌과 은 이백 세겔과 그 무게가 오십 세겔 되는 금덩이 하나를 보고 탐내어 가졌나이다 보소서 이제 그 물건들을 내 장막 가운데 땅 속에 감추었는데 은은 그 밑에 있나이다 하더라"(수 7:21)

마침내 아간은 죽는다.

"여호수아가 이스라엘 모든 사람과 더불어 세라의 아들 아간을 잡고 그 은과 그 외투와 그 금덩이와 그의 아들들과 그의 딸들과 그의 소들과 그의 나귀들과 그의 양들과 그의 장막과 그에게 속한 모든 것을 이끌고 아골 골짜기로 가서 여호수아가 이르되 네가 어찌하여 우리를 괴롭게 하였느냐 여호와께서 오늘 너를 괴롭게 하시리라 하니 온 이스라엘이 그를 돌로 치고 물건들도 돌로 치고 불사르고 그 위에 돌 무더기를 크게 쌓았더니 오늘까지 있더라 여호와께서 그의 맹렬한 진노를 그치시니 그러므로 그 곳 이름을 오늘까지 아골 골짜기라 부르더라"(수 7:24~26)

교회 내의 탐심은 온 교회를 괴롭힌다. 사탄은 교회 내에 탐심을 불러일으킨다. 교회는 종말에 이르러 탐심이 여러 가지 형태로 나타날 줄을 알아야 한다. 자본주의의 경쟁사상이 탐심에 더욱 불을 붙인 것이다. 돌밥이란 무엇인가? 온통 모래만으로 지은 것이 돌밥이 아니라 쌀로 지은 밥에 모래 몇 개만 섞여도 "이거 돌밥 아니야?" 하고 짜증을 내게 만든다. 이스라엘 모든 사람이 물건을 훔친 것이 아니라 아간 한 사람의 도적질이 이스라엘 모든 사람의 도적 행위가 된 것이었다. 아나니아와 삽비라의 경우를 보자.

> "아나니아라 하는 사람이 그의 아내 삽비라와 더불어 소유를 팔아 그 값에서 얼마를 감추매 그 아내도 알더라 얼마만 가져다가 사도들의 발 앞에 두니 베드로가 이르되 아나니아야 어찌하여 사탄이 네 마음에 가득하여 네가 성령을 속이고 땅 값 얼마를 감추었느냐 땅이 그대로 있을 때에는 네 땅이 아니며 판 후에도 네 마음대로 할 수가 없더냐 어찌하여 이 일을 네 마음에 두었느냐 사람에게 거짓말한 것이 아니요 하나님께로다 아나니아가 이 말을 듣고 엎드러져 혼이 떠나니 이 일을 듣는 사람이 다 크게 두려워하더라"(행 5:1~5)

교회가 세상에 출현하는 시초부터 탐심의 싹이 나오기 시작했다. 바울은 골로새 교인에게 탐심을 우상숭배라고 했다.

> "그러므로 땅에 있는 지체를 죽이라 곧 음란과 부정과 사욕과 악한 정욕과 탐심이니 탐심은 우상 숭배니라"(골 3:5)

탐심의 최종점은 돈과 결부된다.

> "돈을 사랑함이 일만 악의 뿌리가 되나니 이것을 탐내는 자들은 미혹을 받아 믿음에서 떠나 많은 근심으로써 자기를 찔렀도다"(딤전 6:10)

교회 안에서 재물이냐 하나님이냐 선택을 요구하는 난처한 상황에 이른다. 재물을 택하랴 하나님을 택하랴? 사람들은 대개 재물 곧 돈을 택하고 있다.

> "한 사람이 두 주인을 섬기지 못할 것이니 혹 이를 미워하고 저를 사랑하거나 혹 이를 중히 여기고 저를 경히 여김이라 너희가 하나님과 재물을 겸하여 섬기지 못하느니라"(마 6:24)

재물이 많은 청년이 소유를 팔아 가난한 자들에게 주라는 주님의 명령에 따르지 못하고 있다.

> "그 청년이 재물이 많으므로 이 말씀을 듣고 근심하며 가니라"(마 19:22)

물질, 재물, 돈 때문에 교회에 입교하기를 꺼려하고 이미 입교한 자도 몹시 괴로워하고 있는 것이 돈 문제 때문이다. 이에 대해 쟈크 엘룰은 맘몬(Mammon)의 특징으로 그 첫째는 부패성이요, 둘째는 돈은 별 것이 아니라는 것이며, 셋째는 거짓이라는 것이다. 이를 요약하면 돈이란 웬만하면 사람을 못 쓰게 만들며, 그토록 대단한 돈인 것 같아도 하나님의 손 안에 들어 있는 이용물이며, 돈이 인생을 만족시켜 주는 것 같아도 그렇게 해주지 못하는 거짓 세력이라는 것이다.[544]

"은을 사랑하는 자는 은으로 만족하지 못하고 풍요를 사랑하는 자는 소득으로 만족하지 아니하나니 이것도 헛되도다"(전 5:10)

그런데 사람들은 하나님의 사업의 거짓 복사체인 맘몬의 사업을 믿음과 소망과 사랑으로 받아들이려는 어리석음을 행하고 있다.[545] 주의 뜻을 경외하는지 여부를 아는 데 돈의 시험만큼 좋은 방법은 없다고 했다.[546]

부(富)가 하나님께 속한 것이면 하나님께로부터 나올 테지만 분명히 맘몬의 성격을 띤 '돈'은 사탄에게 속하고 사탄에게서 나온다.[547] 사탄이 돈에 대한 탐심을 일으켜서 교회를 어지럽게 한다. 그런고로 탐심은 교회가 세상과 싸우는 전쟁의 한 단면이다.

개척교회 할 때에 성도와 교역자가 모두 돈을 초월한 듯 바치고 또 바쳐서 교회하더니만 언젠가 은퇴할 즈음 되어서 성도와 교역자 간에는 묘하게 돈이 개입되는지라 덜 주자는 쪽과 더 받자는 쪽의 줄다리기야말로 전쟁을 방불케 하는 것이다.

말없이 떠나는 교역자의 뒷모습이 얼마나 아름다운지. 성도들이 정성껏 싸주는 보자기를 들고 황혼이 지는 들녘을 지나 산 속으로 안거(安居)하러 가는 교역자 부부의 모습이 얼마나 아름다운고!

③ 세속성이란 무엇인가?

세속성(世俗性)은 경건성(敬虔性)의 반대이다. 세속성은 세상에 속한 성품이다. 세상에 속한 성품은 어떤 것인가?

"이는 세상에 있는 모든 것이 육신의 정욕과 안목의 정욕과 이생의 자랑이니 다 아버지께로부터 온 것이 아니요 세상으로부터 온 것이라"(요일 2:16)

---

544) 쟈크 엘룰, 「하나님이냐 돈이냐?」 양명수 역, (대장간, 1993). pp. 120~121.
545) 쟈크 엘룰, 위의 책, pp. 120~121.
546) 쟈크 엘룰, 위의 책, p. 125.
547) 쟈크 엘룰, 위의 책, p. 126.

세속성은 아버지께로부터 나온 것이 아니고 세상으로부터 나온 것이다. 세속성의 주인은 사람이요 세속성의 다른 표현은 인본주의이다. 사람이 모든 것의 중심이요 주인이 되는 것이 인본주의이다. 일찍이 에덴 동산에서부터 사람이 주인이 되고자 했다. 인본주의의 뿌리는 아담에게 있었다. 인본주의는 신본주의의 반대 개념이다. 교회 안에 인본주의가 들어왔다는 것은 교회의 세속화를 말하는 것이다. 야고보는 이것을 엄중히 경고하고 있다.

"간음한 여인들아 세상과 벗된 것이 하나님과 원수 됨을 알지 못하느냐 그런즉 누구든지 세상과 벗이 되고자 하는 자는 스스로 하나님과 원수 되는 것이니라"(약 4:4)

요한도 경고하고 있다.

"이 세상이나 세상에 있는 것들을 사랑하지 말라 누구든지 세상을 사랑하면 아버지의 사랑이 그 안에 있지 아니하니"(요일 2:15)

이런 인본주의의 세속성은 일찍부터 하나님의 계시보다는 인간의 이성을 계시 위에 놓고 행동하는 버릇이다.

"너희가 그것을 먹는 날에는 너희 눈이 밝아져 하나님과 같이 되어 선악을 알 줄 하나님이 아심이니라"(창 3:5)

선악과를 먹는 날에는 너희 눈이 밝아진다. 하나님과 같이 된다. 사람이 선악을 판단한다. 이것은 이성 위주의 사고방식을 말한다. 현대에 이르러 폭발한 인본주의 세속성의 양상은 계몽(啓蒙)사상이다. 계몽사상은 이성의 꽃이다. 교회가 당면한 전쟁은 인간의 이성이 계시를 대치하려는 것에 대한 대항이다. 합리주의가 신앙을 밀어내고 있다. 세속성의 아류(亞流)가 교회 안의 주류(主流)인 신앙의 물줄기를 바꾸려 하고 있다. 교회의 종말론적 전쟁에서 정복해야 할 세속성의 아류들은 다음과 같은 것들이다. 역사주의(historicism), 과학주의(scientism), 비평주의(criticism), 관용주의(tolerationism), 낭만주의(optimism), 칸트주의(Kantianism) 등이다.[548]

역사적 정확성과 객관성을 생명으로 여기는 역사주의는 성경의 역사적 사실의 완전성과 신뢰성도 세속 역사의 점검을 받아야만 한다고 한다. 위험천만한 수술대 위에 성경의 계시

---

548) Stanley N. Gundry and Alan, F. Johnson, *Tensions in Contemporary Theology*, pp. 16~18.

를 올려놓고 해부를 하려 든다. 이 수술대 위에 남아 있을 수 있는 것만이 믿을 수 있는 것이고 그 외의 것은 모두 불신요소라는 것이다.[549]

갈릴레이로부터 시작하여 현재에 이르기까지의 현대 과학주의는 크고 작은 세계에 대해서 더 이상 철학이나 신학이 관여할 바가 아니라 과학만이 확고한 대답을 준다는 것이다. 과학주의는 과학이 성경 위에 군림한다고 강조한다. 시편 103장 9절의 FM 진리를 깨고 있다.[550]

중세 및 고전시대의 문헌을 검토해 본즉 그 저자와 신빙성이 거의 전무한 상태라서 표면적인 문헌을 그대로 신임할 수 없기에 철저한 비평을 통해 비로소 그 신빙성을 인정할 수 있다고 주장하는 것이 비평주의인데, 성경문헌도 예외 없이 이런 검사대를 통과해서 살아남는 부분만이 성경으로 인정하고 그렇지 못한 부분은 성경이라 할 수 없다는 주장을 펴고 있다. 교회에서 성경의 권위가 무너지면 더 이상 신뢰할 근거가 없어진다. 비평주의로 인해 나온 것이 모세 오경의 단편조합설과 이사야서의 양분설과 복음서의 미지의 저작설 등이다.[551] 콜럼버스로 시작된 많은 탐험가들이 온 세계를 돌아다녀 보니 온 세상에 위대한 문화와 종교들이 있는데 굳이 어느 한 종교만을 내세워 여타 많은 종교 위에 군림하는 것은 옳지 않다는 것이 관용주의인데, 교회 안에서의 관용주의는 종교다원주의를 인정하고, 그것은 나아가서 만인구원설이라는 것을 내세워 여호와 절대 신앙과 오직 예수구원만의 구원론을 정면으로 도전하는 것이다. 모든 신을 인정하고 모든 구원 방도를 인정한다면 그것은 이미 교회가 아닌 어떤 모임인 것이다.[552]

왜 사람들은 굳이 어두운 면을 강조하는가? 원죄라는 어두운 교리를 내세울 것이 없지 않느냐? 인간의 노력의 발달은 계속 상승하고 있지 않느냐, 시간만 주어지고 각 분야에 걸쳐 과학적 지식만 증가하면 좋은 결과는 반드시 오고야 말 것이다. 이런 사고방식이 낭만주의인데 흑백논리도 없애고 삶과 죽음이란 극단적 개념도 버리고 천국과 지옥이란 무서운 미래 생각도 다 버리자는 주장을 펴고 교회로 진입해 오는 바, 이쯤 되면 세상과 교회가 구별 없이 섞여서 밤낮의 구별이 없어진다. 진리와 비진리의 구분도 없어진다. 생명과 사망의 현실도 없어진다. 이쯤 되면 교회는 설 자리가 없다. 교회는 낭만주의와 싸우지 않을 수 없다.[553]

끝으로 이성만이 신개념과 자유 그리고 분별성의 확실한 근거가 되며 이성의 그물에 걸릴 수 있는 것만이 확고한 사실이라는 이성 위주의 칸트주의 사상으로 인해 전통적인 기독교 사상에 금이 가게 되었다.[554]

세속주의는 신학적 자유주의로 나아가게 했고 자유주의는 결국 수많은 세속주의 신학을

---

549) 위의 책, p. 16.
550) 같은 책.
551) 같은 책.
552) 같은 책.
553) 같은 책.
554) 위의 책, p. 18.

낮게 했다. 세속주의 신학의 대표적인 것들로 '사신신학'(The death of God theology), 디트리히 본 회퍼의 '성인시대'(Man come of Age), 존 A. T. 로빈슨의 '신에게 솔직히' (Honest to God), 하비 칵스의 '세속도시'(The secular city) 그리고 존 맥콰리의 세속적 비판신학이 나오게 되었다. 그 뒤로 소망신학, 과정신학 등이 줄지어 교회 문전에 마치 점령군의 위세처럼 쇄도해 섰고 일부는 교회로 진입한 상태이다.

종말의 교회는 비진리 비정론의 유입(流入)과 자생(自生)을 막고 분쇄하는 전쟁을 치른다. 여기서 살아남을 수 있는 유일한 길은 하나님의 말씀, 곧 검이다. 검으로 막고 검으로 공격한다. 그것은 하나님의 사상으로 사탄의 사상을 분쇄하는 것이다.

예수님의 경고하신 말씀을 듣자.

"예수께서 대답하여 이르시되 너희가 사람의 미혹을 받지 않도록 주의하라"(마 24:4)
"거짓 선지자가 많이 일어나 많은 사람을 미혹하겠으며"(마 24:11)

사람의 미혹, 거짓 선지자의 미혹에 교회는 끝까지 견디어 내어야 하는 것이다.

④ 형식주의란 무엇인가?

형식은 내용 없는 외모 갖춤이다. 능력 없는 외형, 감동 없는 기구, 생명 없는 예배, 불 없는 제단 등이 모두 형식주의의 양상이다. 경건의 모양은 있으나 능력은 부인하는 것이 말세에 등장할 것이라고 경고했다.

"경건의 모양은 있으나 경건의 능력은 부인하니 이 같은 자들에게서 네가 돌아서라"(딤후 3:5)

바울은 디모데에게 경건의 모양만 있고 능력은 부인하는 자들에게서 돌아서라고 권한다. 모양만 내세우고 능력을 부인하는 자들은 계속 모양만 내세우려 하기 때문에 이런 사람들과 더불어 교회 있다가는 결국 낭패를 당하고 말 것이다. 교회는 형식주의를 잘라내는 데에 전쟁처럼 임해야 한다. 형식주의란, 양의 옷은 입었으나 그 속에는 노략질하는 이리가 들어있는 거짓 선지자를 말한다. 형식주의란 좋은 나무인데 아름다운 열매를 맺지 아니하는 나무를 말한다. 목사는 목사인데 목사 아닌 심정을 지닌 것도 형식주의이고 성도는 성도인데 성도 아닌 삶을 사는 것도 형식주의이다.

"나더러 주여 주여 하는 자마다 다 천국에 들어갈 것이 아니요 다만 하늘에 계신 내 아버지의 뜻대로 행하는 자라야 들어가리라 그 날에 많은 사람이 나더러 이르되 주여 주여 우리가 주의 이름으로 선지자 노릇 하며 주의 이름으로 귀신을 쫓아 내며 주의 이름으로 많은 권능을 행하지 아니하였나이까 하리니 그 때에 내가 그들에게 밝히 말하되 내가 너희를 도무지 알지 못하니 불법을 행하는 자들아 내게서 떠나가라 하리라"(마 7:21~23)

주여 주여 외치는 것은 외형이고, 아버지 뜻대로 행하는 것은 내용인데 후자를 무시한 전자는 형식주의이다. 주의 이름으로 선지자 노릇하며 축귀와 온갖 권능을 베풀었다 해도 하나님은 그런 자들을 모르신다고 하는데, 그 이유는 표리부동하며 내외적으로 상반되는 사상과 행위가 결탁되어 있기 때문이다. 형식주의의 근원도 일찍부터 있었다. 아담과 하와가 범죄한 이후 제일 먼저 위장술을 익혔다. "무화과 나뭇잎을 엮어 치마를 하였더라"(창 3:7). 그 후로 세상은 온통 치마를 만들어 입는 것으로 달려갔다.

사람들은 배움의 형식은 취하나 진리의 지식은 자기 안에 갖추지 않는다.

"항상 배우나 끝내 진리의 지식에 이를 수 없느니라"(딤후 3:7)

교회가 넘어지는 위험에 처하게 되는 것은 성도들의 형식주의 때문이다. 그것은 말을 듣고도 행하지 않기 때문이다.

"그러므로 누구든지 나의 이 말을 듣고 행하는 자는 그 집을 반석 위에 지은 지혜로운 사람 같으리니"(마 7:24)

교회생활이 타성(惰性)에 젖어 메카니즘(Mechanism)에 빠진다. 교회를 시들게 하는 종말의 가장 위험한 것이 형식 위주의 위선이다. 모든 것을 하기는 하되 형식에 그친다. 그 안에 감동과 생명이 없이 기계적으로 움직인다. 교회는 중생한 인격자들의 삶의 현장이지 조잡한 기계들의 공장이 아니다.

오늘날 교회의 가장 큰 문제는 일부 형식적인 설교이다. 설교자도 형식적인 설교를 하고 성도들도 형식적인 설교를 듣는다. 설교가 식상(食傷)해졌다. 설교에 교인들이 지쳐 있다. 설교가 교인들을 짓누르고 있다. 교인은 설교를 손으로 받아서 뒤로 감추어 놓는다. 개개인의 가정 창고에는 수없이 행한 목사의 설교가 잠자고 있다. 설교가 울고 있다. 그 창고 안에 재고품으로 남은 설교가 팔려나가기를 기다린다. 아직도 재고품 설교가 많이 남았는데 설교는 계속 쏟아져 흘러들어오고 있다. 특히 한국 강단에서는 각양각색의 설교가 넘친다. 설교 횟수가 많다는 것이 문제가 아니라 그 설교를 미처 소화하기도 전에 아직 실천하지도 않았는데 또 과제를 부과하기 때문이다. 가령 목사는 "우리 전도합시다"라는 설교를 했고 성도는 그 설교를 듣고 아직 전도도 해 보지 않은 상태인데, 목사는 "구제합시다"라는 설교를 했고 성도는 그 구제 설교를 듣고 구제도 해 보지 않은 상태인데, 이번에는 "선교합시다"라는 설교가 진행되니 성도들은 그 어느 것 하나도 실천하지 못한 상태, 말하자면 설교 과제를 안고 숙제를 못 푼 상태에 있는 것이다.

성도는 설교 빚을 안고 살아간다. 여기서 포기하는 삶, 무기력한 삶이 나오고 이것은 결국 꾸밈으로 나타난다. 그리고 이런 상태를 묵인하고 그것이 교회 상태인 양 마음 편하게 취급해 버린다. 이쯤 되면 교회는 무기력해지게 된다. 그러나 이때 교회는 형식주의와 전쟁을 해야 한다. 형식주의가 지향하는 방향은 하나님이 아니라 사람이다. 사람에게 보이려고 하는 것이다. 내용이 없는 만큼 더더구나 외모로 보이려 하는 것이다. 서기관들과 바리새인들이 대표적 형식주의자였는데 지금 말세에도 그러하다.

> "그들의 모든 행위를 사람에게 보이고자 하나니 곧 그 경문 띠를 넓게 하며 옷술을 길게 하고 잔치의 윗자리와 회당의 높은 자리와 시장에서 문안 받는 것과 사람에게 랍비라 칭함을 받는 것을 좋아하느니라"(마 23:5~7)

모든 행위를 사람에게 보이려고 하는 것이 형식이요 위선이다. 예수님은 그리스도인의 마땅한 선행도 사람에게 보이려고 할 때 그것은 형식이 된다고 경고하셨다.

> "사람에게 보이려고 그들 앞에서 너희 의를 행하지 않도록 주의하라 그리하지 아니하면 하늘에 계신 너희 아버지께 상을 받지 못하느니라"(마 6:1)

사람들에게 보이려고 그들 앞에서 의를 행치 않아야 한다. 사람을 의식하고 행하는 모든 종교활동이 형식주의이다. 남에게 보이려고 할 때 이미 거기엔 거짓이 들어 있다. 우리 그리스도인의 삶은 실제이지 연극이 아니다. 연극처럼 사는 실생활은 없다. 실생활은 연극이 아니다. 연극은 관객을 의식한 것이다.

> "그러므로 구제할 때에 외식하는 자가 사람에게서 영광을 받으려고 회당과 거리에서 하는 것같이 너희 앞에 나팔을 불지 말라 진실로 너희에게 이르노니 그들은 자기 상을 이미 받았느니라"(마 6:2)

> "또 너희는 기도할 때에 외식하는 자와 같이 하지 말라 그들은 사람에게 보이려고 회당과 큰 거리 어귀에 서서 기도하기를 좋아하느니라 내가 진실로 너희에게 이르노니 그들은 자기 상을 이미 받았느니라"(마 6:5)

"금식할 때에 너희는 외식하는 자들과 같이 슬픈 기색을 보이지 말라 그들은 금식하는 것을 사람에게 보이려고 얼굴을 흉하게 하느니라 내가 진실로 너희에게 이르노니 그들은 자기 상을 이미 받았느니라"(마 6:16)

외식자는 이미 상을 받았기에 나중에 더 받을 상이 없다. 교회는 지금 여기에서 당장 상 받기를 좋아하는 사람들이 있어서는 안 된다. 상은 언제 받으려 해야 하는가? 그 답이 있다. 은밀한 중에 계시며 보시는 아버지가 갚아 주신다는 것이다.

"네 구제함을 은밀하게 하라 은밀한 중에 보시는 너의 아버지께서 갚으시리라"(마 6:4)
"너는 기도할 때에 네 골방에 들어가 문을 닫고 은밀한 중에 계신 네 아버지께 기도하라 은밀한 중에 보시는 네 아버지께서 갚으시리라"(마 6:6)
"이는 금식하는 자로 사람에게 보이지 않고 오직 은밀한 중에 계신 네 아버지께 보이게 하려 함이라 은밀한 중에 보시는 네 아버지께서 갚으시리라"(마 6:18)

못난이가 돈 자랑한다는 속담이 있는데 돈 자랑하는 사람은 그 속이 텅텅 비어 있다는 것이다. 명품(名品)은 선전하지 않아도 사람들이 찾는다.

교회가 엉뚱한 것으로 교회 자랑을 하려는 것도 틀림없는 형식주의이다. 재정 자랑, 건물 자랑, 프로그램 자랑, 교인 수 자랑, 선교하는 것 자랑, 구제 자랑 등 무릇 자랑은 이미 형식주의이다. 소위 물량주의(物量主義) 또한 이미 형식주의이다. 형식주의가 계속 진행하다 보면 그 안에 들어 있는 내용물은 아무것도 없는 허(虛)에 이른다.

지금까지 최후 발악적 세상상(世上相)과 거기서 교회가 처하는 상황을 살펴보았다. 하나님이 처음 창조하셨을 때는 단지 땅(earth)이 거기 있었는데 사람이 타락한 이후 거기엔 세상(cosmos)이 있었다. 땅과 세상은 타락 전후로 나누어진다. 타락 후 세상을 타락 전 땅(자연계)으로 동일시하는 것은 교회가 처한 입장과 위치를 혼란스럽게 만드는 것이다. 그렇기 때문에 세상은 발악적이라는 것을 깨닫고 여기에서 어떻게 교회가 나아가야 하는가를 확인해야만 한다. 재언하거니와 교회와 세상은 의좋은 선한 경쟁의 관계가 아니라 전쟁 관계라는 것을 잠시도 잊어서는 안 된다. 예수의 세상 강림은 이 세상을 정복하고 교회를 세우고자 하신 것이다. 예수님의 세상 정의는 확실하다. 무엇이라고 정의하셨는가?

"예수께서 대답하여 이르시되 악하고 음란한 세대가 표적을 구하나 선지자 요나의 표적밖에는 보일 표적이 없느니라"(마 12:39)

바울은 이 세상을 흑암의 권세라고 했다.

"그가 우리를 흑암의 권세에서 건져내사 그의 사랑의 아들의 나라로 옮기셨으니"(골 1:13)

다음 주제는 그럼에도 불구하고 이 발악적 세상에서 교회는 최후로 승리한다는 것이다.

 최후 승리적 교회

역사를 그 속에 품고 이 세상에 나타난 교회는 계속해서 음부의 도전을 받는다고 말씀하셨다.

"또 내가 네게 이르노니 너는 베드로라 내가 이 반석 위에 교회를 세우리니 음부(陰府)의 권세가 이기지 못하리라"(마 16:18)

음부의 권세가 계속 도전해오지만 그것이 교회를 이길 수는 없다고 말씀하셨다. 그것은 곧 교회는 최후로 승리를 거두신다는 것을 의미한다. 교회가 이기고야 만다는 것은 태초부터 있던 기정사실이었다.

최후의 승리적 교회는 이미 예언한 대로 최초의 승리를 다시 종말에 가서 최후 승리로 끝맺음을 할 것이며, 그럼에도 불구하고 그 과정에서 간간히 사탄이 승리하는 것 같지만 마침내 결과적으로 나타나는 것은 교회의 승리라는 것이다. 최후의 교회 승리는 모든 것을 판별하는 것과 상벌이 따르는 것을 포함한다.

'최후 승리적 교회'의 주제 아래 진술할 내용은 다음과 같다.
1) 최초 승리의 최후 승리
2) 세상의 중간 승리
3) 교회의 최후 승리-판별과 시상

1) 최초 승리의 최후 승리

성경에서 승리한다는 말은 무엇을 의미하는가?

교회가 최초도 승리했고 최후도 승리한다는 것은 어떤 사건을 두고 말하는가? 교회의 승리 정의가 성경에서 말하는 내용을 담고 있는가? 혹은 사람의 생각과 가치에 따라 그 정의를 정하고 있는가? 즉 다시 말하자면 성경적 승리 정의와 인위적 승리 정의는 무엇인가? 사람들은 사회악을 이긴다든지 인간적인 고통을 해결한다든지 경제적 빈곤에서 해방된다든지 혹은 인권유린에서 인권회복 등 말하자면 세상적인 어떤 불행으로부터의 행복 내지 부자유에서 자유 등 세속적인 의미에서 교회의 승리를 주장한다. 이것은 인위적 승리의 정의이다.

그럼 성경적 승리의 정의는 무엇인가?

그것은 사탄을 정복 파멸한다는 것을 말한다. 사탄을 파멸한다는 것은 사탄의 권세와 그 세계를 박살낸다는 것이다. 사탄의 세계는 하나님의 왕국을 도전하는 체계이다. 그것은 곧 교회를 향한 음부의 권세의 침략이다. 교회 승리는 음부의 권세를 종식시킨다는 것을 의미한다. 음부 곧 사탄의 권세를 종식시킨다는 것은 사탄의 세계를 박살낸다는 것이다. 그럼 사탄의 세계는 어떤 세계인가? 그것은 죄와 불의와 불법과 어두움과 사망과 지옥의 세계이다. 예수께서 이 세상에 초림하셔서 갈보리 십자가에 죽으시고 부활하시고 승천하시고 승귀(昇貴, exaltation)하셔서 사탄의 세계를 정복하셨다. 사망 권세를 깨뜨리셨다. 그러하신 예수를 머리로 하고 있는 교회이니 예수 승리가 교회의 승리인 것이다. 이것이 교회가 최후 승리를 거두었다는 지극히 단순하고도 원시적(原始的)인 승리의 정의이다. 여기서 원시적이라는 표현은 순수성에 대한 다른 강조임을 말해 둔다.

이제 좀더 구체적으로 교회 승리의 정의를 성경에서 찾아보기로 하자.

"내가 너로 여자와 원수가 되게 하고 네 후손도 여자의 후손과 원수가 되게 하리니 여자의 후손은 네 머리를 상하게 할 것이요 너는 그의 발꿈치를 상하게 할 것이니라 하시고"(창 3:15)

뱀과 여자가 원수관계이고 뱀의 후손과 여자의 후손도 원수관계이다. 세습적으로 뱀과 여자의 관계는 원수관계이다. 그런데도 수없이 이 두 관계를 친구관계로 만들려고 하는 것은 악한 자의 계략이었다. 이 원수관계의 진전된 모습을 보자. 여자의 후손은 뱀의 머리를 상하게 한다. 머리를 상하게 한다는 것은 치명적 손상을 준다는 것이다. 사탄은 머리를 박살당했기 때문에 꼬리로 움직일 뿐이다. 예수께서 사탄을 파멸시킨 것은 결정적이고 치명적인 것이다. 이것이 최초의 승리이다.

그런데 사탄인 뱀이 여자의 후손에게 미친 영향은 무엇인가? 겨우 발꿈치를 상하게 했을 따름이다. 이런 상함은 치명적인 것은 아니다. 싸움에서 양 편이 상처를 입게 되지만 치명적 상처와 단순한 상처 사이에는 엄청난 차이가 있다. 여자의 후손은 사탄의 머리를 박살 내셨다. 이것은 예언이었다. 그럼 예언의 실천은 무엇인가? 최초 승리의 최후 승리는 무엇인가? 그것은 갈보리 십자가 상에서 이루어진 것이었다. 예수의 절규와 죽음 그리고 부활 사건이 최후 승리였다.

"제육시로부터 온 땅에 어둠이 임하여 제구시까지 계속되더니 제구시쯤에 예수께서 크게 소리 질러 이르시되 엘리 엘리 라마 사박다니 하시니 이는 곧 나의 하나님, 나의 하나님, 어찌하여 나를 버리셨나이까 하는 뜻이라. 예수께서 다시 크게 소리 지르시고 영혼이 떠나시니라"(마 27:45~46, 50)

최후 승리의 주변 상황은 어떠했는가?

"이에 성소 휘장이 위로부터 아래까지 찢어져 둘이 되고 땅이 진동하며 바위가 터지고 무덤들이 열리며 자던 성도의 몸이 많이 일어나되"(마 27:51~52)

성소 휘장이 찢어졌다. 아래서부터 찢어졌다면 땅과 사람이 인위적으로 찢은 것이겠지만 찢어지는 시발이 위로부터 찢어졌다. 그것은 하늘과 하나님이 친히 찢어주셨다는 것이다. 하나님이 성소 휘장을 찢어주셨으니 누구든지 그리로 직통해서 하나님을 대면할 수 있다. 사탄은 사람으로 하여금 하나님과 대면 못하게 하는 놈이며 그런 악행을 저질렀지만, 예수의 십자가의 죽으심은 하나님과 사람이 대면하도록 했다. 이것이 최후 승리이다. 예수의 최후 승리는 에덴 동산에서 범죄로 인해 하나님과 아담의 사이가 서먹서먹했던 것을 이제는 부드럽고 편안하게 하나님께로 나아가게 한 것이다.

이렇게 위로부터 시작해서 아래로 찢어진 성소 휘장을 오늘날 사람들은 다시 그것을 아래서부터 꿰매어 하나로 만들려고 한다. 한 폭의 성소 휘장으로 만들려 하는 바 이것은 하나님과 사람 사이에 담을 쌓겠다는 것이다. 그것은 인위 조작적인 온갖 종교의 규례와 규정과 엉터리 표준을 정해 놓으려는 원시종교 심리적 발상에서 나온 장애물인 것이다. 냉랭하고 딱딱하고 차갑고 어둡던 주변들이 최후 승리에서는 변했다. 진동하는 땅, 터지는 바위, 열린 무덤, 자다가 일어나는 성도의 몸이 그것들이다. 예수 최후 승리 이전에는 그냥 땅과 바위와 무덤과 잠자던 자들만 있었는데 승리 이후에는 그것들이 진동하고 터지고 열리고 일어나더라는 것이다.

교회의 승리는 승리자 예수를 머리로 하고 있는 까닭에 이미 승리를 얻어 가졌다. 교회의 싸움은 "이긴 싸움의 이기는 싸움"이니 이미 이긴 싸움을 계속 이겨내는 체험의 싸움이다. 교회의 싸움은 이기기 위해 싸우는 싸움이 아니라 이미 이긴 싸움을 사탄 앞에서 보란 듯이 즐기는 싸움이다. 패한 적군의 패잔병들이 후방에서 이따금씩 반항하는 것에 대한 방어가 교회의 싸움인 것이다. 독 안에 든 쥐가 아무리 기어오르려고 해도 이미 그 독 안에서 세월만 가면 죽어버리게 되는 경우와 같다. 그럼 최후 승리에서 예수를 머리로 하고 있는 교회의 교인과 예수는 어떤 관계를 맺게 되는가?

예수는 맏아들이 되셨다.

"하나님이 미리 아신 자들을 또한 그 아들의 형상을 본받게 하기 위하여 미리 정하셨으니 이는 그로 많은 형제 중에서 맏아들이 되게 하려 하심이니라"(롬 8:29)

맏아들을 두신 하나님은 기쁘시다. 맏아들은 죽음을 정복하고 부활하신 첫 열매로서의 예수님이시다. 맏아들의 권위는 여러 아들들이 수없이 많이 있을 때 더 돋보인다. 밑에 아들 두세 사람을 둔 맏아들과 밑에 바다모래와 같이 수많은 아들을 둔 맏아들의 권위는 엄청나게 차이가 난다. 빈약한 맏아들이냐 풍요한 맏아들이냐? 아래에 많은 부하를 둔 군대 장관의 예를 들어서 예수 밑에 많은 아들들이 있어야 할 실례를 들고자 한다.

◎ 계급에 따른 부하 숫자(육군 중심)
계급에 따라 그 밑에 거느리고 있는 병사의 수가 달라진다.

    병장, 하사 : 7~8명

    중사, 소위, 중위 : 30~40명

    중위, 대위 : 100~150명

    소령, 중령 : 400~600명

    대령 : 2,000~2,500명

    준장 : 2,500~5,000명

    소장 : 1만~1만 2천 명

    중장 : 4만~5만 명

    대장 : 15만~20만 명

◎ 직위에 따른 부하 숫자
    소대장 : 40명 소위~중위

중대장 : 130명 중위~대위

대대장 : 50~400명 중령

연대장 : 1,500명 대령

사단장 : 1만 명 소장

예수님은 계급에 의하면 대장(大將)이시고 지위에 의하면 사단장(師團長)이시다. 그런데 우리가 전도하지 못해서 성도 수가 증가하지 못했을 경우, 이것이 예수님을 더 낮은 계급이나 더 낮은 지위로 추락시킨다고 한다면 이 얼마나 수치스러운 일인가?

교회가 성장해야 한다는 것, 또는 하나님의 나라가 확장되어야 한다는 것은 이미 승리하셔서 대장과 사단장이 되신 예수님의 입장을 그대로 유지시켜 드리는 교인들의 책임이라는 것이다. 최후 승리에서 예수님이 맏아들이 되셨다면 그 밑에 있는 많은 형제들에게는 돌아올 분깃이 없는가? 결코 그렇지 않다.

"또 미리 정하신 그들을 또한 부르시고 부르신 그들을 또한 의롭다 하시고 의롭다 하신 그들을 또한 영화롭게 하셨느니라"(롬 8:30)

많은 형제에 대한 하나님의 배려가 세심하시다. 미리 정하심(예정) - 부르심(소명) - 의롭다 하심(칭의) - 영화롭게 하셨다는 것이다. 맏아들 예수 밑에 있는 많은 형제들도 영화롭게 되셨다는 것이다. 교회가 최후 승리를 거두었다는 현장은 이러하다. 그럼 교회가 최후 승리를 거두고 났을 때 주변 상황에 대해서는 어떤가? 계속 도전적인 질문이 터져 나온다.

"… 누가 우리를 대적하리요"(롬 8:31)

"누가 능히 하나님의 택하신 자들을 송사(訟事)하리요…"(롬 8:33)

"누가 정죄하리요…"(롬 8:34)

"누가 우리를 그리스도의 사랑에서 끊으리요 환난이나 곤고나 핍박이나 기근이나 적신(赤身)이나 위험이나 칼이랴"(롬 8:35)

대적이 없는 안전지대에 그리스도인은 처하게 된다. 파도와 폭풍이 맥을 못 추는 고요지대에 그리스도인은 항해한다. 왜냐하면 성경은 다음과 같이 말해 주고 있기 때문이다.

"그러나 이 모든 일에 우리를 사랑하시는 이로 말미암아 우리가 넉넉히 이기느니라"(롬 8:37)

넉넉히 이긴다는 것이다(We are more than conquerors). 단순히 이기는 자가 아니라 이긴 자보다 더 이긴 자들이 된다는 것이다. 교회의 최후 승리는 교회에 소속된 모든 사람들이 단순한 정복자 이상의 정복자가 된다는 것이다. 그리스도인은 하나님 앞에서 승리를 만끽해야 한다. 그러나 불행하게도 그리스도인은 몇 가지 불행한 상황에서 몇 가지 행복한 상황으로 변해 버리면 거기서 더 신령한 욕심(?)을 부리지 않고 그쳐버리는 실수를 범한다. 예수님은 100가지 승리의 전리품(戰利品)을 주시고자 하는데 예수 군사들인 그리스도인들은 그 중 몇 가지 전리품만으로 만족해 버리려고 한다. 예수님은 100가지 전리품을 박스에 담아서 통째로 주고자 하시되 우리는 박스를 열고 그 중에 몇 가지만 골라서 택하려 한다. 그리스도인들이 받아 가져야 할 최후 승리의 행복감은 무엇일까? 하나님의 사랑 안에서 즐기는 것이다. 우리를 하나님의 사랑에서 끊을 외적 요소는 전무하다.

"내가 확신하노니 사망이나 생명이나 천사들이나 권세자들이나 현재 일이나 장래 일이나 능력이나 높음이나 깊음이나 다른 어떤 피조물이라도 우리를 우리 주 그리스도 예수 안에 있는 하나님의 사랑에서 끊을 수 없으리라"(롬 8:38~39)

최후 승리자 예수를 머리로 하면서 온전히 예수를 즐기지 못하는 한 가지 실례가 있었다. 그것은 필자의 '수륙(水陸) 면도기' 사용 문제였다. 동역자이기도 한 친구가 면도기를 선물하면서 언제 어디서나 전천후 면도기이니 잘 사용하라고 했다. 내가 수륙 면도기라고 이름 붙인 것은 훨씬 나중의 일이다. 나는 이 면도기를 물 속에서는 절대로 사용해서는 안 되는 줄로만 알아서 언제나 마른 얼굴에 면도질을 했다. 그런데 어느 날 면도기를 선물한 동역자는 내가 면도기 사용하는 것을 보고 얼굴에 비누칠을 하고 그 위에 면도질을 하라는 것이었다. 그 면도기는 물 속에서도 사용할 수 있는 전천후 면도기라는 것이었다. 나는 면도기에 물이 묻으면 고장이 나는 줄로 알아 비누칠을 하고 면도한다는 것은 꿈에도 상상하지 못했었다. 나는 그 동역자의 말대로 턱 아래 위로 비누칠을 하고 면도기를 사용해 보았다. 얼마나 면도하는 촉감이 부드러운지!

그때까지 나는 이 면도기는 물 없이만 사용해 왔었다. 나는 이 면도기의 기능(機能)을 절반만 사용했었다. 나머지 절반, 즉 비누칠하고 물 속에서의 기능은 전혀 사용해 본 적이 없었다. 그러나 이제는 마른 턱에도 비누칠한 턱에도 이 면도기를 사용한다. 그때부터 이 면도기를 수륙 면도기라 부른 것이다.

예수님은 "이 모든 일"(롬 8:37)에 우리로 하여금 승리케 하고 유익케 하시는 분이다. 예수님은 땅과 하늘을 통일시키시는 분이기 때문에 땅에서도 하늘에서도 우리는 행복하고 영화로운 존재자가 된다.

"하늘에 있는 것이나 땅에 있는 것이 다 그리스도 안에서 통일되게 하려 하심이라"(엡 1:10)

땅에서만 필요하신 예수님이 아니시다. 그렇다고 하늘에서만 필요하신 예수님도 아니시다. 예수님은 땅과 하늘에 관여된 모든 일에 우리의 구주와 주가 되신다. 우리는 땅에서도 예수로 말미암아 살아 승리하고 하늘에서도 예수로 말미암아 살아 승리한다. 교회는 예수로 말미암아 예수와 함께 고백할 말씀이 있다.

"…다 이루었다…"(요 19:30)

예수님은 하늘세계를 땅에서 이루셨다. 예수님은 하나님의 뜻과 일을 다 이루셨다. 그런데 이 일을 방해하는 놈이 사탄이고 그 사탄이 내어 놓은 것이 하나님의 뜻과 일의 모조품 곧 위조(僞造)인 코스모스(cosmos)였다. 이런 방해를 물리치시고 원래 성경의 기록된 사실을 이루셨다는 것, 그것이 최초 승리요 최후 승리이다.

"내가 하늘에서 내려온 것은 내 뜻을 행하려 함이 아니요 나를 보내신 이의 뜻을 행하려 함이니라"(요 6:38)
"아버지께서 내게 하라고 주신 일을 내가 이루어 아버지를 이 세상에서 영화롭게 하였사오니"(요 17:4)

예수님의 생애는 성경을 응하게 하기 위한 승리의 삶이었고, 이런 분을 지금은 교회의 머리로 모시고 나중 하늘나라에서는 신랑으로 모시는 것이다.

"이 모든 일이 된 것은 주께서 선지자로 하신 말씀을 이루려 하심이니 이르시되 보라 처녀가 잉태하여 아들을 낳을 것이요 그의 이름은 임마누엘이라 하리라 하셨으니 이를 번역한즉 하나님이 우리와 함께 계시다 함이라"(마 1:22~23)
"헤롯이 죽기까지 거기 있었으니 이는 주께서 선지자를 통하여 말씀하신 바 애굽으로부터 내 아들을 불렀다 함을 이루려 하심이라"(마 2:15)
"나사렛이란 동네에 가서 사니 이는 선지자로 하신 말씀에 나사렛 사람이라 칭하리라 하심을 이루려 함이러라"(마 2:23)
"그는 선지자 이사야를 통하여 말씀하신 자라 일렀으되 광야에 외치는 자의 소리가 있어 이르되 너희는 주의 길을 준비하라 그가 오실 길을 곧게 하라 하였느니라"(마 3:3)
"성경에 그를 가리켜 기록한 말씀을 다 응하게 한 것이라 후에 나무에서 내려다가 무덤에 두었

으나 하나님이 죽은 자 가운데서 그를 살리신지라"(행 13:29~30)
"또 이르시되 내가 너희와 함께 있을 때에 너희에게 말한 바 곧 모세의 율법과 선지자의 글과 시편에 나를 가리켜 기록된 모든 것이 이루어져야 하리라 한 말이 이것이라 하시고"(눅 24:44)
"군인들이 서로 말하되 이것을 찢지 말고 누가 얻나 제비 뽑자 하니 이는 성경에 그들이 내 옷을 나누고 내 옷을 제비 뽑나이다 한 것을 응하게 하려 함이러라 군인들은 이런 일을 하고"(요 19:24)
"그 후에 예수께서 모든 일이 이미 이루어진 줄 아시고 성경을 응하게 하려 하사 이르시되 내가 목마르다 하시니"(요 19:28)
"이 일이 일어난 것은 그 뼈가 하나도 꺾이지 아니하리라 한 성경을 응하게 하려 함이라"(요 19:36)

성경에 응하고 성경대로 이루었음은 하나님의 예정하신 바 그 뜻대로 사업을 이루었다는 것이니 창세 전의 교회가 뚜렷하게 나타나서 이제는 재림하실 신랑만 만나게 되는 환상적인 미래가 보장된 것이다.

2) 세상의 중간 승리

그런데 최초 승리 예언과 최후 승리 성취 중간에는 가끔 세상이 이기는 것처럼 보이는 사례가 없지 않아 있었다. 교회와 세상의 타협이 그렇고 거대한 세상문화에 교회가 오염되는 경우도 있었다. 세상 뒤에는 악한 세력이 있었다. 성경에서 "그때에" 혹은 "전에는"이라고 할 때는 공중의 권세 잡은 자가 득세하는 순간을 말한다.

"그때에 너희는 그 가운데서 행하여 이 세상 풍조를 따르고 공중의 권세 잡은 자를 따랐으니 곧 지금 불순종의 아들들 가운데서 역사하는 영이라 전에는 우리도 다 그 가운데서 우리 육체의 욕심을 따라 지내며 육체와 마음의 원하는 것을 하여 다른 이들과 같이 본질상 진노의 자녀이었더니"(엡 2:2~3)
"그러므로 땅에 있는 지체를 죽이라 곧 음란과 부정과 사욕과 악한 정욕과 탐심이니 탐심은 우상 숭배니라 이것들로 말미암아 하나님의 진노가 임하느니라 너희도 전에 그 가운데 살 때에는 그 가운데서 행하였으나"(골 3:5~7)
"그러므로 생각하라 너희는 그 때에 육체로는 이방인이요 손으로 육체에 행한 할례를 받은 무리라 칭하는 자들로부터 할례를 받지 않은 무리라 칭함을 받는 자들이라 그때에 너희는 그리스도 밖에 있었고 이스라엘 나라 밖의 사람이라 약속의 언약들에 대하여는 외인이요 세상에서 소망이 없고 하나님도 없는 자이더니"(엡 2:11~12)

그때에는 악한 세력 밑에 처했던 처참한 시기였다. 사도 바울은 그때의 형편을 아래와 같이 말한다.

"우리가 아직 연약할 때에…"(롬 5:6)
"우리가 아직 죄인 되었을 때에…"(롬 5:8)
"우리가 원수 되었을 때에…"(롬 5:10)

이때에는 세상과 육이 승리하는 것 같다. 이때에 온 세상은 속임을 당하는 시기였다. 악한 세력의 전략은 속임이다.

"또 아는 것은 우리는 하나님께 속하고 온 세상은 악한 자 안에 처한 것이며"(요일 5:19)
"만일 우리의 복음이 가리었으면 망하는 자들에게 가리어진 것이라 그 중에 이 세상의 신이 믿지 아니하는 자들의 마음을 혼미하게 하여 그리스도의 영광의 복음의 광채가 비치지 못하게 함이니 그리스도는 하나님의 형상이니라"(고후 4:3~4)
"그러나 백성 가운데 또한 거짓 선지자들이 일어났었나니 이와 같이 너희 중에도 거짓 선생들이 있으리라 그들은 멸망하게 할 이단을 가만히 끌어들여 자기들을 사신 주를 부인하고 임박한 멸망을 스스로 취하는 자들이라 여럿이 그들의 호색하는 것을 따르리니 이로 말미암아 진리의 도가 비방을 받을 것이요"(벧후 2:1~2)
"네 하나님 여호와께서 네게 주시는 땅에 들어가거든 너는 그 민족들의 가증한 행위를 본받지 말 것이니 그의 아들이나 딸을 불 가운데로 지나게 하는 자나 점쟁이나 길흉을 말하는 자나 요술하는 자나 무당이나 진언자나 신접자나 박수나 초혼자를 너희 가운데에 용납하지 말라 이런 일을 행하는 모든 자를 여호와께서 가증히 여기시나니 이런 가증한 일로 말미암아 네 하나님 여호와께서 그들을 네 앞에서 쫓아내시느니라"(신 18:9~12)

마지막 신명기 18장의 민족들의 가증한 행위는 이스라엘 백성을 종교적, 마술적 행위로 속여서 넘어지게 하는 작전이었다. 이스라엘은 이런 것에 영향을 받아 자주 넘어지고 쓰러지곤 했었다. 이때의 하나님의 경고는 따로 나와 있다.

"너는 네 하나님 여호와 앞에서 완전하라"(신 18:13)

일찍이 창세기 기사에 나타난 사탄의 몇 가지 승리하는 예들을 보자.
사탄의 제1승리 – 선악과를 따먹으라에서 승리(창 3:6)

사탄의 제2승리 – 가인을 통해 살인함에서 승리(창 4:8)
사탄의 제3승리 – 하나님의 아들들이 사람들의 딸들과 결혼함에서 승리(창 6:2)
사탄의 제4승리 – 노아가 만취함으로써 사탄 승리(창 9:21)
사탄의 제5승리 – 바벨탑을 쌓음으로써 사탄 승리(창 11:1~4)

물론 그때마다 사탄의 승리를 일시적인 것으로 제한시켰지만 사탄의 세력은 끈질기게 하나님께 도전해 왔었다.

이스라엘의 역대 왕조는 계속 실패를 거듭했었다. 이병렬 교수는 「이스라엘 왕정 멸망사」에서 이러한 이스라엘 왕국이 실패의 왕국임을 강조한 바 있다.[555]

사탄의 세력은 아브라함도 자기 아내를 누이라고 속이게 만들고, 이삭도 야곱도 모두 흔들어댔다. 선택된 이스라엘의 지도자 모세도 살인하고 시체를 유기했으며(출 2:12), 율법을 새긴 돌판을 산 아래로 던져 깨뜨리는 성급함도 있었다(출 32:19). 이때는 모든 사탄의 세력이 하나님의 종들에게 승리하는 것처럼 보였다. 모세의 이런 행위를 하나님이 시키셨다고 할 수 있을까? 다윗 왕이 경건하여 하나님을 찬양하는 시를 그렇게 노래했어도 우리아의 아내 밧세바를 강탈하였다(삼하 11장). 거기서 출생한 솔로몬이 지혜로운 왕이었지만 이방 여자들을 많이 거느리며 이스라엘 왕조에 흠을 내었다. 이것이 다 누구의 짓일까?

악한 마귀는 모기처럼 피부에 붙어서 피를 빨아 먹는다. "아이, 따가워" 하고 손바닥으로 피부를 세게 쳤을 때 놈들은 손바닥에 붉은 피를 흘리고 쓰러진다. 비록 피를 흘리고 손바닥 안에서 쓰러지지만 모기가 물었던 곳은 따갑고 가렵고 쓰라린 것만은 사실이다.

제자들을 대표해서 신앙고백을 한 베드로를 보자.

"시몬 베드로가 대답하여 이르되 주는 그리스도시요 살아 계신 하나님의 아들이시니이다"(마 16:16)

이런 고백에 예수님은 즉각적인 반응을 표하셨다.

"예수께서 대답하여 이르시되 바요나 시몬아 네가 복이 있도다 이를 네게 알게 한 이는 혈육이 아니요 하늘에 계신 내 아버지시니라"(마 16:17)

그렇지만 사탄은 베드로에게 흠집을 낸다. 예수의 죽음을 예언했을 때 베드로의 또 다른 고백이 있었다.

---

555) 이병렬, 「이스라엘 왕정 멸망사」, (서울: 페트라 성경 원어연구원, 1992).

"베드로가 예수를 붙들고 항변하여 이르되 주여 그리 마옵소서 이 일이 결코 주께 미치지 아니하리이다"(마 16:22)

예수님의 단호한 꾸중이 즉발했다.

"예수께서 돌이키시며 베드로에게 이르시되 사탄아 내 뒤로 물러 가라 너는 나를 넘어지게 하는 자로다 네가 하나님의 일을 생각하지 아니하고 도리어 사람의 일을 생각하는도다 하시고"(마 16:23)

사탄은 하나님의 일을 생각지 아니하고 사람의 일을 생각하게 만든다. 악한 세력은 예수 탄생 시부터 예수를 꺾어 승리하려고 도전해 왔다. 그래서 예수님은 탄생 시부터 추방당하셨고 애굽으로 떠나셨다.

"헤롯이 죽기까지 거기 있었으니 이는 주께서 선지자를 통하여 말씀하신 바 애굽으로부터 내 아들을 불렀다 함을 이루려 하심이라"(마 2:15)

그리하여 사탄이 이기는 듯하였으나 이미 성경에 그렇게 하도록 예언되어 있었다. 사탄은 하나님의 예언에 수동적으로 참여하였을 뿐이다. 나사렛이란 형편없는 동네에 예수를 살게 했다.

"나사렛이란 동네에 가서 사니 이는 선지자로 하신 말씀에 나사렛 사람이라 칭하리라 하심을 이루려 함이러라"(마 2:23)

가버나움으로 가서 사셨다.

"이는 선지자 이사야를 통하여 하신 말씀을 이루려 하심이라 일렀으되"(마 4:14)

예수가 쫓김을 당한다? 예수가 추방당한다? 사탄의 세력이 득세하는 것 같다. 문제는 이런 경우 사람들은 예수를 버리고 사탄 쪽으로 붙게 된다는 것이다. 사탄의 세력이 정말 승리한 듯한 상황은 예수께서 십자가에서 죽으실 때이다. 이때 사탄은 완전히 승리하는 것처럼 보였다. 사탄은 예수를 사형에 처하도록 정치 지도자들과 백성들을 충동질했다. 바라바와 예수 두 사람을 놓고 총독이 누구를 석방시킬 것인가를 묻는데 백성들은 바라바 석방을 요구한다.

"총독이 대답하여 이르되 둘 중의 누구를 너희에게 놓아 주기를 원하느냐 이르되 바라바로소이다"(마 27:21)

빌라도가 예수 처리를 물을 때 백성은 십자가에 못박아버리라고 아우성이다.

"빌라도가 이르되 그러면 그리스도라 하는 예수를 내가 어떻게 하랴 그들이 다 이르되 십자가에 못 박혀야 하겠나이다"(마 27:22)

결국 예수는 십자가에 달리셨다.

"제육시로부터 온 땅에 어둠이 임하여 제구시까지 계속되더니 제구시쯤에 예수께서 크게 소리 질러 이르시되 엘리 엘리 라마 사박다니 하시니 이는 곧 나의 하나님, 나의 하나님, 어찌하여 나를 버리셨나이까 하는 뜻이라"(마 27:45~46)

예수 죽으시다.

"예수께서 다시 크게 소리 지르시고 영혼이 떠나시니라"(마 27:50)

이때까지 사탄의 세력은 승리하는 것 같았다. 이것은 세상이 왕국을 이기는 것 같이 보이는 장면들이다. 세상이 교회를 아예 출현하지 못하게 하는 것처럼 보이는 장면들이었다. 아직 세상과 교회의 싸움은 끝나지 않았다. 그 싸움이 마지막 라운드까지 이르지 아니했다. 지금까지 세상이 따낸 점수는 더 많은 것 같다. 효과, 유효 등으로 상당한 점수를 획득한 유도경기와 같을지 모른다. 관중들은 아직 마지막 한 판이 남았는데도 불구하고 세상이 얻어낸 승점으로 게임이 끝나는 줄로 여기고 세상에 환호를 보낸다.

그러나 세상의 중간 승리는 그리스도 교회 머리의 완전한 한판승으로 모든 상황을 뒤엎어 놓는다. 아무리 승점을 많이 따내었다 하더라도 유도는 한판승으로 끝을 내는 것이다. 세상 사람들은 현상만 볼 뿐 그 뒤의 배경은 볼 줄 모른다. 그들은 표면만 알 뿐, 표면 밑의 이면(裏面)을 모른다. 그들이 역사의 배후에 계시는 하나님의 섭리를 알 턱이 없다. 왜 사탄의 세력이 중간중간 승리하다가 결국 교회가 최후적으로 한판 승리를 거두는지 그 배경을 모른다. 하나님의 창조사역, 구원사역 그리고 교회사역의 섭리가 있기 때문이다.

그 한판승은 사망권세 깨뜨리시고 예수님이 부활하신 것이다. 바로 예수님의 3일만의 부활사건이었다.

"천사가 여자들에게 말하여 이르되 너희는 무서워하지 말라 십자가에 못 박히신 예수를 너희가 찾는 줄을 내가 아노라 그가 여기 계시지 않고 그가 말씀하시던 대로 살아나셨느니라 와서 그가 누우셨던 곳을 보라"(마 28:5~6)

그가 패한 듯 무덤의 장소에 더 이상 누워 계시지 않으셨다. "그가 여기 계시지 않고" 그가 왜 패한 듯한 그 장소에 계속 계셔야 하는가? 천부당 만부당한 일이다. "그의 말씀하시던 대로 살아나셨느니라." 그는 말씀하시고 실천하셨다. 살아나실 것을 말씀하시고 살아나셨다. 이것은 우연한 사건이 아니다. 이것은 필연 사건이요 섭리 가운데 일어난 사건이요 작정하신 사건이다. 교회의 승리는 사탄을 가지고 놀아난 희극이었다. 교회가 세상을 데리고 놀았다는 표현이 더 재미있는 말일지도 모른다.

"…주께서 과연 살아나시고…"(눅 24:34)
"예수께서 안식 후 첫날 이른 아침에 살아나신 후…"(막 16:9)
"…그가 죽은 자 가운데서 살아나셨고…"(마 28:7)
"우리 주 예수 그리스도의 아버지 하나님을 찬송하리로다 그의 많으신 긍휼대로 예수 그리스도를 죽은 자 가운데서 부활하게 하심으로 말미암아 우리를 거듭나게 하사 산 소망이 있게 하시며"(벧전 1:3)
"사망아 너의 승리가 어디 있느냐 사망아 네가 쏘는 것이 어디 있느냐"(고전 15:55)
"예수는 우리가 범죄한 것 때문에 내줌이 되고 또한 우리를 의롭다 하시기 위하여 살아나셨느니라"(롬 4:25)
"그러나 이제 그리스도께서 죽은 자 가운데서 다시 살아나사 잠자는 자들의 첫 열매가 되셨도다"(고전 15:20)

세상의 중간 승리는 교회의 최후 승리 앞에 무색해진다. 그럼 교회의 최후 승리에는 어떤 사실들이 속속 드러날까? 최후 승리의 그 현장에서 벌어지는 전쟁 마무리는 무엇일까? 즉 '교회의 최후 승리'란 주제의 내용은 무엇일까?

3) 교회의 최후 승리 - 판별과 시상(施賞)

교회의 최후 승리는 흑백을 드러냄이요 진위(眞僞)를 가려냄이요 정(正)과 부정(不正)을 판별함이다. 즉 세상과 교회가 어떻게 다른 것인가를 최후적으로 보여 준다. 악한 세력과 선한 세력의 결과가 어떤 것인가를 보여 준다. 바벨론과 예루살렘이 어떻게 다른 것인가를 보여 준다. 다시 말하자면 이것과 저것이 어떻게 다른 것인가를 판별해 준다. 곡식과 알곡이 어떻게 다른 것인가를 공개한다. 그리고 그 판별에 따른 시상이 따른다. 벌 받을 자는 벌을 받고 상 받을 자는 상을 받는다. 모든 기타 종교들에게도 이런 상벌의 개념이 있으니 그것은 교회의 상벌의 개념에서 나온 것들이다.

교회의 최후 승리의 장면을 구약과 신약에서 나누어 보기로 하자.

(1) 구약에 나타난 최후 승리 예표- 이스라엘의 최후 승리

욥이 많은 고난을 받았지만 욥의 전모가 드러났다. 고난이 없는 욥보다 고난이 많았던 욥의 고백이 악한 세력을 이겨내고 승리하는 장면을 잘 말해준다.

"그러나 내가 가는 길을 그가 아시나니 그가 나를 단련하신 후에는 내가 순금같이 되어 나오리라 내 발이 그의 걸음을 바로 따랐으며 내가 그의 길을 지켜 치우치지 아니하였고 내가 그의 입술의 명령을 어기지 아니하고 정한 음식보다 그의 입의 말씀을 귀히 여겼도다 그는 뜻이 일정하시니 누가 능히 돌이키랴 그의 마음에 하고자 하시는 것이면 그것을 행하시나니 그런즉 내게 작정하신 것을 이루실 것이라 이런 일이 그에게 많이 있느니라"(욥 23:10~14)

이방인들은 이스라엘 백성에 대해 오해하거나 무지한 상태에 있었다. 이스라엘 백성이 범죄함으로 다른 민족들의 손에 붙여 고난을 받기도 했다. 하나님의 섭리 가운데 되어진 일이지만 외부세력이 이스라엘 백성을 괴롭혔고 백성은 아무런 가치도 없는 백성처럼 보였다. 그러나 이스라엘 백성에게는 최후의 승리가 있다. 구원의 아름다운 소식이 전해진다. 구약 이스라엘의 승리는 신약 교회의 최후 승리의 예표이다.

"주 여호와의 영이 내게 내리셨으니 이는 여호와께서 내게 기름을 부으사 가난한 자에게 아름다운 소식을 전하게 하려 하심이라 나를 보내사 마음이 상한 자를 고치며 포로된 자에게 자유를, 갇힌 자에게 놓임을 선포하며 여호와의 은혜의 해와 우리 하나님의 보복의 날을 선포하여 모든 슬픈 자를 위로하되 무릇 시온에서 슬퍼하는 자에게 화관을 주어 그 재를 대신하며 기쁨의 기름으로 그 슬픔을 대신하며 찬송의 옷으로 그 근심을 대신하시고 그들이 의의 나무 곧 여호와께서 심으신 그 영광을 나타낼 자라 일컬음을 받게 하려 하심이라"(사 61:1~3)

이스라엘이 회복되는 최후 절정에 이르면 완전히 상황은 뒤바뀐다.
재건의 역사(役事)가 일어난다.

"그들은 오래 황폐하였던 곳을 다시 쌓을 것이며 옛부터 무너진 곳을 다시 일으킬 것이며 황폐한 성읍 곧 대대로 무너져 있던 것들을 중수할 것이며"(사 61:4)

신분과 직위에 변화가 생긴다.

"외인은 서서 너희 양 떼를 칠 것이요 이방 사람은 너희 농부와 포도원지기가 될 것이나"(사 61:5)

이스라엘에 대한 새로운 인식이 생긴다. 외인과 이방인이 볼 때 고난 받던 이스라엘이 아무것도 아닌 것 같고 하나님도 없는 것 같은 백성이요 형편없는 민족으로 보였는데 최후 회복의 상태에 와서 보니 대단한 백성이라는 것을 고백하게 되더라는 것이다. 아하! 대단히 귀중한 직임자요 고귀한 직분을 가진 민족이라는 것을 찬탄하게 된다. 이스라엘에게 돌아오는 명예로운 직분은 무엇이었는가?
"여호와의 제사장이었구나"(사 61:6).
"하나님의 봉사자였구나"(사 61:6).
"하나님께 복 받을 자손이었구나"(사 61:9).
이스라엘에게 새 하늘 새 땅을 창조해 주신다. 계시록에서 증거하는 예루살렘을 이사야가 말하고 있다.

"보라 내가 새 하늘과 새 땅을 창조하나니 이전 것은 기억되거나 마음에 생각나지 아니할 것이라 너희는 내가 창조하는 것으로 말미암아 영원히 기뻐하며 즐거워할지니라 보라 내가 예루살렘을 즐거운 성으로 창조하며 그 백성을 기쁨으로 삼고 내가 예루살렘을 즐거워하며 나의 백성을 기뻐하리니 우는 소리와 부르짖는 소리가 그 가운데에서 다시는 들리지 아니할 것이며 이리와 어린 양이 함께 먹을 것이며 사자가 소처럼 짚을 먹을 것이며 뱀은 흙을 양식으로 삼을 것이니 나의 성산에서는 해함도 없겠고 상함도 없으리라 여호와께서 말씀하시니라"(사 65:17~19,25)

예루살렘에서 위로의 축제가 나온다.

"예루살렘을 사랑하는 자들이여 다 그 성읍과 함께 기뻐하라 다 그 성읍과 함께 즐거워하라 그 성을 위하여 슬퍼하는 자들이여 다 그 성의 기쁨으로 말미암아 그 성과 함께 기뻐하라 어머니가 자식을 위로함같이 내가 너희를 위로할 것인즉 너희가 예루살렘에서 위로를 받으리니 너희가 이를 보고 마음이 기뻐서 너희 뼈가 연한 풀의 무성함 같으리라 여호와의 손은 그의 종들에게 나타나겠고 그의 진노는 그의 원수에게 더하리라"(사 66:10,13~14)

에스겔 선지자는 예루살렘 성읍의 문들에게 이스라엘 지파의 명패(名牌)를 붙여 주었다. 이스라엘이 예루살렘을 소유한다는 것이다. 이스라엘의 최후 승리는 예루살렘 소유이다. 그 성읍의 이름이 '여호와 삼마' 이니 "여호와께서 거기 계시다"이다. 여호와가 거기 계시는 예루살렘이 그들의 소유라면 더할 나위 없는 최고이고 최선이며 최후의 분깃인 것이다. 에스겔이 붙여준 명패는 다음과 같다.

> "그 성읍의 출입구는 이러하니라 북쪽의 너비가 사천오백 척이라 그 성읍의 문들은 이스라엘 지파들의 이름을 따를 것인데 북쪽으로 문이 셋이라 하나는 르우벤 문이요 하나는 유다 문이요 하나는 레위 문이며 동쪽의 너비는 사천오백 척이니 또한 문이 셋이라 하나는 요셉 문이요 하나는 베냐민 문이요 하나는 단 문이며 남쪽의 너비는 사천오백 척이니 또한 문이 셋이라 하나는 시므온 문이요 하나는 잇사갈 문이요 하나는 스불론 문이며 서쪽도 사천오백 척이니 또한 문이 셋이라 하나는 갓 문이요 하나는 아셀 문이요 하나는 납달리 문이며 그 사방의 합계는 만 팔천 척이라 그 날 후로는 그 성읍의 이름을 여호와삼마라 하리라"(겔 48:30~35)

승리한 자는 예루살렘 문들 앞에 자기의 명패를 부착할 수 있다. 12지파의 이름이 붙여진 문들을 우리는 남의 집 문패 정도로 무심하게 보지 말지니 교회가 이같이 될 것이기 때문이다. 여기서도 이스라엘 백성과 이방이 확실히 구별되고 도구로 사용된 이방인이 교만으로 인해 벌을 받고 이스라엘은 구제되고 있다.

(2) 신약에 나타난 최후 승리 실재- 교회의 최후 승리

마침내 요한계시록이 교회의 종말적인 최후 승리에 대한 결론적인 진술을 하고 있다. 그런 의미에서 요한계시록의 성격에 대한 이해는 선결 과제이다. 요한계시록은 요한을 통한 예수 그리스도의 교회에 대한 계시이다.

> "예수 그리스도의 계시라 이는 하나님이 그에게 주사 반드시 속히 일어날 일들을 그 종들에게 보이시려고 그의 천사를 그 종 요한에게 보내어 알게 하신 것이라"(계 1:1)

이 말은 예수 그리스도가 교회에게 자기 자신을 알리신 계시인데 요한을 통해서라는 말이다. 또 이 말은 예수 그리스도가 교회에게 교회가 누구인가를 알리신 계시인데 요한을 통해서라는 말이다. 환언하면 예수는 자기 자신을 수여하는 계시요 교회는 계시 예수를 소개받는 대상이다. 예수는 발신자이시고 교회는 수신자이다.

즉 이 말은 요한을 통하여 예수 그리스도와 교회의 관계가 어떠해야 함을 알리는 것이다. 예수 그리스도는 교회를 알리시고 교회는 예수 그리스도를 알게 된다. 예수 그리스도는 교회를 아시고 교회는 예수를 안다. 이것이 요한을 통한 '계시'라는 사건을 통해서이다. 그렇다면 요한계시록은 1세기에 한정된 책이 아니라 만 세대에 걸친 책일 수밖에 없다.

「그러나 계시록이 과거의 역사적인 의미만 있다고 생각할 수는 없다. 바울이 고린도 교회와 데살로니가 교회에 보낸 편지가 그들에게 뿐만 아니라 우리에게도, 고린도와 데살로니가뿐만 아니라 런던, 뉴욕, 카이로에도 하나님의 말씀을 전달하고 있는 것과 똑같이, 요한을 통해서 1세기의 아시아 그리스도인 사회에 보낸 이 편지도 항구적인 가치를 지니며 우주적인 메시지를 가지고 있는 것이다. 주석가들은 아시아 교회가 일곱 개였다는 것을 주목하는 데 실패하지 않았는 바, 그 숫자는 거의 항상 상징적인 책 가운데서 완전과 완성을 시사하는 숫자이다. 아시아의 일곱 교회는 비록 역사적인 것이기는 하지만, 모든 시대와 모든 나라의 지역 교회(local churches)를 나타내고 있는 것이다.」[556]

교회가 최후 승리를 거두기 위해서는 대적의, 최후 발악적 공격도 있어야 하는 바 언제나 적아(敵我)가 분명하게 대립 대조하고 있었다. 싸움은 두 편이 있어야 하는 것이기 때문이다.

「핍박, 오류와 죄 이런 것들은 단지 설명할 수 없는 현상들에 지나지 않는 것은 아니었다. 요한은 분명한 통찰력으로 그것들의 원천을 인지(認知)했던 바 이는 오늘날 우리에게 다시 절실히 필요한 것이다. 마귀가 역사하고 있었다. 아시아 교회들에 있어서의 외부적인 상황 뒤에는 그리스도와 적그리스도 사이에, 어린 양과 용 사이에, '거룩한 성' 예루살렘(교회)과 '큰 성' 바벨론(세상) 사이에 보이지 않는 투쟁이 일어났다. 그리스도의 교회에 대한 마귀의 공격은 하나의 협격전(挾擊戰)이었다. 그는 여러 방향에서 공격했다. 살육이 한 편으로는 핍박하는 황제와 그의 부하에 의한 신체에 대한 것이었으며, 한편으로는 거짓 종파(宗波)에 의한 지적(知的)인 것이었으며, 한편으로는 그리스도인의 수준 이하인 윤리 기준에 의한 도덕적인 것이었다. 이것들은 마귀의 세 가지 전략으로써, 계시록에서는 상징적으로 용의 세 동맹이 표현되고 있다. 즉 바다로부터 나오는 짐승, 땅으로부터 나오는 짐승(다시 말해 거짓 선지자)과 음녀(淫女) 바벨론이다.

모든 시대에 있어서 그것은 마찬가지였다. 마귀의 전술은 바뀌지 않는다. 우리가 오늘날의 세계를 바라다보면, 똑같은 압박들이 여러 교회들을 괴롭히고 있다. 어떤 곳에서는 복

---

[556] 존 스토트, 「그리스도가 보는 교회」, (서울:생명의 말씀사, 1980). p. 10.

음에 대한 공개적인 적대 행위에 신체적 폭력이 따르고 있다. 어떤 곳에서는 타협할 수 없는 유물론적 철학이나 교활한 이념들과 지적인 투쟁을 하고 있으며, 또 다른 곳에서는 세상이 교회들을 감언으로 속여서 자기의 길을 닮도록 애쓰기 때문에 도덕적인 면에서의 투쟁이 일어난다. 계시록은 이러한 상황 가운데서 하나님께서 자신의 종들에게 보낸 말씀이라고 보게 될 때 비로소 이해되기 시작한다. 이것은 세상에 있는 교회에 대한 메시지인 것이다. 그것은 우리가 환난을 견디며, 진리를 굳게 잡고 마귀의 감언(甘言)을 물리치고 하나님의 계명을 순종하도록 하는 하나의 부름이다.」[557]

최후 승리는 전술한 바와 같이 양자 간에 결판이 난다. 그리스도와 적그리스도, 어린 양과 용, 거룩한 성 예루살렘과 큰 성 바벨론이니 이런 관계는 교회와 세상의 관계라 할 것이다. 최후 승리에서는 양자의 확연한 '판별'이 따르고 그 판결에 따른 '상벌'이 반드시 수반된다. 사복음서에 나타난 최후 승리 결전장에서의 판별 및 상벌의 비유와 사례를 보자.

알곡과 쭉정이의 판별과 상벌:

"손에 키를 들고 자기의 타작 마당을 정하게 하사 알곡은 모아 곳간에 들이고 쭉정이는 꺼지지 않는 불에 태우시리라"(마 3:12)

위의 성경은 요한이 예수님의 하시는 일이 자기의 일과는 성격이 다르다는 것을 말하기 위해 내어 놓은 것이지만 종말에 가서 실현될 사건임에 틀림이 없다.

곡식과 가라지의 판별과 상벌:

"사람들이 잘 때에 그 원수가 와서 곡식 가운데 가라지를 덧뿌리고 갔더니 싹이 나고 결실할 때에 가라지도 보이거늘 집 주인의 종들이 와서 말하되 주여 밭에 좋은 씨를 뿌리지 아니하였나이까 그런데 가라지가 어디서 생겼나이까 주인이 이르되 원수가 이렇게 하였구나 종들이 말하되 그러면 우리가 가서 이것을 뽑기를 원하시나이까 주인이 이르되 가만 두라 가라지를 뽑다가 곡식까지 뽑을까 염려하노라 둘 다 추수 때까지 함께 자라게 두라 추수 때에 내가 추수꾼들에게 말하기를 가라지는 먼저 거두어 불사르게 단으로 묶고 곡식은 모아 내 곳간에 넣으라 하리라"(마 13:25~30)

좋은 물고기와 못된 물고기의 판별과 상벌:

---

557) 존 스토트, 「그리스도가 보는 교회」, pp. 11~12.

"또 천국은 마치 바다에 치고 각종 물고기를 모는 그물과 같으니 그물에 가득하매 물 가로 끌어내고 앉아서 좋은 것은 그릇에 담고 못된 것은 내버리느니라 세상 끝에도 이러하리라 천사들이 와서 의인 중에서 악인을 갈라 내어 풀무 불에 던져 넣으리니 거기서 울며 이를 갈리라"(마 13:47~50)

두 사람과 두 여자의 판별과 상벌:

"그때에 두 사람이 밭에 있으매 한 사람은 데려가고 한 사람은 버려둠을 당할 것이요 두 여자가 맷돌질을 하고 있으매 한 사람은 데려가고 한 사람은 버려둠을 당할 것이니라"(마 24:40~41)

열 처녀 비유의 판별과 상벌:

"그때에 천국은 마치 등을 들고 신랑을 맞으러 나간 열 처녀와 같다 하리니 그 중의 다섯은 미련하고 다섯은 슬기 있는 자라 미련한 자들은 등을 가지되 기름을 가지지 아니하고"(마 25:1~3)

양과 염소의 판별과 상벌:

"모든 민족을 그 앞에 모으고 각각 구분하기를 목자가 양과 염소를 구분하는 것같이 하여 양은 그 오른편에 염소는 왼편에 두리라"(마 25:32~33)

오른편에 있는 자와 왼편에 있는 자의 판별과 상벌:

"그때에 임금이 그 오른편에 있는 자들에게 이르시되 내 아버지께 복 받을 자들이여 나아와 창세로부터 너희를 위하여 예비된 나라를 상속받으라, 또 왼편에 있는 자들에게 이르시되 저주를 받은 자들아 나를 떠나 마귀와 그 사자들을 위하여 예비된 영원한 불에 들어가라"(마 25:34,41)

요한계시록에 나타나는 교회의 최후 승리에 대한 예언은 예루살렘 성이 바벨론 성을 파괴하는 것이었다. 예루살렘 성의 특징은 '거룩한 성(城)'이고 바벨론의 특징은 '큰 성'이다. 교회는 거룩이 특징이고 세상은 큼이 특징이다. 여기서 물량주의(物量主義)가 나온 것이었다. 그런데 바벨론의 정체와 그것의 멸망에 관한 예언은 이미 예로부터 있었다. 먼저 바벨 및 바벨론의 시발을 보자.

바벨(Babel)이란 말의 의미는 처음부터 '혼란'이다. 바벨은 니므롯이 시날 평지에 세운 성읍이었다.

> "그의 나라는 시날 땅의 바벨과 에렉과 악갓과 갈레에서 시작되었으며"(창 10:10)

바벨을 세운 니므롯은 누구인가? 노아의 세 아들 셈과 함과 야벳 중에 가나안의 아버지가 함이며 함의 아들이 구스요 구스의 아들이 니므롯이었다(창 10:6~8). 아버지의 벌거벗은 몸을 보고 혼자 조용히 처리하지 못하고 형제들에게 떠벌린 죄로 노아로부터 저주를 받은 것이 니므롯의 조상 함이었다.

> "노아가 술이 깨어 그의 작은 아들이 자기에게 행한 일을 알고 이에 이르되 가나안은 저주를 받아 그의 형제의 종들의 종이 되기를 원하노라 하고 또 이르되 셈의 하나님 여호와를 찬송하리로다 가나안은 셈의 종이 되고 하나님이 야벳을 창대하게 하사 셈의 장막에 거하게 하시고 가나안은 그의 종이 되게 하시기를 원하노라 하였더라"(창 9:24~27)

바벨은 처음부터 문제된 사람들의 문제된 땅이었다.

> "구스가 또 니므롯을 낳았으니 그는 세상에 첫 용사라 그가 여호와 앞에서 용감한 사냥꾼이 되었으므로 속담에 이르기를 아무는 여호와 앞에 니므롯같이 용감한 사냥꾼이로다 하더라"(창 10:8~9)

바벨은 하나님과 겨루기 시작했기에 생긴 이름이었다(창 11:9).

> "온 땅의 언어가 하나요 말이 하나였더라 이에 그들이 동방으로 옮기다가 시날 평지를 만나 거기 거류하며 서로 말하되 자, 벽돌을 만들어 견고히 굽자 하고 이에 벽돌로 돌을 대신하며 역청으로 진흙을 대신하고 또 말하되 자, 성읍과 탑을 건설하여 그 탑 꼭대기를 하늘에 닿게 하여 우리 이름을 내고 온 지면에 흩어짐을 면하자 하였더니"(창 11:1~4)

밑에서 위로 올라가려는 세력과 위에서 내려오는 세력 간의 부딪침이 여기 있다. 땅과 하늘의 마찰이요 투쟁이요 적대가 여기 있다.
"하늘에 닿게 하여 우리 이름을 내자." 이는 사람들의 하나님을 향한 도전이다. 하나님이 그냥 계시겠는가? 올라오는 사람들을 향해 하나님은 내려가셨다.

"여호와께서 사람들이 건설하는 그 성읍과 탑을 보려고 내려오셨더라 자, 우리가 내려가서 거기서 그들의 언어를 혼잡하게 하여 그들이 서로 알아듣지 못하게 하자 하시고"(창 11:5,7)

하나님은 "자, 우리가 내려가자"고 하셨다. 사람의 도전에 대한 삼위일체 하나님의 반전(反戰)이다. 인간의 약한 도전에 하나님의 강한 방어이시다. 작은 불의도 하나님은 용납하시지 않으신다. 조금의 어두움도 하나님은 용납하지 않으신다. 약간의 흠도 하나님은 용납하시지 않으신다. 왜냐하면 하나님은 온전한 의, 온전한 빛, 온전한 완전이시기 때문이다. 사람들이 하나님 앞에 덤덤하게 행동하다가는 박살날 줄 알아야 할 것이다. 이 바벨론은 큰 성(城)이 되고 바벨론 왕이 최극의 교만에 빠진다.

"여호와께서 너를 슬픔과 곤고와 및 네가 수고하는 고역에서 놓으시고 안식을 주시는 날에 너는 바벨론 왕에 대하여 이 노래를 지어 이르기를 압제하던 자가 어찌 그리 그쳤으며 강포한 성이 어찌 그리 폐하였는고"(사 14:3~4)
"너 아침의 아들 계명성이여 어찌 그리 하늘에서 떨어졌으며 너 열국을 엎은 자여 어찌 그리 땅에 찍혔는고 네가 네 마음에 이르기를 내가 하늘에 올라 하나님의 뭇 별 위에 내 자리를 높이리라 내가 북극 집회의 산 위에 앉으리라"(사 14:12~13)

창조의 최초에서도 그러더니 지금 주전 7세기에 와서도 똑같이 하나님과의 부딪침이 있다. 아침의 아들 계명성(새벽별)이 또 올라가자고 도전한다.

"가장 높은 구름에 올라가 지극히 높은 이와 같으리라 하는도다"(사 14:14)

또 역시 하나님이 그냥 좌시하시겠는가? 하나님은 그를 스올에 떨어지게 만드셨다.

"그러나 이제 네가 스올 곧 구덩이 맨 밑에 떨어짐을 당하리로다"(사 14:15)

하나님은 바벨론을 벌하신다고 하셨다.

"만군의 여호와께서 말씀하시되 내가 일어나 그들을 쳐서 이름과 남은 자와 아들과 후손을 바벨론에서 끊으리라 나 여호와의 말이니라 내가 또 그것이 고슴도치의 굴혈과 물 웅덩이가 되게 하고 또 멸망의 빗자루로 청소하리라 나 만군의 여호와의 말이니라 하시니라"(사 14:22~23)

바벨의 거민은 마술의 노예가 된다.

"그러므로 사치하고 평안히 지내며 마음에 이르기를 나뿐이라 나 외에 다른 이가 없도다 나는 과부로 지내지도 아니하며 자녀를 잃어버리는 일도 모르리라 하는 자여 너는 이제 들을지어다 한 날에 갑자기 자녀를 잃으며 과부가 되는 이 두 가지 일이 네게 임할 것이라 네가 무수한 주술과 많은 주문을 빌릴지라도 이 일이 온전히 네게 임하리라"(사 47:8~9)

거민은 우상숭배를 자행하고 있다.

"그들의 구원자는 강하니 그의 이름은 만군의 여호와라 반드시 그들 때문에 싸우시리니 그 땅에 평안함을 주고 바벨론 주민은 불안하게 하리라 여호와의 말씀이니라 칼이 갈대아인의 위에와 바벨론 주민의 위에와 그 고관들과 지혜로운 자의 위에 떨어지리라_ 가뭄이 물 위에 내리어 그것을 말리리니 이는 그 땅이 조각한 신상의 땅이요 그들은 무서운 것을 보고 실성하였음이니라" (렘 50:34~35,38)

느부갓네살 왕이 금 신상을 만들어 바벨론 지방의 두라 평지에 둘 게 무엇인가?

"느부갓네살 왕이 금으로 신상을 만들었으니 높이는 육십 규빗이요 너비는 여섯 규빗이라 그것을 바벨론 지방의 두라 평지에 세웠더라"(단 3:1)

안 되는 집에는 손님까지 손해를 입히는 것인가? 바벨론은 결국 영멸하고 만다고 예언했다.

"여호와의 진노로 말미암아 주민이 없어 완전히 황무지가 될 것이라 바벨론을 지나가는 자마다 그 모든 재난에 놀라며 탄식하리로다 바벨론을 둘러 대열을 벌이고 활을 당기는 모든 자여 화살을 아끼지 말고 쏘라 그가 여호와께 범죄하였음이라"(렘 50:13~14)

바벨론에 관련된 구약적 설명은 이쯤 해두고 계시록에 나타나는 바벨론의 운명과 예루살렘의 소망을 대조해 본다. 바벨론은 무너지고 예루살렘은 단장되고.
요한계시록의 최후 장들은 교회의 최후 승리에 대한 요약적 보고서이다.
16장: 진노의 7대접
17장: 큰 성(城) 바벨론 큰 음녀에 내릴 심판
18장: 바벨론 패망

19장: 어린 양의 혼인 잔치
20장: 천년 왕국
21장~22장: 새 하늘과 새 땅

이 장에서는 바벨론의 패망까지만 진술하려 한다. 바벨론과 예루살렘이 확연하게 구별되고 구별된 대로 확실하게 상벌이 있어야 하는 것이다. 계시록에 와서 많은 해석과 주석이 난무하고 있지만 그 의미와 속뜻은 다 헤아려 알지 못한다 하더라도 계시록에 있는 표현 그대로 언급하면서 성령의 내적 조명에 의해 각인이 그 의미를 지금 현실적 상황에서 이해하도록 하나님은 허락해 주시지 않으셨을까? 그렇게 묻고 싶고 그 답을 듣고 싶다. 가령 '바벨론'을 두고 그 내용을 밝히고자 할 경우 무천년주의자는 '역사적인 로마'로 보고, 역사적 전천년주의자는 '미래적 그리스도의 수도'로 보고, 세대주의적 전천년주의자는 '미래에 배역한 교회'로 본다. 세 가지 해석의 공통점은 바벨론은 교회와는 대립적 반역적 위치에 있는 그 무엇이라는 데 있다.

가령 요한계시록 7장 4~8절에 있는 144,000명에 관한 해석을 보자.

- 무천년주의자 – 하나님의 진노에서 벗어나는 지상에 있는 구속받은 자들.
- 역사적 천년주의자 – 대환난의 출발점에 있는 교회.
- 세대주의 전천년주의자 – 이방인을 향하여 증거하는 대환난 시에 개종한 유대인들

세 가지 해석의 공통점은 144,000명은 모두 구원받은 하나님의 백성이라는 점이다. 여러 해석에 우왕좌왕할 것이 아니라 심지(心志)를 굳게 해서 144,000명이란 표현을 그대로 사용하면서 그것이 자기에게 어떤 의미와 내용을 시사해 주는지를 성령님께 맡겨야 할 것이다.

한 가지 분명한 사실은 계시록의 모든 것은 하나님의 권세와 교회는 승리하고 그 반대세력은 멸망된다는 것이다. 지금 여기서 진술해야 할 내용은 교회가 승리하고 바벨론이 패망했다는 사실에 집착했다는 것이다. 그리고 바벨론의 정체가 드러나고 교회의 전모가 밝혀지는 일이다. 바벨론은 벌 받고 교회는 상 받는다는 이야기를 조금도 흐트러지게 해서는 안 된다. 바벨론의 비극적 운명에 대한 설명은 예루살렘의 고귀한 영화에 대한 반증적 설명이 될 것이다. 상대방의 처참한 패배는 또 다른 상대방의 명쾌한 승리를 말해주는 것이다. 상대방의 KO패는 또 다른 상대방의 KO승이 되는 것이다. 교회는 어떤 그 무엇과도 판정승(判定勝)으로 끝나지 않는다. 완승(完勝), 한판승, 풀(full)승으로 끝낸다. 교회는 겨우 이기는 것이 아니라 넉넉히 이긴다고 했다. 우리를 사랑하시는 그리스도를 통하여 우리는 이 모든 것을 거뜬히 이긴다(롬 8:37).

교회의 최후 승리란 바벨론을 완전히 멸해 버린 사건이다. 이미 구약에서부터 바벨론의 정체와 그 멸망은 예언되어 있음을 앞에서 밝힌 바 있다. 바벨론의 정체는 반신(反神),

배신(背神), 배도(背道) 정신의 소유자이다. 바벨론의 행위는 세상적이요 인본주의적인 것이다. 그런 행위의 표출은 우상숭배였다. 그런데 교회가 이기게 되어 있는 대상인 바벨론에 대한 구구한 해석이 우리를 당황케 한다. 그런 만큼 바벨론에 관한 구체적 설명을 아래에 덧붙인다.

사탄의 악삼위일체 조직이었다.
　바벨탑과 바벨론은 무질서(無秩序), 혼합(混合), 혼돈(混沌), 혼란(混亂), 혼미(昏迷)의 실체이다. 이것을 만들어낸 사탄의 실체와 성질이 그런 것이다. 그런 만큼 사탄 세계와 그 조직에 관해 체계적으로 말한다는 것은 쉬운 일이 아니다. 원래 그놈의 세계가 무질서한데 이성적이고 신앙적인 그리스도인이 사탄의 세계와 조직을 질서 있게 정리한다는 자체가 넌센스이다. 무질서 세계를 질서 세계로 우리가 정리해 줄 수도 없거니와 그렇게 할 필요도 없다. 그래서 요한계시록에 나오는 최후 사탄의 조직과 활동에 관해서 수많은 해석과 설명이 난무할 수밖에 없는 것이다. 광인(狂人)의 장광설(長廣舌)을 제 정신을 가진 사람이 체계화시킨다는 것은 소용없는 일이다. 단지 광인으로 보아 주고 광인의 발작에 피해를 받지 않아야 할 뿐이다. 구약 이사야서와 신약의 요한계시록에 의하면 하나님과 그리스도의 교회를 대적하는 세 주체들이 있다. 소위 그것을 사탄의 삼위일체라고 하는 것인데 용(龍)-사탄, 짐승-적그리스도, 그리고 거짓 선지자이다. 클라렌스 라킨의 사탄의 삼위일체 진술을 그대로 여기 싣는다. 필자는 악삼위일체라고 명명했다.

「사탄은 '이 세상의 신'이다(고후 4:4).
　이 세상 신인 사탄의 목적은 하나님을 흉내내는 것이다. 하나님께서 그분의 아들(예수)을 이 세상에 보내셨던 것처럼, 사탄도 적그리스도를 이 세상에 보낼 것이다. 그리고 하나님이 그리스도 안에 계셨던 것처럼 사탄도 적그리스도의 몸을 입고 나타날 것이다.
　'경건의 신비'는 하나님께서 '육신'으로 나타나신 것이며(딤전 3:16), '불법의 신비'는 사탄이 '육신'으로 나타나는 것이다(살후 2:7). 우리는 적그리스도를 통하여 사탄이 행하는 일들을 보게 될 것이다.
　① 그리스도께 '교회'가 있듯이, 적그리스도에게도 교회가 있으며 이는 '사탄의 회당'이다.
　② 그리스도께 신부인 '교회'가 있듯이(엡 5:25~27), 적그리스도도 그의 신부인 '창녀 교회'가 있다.
　③ 그리스도께 '그리스도의 교제의 잔'(주의 잔)이 있듯이(고전 10:16, 21; 11:25), 적그리스도도 '마귀들의 잔'을 갖고 있다(고전 10:21).
　④ 그리스도께서 3년 반 동안 세상에서 복음을 전파하셨듯이, 사탄도 적그리스도를 통

해 3년 반 동안 세상을 통치할 것이다.
⑤ 그리스도께서 33세의 나이에 죽으셨듯이, 적그리스도도 동일한 나이에 죽임을 당할 것이다.
⑥ 신격(Godhead)은 아버지 하나님, 아들 하나님, 성령 하나님이시다. 사탄의 목적은 이 세상에서 그 자신을 삼위일체로 나타내는 것이다. 이것을 하나님의 삼위일체와 구분해서 '사탄의 삼위일체'라고 부른다.

사탄의 삼위일체의 구성은 다음과 같다.
- 용(Anti-God)
- 짐승(Anti-Christ)
- 거짓 선지자(Anti-Spirit)」[558]

교회의 성삼위일체라면 바벨론의 악(惡)삼위일체라 할 것이다.

성삼위일체	악삼위일체
성 부　----------	용, 사탄(惡父)(Anti-God)
성 자　----------	짐승, 적그리스도(惡子)(Anti-Christ)
성 령　----------	거짓 선지자(惡靈)(Anti-Spirit)

「'용'과 '짐승', 그리고 '거짓 선지자'는 하나님의 삼위일체를 흉내낸 '사탄의 삼위일체'이다. 눈에 보이지 않는 '용'은 아버지인 사탄(Anti-God)이고, '짐승'은 '멸망의 아들'인 적그리스도(Anti-Christ)이며, 그는 용에게서 태어나 이 세상에서 죽고 부활하여 그의 아버지인 용으로부터 보좌를 받게 될 것이다. '거짓 선지자'는 사탄과 적그리스도에게서 나온, 용처럼 말하는 '악령'(Anti-Spirit)이다. 그래서 용은 사탄이고, 짐승은 적그리스도이며, 거짓 선지자는 악령으로서, 이 셋이 모두 불 못에 산 채로 던져진다는 사실(계 20:10)은 이들이 '사탄의 삼위일체'임을 증명하는 것이다.」[559]

하나님께서 왕국을 가지듯이 용 사탄도 왕국을 가진다. 사탄은 왕이다. 왕에게는 왕국이 있다.

"만일 사탄이 사탄을 쫓아내면 스스로 분쟁하는 것이니 그리하고야 어떻게 그의 나라가 서겠느냐"(마 12:26)

"우리의 씨름은 혈과 육을 상대하는 것이 아니요 통치자들과 권세들과 이 어둠의 세상 주관자들

---

558) 클라렌스 라킨, 「세대적 진리」 편집부 역, (서울: 말씀보존학회, 2001), p. 224.
559) 클라렌스 라킨. 위의 책. p. 225.

과 하늘에 있는 악의 영들을 상대함이라"(엡 6:12)

그 왕국은 정사들과 권세들과 이 세상 어두움의 주관자들과 높은 곳들에 있는 영적 악으로 이루어져 있다.

사탄의 왕국의 부하들은 천사들이며,

"큰 용이 내쫓기니 옛 뱀 곧 마귀라고도 하고 사탄이라고도 하며 온 천하를 꾀는 자라 그가 땅으로 내쫓기니 그의 사자들도 그와 함께 내쫓기니라"(계 12:9)
"또 왼편에 있는 자들에게 이르시되 저주를 받은 자들아 나를 떠나 마귀와 그 사자들을 위하여 예비된 영원한 불에 들어가라"(마 25:41)
"또 그들을 미혹하는 마귀가 불과 유황 못에 던져지니 거기는 그 짐승과 거짓 선지자도 있어 세세토록 밤낮 괴로움을 받으리라"(계 20:10)

마귀들이며,

"그때에 귀신 들려 눈 멀고 말 못하는 사람을 데리고 왔거늘 예수께서 고쳐 주시매 그 말 못하는 사람이 말하며 보게 된지라"(마 12:22)
"가나안 여자 하나가 그 지경에서 나와서 소리 질러 이르되 주 다윗의 자손이여 나를 불쌍히 여기소서 내 딸이 흉악하게 귀신 들렸나이다 하되"(마 15:22)

미혹의 영들(딤전 4:1)이며, 거듭나지 못한 사람들이다.

"밭은 세상이요 좋은 씨는 천국의 아들들이요 가라지는 악한 자의 아들들이요"(마 13:38)
"너희는 너희 아비 마귀에게서 났으니 너희 아비의 욕심대로 너희도 행하고자 하느니라 그는 처음부터 살인한 자요 진리가 그 속에 없으므로 진리에 서지 못하고 거짓을 말할 때마다 제 것으로 말하나니 이는 그가 거짓말쟁이요 거짓의 아비가 되었음이라"(요 8:44)

사탄의 삼위일체 악부(惡父)의 전략은 세상을 속이는 것이다.

"또 아는 것은 우리는 하나님께 속하고 온 세상은 악한 자 안에 처한 것이며"(요일 5:19)
"만일 우리의 복음이 가리었으면 망하는 자들에게 가리어진 것이라 그 중에 이 세상의 신이 믿지 아니하는 자들의 마음을 혼미하게 하여 그리스도의 영광의 복음의 광채가 비치지 못하게 함

이니 그리스도는 하나님의 형상이니라"(고후 4:3~4)

"그러나 성령이 밝히 말씀하시기를 후일에 어떤 사람들이 믿음에서 떠나 미혹하는 영과 귀신의 가르침을 따르리라 하셨으니"(딤전 4:1)

"그러나 백성 가운데 또한 거짓 선지자들이 일어났었나니 이와 같이 너희 중에도 거짓 선생들이 있으리라 그들은 멸망하게 할 이단을 가만히 끌어들여 자기들을 사신 주를 부인하고 임박한 멸망을 스스로 취하는 자들이라 여럿이 그들의 호색하는 것을 따르리니 이로 말미암아 진리의 도가 비방을 받을 것이요"(벧후 2:1~2)

　폭력이나 박해로 교회를 무너뜨릴 수 없음을 깨달은 사탄은 세상과 교회 간의 타협 작전으로 속임수를 쓴다. 거대한 문명 건설, 개선된 사회 구축을 통하여 그리스도 없는 천년왕국 태평세대를 만든다. 교회는 박해가 없고 편하면 문제가 없는 줄로 착각한다. 족제비가 닭을 기분 좋게 어루만지면서 창자를 빼먹어도 닭은 자기가 죽는 줄 모르고 창자를 내주는 어리석음처럼 세상의 유혹에 교회가 넘어가서는 안 된다는 것을 절감해야 할 것이다. 그리스도께서 교회를 가지듯 짐승 적그리스도도 위교회(僞敎會-창녀교회)를 가진다. 성령께서 보이지 아니하시는 영의 역사를 하듯이 거짓 선지자들도 더러운 악령의 역사를 한다. 종말이 되면 삼위일체 하나님과 삼위일체 하나님의 영역을 악한 세력 사탄도 똑같이 체제를 정비하여 대항한다. 교회의 최후 승리란 이런 것들을 최종적으로 박살나게 하는 것이다.

　삼위일체 하나님의 엄격한 구별이 있으면서도 또 무구별이듯 사탄, 적그리스도, 거짓 선지자도 그러하다. 성부 이야기가 성령 이야기이고 또 성자 이야기가 성부 이야기이듯이 사탄의 삼위일체에 관한 각자의 이야기도 하다가 보면 적그리스도 이야기이고 또 동시에 사탄 이야기가 된다. 삼위일체 하나님이 내어 놓으시는 최종 성공작이 교회이듯이 사탄의 삼위일체가 내어 놓는 것도 가짜 교회이다. 이것이 요한계시록에 와서는 예루살렘과 바벨론으로 표현되고 바벨론은 "무너졌도다 무너졌도다 큰 성 바벨론이여"(계 18:2)라는 탄식소리를 듣게 된다.

다시 묻노니 사탄 그놈은 누구인가?

　교회가 최후로 거꾸러뜨리고 승리를 거두게 될 대상인 사탄 그놈은 누구인가? 그놈은 삼위일체 하나님의 체제를 가지고 대비시킨다면 사탄의 악부(惡父)이다. 우리의 성부에 해당되는 놈이다. 그놈은 악의 원리가 아니라 악한 인격체이다. 그놈의 별명으로는 마귀, 바알세불, 벨리알, 대적, 용, 뱀 등으로 성경 전체에서 174회나 나온다.[560]

---

560) 클라렌스 라킨, 「세대적 진리」, p. 204.

그놈은 공중의 권세 잡은 자였다(엡 2:2). 그놈이 땅에 와서 역사하기는 겁이 나는 모양이다. 이 땅은 하나님의 창조물이고 하나님의 소유이기 때문이다. 물론 공중도 하나님이 만드셨지만 땅에는 모든 피조물이 있기에 더 귀중한 곳이다. 그놈은 공중에서 원격조종에 능한 놈이다. 그놈은 이 세상의 신이다(고후 4:4). 공중에서 원격조종하면서 이 땅에 발을 붙이지 못하고 영향력을 행사하는데, 그놈이 만든 세상 즉 코스모스의 신인 것이다. 계속 이 땅 위에 그리고 공중에서 울부짖는 사자로 행세한다.

"근신하라 깨어라 너희 대적 마귀가 우는 사자같이 두루 다니며 삼킬 자를 찾나니"(벧전 5:8)

원래는 사탄도 하나의 천사였다. 주께서 사탄에게 "네가 어디서 왔느냐?"고 했을 때 "땅에서 여기저기 위아래로 두루 다니다 왔나이다"(욥 1:7; 2:2) 한 것이 사실이다. 그때 사탄은 땅 위에 있었으나 타락한 후에는 땅에 발을 못 붙이고 공중에 떠돌아다녔고 그것이 신약에 와서 예수께서 귀신을 쫓으실 때 사탄이 하늘에서 번개같이 떨어졌다고 했다.

"예수께서 이르시되 사탄이 하늘로부터 번개같이 떨어지는 것을 내가 보았노라"(눅 10:18)

사탄은 그리스도께서 십자가에 못박히시기 전에는 하늘에서 쫓겨나지는 않았다. 그런고로 여기 하늘에서 번개처럼 떨어지는 것을 보셨다는 말씀은 과거에 이미 떨어졌다는 것이 아니라 미래에 떨어질 것을 예언하신 것이다. 즉 사탄이 하늘에서 미가엘 천사장에 의해 하늘에서 쫓겨날 때를 말하는 것이다. 악부(惡父)가 제자리에 못 있고 땅으로 떨어졌다는 것은 그의 보좌가 옮겨졌다는 의미이다. 교회는 이런 사탄에게서 궁극적으로 승리한다. 또 그놈은 하늘이 자기 영토인 줄 알다가 이기지 못하자 하늘에도 있지 못하게 되고 땅으로 내쫓김을 받았지만 자기 영토가 아니라서 좌불안석이다.

"이기지 못하여 다시 하늘에서 그들이 있을 곳을 얻지 못한지라 큰 용이 내쫓기니 옛 뱀 곧 마귀라고도 하고 사탄이라고도 하며 온 천하를 꾀는 자라 그가 땅으로 내쫓기니 그의 사자들도 그와 함께 내쫓기니라"(계 12:8~9)

그럼 다시 묻노니 짐승, 적그리스도 그놈은 누구인가?
적그리스도가 누구냐 하는 것을 성경이 명백히 말해주고 있다. 예수께서 그리스도이심을 부인하는 자, 곧 아버지와 아들을 부인하는 자가 적그리스도가 아니고 누구랴?

"거짓말하는 자가 누구냐 예수께서 그리스도이심을 부인하는 자가 아니냐 아버지와 아들을 부인하는 그가 적그리스도니"(요일 2:22)

아직 예수 그리스도와 하나님 아버지를 모시지 않고 있는 자인 불신자는 적그리스도인가? 불신자는 예수가 그리스도이심을 부인하고 있는가? 그렇다. 불신자는 아버지와 아들을 부인하고 있는가? 그렇다. 그렇다면 적그리스도가 아닌가? 일단 불신자는 무지하다고 보아야 할 것이다. 무지한 그들에게 알 수 있도록 아버지와 아들을 소개했더니 부인했다 하자. 그들은 무지로 인하든 부인으로 인하든 간에 아버지와 아들을 거부했다. 그런즉 그들은 적그리스도가 아닌가 말이다. 그러나 그들이 적그리스도는 아니다. 만일 그들이 적그리스도라면 금세나 내세나 간에 그들에게는 사죄와 은총 수여의 축복이 없게 된다. 왜냐하면 적그리스도에게는 회개의 기회와 사죄의 기회가 영영 없기 때문이다. 타락한 사람은 회개와 사죄의 기회가 있지만 타락한 천사들에겐 그런 것이 없다. 악한 천사와 적그리스도에게는 영원한 형벌과 멸망만이 운명지어져 있기 때문이다. 불신자는 적그리스도는 아니로되 적그리스도 및 악령의 영향 아래 있는 것만은 사실이다.

"그때에 너희는 그 가운데서 행하여 이 세상 풍조를 따르고 공중의 권세 잡은 자를 따랐으니 곧 지금 불순종의 아들들 가운데서 역사하는 영이라"(엡 2:2)

지금도 불신자는 파멸당할 공중의 권세 잡은 자를 따르고 있는 것이 사실이다. 거기에 적그리스도라는 특출한 인물 혹은 체제가 나타나서 사단장 노릇을 하며 계속 자기 휘하에 사람을 잡아두려고 하는 것이다. 적그리스도는 적장(敵將)이다. 사단장 적장을 체포하면 그 사단은 아군 손아래 들어온 것이다. 적장만 처치하면 적군의 사단 병력은 항복시켜 들이면 된다. 적그리스도는 'Anti-Christ'라는 특별한 어떤 것(something), 그리고 누구(someone)인 것이다. 예수 그리스도께서 육신으로 오신 것을 시인하지 아니하는 영은 적그리스도의 영이다. 성육신을 부인하는 자가 누구냐? 적그리스도이다.

"예수를 시인하지 아니하는 영마다 하나님께 속한 것이 아니니 이것이 곧 적그리스도의 영이니라 오리라 한 말을 너희가 들었거니와 지금 벌써 세상에 있느니라"(요일 4:3)

적그리스도에 대한 초대 교회의 생각은 한 인간, 곧 인간의 모독과 사악함의 화신이라고 믿었다. 12세기 말경부터는 교황을 적그리스도라고 믿었다. 여하튼 적그리스도는 성자 그리스도에 대항하는 악자(惡子)인 인물이다. 악자 적그리스도는 악부 사탄으로부터 온갖 재능을 부여받아 초인적 존재로 사탄의 도구가 되어 사람들을 매혹시킨다. 유대인이나 헬라인이나 예나 지금이나 이런 악자에게 유혹을 받게 되는데 교회는 최종적으로 이 악자도 거꾸러뜨린다는 것이다. 그리스도와 적그리스도를 대조시킨 것을 소개해 본다.

> 그리스도와 적그리스도의 대조
> - 그리스도는 위에서 내려오셨다(요 6:38).
>   적그리스도는 무저갱에서 올라올 것이다(계 11:7).
> - 그리스도는 아버지의 이름으로 오셨다(요 5:43).
>   적그리스도는 자기의 이름으로 올 것이다(요 5:43).
> - 그리스도는 자신을 낮추셨다(빌 2:8).
>   적그리스도는 자신을 높일 것이다(살후 2:4).
> - 그리스도는 멸시를 받으셨다(사 53:3; 눅 23:18).
>   적그리스도는 칭송받을 것이다(계 13:3,4).
> - 그리스도는 높임을 받으셨다(빌 2:9).
>   적그리스도는 불못에 던져질 것이다(사 14:14,15; 계 19:20).
> - 그리스도는 아버지의 뜻을 행하기 위해 오셨다(요 6:38).
>   적그리스도는 자기 자신의 뜻을 행하기 위해 올 것이다(단 11:36).
> - 그리스도는 구원하기 위해 오셨다(눅 19:10).
>   적그리스도는 멸망시키기 위해 올 것이다(단 8:24).
> - 그리스도는 선한 목자시다(요 10:4~15).
>   적그리스도는 우상 목자다(슥 11:16,17).
> - 그리스도는 참 포도나무시다(요 15:1).
>   적그리스도는 땅의 포도나무다(계 14:18).
> - 그리스도는 진리이시다(요 14:6).
>   적그리스도는 거짓이다(살후 2:11).
> - 그리스도는 거룩한 분이시다(막 1:24).
>   적그리스도는 불법자다(살후 2:8).
> - 그리스도는 슬픔의 사람이시다(사 53:3).
>   적그리스도는 죄의 사람이다(살후 2:3).
> - 그리스도는 하나님의 아들이시다(눅 1:35).
>   적그리스도는 멸망의 아들이다(살후 2:3).
> - 그리스도는 '경건의 신비'로서, 육체로 나타나신 하나님이시다(딤전 3:16).

적그리스도는 '불법의 신비'로서, 육체로 나타난 사탄이 될 것이다(살후 2:7)."561)

끝으로 악삼위일체의 마지막 악령 거짓 선지자는 누구인가?
거짓 그리스도와 거짓 선지자는 별개의 존재이다. 계시록 13장으로 가 보면 바다에서 나오는 짐승이 있고(계 13:1~10), 땅에서 올라오는 짐승이 있다(계 13:11~18). 사실 잘 나오다가 계시록에 와서 미로(迷路)에 들어서는 듯한 순간을 느끼면서 그때 성령의 조명과 소위 은혜로운 해석이 요청되는 바 어쩌면 다분히 주관적 해석이 나올 수도 있고 그것을 성령의 조명이라고 밀어붙이는 듯한 느낌도 든다. 말하자면 엄청난 종말의 교회 분위기에 이르러서는 하나님께 떼를 쓰는 듯한 심정이 든다. 요한계시록에 관한 주석과 신학적 해석을 보노라면 굳이 필자라고 해서 한 마디 내놓지 못할 이유가 어디 있겠느냐는 생각마저 들면서 교회가 최후로 승리를 거두는 악한 사탄의 악삼위일체의 정체에 대해 언급하게 된다.
여기 계시록 13장의 두 짐승들에 관한 이야기만 해도 하나는 적그리스도라 하고, 다른 하나는 거짓 선지자라고 하는 것이다. 바다에서 나온 것이 전자이고, 땅에서 나온 것이 후자이다. 두 증인이 하늘에서부터 내려오니까(계 11:1~4) 사탄도 이에 못지않게 땅의 세계 즉 바다와 땅에서 두 사람을 내보내는 것이니 바다의 첫 번째 짐승 적그리스도와 땅의 두 번째 짐승 거짓 선지자들이다. 이 둘 모두 산 채로 불못에 던지우는 운명에 처하게 된다.

"짐승이 잡히고 그 앞에서 표적을 행하던 거짓 선지자도 함께 잡혔으니 이는 짐승의 표를 받고 그의 우상에게 경배하던 자들을 표적으로 미혹하던 자라 이 둘이 산 채로 유황불 붙는 못에 던져지고"(계 19:20)

교회의 최후 승리란 사탄의 악삼위일체를 전멸시킨다는 것이다. 사탄(Anti-God)인 용은 깊은 구렁텅이로 떨어져 천 년 동안 일단 감금된다.

"또 내가 보매 천사가 무저갱의 열쇠와 큰 쇠사슬을 그의 손에 가지고 하늘로부터 내려와서 용을 잡으니 곧 옛 뱀이요 마귀요 사탄이라 잡아서 천 년 동안 결박하여 무저갱에 던져 넣어 잠그고 그 위에 인봉하여 천 년이 차도록 다시는 만국을 미혹하지 못하게 하였는데 그 후에는 반드시 잠깐 놓이리라"(계 20:1~3)

그러나 천 년이 지난 다음 옥에서 나오지만(계 20:7), 결국 사탄, 짐승, 거짓 선지자 등 악삼위일체가 산 채로 던져지는 곳이 있다.

---

561) 클라렌스 라킨, 「세대적 진리」, p. 214.

"또 그들을 미혹하는 마귀가 불과 유황 못에 던져지니 거기는 그 짐승과 거짓 선지자도 있어 세세토록 밤낮 괴로움을 받으리라"(계 20:10)

성경은 거짓 선지자들을 경계하라고 했다.

"거짓 선지자들을 삼가라 양의 옷을 입고 너희에게 나아오나 속에는 노략질하는 이리라 그들의 열매로 그들을 알지니 가시나무에서 포도를, 또는 엉겅퀴에서 무화과를 따겠느냐"(마 7:15~16)
"거짓 선지자가 많이 일어나 많은 사람을 미혹하겠으며"(마 24:11)
"거짓 그리스도들과 거짓 선지자들이 일어나 큰 표적과 기사를 보여 할 수만 있으면 택하신 자들도 미혹하리라"(마 24:24)
"너희 중에 선지자나 꿈 꾸는 자가 일어나서 이적과 기사를 네게 보이고 그가 네게 말한 그 이적과 기사가 이루어지고 너희가 알지 못하던 다른 신들을 우리가 따라 섬기자고 말할지라도 너는 그 선지자나 꿈 꾸는 자의 말을 청종하지 말라 이는 너희의 하나님 여호와께서 너희가 마음을 다하고 뜻을 다하여 너희의 하나님 여호와를 사랑하는 여부를 알려 하사 너희를 시험하심이니라"(신 13:1~3)
"여호와께서 내게 이르시되 선지자들이 내 이름으로 거짓 예언을 하도다 나는 그들을 보내지 아니하였고 그들에게 명령하거나 이르지 아니하였거늘 그들이 거짓 계시와 점술과 헛된 것과 자기 마음의 거짓으로 너희에게 예언하는도다"(렘 14:14)
"만군의 여호와께서 이와 같이 말씀하시되 너희에게 예언하는 선지자들의 말을 듣지 말라 그들은 너희에게 헛된 것을 가르치나니 그들이 말한 묵시는 자기 마음으로 말미암은 것이요 여호와의 입에서 나온 것이 아니니라"(렘 23:16)
"너의 이 뺨을 치는 자에게 저 뺨도 돌려대며 네 겉옷을 빼앗는 자에게 속옷도 거절하지 말라"(눅 6:26)
"사랑하는 자들아 영을 다 믿지 말고 오직 영들이 하나님께 속하였나 분별하라 많은 거짓 선지자가 세상에 나왔음이라"(요일 4:1)

사탄의 악삼위일체가 내어놓은 것이 무엇인가?

그의 작품은 큰 음녀(계 17장)요 큰 성 바벨론(계 18장)이다. 바벨론에 대한 설명은 구구하다.

「바벨론은 무엇을 상징하는가? 혹은 이것을 거짓 종교라 하고, 또 혹은 반기독적(反基督的)인 이 세상 나라의 도시라고 한다. 이 둘째 학설에 있어서는 이것을 로마라고 한다. 그러나 나는 바벨론이 위의 두 가지를 다 포함하는 '이 세상'이라고 생각한다. 이 세상은 언제나 거짓된 종교와 악한 정치를 포함한다. 새 예루살렘이 내세(來世)를 가리키는 것처럼,

그 대조(對照)로 바벨론은 이 세상을 상징한다 함이 적당하다. 바벨론은 "많은 물 위에 앉았다"(1절)고 하였으니 그 지배의 범위가 광대하여 세계 각 나라에 미친 것을 알 수 있다. 이 세상에서 하나님을 제외하고 살려는 모든 인본주의의 설계(設計)와 문화와 종교는, 다 바벨론이다. 이것은 땅에 거하는 자들을 그 음행(하나님을 배반하는 사상)의 포도주로 취하게 하는 자이다(2절). 이 세상에는 우리를 유혹케 하는 일이 많다.」[562]

바벨론은 교회의 대치 개념이다. 코스모스 세상을 더 구체적으로 이름한 것이다. 그것은 사탄이 악의적으로 교회를 대치시키기 위해 만들어 놓은 마귀의 작품인 것이다. 교회에 대항하는 사탄과 그 조직 그리고 그 작품 및 활동에 대한 각인의 해석이 따르지만 핵심은 한 가지로 통일된다. "교회를 없애고 그 자리에 세상을 심겠다."
최후 일곱 대접을 가진 일곱 천사 중 하나가 지시한다.

"또 일곱 대접을 가진 일곱 천사 중 하나가 와서 내게 말하여 이르되 이리로 오라 많은 물 위에 앉은 큰 음녀가 받을 심판을 네게 보이리라"(계 17:1)
"큰 성이 세 갈래로 갈라지고 만국의 성들도 무너지니 큰 성 바벨론이 하나님 앞에 기억하신 바 되어 그의 맹렬한 진노의 포도주 잔을 받으매 각 섬도 없어지고 산악도 간 데 없더라"(계 16:19~20)
"그의 죄는 하늘에 사무쳤으며 하나님은 그의 불의한 일을 기억하신지라 그가 준 그대로 그에게 주고 그의 행위대로 갑절을 갚아 주고 그가 섞은 잔에도 갑절이나 섞어 그에게 주라"(계 18:5~6)

하나님 앞에 큰 성 바벨론이 기억하신 바가 되었다. 이게 무슨 말인가? 하나님의 심중에 큰 성 바벨론이 자리 잡고 있다는 것이다. 나쁜 성이니까 하나님이 기억해 두셨다가 때가 되면 혼줄 나게 만든다는 것이다. 벌 받을 대상으로 하나님께 기억 당한다는 것은 슬픈 일이다. 그 반대로 상 받을 대상으로 하나님께 기억 당한다는 것은 행복이지만 하나님이 큰 음녀 곧 큰 성 바벨론을 하나님의 심중에 꼭 품고 계시다가 때가 되면 벌을 주신다는 것이다. 말하자면 큰 음녀인 큰 성 바벨론은 하나님께 벌 받기로 찍힌 놈이고 예루살렘 교회는 하나님께 상 받기로 예약된 존재라는 것이다. 그 큰 음녀는 그 큰 성 바벨론이다.

"그의 이마에 이름이 기록되었으니 비밀이라, 큰 바벨론이라, 땅의 음녀들과 가증한 것들의 어미라 하였더라"(계 17:5)

---

562) 박윤선, 「성경주석 요한 계시록」, (서울: 영음사, 1984), p. 309.

큰 음녀, 큰 성 바벨론은 예루살렘 곧 교회와 대조되게 악삼위일체 사탄의 작품이다. 진(眞)은 위(僞)를 분쇄해야만 하는 것이다. 큰 음녀, 큰 성 바벨론의 특징은 무엇인가? 일단 '크다' 는 것이 특징이다. 큰 성 바벨론이란 표현이 수다하다.

"큰 성이 세 갈래로 갈라지고 만국의 성들도 무너지니 큰 성 바벨론이 하나님 앞에 기억하신 바 되어 그의 맹렬한 진노의 포도주 잔을 받으매"(계 16:19)
"이에 한 힘 센 천사가 큰 맷돌 같은 돌을 들어 바다에 던져 이르되 큰 성 바벨론이 이같이 비참하게 던져져 결코 다시 보이지 아니하리로다"(계 18:21)
"또 다른 천사 곧 둘째가 그 뒤를 따라 말하되 무너졌도다 무너졌도다 큰 성 바벨론이여 모든 나라에게 그의 음행으로 말미암아 진노의 포도주를 먹이던 자로다 하더라"(계 14:8)

클 뿐만 아니라 견고하다는 것도 특징이다.

"그의 고통을 무서워하여 멀리 서서 이르되 화 있도다 화 있도다 큰 성, 견고한 성 바벨론이여 한 시간에 네 심판이 이르렀다 하리로다"(계 18:10)

그런데 일시 간에 심판이 이른 것이다. 큰 음녀란 표현이 수다하다.

"또 일곱 대접을 가진 일곱 천사 중 하나가 와서 내게 말하여 이르되 이리로 오라 많은 물 위에 앉은 큰 음녀가 받을 심판을 네게 보이리라"(계 17:1)
"그의 심판은 참되고 의로운지라 음행으로 땅을 더럽게 한 큰 음녀를 심판하사 자기 종들의 피를 그 음녀의 손에 갚으셨도다"(계 19:2)

큰 음녀에게 심판이 이른 것이다.

"화 있을진저 피의 성이여 그 안에는 거짓이 가득하고 포악이 가득하며 탈취가 떠나지 아니하는도다 휙휙 하는 채찍 소리, 윙윙 하는 병거 바퀴 소리, 뛰는 말, 달리는 병거, 충돌하는 기병, 번쩍이는 칼, 번개 같은 창, 죽임 당한 자의 떼, 주검의 큰 무더기, 무수한 시체여 사람이 그 시체에 걸려 넘어지니 이는 마술에 능숙한 미모의 음녀가 많은 음행을 함이라 그가 그의 음행으로 여러 나라를 미혹하고 그의 마술로 여러 족속을 미혹하느니라 보라 내가 네게 말하노니 만군의 여호와의 말씀에 네 치마를 걷어 올려 네 얼굴에 이르게 하고 네 벌거벗은 것을 나라들에게 보이며 네 부끄러운 곳을 뭇 민족에게 보일 것이요 내가 또 가증하고 더러운 것들을 네 위에 던져

능욕하여 너를 구경거리가 되게 하리니 그 때에 너를 보는 자가 다 네게서 도망하며 이르기를 니느웨가 황폐하였도다 누가 그것을 위하여 애곡하며 내가 어디서 너를 위로할 자를 구하리요 하리라"(나 3:1~7)

큰 음녀 큰 성 바벨론을 향한 탄식의 애가는 무엇인가?
"무너졌도다 큰 성 바벨론이여"(Fallen! Fallen is Babylon the great)(계 14:8; 18:2).
"화 있도다 큰 성 바벨론이여"(Woe! Woe, O great city, O Babylon, city of power)(계 18:10, 19).
바벨론의 최후 운명은 무엇인가? 바벨론의 멸망을 하나의 드라마로 보여 준다. 천사의 퍼포먼스(performance)가 흥미롭다.

"이에 한 힘 센 천사가 큰 맷돌 같은 돌을 들어 바다에 던져 이르되 큰 성 바벨론이 이같이 비참하게 던져져 결코 다시 보이지 아니하리로다"(계 18:21)

배역과 무대를 보면 다음과 같다.
큰 성 바벨론, 힘센 천사, 큰 맷돌 같은 돌, 바다, 던짐, 몹시 떨어짐, 무대 끝에는 결코 두 번 다시 보이지 아니함, 드라마 끝, 이젠 더 이상 바벨론에 대해 말할 것이 없다. 그런데 바벨론이 망할 때 내 백성, 교회는 어떻게 되는가?

"또 내가 들으니 하늘로부터 다른 음성이 나서 이르되 내 백성아, 거기서 나와 그의 죄에 참여하지 말고 그가 받을 재앙들을 받지 말라"(계 18:4)

거기서 나와야 한다. 그의 죄에 참예하지 말아야 한다. 그의 받은 재앙을 받지 말아야 한다. 바벨론을 의인화해서 그녀(her)라고 했던 것이다.

(3) 교회의 최후 승리는 무엇이 판별되었으며 무슨 벌과 상이 있었는가?

최후 승리에서 구별되는 두 성이 있으니 바벨론과 예루살렘이다.
바벨론은 시종일관 바벨론이고 예루살렘은 시종일관 예루살렘이다. 바벨론과 예루살렘이 확연히 구별되었다.
선지자 다니엘 시대에도 바벨론과 예루살렘은 구별되었다. 세속도시를 세운 느부갓네살과 하나님의 세계를 세우는 다니엘과 그의 동료들 간의 싸움이 있었다. 비록 하나님이 유다 백성의 죄에 대한 형벌로 느부갓네살을 유다를 치는 막대기로 사용하실 섭리는 있었지만 느부갓네살의 반역은 오히려 기고만장했으니 그가 한 행동은 성전의 성물을 바벨론에 가지고 가서 "자기 신의 묘에 이르러 그 신의 보고(寶庫)에 두었고"(단 1:2), 두라의 평지에 금 신상을 만들어 두었다(단 3:1).

> "주께서 유다 왕 여호야김과 하나님의 전 그릇 얼마를 그의 손에 넘기시매 그가 그것을 가지고 시날 땅 자기 신들의 신전에 가져다가 그 신들의 보물 창고에 두었더라"(단 1:2)
> "느부갓네살 왕이 금으로 신상을 만들었으니 높이는 육십 규빗이요 너비는 여섯 규빗이라 그것을 바벨론 지방의 두라 평지에 세웠더라"(단 3:1)

바벨론은 오직 인간의, 인간에 의한, 인간을 위한 세속적이요 인간적인 도성이었던 것이다. 이렇게 바벨론의 실체가 드러난 것인데 비해 예루살렘은 오직 하나님의, 하나님에 의한, 하나님을 위한 영적이요 신적인 도성이라는 것이 구별되고 판별된 것이었다.

「바벨론과 예루살렘, 두 사회는 경건한 자들과 경건치 못한 자들의 후손으로서만 추적할 수 있는 것은 아니다. 성경 역시 실제적으로 두 도시를 비교하고 있다. 즉 지상의 사회와 그 사회의 목적을 요약해서 말해주는 바벨론과 하나님의 백성의 사회와 그 사회의 목적한 바를 상징하는 예루살렘이다. 바벨론은 고대에 생겨나서 성장하였으며 마침내는 지상의 예루살렘을 공격하고 정복하였으나 결국에는 스스로 멸망하고 타락하였다. 오늘날 그곳은 사막이 되어버렸다. 예루살렘은 바벨론에 의해 세워지고 공격당하여 멸망하였으나 다시 세워졌다. 계시록에서 이들 실제적인 두 도시는 두 문명을 상징하는 것으로 중요성이 커지고 있다. 실제적으로 역사상 바벨론은 멸망하였다("무너졌도다 무너졌도다 큰 성 바벨론이여"-계 18:2). 반면 예루살렘은 영원히 계속되는 "하나님께로부터 하늘에서 내려온 거룩한 성"으로 단장되었다(계 21:2).」[563]

바벨론과 예루살렘에는 어떤 상벌이 주어졌는가?
바벨론은 결국 사탄의 생산물이라는 불명예가 붙고 예루살렘은 그리스도의 신부라는 명예가 따른다. 상품보다 중요한 것은 명예로운 명칭이다. 예루살렘 즉 교회는 끝까지 남은 자(remnant)와 끝까지 이어가는 자(繼承者, successor)라는 이름을 가진다. 하나님 앞에 남은 자, 행복한 사람이고 하나님의 사업을 끝까지 이어가는 자, 그는 복 받은 사람이다.

"주 여호와의 영이 내게 내리셨으니 이는 여호와께서 내게 기름을 부으사 가난한 자에게 아름다

---
[563] 제임스 보이스, 「조직신학」, (서울: 크리스챤서적, 1990), p. 892.

운 소식을 전하게 하려 하심이라 나를 보내사 마음이 상한 자를 고치며 포로된 자에게 자유를, 갇힌 자에게 놓임을 선포하며 여호와의 은혜의 해와 우리 하나님의 보복의 날을 선포하여 모든 슬픈 자를 위로하되 무릇 시온에서 슬퍼하는 자에게 화관을 주어 그 재를 대신하며 기쁨의 기름으로 그 슬픔을 대신하며 찬송의 옷으로 그 근심을 대신하시고 그들이 의의 나무 곧 여호와께서 심으신 그 영광을 나타낼 자라 일컬음을 받게 하려 하심이라"(사 61:1~3)

전술한 바대로 백성은 여호와의 제사장이요(사 61:6), 하나님의 봉사자요(사 61:6), 여호와께 복 받은 자손이란 호칭을 받는다(사 61:9). 예루살렘은 끝까지 하나님과 연결되고 바벨론은 끊어진다. 느부갓네살은 짐승이란 불명예를 받고, 그리스도는 교회의 머리요 신랑이란 이름을 가지고, 교회는 그의 몸과 신부란 명예를 가진다. 구별되고 시상(施賞)되는 최후 일장에서 짐승 같은 느부갓네살 왕의 상태를 보자.

「인간은 주인이 아니다. 인간이 주인이란 생각은 하나님께서 결코 참으실 수 없는 죄이다. 하나님께서는 세속의 도시를 파멸시키겠다고 말씀하셨다.

그분께서는 느부갓네살에 대해서도 그렇게 하셨다. 느부갓네살은 자신의 정치적인 업적으로 인해 그의 주위에 있는 어떤 자들보다도 우위에 있다고 판단하여 하나님은 필요없다고 생각하였다. 그때 하나님께서는 느부갓네살의 생각이 얼마나 잘못된 것인가를 설명하셨다. "느부갓네살 왕아, 네게 말하노니 나라의 위가 네게서 떠났느니라. 네가 사람에게서 쫓겨나서 들짐승과 함께 거하며 소처럼 풀을 먹을 것이요 이와 같이 일곱 때를 지내서 지극히 높으신 자가 인간나라를 다스리시며 자기의 뜻대로 그것을 누구에게든지 주시는 줄을 알기까지 이르리라"(단 4:31~32). 그 심판은 즉각적으로 효과를 나타냈다. 느부갓네살은 그 도시 밖으로 쫓겨났다. 성경본문에는 다음과 같이 기록되어 있다. "그 동시에 이 일이 나 느부갓네살에게 응하므로, 내가 사람에게 쫓겨나서 소처럼 풀을 먹으며 몸이 하늘 이슬에 젖고 머리털이 독수리 털과 같았고 손톱은 새 발톱과 같았었느니라"(33절). 하나님께서 느부갓네살의 오만함의 절정으로부터 비천함으로 끌어내리시고 그가 짐승과 같이 행동하도록 하신 것은, 이것은 바로 인간들이 그 자신의 영광을 취하고 그들의 생활로부터 하나님을 배제시키려 하는 시도의 결과라는 것을 나타내려고 하셨던 것이다. 사실상 그들은 짐승보다도 더 나쁜 상태에 있었다. 왜냐하면 짐승들은 적어도 짐승으로서 마땅히 취해야 하는 행동을 하는 반면, 그것과는 대조적으로 우리는 짐승들이 전혀 생각조차 못하는 죄를 범하기 때문이다.」[564]

---

564) 제임스 보이스, 「조직신학」, p. 896.

이런 구별과 시상은 신약에 와서 다시 찾아보자.

"손에 키를 들고 자기의 타작 마당을 정하게 하사 알곡은 모아 곳간에 들이고 쭉정이는 꺼지지 않는 불에 태우시리라"(마 3:12)
"모든 민족을 그 앞에 모으고 각각 구분하기를 목자가 양과 염소를 구분하는 것 같이 하여 양은 그 오른편에 염소는 왼편에 두리라"(마 25:32~33)

인생을 다 살았을 때 무엇을 건축하다가 인생을 마쳤느냐 자문해 볼 것이 있다. 바벨론이냐 예루살렘 교회냐.

4 하늘을 바라보는 교회

교회는 땅에 있으면서 하늘을 바라본다. 그러나 세상은 땅에 있으면서 땅만을 바라본다. 교회와 세상의 차이점은 시선을 어디에 두느냐로 구별된다. 그 초점이 어디 있느냐에 따라 현재의 상황이 판단된다. 세상은 보물을 땅에 쌓아두고 교회는 보물을 하늘에 쌓아둔다. 그러기에 세상은 자기 보물이 묻혀 있는 땅만 바라보게 되고 교회는 자기 보물이 쌓여 있는 하늘을 바라보게 된다.

> "너희를 위하여 보물을 땅에 쌓아 두지 말라 거기는 좀과 동록이 해하며 도둑이 구멍을 뚫고 도둑질하느니라 오직 너희를 위하여 보물을 하늘에 쌓아 두라 거기는 좀이나 동록이 해하지 못하며 도둑이 구멍을 뚫지도 못하고 도둑질도 못하느니라"(마 6:19~20)

교회와 세상이 자기 보물 쌓아둔 곳에 시선을 떼지 못하는 이유는 보물과 마음은 연결되어 있기 때문이다.

> "네 보물 있는 그 곳에는 네 마음도 있느니라"(마 6:21)

세상의 눈은 나쁘고 교회의 눈은 성하니 즉 순전하다. 눈이 나쁘고 성함에 따라 그 몸이 어둡고 밝게 되는 것이다.

"눈은 몸의 등불이니 그러므로 네 눈이 성하면 온몸이 밝을 것이요 눈이 나쁘면 온몸이 어두울 것이니 그러므로 네게 있는 빛이 어두우면 그 어둠이 얼마나 더하겠느냐"(마 6:22~23)

교회의 눈은 순전하다. 티 없이 맑고 밝고 명랑해서 하늘을 본다. 하늘을 바라보는 자는 땅에 개의치 않는다. "하늘을 바라본다." 이것은 교회에 대한 결정적인 설명이 된다. 교회는 온몸이 밝다. 왜냐하면 교회의 눈이 성하기 때문이다. 썩은 교회는 눈부터 썩어 있다. 사람의 건강은 그 눈으로 판별한다. 눈이 성하면 온몸이 성하다. 몸의 어떤 질병도 제일 먼저 눈에서 드러난다. 시력이 양호한 자가 온몸을 잘 관리할 수 있다. 눈이 어두우면 온몸이 어둡다. 교회의 눈은 하늘을 바라본다.

하늘을 바라보는 교회는 하늘 채비를 서두르는 예비신부이며 하늘에서 즐길 이벤트(event)를 땅에서 슬쩍 경험해 본다. 여기 슬쩍 경험한다는 것은 하늘에서 즐길 영화를 땅에서 맛을 본다는 뜻이다. 하늘에서의 즐거움의 실재를 땅에서 리허설(rehearsal) 해보는 것이다. 그것은 마치 메인 게임(main game)에 앞서 시행되는 오픈 게임(open game)과도 같은 것이다. 본 요리를 먹기 전에 우선 입맛을 돋우기 위해 나오는 전채요리나 마찬가지다. 교회는 땅에서 하늘을 즐기면서 하늘을 바라본다. 교회가 땅에서 즐기는 즐거움은 하늘에서 즐기게 될 즐거움의 사전(事前) 음미(吟味)라 할 것이다.

이에 대한 설명과 신학이 소위 천년왕국과 교회의 관계에 대한 진술이다. 천년왕국에 관한 사람들의 해석이 구구하지만 천년왕국은 하늘왕국의 즐거움을 땅에서 경험해 보는 현장이다. 천년왕국의 문자적 해석으로서의 일천 년이든 상징적 해석으로서의 무기한이든 간에 천년왕국은 교회가 지상에서 누리는 하늘 즐거움이다. 따라서 신부인 교회가 신랑 예수 그리스도를 만나서 살게 될 하늘나라 즐거움을 실재화하기 이전에 땅에서 예비신부로서 하늘의 신랑을 맞을 채비를 해야 한다.

하늘을 바라보는 교회의 주제 아래서는 다음과 같은 소제(小題)를 다루게 됐다. "하늘 채비 교회(Church in preparation for heaven)-예비신부 교회"라는 소제와 "천년왕국(millennium)과 교회"라는 소제이다.

1) 하늘 채비 교회 – 예비신부 교회

교회는 구원받은 사람들의 모임이요 하나님의 부르심을 받아 모인 사람들의 집단이다. 그런즉 교회는 사람들이 모여서 무엇인가를 하는 인격체이다.

> **벧엘의 소리**
> 권 목사의 콩 볶는 목회 (1995. 3. 10)
>
> 제1단계, 콩을 수집하라
> 제2단계, 콩을 솥에 넣으라
> 제3단계, 솥에 불을 피워라
> 제4단계, 튀는 콩을 잡아라
> 제5단계, 골고루 볶으라[565]

필자가 오랜 교수생활 끝에 현장 개척목회로 나아갔을 때 주보에 이렇게 실은 적이 있었다. 말할 것도 없이 이런 콩 볶음의 결과라면 비린내 나지 않고 고소한 맛을 내기 마련 아닌가? 그 고소한 맛은 주인의 후각에 더할 나위 없는 즐거움이 아닌가? 교회는 잘 볶인 콩들이 되어서 하나님께 향기를 올리며 그 시선이 하나님을 향한 것이어야 마땅하지 않은가?

필자는 신명나게 이런 콩 볶는 목회를 하겠다고 큰소리치고 있는 판인데 교회의 어떤 한 중직을 맡은 성도가 손을 번쩍 들기에 무슨 말씀이냐고 해보시라 했다. "나는 절대로 그렇게 생각 안 합니다." 어안이 벙벙하고 심히 당황한 것은 필자를 위시한 모든 교인들이었다. 담임목사의 목회철학에 정면으로 도전하니 말이다. 그 성도는 이런 콩 볶는 솥에 들어가 있기가 무척 힘들 것 같이 느껴졌던 모양이다. 그러나 내가 한 말은 "네, 그래도 콩은 볶아져야 합니다."

콩을 볶는 솥은 주인의 후각과 밥상을 생각하고 볶임 받고 있어야 하는 것이다. 교회는 하늘에 계시는 신랑의 비위를 맞추려고 노력해야 한다.

교회는 앞으로 재림할 신랑 예수 그리스도가 하늘에서 대기하고 계심을 믿음의 한 내용으로 삼아야 한다. 이것이 소위 예수 재림 교리이다. 초림하셨던 예수 그리스도께서 지금 땅에서는 교회의 머리로 계시지만 재림 시에는 교회의 신랑으로 오신다. 초림과 재림의 예수 그리스도와 교회는 이와 같이 관계된다.

그럼 예비신부인 교회의 할 일은 무엇인가?

마음가짐이 예비신부다워야 하고 그 마음에 따라 행동가짐이 예비신부다워야 한다.

"언제 주님 다시 오실는지 아는 이가 없으니 등 밝히고 너는 깨어 있어 주를 반겨 맞아라"(찬송가 163장).

"그때에 두 사람이 밭에 있으매 하나는 데려감을 당하고 하나는 버려 둠을 당할 것이요 두 여자

---

[565] 벧엘침례교회 주보, 〈벧엘의 소리〉, 1995. 3. 10.

가 매를 갈고 있으매 하나는 데려감을 당하고 하나는 버려 둠을 당할 것이니라 그러므로 깨어 있으라 어느 날에 너희 주가 임할는지 너희가 알지 못함이니라"(마 24:40~42)

그러므로 깨어 있으라! 예비신부의 마음자세이다. 예비신부는 몸과 마음을 깨끗이 해야 한다. "주 안에서 우리 몸과 맘이 깨끗하게 되어서 주 예수님 다시 오실 때에 모두 기쁨으로 맞아라"(찬송가 163장 후렴).

결혼식을 앞둔 신부는 미모에 굉장히 신경을 쓴다. 성형외과와 미용실 그리고 온갖 육체미와 피부를 아름답게 만들어 주는 곳을 두루 찾는다. 마음의 착함도 잘 준비해야 한다. 추종해오던 수많은 뭇 남성들을 멀리해야 한다. 이제 자기의 약혼자만이 싱글 아웃(single out) 즉 툭 튀어나오게 만들어야 한다.

(1) 마음가짐

예비신부의 마음과 행동이 어떠해야 하는가는 골로새서가 잘 말해 주고 있다. 수많은 곳에서 이것에 대해 언급하고 있지만 골로새서를 통해 예비신부의 자세를 설명해 보자. 무릇 신부는 오직 약혼한 신랑을 생각하는 것으로 꽉 차 있어야 한다. 주야로 오직 신랑만을 최고, 최귀, 최선의 인물로 확정하고 흔들리지 말아야 한다. 골로새 교회는 이단 사설로 인해 흔들리는 위험에 처했다. 약혼한 신부에게 결혼을 앞두고 있는 신랑의 귀중함을 떨어뜨리고자 하는 유혹이 생겼다는 것이다. 즉 다시 말하자면 신부의 약혼한 신랑에 대한 일편단심(一片丹心)에 흠을 내려는 유혹이 생겼다는 것이다. 예비신부는 그 마음에 흔들림이 있어서는 안 된다. 이것이 예비신부가 지녀야 할 자세 중 마음의 상태를 말한다. 골로새 교회에 침투한 이단에 대한 종합적인 보고는 아래와 같다. 신부인 골로새 교회에게 신랑 예수 그리스도가 아닌 어떤 인물이나 사상이 범접(犯接)하려 하였다.

- 유대주의적 율법을 준수하라는 이단
  할례를 준수하라(2:11).
  먹고 마시는 것, 절기, 월삭, 안식일을 지키라(2:16).
  일부러 겸손하고 천사를 숭배하라(2:18).
  사람의 명과 가르침을 받으라(2:22).
- 거짓 철학을 지니라는 이단(1:16)
  영과 육을 엄격히 구별되게 한다. 영은 선한 것이고 육은 악한 것이다. 영지주의자다. 금욕주의를 실천하라는 이단이 자연히 생기게 된다. 영적 지식을 얻기 위해 금욕하고 고생해야 한다(2:23).

- 천사들을 숭배하라는 이단

  영지주의 사상에서 파생된 사상으로 천사의 존재를 하나님과 인간 사이의 주요한 매개자로 보고 그들을 섬기는 것이다(2:18, 23).

신랑 예수의 소개는 창세 전부터 시발되어 구약의 온갖 형태의 상징을 통해 계속되다가 신약에 이르러 구원사역의 종료와 함께 예수의 진(眞) 모습과 전(全) 모습이 드러났다. 예비신부인 교회는 이젠 모든 것을 떨쳐버리고 오직 예수만을 잡으면 된다. 그러나 예비신랑이신 예수 그리스도보다도 더 훌륭하고 멋진 사상과 인물이 있다고 하는 유혹이 골로새 교회에 가해진 것이다. 예비신부에게 예비신랑 외의 어떤 다른 객적(客的) 신랑을 소개한다는 것은 이만저만한 비윤리적 비도덕적 처사가 아닐 수 없다.

골로새 교회는 예수를 상징해 주던 구약의 율법을 지키려 했었다. 예수만이 돋보여야 하는데 예수를 여러 인물과 사상 속에 섞어 놓고 섬긴다는 것이 신약 교회에서 흔히 벌어지는 실수이다. 구약도 신약을 가리켰고 율법도 몽학선생으로 사람을 그리스도에게 인도하는 것이었다. 몽학선생은 예수에게로 사람을 인도한 뒤에는 더 이상 나아가야 할 가치와 의미가 없다. 예수를 소개한 몽학선생 율법은 사라져야 한다. 율법이 은혜와 함께 동석하고 부분이 전부와 합하려는 것은 불가한 일이다.

농부가 콩 농사를 지었다. 콩깍지는 콩알을 아예 처음부터 보호했고 잉태했으며 굵은 콩알이 되기까지 감싸주었던 고마운 껍질이다. 그러나 콩알이 다 성숙한 뒤에는 콩깍지는 떨어져 나가게 마련이다. 콩알들만이 모여 곡식이 된다. 메주도 쑤고 콩나물로 무쳐 먹는다. 아무리 콩깍지가 고마운 과거의 업적이 있다손치더라도 콩과 콩깍지를 함께해서 메주를 쑤지는 못한다. 아무리 율법과 구약적 양태들이 예수 그리스도를 담고 가리키고 내어놓았다 한들 콩깍지와 콩이 함께할 수 없듯이 율법과 그리스도는 함께할 수 없는 것이다. 교회에는 그리스도와 그 십자가만이 자랑이지 여타는 미안하지만 사라져야 한다. 교회의 눈에는 콩깍지가 아니라 콩알만 보이게 되어 있다. 그런데 골로새 교회에는 콩과 콩깍지를 합세시키려고 했던 것이다. 그러므로 교회가 예수 외에 다른 엉뚱한 예수 신랑을 맞는다는 것은 배교(背敎)요 배도(背道)이다. 즉 예비신부가 예비신부 자리를 버리고 다른 남자를 신랑으로 맞겠다는 것이니, 이것은 예비신부의 마음자세로서는 너무나 빗나간 것이다. 요한계시록의 음녀의 정체를 해석할 때에 이 음녀를 "많은 물 위에 앉은 큰 음녀"로서 배도한 교회라는 학설들도 수다하다. "자줏빛과 붉은 빛 옷을 입고 금과 보석과 진주로" 꾸몄고 손에는 포도주가 담긴 "큰 잔"을 가지고 있는 교회라는 것이다. 외모의 번쩍거리는 것으로 시선을 사로잡고, 금잔의 포도주로 미각(味覺)을 취하게 하는 것이 배도한 교회라는 것이다.[566]

---

566) 민병석, 「요한계시록 공부」(서울: 신생출판사, 1994), pp. 206~207.

물론 음녀는 배도한 교회가 만들어낸 반신적(反神的) 세계 조직체라는 것에 동의하는 사람들도 있고 보면 음녀가 신랑 예수를 거부하는 그 반대적 대상임에는 틀림이 없다. 굳이 음녀라는 해석을 끌고 와서 예비신부 교회의 슬픈 현상을 말하지 않는다 하더라도 교회는 예수 신랑이 최고적 위치를 차지하지 않을 수도 있는 유혹된 마음을 품을 수 있다. 골로새 교회가 그러했었다. 예수와 그의 사역의 효능이 절대적일 수 없다는 사상이 들어왔다. 전술한 이단사설이 그러했던 것이다. 슬픈 현실이 아닐 수 없다.

그러기에 사도 바울은 뭐니뭐니 해도 예수 그리스도가 뛰어난 영광과 위엄이 있다는 사실을 강조하지 않을 수 없었다. 중매자가 어떤 자매에게 훌륭한 형제를 소개해 주었는데 처음에는 자매가 혹하였다가 누군가가 속이는 말로 다른 엉뚱한 형제를 소개해 주니까 먼저 소개받았던 형제를 버리고 나중 소개받은 형제에게로 마음이 쏠리기 시작했다는 것이다. 그럴 때 중매자가 해야 할 일은 무엇인가? 처음 소개해 준 그 형제가 최고라는 것을 강조하지 않겠는가?

바울은 예수 그리스도의 뛰어난 위엄과 영광을 어떻게 소개하고 있는가? 그리하여 골로새 교회로 하여금 곁눈질 하지 말고 오직 예수 그리스도만 바라보게 한 것이다. 골로새 교회의 신랑 되신 예수님은 이러하신 분이셨다.

신랑, 그는 하나님의 형상이었다.

"그는 보이지 아니하는 하나님의 형상이시요 모든 피조물보다 먼저 나신 이시니"(골 1:15)

신랑, 그는 창조주이셨다.

"만물이 그에게서 창조되되 하늘과 땅에서 보이는 것들과 보이지 않는 것들과 혹은 왕권들이나 주권들이나 통치자들이나 권세들이나 만물이 다 그로 말미암고 그를 위하여 창조되었고"(골 1:16)

신랑, 그는 만물보다 선재하고 만물을 보존하시는 자이시다.

"또한 그가 만물보다 먼저 계시고 만물이 그 안에 함께 섰느니라"(골 1:17)

신랑, 그는 부활의 첫 열매이시다.

"그는 몸인 교회의 머리시라 그가 근본이시요 죽은 자들 가운데서 먼저 나신 이시니 이는 친히 만물의 으뜸이 되려 하심이요"(골 1:18)

신랑, 그는 신성이 육체에 충만하신 분이시다.

"아버지께서는 모든 충만으로 예수 안에 거하게 하시고"(골 1:19)
"그 안에는 신성의 모든 충만이 육체로 거하시고"(골 2:9)

신랑, 그는 화목케 하시는 분이시다.

"그의 십자가의 피로 화평을 이루사 만물 곧 땅에 있는 것들이나 하늘에 있는 것들이 그로 말미암아 자기와 화목하게 되기를 기뻐하심이라 전에 악한 행실로 멀리 떠나 마음으로 원수가 되었던 너희를 이제는 그의 육체의 죽음으로 말미암아 화목하게 하사 너희를 거룩하고 흠 없고 책망할 것이 없는 자로 그 앞에 세우고자 하셨으니"(골 1:20~22)

무엇보다도 신랑 그는 교회의 머리시다.

"그는 몸인 교회의 머리라"(골 1:18 상반절)

예비신부는 약혼녀와 같다. 약혼녀는 상대 남자와 결혼 약속을 맺은 처지이다. 이 약혼녀의 주인은 약혼남자이다. 약혼녀 예비신부는 주야로 약혼한 남자만을 기다려야 한다. 자나 깨나 약혼자 생각을 지녀야 한다.
"신랑 되신 예수께서 다시 오실 때 밝은 등불 들고 나갈 준비 됐느냐
　그날 밤 그날 밤에 주님 맞을 등불이 준비됐느냐
　예비하고 예비하라 우리 신랑 예수 오실 때
　밝은 등불 손에 들고 기쁨으로 주를 맞겠네"(찬송가 162장).

"슬기 있는 자들은 그릇에 기름을 담아 등과 함께 가져갔더니 신랑이 더디 오므로 다 졸며 잘새 밤중에 소리가 나되 보라 신랑이로다 맞으러 나오라 하매 이에 그 처녀들이 다 일어나 등을 준비할새"(마 25:4~7)

"대속하신 구주께서 구름타고 오실 때 천만 성도 함께 모여 주의 뒤를 따르네 할렐루야 할렐루야 우리 구주 오시네"(찬송가 161장).

"볼지어다 그가 구름을 타고 오시리라 각 사람의 눈이 그를 보겠고 그를 찌른 자들도 볼 것이요

땅에 있는 모든 족속이 그로 말미암아 애곡하리니 그러하리라 아멘"(계 1:7)

구름타고 오시는 재림 주를 항상 고대하고 있어야 하는 것이 예비신부의 마음자세이다. "하나님의 나팔소리 천지 진동할 때에 예수 영광 중에 구름 타시고 천사들을 세계 만국 모든 곳에 보내어 구원 얻은 성도들(교회)을 모으리"(찬송가 168장).

"주께서 호령과 천사장의 소리와 하나님의 나팔 소리로 친히 하늘로부터 강림하시리니 그리스도 안에서 죽은 자들이 먼저 일어나고 그 후에 우리 살아 남은 자들도 그들과 함께 구름 속으로 끌어 올려 공중에서 주를 영접하게 하시리니 그리하여 우리가 항상 주와 함께 있으리라"
(살전 4:16~17)

예비신부는 신랑이 더디 오기를 기다리는 자가 아니라 속히 오기를 고대하는 마음의 소유자이다. 신랑은 속히 오리라고 하는데 신부는 천천히 오라 하면서 딴 짓을 한다면 어떠하겠는가? 신랑의 말씀을 들어보자.

"보라 내가 속히 오리니 내가 줄 상이 내게 있어 각 사람에게 그가 행한 대로 갚아 주리라"
(계 22:12)

예비신부는 예비신랑 예수 그리스도께서 이미 세상에 오시사 예비신부들을 점찍어 놓으시고 하늘에 올라가셨음을 다시 상기해야 한다. 그리스도께서 신부를 위해 피를 흘려 구속하시고 정결케 하셨음을 믿고 배신하는 일이 있어서는 안 된다.

"남편들아 아내 사랑하기를 그리스도께서 교회를 사랑하시고 그 교회를 위하여 자신을 주심같이 하라 이는 곧 물로 씻어 말씀으로 깨끗하게 하사 거룩하게 하시고 자기 앞에 영광스러운 교회로 세우사 티나 주름 잡힌 것이나 이런 것들이 없이 거룩하고 흠이 없게 하려 하심이라"
(엡 5:25~27)

예비신부의 채비는 이미 예비신랑께서 해 주신 것들을 유지하는 일이다. 신랑의 소원은 "자기 앞에 영광스러운 교회로 세우는" 일이다. 예비신부는 예비신랑에게 마냥 감사한 마음으로 맞을 준비를 하면 된다. 그 마음가짐은 감사로, 감사는 신랑에 대한 사랑에서 나온다.

(2) 행동가짐

이제 골로새 교회는 예수 그리스도 신랑이 다시 한 번 영화롭고 위엄 있으심을 마음에 다짐하고 그 행동가짐도 이에 맞게 취해야 한다. 그러기에 골로새서에서 자주 나오는 접속사는 '그러므로'(therefore)이다. '그러므로' 어떻게 행동해야 하는가를 다짐한다.

골로새서에서 5회 거듭되는 '그러므로'를 보자.

제1 '그러므로'

"그러므로 너희가 그리스도 예수를 주로 받았으니 그 안에서 행하되 그 안에 뿌리를 박으며 세움을 받아 교훈을 받은 대로 믿음에 굳게 서서 감사함을 넘치게 하라"(골 2:6~7)

제2 '그러므로'

"그러므로 먹고 마시는 것과 절기나 초하루나 안식일을 이유로 누구든지 너희를 비판하지 못하게 하라 이것들은 장래 일의 그림자나 몸은 그리스도의 것이니라 아무도 꾸며낸 겸손과 천사 숭배를 이유로 너희를 정죄하지 못하게 하라 그가 그 본 것에 의지하여 그 육신의 생각을 따라 헛되이 과장하고 머리를 붙들지 아니하는지라 온몸이 머리로 말미암아 마디와 힘줄로 공급함을 받고 연합하여 하나님이 자라게 하시므로 자라느니라"(골 2:16~19)

제3 '그러므로'

"그러므로 너희가 그리스도와 함께 다시 살리심을 받았으면 위의 것을 찾으라 거기는 그리스도께서 하나님 우편에 앉아 계시느니라 위의 것을 생각하고 땅의 것을 생각하지 말라 이는 너희가 죽었고 너희 생명이 그리스도와 함께 하나님 안에 감추어졌음이라 우리 생명이신 그리스도께서 나타나실 그 때에 너희도 그와 함께 영광 중에 나타나리라"(골 3:1~4)

교회는 위의 것을 찾고 위의 것을 생각해야 한다. 마음의 표출이 행동으로 나온다. 가치관이 행동관으로 나온다. 예비신부인 교회의 지향하는 시선은 '위의 것'이고 생각하는 것도 그것이다. '위의 것' 속에서 교회의 생명이 하나님 안에 감추어져 있는 것이다. 신랑 그리스도께서 영광 중에 나타나실 그때에 신부인 교회도 영광 중에 나타난다. 예비신부의 행동은 친정 생각에서 시집 생각으로의 이동이다. 예비신부는 그 보물을 시가(媤家)에 쌓아 두어야 한다. '네 보물 있는 곳에 네 마음'도 있으니까 예비신부의 모든 귀한 것은 하늘에 쌓아두어야 한다. 예비신부 교회는 산 나무에 둥지를 틀지언정 자기와 무관한 나무들에는 둥지를 틀지 않는다. 이에 필자의 에세이 한 편을 소개해 본다.

「〈수류단상〉 2007. 4. 27
까치는 죽을 나무에 둥지를 틀지 않는다

친구 농장에 커다란 느티나무가 있어서 일하고 쉴 때면 언제나 시원한 그늘을 선사해 주곤 했었다. 올봄에 가보니 까치 한 쌍이 둥지를 틀기 시작했다. 어디서 가져오는지 나무토막들을 주어다가 느티나무 가지에 턱턱 걸쳐놓는 것을 보았다.

그런데 친구 이야기에 의하면 꽤나 많이 둥지를 틀고 있었는데 어느 날 농장에 가보니 그 둥지 틀기를 중단하더라는 것이었다. 오히려 거기 있던 건축자재들을 입에 물고 이웃 농장 버드나무 꼭대기에 짓기 시작하더라는 것이었다. 친구가 전하는 이야기를 듣고 나도 의아했다. '어째서 둥지 틀기를 중단했을까? 왜 느티나무에서 시작했던 건축을 중지했을까? 그리고 왜 굳이 이웃 농장 버드나무 위에 둥지를 틀기 시작했을까?' 나는 짐짓 그 농장엘 가 보았다. 내가 사는 마을에서 산보할 수 있는 거리에 농장이 있었기 때문에 농장 방문은 어렵지 않았다. 정말 까치 한 쌍이 둥지를 옮겨 짓기 시작하고 있음을 두 눈으로 똑똑히 확인할 수 있었다.

친구나 나는 여전히 이 까치의 건축계획 변경사유에 대해서는 궁금하기 짝이 없었다. 까치의 둥지 틀기에 이토록 신경을 쓴다는 것도 지나친 한담(閑談) 아닐까?

그런데 친구에게서 전화가 왔다. 자기 농장의 느티나무가 이상하다는 것이었다. 작년 같으면 봄을 맞은 느티나무가 힘찬 잎들을 드러낼 판국인데 금년에는 왠지 봄을 맞아 내미는 잎들이 힘이 없는데다가 어떤 가지에는 아예 잎들이 나타나지도 않고 있다는 것이다. 즉, 이 느티나무는 힘을 잃었던 것이다. 그러려니 하고 지나다가 가을이 되어 친구 농장에 고구마를 캐러 갔을 때 그 느티나무는 완전히 죽어 있었다. 가을이건만 나뭇잎이 바싹 말라 있었고 줄기는 물기를 잃고 있었다. 느티나무는 사목(死木)이 된 것이다. 이때 내 머리에는 전광석화(電光石火) 같은 교훈이 번뜩이었다. "까치는 죽을 나무에 둥지를 틀지 않는다"는 것이다.

까치의 지혜로움이 툭툭 튀어나오고 있었다. 첫째, 아직 봄이라서 느티나무가 잎을 내고 있었는데도 어떻게 이 느티나무가 가을쯤에는 사목이 될 줄 알았느냐는 것. 둘째, 소망이 없는 곳에 희망을 건다는 것이 얼마나 어리석은 일인 줄을 이 까치가 어떻게 알았는가라는 것. 셋째, 아직 죽지 않았지만 곧 죽을 나무에 둥지를 틀 필요가 없다는 것을 어떻게 체득했느냐는 것.

만약 죽어서 깡마르게 된 사목에 까치둥지를 틀어 놓았더라면 얼마나 흉물스러웠을까? 또 얼마나 적으로부터 노출되기 쉬웠을까? 그런즉 까치는 죽을 나무에 대한 예감과 예견, 그리고 투시력으로 확인한 다음 과감하게 행동으로 옮겨 둥지를 딴 곳에 틀기로 작정한 것이었다. 까치는 자기 둥지를 생목(生木)에 지어야 된다는 믿음을 지녔다.

존 번연이 말한 대로 이 세상은 장망성(將亡城)이다. "여기는 영구한 도성이 없다"(히 13:14). 온 세상이 하나님의 심판 아래 있다(롬 3:19). 이 세상은 교회가 아니다. 이 세상은 이미 파산 선고를 받았다. 그런데 사람들은 파산은행에 저축 행위하기에 열심이다. 까치도 장차 죽을 것으로 여겨지는 나무에 집을 짓지 않거늘 어이하여 우리 인생은 파산 선고된 세상에다가 천년만년 살 줄 알고 집을 짓는가? 신자는 죽음과 같이할 수 없는 법. 산 까치가 죽은 나무—아직 죽지 않았지만—에 둥지를 틀 수 없음은 생명 문제와 관련된 것이 아닌가?」[567]

까치까지도 예견하는 바가 있다. 까치 눈에 이미 죽은 나무에 둥지를 틀지 않음은 상식이고, 지금은 살아 있지만 나중에 말라 죽을 나무를 미리 알아차리고 거기엔 아예 둥지를 틀지 않는다는 것. 묘하도다, 그 지혜!

예비신부 교회가 까치의 예지 정도에 못 미친다면 슬픈 일이 아닐 수 없다.

제4 '그러므로'

"그러므로 땅에 있는 지체를 죽이라 곧 음란과 부정과 사욕과 악한 정욕과 탐심이니 탐심은 우상 숭배니라 이것들로 말미암아 하나님의 진노가 임하느니라 너희도 전에 그 가운데 살 때에는 그 가운데서 행하였으나 이제는 너희가 이 모든 것을 벗어 버리라 곧 분함과 노여움과 악의와 비방과 너희 입의 부끄러운 말이라"(골 3:5~8)

예비신부의 마음이 아름답다면 그 행위도 아름다워야 하는 것이다. 우선 예비신부 교회는 떨어버릴 것은 떨어버려야 한다. 교회가 버려야 할 비윤리적 항목들은 위에서 열거한 대로이다. "땅에 있는 지체를 죽이라."

"너희가 서로 거짓말을 하지 말라 옛사람과 그 행위를 벗어 버리고 새 사람을 입었으니 이는 자기를 창조하신 이의 형상을 따라 지식에까지 새롭게 하심을 입은 자니"(골 3:9~10)

옛사람과 그 행위를 벗어버린다. 옛사람과 그 행위로 더러움 입었던 누추한 옷들을 벗어버려야 한다. 그러니까 남은 것은 발가벗은 나체였다. 그것은 흉물(凶物) 그 자체이다. 그런고로 재빨리 "새 사람을 입는 것이다"(골 3:10). 그 새 사람은 새 생명을 지닌 자요 예수 그리스도로 옷 입은 것을 말한다. 이 주제는 마지막 제5 '그러므로'에서 더 다룬다.

---

567) 〈침례신문〉 2007.4.27, 권혁봉의 수류단상 209회.

"내가 그리스도와 함께 십자가에 못 박혔나니 그런즉 이제는 내가 사는 것이 아니요 오직 내 안에 그리스도께서 사시는 것이라 이제 내가 육체 가운데 사는 것은 나를 사랑하사 나를 위하여 자기 자신을 버리신 하나님의 아들을 믿는 믿음 안에서 사는 것이라"(갈 2:20)

제5 '그러므로'

"그러므로 너희는 하나님이 택하사 거룩하고 사랑 받는 자처럼 긍휼과 자비와 겸손과 온유와 오래 참음을 옷 입고 누가 누구에게 불만이 있거든 서로 용납하여 피차 용서하되 주께서 너희를 용서하신 것같이 너희도 그리하고 이 모든 것 위에 사랑을 더하라 이는 온전하게 매는 띠니라"(골 3:12~14)

제4 '그러므로'에서의 교회는 버려야 하고 벗어버려야 할 누더기 옷을 말했다면 제5 '그러므로'에서의 교회는 이제 새로운 옷을 입어야 한다. 소극적으로 벗음과 적극적으로 입음이 요청된다. 신부는 벗고 입음의 단장이 요청된다.

화원을 방문한 적이 있었다. 화원 한 모퉁이에 가니까 흉물들이 쌓여 있었는데 그것은 화환대였다. 공사장에서 버려진 나무막대기들을 주워 와서 이리저리 얽히고 설키게 하여 화환대를 만들어 놓았는데 그 자체로는 아주 볼품이 없어 보였다. 엉성하고 바짝 마르고 색깔도 흐릿하고 긴 막대기 작은 막대기를 대충 이리저리 얽어 놓은 것이 정말 흉물 같았다. 그것이 화환대인 줄을 모르는 나는 화원 주인에게 물었다. "왜 이런 쓰레기 흉물들을 불태우지 않고 두느냐?" 주인은 깜짝 놀라면서 말했다. "이것이 돈 벌어주는 중심이라오." 알고 보니 그것은 화환대였다. 그것에 꽃을 예쁘게 꽂아 장식해 놓은 것이 사람들의 사랑을 받는 화환이었다. 화환대는 꽃으로 장식되어 화환을 만들어 내는 것이다. 화환대는 꽃 속에 감추어지고 겉에는 예쁜 꽃만 보이는 것이다. 화환대는 꽃으로 인해 그 존재의 가치와 의미가 대단해진다. 아무리 꽃들이 있어도 화환대가 없으면 화환이 안 된다는 주인의 말이다. 교회는 화환대와 같다. 우리 그리스도인도 화환대와 같다. 원래는 볼품없는 것이었는데 예수 그리스도로 인해 새 사람을 입으니 이렇게 아름다운 교회, 그리스도인이 된 것이다. 예비신부는 화환이다. 예비신부 교회는 그 마음가짐과 행동가짐이 점진적으로 상승해야 한다. '그러므로' 때문에 행동 방향이 결정되어진다.

2) 천년왕국과 교회

천년왕국은 하늘왕국을 바라보고 있다. 교회가 하늘왕국에 입성하기 이전에 관계하는 왕국이 천년왕국이다. 교회는 천년왕국이란 이 특수한 왕국을 끼고 하늘왕국을 바라본다. 천년왕국은 아직 하늘왕국은 아니다. 천년왕국은 지상의 교회 이야기이고, 하늘왕국은 하늘에서의 교회 이야기이다. 하늘을 바라보는 교회는 천년왕국의 주인공이다. 그런데 아직 하늘왕국이 아닌 지상의 천년왕국과 교회와의 관계는 도대체 그 내용이 무엇인가? 문제가 되고 있는 부분이 무엇인가?

첫째, 천년기를 지닌 천년왕국이 문자적이냐 상징적이냐의 문제이다. 정말 1년에서 시작하여 999년을 지나 마침내 똑 떨어지는 1,000년이란 시공상의 역사적 문자적 기간의 왕국이냐 아니면 영적 능력이 득세하고 성도의 삶이 태평성대를 이루는 것을 상징 내지 비유로 말했느냐의 문제이다. 이 문제는 천년왕국의 유무로 나아간다. 천년왕국이 실재하느냐 실재하지 않고 상징이냐? 여기서 소위 '무천년설'(amillennialism)이 생겼다. 그러나 여기 무천년설은 천년왕국이 말하는 그런 호상태(好狀態)가 없다는 주장을 펴는 것은 아니다. 단지 반드시 일천 년이란 기간에만 그런 상태가 유지되는 것은 아니라는 의미에서이다. 일천 년이란 시간제한을 풀어버리자는 것이다. 무천년설은 오히려 한량없는 그런 천년시대가 많고 많다는 것을 역강조하는 것이니 언제나 천년기이고 천년기는 언제든지 천년기라는 것이다. 그러나 문제는 이런 천년기를 두고 그리스도와 붙어 있는 교회는 어떤 관계를 맺고 있느냐는 것이다.

둘째, 교회의 머리이자 신랑으로서의 예수 그리스도와 교회는 불가분의 관계에 처해 있는데, 이 예수 그리스도께서 소위 천년왕국이란 기간 이전에 재림하시느냐 이후에 재림하시느냐의 문제이다. 천 년 기간 전에 재림하시는 경우를 '전천년설'이라 한다. 우리는 이 용어에 혼란이 없어야 한다. '전천년설'(premillennialism, 前千年說)이라고 할 경우 그것은 천 년 기간과 재림 예수와의 어떤 관계를 말하고 있는가. 사람들이 오해하기를 천년기가 먼저 있은 뒤 예수 재림이라는 아주 엉뚱한 식으로 이해하려 든다. 왜냐하면 전(前)이란 말과 '천 년'(千年)이란 말의 합성어가 그런 오해를 일으킨다. 차라리 더 명백한 표현으로는 천년기 이전 그리스도 재림설(Christ's second coming before the thousand years)이라고 긴 문장의 표시로 말하면 더 좋을 것이다. 또 이 예수 그리스도께서 소위 천년왕국이란 기간 이후에 재림하시는 경우를 '후천년설'(postmillennialism, 後千年說)이라 한다. 또 사람들은 이 용어에 대해서도 엉뚱하게 오해하려 든다. 이상스럽게도 후천년설은 예수 재림하신 뒤에 천 년 기간이 온다는 식의 오해이다. 전천년설과는 정반대의 오해를 하고 있다. 전천년설은 천 년 기간이 먼저 있은 뒤 예수 재림이라고 오해하고, 후천년설은 예수 오신 뒤 천 년 기간이 있다는 오해이다. 두 설이 이름과 다르게 그 내용을 바꾸고 있다는 것이다. 그러기에 후천년설은 천년기 이후 그리스도 재림설(Christ's second coming after the thousand years)이라는 표현이 더 분명한 의미를 표하는 것 같다. 용어에 대한 혼란을 피하기 위해 장황한 설명을 가한 것 같다.

그럼 우선 여기서 천년왕국에 관한 각각의 견해를 들어보기로 하자.

성경의 주제 중 천년왕국설만큼 의견이 분분한 것도 없을 것이다. 요한계시록 20장 1~7절, 한 곳에만 천 년이란 말이 비로소 나오는데 이 천년기에 관한 그리스도인들의 견해가 아직까지 하나로 통일되지 못한 채 내려오고 있다. 사실 천년왕국이란 말 자체는 없다. 단지 천 년이란 기간 이야기만 나온다. 이때 왜 성령께서는 교통정리를 해 주지 않으시는가? 문자적 천 년이라 하시든지 상징적 천 년이라 하시든지 양자 중 하나라고 명백히 성령님이 결정해 주시면 정말 좋으련만 아직도 이 문제는 성령께서 사람 각자의 해석에 맡겨두신 것 같다. 그럼 그리스도인은 어떻게 하라는 것인가? 은혜 되는 대로(?) 해석하라는 것이 아닌가? 요한계시록의 거의 모든 상황과 묘사가 현실에는 없는 추상적인 것인 만큼 상징으로 어떤 진실을 말하고자 하는 묵시문학인 것만은 사실인데, '천년기'만은 상징적이 아니라는 것이 너무 급격한 해석의 변화를 주는 것이 아니냐라는 생각이 들면서, 동시에 반드시 꼭 문자적으로 1천 년이라고 해석해야 되겠느냐는 의문이 생기는 것도 무리는 아닌 것 같다. 그럼 어쩌라는 것인가? 성경이 말하는 대로 그냥 '천 년'이란 말을 문자니 상징이니 따지지 말고 사용하는 것이 편안한(?) 해석이 아니겠는가라는 생각도 없지 않다.

세 천년왕국설을 도표로 표시하면 아래와 같다.

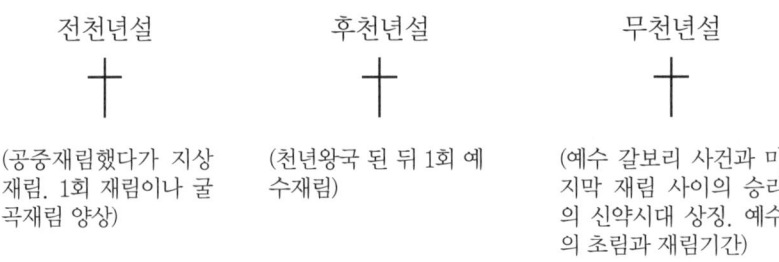

이하에 천년왕국에 대해 상론하고자 한다.

예수 그리스도를 머리로 해서 신랑 예수 그리스도를 맞이하는 교회가 지상에서 어떤 권세와 위엄으로 존재하느냐가 천년왕국이란 특별한 용어로 설명된다. 문자적이든 상징적이든 또 예수의 재림의 시기가 언제이든 간에 천년왕국은 그리스도와 교회가 연관되어 마귀 사탄의 세력을 정복하고 영육 간에 승리의 삶을 살고 있는 상태의 기간이다. 교회는 천년왕국의 주인이다. 교회 성도는 천년왕국의 시민이다. 천년왕국은 사탄왕국의 대치(對峙) 개념이며 하늘왕국의 예비 개념이다. 천년왕국은 실로 해석상의 많은 논란이 있어 왔다. 에드가 영 멀린스는 재림에는 통일된 사상을 가지나 그리스도와 더불어 천 년 동안 통치한다는 사상에는 일치하지 않는다는 것이 그리스도인의 견해라고 지적하고 있다.

「해석학자들은 신약이 그리스도의 가시적(可視的), 인격적인 재림을 가르치고 있다는 데에는 일반적으로 의견을 같이하고 있다. 그렇지만 초기 교회사에서부터 이 지상(地上)에서 성도들이 그리스도와 더불어 천 년 동안 통치한다는 문제에 대해서는 의견이 분분(紛紛)하다. 이 기간은 천년기 왕국으로 알려져 있다. 이 천년기 왕국에 대해 특별히 언급하고 있는 성경구절은 요한계시록 20장 1~6절이다. 그런데 천년전기론자(千年前期論者, premillenialists)와 천년후기론자(千年後期論者, postmillennialists) 간의 문제점은 그리스도의 재림이 천년기 앞에 오느냐 또는 후에 오느냐의 문제다. 그러나 명확한 방법으로 어떤 사건을 다루듯이 이러한 논의를 취급할 수는 없다. 그런 만큼 여기서는 두 견해의 대표적인 주장과 약점을 제시하고 우리 나름대로의 결론을 내릴까 한다.」[568]

이하에 천년전기설에 관한 견해를 약술해 보기로 한다.

(1) 전천년설(천년전기설, 천년기 이전 그리스도의 재림설)

그리스도께서 그의 세상 통치 이전에 오신다는 것이 전천년설(전천년왕국설)이다. '앞, 혹은 이전'이란 pre(before)라는 접두사와 '천 년'이란 millennium이란 단어가 합해져서 전천년설(premillennialism)이라 한다. 여기에는 대표적인 두 양태가 있으니 그 하나는 역사적 전천년설(historical premillennialism)이고, 다른 하나는 세대주의적 전천년설(dispensational millennialism)이다. 전자는 천년왕국은 역사적인 것이로되 숫자는 상징적일 수 있고 아마겟돈 전쟁 이후에 천 년에 걸쳐 그리스도는 백성과 함께 지상을 다스린다는 것이고, 후자는 교회시대 이후에 문자적인 천 년의 기간에 그리스도께서 다스리는데

---
[568] 에드가 영 멀린스, 「조직신학 원론」 권혁봉 역, (침례출판사, 1982), p. 563.

교회와 이스라엘은 별개의 병행하는 실체로 본다.[569]

어느 천년기설이든 간에 그것은 왕국이며 천 년이란 기간을 붙이면 천년왕국이라 한다. 그리고 그 왕국은 악의 세력이 힘을 쓰지 못하고 그리스도께서 다스리시는 왕국이다. 왕국 혹은 천년왕국은 하나님의 백성을 그 시민으로 하며 그 영역은 하나님께 속하고 하나님의 주권이 득세한다. 일반 국가의 개념도 국민, 영토, 주권의 3대 요소가 잘 갖춰져야 성립된다. 과거 일제 식민시대의 한국은 우선 주권을 잃었기에 국민과 영토는 그대로 있었지만 타국의 국민, 타국의 영토가 되었던 것이다. 이런 의미로 볼 때 천년왕국 혹은 단순히 왕국이 아닌 때와 아닌 장소가 없었다고 할 것이다. 특히 예수의 갈보리의 승리 외침 이후에 이미 왕국은 실현되고 있었다고 할 것이다. 문제는 그리스도의 재림이 이런 왕국의 전이냐 후이냐 하는 것이다. 그리고 '이런 왕국'이라는 말 속에 그 기간을 일정하게 한정했느냐 않느냐에 따라 이런 왕국의 기간이 천 년이라 할 수 있고 무한 천 년이라 할 수 있을 것이다. 그렇다면 그리스도의 초림 말고 재림은 언제일 것이냐이다. 아직 그리스도께서는 재림하시지 않으셨다. 그리스도 재림의 시기는 예수 자신도 모르신다 하여 계시된 바 없고, 신약시대 사람들은 자기들 생존 시에 재림한다는 식으로 노골적으로 주장하지는 않았고 단지 오신다고 하신 말씀에 순종하여 기다렸을 뿐인데, 사실 외부적, 가시적, 인격적 그리스도의 재림이 아직까지 일어나지는 않았던 것이다.

재림하신 뒤에 가서 우리가 말할 내용이 천년기 앞에 오셨구나, 뒤에 오셨구나라고 그때 가서 수군거릴 수 있느냐이다. 그렇다면 전천년이니 후천년이니 하는 논의는 그때 가서 하는 것이 타당하지 않겠느냐일 것이다.

그러나 이 모든 사색과 추상은 일단 덮어두고 그리스도께서 천년왕국 되기 이전에 오셔서 비로소 천년왕국을 이루실 것이라는 것이 전천년설이다. 멀린스의 입장을 소개한다.

「천년전기론자들은 그리스도의 지상 재림이 천년기라고 알려진 기간보다 선행(先行)한다고 주장한다. 이들의 대표적인 주장을 열거하면 다음과 같다.
- 그리스도가 재림하실 때에 세상은 일반적으로 악의 세력 아래 들어 있을 것이다. 적그리스도(Anti-Christ)가 사람들 가운데서 행세할 것이다(마 24:24, 29, 30).
- 그리스도의 재림 시에 그는 그의 원수들을 현저하게 정복하고 적그리스도를 파멸하실 것이다(살후 2:8; 유 14, 15).
- 생존한 그리스도인들은 공중에서 주님을 만나기 위해 들림을 받을 것이다(살전 4:17).
- 천년기 시초에 그리스도 안의 죽은 자들의 부활이 있을 것이다. 이것을 첫째 부활이라 한다(계 20:4~6).

---

569) William H. Stephens, *The Bible speaks to end times*, (Nashvill: Tenn. Convention Press, 1993), p. 20.

• 생존한 여러 민족들에 대한 일차적인 심판이 따르고, 부활한 성도들은 그리스도와 더불어 천년동안 통치할 것이다(계 20:4; 마 25:31~46).
• 천년기 끝에 이르러 감금되었던 사탄이 석방됨으로 인하여 한 차례 극악한 시기가 다시 있을 것이다(계 20:7~10).

다음에 믿지 아니한 사악한 자들의 부활이 있을 것이며, 그 후에 최후 심판과 영원한 보상이 있을 것이다(계 20:12~15).」[570]

스티븐스의 입장을 보자.

「전천년왕국설 신봉자는 그리스도의 재림(혹은 Parousia)은 천년왕국으로 알려진 그 기간에 선행(先行)할 것을 주장한다. 그들은 그리스도가 재림할 때는 세상은 일반적으로 적그리스도가 지배하는, 악의 세력 아래에 있을 것으로 믿는다. 이때에는 적그리스도가 파멸당하는 그리스도의 적에 대한 뛰어난 승리가 있을 것이다. 이때에 첫째 부활이 일어날 것이며, 이것은 그리스도 안에서 죽은 자가 그와 더불어 일어나게 되는 것이다. 이때에는 열국(列國)에 대한 심판이 있게 된다. 부활한 성도는 천 년 동안 그리스도와 더불어 다스리게 된다. 이 천 년 동안 묶여 있던 사탄은 풀리어 날 것이며, 그래서 행악(行惡)이 다시 성행할 것이다. 그리고 나면 악한 자의 부활이 있게 되며, 여기에 최후의 심판과 영원한 상급(賞給)이 뒤따라 일어날 것이다. 이 전천년왕국설을 옹호함에 사용된 주된 성경구절들은 다음과 같다. 마태복음 24장과 25장, 데살로니가전서 4장 13~18절, 데살로니가후서 2장 1~12절, 고린도전서 15장 20~24절 및 계시록 20장 1~6절. 몇몇 구약성서의 예언들도 제시되었다.」[571]

전천년왕국은 사탄이 무저갱에 갇혀 있는 문자적 천년기로서 사탄이 없기에 태평성대를 이루는 왕국이며, 이것은 예수의 재림이 먼저 있은 다음 비로소 가능한 왕국이라는 것이다. 이때 교회는 재림하신 그리스도와 천 년 동안 왕 노릇을 함께한다는 것이다. 예수 그리스도가 인격적, 신체적으로 재림하셔서 천년기를 시작하시니까 천년기는 지금은 아니다. 그것은 단지 미래에 반드시 있게 될 시기이다. 지금은 천년왕국시대가 아니라는 것이다. 후천년기설자는 이미 천년기일 수도 있다는 것이며, 무천년설자도 1천 년이란 한정된 기간을 거부하는 것으로되 태평성대를 이루는 그리스도의 통치의 기간은 인정하는 바 지금이 천년왕국시대라고 하는 것이다. 전천년설자는 결코 지금이 왕국시대는 아니라는 것이며

---

570) 에드가 영 멀린스, 「조직신학 원론」 권혁봉 역, (침례출판사, 1982), pp. 563~564.
571) 윌리엄. W. 스티븐스, 「조직신학 개론」, p. 512.

교회도 지금은 세상에서 왕노릇하지는 않을 것이며 그것은 미래에 가서 가능하다고 본다. 그렇다면 지금은 교회가 지배권을 잃고 있다는 말이냐는 성급한 질문이 터져 나오지 않을 수 없는 것이다. 좀더 전천년왕국설에 대한 논의를 계속해 보자. 역사적으로 전천년설에 대한 태도를 보면 교회 초기엔 이 전천년설이 단연 우세했었다.

순교자 저스틴 마터(100?~105?)가 전천년설의 강력한 주창자였다. 그는 그리스도의 임박하고도 재앙을 겸한 재림을 교회가 기대한다고 강조했다. 그는 그리스도가 그의 지상왕국 새 예루살렘을 세우기 위해 옛 예루살렘을 파괴해 버리고 친히 천 년 동안 지속할 황금왕국시대를 열 것이라고 믿었다.[572] 19세기에 와서 후천년설과 무천년설에 유혹을 받았다고 느끼는 많은 그리스도인들 가운데서 전천년설이 인기를 얻기 시작했다. 초기 3세기까지만 해도 그리스도의 초기 재림을 강하게 기대했었다. 왕국의 점진적인 성장으로 천년왕국이 오는 것이 아니라 갑자기 재난처럼 순식간에 어떤 사건으로 오는 것이라고 믿었다. 저스틴 마터, 이레니우스 등 기타 신학자들이 이 견해의 신봉자였다. 알렉산드리아 학파의 클레멘트, 오리겐, 디오니시우스 등은 그 반대였다. 어거스틴의 천년기 견해 때문에 천년왕국설이 기울어지기 시작했고, 중세기에서는 이 설이 아주 잠자게 되어 소수의 신비적 단체만이 이 설을 유지했었다. 그러다가 19세기 중반부터 전천년설이 다시 보수 계통에서 폭발적 인기를 얻기 시작하고 후천년설은 자유주의파에서 인기를 얻었다. 그런데 세대주의가 나타나서 전천년설이 매우 힘을 얻게 되었으며 이 설을 주장하는 교파로서는 보수적인 침례교, 오순절 단체, 그리고 독립적인 근본주의 교회로 볼 수 있다.[573]

전천년설에 의하면 그리스도의 재림은 천년왕국이 있기에 앞서서 혹은 천년왕국 시작하는 바로 그 순간에 있을 사건인 것이다. 이 왕국은 교회의 사역이 인류의 진보에 의해서가 아니라 승리하신 그리스도의 초자연적 강림에 의해 초래되는 왕국이다. 그리스도는 땅 위에 왕국을 세우시기 위해 육체적인 형태로 오신다. 그리고 그리스도의 강림에 앞서 시대 징조는 인간의 문화가 진보하기는커녕 도덕적 영적으로 타락하는 상태에 이른다.[574] 전천년설에도 두 가지 종류의 양태가 있다. 역사적 전천년설(historicist premillennialism)과 미래적 전천년설(futurist premillennialism)이다. 전자는 예언하고 있는 성경말씀이 상징적 형태로 전 교회사(全敎會史)를 반영하는 것으로 믿으며 교회의 과거와 현재는 하나님의 예언적 시간표에 대한 실마리 단서가 된다고 본다.[575] 후자는 성경의 예언은 말세에 가서 성취된다. 따라서 그 예언들은 지금의 교회와는 별 관계가 없다는 것이다. 그 이유는 지금의 교회란 것이 그리스도의 부활의 큰 사건과 승리의 재림 사이에 끼어 있는 잠시 잠깐의 공동체라는 것 때문이다.[576]

---

572) Bill J. Leonard, 앞의 책, p. 148.
573) Millard. J. Erickson, *Christian Theology*, p. 1209.
574) Bill J. Leonard, 앞의 책, p. 148.
575) Bill J. Leonard, 앞의 책, p. 148.
576) Bill J. Leonard, 앞의 책, p. 148.

미래적 전천년설에 의하면 이 사회가 점점 타락하고 적그리스도가 힘을 얻어서 대환난기를 내어 놓는다는 것이다. 대환난이 끝날 즈음에 그리스도가 강림하시고 적그리스도를 패배시키고 사탄이 패할 마지막 즈음에 천년왕국을 세우게 되며 심판이 있게 되고 새 하늘과 새 땅이 나타나게 된다는 것이다.[577]

미래적 전천년설은 교회의 '휴거'를 믿는다. 즉 교회가 그리스도와 함께 있기 위해 사로잡혀 올라간다는 것이다(살전 4:15~17). 그러나 휴거 기간에 대해서는 견해가 다르다.

첫째, 환난 전 예수재림설 즉 전환난설인데 그것은 그리스도가 재림하기 전에 휴거가 일어날 것이라고 하는 것이다. 즉 환난이 오기 전에 예수께서 재림하사 교회를 휴거해 가신다는 것이다. 둘째, 중환난기설은 환난 기간 중 어느 때에 예수께서 재림하셔서 교회를 휴거해 가신다는 것이다. 셋째, 환난 후 예수재림설 즉 후환난설인데 그것은 환난이 다 지난 뒤에 예수께서 재림하신다는 것이다. 그리고 바로 천년왕국으로 직행한다는 것이다.[578]

전술한 바와 같이 세대주의는 특수한 예언 기간을 정해놓고 하나님의 예비적 백성인 이스라엘이 그리스도를 거부함과 그리고 최후 심판 중간에 존재하도록 섭리한 백성이라고 한다. 레오나드는 딜라드 에릭슨(Dillard Erickson)의 말을 다음과 같이 인용하고 있다.

「이스라엘이 왕국을 거부한 후에 하나님은 그것을 교회에게 주셨다. 말하자면 교회로 하나님께서는 이스라엘을 대치하셨다. 이스라엘을 교회에게 접붙여 놓은 상태이다. 이스라엘을 위한 왕국은 단지 연기되었다. 그러니까 이방인의 때가 다 차면 하나님의 백성 이스라엘에게 왕국은 다시 주어질 것이다. 하나님은 그의 백성 이스라엘을 잊으신 적이 없으며 그들을 버리고 교회를 그 자리에 앉히신 적도 없으셨다.」[579]

전천년왕국설을 좀더 세부적으로 요약 설명해 보자. 전천년왕국설은 천년기 초기에 있을 그리스도인의 부활과 천년기 끝에 가서 있을 비그리스도인의 부활 등 두 종류의 부활이 있다고 본다. 이 설은 천년왕국은 이미 있던 왕국의 단순한 연장선에 있는 것이 아니라 갑작스러운 사건으로 새로 시작하는 왕국을 주장한다. 이 설은 이스라엘이 천년기 동안에 특별한 위치를 차지한다. 세대주의자들은 이스라엘이 천년기 동안에 구약에서 말한 축복과 지위를 그대로 유지한다고 보며 비세대주의자들은 단지 영적인 이스라엘의 변화를 주장하는 면에서 차이가 난다. 무엇보다 확실한 것은 예수 그리스도가 천년기에 앞서 먼저 재림한 뒤에 천년왕국이 시작되는 것이다. 천년왕국은 그리스도의 재림 없이는 아예 시작도 안 한다. 전천년설자의 주장의 핵심은 다음과 같다.

---
577) Bill J. Leonard, 앞의 책, p. 149.
578) Bill J. Leonard, 앞의 책, p. 149.
579) Bill J. Leonard, 앞의 책, p. 149.

-그리스도는 천년왕국 이전에 재림하실 것이다.

-그리스도는 천년왕국을 세우시고 천 년 동안 다스린다.

그런데 전천년설에도 전술한 바와 같이 역사적 및 세대주의적 전천년설로 나눠지고 있다. 이하에 두 설의 유사함과 차이점을 밝히고 각각의 특징을 진술한다.

두 설의 유사점
- 두 설은 유대인 또는 이스라엘이 종말에 가서 어떤 특수한 방법으로 작용된다.
- 두 설은 문자적 적그리스도가 있다고 본다.
- 두 설은 문자적 대환난을 믿는다.
- 두 설은 문자적 천년왕국을 믿는다.[580]

두 설의 차이점
- 성경을 어떻게 해석할까?
- 교회와 예언상의 이스라엘의 위치가 무엇인가?
- 교회가 하나님의 기본계획(primary plan)인가? 이차적(secondary plan)인가?
- 대환난과 천년왕국 기간의 신약의 은혜는 어떤 위치인가?
- 일곱 교회에게 보낸 일곱 서신의 해석을 교회사 전역에 적용해야 되는가? 안 해야 되는가?
- 끝에 가서 이스라엘은 어떻게 되는가?[581]

두 설의 특징
- 역사적 전천년기설의 특징
- 구약 예언은 예수께서 내리신 예언 해석에 기초해서 영적 이스라엘인 교회에서 다 이루어진 것이다.
- 구약은 신약에 비춰서 해석되어져야만 한다.
- 예언 성경은 지극히 자연스러운 방법에서 문자적으로 해석되어야만 한다. 이렇게 볼 때 교회는 새 이스라엘이다. 예수와 신약 저자들은 구약 예언을 재해석한 사람들이다.
- 교회는 하나님의 기본계획이었지 이차적인 계획은 아니다. 유대인이 예수가 메시아임을 거부하므로 계획에도 없던 교회를 갑자기 세운 것은 아니라는 것이다. 하나님은 교회를 그의 일차적인 목표로 하셨다.
- 새 언약은 제사제도보다 월등하다. 그리스도의 초림에서 역사의 종말에 이르기까지 구원

---

580) William H. Stephens, 앞의 책, pp. 21~22.
581) William H. Stephens, 앞의 책, pp. 21~22.

받아왔거나 받게 될 모든 사람들은 누구나 믿음으로 말미암은 은혜로 구원받은 것이다.
- 하나님은 종말에 가서 어떤 방법으로 유대민족을 활용하시지만 우리에게 어떻게 사용하실지는 계시하지 않으셨다.
- 성경은 단 하나의 부활과 최후의 한 심판에 관해서 말하고 있다.
- 천년기는 문자적 왕국 안에서 그리스도의 문자적 통치를 말하지만 그 기간은 문자적이거나 상징적일 수 있다.
- 예언은 상당 부분 상징성을 띠지만 그 상징은 문자적 사건을 지시하고 있다.[582]

• 세대주의적 전천년기설의 특징
- 교회는 새 이스라엘이 아니다.
- 구약은 신약의 빛에서 재해석하기보다는 구약 자체의 맥락에서 그대로 해석되어야 한다.
- 구약에서 이스라엘에게 한 약속은 변함이 없다. 하나님은 자기가 하신 말씀을 취소하지 않으시니까.
- 이스라엘은 하나님의 계획 안에서 하나의 나라로서 특별한 미래를 지닌다.[583]

세대주의자의 기본사상은 구약과 신약의 엄연한 구별이다. 어쩌면 신구약은 합일점에 이르러서 한 선(線)으로 달리지를 못하고 끝까지 상대 내지 심하게 말하면 대립점을 가지고 계속 평행선(平行線)으로 달리고 있는 바 영구히 결합하지 못하고 있는 것이다.

그 결과 나오는 주장은 무엇인가?

천년왕국의 실제 위치는 예루살렘이 된다. 예수 참 왕은 물질로 만든 왕좌에 앉으신다. 옛날 다윗의 나라가 계속된다. 단지 그동안 깨어진 틈에 교회가 잠깐 차지하고 있었다는 것이다. 구약 이스라엘의 율법적 관행이 계속된다. 구약 제사제도가 살아난다. 그것은 히브리서의 사상과는 정반대인 것이다. 히브리서는 신구약의 은혜와 율법 등을 비교하면서 "더 좋은, 더 우수한"이란 말로 전체를 기록하고 있다. 신약이 구약보다 더 좋다. 새 언약(둘째 것)이 첫 언약(첫째 것)보다 더 우수하다는 것의 표현은 다음과 같다.

Better than that(질적으로 신약이 좋다).

more than that(양적으로 신약이 더 크다).

다시 소와 양의 피를 꼭 흘려야만 하는가? 그럼 예수의 골고다의 피는 어디로 가란 말인가?

(2) 후천년설(천년후기설, 천년기 이후 그리스도의 재림설)

---

582) William H. Stephens, 앞의 책, pp.24~25.
583) William H. Stephens, 앞의 책, p.24.

후천년설은 천년기 왕국을 다 지낸 뒤에 그리스도가 재림한다는 것이다. 그리스도께서 지상 통치 후에 재림하신다는 것인데 '천 년'이란 millennium 단어가 합성되어 후천년설(postmillennialism)이 된 것이다.[584] 그리스도가 지상에 오셔서 비로소 천년왕국이 시작되는 것이 아니라 이미 지상에 천년왕국이 다 이뤄진 뒤에 그리스도께서 그 마지막에 여유있게(?) 강림하신다는 것이다. 천년왕국이 이뤄지는 동안 그리스도는 재림하시지 않고 하늘에서 내려다보고 계시는 중이라고나 할까? 복음 전파가 성공적으로 되니까 온 세상이 개종하게 되는 것이다. 그리스도가 통치하심은 인간의 마음속에서다. 뜻이 하늘에서 이뤄진 것같이 땅에서도 이뤄진 세대로서 평화가 우세하고 악은 없어진다. 복음이 완전히 영향을 미칠 때 그리스도께서 재림하실 것이다. 기본적으로 후천년설은 아주 낙천적인 견해이다. 멀린스의 입장을 들어보자.

「천년후기론의 견해는 기독교가 세상을 승리할 일천 년 기간이 있을 것을 주장한다. 이 천년기는 복음이 점차적으로 전파되어 인간의 모든 생활 구석구석에 이르기까지 그것의 세력이 우세함으로 말미암아 생겨진 기간일 것이다. 이 천년기 끝에 이르러 선과 악의 세력 간의 투쟁이 한동안 새로이 전개되다가, 그 후에 그리스도께서 인격적으로 오실 것이다. 그때 의인과 악인의 부활이 있을 것이다. 그리고 이어서 곧 최후 심판과 영원한 보상이 있을 것이다. 이상이 천년후기론 주장의 핵심이다. 천년후기론의 견해를 지지하는 데에도 많은 성경구절이 인용되고 있다. 어떤 인용구절에는 의인과 악인의 부활이 동시(同時)에 일어날 것으로 보이기도 하며, 또 어떤 인용구절에는 그 사건이 한편에는 그리스도의 재림과 또 한편으로는 최후 심판과 밀접하게 관련해서 일어날 것으로 제시되기도 했다. 이런 사건들에 선행(先行)하고 있는 천년기는 요한계시록 20장 1~10절의 동일 구절에서 나온 것이다. 자세하게 설명을 가해보기로 한다. 마태복음 16장 27절에는 "각 사람의 행한 대로"라는 말이 "아버지의 영광으로" 그리스도께서 오시는 사건과 관련되어 있다. 또 마태복음 25장 31~33절에서는 그리스도께서 오시사 자기 영광의 보좌 위에 앉으시고 모든 민족을 심판하실 것이라 했다. 요한복음 5장 28, 29절에서는 의인과 악인 양자를 포함한 "무덤에 있는 모든 사람들이 심판을 받기 위해 살아나게 될 때가 오나니"라고 했다. 데살로니가후서 1장 6~10절에서 그리스도께서는 "불꽃 중"에 오셔서 악인들로 "주의 얼굴을 떠나 영원한 멸망"에 처하도록 형벌하실 것이라고 했다. 베드로후서 3장 7, 10절에는 "주의 날"이 불로 경건치 않은 사람을 심판하고 멸망하는 사건과 밀접히 관련되어 있다. 요한계시록 20장 11~15절에는 모든 사람이 함께 나타나고 영원한 보상이 선포되는

---

584) William H. Stephens, 앞의 책, p. 20.

최후 심판에 대한 묘사가 나타나 있다.」585)

스티븐스의 견해는 아래와 같다.

「후천년왕국설(postmillennialism)
후천년왕국설 신봉자는 물론 일천 년의 기간은 있을 것이지만 그리스도는 이 기간의 시초가 아니라 끝에 올 것이라고 주장한다. 이 기간 동안에 그리스도교는 복음의 점진적인 전파와 예수님의 가르침의 적용(適用)으로 말미암아 지상에서 승리할 것이다. 이 기간의 끝에 가서 의의 세력과 악의 세력 간의 충돌이 다시 시작될 것이다. 그때에 그리스도가 재림하며 의로운 자와 악한 자의 부활이 있게 되며, 여기에 최후의 심판과 영원한 상급(賞給)이 뒤따라 일어날 것이다. 후천년왕국설을 옹호함에 사용된 주된 성경구절들은 다음과 같다. 마태복음 16장 27절; 25장 31~33절, 요한복음 5장 28, 29절, 데살로니가후서 1장 6~10절, 베드로후서 3장 7, 10절, 계시록 20장 1~10절, 11~15절.」586)

후천년설도 하나님 나라의 현재성과 그 나라의 점진적 발전성과 낙천적 왕국성을 강조한다. 후천년설이 주장하는 하나님 나라의 현재성이란 무엇이며 점진적 발전성이란 무엇이며 또 낙관적 왕국이란 무엇을 두고 말하는 것인가? 그 현재성이란 왕국은 이미 사람들의 마음과 생활 속에 현존한다는 것이다.587) 그 점진적 발전성이란 누룩이 온 떡덩어리에 퍼지듯이 이 세상은 왕국으로 발전해 나간다는 것이다. 성령의 지시 아래서 교회가 복음 활동을 함으로써 온 인간사회가 변화를 받는다는 것이다.588) 낙관적 왕국이란 것은 세상은 비극이나 슬픔으로 끝나지 않고 황금시대로 변한다는 것이다.589)

기독교는 완성되고 사회질서는 기독교화된다. 사회는 왕국을 향해 진행하며 과학과 기술발전은 인류의 진보 증거라 한다. 사회제도도 좋은 쪽으로 변화한다. 굳이 그 기간은 문자적으로 천 년일 수도 있고 아닐 수도 있지만 영적인 부흥은 기필코 일어나게 되는 햇빛시대를 맞는다. 이런 일들이 있은 뒤 그리스도가 비로소 재림하신다. 황금시대 끝에 있을 예수 재림이다. 다시 말하면 황금시대가 절정에 이르기까지는 예수 재림은 없다는 것이다. 이런 사상은 전천년설과는 정반대인즉 전천년설의 말세는 비관적인가 하면 후천년설의 그것은 낙관적이다.

---

585) 에드가 영 멀린스, 「조직신학 원론」, pp. 564~565.
586) 윌리엄. W. 스티븐스, 「조직신학 개론」, 허긴 역, p. 512.
587) Bill J. Leonard, *The Nature of the Church*(Nashville. Ten. Broadman Press, 1986), p. 146.
588) Bill J. Leonard, 앞의 책, p. 146.
589) Bill J. Leonard, 앞의 책, p. 146.

후천년설의 브랜드 마크는 점진적 발전(progressive improvement)이다. 이 학설은 자유주의자와 복음주의자 양자 간의 프로테스탄트 단체에서 환영받고 있다. 이 설의 주창자로서는 가장 위대한 미국 후천년설자인 조나단 에드워즈(Jonathan Edwards)와 19세기 부흥사 찰스 피니(Charles G. Finney)이다.[590] 그러나 20세기에 와서 두 차례의 세계대전으로 인한 세상의 죽음 및 파괴와 환경오염과 국가의 경쟁적 경제 투쟁과 잦은 테러 사건과 전쟁 등으로 인해 황금시대란 환상이 깨지고부터는 후천년설의 인기가 급강하하고 있는 오늘의 실정이다. 이런 맥락에서 전천년설과 무천년설이 고개를 들고 있는 것 같다. 앞으로 무천년설 설명을 앞두고 지금까지 논의해 온 전천년설과 후천년설의 피차간의 비평을 멀린스의 견해로 제시한다.

후천년설이 전천년설에 대해 가하는 비평[591]

• 천년전기론은 그의 주장을 전 신약을 통해 가장 상징적이고도 시적(詩的)인 문헌에 속하는 계시록의 한 부분에 주로 근거하고 있다. 이 뿐만 아니라, 이 부분은 그리스도와 더불어 통치할 사람은 그리스도 안에서 죽은 모든 자들의 전부가 아니라, 다만 순교자들 또는 "예수의 증거를 인하여 목 베임을 받은 자"들로 국한하고 있다. 더 나아가서 거기서 언급되고 있는 "첫째 부활"은 예수와 요한과 바울의 말들 중에 자주 나타나고 있는 영적인 부활을 가리킬 수도 있다고 주장한다. 그런즉 이 부분 전체에는 오랜 기간 동안 영적인 진리의 승리에 대한 상징적인 제안일 것이라고 추론된다.

• 천년전기론의 견해는 의인과 악인의 부활과 심판을 동시에 일어나는 것으로 선포한 성경구절들을 무시하고 있다.

• 천년전기론은 지상(地上)에서의 왕국의 발전은 갑작스러운 재난에 의해서가 아니라 점차적으로 이룩되는 것으로, 제시된 많은 비유와 기타 성경책들을 무시한다. 토마스(J. B. Thomas)가 말한 바와 같이 하늘나라는 겨자씨와 같은 것일지언정 니트로글리세린(Nitroglycerin, 화학약품)의 통과 같지는 않다.

• 천년전기론은 그리스도의 왕국의 성질에 관한 해결할 수 없는 난점을 내포하고 있다. 부활한 성도가 정상적인 인간의 방법으로 태어나서 인간의 삶을 영위하고 있는 이 세상 사람들과 함께 천년기 동안 땅에 살며 통치한다는 것이다. 그리하여 부적절 또는 모순되는 요소들이 개입되고 만다.

• 천년전기론은 복음은 그리스도께서 오시기 이전에 모든 민족에게 단지 "하나의 증거"로서 전파되어져야 한다고 주장함으로써 피상적인 활동에 그친다. 증거가 된다는 말은 성

---

590) Bill J. Leonard, 앞의 책, p. 147.
591) 에드가 영 멀린스, 「조직신학 원론」, pp. 565~566.

서적이지만 실제적인 의미는 부정되고 있다.
- 천년전기론은 그리스도의 재림 시까지 세상은 악화(惡化)되어 갈 것이라는 신념을 동반함으로써 비관주의(悲觀主義)를 지향(指向)하고 있다. 이렇게 된즉 인간편에서 최고의 노력을 유발시키려는 동기가 깨어지고 만다.
- 천년전기론은 부당하게 하나의 진리만을 강조하던 나머지 불가피하게 기타의 진리들은 강조하지 아니하며 따라서 그리스도인들 가운데서 분리적인 문제를 조성하고 때로는 광신주의로 흐르는 경향이 있다.

전천년설이 후천년설에 대해 가하는 비평[592]

그런가 하면 천년전기론자들은 다음과 같은 근거에 입각해서 천년후기론의 견해를 강력하게 반대하고 있다.
- 천년후기론은 천년전기론적 견해, 즉 두 개의 부활과 두 개의 심판을 지지하는 데에 인용된 기타 성경구절은 물론 계시록 20장 1~10절의 분명하고 명백한 의미를 무시하고 있다.
- 천년후기론은 그리스도가 재림하실 때에 사악이 지상(地上)에 편만할 것이라고 보여주는 성경구절들을 무시한다.
- 천년후기론은 적그리스도에 대한 가르침을 피한다. 즉 데살로니가후서 2장 1~11절은 적그리스도 안에서 악이 점차 최절정에 이를 것이라고 했으며 따라서 그리스도 재림사건에 앞서 일천 년 동안 복음이 승리의 개가를 부르리라는 개념 따위를 말끔히 지워놓고 있는데도 불구하고 천년후기론자들은 이 사실을 말하려 하지 않는다.
- 천년후기론은 데살로니가전서 5장 1~3절, 처녀의 비유, 기타 갑작스런 재난적 사건을 인한 왕국의 발전을 말하고 있는 성경구절을 무시하고 있다.
- 천년후기론은 이스라엘의 회복과 기타 중요한 결과들을 포함하여 이 지구상에 그리스도의 영광스러운 나라를 명백히 지시하고 있는 구약의 무수한 예언 사실을 고려하지 못하고 있다.
- 천년후기론은 마태복음 25장 31~46절의 민족들의 심판과 요한계시록 20장 11~15절의 큰 흰 보좌의 최후 심판 사이의 구별을 무시한다.
- 끝으로 천년후기론의 견해는 그리스도인들로 하여금 그리스도의 재림에 대한 신약적 기대를 걸도록 만들지 않고 있다.

전천년설과 후천년설의 논의는 결론 부분에서 다시 다루기로 하고 무천년설에 대해 알아보자.

---

592) 에드가 영 멀린스, 「조직신학 원론」, pp. 566~567.

(3) 무천년설

천 년이란 말은 단지 상징(symbolic)이며 종말에 있을 문자적 혹은 여자적(如字的)인 의미는 아니며 따라서 '아님', '없음'이란 'a'라는 접두사와 '천 년'이란 'millennium'의 합성어가 무천년 'amillennialism'이 된 것이다. 그리스도는 교회사 전역을 거쳐 그의 백성을 통해 다스리신다.593) 우리는 지금 전천년기설과 후천년기설을 논하고 있지만 '교회'의 위치가 어디냐가 관심사이다. 왜냐하면 천년왕국 혹은 왕국은 그리스도와 교회가 하나가 되어 지배하는 나라이기 때문이다. 단지 왕국 혹은 천년왕국이란 특수한 왕국을 두고 그리스도의 재림이 앞선 것이냐 뒤에 선 것이냐인데 아직 그리스도의 재림이 없었던 것만은 확실하다. 그렇다면 지금 교회는 아무 왕국에도 속하지 아니했단 말인가? 그리스도와 교회가 하나가 되어 지배하는 일이란 아예 없다는 말인가? 아무리 생각해도 그리스도와 교회가 하나가 되어 있지 않다는 것은 성서가 말하지 않고 있으며 그렇다면 그리스도와 교회는 지금도 다스리고 있지 않는가? 또 그렇다면 지금이 왕국이 아닌가? 이렇게 나아가다 보면 부지불식간에 소위 무천년왕국설로 나아가게 된다. 그래서 내어 놓은 세 번째 왕국설이 소위 무천년설이다. 무천년설이란 천 년이란 한정된 시간이 없다는 말이지 그리스도와 교회가 다스리는 사실이 없다는 것은 아니다. 시공상 무한정하게 그리스도와 교회가 다스린다는 것이다. 무천년왕국설은 현재 교회 내에서 이루어지는 그리스도의 통치가 바로 천년왕국이라는 것이다. 단 한 번의 부활과 심판이 있을 뿐이며, 이것은 역사의 마지막에 가서 일어날 것이라는 주장이다.

스티븐스의 무천년왕국설을 보기로 하자.

「도리어 무천년왕국설 신봉자는 이 천년왕국이란 용어를 영적으로 해석하며 그래서 그것은 그리스도가 그의 추종자들과 함께 지금 승리적으로 통치하는 현재의 그리스도교 시대를 상징하는 것으로 믿는다. 이 추종자들에게 적용된 순교자라는 용어는 실제적으로나 영적으로나 순교자를 가리키는 것이다. 그리스도가 악을 정복하여 그를 따르는 모든 자들에게 승리를 부여한다는 의미에 있어서 사탄은 지금 매여 있는 것이다. 첫째 부활은 사람이 성령을 통하여 살게 되는 영적인 죽음으로부터의 영적인 부활이다. 이 영적으로 부활한 자들에 대해서는 둘째 사망, 혹은 영원한 형벌이 권세를 미치지 못한다. 둘째 부활은 예수님이 재림하실 때 일어나는 것으로 의로운 자나 의롭지 못한 이 양자에게 최종적인 것이다. 그때에 의로운 자에게는 상급을 주며 악한 자에게는 형벌을 주는 심판에 임한다. 프랑

---

593) William H. Stephens, 앞의 책, p. 20.

크 스택(Frank Stagg)의 언급은 이 점을 분명하게 설명해 주고 있다. "계시록의 저자가 천 년을 문자적으로 취하려고 의도한 것 같지는 않다… '천년왕국'을 일천 년의 축자적 기간(逐字的其間)으로서가 아니라 생명을 부여하는 그리스도와 그의 백성을 통한 승리의 한 극적인 묘사로서 이해하는 것이 묵시문학의 성질 및 전체 신약성서의 메시지와 일치한다. 묵시문학은 그의 메시지를 전달하는 그 자체의 방법을 지니고 있는 극적인 국면이며 시적인 형태의 문학이다. 그것을 신중하고 정직하게 다루려면 결코 문자적으로 그 의미를 파악할 수 있게 되어 있지 않은 묵시적인 구상적 표현(具象的表現)을 단지 문자적으로 취급하여서는 안 된다."[594]

무천년설은 언제나 하나님이 다스리는 왕국이 있었다고 하며, 특별히 예수 그리스도의 갈보리에서의 사탄의 세력을 정복하여 피로써 사죄함을 주고 죄인을 의인으로 만들며 어둠에서 빛으로 나아가게 하며 사망에서 생명으로 옮겨지게 한 것이 이미 그리스도와 교회의 다스림의 왕국이라는 것이며, 성령께서 강림하시사 교회에 내주함으로써 더더욱 교회가 세상을 다스리고 있다는 것이다. 굳이 1천 년이란 시한적 왕국을 말할 필요가 없다는 것이다. 그러나 한 가지 지적하고 싶은 것은 그리스도의 재림의 날이 정해져 있고 그 재림을 전후해서 이 세상에 특별한 사건들이 돌출하고 있다는 것을 말하고 있는 성경구절을 어떻게 해석하느냐가 무천년설자가 내어놓아야 할 대답이다.

다음에 말한 성경구절을 무천년설자는 유의해야 한다.

"이는 정하신 사람으로 하여금 천하를 공의로 심판할 날을 작정하시고 이에 저를 죽은 자 가운데서 다시 살리신 것으로 모든 사람에게 믿을 만한 증거를 주셨음이니라 하니라"(행 17:31)

천하를 공의로 심판할 일이 있다. 그것은 '정하신 사람'으로 하여금 주관하게 하시고 아무 날이나 심판하시는 것이 아니라 특별히 심판할 날을 '작정'하셨다는 것이다. '정한 사람의 정한 날에' 내리는 심판은 항시 어디서나 있는 심판이 아니라 특별한 심판인 것이다.

"만군의 여호와가 이르노라 내가 나의 정한 날에 그들로 나의 특별한 소유를 삼을 것이요 또 사람이 자기를 섬기는 아들을 아낌같이 내가 그들을 아끼니니"(말 3:17)
"또 너희가 악인을 밟을 것이니 그들이 나의 정한 날에 너희 발바닥 밑에 재와 같으리라 만군의 여호와의 말이니라"(말 4:3)

---

594) 윌리엄. W. 스티븐스, 「조직신학 개론」, p. 513.

무천년설주의자는 물론 그 정하신 사람과 정하신 날을 종말에 있을 하나의 사건이라고 하겠지만 그 사건은 어느 때 될는지 아무도 장담할 수 없는 것이다.

무천년설의 브랜드 마크는 상징(symbolic)이다.[595]

천년왕국의 천 년이 문자적인 것은 아니라는 것이다. 천 년이란 개념을 영화(靈化)해 버린다. 무천년설자에게는 그리스도의 재림의 상세한 내용이 별로 의미가 없고 단지 그리스도의 재림의 희망이 대단한 의미를 지닌다고 본다. 그의 재림은 언제든지 있을 수 있는 것이다. 세계가 복음화하든지 혹은 불가피하게 발전하든지에 의존하지 않고 주의 재림은 언제든지 열려 있는 것이다. 천 년이란 것이 상징적이며 영적인 것이기 때문에 종말은 평화 시절이나 환난시절 어느 한 기간에 있을 수 있다. 그러니까 교회의 삶이란 천년왕국에 관한 어떤 상상에 의해 살기보다는 믿음에 의해 사는 것이다. 교회는 이미 진정한 영적 부활과 심판을 받아오고 있는 것이다. 그럼 그리스도의 재림은 무슨 의미가 있는가? 그것은 이미 영적으로 발생되어 왔던 일을 단지 확인(confirm)하는 것이다. 마치 비행기 티켓을 이미 돈 주고 구입해 놓았지만 탑승일이 가까워 오자 다시 항공사에 확인하는 것이다. 그것을 우리는 컨펌한다는 것인데 컨펌은 항공티켓을 구입하는 것이 아니라 구입한 것을 재확인하는 것이며 사용자가 정히 그 티켓을 사용하겠다는 재확인 절차이며 통보인 것이다. 항공사는 단지 '예' 하고 받아들이는 것이다. 계시록 20장의 천년왕국의 언어를 힘 있는 상징으로 여겨 굳이 미래에서가 아니라 지금 현재에 취해야 할 교회의 정체감(正體感)을 유지하는 데에 신실하고자 한다. 무천년설의 특징은 무엇이라고 할까? 단순성(simplest)이다. 그래서 많은 복음주의자들이 선호하고 있다. 종말의 모든 사건은 눈 깜짝할 사이에 생기는 동시 즉발적(同時卽發的)인 것들이다.[596]

그들의 주장을 요약하면 아래와 같다:

– 예수 그리스도는 언제라도 재림하실 수 있다.
– 교회는 새 이스라엘이다.
– 예언 성경은 하나님과 사탄, 즉 선악 간의 계속적인 투쟁을 예고한다.
– 하나님과 그의 백성은 역사 속에서 승리하게 될 것이다.

(4) 천년왕국설에 대한 종합적 설명

천년왕국의 해석상의 위험에 대한 스티븐스의 견해를 요약하면 아래와 같은 것들이다.[597]

---

595) Bill J. Leonard, 앞의 책, pp. 147~148.
596) William H. Stephens, 앞의 책, pp. 20~21.
597) 윌리암 스티븐스, 「조직신학 개론」, pp. 514~515.

첫째, 천년왕국이란 말이 성경에 없다. 천 년 동안 그리스도와 더불어 왕 노릇 한다는 말은 있지만 '천년왕국' 이란 왕국 명을 말한 곳이 없다.

둘째, 주님도 이 천년왕국이란 용어를 사용하시지 않았다.

셋째, 백 번 양보해서 천년왕국이란 용어를 사용한다 하더라도 오직 계시록 20장 4~10절 한 곳에만 나오는 것을 가지고서 중대한 교리를 정하는 것은 위험한 일이다.

이상이 스티븐스의 천년왕국 실재 반대에 대한 논술이다.

그러나 우리는 그의 논술에 대해서 다음과 같이 이의를 들 수 있다.

첫째, 삼위일체라는 말이 성경에 없지만 여러 가지 성경구절로 미루어 그 용어를 사용하는 데에 아무런 이의가 없지 않은가? 그렇거늘 성경에 언급되는 않지만 천년왕국이란 말을 쓰기로서니 무슨 문제인가?

둘째, 주님이 천년왕국에 대해 언급을 안 하셨다고 하지만 그렇다면 신약성경의 여러 서신들이 예수님의 직접 화법에 의한 어록(語錄)은 아니지 않은가? 그렇다고 해서 신약성경의 서신의 말씀이 성경이 아니란 말인가? 그것이 하나님의 말씀이 아니란 말인가? 결코 그렇지 않다.

끝으로 중요한 교리가 한 구절의 말씀에 의해 정립되지 않으라는 논리가 어디에 있는가? 성경에 보면 한두 구절로 얼마든지 주요교리를 낼 수 있지 않은가? 가령 이신득의(以信得義) 교리는 물론 다른 성경구절에서도 그 출처를 찾을 수 있지만 주로 인용된 성구는 에베소서 2장 8절이다.

"너희는 그 은혜에 의하여 믿음으로 말미암아 구원을 받았으니 이것은 너희에게서 난 것이 아니요 하나님의 선물이라"(엡 2:8)

그럼 천년왕국에 대해서 교회는 어떤 태도를 취해야 하는가? 이에 대해서는 A. H. 스트롱 침례교 신학자의 태도가 매우 인상적이며 설득력이 있다고 볼 수 있다. 그런 만큼 윌리암 W. 스티븐스가 스트롱의 견해를 매우 긍정적으로 소개하고 있다.

「19세기 및 20세기 초기의 침례교 신학자인 스트롱(Augustus A. Strong) 교수의 견해는 매우 특이하므로 또한 소개하지 않을 수 없으니, 왜냐하면 이것은 전천년왕국설과 후천년왕국설의 결합이기 때문이다. 이 견해는 그리스도가 천 년의 끝에 가서는 볼 수 있고 문자 그대로 재림하시지만, 천년왕국이 시작할 때는 영적 의미에서 올 것이며 그의 왕국 발전에 그의 성도들과 더불어 영적으로 통치한다고 주장한다.」[598]

---

598) 윌리암 W. 스티븐스, 「조직신학 개론」, pp. 513~514.

스티븐스는 스트롱의 천년왕국설을 전천년과 후천년의 결합으로 보고 있지만 엄밀히 분석해 보면 스트롱의 견해는 무천년왕국설이다. 침례교회의 신자들이 천년왕국설에 대해 각양 각색의 견해를 지지하지만 일반적인 침례교 신학의 흐름에는 무천년설이 주를 이루고 있다. 꼬집어 견해를 밝히라 하면 무천년왕국설이다. 그러나 무천년왕국설이 전술한 바와 같이 천년왕국적 통치개념이 없다는 것이 아니라 문자적으로 1천 년 동안만의 통치개념이 없다는 것이다. 스트롱은 소위 천년왕국의 중요한 사건들인 죽음, 심판, 그리스도의 재림, 그리고 부활에 대한 이중용법(二重用法)을 사용하여 결론은 결국 무천년설로 기울고 있다. 스티븐스가 전후천년설을 스트롱이 결합했다고 말하는 것은 전천년설에서 주장하는 것과 후천년설에서 주장하는 것을 쌍방 모두 수용했다는 뜻에서 말한 것 같은데 그것은 결국 무천년설이 부르짖는 내용이었다. 가령 부활사건만 하더라도 전천년설자는 첫째 부활과 둘째 부활을 말하지만 무천년설자는 하나의 부활만 언급하고 있으며 다른 하나의 부활이란 영적인 의미에서의 부활이라는 것이다.

스티븐스가 스트롱의 이중용법을 요약한 것을 간접적으로 소개해 본다.

「이 학설은 성서에 있는 네 개의 중요한 용어인 죽음, 심판, 그리스도의 재림 및 부활의 이중용법(二重用法)에 기초하고 있다. 죽음에도 영적인 죽음과 육체적이며 문자대로의 죽음이 있다. 심판에도 역시 영적인 심판과 외적이며 문자대로의 심판이 있다. 재림에도 그리스도의 영적이며 불가시적(不可視的)인 재림(예루살렘 함락 때, 오순절 때, 죽으실 때)과 또한 가시적(可視的)이며 문자대로의 재림이 있다. 부활에도 영적인 부활과 역시 육체적 및 문자대로의 부활이 있다. 성경구절들은 이 여덟 가지 국면에 각각 적용되고 있다. 계시록 20장 4~10절은 "이 세상을 떠난 성도들의 경우에 있어서 육체의 예비적 부활이 아니라, 성령의 특별한 영향 아래서 순교자의 정신이 다시 나타나며, 참된 종교가 크게 각성(覺醒)을 하고 부흥하며, 그리스도의 교회 회원이 그리스도 안에 있는 그들의 세력을 크게 자각하므로 그들이 이전에는 알지 못한 정도로 안으로나 밖으로 악의 세력에 승리하게 될 때인 훗날의 전투적인 교회에 있어서의 한 기간"을 가르치고 있는 대단히 비유적인 것으로 해석되어야 한다고 주장되었다. 그러므로 이 성경구절들은 그리스도의 재림 및 그것과 관련되고 있는 부활을 말하고 있는 것이 아니라, 오히려 재림과 부활에 선행할 '교회의 훗날 역사에 있어서의 커다란 영적 변화'를 말한다고 주장한다. 이 견해는 '전천년설'과 '후천년설' 양자를 종합한 것이라고 말하고 있지만 이것은 '후천년설' 쪽으로 크게 기울어지고 있다.」[599]

---

599) A. H. Strong, *Systematic Theology*, p. 1010~15면의 내용을 윌리암 W. 스티븐즈가 '앞의 책' p. 514에서 요약해 주고 있다.

스티븐스는 스트롱이 후천년설 쪽으로 기울어지고 있다고 진술하지만 스트롱이 무천년설주의자의 사상을 가지고 있기 때문에 무천년설자로 넣는 것이 더 합당하다고 본다. 가령 첫째 부활이란 사람이 성령을 통해서 살게 되는 영적인 죽음으로부터의 영적인 부활이요 나중에 의인이나 불의한 자의 몸의 부활이 따로 있다는 주장 같은 것이다.

무천년설주의자의 주장을 다시 한 번 아래에 소개한다.

「도리어 무천년왕국설 신봉자는 이 용어를 영적으로 해석하며 그래서 그것은 그리스도가 그의 추종자들과 함께 지금 승리적으로 통치하는 현재의 그리스도교 시대를 상징하는 것으로 믿는다. 이 추종자들에게 적용된 순교자라는 용어는 실제적으로나 영적으로나 순교자를 가리키는 것이다. 그리스도가 악을 정복하여 그를 따르는 모든 자들에게 승리를 부여한다는 의미에 있어서 사탄은 지금 매여 있는 것이다. 첫째 부활은 사람이 성령을 통하여 살게 되는 영적인 죽음으로부터의 영적인 부활이다. 이 영적으로 부활한 자들에 대해서는 둘째 사망, 혹은 영원한 형벌이 권세를 미치지 못한다. 둘째 부활은 예수님이 재림하실 때 일어나는 것으로 의로운 자나 의롭지 못한 이 양자에게 최종적인 것이다. 그때에 의로운 자에게는 상급을 주며 악한 자에게는 형벌을 주는 심판에 임한다.」[600]

교회가 계시록 20장 1~10절을 어떻게 보느냐가 중요하다.

첫째, 우선 문자적으로 보자. 둘째, 바로 곧 문자적인 것에서 상징적 비유적인 의미를 찾자. 문자적이며 상징적이고 상징적이며 문자적인 것의 상호교체적 상호결합적 지혜가 필요하다. 특별히 요한계시록은 하늘과 땅을 오르락내리락 하는 것으로 구성되어 있고 거기 나타나는 온갖 사물(짐승, 그릇, 대접 등)들이 예사스러운 것이 아닌 괴상한 것들이기에 실제적 문자적인 것이지만 반드시 현실적 실물들은 아닌 것이다. 가령 '용'만 하더라도 아직까지 학자들은 용의 정체를 규명한 바가 없는 것이다.

그러므로 이하에 언급되는 논리는 차라리 1천 년이란 기간을 상징으로 보면서 그 기간의 역사성도 인정하자는 것이다. 그런 의미에서 무천년설주의로 흐르게 되는 것이다. 무천년설은 전후천년설을 내포하고 있는 어머니 설이라고 해도 될 것이다. 그러나 전후천년설 중 하나를 택하면 피차 거부하고 투쟁하지만 무천년설은 모두를 포괄한다. 그렇다고 이론상의 편의 때문만은 아니다. 이하에 무천년설적 방향을 제시코자 한다. 1천 년이란 기간이 성경에 있는데도 그 기간의 문자적 존재성을 부인하는 것은 눈 감고 사물을 보지 않겠다는 자세와 같다. 문자적으로 본다면 전천년설주의자들이 이 성경구절에 비중을 둘 만하며 특

---
600) 윌리암 W. 스티븐스, 「조직신학 개론」, p. 513.

히 전천년주의로 흐르게 되어 있다. 그러나 여기에도 문제가 나타난다. 즉 문자적인 것에서 상징적 비유적인 것으로 나아가게 된다. 그리스도와 더불어 통치할 성도의 수(數)를 순교자들에게 제한시키고 있다.

"또 내가 보좌들을 보니 거기에 앉은 자들이 있어 심판하는 권세를 받았더라 또 내가 보니 예수를 증언함과 하나님의 말씀 때문에 목 베임을 당한 자들의 영혼들과 또 짐승과 그의 우상에게 경배하지 아니하고 그들의 이마와 손에 그의 표를 받지 아니한 자들이 살아서 그리스도와 더불어 천 년 동안 왕 노릇 하니"(계 20:4)

순교자들만의 왕 노릇하는 천국이라는 것이다. 이것도 문자적으로만 해석하려면 할 수 있다. 만일 본인이 지금 순교하지 않고 죽어서 하늘나라에 갔다면 천년왕국의 지도하는 백성은 안 된다는 것이다. 그러나 그것이 잘못된 이유는 그리스도와 교회가 함께 다스리는 왕국이라고 했으니까 필자도 순교자는 아니나 교회 회원은 틀림없으므로 여기서 말하는 순교자를 굳이 신체적 죽음을 맛본 자만이 아니라 주님을 위해 신명을 바쳐서 살아 온 경건한 사람들이라는 것으로 해석되어져야 하지 않겠는가? 그렇다면 그것은 문자적 해석이 아니라 상징적 비유적 해설이 되고만 것이 아닌가? 천년전기론과 천년후기론의 문제점이 있다는 것을 교회는 인정해야 한다. 멀린스의 입장을 보자.

「셋째로, 천년전기론과 천년후기론 양 이론은 해결할 수 없는 많은 문제점을 남기고 있다. 천년후기론자는 자기 나름대로의 미래의 개념 속에다가 그토록 신약에서 그리스도의 재림을 계속 고대하던 태도에 대한 여지를 두려고 하는 과정에서 사실상 불가능한 과제를 안고 있는가 하면, 천년전기론자는 그의 미래 계획을 과중하게 부과함으로써 사실상 사람들로 하여금 무거운 짐 아래 허덕이게 하고 있다. 두 이론들은 대다수의 성경의 문자적 구절들을 지극히 비유적인 책 가운데서도 상징적인 문맥의 한 구절에 종속시키고 예속시켜 놓고 있다.」[601]

전천년설을 주장하는 두 학파는 역사적 전천년설과 세대주의 전천년설이 있는데 전자는 무리 없이 많은 사람에게 호응을 받고 있는데 비해 후자는 상당히 많은 사람들로부터 외면당하고 있다.

그 이유는 무엇인가?

---

601) E. Y. 멀린스, 「조직신학 원론」, 권혁봉 역, p. 568.

이미 필자가 전술한 바도 있지만 세대주의자들은 교회의 출현을 하나의 우발사건으로 본다는 것이다. 교회는 하나님의 창세 전의 잉태된 것이 아니라는 것이다. 하나님의 생각은 오직 유대인을 통한 역사 다스림이라는 것이다. 그러므로 지금은 교회시대인데 그것은 곧 이방인 시대요 유대인을 통한 하나님의 역사의 흐름 속에서는 막간시대라는 것이다. 그래서 천년왕국 시대에 가서 유대인의 전통은 그대로 계승 유지된다는 것이다. 그들에게는 유대인과 교회는 병존체제이다. 천년왕국에 와서 하나님이 유대인에게 내린 언약이 성취된다는 것이다. 세대주의가 전천년설을 주장하는 학설이기에 여기 언급하면서 이런 의미의 전천년설이라면 더욱이 받아들일 수 없다는 생각이다. 멀린스는 마태복음에서 계시록까지의 주된 주류 사상이 무엇인가를 간과하지 말라고 한다. 그것은 뭐니뭐니 해도 그리스도의 재림, 그리스도의 통치하는 왕국과, 재난같이 닥치는 심판과 승리가 그 주류를 이루고 있는 만큼 이 중의 한 주제에 지나치게 비중을 두는 것은 성경해석상의 균형에 문제가 있다고 느끼는 것이다. 멀린스의 말을 그대로 인용해 본다.

「넷째로, 마태복음에서 계시록에 이르기까지 신약 성경 전체를 통해 미래의 환상에서 중심적인 위치를 차지하는 단 하나의 사건이 있다. 그 사건은 그리스도의 재림이다. 기타 모든 것은 이 사건에 종속되고 예속되어 있는 것이다. 이 사건과 나란히 점진적인 성장과 다가올 왕국에서의 갑작스러운 재난에 대한 묘사가 있다. 역사적 사건 속에서 생기는 일들이 많이 있지만 하나의 위대한 일이 있다. 많은 방해와 고난도 있지만 영광스럽고 갑작스러운 승리도 있다. 적어도 하나의 부활, 하나의 심판, 하나의 영원 왕국에 관해서는 의문의 여지가 없다. 그러나 그리스도가 재림하시기 이전에 이 지상에 완전한 경건의 일천 년 기간이 반드시 있을 것이란 확실한 주장은 없다. 또 최후 심판 이전에 그리스도께서 부활한 성도들과 함께 일천 년 동안 이 지상에서 문자적으로 다스릴 것이란 확실한 보증도 없다.」602)

역사적으로 어거스틴, 존 칼빈 그리고 B. B. 워필드를 가운데 두고 무천년설자와 후천년설자들이 제각기 아전인수 격으로 자기 편의 옹호자로 이끌고 있다. 즉 천 년(계 20장)을 교회시대(church age)로 보는 것이다.603)
에릭슨은 무천년설보다도 전천년설을 주장하고 있는 실정이다.604)
천년왕국은 교회와의 관계에서 의미가 있다는 사실을 잊지 말아야 한다. 교회의 머리되시는 예수 그리스도와 그의 몸인 교회가 한 인격체가 되어서 아직은 하늘 아닌 땅에서의

---

602) E. Y. 멀린스, 「조직신학 원론」, pp. 568~569.
603) Millard J. Erickson, *Christian Theology*, p. 1212.
604) Millard J. Erickson, 위의 책, p. 1217.

다스림이 있는 것이다. 교회 안에 내주(內住)하시는 성령님의 감동과 위에서 성부 하나님의 섭리와 성자 예수 그리스도의 교회의 머리되심이란 구조 속에서 교회가 이 세상에서 마지막을 향해 달리고 있다.

지금까지 전천년설, 후천년설, 무천년설을 논의해 왔는데 그것들의 브랜드 마크를 다시 한 번 정리하면 다음과 같다.

- 전천년설 – 문자 왕국(literal kingdom)
- 후천년설 – 점진적 발전 왕국(progressive improvement kingdom)
- 무천년설 – 상징 왕국(symbolic kingdom)

그런데 이미 '說'이라고 하면 성경 자체 이야기는 약간씩 떠난 상태이다. 성경은 '설'을 말하지 않고 '사실'을 설명 없이 싣고 있다. 성경에는 천년왕국이란 말은 없고 천년 동안 다스린다고 했을 뿐이다. 그러면 단순히 그렇게 이해하고 있어야 할 것이어늘 '說'로 나오니까 상당히 유동적이었다. 앞에서 잠깐 요약한 바와 같이 이 세 가지 '설'은 시대에 따라 소위 '인기'에 따라 살기도 하고 죽기도 해 왔던 사상이었음을 상기할 필요가 있다.

우리는 '설'에서 '사실' 속으로 들어가고 성령의 편안한 조명을 받아야 할 필요가 있다고 본다. 그 조명의 현장에는 어떤 설명이 나타날까? 가령, 그 예를 다음의 설명에서 들어보기로 하자. 전천년왕국설에 의하면 그리스도의 지상 재림은 그리스도께서 교회와 더불어 문자 그대로 1천 년 동안의 지상왕국을 누리기 위해서이다. 공중재림으로 교회를 휴거시켜 놓으시고 교회로 하여금 그 무서운 환난을 피하게 하셨고 그동안 지상에는 참으로 지옥 같은 환난과 재난을 겪고 겨우 살아남은 자들(특히 이스라엘 백성)이 천년왕국에 입성할 것이다.

그리스도는 마침내 공중에서 교회와 더불어 시상식도 가지고 정권을 인수받은 새 정부가 마치 정권인수를 하듯 공중에서 의기양양하고 신바람 난 세월을 보내다가 때가 차매 마침내 온 교회와 더불어 지상에 강림하셔서 천년왕국을 시작하는 것이다. 그리고 이 천년왕국이 끝나면 하늘왕국으로 간다. 그러기에 지금의 주제가 '하늘을 바라보는 교회'라 한 것이고 그 다음엔 '하늘에 올라간 교회'란 주제가 나온다. 하늘을 바라보는 교회는 지상에서 온갖 환난을 당했고 혹은 모면했다. 그리고 천년왕국 혹은 단순히 그리스도의 지배라는 왕국을 맛보고 있는 중이다. 환난을 당했다고 한다면 휴거설을 외면하는 것이고, 모면했다고 한다면 휴거설을 인정한다는 것이고, 천년왕국을 강조한다면 문자적 해석이고, 단순히 그리스도의 지배라는 왕국이라고 한다면 천년왕국을 비유 내지 상징적으로 본다는 것인데 참으로 이 부분에 와서는 하나님의 백성에게 수많은 선택의 기회가 주어지는 것이라 아니할 수 없다. 그리고 어느 누구도 이 문제를 두고 왈가왈부할 수 없는 것은 하나님의 백성은 제각기 성경을 해석할 자유와 권리가 있으며 하나님의 백성은 하나님의 역사 다스림의 그 시작과 과정과 종말에 대해 관심과 주의를 기울이는 사람으로서 결국 생각하는 내용이 같고 나아가는 방향이 같은 '형제자매들'이라는 것에 우리는 동의하고 있는 것이다. 하나님의 백성 아닌 이방 사람이 누가 감히 하나님의 백성의 관심사와 방향에 대해 접근이라도 하겠는가?

하나님의 백성은 산을 보고 산이라 했지 바다라고 하지 않으며, 하나님의 백성은 산을 향해 등산을 했지 항해를 하는 사람이 아닌 것이 확실하다. 하나님의 백성은 모두가 산을 산이라 하고 산을 타는 것을 등산이라 하고 살아가는 사람들이다. 단지 그 산 속에 얼마나 많은 작은 언덕이 있으며 얼마나 많은 계곡이 있는지에 대해 의견이 분분할 수 있고, 또 어느 쪽으로 등산해야만 정상에 오를 수 있느냐에 대한 의견이 다분할 수 있지만 하여간 앞에 산을 두고 그 산을 타자는 무리의 일단이 교회인 것이다. '하늘을 바라보는 교회'는 아직 땅에 있다. 땅에서 그리스도의 재림을 맞는다. 재림 맞을 즈음에 악한 마귀 사탄의 최후 발악이 극에 달한다. 그러나 그리스도와 더불어 이미 땅에서도 '하늘에 올라간 교회'의 즐거움을 리허설(rehearsal)하고 있다. 이 리허설에 대한 이론이 천년왕국설과 환난설이다.

레오나드는, 여러 가지 종말론적 이론은 결국 중심적 종말론의 이슈로 나아가는 것을 지적하고 있다고 했다. 그것을 '소망'(hope)이라고 했다.[605]

> "사랑하는 자들아 우리가 지금은 하나님의 자녀라 장래에 어떻게 될지는 아직 나타나지 아니하였으나 그가 나타나시면 우리가 그와 같을 줄을 아는 것은 그의 참모습 그대로 볼 것이기 때문이니"(요일 3:2)

하늘을 바라보는 소망의 공동체라는 것이다. 그 소망이란 어떤 것인가? 위의 성경구절은 그리스도인의 소망의 기초이다. 여기서 하나님의 자녀가 어떻게 될 것인지에 대해서(what we shall be)는 상세한 설명이 없고 단지 우리가 그리스도와 같이 될 것(we shall be like him)은 확실하다. 교회의 생명은 과거나 현재에 매여 있지 않고 미래의 관점에서 보아야 한다.[606] 그런데 교회가 해야 할 일이 있다. 그것이 무엇인가? 교회의 소망은 단지 수동적 특성이 아니라 하나님과 함께 미래에 동참하는 능동적인 것이다. 교회의 소망은 왕국을 단순히 소망하는 것이 아니다. 이미 왕국이 들어섰고 이미 성령의 현존으로 시작되었음을 믿는 신뢰이기도 하다.

에밀 브루너가 말한 대로 소망은 '미래의 현존'(The presence of the future)이다.[607] 교

---

605) Bill J. Leonard, 앞의 책, p. 149.
606) Bill J. Leonard, 앞의 책, pp. 149~150.
607) Bill J. Leonard, 앞의 책.

회의 현재의 정체는 교회의 과거의 '회상'과 교회의 미래의 '기대'에 의해 형성된다.[608] 이런 의미에서 현재의 교회는 땅에서 '하늘을 바라보는 교회'인 것이다.

3) 대환난과 교회

이제 남은 것은 교회가 세상에서 다스림을 하고 있는 동안, 다시 말하면 천년왕국, 즉 왕국을 누리기에 앞서 치러야 할 환난이 있다는 사실에 주목해야 한다. 그것을 그리스도를 위한 환난이라 한다. 환난의 양상은 고난으로 시작해서 핍박으로 나 가고 마침내 비범한 대환난으로 나아간다.

"그리스도를 위하여 너희에게 은혜를 주신 것은 다만 그를 믿을 뿐 아니라 또한 그를 위하여 고난도 받게 하려 하심이라 너희에게도 그와 같은 싸움이 있으니 너희가 내 안에서 본 바요 이제도 내 안에서 듣는 바니라"(빌 1:29~30)
"아버지나 어머니를 나보다 더 사랑하는 자는 내게 합당하지 아니하고 아들이나 딸을 나보다 더 사랑하는 자도 내게 합당하지 아니하며 또 자기 십자가를 지고 나를 따르지 않는 자도 내게 합당하지 아니하니라 자기 목숨을 얻는 자는 잃을 것이요 나를 위하여 자기 목숨을 잃는 자는 얻으리라"(마 10:37~39)

그리스도를 위해 핍박을 받게 되는 것이다.

"군대 중 용사 몇 사람에게 명령하여 사드락과 메삭과 아벳느고를 결박하여 극렬히 타는 풀무불 가운데에 던지라 하니라"(단 3:20)
"이에 왕이 명령하매 다니엘을 끌어다가 사자 굴에 던져 넣는지라 왕이 다니엘에게 이르되 네가 항상 섬기는 너의 하나님이 너를 구원하시리라 하니라"(단 6:16)
"그들을 잡으매 날이 이미 저물었으므로 이튿날까지 가두었으나"(행 4:3)
"또 어떤 이들은 조롱과 채찍질뿐 아니라 결박과 옥에 갇히는 시련도 받았으며 돌로 치는 것과 톱으로 켜는 것과 시험과 칼로 죽임을 당하고 양과 염소의 가죽을 입고 유리하여 궁핍과 환난과 학대를 받았으니 (이런 사람은 세상이 감당하지 못하느니라) 그들이 광야와 산과 동굴과 토굴에 유리하였느니라"(히 11:36~38)
"유대인은 주 예수와 선지자들을 죽이고 우리를 쫓아내고 하나님을 기쁘시게 하지 아니하고 모

---

608) Bill J. Leonard, 앞의 책.

든 사람에게 대적이 되어"(살전 2:15)

"용이 자기가 땅으로 내쫓긴 것을 보고 남자를 낳은 여자를 박해하는지라"(계 12:13)

"사람들이 너희를 출교할 뿐 아니라 때가 이르면 무릇 너희를 죽이는 자가 생각하기를 이것이 하나님을 섬기는 일이라 하리라 그들이 이런 일을 할 것은 아버지와 나를 알지 못함이라"(요 16:2~3)

"너희가 세상에 속하였으면 세상이 자기의 것을 사랑할 것이나 너희는 세상에 속한 자가 아니요 도리어 내가 너희를 세상에서 택하였기 때문에 세상이 너희를 미워하느니라"(요 15:19)

그리스도를 위해 환난을 당하게 된다.

"우리가 너희와 함께 있을 때에 장차 받을 환난을 너희에게 미리 말하였는데 과연 그렇게 된 것을 너희가 아느니라"(살전 3:4)

"너는 장차 받을 고난을 두려워하지 말라 볼지어다 마귀가 장차 너희 가운데에서 몇 사람을 옥에 던져 시험을 받게 하리니 너희가 십 일 동안 환난을 받으리라 네가 죽도록 충성하라 그리하면 내가 생명의 관을 네게 주리라, 볼지어다 내가 그를 침상에 던질 터이요 또 그와 더불어 간음하는 자들도 만일 그의 행위를 회개하지 아니하면 큰 환난 가운데에 던지고"(계 2:10,22)

"그 때에 사람들이 너희를 환난에 넘겨 주겠으며 너희를 죽이리니 너희가 내 이름 때문에 모든 민족에게 미움을 받으리라 그 때에 많은 사람이 실족하게 되어 서로 잡아 주고 서로 미워하겠으며 거짓 선지자가 많이 일어나 많은 사람을 미혹하겠으며 불법이 성하므로 많은 사람의 사랑이 식어지리라 그러나 끝까지 견디는 자는 구원을 얻으리라 이 천국 복음이 모든 민족에게 증언되기 위하여 온 세상에 전파되리니 그제야 끝이 오리라"(마 24:9~14)

그리스도를 위하여 받아야 할 교회의 고난과 핍박과 환난은 바람 잘 날이 없듯 닥쳐오는데 이것을 특별히 부각시킨 것이 '환난기'(tribulation age)이다. 천년왕국과 그리스도의 재림이 문자적이든 상징적이든 간에 그 사건에 연루하여 교회가 당면한 환난은 어떤 것이며 어떤 시기인가를 보기로 한다. 여기에는 교회가 그리스도와 더불어 다스리는 과정에서 무섭게 닥치는 환난이 천년기, 곧 왕국과 관련해서 시기적으로 어느 때인가 하는 것이다.

(1) 대환난에 관한 일반적 진술

지금 교회는 하늘을 바라보고 있다. 그런데 조금도 쉴 틈이 없이 교회에 고난과 핍박이 따른다. 이것은 일찍 예수께서 예언하신 그대로이다. 음부의 권세가 교회를 이기지 못하면서도 계속 도전한다.

"또 내가 네게 이르노니 너는 베드로라 내가 이 반석 위에 내 교회를 세우리니 음부(陰府)의 권세가 이기지 못하리라"(마 16:18)

어떤 의미에서든 이미 환난기에 들어서 있는 교회와 성경은 환난 받을 것을 말하고 있다.

"돌밭에 뿌려졌다는 것은 말씀을 듣고 즉시 기쁨으로 받되 그 속에 뿌리가 없어 잠시 견디다가 말씀으로 말미암아 환난이나 박해가 일어날 때에는 곧 넘어지는 자요"(마 13:20~21)

여기 돌밭에 뿌려진 씨가 있다. 그것은 굳이 말세가 아니라 어느 때든지 있을 수 있는 일이다. 예수 당시의 비유이고 보면 말씀이 돌밭에 뿌려진 것은 이천 년 전의 일인데 이미 그 때에도 "말씀을 인하여 환난이나 핍박이 일어나는 때"라고 했다. 그러고 보면 교회에 닥치는 환난은 처음부터 그리고 언제나 있어 왔던 것인데 더 큰 환난이 있다는 것이 종말의 대환난 이야기라고 보는 것이다.

"제자들의 마음을 굳게 하여 이 믿음에 머물러 있으라 권하고 또 우리가 하나님의 나라에 들어 가려면 많은 환난을 겪어야 할 것이라 하고"(행 14:22)

그러나 이런 환난의 시기가 장차 있다고 했다. 환난을 예기한다는 것은 교회생활에 한 가지 긴장 요소가 되고 그것에 대비함으로써 교회가 더 강해지는 계기와 축복이 된다. 교회가 아무런 환난이 없이 고요한 바다에 돛단배처럼 떠 있기보다는 거센 풍랑을 겪고 항해를 준비하는 것이 교회 건강에 유익하다.

그 환난에 대한 성경의 예고를 보자.

이 환난은 천년왕국이 이 땅에 이루어지기 전 예수 재림 시에 일어난다. 이 환난의 기간은 예수께서 공중에 재림하셨다가 지상에 재림하시는 기간이다. 즉 이 환난은 공중재림과 지상재림 사이이다. 시기가 7년이라는 약간의 언급은 있다(단 9:24~27). 한 이레(week, 週)가 7년이므로 제70주가 환난 기간을 대표하는 것이라면 대환난은 7년 동안을 끌고 갈 것으로 본다.[609]

공중재림과 지상재림 기간이 환난기라는 것이 전천년설주의자들의 주장이다. 예수 그리스도가 공중에 재림하실 동안 지상에는 또 하나의 땅의 지옥이다. 그 환난에 대한 예고 성경구절은 아래와 같다.

그것은 개국 이래로 그때까지 없었던 환난이다(단 12:1).

---

609) 헨리 디이슨, 「조직신학 강론」, p. 733.

그 환난은 대환난이다(마 24:21~29).

그 환난은 "그날"이라고 정해진 날의 환난이다(눅 21:34~36).

그 환난은 "장차 온 세상에 임하여 땅에 거하는 자들을 시험할 시험의 때"이다(계 3:10).

그 환난은 "큰 환난에서 나오는" 큰 무리라고 일컫는 그런 환난이다(계 7:14).

그 환난은 "야곱의 환난의 때"이다(렘 30:4~7).

그 환난은 땅의 거민에 대한 하나님의 분노의 때이다(사 24:17~21; 26:20~21; 34:1~3; 슥 14:1~3).

이런 환난은 그리스도의 재림의 두 양상 사이에 올 것이다. 요한계시록과 특히 천년왕국에 대하여 문자적으로 해석하고자 하는 사람들은 이 대환난기의 양상을 다분히 정치적, 사회적, 종교적 측면에서 다루고 있다.[610] 그리고 거의 정확하게 성경에서 말하는 환난의 어떤 양상을 역사적 사건과 결부시키고 있다. 환난의 다른 말은 재난이다. 이런 환난을 자세하게 묘사한 성경은 마태복음 24장, 마가복음 13장, 누가복음 21장이다. 요한복음만이 이 환난에 대한 구체적 언급이 빠져 있는 상태이다. 이런 환난은 순서적인 체계를 지니고 있었다. 첫째, 우선 이스라엘 백성이 자랑하던 성전이 무너진다는 것이다. 참 성전의 의미를 모르고 성전의 외양만을 과시하는 이스라엘 백성의 눈에 혼란을 주는 것이다. 이것이 그들에게는 하나의 큰 환난이 아닐 수 없다.

"대답하여 이르시되 너희가 이 모든 것을 보지 못하느냐 내가 진실로 너희에게 이르노니 돌 하나도 돌 위에 남지 않고 다 무너뜨려지리라"(마 24:2)

"어떤 사람들이 성전을 가리켜 그 아름다운 돌과 헌물로 꾸민 것을 말하매 예수께서 이르시되 너희 보는 이것들이 날이 이르면 돌 하나도 돌 위에 남지 않고 다 무너뜨려지리라"(눅 21:5~6)

"예수께서 성전에서 나가실 때에 제자 중 하나가 이르되 선생님이여 보소서 이 돌들이 어떠하며 이 건물들이 어떠하니이까 예수께서 이르시되 네가 이 큰 건물들을 보느냐 돌 하나도 돌 위에 남지 않고 다 무너뜨려지리라 하시니라"(막 13:1~2)

사람들이 성전 자랑을 너무 많이 하고 있다. 제자들이 성전에서 나오시는 예수께 성전 건물을 보이려고 했다. 제자 중 하나가 "이 돌들이 어떠하며 이 건물이 도대체 어떠한가 한번 보세요" 하고 말했다. 어떤 사람들이 성전을 가리키며 그 미석(美石)과 헌물로 꾸민 것을 말했다. 지금으로 말하면 굉장한 예배당과 멋진 내부 장식과 음향기계와 설비를 해 놓고 "어디 이것 한 번 보세요" 하는 식이다. 물량주의 및 과시행동의 극치인 것이다. 예수님

---

[610] 전천년설과 환난 이전 예수 그리스도 재림설이 주로 문자적으로 역사적 사건과 결부시키고 있다. 디이슨의 「조직신학 강론」, pp. 733~737은 이런 내용을 담고 있다.

의 반응은 한결같았다.

"너희 보는 이것들이 날이 이르면 돌 하나도 돌 위에 남지 않고 다 무너뜨려지리라"(눅 21:6)

"날이 이르면"(The days will come). 아직은 아니지만 날이 이르면 사람의 보는 것들이 무너진다는 것이다. 인간의 모든 쌓은 공적들이 무너지는 날이 온다는 것이다.

둘째, 재난 곧 환난을 예고하는 징조가 있다는 순서이다(마 24:3~14; 눅 21:7~19; 막 13:3~23). 마태복음의 기사를 가지고 재난의 징조를 정리하면 아래와 같은 것이었다. 제자들이 스승 예수께 던진 질문의 핵심에 유의하자. 성전이 무너지는 것을 예수께서 말씀하셨다. 사람의 공적은 하나님의 공적에 비할 것이 없다는 뜻이다. 외식은 진실 앞에 견딜 수 없다는 것이다. 거짓은 진리 앞에 설 수 없다는 것이다. 인간은 하나님 앞에 설 수 없다는 것이다. 세상은 천국 앞에 비할 데 없다는 것이다. 으스대던 자랑거리인 성전이 무너진다는 것은 온 천지가 무너진다는 것이다. 이런 엄청난 사건을 제자들은 듣고 있었기에 그들의 질문은 심각하고도 의미심장한 것이었다. 제자들의 특전은 스승에게 질문다운 질문을 한다는 데에 있다. 질문의 요지는 다음과 같다.

어느 때에 이런 일이 있습니까?

주의 임하심과 세상 끝에는 무슨 징조가 있습니까?

주의 임하심과 세상 끝은 같은 사건의 두 가지 양상이다. 주님 임하심은 세상 끝이요 세상 끝은 주님 임하심인 것이다. 그런데 무슨 징조가 있느냐는 것이다. 예수의 대답은 분명하다.

사람의 미혹이 있을 것이다(마 24:4~5).

난리와 난리 소문이 퍼진다(마 24:6).

민족과 국가가 대적한다(마 24:7).

처처에 기근과 지진이 있다(마 24:7).

하나님의 백성이 환난에 처하며 죽임도 당하고 주님 이름 때문에 모든 민족에게 미움도 받는다(마 24:9).

사람들이 시험에 빠지며 서로 잡아주고 미워한다(마 24:10).

거짓 선지자가 일어나 많은 사람을 미혹한다(마 24:11).

불법이 성하고 많은 사람의 사랑이 식어진다(마 24:12).

끝까지 견뎌야 구원을 얻는 괴롬이 있다(마 24:13).

천국 복음이 모든 민족에게 증거되기 위하여 온 세상에 전파되고 그제야 끝이 온다(마 24:14).

셋째, 이제야 정말 큰 환난이 올 것이다(막 13:14~23; 눅 21:20~24; 마 24:15~28).

큰 환난의 극치는 멸망의 가증한 것이 거룩한 곳에 서게 된다. 이것에 대한 해석은 구구하지만 인간이 하나님의 자리를 차지하는 신성모독적 사건임에는 분명하다. 나라가 하나님을 대신하려 한다든지 배교한 교회가 하나님을 대신하려 한다든지 간에 멸망의 운명을 지닌 가증한 것이 득세하는 꼴불견을 말한다.

그때 하나님의 백성은 매우 다급하다는 것이다. 산으로 가야 하고 지붕 위에 있는 자가 옷을 꺼내려고 집 안에 들어가지 말며 아이 밴 자와 젖먹이는 자들에게 화가 있다. 창세로부터 지금까지 이런 환난이 없었고 후에도 없다는 것이니 정말 최고봉을 이룬 환난이다. 그런데 더 괴로운 것은 거짓 그리스도들과 거짓 선지자들이 일어나 표적과 기사로 그리스도가 여기 저기 있다고 택하신 자들을 미혹하는 고통이 따른다는 것이다. 끝으로 인자가 오신다는 사실이다(막 13:24~27; 눅 21:25~28; 마 24:29~31).

> "그 때에 그 환난 후 해가 어두워지며 달이 빛을 내지 아니하며 별들이 하늘에서 떨어지며 하늘에 있는 권능들이 흔들리리라 그 때에 인자가 구름을 타고 큰 권능과 영광으로 오는 것을 사람들이 보리라 또 그 때에 그가 천사들을 보내어 자기가 택하신 자들을 땅 끝으로부터 하늘 끝까지 사방에서 모으리라"(막 13:24~27)

문제는 환난이 땅의 환난인 만큼 역사적인 것은 사실이지만 성경의 어떤 현상이 역사 속의 어떤 현상과 반드시 맞아떨어지게 연결시킨다는 것은 계산상의 착오가 있을 수 있다는 점이다. 어느 시대 어느 장소에서나 성경의 현상이 해석함에 따라 맞아떨어질 수 있다는 것도 고려해야 한다. 한동안 공산주의를 붉은 악마로 지칭하고, 요한계시록을 한국의 분단 상황에 맞춰 해석하는 일부 부흥강사들이 있었는데 지금 와서 생각하면 가소로운 일이다. 세상의 어떤 사건이나 이념을 성경의 어떤 현상에 억지로 결부시키는 것은 해석상의 문제를 안고 있다. 다시 말하면 대환난은 확실히 역사적 현실적이지만 어느 특수한 역사적 현실적인 것에 결부시킨다는 것은 무리한 시도이다. 공중재림과 지상재림 사이에 있을 이 무서운 대환난의 주역은 사탄이다. 바다, 짐승, 바다 모래 위의 용, 이스라엘 증오, 기만, 표적과 거짓 기사, 귀신숭배, 우상숭배, 아마겟돈 전투를 위한 세상 임금들의 집합 등이 환난기에 득세하는 존재요 현상들이다(단 2~3; 계 13:1~10; 12:13~17; 12:7~13; 살후 2:9~11; 계 13:13~15; 13:4; 9:20; 16:12~16; 19:11~21).

대환난 다음에 천년왕국이 시작된다는 것, 거꾸로 말해서 천년왕국은 대환난 뒤에 온다는 것, 이것을 두고 고진감래(苦盡甘來)라 하는 것이 아닌가?

(2) 대환난과 그리스도 재림의 문제

대환난과 그리스도의 재림은 연속된 사건이다. 대환난의 징조와 현장이 있은 뒤 인자가 강림하신다고 성경은 말하고 있다.

"그 날 환난 후에 즉시 해가 어두워지며 달이 빛을 내지 아니하며 별들이 하늘에서 떨어지며 하늘의 권능들이 흔들리리라 그때에 인자의 징조가 하늘에서 보이겠고 그때에 땅의 모든 족속들이 통곡하며 그들이 인자가 구름을 타고 능력과 큰 영광으로 오는 것을 보리라 그가 큰 나팔소리와 함께 천사들을 보내리니 그들이 그의 택하신 자들을 하늘 이 끝에서 저 끝까지 사방에서 모으리라"(마 24:29~31)

땅에서는 그리스도가 교회의 머리로 계신다. 그런즉 이 환난이 교회와 어떤 시기적인 선후 관계를 가지느냐에 대해서는 분분한 해석이 따른다. 교회가 이 대환난기(大患難, great tribulation)를 통과하느냐 통과하지 않느냐가 거론된다. 즉 천년왕국이 이르기 전에 대환난이 생기게 되는데 교회는 이 대환난기 터널을 통과하느냐 아니면 대환난 터널 위를 날아가느냐이다. 대환난 터널 속은 대단한 고난과 핍박과 어려움의 정글이다.

우선 대환난이란 것이 특별하게 존재하느냐 않느냐도 문제이다. 교회는 처음부터 대환난의 시작에서 그 중간을 거쳐 최후에 이르는 데까지 늘 환난을 당한다는 주장이 있는가 하면, 역사적으로 전무후무한 대환난이 천년왕국에 입국하기 전에 있는 것은 사실이라고 하면서 교회가 이 대환난을 겪느냐 겪지 않고 무사통과 하느냐가 논란이 되고 있다. 대환난을 지나서 천년왕국에 들어가느냐 혹은 대환난을 겪지 않고 천년왕국에 들어가느냐이다. 이미 이것은 전천년설과 관련된 질문이고 무천년설은 대환난을 이미 교회가 겪어오고 있다고 본다. 그러면서 대단한 환난이 있을 것도 부정하지는 않는다.

대환난은 그리스도의 재림을 기해서 생기는 사건인 것이다. 이론적으로 모든 전천년설자들은 그리스도 재림에 앞서 7년이란 기간의 대소동이 있을 것이라고 믿는다. 단지 양분되는 문제는 대환난에 앞서 이 세상으로부터 교회를 옮겨가느냐? 혹은 교회가 대환난을 통과해서 단지 그 후에 주님과 연합할 것이냐이다. 전자를 환난 전 예수 재림설 혹은 전환난설(pretribulationism)이라 하고, 후자를 환난 후 예수재림설 혹은 후환난설(posttribulationism)이라 한다. 후천년설과 무천년설은 환난과 예수재림에 관해서 명백한 구별을 하지 않은 채 넘어가고 있다. 단지 전천년설자가 굉장한 신경을 쓰면서 이 문제를 다루고 있다.[611] 특별히 전천년설 중에도 세대주의(世代主義)는 절대적으로 전환난설을 주장한다.

환난 전 예수재림설, 전환난설(pretribuliationism)

---

611) Millard J. Erickson, *Christian Theology*, p. 1217.

에릭슨에 의하면 전환난설의 특징은 아래와 같다.

- 전환난설 즉 환난이 일어나기 전에 예수께서 오신다는 설은 환난의 성격에 대해서 확고하다. 대개 여타 종말론자들은 역사 전체를 통해 교회가 경험하게 될 고난과 핍박을 강조하는 데 비해 전환난설자는 환난의 독특성을 강조한다. 이 환난은 비상한 것이고 특별한 것이고 대단히 큰 환난이라는 것이다. 그야말로 대환난이라는 것이다. 역사상 이런 대환난은 없었고 종말에 가서야 하나님이 이방인을 처리하고 천년왕국을 준비하기 위한 하나님의 전환기적 기간에 속하는 성질의 대환난이라는 것이다. 이 환난은 신자들을 단련하거나 또는 교회를 정화(淨化)하기 위한 환난은 전혀 아니라는 것이다.[612]
- 전환난설의 주요개념은 교회의 휴거(携擧/去, rapture)이다. 이 말은 대환난의 시작 즈음에 그리스도께서 세상으로부터 교회를 옮겨내시기 위해 강림하실 것이라는 뜻이다. 이때의 강림은 어떤 의미로 비밀리에 되어진다. 불신자의 눈에는 관찰되지 않는 그런 비밀스럽게 살짝 오시는 예수의 재림이다.

"그 후에 우리 살아 남은 자들도 그들과 함께 구름 속으로 끌어 올려 공중에서 주를 영접하게 하시리니 그리하여 우리가 항상 주와 함께 있으리라"(살전 4:17)

휴거 때는 그리스도가 땅(earth)에 온전히 내려와서 앉으시지 않으신다. 환난이 끝난 뒤 교회와 함께(with the church) 오실 때에 비로소 그리스도께서 온전히 땅에 내려오신다.[613] 잠시 에릭슨의 전환난설을 이야기하던 것을 쉬고 휴거(rapture)에 대해서 가일층 언급을 하고 지나가 보기로 하자. 휴거(携擧)라는 말은 몸에 지니고 저쪽으로 옮겨 간다는 뜻이다. 몸에 지니고 어디론가 간다는 것이다. 교회가 휴거된다는 것은 그리스도께서 교회를 그의 허리에 매어 달아가지고 공중으로 올라가신다는 신학적 의미이다. 조용하게 가만히 있던 것을 번쩍 들어서 들림 받아 간다는 것이다. 휴거라는 용어는 성경에 없으나 들림 받는다는 말은 신약에만 13회가 나온다.[614] 구약시대에 에녹과 엘리야가 들림 받았다.

"에녹이 하나님과 동행하더니 하나님이 그를 데려가시므로 세상에 있지 아니하였더라"(창 5:24)
"두 사람이 길을 가며 말하더니 불수레와 불말들이 두 사람을 갈라놓고 엘리야가 회오리 바람으로 하늘로 올라가더라"(왕하 2:11)

신약시대에 빌립과 바울의 삼층천 경험이 들림을 말하고 있다.

---
612) Millard J. Erickson, 위의 책, p. 1218.
613) Millard J. Erickson, *Christian Theology*, p. 1218.
614) 김성환,「평신도를 위한 칼빈주의 해설」(영음사, 1976), p. 382.

"둘이 물에서 올라올새 주의 영이 빌립을 이끌어간지라 내시는 기쁘게 길을 가므로 그를 다시 보지 못하니라"(행 8:39)

"내가 그리스도 안에 있는 한 사람을 아노니 그는 십사 년 전에 셋째 하늘에 이끌려 간 자라 (그가 몸 안에 있었는지 몸 밖에 있었는지 나는 모르거니와 하나님은 아시느니라), 그가 낙원으로 이끌려 가서 말로 표현할 수 없는 말을 들었으니 사람이 가히 이르지 못할 말이로다"(고후 12:2,4)

전천년설자와 세대주의자들의 특별한 주장인 휴거사상은 성경에서도 많은 지지를 받고 있음은 사실이다. 후천년주의설도 휴거와 혼인잔치를 부인하는 것은 아니다. 단지 그것이 7년이란 장시간을 끄는 것은 아니라는 것뿐이다.[615] 예수의 재림과 휴거는 맞붙어 있는 바 예수님의 재림의 세 가지 표현이 '오심'(parousia), '나타나심'(epiphany), '계시하심'(apocalypse)인데, 세대주의자들은 각각 다르게 해석하나 일반적으로는 단회적 재림의 세 가지 표현으로 본다는 것도 밝힌다(살전 4:15; 3:13; 살후 2:1; 2:8).[616]

• 그리스도의 한 재림의 두 양상 혹은 혹자가 말하기로는 두 개의 재림이 있다는 것이다. 이 주제에 대해서는 좀더 뒤에서 상론할 것이다. 그리고 부활에는 세 개의 부활이 따른다는 것이다. 어떻게 세 개의 부활이 있다는 것인가? 첫째 부활은 휴거 시에 의로운 죽은 자의 부활이며, 둘째 부활은 대환난기 끝에 이르러 대환난 기간 동안에 죽은 성도들의 부활이며, 셋째 부활은 최후로 천년왕국이 끝난 뒤에 믿지 않는 불신자들의 부활이라는 것이다.[617]

• 교회는 대환난 기간에 세상에 부재할 것이라는 것이다. 그리스도께서 교회를 환난으로부터 빼돌리신다. 교회는 하나님께서 불신자 위에 퍼붓는 진노를 당하지 않는다는 것이다.

"하나님이 우리를 세우심은 노하심에 이르게 하심이 아니요 오직 우리 주 예수 그리스도로 말미암아 구원을 받게 하심이라"(살전 5:9)

"또 죽은 자들 가운데서 다시 살리신 그의 아들이 하늘로부터 강림하실 것을 너희가 어떻게 기다리는지를 말하니 이는 장래의 노하심에서 우리를 건지시는 예수시니라"(살전 1:10)

두 개의 재림이라는 것은 성경에 기록된 바 없으며 백보 양보해서 이해한다면 한 재림의 두 가지 양상으로 보는 것이 우리의 이해에 무리가 없는 것 같다. 예수 한 재림의 두 가지

---

615) 김성환, 위의 책, (영음사, 1976), p. 383.
616) 김성환, 「평신도를 위한 칼빈주의 해설」, (영음사, 1976), pp. 383~384.
617) Millard J. Erickson, *Christian Theology*, p. 1218.

양상이 공중재림과 지상재림이라는 것을 지금까지 진술해 왔는데 이에 대한 성경의 근거도 만만치 않은 현실이다. 어쨌거나 두 가지 양상이라 하더라도 단 한 번의 재림이지 2회에 걸친 별종의 재림은 아닌 것만은 확실하다고 말해둔다. 만약 두 가지 재림을 강조한다면 차라리 초림, 재림 그리고 삼림(三臨)이라 해야 하지 않을까? 아직까지 예수의 삼림을 말한 신학자는 없었다. 그러나 그리스도께서 일단 공중으로 재림하셔서 거기서 지체하고 계시다가 마침내 지상재림하는 것인데 이를 공중재림과 지상재림이라 하는 것을 두고 이들은 한 재림의 두 가지 양상이라 하던지 두 개의 재림이라 하던지 간에 공중재림과 지상재림이 환난이 발발하기 이전에 있다는 것이 전환난설의 주된 사상이다.

이하에 헨리 디이슨의 그리스도의 재림에 관해 상세하게 설명해 본다.[618]

• 헨리 디이슨의 예수 공중재림

그의 주장의 근거는 데살로니가전서 4장 16~17절, 데살로니가후서 2장 1절, 요한복음 14장 3절, 누가복음 19장 15절, 마태복음 25장 6절을 든다. 그리스도께서 하늘로부터 강림하시며 신자는 공중에서 그리스도를 만나기 위해 들림을 받는다는 것이다.[619] 디이슨이 요약 제시한 공중재림의 3대 목적은 첫째로 자기 백성을 영접하기 위함이요(to receive His own), 둘째로 심판과 상을 내리기 위함이요(to judge and reward), 셋째로 막는 자를 이주시키기 위함이었다(to remove the hinderer).[620]

자기 백성을 영접하기 위한 공중재림의 성경구절은 아래와 같다.

"가서 너희를 위하여 거처를 예비하면 내가 다시 와서 너희를 내게로 영접하여 나 있는 곳에 너희도 있게 하리라"(요 14:3)

"주께서 호령과 천사장의 소리와 하나님의 나팔 소리로 친히 하늘로부터 강림하시니 그리스도 안에서 죽은 자들이 먼저 일어나고 그 후에 우리 살아 남은 자들도 그들과 함께 구름 속으로 끌어 올려 공중에서 주를 영접하게 하시리니 그리하여 우리가 항상 주와 함께 있으리라"(살전 4:16~17)

"그러나 우리의 시민권은 하늘에 있는지라 거기로부터 구원하는 자 곧 주 예수 그리스도를 기다리노니 그는 만물을 자기에게 복종하게 하실 수 있는 자의 역사로 우리의 낮은 몸을 자기 영광의 몸의 형체와 같이 변하게 하시리라"(빌 3:20~21)

"예수께서 이르시되 나는 부활이요 생명이니 나를 믿는 자는 죽어도 살겠고 무릇 살아서 나를 믿는 자는 영원히 죽지 아니하리니 이것을 네가 믿느냐"(요 11:25~26)

"이 썩을 것이 반드시 썩지 아니할 것을 입겠고 이 죽을 것이 죽지 아니함을 입으리로다"

---

618) 헨리 디이슨, 「조직신학 강론」, pp. 706~738.
619) 헨리 디이슨, 「조직신학 강론」, p. 707.
620) 헨리 디이슨, 위의 책, pp. 710~723.

(고전 15:53)

"내가 하나님의 열심으로 너희를 위하여 열심을 내노니 내가 너희를 정결한 처녀로 한 남편인 그리스도께 드리려고 중매함이로다"(고후 11:2)

"자기 앞에 영광스러운 교회로 세우사 티나 주름 잡힌 것이나 이런 것들이 없이 거룩하고 흠이 없게 하려 하심이라"(엡 5:27)

"또 내가 들으니 허다한 무리의 음성과도 같고 많은 물 소리와도 같고 큰 우렛소리와도 같은 소리로 이르되 할렐루야 주 우리 하나님 곧 전능하신 이가 통치하시도다 우리가 즐거워하고 크게 기뻐하며 그에게 영광을 돌리세 어린 양의 혼인 기약이 이르렀고 그의 아내가 자신을 준비하였으므로 그에게 빛나고 깨끗한 세마포 옷을 입도록 허락하셨으니 이 세마포 옷은 성도들의 옳은 행실이로다 하더라"(계 19:6~8)

심판과 상을 내리기 위해 공중재림이 있다는 것을 지지하는 성경구절은 아래와 같다:[621] 그리스도인의 죄를 심판하심이 목적은 아니다. 그리스도 재림 시에 죄 때문에 불리함을 받는 일은 없다. 그 문제는 이 세상에 사는 동안에 해결을 받았다.

"내가 진실로 진실로 너희에게 이르노니 내 말을 듣고 또 나 보내신 이를 믿는 자는 영생을 얻었고 심판에 이르지 아니하나니 사망에서 생명으로 옮겼느니라"(요 5:24)

"그가 찔림은 우리의 허물 때문이요 그가 상함은 우리의 죄악 때문이라 그가 징계를 받으므로 우리는 평화를 누리고 그가 채찍에 맞으므로 우리는 나음을 받았도다 우리는 다 양 같아서 그릇 행하여 각기 제 길로 갔거늘 여호와께서는 우리 모두의 죄악을 그에게 담당시키셨도다, 여호와께서 그에게 상함을 받게 하시기를 원하사 질고를 당하게 하셨은즉 그의 영혼을 속건제물로 드리기에 이르면 그가 씨를 보게 되며 그의 날은 길 것이요 또 그의 손으로 여호와께서 기뻐하시는 뜻을 성취하리로다"(사 53:5~6,10)

"하나님이 죄를 알지도 못하신 이를 우리를 대신하여 죄로 삼으신 것은 우리로 하여금 그 안에서 하나님의 의가 되게 하려 하심이라"(고후 5:21)

단지 그리스도인의 행적을 판단하고 상을 주시기 위해 오신다.
신자는 무슨 행적에 대해 판단을 받으며 또 그에 상당한 상을 받게 되는가?

「① 하나님의 비밀을 맡은 자로서(고전 4:1~5), 신자는 자기의 청지기 직분을 셈해야 한

---

621) 헨리 디이슨, 「조직신학 강론」, p. 718.

다. 그런데 자기들에게 위탁되어진 달란트와 자본금과 기회를 선용(善用)한 신실한 자들에게는 일정한 상이 약속되어 있다(마 25:14~30; 눅 19:11~27; 마 20:1~16).

② 신자들은 물질적 소유를 위탁받은 자들로서 그 물질 소유를 사용하는 방법에 따라 상을 받을 것이다(마 6:20; 갈 6:7). 적게 심는 자는 적게 거둔다(고후 9:6). "할 마음만 있으면 있는 대로 받으실 터이요 없는 것을 받지 아니하시리라"(고후 8:12).

③ 다른 사람의 영혼에 대해 책임을 지고 있는 자로서 신자는 그가 많은 사람을 의로운 길로 인도한 데에 따라서 상을 받게 될 것이다. "많은 사람을 옳은 데로 돌아오게 한 자는 별과 같이 영원토록 비취리라"(단 12:3). "우리의 소망이나 기쁨이나 자랑의 면류관이 무엇이냐 그의 강림하실 때에 우리 주 예수 앞에 너희가 아니냐 너희는 우리의 영광이요 기쁨이니라"(살전 2:19~20).

④ 필요를 절감하게 하는 이 세상에 살아가고 있는 우리로서는 모든 사람에게 선을 행함으로써 상을 받을 것이다(갈 6:10). 자선행위는 상을 받는다(마 10:40~41). 병자와 핍박받는 자를 보호해 주는 일도 상을 받는다. 냉수 한 그릇이라도 소인에게 대접하는 자가 그날에 기억된 바 된다(마 10:42).

⑤ 악한 세상에서 수난자(受難者)로서의 우리는 인내함으로써 상을 받는다. "나를 인하여 너희를 욕하고 핍박하고 거짓으로 너희를 거슬려 모든 악한 말을 할 때에는 너희에게 복이 있나니 기뻐하고 즐거워하라 하늘에서 너희의 상이 큼이라"(마 5:11~12, 참조, 눅 6:22~23). 우리가 지금 고난을 당하면 장차 그와 더불어 통치할 것이다(딤후 2:12). 시험을 참는 자는 복이 있도다… 주께서 자기를 사랑하는 자들에게 약속하신 생명의 면류관을 얻을 것임이니라"(약 1:12)."[622]

그리고 그 상을 받는 시기는 그리스도가 오실 때이다.[623]

우리는 성급하게 지금 여기서 상을 다 받으려 하는 것이 문제이다. 경기에서 승리한 자도 승리한 순간에 상을 받는 것이 아니라 경기가 끝난 후 시상식 순간이 따로 있는 것이다.

"보라 내가 속히 오리니 내가 줄 상이 내게 있어 각 사람에게 그가 행한 대로 갚아 주리라"
(계 22:12)

"인자가 아버지의 영광으로 그 천사들과 함께 오리니 그 때에 각 사람이 행한 대로 갚으리라"
(마 16:27)

"이르되 감사하옵나니 옛적에도 계셨고 지금도 계신 주 하나님 곧 전능하신 이여 친히 큰 권능

---

622) 헨리 디이슨, 「조직신학 강론」, pp. 719~720.
623) 헨리 디이슨, 위의 책, p. 720.

을 잡으시고 왕 노릇 하시도다 이방들이 분노하매 주의 진노가 내려 죽은 자를 심판하시며 종 선지자들과 성도들과 또 작은 자든지 큰 자든지 주의 이름을 경외하는 자들에게 상 주시며 또 땅을 망하게 하는 자들을 멸망시키실 때로소이다 하더라"(계 11:17~18)

"이제 후로는 나를 위하여 의의 면류관이 예비되었으므로 주 곧 의로우신 재판장이 그 날에 내게 주실 것이며 내게만 아니라 주의 나타나심을 사모하는 모든 자에게도니라"(딤후 4:8)

상의 면류관이다.[624]

"이기기를 다투는 자마다 모든 일에 절제하나니 그들은 썩을 승리자의 관을 얻고자 하되 우리는 썩지 아니할 것을 얻고자 하노라"(고전 9:25)

"내가 속히 오리니 네가 가진 것을 굳게 잡아 아무도 네 면류관을 빼앗지 못하게 하라"(계 3:11)

"우리의 소망이나 기쁨이나 자랑의 면류관이 무엇이냐 그가 강림하실 때 우리 주 예수 앞에 너희가 아니냐"(살전 2:19)

"이제 후로는 나를 위하여 의의 면류관이 예비되었으므로 주 곧 의로우신 재판장이 그 날에 내게 주실 것이며 내게만 아니라 주의 나타나심을 사모하는 모든 자에게도니라"(딤후 4:8)

"시험을 참는 자는 복이 있나니 이는 시련을 견디어 낸 자가 주께서 자기를 사랑하는 자들에게 약속하신 생명의 면류관을 얻을 것이기 때문이라"(약 1:12)

"그리하면 목자장이 나타나실 때에 시들지 아니하는 영광의 관을 얻으리라"(벧전 5:4)

가장 좋은 상은 그리스도의 보좌에 그리스도와 함께 동석하는 것이다. 국가의 명예를 높인 메달리스트가 한 나라의 대통령과 함께 자리를 한다는 것은 환상적인 순간이요 참으로 상 중의 상이라 할 것이다.

"이기는 그에게는 내가 내 보좌에 함께 앉게 하여 주기를 내가 이기고 아버지 보좌에 함께 앉은 것과 같이 하리라"(계 3:21)

"미쁘다 이 말이여 우리가 주와 함께 죽었으면 또한 함께 살 것이요 참으면 또한 함께 왕 노릇 할 것이요 우리가 주를 부인하면 주도 우리를 부인하실 것이라"(딤후 2:11~12)

"그리고 내가 왕 됨을 원하지 아니하던 저 원수들을 이리로 끌어다가 내 앞에서 죽이라 하였느니라"(눅 19:27)

---

624) 헨리 디이슨, 위의 책, p. 720.

마지막 므나의 비유는 어떤 사람은 그 앞에서 죽임을 당하는데 충성한 사람은 기는 왜 죽느냐 오히려 죽임 당하는 사람 앞에서 왕과 함께 좌정하고 있지 않느냐 말이다.

"이 무익한 종을 바깥 어두운 데로 내쫓으라 거기서 슬피 울며 이를 갈리라 하니"(마 25:30)

같은 내용의 다른 표현이지만 달란트 비유에서도 무익한 종이 어두운 데로 내어쫓김을 받았다면 유익한 종은 그 반대로 주인과 동석하고 있지 않았겠느냐는 것이다. 교회가 그리스도와 동석한다는 것보다 더 큰 상은 없는 것이다. 공중재림을 주장하는 사람들은 물론이지만 굳이 이런 교리를 따르지 않는 사람들이라 하더라도 교회가 마지막 받을 상에 대한 개념에는 변화가 없다.

막는 자를 이주시키기 위한 말씀은 아래와 같다.[625]

"너희는 지금 그로 하여금 그의 때에 나타나게 하려 하여 막는 것이 있는 것을 아나니 불법의 비밀이 이미 활동하였으나 지금은 그것을 막는 자가 있어 그 중에서 옮겨질 때까지 하리라 그 때에 불법한 자가 나타나리니 주 예수께서 그 입의 기운으로 그를 죽이시고 강림하여 나타나심으로 폐하시리라"(살후 2:6~8)

그리스도 강림과 결부하여 두 인물이 있다. 그 한 인물은 막는 자로서 이주당하는 자요 다른 하나는 그리스도의 입의 기운으로 죽임을 당하는 불법한 자이다. 막는 자는 누구며 불법한 자는 누구인가? 많은 설명이 계속되어 왔었다. 특히 전천년설주의자 곧 환난 전 예수 재림설자는 예수께서 공중에 재림하시고 교회가 들림을 받기 때문에 교회에 함께 내주하시던 성령님도 이 세상에 계시지 않고 이주하시니까 교회와 성령이 부재(不在)하는 세계가 되었다고 한다. 즉 막는 자는 교회와 성령이라는 것이다. 어떤 사람은 당시의 로마 정부세력이라고도 하지만 교회 휴거로 인한 교회 부재와 성령 부재가 막는 자의 이주라는 내용이 지배적이다. 교회와 성령이 부재하는 세상이 되고 말았다는 의미는 무엇인가? 세상은 어둡고 부패하고 죄는 관영하여 불법의 사람이 나타날 수밖에 없다는 것이다. 소금과 빛 노릇하던 교회가 부재하고 성령도 부재하니까 불법의 사람이 최후 심판 이전에 지상에서 큰 권세를 가질 것이고 이 기간이 환난 기간이 되는 것이다.[626]

• 헨리 디이슨의 예수 지상재림

예수의 공중재림과 지상재림의 기간을 휴거(rapture)와 현현(顯現, revelation)의 기간

---

625) 헨리 디이슨, 「조직신학 강론」, pp. 721~723.
626) 헨리 디이슨, 위의 책, pp. 722~723.

이라 한다. 공중재림은 교회를 휴거하기 위함이요 지상재림은 교회와 자기 자신의 현현 곧 보란 듯이 보무당당(步武堂堂)하게 나타내시기 위함이다.

디이슨은 예수 지상재림의 목적을 일곱 항목으로 제시하고 있다.[627]

① 그리스도 자신과 그의 백성을 계시하기 위하여(슥 14:5; 욜 3:11; 마 16:27; 24:29~31; 25:31~32; 골 3:4; 살전 3:13; 유 1:14~15; 요일 3:2).

② 짐승, 거짓 선지자 그리고 그들의 군대를 심판하기 위하여(계 19:19~21; 살후 2:8; 단 12:1; 사 26:20~21; 24:16~21; 렘 30:4~7; 겔 20:33~38; 마 24:21; 눅 21:34~36).

③ 사탄을 결박하기 위하여(계 20:1~2; 롬 16:20).

④ 이스라엘을 구원하기 위하여(롬 11:1,5,25~26; 슥 14:1~4; 렘 30:7; 31:35~37; 33:14~22; 사 11:11~14; 겔 37:18~26; 슥 12:10~13:6; 사 66:8; 렘 31:31~34; 히 8:8~12; 슥 12:10; 롬 11:25; 겔 20:37~38).

⑤ 열방을 심판하기 위하여(살후 1:7~10; 마 25:31~36; 욜 3:11~17; 행 17:31).

⑥ 피조물을 구출하고 축복하기 위하여(마 19:28; 사 11:1~9; 35:1~10; 롬 8:19~22; 슥 14:4~8; 겔 47:1~12; 사 2:2; 겔 34:25~26; 마 19:28; 사 11장; 히 9:28; 창 3:17~19).

⑦ 그의 나라를 세우기 위하여(눅 19:12~19; 삼하 7:8~17; 시 89:3~4, 20~37; 렘 33:19~22; 눅 1:31~33; 단 2:44~45; 7:13~14; 계 11:15; 사 2:2~4; 미 4:1~3; 슥 14:16~19; 사 9:6~7).

이상 헨리 디이슨이 장황하게 제시한 그리스도의 재림(지상재림)의 목적을 아주 간단하게 요약해 본다면 그 목적은 무엇일까? 지금 여기서 무시당하고 무관심하던 그리스도와 교회는 빛나는 존재요 지금 여기서 인기 있고 온통 관심의 대상이던 사탄과 그의 세상은 아무것도 아니라는 것을 판별지우기 위해 예수께서 재림하신다고 요약해서 말할 수 있다.

• 교회의 진가(眞價)

그리스도와 교회는 크고 사탄과 세상은 작다는 것. 그리스도와 교회는 모든 것(everything)이고 사탄과 세상은 아무것도 아니라는 것(nothing). 이것을 보여 주시고자 예수의 두 번째 세상에 오심의 목적이라 한다. 예수의 두 번째 세상 오심의 표현이 'parousia'(오심)이든 'epiphany'(나타나심)이든 'apocalypse'(계시하심)이든 간에 지상에 오심의 목적은 세상과 비교할 수 없는 교회의 빛남이요 승리요 참된 진가를 보여주기 위함인 것이다. 그리스도의 공중재림이든 지상재림이든 일단 재림이라고 하자. 그리고 전천년설과 세대주의설에 따르는 대로 지상재림이라고 해 두자. 어떻든 예수의 이 세상 두 번째 강림 곧 재림은 재림이다. 왜 이 세상에 오시는가? 그리스도와 그리스도인의 진가(眞

---

627) 헨리 디이슨, 위의 책, pp. 725~731.

價)를 나타내기 위함이다. 세상 사람들은 우리 즉 그리스도와 그와 함께한 거룩한 백성의 참 진가를 모른다. 그 진가는 지상재림으로 알려진다. 지하에 묻혀 있던 보화가 빛을 내는 순간이다. 구름에 가렸던 태양이 빛을 내는 순간이다. 무관심의 대상이던 그리스도와 그리스도인이 온 세상 사람의 눈 앞에 당당하게 드러난다. 즉 세상이 득세하고 교회는 약세한 것처럼 보였고 세상이 인기 있고 교회는 이기가 없는 것처럼 보였지만 "어디 한 번 그 진가를 보라, 어디 한 번 그 진미를 맛보라"는 듯이 그리스도와 그리스도인들이 나타나는 것이다. 그것은 교회와 그리스도의 영광스러운 현현이다. 그것은 멋진 나타남이다. 숨어있던 교회가 영광 중에 그리스도와 함께 나타나고 또 성도들이 그리스도와 같이 된 것을 똑똑히 보여 주자는 목적으로 지상재림 아니 그냥 재림하신다.

"우리 생명이신 그리스도께서 나타나실 그 때에 너희도 그와 함께 영광 중에 나타나리라"(골 3:4)
"사랑하는 자들아 우리가 지금은 하나님의 자녀라 장래에 어떻게 될지는 아직 나타나지 아니하였으나 그가 나타나시면 우리가 그와 같을 줄을 아는 것은 그의 참 모습 그대로 볼 것이기 때문이니"(요일 3:2)

그리스도와 교회의 진가 속에는 결국 이스라엘도 교회에 합류되어 결국 구원에 이른다는 내용이 포함된다. 세대주의는 끝까지 교회와 이스라엘의 평행선을 부르짖는데 그럼 그 평행선이 어디까지 갈 것이냐고 묻고 싶다. 하긴 그들이 교회는 신부가 되고 이스라엘은 결혼식장에서 기뻐하는 축하객 친구가 된다고 하는데 그렇다면 이스라엘의 신분은 교회만 못하다는 것이 뻔한 사실인 것이다. 훌륭한 남편, 신랑의 아내 되는 것이 더 영구적인 지위인가, 축하객이 더 영구적인 지위인가?

어디까지나 교회를 위한 이스라엘이었다. 이스라엘은 교회를 위한 그 앞선 예비적 존재였던 것이다. 그것은 고기를 낚는 미끼라면 맞는 말일 것이다. 신랑 예수의 신부는 이스라엘과 온 이방인을 함께 묶어놓은 교회임에 분명하고 이를 기뻐하고 축하하는 축하객은 하늘의 천군천사가 할 것 아닌가?

교회의 진가 속에는 피조물도 아울러 구출되고 축복되는 사건도 내포되며 하나님의 나라는 교회 속에서 실재하게 되는 것이다. 하나님의 나라는 하나님이 계실 때부터 존재했던 본래적 왕권이지만 교회는 중간 어느 순간에 존재했었고 그 실체는 왕권의 실현이요 왕권의 역사적 현장인 것이다. 교회의 진가는 그 성격을 하나님의 나라로 하고 있다는 것이다. 이렇게 주의 재림은 교회가 대단하다는 것을 보여 주시려는 것이었다. 왕권은 본래적 기원이 있으나 교회는 창조적 기원을 지니고 있으며 하나님은 이런 교회를 돋보이시게 하시고자 한다.

• 세상의 허상(虛像)

예수의 지상재림은 사탄과 그의 조직인 세계 곧 코스모스가 얼마나 헛된 것인가를 폭로하기 위함이었다. 교회의 진가를 보여 주시기 위함이 재림의 적극적 목적이라면 세상의 허상을 폭로하기 위함은 재림의 소극적 목적일 것이다. 디이슨이 언급한 대로 주의 재림은 짐승, 거짓 선지자, 그들의 군대가 얼마나 무기력한 것인가를 보여 줄 것이다.

"우리가 그들의 맨 것을 끊고 그의 결박을 벗어 버리자 하는도다 하늘에 계신 이가 웃으심이여 주께서 그들을 비웃으시리로다 그때에 분을 발하며 진노하사 그들을 놀라게 하여 이르시기를 내가 나의 왕을 내 거룩한 산 시온에 세웠다 하시리로다 내가 여호와의 명령을 전하노라 여호와께서 내게 이르시되 너는 내 아들이라 오늘 내가 너를 낳았도다 내게 구하라 내가 이방 나라를 네 유업으로 주리니 네 소유가 땅 끝까지 이르리로다 네가 철장으로 그들을 깨뜨림이여 질그릇 같이 부수리라 하시도다"(시 2:3~9)

"그때에 불법한 자가 나타나리니 주 예수께서 그 입의 기운으로 그를 죽이시고 강림하여 나타나심으로 폐하시리라"(살후 2:8)

"또 내가 보매 그 짐승과 땅의 임금들과 그들의 군대들이 모여 그 말 탄 자와 그의 군대와 더불어 전쟁을 일으키다가 짐승이 잡히고 그 앞에서 표적을 행하던 거짓 선지자도 함께 잡혔으니 이는 짐승의 표를 받고 그의 우상에게 경배하던 자들을 표적으로 미혹하던 자라 이 둘이 산 채로 유황불 붙는 못에 던져지고 그 나머지는 말 탄 자의 입으로부터 나오는 검에 죽으매 모든 새가 그들의 살로 배불리더라"(계 19:19~21)

사탄은 결박당한다.

"또 내가 보매 천사가 무저갱의 열쇠와 큰 쇠사슬을 그의 손에 가지고 하늘로부터 내려와서 용을 잡으니 곧 옛 뱀이요 마귀요 사탄이라 잡아서 천 년 동안 결박하여"(계 20:1~2)
"평강의 하나님께서 속히 사탄을 너희 발 아래에서 상하게 하시리라 우리 주 예수의 은혜가 너희에게 있을지어다"(롬 16:20)
"이에 그들이 소리 질러 이르되 하나님의 아들이여 우리가 당신과 무슨 상관이 있나이까 때가 이르기 전에 우리를 괴롭게 하려고 여기 오셨나이까 하더니"(마 8:29)

세상 열방은 심판을 받는다.

"너희는 지금 그로 하여금 그의 때에 나타나게 하려 하여 막는 것이 있는 것을 아나니 불법의 비밀이 이미 활동하였으나 지금은 그것을 막는 자가 있어 그 중에서 옮겨질 때까지 하리라 그때에 불법한 자가 나타나리니 주 예수께서 그 입의 기운으로 그를 죽이시고 강림하여 나타나심으로 폐하시리라"(살후 2:6~8)

"너희는 지금 그로 하여금 그의 때에 나타나게 하려 하여 막는 것이 있는 것을 아나니 불법의 비밀이 이미 활동하였으나 지금은 그것을 막는 자가 있어 그 중에서 옮겨질 때까지 하리라 그 때에 불법한 자가 나타나리니 주 예수께서 그 입의 기운으로 그를 죽이시고 강림하여 나타나심으로 폐하시리라"(행 17:31)

환난 후 예수 재림설, 후환난설(posttribulationism)

지금까지 우리는 환난 전에 예수께서 재림하사 교회를 휴거하시고 공중에 가셨다가 지상에 오시는 과정을 길게 진술해 왔는데, 이제는 교회로 하여금 그 환난의 터널을 다 통과하도록 두셨다가 환난이 끝난 뒤 재림하셔서 비로소 천년왕국을 여신다고 주장하는 전천년설의 입장을 보기로 한다. 교회는 종말을 맞이해서 하늘을 바라보고 있는데 그 바라보고서 있는 발판이 심히 불안하고 위험한 것을 지나서 마침내 하늘왕국의 모델로서의 지상왕국 곧 천년왕국을 경험한다는 것이다. 재론하지만 여기 편의상 천년왕국이라고 하지만 원론적이고도 일반적인 용어로서는 왕국이라 해 두는 것이 더 문제의 소지가 없을 것 같다. 교회는 지상에서도 천국을 맛보고 있다는 뜻에서 천년왕국의 재미를 보고 있는 것이다. 그런데 그리스도는 천년왕국에 앞서 나타나는 환난을 교회에게 붙여주셨다가 나중에 재림하시는가? 그렇다고 주장하는 것을 후환난설이라 한다.

후환난설의 주장은 무엇인가? 한 마디로 교회의 휴거가 없다는 것이다. 교회는 환난을 겪어야 한다는 것이다. 교회로 하여금 환난을 경험하도록 두셨다는 것이다. 후환난설이 휴거를 거부하는 이유는 그 용어가 성경에 없다는 것이고 교회가 환난에서 도망치는 것이 어쩌면 좀 비겁하지(?) 않느냐는 생각 때문인 것 같다.

에릭슨의 후환난설에 대한 특징은 아래와 같다.

- 후환난설자는 말세의 사건에 대하여 문자적 해석을 취하지 않는다. 가령, 다니엘 9장 27절의 해석도 전환난설과는 다르게 하고 있다. 전환난설은 대환난이 문자적으로 7년을 끈다고 하나 대부분의 후환난설자 즉 환난이 지난 후 예수 재림설자는 환난은 실제적으로 상당한 기간을 두고 이어진다고 주장한다. 전환난설자는 천 년의 개념에 대해 구체적인 견해를 지니고 있어서 많은 예언들이 그 1천 년 기간 안에 문자적으로 성취될 것이라고 보며 그리스도의 발이 감람산에 내릴 때에 천년왕국이 비로소 시작된다고 본다(슥 14:4). 그러나 후환난설자의 천년기 이해는 아주 일반화된 성격을 지닌 것으로 그것을 굳이 길이적으

로 꼭 1천 년일 필요는 없다는 것이다.[628]

- 후환난설자에 의하면 교회는 대환난 기간 동안에 그 자리에 있으며 환난을 경험할 것이라고 한다. 마태복음 24장의 택하심을 입은 자(elect)는 다른 성경구절에서 사용하던 것과 같은 맥락에서 이해되어져야 하는 바 그것은 '신자들'이라는 것이다. 이들의 주장은 오순절 이후에 택하심을 입은 자라는 것은 교회를 말하는 것이라는 강조이다. 주님은 환난에서 교회를 빼내 오시지 않고 단지 환난 가운데서 교회를 보호하신다는 것이다.[629]

사람들의 생각에 따라서는 주님의 어떠한 조처에도 의미가 제각기 다를 수 있다. 혹자는 아예 환난에서의 탈피를 좋아할 것이고 어떤 사람은 환난 중에서 스릴 있는 보호를 좋아할 지도 모른다. 가령 풍랑과 파도가 높은 바다에서 아예 배를 멀리 옮겨놓는 안정감을 기뻐하는 수도 있을 것이고, 혹자는 그 가운데서 배를 보호해 주는 스릴을 만끽할 수도 있을 것이다. 그러나 분명한 한 가지 사실은 풍랑과 파도에 결코 파선되지 않을 것이라는 믿음을 지녀야 할 것이다. 이러니저러니 간에 배는 풍랑과 파도의 바다와는 무관하게 안전하다는 것이 종말을 맞은 교회의 위로가 되는 것이 아닐까?

- 후환난설자는 하나님의 진노와 환난을 구분 짓고 있다.[630]

어떻게 구분 짓고 있는가? 그것은 각각 그 대상을 달리하고 있는 고통이다. 진노는 악한 자에게 내린다(계 6:16~17; 14:10; 16:19; 19:15).

"아들을 믿는 자에게는 영생이 있고 아들에게 순종하지 아니하는 자는 영생을 보지 못하고 도리어 하나님의 진노가 그 위에 머물러 있느니라"(요 3:36)

"하나님의 진노가 불의로 진리를 막는 사람들의 모든 경건하지 않음과 불의에 대하여 하늘로부터 나타나나니"(롬 1:18)

"하나님을 모르는 자들과 우리 주 예수의 복음에 복종하지 않는 자들에게 형벌을 내리시리니"(살후 1:8)

신자들은 하나님의 진노를 당하지 않는다. 즉 교회는 하나님의 진노를 당하지 않는다. 진노 받을 이유가 없는 것은 진노거리가 없도록 사죄함을 받았기 때문이다.

"그러면 이제 우리가 그의 피로 말미암아 의롭다 하심을 받았으니 더욱 그로 말미암아 진노하심에서 구원을 받을 것이니"(롬 5:9)

---

628) Millard J. Erickson, *Christian Theology*, p. 1220.
629) Millard J. Erickson, *Christian Theology*, pp. 1221~1222.
630) Millard J. Erickson, 위의 책, p. 1221.

"하나님이 우리를 세우심은 노하심에 이르게 하심이 아니요 오직 우리 주 예수 그리스도로 말미암아 구원을 받게 하심이라"(살전 5:9)

그러나 신자는 환난은 겪는다(행 14:22; 롬 5:3; 살전 3:3; 요일 2:18, 22; 4:3; 요이 7절).

"이것을 너희에게 이르는 것은 너희로 내 안에서 평안을 누리게 하려 함이라 세상에서는 너희가 환난을 당하나 담대하라 내가 세상을 이기었노라"(요 16:33)

후환난설자도 일반적인 환난과 대환난 간의 차이점을 부정하지는 않지만 그 차이점이란 환난의 성질 및 종류가 아니라 단지 환난의 정도의 문제라고 한다. 교회는 역사 속에서 언제나 환난을 받아 왔기에 대환난을 당해도 크게 놀라지 않고 견디어낼 것이라고 한다.[631]
- 후환난설자는 신자들 즉 교회는 임박한 고통으로부터 피하거나 또는 보호를 받는 것에 대해서 성경이 말하고 있음을 인정한다.[632]

"이러므로 너희는 장차 올 이 모든 일을 능히 피하고 인자 앞에 서도록 항상 기도하며 깨어 있으라 하시니라"(눅 21:36)
"네가 나의 인내의 말씀을 지켰은즉 내가 또한 너를 지켜 시험의 때를 면하게 하리니 이는 장차 온 세상에 임하여 땅에 거하는 자들을 시험할 때라"(계 3:10)

즉 교회는 환난 가운데 있어도 그 가운데서도 피할 수도 있고 보호를 받을 수도 있다는 것이다. 그러나 환난 그 현장으로부터 아예 뚝 떼어내어서 무환난 현장에 갖다놓는 것은 아니라는 것이다. 마치 이스라엘 백성이 애굽의 재난 속에 있었지만 애굽인의 재난이 이스라엘 백성에게 내린 것은 아니라는 예를 들어 보일 수 있다. 이에 대해 요한복음 17장 15절이 명쾌하게 말하고 있다.

"내가 비옵는 것은 그들을 세상에서 데려가시기를 위함이 아니요 다만 악에 빠지지 않게 보전하시기를 위함이니이다"(요 17:15)

- 후환난설자는 데살로니가전서 4장 17절의 말씀 즉 "우리가 공중에서 주를 만난다"는 것에 대해 전환난설자와는 다른 이해를 하고 있다.[633] 즉 전환난설자의 주장은 이 사건을 휴

---

631) Millard J. Erickson, *Christian Theology*, p. 1221.
632) Millard J. Erickson, 위의 책, p. 1222.
633) 위의 책.

거라 하지만 후환난설자는 이에 반대한다. 재론하거니와 휴거란 무엇인가? 그리스도께서 오직 교회를 위해서만(for the Church) 오실 것이라는 내용이다. 신자들을 그와 함께 데리고 구름 가운데로 가시사 환난이 끝날 때까지 하늘에 두신다는 것이 휴거의 내용이다. 그러나 조지 레드와 같은 후환난설자는 다른 견해를 가지는데 휴거란 그리스도께서 교인을 데리고 하늘로 올라가는 것이 아니라 교회가 오히려 그리스도를 만나기 위해 나아간다는 것이다. 그 실례로 마태복음 25장의 지혜로운 처녀와 미련한 처녀의 경우 신랑을 맞이하러 나간 것은 지혜로운 처녀였다는 논리를 펴고서 잔치에 돌아오는 것은 주님이 아니라 교회라는 것이다.[634] 그러나 어떤 설명이든 그리스도와 교회의 만남이라는 데에는 이의가 없다.

- 후환난설자는 종말의 복잡한 사건이라 하더라도 하나의 기본적 통일성을 지닌다고 본다. 이것이 무슨 말이냐 하면 이 복잡한 사건이 반드시 생길 일인 것만은 틀림없지만 오늘 내일 당장 생길 일은 아니라는 것이다. 후환난설자는 신자들이 대환난 이전에 지구로부터 옮겨가는 것을 소망으로 삼지 않고 오히려 무슨 대환난이 생기더라도 주께서 신자들을 보호하고 지켜주실 것이라는 신뢰를 더 강하게 지니고 있다.[635]

에릭슨은 전환난기설과 후환난기설 사이의 문제들이 있기에 몇 개의 조정적 입장을 취하는 설이 있음을 지적한다. 그것들은 다음과 같은 세 가지 설이다.

중환난설(mid-tribulational view)-교회가 환난기의 절반 혹은 3년 반은 비교적 약한 환난을 몸소 겪다가 그 후에 세상으로부터 옮겨진다는 견해이다. 즉 교회가 환난은 경험하지만 하나님의 진노가 퍼붓게 될 때에는 옮김을 받는다는 것이다.[636] 부분휴거설(partial-rapture view)-일련의 연속된 휴거들이 있다는 것이다. 신자들 중에 준비된 자들이 있을 때마다 그때 그때 옮겨질 것이라는 견해이다.[637] 긴박한 후천년설(imminent post-tribulationism)
-재림이 꼭 환난이 지난 뒤에 일어나는 것이 아니라 언제든지 있을 수 있다는 것이다. 왜냐하면 이미 환난은 시작되고 있기 때문이라는 것이다.[638]

그러나 위의 세 가지 설은 큰 호응을 받지 못하고 있는 실정이다.

4) 하늘을 바라보는 교회의 눈과 발 - 환난과 소망

'하늘을 바라보는 교회'는 그 눈은 하늘의 영광을 보고 있지만 그 발은 땅의 가시밭길을 밟고 있는 중이다. 즉 땅에서는 환난을 당하고 있다는 것이다. 그 환난에 대한 그리스도의

---

634) Millard J. Erickson, *Christian Theology*, p. 1222
635) Millard J. Erickson, 위의 책, p. 1223
636) Millard J. Erickson, 위의 책, p. 1223.
637) Millard J. Erickson, 위의 책, p. 1223.
638) Millard J. Erickson, 위의 책, p. 1223.

배려가 휴거 문제로 나오고 있고 이것을 즈음해서 종말의 대환난 이야기가 되는 것이다. 그러면서도 하늘을 바라보는 교회는 그 어려운 환난 가운데서도 하늘의 진정한 행복을 땅에서도 다소간에 음미하고 있으니 그것이 천년왕국이다.

종말의 환난문제, 휴거문제, 천년왕국 문제는 '하늘을 바라보는 교회'란 주제 아래 다뤄졌는데 그동안의 사상의 흐름이 어떠했던가?

남침례교회는 그리스도의 재림에 관한 특수한 견해를 취해서 신앙의 테스트로 결코 사용하지는 않는다는 것이다.[639] 즉 종말론의 어떤 견해를 그 사람의 신앙의 척도로 여겨 판단하지 않는다는 것이다. 그것이 침례교회이다. 심지어 성경 이해에 있어서 십인십색(十人十色)이라 한들 누가 통일시키려는 인위조작적 활동이 없다. 그래서 침례교회는 신조주의(信條主義)가 아닌 고백(告白)주의로 나오고 있는 것이다. 침례교 신학은 무위자연(無爲自然) 신학이요 위도일손(爲道日損) 신학이라고 할까?[640]

일반적 기독교 계통은 물론 침례교회의 종말론에 대한 사상은 정체(停滯)가 아니라 흐름이라 하겠다. 서남침례신학교의 창설자 케롤(B. H. Carroll)은 후천년설자였다. 그러다가 후천년설은 '지배신학'(dominion theology)에 기초하여 '재건주의'(再建主義, reconstructionism)라는 이름으로 부상했지만 옛 후천년설과는 매우 다른 것이다. 재건주의 신학이란 무엇인가? 그리스도의 구속은 제사 율법에만 관계된다. 구약의 시민법은 그리스도에 의해 변경된 바 없다. 이 법은 만민이 따르는 국제사회의 법이다. 사회를 재건하는 것이 주요과제인 것이다. 창세기 1장 28절에 의해 구약법이 온 천하를 다스려야 한다는 것이다. 이것은 신약의 진리를 무시하는 신학이다. 이런 신학이 인기를 끌지 못하자 두각을 나타낸 것이 무천년설이다. 많은 침례교도들이 세대주의적 견해(스코필드)를 따르고 있긴 하지만 무천년설이 단연 우세한 위치를 차지하고 있다.

그러다가 지난 30여 년 전부터 또 역사적 전천년주의가 인기를 얻기 시작해서 상당히 많은 추종자를 얻고 있다.[641]

필자는 후천년설은 세월이 인정하지 않으며 세대주의설은 성경해석이 허용하지 않은 것 같아서 이 두 설에는 외면하고 있으며, 역사적 전천년설은 포괄적이고도 부담 없는 해석을 취하는 것 같아서 호감을 느끼고 있으나 무엇보다도 단순 명쾌하고도 친성경적 접근을 취하는 무천년설의 손을 잡고 있다. 무천년설의 성격이 그러하듯이 여러 양태의 천년설 견해를 이삭 줍듯이 귀하게 주워 담는 그릇도 필자에게는 있다.

그런데 어떤 종말론 사상을 추종하든 간에 우리 모든 교회 교인들은 다음과 같은 것에

---

639) William H. Stephens, 앞의 책, p.16.
640) 老子 48장의 사상이다. 이론은 쌓으면 쌓을수록 번거롭게 되지만 도를 닦으면 갈수록 간결해진다는 것이다. 道는 學과 반대 개념이다. 믿으면 복잡한 것도 간단해진다는 것이다.
641) William H. Stephens, 앞의 책, pp. 20~21.

동의한다. "지금 교회는 하늘을 바라보고 있다." 지금 왕국도 있고 미래 왕국도 있다. 지금 환난도 있고 미래 환난도 있다. 하늘을 바라보고 있는 신부 교회를 향해 신랑 예수 그리스도는 강림하신다. 저기 산이 있다는 것을 부정하지 않고 산으로 나아가서 등산한다. 가서 등산하다보니 산세(山勢)가 어떠함을 그때 거기서 체험하게 된다. 바라보는 산을 두고 여기서 언급한 모든 것이 막상 거기 가서 보니까 실제와 같을 수도 있고 다를 수가 있어도 그게 별로 큰 문제가 되지 않는다. 문제는 우리 모두가 등산을 즐기게 되는 사람들이기 때문이다. 장광설을 뒤로 하고 '하늘을 바라보는 교회'가 관심을 두어야 할 성경말씀으로 돌아가 보자. 특별히 예수의 재림을 말한 책과 장을 말한다. 마태복음 24장, 마가복음 13장, 데살로니가전서와 후서, 고린도전서 15장, 베드로후서 3장 그리고 요한계시록 전장이다.

관심을 두어야 할 성구를 보자.

"번개가 동편에서 나서 서편까지 번쩍임같이 인자의 임함도 그러하리라"(마 24:27)

"그가 큰 나팔소리와 함께 천사들을 보내리니 그들이 그의 택하신 자들을 하늘 이 끝에서 저 끝까지 사방에서 모으리라"(마 24:31)

"그때에 인자가 구름을 타고 큰 권능과 영광으로 오는 것을 사람들이 보리라"(막 13:26)

"주의하라 깨어 있으라 그 때가 언제인지 알지 못함이라"(막 13:33)

"또 죽은 자들 가운데서 다시 살리신 그의 아들이 하늘로부터 강림하실 것을 너희가 어떻게 기다리는지를 말하니 이는 장래의 노하심에서 우리를 건지시는 예수시니라"(살전 1:10)

"우리가 예수께서 죽으셨다가 다시 살아나심을 믿을진대 이와 같이 예수 안에서 자는 자들도 하나님이 그와 함께 데리고 오시리라"(살전 4:14)

"주께서 호령과 천사장의 소리와 하나님의 나팔 소리로 친히 하늘로부터 강림하시리니 그리스도 안에서 죽은 자들이 먼저 일어나고"(살전 4:16)

"환난을 받는 너희에게는 우리와 함께 안식으로 갚으시는 것이 하나님의 공의시니 주 예수께서 자기의 능력의 천사들과 함께 하늘로부터 불꽃 가운데에 나타나실 때에 하나님을 모르는 자들과 우리 주 예수의 복음에 복종하지 않는 자들에게 형벌을 내리시리니"(살후 1:7~8)

"보라 내가 너희에게 비밀을 말하노니 우리가 다 잠 잘 것이 아니요 마지막 나팔에 순식간에 홀연히 다 변화되리니 나팔 소리가 나매 죽은 자들이 썩지 아니할 것으로 다시 살아나고 우리도 변화되리라"(고전 15:51~52)

"그러나 주의 날이 도둑같이 오리니 그 날에는 하늘이 큰 소리로 떠나가고 물질이 뜨거운 불에 풀어지고 땅과 그 중에 있는 모든 일이 드러나리로다"(벧후 3:10)

"내가 본 바 바다와 땅을 밟고 서 있는 천사가 하늘을 향하여 오른손을 들고 세세토록 살아 계신 이 곧 하늘과 그 가운데에 있는 물건이며 땅과 그 가운데에 있는 물건이며 바다와 그 가운데에

있는 물건을 창조하신 이를 가리켜 맹세하여 이르되 지체하지 아니하리니"(계 10:5~6)

교회는 종말에 관심을 두고 사색하며 활동하는 지상의 하나님의 형상이다. 교회는 영적 인격체이다. 교회는 어떻게 성장해야 하는가? 즉 교회는 어떻게 하늘을 바라보고 자라야 하는가? 목회자는 어떻게 교회를 인도해야 하는가? 교회 교인들은 양육(養育, bringing up)의 대상이지 사육(飼育, breeding)의 대상은 아닌 것이다. 인격은 양육을 받고 비인격은 사육받는다. 양육은 인격을 키우는 것이고 사육은 비인격 가축을 키우는 것이다. 목회자가 소위 목회를 한다 하면서도 가축 사육적 개념을 가지고 프로그램과 빠른 약효(藥效)가 있는 어떤 것으로 교인들을 키워서 가시적 현실적 목적을 추구한다면 그것은 인본주의적 목회이다. 목회자의 목회개념은 양육적 개념이어야 하나니 이것은 인격 자체의 성장이요 그것은 곧 영적 인격체 교회의 올바른 모습이다. 양육 받은 교회는 하늘을 바라보는 교회이다. 교회는 땅에서는 그 머리 되신 예수 그리스도의 지시를 받고 사는 그의 몸이지만 조만간 하늘의 예수 그리스도를 신랑으로 맞이하는 신부로서의 단장을 하고 있어야 참 교회의 모습이다. 하늘을 바라보는 교회의 발은 험한 가시밭길을 걷지만 그 눈은 하늘 영광의 소망을 바라본다.

5 하늘에 올라간 교회

그동안 땅에만 있었던 교회가 하늘로 올라간다. 땅에서 신부 훈련을 쌓은 교회가 하늘에서 기다리시는 신랑 예수 그리스도를 맞이하는 순간이다. 하늘에 올라간 교회는 신랑을 맞는 교회, 혼인잔치 교회, 그리고 영존(永存) 영화(榮華)의 교회이다. 이것을 다르게 표현한다면 교회의 장래는 교회의 완성, 교회의 들림, 교회의 영화로 꽃을 피운다. 교회의 완성은 생명체를 지닌 인격체로서 성숙하여 신랑을 맞기에 부족함이 없는 신부의 형편을 말한다. 생명을 지닌 지체들로 구성된 몸이다.

"이와 같이 우리 많은 사람이 그리스도 안에서 한 몸이 되어 서로 지체가 되었느니라"(롬12:5)

"이제 지체는 많으나 몸은 하나라"(고전 12:20)

교회의 들림은 그 신학적 용어와 해석이 아무리 난무하더라도 한 가지 분명한 사실은 교회가 땅에 있지 않고 하늘로 올라간다는 사실이다. 그리고 올라가서는 혼인잔치가 있다는 사실이다.

"너희는 마음에 근심하지 말라 하나님을 믿으니 또 나를 믿으라 내 아버지 집에 거할 곳이 많도다 그렇지 않으면 너희에게 일렀으리라 내가 너희를 위하여 거처를 예비하러 가노니 가서 너희를 위하여 거처를 예비하면 내가 다시 와서 너희를 내게로 영접하여 나 있는 곳에 너희도 있게 하리라"(요 14:1~3)

"그러나 각각 자기 차례대로 되리니 먼저는 첫 열매인 그리스도요 다음에는 그가 강림하실 때에 그리스도에게 속한 자요"(고전 15:23)

"그 후에 우리 살아 남은 자들도 그들과 함께 구름 속으로 끌어 올려 공중에서 주를 영접하게 하시리니 그리하여 우리가 항상 주와 함께 있으리라"(살전 4:17)

교회의 영화는 교회가 누릴 최후의 모습이다. 영존하시고 영화로운 하나님과의 영원한 공존이다.

"사랑하는 자들아 우리가 지금은 하나님의 자녀라 장래에 어떻게 될지는 아직 나타나지 아니하였으나 그가 나타나시면 우리가 그와 같을 줄을 아는 것은 그의 참 모습 그대로 볼 것이기 때문이니"(요일 3:2)

이제 신랑을 맞는 교회부터 진술해 보기로 한다.

1) 신랑을 맞는 교회

하늘의 신랑 예수 그리스도는 초림하사 일단 땅에 내려오셔서 신부 교회를 남겨두시고 하늘에 올라가셨고 이제 그 신부를 온전히 맞이하게 될 것을 기대하고 계신다.

"남편들아 아내 사랑하기를 그리스도께서 교회를 사랑하시고 그 교회를 위하여 자신을 주심같이 하라 이는 곧 물로 씻어 말씀으로 깨끗하게 하사 거룩하게 하시고 자기 앞에 영광스러운 교회로 세우사 티나 주름 잡힌 것이나 이런 것들이 없이 거룩하고 흠이 없게 하려 하심이라"
(엡 5:25~27)

예수 신랑은 교회의 생명에 아무런 문제가 없기를 고대하신다. 생명의 고귀함 때문에 신랑은 교회를 사랑하시고 자신을 주셨다. 그런고로 교회는 신랑 예수의 사랑을 먹고 살았으며 신랑 예수의 생명 때문에 교회의 생명을 갖게 되었던 것이다. 아담에게서 하와가 나왔듯이 예수 그리스도에게서 교회가 나왔다. 물론 그것은 창세 전에 이미 섭리하셨던 것이었다(엡 1:4~7). 방주는 마른 땅이 나오기를 기다리며 물 위에 그냥 떠 있다. 언젠가 착지(着地)할 날이 있을 것이다. 신랑을 맞는 교회는 신랑이 땅에 와서 주고 가신 구원 생명을 정결하게 지키고 있음이 그 본연의 자세이다.

(1) 노아의 방주와 교회의 비유

지금까지 교회는 땅에서 하늘을 바라보고 살아왔다. 교회가 땅에서 겪은 환난과 핍박은 하늘을 바라보는 소망을 더 강하게 하기 위함이었다. 땅에서의 교회는 하늘에 올라가는 교회가 된다는 소망 속에서 인내한다. 하늘에 올라가기 전에 우선 땅에서의 교회는 궁극적으로 땅에서 승리를 거두며 안전하게 되어야만 한다. 노아의 방주와 교회의 비유는 어디까지나 제한적 범위 안에서 적용될 수 있는 성질임을 말해둔다. 왜냐하면 노아의 방주사건이 후에 반드시 교회에게 적용될 수 있는 상황들만 생긴 것이 아니기 때문이다. 단지 노아의 방주 사건 자체만을 뚝 떼어 와서 교회에 관련된 비유를 드는 것은 어떤 제한적 상황의 입장에서 취해진 것이다. 방주 사건 뒤에도 바벨탑 사건이 있지 않는가? 바벨탑 사건을 들어서 노아 방주와 교회의 비유는 부적절하다고 굳이 말할 필요는 없다고 본다. 그러나 좀 비약적 해석을 허용한다면 노아의 8식구가 끝내 온 인류의 조상이 되어 교회를 이룬다고 볼 때 노아의 방주와 교회의 비유를 무제한적으로 사용하지 못할 이유도 없을 것으로 본다. 하늘에 올라가는 교회는 땅에서 승리를 거둔 교회이다. 그 승리란 그리스도인의 궁극적 구원이다. 바로 하늘 밑에서 올라가기 직전의 교회는 궁극적으로 구원을 이룬 교회이다. 교회는 생명체이다. 이제 마음 놓고 이야기하자. 땅에서의 교회는 노아의 방주와 비교된다. 노아의 방주는 구원선(救援船)이지 유람선(遊覽船)이 아니다. 노아의 방주는 쾌속선도 아니요 단지 물에 떠 있는 배이다.

"홍수가 땅에 사십 일 동안 계속된지라 물이 많아져 방주가 땅에서 떠올랐고 물이 더 많아져 땅에 넘치매 방주가 물 위에 떠다녔으며"(창 7:17~18)

노아의 방주는 홍수를 이겨낸 배이다. 노아의 방주는 모든 바람과 비와 바다를 이겨내고 그 안에 모든 생명을 안전하게 보전한 배이다. 노아의 배는 생명체이다. 교회생활은 관광을 즐기는 것과 같은 쾌락의 장소가 아니며 마구 달리기를 좋아하는 쾌속선이 아니며 단지 홍수가 가라앉기만을 기다리며 수면에 떠 있는 배 안의 생활이다. 그런데 사람들은 착각을 하고 있다. 땅에 있는 교회의 최종적 목표와 환희는 하늘에서 취하게 되어 있는데도 불구하고 여기 지금 땅에서 그것을 취하려 하는 데에서 혼란이 생기는 것이다. 그래서 사람들은 교회생활이 재미가 없다느니 혹은 속도감이나 넘치는 스릴이 없다느니 불평을 하면서 세상으로 떠나가고 있다.

그래서 현대 교회는 방주 안에 온갖 위락시설을 만들어놓고 있다. 교회 출석은 세상 재미 보는 측면까지도 끼어들어 있다. 방주는 물에 빠져 죽지 않고 생명을 유지하는 것이 최고의 즐거움이요 감사의 주체가 되어야 마땅하다. 구원의 즐거움보다 또 다른 즐거움을 달라는 것이 세상적인 것이다. 그래서 어떤 작가는 다음과 같이 말했다.

「오늘 성전에 오신 예수님은 이런 명패들을 집어던지고 둘러엎어 버리셨다. '일요휴게실', '사교구락부', '신원보증 위탁소', '스캔들 수집센터', '의원후보자 표밭'」[642]

교회는 땅에서 구원을 얻고 하늘까지 그 구원을 지니고 올라가서 하나님 앞에서 즐기는 인격체이다. 그러나 한 가지 분명한 사실은 노아의 방주는 일단 홍수에 익사하지 않게 하기 위해 사람들을 안전한 장소로 옮기고 보호해야 한다. 홍수가 난 지 일 년이 훨씬 넘어 노아가 땅에 정착하였는데 그때까지 방주는 참고 있어야 했다. 노아의 방주 안에는 온갖 짐승들이 사람과 함께 공존을 하고 있었다. 홍수가 끝나고 지면이 나올 때까지 어차피 같이 공존해야만 하는 것이다.

필자는 몇 년 전 미국에서 노아라는 주제로 큰 벌판에 대형 노아 방주를 만들고 공연하는 곳을 방문했었다. 노아의 방주의 크기와 같은 규모로 시설물을 만들고 실제로 온갖 종류의 맹수와 새들을 수용하고 있었다. 물론 노아의 식구들도 거기 있었다.

"곧 그 날에 노아와 그의 아들 셈, 함, 야벳과 노아의 아내와 세 며느리가 다 방주로 들어갔고 그들과 모든 들짐승이 그 종류대로, 모든 가축이 그 종류대로, 땅에 기는 모든 것이 그 종류대로, 모든 새가 그 종류대로 무릇 생명의 기운이 있는 육체가 둘씩 노아에게 나아와 방주로 들어갔으니 들어간 것들은 모든 것의 암수라 하나님이 그에게 명하신 대로 들어가매 여호와께서 그를 들여보내고 문을 닫으시니라"(창 7:13~16)

모두 실제 동물이요 실제 사람이 노아의 방주라는 시설물에 들어갔다. 관람객도 물론 그 방주 안의 관람석에 들어갔었다. 문이 쾅하고 닫혔다. 공연장에 있어야 할 동물들이 관람석에 들어와 있는 것도 있었고 낙타나 말 같은 큰 짐승은 문 닫기 직전에 들어왔다. 실제로 당황했던 한 장면은 시설물 방주 안으로 들어오던 말이 방주 문 입구에서 배설물을 쏟은 것이었다. 공연장 직원들이 급하게 청소하는 것을 보고 모든 관광객이 웃음을 금치 못했다. 하여간 티켓을 지닌 모든 관람객은 다 입장했다. 성경에 있는 대로 이 시설물 노아 방주의 문이 닫히자 들어오는 것도 없고 나가는 것도 없었다. 모든 출입문은 닫히고 말았다.

"…방주로 들어갔고…방주로 들어갔으니…그를 닫아 넣으시니라"(창 7:13, 15, 16)

---

642) 정채봉, '간장 종지', 〈샘터〉, 1999, p. 76.

입장이 다 끝난 뒤에도 실제 동물들이 가끔 오물을 배설하기도 하며 소리 소리 외침으로 소음도 대단했다. 솔직히 별로 유쾌하지 않은 노아의 방주라는 생각이 들었다. 물론 시설물로 만든 가상의 노아의 방주였지만 쾌적하지 못했다는 것이 솔직한 고백이다. 그런데 거기서 도저히 탈출해서 나올 방도가 없었다. 그 시설물 노아 방주의 문이 닫혔기 때문이다. 한 번 닫히면 홍수가 끝나기 전까지는 도저히 열지 못하게 되어 있었다. 나는 짐짓 탈출할 수 없을까 하고 살펴보아도 비상구란 일체 없었다. 공연이 끝날 때까지, 말하자면 홍수가 다 가라앉기까지 그 방주 안에 있어야 했다. 그러나 방주 안에 있어야만 한다는 것은 행운이다. 왜냐하면 방주 밖으로 나가면 익사하기 때문이다.

방주에는 비상 탈출구가 없다. 비상 탈출 해야 할 이유가 없다. 냄새가 나고 소음이 좀 있어도 방주 밖은 물이며 방주를 떠나 밖으로 나가면 죽음을 뜻하기 때문이다. 교회에도 탈출구는 없다. 그리스도인이 되어 교회 안에 있는 그리스도인은 더 이상 교회를 탈출해야 할 긴박한 상황을 맞지 않는다. 물론 교회에도 인간적인 약점들이 드러나서 피차간에 불편한 일이 있을 수 있으나 그런 이유로 교회를 등지고 나갈 수는 없다. 교회 밖으로의 탈출은 죽음을 의미하는 것이다.

한동안 구원이 교회 안에만 있느냐 교회 밖에는 없느냐는 문제로 지상토론을 벌인 학자들이 있었지만 시원한 결론을 내리지 못하고 끝난 것으로 기억한다. 그들이 말한 '교회'란 개념은 어쩌면 조직과 제도로서의 의미를 지닌 것 같은데, 교회란 구원 받은 이의 모임이라는 기본적이고도 성경적인 교회 정의를 고수한다면 교회 안팎의 구원이란 논의 자체가 성립되지 않는 것이다. 이미 구원받아 교회를 형성했는데 다시 구원의 유무를 논한다는 것은 괜한 논쟁거리이기 때문이다. 교회를 이루지 못하고 있는 사람은 구원을 못 받은 사람들이고 교회를 이루고 있는 사람은 이미 구원을 받은 사람들이다. 그렇거늘 이미 구원받은 사람의 모임인 '교회'를 놓고 그 안이냐 밖이냐 하는 것은 도무지 무슨 개념을 전제로 논의하고 있는지 모르겠다.

교회는 철저한 구원체이고 다시 비교회(非敎會)가 될 수는 없다. 노아의 방주는 방주일 따름이다. 이미 방주 안에 들어와 있는 8식구를 놓고 그들이 생명을 유지하고 있느냐 없느냐를 따지는 것은 부질없는 일이다. 방주 밖이라고 한다면 아예 방주와 무관한 사람들이기 때문에 모든 생명체가 죽었을 때 함께 죽어버릴 것이기 때문이다. 교회 밖이란 말은 교회를 이루지 않고 있는 사람도 구원을 받았느냐는 말로 질문해야 할 것이다. 교회를 이루지 않고 있는 사람은 세상 사람들이요 그들은 세상을 이루고 있는 사람들이다. 여기서 교회는 소위 우주적 교회를 지칭하는 것이다.

비행기를 타면 제일 먼저 승무원이 비상 탈출구가 어디에 있는지 가르쳐 주고 비행기가 추락하면 재빨리 탈출하는 것과 산소마스크를 재빨리 꺼내어 입으로 가져 가라는 당부를 한다. 또 낙하산을 어떻게 착용하는지를 교육시킨다. 나는 때때로 내가 공중에서 비상 탈출하기 위해 이 비행기를 탔는지 아니면 목적지에 도달하기 위해 탔는지 의심스러울 때가 있다. 배를 타고 여행할 때도 이 배가 파선되거나 침몰할 경우 어떻게 구명조끼를 착용해야 하는지를 승무원이 모범적으로 교육시키는 것을 보면 내가 익사하기 위해 배를 탔는지 목적지에 가기 위해 탔는지 어리둥절할 때가 있다.

어디 그 뿐인가? 병원에 가서 중한 수술을 받게 되면 병원당국이 반드시 보호자를 입회시킨다. 그리고 "수술하다가 이 환자가 죽어도 문제 삼지 않을 것을 서약합니다"라는 것에 보호자의 인장을 찍으라는 것이다. 그 서약 문구가 꼭 그대로일지는 모르나 수술하다가 죽을 수도 있으니 병원에 책임을 묻지 말라는 식이다. 그리고 실제로 병원에는 시체 안치소와 장례식장이 꼭 붙어 있다. 그런데 교회는 어떤가? 어느 목사가 교회에 들어온 초신자를 향해 교회가 파괴될테니 우선 비상 탈출구부터 알아두라고 설교하는 목사가 있는가? 교회에는 시체 안치소도 없거니와 장례식장도 없다. 교회에는 오직 구원 그리고 영원한 구원, 궁극적으로 구원 외에는 없다. 교회에는 천국 환영식은 있어도 장례식은 없다. 지금 궁극적 구원이 교회 안에 있다는 것을 설명하고 있는 중이다. 교회는 궁극적으로 안전한 구원선(救援船)이라는 것이다.

(2) 궁극적 구원의 정의

궁극적 구원이란 무엇인가? 이것을 다른 신학적 표현으로는 인내(忍耐, perseverance)라고도 하는데 이 모두는 무엇을 의미하는가?

그리스도인으로서 인생을 마칠 수 있느냐 없느냐? 그리스도인이었다가 비그리스도인이 될 수 있느냐? 중생 안에 뿌리박은 생활이 소멸될 수 있느냐? 이런 질문에 대하여 "그럴 수 없다"라고 답변하는 것이 궁극적 구원론이다. 궁극적 구원론이란 그리스도인이 때로는 후퇴하기도 하고 범죄하기도 하지만 궁극적으로는 은혜의 상태에서 전적으로 완전히 떨어져 나가는 일은 없다는 교리이다. 그리스도인은 혹 후퇴했던 길에서 종래까지 돌아오지 못하고 그 자리에 주저앉아 있는 일은 없다는 주장이다. 마침내 그리스도인의 최후는 끝내 회개하여 경건의 상태에 있기 때문에 하나님의 은혜로 말미암은 구원을 잃지 않는다는 설명이다. 이것은 구원론 적용의 최후 주제이다.

궁극적 구원을 가운데 두고 좌우로 극단적인 신학사상이 있었다. 그 하나는 극단적 칼빈주의요, 다른 하나는 극단적 알미니안주의다. 전자는 인간의 상태가 여하튼 간에 구원을 받는다는 것이요, 후자는 인간의 상태의 여하에 따라 구원을 잃기도 한다는 것이다. 전자는 물리적 기계적 구원이고 후자는 도덕적 인간적 구원이다. 전자는 하나님의 절대주권을 강조하고 후자는 인간의 자유의지를 강조한다.

그러나 궁극적 구원론은 한 이론은 수용하고 다른 한 이론은 거부하지 않는다. 한 이론을 수용하고 다른 이론을 거부하자는 것은 단지 신학적 사고방식에서 나온 어떤 이론 중 하나를 선택하라는 요구이다. 그러나 침례교 구원론은 신학이 제시한 어떤 이론을 두고 수용 여부를 결정하는 것은 아니다. 성경이 칼빈주의나 알미니안주의를 교리적으로 말한 바가 없기에 일단 우리는 신학적인 주제로서의 그 문제를 뒤로 하고 성경이 무엇이라고 말하고 있나에 초점을 맞춘다. 사실 그리스도인의 체험에는 하나님의 국면과 인간의 국면의 상호간 생동적인 관계를 맺고 있음이 사실이다.

어떤 성경구절은 궁극적 구원을 긍정하는가 하면(요 10:28, 29; 3:36; 롬 8:30; 11:29; 빌 1:6; 딤후 1:12; 벧전 1:5), 어떤 성경구절은 이 교리를 부정하는 것 같아 보인다(고전 9:27; 히 4:1,6; 6:4~6; 행 2:40; 빌 2:12). 이 두 성경구절은 어떻게 모순이 아닌 조화라고 해석할까? 그것은 하나님의 은혜가 내적으로 역사할 때 인간은 자유롭게 능동적으로 반응을 표하여 협동하는 것이다. 이것은 불가분리적으로 결합되어 있다. 하나님의 방법은 도덕적, 인격적 방법이다. 그것은 결코 물리적이요 기계적 방법은 아니다. 그러나 이 모든 일에 있어서 하나님은 창조자며 구원자로서 언제나 선수(先手)를 지니심은 부정할 수 없다. 하나님은 당신의 것도 당신의 것으로 취하시고(절대 주권) 인간의 것도 당신의 것으로 취하신다(인간의 자유).

침례교 신학의 표본이 여기 있다.

"하나님의 계시와 인간의 수용"(God's revelation and man's capacity)[643]

궁극적 구원에 대해서 성경이 긍정하는 것처럼 말하면 우리는 긍정하고 부정하는 것처럼 말하면 부정하되 어느 것도 배제하지 않는다. 긍정과 부정을 다 포용하며 그러면서도 모순됨을 느끼지 않는다. 궁극적 구원의 양면성을 말해주고 있기 때문이다.

저자가 카자흐스탄 침례신학교에서 조직신학을 강의할 때 통역하는 자매가 고려인이었는데 그 자매는 한국어도 능통하고 러시아어도 능통해서 아주 편하게 강의할 수 있었다. 그때 학생들이 칼빈주의냐 알미니안주의냐 질의가 있었는데 나는 통역하는 자매의 예를 들어 주었다. "이 자매는 한국어를 말하는 자매입니까?", "이 자매는 러시아어를 말하는 자매입니까?", "이 자매는 한국어만 합니까? 러시아어만 합니까?" 모두 대답이 없었다. 내가 계속 추궁하자 학생들의 대답이 "두 나라 말을 다 합니다"라고 했다. 그래서 내가 다시 묻기를 "이 자매는 한국어만 한다고 주장하는 사람의 생각만이 옳습니까?" 그들은 또 대답했다. "그런 주장은 틀린 것입니다." 결국 그들은 이 자매가 한국어와 러시아어를 다 말하

---

643) 저자 지음 「조직신학」, 미출판 강의노트, pp. 120~121.

고 있다는 사실이 모순되지 않은 현실이라고 했었다. 이렇게 되자 성경이 말하는 궁극적 구원에 관한 긍정 혹은 부정처럼 보이는 구절도 아무런 모순 없이 수용되었고 심지어 신학 논쟁인 칼빈주의와 알미니안주의까지 다 함께 수용할 수 있다는 결론에 이르고 강의를 끝낸 바 있었다. 궁극적 구원이란 용어는 지금까지 모든 교회활동과 신앙생활의 최종점이 틀림없이 취하게 되는 것이 구원이란 의미이고, 인내라는 용어는 한 번 얻어 놓은 구원을 어떠한 일이 있어도 이기고 견디어 그 구원을 잃지 않고 유지해 왔다는 것을 의미한다.

(3) 궁극적 구원의 근거

궁극적 구원의 근거는 무엇인가? 궁극적 구원의 성경적 근거는 아래와 같다.

> "내가 그들에게 영생을 주노니 영원히 멸망하지 아니할 것이요 또 그들을 내 손에서 빼앗을 자가 없느니라 그들을 주신 내 아버지는 만물보다 크시매 아무도 아버지 손에서 빼앗을 수 없느니라"(요 10:28~29)

첫째, 하나님이 주신 것이 영생(永生)이다. 영생의 반대말은 단생(短生)일 것이다. 이것은 삶의 질(質)뿐 아니라 그 양(量)인 길이도 길다는 것이다. 하나님은 긴 생명을 주셨기에 우리가 취한 생명은 중간에 그치고 마는 짧은 생이 아니라 길고도 긴 그래서 영원무궁하도록 이어져 가는 생명이라는 것이다.

> "하나님이 세상을 이처럼 사랑하사 독생자를 주셨으니 이는 저를 믿는 자마다 멸망치 않고 영생을 얻게 하려 하심이니라"(요 3:16)

둘째, 이 영생은 잃어버릴 수 없는 것이라는 사실이다. 이 영생을 지닌 사람들이 아버지 손 안에 들어 있다. 아버지 손 안에 들어 있는 사람들을 아무도 빼앗아가지 못하는 것은 그 어떤 것도 하나님의 사랑에서 우리를 끊을 수 없기 때문이다.

> "내가 확신하노니 사망이나 생명이나 천사들이나 권세자들이나 현재 일이나 장래 일이나 능력이나 높음이나 깊음이나 다른 어떤 피조물이라도 우리를 우리 주 그리스도 예수 안에 있는 하나님의 사랑에서 끊을 수 없으리라"(롬 8:38~39)

아버지는 만물보다 크시기 때문이다.

"자녀들아 너희는 하나님께 속하였고 또 그들을 이기었나니 이는 너희 안에 계신 이가 세상에 있는 자보다 크심이라"(요일 4:4)

교회는 영생, 곧 궁극적 구원을 지닌 사람들로 구성되어 있다. 이제 종말론적 구원에 이른 것이다. 종말은 궁극적으로 구원을 얻은 사람들의 모임인 교회가 최후로 하나님과 만나는 사건이다. 최후로 하나님을 만날 교회는 궁극적으로 구원을 얻은 사람들이 땅에서 누리던 구원을 하늘에 올라가서 그 구원의 즐거움을 누린다. 하늘에 올라가는 교회는 궁극적으로 구원받은 사람의 모임이다. 교회는 방주와 같아서 홍수가 지나가기까지 결코 그 안에 있는 어떤 것도 잃어버리는 일이 없는 구원선이지 유람선이 아니다. 이 구원선은 계속 물 위에 떠 있는 것이 아니라 홍수가 사라지고 착지(着地)하여 새로운 삶을 영위한다. 방주는 땅에서 삶을 영위하고 교회는 하늘에서 삶을 영위한다. 그러나 이런 상징적 의미는 종말의 교회에 관한 이야기이다.

노아의 방주가 홍수 가운데서 유람의 즐거움을 갖지 않고 구원의 즐거움을 가지면서도 끝내 기다리는 것은 마른 땅이다. 방주가 신부라면 마른 땅은 신랑이다. 약간은 우화적 해석이 될 수도 있지만 방주가 소원하는 것은 마른 땅에 안착하여 땅 생활을 하자는 것이다. 실제로 방주에 있던 온갖 짐승들이 새로운 천지에서 날고 뛰는 행복을 누렸으며 노아의 8식구도 방주에서 나왔다.

"육백일 년 첫째 달 곧 그 달 초하룻날에 땅 위에서 물이 걷힌지라 노아가 방주 뚜껑을 제치고 본즉 지면에서 물이 걷혔더니 둘째 달 스무이렛날에 땅이 말랐더라 하나님이 노아에게 말씀하여 이르시되 너는 네 아내와 네 아들들과 네 며느리들과 함께 방주에서 나오고 너와 함께한 모든 혈육 있는 생물 곧 새와 가축과 땅에 기는 모든 것을 다 이끌어내라 이것들이 땅에서 생육하고 땅에서 번성하리라 하시매 노아가 그 아들들과 그의 아내와 그 며느리들과 함께 나왔고 땅 위의 동물 곧 모든 짐승과 모든 기는 것과 모든 새도 그 종류대로 방주에서 나왔더라"(창 8:13~19)

노아가 여호와를 위하여 단을 쌓고 번제를 드렸다.

"노아가 여호와께 제단을 쌓고 모든 정결한 짐승과 모든 정결한 새 중에서 제물을 취하여 번제로 제단에 드렸더니"(창 8:20)

땅에서 하나님이 하시는 일이 있었다. 하나님이 향기를 흠향하셨다는 것이다.

"여호와께서 그 향기를 흠향하시고…"(창 8:21)

하나님이 노아와 그 아들에게 복을 주셨다는 것이다.

"하나님이 노아와 그 아들들에게 복을 주시며 그들에게 이르시되 생육하고 번성하여 땅에 충만하라, 너희는 생육하고 번성하며 땅에 가득하여 그 중에서 번성하라 하셨더라"(창 9:1,7)

하나님이 다시는 땅을 저주하시지 않으신다고 하셨다.

"…내가 다시는 사람으로 인하여 땅을 저주하지 아니하리니…"(창 8:21)

하나님이 언약을 맺으셨다.

"내가 내 언약을 너희와 너희 후손과 너희와 함께한 모든 생물 곧 너희와 함께한 새와 가축과 땅의 모든 생물에게 세우리니 방주에서 나온 모든 것 곧 땅의 모든 짐승에게니라 내가 너희와 언약을 세우리니 다시는 모든 생물을 홍수로 멸하지 아니할 것이라 땅을 멸할 홍수가 다시 있지 아니하리라 하나님이 이르시되 내가 나와 너희와 및 너희와 함께하는 모든 생물 사이에 대대로 영원히 세우는 언약의 증거는 이것이니라"(창 9:9~12)

노아의 방주가 바라던 것이 바로 홍수가 없는 마른 땅에서 하나님과의 즐거운 친교였던 것이다. 구원선 교회는 하늘에 간다. 하늘에는 신랑 예수 그리스도가 교회를 맞이하신다. 신랑 그리스도를 맞이하기 위해 교회는 세상을 승리한 구원받은 자의 모임으로 남는다. 하늘에 올라간 교회의 궁극적 구원사건은 어떤 내용을 담고 있는가? 방주가 마른 땅에 내리기 전까지 어떤 방주였던 것처럼, 교회가 신랑을 맞이하기 전까지 어떤 교회여야만 했을까? 방주가 파선되었더라면 마른 땅의 의미는 없어진다. 교회도 교회 됨을 잃는다면 신랑 그리스도의 의미는 없어진다. 마른 땅이 방주를 기다리듯 신랑 그리스도가 교회를 기다리신다. 마른 땅에 이르기까지 방주의 인내가 필요하듯이 신랑 그리스도를 만날 때까지 교회의 인내가 필요하다. 그 인내가 궁극적 구원이요 주신 영생을 소유하는 것이다. 생명은 생명과 만난다. 예수 생명이 죽은 생명과는 만나실 수 없다. 고로 중요한 것은 생명의 문제요 그것은 곧 영의 문제인 것이다.

궁극적 구원의 모임인 교회는 생명을 지닌 교회이다. 교회가 무슨 선한 일을 했다 하더라도 생명을 지니지 않은 교회라면 그것은 죽은 교회이다. 죽은 자는 산 자와 만날 수 없다. 그런고로 길이요 진리요 생명이신 하늘의 신랑을 맞는 신부는 신랑이 주시고 간 영생을 누리면서 세상을 이기고 나온 인격체라야 한다. 마른 땅을 기다리던 방주가 그 안에 있는 모든 생명체들을 지키고 있다가 때가 되매 방주 문을 열고 결국 마른 땅에 이르렀다.

"육백일 년 첫째 달 곧 그 달 초하룻날에 땅 위에서 물이 걷힌지라 노아가 방주 뚜껑을 제치고 본즉 지면에서 물이 걷혔더니 둘째 달 스무이렛날에 땅이 말랐더라 하나님이 노아에게 말씀하여 이르시되 너는 네 아내와 네 아들들과 네 며느리들과 함께 방주에서 나오고"(창 8:13~16)

하늘의 신랑을 기다리던 교회도 그 안에 있는 모든 구원 받은 자들을 끝까지 구원 유지케 했다가 때가 되매 신랑을 맞으니 그때가 종말이다. 종말이란 신부 교회와 신랑 예수의 만남의 순간이다.

"밤중에 소리가 나되 보라 신랑이로다 맞으러 나오라 하매"(마 25:6)
"그러므로 깨어 있으라 어느 날에 너희 주가 임할는지 너희가 알지 못함이니라"(마 24:42)
"보라 내가 속히 오리니 내가 줄 상이 내게 있어 각 사람에게 그가 행한 대로 갚아 주리라" (계 22:12)

궁극적 구원은 하나님의 목적이 그것이고 그리스도의 중보행위가 그것이고 성령의 인치심이 그것이고 그리스도인의 변화된 모습이 그것을 가리키고 있기 때문에 너무나 확실한 것이다. 궁극적 구원은 단지 생명의 유지만이 아니라 그 생명의 활동까지 포함된다.

- 하나님의 목적이 인간을 마침내 구원시키고야 만다(롬 8:35, 38, 39; 요 10:27~30; 롬 11:29).
- 그리스도의 중보행위가 궁극적 구원을 확신케 한다(롬 5:8~10; 히 7:25).
- 성령의 인치심이 궁극적 구원의 보증이 된다(엡 1:13, 14; 4:30; 고후 1:22; 5:5).
- 하나님의 능력이 궁극적 구원을 보장한다(빌 1:6; 딤후 1:12; 벧전 1:5; 유 1:24).
- 궁극적으로 구원받을 수밖에 없으리만큼 그리스도인은 변화되어 있다(고후 5:17; 롬 6:6; 요 3:14~16, 36).

옛적엔 아담이 우리의 머리이기에 범죄한 우리 인간이 되었다. 그래서 어느 누구도 예외 없이 죄인이다. 그런데 이제 우리 그리스도인의 머리는 그리스도이시다. 머리인 아담이 타락했기에 인간이 타락한 것인데, 우리 머리 그리스도께서 타락할 수 없는 고로 따라서 우리 그리스도인은 결코 타락할 수가 없다. 그리스도가 지옥 갈 수 없으니 당연히 그리스도

인 지체도 지옥 갈 수 없다.[644]

(4) 궁극적 구원에 대한 반대 견해들

궁극적 구원에 대한 반대 견해도 만만치 않다. 이 궁극적 구원의 반대 이유로는 사람을 방종과 태만으로 나가게 한다는 것과, 이 교리가 인간의 자유를 박탈한다는 것과, 어떤 성경구절은 이 교리를 지지하지 않은 것 같다는 것을 들고 있다.

• 이 교리는 방종과 태만을 일으킨다?

그러나 이런 생각은 중생의 의미를 몰라서 걱정하는 이야기다. 궁극적 구원은 사람이 악행하여 형벌을 받지 않는다는 교리가 아니다. 중생인은 새 생활을 추구하게 되어 있다. 봉사와 희생의 사랑을 보여 준다(요일 3:9; 요 10:27; 요일 2:3, 4, 29; 3:14; 5:4; 롬 6:1, 2; 딤후 2:19; 벧후 1:10).[645]

• 이 궁극적 교리는 인간의 자유를 박탈한다?

인간은 자동기계가 되어 선택권이 없어진다는 걱정이다. 이렇든 저렇든 구원받게 되는 것은 즐거운 비명이지만 기계의 비명이 된다. 그러나 이것은 자유에 대한 그릇된 개념 때문에 말하는 아이러니이다. 자유(freedom)란 정오(正誤) 간의 선택의 능력이 아니라 항상 정(正)을 선택하는 능력도 된다. 가령, 하나님이 자유하시다고 해서 악을 선택하시는가?(빌 1:12, 13)[646]

• 어떤 성경구절들은 이 궁극적 구원 교리를 지지하지 않은 것 같다.[647]
(마 7:21~23; 요일 2:19; 요 6:66, 57; 벧후 2:20~22; 요 13:10, 11)
이들은 하나님의 선물을 단지 "가진 것처럼 보일" 따름이었다. 구원받았다가 결국 멸망한 것처럼 보이는 예는 가룟 유다나 거짓 선지자가 그러하다. 성경은 이미 구원받은 자에게도 많은 경고와 권고를 하고 있다. 대표적인 성경구절은 다음과 같다.
(히 6:4~6; 겔 18:24(21~32); 33:12~20; 3:16~21; 요 15:1~6; 마 24:13)
히 6:4~6 - 그리스도교의 신앙을 단지 명목상(名目上)으로만 받아들였던 유대인이 다시 유대교로 되돌아가고 있는 상황을 설명한 것이다. 영적 낙오자에 관한 이야기는 아니다.

---

644) 위의 책, p. 122.
645) 위의 책, p. 122.
646) 위의 책, p. 122.
647) 위의 책, pp. 123~124.

"끝까지 견디는 자는 구원을 얻으리라"(마 24:13) – 끝까지 못 견디면 구원을 못 받는다는 의미가 아니냐고 반문한다. 그러나 그런 의미가 아니라 구원받은 사람이라면 계속 견딜 것이고 구원을 받지 못한 사람이라면 계속 견디지 못할 것이다.

요 15:1~6 – 과실을 맺지 아니하는 가지는 잘라 불에 던진다고 하신 것의 의미는 무엇일까? 참된 신자에게 이런 일이 있을 수 있는가? 주님이 가르치고자 한 내용의 교훈은 이렇다. 모든 참된 가지는 열매를 맺는다. 열매 맺지 아니하면 포도나무와 가지 사이에 생명적인 연합이 없다는 증거다. 붙어 있는 것 같으나 열매가 없으면 외견상 그런 것이지 내용상 연합이 없는 것이다. 따라서 그런 나뭇가지는 붙여둘 아무런 미련이나 의미도 없는지라 포도나무를 정결케 하기 위해서라도 떨어뜨려야 마땅하다는 것이다. 열매 맺지 않으면서 포도나무에 붙어 있다는 것은 구원받지 못한 사람이 교회에 들어 있다는 말과도 같다. 그런 사람들은 결국 구원을 받아서 교회에 소속하라는 말이다. 교회에 속한 듯하면서 구원받지 않은 상태로 있는 사람은 이미 잘라져서 불에 들어가 있는 것과 같은 상태에 있으며 끝날에는 그 사실이 확연히 드러날 것이다.

(5) 궁극적 구원으로 신랑을 맞는 교회

성령의 인(印)을 받았기에 우리는 성령의 사람이요 성령의 보증을 받은 자이다. 궁극적으로 구원은 우리의 것이다. 국가의 기념물(건물, 수목, 동물, 문화재 인간 등)도 국가가 특별히 보호한다. 더구나 하나님이 아들의 피로 구속함을 받은 사람을 어떤 이유로 제거시키겠는가?(엡 1:13; 4:30)

문제는 우리가 성령을 근심하게 할 수 있어서 이것이 문제가 되어 혹 구원 탈락이 있지 않을까 염려할지도 모르나 그것은 사람의 생각이다. 전술한 바와 같이 노아의 방주는 그 어떤 사람도 생명체도 결코 창문을 열고 홍수 속으로 던진 사실이 없다는 것을 기억한다면 궁극적 구원의 교회는 안전한 것이다. 불행스럽게도 방주 안에 있으면서 밖으로 던져버림을 당하지 않겠나 생각하는 사람들이 있다면 그들은 구원에 대한 확신을 더욱 가져야 할 것이다. 노아가 방주 안에 있는 어떤 것도 창문 밖으로 내던졌다는 기사는 없지 않은가?

교회는 그리스도의 사랑과 하나님의 사랑의 선물인 구원 생명을 유지하고 넉넉히 이기는 신부가 되어 신랑을 기쁘게 맞아야 할 것이다. 바울 사도는 우리에게 몇 가지 질문을 던짐으로써 우리가 신뢰와 평안한 마음으로 이 세상을 승리하면서 하나님을 만날 것을 당부하고 있다. 제1 질문은 누가 우리를 대적하리요? 하나님이 우리를 위하시는데(롬 8:31).

제2 질문은 그 아들과 함께 모든 것을 우리에게 주시지 않겠느냐? 자기 아들을 아끼지 아니하시고 주셨는데(롬 8:32).

제3 질문은 누가 능히 하나님께서 택하신 자들을 고발하리요? 하나님이 의롭다 하셨는데(롬 8:33).

제4 질문은 누가 정죄하리요? 죽으셨다가 살아나신 그리스도 예수께서 하나님 우편에 계셔서 우리를 위해 간구하시는데(롬 8:34).

제5 질문은 누가 우리를 그리스도의 사랑에서 끊으리요? 그 어떤 것들도 우리를 우리 주 그리스도 예수 안에 있는 하나님의 사랑에서 끊을 수 없기 때문인데(롬 8:35~39).

나의 장녀와 함께 비행기를 타고 외국여행을 한 적이 있었다. 나와 아내는 비행기를 타고 가는 외국여행이 마냥 즐거웠다. 그런데 나의 장녀는 도착지에 이르기까지 공포와 전율 속에서 몸이 얼어붙다시피 불안 초조의 연속이었다. '혹시 이 비행기가 추락하면 어떡하나?' 추락 걱정이 100% 그녀를 사로잡고 있었다. 기내 식사도 마다했다. 좌석 벨트를 굳게 매고 손잡이를 꽉 잡고 벌벌 떨고 있는 장녀를 바라보는 부모의 심정은 안타깝기만 했었다. 할 수만 있다면 그녀의 불안을 대신해 주고 싶었다. 믿고 바랐던 대로 비행기는 안전하게 도착지 공항에 착륙했었다. 장녀는 괜한 걱정을 했지 뭔가?

신랑 예수는 땅에 있는 교회가 평안함과 신뢰를 갖고 세상을 승리하고 올라오기를 기다리고 계신다. 아니 그가 먼저 재림하셔서 우리를 인도해 가신다. 구원의 완성은 교회의 '됨'(being)과 '함'(doing) 양자를 균형 있게 유지해 나간 최후적 상태인 것이다.

2) 혼인잔치 교회

어린 양 예수 그리스도는 신랑이 되고 교회는 그 신부가 되어 혼인잔치가 벌어진다.

(1) 혼인잔치 이전의 선결 문제

혼인잔치는 세상에서 승리를 거둔 교회가 하늘에서 맞는 환영의 잔치이다. 혼인잔치 이전에 선결 문제가 있다. 계시록 12장부터 마지막 장까지는 혼인잔치 이전에 땅과 하늘에서 공히 선결되어야 할 사건을 다룬다. 그것은 세상과 교회의 대립에서 세상을 정리해버린다는 것이다. 그 세상이란 그 배후의 온갖 형태와 묘사로 된 어두움의 세력의 조직으로 그 세력과 세상이 함께 멸하는 것이다.

이 사실은 교회가 땅에서 여인과 용의 묘사로 겪은 사건을 말한다. 하늘에서는 두 개의 이적이 있으니 한 여인이 해산하려는 이적이 있고, 붉은 용이 여인의 해산한 아이를 삼키고자 하는 이적이다. 여인과 용의 정체에 관해서 신학적인 해석이 구구하지만 하여간 교회와 세상의 싸움이요 의와 불의의 싸움이요 빛과 어두움의 싸움이다. 결국 하늘에서 전쟁이 터졌다. 땅의 전쟁은 이미 하늘 전쟁을 치른 뒤끝 전쟁이다.

> "하늘에 전쟁이 있으니 미가엘과 그의 사자들이 용과 더불어 싸울새 용과 그의 사자들도 싸우나 이기지 못하여 다시 하늘에서 그들이 있을 곳을 얻지 못한지라 큰 용이 내쫓기니 옛 뱀 곧 마귀라고도 하고 사탄이라고도 하며 온 천하를 꾀는 자라 그가 땅으로 내쫓기니 그의 사자들도 그와 함께 내쫓기니라"(계 12:7~9)

용과 그 사자들이 하늘 전쟁에서 패했다. 하늘에서 있을 곳을 찾지 못해 땅으로 내쫓김을 받았다. 그 큰 용의 실체가 드러났다. 옛 뱀, 마귀, 사탄, 온 천하를 유혹하는 놈이라는 것이다. 창세기 3장 15절의 해석이 여기 와서 환하게 드러난다.

> "내가 너로 여자와 원수가 되게 하고 네 후손도 여자의 후손과 원수가 되게 하리니 여자의 후손은 네 머리를 상하게 할 것이요 너는 그의 발꿈치를 상하게 할 것이니라 하시고"(창 3:15)

계시록이 물론 그 저작 당시의 정치적, 시대적 상황에 처한 사람들을 위로하고 격려하기 위한 당시적(當時的) 교훈도 있지만 그것은 종말까지 이어지는 장시적(長時的) 교훈도 있는 것이다. 계시록의 어떤 묘사를 자자구구(字字句句)의 의미보다는 상징적이고 영적인 의미추구로 보는 것이 무난할 것 같다. 문자적으로 보아야 할 어떤 사실도 영적인 의미를 지니고 있는 것이다. 계시록은 이 땅의 것(earthly thing)과 하늘의 것(heavenly thing)으로 짠 그물과 같기에 그물 그 자체를 보아야지 그것을 해체시키면 실오라기만 남는 결과가 될 것이다. 혼인잔치 이전에 땅에서 해결해야 할 전쟁의 마무리를 깨끗이 해야 하늘 혼인잔치가 안정스럽고 쾌적한 것이다. 말하자면 신부가 신랑을 맞을 때는 신부의 모든 과거는 깨끗이 처리되어야만 신랑과 진정한 연합이 가능한 것이다. 그러고 보면 이 세상 역사는 마귀(용, 옛 뱀)와 어린 양의 물 밑 싸움이다. 그러나 이 싸움은 패잔병과 승전군의 싸움인 것이다. 땅에서 싸우는데 하늘에서 큰 음성으로 외치는 소리가 있다.

> "내가 또 들으니 하늘에 큰 음성이 있어 이르되 이제 우리 하나님의 구원과 능력과 나라와 또 그의 그리스도의 권세가 나타났으니 우리 형제들을 참소하던 자 곧 우리 하나님 앞에서 밤낮 참소하던 자가 쫓겨났고 또 우리 형제들이 어린 양의 피와 자기들이 증언하는 말씀으로써 그를 이겼으니 그들은 죽기까지 자기들의 생명을 아끼지 아니하였도다 그러므로 하늘과 그 가운데에 거하는 자들은 즐거워하라 그러나 땅과 바다는 화 있을진저 이는 마귀가 자기의 때가 얼마 남지

않은 줄을 알므로 크게 분내어 너희에게 내려갔음이라 하더라"(계 12:10~12)

하늘에서 혼인잔치 벌어지기 전에 땅에서 아예 깨끗이 치를 전쟁을 마감해야만 하는 것이었다. 혼인잔치 이전까지 계속 괴롭히는 용이 있다. 이 사실은 베드로의 신앙고백에 이어 예수님이 교회를 세우실 것이라고 하면서 동시에 음부의 권세가 계속 도전할 것을 예언하셨다.

"또 내가 네게 이르노니 너는 베드로라 내가 이 반석 위에 내 교회를 세우리니 음부(陰府)의 권세가 이기지 못하리라"(마 16:18)

음부의 권세가 도전은 하지만 승리는 할 수 없음을 명백히 하셨다. 음부의 권세가 사라지는 순간이 교회의 혼인잔치 이전에 벌어지는 세상, 곧 바벨론의 멸망이다. 이제부터 어떠한 반신(反神), 반교회(反敎會) 사상도 없어질 것이다. 일단 한 여성이 한 남성의 신부가 된 이상에는 어떤 사람도 그 여성을 유혹하거나 폄하하거나 할 수 없게 된다. 용은 여자의 남은 자손과 싸우기로 아예 작정하고 있다.

"용이 여자에게 분노하여 돌아가서 그 여자의 남은 자손 곧 하나님의 계명을 지키며 예수의 증거를 가진 자들과 더불어 싸우려고 바다 모래 위에 서 있더라"(계 12:17)

마침내 짐승 두 마리로 나타난다. 한 놈은 바다에서 나오고(계 13:1~10), 또 다른 한 놈은 땅에서 나온다(계 13:11~18). 바다에서 나온 짐승 놈은 왕관을 쓰고 있는 바 정치적 세력을 가졌고, 땅에서 나온 짐승 놈은 어린 양의 모습을 지닌 바 외양내용(外羊內龍)의 소위 종교적 세력을 가졌다. 바다와 땅이라고 하면 하늘 아래 모든 세계를 의미한다. 마귀의 사자들은 온 세상에 퍼져 있다. 이런 전쟁 와중에도 간간히 하나님 편에 소속된 사람들이 있음을 밝힌다. 바다와 땅에서 나온 짐승들이 아무리 공포스럽게 보여도 하나님의 백성은 건재하다는 것을 보여 준다. 그것이 십사만 사천 명이다. 이들은 계시록 7장에서 이미 언급한 바 있는 이스라엘 자손의 각 지파 중에서 인침을 받은 자들이었다(계 7:4~8).

"내가 인침을 받은 자의 수를 들으니 이스라엘 자손의 각 지파 중에서 인침을 받은 자들이 십사만 사천이니"(계 7:4)

이스라엘은 교회의 또 다른 이름이기도 하다. 그런즉 십사만 사천은 아래서 말하는 모든 자격자의 수를 상징적으로 말하는 것이다.

다시 묻노니 여기 본문은 그들을 누구라고 진술하고 있는가?

어린 양과 함께 시온 산에 서 있는 사람들이다. 그들의 이마에 어린 양의 이름과 그 아버지의 이름을 써 놓고 있는 사람들이다(계 14:1).

이 사람들은 하늘 소리와 하늘 노래를 알아듣고 배우는 사람들이다. 즉 이 사람들은 땅의 그것들은 모른 체하고 하늘 소리와 노래에 익숙한 사람들이다(계 14:2~3).

이 사람들은 순결해서 여자와 더불어 더럽힘을 받지 아니한 자들이다. 즉 여자는 세상을 말하는 바 세속주의자가 아니라 신령하고 윤리적인 사람이란 것이다(계 14:4~5).

계시록은 한 편의 드라마이다. 해석에 신경 쓰지 말고 전체 흐름을 따라가노라면 성령께서 고쳐주시기도 하고 인정하시기도 한다. 가령, 십사만 사천 명에 대한 사람들의 의견이 분분하지만 성경이 그들을 묘사하고 있는 것만 따르면 된다. 뮤지컬 한 편을 관람할 때도 마찬가지다. 그것을 다 소화하는 관객은 별로 없다. 그래도 즐겁게 보고 돌아온다. 땅에서는 전쟁이 벌어지고 있는데 세 천사가 하늘 본부로부터 격려의 메시지를 전하고 있다. 마치 전쟁터에 아군 전투기가 공중에서 희망의 전단지를 쏟아 붓는 것 같은 것이다. 실제로 한국전쟁 중 UN군 전투기가 한국어로 된 격려의 메시지를 공중 살포하는 것을 주워 보았다. "국민 여러분, 조금만 참으세요. 아군이 진군하고 있습니다. 적군은 곧 퇴격당합니다."

세 천사 중 첫째 천사와 셋째 천사는 하나님의 백성에게 끝까지 하나님을 경배하고 짐승과 우상에게 경배하지 말 것을 당부하고 있다(계 14:6~7; 9~13).

그런데 우리에게 아주 기쁜 소식은 바벨론이 무너진다는 예고이다. 요한계시록 중 비로소 여기서 바벨론의 이름이 나타나기 시작해서 어린 양의 혼인잔치 이전까지 계속 그놈의 바벨론의 멸망 소식이다. 이는 둘째 천사의 말이다.

"또 다른 천사 곧 둘째가 그 뒤를 따라 말하되 무너졌도다 무너졌도다 큰 성 바벨론이여 모든 나라에게 그의 음행으로 말미암아 진노의 포도주를 먹이던 자로다 하더라"(계 14:8)
(Fallen! Fallen is Babylon the great)

바벨론이 망할 즈음해서 수확과 심판이 따른다. 수확은 곡식을 거두어들임이요 심판은 진노의 포도주 틀에 던짐이다. 수확의 주역은 전에는 가시관을 쓰셨는데 지금은 금 면류관을 쓰신 인자와 같은 이이시다.

"구름 위에 앉으신 이가 낫을 땅에 휘두르매 땅의 곡식이 거두어지니라"(계 14:16)

이것은 확실히 수확이다. 그리스도인은 수확의 대상이다.

"천사가 낫을 땅에 휘둘러 땅의 포도를 거두어 하나님의 진노의 큰 포도주 틀에 던지매 성 밖에서 그 틀이 밟히니 틀에서 피가 나서 말 굴레에까지 닿았고 천육백 스다디온에 퍼졌더라"
(계 14:19~20)

이것은 확실히 심판이다. 비그리스도인은 심판의 대상이다. 수확에는 구름 위에 앉으신 이, 인자와 같은 이, 곧 어린 양 그리스도가 직접 예리한 낫으로 땅에 휘둘러 땅의 곡식을 거두신다. 이것은 성도들을 곡간에 넣기 위해 그리스도가 직접 친절히 수고하신다는 의미가 뚜렷하다. 그런가 하면 진노의 포도주 틀에 넣기 위한 심판에는 굳이 어린 양이 수고하실 것까지 없이 두 천사가 하늘 성전에서 나와서 하나님의 명을 좇아 포도를 거두는 것이다. 땅의 포도는 심판 때라도 그리스도와 관여할 필요도 없는 무가치한 존재라서 천사들의 대행에 맡겨진 것임이 확실한 것 같다. 이 수확이 영생의 부활이 되고 이 심판이 멸망의 부활이 될 것이며, 영생의 부활자들이 혼인잔치의 교회가 되고 멸망의 부활자들이 지옥의 거주자들이 되는 것이다. 종말론은 끝내 부활과 저주로 끝을 맺는다. 이제 최후의 재앙이 떨어지기 시작한다. 혼인잔치 전에 혼인잔치를 방해하는 세상을 정리해야 하는 것이었다. 종말은 세상과 교회의 끝맺음의 사건으로 점철되어 있다. 계시록 15장은 최후 일곱 대접 재앙의 서론이고, 계시록 16장은 최후 일곱 대접 재앙이 치명적이고 우주적임을 말한다. 그것은 계시록 8장 6~9절의 삼분의 일에 해당되던 부분적 국지적 재앙과 비교된다. 최후 일곱 대접의 재앙을 알리면서 동시에 또 하나의 극적인 하늘의 드라마가 있다. 애굽에서 모세에 이끌려 출애굽하던 것처럼, 오늘의 성소가 모든 환난과 핍박을 견디어 결국 승리를 거두게 되고 나머지는 재앙을 맞는다는 것이다.

"하나님의 종 모세의 노래, 어린 양의 노래를 불러 이르되 주 하나님 곧 전능하신 이시여 하시는 일이 크고 놀라우시도다 만국의 왕이시여 주의 길이 의롭고 참되시도다"(계 15:3)

이제 일곱 천사의 일곱 재앙이 떨어지는데 이미 때는 늦었다. 누구든 성전에 들어가서 다시 한 번의 기회를 달라고 말할 수 없게 되었다는 것, 남은 것은 최후의 재앙밖에 없다는 것이다. 그 말씀이 여기 있다.

"하나님의 영광과 능력으로 말미암아 성전에 연기가 가득 차매 일곱 천사의 일곱 재앙이 마치기까지는 성전에 능히 들어갈 자가 없더라"(계 15:8)

어느 누구도 일곱 천사의 일곱 재앙이 완료되기 전까지 성전에 출입 못한다. 고로 그 이

전에 성전에 들어가기를 힘써야 할 것이었다. 이제 요한계시록의 대드라마의 최후 장면으로 나가 보자. 계시록 16장부터 이어지는 드라마의 비운의 주역은 바벨론이다. 바벨론이 과연 무엇이냐에 대한 제각기 사람들의 해석은 다양하다. 적그리스도, 세상, 짐승을 탄 여자, 배교한 교회 등 그 어느 말을 적용하던 간에 그것은 반신 체제(反神體制, Anti-God System)이요 반교회 운동(反敎會運動, Anti-Church movement)이다. 바벨론은 처음부터 하나님을 반항하는 것을 그 원조로 해서 역사의 종말까지 이끌어 왔다. 그 배후에도 악한 사탄의 세력이 도사리고 있는 것이었다.

"또 말하되 자, 성읍과 탑을 건설하여 그 탑 꼭대기를 하늘에 닿게 하여 우리 이름을 내고 온 지면에 흩어짐을 면하자 하였더니"(창 11:4)

사람들이 하나님께 도전장을 내어놓았다. 그것은 마치 에덴 동산에서 뱀이 하와를 유혹하는 형식으로 하나님께 도전한 것이나 마찬가지이다. 그러자 하나님도 침묵하시지 않으셨다.

"여호와께서 사람들이 건설하는 그 성읍과 탑을 보려고 내려오셨더라 여호와께서 이르시되 이 무리가 한 족속이요 언어도 하나이므로 이같이 시작하였으니 이후로는 그 하고자 하는 일을 막을 수 없으리로다 자, 우리가 내려가서 거기서 그들의 언어를 혼잡하게 하여 그들이 서로 알아듣지 못하게 하자 하시고 여호와께서 거기서 그들을 온 지면에 흩으셨으므로 그들이 그 도시를 건설하기를 그쳤더라"(창 11:5~8)

사람들은 "흩어짐을 면하자"고 주장하고 하나님은 "그들을 온 지면에 흩으셨다." 이렇게 사람과 하나님의 대결은 세상과 교회라는 구체적 상황에서 역사의 종말까지 내려오고 있었는데 참으로 바벨론이 멸망하는 순간이 온 것이다. 이런 사건이 생긴 후에 교회의 혼인 잔치가 벌어지는 것이다. 계시록 16장, 17장, 18장은 큰 성 바벨론, 곧 큰 음녀에게 내리는 심판의 장면이 실려 있다. 그것은 일인양명(一人兩名)이다. 이것의 대장 격인 사탄의 패망은 계시록 20장 7~10절에 기록되어 있다.

일곱 천사들의 일곱 진노의 대접이 땅에 쏟아졌다(계 16:1). 여섯 천사들의 진노의 대접은 땅, 바다, 물 근원, 해, 짐승, 그리고 큰 강 유브라데에 쏟아 버렸다. 그러니까 참으로 온 천지에 난리가 난 것이다(계 16:2~12). 개구리 같은 세 더러운 귀신의 영이 용, 짐승, 거짓 선지자의 입에서 각각 나와 아마겟돈에서 마지막 한 판을 하고자 왕들을 모아 놓는다(계 16:13~16). 그들이야말로 한 군데 모여서 몰살당하려고 스스로 작심한 것들이라 하지 않을 수 없다.

마지막 일곱째 천사가 대접을 공중에 쏟는다. 최후의 재앙이다. 성전 보좌로부터 큰 음성이 터져 나왔다. "되었다"(It is done)고 했다. 그것은 재앙을 허락한다는 말이며 당연하다는 말이며 하나님이 만족하시다는 말이다. 바벨론이 망한다.

"큰 성이 세 갈래로 갈라지고 만국의 성들도 무너지니 큰 성 바벨론이 하나님 앞에 기억하신 바 되어 그의 맹렬한 진노의 포도주 잔을 받으매 각 섬도 없어지고 산악도 간 데 없더라" (계 16:19~20)

여기 망하고 있는 바벨론은 역사 속에서의 어느 국명(國名)이 아니라 전 역사를 통해서 하나님을 배반하는 우상제국이니 그것이 곧 세상인 것이다. 세상이 멸한다는 것이다. 요한계시록 3장 19절은 "그러므로 네가 본 것과 지금 있는 일과 장차 될 일을 기록하라"고 했다. 이것은 기록의 세 부분을 말하고 있는데 계시록이 단순히 기록 당시의 정황을 기록 당시의 사람에게만 관계시키는 것이 아니라 현재와 미래까지도 관계시키고 있음이 확실하다. 그래서 계시록의 바벨론 성, 큰 음녀의 멸망은 일찍부터 예언되어 왔던 것이었다.

"보소서 마병대가 쌍쌍이 오나이다 하니 그가 대답하여 이르시되 함락되었도다 함락되었도다 바벨론이여 그들이 조각한 신상들이 다 부서져 땅에 떨어졌도다 하시도다"(사 21:9)

예레미야 50장과 51장은 무수하게 바벨론이 거명되고 있다.

"바벨론을 둘러 대열을 벌이고 활을 당기는 모든 자여 화살을 아끼지 말고 쏘라 그가 여호와께 범죄하였음이라"(렘 50:14)
"바벨론아 내가 너를 잡으려고 올무를 놓았더니 네가 깨닫지 못하여 걸렸고 네가 여호와와 싸웠으므로 발각되어 잡혔도다"(렘 50:24)
"바벨론의 왕이 그 소문을 듣고 손이 약하여지며 고통에 사로잡혀 해산하는 여인처럼 진통하는도다"(렘 50:43)
"바벨론은 여호와의 손에 잡혀 있어 온 세계가 취하게 하는 금잔이라 뭇 민족이 그 포도주를 마심으로 미쳤도다"(렘 51:7)
"땅이 진동하며 소용돌이치나니 이는 여호와께서 바벨론을 쳐서 그 땅으로 황폐하여 주민이 없게 할 계획이 섰음이라"(렘 51:29)
"곧 멸망시키는 자가 바벨론에 이르렀음이라 그 용사들이 사로잡히고 그들의 활이 꺾이도다 여호와는 보복의 하나님이시니 반드시 보응하시리로다"(렘 51:56)

"너는 이 책 읽기를 다한 후에 책에 돌을 매어 유브라데 강 속에 던지며 말하기를 바벨론이 나의 재난 때문에 이같이 몰락하여 다시 일어서지 못하리니 그들이 피폐하리라 하라 하니라 예레미야의 말이 이에 끝나니라"(렘 51:63~64)

17장은 바벨론의 다른 상징인 음녀의 심판을 보다 상세히 기록하고 있다. 이 음녀는 칠두십각(七頭十角)의 붉은빛 짐승을 탔다. 이 짐승은 사탄의 하수인인 적그리스도이다(계 13:1~8). 짐승을 탄 음녀의 이마에 그 음녀가 누구인지를 잘 말해주고 있다.

"그의 이마에 이름이 기록되었으니 비밀이라, 큰 바벨론이라, 땅의 음녀들과 가증한 것들의 어미라 하였더라"(계 17:5)
"또 네가 본 그 여자는 땅의 왕들을 다스리는 큰 성이라 하더라"(계 17:18)

이 음녀는 큰 바벨론 성(城)이다. 커다란 세상인 것이다. 이제 이 세상 바벨론 성이 망하는데 하늘에서 내려온 다른 천사가 큰 권세를 가지고 힘차게 외친다.

"힘찬 음성으로 외쳐 이르되 무너졌도다 무너졌도다 큰 성 바벨론이여 귀신의 처소와 각종 더러운 영이 모이는 곳과 각종 더럽고 가증한 새들이 모이는 곳이 되었도다"(계 18:2)

하늘 천사가 외치기가 바쁘게 하늘로부터 또 다른 천사의 음성이 들린다.

"그의 고통을 무서워하여 멀리 서서 이르되 화 있도다 화 있도다 큰 성, 견고한 성 바벨론이여 한 시간에 네 심판이 이르렀다 하리로다, 바벨론아 네 영혼이 탐하던 과일이 네게서 떠났으며 맛있는 것들과 빛난 것들이 다 없어졌으니 사람들이 결코 이것들을 다시 보지 못하리로다"(계 18:10, 14)

바벨론으로 말미암아 치부한 상품의 상인들이 바벨론을 바라보고 서서 울고 애통하면서 외친다.

"이르되 화 있도다 화 있도다 큰 성이여 세마포 옷과 자주 옷과 붉은 옷을 입고 금과 보석과 진주로 꾸민 것인데"(계 18:16)

선장, 선객, 선원들과 바다에서 일하는 자들이 외친다.

"그가 불타는 연기를 보고 외쳐 이르되 이 큰 성과 같은 성이 어디 있느냐 하며 티끌을 자기 머리에 뿌리고 울며 애통하여 외쳐 이르되 화 있도다 화 있도다 이 큰 성이여 바다에서 배 부리는 모든 자들이 너의 보배로운 상품으로 치부하였더니 한 시간에 망하였도다 하늘과 성도들과 사도들과 선지자들아, 그로 말미암아 즐거워하라 하나님이 너희를 위하여 그에게 심판을 행하셨음이라 하더라"(계 18:18~20)

끝으로 바벨론 성의 멸망 장면을 힘센 천사가 공연해 준다. 시청각을 위한 즉석 연극이다.

"이에 한 힘 센 천사가 큰 맷돌 같은 돌을 들어 바다에 던져 이르되 큰 성 바벨론이 이같이 비참하게 던져져 결코 다시 보이지 아니하리로다"(계 18:21)

어린 양의 혼인잔치가 벌어지기 전에 이렇게 바벨론이 깨끗이 정돈되었다. 혼인잔치 교회 직전의 바벨론에 관한 언급 구절을 보기로 하자.

"또 다른 천사 곧 둘째가 그 뒤를 따라 말하되 무너졌도다 무너졌도다 큰 성 바벨론이여 모든 나라에게 그의 음행으로 말미암아 진노의 포도주를 먹이던 자로다 하더라"(계 14:8)
"큰 성이 세 갈래로 갈라지고 만국의 성들도 무너지니 큰 성 바벨론이 하나님 앞에 기억하신 바 되어 그의 맹렬한 진노의 포도주 잔을 받으매"(계 16:19)
"그의 이마에 이름이 기록되었으니 비밀이라, 큰 바벨론이라, 땅의 음녀들과 가증한 것들의 어미라 하였더라"(계 17:5)
"힘찬 음성으로 외쳐 이르되 무너졌도다 무너졌도다 큰 성 바벨론이여 귀신의 처소와 각종 더러운 영이 모이는 곳과 각종 더럽고 가증한 새들이 모이는 곳이 되었도다"(계 18:2)
"그의 고통을 무서워하여 멀리 서서 이르되 화 있도다 화 있도다 큰 성, 견고한 성 바벨론이여 한 시간에 네 심판이 이르렀다 하리로다"(계 18:10)
"바벨론아 네 영혼이 탐하던 과일이 네게서 떠났으며 맛있는 것들과 빛난 것들이 다 없어졌으니 사람들이 결코 이것들을 다시 보지 못하리로다 바벨론으로 말미암아 치부한 이 상품의 상인들이 그의 고통을 무서워하여 멀리 서서 울고 애통하여"(계 18:14~15)
"이에 한 힘 센 천사가 큰 맷돌 같은 돌을 들어 바다에 던져 이르되 큰 성 바벨론이 이같이 비참하게 던져져 결코 다시 보이지 아니하리로다"(계 18:21)

한결같이 바벨론이 멸망하는 과정을 싣고 있다.[648]

(2) 어린 양의 혼인잔치(계시록 19, 20장)

어린 양의 혼인잔치가 하늘에서 벌어지는 것은 분명하다. 전천년설과 환난기 이전 예수 재림설자는 휴거(rapture)와 예수 그리스도의 현현(revelation)이란 두 사건의 간격에 두 가지 일이 있다고 한다. 신자의 시상을 위한 심판과(고후 5:10; 롬 14:10; 요 5:22; 고전 3:11~15; 눅 19:15), 어린 양의 혼인잔치이다(계 19:1~10). 그러나 혼인잔치가 땅에서가 아니라 하늘에서 벌어지고 있다는 사실에는 그 세부사항에 관한 견해의 일치 여하에도 불구하고 변함이 없다(요 14:1~3; 고전 15:23; 살전 4:17). 그런데 어린 양의 혼인잔치를 전후로 해서 이 잔치를 더 빛나게 장식하는 두 액세서리가 있다. 그 하나는 잔치 서두에 있고 다른 하나는 잔치 끝에 있다.

잔치 서두 액세서리(계 19:1~5):

"이 일 후에 내가 들으니 하늘에 허다한 무리의 큰 음성 같은 것이 있어 이르되 할렐루야 구원과 영광과 능력이 우리 하나님께 있도다 그의 심판은 참되고 의로운지라 음행으로 땅을 더럽게 한 큰 음녀를 심판하사 자기 종들의 피를 그 음녀의 손에 갚으셨도다 하고 두 번째로 할렐루야 하니 그 연기가 세세토록 올라가더라 또 이십사 장로와 네 생물이 엎드려 보좌에 앉으신 하나님께 경배하여 이르되 아멘 할렐루야 하니 보좌에서 음성이 나서 이르시되 하나님의 종들 곧 그를 경외하는 너희들아 작은 자나 큰 자나 다 우리 하나님께 찬송하라 하더라"(계 19:1~5)

하늘의 혼인잔치를 가운데 두고서도 음녀 바벨론의 멸망에 대해서 감사와 찬양을 올리고 있는 것이다. 즉 교회는 승리의 잔치를 누리는데 비해 바벨론 세상은 패배의 쓴 잔을 마심으로 해서 교회와 바벨론을 대조시키고 있는 것이다. 바벨론 멸망의 노래가 신부 축하의

---

648) 혼인잔치 교회 이전까지의 계시록 장별 주제를 요약하면 아래와 같다.
　　제12장 하늘에 큰 이적
　　　　　해를 옷 입은 여자 : 큰 붉은 용
　　제13장 짐승 두 마리
　　　　　바다에서 나온 짐승
　　　　　땅에서 나온 짐승
　　제14장 땅에서 속량 받은 144,000명
　　　　　세 천사 등장
　　　　　바벨론 멸망의 예고
　　제15장 최후 일곱 대접 재앙의 서론
　　제16장,제17장,제18장 최후 일곱 재앙이 큰 성 바벨론 곧 큰 음녀에게 내리는 심판
　　제19장,제20장 어린 양의 혼인잔치 교회
　　제21장,제22장 영존 영화의 교회

노래와 대조를 이룬다.

본격적인 혼인잔치 선포식(계 19:6~9):

"또 내가 들으니 허다한 무리의 음성과도 같고 많은 물 소리와도 같고 큰 우렛소리와도 같은 소리로 이르되 할렐루야 주 우리 하나님 곧 전능하신 이가 통치하시도다 우리가 즐거워하고 크게 기뻐하며 그에게 영광을 돌리세 어린 양의 혼인 기약이 이르렀고 그의 아내가 자신을 준비하였으므로 그에게 빛나고 깨끗한 세마포 옷을 입도록 허락하셨으니 이 세마포 옷은 성도들의 옳은 행실이로다 하더라 천사가 내게 말하기를 기록하라 어린 양의 혼인 잔치에 청함을 받은 자들은 복이 있도다 하고 또 내게 말하되 이것은 하나님의 참되신 말씀이라 하기로"(계 19:6~9)

이것은 신부 축하송이다. 혼인잔치에 청함을 받은 사람들은 축하객이 아니고 신부인 교회 자신이다. 교회는 여러 사람으로 구성되고 있기에 청함을 받은 사람들이라 한 것이다. 혹 어떤 자는 혼인잔치의 신부는 교회이고 청함 받은 자는 신부가 아닌 축하객으로서 유대인이라고 하지만 성경에는 혼인잔치에 축하객은 없다. 하늘의 분위기가 전부 축하 분위기였던 것이다.

잔치 끝 액세서리(계 19:11~20:15):

잔치 끝 액세서리에도 두 부분으로 나눠진다. 그 첫 부분은 계시록 19장 11~21절의 백마를 탄 자요 그 둘째 부분은 천년왕국이다(계 20장).

하늘에서 어린 양의 혼인잔치가 벌어지고 있는데 열린 하늘에 백마와 그것을 탄 자의 이름이 충신(忠信)과 진실(眞實)인 그가 공의(公義)로 심판하며 싸움을 한다. 하늘의 군대들이 희고 깨끗한 세마포 옷을 입고 이 백마 탄 자를 대장으로 모시고 추종한다. 잔치 끝에 깨끗한 전쟁으로 혼인잔치 주변을 정돈한다. 하늘 백마 탄 자와 그 군대를 향하여 땅의 군대들이 마지막 대항을 한다.

"또 내가 보매 그 짐승과 땅의 임금들과 그들의 군대들이 모여 그 말 탄 자와 그의 군대와 더불어 전쟁을 일으키다가"(계 19:19)

그 결과는 하늘 군대에게 땅의 군대들이 패망하는 것이다.

"짐승이 잡히고 그 앞에서 표적을 행하던 거짓 선지자도 함께 잡혔으니 이는 짐승의 표를 받고 그의 우상에게 경배하던 자들을 표적으로 미혹하던 자라 이 둘이 산 채로 유황불 붙는 못에 던져지고 그 나머지는 말 탄 자의 입으로부터 나오는 검에 죽으매 모든 새가 그들의 살로 배불리

더라"(계 19:20~21)

하늘 군대와 땅 군대의 결전이 하늘 군대의 승리로 돌아가는 것이 잔치 끝 액세서리의 일부였던 것이다. 이제 액세서리의 제2부가 천년왕국이다(계 20:1~15). 이미 창세기 3장 15절부터 예언해 온 대로 여자의 후손이 뱀의 후손의 머리를 치는 것을 상징으로 하여 예수 갈보리 십자가 상의 승리로 인하여 용, 옛 뱀, 마귀, 사탄이 사로잡혀서 천 년 동안 결박당해서 무저갱에 던져짐을 당하고 그 위에 인봉하여 천 년이 차도록 다시는 만국(萬國)을 미혹 못하게 처리되고 그리스도를 위해서 살아온 사람들이 그리스도와 더불어 천 년 동안 왕 노릇하는 것을 다시 보여 주는 것이다. 잔치 끝에 가서 이런 장면이 보였지만 그것은 이미 창세기에서부터 예언되어 오다가 신약에 와서 비로소 그리스도가 영권(靈權)을 잡고 교회를 키워왔던 것을 말하는 것이다.

누차 언급했지만 여기 천 년은 1년에 시작하여 999년을 지나 1년을 더한 1,000년의 숫자 개념이 아니라 그리스도의 성공적 구속사업 기간을 상징하는 것이다.

천년왕국이 끝날 즈음 사탄은 완전히 패망하고(계 20:7~10) 크고 흰 보좌에서 심판을 내려서 불못에 들어갈 세 대상이 있으니 사망과 음부와 생명책에 기록되지 못한 자들이다(계 20:11~15). 이렇게 혼인잔치를 벌이고 있는 예수 그리스도와 교회의 즐거움의 극치에 이르러 그 전후로 세상은 완전히 몰락하고 교회가 두둥실 하늘로 떠오른다. 이제 남은 것은 교회의 최후 상태이다.

3) 영존(永存) 영화(榮華)의 교회(계 21, 22장)

교회는 하나님과 영원히 존재하고 교회는 하나님과 똑같이 영화로운 존재가 된다. 교회의 영존과 영화는 계시록 21장과 22장에 묘사되어 있다. 그러나 여기 두 장의 묘사가 아무리 아름다워도 막상 우리가 실제로 하늘에 올라가서 목격하는 것에 비할 바 못될 것이다.

필자가 미국 노스캐롤라이나 주의 웨이크포레스트(Wakeforest)에 소재한 사우스이스턴침례신학교(Southeastern Baptist Theological Seminary)에 유학을 떠나기 앞서 이미 그 학교를 다녀온 동역자를 통해서 그 학교의 캠퍼스와 주변에 대해서 상세한 설명을 들었다. 학교 캠퍼스 부근에 시장, 우체국, 서점, 식당 그리고 철로와 교통망에 대해 들은 대로 상상하고 마침내 학교 캠퍼스에 도착했다. 그런데 그 모든 주변의 상황이 내가 생각했던 것과는 다른 모습이었다. 그러나 그 모든 시설들이 존재하는 것만은 사실인데 그 위치나 분위기 그리고 주변 모습은 내가 생각했던 것과는 달랐다. 오히려 생각했던 것보다 더 아름다웠다. 이와 마찬가지로 교회가 마침내 하늘에서 맞이할 그 하늘 상태는 지금 묘사하고 있는 것 이상일 것이며 우리가 상상한 것을 초월할 것이라고 생각해 본다.

그러나 지금 여기 땅에 있는 우리는 장래 우리가 어떤 상태에 있을 것인가를 상상하며 그리는 것도 대단한 축복일 것이다. 그리스도인은 교회의 최후 상태를 늘 상상하며 살아가는 사람들이다. 그 첫째 상태는 영존의 상태이니 곧 교회는 새 하늘과 새 땅에 거한다는 것이고(계 21:1~8), 그 둘째 상태는 교회 자신의 영화의 상태이니 곧 교회는 거룩한 성 예루살렘이다(계 21:9~22:5).

혼인잔치를 끝낸 교회는 새 창조의 천국에 거한다. 새 창조의 내용은 새 하늘과 새 땅과 그리고 새 예루살렘 거룩한 성이다. 새 하늘과 새 땅은 새 예루살렘의 주소이다. 하늘 교회인 새 예루살렘은 참으로 아름답고 세련된 새 교회이다. 그런데 새 하늘, 새 땅은 새 예루살렘과는 별개이다. 전자는 장소이고 후자는 인격이다. 새 예루살렘이 새 하늘과 새 땅에서 영원히 그리고 영화롭게 존재하는가 하면 다른 한 편에는 영원한 지옥도 있다. 지옥은 새 창조에 속하지 않지만 지금까지 교회를 괴롭혔던 바벨론과 그것에 동조(同調) 내지 부역(附逆)한 것들을 영원히 고통 중에 가두어 두는 곳이다. 지옥은 잊어버리고 천국을 즐기자는 정서적 순서 때문에 영원 지옥부터 이야기하고 천국 이야기로 나아갈까 한다.

(1) 영원한 지옥(계 21:8)

> "그러나 두려워하는 자들과 믿지 아니하는 자들과 흉악한 자들과 살인자들과 행음자들과 술객들과 우상숭배자들과 모든 거짓말하는 자들은 불과 유황으로 타는 못에 참예하리니 이것이 둘째 사망이라"(계 21:8)

새 하늘과 새 땅 그리고 새 거룩한 성, 예루살렘이 앞에 나오면서 이것과 대조적인 지옥이 뒤따른다. 이 지옥은 장소가 있다. 불과 유황으로 타는 못이다. 여기에 들어가는 사람들의 윤리적 특징이 계시록 21장 8절에 실려 있다. 이 지옥은 둘째 사망, 곧 영원한 멸망의 현장이다. 우선 지옥은 사실로 존재하는 고통의 장소라는 확신이다. 성경에서 말하는 지옥에 관한 묘사는 상징적이기도 하지만 그 상징을 훨씬 더 능가하는 고통의 장소이다.

> "또 왼편에 있는 자들에게 이르시되 저주를 받은 자들아 나를 떠나 마귀와 그 사자들을 위하여 예비된 영원한 불에 들어가라"(마 25:41)
>
> "거기는 구더기도 죽지 않고 불도 꺼지지 아니하느니라"(막 9:48)
>
> "그 나라의 본 자손들은 바깥 어두운 데 쫓겨나 거기서 울며 이를 갈게 되리라"(마 8:12)
>
> "다만 네 고집과 회개하지 아니한 마음을 따라 진노의 날 곧 하나님의 의로우신 심판이 나타나

는 그 날에 임할 진노를 네게 쌓는도다"(롬 2:5)

"그러나 두려워하는 자들과 믿지 아니하는 자들과 흉악한 자들과 살인자들과 음행하는 자들과 점술가들과 우상 숭배자들과 거짓말하는 모든 자들은 불과 유황으로 타는 못에 던져지리니 이것이 둘째 사망이라"(계 21:8)

물리적, 신체적, 장소적, 시간적 고통이 있는 그곳이 지옥이다. 한 번 지옥에 떨어진 사람들은 영원히 그곳에서 고통을 받는다.

"저희는 영벌(永罰)에, 의인들은 영생에 들어가리라 하시니라"(마 25:46)

온천의 열탕에 첨벙 들어갔다가 뜨거워서 기절한 상태에 이르렀다고 하자. 뜨거운 물에 미련스럽게 인내하면서 고통을 받을 이유가 없다. 어느 누가 강제로 짓눌려 못나오게 하지도 않는다. 본인이 튀어나오면 그만이다. 그런데 지옥에서는 입장이 다르다. 튀어나오고 싶다고 나올 수 있는 것이 아니라 영원히 기약도 없이 지옥의 고통을 당한다. 부자와 나사로의 사건이 이를 말한다.

"그뿐 아니라 너희와 우리 사이에 큰 구렁텅이가 놓여 있어 여기서 너희에게 건너가고자 하되 갈 수 없고 거기서 우리에게 건너올 수도 없게 하였느니라"(눅 16:26)

감상주의적인 사람들이 내어놓은 지옥 면제에 대한 학설이 나왔다. 영원한 형벌을 부정하는 두 학설이 있다. 그 하나는 멸절설(滅絕說, annihilationism)이고, 다른 하나는 회복설(回復說, restorationism)이다.[649]
전자는 영혼이 멸절되고 없은즉 고통 받을 주체가 없다는 것이니 차라리 이렇게 되면 얼마나 좋을까. 자살하는 사람들이 대개 이렇게 생각하는 것 같다. 후자는 죽음 자체는 모든 사람의 구원을 초래하는 인격의 변화를 산출한다는 것이니 어떤 사람도 죽고 나면 새 사람으로 다시 태어날 테니 굳이 지옥 고통을 받을 필요가 없다는 주장이다. 정말 그런 이변이 생겼으면 얼마나 좋을까마는 성경은 그렇게 말하지 않는다. 소위 만인구원설의 내용이 그렇다. 즉 결국에는 누구나 다 구원을 받게 된다는 것이다. 현재 교회에 소속한 사람들은 그 이름이 드러난 구원 받은 사람들이며 현재 교회에 속하지 아니한 사람들은 그 이름은 드러나지 아니한 구원 받은 사람으로서 소위 익명(匿名)의 그리스도인이라는 것이다. 단지 지금

---

649) E. Y. 멀린스,「조직신학 원론」 권혁봉 역, (서울; 침례회 출판사, 1992), pp. 588~602.

그리스도인으로 나타난 자도 있고 비그리스도인으로 남은 자도 있지만 결국에는 모두 다 구원에 이르는 사람들이며 따라서 지옥에 갈 사람들은 아무도 없다는 주장이다. 이것은 성경의 가르침과는 정면으로 반대되는 주장이다. 이상은 지옥의 외형적, 물리적, 신체적 고통의 측면을 말했으나 윤리적, 영적인 고통을 멀린스가 잘 진술해주고 있다.

「지옥은 천국이 의미하고 있는 모든 것이 영혼 안에서 부정(否定)되거나 부재(不在)하게 되는 것이다. 천국은 사랑의 완성이다. 지옥은 이기주의의 완성이다. 천국은 그리스도 안에서 새롭게 피조된 중생된 생명의 성숙한 결실이다. 그런데 지옥은 그리스도인 체험 안에 내포된 모든 것과는 정반대적이다. 도덕적, 영적 원인들이 믿음에 의해 작용하기 시작하여 결국엔 천국의 기본적인 요소를 산출해내듯이, 또한 도덕적, 영적 원인들이 불신앙을 통해 영혼 안에서 작용하여 결국엔 지옥의 기본적인 요소를 산출해 낸다. 사람의 영혼은 도덕적 법칙에 순종하도록 구성되어 있다. 영혼은 하나님과 교제하도록 만들어져 있다. 그것은 의(義)를 바라보고 형성된 것이다. 믿음은 하나님에 대한 사람의 유일한 정상적인 관계다.」[650]

사람은 진정한 의미에 있어서 자기 자신의 지옥을 만들고 있다는 것이다.[651] 사람은 천국(천당)과 지옥을 이 땅에서 마련해 두었다가 때가 되어 예비한 곳을 가는 것뿐이다. 천국도 지옥도 다 땅에서 예약한 대로 가는 것이다. 천국을 예약한 자는 예약한 사실을 알고 있는가 하면 지옥을 예약한 자는 예약한 사실을 모르고 있다는 것이 차이점일 따름이다.

「그러므로 궁극적인 문제는 왜 하나님이 지옥을 허용하시느냐가 아니다. 오히려 문제는 왜 하나님이 인간을 자유롭게 하셨느냐이다. 물론 도저히 죄를 해결하지 못하는 죄인들은 가장 높은 의미로 보아 자유한 자는 아니다. 그러나 그들의 자유는 그럼에도 불구하고 실질적이다. 최고의 자유는 다음과 같은 세 가지 요소를 내포하고 있다. 자기결정(self-determination), 자기인도(self-direction), 자기실현(self-realization)이다. 모든 사람이 다 첫째 및 둘째 요소는 지니고 있다. 오직 그리스도 안에서 구속함을 받은 사람만이 셋째 요소를 지닌다. 자기실현이란 예수 그리스도 안에서 자신의 운명을 찾는 것을 의미한다. 그것은 생에 대한 하나님의 이상(理想)을 완성하는 것이다. 이것이 최고의 자유다. 불순종하는 사람은 자기결정적이며 자기인도적이다. 그러나 그들은 거기서 그친다. 그들은 그들의 존재의 목표를 탈선시킨다. 지옥은 그들 자신의 이기주의와 불순종을 위해 그들이 세운 기념비다.」[652]

---

650) E. Y. 멀린스, 「조직신학 원론」, p. 586.
651) E. Y. 멀린스, 위의 책, p. 587.
652) E. Y. 멀린스, 위의 책, pp. 601~602.

지옥 갈 사람의 기질 및 도덕 자체가 그대로 영원히 지옥에 해당되는 것으로 남기 때문에 지옥은 영원한 것이다. 천상천하의 모든 천사와 사람들이 지옥에 갈 필요 없는 도덕적 상태라면 굳이 지옥은 필요 없었을 것이었다. 지옥이 있어서 지옥 갈 사람이 생기는 것이 아니라 지옥 갈 사람이 있어서 지옥이 있는 것이다.

(2) 새 하늘과 새 땅(新天新地)(계 21:1)

"또 내가 새 하늘과 새 땅을 보니 처음 하늘과 처음 땅이 없어졌고 바다도 다시 있지 않더라"(계 21:1)

새 하늘과 새 땅의 '새'(new)는 카이논(kainon)인데 이것은 옛 하늘과 옛 땅과는 그 종류와 품질상 전혀 다른 새 것을 뜻한다. 신 창조의 천지라고 뉴웰(Newell)은 말했다고 한다.[653] 새 하늘과 새 땅의 재료가 무엇이냐에 대해서 학자들의 견해가 다양하다. 사람들은 구 재료가 근본적으로 변화되어서 신천신지가 되었다고 한다. 베드로후서 3장 10~12절에 "체질이 뜨거운 불에 풀어지고"라고 한 것은 천지의 물질에게 근본적 변화가 생겼다고 본다. 박윤선은 크레다너스의 다음과 같은 말을 인용하고 있다.

"이 신천신지의 출현은 구 천지의 형질과 및 조직이 변화하여 영화롭게 된 것을 가리킨다."[654]

박윤선도 이 세계는 옛 세계의 실체의 연속이면서 아주 딴 종류의 것이라고 할만하다고 했다.[655] 그러면서도 로마서 8장 21절의 피조물이 하나님의 자녀들이 받을 영광에 참여하는 문제에 있어서는 계시록 21장 5절을 해석하면서 자신 있게 말할 수 없다고 했다.[656]

사람들은 '새'(new)라는 말을 신구세계와 연결짓는 데에 계속 갖다 붙이려고 한다. 헨리 M. 모리스의 진술을 보자.

「구약 및 신약 성경에서 '새'(new)라는 단어들은 '존재론적 입장에서 본 새것'이라기보다는 '신선미'(新鮮美) 입장에서 본 새것이라는 뜻이다. 즉 '신천신지'를 적절히 옮긴다면 '신선한 하늘과 땅'이라 할 수 있다. 새로운 세계는 어떤 특별히 새로운 세계가 아니고 단지 새롭게 바뀌어진 세계이다. 새로운 세계는 처음 세계와 똑같은데, 단지 세월이 흘러감에 따라 부패해서 황폐해지던 것이 말끔히 지워지고 신선하고 또한 새롭게 되어진 세계라는 점이 예외일 것이다. 이 우주적 부패 과정이 완전히 역전되는 데에는 그 완성을 향한 하나님의 창조적이고도 건설적인 능력이 요한다.」[657]

---

653) 박윤선, 「성경주석: 요한계시록」, p. 348.
654) 박윤선, 위의 책, p. 348.
655) 박윤선, 위의 책, p. 348.
656) 박윤선, 위의 책, p. 349.
657) Henry M. Morris, *The Revelation Record* (Wheaton, Ill. Tyndale House Publishers, 1983), p. 436.

신천신지는 무(無)에서 나온 것이 아니라 이미 기존하던 유(有)에서 나왔다는 근거로 내어놓는 설명은 아래와 같다. 일단 만들어져 있던 것은 없어지지 않는다는 전제이다. 땅이 영원히 있을 것이라는 성구를 인용해서 옛 창조의 연속적 존재를 증거하려 한다.

"한 세대는 가고 한 세대는 오되 땅은 영원히 있도다"(전 1:4)
"땅에 기초를 놓으사 영원히 흔들리지 아니하게 하셨나이다"(시 104:5)
"주의 성실하심은 대대에 이르나이다 주께서 땅을 세우셨으므로 땅이 항상 있사오니"(시 119:90)

여기 땅이 요동치 않고 항상 있다는 것은 하나님의 이 세상 창조물이 이 세상이 있을 동안 확고하다는 것을 시적으로 표현한 말이다. 이것을 근거로 이 땅이 하늘나라까지 올라가는 성장의 땅이라고 할 수는 없는 것이다. 소위 액체나 고체는 없어지지 않고 기화가스(vapor state)로 있든지 에너지 불멸 상태로 있다. 한 번 있게 된 것이 없어질 수 없기에 하나님은 기왕에 존재하던 것들을 창조와 완전의 강한 능력을 발휘해서 말하자면 옛 것으로부터 신천신지를 나오게 하신다는 것이다.[658]

또 하나님은 최초의 창조를 하신 뒤 연속해서 "좋았더라"고 하셨는데 그 최초의 창조를 버리고 새로운 창조를 또다시 하시겠다는 논리이다. 최초의 창조 곧 옛 창조가 죄로 인해서 오랫동안 못쓰게 되었지만 최초의 창조에서 좋았던 모든 것을 새 창조에서 회복하게 될 것이라고 한다. 이렇게 해서 천지는 한 번 더 모든 국면에서 보기에 좋았더라가 된다는 것이다. 처음 땅은 인간의 훈련을 위해 고안된 것이라면 새 땅은 인간의 완전한 상태를 위해 고안된 것이다. 단지 새 땅에는 '바다'가 없다는 것이다. 바다, 즉 물이 없는 이유는 물 먹을 짐승도 거기는 없고, 사람들은 주 예수께서 육신과 뼈가 있듯이 육신과 뼈로 구성되었다 하더라도 영화로운 몸이니까 물이 필요 없다는 것이다. 계시록 22장 1, 2절의 물은 현 세대의 물을 모형 및 예언으로 말한 것인데 그것은 영생수일 뿐이다.[659] 기존 창조의 변화된 이행으로서의 신천신지를 주장하는 자들의 성경 근거는 다음과 같은 것이다.

"예수께서 이르시되 내가 진실로 너희에게 이르노니 세상이 새롭게 되어 인자가 자기 영광의 보좌에 앉을 때에 나를 따르는 너희도 열두 보좌에 앉아 이스라엘 열두 지파를 심판하리라"(마 19:28)
"피조물이 허무한 데 굴복하는 것은 자기 뜻이 아니요 오직 굴복하게 하시는 이로 말미암음이라 그 바라는 것은 피조물도 썩어짐의 종 노릇 한 데서 해방되어 하나님의 자녀들의 영광의 자유에 이르는 것이니라"(롬 8:20~21)

---

658) Henry M. Morris, *The Revelation Record*, p. 436.
659) Henry M. Morris, 위의 책, pp. 436~437.

"하나님의 날이 임하기를 바라보고 간절히 사모하라 그 날에 하늘이 불에 타서 풀어지고 물질이 뜨거운 불에 녹아지려니와 우리는 그의 약속대로 의가 있는 곳인 새 하늘과 새 땅을 바라보도다"(벧후 3:12~13)

이런 성경을 기초로 계시록 21장의 새 땅이 어떻게 가능한가를 증거하고자 한다. 이 몸이 부활의 몸이 되듯 이 땅이 구속의 땅이 된다고 한다. 그러나 이 몸은 없어지면서 부활한다고 하지 않았으나 새 하늘과 새 땅은 처음 하늘과 처음 땅이 없어지고야 생긴 것이라고 성경이 말하고 있지 않은가(계 21:1). 하기야 처음 하늘과 처음 땅의 질적 변화를 거쳤든지, 아예 그것들을 폐기처분하고 새롭게 신천신지를 만들었든지 간에 영원세계에서의 새 예루살렘은 처음 하늘과 처음 땅과는 무관하게 될 것이다. 교회, 새 예루살렘, 하나님의 장막은 한 인격체에 대한 세 이름일 따름인데, 새 예루살렘이 거할 신천신지가 굳이 옛 하늘과 땅을 개조하거나 변화시켜서 형성되어야만 할 이유가 무엇인가? 옛 하늘과 땅을 새 하늘과 땅으로 연결시켜야만 할 이유가 무엇인가?

혹 어떤 사람은 에베소서 1장 10절을 말할지도 모른다.

"하늘에 있는 것이나 땅에 있는 것이 다 그리스도 안에서 통일되게 하려 하심이라"(엡 1:10)

그러나 이것은 영적, 도덕적 인간관계의 통일이지 물리적 세계의 통일은 아닌 것이다. 그런데 하나님은 무(無)에서 유(有)를 만드신 분이신데 어찌 유(有)를 무(無)로 환원시킬 수 없으시다는 말인가? 하나님은 에너지 불멸의 원칙에 사로잡히신 분이신가? 하나님은 그 원칙을 무효화하시기에 무능하신가? 이미 있던 것을 버릴 수 없어서 부담감을 느끼면서 계속 유지해야만 하시는가? 그러므로 신천신지는 뉴웰이 말한 대로 신창조의 천지라고 보아야 할 것이다. 왜냐하면 옛 하늘과 땅이 없어진다는 성경말씀이 있기 때문이다.

"천지는 없어질지언정 내 말은 없어지지 아니하리라"(마 24:35)
"또 내가 크고 흰 보좌와 그 위에 앉으신 이를 보니 땅과 하늘이 그 앞에서 피하여 간 데 없더라"(계 20:11)
"그러나 주의 날이 도둑같이 오리니 그 날에는 하늘이 큰 소리로 떠나가고 물질이 뜨거운 불에 풀어지고 땅과 그 중에 있는 모든 일이 드러나리로다 이 모든 것이 이렇게 풀어지리니 너희가 어떠한 사람이 되어야 마땅하냐 거룩한 행실과 경건함으로 하나님의 날이 임하기를 바라보고 간절히 사모하라 그 날에 하늘이 불에 타서 풀어지고 물질이 뜨거운 불에 녹아지려니와"(벧후 3:10~12)

그리고 옛 하늘과 땅이 아닌 새 하늘과 새 땅이 생긴다고 성경은 예언하고 있다.

"보라 내가 새 하늘과 새 땅을 창조하나니 이전 것은 기억되거나 마음에 생각나지 아니할 것이라"(사 65:17)
"내가 지을 새 하늘과 새 땅이 내 앞에 항상 있는 것같이 너희 자손과 너희 이름이 항상 있으리라 여호와의 말이니라"(사 66:22)
"우리는 그의 약속대로 의가 있는 곳인 새 하늘과 새 땅을 바라보도다"(벧후 3:13)
"내 아버지 집에 거할 곳이 많도다 그렇지 않으면 너희에게 일렀으리라 내가 너희를 위하여 거처를 예비하러 가노니 가서 너희를 위하여 거처를 예비하면 내가 다시 와서 너희를 내게로 영접하여 나 있는 곳에 너희도 있게 하리라"(요 14:2~3)

여기서 예수님이 처소를 예비하러 가신다고 하셨을 때는 새로운 처소임이 분명하다.
그러면 신천신지는 어디서 나온 것인가?
그것은 전적으로 새로 만든 하나님의 세계이다(계 21:1). 그 본문 자체가 처음 하늘과 처음 땅이 변해진 것이 아니라 없어졌다고 했다(The first heaven and the first earth had passed away). 학자들은 없어졌다느니 지나갔다느니의 원어 '파레르코마이'(Parerchomai)가 멸절을 말하는지 혹은 다른 것으로 나아가는지를 말하는지 확실치는 않지만 주된 사상은 이행(移行)이지 소멸이 아니라고 한다.[660]

그렇다면 굳이 이행으로 고집할 필요는 없으며 자연스러운 성경 문맥이 말하는 대로 옛 창조의 소멸로 보는 것이 좋을 것이다. 하긴 옛 창조를 완전히 새 창조로 못 바꿀 이유는 없지만, 하나님이 굳이 에너지 불멸의 법칙 때문에 그 법칙을 준수하기에 구속을 받아 옛 창조를 재료로 해서 새 창조를 할 만큼 무능하시거나 빈약한 하나님은 아니시다.

새 하늘과 새 땅은 천국이다. 그곳은 새 예루살렘의 주소이고 하나님의 장막이 세워지는 곳이고 거기 하나님이 계시는 장소이다. 그곳은 옛 창조와 변화를 거쳐 이행해서 되어진 신천신지이든 혹은 아예 무(無)에서 새로 창조된 신천신지이든 간에 확실히 옛 하늘과 땅과는 판이한 분위기로서 새 예루살렘이 들어서야 할 영역이다. 옛 창조도 없었다가 창조에 의해 존재했듯이, 새 창조도 마찬가지로 새 하늘과 새 땅은 땅의 교회가 하늘에서 새 예루살렘이 되었을 때를 대비해서 마련된 것이었다.

옛 창조 : 땅의 교회 = 새 창조 : 하늘의 거룩한 성 새 예루살렘

교회가 위치할 장소는 이행 과정을 거치지 않지만 교회 자신은 이 땅에서 하늘로의 이행을 맞는 것이다. 히브리서 12장 26~29절의 말씀을 상고해 보자.

---
660) 헨리 디이슨, 「조직신학 강론」, p. 808.

"그 때에는 그 소리가 땅을 진동하였거니와 이제는 약속하여 이르시되 내가 또 한 번 땅만 아니라 하늘도 진동하리라 하셨느니라 이 또 한 번이라 하심은 진동하지 아니하는 것을 영존하게 하기 위하여 진동할 것들 곧 만드신 것들이 변동될 것을 나타내심이라 그러므로 우리가 흔들리지 않는 나라를 받았은즉 은혜를 받자 이로 말미암아 경건함과 두려움으로 하나님을 기쁘시게 섬길지니 우리 하나님은 소멸하는 불이심이라"(히 12:26~29)

땅도 하늘도 진동했다. 이미 학개 선지자를 통해서 하늘과 땅과 바다와 육지와 만국이 진동할 것이라고 예언한 바 있다.

"만군의 여호와가 이같이 말하노라 조금 있으면 내가 하늘과 땅과 바다와 육지를 진동시킬 것이요 또한 모든 나라를 진동시킬 것이며 모든 나라의 보배가 이르리니 내가 이 성전에 영광이 충만하게 하리라 만군의 여호와의 말이니라"(학 2:6~7)

그런즉 신천신지 외에는 다 진동(shaken)당한다. "또 한 번이다"라고 한 것은 또 진동시키신다는 말이다. 하나님은 하늘과 땅을 이미 진동하셨는데 완전히 끝을 내기 위해 또 한 번의 진동과정을 두신다. 창조물은 진동할 운명에 있고 진동할 운명에 있는 것들은 변동되고 말 것이니 변동은 여기서 저기로 옮겨지고 만다는 것이다(removing). 왜 이렇게 옛 창조에게 진동과 변동이 따르는가? 그것은 진동하지 아니한 것들을 영원히 존재케 하기 위함이었다. 그것을 흔들리지 않는 나라라고 본문은 말하고 있다. 옮겨지지 않고 굳건히 서 있는 나라라고 했다. 신천신지는 결코 진동이나 변동이 없는 새 창조이며 여기에 새 예루살렘 하늘 교회가 거한다는 것이다.

고천고지(古天古地) : 진동 변동 = 신천신지 : 무진동 무변동

하늘 위에 새 하늘이 있고 땅 위에 새 땅이 있다. 그런데 새 하늘과 새 땅은 옛 하늘과 옛 땅에 있었던 교회가 새 예루살렘, 거룩한 성, 어린 양의 신부 그리고 영원히 그의 아내가 되어 삼위일체 하나님과 영존, 영화로 거할 곳이 되는 것이다. 아! 이 놀라운 새로운 셋팅(setting)이여! 새로운 드라마의 새 무대여!

(3) 새 예루살렘(계 21:2~8)- 그것의 정체와 축복의 상태

그것은 하늘교회이다. 새 예루살렘은 땅의 교회의 하늘교회로의 승화(昇華)이다. 새 예루살렘은 이 세상의 별칭인 바벨론(계 17, 18장)과 대조를 이루는 승리한 교회이다. 하나님의 영광을 최대로 나타내는 교회이다. 바벨론은 하나님의 본성과 지극히 반대되는 것의 표현

이라면 새 예루살렘은 하나님의 그것과 너무나 합동(合同)되는 것의 표현이다. 하나님의 본성은 새 예루살렘에서 완전히 표현된다. 구약에도 주님의 교회를 도시로 비유한 바가 있다.

"그 날에 유다 땅에서 이 노래를 부르리라 우리에게 견고한 성읍이 있음이여 여호와께서 구원을 성벽과 외벽으로 삼으시리로다"(사 26:1)

"아름다운 소식을 시온에 전하는 자여 너는 높은 산에 오르라 아름다운 소식을 예루살렘에 전하는 자여 너는 힘써 소리를 높이라 두려워하지 말고 소리를 높여 유다의 성읍들에게 이르기를 너희의 하나님을 보라 하라"(사 40:9)

구약의 이스라엘이 신약에서 새 이스라엘로 땅의 교회를 말하듯이 이스라엘의 땅의 예루살렘도 하늘에서는 새 예루살렘으로 하늘에 올라간 교회를 말하는 것이다. 이 새 예루살렘은 신부, 어린 양의 아내라고 했다.

"또 내가 보매 거룩한 성 새 예루살렘이 하나님께로부터 하늘에서 내려오니 그 준비한 것이 신부가 남편을 위하여 단장한 것 같더라"(계 21:2)

"일곱 대접을 가지고 마지막 일곱 재앙을 담은 일곱 천사 중 하나가 나아와서 내게 말하여 이르되 이리 오라 내가 신부 곧 어린 양의 아내를 네게 보이리라 하고"(계 21:9)

히브리서 기자도 하늘의 예루살렘은 성도들의 거처라고 했다.

"그러나 너희가 이른 곳은 시온 산과 살아 계신 하나님의 도성인 하늘의 예루살렘과 천만 천사와"(히 12:22)

• 그것의 축복의 상태(계 21:1~8)

새 예루살렘은 거룩한 성이다. 하나님께로부터 하늘에서 내려왔다(계 21:2,10). 내세의 교회의 주인은 하나님이시다. 신부가 남편을 위하여 단장한 것 같다. 새 예루살렘 성은 흠이나 주름 잡힌 것이 없는 완전한 교회이다. 하나님은 이런 교회를 가지시기를 창세 전에 원하셨고 역사를 거쳐 영원세계에서 공존하시려 하셨다. 그것이 교회의 영존이요 영화이다. 첫째로 우선 여기서는 처음 것들이 말끔히 지나갔다. 이런 상태에 있는 교회에게는 하나님의 함께하심과 땅에 있던 처음 것들의 완전 제거와 그리고 새로운 것들의 등장이다. 하나님이 함께하신다는 축복이 있다.

"내가 들으니 보좌에서 큰 음성이 나서 이르되 보라 하나님의 장막이 사람들과 함께 있으매 하나님이 그들과 함께 계시리니 그들은 하나님의 백성이 되고 하나님은 친히 그들과 함께 계셔서"
(계 21:3)

세 번의 함께(with)가 등장한다. 하나님의 장막이 새 예루살렘과 함께하며 하나님이 저희와 함께 그리고 또 함께하신다. 하나님의 장막은 땅의 장막과 같은 것이 아니라 하나님의 임재 자체이다. 새 예루살렘 자체가 어느 구석 하나 버릴 것이 없이 하나님이 충만히 운신(運身)하실 수 있는 거처인 것이다. 땅의 교회 성도들이 윗것을 찾고 윗것을 생각하는 근거는 신천신지에 새 예루살렘으로 발전할 자기 자신들을 인식하기 때문이다.

"그러므로 너희가 그리스도와 함께 다시 살리심을 받았으면 위의 것을 찾으라 거기는 그리스도께서 하나님 우편에 앉아 계시느니라 위의 것을 생각하고 땅의 것을 생각하지 말라"(골 3:1~2)

땅의 교회들은 믿음으로 본향을 찾아가는 사람들의 모임이다.

"이 사람들은 다 믿음을 따라 죽었으며 약속을 받지 못하였으되 그것들을 멀리서 보고 환영하며 또 땅에서는 외국인과 나그네임을 증언하였으니 그들이 이같이 말하는 것은 자기들이 본향 찾는 자임을 나타냄이라 그들이 나온 바 본향을 생각하였더라면 돌아갈 기회가 있었으려니와 그들이 이제는 더 나은 본향을 사모하니 곧 하늘에 있는 것이라 이러므로 하나님이 그들의 하나님이라 일컬음 받으심을 부끄러워하지 아니하시고 그들을 위하여 한 성을 예비하셨느니라"
(히 11:13~16)

땅에서는 외국인과 나그네로 사는 데에 유감이 없었다. 문제는 땅에서 영원한 땅의 사람으로 살겠다는 착각이다. 교회는 땅에서는 외국인과 나그네로 그냥 살 뿐만이 아니라 남들이 보기에 저들은 "외국인과 나그네로 살고 있는 무리구나"라고 증거해 보여야 한다. 그런데 그런 증거가 안 보여 문제인 것이다. 교회는 더 나은 본향을 향해 전진하는 이 땅의 순례자인 것이다. 오매불망 고향 생각을 하며 땅에서 순례한다. 필자가 어느 선교지에 강의를 하러 가서 그곳에서 사역하는 선교사를 만났다. 그곳에서 오랫동안 열심히 선교하면서도 잠시 들른 나보다 조국 한국에 대해 대단한 관심과 배려를 쏟고 있었다. "대통령 취임이 잘 되겠나", "조국의 민주화와 선진화가 잘 되느냐?", "경제는 활성화되느냐?" 그는 아무리 선교지에 있어도 그곳에선 외국인이요 무국적자이기 때문에 조국의 발전과 그리고 마침내는 조국으로의 귀향을 원함을 솔직히 토로했다. 땅의 교회는 하늘 생각으로 충만해 있어야 함이 마땅한 자세인 것이다. 그렇게 찾고 생각하던 위의 본향은 도대체 어떤 곳인가? 그것은 땅에 있던 처음 것들이 완전 제거된 새 예루살렘이 지닌 축복이다.

> "모든 눈물을 그 눈에서 닦아 주시니 다시는 사망이 없고 애통하는 것이나 곡하는 것이나 아픈 것이 다시 있지 아니하리니 처음 것들이 다 지나갔음이러라"(계 21:4)

처음 것들의 항목이 나열되고 있다. 눈물, 사망, 애통, 곡하는 것, 아픈 것들이다. 이것들은 모두 처음 것들이다. 땅에 있는 것들이다. 이 세상은 아직 처음 것들이 있는 세상이고 하늘나라의 새 예루살렘에는 그것들이 다 지나가고 없는 곳이다. 그런데 지금 여기서 처음 것들이 다 지나가기를 바라는 것은 기도의 내용이 될 수 없다.

지금 이 땅에서 그리스도인들이라고 해서 처음 것들과 무관할 수 있는가? 결코 무관할 수 없이 처음 것들과 관계되고 있다. 어느 신유기도원에서 기도하면 만병이 치유된다고 외치더니 막상 그곳에서 말기암 환자가 시체가 되어 나가는 것을 보고나서는 저 목사의 기도는 효험이 없는 것인지, 거짓 기도를 한 것인지 성도들은 혼란에 빠지게 된다. 처음 것들이 있는 와중에 보호와 위로와 격려를 받을 수 있다는 것과 암병이 사라진다고 하는 것과는 별개의 문제인 것이다. 암병은 새 예루살렘에 가서야 완전히 없어지는 것이지 이 땅에서는 엄연히 발생할 수밖에 없는 불행이다. 암병에 걸렸을 때 그래도 고쳐주실 수 있는 하나님의 자비와 능력을 믿고 기도하는 일이라든지 조용히 암병을 맞이하며 삶을 주님 앞에서 정리해 보는 것은 그리스도인이 취할 태도이지만, 새 예루살렘처럼 되어 달라는 요구는 천부당만부당한 일이다. 아직 이 세상은 새 예루살렘이 아니라는 것을 분명히 인정해야만 한다.

둘째로 만물이 새롭게 된 상태이다. 그러면 새 예루살렘에서 생기는 변화는 무엇인가? 모든 것이 새롭게 되는 것이다.

> "모든 눈물을 그 눈에서 닦아 주시니 다시는 사망이 없고 애통하는 것이나 곡하는 것이나 아픈 것이 다시 있지 아니하리니 처음 것들이 다 지나갔음이러라"(계 21:4)

만물이 새로워지는 새 예루살렘이다. 요한은 이 놀라운 장면에 놀라 멍청히 바라만 보고 있을 것 같아서 이 말은 신실하고 참되니 기록하라는 명령을 받고 있었다.

셋째로 최절정의 축복은 모든 것의 완성의 상태이다. 새 예루살렘의 최절정을 이루는 축복이 여기 있다. 하나님의 인격과 행위 그리고 하나님의 백성의 관계이다. 마침내 새 예루살렘에서 하나님의 인격이 확실히 드러나셨다. 하나님은 "알파와 오메가요 처음과 나중이신" 분이시다(계 21:6). 이미 전술한 바 있는 '딱 쫙'의 원리가 이제야 더 확실해진다.

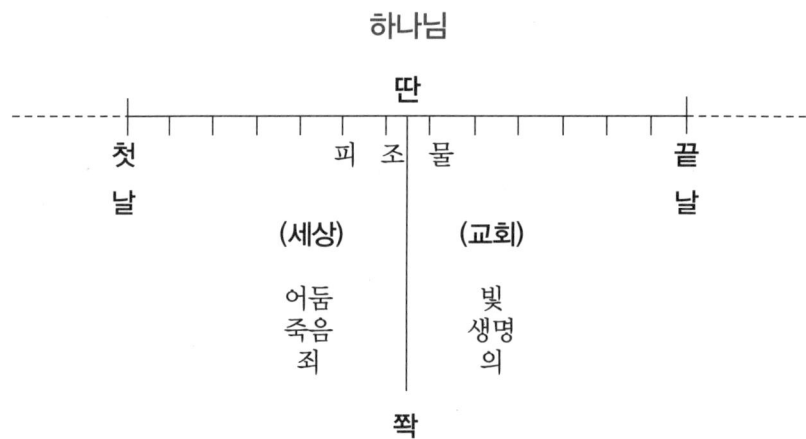

창조주 하나님과 피조물은 완전히 다른(different) 존재이며(딴), 다 같은 피조물이라도 세상과 교회는 완전히 갈라서는 존재이다(짝 갈라진다는 것). 하나님은 알파와 오메가로서 첫날을 끝날로 이끄시고 완결하신다. 창세 전의 계획이 역사 속에서 과정을 거쳐 영원 후에서 완결되는 것이다.

하나님의 계획이 최종적으로 성취되는 순간이다. 그것은 새 예루살렘에서 되어지는 것이요 새 예루살렘 자체이다. "이루었도다"(It is done)이다. 새 예루살렘은 하나님의 다 이루심의 열매이다. 하나님의 숨은 뜻, 신비한 계획, 오묘막측한 섭리와 작정이 여기 와서 이뤄지는 순간이다.

> "일곱째 천사가 소리 내는 날 그의 나팔을 불려고 할 때에 하나님이 그의 종 선지자들에게 전하신 복음과 같이 하나님의 그 비밀이 이루어지리라 하더라"(계 10:7)

그것은 예수께서 별세하실 때 "다 이루었다" 하시던 것을 온전히 다 이루는 순간이었다.

> "예수께서 신 포도주를 받으신 후에 이르시되 다 이루었다 하시고 머리를 숙이니 영혼이 떠나가시니라"(요 19:30)

새 예루살렘은 하나님의 하시고자 하셨던 일의 완벽한 성취이다. 그 셋은 하나님의 백성이 누리는 축복이 있다. 새 예루살렘의 조직은 하나님이 주시는 생명수 샘물을 목마른 자가 값없이 얻어 마시면서 하늘 보화를 유업으로 얻은 자들로 하나님과의 신민관계(臣民關係)요(계 21:3), 더 나아가서는 부자관계(父子關係)이다(계 21:7). 여기 사람들은 모두 이긴 자들이다.

> "또 내게 말씀하시되 이루었도다 나는 알파와 오메가요 처음과 마지막이라 내가 생명수 샘물을 목마른 자에게 값없이 주리니 이기는 자는 이것들을 상속으로 받으리라 나는 그의 하나님이 되고 그는 내 아들이 되리라"(계 21:6~7)

하나님의 백성이 하나님을 아버지로 모시고 목마르지 않게 영원히 거하고 영원히 영화롭게 지낸다. 이제 새 예루살렘 교회가 없어지는 이변은 없다. 처음 것들이 다 지나가고 새 것들이 충만한 그곳이 새 예루살렘이며 이것을 싸고 있는 주변도 신천신지이다. 이 아름답고 쾌적한 곳에 절대로 출입할 수 없는 사람들이 소개된다.

> "그러나 두려워하는 자들과 믿지 아니하는 자들과 흉악한 자들과 살인자들과 음행하는 자들과 점술가들과 우상 숭배자들과 거짓말하는 모든 자들은 불과 유황으로 타는 못에 던져지리니 이것이 둘째 사망이라"(계 21:8)

그들은 둘째 사망으로 지옥행 열차를 태워 보낸다. 그들이 새 예루살렘 성 부근에 나타난다는 것은 정서상 어울리지 않기 때문이다.

(4) 새 예루살렘(계 21:9~22:5)- 그것의 구조 및 생활

그토록 두시기를 소원하셨던 교회는 마침내 어떤 양상을 띠고 있는가? 창조 전에 잉태하셨고 역사 속에서 성장했다가 하늘에서 거두는 완성된 교회, 곧 새 예루살렘은 어떤 모습일까? 그것의 구조 및 생활상을 성경은 구체적으로 말하고 있다. 이 성은 하나님의 성이요 거룩한 성이요 하나님께로부터 하늘에서 내려온 것이다.

> "성령으로 나를 데리고 크고 높은 산으로 올라가 하나님께로부터 하늘에서 내려오는 거룩한 성 예루살렘을 보이니"(계 21:10)

하나님의 성이란 말은 사람의 성(城, city)이 아니라는 말의 역강조점이며 거룩한 성이란 말은 죄악된 코스모스 세상이 아니란 말의 역시 역강조점이다. 가인이 타락한 후 제일 먼저 한 것이 아들의 이름을 따라 에녹 성을 건립한 것이었다.

"아내와 동침하매 그가 임신하여 에녹을 낳은지라 가인이 성을 쌓고 그의 아들의 이름으로 성을 이름하여 에녹이라 하니라"(창 4:17)

이것이 발전하여 바벨탑을 쌓고 바벨론이란 세계를 만들었는데 하나님의 성은 이 모든 세상의 성을 말끔히 씻어버리고 있는 것이다. 이 거룩한 새 예루살렘 성은 땅에서는 보이지 않는다. 요한이 이 성을 보는 데에는 두 인물이 등장한다. 그 첫째 인물은 일곱 재앙을 지닌 일곱 천사들 중의 한 천사로 요한에게 와서 말한다. "이리 오라 내가 신부 곧 어린 양의 아내를 네게 보이리라."

그 둘째 인물은 성령이다. 그 천사는 마침내 성령 안에서(in the Spirit) 요한을 데리고 크고 높은 산으로 올라가서 거룩한 성 예루살렘(The holy city, Jerusalem)을 보여 주었다. 요한이 멸망할 음녀 바벨론을 본 곳은 황폐한 광야였는데 비해 영화로운 교회, 곧 어린 양의 신부, 그리고 마침내 어린 양의 아내인 새 예루살렘을 본 곳은 '크고 높은 산'이라 했다.

> 황폐한 광야 : 음녀 바벨론 = 크고 높은 산 : 새 예루살렘

"곧 성령으로 나를 데리고 광야로 가니라 내가 보니 여자가 붉은빛 짐승을 탔는데 그 짐승의 몸에 하나님을 모독하는 이름들이 가득하고 일곱 머리와 열 뿔이 있으며"(계 17:3)
"성령으로 나를 데리고 크고 높은 산으로 올라가 하나님께로부터 하늘에서 내려오는 거룩한 성 예루살렘을 보이니"(계 21:10)

대상을 따라서 보는 위치가 다른 것이다. 바벨론은 망할 곳에서 그 망함을 보고 새 예루살렘은 흥할 곳에서 그 흥함을 보았다. 이런 과정과 수속을 통해 요한이 본 교회의 최후 모습은 새 예루살렘 성 그 자체이다. 신성(新聖) 예루살렘의 구조와 생활은 어떤 것인가? 이것을 그 성에 대한 묘사(계 21:11~21)와 성 내의 생활 두 부분으로 말할 수 있다.

• 새 예루살렘 성에 대한 묘사(계 21:11~21)
그 성에는 하나님의 영광이 비친다.

"하나님의 영광이 있어 그 성의 빛이 지극히 귀한 보석 같고 벽옥과 수정같이 맑더라"(계 21:11)
"그 성은 해나 달의 비침이 쓸데없으니 이는 하나님의 영광이 비치고 어린 양이 그 등불이 되심이라"(계 21:23)
"다시 밤이 없겠고 등불과 햇빛이 쓸데없으니 이는 주 하나님이 그들에게 비치심이라 그들이 세

세토록 왕 노릇 하리로다"(계 22:5)

새 예루살렘은 영광과 빛이 빛난다. 새 예루살렘에는 필요 없는 것들이 있다. 이 땅에서 그렇게 긴요하던 것들이 거기에서는 무용지물이다. 해와 달의 비췸이 쓸데없다. 밤이 없다. 등불과 햇빛이 쓸데없다. 그 이유는 하나님의 영광이 비취고 어린 양이 그 등이 되시고 하나님이 저희에게 계속 비취시기 때문이다. 대낮에 가로등이 필요 없듯이 그 나라에는 비취는 것이란 일체 무용지물이 되나니 하나님 자신이 비췸이 되시기 때문이다. 그 성의 문은 열두 진주 문이고 이스라엘 열두 지파의 이름이 박혀 있다.

"크고 높은 성곽이 있고 열두 문이 있는데 문에 열두 천사가 있고 그 문들 위에 이름을 썼으니 이스라엘 자손 열두 지파의 이름들이라"(계 21:12)
"그 열두 문은 열두 진주니 각 문마다 한 개의 진주로 되어 있고 성의 길은 맑은 유리 같은 정금이더라"(계 21:21)

그 문들 위에 열두 지파의 이름들이 있다는 것은 구약시대의 모든 하나님의 백성을 총망라하는 것이다. 문들 위에 이름이 박혀 있다는 것은 이름 붙어 있는 자가 그 문의 소유자란 말이다. 그리스도인의 이름은 그 문에 박혀 있다. 구약을 대표하는 이름을 들고 있다. 그 성의 기초는 열두 기초석이 있고 어린 양의 열두 사도의 열두 이름들이 박혀 있다.

"그 성의 성곽에는 열두 기초석이 있고 그 위에는 어린 양의 열두 사도의 열두 이름이 있더라. 그 성의 성곽의 기초석은 각색 보석으로 꾸몄는데 첫째 기초석은 벽옥이요 둘째는 남보석이요 셋째는 옥수요 넷째는 녹보석이요 다섯째는 홍마노요 여섯째는 홍보석이요 일곱째는 황옥이요 여덟째는 녹옥이요 아홉째는 담황옥이요 열째는 비취옥이요 열한째는 청옥이요 열두째는 자수정이라"(계 21:14,19~20)

열두 사도도 신약시대의 교인을 대표하는 것이다. 신약을 대표하는 이름을 들고 있다. 이스라엘의 열두 지파의 이름과 어린 양의 열두 사도의 이름이 박혀 있다는 것은 신구약의 모든 성도들을 의미하며 그들이 새 예루살렘 성을 구성하고 있으면서 동시에 소유하고 있는 것을 말한다. 구성요소이면서 소유자가 된 것이다. 그 성의 척수는 금갈대로 측량한다. 거룩한 것의 측량은 더럽고 세속적이며 변하기 쉬운 어떤 표준으로 측량하는 것이 아니라 고귀하고 불변적인 금갈대로 하는 것이다. 의의 측량은 의로 하고 악의 측량은 악으로 하는 것이다.

"내게 말하는 자가 그 성과 그 문들과 성곽을 측량하려고 금갈대 자를 가졌더라 그 성은 네모가 반듯하여 길이와 너비가 같은지라 그 갈대 자로 그 성을 측량하니 만 이천 스다디온이요 길이와 너비와 높이가 같더라"(계 21:15~16)

장(長), 광(廣), 고(高)가 같으니 입방체(立方體)이다. 한 스다디온이 대략 185m인즉 일만 이천 스다디온은 굉장히 큰 것이다. 이 거리는 미국의 태평양 해안에서 미시시피 강까지에 이르는 거리와 맞먹는다.[661] 그 성의 성곽은 벽옥으로 되어 있다.

"그 성곽을 측량하매 백사십사 규빗이니 사람의 측량 곧 천사의 측량이라 그 성곽은 벽옥으로 쌓였고 그 성은 정금인데 맑은 유리 같더라"(계 21:17~18)

1규빗은 팔꿈치에서 시작하여 손가락에서 가운데 손가락 끝부분에 이르는 45cm인 것을 계산한다면 성곽 척량을 가늠할 수 있을 것이다. 이 성곽을 척량할 때 '사람의 척량'으로 했다. 그리고 그것이 곧 천사의 척량이라고 했는데 이 말은 하늘의 모든 것이 가상적이거나 순전히 상징적인 것만이 아니라 실재적이고 구체적인 것들임을 말해 준다. 하늘에 있는 모든 것이 땅에서는 경험할 수 없는 것들이지만 그 표현은 땅에 있는 것들로 나타낼 수밖에 없으니 상징적이고도 불완전한 묘사가 될 수밖에 없다. 그러나 막상 하늘에 가서 실제로 보노라면 지금 묘사한 것 이상이라는 것을 알고서 또 한 번 놀라게 될 것이다. 땅의 교회는 하늘에서 깜짝 놀랄 일들만이 있을 것을 기대하고 있다. 성내의 재료는 정금이다.

"그 성곽은 벽옥으로 쌓였고 그 성은 정금인데 맑은 유리 같더라, 그 열두 문은 열두 진주니 각 문마다 한 개의 진주로 되어 있고 성의 길은 맑은 유리 같은 정금이더라"(계 21:18, 21)

그 성의 성곽의 기초석은 각색 보석으로 꾸며져 있다(계 21:19~20).

• 성내의 생활(계 21:22~22:5)
성내의 생활자는 구약의 12지파와 신약의 12사도이니 곧 신구약의 모든 그리스도인이다. 즉 어린 양의 생명책에 기록된 자들이 거기 와서 성내 생활을 한다.

"무엇이든지 속된 것이나 가증한 일 또는 거짓말하는 자는 결코 그리로 들어가지 못하되 오직 어린 양의 생명책에 기록된 자들만 들어가리라"(계 21:27)

---

[661] Charles Caldwell Ryrie, *Revelation*, (Chicago: Moody Press, 1969), p. 121.

그곳 생활은 땅의 교회생활과는 무척 다른 양상들이다. 성 안에 성전이 없다. 땅에서는 성전과 하나님은 구별되어 있었다. 성전에 와야 하나님을 뵙고 하나님은 성전에 계셨다. 그 성전이 구약 성전이든 신약 성전인 그리스도이든 간에 성전과 하나님은 구별되어 있었는데 이런 성전이 없는 곳에서 성도들이 살게 된다. 땅에서의 형편이라면 이 얼마나 가공할 일일까? 그러나 하나님과 어린 양이 성전이셨다.

"성 안에서 내가 성전을 보지 못하였으니 이는 주 하나님 곧 전능하신 이와 및 어린 양이 그 성전이심이라"(계 21:22)

어찌 인격자 성부 성자가 성전일까? 성전의 전부와 핵심과 요소가 아예 성부 성자가 되셨다는 것이다. 성전을 거쳐서 하나님을 볼 것이 아니라 무성전(無聖殿) 곧 성부 성자 자신의 성전에 성도가 들어가 있는 것이다. 해와 달의 비침이 쓸데없는 곳에 성도가 살아간다. 하나님의 영광이 비춰고 어린 양이 그 등이 되어 있기 때문이다.

"그 성은 해나 달의 비침이 쓸데없으니 이는 하나님의 영광이 비치고 어린 양이 그 등불이 되심이라"(계 21:23)

땅에서는 해와 달 없이는 살아갈 수 없다. 해와 달 자체가 필요 없는 이유는 하나님과 어린 양이 해와 달 그 자체 이상으로 빛나기 때문이다. 성도들은 땅의 왕들과 만국의 영광과 존귀가 이 성으로 들어오게 되는 모든 영광의 총집합소에 머무른다. 땅에서는 그토록 멸시하면서 자고하던 모든 권세자들의 영광과 존귀가 하나님 아버지께 귀속되는 영예의 순간이요 장소인데 성도들이 이런 곳에 산다. 더 이상 저주가 없는 세상에 산다(계 22:3). 성도들은 최고 최절정의 영화로운 곳에서 생활한다는 것이다.

하나님과 어린 양의 보좌(throne) 앞에 살아가는 성도의 삶이 거기 있다.

최종적인 축복이 여기 있다. 이 축복은 셋으로 나눠진다.

그 첫째로 성도들은 하나님의 얼굴을 볼 수 있는 축복이다. 하나님의 얼굴을 두 눈을 뜨고 볼 수 있다(계 22:4 상반절). 그땐 하나님을 '똑바로 쳐다보아도' 죽지 않는다. 땅에서는 모세도 죽을까 두려워함으로 하나님이 그를 죽지 않도록 배려해 주셨다. 그러나 하늘에서는 하나님의 얼굴을 본다. 땅에서는 예수 그리스도를 통해서 하나님을 보았다. 그런데 이제는 직접 하나님을 본다.

"본래 하나님을 본 사람이 없으되 아버지 품 속에 있는 독생하신 하나님이 나타내셨느니라"(요 1:18)

그 둘째는 저희 이마에 하나님의 이름이 박혀 있다.

"…그의 이름도 저희 이마에 있으리라"(계 22:4 하반절)

성도의 이마에 하나님의 이름이 박혀 있다는 것은 성도는 하나님의 완전한 소유라는 증거요 인침이다. 하나님의 얼굴을 바라보는 자의 이마에 하나님의 이름이 박혀 있다. 오, 놀라운 상면(相面)이여! 교회는 하나님의 얼굴을 보고 하나님의 교회의 이마에 당신의 이름을 보신다. 여기서 창세 전에 계획하셨던 하나님의 영원한 친교가 있다. 하나님은 홀로 계시기를 원치 않으셨다. 창세 전 어느 시기에 교회를 두시고자 하셨고 잠시 세상을 거쳐 영원세계에서 신천신지를 그 어느 곳에 마련하시고 새 예루살렘, 거룩한 성 교회를 앞에 놓고 즐기시려 하셨다. 성도 즉 교회는 하나님과 영존하고 영화롭게 되어 그 셋째 축복 곧 세세토록 왕 노릇함을 얻게 된다.

"다시 밤이 없겠고 등불과 햇빛이 쓸 데 없으니 이는 주 하나님이 그들에게 비치심이라 그들이 세세토록 왕 노릇 하리로다"(계 22:5)

그곳에는 이 땅에서 필요하던 것들이 불필요하게 된다. 종교나 의식(儀式)이 불필요하다. 거기에는 주일예배니 삼일예배니 새벽기도니 철야예배니 하는 규정적 종교적인 의미의 예배가 필요 없다. 거기서는 하나님과의 생활 자체가 예배이기 때문이다. 거기서는 성경공부가 필요 없다. 아예 성경은 그곳 어느 박물관에 비치해 둘 것이다. 왜냐하면 성경에서 설명한 하나님보다 하나님 그 자신과 직접 친교하기 때문이다.

필자는 문경 벧엘관에서 올라오면서 서울에 있는 아내에게 고속버스 터미널에 마중을 나와 달라고 부탁했었다. 버스가 도착했건만 마중 나온 아내는 보이지 않았다. 휴대폰으로 아내를 불렀다. 아내가 전화를 받았다. "어디 있는 거요?" 내가 물었다. 아내는 동편 어느 마트 옆에 있다고 하는데 내가 이쪽 저쪽으로 오라고 전화로 말했다. 그러나 아내는 장소를 잘 모르는지 아직까지 나를 만나지 못했다. 나는 또 휴대폰을 들고 어디냐고 약간 화가 난 듯 쏘아 붙였다. 아내도 나를 찾지 못해 화가 난 듯 했다. 우리 두 내외는 계속 전화를 하면서 만나기를 소원했었다. 그런데 이게 뭐야! 아내와 나는 불과 10m 앞에서 서로 열심히 전화를 주고받았던 것이다. 우리 내외는 서로 얼굴을 마주보았다. 반가웠다. 나와 아내는 서로 달려갔다. 그때 나에게는 시골에서 가지고 온 채소 짐 보따리가 손에 있었다. 하여간 반가웠다. 그때 제일 먼저 취한 행동이 있었다. 휴대폰을 주머니에 넣는 일이었다. 얼굴을 피차 보고 있는데 굳이 휴대폰으로 전화할 이유가 없지 않은가? 하나님과 상면하는 데에는 성경도 무용지물이요 기도도 무용지물이다.

"사랑은 언제까지나 떨어지지 아니하되 예언도 폐하고 방언도 그치고 지식도 폐하리라 우리는 부분적으로 알고 부분적으로 예언하니 온전한 것이 올 때에는 부분적으로 하던 것이 폐하리라 내가 어렸을 때에는 말하는 것이 어린 아이와 같고 깨닫는 것이 어린 아이와 같고 생각하는 것이 어린 아이와 같다가 장성한 사람이 되어서는 어린 아이의 일을 버렸노라 우리가 지금은 거울로 보는 것같이 희미하나 그때에는 얼굴과 얼굴을 대하여 볼 것이요 지금은 내가 부분적으로 아나 그때에는 주께서 나를 아신 것같이 내가 온전히 알리라 그런즉 믿음, 소망, 사랑, 이 세 가지는 항상 있을 것인데 그 중의 제일은 사랑이라"(고전 13:8~13)

예언도 폐하고 방언도 그치고 지식도 폐한다. 연애편지도 떨어져 있으면서 나눌 때 감미로운 것이지 이미 허니문에 들어간 신혼부부에게는 책장 속에 들어갈 운명에 처하게 된다. 단지 하나님과 깨어지지 않고 있을 것은 '사랑'이다. 믿음, 소망, 사랑은 항상 있을 것이라고 한 것도 이 땅에서의 교회 공동체가 취해야 할 미덕이다. 그러나 새 예루살렘에서는 믿음도 필요 없는 것이니 믿음의 대상이 멀리 계시지 않고 성전으로, 등으로, 영광으로, 빛으로 교회를 감싸고 있기 때문이다. 거기서는 소망도 필요 없는 것이 바랄 것이 없이 눈으로 보고 만지고 접촉할 하나님이 거기 계시고 그 신천신지가 가장 완벽하게 구성되어 있기 때문이다. 그러나 한 가지 남는 것은 영원한 사랑이다. 사랑은 영원히 거기서도 남는 것이고 단지 감사와 찬양의 멜로디가 끊어지지 않을 것이다.

땅의 교회는 아직은 번데기 교회이다. 번데기는 나비가 될 미래를 갖고 있다. 단지 번데기는 나비가 될 자기의 미래를 모르는 것이로되 땅의 번데기 교회는 장차 나비 교회가 된다는 것을 알고 있다는 것에 굉장한 차이가 있는 것이다. 그러나 번데기가 나비의 모든 것과 그가 날아다니는 주유천하(周遊天下)의 광경을 다 진술한다는 것은 불가능한 일이다. 그러나 꿈꾸는 번데기 교회는 행복하다. 그것은 하나님이 번데기로 하여금 꿈꾸게 하셨고 그 꿈이 깨어지는 날, 나비로 주유천하할 것이기 때문이다.

교회는 하나님과 함께 영원히 존재하나니 영존적(永存的) 존재요 교회는 더할 나위 없는 영광스러움 속에 있나니 영화적(榮華的) 존재인 것이다. 왜 하나님은 홀로 독존(獨存)하시다가 교회를 곁에 두고 영원히 공존하시려 했는가! 그것은 아직도 우리에겐 미지(未知)의 영역이다. 그럼 아직 이 땅에 있는 성도인 교회는 어떻게 그 일생을 마쳐야 할까?

계시록 22장 1~5절은 아무리 여러 각도로 설명해도 싫증이 나지 않을 하늘 교회의 상태를 말하고 있다. 솔직히 정확히 눈을 뜨고 보면 계시록 4장부터 20장까지는 '교회' 및 교회와 관련된 일체의 진술이 없다는 것을 알 것이다. 모든 시대의 수많은 교회들을 대표하는 7교회에 보낸 편지를 끝맺음하면서부터 일체 교회에 관한 언급이 없다. 단지 20장에 이르기까지는 주로 하늘에서부터 메시지가 하나님의 천사들에 의해 요한에게 전달되고 요한은 그 전달된 것을 기록하고 또 전달하고 있다.

그럼 교회는 어디로 갔는가? 전천년설 및 환난 전 교회 휴거설에 의하면 교회는 하늘에 올라가 있어서 땅에는 부재 중인 것이고, 이와는 다른 설의 주장자는 교회는 땅에 있되 그 설명이 교회 주변적인 것들을 강조하던 나머지 교회 자체에 대한 언급이 자제되었기에 교회가 마치 부재 중인 것처럼 보였다는 해석이다.

그러나 계시록 21장부터 새 하늘과 새 땅이 나오면서 새 예루살렘 거룩한 성의 이름으로 땅의 교회가 하늘 교회로서의 모습으로 등장되고 있다. 참으로 교회 부재 중 혹은 휴거로 보이던 때에는 환난의 시기였던 것이다. 그러면서도 천년왕국과 같은 교회의 승리의 국면도 있었다.

그러나 계시록 21장 1~5절에 이르러 하늘 교회의 상태는 확실히 증거되고 있다. 그것은 파라다이스(paradise)였다. 그 하늘 상태는 낙원이었다. 한 도성 안에 있는 낙원이요 낙원 안에 있는 전 도성인 것이다.

거기에는 생명수 강이 있다(계 22:1~2).

거기에는 생명 나무의 열매가 있다(계 22:2).

거기에는 저주로부터의 완전한 자유가 있다(계 22:3).

거기에는 굉장한 지복(至福)이 있다(계 22:3~5).

무엇이 지복인가? 어떤 환경이 최고의 축복의 상태인가? 그것은 하나님과 어린 양의 보좌가 그 가운데 있는 상태이다. 그것은 하나님의 종들이 하나님을 섬기고 있는 상태이다. 세상에서는 하나님 섬기는 일만 있는 곳이 아니었다. 그것은 교회가 하나님의 얼굴을 보는 상태이다. 그것은 하나님이 그의 이름을 교회(종들)에게 인쇄해 놓은 상태이다. 그것은 주 하나님이 비치어 밤이 없고 등불과 햇빛이 필요 없는 상태이다. 교회가 하나님과 더불어 세세토록 왕 노릇하는 상태이다. 이런 상태의 지복을 위해 하나님은 창세 전에 그런 교회를 잉태하셨고 역사 속에서 단련하시고 영원세계에서 완성하셨다.

6. 마지막 결론: 어린 양 신랑과 신부 교회의 최후의 대화 (계 22:6~21)

하늘에서 그렇게 지복으로 있게 된 교회가 땅에서의 일생을 마감하기에 이르렀다. 그런데 계시록 22장 6~21절에서 메시지를 전하는 주체자가 누구냐에 대해서 문맥상 혼란을 주고 있음이 사실이다. 정신을 바짝 차리지 않으면 누가 그 진술의 주인인지 혼동되는 경우가 있다는 사실이다. 흑기행길(黑崎幸吉)의 솔직한 진술을 들어보자.

「'계 22:6~21에 대하여' 전 계시록의 마감을 이루는 이 부분에 관한 큰 곤란은, 말하는 주체가 뒤섞여 있어 확실히 구별하기 어려운 점이다. 이것은 정연한 계시록의 결론으로서 언뜻 보기에 어울리지 않는 것 같이 생각된다. 그러나 그것 때문에 이것을 뒤에 추가 또는 끼워 넣었다고 해석하는 것도 몹시 서튼 설명법이다. 아마도 요한은 마지막으로 하나님과 그리스도와 성령과 예언자와 성도와의 우렁찬 합창으로써 이 책의 결론을 이루려고 일부러 소리의 주체를 하나하나 뚜렷이 하지 않고 자연스럽게 느낄 수 있게 한 것이 아닌가 생각한다.」[662]

그러나 한 가지 분명한 것은 그 진술은 모두 하늘에서부터 내려온 것이라는 점이다. 그것이 예수 그리스도 자신이기도 하며 그가 보낸 천사이기도 하며 성령과 신부이기도 하며 요한이기도 하다.

그런데 여기 요한에게 말하는 천사는 계시록 21장 9, 15절 그리고 22장 1절의 바로 그

---

[662] 흑기행길, 「주해 신약성서, 요한계시록」 곽철영 역, (서울: 제일출판사, 1965), p. 193.

천사이다. 즉 요한에게 거룩성의 놀라운 정경을 보여 주고 왔던 마지막 일곱 재앙의 대접을 가졌던 천사들 중의 바로 한 천사이다.

그 천사가 "이 말은 신실하고 참된지라"고 언명하고 있다. 이 말은 바로 그 앞의 말이든 혹은 요한계시록 전체를 말하는 것이든 간에 신실하고 참된 것임은 분명하다는 것이다. 부실하고 거짓된 말이 많은 세상에 이 말만은 신실하고 참되다는 것은 참으로 진리 중의 진리를 말해 주는 것이다. 그것도 그 이름과 그 말하는 것이 명실상부하기 때문이다. 그 이름이 충신과 진실(faithful and true)인 자가 발설하는 말이기에 신실하고 참된(true and faithful) 것이다(계 19:11; 21:5).

신랑 예수 그리스도와 장차 신천신지에 입성할 땅의 교회의 대화는 무엇인가?

신랑 예수 그리스도: "내가 속히 오리라"
신부 교회: "아멘 주 예수여 오시옵소서"

마지막에 어린 양 신랑과 그의 신부 교회와의 대화가 중요한 주제일 따름이다. 하늘 소리에 땅의 반응이 있어야 한다. 곧 만나기로 되어 있는 신랑과 신부의 간절한 대화가 절대적 의미를 지닌다. 세상 역사의 최후의 드라마요 대사가 여기 있다. 어떤 연극도 어떤 뮤지컬도 이를 추종할 수가 없다. 그것은 하늘로부터 신랑 예수의 3중 "내가 속히 오리라"의 대화이다. 그 대화는 위로와 권면으로 구성되었다.

제1 "내가 속히 오리라"(Behold, I come quickly).

"이기는 자는 이것들을 상속으로 받으리라 나는 그의 하나님이 되고 그는 내 아들이 되리라"(계 21:7)

그 반응은 아래와 같다.

"그러나 두려워하는 자들과 믿지 아니하는 자들과 흉악한 자들과 살인자들과 음행하는 자들과 점술가들과 우상 숭배자들과 거짓말하는 모든 자들은 불과 유황으로 타는 못에 던져지리니 이것이 둘째 사망이라 일곱 대접을 가지고 마지막 일곱 재앙을 담은 일곱 천사 중 하나가 나아와서 내게 말하여 이르되 이리 오라 내가 신부 곧 어린 양의 아내를 네게 보이리라 하고 성령으로 나를 데리고 크고 높은 산으로 올라가 하나님께로부터 하늘에서 내려오는 거룩한 성 예루살렘을 보이니 하나님의 영광이 있어 그 성의 빛이 지극히 귀한 보석 같고 벽옥과 수정같이 맑더라"(계 21:8~11).

요한은 인간인지라 메시지 전달자 천사에게 경배하려 했다. 그러나 그는 금지 당했다. 우리의 경배의 대상은 오직 절대적으로 하나님뿐이시다. 마지막까지 역사의 경배 대상은 하나님뿐이심의 교훈이 여기 있다. 약간만 부주의해도 우리는 사람을 경배하려 든다. 주의 종들 사이에는 소위 'Star Pastor'가 있을 수 없다. '모모 목사의 교회'란 말은 참으로 신성 모독적인 발언이 아닐 수 없다. '모모 목사가 섬기는 교회'란 말의 오용으로 믿고 싶다. 교회가 해야 할 일은 이 예언의 말씀을 지키는 일이다. 주체적, 능동적으로 이 말씀을 생명으로 여기고 실천하는 것이다. 말씀을 지키는 자들이 복이 있다고 했는데 계시록에 나타난 7대 복은 아래와 같다.

"이 예언의 말씀을 읽는 자와 듣는 자와 그 가운데에 기록한 것을 지키는 자는 복이 있나니 때가 가까움이라"(계 1:3)

"또 내가 들으니 하늘에서 음성이 나서 이르되 기록하라 지금 이후로 주 안에서 죽는 자들은 복이 있도다 하시매 성령이 이르시되 그러하다 그들이 수고를 그치고 쉬리니 이는 그들의 행한 일이 따름이라 하시더라"(계 14:13)

"보라 내가 도둑같이 오리니 누구든지 깨어 자기 옷을 지켜 벌거벗고 다니지 아니하며 자기의 부끄러움을 보이지 아니하는 자는 복이 있도다"(계 16:15)

"천사가 내게 말하기를 기록하라 어린 양의 혼인 잔치에 청함을 받은 자들은 복이 있도다 하고 또 내게 말하되 이것은 하나님의 참되신 말씀이라 하기로"(계 19:9)

"이 첫째 부활에 참여하는 자들은 복이 있고 거룩하도다 둘째 사망이 그들을 다스리는 권세가 없고 도리어 그들이 하나님과 그리스도의 제사장이 되어 천 년 동안 그리스도와 더불어 왕 노릇 하리라"(계 20:6)

"보라 내가 속히 오리니 이 두루마리의 예언의 말씀을 지키는 자는 복이 있으리라 하더라"(계 22:7)

"자기 두루마기를 빠는 자들은 복이 있으니 이는 그들이 생명 나무에 나아가며 문들을 통하여 성에 들어갈 권세를 받으려 함이로다"(계 22:14)

터너는 이 땅의 교회 일원이 되는 데에는 교인의 특권과 책임을 명실상부하게 지켜야 할 것과 교인이 지닌 것 중에서 가장 좋은 것을 교회를 위하여 바쳐야 할 것이라는 말로 그의 '신약교회 교리'를 마무리하고 있다. 그는 이 땅에서의 교회의 구성원들의 헌신을 강조하고 있다.[663] 필자는 평화침례교회 2008년도 새해 자체 부흥회를 인도하면서 아래와 같은 주제를 걸었다.

---

663) J. C. 터너, 「신약교회 교리」, pp. 137~138.

"이제 우리 교회하자"(Let us church, now).

참으로 이 땅에서 교회다운 교회의 본연의 존재와 행위를 보여 주자는 내용이었다. 소극적으로는 이 예언의 말씀을 인봉해 두어서는 안 된다는 것이며 하나님의 말씀은 덮어둘 것이 아니라 열려지게 두어야 하는 것이다. 여기 인봉하지 말라는 것은 묵시문학의 시조라고 볼 수 있는 다니엘서에서 내려졌던 명령과는 정반대이다. 다니엘서에서는 봉함하라고 하였다.

"이미 말한 바 주야에 대한 환상은 확실하니 너는 그 환상을 간직하라 이는 여러 날 후의 일임이라 하더라"(단 8:26)
"다니엘아 마지막 때까지 이 말을 간수하고 이 글을 봉함하라 많은 사람이 빨리 왕래하며 지식이 더하리라"(단 12:4)
"그가 이르되 다니엘아 갈지어다 이 말은 마지막 때까지 간수하고 봉함할 것임이니라"(단 12:9)

그러나 묵시문학의 최후 결정판인 계시록에서는 인봉하지 말라고 했다. 그 이유는 때가 가까웠기 때문이라고 했다.

"또 내게 말하되 이 두루마리의 예언의 말씀을 인봉하지 말라 때가 가까우니라"(계 22:10)

실제로 주님은 말씀을 인봉하지 말라는 정도가 아니라 제자들을 만민에게 파송하여 말씀을 전하고 증인이 되라고 명령하셨다.

"예수께서 나아와 일러 가라사대 하늘과 땅의 모든 권세를 내게 주셨으니 그러므로 너희는 가서 모든 족속으로 제자를 삼아 아버지와 아들과 성령의 이름으로 침례를 주고 내가 너희에게 분부한 모든 것을 가르쳐 지키게 하라 볼지어다 내가 세상 끝날까지 너희와 항상 함께 있으리라 하시니라"(마 28:18~20)
"또 가라사대 너희는 온 천하에 다니며 만민에게 복음을 전파하라"(막 16:15)
"또 이르시되 이같이 그리스도가 고난을 받고 제삼일에 죽은 자 가운데서 살아날 것과 또 그의 이름으로 죄 사함을 받게 하는 회개가 예루살렘에서 시작하여 모든 족속에게 전파될 것이 기록되었으니 너희는 이 모든 일의 증인이라"(눅 24:46~48)
"예수께서 또 이르시되 너희에게 평강이 있을지어다 아버지께서 나를 보내신 것같이 나도 너희를 보내노라"(요 20:21)
"오직 성령이 너희에게 임하시면 너희가 권능을 받고 예루살렘과 온 유대와 사마리아와 땅 끝까지 이르러 내 증인이 되리라 하시니라"(행 1:8)

말세를 맞은 모든 그리스도인들은 밝혀진 비밀을 선전해야 한다. 복음 전도는 모든 그리스도인들의 자연적인 활동인 것이다.

> "그러나 너희는 택하신 족속이요 왕 같은 제사장들이요 거룩한 나라요 그의 소유가 된 백성이니 이는 너희를 어두운 데서 불러 내어 그의 기이한 빛에 들어가게 하신 이의 아름다운 덕을 선포하게 하려 하심이라"(벧전 2:9)

제1 "내가 속히 오리라"는 신랑 예수 그리스도의 말씀에 신부 교회가 취할 태도로 그를 경배하고 그의 사상을 담고 그 사상을 알리는 일이다. 이때는 막판 시장과 같으니 선악간의 형편을 방치해 둔다.

> "불의를 행하는 자는 그대로 불의를 행하고 더러운 자는 그대로 더럽고 의로운 자는 그대로 의를 행하고 거룩한 자는 그대로 거룩하게 하라"(계 22:11)

"보라 우리 신랑이 오신다. 우리는 그만을 고대하고 그리워한다. 그만을 생각하고 산다. 그의 생각이 우리의 생각이요 그의 가치가 우리의 가치입니다." 이런 고백적 대화가 신랑에 대한 신부의 마땅한 대화일 것이다.

제2 "내가 속히 오리라"(계 22:12~16).

> "보라 내가 속히 오리니 내가 줄 상이 내게 있어 각 사람에게 그가 행한 대로 갚아 주리라 나는 알파와 오메가요 처음과 마지막이요 시작과 마침이라 자기 두루마기를 빠는 자들은 복이 있으니 이는 그들이 생명 나무에 나아가며 문들을 통하여 성에 들어갈 권세를 받으려 함이로다 개들과 점술가들과 음행하는 자들과 살인자들과 우상 숭배자들과 및 거짓말을 좋아하며 지어내는 자는 다 성 밖에 있으리라 나 예수는 교회들을 위하여 내 사자를 보내어 이것들을 너희에게 증언하게 하였노라 나는 다윗의 뿌리요 자손이니 곧 광명한 새벽 별이라 하시더라"(계 22:12~16)

제2 "내가 속히 오리라"에서는 신랑의 신분과 자기 계획이 길게 설명되고 있었다. 신랑의 신분을 스스로 밝히신다. 알파와 오메가요 처음과 나중이요 시작과 마침이다. 하나님이 창조하시고 역사하시는 모든 일에 있어서 그러하신 분이시다. 역사의 시작도 마침도 그러하다. 교회의 시작과 마침도 그러하다. 신랑은 다윗의 뿌리요 자손이며 곧 광명한 새벽별이다. 교회의 역사는 신구약을 관통하고 있음을 말한다. 이런 신분의 신랑이 하시는 일은 각인에게 행한 대로 시상하는 것과 두루마기를 빠는 자들에게 생명 나무와 입성하는 권세를 부여하는 것과 벌을 주는 일이다. 그 반응은 아래와 같다.

> "성령과 신부가 말씀하시기를 오라 하시는도다 듣는 자도 오라 할 것이요 목마른 자도 올 것이요 또 원하는 자는 값없이 생명수를 받으라 하시더라"(계 22:17)

성령과 신부가 합하여 오실 신랑 예수의 제2대화에 대하여 보이는 반응이 있다. "오라!" 지금도 교회로 나아오라. 성령께로 나아오라. 그것이 신랑 예수께 나아가는 길이다. 듣는 자가 오라, 목마른 자가 오라, 원하는 자가 오라, 값없이 생명수를 받으라는 호소가 제2대화에 대한 적극적 반응이다. 그리고 끝까지 말씀에 충실해야 한다는 경고요 권면이다. 이 예언의 말씀에 가감(加減)을 하지 말라는 것이다.

> "내가 이 두루마리의 예언의 말씀을 듣는 모든 사람에게 증언하노니 만일 누구든지 이것들 외에 더하면 하나님이 이 두루마리에 기록된 재앙들을 그에게 더하실 것이요 만일 누구든지 이 두루마리의 예언의 말씀에서 제하여 버리면 하나님이 이 두루마리에 기록된 생명 나무와 및 거룩한 성에 참여함을 제하여 버리시리라"(계 22:18~19)

말씀에 손상을 끼치지 말라는 것이다. 원래 최초 창조의 타락도 하나님의 말씀에 가감한 행위였다.

> "동산 중앙에 있는 나무의 실과는 하나님의 말씀에 너희는 먹지도 말고 만지지도 말라 너희가 죽을까 하노라 하셨느니라"(창 3:3)

최초 창조에서 말씀에 가감행위가 문제였던 만큼 역사를 마침에 있어서도 말씀의 가감행위가 문제가 될 수 있기에 신랑 예수는 신부 교회에게 당부하며 권면하며 경고하는 것이다. 제3 "내가 진실로 속히 오리라"(계 22:20~21).

> "이것들을 증언하신 이가 이르시되 내가 진실로 속히 오리라 하시거늘 아멘 주 예수여 오시옵소서"(계 22:20)

여기서는 진실로(surely) 속히 오리라고 더 강조한다. 그리고 분명히 반드시 오신다는 것의 강조이다. '오리라'(에르코마이)는 시제가 현재형인즉 이미 오고 있는 동작이 시작되었다는 뜻이다. 그 반응은 아래와 같다.

"…아멘 주 예수여 오시옵소서"(계 22:20 하반절)

암, 주 예수께서 어서 오셔야 되고 말고. 왜냐하면 예수님이 세상 계실 때 하신 말씀이 있었기 때문이다.

"너희는 마음에 근심하지 말라 하나님을 믿으니 또 나를 믿으라 내 아버지 집에 거할 곳이 많도 다 그렇지 않으면 너희에게 일렀으리라 내가 너희를 위하여 거처를 예비하러 가노니 가서 너희를 위하여 거처를 예비하면 내가 다시 와서 너희를 내게로 영접하여 나 있는 곳에 너희도 있게 하리라"(요 14:1~3)

"빌립이 이르되 주여 아버지를 우리에게 보여 주옵소서 그리하면 족하겠나이다"(요 14:8)

왜냐하면 또 예수님이 세상 떠나실 때 하신 말씀이 있었기 때문이다.

"이르시되 때와 시기는 아버지께서 자기의 권한에 두셨으니 너희가 알 바 아니요 오직 성령이 너희에게 임하시면 너희가 권능을 받고 예루살렘과 온 유대와 사마리아와 땅 끝까지 이르러 내 증인이 되리라 하시니라"(행 1:7~8)

이 말씀을 마치시고 저희 보는 가운데서 올리워 가셨다. 구름이 왜 하필 거기 있었을까? 구름이 가리워 보이지 않게 되었다. 구름이 예수의 마지막 모습을 가리워 보이지 않게 되었다. 하나님은 그때 구름이 끼게 하셨다. 올라가실 때 제자들은 자세히 하늘을 쳐다보았다. 언제 저 주님이 다시 오실꼬? 라고 생각하고 있었을까? 오직 여기 계셔 주셨으면 하는 인간적인 생각만으로 꽉 차 있지는 않았을까? 흰 옷 입은 두 사람이 전한다.

"이르되 갈릴리 사람들아 어찌하여 서서 하늘을 쳐다보느냐 너희 가운데서 하늘로 올려지신 이 예수는 하늘로 가심을 본 그대로 오시리라 하였느니라"(행 1:11)

이제 올라가신 그대로 다시 오실 신랑 예수 그리스도를 기다리며 오늘을 살아가는 교회가 지금 여기 땅에 있다. 창세 전에 하나님의 마음속에 잉태되었다가 역사를 품고 이 세상에 출현하여 인내하던 교회가 영원한 천국에서 하나님과 영존 영화적 인격자로 남는다!

신랑 예수 그리스도의 신부인 교회는 갱신 혹은 변화하는 인격자가 아니라 성장하는 인격자이다. 갱신 혹은 변화는 근본적인 질적 요소에 문제가 있다는 것을 전제로 하는 것이지만 성장은 그 본질에 아무런 문제가 없다는 것을 전제로 한 것이다. 즉 신생아는 변화하는 인격이 아니라 성장하는 인격일 뿐이다. 예수의 보혈로 말미암아 형성된 교회에는 경건한 성장만이 요구된다. 자기 앞에 영광스러운 교회로 세워주신 분은 오직 신랑 자신이다(엡 5:27).

그러기에 신랑 예수 그리스도와 신부 교회 사이에 주고받는 대화는 다음과 같다.

신랑: "내가 속히 오리라"(I am coming soon)
신부 응답하되: "아멘, 주 예수여 오시옵소서"(Amen, Come, Lord Jesus)

글을 맺으며

책의 홍수를 염려하던 내가 오히려 두터운 책 한권으로 홍수의 수위를 높이지 않았나 생각이 든다. 글을 마치면서 굳이 긴 말을 하고 싶지 않다. 그것은 이제까지 마음에 두었던 하고 싶은 이야기를 본서에서 천진하리만큼 충분히 늘어놓았다는 생각이 들기 때문이며, 또 다른 이유로는 이 빈 란을 독자들의 몫으로 남겨 그들이 채워주길 바라는 마음 때문이다.

그래도 마지막으로 한마디를 한다면 이것이다. 하나님의 심중(心中)에는 창세 전이나 창세 역사 속에서나 창세 역사가 끝난 후에도 자기표현인 교회가 들어 있다. 하나님은 교회와 더불어 영존하신다. 교회는 이제부터 하나님과 더불어 영존한다. 교회는 구원받은 그리스도인의 무리이기 때문이다.

독서상 하나 당부의 말씀을 올린다. 필자나 다른 학자의 인용문도 귀하지만 성경구절을 지나치지 말기를(pass over) 부탁드린다. 이 책은 사람의 생각과 성경말씀이 반반(半半)으로 되어 있다.

집필을 마치는 동안 단어마다 문장마다 인도해 주신 하나님께 감사를 올린다. 초고 정리에 2년 세월을 바친 송지연 자매와 요단출판사의 이종덕, 하정희, 장용미 직원의 세심한 노력에 감사의 마음을 전하며, 출판비 일체를 담당해 주신 노시청 회장님께도 고마움을 전한다.

| 참고문헌 |

1. 권혁봉, "에베소서에 나타난 교회론 연구", 「침신논집」 6권(대전: 침례신학대학교)
2. 김균진,「기독교 조직신학Ⅳ」(서울: 연세대학교 출판부, 1996)
3. 김성환,「평신도를 위한 칼빈주의 해설」(서울: 영음사, 1976)
4. 나용화,「칼빈의 기독교 강요 개설」(서울: 기독교 문서선교회, 1993)
5. 민병석,「요한계시록 공부」(서울: 신생출판사, 1994)
6. 박용구,「교회론(1)」(경기 안양: 잠언, 1996)
7. 박윤선,「성경주석 요한계시록」(서울: 영음사, 1984)
8. 박형룡,「교의 신학(교회론)」제6권(서울: 은성문화사, 1974)
9. 여주봉,「십자가의 복음」(서울: 요단, 2003)
10. 은준관,「신학적 교회론」(서울: 대한기독교서회, 1998)
11. 이근삼, "칼빈의 교회론",「교회문제 연구」제1집(부산: 고신대 교회문제 연구소, 1979)
12. 이병렬,「이스라엘 왕정 멸망사」(서울: 페트라 성경 원어연구원, 1992)
13. 이상찬,「교회 직분론」(한국 보수 신학회, 1984)
14. 이장식,「교회의 본질과 교회 개혁」(서울: 대한기독교 출판사, 1988)
15. 이종성,「교회론Ⅰ」(서울: 대한기독교 출판사, 1989)
16. 이종성,「교회론Ⅱ」(서울: 대한기독교 출판사, 1989)
17. 전호진,「선교학」(서울: 개혁주의 신행협회, 1987)
18. 정채봉,「간장 종지」(서울: 샘터, 1999)
19. 최대복,「예배에 목숨을 걸라」(서울: 규장, 2007)
20. A. W 토저,「예배인가, 쇼인가!」, 이용복 역(서울: 규장, 2004)
21. A. W 토저,「패배를 통한 승리」, 권혁봉 역(서울: 생명의말씀사, 1975)
22. A. W. 토저,「세상과 충돌하라」, 이용복 역(서울: 규장, 2006)
23. A. W. 토저,「이것이 성공이다」, 이용복 역(서울: 규장, 2005)
24. A. W. 토저,「이것이 성령님이다」, 이용복 역(서울: 규장, 2006)
25. A. W. 토저,「이것이 예배이다」, 이용복 역(서울: 규장. 2006)
26. C. H. 매킨토시,「모세 5경」(전6권), 권혁봉 역(서울: 생명의말씀사, 1970)
27. C. S. 루이스,「스크루테이프의 편지」, 김선형 역(서울: 홍성사, 2005)
28. C. S. 루이스,「순전한 기독교」, 장경철?이종태 역(서울: 홍성사, 2002)

29. E. G. 제이, 「교회론의 역사」, 주재용 역(서울: 대한기독교 출판사, 1986)
30. E. Y. 멀린스, 「조직신학 원론」, 권혁봉 역(서울: 침례회 출판사, 1982)
31. G. 아울렌, 「조직신학 개론」, 김관석 역(서울: 대한기독교서회, 1983)
32. G. S. 다빈스, 「교회보전」, 이요한 역(서울: 침례출판사, 1987)
33. J. 오스왈드 샌더스, 「성령과 그의 은사」, 권혁봉 역(서울: 요단출판사, 1975)
34. J. C. 터너, 「신약교회 교리」, 이요한 역(서울: 침례출판사, 1962)
35. 니콜라이 하르트만, 「존재학 원론」, 하기락 역(서울: 형설출판사, 1989)
36. 데이빗 학킹, 「교회성장 중심의 성경적 목회방법」, 진영화 역(서울: 나침반, 1994)
37. 도날드 거스리, 「신약의 핵심진리」, 양용의 역(서울: 성서유니온, 1999)
38. 도날드 G. 밀러, 「교회의 본질과 사명」, 박상증 역(대한기독교서회, 1962)
39. 루이스 벌코프, 「기독교 신학개론」, 신복윤 역(서울: 대한예수교장로회 총회 종교교육부, 1963)
40. 릭 워렌, 「목적이 이끄는 삶」, 고성삼 역(서울: 도서출판 디모데, 2005)
41. 마이클 호튼, 「복음이란 무엇인가?」, 윤석인 역(서울: 부흥과 개혁사, 2004)
42. 빅터 E. 프랭클, 「삶의 의미를 찾아서」(Man's Search for Meaning), 이시형 역(서울: 청아출판사, 2005)
43. 빅터 E. 프랭클, 「심리요법과 현대인」, 이봉우 역(서울: 분도출판사, 1979)
44. 스탄 E. 디코벤, 「초자연적인 교회」, 박미가 역(서울: 은혜출판사, 2004)
45. 에드먼드 클라우니, 「교회」, 황영철 역(서울: IVP, 1999)
46. 에릭 사우어, 「세계구속의 여명」, 권혁봉 역(서울: 생명의말씀사, 1972)
47. 올리버 바클리, 「세상 속의 그리스도인」, 출판부 편(서울: IVP, 1998)
48. 워치만 니, 「세상을 사랑하지 말라」, 권혁봉 역(서울: 생명의말씀사, 2001)
49. 워치만 니, 「정상적인 그리스도인의 생활」, 편집부 역(서울: 생명의말씀사, 1966)
50. 워치만 니, 「좌행참」, 권혁봉 역(서울: 생명의말씀사, 1960)
51. 위트니스 리, 「성경에 나타난 교회」(서울: 한국복음서원, 1986)
52. 윌리엄 W. 스티븐즈, 「조직신학 개론」, 허긴 역(대전: 침례신학대학 출판부, 1988)
53. 쟈크 엘룰, 「하나님이냐 돈이냐?」, 양명수 역 (대전: 도서출판 대장간, 1993)
54. 제임스 보이스, 「조직신학」,(서울: 크리스챤 서적, 1990)
55. 제임스 칼라스, 「사탄의 생태」, 박창환 역(서울: 컨콜디아사, 1982)
56. 조지 엘든 래드, 「신약신학」, 신성종,이한수 역(서울: 대한기독교서회, 1984)
57. 존 맥아더, 「그리스도의 몸인 교회」, 한화룡 역(서울: 두란노, 1995)
58. 존 맥아더, 「우리는 그리스도만으로 충분하다」, 편집부 역(서울: 생명의 샘, 1995)

59. 존 맥아더,「주님의 교회 계획」, 최치남 역(서울: 생명의말씀사, 1993)
60. 존 스토트,「그리스도가 보는 교회」, 편집부 역(서울: 생명의 말씀사, 1980)
61. 존 칼빈,「기독교 강요」4권, 김문제 역(서울: 세종문화사, 1974)
62. 찰스 콜슨,「이것이 교회다」, 김애진 외 역(서울: 홍성사. 2006)
63. 칼 헨리,「기독교 교리논설」, 권혁봉 역(서울: 생명의말씀사, 1976)
64. 클라렌스 라킨,「세대적 진리」, 편집부 역(서울: 말씀보존학회, 2001)
65. 프란시스 A. 쉐퍼,「진정한 영적생활」, 권혁봉 역(서울: 생명의말씀사, 1995)
66. 프란시스 A. 쉐퍼,「20세기 말의 교회」, 김재권 역(서울: 생명의말씀사, 1972)
67. 필립 얀시,「교회, 나의 고민 나의 사랑」, 김동완 역(서울: 요단출판사, 2006)
68. 한나 W. 스미스,「행복한 그리스도인 생활의 비결」, 권혁봉 역(서울: 요단출판사, 1978)
69. 한스 큉,「교회란 무엇인가?」, 이홍근 역(서울: 분도출판사, 2005, 4쇄)
70. 헨리 디이슨,「조직신학 강론」, 권혁봉 역(서울: 생명의말씀사, 2001)
71. 흑기행길,「주해 신약성서, 요한계시록」, 곽철영 역(서울: 제일출판사, 1965)
72. '권혁봉의 수류단상' 209회, "침례신문"(서울: 침례신문사, 2007. 4. 27)
73. Bill J. Leon ard, *The Nature of the Church*(Nashville, Ten.: Broadman Press, 1986)
74. Charles Caldwell Ryrie, *Revelation*(Chicago: Moody Press, 1969)
75. Donald Guthrie, *New Testament Theology*(England: Inter-Varsity Press, 1981)
76. E. Y. Mullins, *Baptist Beliefs*(Valley Forge: The Judson Press. 1925)
77. Floyd H.Barackman, *Practical Christian Theology*(Grand Rapids, Michigan: Kregel Publications, 1992)
78. Frank Stagg, *New Testament Theology*(Nashville, Tennessee: Broadman Press, 1962)
79. H. Richard Niebuhr, *Christ and Culture*(New York: Harper and Row, 1951)
80. Henry M. Morris, *The Revelation Record*(Wheaton, Ill.: Tyndale House Publishers, 1983)
81. J. Clyde Turner, *The New Testament Doctrine of the Church*(Nashville, Tenn: Broadman Press. 1951)
82. John H. Lohrenz, *The Doctrinal Teaching of the Bible*(A.M.S. Mission. India 1964)
83. John P. Newport, *Paul Tillich*(Waco Texas,: Word Books, 1984)
84. L. Berkhof, *Systematic Theology*(Michigan :Eerdmans Publishing Co, 1974)
85. Lewis S. Chafer, *Major Bible Themes*(Grand Rapids, Michigan: Zondervan,

1972)
86. Millard J .Erickson, *Christian Theology*(Grand Rapids , Michigan: Baker Book House. 1998)
87. Ray. C. Steadman, *Body Life*(California: A Division of G/L Publications, 1972)
88. S. N. Gundry and Alan F. Johnson, *Tensions in Contemporary Theology*(Chicago: Moody Press,1978)
89. W. T. Conner, *Christian Doctrine*(Nashville: Broadman Press, 1937)
90. Watchman Nee, *The Normal Christian Life*(London and Eastbourne: Victory Press, 1971)
91. William H. Stephens, *The Bible Speaks to End Times*(Nashville, Tenn.: Convention Press, 1993)
92. Witness Lee, *The Economy of God*(Los Angeles, Ca,: The Stream publishers, 1968)
93. Witness. Lee, *The All-inclusive Christ*(Los Angeles. California 90006 USA: The Street Publishers. 1969)
94. A. H. Strong, *Systematic Theology*(Valley Forge, PA.: Judson Press)